第三次全国经济普查分析报告选编

国务院第三次全国经济普查领导小组办公室 编

中国统计出版社
China Statistics Press

图书在版编目(CIP)数据

第三次全国经济普查分析报告选编 / 国务院第三次全国经济普查领导小组办公室编. —— 北京 ：中国统计出版社，2016.4

ISBN 978-7-5037-7769-1

Ⅰ. ①第… Ⅱ. ①国… Ⅲ. ①经济—普查—研究报告—中国 Ⅳ. ①F123

中国版本图书馆 CIP 数据核字(2016)第 070931 号

第三次全国经济普查分析报告选编

作　　者/国务院第三次全国经济普查领导小组办公室　编
责任编辑/王振宇
封面设计/李雪燕
出版发行/中国统计出版社
通信地址/北京市丰台区西三环南路甲 6 号　邮政编号/100073
电　　话/邮购(010)63376909　书店(010)68783171
网　　址/http://www.zgtjcbs.com
印　　刷/河北天普润印刷厂
经　　销/新华书店
开　　本/880×1230mm　1/16
字　　数/1130 千字
印　　张/35.75
版　　别/2016 年 6 月第 1 版
版　　次/2016 年 6 月第 1 次印刷
定　　价/148.00 元

编 者 说 明

2013年，我国如期开展了第三次全国经济普查并取得圆满成功。通过此次普查，全面调查了我国第二产业和第三产业的发展规模及布局、产业组织、产业结构、产业技术的现状以及各生产要素的构成，查实了服务业、战略性新兴产业和小微企业的发展状况，摸清了我国各类单位的基本情况，全面更新了覆盖国民经济各行业的基本单位名录库、基础信息数据库和统计电子地理信息系统。第三次全国经济普查结果客观地反映了我国经济发展水平、经济结构的优化以及经济发展效益的提高情况，对于适应新形势、新常态，科学研究制定"十三五"规划、制定产业政策、促进提质增效升级，全面建成小康社会，都有重要的作用。

为充分利用这次普查所取得的宝贵资料，贯彻普查为民的思想，强化对普查资料的开发应用，更好地服务改革开放和现代化建设，国务院第三次全国经济普查领导小组办公室积极组织普查办、统计局和各级政府有关部门、科研机构、大专院校开展课题研究，撰写了大量文章。现将部分课题研究报告摘要稿编辑成册。

鉴于编者水平有限，不妥之处敬请广大读者和专家学者批评指正。

目　录

小微企业发展状况研究

本课题按照2011年国家统计局出台的《统计上大中小微企业划分办法》确定的划型标准，利用2013年第三次全国经济普查资料，对我国小微企业发展状况进行了初步分析，归纳出了发展的主要特点，找出了存在的主要问题，提出了一些建议。

一、我国小微企业发展的主要特点

（一）总量规模扩大，新开业比重逐年提升

第三次全国经济普查资料显示，截止2013年末，我国小微企业[①]785万家，占全部企业的比重达到95.6%。其中，2009年至2013年期间，新开业小微企业合计449万家，占全部小微企业的57.2%。我国小微企业从业人员14729.7万人，占全部企业从业人员总量的50.6%。其中，2009年至2013年期间，新开业小微企业从业人员5964.6万人，占全部小微企业从业人员的40.5%。分年份看，新开业小微企业规模逐年增加，占当年全部新开业企业的比重呈现出稳步上升的态势（详见图1）。结果表明，2009年国务院下发《关于进一步促进中小企业发展若干意见》以来，随着国家和地方各级政府一系列支持和鼓励中小企业发展政策措施的实施，促进了我国中小企业特别是小微企业的健康快速发展，小微企业已经成为国民经济和社会发展的重要组成部分。

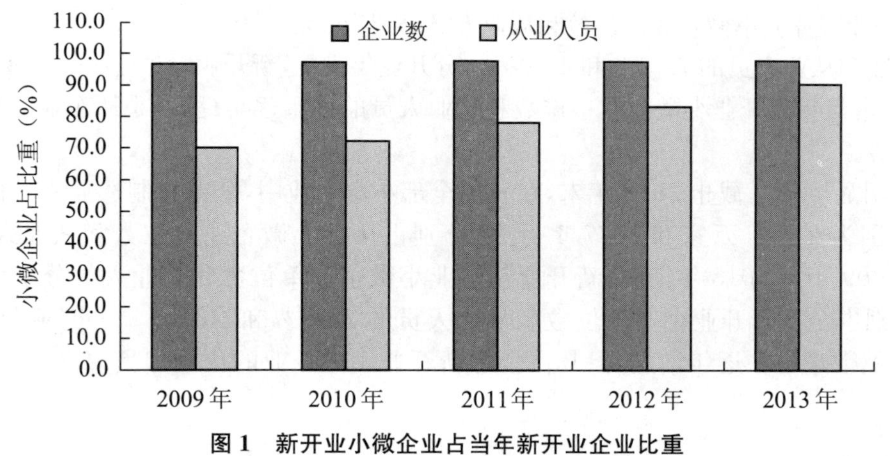

图1 新开业小微企业占当年新开业企业比重

（二）私营企业占多数，有限责任公司居第二位

2009年以来特别是“十二五”期间，各级政府简政放权，逐步消除制约非公有制经济发展的制度性障碍，全面落实促进非公有制经济发展的政策措施，积极鼓励和引导民间资本投资兴办企业，并逐步加大对小微企业发展扶持的力度，促进了私营和混合所有制小微企业的快速发展。截止2013年末，在我国全部小微企业中，私营小微企业单位数和从业人员分别达到545.5万家和8918万人，分别占全部小微企业单位数和从业人员的69.5%和60.5%，在各经济类型企业中所占比重最高；其次为有限责任公司，企业单位数和从业人员分别为139.3万家和3152.2万人，分别占全部小微企业单位数和从业人员的17.7%和21.4%。

国有、集体等公有制企业所占比重相对较小。截止2013年末，在我国全部小微企业中，国有、集体小微企业分别为9.5万家和12.1万家，分别占全部小微企业单位数的1.2%和1.5%；国有、集体小微企业从业人员分别为382.5万人和329.7万人，分别占全部小微企业从业人员的2.6%和2.2%（详见表1）。

---

① 小微企业，指的是小微企业法人单位，下同

表 1　按登记注册类型分组的小微企业情况

登记注册类型	企业单位数		从业人员	
	绝对数(万个)	比重（%）	绝对数(万人)	比重（%）
全国总计	785.0	100.0	14729.7	100.0
内资企业	768.1	97.9	13864.1	94.1
国有企业	9.5	1.2	382.5	2.6
集体企业	12.1	1.5	329.7	2.2
股份合作企业	6.0	0.8	95.9	0.7
联营企业	1.9	0.2	32.5	0.2
有限责任公司	139.3	17.7	3152.2	21.4
股份有限公司	9.9	1.3	319.7	2.2
私营企业	545.5	69.5	8918.0	60.5
其他企业	43.9	5.6	633.5	4.3
港、澳、台商投资企业	8.0	1.0	425.9	2.9
外商投资企业	8.8	1.1	439.7	3.0

(三)趋势向服务业领域集中，制造业比重明显下降

截止 2013 年末，在我国全部小微企业中，分布在服务业领域的小微企业单位数和从业人员分别达到了 518.6 万家和 5651.4 万人，分别占全部小微企业单位数和从业人员的 66.1%和 38.4%。其中，2009 年至 2013 年期间，新开业服务业小微企业单位数和从业人员分别为 323.7 万家和 2945.4 万人，分别占全部新开业小微企业单位数和从业人员的 72.1%和 49.4%。分开业年份看，新开业服务业小微企业单位数和从业人员均逐年增加，其占当年新开业小微企业单位数和从业人员的比重逐年提高，小微企业呈现出逐渐向服务业领域集中的趋势。

制造业比重明显下降。截止 2013 年末，在我国全部小微企业中，分布在制造业领域的小微企业单位数和从业人员分别为 219.1 万家和 6877.1 万人，分别占全部小微企业单位数和从业人员的 27.9%和 46.7%。其中，2009 年至 2013 年期间，新开业制造业小微企业单位数和从业人员分别为 101.7 万家和 2422.5 万人，分别占全部新开业企业单位数和从业人员的 22.7%和 40.6%。分开业年份看，新开业制造业小微企业虽然数量也在逐年增加，但其占全部新开业小微企业的比重却呈现出逐年下降的趋势(详见图 2、图 3)。

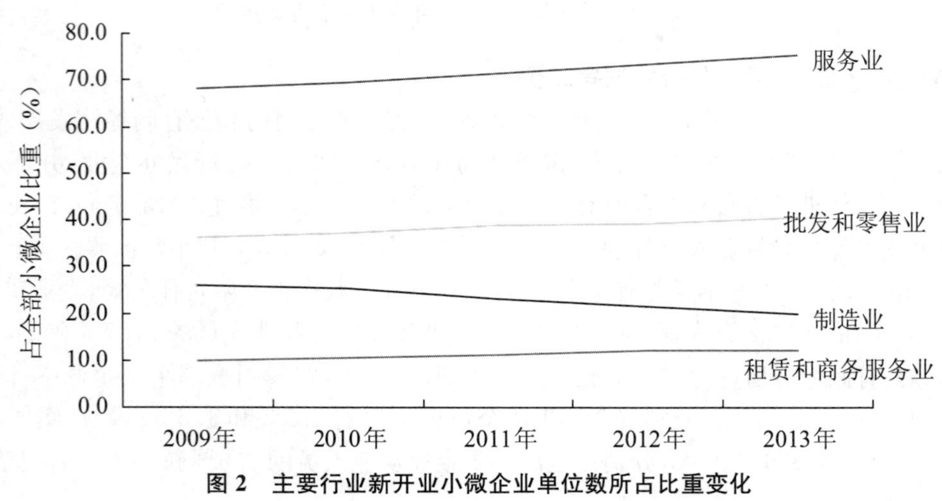

图 2　主要行业新开业小微企业单位数所占比重变化

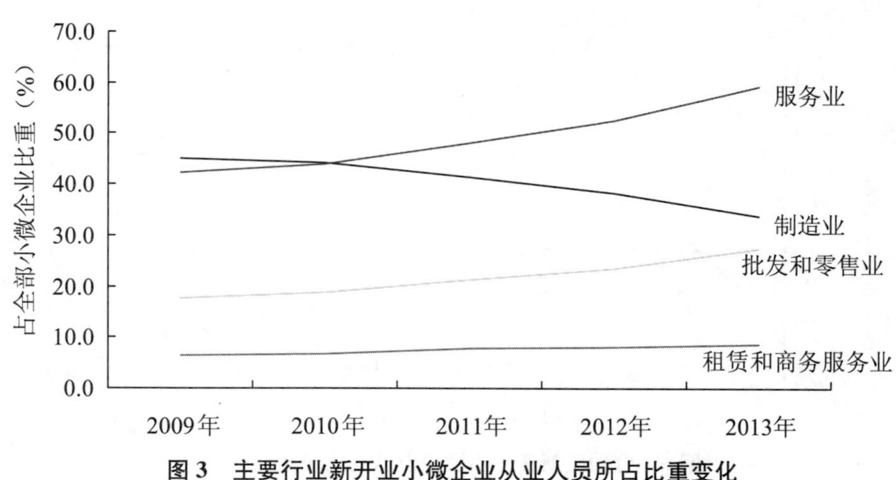

图 3　主要行业新开业小微企业从业人员所占比重变化

(四)东部地区占六成，中部地区明显加速

截止 2013 年末，在我国全部小微企业中，分布在东部地区的小微企业单位数和从业人员分别达到 485.4 万家和 8446.8 万人，分别占全部小微企业单位数和从业人员的 61.8%和 57.3%。其中，2009 年至 2013 年期间，东部地区新开业小微企业单位数和从业人员分别为 271.7 万家和 3297.1 万人，分别占全部新开业小微企业单位数和从业人员的 60.5%和 55.3%。分开业年份看，2009 年以来，东部地区新开业小微企业单位数和从业人员占当年全部新开业小微企业比重虽均略有波动，但总体上单位数维持在六成左右，从业人员维持在 55%左右。

中部地区逐步加速，所占比重稳步提升。截止 2013 年末，在我国全部小微企业中，分布在中部地区的小微企业单位数和从业人员分别为 134.9 万家和 3052.8 万人，分别占全部小微企业单位数和从业人员的 17.2%和 20.7%。其中，2009 年至 2013 年期，中部地区新开业小微企业单位数和从业人员分别为 80.5 万家和 1350.6 万人，分别占全部新开业小微企业单位数和从业人员的 17.9%和 22.6%。分开业年份看，2009 年以来，我国中部地区新开业小微企业单位数和从业人员占当年全部新开业小微企业单位数和从业人员的比重虽略有波动，但总体上呈上升趋势(详见图 4、图 5)。

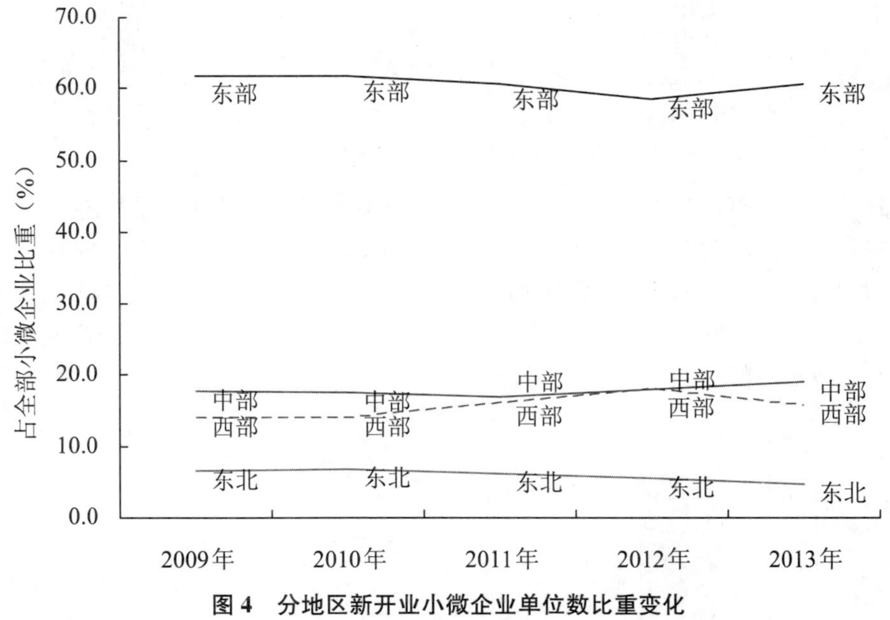

图 4　分地区新开业小微企业单位数比重变化

二、存在的主要问题与对策建议

小微企业的迅速发展，为经济社会不断注入新鲜“血液”，扩大了社会就业，丰富了群众生活，对经济社会发展产生了重要影响。但同时我们还应该看到，当前我国小微企业发展仍存在一些问题。

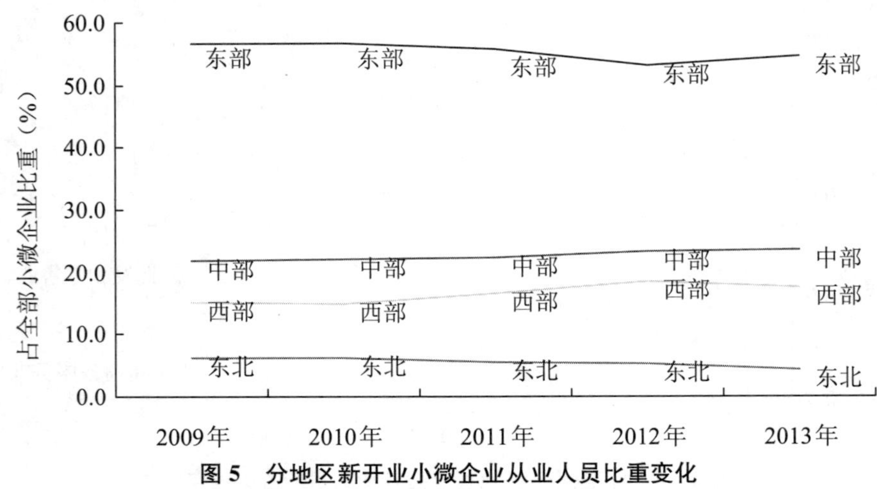

图 5　分地区新开业小微企业从业人员比重变化

一是死亡率高。第三次全国经济普查资料显示，2013 年我国第二、第三产业关闭破产小微企业 16.8 万家，占当年全部关闭破产企业的 98.8%。其中，关闭破产微型企业 15.8 万家，占当年全部关闭破产企业的 92.9%。按照 OECD 推荐的企业仿生化指标测算，我国小微企业死亡率达到 2.3%，分别是大型中型企业死亡率的 23.6 倍和 6.9 倍。其中，微型企业死亡率达到 2.9%，分别是大中小型企业死亡率的 29.9 倍、8.7 倍和 5.5 倍。可以看出，小微企业特别是微型企业死亡率较高，呈现出高出生率、高死亡率现象（详见图 6）。

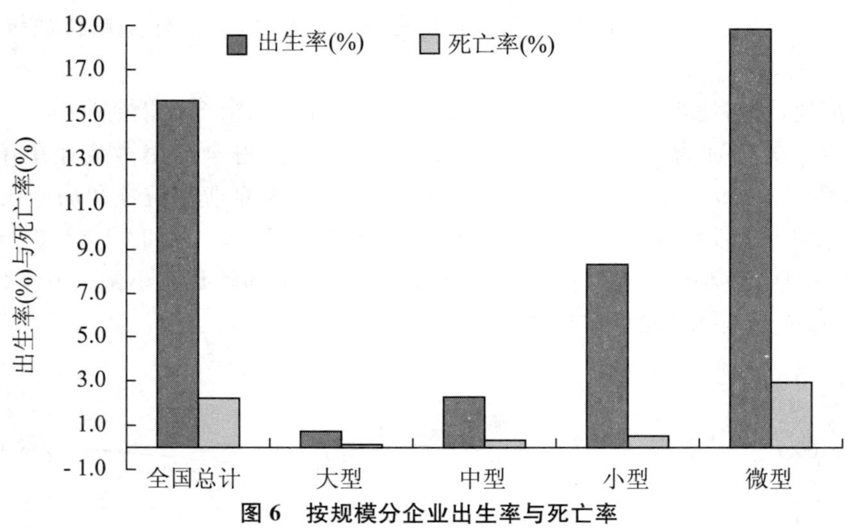

图 6　按规模分企业出生率与死亡率

二是平均寿命短。据测算，2013 年我国第二、第三产业关闭破产小微企业平均寿命为 6.8 年，不足大型企业平均寿命的三分之一，仅相当于中型企业平均寿命的 60.2%。其中，关闭破产微型企业平均寿命为 6.7 年，仅分别相当于大型、中型、小型企业平均寿命的 31.5%、59.3%和 81.7%。分年限看，5 年内关闭破产的小微企业占 51.5%。其中，微型企业占 51.7%。可以看出，企业规模与企业平均寿命成反比，小微企业特别是微型企业平均寿命较短（详见图 7）。

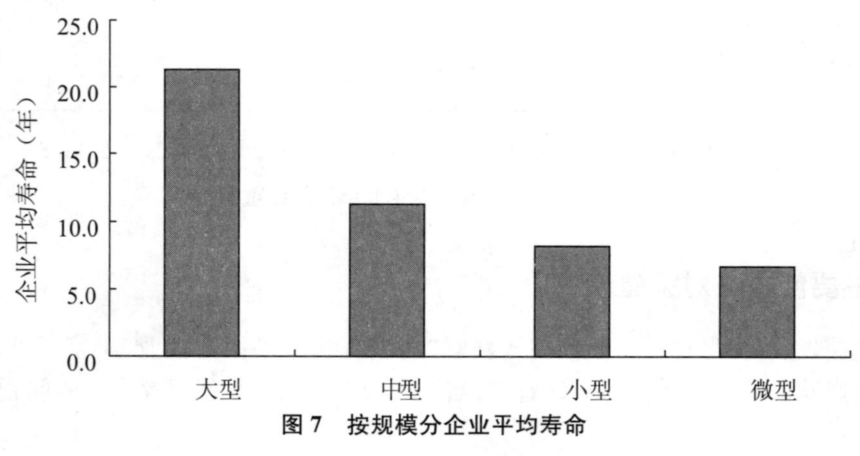

图 7　按规模分企业平均寿命

三是效益还比较低。截止2013年末，我国小微企业资产总计达到138.3万亿元，全年实现营业收入81.8万亿元，全年资金产值率为59.1%，分别比大型、中型企业低34.2和21.3个百分点。其中，微型企业资金产值率为26.2%，不足大型企业资金产值率的30%，仅分别相当于中型、小型企业的32.5%和32.6%。小微企业全年人均实现营业收入55.5万元，不足大型企业的二分之一，比中型企业低32.6万元。其中，微型企业全年人均营业收入30.3万元，不足大型企业人均营业收入的三分之一，仅分别相当于中型、小型企业的34.4%和45.2%(详见图8)。

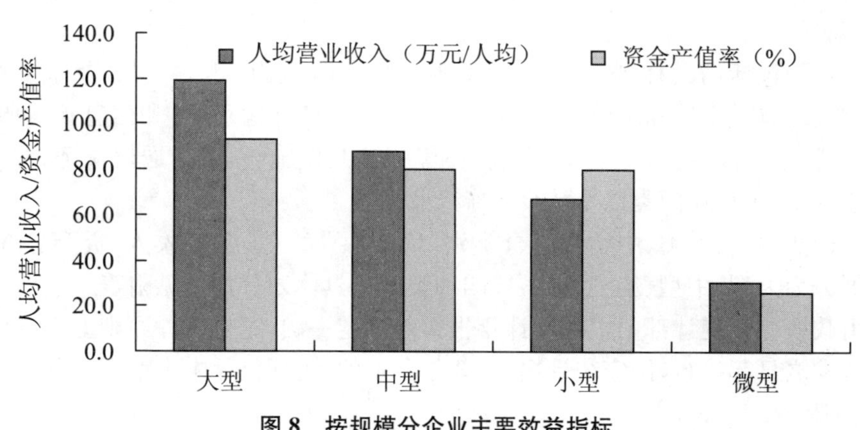

图8 按规模分企业主要效益指标

由此可以看出，小微企业特别是微型企业由于规模偏小，在市场竞争环境下，竞争力和抵御风险的能力明显偏弱。在当前劳动力成本普遍上升，国内外经济形势多变复杂，企业经营压力明显加大等形势下，必须加大对小微企业特别是微型企业的指导和扶持工作力度。

首先，要抓好各项政策贯彻落实。近些年来，党中央、国务院和地方各级政府对小微企业发展高度重视，逐步加大对小微企业的财税支持力度，努力缓解小微企业融资难问题，相继出台了一系列扶持政策措施，对推动小微企业发展发挥了重要作用。当前经济增长的传统动力减弱，大力推动大众创业、万众创新，必须继续保持和加大对小微企业的扶持力度，确保国家各项扶持政策措施能够全面落实到位。要加大对各地区政策贯彻落实情况的督促检查和指导，同时做好宣传工作，增强做好小微企业工作的信心。

其次，要加强培训和业务指导。要加大面向小微企业的培训工作，提高小微企业知识产权创造、运用、保护和企业经营管理水平，引导并鼓励小微企业发展现代服务业、战略性新兴产业、现代农业和文化产业，帮助小微企业提高企业经营决策水平，增强企业抗风险能力和市场竞争力；要加大对未就业大学毕业生、农民工和潜在创业人员的专业技能培训、指导和信息服务，引导并鼓励大众创业，提高小微企业成功率和成活率。同时，要加快小微企业发展信息服务平台和咨询服务平台信息化建设，强化对小微企业信息服务和技术咨询服务，鼓励小微企业采取抱团方式“走出去”，支持并引导小微企业开拓国际市场。

第三，大力发展职业教育。职业教育的目的是满足受教育者就业需求、创业需求和工作岗位的客观需要，它不仅能够使学生学习掌握科学理论知识，而且更加注重实际操作技能和职业能力的培养。德国、日本职业教育培养了大批专业技术人才，对推动经济发展发挥了重要作用。在当前大众创业、万众创新的新形势下，以服务为宗旨、以创业为导向，大力发展职业教育，推行工学结合、校企合作和顶岗实习的人才培养模式，促进职业教育与生产劳动相结合，着力培养学生的实践能力、就业能力和创新能力，有针对性地为小微企业培养急需的技术人才和管理人才，促进小微企业健康持续快速发展。

注 1. 文中部分数据由于单位取舍不同或四舍五入而产生的差数，均未做调整；
2. 文中数据不包括一些无分组标识的数据。

附件：《统计上大中小微型企业划分办法》

附件：

统计上大中小微型企业划分办法

一、根据工业和信息化部、国家统计局、国家发展改革委、财政部《关于印发中小企业划型标准规定的通知》(工信部联企业〔2011〕300 号)，结合统计工作的实际情况，特制定本办法。

二、本办法适用对象为在中华人民共和国境内依法设立的各种组织形式的法人企业或单位。个体工商户参照本办法进行划分。

三、本办法适用范围包括：农、林、牧、渔业，采矿业，制造业，电力、热力、燃气及水生产和供应业，建筑业，批发和零售业，交通运输、仓储和邮政业，住宿和餐饮业，信息传输、软件和信息技术服务业，房地产业，租赁和商务服务业，科学研究和技术服务业，水利、环境和公共设施管理业，居民服务、修理和其他服务业，文化、体育和娱乐业等 15 个行业门类以及社会工作行业大类。

四、本办法按照行业门类、大类、中类和组合类别，依据从业人员、营业收入、资产总额等指标或替代指标，将我国的企业划分为大型、中型、小型、微型等四种类型。具体划分标准见附表。

五、企业划分由政府综合统计部门根据统计年报每年确定一次，定报统计原则上不进行调整。

六、本办法自印发之日起执行，国家统计局 2003 年印发的《统计上大中小型企业划分办法(暂行)》(国统字〔2003〕17 号)同时废止。

附表：

统计上大中小微型企业划分标准

行业名称	指标名称	计量单位	大型	中型	小型	微型
农、林、牧、渔业	营业收入(Y)	万元	Y≥20000	500≤Y＜20000	50≤Y＜500	Y＜50
工业 *	从业人员(X)	人	X≥1000	300≤X＜1000	20≤X＜300	X＜20
	营业收入(Y)	万元	Y≥40000	2000≤Y＜40000	300≤Y＜2000	Y＜300
建筑业	营业收入(Y)	万元	Y≥80000	6000≤Y＜80000	300≤Y＜6000	Y＜300
	资产总额(Z)	万元	Z≥80000	5000≤Z＜80000	300≤Z＜5000	Z＜300
批发业	从业人员(X)	人	X≥200	20≤X＜200	5≤X＜20	X＜5
	营业收入(Y)	万元	Y≥40000	5000≤Y＜40000	1000≤Y＜5000	Y＜1000
零售业	从业人员(X)	人	X≥300	50≤X＜300	10≤X＜50	X＜10
	营业收入(Y)	万元	Y≥20000	500≤Y＜20000	100≤Y＜500	Y＜100
交通运输业 *	从业人员(X)	人	X≥1000	300≤X＜1000	20≤X＜300	X＜20
	营业收入(Y)	万元	Y≥30000	3000≤Y＜30000	200≤Y＜3000	Y＜200
仓储业	从业人员(X)	人	X≥200	100≤X＜200	20≤X＜100	X＜20
	营业收入(Y)	万元	Y≥30000	1000≤Y＜30000	100≤Y＜1000	Y＜100
邮政业	从业人员(X)	人	X≥1000	300≤X＜1000	20≤X＜300	X＜20
	营业收入(Y)	万元	Y≥30000	2000≤Y＜30000	100≤Y＜2000	Y＜100
住宿业	从业人员(X)	人	X≥300	100≤X＜300	10≤X＜100	X＜10
	营业收入(Y)	万元	Y≥10000	2000≤Y＜10000	100≤Y＜2000	Y＜100
餐饮业	从业人员(X)	人	X≥300	100≤X＜300	10≤X＜100	X＜10
	营业收入(Y)	万元	Y≥10000	2000≤Y＜10000	100≤Y＜2000	Y＜100
信息传输业 *	从业人员(X)	人	X≥2000	100≤X＜2000	10≤X＜100	X＜10
	营业收入(Y)	万元	Y≥100000	1000≤Y＜100000	100≤Y＜1000	Y＜100

续表

行业名称	指标名称	计量单位	大型	中型	小型	微型
软件和信息技术服务业	从业人员(X)	人	X≥300	100≤X<300	10≤X<100	X<10
	营业收入(Y)	万元	Y≥10000	1000≤Y<10000	50≤Y<1000	Y<50
房地产开发经营	营业收入(Y)	万元	Y≥200000	1000≤Y<200000	100≤Y<1000	Y<100
	资产总额(Z)	万元	Z≥10000	5000≤Z<10000	2000≤Z<5000	Z<2000
物业管理	从业人员(X)	人	X≥1000	300≤X<1000	100≤X<300	X<100
	营业收入(Y)	万元	Y≥5000	1000≤Y<5000	500≤Y<1000	Y<500
租赁和商务服务业	从业人员(X)	人	X≥300	100≤X<300	10≤X<100	X<10
	资产总额(Z)	万元	Z≥120000	8000≤Z<120000	100≤Z<8000	Z<100
其他未列明行业 *	从业人员(X)	人	X≥300	100≤X<300	10≤X<100	X<10

说明:

1. 大型、中型和小型企业须同时满足所列指标的下限,否则下划一档;微型企业只须满足所列指标中的一项即可。

2. 附表中各行业的范围以《国民经济行业分类》(GB/T4754—2011)为准。带*的项为行业组合类别,其中,工业包括采矿业,制造业,电力、热力、燃气及水生产和供应业;交通运输业包括道路运输业,水上运输业,航空运输业,管道运输业,装卸搬运和运输代理业,不包括铁路运输业;信息传输业包括电信、广播电视和卫星传输服务,互联网和相关服务;其他未列明行业包括科学研究和技术服务业,水利、环境和公共设施管理业,居民服务、修理和其他服务业,社会工作,文化、体育和娱乐业,以及房地产中介服务,其他房地产业等,不包括自有房地产经营活动。

3. 企业划分指标以现行统计制度为准。(1)从业人员,是指期末从业人员数,没有期末从业人员数的,采用全年平均人员数代替。(2)营业收入,工业、建筑业、限额以上批发和零售业、限额以上住宿和餐饮业以及其他设置主营业务收入指标的行业,采用主营业务收入;限额以下批发与零售业企业采用商品销售额代替;限额以下住宿与餐饮业企业采用营业额代替;农、林、牧、渔业企业采用营业总收入代替;其他未设置主营业务收入的行业,采用营业收入指标。(3)资产总额,采用资产总计代替。

参考文献:

[1]田芬等,《支持中小企业发展的融资体系研究》,经济科学出版社,2012
[2]刘道学等,《中国中小企业景气指数研究报告》,经济科学出版社,2012
[3]王俊峰等,《我国小微企业发展问题研究》,商业研究,2012(09)
[4]许萍,《国外政府对中小企业融资的扶持政策及其启示》,福州大学学报,2003(02)
[5]刘群,《国外运用财税政策促进中小企业融资的做法及其借鉴》,南方经济,2003(03)
[6]王磊,《美日德三国中小企业扶持政策的比较与启示》,国外经济管理,2006(04)
[7]来玉申,《美日韩及台湾地区中小企业服务体系模式和经验》,商场现代化,2007(04)
[8]刘劲聪,《日美中小企业划分标准的比较分析及其启示与借鉴》,东南亚研究,2007(02)
[9]石敏,《外国中小企业融资对我国的启示》,对外经贸财会,2006(12)
[10]刘红霞,《我国中小企业财务实力评价研究》,中央财经大学学报,2007(04)
[11]江建云,《意大利中小企业及其创新研究》,湖南科技大学学报,2007(05)
[12]梁剑,《中德中小企业比较研究与启示》,当代财经,2008(01)
[13]林汉川等,《中小企业发展中所面临的问题》,中国社会科学,2003(02)
[14]成光琳,《德国职业教育课程改革给我们的启示》,教育论坛,2005(1)
[15]余祖光,《提高职业教育与社会需求吻合度》,中国教育报,2009年2月20日

课题组 组长:田 芬
成员:黄婉秋 张元红 周付安

小微企业发展状况的中外比较研究

小微企业具有数量庞大、从业人数少、经营规模小、生存能力强、新陈代谢快、增长潜力大等特点，是市场经济中最活跃的组成部分，也是发展经济、增加就业、推动创新的重要力量。与大中型企业相比，小微企业经营水平相对较低，市场竞争力相对较弱，创业条件相对较差。世界各国都非常重视小微企业的健康发展和政策扶持，积极帮助解决问题，优化小微企业创业环境，发挥小微企业在稳增长、促就业中的作用。本文根据第三次全国经济普查资料和经合组织(OECD)一欧盟企业结构调查数据，从企业数量规模、就业、生产、企业新陈代谢、创新、融资等方面，进行小微企业发展状况的中外比较研究，寻找发展差距，借鉴国际经验。

一、各国小微企业划分标准不尽相同

在 OECD—欧盟国家，以从业人数为标志，划分企业规模类型。从业人数 1—9 人的为微型企业、10—49 人的为小型企业、50—249 人的为中型企业、250 人以上的为大型企业。一些国家具体划分标准有所不同。在美国，从业人数 1—9 人的为微型企业，10—99 人的为小型企业，100—499 人的为中型企业，500 人以上的为大型企业；在加拿大，从业人数 50—499 人的为中型企业，500 人以上的为大型企业；在澳大利亚、韩国，从业人数 50—199 人的为中型企业，200 人以上的为大型企业；在土耳其，从业人数 1—19 人的为微型企业，20—49 人的为小型企业，50—249 人的为中型企业；在新西兰，从业人数 50—99 人的为中型企业，100 人以上的为大型企业。多数国家将从业人数 1—49 人的企业划归为微型和小型企业。

我国按从业人数和营业收入两个标准来划分企业规模类型，并且不同行业划分标准有所不同。工业、运输业、邮政业企业从业人数 1—19 人的为微型企业，20—299 人的为小型企业，300—999 人的为中型企业，1000 人以上的为大型企业；批发业企业从业人数 1—4 人的为微型企业，5—19 人的为小型企业，20—199 人的为中型企业，200 人以上的为大型企业。各国经济发展水平和劳动生产率差距很大，企业规模类型的划分标准无法一致，且口径调整也很困难。我们可以从整体上对比各国小微企业的发展现状、发展趋势，分析其存在的问题，研究各国促进小微企业健康发展的有效措施，对于相互借鉴经验、相互启发，具有重要的现实意义。本文以本国小微企业的划分标准为基础进行比较分析。

表 1　各国按从业人数标准划分的企业规模类型

国家/地区	微型企业	小型企业	中型企业	中小型企业	大型企业
欧盟国家	1—9	10—49	50—249	1—249	250+
澳大利亚	0—9	10—49	50—199	0—199	200+
加拿大	0—9	10—49	50—499	0—499	500+
日本	4—9	10—49	50—249	4—249	250+
韩国	5—9	10—49	50—199	5—199	200+
墨西哥	0—10	11—50	51—250	0—250	251+
新西兰	1—9	10—49	50—99	1—99	100+
土耳其	1—19	20—49	50—249	1—249	250+
美国	1—9	10—99	100—499	1—499	500+
中国					
工业、运输、邮政业	1—19	20—299	300—999	1—999	1000+
批发业	1—4	5—19	20—199	1—199	200+
零售业、餐饮业	1—9	10—49	50—299	1—299	300+
住宿业	1—9	10—99	100—299	1—299	300+

注：中小型企业(SEM)为前三者之和。

二、小微企业数量多，是市场经济活动的重要主体

在 OECD 国家，小微企业数量占企业总数的比重平均为 99.1%。其中，从业人数 1—9 人的微型企业数量占企业总数的 94%，10—49 人的小型企业占 5%。数据分析发现，小微企业数量占比的高低与国家经济总量规模有一定的相关关系，国家经济总量规模大，小微企业数量占比相对较低，大中型企业数量占比相对较高；相反，国家经济总量规模小，小微企业数据占比相对较高，大中型企业数量占比相对较低。分行业看，服务业和建筑业小微企业数量占本行业企业总数的比例要高于制造业。2011 年，OECD 国家服务业和建筑业小微企业占比平均分别为 98.7%和 99.3%，制造业占比为 95%。分国别看，美国、德国制造业小微企业占比为 91%左右，日本、英国为 94%，俄罗斯、巴西分别为 95%和 93%。大多数国家服务业和建筑业小微企业占比达到 99%，这两个行业的生产经营几乎全部由小微企业承担。在服务领域，小微企业的行业分布十分广泛。在美国教育、医疗保健、金融中介中，从业人数 20 人以下的小微企业数量占比分别达 65%、86%和 92%。

我国小微企业数量规模大，主要集中于劳动密集型、附加值率低的行业。2013 年末，我国从事第二产业和第三产业的小微企业法人单位 785 万个，占全部企业法人单位 95.6%。分行业看，我国制造业小微企业数量占比为 97%。其中，印刷和记录媒介复制业、废弃资源综合利用业、木材加工和木、竹、藤、棕、草制品业小微企业数量占比最高，在 99%以上；而烟草制造品业、石油加工及炼焦业、医药制造业小微企业数量占比相对较低，在 93%以下。我国建筑业小微企业数量占比为 93%。其中，建筑装饰和其他建筑业中小微企业占比为 99%，而房屋建筑业和土木工程建筑业不到 90%。我国服务业小微企业数量占比为 94%。其中，租赁和商务服务业，装卸搬运和运输代理业，机动车、电子产品和日用产品修理业，文化艺术和娱乐服务业占比在 99%以上，而新闻和出版业、文化艺术业小微企业占比不到 50%，水利管理业、卫生行业不到 15%，社会工作行业基本上没有小微企业。与世界主要国家相比，我国服务业小微企业数量占比偏低，发展严重不足，服务业领域对小微企业开放不够，入市门槛较高。

小微企业数量多，是世界各国的普遍现象。作为市场经济活动的主体，如何建立有利于小微企业生存与发展的法律法规、形成规范有序的市场管理框架，促进小微企业健康发展，是世界各国面临的共同课题。

表 2　小微企业数量占比(%,2011 年)

国家	小微企业数量占全部企业数的比重	其中		
		制造业	服务业	建筑业
中国(2013)	95.6	97.3	94.1	92.8
美国	99.4	90.8	97.1	99.0
日本(2012)	97.7	94.0	98.1	98.9
德国	97.1	91.4	97.8	98.6
法国	99.2	97.0	99.4	99.5
英国	98.3	94.4	98.5	99.2
意大利	99.4	97.6	99.7	99.8
加拿大(2010)	97.1	93.2	97.2	98.5
澳大利亚	99.7	99.3	99.6	99.9
西班牙	99.3	97.1	99.5	99.5
韩国	99.1		99.1	
巴西	98.5	93.1	99.1	98.8
俄罗斯(2012)	94.5	94.5	94.5	94.5
土耳其	99.1	99.1	99.5	97.4
OECD 平均	99.1	95.0	98.7	99.3

三、小微企业吸纳就业能力强，占据半壁江山

2011年，OECD成员国小微企业就业人数占就业总人数的比重平均为54%，大中型企业占比为46%。在不同国家，小微企业对就业的贡献大小差异较大。意大利、日本、澳大利亚、西班牙、韩国占比在60%以上，法国、巴西、墨西哥50%以上，美国为37%，德国为44%，俄罗斯仅为6%。在美国、德国、俄罗斯，大型企业就业人数占比较大，就业集中度较高。分行业看，建筑业和服务业小微企业就业人数占比远高于制造业。OECD成员国小微企业就业人数占本行业就业总人数的比重，制造业为36%，服务业为57%，建筑业为76%。制造业生产和就业集中度高，大型企业的就业人数依然占居主导地位。尽管制造业大型企业的数量占比不到1%，但其吸纳的就业人数占比则达40%。大中型企业仍是吸纳就业人数的重要渠道。建筑业、服务业生产相对分散，主要以小微企业为主，其就业人数占比较高，而大型企业的就业人数占比相对较低。各国具体情况有所不同。在美国，小微型企业就业人数占其就业总人数的比重，制造业为32%，服务业为31%，建筑业为68%。美国制造业和服务业大中型企业的就业人数占比要远高于小微企业。

表3　不同规模的企业就业人数占比(%,2011年)

国　家	小微企业 (50人以下)	中型企业 (50—249人)	大型企业 (250人+)
中国(2013)	50.6		
美国(2010)	36.6	13.6	49.8
日本(2009)	63.0	24.1	12.9
德国	43.9	19.6	36.5
法国	50.4	16.6	33.1
英国	40.5	16.4	43.1
意大利	69.4	12.5	18.1
澳大利亚	64.3		35.7
新西兰(2010)	46.5	21.8	31.7
西班牙	63.1	13.4	23.4
韩国	64.4	19.9	15.7
墨西哥(2008)	58.8	15.9	25.3
巴西	50.7	13.6	35.8
土耳其(2009)	48.9	19.9	31.2
俄罗斯(2010)	5.8	23.5	70.7
OECD平均	53.8	16.9	29.3

注：我国企业规模划分标准不同于其他国家。

我国小微企业就业人数占全部就业人数的一半。2013年末，我国从事第二产业和第三产业的小微企业从业人数为14729.7万人，占全部企业法人单位就业人数的50.6%。制造业小微企业就业人数占比为55%。其中，木材加工和木、竹、藤、棕、草制品业，印刷和记录媒介复制业，废弃资源综合利用业，小微企业就业人数占本行业就业总人数的76%以上；而烟草业仅为12%，石油加工及炼焦业为22%，计算机、通信和电子设备制造业为25%。建筑业小微企业就业人数占比为31.5%。其中，建筑装饰业占比为70%，建筑安装业占比为54%；而房屋建筑业、土木工程建筑业占比不到30%。我国服务业小微企业就业人数占比为42.4%。其中，机动车、电子产品和日用产品修理业、租赁业、娱乐业小微企业从业人数占比在80%以上，而电信、广播电视和卫星传输服务，航空运输业，社会工作占比不到10%。与其他主要国家不同的是，我国制造业生产集中度相对较低，小微企业就业人数占比较高。这是由于我国制造业中低端产业、劳动密集型产业所占比重较大，更适合小微企业生存和发展。而在建筑业和服务业，尽管小微企业数量庞大，但就业人数占比相对较低，经营领域和范围不够普遍、广泛，小微企业在吸纳就业、扩大就业方面的作用没有充分发挥。可见，在我国服务业和建筑业中，小微企业发展的空间和潜力很大，应积极鼓励大众创业，降低创业成本，扩大小微企业在服务业和建筑业就业规模，推动服务业和建筑业的发展。

表 4　不同行业小微企业就业人数占比(%,2011 年)

国家	制造业		服务业		建筑业	
	小微企业	大中型企业	小微企业	大中型企业	小微企业	大中型企业
美国(2010)	32.2	67.8	31.1	68.9	68.1	31.9
日本(2009)	53.6	46.4	67.8	32.2		
德国	24.7	75.3	48.0	52.0	76.9	23.1
法国	33.4	66.6	51.2	48.8	73.9	26.1
英国	34.5	65.5	38.7	61.3	65.3	34.7
意大利	53.9	46.1	72.4	27.6	93.4	6.6
澳大利亚	53.3	46.7	64.3	35.7	81.0	19.0
新西兰(2010)	37.8	62.2	49.0	51.0	68.0	32.0
西班牙	49.1	50.9	64.1	35.9	77.1	22.9
韩国	38.4	61.6	76.3	23.7		
巴西	31.3	68.7	58.7	41.3	25.8	74.2
俄罗斯	2.6	97.4	9.5	90.5		
墨西哥(2008)	34.8	65.2	64.5	35.5		
土耳其	43.4	56.6	69.0	31.0	60.4	39.6
OECD 平均	35.8	64.2	56.6	43.4	75.9	24.1

四、小微企业是推动经济发展的重要力量,有利于促进劳动生产率的提高

小微企业是经济增长的主要驱动力。在 OECD 调查的 37 个国家,小微企业增加值占 GDP 比重平均为 47%,中型企业增加值占比平均为 20%,大型企业占比为 33%。小微企业对经济发展的贡献要大于中型和大型企业。意大利、澳大利亚、希腊、葡萄牙、挪威、丹麦、卢森堡等国家小微企业增加值占比在 50%以上,法国、荷兰、芬兰、西班牙、瑞典等国家在 40%以上,德国、英国、墨西哥、巴西、韩国、土耳其等国家在 30%以上。日本相对较低,仅为 21%。

表 5　不同规模企业增加值占比(%,2011 年)

国家	小微企业	中型企业	大型企业
日本(2007)	21.3	28.0	50.7
德国	37.0	19.3	43.7
法国	46.2	16.1	37.7
英国	38.9	17.9	43.2
意大利	53.5	17.5	29.0
澳大利亚(2009)	52.8		47.2
卢森堡	78.7	12.9	8.4
丹麦(2010)	52.3	18.7	29.0
芬兰	41.2	20.5	38.3
希腊(2009)	62.8	19.4	17.9
荷兰	44.7	25.2	30.1
挪威	56.0	19.9	24.1
西班牙	49.7	17.7	32.6
瑞典	45.5	20.2	34.3
韩国	34.3	21.4	44.3
巴西	33.2	15.7	51.1
土耳其(2009)	34.9	19.7	45.4

分行业看，欧盟国家小微企业对生产贡献较大的行业是运输和仓储业，电力、热力、燃气、水生产和供应业，信息和通信业，其增加值占比在60%以上；对生产贡献较小的行业是房地产业、采掘业、建筑业、批发零售和制造业，其增加值占比不到30%。日本的情况与欧盟有所不同，小微企业增加值在房地产业、建筑业占比高，说明生产相对分散；而在电力、热力、燃气生产和供应业，信息和通信业，制造业，运输和仓储业，小微企业增加值占比较低，说明生产集中度较高。

表6　欧盟和日本不同规模、不同行业增加值占比(%,2011年)

行　业	欧盟国家		日本	
	小微企业	大中型企业	小微企业	大中型企业
房地产业	16.0	84.0	55.4	44.6
采掘业	17.8	82.2	41.2	58.8
建筑业	22.1	77.9	48.5	51.5
批发零售业和汽车、摩托车修理业	24.6	75.4	27.5	72.5
专业科学技术服务业	27.2	72.8	31.9	68.1
制造业	28.8	71.2	13.1	86.9
行政管理服务业	37.0	63.0		
住宿和餐饮服务业	48.4	51.6	40.9	59.1
信息和通信业	60.6	39.4	9.7	90.3
水供应、排水、废弃物业	63.3	36.7	23.0	77.0
电力、热力、燃气生产和供应业	65.7	34.3	3.3	96.7
运输和仓储业	72.2	27.8	15.8	84.2

受规模报酬递增规律的作用以及资本密集程度较低的影响，小微企业劳动生产率低于大中型企业。数据显示，企业规模越大，其劳动生产率越高；企业规模越小，其劳动生产率越低。在OECD调查的31个国家中，2011年，小微企业每一就业人员生产的增加值为4.9万美元，而中型和大型企业分别为6.9万美元和8.7万美元。但在荷兰、挪威、卢森堡等一些小国家，小微和中型企业的劳动生产率更高，表现出更好的专业服务水平和更高的服务效率。分国别看，北欧国家小微企业劳动生产率相对较高，而巴西、韩国相对较低。

表7　不同规模企业劳动生产率(千美元/雇员,2011年)

国　家	小微企业	中型企业	大型企业
法　国	72.0	78.2	91.9
德　国	57.5	67.2	81.8
英　国	67.9	80.7	73.8
意大利	55.1	85.4	98.0
丹　麦	82.8	95.4	101.7
芬　兰	70.6	87.4	90.9
荷　兰	65.5	88.9	71.7
挪　威	94.2	92.7	66.2
希　腊	36.5	47.7	79.2
卢森堡	88.7	106.1	44.7
瑞　典	81.4	97.4	98.9
葡萄牙	27.3	41.1	50.9
西班牙	47.9	71.7	75.5
韩　国	49.8	83.1	217.7
巴　西	21.3	30.6	47.0

分行业看，服务业和建筑业小微企业劳动生产率高于制造业。2011年，在OECD调查的国家中，制造业

小微企业每一从业人员生产的增加值平均为6.9万美元，建筑业平均为9.9万美元，服务业平均为10.1万美元。小微企业在提高劳动生产率方面的重要贡献在于，企业的优胜劣汰过程，即大量拥有新技术和高效新企业的进入和低效企业的退出，刺激现有企业提高劳动生产率，从而带动整个行业劳动生产率的提高。

表8　不同规模企业的劳动生产率(千美元/雇员，2011年)

国　家	制造业		服务业		建筑业	
	小微企业	大中型企业	小微企业	大中型企业	小微企业	大中型企业
法　国	76	107	86	102		109
德　国	64	104	94	103	97	142
英　国	67	115	91	103	88	108
意大利	71	138	110	140	96	205
丹　麦	87	105	97	104		122
芬　兰	83	102	96	109	74	115
荷　兰	57	137	110	109	121	112
挪　威	104	98	96	87	105	100
希　腊	84	163	121	175	111	164
卢森堡	91	55	102	93	94	101
瑞　典	73	107	96	102		121
葡萄牙	57	171	86	153	89	172
西班牙	75	124	88	133	110	160
韩　国	44	136		154	86	
巴　西	46	105		123		

受资料来源的限制，无法对小微企业在经济发展中的作用进行全口径中外对比分析。但部分行业数据显示，我国小型微型企业在经济发展中起着不可忽视的作用，是推动经济增长、增加国家税收的重要源泉。从工业部门看，2013年，我国工业小型企业工业销售总值占比为32%，出口交货值占比为20%，主营业务税金及附加占比18%。小型工业企业经济效益主要指标低于大型企业，但高于中型企业。从文化制造业看，规下企业从业人员和营业税金分别占行业总量的三分之一强，其劳动生产率低于规上企业，但每一从业人员对国家税收的贡献却与规上企业大体相当。从文化批发零售业和服务业看，规下(限下)企业的从业人员、营业税金及附加占比均高于规上(限上)企业，尽管规下(限下)企业的资产占比、每一从业人员创造的营业收入远不及规上(限上)企业，但单位从业人员交纳的营业税金及附加却相差较小。与世界其他主要国家相类似，我国文化批发零售业、服务业规上(限上)企业的劳动生产率高于文化制造业规下(限下)企业。

表9　我国文化产业不同规模企业主要财务指标(2013年)

指　标	文化制造业		文化批发零售业		文化服务业	
	规下	规上	限下	限上	规下	规上
从业人员占比(%)	38.1	61.9	65.7	34.3	65.6	34.4
营业收入占比(%)	14.7	85.3	27.3	72.7	38.0	62.0
营业税金占比(%)	38.0	62.0	61.4	38.6	53.2	46.8
资产占比	23.7	76.3	41.1	58.9	49.6	50.4
经济效益指标(万元/人)						
每一从业人员创造的营业收入	20.9	74.4	52.7	267.9	21.2	65.6
每一从业人员交纳的营业税金及附加	0.4	0.4	0.9	1.1	0.7	1.2
每一从业人员拥有的资产总额	25.0	49.8	52.7	144.4	64.2	124.3

五、小微企业生存竞争激烈，创业活力较强

新企业的创办、旧企业的关闭和破产、企业存活期、企业的新陈代谢频率是反映一国经济活力、创业能力的重要指标。与大中型企业相比，小微企业新陈代谢快，生存条件和创业环境较差。从动态上看，企业新陈代谢过程与经济周期变化有着密切的关系。当经济处于下行和收缩时期，企业新陈代谢加快；当经济处于上行和扩张期时，企业新陈代谢放缓。

小微企业创办率高。据OECD调查，受金融危机影响，2007－2010年，几乎所有国家新企业的创办率（即新创办的企业数与企业总数之比率，不包括并购、关闭或拆分重组的企业）下降。美国新企业创办率从2006年的9%，下降到2009年的6.6%。自2010年以来，一些国家企业创办率出现企稳回升的积极趋势，有的甚至回升到危机前的水平。新企业创办率的高低与企业规模有直接的关系，企业规模越小，其新创办率越高；企业规模越大，其新创办率越低。多数国家新企业创办率在10%左右。2011年，美国从业人员1－4人的企业创办率为9.3%，5－9人的为5.5%，10－19人的为4.6%，20人以上的为3.4%。分行业看，服务业和建筑业新企业创办率要高于制造业。2011年，美国三者分别为7.8%、6.2%和5.1%。

表10　新企业创办率(%)

国　家	全部企业	其中		
		1－4人	5－9人	10－19人
中国(2013)	3.7			
美国(2011)	7.38	9.29	5.41	4.64
加拿大(2007)	8.27	9.59	6.08	4.14
丹麦(2006)	12.29	18.21	3.62	1.68
西班牙(2007)	11.10	13.26	6.26	3.12
巴西(2006)	11.22	17.16	6.85	3.57
芬兰(2007)	11.93	16.48	3.16	2.25
意大利(2007)	11.63	15.15	2.73	1.51
卢森堡(2007)	11.08	16.46	6.30	1.42
荷兰(2007)	11.07	15.34	5.63	3.62
挪威(2006)	7.81	11.41	3.53	1.60
瑞典(2007)	10.33	13.97	2.75	0.73

2013年，我国新企业创办率（当年筹建企业与营业企业之比）为3.7%，其中，大型企业为0.06%，中型企业为0.12%，小微企业为3.8%。服务业、建筑业、制造业小微企业创办率分别为5.2%、4.6%、3.8%。与其他国家相似，我国制造业小微企业创办率要低于服务业和建筑业。在制造业中，医药制造、汽车和电车制造、石油加工和炼焦小微企业创办率较高，在8%以上；而烟草制品业、印刷和记录媒介复制业创办率较低，仅为1%左右。在服务业中，公园和游览景区管理、住宿服务、卫生和社会服务小微企业新创办率较高，在15%以上；娱乐业、法律服务、气象服务、邮政基本服务业小微企业新创办率很低，不到1%。

小微企业关闭和破产率高。企业规模越小，其关闭和破产率即死亡率越高；企业规模越大，其死亡率越低。从业人员1－4人的微型企业死亡率最高。2008年金融危机爆发期间，各国死亡率升至最高，美国达到10%，法国为13%，西班牙为15%，明显高于其他年份。2011年，美国企业死亡率降到9.3%，其中从业人员1－4人的企业死亡率为11%，5－9人的为6.4%，10－19人的为6.9%。分行业看，建筑业和服务业企业死亡率要高于制造业。2011年，在OECD调查的27个国家中，制造业企业平均死亡率为7.3%，建筑业和服务业分别为10.3%和9.2%。美国三者分别为7.4%、9.7%和9.5%。

表 11　企业关闭和破产率(%)

国　家	全部企业	其中		
		1 至 4 人	5—9 人	10—19 人
中国(2013)	2.38			
美国(2011)	9.34	10.94	6.39	6.88
加拿大(2007)	9.42	10.48	6.79	4.04
丹麦(2006)	12.00	16.39	5.69	4.03
西班牙(2007)	8.62	11.54	5.55	3.30
巴西(2006)	8.17	11.33	3.40	2.21
芬兰(2007)	9.18	12.27	3.09	2.92
意大利(2007)	9.26	11.89	2.70	1.62
卢森堡(2007)	7.60	11.28	3.94	1.28
荷兰(2007)	7.07	9.73	3.68	2.29
挪威(2006)	4.88	6.94	2.78	1.09

2013 年,我国企业死亡率(即关闭和破产企业数量与营业企业之比)为 2.5%,其中,大型企业为 0.1%,中型企业为 0.3%,小微企业为 2.5%。小微企业制造业死亡率为 2.8%,服务业和建筑业分别为 2.3%和 2.9%。在制造业中,小微企业死亡率较高的是炼铁业、皮革制品加工业、水泥石灰和石膏制造业、有色金属冶炼业,在 6%以上;死亡率较低的是烟草制造业、仪器仪表修理业,不到 1%。在服务业中,小微企业死亡率较高的行业有体育业、新闻业、房地产开发经营业、贸易经纪和代理和其他服务业等,在 3%以上;死亡率较低的是水文服务、艺术表演场馆、城市公共交通运输、集成电路设计,在 1%左右。

小微企业新陈代谢快。企业出生率和死亡率之和,为企业新陈代谢率,反映新企业创办和现有企业关闭的频率。据 OECD 调查,不同国家在不同时期企业的新陈代谢率大体相似。其中,制造业在 10%—20%之间,服务业在 15%—30%之间,建筑业在 15—35%之间。服务业和建筑业企业活力比制造业更强,其创造性的破坏力较大。

由于小微企业规模划分标准不同和体制机制差异,各国小微企业出生率、死亡率和新陈代谢率无法进行直接对比。相对于企业平均和大、中型企业而言,我国小微企业呈现高出生率、高死亡率的特征。

六、小微企业创新灵活性较强,成为创新的重要力量

创新是创业和发展的重要动力。企业创新包括产品创新、工艺创新、营销创新和组织创新。进入 21 世纪以来,在创新精神驱动下,创业经济蓬勃发展,小微企业以其善于识别和利用新技术、善于捕捉商机的优势,成为创新的重要力量。据 OECD 调查,多数国家中小企业单项创新比例要高于大型企业,表现出较强的创新灵活性和突破能力,代表着技术和市场的革命性变化,特别是小微企业在生物技术和信息通信技术领域从事更多的创新活动。在智利、韩国、俄罗斯、南非、土耳其等新兴经济体,中小企业的创新潜力尚未释放出来,产品或工艺单项创新比例较低,但一些国家小微企业在营销和组织方面的单项创新比例要高于大型企业。总体上,大型企业以其雄厚的研发实力,综合创新能力远远高于中小型企业,综合创新优势十分明显,在创新方面占据主导地位,影响巨大。

小微企业创新意识强、发展潜力大,但创新阻力较多。据 OECD 调查,阻碍企业创新的因素很多,主要是缺乏必要的创新资金,创新成本高以及市场对创新产品需求的不确定风险等。小型企业的创新阻碍明显要多于中、大型企业,创新阻力随企业规模增大而降低。在法国,对大型企业来说,认为企业缺乏内部和外部创新资金的比率为 32%,认为创新成本太高的比率为 19%,认为对创新产品的市场需求不确定的比率为 17%;对于中型企业来说,三者比率分别为 38%、22%和 17%;对小型企业来说,三者比率分别为 47%、25%和 19%,其比例明显高于大、中型企业。小微企业在创新人才、创新技术信息方面也远不如大、中型企业,大中型企业的创新优势和创新条件明显优于小型企业。

表 12 不同规模企业的创新阻碍因素(%,2010 年)

国家	企业类型	创新资金不足	创新成本太高	创新产品需求不确定	缺乏创新人才	缺乏创新信息
法国	大型企业	32.4	18.99	17.15	8.38	2.69
	中型企业	38.42	22.19	17.41	10.30	3.79
	小型企业	46.86	25.42	19.21	13.93	4.85
意大利	大型企业	32.98	16.14	12.90	3.95	0.81
	中型企业	36.96	19.00	13.83	6.30	3.43
	小型企业	58.17	33.29	22.59	8.18	3.40
西班牙	大型企业	44.60	21.49	17.90	5.81	4.08
	中型企业	59.34	29.85	21.81	9.22	6.76
	小型企业	74.82	39.82	30.19	13.00	10.65
瑞典	大型企业	15.8	7.55	10.31	11.60	1.47
	中型企业	19.6	7.33	5.93	12.11	1.40
	小型企业	25.6	10.64	6.53	9.66	1.57
芬兰	大型企业	20.44	6.29	13.21	7.86	2.52
	中型企业	23.04	12.19	11.78	6.61	2.79
	小型企业	30.3	13.20	10.44	10.25	2.55
挪威	大型企业	20.5	14.88	7.91	14.88	0.93
	中型企业	23.12	17.46	8.44	11.45	3.58
	小型企业	31.97	23.87	10.33	10.75	3.59
土耳其	大型企业	17.84	21.19	9.41	7.45	4.29
	中型企业	29.6	26.10	11.62	14.32	7.46
	小型企业	38.03	30.68	12.99	16.88	8.97

从各国经验看,消除企业创新障碍的办法很多,如企业间开展创新技术合作、建立合作伙伴关系和开放的网络平台、制定创新合作政策等。据 OECD 调查,大型企业拥有创新合作伙伴的比例要远高于中小企业。英国、芬兰、瑞典企业创新合作水平相对较高,其创新障碍比率则相对较低;而智利、墨西哥、巴西、土耳其、西班牙、意大利企业创新合作水平相对较低,其创新障碍比率则相对较高。

此外,直接或间接的公共支持政策在鼓励企业开展研发投资和创新活动中起着关键的作用。在多数国家,大中型企业往往比小微企业能获得更多的政府创新资金支持。据 OECD 调查,日本政府资助大型企业的研发经费占其资助总经费的 90%以上,美国、英国在 80%以上,法国、意大利在 70%以上,德国为 68%,政府主要依靠大型企业开展创新活动,而对小微企业的研发经费支持相对较小。韩国、西班牙、加拿大、澳大利亚等政府重视小微企业的创新活动,资助的研发经费比例相对较高,占资助研发经费总额的三分之一左右。

表 13 不同规模企业的政府资助研发经费(%)

国家	小微企业	中型企业	大型企业
日本(2011)	3.46	4.18	92.36
瑞典(2009	6.24	11.12	82.64
美国(2010)	6.43	6.23	87.34
英国(2010)	8.28	11.48	80.24
智利(2010)	12.91	27.90	59.19
荷兰(2009)	14.21	13.66	72.13
德国(2009)	14.23	17.16	68.61

续表

国　家	小微企业	中型企业	大型企业
法国(2010)	14.98	7.06	77.95
意大利(2010)	15.53	7.85	76.62
挪威(2011)	17.72	31.88	50.40
韩国(2011)	30.76	20.87	48.37
西班牙(2010)	31.63	35.68	32.69
芬兰(2011)	32.51	15.52	51.97
加拿大(2009)	35.48	18.49	46.02
澳大利亚(2010)	35.90	12.94	51.16
丹麦(2009)	36.61	18.46	44.93
新西兰(2011)	38.36	26.71	34.93

七、小微企业融资成本高，创业环境有待改进

据 OECD 调查研究，在过去十年，创业条件不断改善，影响创业的阻碍因素不断减少。但多数国家创业环境仍有待进一进优化，特别是专业服务业和零售业的创业阻力依然较大。影响企业开办和创业的主要阻碍因素有：开业行政负担高、监管和管理不透明、竞争不充分，缺乏必要的资金支持等。

与主要发达国家相比，我国开办企业所需的手续数较多，开办企业所需时间较长。据世界银行《全球营商环境报告》调查，2013 年，开办企业所需手续数我国为 13 个，德国 9 个，日本 8 个，美国、英国、意大利均为 6 个，法国为 5 个；开办企业所需时间我国为 33 天，日本 22 天，德国 15 天，英国 12 天，法国和意大利分别 7 天和 6 天，美国 5 天。

获取必要的资金支持是小微企业创办和存活的重要条件，是影响企业发展的主要因素。自 2008 年国际金融危机以来，主要发达国家小微企业贷款严重紧缩，信贷条件恶化。金融危机对小微企业融资产生的负面影响要比大中型企业严重得多。近两年来，随着经济复苏回暖，美欧国家信贷条件有所改善，但受宏观经济低迷的制约和银行持续去杠杆化的影响，各国风险投资规模减少，小微企业融资仍面临着重大挑战，小微企业信贷条件尚未从金融危机中完全恢复，可选择的融资方式比大企业少。与大中型企业相比，小微企业违约率高，不良贷款占比高，银行对小微企业的贷款意愿依然较低。据欧洲央行的企业融资调查，小微企业的银行贷款利率要高于大中型企业，融资成本较高。2014 年，欧元区微型企业银行贷款的利率约为 8%，小型企业约为 5.8%，中型企业约为 4%，大型企业约为 3%。与上年相比，欧元区 10 人以上企业的银行贷款利率有所降低，而银行授信和透支额度有所提高。但 10 人以下企业的银行贷款利率有所上升，获得银行贷款比率有所降低。

通过上述中外比较研究可以发现，尽管我国小微企业规模划分标准、统计口径与世界其他主要国家有所不同，但各国小微企业的发展有其共同之处，即企业数量多，新陈代谢快，对就业的贡献突出，是扩大生产、提高劳动生产率、促进创业创新的重要力量。同时，各国小微企业也面临着创新阻力大、融资难度大等难题。与世界其他主要国家相比，我国小微企业发展潜力有待进一步挖掘。

一是小微企业发展空间有待进一步扩展，发展潜力有待进一步释放。我国小微企业主要集中在传统的制造行业，而服务业和建筑业小微企业发展相对不足。应积极鼓励服务业和建筑业小微企业的创办和发展，扩大服务业的开放领域，充分发挥小微企业在推动服务业和建筑业的作用。

二是小微企业创业环境有待进一步优化，创业能力有待进一步增强。应积极落实简政放权政策，缩短行政审批时间、减化审批手续，努力消除小微企业发展障碍，优化小微企业创业环境，降低小微企业创业成本，激发创业活力，加快小微企业新陈代谢速度，使小微企业成为稳增长、促就业的新亮点。

三是小微企业创新阻力较大，创新能力有待进一步提高。我国小微企业主要分布在传统的手工业、加工业以及服务、建筑等行业，受资金、技术、人才、制度等资源限制，创新型和具有高增长潜力的小微企业数量较少。政府应通过设立国家创新成长基金，帮助小微企业与研究机构、大型企业建立创新合作关系，鼓励

创新型小微企业的创办和发展，提高创新能力，积极营造“大众创业，万众创新”氛围。

注 1. 文中部分数据由于单位取舍不同或四舍五入而产生的差数，均未做调整。
2. 文中数据不包括一些无分组标识的数据。

参考文献：

[1]2013 年第三次全国经济普查资料
[2]OECD，Entrepreneurship at a Glance 2014
[3]OECD Studies on SMEs and Entrepreneurship SMEs，ENTREPRENEURSHIP AND INNOVATION 2010
[4]OECD，Financing SMEs and Entrepreneurs 2015：An OECD Scoreboard
[5]OECD Compendium of Productivity Indicators 2012
[6]OECD 统计网站，http://stats.oecd.org
[7]European Central Bank，2014，survey on the access to finance of enterprises in the Euro Area
[8]世界银行《全球营商环境报告》，2014

课题组　组　长：余芳东
成　员：王　磊　杨红军　郭义民　任晓燕
周　晶　高玉玲　周　璞　张　杨
执笔人：余芳东　郭义民

我国信息及相关产业发展现状及其对经济社会发展的影响

本文以 2013 年和 2008 年两次全国经济普查资料为基础，结合利用 2004 第一次全国经济普查资料，按照 2003 年国家统计局颁布的《统计上划分信息相关产业暂行规定》中确定的标准，对我国信息及相关产业发展状况进行测算与简要分析如下：

一、主要特点

（一）总体规模扩大，但增速稳中有降

截止 2013 年末，在我国从事信息及相关产业的法人单位和从业人员分别达到 50.8 万家和 1929.4 万人，与 2008 年相比，分别年均增加 4.1 万家和 154.3 万人，分别年均增长 8.2%和 8%，与 2004 年至 2008 年期间信息及相关产业年均增长速度相比，分别下降了 5.5 和 1 个百分点。从事信息及相关产业企业法人单位和从业人员分别为 48.6 万家和 1865.8 万人，与 2008 年相比，分别年均增加 4.2 万家和 156.8 万人，分别年均增长 8.9%和 8.5%，与 2004 年至 2008 年期间年均增长速度相比，分别下降了 6 和 0.8 个百分点。企业全年实现营业收入达到 15.1 万亿元，与 2008 年相比，年均增加 1.9 万亿元，（按当年价格计算，下同）年均增长 14.4%，与 2004 至 2008 年期间年均增长速度相比，下降了 1.4 个百分点。

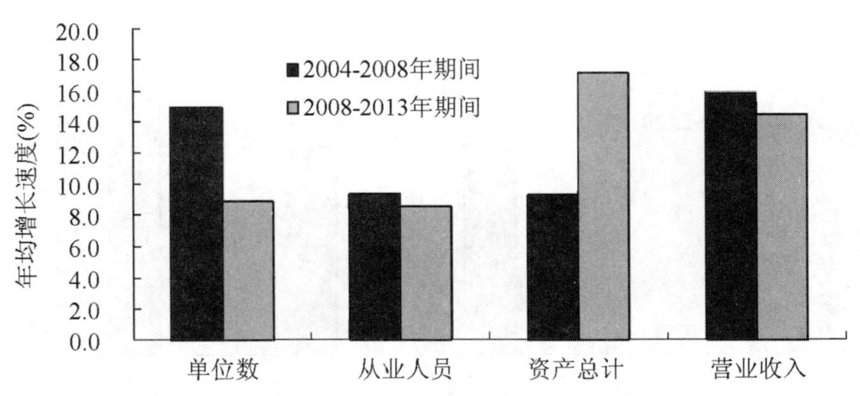

图 1　信息及相关产业企业主要指标年均增长速度

（二）非公有制企业为主体，私人资本增强

2008 年以来特别是“十二五”期间，随着我国加快政府职能转变、简政放权，积极推进商事制度改革等一系列重要改革措施的实施，调动了私人资本投资创业的激情，促进了信息产业领域私人控股企业的迅速发展。截止 2013 年底，从事信息及相关产业的企业法人单位中，非公有制企业法人单位数和从业人员分别为 44 万家和 1483.6 万人，分别占全部信息及相关产业企业法人单位数和从业人员的 90.5%和 79.5%，分别比 2008 年提高了 1.6 和 3 个百分点；全年实现营业收入 11.7 万亿元，占全部信息及相关产业企业法人单位营业收入的 82.1%，比 2008 年提高 0.8 个百分点。其中，私人控股企业法人单位数和从业人员分别为 42.2 万家和 782.3 万人，占全部信息及相关产业企业法人单位数和从业人员的比重分别为 86.8%和 41.9%，分别比 2008 年提高 6.1 和 8.4 个百分点；全年实现营业收入 4.9 万亿元，占全部信息及相关产业企业法人单位营业收入的比重为 32.3%，比 2008 年提高 10.1 个百分点。私人控股企业已经成为推动信息及相关产业发展的重要力量。

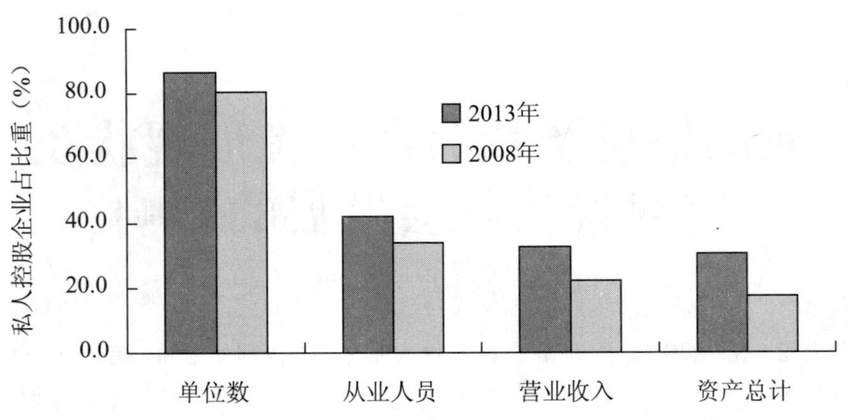

图 2 私人控股企业占全部信息及相关产业企业比重

（三）港澳台及外资企业增速放缓，但仍发挥着重要作用

截止 2013 年末，在我国全部从事信息及相关产业的企业中，港澳台及外资企业法人单位数和从业人员分别为 2.1 万家和 753.3 万人，与 2008 年相比，分别年均增长 1.8%和 5.2%，增速与 2004 年至 2008 年期间相比，分别下降了 4.8 和 5.1 个百分点；全年实现营业收入 7.3 万亿元，与 2008 年相比，年均增长 9.5%，增速与 2004 年至 2008 年期间相比，下降了 5.4 个百分点。其中，外商投资企业法人单位数和从业人员分别为 1.2 万家和 410.7 万人，与 2008 年相比，分别年均增长 0.5%和 3.4%，与 2004 年至 2008 年期间相比，分别下降了 7.8 和 8.3 个百分点；全年实现营业收入 4.5 万亿元，与 2008 年相比，年均增长 7.8%，与 2004 年至 2008 年期间相比，下降了 6.8 个百分点。数据显示，我国信息及相关产业领域港澳台及外资企业增速明显放缓，但其从业人员和全年创造营业收入占全部信息及相关产业企业的比重仍分别为 40.4%和 48%，但仍然是推动我国信息及相关产业发展的重要力量。

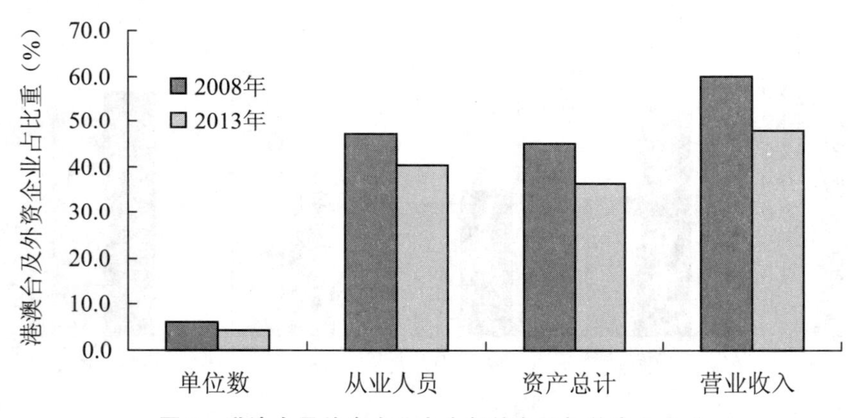

图 3 港澳台及外资企业占全部信息及相关产业比重

（四）主要集中在东部，但中部增长较快

截止 2013 年末，在我国东部地区从事信息及相关产业的企业法人单位数达到 33.8 万家，占全部信息及相关产业企业法人单位的 69.5%，与 2008 年相比提高了 5.9 个百分点；从业人员达到 1376.9 万人，占全部信息及相关产业企业法人单位的 73.8%，与 2008 年相比下降了 3 个百分点；全年实现营业收入达到 11.6 万亿元，占全部信息及相关产业企业法人单位的 77%，与 2008 年相比下降了 6.5 个百分点；拥有资产总计 12.6 万亿元，占全部信息及相关产业企业法人单位的 76.9%，与 2008 年相比提高了 0.6 个百分点。数据显示，虽然东部地区信息及相关产业企业主要经济指标占全国相应指标的比重有升有降，但均占 70%左右，表明我国信息及相关产业仍主要集中在东部地区。

中部地区增长相对较快。截止 2013 年末，在我国中部地区从事信息及相关产业的企业法人单位数为 6.2 万家，与 2008 年相比，年均增长 6.8%，仅低于东部地区，分别比西部和东北地区高 2.5 和 3.6 个百分点；从业人员为 238.2 万人，与 2008 年相比，年均增长 15.3%，在各地区中增长最快，分别比东部、西部和东北地区高 7.6、4.8 和 13.3 个百分点；全年实现营业收入 1.6 万亿元，与 2008 年相比，年均增长 25%，与西部地区基本持平，分别比东部和东北地区高 12.4 和 16.7 个百分点。东北地区增长相对缓慢（详见图 4）。

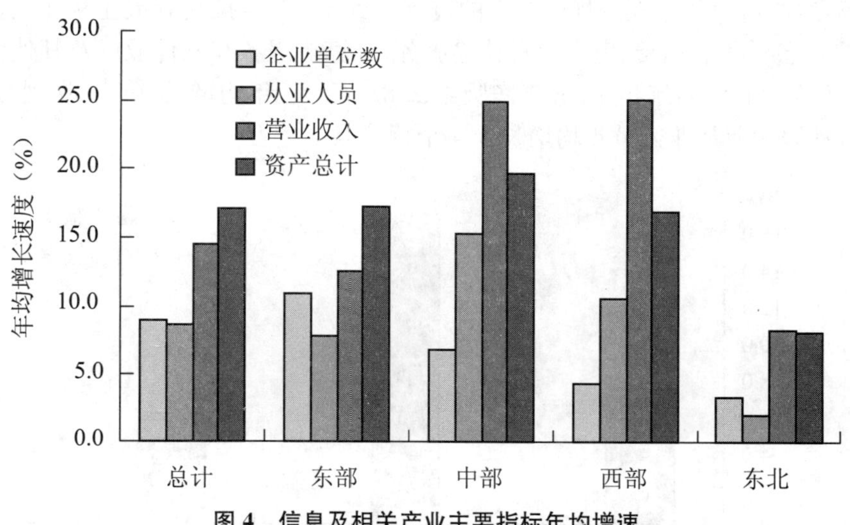

图 4 信息及相关产业主要指标年均增速

(五)大中型企业发挥主导作用,企业规模优势显著

截止 2013 年末,在我国全部信息及相关产业企业法人单位中,大、中型企业法人单位合计 1.5 万家,仅占 3%,但从业人员达到 1191.7 万人,占全部信息及相关产业企业法人单位的 63.9%,全年实现营业收入达到 11.5 万亿元,占全部信息及相关产业企业法人单位的 75.9%。其中,大型企业法人单位 2557 家,仅占全部信息及相关产业企业法人单位的 0.5%,而从业人员和全年实现营业收入分别为 730.5 万人和 7.9 万亿元,分别占全部企业法人单位的 39.2%和 52.5%。

2013 年,在我国全部信息及相关产业企业法人单位中,大中型企业法人单位人均营业收入和资金产值率分别为 96.4 万元和 109.6%,分别比全部信息及相关产业企业法人单位平均水平高 15.3 万元和 17.1 个百分点,分别比小型企业法人单位高 34.4 万元和 11.6 个百分点,分别是微型企业法人单位的 2.6 倍和 4 倍。其中,大型企业法人单位人均营业收入和资金产值率分别为 108.7 万元和 131.9%,分别比全部信息及相关产业企业法人单位平均水平高 27.6 万元和 39.4 个百分点,分别是小型企业法人单位的 1.8 倍和 1.3 倍,分别是微型企业法人单位的 2.9 倍和 4.8 倍。企业规模优势显著,大、中型企业特别是大型企业市场竞争力强,对整个信息及相关产业发展发挥着重要影响。

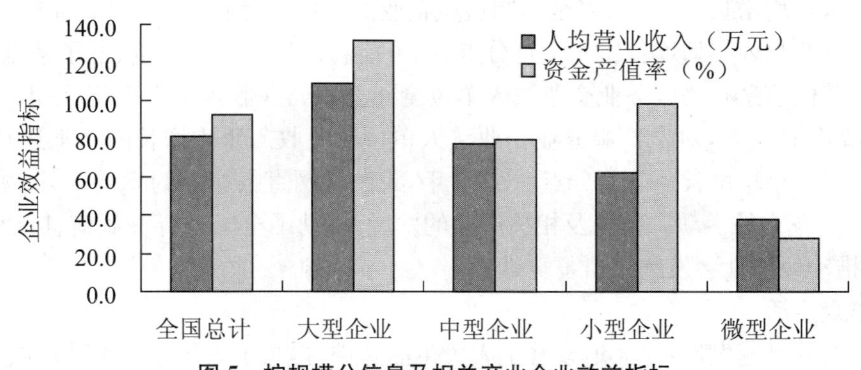

图 5 按规模分信息及相关产业企业效益指标

二、信息及相关产业对经济社会发展的贡献

信息及相关产业的迅速发展,对我国经济社会发展产生了重要的影响,突出表现在:

(一)扩大了社会就业

截止 2013 年末,在我国第二、第三产业法人单位中的从业人员达到 3.6 亿人,与 2008 年相比,增加 8000 多万人,年均增长 5.6%。其中,在信息及相关产业法人单位中的从业人员为 1929.4 万人,与 2008 年相比,五年净吸纳社会从业人员 617.1 万人,年均增长 8%,对第二、第三产业法人单位从业人员规模扩大的贡献达到 7.4%,拉动第二、第三产业法人单位从业人员年均增长 0.4 个百分点。分行业看,截止 2013 年末,在我国电子信息设备制造业法人单位中的从业人员 1146.3 万人,与 2008 年相比,五年净吸纳 338.2 万

人，年均增长 7.2%，对制造业从业人员规模扩大的贡献达到 16.9%，拉动制造业从业人员年均增长 0.6 个百分点；在电子信息设备销售和租赁、电子信息传输服务、计算机服务和软件业以及其他信息相关服务领域的从业人员 783.1 万人，与 2008 年相比，五年净吸纳 278.9 万人，年均增长 9.2%，对服务业就业规模扩大的贡献达到 6%，拉动服务业从业人员年均增长 0.4 个百分点。

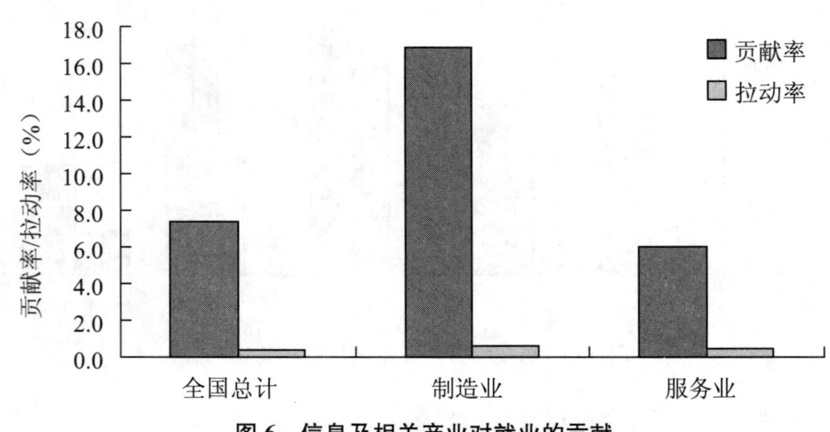

图 6　信息及相关产业对就业的贡献

（二）促进了经济增长

截止 2013 年末，在我国从事信息及相关产业的企业法人单位数为 48.6 万家，与 2008 年相比，增加 16.8 万家，年均增长 8.9%，对第二、第三产业企业法人单位数增长的贡献达到 5.2%，拉动第二、第三产业企业法人单位数年均增长 0.5 个百分点。其中，从事电子信息设备制造业的企业法人单位数 9.5 万家，与 2008 年相比，增加 2.8 万家，年均增长 7.4%，对制造业企业法人单位数增长的贡献达到 6.6%，拉动制造业企业法人单位数年均增长 0.3 个百分点；从事电子信息设备销售和租赁、电子信息传输服务、计算机服务和软件业以及其他信息相关服务的企业法人单位 39.1 万家，与 2008 年相比，增加 14 万家，年均增长 9.3%，对服务业企业法人单位数增长的贡献达到 5.3%，拉动服务业企业法人单位数年均增长 0.8 个百分点。

2013 年，我国信息及相关产业企业法人单位全年实现营业收入 15.1 万亿元，与 2008 年相比，增加 7.4 万亿元，年均增长 14.4%，对全部企业法人单位营业收入增长的贡献达到 6.4%，拉动企业法人单位营业收入增长 1 个百分点。其中，电子信息设备制造业企业法人单位全年实现营业收入 9.9 万亿元，与 2008 年相比，增加 4.6 万亿元，年均增长 13.4%，对全部制造业企业法人单位营业收入增长的贡献达到 8.7%，拉动制造业企业法人单位营业收入年均增长 1.4 个百分点；电子信息设备销售和租赁、电子信息传输服务、计算机服务和软件业以及其他信息相关服务业企业法人单位全年实现营业收入 5.2 万亿元，与 2008 年相比，增加 2.8 万亿元，年均增长 16.5%，对全部服务业企业法人单位营业收入年均增长的贡献达到 6%，拉动服务业企业法人单位营业收入年均增长 1 个百分点。2013 年，我国联网直报企业约 50%以上的企业拥有网站，约 5%①的企业有电子商务交易活动。信息及相关产业的发展，推动了全国各行各业信息化水平的提高和互联网的迅速发展，对推动经济社会发展做出了贡献。

（三）丰富了群众生活

信息及相关产业的迅速发展，极大地改善了人民生活条件，提高了人民生活水平。截止 2013 年末，全国互联网上网人数达到 61758 万人，是 2008 年的 2.1 倍；域名数达到 1843.6 万个，比 2008 年增加了 161 万个；网站数达到 320.2 万个，比 2008 年增加了 32.4 万个；互联网网页数突破 1500 亿个，是 2008 年的 9.3 倍；互联网宽带接入端口和互联网宽带接入用户分别达到 35945.3 万个和 18890.9 万户，分别是 2008 年的 3.3 倍和 2.3 倍。全国移动电话用户达到 12.3 亿户，是 2008 年的 1.9 倍；全国移动电话普及率达到每百人 90.8 部，是 2008 年的 1.9 倍。全国广播、电视综合人口覆盖率分别达到 97.8%和 98.4%，分别比 2008 年提高了 1.8 和 1.4 个百分点。全国图书出版总类达到 44.4 万种，是 2008 年的 1.6 倍；期刊出版 9877 种，比 2008 年增加了 328 种。全国公共图书馆数量达到 3112 个，比 2008 年增加了 292 个，总藏量达到 74896 万册件，是 2008 年的 1.3 倍。

---

① 资料来源：《2014 中国统计年鉴》P584

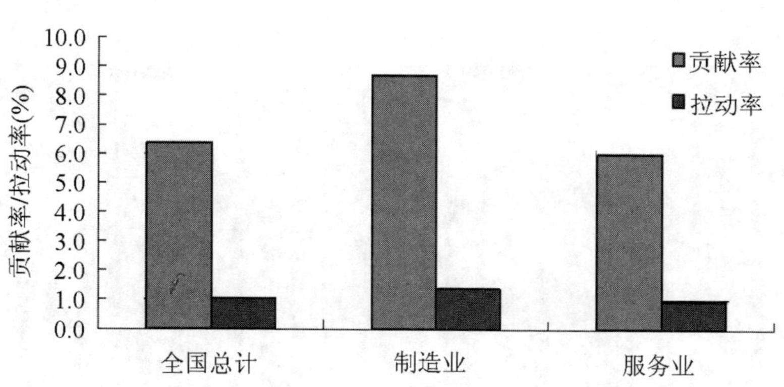

图 7 信息及相关产业对营业收入增长的贡献

上述结果表明,2008—2013 年期间,我国信息及相关产业保持了稳定增长的态势,对扩大就业、促进经济增长和提高群众生活质量等方面发挥了重要作用。但同时还应该看到,仍然存在一些不容忽视的问题,应该引起重视。突出表现在:

一是增速明显放缓。2008 年至 2013 年期间,我国信息及相关产业企业法人单位数年均增长 8.9%,与 2004 年至 2008 年期间相比,下降了 6 个百分点;从业人员年均增长 8.5%,与 2004 年至 2008 年期间相比,下降了 0.8 个百分点;营业收入年均增长 14.4%,与 2004 年至 2008 年期间相比,下降了 1.4 个百分点,甚至比全部企业法人单位营业收入年均增速还低了 1.8 个百分点。与 2004 年至 2008 年期间相比,我国信息及相关产业主要指标除资产总计外,增速均明显放缓,有些指标增速甚至低于同期全部企业增速。

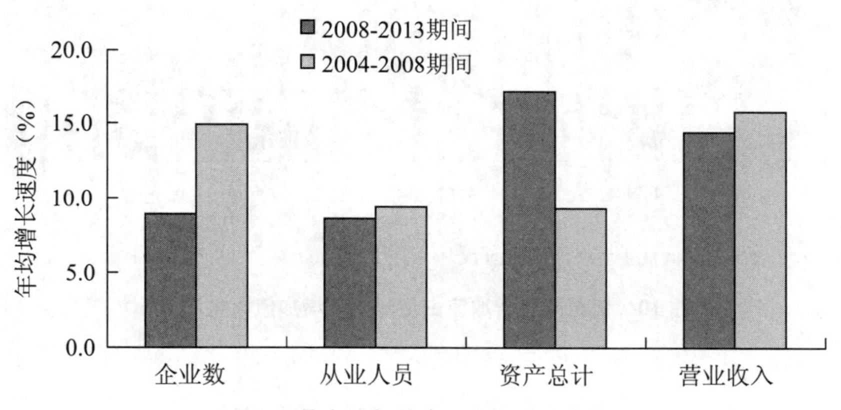

图 8 信息及相关产业企业增速变化

二是资本利用效率明显下降。2013 年,我国信息及相关产业企业法人单位资金产值率为 92.5%,与 2008 年相比,下降了 11.6 个百分点。其中,电子信息设备制造业资金产值率为 144.3%,与 2008 年相比,下降了 10 个百分点;电子信息设备销售和租赁、电子信息传输服务、计算机服务和软件业以及其他信息相关服务业资金产值率为 54.7%,与 2008 年相比,下降了 5.9 个百分点。资金利用效率的下降,降低了信息及相关产业对资本的吸引力,影响了信息及相关产业的增速。

三是总量规模水平仍然偏低。2013 年末,在我国信息及相关产业企业法人单位中的从业人员占全部企业法人单位从业人员的比重为 5.9%,与欧洲经济合作与发展组织(OECD)和欧盟 15 国平均水平基本持平,但与芬兰、瑞典、爱尔兰、日本、韩国、英国和法国等国相比,仍显偏低(详见图 9)。2013 年,我国信息及相关产业企业法人单位创造增加值占全部企业法人单位增加值的比重为 6.6%①,与 OECD 平均 8%以上的水平和欧盟 15 国平均接近 8%的水平相比,明显偏低(详见图 10)。从信息及相关产业企业创造增加值占全部企业增加值的比重看,我国信息及相关产业与世界主要发达国家相比,还有一定的差距。

---

① 我国的数据为信息及相关产业企业全年营业收入占全部企业营业收入的比重,与 OECD 和欧盟增加值的比重存在不完全可比的情况,但基本反映我国信息及相关产业的发展水平。

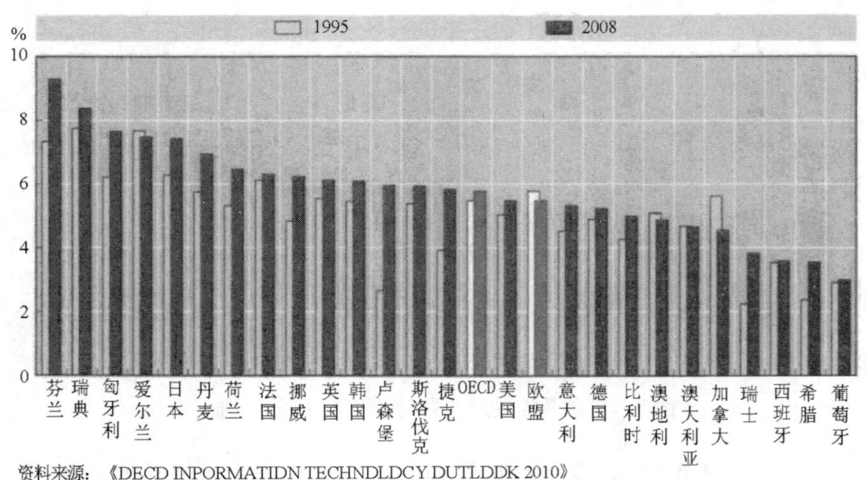

图 9　信息产业就业人员占全部企业就业人员比重(%)

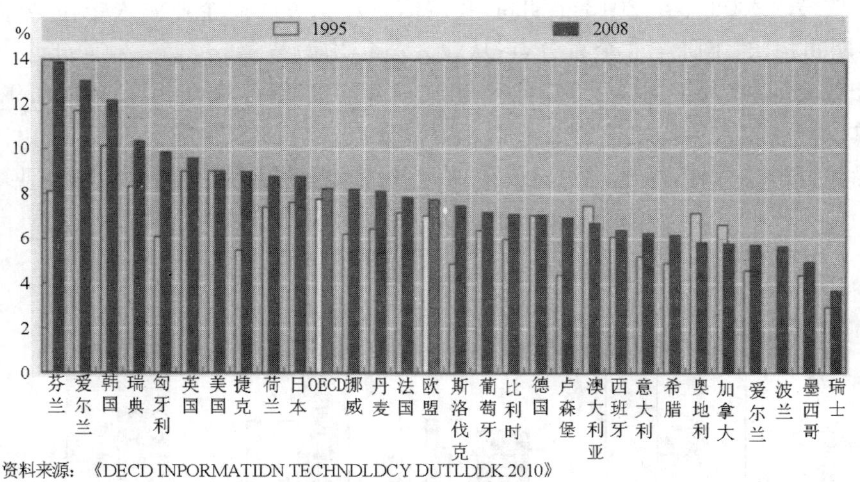

图 10　信息产业增加值占全部企业增加值比重(%)

课题组　组长：刘建生

成员：任　远　林自葵　杜小芳　陈　立

石静蕾　刘奕杉　李　冉

我国高技术产业发展现状研究

高技术产业[①]的发展是一个国家或地区经济竞争力和科技实力的重要标志。目前许多发达国家将高技术产业视为带动经济增长的“先导产业”和“战略产业”，给予优先发展。我国也在“十一五”规划和“十二五”规划中分别提出了“加快发展高技术产业”和“推动高技术产业做大做强”的目标。为反映我国高技术产业发展状况，本文利用第三次全国经济普查数据，对高技术产业发展特点及存在的问题进行了分析，并提出政策建议。

一、我国高技术产业发展现状

1. 企业数量持续增加

截止到2013年底，我国高技术产业共拥有26894家企业，比2008年增长74.9%[②]，年均增长[③]11.8%，增幅比制造业平均水平高2.4个百分点。2008－2013年我国高技术产业占制造业的比重呈现上升态势，2013年为7.8%，比2008年提高0.8个百分点（2008－2013年高技术产业企业数量及占制造业的比重情况见图1）。

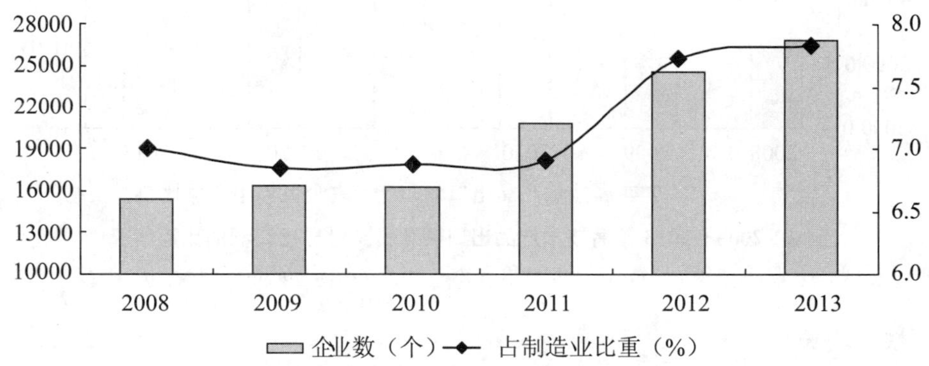

图1 2008－2013年高技术产业企业数量及占制造业的比重情况

分企业规模看，高技术产业以小微型企业居多，2013年小微型企业有19085家，占高技术产业的71%，比2008年提高1.9个百分点。分行业看，有半数企业属于电子及通信设备制造业，2013年该行业有13465家，占50.1%，比2008年提高3.9个百分点。分登记注册类型看，有七成企业为内资企业，2013年内资企业有18841家，占70.1%，比2008年提高13.3个百分点。

2. 固定资产投资力度不断加大

2013年我国高技术产业建成投产项目为10528个，是2008年的2.5倍，年均增长19.7%；投资总额为15557.7亿元，是2008年的3.7倍，年均增长30.1%。2013年建成投产项目及投资总额占制造业比重分别为7.4%和10.5%，比2008年分别提高2.3个和1.5个百分点。

分行业看，电子及通信设备制造业建成投产项目和投资总额最高，2013年分别为4586个和7573.4亿元，占高技术产业的比重分别为43.6%和48.7%。分企业类型看，内资企业占绝大比重，2013年分别为

---

① 本文高技术产业仅指高技术制造业，按照国家统计局2013年颁布的《高技术产业（制造业）分类（2013）》，本文高技术制造业包括医药制造业，航空、航天器及设备制造业，电子及通讯设备制造业，计算机及办公设备制造业，医疗仪器设备及仪器仪表制造业。受统计资料来源所限，高技术制造业不包含信息化学品制造业。

② 2011年，我国规模以上工业标准由500万元及以上调整为2000万元及以上，为了同口径反映2008－2013年我国高技术产业变化情况，本文对2008－2010年相关数据按新标准进行了调整。

③ 本文年均增长如果没有特别说明均为2008－2013年的年平均增长。

9567 个和 13168.5 亿元，占高技术产业的比重分别为 90.9%和 84.6%。

3. 生产规模继续扩大

2013 年我国高技术产业总产值达 11.7 万亿元，比 2008 年增长 1.1 倍，年均增长 16.2%。2013 年我国高技术产业增加值增速[①]为 11.8%，比制造业平均水平高 1.3 个百分点。高技术产业总产值占制造业总产值的比重，2013 年为 12.9%，比 2011 年提高 1.2 个百分点。

分企业规模看，高技术产业产值以大型企业占比最高，2013 年大型企业总产值为 7 万亿元，占高技术产业的 59.6%，比 2008 年提高 6.9 个百分点。分行业看，电子及通信设备制造业在高技术产业中居主导地位，2013 年总产值为 6.1 万亿元，占高技术产业的 51.9%，比 2008 年提高 4.1 个百分点。分登记注册类型看，内资企业已赶上并超过外资企业，2013 年内资企业总产值 5.1 万亿元，占高技术产业的 43.3%，比外资企业高出 6.4 个百分点。

4. 产品出口位居首位

随着我国高技术产业生产规模的扩张，高技术产品的出口与发达国家相比，也呈现较快增长的趋势。据世界银行(WBG)统计显示，2013 年我国高技术产品出口额达 5600.6 亿美元(见图 2)，比位居第二的德国多 3669.7 亿美元，占世界出口额的比重为 27.8%，比 2008 年提高 8.4 个百分点。2008—2013 年我国高技术产品出口年均增速为 10.5%，比世界平均水平高 7.7 个百分点，居世界首位。

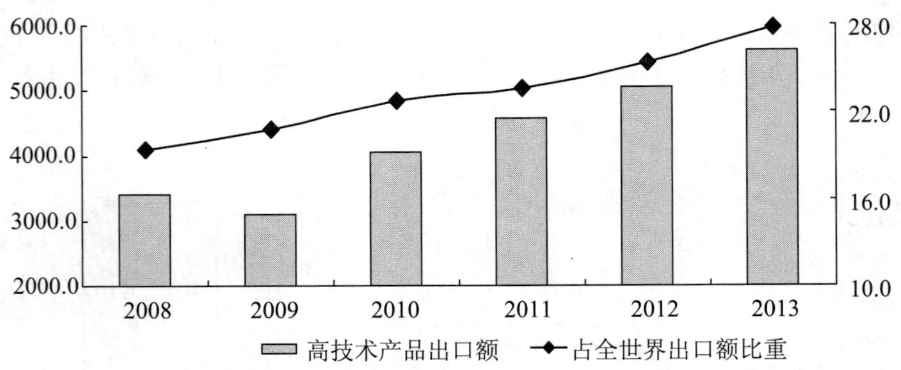

图 2　2008—2013 年高技术产品出口额及占全世界出口额的比重情况

数据来源：世界银行网站高科技出口相关数据：http://data.worldbank.org.cn

5. 研发投入快速增长

2013 年我国高技术产业研发人员和研发(以下简称 R&D)经费分别为 84.1 万人和 2034.3 亿元，是 2008 年的 2.3 倍和 2.9 倍，年均增长 18%和 23.3%。从投入强度看，2013 年高技术产业 R&D 人员投入强度[②]和 R&D 经费投入强度[③]分别为 6.5%和 1.75%，比 2008 年提高 2.2 个和 0.43 个百分点；2008—2013 年我国高技术产业 R&D 投入强度均明显高于制造业平均水平，且两者差距呈现逐渐扩大趋势(2008—2013 年高技术产业与制造业 R&D 投入强度情况见表 1)。

表 1　2008—2013 年高技术产业与制造业 R&D 投入强度情况

年份	R&D 人员投入强度(%)		R&D 经费投入强度(%)	
	高技术产业	制造业	高技术产业	制造业
2008	4.3	2.0	1.32	0.70
2009	5.1	2.6	1.50	0.77
2010	5.5	2.8	1.52	0.79
2011	5.4	3.0	1.65	0.78
2012	6.1	3.4	1.70	0.85
2013	6.5	3.7	1.75	0.88

① 数据来源于 2013 年国民经济和社会发展统计公报。

② R&D 人员投入强度指 R&D 人员与从业人员之比。

③ R&D 经费投入强度指 R&D 经费与主营业务收入之比。

分企业规模看，大型企业 R&D 人员及经费分别占高技术产业的 55.6%和 64.9%，R&D 人员投入强度和 R&D 经费投入强度分别为 6.9%和 1.9%，高于高技术产业 6.5%和 1.75%的平均水平。分企业类型看，内资企业 R&D 人员及经费分别占高技术产业的 67.4%和 68.7%；R&D 人员投入强度和 R&D 经费投入强度分别为 9.8%和 2.79%，远高于外资企业 4%和 0.89%的水平。

6. 研发产出水平大幅提高

2013 年我国高技术产业发明专利申请数和新产品销售收入分别为 7.4 万件和 3.1 万亿元，是 2008 年的 2.9 倍和 2.3 倍，年均增长 23.6%和 18.2%。2013 年高技术产业专利申请中发明专利所占比重为 51.8%，比制造业平均水平高 15.2 个百分点；新产品销售收入占主营业务收入的比重为 27%，比制造业平均水平高 13.1 个百分点。

分企业类型看，内资企业总量占优，外资企业质量较高。2013 年，内资企业发明专利申请数和新产品销售收入分别为 4.9 万件和 1.3 万亿元，占高技术产业的比重为 65.8%和 40.9%；外资企业发明专利占专利申请的比重及新产品销售收入占主营业务收入的比重分别为 61.2%和 28.9%，比制造业平均水平高 24.6 个和 15 个百分点。

二、我国高技术产业发展存在的问题

1. 高技术产业中持续经营的企业发展乏力

2013 年持续经营①的高技术产业企业工业总产值为 7.3 万亿元，与 2008 年相比年均增长 9.7%，比全部高技术产业企业增幅低 6.5 个百分点，比其他制造业中持续经营的企业增幅低 3.7 个百分点。2013 年持续经营的高技术企业工业总产值占持续经营的制造业企业比重为 11.9%，比 2008 年降低 1.9 个百分点。我国高技术产业中持续经营的企业发展乏力主要表现在计算机及办公设备制造业(见表 2)。与 2008 年相比，计算机及办公设备制造业工业总产值年均增速仅为 0.2%，远远低于其他 4 个行业平均增速(13.2%)，所占比重也由 2008 年的 31.6%下降到 2013 年的 20%。

表 2　2008 和 2013 年按行业分高技术产业持续经营的企业工业总产值相关情况

行　业	所占比重(%)		年均增速(%)
	2008	2013	
总计	100.0	100.0	9.7
医药制造业	13.0	20.0	19.6
航空、航天器及设备制造业	2.2	2.2	10.0
电子及通信设备制造业	47.6	51.3	11.3
计算机及办公设备制造业	31.6	20.0	0.2
医疗仪器设备及仪器仪表制造业	5.6	6.5	13.4

2. 高技术产业研发投入力度尚显不足

近年来，高技术产业作为先导产业对我国制造业发展起到了积极的推动作用，但与发达国家相比，我国高技术产业技术水平依然较低，这与我国高技术产业起步较晚、R&D 投入不足、积累较少有很大关系。美国近期高技术产业发展目标是“使本国制造商成为世界主导的创新者”，我国现阶段高技术产业发展目标之一是“提升高技术产业自主创新能力”。为此，我国加大了高技术产业 R&D 经费投入力度，2008 年以来，R&D 经费投入强度呈现稳步提高态势，2013 年为 1.75%，但与美国(2009 年 19.74%)、日本(2008 年 10.5%)和韩国(2007 年 5.86%)等发达国家相比还存在较大差距，表明我国高技术产业的核心竞争力和抵御风险能力有待进一步加强。

我国高技术产业 R&D 经费投入强度相对不高的原因之一是外资企业投入相对较少。分登记注册类型看，2013 年我国高技术产业中外资企业主营业务收入占比达 37.1%，而 R&D 经费占比仅为 18.8%，外资企业 R&D 经费投入强度仅为 0.89%，远低于内资企业 2.79%的水平。可见在研发国际化的背景下，外资企

① 本文持续经营的企业指 2008 年及以前成立，2008—2013 年期间处于正常开工生产运行的企业。

业在投资我国高技术产业领域时，更看重我国产品加工环节的成本优势。

3. 高技术产业劳动生产率仍比较低

从就业规模看，2008 年以来我国高技术产业从业人员以年均 8.6%的速度增长，高于其他制造业(5.1%)的增长速度。从劳动效率看，我国高技术产业劳动生产率[①]虽然从 2008 年的 64.1 万元/人提高到 2013 年的 90.8 万元/人，但仍比其他制造业低 18 万元/人。5 年来，高技术产业劳动生产率以年均 7%的速度增长，但仍比其他制造业低 3.6 个百分点，表明我国高技术产业的劳动生产率提升相对较缓，与其他制造业的差距呈逐年加大趋势(见图 3)。

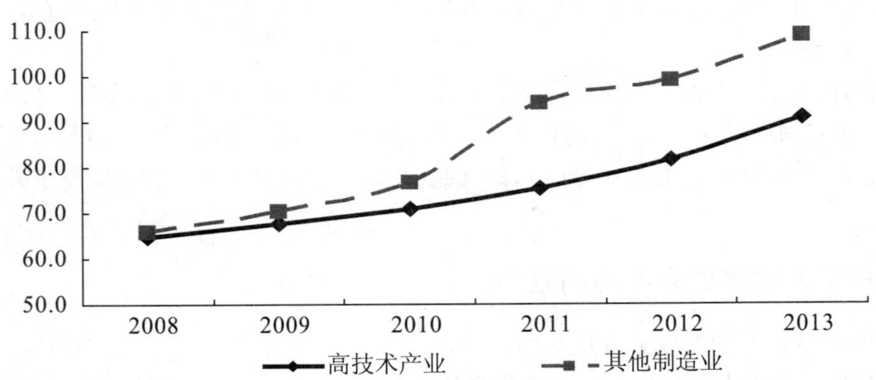

图 3　2008—2013 年高技术产业和其他制造业劳动生产率情况(万元/人)

分行业看，电子及通信设备制造业的产业规模较大，工业总产值及从业人员均占高技术产业一半以上的份额，但劳动生产率 2013 年仅为 82.8 万元/人，成为影响我国高技术产业劳动生产率整体偏低的主要行业。

4. 高技术产品出口受国际市场冲击风险加大

我国高技术产品出口的规模不断扩大主要依靠我国人力资本的比较优势。从工资水平的国际比较看[②]，我国制造业从业人员工资仍处于较低水平，与发达国家相比，我国制造业从业人员工资水平约是英国的 1/27、日本的 1/22、美国的 1/21、韩国的 1/13、新加坡的 1/12；与发展中国家相比，我国约是马来西亚的 1/4，墨西哥的 1/3。

随着我国高技术产品出口的规模不断扩大，国际市场对我国高技术产业发展的直接或间接影响也将不断加强。首先，近年来我国对国际大宗商品的需求较大，其价格波动已对我国经济产生了一定影响，我国经济将不可避免地承受国际大宗商品价格波动所带来的压力。其次，我国以人力资本比较优势进入国际市场，导致了我国与其他国家，尤其是以劳动密集型产品为主要出口产品国家的贸易摩擦，处理国家间贸易纠纷将成为我国商品出口的“新常态”。

三、政策建议

为推动高技术产业快速发展，我国制定了高技术产业发展规划，并且在人才、税收、金融、开发区建设、产学研结合等方面制定了一系列优惠政策，取得了积极效果，但也存在一些政策措施落实不到位的问题。为保持高技术产业健康可持续发展，针对高技术产业存在的主要问题，提出以下建议：

1. 加快培养多层次人才，逐步健全人才体系

2013 年我国高技术产业 R&D 人员为 84.1 万人，其中研究人员所占比重为 34.3%；仅比制造业的 31.3%的平均水平高 3 个百分点，优势并不明显。我国应以培养高素质的研发人才为重点，逐步完善从研发、转化、生产到管理的人才培养体系。在培养、激励和吸纳人才方面更加注重通过教育、培训、合作等多种形式加大培养力度；建立人才激励机制，加大对人才的表彰奖励力度，鼓励人才脱颖而出；加大引智力度，促进人才流动，引进行业领军人才和紧缺人才。

---

① 劳动生产率按每名从业人员实现工业总产值计算。

② 资料来源 2013 年 2 月 5 日上海证券报中《我国劳动力仍具有较大成本优势》。

2. 加大研发经费投入,提升产业研发能力

现阶段我国高技术产业发展主要体现在产业规模的较快扩张,而核心技术能力、产业竞争力等与国外企业相比还有一定差距。R&D经费投入强度高是高技术产业的最主要特征,加大R&D投入力度是提高高技术产业核心竞争力的必然要求。在R&D投入方面,我国与美国存在较为明显的差距,与邻国日韩也存在较大差距。以2013年高技术产业中开展R&D活动的企业实现主营业务收入6.3万亿元的规模测算,如果达到美国2009年R&D经费投入强度的水平,我国高技术产业需要再投入约1万亿元R&D经费,是2013年我国高技术产业R&D经费的5倍;如果达到日本2008年水平,需再投入约4500亿元,是2013年我国高技术产业R&D经费的2.3倍;如果达到韩国2007年水平,需再投入约1600亿元,是2013年我国高技术产业R&D经费的0.8倍。加大我国高技术产业R&D经费投入,一个重要的方面是加大财税扶持力度。2013年我国高技术产业R&D经费中政府资金占比仅为8.2%,不足10%;2013年我国对高技术产业企业研究开发费用加计扣除共减免89.8亿元,按15%的税率倒推估算,相当于58.9%的R&D经费享受了该项"普适性"政策,可见我国财税扶持力度仍需加大。同时,还要进一步改进完善对科技项目的管理,切实改变"重立项轻管理"或"一管就死"的状况。

3. 积极培育国内市场,降低国际市场风险

2008年以来我国高技术产业发展也受到国际市场带来的冲击,如受国际金融危机影响,2009年我国高技术产品出口额同比下降9%,导致我国高技术产业主营业务收入同比仅增长5.4%。为摆脱跨国公司对全球市场的控制,积极培育国内市场,打造完善的国内高技术产业链,是我国高技术产业取得突破的重要途径。2013年我国高技术产业实现主营业务收入中约三分之二来自国内,表明我国国内市场潜力巨大。未来应瞄准新一代信息技术、高端装备、新材料、生物医药等战略重点,进一步落实自主创新产品政府收购和订购管理办法,完善招投标制度,加强政府采购对高技术产品的支持力度,充分发挥国内市场的积极作用。

课题组　组长:察志敏　王孟欣
成员:邓永旭　张　鹏　赵利婧　李　胤
张敏丽　田雅娟　丁颖辉
执笔:张　鹏

我国民间统计调查业发展问题研究

一、引言

在我国社会主义市场经济条件下，利益主体多元化程度与行为选择自主化程度不断提高，社会各个方面对信息的需求日益强劲，对于我国各类企业来说，充分了解与企业经营相关的市场信息进而做出正确决策，已成为今后我国企业等各类市场主体生存和发展的重要方面。在这种情况下，政府统计部门提供的信息已不能完全满足要求。作为政府统计的重要补充，民间统计调查业得到了进一步发展。为保障民间统计调查业的健康发展，国家需要制定相应的法律规范，这就要求全面了解我国民间统计调查业的发展状况。但我国目前的政府统计，没有对民间统计调查业进行常规统计调查，只有在每五年开展一次的全国经济普查中有比较详细的调查。党的十八大对加快完善社会主义市场经济体制做出了一系列重要部署，提出要更加尊重市场规律，健全现代市场体系，保证各种所有制经济依法平等使用生产要素、公平参与市场竞争等。在这样的背景下，利用第三次全国经济普查资料对我国民间统计调查业的发展情况进行详细的分析，全面了解该行业的最新发展状况，为科学开展统计立法进而促进行业健康发展提供依据，就显得很有必要。

本课题的理论意义，在于通过对民间统计调查业的详细分析，比较全面地了解该行业的发展状况，掌握该行业的发展规律，从而为我国产业发展提供重要参考。本课题的实践意义，在于对我国民间统计调查业相关数据的细致深入分析，充分挖掘数据中蕴含的信息，准确掌握民间统计调查业发展的现状和存在的问题，为政府主管部门决策提供参考依据。

另外，民间统计调查业是一个比较宽泛的提法，泛指除各级人民政府、县级以上人民政府统计机构和有关部门等组织实施的政府统计调查以外，由民间统计调查机构和其他单位、个人运用统计方法搜集、整理有关经济社会状况的信息和数据的活动。在国民经济行业分类中并没有民间统计调查这一类别。根据国家统计局涉外调查管理所掌握的情况和相关调研获悉，从事民间统计调查的单位，其主营业务绝大部分属于国民经济行业分类的"咨询和调查"中类，该中类包括"会计、审计及税务服务"、"市场调查"、"社会经济咨询"和"其他专业咨询"四个小类。因此本课题中，我们对第三次全国经济普查获得的"咨询和调查"中类普查数据进行了分析，将不严格区分"民间调查业"和"咨询与调查业"这样的表述。

本课题研究报告从逻辑上分为两个部分。第一部分侧重于咨询与调查业的行业研究；第二部分侧重于咨询与调查业发展对国民经济的影响研究。第一部分研究内容主要体现在附件 1 至附件 3 中。通过对近十年来我国进行的三次经济普查数据的相关数据进行了分析，从定量的角度对咨询与调查业近十年来的发展情况进行描述；运用产业组织理论和效率理论，对咨询与调查业的产业组织和效率进行分析。第二部分研究内容主要体现在附件 4 和附件 5 中。综合运用多元统计分析方法与系统动力学方法，分析了咨询与调查业与其他经济变量的关系，无论从直接和间接的作用机制来看，咨询与调查业的发展对于国民经济的发展有重要作用。尤其是通过仿真分析发现：民间统计调查业市场有序程度对民间统计调查业自身发展和促进国民经济发展有重要的影响作用；民间统计调查业市场需求旺盛，相对市场供给不足，这种情况有希望在十年后得到改善。

二、促进民间统计调查业科学健康发展具有重要意义

(一)促进民间统计调查业发展有利于为科学建立完善社会主义市场经济体制提供丰富的统计数据

民间统计调查业作为重要智库产业，其发展水平一定程度上反映着一个国家市场经济发展水平。在美国、欧盟等市场经济发达国家，民间统计调查业都有悠久历史，比较成熟。在我国，从党的十四大确立建立社会主义市场经济体制以来，随着市场配置资源的基础性作用逐步加强，利益主体多元化程度与行为选择

自主化程度不断提高，社会各个方面对信息的需求日益强劲，各种民间调查活动日渐活跃，我国民间统计调查业由此蓬勃发展起来。加入世贸组织后，我国经济与全球经济的联系更为紧密，包括境外投资者在内的公民、法人以及其他组织对信息的需求进一步增强，民间统计调查业得到进一步发展。党的十八大提出要更大程度更广范围发挥市场在资源配置中的基础性作用，十八届三中全会进一步提出市场在资源配置中起决定性作用，充分了解市场信息将成为今后我国各类经济体生存和发展的必要条件。促进民间统计调查业科学健康发展，提供更多、更翔实、更可靠的市场信息，对于完善社会主义市场经济体制、发展社会主义市场经济具有重要意义。

（二）促进民间统计调查业发展有利于为建立完善和谐社会建设提供详实的统计数据

党的十八大对经济、政治、文化、社会和生态文明建设“五位一体”总布局作出全面部署。促进民间统计调查业科学健康发展，提供更多有关经济、政治、文化、社会和生态文明建设信息，对于落实好“五位一体”总布局，更好了解民意、汲取民智、汇集民力，推动和谐社会建设，具有重要作用。

（三）促进民间统计调查业科学健康发展有利于补充完善我国政府统计工作

从世界各国看，政府统计和民间统计应当在充分发挥各自优势的基础上，相互补充、相互促进。政府统计一般侧重国家宏观调控和经济社会管理方面的综合性、基础性信息，民间统计则更加注重中观领域、微观领域的经济社会调查，满足各类社会成员的多样化、个性化调查需求。

三、我国咨询与调查业发展现状

目前，作为一个新兴产业，我国民间统计调查业已经形成了一定的规模。从第三次全国经济普查关于咨询与调查业的普查结果看，我国民间统计调查业呈现出如下特点。

（一）咨询和调查业全行业发展较快

从法人单位数、就业人员数、总资产规模等方面看，该行业得到了较快的发展。但其平均规模相对来说仍比较小。根据第三次经济普查的数据，咨询和市场调查业的法人单位平均人数为10.41人，而全国平均水平为32.79人。行业发展的有关数据如表1所示。

表1 咨询和调查行业基本情况

年份	法人单位数（个）	就业人员（万人）	资产总计（亿元）	总收入（亿元）
2004年	62252	62.90	415.00	674.70
2008年	106906	111.60	8200.02	1990.86
2013年	208867	193.62	22114.93	4731.82

（二）内部细分行业发展趋势差异较大

虽然不同细分行业的法人单位数和就业人员数总体规模不断扩大，但在行业内部，不同细分行业的比例却呈现不同的变化态势。从法人单位数比例和就业人员数比例来看，社会经济咨询业在整个咨询和调查业中的比例不断增加，而市场调查业所占比例却不断减少，会计、审计和税务服务业以及其他专业咨询业所占比例也呈不同程度的减少趋势。相关数据如表2所示。

表2 细分行业法人单位数和就业人员数变化

细分行业	2004年		2008年		2013年	
	法人单位数（个）	就业人员数（万人）	法人单位数（个）	就业人员数（万人）	法人单位数（个）	就业人员数（万人）
会计审计等服务	11571	19.20	21461	30.67	33654	39.95
市场调查	3042	2.90	2759	3.94	2416	4.01
社会经济咨询	23119	18.70	46278	41.17	103600	86.47
其他专业咨询	24520	22.00	36408	35.83	69197	63.19

(三)企业规模有小型化趋势

从企业法人单位数来看,7人以下的企业数所占比重不断增加,1000人及以上的企业数量略有增加,其他规模的企业数都有所下降或保持不变,可见咨询与调查业的企业中,小企业越来越多。从就业人员数来看,50人以下的企业中就业人员数最多,在三个普查年度均占到了65%以上。说明在该行业中,更小规模的企业吸纳的劳动力更多。从2004年到2013年,企业平均规模从10.44人到9.27人,有减少的趋势。相关数据如表3所示。

表3 不同规模企业单位数和就业人员数比例变化

人 数	不同规模企业法人单位数比例(%)			不同规模企业法人单位就业人员数比例(%)		
	2004年	2008年	2013年	2004年	2008年	2013年
7人及以下	64.03	67.08	72.27	21.82	21.55	23.86
8—19人	25.17	23.09	19.67	27.56	24.86	24.62
20—49人	8.35	7.53	6.29	24.00	20.43	19.39
50—99人	1.71	1.55	1.15	10.98	9.82	8.25
100—299人	0.63	0.59	0.48	9.45	8.98	8.23
300—499人	0.06	0.08	0.07	2.15	2.69	3.04
500—999人	0.03	0.05	0.03	1.97	3.35	2.46
1000人及以上	0.01	0.04	0.04	2.07	8.32	10.15

(四)地区分布与发展不均衡

我国咨询与调查业的省区分布中,仍然主要集中在"北上广"。虽然行业的集中度有所下降,但这三个地区仍占到40%以上的份额。在所考察的四个指标中,上海和广东是这四个指标减少幅度最大的省级区域。咨询与调查业的主要资源有向东部地区集中的趋势,中部地区的比例减少比较明显,而西部地区有增加的趋势。这也表现在不同区域的行业效率差异较大,其原因既有纯技术效率的差异,也有规模效率的差异。不同区域的差异如图1所示。

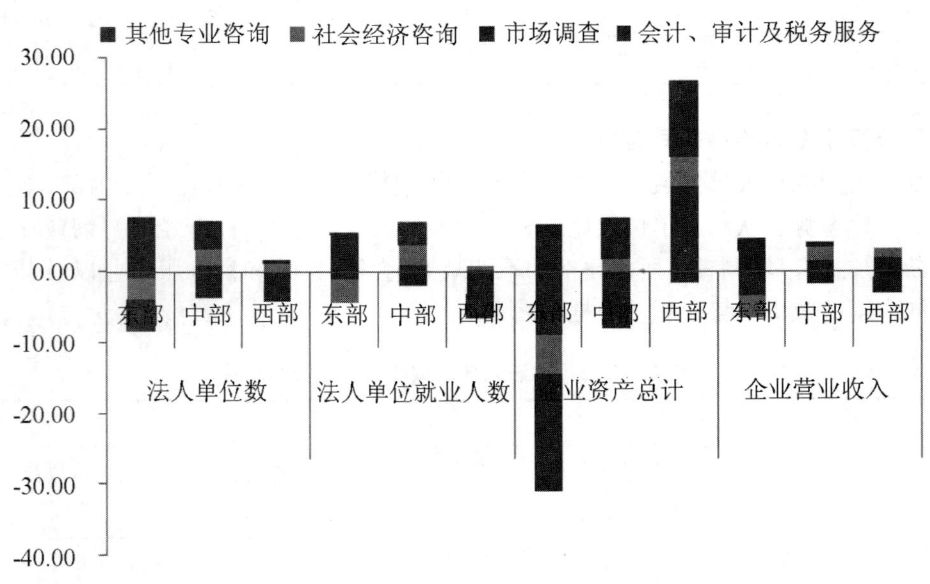

图1 不同细分行业2008年和2013年指标比例变化图

(五)私营企业发展较快

我国咨询与调查业中内资法人单位数最多,而在内资企业中,私营企业数量最大。根据三个普查年度数据,法人单位数中私营企业数量平均占69.62%,而就业人员数中,私营企业平均占62.41%。但从2004年到2013年,私营企业法人单位数所占比例变化不大,仅提高了约1个百分点,而就业人员数提高了约5.8个百分点。

(六)行业绩效没有较大提升

平均资产规模增长了13.72倍,而人均收入的增长只有两倍多,说明从2004—2013年,咨询与调查业的经营能力并没有较大程度的改善。在不同的细分行业中,会计、审计及税务服务业平均资产增长最慢,而社会经济咨询业平均资产增长最快,市场调查业的人均收入增长幅度最大,其他行业增长幅度大致相同。

(七)咨询与调查业与社会经济发展关系密切

民间调查业通过其规模的不断扩大,人员数量增加、资产增多、收入提升,将增强区域的经济基础,促进地区经济增长。在区域经济快速推进的过程中,第三产业发展水平的提升,财税收入的提高,人民生活方式的改善,为民间调查业的进一步发展创造良好的基础和外部环境。

(八)咨询与调查业的产业集中度不高,竞争比较充分

在行业上游,目前初步形成了三大阵营:第一阵营是居于世界行业领导地位的外资独资或合资企业,第二阵营是国内规模领先的企业或合资企业,第三阵营是实力强劲的国内民营企业。而在行业中下游,主要是一些中小民营企业。市场主体存在一些不规范的行为,行业的绩效也没有得到有效的提升。

四、我国咨询与调查业发展中的突出问题

(一)缺乏系统的行业规划及行业准入制度

统计调查行业是一个知识密集型行业,是建立在统计学、社会学、逻辑学、组织管理学以及计算机技术、数据库技术等众多理论和技术学科基础上的行业。从国际经验看,为了保证统计调查的科学性和调查质量,发达国家普遍对民间统计调查机构在软硬件配备、人员素质等方面都有相应的要求。但目前我国的咨询与调查业还没有成体系的行业规划及行业准入制度,同时也缺乏具有强制执行力的管理机构和组织。这导致我国的咨询与调查业具有比重很大的中小调研企业,调研服务及产品质量参差不齐,从业人员尤其是一线调查人员专业素养及职业道德水平偏低,难以保证统计调查的科学性;同时,也在很大程度上导致了从业企业和机构,尤其是市场调查执行公司数量过多、质量不高,开展恶性竞争现象严重等问题。

(二)民间统计调查无章可循,致使民间统计调查业秩序混乱

截至目前,我国尚无有关民间统计调查业的法律或者行政法规,也没有公布民间统计调查结果的审查制度,这些都导致民间统计调查出现很多的乱象,严重影响了正常的社会经济秩序。突出表现为:

1. 部分统计调查活动不够规范,调查质量难以保障。统计调查是一项科学严谨的工作,具有很强的技术规范,哪一个环节出了问题都可能对调查结果产生严重影响。但目前有些民间调查机构忽视调查方法科学和调查程序规范的要求,随意开展调查:在方案设计环节,不采用国家制定或行业公认的标准,不遵守随机抽样原则;在现场调查环节,对调查员的调查行为不能够做到有效监管;在数据处理环节,对于缺失和无效数据不能够科学插补等,造成部分调查结果质量差。例如,2012年西南财经大学“中国家庭金融调查与研究中心”曾发布调查报告称,我国2010年基尼系数为0.61,意味着我国贫富差距程度世所罕见;2014年12月华夏新供给经济学研究院与民生银行联合发布“民新指数”PMI,制造业指数为46.5%,非制造业指数为48.5%,均处于经济发展荣枯分水线以下,意味着我国经济处于衰退阶段。后经有关方面调查了解,上述调查在最初的方案制定、样本选取、问卷设计以及之后的调查实施、程序管理、总体推算上都存在一定缺陷,调查的中立性、科学性难以保证,调查结果严重误导了社会公众对我国贫富差距、宏观经济走势等一些重大问题的判断,在社会上引起一定的思想混乱。

2. 一些统计调查结果发布很不规范。有的民间统计调查机构和媒体在发布调查结果时,随意发布、片面解读、过度炒作等问题还比较突出。如有的调查,样本数量有限,并且在没有完整抽样框、代表性很差的情况下,却号称全国性调查、发布据称对全国有代表性的数据和信息;有的调查机构只发布调查结果,对调查范围、调查方法、样本量以及指标涵义、分类标准以及调查的局限性等只字不提;有的片面甚至错误解读调查结果,误导舆论和社会公众,造成很坏的社会影响。在一些有偿评比活动中,有的调查机构为了迎合企业的需要,在没有调查的情况下,就发布一些不实的毫无根据的信息,误导消费者,损害消费者利益。

(三)市场潜力没有充分发挥

从发达国家的经验来看,一个国家越发达,则其咨询与调查业也就越发达。我国目前咨询与调查业的潜力似乎没有充分发挥。从需求来看,国内企业市场调查观念还未正确树立,从供给来看,我国咨询与调查业本身起步晚,很多方面发展不规范、行业规则不成熟、专业化水平整体较低等原因造成所提供的产品和服务质量不高,在相当程度上抑制了对行业的需求。

(四)调查机构庞杂,能力参差不齐,质量堪忧

在市场经济条件下,随着信息产业化的发展,一些单位和个人纷纷成立形式各异的调查机构,使得进行民间统计调查活动的机构日益庞杂。由于调查机构成立的审批手续不严密,无统一的行业管理和监督,也无法对其从事统计调查、咨询活动的能力进行考评和认定,所以虽然有少数民间调查单位规模较大、能力强,但绝大部分民间调查组织规模小,严重缺乏从事民间统计调查的经验和能力。加之民间统计调查主体混乱,一定程度上影响了企业组织和个人对某些经济决策做出符合实际的判断和估计,从而直接影响了企业和个人的经济效益,也影响了民间统计调查的社会声誉。

(五)部分机构目标不端正,破坏了咨询与调查业的形象

受利益的驱使,部分民间统计调查机构为牟取非法利益,采取欺骗手段,接受一些组织和个人委托,从事民间统计调查,得出虚假的、不科学的、无操作性的统计调查结果。更有甚者,抛弃了市场调查本身的科学意义,把调查与评比结合起来,以牟取暴利。如近年来的“消费者品牌认知调查”、“中国最佳企业形象调查”、“中国市场商品用户满意度跟踪调查”等,这些调查的组织主办者都是各种协会、学会、委员会,同时还有中央级的传媒为后援。调查所用的经费由操作执行者自筹,组织者或主办者坐收渔利,而那些被调查出来的“第一”、“十强”、“最满意”、“信得过”的企业都必须付出一笔可观的费用,其中最高收费高达数百万元。品牌上榜,企业也“上绑”,进了“屠宰场”。这些巧借调查之名搞变相评比的行为,不仅搅混了调查业的“水”,也自毁了调查机构的自身形象,影响了调查业的进一步发展。

(六)政府统计信息开放度不够,民间统计调查重复且收费标准昂贵

在现实中,由于政府部门公共统计信息开放力度不够,数据库和信息同网络体系的建设滞后,加之人们对政府公共统计信息意识淡薄,而民间统计调查尚未建立统一的行业自律组织,各调查机构相互封锁,互不交流,各自为政,各为其利,使得许多民间调查重复,甚至出现盲目调查。同时,民间统计调查目前尚无规范制度和条例制约,也无组织管理监督,所以出现调查费用昂贵,使许多企业和居民望而兴叹,严重阻碍了民间统计调查业的发展。

五、国外民间统计调查管理情况

目前,各国管理民间统计调查的方式比较多样,并没有形成统一的管理模式。但总的看,主要市场经济国家在管理民间统计调查方面,还是有几个共同特点。

(一)通过立法有效管理民间统计调查

目前,在主要市场经济国家,虽然没有管理民间统计调查的法律,但规范民间统计调查的规定见诸于众多法律条款中,从而有效调整民间统计调查活动中的特定法律关系和行为。以德国为例,《联邦德国数据保护法》规定,允许进行社会调查,使民间统计调查获得合法地位;《竞争法》规定,允许使用电话开展民间统计调查,使民间统计调查不受关于禁止电话推销的限制;《就业人员数据保护法》规定,民间统计调查在电话调查中可以进行不被告知的监听,用以控制民间统计调查数据质量等。在美国等众多国家中,对于民间统计调查获得的企业、公民等个体资料的保护,调查结果的发布和使用等,必须严格遵守《隐私法》、《信息保护法》等法律制度的相关规定;对于民间统计调查的组织实施,统计调查人员的行为,必须遵守《数据质量法》等法律制度的相关规定,以保证调查结果的质量、客观性和社会效果。

(二)行业自律在民间统计调查管理中发挥重要作用

行业自律即通过行业协会、从业者协会等行业组织对民间统计调查进行管理,是目前主要市场经济国家管理民间统计调查非常重要的方式,并且取得了很好效果。

1. 制定行业标准。如欧洲民意与市场调查协会(ESOMAR)与国际商会(ICC)共同编制的《市场研究与社会调查国际准则》,对于规范市场研究与社会调查行为起着重要的指导作用。该准则的主要内容包括:规定了市场研究与社会调查的一些基本概念;明确了市场研究与社会调查的基本准则,如尊重科学,遵守法律，保护被访者的权利，保守秘密，不做有损行业声誉事情；阐明了研究者与客户之间的相互权利与义务等。该准则已成为欧盟各国民间统计调查机构和从业人员必须遵守的行为准则，也为国际商会会员和世界各地的市场研究组织认可。

2. 进行行业监督。在德国，除了欧洲民意与市场调查协会，还有4家重要的民间统计调查行业协会，即德国社会和市场调查研究所（ADM）、职业联合会（BVM）、社会科学研究所（ASI）、德国网上在线研究所（DEOF）。这4家行业协会的一项基本职责就是开展行业监督。他们共同设立了一个投诉部门即德国市场和社会调查委员会，以监督和处理不遵守行为准则的情况。在接到举报投诉后，委员会将组织调查。如查实确有违反行为准则的情况发生，委员会将进行处罚，包括内部书面警告、公开通报警告、开除会员资格并通知有关政府部门进行处理等。

3. 对国会或政府施加影响，为民间统计调查机构争取权益。如在重要法律制定过程中，行业协会都要代表民间统计调查机构与相关立法部门或政府部门进行充分的协商。

4. 为会员提供服务。如美国市场营销协会（AMA）的一项重要宗旨是，为会员提供一个信息发布、知识共享的平台，为他们捕捉最新最全的市场营销信息、市场营销研究成果等；帮助会员解决实际中遇到的问题；不定期举办会员培训，教授有关市场营销的专业知识、基本技能等。

（三）赋予中央统计机构对民间统计调查行业一定的管理权

民间统计调查专业性较强，对于同一事物采用不同的方法、标准、途径等进行调查，结果可能大相径庭。为尽量减少由于技术方法等问题导致的数据信息间的相互矛盾，也为了能够充分利用民间统计调查资源，使之成为政府统计的有益补充，一些国家往往赋予中央（联邦）统计机构对民间统计调查行业一定的管理权。

一是中央统计机构制定的国家统计标准一般也适用于民间统计调查，中央统计机构负有监督指导民间统计调查机构采用国家统计标准开展调查的职责。

二是中央统计机构定期与民间统计调查行业协会开展统计方法和经验交流，以指导民间统计调查科学有效地开展。

三是中央统计机构授权民间统计调查机构开展某类政府统计调查，如韩国统计厅授权韩国汽车业协会收集有关汽车生产与销售的统计数据。有了这种授权，韩国汽车业协会开展此项调查就有了法定的强制力，更便于其收集数据。

四是中央统计机构直接从符合一定条件的民间统计调查机构购买有关数据。如美国的商务部经济分析局在计算GDP时，服务业的很多数据，如看电影、住旅馆、出租DVD等数据都是从民间统计调查机构直接购买。

六、对策建议

针对我国民间统计调查发展现状和存在问题，借鉴国外规范和管理经验，提出以下对策建议。

（一）加快建立有关法律制度

我国《统计法》只对政府统计的职能职责作了规范要求，未对民间统计调查作出规定。政府要根据民间调查业的实际，借鉴国外先进管理经验，加快制定出民间统计调查的行政法规，使民间统计调查走上正规化、法治化道路，形成有法可依、违法必究的局面，彻底改变目前民间调查业鱼龙混杂的无序化状态。在具体的立法内容上，可以对民间统计调查的基本原则、实行行业自律和监督的机制、从事民间统计调查活动的必要准入标准特别是专门从事民间统计调查活动的机构应当具备一定的条件、民间统计调查活动各方的权利义务、民间统计调查结果公布和公开使用的行为规范等进行详细的规定。同时要严厉打击无序竞争、数据造假，提供虚假信息获取利益的企业。

（二）完善政府行政管理与监督

对于民间统计机构，在目前尚无法律制度条件下，需要由政府引导并加强管理，适应当前简政放权、转变政府职能要求，建议政府统计机构采用负面清单的方式，依法有效履行监管职责。一是列明民间统计调查活动的禁区，对于政府统计已经开展的统计调查，尤其是关于国家宏观经济和社会全局发展的统计调查，原则上民间统计调查不宜再开展，否则会冲击政府统计调查结果，影响社会各界对一些重大问题的基本判断，造成认识上的混乱。二是对负面清单以外的统计调查，则相关政府部门不宜再过多干预，由民间调查机构自行决定。通过这种负面清单管理，一方面符合依法行政的要求，使统计部门明确管理界限，严格按照负面清单中规定的范围依法实行管理；另一方面对民间统计调查机构来讲，可以明确被告知其哪些领域是限制或者禁止开展民间统计调查活动的，使民间统计调查管理公开透明，增强民间统计调查机构的信心和自觉性，促进民间统计调查活动健康有序发展。同时，统计机关应当对违法行为坚决打击，维护民间统计调查机构形象和声誉。

(三)充分发挥行业协会的作用

咨询与调查业的行业协会要优化行业的发展环境，加强行业自律建设，应尽快研制和推行一套同业共同遵守的行业标准，包括从业人员的资质标准、从业企业的资质标准、服务标准、收费标准、分类管理标准、违规处置标准等，并形成内部监督机制，彼此相互监督促进行业健康、持续发展。同时，积极搭建各类信息资源共享及沟通平台，实现信息共享、调研技术、管理手段、人才选拔、业务联系、项目合作等方面交流，以整合带动经济效益。通过行业协会的努力，促进行业的良性竞争，抱团发展，为社会经济的发展提供强有力的支持。

(四)加强对从业人员培训，不断提高整体素质

目前民间统计调查水平低、调查质量不高与从业人员的整体素质较差有很大的关系。这就要求所有民间统计调查机构的从业人员，不仅要具备统计知识与技能，还应具备与之相关的其他知识，如经济学、社会学、心理学等，还应自觉地接受各项系统培训，掌握现代科学技术知识，不断提高自身理论水平和实际操作能力。

(五)加强对民间统计调查结果的监督管理制度

目前民间统计调查资料往往随意公布，使得民间统计调查资料庞杂，影响正常社会经济秩序。对此，民间统计调查主管部门应加强对要公布的民间调查资料的监督管理，一是在民间统计调查立法中规定民间统计调查结果公布和公开使用的行为规范，二是通过日常的对民间统计调查活动的监管，及时发现民间统计调查结果公布和使用不规范、不科学，甚至通过故意发布和使用不规范、不科学的民间统计调查结果扰乱经济社会秩序，炒作负面信息的情况，并及时予以处理。

(六)强化企业市场调查意识，增加统计调查经费

随着市场经济的不断深入和发展，企业对市场的准确把握越来越重要，市场调查是了解市场状况的最直接最有效的手段。真正的市场需要大量经费的支持，但这些经费支持对于企业开发新产品，开辟新市场，增加市场份额，提高经营效率都是十分重要的。但目前我国企业的市场调查意识相对国外发达国家企业还不够强，经费投入也不足，这是我国企业缺失市场竞争力的一个重要原因。因此，我们要进一步增强企业市场调查意识，推动市场调查业快速发展，加大对调研经费投入。

(七)提升市场主体自身的竞争力

在市场竞争日益加剧，竞争格局基本形成的背景下，不同类型的咨询与调查业企业应尽快制定和实施自己的发展战略，通过获取竞争优势实现生存和发展。可以通过合资、合并实现规模化；通过选择专攻领域从而实现专业化；通过服务内容向上延伸从而实现服务产品的高附加值；通过创新调研技术（工具、方法），研发新型调研产品，实现先发优势；通过转型，发挥本地优势成为专业执行公司；通过建设和扩大执行网络，获得区域规模优势等。

附件 1

近十年来我国咨询和调查业发展研究

——基于三次经济普查数据的分析

党的十八大对加快完善社会主义市场经济体制做出了一系列重要部署，提出要更加尊重市场规律，健全现代市场体系，保证各种所有制经济依法平等使用生产要素、公平参与市场竞争等。对于我国各类企业来说，充分了解与企业经营相关的市场信息并进而做出正确决策，已成为今后我国企业等各类市场主体生存和发展的必要条件。传统的决策方式已经难以解决现代管理和决策中的诸多复杂问题，需要专门的机构、专业的技能来帮助，特别是各类咨询和调查机构。因此，加快发展咨询和调查业，提供更多、更翔实的有关商品和服务在市场中表现、前景的信息，提供更多、更翔实的有关资金、劳动力、技术等要素市场的信息，以有效满足企业等各类市场主体充分竞争、平等竞争的需要，对于完善社会主义市场经济体制、推动经济社会发展具有重要意义。

在功能上，咨询和调查业的市场主体的业务和政府统计部门形成互补。政府统计一般侧重于国家宏观调控和经济社会管理方面的信息，咨询和调查业则更加注重中观领域、微观领域的经济社会调查，满足各类社会成员多样化、个性化的调查需求。因此，咨询和调查业延伸了政府统计的范围和领域，弥补了政府统计在中观、微观领域的不足，同时相对于政府统计还具有快速、灵活等优势。当前，我们已身处大数据时代，数据和信息日益成为经济社会发展非常重要的战略资源，社会各界对于统计信息的要求越来越高，这就需要进一步发挥好民间统计的重要作用。

改革开放以来，我国的咨询和调查业发展较快，最初只有在经济发达省份，有为数不多的几家小规模的市场调查与咨询单位，到目前全国各地已经有一定数量的专业化市场调查与咨询公司。从 1979 年到 1984 年，随着外商投资企业的增多，以及广告业的兴起，该行业处于萌芽期。从 1984 年到 1992 年，随着我国市场化的步伐加快，有关部门积极地着手筹办相关的机构，尝试性地进入这一行业，在国家和省市两级开始形成统计信息咨询网络体系。到了 1992 年以后，咨询和市场调查业得到了更快的发展，除了原有的有统计系统背景的企业得到发展以外，一批民营市场调查与咨询公司相继出现。与此同时，大批的海外市场调查与咨询公司纷纷登陆我国本土。在 2001 年中国加入世贸组织以后，我国的咨询和市场调查业又进入了新的发展时期。为了分析该行业十几年的发展情况，对我国已经开展的三次经济普查的有关数据进行了分析。通过对 2004、2008、2013 年三次经济普查有关咨询和调查业的数据进行分析，可以发现以下几个方面特点：

一、全行业总量增长快

根据我国三次经济普查的结果，可以看出咨询和调查业发展较快，并且增长速度快于全国各行业平均水平。

表 1　咨询和调查行业基本情况

年份	法人单位数(个)	就业人员(万人)	资产总计(亿元)	总收入(亿元)
2004 年	62252	62.90	415.00	674.70
2008 年	106906	111.60	8200.02	1990.86
2013 年	208867	193.62	22114.93	4731.82

通过表 1，可以从三个方面看出全行业的总量增长比较快：

一是从法人单位数来看，在 2004 年末、2008 年末、2013 年末，我国咨询和调查行业法人单位数分别为 62252 个、106906 个、208867 个，2013 年比 2004 年增长了 2.34 倍，2013 年比 2008 年增长了 0.95 倍。另外，从 2008 年到 2013 年，该行业大多数法人单位为企业单位，在 2013 年时，企业单位数已增加 94.47%。

而从 2008 年到 2013 年，全国的第二产业和第三产业法人单位数增加了 52.94%，

二是从就业人员来看，2004 年末、2008 年末、2013 年末，咨询和调查业就业人员数分别达到 62.90 万人、111.60 万人、193.62 万人，2013 年比 2004 年增长了 2.08 倍，比 2008 年增长了 73.48%。而在 2013 年末，全国第二产业和第三产业法人单位从业人员比 2008 末增长了 30.36%。

三是从咨询和调查业总资产来看，2008 年末为 8200.02 亿元，而 2013 年时达到 22114.93 亿元，增长了 1.69 倍。而在同时期，第二产业和第三产业的总资产增长了 1.25 倍。另外，咨询和调查业总收入在 2008 年末为 1990.86 亿元，而 2013 年时达到了 4731.82 亿元，增长了 1.38 倍。

二、行业内部差异较大

在咨询与调查业内部行业差异较大，一方面体现在不同行业的法人单位数和就业人员数不同，另一方面体现在不同行业之间的规模结构变化差异也比较大。

1. 细分行业法人单位数和就业人员数差异

在不同行业的法人单位数和从业人员数上，三次经济普查的主要数据如表 2 所示。

表 2　细分行业法人单位数和就业人员数变化

细分行业	2004 年		2008 年		2013 年	
	法人单位数	就业人员数	法人单位数	就业人员数	法人单位数	就业人员数
会计审计等服务	11571	19.20	21461	30.67	33654	39.95
市场调查	3042	2.90	2759	3.94	2416	4.01
社会经济咨询	23119	18.70	46278	41.17	103600	86.47
其他专业咨询	24520	22.00	36408	35.83	69197	63.19

根据表 2 的数据，可以得到各个细分行业的法人单位数比例，如图 1 所示。

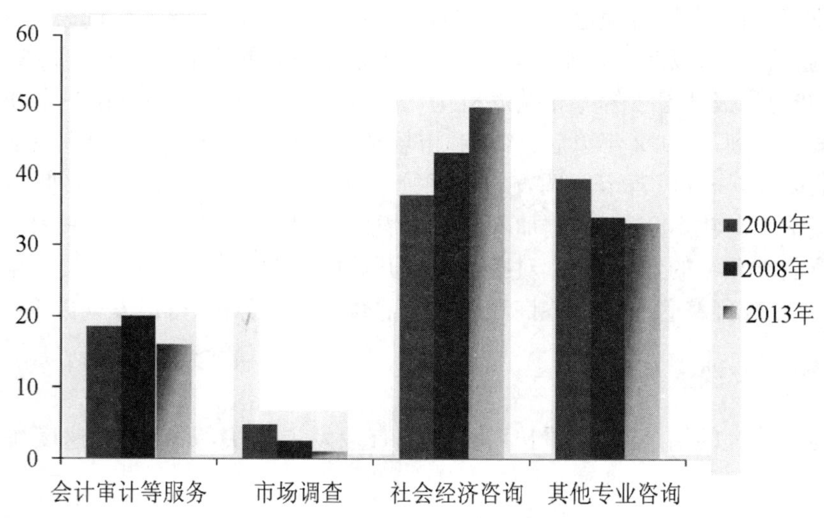

图 1　各细分行业法人单位数比例变化

从图 1 可以看出，从 2004 年到 2013 年，在咨询和调查业内部，社会经济咨询行业企业法人数所占比例不断增加，从 2004 年的 37.14%增加到了 2013 年的 49.60%，约占一半。而其它部分所占比例呈不同程度地减少，特别是市场调查行业减少幅度最大，到 2013 年时仅有 1.16%，在整个咨询和调查业内部显得微不足道。

根据表 2 数据，还可以得到各个细分行业的就业人员数比例，如图 2 所示。

从图 2、图 1 可以看出，咨询和调查业内部的就业人员结构变化与法人单位数的结构变化大致相同，但平均比例有差异。这四个行业的就业人员比例分别为 26.23%、3.41%、37.10%、33.26%，而法人单位数比例中，会计、审计等服务业与市场调查业的比例要低于就业人员比例，另外两个行业则要高于就业人员比例。

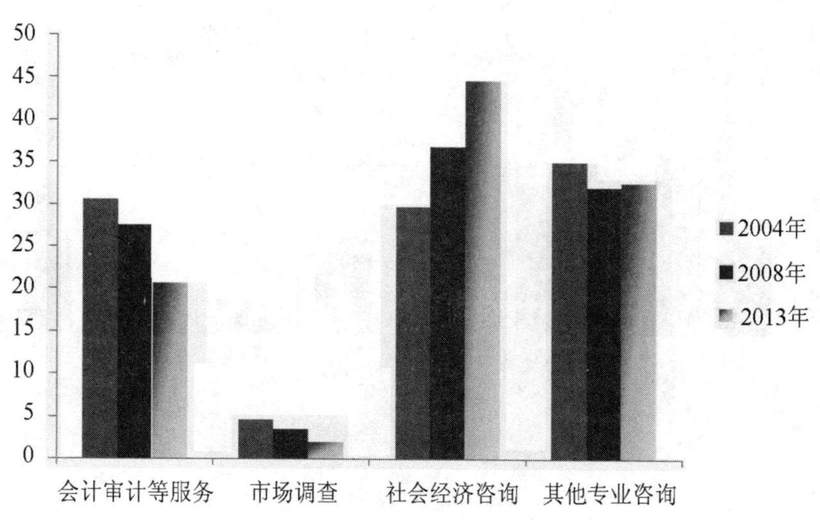

图 2　各细分行业就业人员数比例变化

2. 细分行业规模结构差异

咨询和调查业内部不同行业之间的规模结构变化差异也比较大。从就业人员数划分企业规模来看，从 2004 年到 2013 年都有所增加，但不同规模的企业增加的程度不完全相同。为了更好地分析不同规模企业的增长情况，分别计算不同规模企业的法人单位数和就业人员数的比例，得到表 3 的数据。

表 3　细分行业规模差异

人　数	企业法人单位数			企业法人就业人员数人数		
	2004 年	2008 年	2013 年	2004 年	2008 年	2013 年
7 人及以下	64.03	67.08	72.27	21.82	21.55	23.86
8—19 人	25.17	23.09	19.67	27.56	24.86	24.62
20—49 人	8.35	7.53	6.29	24.00	20.43	19.39
50—99 人	1.71	1.55	1.15	10.98	9.82	8.25
100—299 人	0.63	0.59	0.48	9.45	8.98	8.23
300—499 人	0.06	0.08	0.07	2.15	2.69	3.04
500—999 人	0.03	0.05	0.03	1.97	3.35	2.46
1000 人及以上	0.01	0.04	0.04	2.07	8.32	10.15

表 3 可以看出，从企业法人单位数来看，7 人以下的企业数所占比重不断增加，1000 人及以上的企业数量略有增加，其他规模的企业数都有所下降或保持不变。由此可见咨询与调查业中，小企业越来越多。其他规模的企业虽然数量上也有所增加，但在全部法人单位数中所占的比重则很少有上升，甚至出现了下降。

从就业人员数来看，50 人以下的企业中就业人员数最多，三个调查年度均占到了 65%以上。这说明在该行业中，更小规模的企业吸纳的劳动力更多。另外一个值得注意的现象是，在 2008 年和 2013 年，1000 人及以上的企业中，就业人员数都有大幅度增长，从 2004 年的 2.07%增长到了 2013 年的 10.15%。

除此之外，不同细分行业的法人单位结构与就业结构也有差异。不同细分行业的法人单位大多数集中在 50 人以下的企业中，没有明显的差异，而就业人员的结构特征差异更明显一些，因此只分析不同细分行业的就业结构。

从图 3 可以看出，在 2008 年时，除了市场调查业外，其他企业的就业人员都主要集中在 50 人以下的企业中。对于会计、审计和税务服务业，就业人员主要集中在 50 人以下的企业中，约占 64.71%，而 20—49 人的企业中就业人员最多。对于社会经济咨询业，就业人员也主要集中在 50 人以下的企业中，占到了 68.32%，其中 7 人以下的最多，占到了 26.83%。对于其他专业咨询企业，50 人以下的小企业占到了

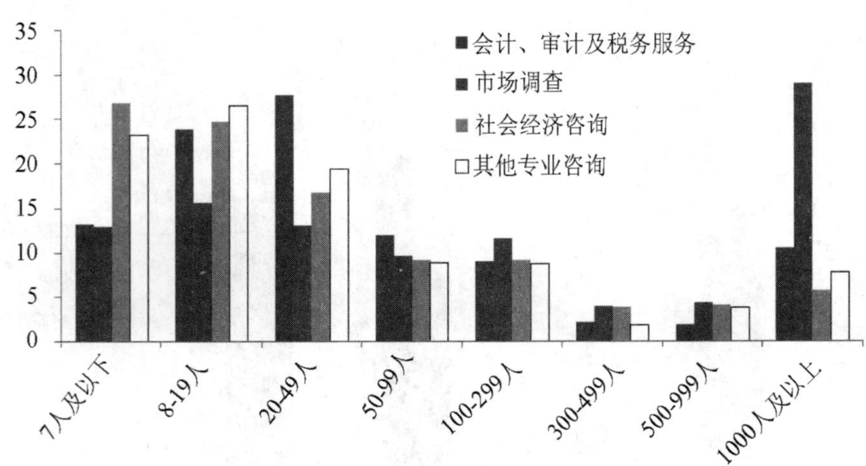

图 3 2008 年不同细分行业就业人员结构

69.21%,其中 8－19 人最多,占到了 26.56%。对于市场调查业,就业人员数最多的是 1000 人以上的企业,占 28.99%,而该行业中企业单位数最少。

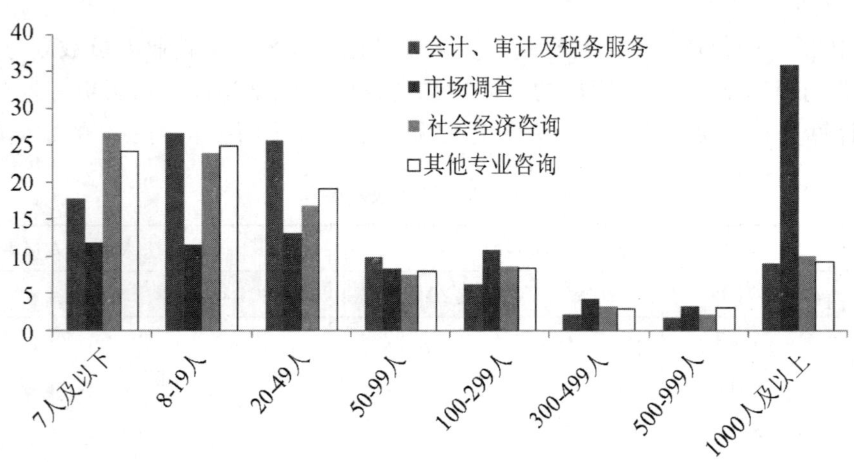

图 4 2013 年不同细分行业就业人员结构

对比图 3、图 4 可以看出,2013 年和 2008 年相比,不同规模企业就业人员结构非常类似,但也有一些明显的变化。在市场调查业中,就业人员进一步向 1000 人以上的大企业集中,这类企业吸纳的劳动力达到 35.92%,比 2008 年上升了约 7 人百分点。另外,在会计、审计和税务服务企业中,就业人员最多的不再是 20－49 人的企业,而是 8－19 人的企业,且两者比例相差不到 1 个百分点,说明会计、审计和税务服务的就业人员向小企业更多地集中。

另外,从 2004 年到 2013 年,企业平均规模从 10.44 人到 9.27 人,有减少的趋势。平均资产规模在三个年度分别为 74.02 万元、811.88 万元、1089.91 万元,2013 年比 2004 年增长了 13.72 倍。而平均每单位收入在 2004 年时为 120.33 万元,2013 年为 233.21 万元,人均收入在 2004 年时为 11.85 万元,2013 年时为 25.31 万元,2013 年比 2004 年均增长了一倍多,和平均资产规模相比要小得多。说明在该期间,咨询与调查业的经营能力并没有较大程度的改善。各细分行业人员平均规模变化如图 5 所示。

从图 5 可以看出,从 2004 年到 2013 年,会计、审计与税务服务业平均人员规模不断下降,市场调查业平均人员规模不断上升,而社会经济咨询业和其他专业咨询业平均人员规模变化不大。各细分行业平均资产规模变化,如图 6 所示。

从图 6 可以看出,从平均资产规模来看,不同的细分行业平均增长幅度不完全相同。从 2004 年到 2013 年,会计、审计及税务服务业平均资产增长最慢,社会经济咨询业平均资产增长最快,而市场调查业和其他专业咨询业增长规律非常相似。各细分行业人均收入变化如图 7 所示。

从图 7 可以看出,从 2004 年到 2013 年,不同细分行业的人均收入均有增长,但增长程度不完全相同。

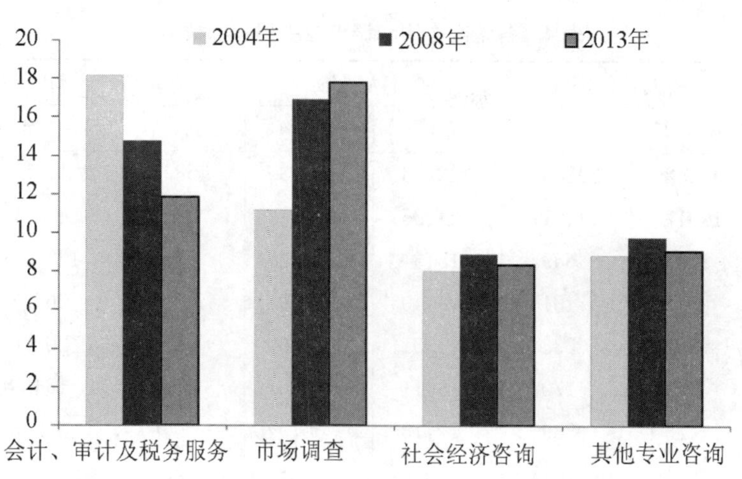

图 5　各细分行业平均人员规模变化

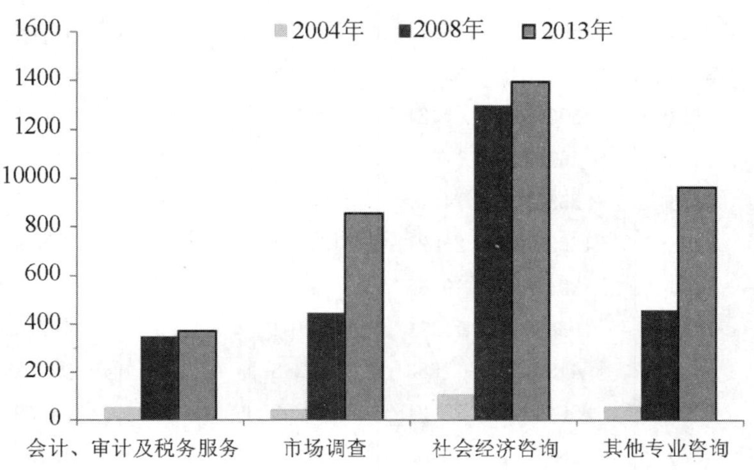

图 6　各细分行业平均资产规模变化

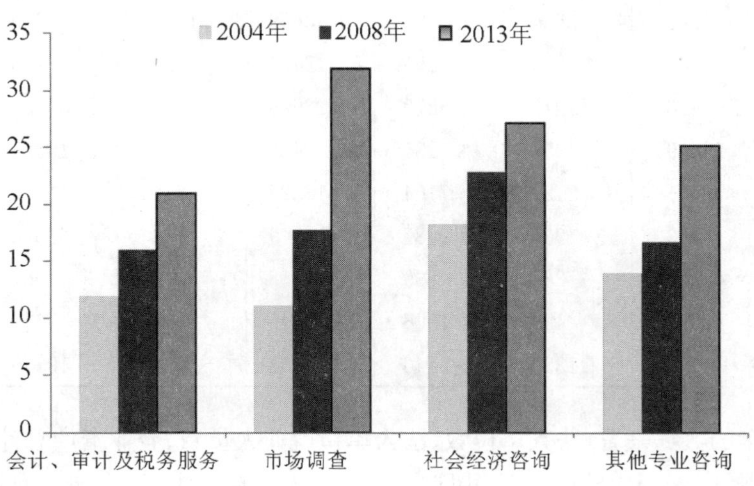

图 7　各细分行业人均收入变化

市场调查业的人均收入增长幅度最大，2013 年比 2004 年增长了约 20 个百分点，其他行业增长幅度大致相同。

三、地区发展不平衡

我国各地区 2004 年和 2013 年各主要指标数据如表 4 所示。

表 4 各地区咨询和调查业主要指标数值

地区	区域	法人单位数		就业人员数		企业资产总计		企业营业收入	
		2004 年	2013 年	2004 年	2013 年	2004 年	2013 年	2004 年	2013 年
全国总计		62252	208867	628783	1936239	458.4	22114.9	715	4731.8
北京	东	12617	44017	124225	351732	98.2	5464.7	144.7	986.1
天津	东	1485	5592	15151	49625	38.5	1276.0	11.9	147.1
河北	东	513	4815	8040	37908	2.1	262.3	3.9	43.2
山西	中	825	2384	11351	20109	3.7	203.6	4.4	21.5
内蒙古	西	401	1701	5011	13207	1.3	154.9	2.2	26.1
辽宁	东	2425	8295	19413	50734	6.8	389.5	10.4	73.8
吉林	东	541	1413	5908	13281	2.6	33.6	6.3	16.6
黑龙江	东	664	1899	6313	12365	2.3	35.0	2.4	18.5
上海	东	15543	17314	127374	266351	62.2	3280.9	244.6	1249.0
江苏	东	3383	16635	36418	131499	20.2	1135.3	36.7	345.5
浙江	东	3216	16412	32280	117588	16.1	1914.6	31.4	214.5
安徽	中	613	5266	7421	35401	2.7	180.1	4.6	54.7
福建	东	1455	5675	17525	46228	5.0	526.1	13.5	55.5
江西	中	456	2558	4840	26171	0.9	192.7	2.3	57.3
山东	东	2176	12628	25821	131534	17.0	603.9	22.9	352.9
河南	中	1379	3943	19188	40328	3.7	406.1	7.2	53.8
湖北	中	1049	6303	11294	50104	13.5	487.6	6.4	70.7
湖南	中	538	4156	7683	48248	1.9	191.4	6.3	82.2
广东	东	7266	25643	75421	290259	130.5	3040.9	107.7	534.8
广西	西	500	2898	6402	20564	1.7	190.8	4.1	20.9
海南	东	393	906	3100	6244	2.1	81.9	3.9	9.2
重庆	西	600	5051	9252	52341	3.3	223.2	6.1	126.3
四川	西	1949	3684	20694	43659	10.9	276.9	14.0	55.4
贵州	西	246	1245	3297	12491	0.7	77.6	1.6	15.7
云南	西	623	2975	6879	22996	2.6	307.6	5.0	33.7
西藏	西	9	354	130	2462	0.02	145.4	0.1	8.9
陕西	西	551	2120	7164	18825	2.4	111.7	4.7	22.7
甘肃	西	293	904	3637	7249	1.3	655.8	1.3	10.2
青海	西	49	263	899	2658	0.3	9.7	0.4	3.5
宁夏	西	95	428	1506	3745	1.1	59.9	1.2	5.3
新疆	西	399	1390	5146	10333	2.8	195.5	3.3	16.2

表 4 中，从 2004 年的数据来看，法人单位数、法人单位就业人员数、企业资产总计、企业营业收入最大的省域，分别是北京、上海、广东、上海，在 2013 年时，分别是北京、北京、北京、上海。而且这些指标排在前三名的都是北京、上海和广东，说明我国市场调查业的省区分布中，仍然主要集中在"北上广"。虽然行业的集中度有所下降，但这三个地区仍占到 40%以上的份额，特别是 2013 年时，这三个省区的资产总计和营业收入分别占到全国的 53.3%和 58.5%。

另外，从 2004 年到 2013 年，法人单位数增加最多的三个省区是浙江、山东和江苏，最少的是河南、四川、上海，特别是上海，减少了 16.7 个百分点。就业人员数增加最多的是广东、山东和湖南，减少最多的是四川、北京和上海，特别是上海，减少了 6.5 个分点。资产总计增加最多的是浙江、北京和甘肃，最少的是四川、天津和广东，特别是广东，减少了 14.7 个百分点。营业收入最多的是山东、江苏、重庆，最小的是四川、广东和上海，特别是上海，减少了7.8个百分点。可见，虽然主要集中在“北上广”，但它们的减少幅度是相当大的，特别是上海和广东，是这四个指标减少幅度最大的省级区域。

一般而言，咨询和调查业与地区经济发展水平呈正相关的关系，即如果某个地区市场经济发达、企业实力强且市场营销水平好，那么这个地区咨询和调查业的发展水平就会比较高。为了验证这种说法是否成立，用人均GDP表明各地区的经济实力，计算咨询和调查业有关指标与人均GDP的相关系数，如果人均GDP与各指标的相关系数值较大，则表明该行业的发展对地区经济的影响较大。为了对比分析，分别计算2004年和2013年各地区的人均GDP与咨询和调查业有关指标的相关系数，如表5、表6所示。

表5　细分行业规模差异

指　标	法人单位数	就业人员数	资产总计	收入总计	人均GDP
法人单位数	1	.992	.799	.984	.435
就业人员数	.992	1	.841	.963	.437
资产总计	.799	.841	1	.771	.341
收入总计	.984	.963	.771	1	.387
人均GDP	.435	.437	.341	.387	1

表6　2013年各地区有关指标的相关系数矩阵

指　标	法人单位数	就业人员数	资产总计	收入总计	人均GDP
法人单位数	1	.955	.945	.826	.680
就业人员数	.955	1	.948	.925	.679
资产总计	.945	.948	1	.894	.710
收入总计	.826	.925	.894	1	.698
人均GDP	.680	.679	.710	.698	1

对比表5、表6，从最后一行，或最后一列可以看出，2013年各地区人均GDP与其他指标的相关系数，均高于2004年，表明各地区的咨询与调查业的发展，与该地区经济实力的关系越来越密切。

为了分析我国东部、中部和西部区域咨询和调查业的发展情况，对这些指标2004年和2013年在三个不同区域的变化进行分析，得到的结果如图8、图9所示。

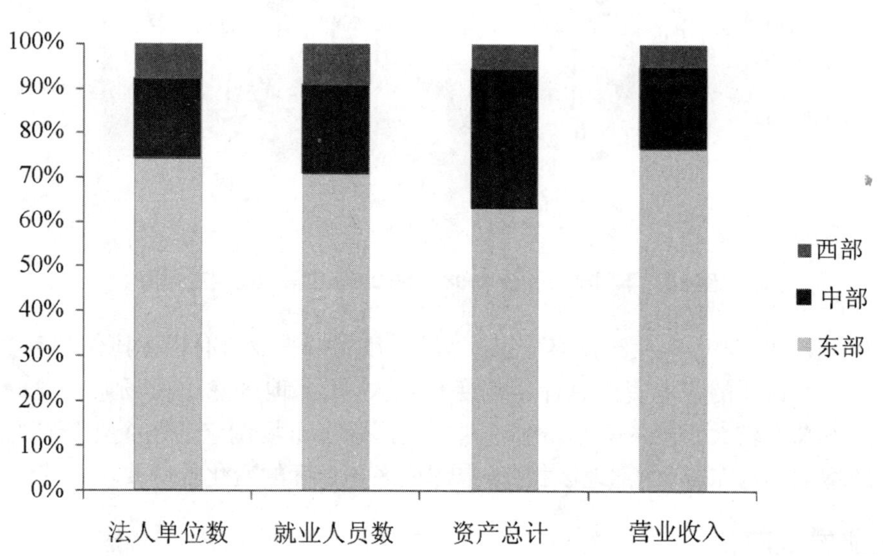

图8　2004年各地区相关指标比例

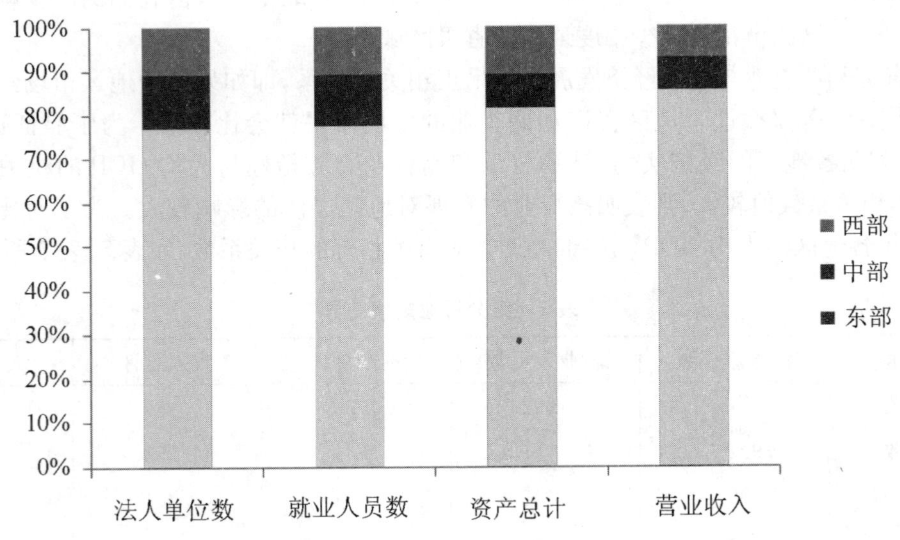

图 9　2013 年各地区相关指标比例

对比图 8、图 9 可以看出，从 2004 年到 2013 年，咨询与调查业的主要资源有向东部地区集中的趋势，东部地区资源占比从约 70%增加到约 80%。中部地区的比例减少比较明显，而西部地区有增加的趋势。值得一提的是，中部地区的资产总计，在 2004 年占到 31.42%，而在 2013 年时仅占到 7.51%，下降程度非常明显。

由于咨询和调查业各细分行业从 2004 年到 2013 年变化差异较大，因此各细分行业的情况值得深入分析。但由于 2004 年的数据不够全面，这里根据 2008 和 2013 年的数据进行分析，分别计算 2008 年和 2013 年，东部、中部和西部的四个细分行业有关指标的比例变化情况，用 2013 年的比例减去 2008 年的比例，结果如图 10 所示。

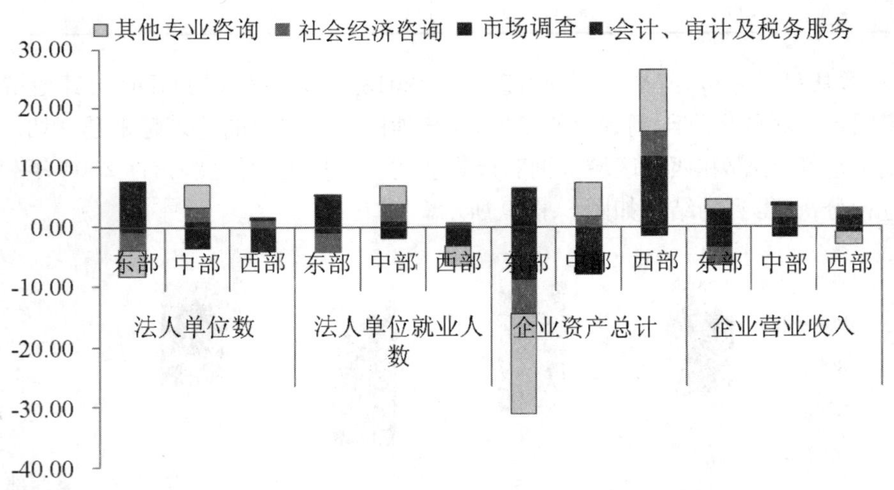

图 10　不同细分行业 2008 年和 2013 年指标比例变化图

从图 10 可以看出，从 2008 年到 2013 年，东部地区的市场调查业所有指标比例都有增加，而中部和西部地区都有所减小。所有行业的企业资产总计比例变化最大，东部地区除了市场调查业的比例增加外，其他行业的企业资产比例都有较大程度的减小，相反，西部地区除了市场调查业的企业资产总计略有减小外，其他行业都有明显的增加。与东部、西部地区相比，中部地区各指标的变化幅度要小一些。

四、私营企业发展较快

从 2004 到 2013 年，不同所有制类型的咨询和调查业单位的情况如表 7 所示。

表 7　不同所有制类型法人单位数和就业人员数

所有制类型	法人单位数			就业人员数		
	2004 年	2008 年	2013 年	2004 年	2008 年	2013 年
合计	62252	106906	208867	628783	1116038	1936239
1. 内资	59672	101615	201272	575932	950477	1719054
国有	6352	5594	4354	69528	69977	60411
集体	2237	1857	1472	23994	21767	14084
股份合作	1912	1116	1482	14184	7837	8322
有限责任公司	7303	13704	44691	113923	181958	424809
股份有限公司	737	1699	2196	9032	19054	25280
私营企业	39999	74466	137582	334537	621340	1097059
其他内资	1132	3179	9495	10734	28544	89089
2. 港澳台商投资	807	1803	3294	18796	69119	103379
港澳台商独资	620	1458	2831	10107	43421	83806
3. 外商投资	1773	3488	4301	34055	96442	113806
外资企业	1319	2787	3505	24637	66308	76087

根据表 7 数据，分别对 2004、2008、2013 年的内资、港澳台商投资、外商投资企业的法人单位数、就业人员数比例进行分析，可以看出不同所有制类型的比例变化，如图 11 所示。

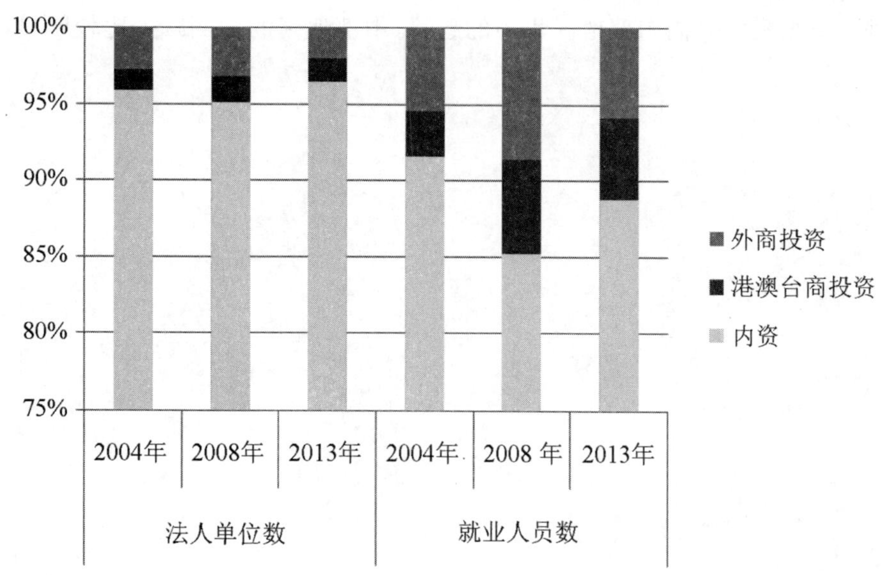

图 11　不同所有制类型法人单位和就业人员数比例变化

图 11 中，柱形图的左半部分表示三种类型法人单位数在三个年度的变化，右半部分表示三种类型就业人员数在三个年度的变化。可以看出，内资法人单位数最多，超过了 95%，且从 2004 年到 2013 年比例略有上升。从就业人员数来看，内资企业就业人员数比例呈下降趋势，特别是 2008 年比例达到最低点 85%。港澳台商投资的单位就业人员数比例呈上升的趋势，外商投资单位的就业人员数比例在 2008 年有所增加，但到 2013 年时其比例又和 2004 年接近。

在内资企业中，私营企业数量最大。三个年度的法人单位数中，私营企业数量平均占 69.62%，而就业人员数中，私营企业平均占 62.41%。但从 2004 年到 2013 年，私营企业法人单位数所占比例变化不大，仅提高了约 1 个百分点，而就业人员数提高了约 5.8 个百分点。

五、主要结论

通过以上分析，可以得出如下主要结论：

1. 咨询和调查业全行业发展较快。无论是从法人单位数、就业人员数、总资产规模等方面，该行业都得到了较快的发展。但其平均规模相对来说仍比较小。根据第三次经济普查的数据，咨询和市场调查业的法人单位平均人数为 10.41 人，而全国平均水平为 32.79 人。

2. 虽然不同行业的法人单位数和就业人员数总体规模不断扩大，但在行业内部，不同细分行业的比例却呈现出不同的变化态势。社会经济咨询业的法人单位数比例和就业人员数比例不断增加，而市场调查业的法人单位数比例和就业人员数比例却不断减少，会计、审计和税务服务业和其他专业咨询业的法人单位数和就业人员数比例也呈不同程度的减少趋势。

3. 从企业法人单位数来看，7 人以下的企业数所占比重不断增加，1000 人及以上的企业数量略有增加，其他规模的企业数都有所下降或保持不变，可见咨询与调查业的企业中，小企业越来越多。从就业人员数来看，50 人以下的企业中就业人员数最多，三个年度均占到了 65%以上。说明在该行业中，更小规模的企业吸纳的劳动力更多。市场调查业就业人员数最多的是 1000 人以上的企业，其他行业的就业人员都主要集中在 50 人以下的企业中。

4. 从 2004 年到 2013 年，咨询和调查业企业平均规模从 10.44 人到 9.27 人，有减少的趋势。平均资产规模增长了 13.72 倍，而人均收入的增长只有两倍多，说明从 2004－2013 年，咨询与调查业的经营能力并没有较大程度的改善。在不同的细分行业，会计、审计及税务服务业平均资产增长最慢，而社会经济咨询业平均资产增长最快，市场调查业的人均收入增长幅度最大，其他行业增长幅度大致相同。

5. 我国咨询与调查业的省区分布中，仍然主要集中在“北上广”。虽然行业的集中度有所下降，但这三个地区仍占到 40%以上的份额。在所考察的四个指标中，上海和广东是这四个指标减少幅度最大的省级区域。咨询与调查业的主要资源有向东部地区集中的趋势，中部地区的比例减少比较明显，而西部地区有增加的趋势。

附件 2

咨询与调查业产业组织研究

——基于 SCP 范式的分析

一、SCP 范式简介

“结构(Structure)—行为(Conduct)—绩效(Performance)”范式(简称 SCP 范式)是传统产业组织理论的核心和灵魂。它发端和诞生于 20 世纪 30 至 60 年代的美国哈佛大学,对产业组织经济学能够形成为独立的经济学分支学科具有重要的作用。SCP 范式是产业组织经济学中经验研究部分的规范范式,它以对特定产业、企业间的垄断竞争关系的具体考察分析为基本线索,揭示的是企业间的市场竞争秩序或竞争状态,探讨产业组织状况及其变动对产业内资源配置效率的影响。虽然 SCP 范式的理论内核,在产业组织理论的演进中不断得以创新和丰富,但在产业组织现实应用问题的分析中,它是经典范式和规范分析框架,具有较强的理论生命力和应用空间。20 世纪 30—50 年代,以梅森和贝恩为主要代表的哈佛学派建立了完整的 SCP 范式,这一范式的最初形式是贝恩(1956) 的市场结构、市场绩效两段论范式。贝恩编写的著名教科书《产业组织论》(1959) 的出版标志着产业经济学的基本形成,并在其后的 20 年间成为国外许多著名大学本科生和研究生课程的主要学习内容,影响了整整一代学者和决策者。至于现代主流产业经济学中流行的 SCP 三段论范式则由谢勒在贝恩两段论的基础上发展而成的。

哈佛学派的产业组织理论,以案例分析和实证研究为主要手段,把产业分解成特定的市场,从结构、行为、绩效三个方面,构造了一个既能深入具体环节又有系统逻辑体系的市场结构—市场行为—市场绩效的分析框架。其理论体系的基本逻辑是从市场结构推断市场绩效,通过对若干行业的市场结构和市场关系各方面进行实际测量,推导出企业的市场结构、市场行为和市场绩效之间存在一种单向的因果联系,即市场结构决定企业行为,而企业行为决定市场运行的经济绩效。其基本结论是:以某种方式度量的行为和绩效同市场结构具有很强的联系,特别是厂商或产业的可盈利程度与集中度和进入壁垒具有很强的相关性。在 SCP 分析框架中,作为市场结构指标之一的集中度和作为市场绩效基准之一的利润率之间关系的研究处于重要的核心地位,并据此提出了“集中度—利润率”假说。哈佛学派将市场结构作为产业组织理论的分析重点,将市场中企业数量的多寡作为相对效率改善程度的判定标准,因此,哈佛学派通常也被称为“结构主义者”的产业组织理论。哈佛学派的基本政策主张是,有效的产业组织政策首先应该着眼于形成和维护有效竞争的市场结构,并对经济生活中的垄断和寡占采取规制政策,提倡实施严厉的反垄断政策。

在目前的实证分析中,对市场结构的分析主要通过行业集中度、进入壁垒和退出壁垒、成本结构、纵向一体化等方面展开。对企业行为的分析主要通过价格竞争、服务竞争、品牌和广告竞争、新技术竞争、企业并购和重组行为、谋求企业战略联盟等方面展开。对经济绩效的分析则从生产效率、消费者剩余、行业经济效益等方面展开。

二、咨询与调查业的市场结构

1. 行业集中度

通常测定行业集中度的方法主要有贝恩的 CRn、赫芬达尔一赫希曼指数等,CRn 是用规模最大的几家企业的产值和资产在所有企业中所占比重来反映,赫芬达尔一赫希曼指数则计算每家企业产值和资产比重的平方和。由于本课题的数据限制,只能分析不同就业人员数的企业法人单位数和就业人员数的比例,如表 1 所示。

表 1　不同人员规模比例

人　数	企业法人单位数			企业法人就业人员数		
	2004 年	2008 年	2013 年	2004 年	2008 年	2013 年
7 人及以下	64.03	67.08	72.27	21.82	21.55	23.86
8—19 人	25.17	23.09	19.67	27.56	24.86	24.62
20—49 人	8.35	7.53	6.29	24.00	20.43	19.39
50—99 人	1.71	1.55	1.15	10.98	9.82	8.25
100—299 人	0.63	0.59	0.48	9.45	8.98	8.23
300—499 人	0.06	0.08	0.07	2.15	2.69	3.04
500—999 人	0.03	0.05	0.03	1.97	3.35	2.46
1000 人及以上	0.01	0.04	0.04	2.07	8.32	10.15

表 1 可以看出，1000 人及以上的企业法人单位数比例从 2004 年到 2013 年一直很低，而就业人员数有增加的趋势，说明咨询与调查业的市场集中度有加大的趋势。虽然该行业都得到了较快的发展，但其平均规模相对来说仍比较小。根据第三次经济普查的数据，咨询和市场调查业的法人单位平均人数为 10.41 人，而全国平均水平为 32.79 人。

还可以从各个细分行业平均就业人员数，看出细分行业的集中度。如表 2 所示。

表 2　细分行业平均就业人员数变化

行　业	2004 年	2008 年	2013 年
会计审计等服务	16.59	14.31	11.86
市场调查	9.53	14.14	16.56
社会经济咨询	8.09	8.90	8.35
其他专业咨询	8.97	9.83	9.13

从表 2 可以看出，从 2004 年到 2013 年，会计、审计等服务业平均就业人员数有减少的趋势，市场调查业平均就业人员数有增加的趋势，另外两个行业平均就业人员数变化不大，但它们和第三次全国经济普查企业平均规模 32.79 人相比，都比较小，说明不同细分行业集中度也不高。

从地域分布来看，我国咨询与调查业企业分布，仍然主要集中在“北上广”。虽然行业的集中度有所下降，但这三个地区仍占到 40%以上的份额。在所考察的四个指标中，上海和广东是这四个指标减少幅度最大的省级区域。咨询与调查业的主要资源有向东部地区集中的趋势，中部地区的比例减少比较明显，而西部地区有增加的趋势。

2. 进入退出壁垒

目前我国对咨询与调查业的某些方面，有一些法律法规方面的约束，如对调查业有《统计从业资格认定制度》、《涉外调查管理办法》等，但似乎约束力不强。会计、审计等行业具有较严格的资质要求，而经济咨询和其他专业咨询行业的进入似乎没有什么限制，因此这两个行业的法人单位数和就业人员数是最多的。而这些行业不需要投入过多的硬件设施，因此退出也很容易。

三、市场行为

在 SCP 范式中，对于市场行为的分析，主要有价格行为和非价格行为，由于我们获得的资料有限，难于分析咨询与调查业的价格行为，因此重点分析非价格行为。

一是部分调查机构和人员的专业素质偏低。咨询与调查业是一个知识密集型行业，是建立在统计学、社会学、逻辑学、组织管理学以及计算机技术、数据库技术等众多理论和技术学科基础上的行业。从国际经验看，为了保证咨询和调查的质量，发达国家普遍对市场主体在软硬件配备、人员素质等方面都有相应的要求。但目前我国除了对会计与审计服务业设置有比较严格的准入标准，对其他行业的标准不够严格，导致部分调查机构、调查人员不具备任何的专业资质、专业素养。

二是部分调查活动不够规范，调查质量难以保障。统计调查是一项科学严谨的工作，对每一个环节都有严格的规定，哪一个环节出了问题都可能对调查结果产生严重影响。但目前有些民间调查机构在开展调查活动时，不顾调查方法科学和调查程序规范的要求，随意开展调查。如在方案设计环节，不采用国家制定或行业公认的标准，不遵守随机抽样原则；在现场调查环节，对调查员的调查行为不能够做到有效监管；在数据处理环节，对于缺失和无效数据不能够科学插补等，造成部分调查结果质量差，难以得到同行的认同。

三是有的调查结果发布不够规范，随意发布、片面解读、过度炒作、误导舆论和社会公众等问题还比较突出。如有的调查，样本数量有限，并且在没有完整抽样框、代表性很差的情况下，却号称全国性调查、发布据称对全国有代表性的数据和信息；有的调查按照国家有关规定需要报经相关主管部门批准才能发布，却未经报批就擅自发布；有的调查机构只发布调查结果，对调查范围、调查方法、样本量以及指标涵义、分类标准以及调查的局限性等只字不提；有的片面甚至错误解读调查结果，误导舆论和社会公众，造成很坏的社会影响。

四是少数调查机构和人员缺乏社会责任感，一味追逐经济利益，严重背离统计调查职业道德。目前市场调查领域机构多、水平参差不齐。在这种情况下，少数调查机构为了生存，片面追求经济利益，调查中背离真实可信的基本要求，编造统计调查数据或结果，有的根据客户需要篡改统计调查资料，或搞一些虚假排名；有的为了谋取经济利益，不顾与委托单位的契约和对被访者的承诺，随意将统计调查资料贩卖或泄露给第三方。更有甚者，有的利用民间统计调查的名义从事违法犯罪活动，如以统计调查的名义套取被访者个人信息，为诈骗等非法活动服务。这些做法对整个行业的信誉和公信力造成了严重伤害。

五是恶性竞争，打价格战。这个问题在我国各个行业都有所体现，在市场信息调查业也不例外。不少调查机构规模小、专业资质低、技术上没有优势，只好选择低价竞争，进而影响调查质量，扰乱了行业的市场秩序，妨碍了行业的良性发展。

四、市场绩效

从2004年到2013年，企业平均规模从10.44人到9.27人，有减少的趋势。平均资产规模增长了13.72倍，而人均收入的增长只有两倍多，说明从2004－2013年，咨询与调查业的市场绩效并没有较大程度的改善，资本回报呈现下降的趋势。在不同的细分行业，会计、审计及税务服务业平均资产增长最慢，而社会经济咨询业平均资产增长最快，市场调查业的人均收入增长幅度最大，其他行业增长幅度大致相同。

五、对策建议

从以上分析可以看出，我国咨询与调查业市场集中度不高，说明其竞争比较充分。但该行业大多数情况下进入退出门槛比较低，导致市场行为出现了一些不规范的情况。近十年来，该行业的市场绩效并没有较大程度的提高。因此对于咨询与调查业，要通过立法对不同细分行业的准入条件、人员要求、咨询与调查主要环节、主体管理、内容管理等方面做出明确的规定。同时还要注意增强行业协会的吸引力和权威性，积极支持协会在行业自律、行业管理等工作中发挥作用。

附件 3

咨询和调查业的效率研究

——基于 DEA 的分析

在人们的生产活动和社会活动中常常会遇到这样的问题:经过一段时间之后,需要对具有相同类型的部门或单位(称为决策单元)进行评价,其评价的依据是决策单元的“输入”数据和“输出”数据,输入数据是指决策单元在某种活动中需要消耗的某些量,例如投入的资金总额,投入的总劳动力数,占地面积等等;输出数据是决策单元经过一定的输入之后,产生的表明该活动成效的某些信息量,例如不同类型的产品数量,产品的质量,经济效益等等。

1978 年由著名的运筹学家 A. Charnes, W. W. Cooper 和 E. Rhodes 首先提出了数据包络分析(Data Envelopment Analysis,简称 DEA)的方法,这种方法在处理具有相同性质的部门(决策单元) 进行多输入、多输出的比较方面存在很大的优势,它可以用线性规划方法来判断决策单元间的相对有效性,即所对应的点是否位于生产前沿面上。

通过对输入输出指标的选取,采用 DEA 方法中的 BCC 模型计算出各地区在 2008 年和 2013 年的技术效率和纯技术效率,相应得到规模效率,了解各地区的静态效率状况,分析技术效率变化趋势,最后再使用松弛变量分析找出效率不足的原因。

一、输入、输出指标的选取

DEA 方法的优越性主要体现在多输入和多产出的综合评价,本研究选取以下几个指标:

输出指标——Y 企业营业收入

输入指标——Xl 法人单位数;X2 法人单位就业人员数;X3 企业总资产

在传统 DEA 投入导向 BCC 模型下,借助 DEAP2. 1 软件对 2008 年和 2013 年我国 31 个地区的咨询与调查业效率水平进行分析,得出相应的效率值和规模报酬情况,如表 1 所示。

表 1　2008 年及 2013 年地区咨询与调查业效率

地　区	Crste	vrste	scale		Crste	vrste	scale	
北　京	0.626	1.000	0.626	drs	0.765	1.000	0.765	drs
天　津	0.815	0.919	0.887	drs	0.689	0.689	1.000	—
河　北	0.811	0.948	0.855	drs	0.903	0.942	0.958	drs
山　西	0.846	0.985	0.858	drs	0.825	0.829	0.996	irs
内　蒙	0.365	0.452	0.806	drs	0.788	0.811	0.972	irs
辽　宁	1.000	1.000	1.000	—	1.000	1.000	1.000	—
吉　林	0.678	0.680	0.998	irs	0.824	0.831	0.992	irs
黑龙江	1.000	1.000	1.000	—	1.000	1.000	1.000	—
上　海	0.529	0.939	0.564	drs	0.398	0.573	0.694	drs
江　苏	0.745	1.000	0.745	drs	0.774	1.000	0.774	drs
浙　江	0.796	1.000	0.796	drs	0.854	1.000	0.854	drs
安　徽	0.694	0.697	0.997	irs	0.940	1.000	0.940	drs
福　建	0.732	0.835	0.876	drs	0.816	0.883	0.924	drs
江　西	0.734	0.743	0.988	drs	0.600	0.607	0.989	irs

续表

地 区	Crste	vrste	scale		Crste	vrste	scale	
山 东	0.717	1.000	0.717	drs	0.611	1.000	0.611	drs
河 南	0.744	0.982	0.758	drs	0.622	0.630	0.986	drs
湖 北	0.827	0.916	0.902	drs	0.780	0.790	0.988	drs
湖 南	0.619	0.653	0.947	drs	0.553	0.761	0.726	drs
广 东	0.529	0.950	0.557	drs	0.540	0.959	0.564	drs
广 西	0.660	0.662	0.998	irs	1.000	1.000	1.000	—
海 南	1.000	1.000	1.000	—	0.887	1.000	0.887	irs
重 庆	0.825	1.000	0.825	drs	0.617	0.840	0.734	drs
四 川	0.676	0.854	0.792	drs	0.567	0.595	0.954	drs
贵 州	0.736	0.765	0.962	drs	0.675	0.688	0.981	irs
云 南	0.864	0.988	0.874	drs	0.791	0.806	0.982	irs
西 藏	0.993	1.000	0.993	irs	0.879	1.000	0.879	irs
陕 西	0.625	0.693	0.902	drs	0.793	0.803	0.988	drs
甘 肃	0.798	0.837	0.954	drs	0.774	0.858	0.902	irs
青 海	1.000	1.000	1.000	—	0.702	1.000	0.702	irs
宁 夏	0.661	0.699	0.947	irs	0.708	0.931	0.760	irs
新 疆	0.793	0.869	0.912	drs	0.823	0.868	0.947	irs
	mean	0.756	0.873	0.872	mean	0.758	0.861	0.885

注：crste 为综合技术效率，vrste 为纯技术效率，scale 为规模效率，irs 为规模报酬递增，drs 为规模报酬递减，一为规模报酬不变，以下皆同。

二、效率分析

纯技术效率的假设前提是规模收益可变，当全部生产要素同比例增加会对效率产生影响，纯技术效率反映的是决策单元的经营管理能力。对于咨询与调查机构而言，没有生产企业的那些原料投入、产品产出，所以纯技术效率就是有效的利用各项资源，尽量扩大产出。如果得到的纯技术效率值为 1，说明该地区充分利用了现有的资源，实现产出最大化。如果得到的纯技术效率(PTE)值小于 1，说明该地区咨询与服务业资源利用程度和效率以及资源配置和经营管理方面还有待进一步提高。规模效率是基于规模收益可变的假设，用来衡量投入产出的比例是否恰当，是否可以实现最大化的产出。如果规模效率(SE)的值为 1，说明处在最佳的规模状态，在这种规模状态下，会有较大的产出和经营绩效。技术效率(TE)为纯技术效率(PTE)和规模效率(SE)之积，反映咨询与调查业的整体运营效率，即 CCR 模型中的总效率值。若技术效率(TE)的值为 1，表明运营是相对有效的，如果值小于 1，表明运营是相对无效的。表 1 显示，2008 年我国 31 个地区的咨询与调查业综合技术效率均值 0.756，纯技术效率均值 0.873，规模效率均值 0.872，仅 4 个地区综合效率值为 1，处在技术效率的前沿面上，总体不容乐观，有待改进程度很大。从无效 DMU 看，纯技术效率和规模效率都有不同程度的改进空间，纯技术效率略好于规模效率，规模效率改进空间较大，是综合技术效率不足的主要原因。从规模报酬情况看，绝大多数呈现规模报酬递减，说明在现有咨询与调查机构投入过剩，应该减少投入或者调整结构。吉林、安徽、广西、西藏、宁夏五个省区呈现出规模报酬递增，显示增加投入规模有利于提升综合技术效率。

2013 年我国 31 个地区的咨询与调查业综合技术效率均值 0.758，比 2008 年略有增加，但变化不大，变化的主要原因从表 1 分析，应是规模效率提升带来。2013 年也仍是 4 个地区综合效率值为 1，其余的 DMU 改进空间仍然存在。综合效率低的主要原因是不同省份差异较大。北京、浙江、江苏、安徽、山东、广东、重庆、西藏、青海、宁夏等省份综合效率低的主要原因是规模效率低，而其余省份，除处在技术效率前沿面上的广西、黑龙江、辽宁和天津以外，综合效率低的主要原因是由于纯技术效率低。从规模报酬情况看，一半数量的地区呈现规模报酬递增，一半规模省区呈现规模报酬递减。

通过两年数据的比较，分析得出每年的标杆地区以及效率没有达到最优状态的地区，其需要改进的方向。

可将地区分为以下几种类型：

整体有效型地区——整体有效型地区为技术效率，纯技术效率以及规模效率均为 1 的地区。

无纯技术效率型地区——此类地区为规模效率为 1，但纯粹技术效率值小于 1，导致技术效率值小于 1 的地区。

无规模效率型地区——此类地区为纯技术效率值等于 1，而规模效率值小于 1，使得技术效率值小于 1 的地区。

整体无效率地区——此类地区为纯技术效率小于 0.98，且规模效率小于 1，而导致技术效率值小于 1 的地区。

辽宁和黑龙江在 2008 年和 2003 年，海南、青海在 2008 年，广西在 2013 年的技术效率，纯技术效率以及规模效率均为 1，说明这几个个地区在各自对应的年份里整体有效；天津在 2013 年里表现出规模效率为 1，但纯粹技术效率值小于 1，导致技术效率值小于 1 的现象，即为无纯技术效率型地区；北京、江苏、浙江、山东、西藏在 2008 年和 2013 年，安徽、海南、青海在 2013 年，重庆在 2008 年纯技术效率值等于 1，而规模效率值小于 1，使得技术效率值小于 1。剩余的其他地区在对应年份皆表现为纯技术效率小于 0.98，且规模效率小于 1，而导致技术效率值小于 1，为整体无效率地区。

三、松弛变量分析

在分析了相关的技术效率、规模效率之后，发现很多地区的咨询与调查机构是相对运营无效的，如何提高效率是我们十分关注的问题。可以通过分析松弛变量值，来发现在哪些方面存在不足，得到该项指标的目标值，能给地区咨询与调查机构找到一些发展和改进的方向。表 2 列出了 2013 年 31 个省市的投入和产出松弛变量值，1、2、3 分别代表法人单位数、法人单位就业人员数、企业总资产。

表 2 松弛变量分析表

地 区	投入松弛变量值			地 区	投入松弛变量值		
	1	2	3		1	2	3
北 京	0.000	0.000	0.000	湖 北	2979.997	0.000	0.000
天 津	3404.242	82.824	0.000	湖 南	0.000	0.000	14.512
河 北	4724.697	0.000	0.000	广 东	22580.196	1705.944	0.000
山 西	7325.972	0.000	0.000	广 西	0.000	0.000	0.433
内 蒙	2387.327	0.000	16.353	海 南	0.000	0.000	0.000
辽 宁	0.000	0.000	0.000	重 庆	0.000	0.000	0.000
吉 林	0.000	0.000	15.637	四 川	9534.742	0.000	0.000
黑龙江	0.000	0.000	0.000	贵 州	1170.518	0.000	0.000
上 海	19511.000	423.800	195.300	云 南	3381.089	0.000	0.000
江 苏	0.000	0.000	0.000	西 藏	0.000	0.000	0.000
浙 江	0.000	0.000	0.000	陕 西	1941.087	0.000	0.000
安 徽	0.000	5.604	0.000	甘 肃	993.699	0.000	0.000
福 建	5021.623	0.000	0.000	青 海	0.000	0.000	0.000
江 西	668.479	0.000	8.128	宁 夏	0.000	5.542	0.000
山 东	0.000	0.000	0.000	新 疆	945.349	0.102	0.000
河 南	7652.661	1.866	0.000	mean	3039.441	71.796	8.076

有了松弛变量值，可以找到各地区咨询与调查业发展在资源利用上的不足，同时还可以发现自身发展

的潜力，找到适合自己的发展方向，改善自己的规模和技术应用，提升自己在竞争中的优势地位，以此来提高自己的运营效率。

表 2 中，运营相对有效的地区其松弛变量都为零，说明这些地区已经充分利用了资源，达到产出最大化，分别是辽宁、黑龙江和广西。而有些地区整体运营效率不为 1，但是其松弛变量均为零，分别是京、江苏、浙江、山东、海南、西藏和青海。这些地区的纯技术效率均为 1，表明充分利用资源促进了产出的最大化，但是规模效率有待改进，这些地区规模效率的不足影响了该地区整体的运营效率。

附件 4

我国咨询与调查业数据的多元统计分析

一、聚类分析

以咨询和调查业的法人单位数、法人单位从业人数、企业资产总计以及企业营业收入 4 个变量作为聚类分析的变量，对 31 个省市自治区的咨询和调查业进行聚类，结果表明 31 个省市自治区分为 4 类，北京、上海、广东各自属于一类，其余的省份归属于一类。表 1 反映了这四类地区咨询和调查业的发展特点。

表 1　四类地区咨询和调查业发展指标平均数

地区	法人单位数平均数（个）	法人单位就业人员数平均数（人）	企业资产总计平均数（亿元）	企业营业收入平均数（亿元）
北京	44017.00	351732.00	5464.70	986.10
其他	4353.32	36710.61	368.88	70.07
上海	17314.00	266351.00	3280.90	1249.00
广东	25643.00	290259.00	3040.90	534.80

表 1 数据表明，北京咨询和调查业的法人单位数、法人单位就业人员数及企业资产总数均在三类中处于首位，但企业营业收入水平低于上海。而上海咨询和调查业企业营业收入在四类区域中最高，法人单位数和就业人员数相对较低，说明北京咨询和调查业的规模较大，但是企业盈利情况比上海弱；上海的咨询和调查业规模小但是企业平均营业收入非常高，单位人和单位企业盈利水平较高。广东法人单位就业人员数较高，但盈利情况一般，表明该地区咨询和调查业吸纳就业能力较强，而人均创造价值较小。其他地区无论在法人单位数、法人单位就业人员数、企业资产总数和企业营业收入四个指标数值上都处于四个区域的末位，除法人单位就业人员数外，其余三项指标均不足北京的十分之一，说明地区差距非常大。

二、列联分析

在实际分析中，除了需要对单个变量的数据分布情况进行分析外，还需要掌握多个变量在不同取值情况下的数据分布情况，从而进一步深入分析变量之间的相互影响和关系，通过交叉列联表分析，可以较好地反映出这两个因素之间有无关联性及两个因素与所观察现象之间的相关关系。要获得变量之间的相关性，仅仅靠描述性统计的数据是不够的，还需要借助一些表示变量间相关程度的统计量和一些非参数检验的方法。相关性检验的零假设都是：行和列变量之间相互独立，不存在显著的相关关系。可以根据 SPSS 检验后得出的相伴概率判断是否存在相关关系。如果相伴概率小于显著性水平 0.05，那么拒绝零假设，行列变量之间彼此相关；如果相伴概率大于显著性水平 0.05，那么接受原假设，行列变量之间彼此独立。

比较我国咨询与调查业企业法人规模在不同子行业的分布是否相同，根据 2013 年我国咨询与调查业企业法人规模分布数据，通过交叉列联分析，分别比较法人人数和就业人员数两项指标上的差异，主要结果如表 2 所示。

表 2　子行业＊法人单位数

行业		法人数								合计
		7人及以下	8—19人	20—49人	50—99人	100—299人	300—499人	500—999人	1000人及以上	
会计、审计及税务服务业	计数	18986	8475	3428	572	156	22	11	13	31663
	期望计数	22882.0	6227.7	1990.9	364.2	153.1	23.4	10.3	11.4	31663.0
	总数的%	9.4%	4.2%	1.7%	.3%	.1%	.0%	.0%	.0%	15.6%
市场调查业	计数	1427	372	165	43	28	4	2	5	2046
	期望计数	1478.6	402.4	128.6	23.5	9.9	1.5	.7	.7	2046.0
	总数的 %	.7%	.2%	.1%	.0%	.0%	.0%	.0%	.0%	1.0%
社会经济咨询业	计数	77503	17830	5066	987	471	76	28	29	101990
	期望计数	73705.6	20060.1	6412.8	1173.2	493.1	75.4	33.2	36.7	101990.0
	总数的 %	38.2%	8.8%	2.5%	.5%	.2%	.0%	.0%	.0%	50.3%
其他专业咨询业	计数	48719	13232	4099	732	326	48	25	26	67207
	期望计数	48568.8	13218.8	4225.7	773.1	324.9	49.7	21.9	24.2	67207.0
	总数的 %	24.0%	6.5%	2.0%	.4%	.2%	.0%	.0%	.0%	33.1%
合计	计数	146635	39909	12758	2334	981	150	66	73	202906
	期望计数	146635.0	39909.0	12758.0	2334.0	981.0	150.0	66.0	73.0	202906.0
	总数的 %	72.3%	19.7%	6.3%	1.2%	.5%	.1%	.0%	.0%	100.0%

通过卡方检验，得到表 3，$\chi^2=3492.275$，P＝0.000，在 5%的显著性水平下拒绝原假设，即可认为四个子行业的不同规模的法人数不全相同，不同类型的子行业，法人规模有差异。

表 3　子行业法人单位卡方检验

	值	df	渐进 Sig.（双侧）
Pearson 卡方	3492.275[a]	21	.000
似然比	3245.886	21	.000
线性和线性组合	1410.179	1	.000

表 4　行业＊法人单位从业人数交叉制表

行业		法人单位从业人数								合计
		7人及以下	8—19人	20—49人	50—99人	100—299人	300—499人	500—999人	1000人及以上	
会计、审计及税务业	计数	67326	100184	96602	37614	23661	8595	6780	34371	375133
	期望计数	89518.2	92356.7	72739.5	30946.2	30869.1	11404.2	9238.2	38060.9	375133.0
	总数的 %	3.6%	5.4%	5.2%	2.0%	1.3%	.5%	.4%	1.8%	20.1%
市场调查业	计数	4373	4268	4801	3071	3995	1605	1221	13082	36416
	期望计数	8690.0	8965.5	7061.2	3004.1	2996.6	1107.1	896.8	3694.8	36416.0
	总数的 %	.2%	.2%	.3%	.2%	.2%	.1%	.1%	.7%	1.9%
社会经济咨询	计数	227284	204358	144135	65037	74495	28581	19582	85850	849322
	期望计数	202674.2	209100.8	164686.3	70063.9	69889.4	25819.8	20915.7	86171.9	849322.0
	总数的 %	12.2%	10.9%	7.7%	3.5%	4.0%	1.5%	1.0%	4.6%	45.4%

续表

行业		法人单位从业人数								合计
		7人及以下	8—19人	20—49人	50—99人	100—299人	300—499人	500—999人	1000人及以上	
其他专业咨询	计数	147069	151386	116909	48477	51664	18044	18449	56347	608345
	期望计数	145169.7	149772.9	117960.1	50184.8	50059.8	18494.0	14981.3	61722.5	608345.0
	总数%	7.9%	8.1%	6.3%	2.6%	2.8%	1.0%	1.0%	3.0%	32.5%
合计	计数	446052	460196	362447	154199	153815	56825	46032	189650	1869216
	期望计数	446052.0	460196.0	362447.0	154199.0	153815.0	56825.0	46032.0	189650.0	1869216.0
	总数的%	23.9%	24.6%	19.4%	8.2%	8.2%	3.0%	2.5%	10.1%	100.0%

表4反映了子行业不同法人单位从业人数的交叉表，根据卡方检验表5结果可见，$\chi^2=56820.513$，P=0.000，在5%的显著性水平下拒绝原假设，可认为四个子行业不同规模的法人单位从业数不全相同，即从业人数与所属子行业有很强的关联性。

表5 行业与法人单位卡方检验

	值	df	渐进 Sig.（双侧）
Pearson 卡方	56820.513	21	.000
似然比	48296.424	21	.000
线性和线性组合	450.182	1	.000

三、多变量方差分析

多因素方差分析是对一个独立变量是否受一个或多个因素或变量影响而进行的方差分析。SPSS调用“Univariate”过程，检验自变量不同处理水平或类别的样本在等距以上因变量测量值差异情形。在这个过程中可以分析每一个因素的作用，也可以分析因素之间的交互作用，分析协方差，以及各因素变量与协变量之间的交互作用。该过程要求因变量是从多元正态总体随机采样得来，且总体中各单元的方差相同。但也可以通过方差齐次性检验选择均值比较结果。因变量和协变量必须是数值型变量，协变量与因变量不彼此独立。

本研究拟探讨根据我国基本区域划分，东中西部三大区域的咨询和调查业在法人单位数、法人单位就业人员数、企业资产数以及企业营业收入等四大项指标上的差异，运用多组样本多变量平均数分析方法探讨其是否存在显著性差异。

表6 描述性统计量

指标	地区	均值	标准偏差
法人单位数(个)	东	14357.4545	12203.13218
	中	3490.2500	1717.68031
	西	1917.7500	1485.23387
	总计	6737.6452	9194.02010
就业人员数(人)	东	134518.3636	117017.59682
	中	30750.8750	14983.32171
	西	17544.1667	15883.41085
	总计	62459.3226	87682.61109

续表

指 标	地区	均值	标准偏差
资产总计(亿元)	东	1634.1909	1671.80786
	中	216.2625	159.69855
	西	200.7500	167.74367
	总计	713.3935	1195.75302
营业收入(亿元)	东	364.6909	409.56637
	中	46.9125	25.06833
	西	28.7417	33.85715
	总计	152.6387	286.51422

表 6 反映了三大区域四项指标的描述性统计量,东部地区的四项指标均值排在首位,而西部地区排在末位,但同时东部地区的各项指标的标准差也最大,说明东部地区发展的规模、速度等较中西部地区强,但东部地区各省份之间差异程度也较大,发展不均衡。

表 7 多变量检验

效应		值	F	假设 df	误差 df	Sig.
截距	Pillai 的跟踪	0.521	6.793[a]	4	25	0.001
	Wilks 的 Lambda	0.479	6.793[a]	4	25	0.001
	Hotelling 的跟踪	1.087	6.793[a]	4	25	0.001
	Roy 的最大根	1.087	6.793[a]	4	25	0.001
地区	Pillai 的跟踪	0.45	1.886	8	52	0.082
	Wilks 的 Lambda	0.565	2.066[a]	8	50	0.057
	Hotelling 的跟踪	0.745	2.234	8	48	0.041
	Roy 的最大根	0.708	4.604[b]	4	26	0.006

表 7 是多变量检验结果,由表可知,地区的四种统计检验量,P 值均小于 0.1,表明在 10%的显著性水平上显著,说明不同地区的咨询和调查业在 4 个变量的平均数上有显著差异,同时,根据表 8 数据检验结果发现,东部地区(编号为 1)与中部地区(编号为 2)和西部地区(编号为 3)在各个指标上均有非常显著的差异,中部地区和西部地区在各个指标上均无显著差异,显著性检验中的 P 值均大于 0.05。这一结论与前面进行描述性统计的分析结论一致,说明我国咨询与调查业发展非常不均衡,东部发达地区无论从规模还是效益上均比中西部地区强。

四、典型相关分析

典型相关分析就是利用综合变量对之间的相关关系来反映两组指标之间的整体相关性的多元统计分析方法。它的基本原理是:为了从总体上把握两组指标之间的相关关系,分别在两组变量中提取有代表性的两个综合变量 U1 和 V1(分别为两个变量组中各变量的线性组合),利用这两个综合变量之间的相关关系来反映两组指标之间的整体相关性。

区域经济是在一定区域内经济发展的内部因素与外部条件相互作用而产生的生产综合体,不能以“产业 GDP”单一指标来分析。借鉴经济发展指标，确定以代表区域经济发展第一产业增加值、第二产业增加值、第三产业增加值、税收收入以及人均 GDP 等 5 个指标反映区域经济发展的指标体系。以法人单位数 X1、法人单位就业人员数 X2、企业资产数 X3 和企业营业收入 X4 反映民间调查发展情况。

表 8 2008 年民间调查业数据和区域经济发展数据

地区	法人单位数（个）	法人单位就业人员数（人）	企业资产总计（亿元）	企业营业收入（亿元）	第一产业增加值（亿元）	第二产业增加值（亿元）	第三产业增加值（亿元）	地方财政税收收入（亿元）	人均 GDP（元）
北京	16942	176394	1379.6	376.5	112.83	2,626.41	8,375.76	1,775.58	64,491
天津	2829	23679	213.4	21.1	122.58	3,709.78	2,886.65	546.26	58,656
河北	1509	15999	38.4	11.7	2,034.59	8,701.34	5,276.04	748.89	22,986
山西	1341	17190	24.9	10.2	313.58	4,242.36	2,759.46	566.49	21,506
内蒙	1040	20875	34.2	43.4	907.95	4,376.19	3,212.06	464.45	34,869
辽宁	5653	36859	245.5	40.0	1,302.02	7,158.84	5,207.72	1,017.10	31,739
吉林	1227	12863	36.4	30.0	916.72	3,097.12	2,412.26	311.07	23,521
黑龙江	1853	13672	17.9	15.5	1,088.94	4,319.75	2,905.68	420.21	21,740
上海	15902	195905	1803.4	571.8	111.8	6,085.84	7,872.23	2,223.43	66,932
江苏	7263	67440	269.8	117.3	2,100.11	16,993.34	11,888.53	2,278.71	40,014
浙江	7391	62337	332.1	77.7	1,095.96	11,567.42	8,799.31	1,792.09	41,405
安徽	1592	15016	103.7	16.0	1,418.09	4,198.93	3,234.64	527.93	14,448
福建	3263	31205	141.4	28.7	1,158.17	5,318.44	4,346.40	704.45	29,755
江西	688	7779	8.9	15.8	1,060.38	3,554.81	2,355.86	357.96	15,900
山东	7021	69392	206.5	149.1	3,002.65	17,571.98	10,358.64	1,533.53	32,936
河南	2620	25295	114.2	18.1	2,658.78	10,259.99	5,099.76	742.27	19,181
湖北	2781	23478	106.2	22.1	1,780.00	5,082.07	4,466.85	537.21	19,858
湖南	1367	16155	27.1	35.8	1,892.40	5,028.93	4,633.67	486.31	18,147
广东	13455	165803	2780.9	289.6	1,973.05	18,502.20	16,321.46	2,864.79	37,638
广西	1114	12177	26.9	14.1	1,453.75	3,037.74	2,529.51	346.49	14,652
海南	584	4217	19.3	2.8	436.04	423.55	643.47	120.54	17,691
重庆	2080	21415	27.1	19.8	575.4	3,057.78	2,160.48	360.29	20,490
四川	2687	31079	95.8	23.8	2,216.15	5,823.39	4,561.69	732.07	15,495
贵州	575	6877	12.0	5.5	539.19	1,370.03	1,652.34	260.8	9,855
云南	1421	13605	34.7	10.4	1,020.56	2,452.75	2,218.81	482.39	12,570
西藏	31	340	0.5	0.2	60.62	115.56	218.67	15.19	13,824
陕西	1004	12280	33.1	10.6	753.72	3,861.12	2,699.74	455.6	19,700
甘肃	434	5139	7.2	3.9	462.27	1,470.34	1,234.21	162.8	12,421
青海	113	1351	1.0	0.8	105.57	557.12	355.93	55.9	18,421
宁夏	180	1813	15.9	1.8	118.94	609.98	475	77.74	19,609
新疆	946	8409	41.9	6.5	691.07	2,070.76	1,421.38	286.55	19,797

1. 典型相关系数分析

根据设定指标体系，以我国 31 个省级区域为研究样本，利用 2008 年及 2013 年的数据进行分析，数据源自中国统计局网站公布的各省区的统计数据。由于上表中的 9 个指标具有不同的量纲，需要依据公式(1)对数据进行标准化处理来消除量纲和基数大小的影响：

$$x_{ij}^{*}=\frac{x_{ij}-\bar{x}_j}{\sqrt{\operatorname{var}(x_j)}} \tag{1}$$

x_{ij} 表示样本观测值，即 31 个省区对应的指标值，$\bar{x}_j$ 表示第 j 个变量的均值，$\operatorname{var}(x_j)$ 表示变量 j 的方差。将标准化后的数据输入 SPSS19.0 统计软件包进行典型相关分析，两组指标相关系数结果见表 9。

民间调查业的法人单位数(X1)、法人单位从业人数(X2)、企业资产总量(X3)以及企业营业收入(X4)均与第三产业增加值(Y3)、地区财政税收收入(Y4)以及人均 GDP(Y5)有较强的相关关系，相关系数均超过了 0.6，而这些民间调查业指标与第一产业增加值、第二产业增加值之间的相关系数较小。

表 9　2008 年变量间的相关系数

	X1	X2	X3	X4	Y1	Y2	Y3	Y4	Y5
X1	1.000	0.986	0.864	0.932	0.075	0.519	0.798	0.896	0.823
X2	0.986	1.000	0.911	0.965	0.047	0.489	0.777	0.879	0.797
X3	0.864	0.911	1.000	0.847	0.020	0.462	0.740	0.809	0.628
X4	0.932	0.965	0.847	1.000	−0.061	0.354	0.642	0.780	0.783
Y1	0.075	0.047	0.020	−0.061	1.000	0.738	0.539	0.344	−0.148
Y2	0.519	0.489	0.462	0.354	0.738	1.000	0.906	0.808	0.350
Y3	0.798	0.777	0.740	0.642	0.539	0.906	1.000	0.961	0.571
Y4	0.896	0.879	0.809	0.780	0.344	0.808	0.961	1.000	0.702
Y5	0.823	0.797	0.628	0.783	−0.115	0.350	0.571	0.702	1.000

两组指标中较少的指标数为 4，应能获得 4 对典型变量，根据 Barlet 的检验规则，在显著性水平分别取 0.05 时，前两对典型变量均表现显著相关。冗余度分析结果中，典型变量 U1－U4 分别能够解释民间调查业发展水平指标总波动的 89.2%、0.0419%、0.052%及 0.0149%，能够解释地区经济发展水平指标总波动的 49.7%、0.060%、0.0447%及 0.002%，典型变量 U1－U4 分别能够解释民间调查业发展水平指标总波动的 85.5%、0.023%、0.012%及 0.000%，能够解释地区经济发展水平指标总波动的 0.519%、0.109%、0.207%及 0.057%，典型变量对 U3－V3，U4－V4 对民间调查业发展水平和地区经济发展水平解释能力较差，均不具备较好的预测能力，因此重点分析前两对典型变量，前两对典型变量的典型相关系数分别为 0.979 和 0.745，说明 31 个省市区调查业发展与地区经济发展水平有较紧密的关系，具体结果见表 10。

表 10　典型相关系数、显著性水平及典型变量

典型相关系数	显著性水平	典型变量
0.979	0.000	U1=−0.469 * X1−1.036 * X2+0.026 * X3+0.510 * X4
		V1=−0.105 * Y1+0.865 * Y2−0.823 * Y3−0.678 * Y4−0.181 * Y5
0.745	0.007	U2=1.884 * X1−4.272 * X2−0.744 * X3+3.335 * X4
		V2=1.087 * Y1−0.023 * Y2−4.516 * Y3+3.255 * Y4+0.854 * Y5

U1 变式中，X2 有较大的系数，即 U1 主要表示民间调查业从业人员数量决定其发展水平；V1 变式中，Y2、Y3 及 Y4 有较大的系数，即 V1 表示经济的发展水平主要取决于第二产业、第三产业及地区财税收入，反映地区经济产出能力；U2 变式中，X2 和 X5 的系数最大，即从业人员的规模和营业收入决定行业发展水平，并促进行业增长；V2 变式中，Y3 和 Y4 的系数明显较大，主要反映第三产业规模和地区财税水平反映区域发展水平。但是，利用典型权重来解释变量的相对重要性应审慎对待，权重小可能代表该变量没有关联，也可能是该因变量与其他因变量具有共线性而造成的，因此，必须进一步进行典型结构分析。

2. 典型结构分析

典型结构分析需要计算典型结构相关系数也称典型载荷，是衡量每个原始变量与典型变量的相关性尺度，而且，这时原始变量之间不会存在共线性问题，当典型载荷的绝对值越大时，表示原始变量对典型变量解释的重要性也越高。与之对应，某典型变量与另外一组原始变量之间的相关系数，称为交叉载荷。

表 11　典型变量与各变量组中的每个变量的典型系数

调查业	典型载荷	交叉载荷	区域经济发展	典型载荷	交叉载荷
X1	−0.993	−0.972	Y1	−0.116	−0.114
X2	−0.983	−0.962	Y2	−0.57	−0.558
X3	−0.892	−0.873	Y3	−0.851	−0.833
X4	−0.906	−0.886	Y4	−0.933	−0.913
			Y5	−0.813	−0.796

注：本表列出的是变量组与第一对典型相关变量的典型载荷和交叉载荷

从表 11 可见，典型变量 U1 与民间调查业中的法人单位数(X1)、法人单位从业人数(X2)、企业资产总量(X3)以及企业营业收入(X4)的相关系数绝对值均大于 0.9，V1 与 Y3、Y4、Y5 的相关系数绝对值都高于 0.8，且相关方向相同，说明民间调查业法人单位数、从业人数、资产总量以及收入水平的提升与区域第三产业增加、区域财税收入以及人均 GDP 的提高有非常紧密的联系。民间调查业 4 个原始变量对典型变量区域经济发展也具有较强的相关性，其交叉载荷绝对值均超过 0.9，说明民间调查业通过其规模的不断扩大，人员数量增加，资产增多，收入提升，也将增强区域的经济基础，促进地区经济增长。

另一方面，典型变量 V1 与区域经济发展变量中的第三产业增加值、税收收入以及人均 GDP 有较强的相关性，其相关系数绝对值都高于 0.85，这说明典型变量 V1 主要从第三产业发展状况、财税收入和人均 GDP 角度反映区域经济增长；同时，区域经济发展变量组中这三个原始变量对典型变量 U1 也具有较强的相关性，其交叉载荷绝对值均超过 0.8，这说明在区域经济快速推进的过程中，第三产业发展水平的提升，财税收入的提高，人民生活方式的改善，为民间调查业的进一步发展创造良好的基础和外部环境。

3. 比较静态分析

在对典型样本年数据分析的基础上，再采用这些样本的 2013 年数据进行典型相关分析，并将分析结果与 2008 年的实证结果进行比较，以便分析其变化趋势和特点。首先，对 2013 年数据的两组变量之间计算出典型相关系数，并作显著性检验。从表 11 可以看出，在计算得到的 4 个典型相关系数中，第一个典型相关系数 0.967 为最大，它能解释观测变量的最大变异程度，同样采用 Wilk's 检验方法对典型相关系数进行检验，第一个典型相关系数 Wilk's 检验的 P 值为 0.001，即在 0.001 的显著性水平上可以认为典型相关系数是显著的，这再一次说明民间调查业的发展与区域经济发展之间确实存在着较强的相关性。第二个典型相关系数在 0.001 的显著性水平上也都达到显著成立，而其余两对典型相关系数 Wilk's 检验结果不显著。因此，2013 年数据分析结果与 2008 年数据分析结果是一致的，即民间调查业的发展与区域经济发展之间存在着两对典型变量。

表 12　典型相关系数及其显著性检验

Canonical Correlations		Wilk's	Chi−SQ	DF	Sig.
1	.967	.012	111.264	20.000	.000
2	.879	.178	43.141	12.000	.000
3	.415	.781	6.195	6.000	.402
4	.240	.943	1.478	2.000	.478

同样，得到第一对典型变量的表达式，即：

代表民间调查业发展的第一及第二典型变量表达式 U10 和 U20 为：

U10＝0.460 * X1＋0.294 * X2＋0.008 * X3＋0.271 * X4

U20＝0.197 * X1－3.864 * X2＋2.257 * X3＋1.575 * X4

代表区域经济发展的第一及第二典型变量表达式 V10 和 V20 为：

V10＝0.222 * Y1－1.646 * Y2＋1.488 * Y3＋0.554 * Y4＋0.173 * Y5

V20＝0.254 * Y1－0.972 * Y2－1.080 * Y3＋0.888 * Y4＋0.626 * Y5

从代表民间调查业发展的典型变量表达式中可以看出，U10 主要代表法人单位数和企业资产总计，U20

主要代表从业人数、资产规模和营业收入，代表区域经济发展的典型变量中 V10 主要代表第二产业增加值和第三产业增加值，V20 主要代表第二、三产业增加值和地区财政税收水平。

表 13　典型变量与各变量组中的每个变量的典型系数

调查业	典型载荷	交叉载荷	区域经济发展	典型载荷	交叉载荷
X1	0.973	0.94	Y1	−0.005	−0.005
X2	0.992	0.95	Y2	0.409	0.396
X3	0.964	0.932	Y3	0.734	0.709
X4	0.931	0.9	Y4	0.823	0.795
			Y5	0.736	0.712

由表 13 进一步分析发现，典型变量 U10 与民间调查业发展水平的四个变量的典型载荷均超过 0.9，而且对区域经济发展的交叉载荷也都在 0.9 之上，这一结果与 2008 年的分析结果一致。同时典型变量 V10 与区域经济发展变量的地区财政税收、人均 GDP、第三产业发展也都有较高的相关载荷，同时，这几个指标对于民间调查业发展的交叉载荷也较大，均超过 0.7，说明区域经济中地区财政税收、人均 GDP、第三产业增加值的提高对民间调查业的发展具有较强的促进作用。而且 2013 年的分析结果与 2008 年的结果基本一致，均表明民间调查业的发展水平与区域经济发展之间相互促进，协同发展的作用机制。

附件 5

民间统计调查业发展的系统动力学分析

系统动力学(System Dynamics,简称 SD)是由美国麻省理工学院的 J. W 福雷斯特教授提出的研究信息反馈系统动态行为的计算机仿真方法。它有效地把信息反馈的控制原理与因果关系的逻辑分析结合起来,面对复杂实际问题,从研究系统的内部结构入手,建立系统的仿真模型,并对模型实施各种不同的政策方案,通过计算机仿真展示系统的宏观行为,寻求解决问题的正确途径。

"数据"和"信息"日益成为经济社会发展非常重要的战略资源,受到党和政府以及社会各界前所未有的高度重视和广泛关注,与之相应统计调查事业迎来了重要的发展机遇期。民间统计调查业是国民经济的一个子系统,对国民经济和社会发展有重要的影响作用。民间统计调查业有序、健康发展,不仅涉及自身要素及要素的组合,还与人口、经济、国家政策等环境因素密切相关,是一项复杂的系统工程。只有建立一个适合于该系统的动态分析模型,才可能全面准确地研究系统中各因素间的相互作用关系和它们对系统行为的影响。

一、因果关系分析

民间统计调查业的发展会促进经济的发展,而经济的发展又会带动民间统计调查业的发展。用户是企业存在的前提和发展的保证,也是企业经营活动的出发点和源泉。对民间统计调查业发展因素系统分析时,发现民调单位增长,与用户满意度、人均国内生产总值增长和市场饱和度等因素密切相关。而民调单位增长,会带来更多的收入。民调企业收入又影响到民调人员增长、民调企业固定资产增长和民调对经济的直接贡献率。民调人员增长和民调企业固定资产增长会影响民调市场供给,国内生产总值增长和市场饱和度会影响民调市场需求,民调市场供给和民调市场需求会影响民调服务短缺情况。民调服务短缺和市场有序度会影响用户满意度。根据这些基本的因果关系,可以画出图 1 所示的因果关系图。

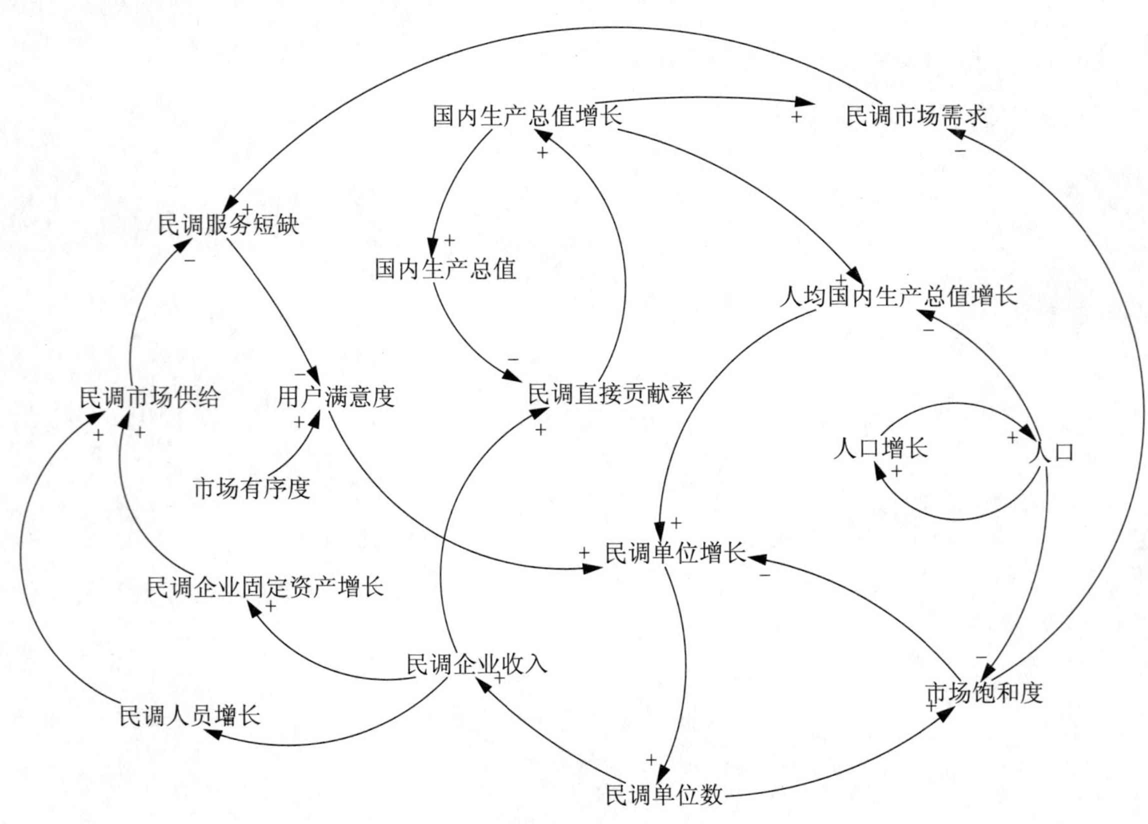

图 1 因果关系图

从图 1 可以看出，因果图中主要正反馈回路包括：(1)民调单位增长——民调单位数——民调企业收入——民调直接贡献率——国内生产总值增长——人均国内生产总值增长——民调单位增长；(2)民调单位增长——民调单位数——民调企业收入——民调企业固定资产增长——民调市场供给——民调服务短缺——用户满意度——民调单位增长；(3)民调单位增长——民调单位数——民调企业收入——民调人员增长——民调市场供给——民调服务短缺——用户满意度——民调单位增长；(4)民调单位增长——民调单位数——市场饱和度——民调市场需求——民调服务短缺——用户满意度——用户满意度——民调单位增长。主要负反馈回路包括：(1)国内生产总值——民调直接贡献率——国内生产总值增长——国内生产总值；(2)民调单位数——市场饱和度——民调单位增长——民调单位数。这些正、负反馈回路和一些政策因素共同作用，使民间统计调查业处于系统的动态平衡之中。

二、SD 模型建立

按照图 1 所示的因果关系，用系统动力学软件 STELLA 可也建立图 2 所示的模型，经过上机调试和运行，可以得出表 1 和图 3、图 4 所示的主要变量仿真数据表。

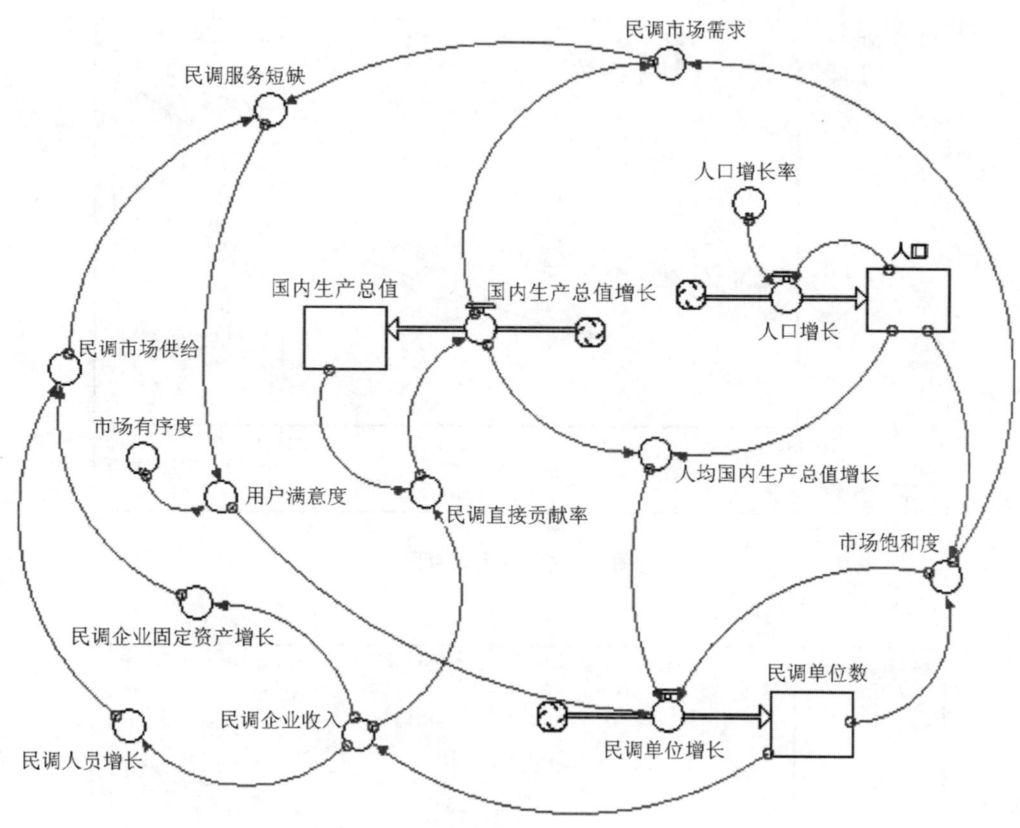

图 2 系统动力学 STELLA 模型

表 1 主要变量仿真数据表

年 份	国内生产总值（亿元）	年末总人口（万人）	民调单位数（个）	民调企业收入（亿元）	民调市场需求	民调市场供给	民调服务短缺	民调直接贡献率
2015	685,502.10	136,986.00	234,048	13,690.23	0.2296	0.1139	2.0148	0.0200
2016	742,904.24	137,269.56	241,061	15,907.29	0.2507	0.1307	1.9176	0.0214
2017	805,588.74	137,532.57	248,626	18,298.86	0.2698	0.1488	1.8125	0.0227
2018	873,047.58	137,774.90	256,775	20,874.95	0.2873	0.1684	1.7065	0.0239
2019	944,888.38	137,996.44	265,544	23,647.23	0.3037	0.1894	1.6037	0.0250
2020	1,020,819.74	138,197.09	274,976	26,628.97	0.3192	0.2119	1.5060	0.0261

续表

年份	国内生产总值（亿元）	年末总人口（万人）	民调单位数（个）	民调企业收入（亿元）	民调市场需求	民调市场供给	民调服务短缺	民调直接贡献率
2021	1,100,634.02	138,376.75	285,117	29,834.88	0.3342	0.2362	1.4146	0.0271
2022	1,184,190.98	138,542.25	295,884	33,238.80	0.3483	0.2620	1.3292	0.0281
2023	1,271,273.13	138,693.53	307,312	36,851.60	0.3617	0.2894	1.2500	0.0290
2024	1,361,724.25	138,830.56	319,437	40,684.86	0.3748	0.3184	1.1770	0.0299
2025	1,455,435.63	138,953.29	332,299	44,750.79	0.3875	0.3492	1.1097	0.0307
2026	1,552,335.38	139,061.67	345,937	49,062.23	0.4001	0.3819	1.0477	0.0316
2027	1,652,380.21	139,161.80	360,159	53,558.56	0.4119	0.4159	0.9904	0.0324
2028	1,755,384.88	139,253.64	374,981	58,244.14	0.4232	0.4514	0.9374	0.0332
2029	1,861,201.86	139,337.20	390,415	63,123.41	0.4339	0.4884	0.8885	0.0339
2030	1,969,713.30	139,412.44	406,476	68,200.86	0.4443	0.5268	0.8434	0.0346

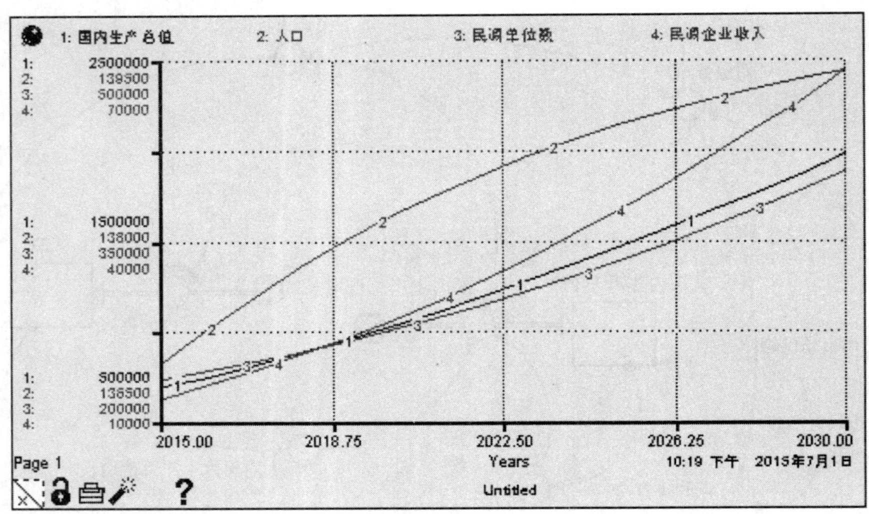

图 3 主要变量仿真图

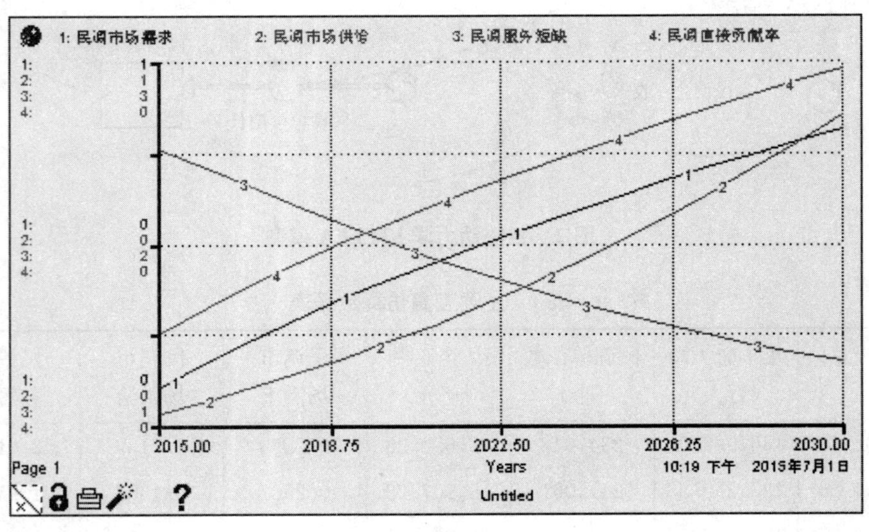

图 4 主要变量仿真图(续)

由表 1 可以看出，到 2030 年，国内生产总值 1,969,713.30 亿元，年均增长 7.29%；年末总人口 139,412.44 万人，年均增长 0.12%；民调单位数 406,476 个，年均增长 3.75%；民调企业收入 68,200.86 亿元，年均增长 11.30%；民调直接贡献率 0.0346，年均增长 3.74%。

经过灵敏度分析，发现市场有序度每提升 10%，国内生产总值增长 0.12 个百分点，民调单位数增长 0.18 个百分点，民调企业收入增长 0.37 个百分点，民调直接贡献率增长 0.23 个百分点，用户满意度增长 0.27 个百分点，分别如图 5、图 6、图 7、图 8、图 9 所示。

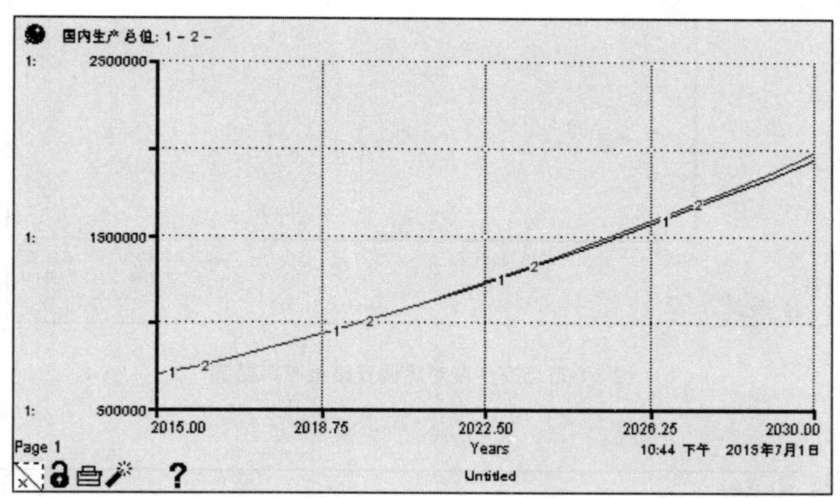

图 5　市场有序度对国内生产总值影响

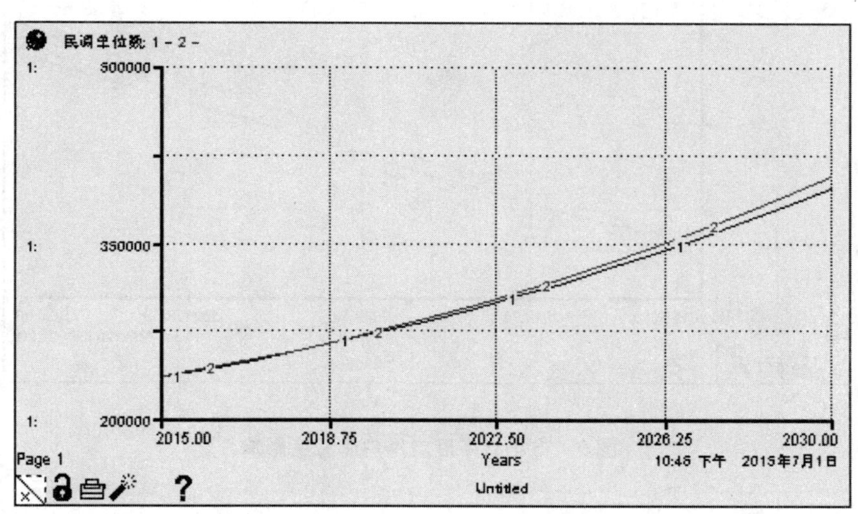

图 6　市场有序度对民调单位数影响

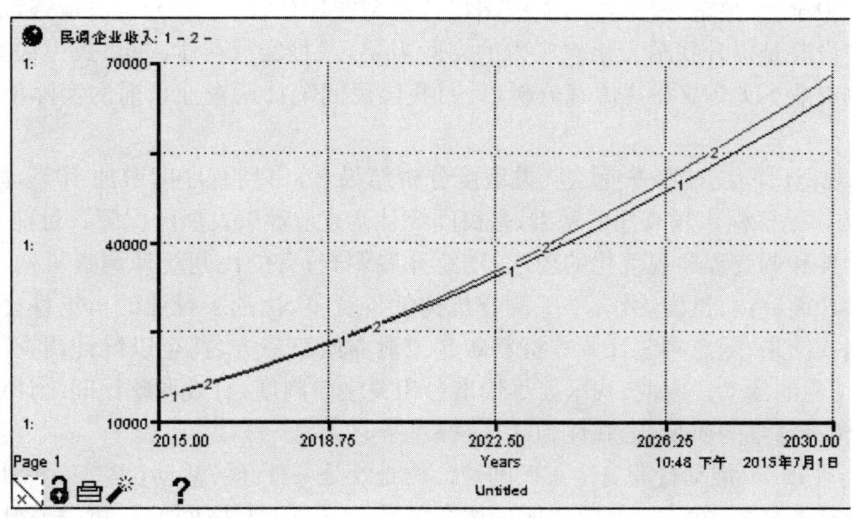

图 7　市场有序度对民调企业收入影响

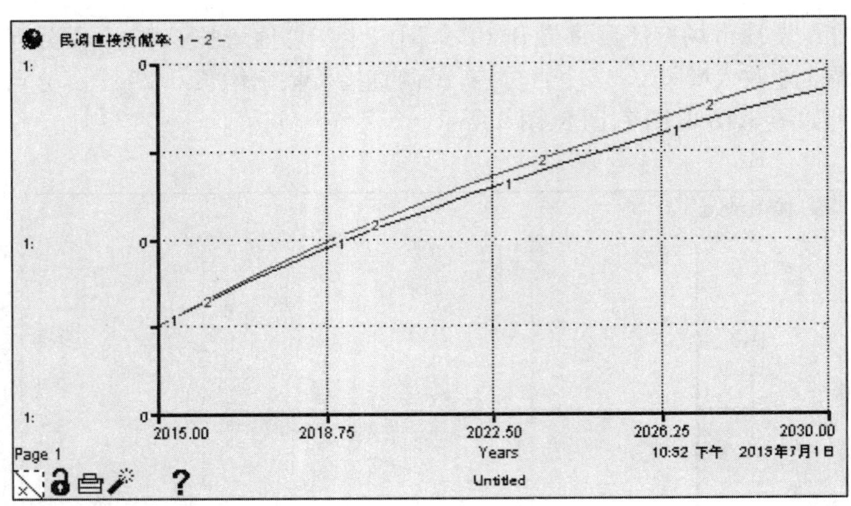

图 8　市场有序度对民调直接贡献率影响

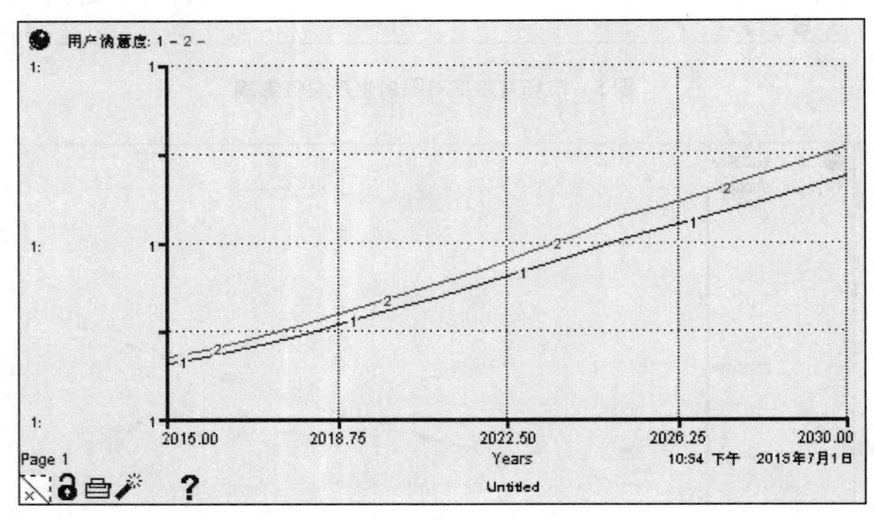

图 9　市场有序度对用户满意度影响

三、政策建议

党的十八届三中全会《决定》提出:"加强中国特色新型智库建设,建立健全决策咨询制度。"可见,加强民间统计调查业建设既是提升我国文化软实力的实际需要,又是实行科学决策、民主决策的实际需要。这里结合民间统计调查业 SD 模型及其仿真分析,针对我国民间统计调查业目前的实际情况,提出以下三点建议:

1. 通过立法,规范民间统计调查业。从灵敏度分析结果看,市场有序度增加 10%,国内生产总值增长 0.12 个百分点。法律是确保市场有序的基础,是民间统计调查业健康发展的保障。目前有些民间调查机构忽视调查方法科学性和调查程序规范化的要求,随意开展调查;有的民间统计调查机构和媒体在发布调查结果时,随意发布、片面解读、过度炒作;一些调查机构低价竞争,扰乱了行业的市场秩序;少数机构和人员编造统计调查数据或结果、随意将统计调查资料贩卖或泄露给第三方,甚至以统计调查的名义套取被访者个人信息,从事违法犯罪活动。因此,我国要尽快出台相关法律制度,有效调整民间统计活动中的特定法律关系和行为,保证调查结果的质量、客观性和社会效果。

2. 建立健全行业规范,推动行业自律。民间统计调查既是一种经济活动,也是一种社会活动,涉及范围广,技术性很强,敏感而复杂。保障、引导和促进这个领域,不仅需要法律规范,更需要健全的行业规范,需要众多的调查机构加强自律,推动整个行业健康发展。通过行业协会、从业者协会等行业组织对民间统计调查进行管理，是目前主要市场经济国家管理民间统计调查非常重要的方式，且取得了很好效果。可以制定行业标准，明确市场研究与社会调查的基本准则；通过行业协会，设立投诉部门，开展行业监督；为民间统计调查机构争取权益，为他们捕捉最新最全的市场营销信息、市场营销研究成果等，帮助他们解决实际中遇到的问题；不定期举办会员培训，教授有关市场营销的专业知识、基本技能等，不断提升人员的专业素质。

3. 努力创新，提供高附加值服务。通过表 1 仿真数据可以看出，到 2030 年，民调单位数年平均增长 3.75%，民调企业收入年平均增长 11.30%，企业收入增长超过单位数增长 7.55 个百分点。这说明民间统计调查业已基本完成洗牌，未来发展不是靠企业数量，而是依靠企业提供的高附加值服务。随着国内市场调查与咨询公司的成长，依靠提供简单数据的初级市场调查与咨询服务内容正逐渐消失，取而代之的是提供专业化的市场调查与咨询研究报告。要提供专业化、高附加值服务，除管理创新外，要依靠科学技术创新带来的效益实现集约的增长方式，用技术变革提高生产要素的产出率。例如，调查手段可以从入户访问、街访、座谈会等以纸问卷为主的面访方式，发展到使用 CATI/CAPI/e－survey/peoplemeter 等先进仪器和技术进行快速准确调查的方式；研发能力可以从没有专门的人员或部门从事研发工作，发展到能够执著于某一领域的深入研究，形成一套自己独具的技术资源，如研究模型等。

课题组　组长：樊相宇

成员：徐晓海　张舒阳　刘　飞　苏锦旗　赵　青

侯予菲　陈维强　周　彦　周晓明　徐　超

刘露瑶　顾　鑫　丁　勐

当前我国宏观收入分配格局研究

政府、企业和居民收入分配，是收入分配关系中十分重要的方面，由于具有宏观和全局的特性，也可将其称为宏观收入分配。搞清这三者收入分配的现状、问题及成因，是制定各项有针对性的收入分配政策的前提和基础。本课题根据第三次经济普查修订后的实物资金流量表，分析了1992－2012年我国宏观收入分配格局的变化及成因，并对2013－2014年宏观收入分配格局进行了估算，探讨了当前我国宏观收入分配格局中存在的主要问题，最后提出了改善我国宏观收入分配关系的政策建议。

一、我国宏观收入分配格局的变化

收入分配包括初次分配和再分配两个层次。初次分配是对生产要素的分配，再分配则是生产环节之后通过经常转移的形式对收入的分配。生产活动形成的原始收入，是整个收入分配的起点，经过初次分配，形成了一国的初次分配总收入；经过收入的再分配，最终形成了一国的可支配总收入。一国的初次分配总收入和可支配总收入在政府、企业和居民之间分配的比例及其相互关系，即通常所说的三者分配关系。

（一）政府、企业和居民三者收入初次分配

1992年以来，随着国家收入分配政策的调整，政府、企业和居民三者收入初次分配关系发生了显著变化。1992年，政府、企业和居民三者收入初次分配比例为15.9％、18.0％和66.1％，到2012年，这一比例变为15.5％ 、24.7％和59.8％。21年间，政府收入比重下降了0.4个百分点；企业收入比重上升了6.7个百分点；居民收入比重下降了6.3个百分点。在此期间，尽管居民收入比重有所下降，但从总体上看，居民拿大头的收入分配格局依然没有改变。

1992年以来，三者收入初次分配关系的演变大体可划分为向企业倾斜（1992－1995年）、向政府、企业倾斜（1996－2008年）和向居民倾斜（2009年至今）三个阶段。

在第一个阶段，政府收入比重下降较多，居民收入比重上升较快，企业收入比重在波动中上升。1995年，政府、企业和居民三者收入比重分别为12.4％、23.2％和64.4％。与1992年相比，政府收入比重下降了3.5个百分点，企业收入比重上升了5.2个百分点，居民收入比重下降了1.7个百分点。在此时期，由于卖方市场仍占主导地位，再加上小平南巡讲话后全国各地掀起了新一轮经济建设的高潮，投资热、股票热、房地产热和开发区热持续升温，价格大幅度上升，企业经济效益不断改善，企业初次分配收入增长较快。这一时期收入初次分配的主要特点是向企业倾斜。

在第二个阶段，随着国家宏观调控政策的变化，政府收入比重和企业收入比重不断上升，而居民收入比重则在波动中下降，收入初次分配出现向政府和企业倾斜的趋势。到2008年，政府、企业和居民三者收入比重变为14.1％ 、28.3％和57.6％。与1995年相比，政府收入比重提高了1.7个百分点，企业收入比重提高了5.1个百分点，居民收入比重下降了6.8个百分点。

在第三阶段，随着政府宏观收入分配政策的调整和加大对民生的投入，居民收入比重快速上升，政府收入比重略有上升，而企业收入比重则快速下降。居民收入比重扭转了多年持续下降的态势，并持续快速反弹，政府收入比重保持基本稳定，企业收入比重明显下降。到2012年，政府、企业和居民三者收入比重变为15.5％ 、24.7％和59.8％。与2008年相比，政府收入比重提高了1.4个百分点，企业收入比重下降了3.6个百分点，居民收入比重提高了2.2个百分点。

表 1 收入初次分配结构(%)

年份	政府	企业	居民
1992	15.9	18.0	66.1
1993	15.6	22.0	62.4
1994	13.3	21.8	64.9
1995	12.4	23.2	64.4
1996	12.8	20.0	67.2
1997	12.5	21.8	65.7
1998	12.9	20.5	66.6
1999	13.1	20.7	66.2
2000	13.1	21.2	65.7
2001	12.7	23.1	64.2
2002	14.0	23.4	62.6
2003	13.7	24.2	62.1
2004	13.9	26.9	59.2
2005	14.1	26.6	59.3
2006	14.3	26.9	58.8
2007	14.6	27.5	57.9
2008	14.1	28.3	57.6
2009	13.9	27.3	58.8
2010	14.6	26.9	58.5
2011	15.0	25.8	59.2
2012	15.5	24.7	59.8

(二)政府、企业和居民三者收入再分配

收入再分配是在收入初次分配的基础上,通过经常转移的形式对收入进行分配。经常转移的主要形式有所得税、社会保险付款、社会补助和其他经常转移。一个国家的初次分配总收入经过经常转移,最终形成了它的可支配总收入,即国民可支配总收入。在国民收入初次分配格局的基础上,经历再分配后居民收入比重有所上升,政府收入比重略有上升,企业收入比重有所下降。

相对于收入初次分配,我国收入再分配内部关系的演变更趋复杂。具体而言,国民可支配总收入在政府、企业和居民三者之间的演变经历了以下三个阶段(见表 2):

表 2 国民可支配总收入结构(%)

年份	政府	企业	居民
1992	17.9	13.4	68.7
1993	17.2	18.1	64.7
1994	14.5	18.6	66.9
1995	14.1	19.7	66.2
1996	14.6	16.4	69.0
1997	14.3	17.7	68.0
1998	14.2	17.5	68.3
1999	14.1	19.2	66.7
2000	14.5	19.4	66.1

续表

年份	政府	企业	居民
2001	15.0	20.6	64.4
2002	16.3	21.1	62.6
2003	16.1	21.9	62.0
2004	16.6	24.3	59.1
2005	17.4	23.7	58.9
2006	17.9	23.7	58.4
2007	18.8	23.9	57.3
2008	18.3	24.5	57.2
2009	17.5	23.8	58.7
2010	18.0	23.6	58.4
2011	18.8	21.9	59.3
2012	19.2	20.6	60.2

第一阶段:1992 年至 1995 年。此阶段,政府再分配能力有所加强,与初次分配结果相比,再分配结果有些变化。这一阶段的主要特点是政府和居民的可支配收入比重有所下降,而企业可支配收入比重稳步上升。1992 年,政府、企业和居民三者间的收入分配关系为 17.9:13.4:68.7,到 1995 年三者间的收入分配关系变为 14.1:19.7:66.2。其中,居民可支配收入所占比重比 1992 年下降了 2.5 个百分点,政府可支配收入比重下降 3.8 个百分点,企业可支配收入比重则上升 6.3 个百分点。这一阶段国家加大了有关收入分配调节力度,抑制了居民收入增长过快的趋势。

第二阶段:1996 年至 2008 年。此阶段,宏观收入分配向企业和政府倾斜,居民收入比重大幅下降。随着国有企业改革的深化和非国有企业的迅猛发展,企业盈利能力明显增强,企业经济效益显著改善,企业可支配收入比重进一步上升,从 1995 年的 19.7%逐年攀升到 2008 年 24.5%。政府可支配收入比重由降转升,从 1995 年的 14.1%上升到 2008 年的 18.3%。政府可支配收入比重上升,与这一时期财税体制改革,提高部分税种税率水平以及加大税收征管力度有直接关系。相应地,这一时期的居民可支配收入比重由 1995 年的 66.2%快速下降至 2008 年的 57.2%,下降了 9 个百分点,平均每年下滑 0.69 个百分点。

第三阶段:2009 年至今。此阶段,三者收入分配关系发生了新的变化,突出表现为政府可支配收入比重基本保持稳定,企业可支配收入比重持续快速下降,居民可支配收入比重则持续快速上升。2012 年,政府可支配收入比重为 19.2%,比 2008 年上升 0.9 个百分点;企业可支配收入比重为 20.6%,比 2008 年下降 3.9 个百分点;居民可支配收入比重为 60.2%,比 2008 年上升 3 个百分点,平均每年上升 0.75 个百分点。

与收入初次分配相比,1992 年以来,政府在收入再分配中政府收入比重上升,企业收入比重下降,居民收入比重在 2001 年以前上升,并在 1997 年达到顶点,此后下降,2002－2010 年再上升转为下降,但自 2011 年起居民已重新由再分配中由上升转为下降。收入再分配过程存在着向政府倾斜的现象,这主要是由于 1994 年开始推行的税改和 1998 年开始全面推进养老、医疗和教育体制等多项改革的综合结果,但自 2011 年起年宏观收入再分配过程向政府倾斜的现象得到了一定程度的纠正。

表 3　可支配总收入与初次分配总收入结构之差(%)

年份	政府	企业	居民
1992	1.93	－4.55	2.62
1993	1.58	－3.85	2.27
1994	1.26	－3.23	1.97
1995	1.74	－3.54	1.80

续表

年份	政府	企业	居民
1996	1.79	－3.58	1.79
1997	1.77	－4.12	2.35
1998	1.31	－3.04	1.73
1999	1.08	－1.57	0.49
2000	1.41	－1.78	0.38
2001	2.33	－2.47	0.14
2002	2.27	－2.24	－0.04
2003	2.45	－2.35	－0.10
2004	2.67	－2.61	－0.06
2005	3.33	－2.93	－0.41
2006	3.66	－3.20	－0.45
2007	4.22	－3.55	－0.67
2008	4.21	－3.85	－0.36
2009	3.64	－3.51	－0.13
2010	3.34	－3.28	－0.07
2011	3.73	－3.83	0.10
2012	3.75	－4.16	0.41

(三)2013－2014年宏观收入分配格局估算

由于目前官方尚未发布2013年和2014年的实物资金流量表，通过现有数据对2013－2014年政府、企业和居民收入分配格局进行大致估算。

目前我国居民收入总量资料有两种来源，一种是直接来自资金流量表中的居民可支配收入，另一种是根据国家统计局通过抽样调查获得的城镇居民人均可支配收入和农村居民人均纯收入乘以相应年中人口进行推算得到的。由表4可知，由调查资料推算的居民可支配收入与资金流量表中的居民可支配收入之间存在一定的偏差，前者大约相当于后者70%左右(表4)。考虑到1992－2012年两者之间的相关系数高达0.9991，这表明两者变动趋势高度一致，也就是说，如按城乡住户收支调查资料推算的居民可支配收入占国民可支配收入比重较上年出现上升时，则资金流量表中的居民可支配收入占国民可支配收入比重也较上年上升，反之亦然。因此，我们假定2013－2014年资金流量表中居民可支配收入增长与按城乡住户收支调查资料推算的居民收入增长同步，则可以大致估算出同期资金流量表中居民可支配收入的数据(表5)。同样，尽管预算内财政收入与政府部门可支配收入在口径上有一定的差异，但两者在1992－2012年期间的相关系数也高达0.9986，表明两者的变动趋势基本上保持一致，为此，我们假定2013－2014年资金流量表中政府部门可支配收入增长与预算内财政收入增长同步，则可以大致估算出同期政府部门可支配收入的数据(表5)。有了政府部门和住户部门可支配收入数据，就很容易通过倒挤法计算出2013－2014年企业可支配收入数据以及三者收入分配格局(表6)。由表6可知，2013－2014年政府可支配收入比重保持基本稳定，企业可支配收入比重持续下降，居民可支配收入比重持续上升，2014年居民可支配收入比重达到63.3%左右，比上年上升1.5个百分点左右。应该指出的是，根据上述方法估算的2013－2014年三者收入占比数据可能与官方未来公布的实际结果有一定的出入，但仍有一定的参考价值。

表 4　根据住户调查资料推算的居民可支配收入与资金流量表中居民可支配收入之间的差距

年份	由住户调查资料推算的居民可支配收入（亿元）	资金流量表中居民可支配收入（亿元）	前者占后者的比例（%）
1992	13071.0	18649.2	70.1
1993	16270.7	22987.6	70.8
1994	22213.1	32426.3	68.5
1995	28388.7	39882.3	71.2
1996	31992.4	48808.8	65.5
1997	37492.2	53682.0	69.8
1998	40075.5	57286.2	70.0
1999	43239.8	59613.8	72.5
2000	46502.4	65484.2	71.0
2001	51208.4	70437.0	72.7
2002	57383.0	75669.6	75.8
2003	63791.4	85042.6	75.0
2004	72643.2	95905.2	75.7
2005	82423.5	109841.8	75.0
2006	93813.8	128123.2	73.2
2007	111917.7	155432.6	72.0
2008	130855.6	184002.0	71.1
2009	144887.9	203755.2	71.1
2010	165899.0	239384.3	69.3
2011	194687.3	285192.2	68.3
2012	223683.1	320793.2	69.7

表 5　2013—2014 年估算的资金流量表中居民可支配收入和政府部门可支配收入

（单位:亿元）

年份	由住户调查资料推算的居民可支配收入	资金流量表中居民可支配收入	全国预算内财政收入	政府部门可支配收入	国民可支配总收入
2000	46502.4	65484.2	13395.2	14399.9	99084.7
2001	51208.4	70437.0	16386.0	16431.1	109386.3
2002	57383.0	75669.6	18903.6	19645.8	120839.7
2003	63791.4	85042.6	21715.3	22108.8	137163.0
2004	72643.2	95905.2	26396.5	26954.7	162184.9
2005	82423.5	109841.8	31649.3	32468.3	186530.7
2006	93813.8	128123.2	38760.2	39375.3	219484.0
2007	111917.7	155432.6	51321.8	51070.7	271452.3
2008	130855.6	184002.0	61330.4	58914.5	321733.8
2009	144887.9	203755.2	68518.3	60961.3	347208.9
2010	165899.0	239384.3	83101.5	73618.8	409892.0
2011	194687.3	285192.2	103874.4	90410.2	481170.7
2012	223683.1	320793.2	117253.5	102553.7	533088.9
2013	251042.0	360029.7	129209.6	113010.9	582656.9
2014	278948.7	400051.9	140350.0	122754.6	632509.3

表6 2013—2014年宏观收入分配格局估算(单位:%)

年份	政府	企业	居民
2013	19.40	18.81	61.79
2014	19.41	17.34	63.25

二、对当前我国宏观收入分配格局的基本判断

随着收入分配体制改革的不断深化,我国目前三者收入分配格局基本上是合理的,总体上有利于经济发展、社会进步和效率提高。具体表现在:

第一,提高了劳动生产率,促进了经济的发展。随着收入分配体制改革的深化,以按劳分配为主体、多种分配方式并存的收入分配体制正逐步形成,居民收入渠道增多,收入水平迅速提高。随着居民收入水平的不断提高,居民消费支出随之扩大,消费需求更加多样化,消费结构不断升级,对生产的拉动作用越来越大,同时也促进劳动生产率不断提高。

第二,促进了企业自我发展,进而促进了经济增长。改革开放以来,随着企业改革的不断深化和现代企业制度的建立,企业生产经营自主权不断扩大,活力不断增强,效益不断提高。随着企业自有资金积累的增多,企业将更多的自有资金投入到技术改造和扩大再生产中,以获取更多的利润,从而形成了一种良性的扩大再生产的机制。企业不断扩大再生产是保持我国经济持续快速健康发展的主要动力。

第三,增强了政府调控能力。在建立和完善社会主义市场经济体制的过程中,保持政府所得在国民可支配总收入中的适当份额,是克服市场失灵和加强宏观调控的内在要求。1994年分税制改革以来,政府收入特别是中央政府收入水平不断提高。政府收入规模的扩大,大大增强了中央政府通过转移支付平衡地区财力以及调节不同群体之间收入分配差距的能力,同时也使政府有能力集中资金进行重大项目的开发与建设以及应对突发性重大自然灾害。

从国际经验看,在由低收入向中等收入国家迈进的过程中,国民收入的分配格局一般表现为居民和企业所得比重有所上升,政府所得比重有所下降。我国目前的人均GDP已超过7000美元,属于上中等收入国家,因此与改革开放初期相比,总体上企业和居民收入比重上升、政府收入比重下降符合国际上收入分配的一般规律。收入分配在改革开放初期到1995年向企业和居民个人倾斜,是针对我国长期以来居民和企业收入过低,人民生活水平得不到有效提高,企业无力进行更新改造和自我发展而采取的措施,有补还"欠账"的因素,有利于解放和发展生产力,有利于增加消费和改善投资与消费的比例关系。1996—2008年期间,收入分配明显向政府和企业倾斜,居民可支配收入占比持续下滑。从2009年开始,宏观收入分配格局出现了新变化,突出表现在居民可支配收入占比止跌回升,特别是在最近几年呈现加速上升的态势。

三、当前我国宏观收入分配格局存在的主要问题

现有的收入分配格局对我国的经济和社会发展起到了相当大的推动作用,但仍存在不少问题,主要表现为:

(一)当前我国居民可支配收入占国民可支配总收入比重仍然偏低

这对扩大居民消费需求产生负面影响。2000—2008年,我国居民可支配收入占国民可支配总收入的比重呈逐年下降趋势,究其原因:一是劳动者报酬总体上增长缓慢,二是居民财产净收入增长缓慢;三是居民经常转移净收入增长大大放缓。尽管从2009年开始居民可支配收入占比逐年回升到2012年的60.2%,但该水平不仅低于发达国家的平均水平,而且也低于上世纪90年代的平均水平,这对扩大居民消费需求产生不利影响。

(二)当前我国收入初次分配和再分配过程中仍存在向政府倾斜的趋势

一方面,政府获得的生产税净额增长相对仍比较快,政府初次分配总收入占国民总收入比重不断上升。另一方面,在收入再分配过程中政府继续扩大收入比例。近年来,政府在经常转移净收入中获得的收入税和社会保险交款等转移收入增长远快于社会补助等转移支出,导致政府经常转移净收入占国民可支配总收入比重持续上升。政府收入过快增长带来的负面影响是:一方面,政府财政收入的快速增长一定程度地挤

压了居民收入增长的空间;另一方面,政府转移支付和社会保障支出的不足,又导致居民消费倾向下降。

(三)政府再分配调节力度不够,社会保障潜在欠账不断增大

由于个人收入来源复杂且不够规范,政府对居民收入再分配调节力度不够,突出表现在:一是实物社会转移比重明显偏低。按照SNA的规定,实物社会转移指政府和为住户服务的非营利机构免费或以没有显著经济意义的价格向居民提供消费性货物和服务而承担的费用支出。它包括两个部分:一是政府或为住户服务的非营利机构免费或以没有显著经济意义的价格提供给居民的非市场产出,如政府提供的义务教育服务;二是政府或为住户服务的非营利机构从市场生产者手中购买然后再免费或以没有显著经济意义的价格提供给居民的消费性货物和服务,如政府通过社会保险计划采购药品提供给居民。初步测算结果表明,2012年我国实物社会转移占GDP的比重不超过7%,远低于法国、德国、日本等国10%以上的水平。二是政府对居民的转移支付规模严重偏小。2012年,居民经常转移净收入为2309.2亿元,只占居民可支配收入0.7%;各级政府用于补助低收入居民的转移支出总额占居民可支配收入的2.7%。由于政府转移支付规模小,对农村居民、城镇失业人员和低收入阶层缺乏有效的保障。目前,虽然我国已初步建立覆盖城乡居民的社会保障体系,但社会保障水平明显偏低。这就迫使居民仍要考虑医疗、养老、教育等诸多方面的支出,从而强化了居民的储蓄动机,压抑了居民当期消费增长。此外,随着未来我国人口老龄化的日趋严重,领取养老金的人口与缴纳养老金人口的比例将显著提高,养老金缺口快速增大的问题将会变得越来越突出。

四、改善我国宏观收入分配关系的政策建议

宏观收入分配涉及经济和社会的诸多方面,解决目前三者分配存在的突出问题,需要采取综合对策。今后一个时期,要深入贯彻党的十八大和十八届三中全会精神,立足于我国社会主义初级阶段的基本国情,坚持在发展中解决三者分配中存在的问题,加大收入分配调节力度,建立科学合理、公平公正的社会收入分配体系。

(一)加大对收入初次分配的调节力度,逐步提高居民初次分配收入占国民总收入比重

劳动者报酬占居民可支配收入80%左右,因此在收入初次分配阶段,出台有针对性的政策措施,促进劳动者报酬增长对于提高居民可支配收入在国民可支配总收入中的比重具有关键的意义。为此,一是要扩大就业渠道,提高就业水平。进一步完善促进就业的各项政策,加快发展就业容量大的服务业和中小微企业,提升劳动者的技能与综合素质,提高城乡居民特别是低收入家庭的就业水平。二是完善以最低工资和"三条指导线"为主的工资调控体系。将劳动者报酬增长纳入国民经济和社会发展规划,通过规划和政策规定,进一步发挥工资指导线、劳动力市场工资指导价和行业人工成本信息的调节作用。综合考虑物价水平、经济增长、社会平均工资、最低生活保障等因素,逐步提高最低工资标准。三是统一规范劳动力市场,改革户籍制度,清除养老保险转移的障碍,促进劳动力合理有序流动。四是以非公有制企业、劳动密集型企业和中小企业为重点,大力推进行业性、区域性工资集体协商。五是规范劳务派遣用工管理,逐步实现劳务派遣工与正式职工同工同酬。六是深化机关事业单位工资改革,逐步提高机关事业单位工资水平。进一步规范公务员津贴补贴,统一同一地区同一级政府不同部门的津贴补贴项目、标准,实现同城同待遇;建立符合不同类型事业单位特点、体现岗位绩效和分级分类管理的事业单位收入分配制度,逐步实施绩效工资。七是促进证券市场平稳健康发展,扩大居民投资渠道,不断提高居民财产收入水平。完善促使流通股股东长期稳定投资的现金分红制度,强化细化上市公司现金分红的信息披露制度,逐步形成真正鼓励长期投资的环境,切实维护投资者特别是中小投资者的合法利益,不断提高居民财产收入水平。

(二)加大对收入再分配的调节力度,努力提高居民可支配收入占国民可支配收入比重

在收入再分配环节,加快构建以税收、转移支付、社会保障为主要手段的再分配调节机制,加大对收入再分配的调节力度,弥补市场缺陷,促进社会公平,努力提高居民可支配收入占国民可支配收入比重。为此,一是要改革和完善税制,建立调节存量财富的税收机制,健全房地产税、车船税等财产税制度,研究开征遗产赠与税,规范政府非税收入,清理整顿各项行政事业性收费和政府性基金。二是要进一步调整优化财政支出结构,继续加大财政资金用于促进就业、社会保障、教育、公共医疗卫生、保障性住房等民生领域的投入力度,严格控制财政供养人员增长,严格控制"三公"经费支出和行政机关、国有企业事业单位楼堂馆所的建设支出,不断增加对居民的转移支付水平,特别是要重点增加对农民、城镇困难群体、贫困地区贫困人口的直接补贴。三是要健全社会保险制度。适度提高社会保障待遇水平,继续上调企业退休人员基本养老

金，制定城乡居民社会养老保险基础养老金正常调整机制。加强新农保和城镇居民社会养老保险制度的规范管理，适时出台城乡养老保险制度衔接制度。推进机关事业单位养老制度改革。加快完善以城镇职工基本医疗保险、城镇居民基本医疗保险、新型农村合作医疗为主体的基本医疗保障体系，在提高筹资水平和统筹层次基础上，最终实现医疗保障制度框架的基本统一。四是加强社会救助和社会福利体系建设。健全城乡居民最低生活保障标准动态调整，逐步提高低保标准和补助水平。加大对城乡困难群体的专项救助力度，健全临时救助机制。以扶老、助残、救孤、济困为重点，逐步拓宽社会福利的保障范围。五是大力发展慈善事业，积极培育慈善组织，支持社会力量兴办慈善机构，增强全社会慈善意识。

（三）实现政府职能转型，努力弥补社会保障资金缺口

长期以来，我国社会发展滞后于经济发展。政府财政资金在就业、社会保障、义务教育、医疗卫生等公共事业方面的投入虽然一直保持了较快增长，但仍有进一步加大的需要。目前，我国正处在经济社会全面转型的关键时期，政府迫切需要改变重经济发展、轻社会发展的现象，改变职能的越位、缺位和错位，更加注重履行社会管理和公共服务职能。具体到收入分配领域，就是要加大政府对收入分配的调节力度，树立公平和效率并重的理念。要为全体公民提供社会保障、义务教育、医疗卫生等最基本的公共产品和公共服务；要大幅度削减行政审批，减少行政干预，使各种生产要素在市场竞争中优胜劣汰；要加强收入分配宏观调节，在经济发展的基础上，更加注重社会公平，防止两极分化；既要保护发达地区、优势产业和先富群体的发展活力，又要高度重视和关心欠发达地区、比较困难的行业和群众；要通过深化改革，完善市场体制，提高资源配置和利用效率，又要通过宏观调控，在再分配中维护社会公平。

完善社会保障体系的资金保障机制，努力弥补社会保障资金缺口。一是财政支出要适当向社会保障倾斜；二是依法划转部分国有资产充实社会保障基金；三是进一步扩大社会保险覆盖面，提高征缴率；四是必要时开征社会保障税；五是发行社会保障国债。

参考文献

[1]安体富、蒋震：“调整国民收入分配格局，提高居民分配所占比重”，载于《财贸经济》第7期，第50—55页，2009年。

[2]白重恩、钱震杰：“谁在挤占居民的收入—中国居民收入分配格局分析”，载于《中国社会科学》第5期，第99—115页，2009年。

[3]郭正模、何飞：“提高劳动报酬在初次分配比重的机制完善与制度重构”，载于《理论与改革》第1期，第74—76页，2010年。

[4]刘树杰、王蕴：“合理调整国民收入分配格局研究”，载于《宏观经济研究》第12期，第11—16页，2009年。

[5]施发启：“2011年全国居民收入分配总体状况“，载于张东生主编的《中国居民收入分配年度报告[2012]》，经济科学出版社，2013年。

[6]施发启：“宏观收入分配分析与统计解读”，载于许宪春主编的《统计分析与统计解读2012—2013》，北京大学出版社，2013年。

[7]施发启：“宏观收入分配分析与统计解读”，载于许宪春主编的《统计分析与统计解读2013—2014》，北京大学出版社，2014年。

[8]施发启：“当前我国宏观收入分配格局分析”，载于宋晓梧等主编的《不平等挑战中国收入分配的思考与讨论》，社会科学文献出版社，2013年。

[9]杨天宇：《中国的收入分配与总消费理论和实证研究》，中国经济出版社，2009年。

[10]薛进军：《中国的不平等——收入分配差距研究》，社会科学文献出版社，2008年。

课题组　组长：施发启　张　琦

成员：宋　涛　王益烜　武　央　陈　希

中国建筑业小微企业发展状况研究

建筑业小微企业①作为我国小微企业的重要组成部分，是扩大社会就业的重要渠道，也是建筑业持续稳定发展的重要基础和地方财政税收的重要来源之一。为全面反映我国建筑业小微企业的发展状况，本文利用第三次全国经济普查数据，对建筑业小微企业发展现况、特点及面临的困难进行了分析，并对未来的发展提出了一些建议。

一、我国建筑业小微企业基本状况

(一)整体规模较大

第三次全国经济普查数据显示，近年来，我国建筑业小微企业法人单位发展迅速，整体规模在第二产业和第三产业各行业②中排名前列。2013 年末，我国共有建筑业小微企业法人单位 32.2 万个，占全国小微企业法人单位数的 4.1%，在各行业中排名第 6；从业人员 1675.4 万人，占 11.4%，排名第 2；资产总计 5.0 万亿元，占 3.6%，排名第 7(见表 1)。

表 1　2013 年末全国小微企业法人单位主要指标

行　业	法人单位(万个)	法人单位占比(%)	从业人员(万人)	从业人员占比(%)	资产总计(万亿元)	资产总计占比(%)
合计	785	100	14730.4	100	138.4	100
工业	234.2	29.8	7403.6	50.3	40.8	29.5
建筑业	32.2	4.1	1675.4	11.4	5.0	3.6
交通运输业	21.1	2.7	462.8	3.1	5.2	3.8
仓储业	2.4	0.3	42.4	0.3	1.1	0.8
邮政业	1.2	0.2	22.8	0.2	0.0	0.0
信息传输业	3.4	0.4	40.5	0.3	1.4	1.0
软件和信息技术服务业	17.9	2.3	174.5	1.2	1.6	1.2
批发业	169.8	21.6	1457.8	9.9	12.7	9.2
零售业	103.1	13.1	766.2	5.2	3.2	2.3
住宿业	6.8	0.9	168.2	1.1	0.6	0.4
餐饮业	12.1	1.5	256.8	1.7	0.4	0.3
房地产开发经营	9.6	1.2	182.1	1.2	18.7	13.5
物业管理	10.2	1.3	277.9	1.9	1.2	0.9
租赁和商务服务业	78.4	10.0	945.3	6.4	36.8	26.6
其他未列明行业	77.7	9.9	782.1	5.3	9.3	6.7

(二)股份制企业和私营企业占据主导地位

第三次全国经济普查数据显示，建筑业股份制企业和私营企业在建筑业小微企业③中占据主导地位。

2013 年末，我国总承包和专业承包建筑业企业中，小微企业数量为 55485 个，其中股份制企业 19017 个，私营企业 31130 个，二者合计占建筑业小微企业的 90.38%；年末从业人员为 1004.3 万人，其中股份制

① 按照统计上大中小微型企业划分标准，建筑业小微企业指年主营业务收入小于 6000 万元或资产总额小于 5000 万元的建筑业企业。

② 工业、建筑业、交通运输业、仓储业、邮政业、信息传输业、软件和信息技术服务业、批发业、零售业、住宿业、餐饮业、房地产开发经营、物业管理、租赁和商务服务业、其他未列明行业，下同。

③ 建筑业企业资质分为施工总承包企业资质、专业承包企业资质和劳务分包企业资质。其中，劳务分包企业因数量少、业务量小，未列入本文研究范围。除特别说明外，本文数据口径均为有资质的总承包和专业承包建筑业小微企业，下同。

企业388.0万人，私营企业480.9万人，二者合计占86.52%；完成建筑业总产值22360.3亿元，其中股份制企业8786.9亿元，私营企业10690.0亿元，二者合计占87.1%；资产总额16629.6亿元，其中股份制企业6219.4亿元，私营企业8436.1亿元，二者合计占88.13%；利润总额928.4亿元，其中股份制企业364.7亿元，私营企业456.8亿元，二者合计占88.49%。

(三)业务活动以房屋建筑和土木工程建筑为主

第三次全国经济普查数据显示，建筑业小微企业中，房屋建筑业和土木工程建筑业企业的数量占比超过一半，从业人员、建筑业总产值、资产和利润总额等主要经营指标总量占比为七成左右。

2013年末，我国建筑业小微企业中，房屋建筑业企业个数19820个，土木工程建筑业企业10159个，二者合计占建筑业小微企业的54.03%；房屋建筑业企业年末从业人员642.0万人，土木工程建筑业企业160.1万人，二者合计占79.87%；房屋建筑业企业完成建筑业总产值13453.5亿元，土木工程建筑业企业3830.8亿元，二者合计占77.30%；房屋建筑业企业资产总额7604.9亿元，土木工程建筑业企业3890.9亿元，二者合计占69.13%；房屋建筑业企业实现利润总额534.5亿元，土木工程建筑业企业170.3亿元，二者合计占75.92%。

(四)施工总承包企业是生产施工的主力

从全国第三次经济普查数据看，建筑业小微企业中，施工总承包企业数量占比不到一半，但其从业人员数量、完成产值、资产、利润总额所占比重均比较高，是建筑业小微企业生产施工的主力。

2013年末，建筑业小微企业中的施工总承包企业个数为26653个，占48.04%；企业从业人员778.5万人，占77.52%；完成建筑业总产值16733.9亿元，占74.84%；企业资产总额10743.4亿元，占64.60%；完成利润总额675.7亿元，占72.78%。专业承包企业个数为28832个，占51.96%；企业从业人员225.7万人，占22.48%；完成建筑业总产值5626.5亿元，占25.16%；企业资产总额5886.2亿元，占35.40%；完成利润总额252.7亿元，占27.22%。

二、建筑业小微企业区域发展状况

(一)区域分布呈“东高西低”格局

区域经济差距是我国经济发展过程中一直存在的问题。从第三次全国经济普查数据看，建筑业小微企业明显呈现“东高西低”格局。

2013年末，东部地区建筑业小微企业个数为30106个，占建筑业小微企业数量的54.26%；中部地区14831个，占26.73%；西部地区10548个，占19.01%。

2013年末，东部地区建筑业小微企业从业人员491.5万人，占建筑业小微企业从业人员数的48.95%；中部地区290.5万人，占28.93%；西部地区222.2万人，占22.12%。

2013年末，东部地区建筑业小微企业完成建筑业总产值11207.4亿元，占建筑业小微企业总产值的50.1%；中部地区6217.0亿元，占27.80%；西部地区4935.9亿元，占22.07%。

2013年末，东部地区建筑业小微企业资产总额为8991.5亿元，占建筑业小微企业资产总额的54.07%；中部地区4086.1亿元，占21.68%；西部地区3570.0亿元，占21.47%。

2013年末，东部地区建筑业小微企业实现利润总额435.7亿元，占建筑业小微企业实现利润总额的46.93%；中部地区297.2亿元，占32.02%；西部地区195.5亿元，占21.05%。

表2　建筑业小微企业主要指标区域分布

项　目	法人单位（个）	从业人员（万人）	建筑业总产值（亿元）	资产总额（亿元）	利润总额（亿元）
全国合计	55485	1004.3	22360.3	16629.6	928.4
其中：东部地区	30106	491.5	11207.4	8991.5	435.7
占全国比重(%)	54.26	48.95	50.14	54.07	46.93
中部地区	14831	290.5	6217.0	4068.1	297.2
占全国比重(%)	26.73	28.93	27.80	21.68	32.02
西部地区	10548	222.2	4935.9	3570.0	195.5
占全国比重(%)	19.01	22.12	22.07	21.47	21.05

(二)地区分布情况

2013 年末,建筑业小微企业最多的三个地区是江苏、辽宁和山东,数量分别为 5635、4635 和 4088 家,三省合计占全国建筑业小微企业的 26.24%。建筑业小微企业最少的三个地区是青海、西藏和海南,数量分别为 303、143 和 97 家(见图 1)。

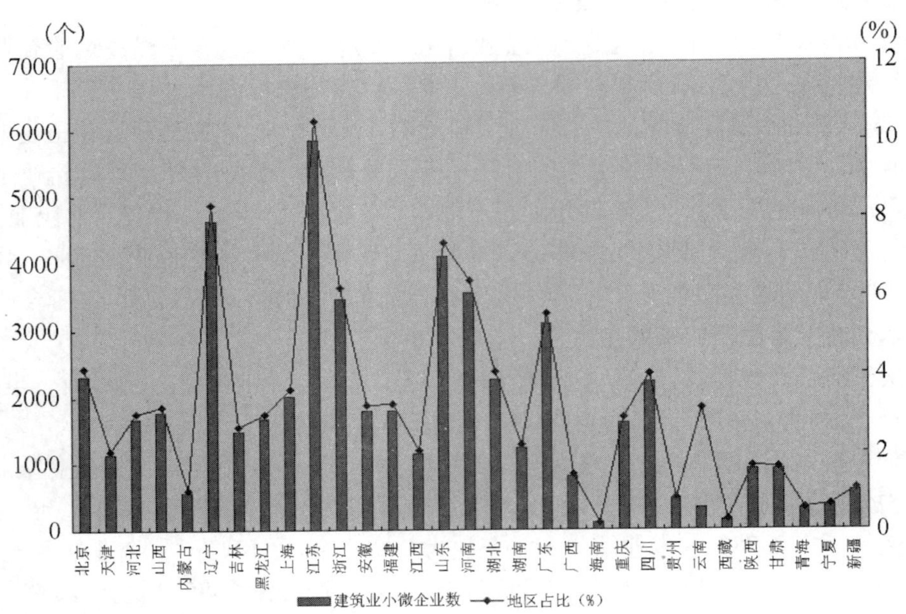

图 1　建筑业小微企业个数地区分布图

2013 年末,建筑业小微企业从业人员最多的三个地区是江苏、山东和河南,数量分别为 116.7 万人、83.9 万人和 77.3 万人,三省合计占全国建筑业小微企业的 27.67%。建筑业小微企业从业人员数最少的三个地区是宁夏、海南和西藏,数量分别为 3.7 万人、1.8 万人和 1.7 万人(见图 2)。

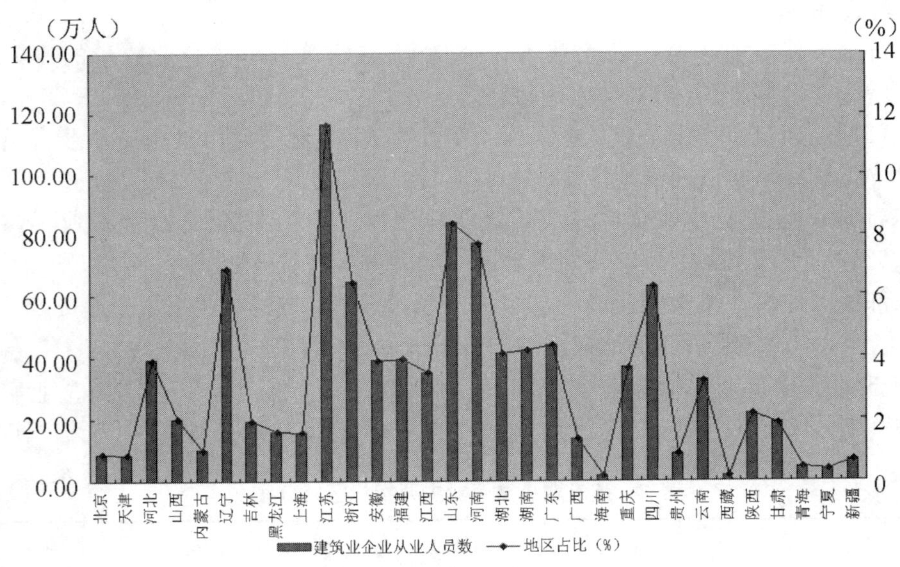

图 2　建筑业小微企业从业人员地区分布图

2013 年末,建筑业小微企业完成建筑业总产值最多的三个地区是辽宁、江苏和山东,分别为 2480.6 亿元、2257.6 亿元和 1494.7 亿元,三省合计占全国建筑业小微企业的 27.87%。建筑业总产值最少的三个地区是青海、海南和西藏,分别为 82.0 亿元、63.7 亿元和 39.7 亿元(见图 3)。

2013 年末,建筑业小微企业资产总额最高的三个地区是江苏、山东和广东,分别为 1774.2 亿元、1416.4 亿元和 1052.6 亿元,三省合计占全国建筑业小微企业的 25.52%。建筑业小微企业资产总额最少的三个地区是青海、海南和西藏,分别为 92.4 亿元、57.2 亿元和 50.9 亿元(见图 4)。

建筑业小微企业利润总额最多的三个地区是江苏、山东和河南,分别为 94.4 亿元、89.9 亿元和 85.1 亿

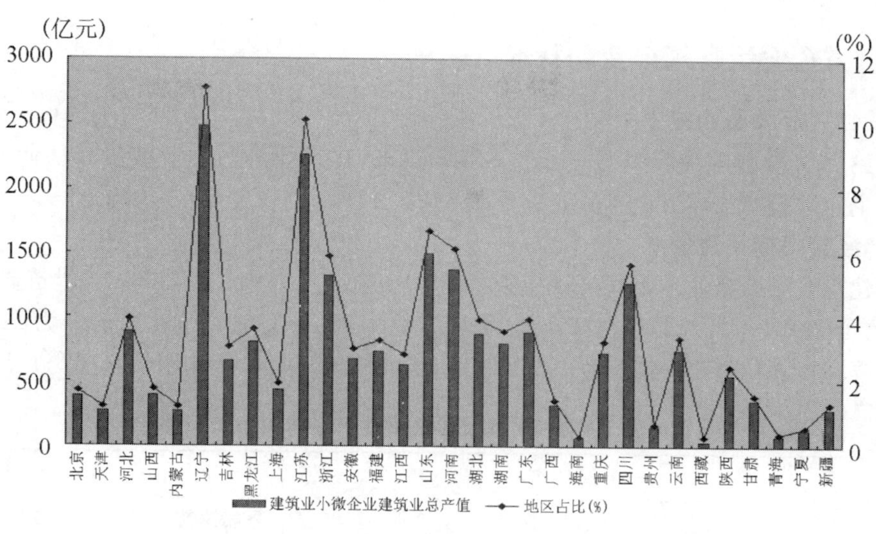

图 3　建筑业小微企业建筑业总产值地区分布图

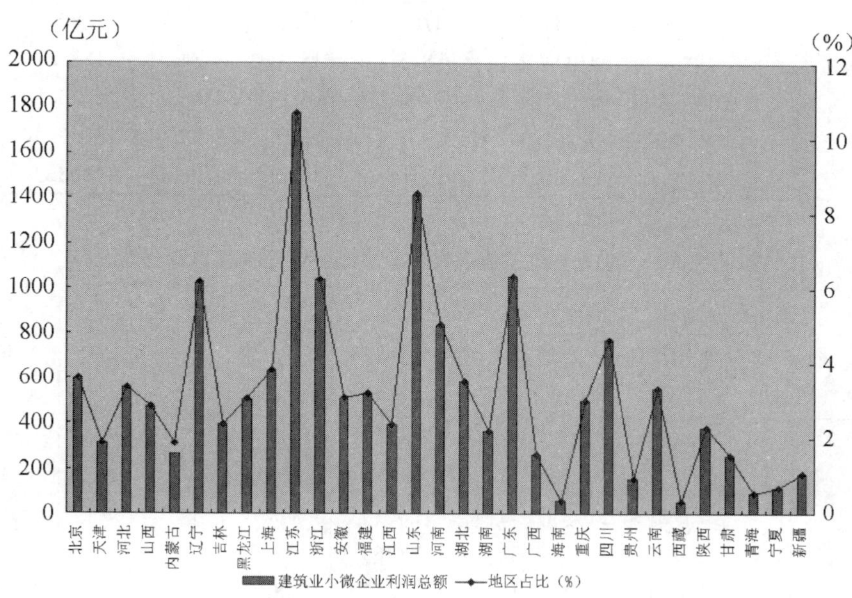

图 4　建筑业小微企业资产总额地区分布图

元，三省合计占全国建筑业小微企业的 29.02%。建筑业小微企业利润总额最少的三个地区是西藏、北京和青海，分别为 2.8 亿元、1.4 亿元和 1.0 亿元（见图 5）。

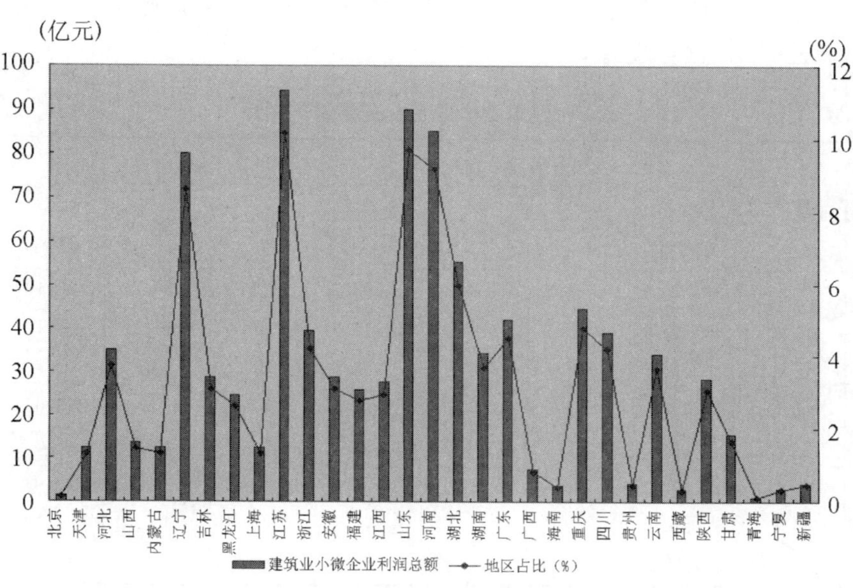

图 5　建筑业小微企业利润总额地区分布图

三、建筑业小微企业运营规模变动状况

(一)企业数量和从业人员均减少

与2008年末第二次全国经济普查数据相比,2013年末,建筑业小微企业数量和从业人员均有所减少。其中,建筑业小微企业数量减少7.44%,从业人员减少21.94%。

(二)主要生产经营指标平稳增长

2008年以来,建筑业小微企业主要生产规模指标均呈小幅增长态势。2013年末,建筑业小微企业新签合同额为21637.8亿元,比2008年末增长47.94%,年均增长8.15%;完成建筑业总产值为22360.3亿元,增长44.55%,年均增长7.65%;实现营业收入为19462.2亿元,增长38.10%,年均增长6.67%(见表3、表4)。

表3 建筑业小微企业主要生产经营指标

指标	计量单位	2013年(三普)				2008年(二普)			
		全部建筑业企业	其中:小微企业			全部建筑业企业	其中:小微企业		
			小计	小型企业	微型企业		小计	小型企业	微型企业
企业个数	个	78919	55485	44705	10780	71095	59947	43399	16548
期末从业人员	万人	5026.5	1004.2	958.8	45.4	3834.1	1286.4	1224.7	61.7
新签合同额	亿元	174957.4	21637.4	20741	896.9	66368.8	14626.1	14189.4	436.7
建筑业总产值	亿元	160366.1	22360.3	21253.5	1106.9	62036.8	15469.3	14995.7	473.7
营业收入	亿元	152466.1	19462.2	18988.6	473.6	60736.4	14093.2	13708.2	385.0

表4 2008—2013年建筑业小微企业主要生产经营指标增长情况

指标	建筑业企业		小微企业		小型企业		微型企业	
	增速(%)	年均增速(%)	增速(%)	年均增速(%)	增速(%)	年均增速(%)	增速(%)	年均增速(%)
企业个数	11.00	2.11	−7.44	−1.54	3.01	0.59	−34.86	−8.21
期末从业人员	31.10	5.57	−21.94	−4.83	−21.71	−4.78	−26.42	−5.95
新签合同额	163.61	21.39	47.94	8.15	46.17	7.89	105.38	15.48
建筑业总产值	158.50	20.92	44.55	7.65	41.73	7.22	133.67	18.50
营业收入	151.03	20.21	38.10	6.67	38.52	6.73	23.01	4.23

(三)经济效益有所提升

2008年以来,建筑业小微企业在生产稳步增长的前提下,经济效益稳中有升。2013年末,建筑业小微企业实现利润928.4亿元,比2008年末增长45.06%,年均增长7.72%;实现利税1724.7亿元,比2008年增长40.69%,年均增长7.07%(见表5)。

表5 建筑业小微企业主要财务指标

指标	计量单位	2013年			2008年			增速(%)		
		小微企业合计	小型企业	微型企业	小微企业合计	小型企业	微型企业	小微企业合计	小型企业	微型企业
营业收入	亿元	19462.2	18988.6	473.6	14093.2	13708.0	385.0	38.10	38.52	23.01
其中:主营业务	亿元	19161.9	18785.7	376.2	13872.9	13516.0	357.2	38.12	38.99	5.32
主营业务税金及附加	亿元	734.6	715.9	18.7	553.6	538.7	14.8	32.70	32.89	26.35
财务费用	亿元	114.3	108.6	5.7	73.0	70.0	3.0	56.63	55.14	90.00
管理费用	亿元	1006.1	958.6	47.6	688.7	643.9	44.8	46.09	48.87	6.25
其中:税金	亿元	61.8	59.0	2.7	51.1	48.2	3.0	20.94	22.41	−10.00
营业利润	亿元	930.0	912.7	17.3	675.3	665.5	10.3	37.72	37.15	67.96
利润总额	亿元	928.4	911.6	16.8	640.0	630.0	10.0	45.06	44.70	68.00

(四)资产运营状况整体平稳

2013年末,建筑业小微企业的总资产为16629.6亿元,比2008年末增长31.21%,年均增长5.58%;实收资本6834.3亿元,增长29.42%,年均增长5.29%。总资产中,固定资产2902.3亿元,减少3.50%;流动资产12342亿元,增长40.47%;应收工程款为3116.6亿元,占流动资产的比重为25.25%,与2008年末基本持平。

2013年末,建筑业小微企业负债总额8138.5亿元,比2008年末增长33.18%,年均增长5.90%。建筑业小微企业的资产负债率为48.94%,比2008年末高0.73个百分点。

2013年末,建筑业小微企业资本利润率、资本利税率分别为13.58%和25.24%,比2008年末分别提高1.46个百分点和1.67个百分点(见表6)。

表6 建筑业小微企业资产负债情况(亿元)

指标	2013年	2008年	增速(%)
资产总额	16629.6	12674.4	31.21
其中:流动资产	12342.0	8786.0	40.47
固定资产	2902.3	3007.7	-3.50
负债总额	8138.5	6110.9	33.18
其中:流动负债	7259.3	5805.0	25.05
其中:实收资本	6834.3	5280.6	29.42

四、当前我国建筑业小微企业面临的困难

从整体情况看,我国建筑业小微企业近年来实现平稳增长、综合实力有所提升,但发展仍面临诸多困难。

(一)市场空间扩张放缓、市场秩序不规范

近年来,受固定资产投资特别是房地产开发投资增速放缓等因素影响,我国建筑业总产值增速呈持续回落态势,年增长率由2008年的21.5%回落到2014年的10.2%。第三次全国经济普查数据显示,建筑业小微企业主要指标增速已明显低于行业平均水平。同时,我国建筑业小微企业普遍资质较低,主要从事施工技术水平要求不高的业务。当前在建筑业小微企业中的工程层层转包、非法分包、工程造价逐级压低等问题十分突出,一方面导致低价中标普遍、加剧市场恶性竞争,另一方面极大压低了建筑业小微企业利润空间、给工程施工留下质量隐患。随着国内基础设施项目大力推广PPP模式,建筑业小微企业承揽项目将更为困难。

(二)拖欠工程款、融资难问题突出

建筑业小微企业在市场竞争中处于相对弱势,成为工程款恶意拖欠的重要受害群体。由于回款困难,特别是一些应收工程款被恶意拖欠成为呆坏账,众多建筑业小微企业流动资金紧张、企业的正常运营受到影响。此外,由于缺少融资抵押产品等原因,建筑业小微企业的银行贷款需求难以得到满足,大量建筑业小微企业在需要垫资施工但拿不到银行贷款的情况下,通过民间借贷等渠道高息融资,融资成本高、债务负担重。

(三)企业综合税、费负担较重

在施工活动中,建筑业企业除了需缴纳约3%的营业税外,还需缴纳各类保证金、行政费用,如投标保证金、履约保证金、质量保证金、安全保证金、农民工工资保证金等。据调查,建筑业企业开工前投标保证金约为工程总造价的5%;履约保证金约工程造价的10%~15%;除需缴纳定额测定费、排污费、意外伤害保险费、基础设施管理理费、文明施工管理费、检测试验费、竣工资料档案费等费用和5%的工程质量保证金等,每年还要承担各类人员从业资格证书年检及培训、企业资质年检等费用成本。名目繁多的保证金、费给建筑业小微企业带来较重财务负担。

(四)招工用工难与劳务成本上升并存

建筑业用工来源主要是农村富余劳动力,但随着我国劳动力人口的结构变化,建筑劳务人员年龄普遍偏大、总体供应趋紧,用工紧张在小微企业中较为普遍。此外,建筑行业的劳务成本近年来快速增长,当前

普通工人日工资普遍不低于 100 元,技工日工资在 150－200 元,高水平技工日薪更是在 300 元以上。建筑业小微企业规模小、人数少、营运收入低,难以对高水平管理人才和技术人才形成就业吸引力。

(五)经营管理不规范、缺乏核心竞争力

建筑业小微企业多为民营企业,企业经营随意性强,生产施工、财务管理松散,缺乏科学严格的规章制度规范,整体管理水平低,制约了企业的健康平稳发展。

建筑业小微企业普遍缺乏核心竞争力、技术能力和管理水平欠缺、施工资质较低,在目前建筑市场激烈竞争的环境下,应对市场能力差、承揽工程困难。

五、对我国建筑业小微企业发展的建议

(一)整合有效资源,拓展产业链

国外实践经验证明,资本驱动和规模驱动是建筑业小微企业快速成长的两大动力。加快建筑业小微企业发展,一方面应通过行政推动,促使小微企业联合、联营,提升整体竞争力;另一方面利用市场资源促进企业整合重组,把有潜力的企业集聚到优势集团、做大做强。条件较好的企业在谋求建筑施工主业发展的同时,也应根据企业的实际情况,适当拉长建筑业的产业链,向新型建材和房地产开发等业务延伸,实现单一经济向多元化的转变,形成一业为主、多种经营的局面,提高企业抗市场风险的能力。

(二)发挥自身优势,以专制胜

建筑业小微企业的主要发展策略还是应结合自身特点,重点实施"小而专,小而精"的发展模式,发挥专业分工优势和本地便利优势,适应不同项目的个性化施工需求,弥补总承包企业在专业化、精细化施工方面的不足,并发掘自身在工程咨询、勘察、设计、监理、招标代理、造价咨询、工程质量检测等工程个性化服务等方向的发展潜力。

(三)依托各类渠道,借"船"出海

依托中国境外工程承包和劳务输出大企业,实施"走出去"战略,从事境外工程承包、劳务合作和其他业务经营,扩大经营规模,提高经济效益,是建筑业小微企业实现较好较快发展的一个重要方向。建筑业小微企业"走出去"需要依托两个渠道:一是我国在境外从事多年,且规模较大的国际承包工程和劳务输出大企业(见表 7、表 8),参与这些大企业在境外的承包工程项目建设或劳务输出项目。二是依托当地经贸主管部门,参与当地在境外的承包工程项目建设,或劳务输出项目,以获取发展壮大的机会。

表 7　2014 年我国在境外承包工程新签合同额前十名企业

序号	企业名称	新签合同额(万美元)
1	中国土木工程集团有限公司	1,603,409
2	中国水电建设集团国际工程有限公司	1,260,812
3	中国建筑工程总公司	1,233,790
4	华为技术有限公司	1,139,172
5	中国葛洲坝集团股份有限公司	1,044,787
6	中国路桥工程有限责任公司	686,330
7	中国港湾工程有限责任公司	655,885
8	中国石油工程建设公司	593,211
9	中国铁建股份有限公司	509,547
10	中工国际工程股份有限公司	384,651

表 8　2014 年我国在境外承包工程完成营业额前十名企业

序号	企业名称	完成营业额(万美元)
1	华为技术有限公司	971,546
2	中国建筑工程总公司	723,910
3	中国水电建设集团国际工程有限公司	628,182
4	中国港湾工程有限责任公司	396,051
5	中国路桥工程有限责任公司	279,954
6	中国土木工程集团有限公司	269,046
7	中国葛洲坝集团股份有限公司	256,825
8	中国机械设备工程股份有限公司	255,948
9	中信建设有限责任公司	205,472
10	中国石油工程建设公司	194,032

(四)提升运营管理能力,加强人力资源培养

建筑业小微企业的规模、资金和技术实力与大型企业相比处于劣势,其核心竞争力重点在于形成良好的管理体制、高效的项目运作能力和稳定的技术劳务队伍。建筑业小微企业必须建立和完善企业策略规划、组织、项目管理、生产管理、质量管理、物资管理、人员管理、培训和财务管理等制度体系,尤其要重视企业的人力资源管理和劳务队伍的培训建设。

(五)加快企业信息化,积极融入"互联网+"

建筑业的"互联网+"潮流在部分发达国家方兴未艾。调查显示,电子商务的应用使英国建筑市场的施工工期整体缩短 15%;美国的建筑招标网和建造网则宣称,建筑市场引入互联网后能节约 30—35%的项目成本。对我国建筑业小微企业来说,随着互联网、物联网技术的普及,行业相关的电子商务业务、原材料物流、互联网金融、物联网施工设备等将成为减少供给链信息沟通环节、缩短项目信息交互时间、有效降低融资成本和企业运营风险的高效工具,给建筑业企业的市场开拓、发展运营带来全新的思路和商机。

课题组　组长:贾　海　秦玉文
成员:李俊波　张成汉　陈淑清　戴桂芳　罗毅飞　张　刚
严玉萍　程　飞　李　波　刘　捷　陆　健　汪士和

建筑业在国民经济中的地位之中外比较和政策研究

在当前国际竞争日益加剧、国际金融危机后续影响依然存在，国内房地产市场低迷，中国经济进入新常态的大背景下，建筑业如何加快自身结构调整，继续发挥在国民经济中的重要作用，提高竞争力，是中国经济发展中需要解决的理论和实践问题之一。本文根据第三次全国经济普查数据，对我国建筑业在国民经济中的地位进行中外比较，并提出增强我国建筑业竞争力的政策建议。

一、我国建筑业发展的特点与问题

（一）全国建筑业发展的特点

1. 建筑业发展的总体情况

（1）总体规模明显扩大

2013 年末，我国建筑业企业法人单位 34.8 万个，比 2008 年末增长 53.2%；从业人员数 5320.6 万人，比 2008 年末增长 36.4%；资产总计 167616.5 亿元，比 2008 年末增长 180.9%。

（2）建筑业增加值占 GDP 比重趋于稳定

2013 年末，建筑业增加值占 GDP 比重为 6.9%，与 2012 年持平，且建筑业增加值占 GDP 比重近五年来一直保持总体稳定而个别年份有所上升的趋势。这在一定程度上预示，随着国家产业调整和对新兴产业扶持力度的加大，作为传统行业的建筑业很难继续保持快速发展的势头。

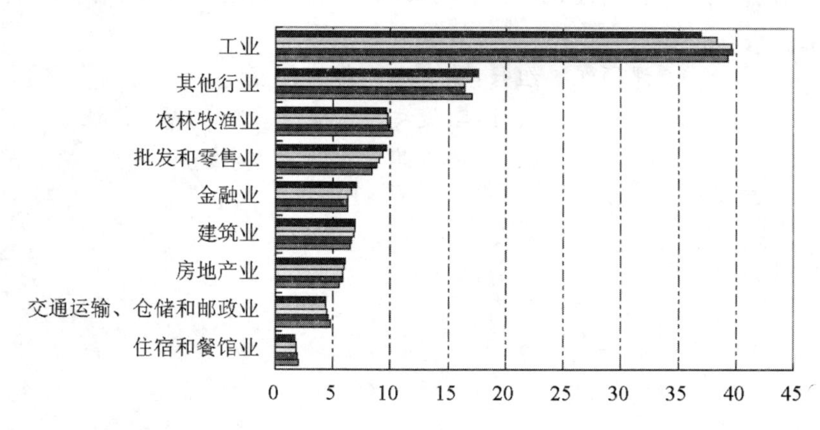

图 1　我国部分行业增加值占 GDP 比重(%)

数据来源：http://data.stats.gov.cn。

（3）建筑业对外开放度不高

建筑业实际利用外商投资额一直处于较低水平，对外开放程度不高。2013 年，建筑业实际利用外商直接投资额为 121983 万美元，略高于住宿和餐饮业，明显低于制造业、房地产和批发零售业等。

（4）建筑业法人单位数位于国民经济主要行业的中等水平

2013 年末，我国国民经济各行业法人单位数集中在 10 万至 50 万之间，建筑业法人单位为 34.8 万个，在国民经济主要行业中处于中等水平。

(5)建筑业法人单位从业人数仅低于制造业

2013 年末,建筑业法人单位从业人数为 5320.6 万人,占全部行业法人单位从业人数的 14.94%,仅低于制造业。建筑业为社会提供了大量的工作岗位,对全社会就业影响大。

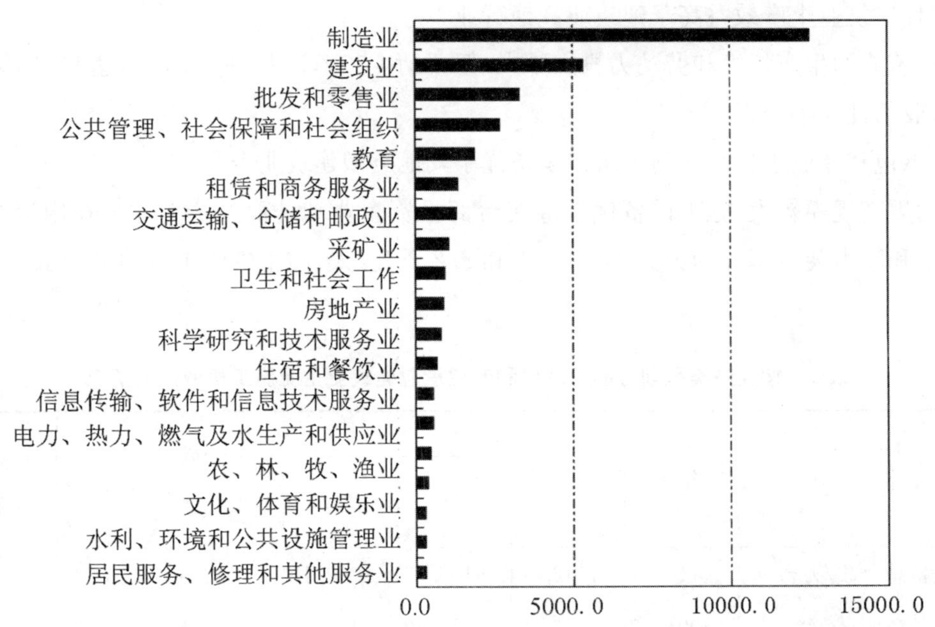

图 2 2013 年部分行业法人单位从业人员数(万人)

数据来源:http://data.stats.gov.cn。

2. 建筑业生产情况

(1)建筑业总产值主要来自内资企业

2013 年末,我国内资总承包和专业承包建筑业企业完成建筑业总产值 159136.38 亿元,占总承包和专业承包企业建筑业总产值的 99.23%。

(2)房屋建筑业总产值占总承包和专业承包建筑业总产值的比重最高

2013 年末,我国总承包和专业承包建筑业企业完成房屋建筑业总产值最高,为 102749 亿元,占全部总承包和专业承包建筑业企业总产值的 64.1%。

(3)房屋建设以住宅建设为主

2013 年末,房屋建筑业的总承包和专业承包建筑业企业的住宅房屋竣工面积为 255350 万平方米,占总承包和专业承包建筑业企业房屋建筑业竣工面积的 67.23%。

(4)铁路、道路、隧道和桥梁工程建筑业总产值占土木工程建筑业总产值一半多

土木工程建筑业总产值是除房屋建筑外,占全部总承包和专业承包企业建筑业总产值比重最高的行业。在该行业中,铁路、道路、隧道和桥梁工程企业建筑业总产值最高,为 25565.05 亿元,比重超过土木工程建筑业总产值一半。

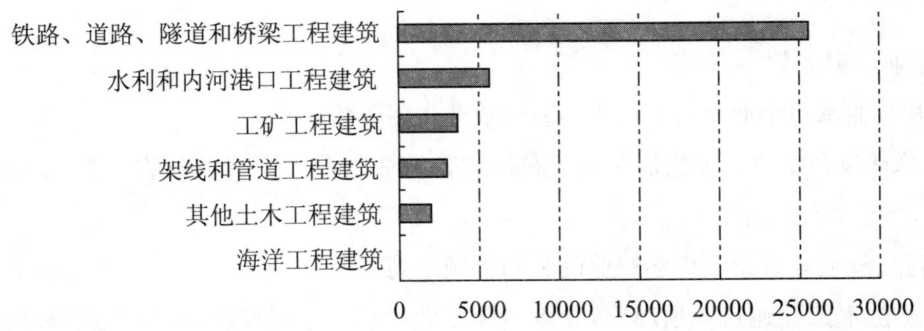

图 3 2013 年末总承包和专业承包建筑业企业分行业建筑业总产值(亿元)

(5)外商投资总承包和专业承包建筑业企业生产效率高于内资企业

从总承包和专业承包建筑业企业房屋建筑面积竣工率看，外商投资企业房屋建筑面积竣工率为39.8%，而内资企业为35.5%。

(6)海洋工程建筑业生产效益高于建筑业其他行业

海洋工程建筑业的生产规模和劳动力投入不大，但劳动生产率和人均竣工产值达891215和646370元/人，远高于建筑业的其他细分行业。

(7)国有总承包和专业承包企业施工机械设备优于其他类型建筑业企业

内资企业的生产规模较大，施工设备优于港澳台商投资企业和外商投资企业。在内资企业中，国有企业的技术装备率和动力装备率分别为22476元/人和8.2千瓦/人，高于内资企业的平均水平13497元/人和5.6千瓦/人。

表1　按经济类型划分的总承包和专业承包建筑业企业施工机械设备情况

指　　标	合计	内资企业			港澳台商投资企业		外商投资企业	
			国有	集体		港澳台商独资企业		外商独资企业
自有施工机械设备总台数/万台	1146.73	1142.06	107.65	62.10	2.61	0.32	2.07	0.71
自有施工机械设备净值/亿元	6094.17	6076.08	871.32	144.54	11.98	0.84	6.11	1.07
自有施工机械设备总功率/万千瓦	25423.98	25311.07	3164.04	849.09	57.75	5.03	55.16	19.64
技术装备率/(元/人)	13458	13497	22476	7727	7280	6546	6024	3053
动力装备率/(千瓦/人)	5.6	5.6	8.2	4.5	3.5	3.9	5.4	5.6

3. 建筑业企业经营情况

(1)房屋建筑业的总承包和专业承包建筑业企业收入占建筑业行业收入半数以上

从分行业总承包和专业承包建筑业企业营业额情况看，房屋建筑业的营业额为143657.23亿元，占全部总承包和专业承包建筑业企业总营业额的69.04%。其次是土木工程建筑业，营业额为45335.96亿元，占21.79%。

(2)房屋建筑业资产总量最高

从总承包和专业承包建筑业企业的总资产看，房屋建筑业的资产总量高于建筑业中其他细分行业。从资产构成看，建筑装饰和其他建筑业的流动资产比例最高，占其总资产的80.5%。

(3)海洋工程建筑业经济效益优于建筑业其他行业

海洋工程建筑业的资产负债率较高，达73.9%，仅次于工矿工程建筑业，但其产值利润率、产值利税率、资本利润率、人均利润、人均利税都高于其他行业。总产值最高的房屋建筑业的产值利润率仅占海洋工程建筑的21.88%。

4. 建筑业企业的财务效益情况

(1)总承包和专业承包企业收入费用中房屋建筑业占主要份额

2013年末，总承包和专业承包建筑业企业在房屋建筑业行业中主营业务收入为914923174万元，占总收入的60.55%，高于其他行业。

(2)铁路、道路、隧道和桥梁工程建筑业的利润份额最高

2013年末，从土木工程建筑业情况看，总承包和专业承包企业在铁路、道路、隧道和桥梁工程建筑业所得利润为9668977万元，比重最大。

(3)利润主要来自于内资企业

2013 年末，从总承包和专业承包建筑业企业的利润情况看，内资企业的利润为 6017.68 万元，占 99%；外商投资企业和港澳台商投资企业的利润占 1%。

5. 建筑业企业法人单位从业人员情况

(1)内资企业从业人员规模处于主导地位

2013 年末，有工作量的总承包和专业承包建筑业企业数为 78919 个，其中内资企业 78257 个，占总数的 99.16%。有工作量的总承包和专业承包建筑业企业从业人员数为 4528.36 万人，从业人员主要集中在内资企业，占总从业人数的比重高达 99.41%。

(2)房屋建筑业企业数量和从业人数最多

2013 年末，总承包和专业承包建筑业企业不管是企业数量还是从业人员数都明显多于劳务分包建筑业企业。建筑业市场上，总承包和专业承包建筑业企业居主导地位。总承包和专业承包建筑业企业中房屋建筑业从业人数 3279 万人，占总承包和专业承包建筑业企业从业人数的 72.4%。

(二)地区建筑业发展情况

1. 地区总承包和专业承包企业及人员规模差异明显

建筑业企业在全国分布不均衡，地区差异大，集中度较高。全国总承包和专业承包建筑业企业最多的为江苏，有 9095 个，占全国 11.52%，远高于其他地区。其次是辽宁、浙江和山东，此三省总承包和专业承包建筑业企业各占全国的 7－8%。排名前 6 的省份累计占全国总承包和专业承包建筑业企业个数的 45.11%。全国各地区总承包和专业承包企业个数分布情况如图 4 所示。

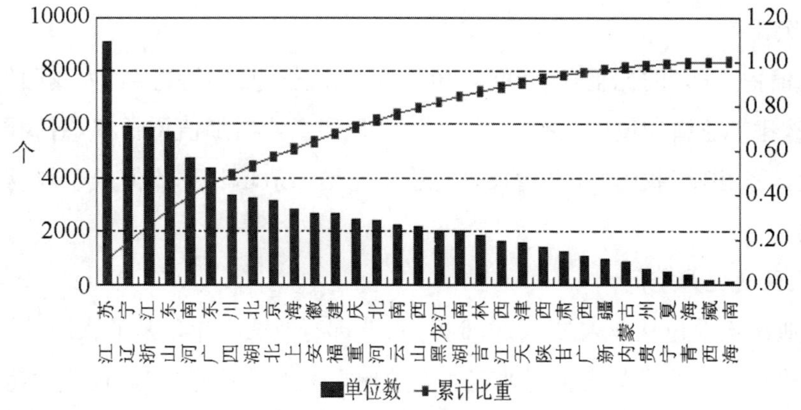

图 4 全国各地区总承包和专业承包企业个数分布的帕累托图

数据来源：第三次经济普查主要数据，国家统计局网站。

各地区直接从事生产经营活动的人数不均衡。全国地区总承包和专业承包建筑业直接从事生产经营活动平均人数中，江苏和浙江最多，两省合计比重达 28.96%，排名后 10 位的人数总和仅占全国总人数的 7.95%。

2. 地区建筑业企业生产经营效益差距较大

选择按总产值计算的劳动生产率、人均竣工产值、人均施工面积、人均竣工面积、产值利润率、资本利润率、人均利润率、人均利税率和资产负债率等，利用因子分析法评价 31 个省市总承包和专业承包建筑业企业的生产效益情况。分析显示，北京的综合得分最高，其建筑业企业生产效益优于全国其他地区，湖北、海南居全国第二和第三。低于平均水平的地区主要位于中部地区和部分边陲地区。

3. 部分地区建筑业企业经营效率有待提高

以直接从事生产经营活动的平均人数、实收资本和年末自有施工机械设备总功率作为建筑业企业经营情况的投入指标，企业总产值、利润总额和房屋建筑竣工面积作为产出指标，引入 DEA 模型对地区建筑业企业经营效率进行综合评价。评价结果显示，技术有效且规模有效的有天津、辽宁、浙江、安徽、湖南、重庆和四川。北京、黑龙江、山东和陕西是技术有效但非规模有效。其余地区的技术和规模均未达有效，可能存在重复施工、资源过剩等问题。这些地区若减少部分投入，合理优化资源配置，仍可达到现有产出水平。

（三）我国建筑业发展中存在问题

1. 建筑业市场对外开放度不高，缺少国外优秀建筑业企业的竞争。我国可适当对外放开建筑行业进入壁垒，将优秀的国外企业引进来，参与国内建筑市场的竞争，这不仅可以促进国内建筑业市场的活跃度，也促使内资企业不断研发学习新技术，提高劳动生产率和管理水平。

2. 建筑业细分行业之间发展不均衡，房屋建筑业发展空间逐渐减小，土木工程建筑业发展前景好。我国应加大对土木工程建筑业的资本和人力投入，推动其生产规模扩大，以保持建筑业稳定发展。

3. 两次经济普查期间我国建筑业发展水平有所提高，但依旧处于劳动力密集型阶段，且 2008－2013 年间在应用技术的合理性方面并没有得到明显改善。

4. 建筑业区域发展不平衡。在制定政策时，要充分考虑到不同省市建筑业发展水平的特点与问题，根据问题对症下药，从而使行业投入产出效率最大化。

二、建筑业在我国经济中发挥支撑作用的必然及困难

（一）建筑业在经济发展中起支撑作用的必然性

1. 对 GDP 贡献突出

我国建筑业增加值占 GDP 的比重自 2009 年超过 6%后就一直保持稳定，为我国经济稳步发展起到了积极作用。近十年来，建筑业增加值增长率一直高于 GDP 和工业增加值增长率，对我国经济增长拉动作用明显。与建筑业发达国家相比，我国 GDP 增长率与建筑业增加值增长率比值处于较高水平，建筑业对我国经济增长重要性突出。

2. 对就业影响大且有提升空间

2013 年末，建筑业法人单位从业人员 5320.6 万，占全部行业法人单位从业人数的 14.94%，仅低于制造业。2000－2013 年，建筑业从业人数占全行业就业人数比重呈上升趋势，与建筑业发达国家相比，该比重还处于相对较低水平。2013 年，我国为 5.8%，而同期日本为 7.9%，韩国为 7.0%，德国为 6.8%，可见我国建筑业的就业吸纳能力还有提升空间。

3. 对国民经济各部门影响力较大，受其他部门的影响较小

从直接消耗系数看，建筑业单位产出对非金属矿物制品业、金属产品制造业、机械设备制造业、运输仓储邮政、信息传输、计算机服务和软件业产品的消耗量明显高于其他部门。从完全消耗系数看，建筑业对国民经济部门影响广，尤其对采矿业、化学工业、非金属矿物制品业、金属产品制造业、机械设备制造业、运输仓储邮政、信息传输、计算机服务和软件业部门中间产品的完全消耗量大。建筑业影响力系数高但感应度系数低，说明建筑业对其他行业发展影响力大，受其他行业感应力很小。即建筑业发展既可以带动整体经济发展，又对经济发展稳定性起积极作用。

4. 增长弹性高且稳定

用建筑业 GDP 增长率与 GDP 增长率的比值表示建筑业增长的弹性系数。弹性系数大于 1，说明建筑业会因为经济增长而得到更好的发展。2008—2013 年，我国建筑业增长弹性大于 1，增长弹性高且稳定。

（二）建筑业在未来经济发展中起支撑作用的困难性

1. 增加值比重提升空间有限

我国人均 GDP 水平低于美国等发达国家，但建筑业增加值占 GDP 的比重却明显高于美国。这是由于城市化发展到一定阶段后，会出现扩张缓慢，城市对交通、商业等基础设施及工业建筑等需求稳定甚至减少，建筑业在国民经济中的比重逐渐下降导致。我国目前处于工业化的中后期，GDP、建筑业 GDP 增长率近年已出现中高速特征，虽然建筑业增加值占 GDP 比重暂时稳定，但随着我国经济发展和城市化推进，其提升空间可能越来越小，甚至会逐渐下降。

2. 劳动生产率水平不高

21 世纪，建筑业发达国家建筑业劳动生产率普遍达到 40000 美元/人以上，西班牙、法国、荷兰更是达 96849、74884 和 71868 美元/人，分别是我国的 8.4、6.5 和 6.2 倍。我国与建筑业发达国家差距明显，不利于我国推进建筑工业化进程和参与国际市场竞争。

3. 地区间发展差距大

由 31 省市建筑业增加值占地区 GDP 和全国建筑业增加值比重可知，西藏、宁夏等地区建筑业增加值占该地区 GDP 比重很高，但建筑业增加值占全国建筑业总增加值的比重却很低。而江苏、山东等建筑业增加值占全国建筑业增加值比重则高于地区建筑业增加值占地区 GDP 比重。再结合地区建筑业发展特点，可以看出我国地区建筑业发展差距较大。

4. 分行业间存在结构不均衡

利用第二、三次全国经济普查建筑业的相关数据，以 2008 年为基期，2013 年为报告期，由偏离一份额法计算出四个建筑业大类的总偏离、结构偏离和竞争力偏离分量。结果显示，土木工程建筑业总产出的总偏离分量份额为 79.35%，结构偏离分量份额为 1021629%，区域竞争力偏离分量份额为—42.18%。建筑安装业总产出的总偏离分量份额为—1227%，结构偏离分量份额为 4141%，区域竞争力偏离分量份额为—10279%。偏离分量差异显示，各细分行业间的结构不均衡问题需要引起重视。

5. 行业科技敏感性较差

21 世纪以来，我国不断加大建筑业研发投入但效果有限，建筑业科技水平不高，技术基础相对薄弱，且建筑业感应度系数较低，很难吸收其他行业技术进步带来的溢出效应。

三、建筑业在我国经济中的作用与趋势展望

（一）我国建筑业发展位于历史的转折点

建筑业增加值占 GDP 比重与人均 GDP 增长呈三次曲线关系。中国建筑业目前处于倒“U”型曲线右尾部的关键位置，在今后一段时间内，如通过优化产业结构，提高技术水平和劳动生产率，实现结构性突破，我国建筑业将走入“翘尾”上升阶段，在经济中的比重将进一步提升。

建筑业增加值占 GDP 比重与城镇化率呈线性关系。随着城镇化率的提高，建筑业增加值比重呈下降趋势。由此可见，虽然现阶段包含中国在内的一些国家建筑业增加值比重呈增长趋势，但最终会下降。

（二）有增长潜力但调整产业结构尤为关键

通过多国历史数据的纵向分析发现，近年来，与建筑业发达国家相比，建筑业在我国经济中的比重较高，显示了其在国民经济中的重要性。研究还发现，建筑业对国民经济保持较高的贡献度，但与建筑业发达

国家相比仍较低。对比建筑业就业吸纳能力发现，我国建筑业就业吸纳能力呈上升趋势，就业人数不断增加。

总的来说，我国目前处于工业化中后期，建筑业绝对量呈增长态势。根据建筑业发达国家的经验看，在未来一段时期内，建筑业仍有继续发挥重要作用的潜力。

但需要注意的是，我国建筑业增加值占 GDP 比重已开始出现增长乏力的苗头。可以预见，再经过一段时期后，建筑业增加值占 GDP 比重可能出现一定程度的下降，从而进入趋势转折的关键点位。目前来说，抓紧时机、提前布局，尽快实现建筑业产业结构和技术优化升级，寻找新的经济增长点是十分关键的。

（三）我国建筑业未来发展的驱动要素

2000 年至今，我国建筑业增长主要依靠资本和劳动驱动，增长要素结构不合理。目前建筑业整体技术水平不高，呈粗放型发展，未来建筑业应更侧重于科技水平的发展。建筑业应积极寻求技术进步，这对适应建筑业发展需要的高效企业技术创新体系和行业科技进步机制提出考验。本文利用生产函数对建筑业增长驱动要素的实证分析表明，未来资本对建筑业增长的贡献将是有限的，而人力资源对建筑业增长的贡献还有较大发展空间，故应重视人力资源的投入和建设，充分利用人才优势。

四、促进我国建筑业发展的政策建议

（一）加大优化产业结构力度，实现行业发展的结构性突破

随着我国经济发展和城市化推进，建筑业增长空间将越来越小。我国需学习建筑业发展较为发达的国家积累的经验，加大产业结构调整力度，优化地区和细分行业的资源配置，尽快实现结构性突破，使我国建筑业早日走入“翘尾”上升阶段，进一步提升建筑业稳定健康发展。

（二）提高建筑业科技水平，推进建筑工业化

当前，建筑业的技术水平已成为限制产业提升的瓶颈，企业的技术创新能力不够，建筑业劳动生产率相对于建筑业发展较为发达的国家来说，还处于较低水平。科技投入不足、科技政策不配套、科技体制不健全等问题仍是束缚和制约建筑业科技进步的主要障碍。因此，提高建筑业技术创新能力，发展高新技术，推动建筑产业工业化有重要意义。

（三）优化人力资源配置

我国建筑业就业吸纳能力呈上升趋势，但与建筑业发达国家相比，建筑业从业人数占总就业人数比重还处于较低水平，建筑业就业吸纳能力还有提升空间。结合柯布－道格拉斯生产函数分析知，资本投入对建筑业未来增长的贡献趋于饱和，发展空间不大，但人力资源还有较大增长空间。故在加大产业结构调整的同时，应注意建筑业人力资源结构的相应调整。

（四）加快大型品牌企业、龙头企业的培育

我国建筑业的发展迫切需要形成一批综合实力强、资产规模大、社会信誉好的大型建筑业企业或企业集团。政府应坚持抓大放小、扶优扶强的原则，鼓励有实力的企业实施跨专业、跨地区的重组与合并，加快优势企业的资本、人员、技术和品牌扩张，形成一批具有综合实力的建筑业企业集团。

政府要从政策层面消除大企业集团发展过程中的一些体制性障碍，积极为企业在人才引进、市场准入、融资等方面提供支持，减少企业在重组兼并方面的行政性束缚。要大力实施引进战略，加大吸引国内外大型建筑业企业，特别是国内和国际 500 强企业的落户，并从税收、企业融资等方面实行优惠政策和特殊扶持，为建筑业的发展构建骨干和核心力量。

（五）大力拓展国外市场

中国建筑业应大力实施走出去战略，积极发展海外工程承包和劳务合作业务，引导企业积极开拓国际

建筑市场。特别是鼓励有实力的大企业跨境谋求发展，参与国内外市场竞争，开展工程项目总承包或项目管理业务。要加大对“走出去”的建筑业企业支持力度，从政策、资金上大力支持对建筑业企业承揽国外工程。对于承揽国外工程并取得收入的建筑业企业，由所在地区给予适当补助，并在资质升级、评优等方面给予扶持，金融部门要对外出施工企业给予融资方面的扶持，重点解决好授信额度问题。

课题组　组长：田成诗

成员：盖　美　赵秋成　孙　旭　郑　宏　李起昊

王丽华　张倩茹　田　璐　聂　猛

我国文化产业集聚效应研究

文化产业集聚效应指的是发展水平较高的地区集聚在一起，在集聚地区内部进一步优化资源配置，形成多赢局面，通过知识、技术的溢出效应带动周边地区文化产业的发展。这种集聚效应有利于邻近区域共同分享知识创新和科技创新所带来的空间溢出效应，增强文化产业的整体竞争力，避免文化产业资源的重置和浪费。本文以国家统计局《文化及相关产业分类(2012)》为标准，利用第三次全国经济普查数据，对我国文化产业的集聚效应情况进行研究，重点从区域比较、动态变化以及影响因素等方面进行分析，并提出相应的政策建议。

一、我国文化产业区域集聚效应的现状

文化产业就业人数是反映文化产业规模、水平的总量指标之一，本文以就业人数作为测量指标，测算各地区文化产业的区位熵①，分析我国文化产业整体的集聚程度。再依据空间权重矩阵“后”相邻矩阵(queen contiguity)，测算出相关指数(Moran's I②)，并以此分析我国文化产业区域集聚的分布状况。

(一)文化产业发展水平呈现东高西低的区域差异

经测算，我国文化产业总体区位熵小于1的地区有20个，约占全部地区的三分之二；大于1的地区仅有11个，约占全部地区的三分之一。

表1　2013年我国31个地区的文化产业区位熵

地　区	文化产业区位熵	地　区	文化产业区位熵	地　区	文化产业区位熵
北　京	1.31	安　徽	1.01	四　川	0.59
天　津	1.23	福　建	1.24	贵　州	0.45
河　北	0.76	江　西	1.18	云　南	0.52
山　西	0.47	山　东	1.04	西　藏	0.56
内蒙古	0.47	河　南	0.81	陕　西	0.57
辽　宁	0.57	湖　北	0.73	甘　肃	0.56
吉　林	0.40	湖　南	1.60	青　海	0.66
黑龙江	0.32	广　东	1.74	宁　夏	0.58
上　海	1.18	广　西	0.75	新　疆	0.34
江　苏	1.32	海　南	0.63		
浙　江	1.29	重　庆	0.82		

① 区位熵是反映一个地区的专业化水平，用来衡量产业的规模集聚程度及其在高一层次区域中的集聚规模优势程度。计算公式为：$LQ_{ij}=\frac{E_{ij}}{E_i}/\frac{E_j}{E}$。其中，$E_{ij}$是地区$j$产业$i$的就业人数或增加值；$E_i$是产业$i$在全国的总就业人数或总增加值；$E_j$是地区$j$的就业人数或增加值；$E$是全国总就业人数或全国增加值。$LQ>1$则意味着$j$地区$i$产业的专业化程度高于全国平均水平，其规模具有比较优势；$LQ<1$表示j地区i产业的专业化程度低于全国平均水平，其规模具有比较弱势；$LQ=1$则意味着j地区i产业处于一般水平。

② Moran's I指数分为全局Moran's I指数和局部Moran's I指数。

全局Moran's I指数用于衡量区域之间整体空间关联与空间差异程度，计算公式为：$Moran's I=\left[\sum_{i=1}^{n}\sum_{j=1}^{n}W_{ij}(Y_i-\bar{Y})(Y_j-\bar{Y})\right]/S^2\sum_{i=1}^{n}\sum_{j=1}^{n}W_{ij}$。其中，$S^2=\frac{1}{n}\sum_{i=1}^{n}(Y_i-\bar{Y})^2$，$\bar{Y}=\frac{1}{n}\sum_{i=1}^{n}Y_i$，$Y_i$代表第i个区域文化产业数值，n代表区域总数；$W_{ij}$代表空间矩阵，i、j表示其中的任一元素，$i=1,2,\cdots,n$，$j=1,2,\cdots,m$；这里采用邻近标准或距离标准，目的是定义空间对象的相互邻近关系，通常正空间相关表示文化产业类似特征值出现空间集聚态势。

局部Moran's I指数用于分析观测局部空间集聚情况，用来检验局部地区是否存在相似或相异的观察值聚集在一起，计算公式为：$I_i=\frac{(Y_i-\bar{Y})}{S^2}\sum_{j\neq i}W_{ij}(Y_j-\bar{Y})$。正的$I_i$表示一个高值被高值所包围(High－High)，或者一个低值被低值所包围(Low－Low)。负的I_i表示一个低值被高值所包围(Low－High)，或者是一个高值被低值所包围(High－Low)。

区位熵大于1的地区主要集中于我国东、中部地区，说明东、中部地区的文化产业发展水平较高，在全国范围内处于领先的地位，具有一定比较优势。区位熵小于1的地区主要集中在我国的东北和西部地区，说明这些地区的文化产业发展水平较低，文化产业的专业程度低于全国的平均水平，行业比较优势不明显；总体而言，我国文化产业发展水平呈现东高西低、由沿海向内陆逐渐降低的态势。

(二)东部地区文化产业发展具有显著的区域集聚特征

通过对各地区进行 Moran's I 指数显著性检验，在5%的显著性水平下发现，山东、江苏、上海、浙江、福建和湖南这些地区本身具有较高的文化产业发展水平，并且被文化产业较高水平的地区所包围，由此形成了文化产业优势集聚区域；而安徽、江西、广西三省属于自身文化产业发展水平较低的地区，但是被发展水平较高的地区所包围，可以充分利用周围地区的优势资源，借助外力快速拉动本省文化产业的发展；新疆、内蒙古、甘肃、青海、四川这五个地区自身文化产业的发展水平较低，而且周围地区的发展水平也不高，区位优势不足，在西北内陆形成了低低集聚的区域，制约了本地文化产业发展。

(三)文化产业集聚存在明显的空间溢出效应

图1显示我国文化产业的地理分布并不是随机的，其发展状况呈现出较为强烈的空间集聚特征，存在比较明显的正空间相关性，即各地区文化产业的成长发展受到周边地区的影响，空间溢出效应在地理区位相邻近的地区发挥了重要作用。

图1分为四个象限，第一象限为高高相关，即高值地区被高值地区所包围；第二、三象限为低高相关或低低相关，即低值地区被高值地区或低值地区所包围；第四象限为高低相关，即高值地区被低值地区所包围。如图所示，位于第一象限的有山东、江苏、浙江、福建、湖南、上海和广东等7个地区；位于第二象限的有安徽、江西、广西、河北、天津和湖北等6个地区；位于第三象限的有黑龙江、内蒙古、新疆、吉林、辽宁、甘肃、山西、陕西、宁夏、青海、西藏、四川、重庆、云南、贵州和海南等16个地区；位于第四象限的只有北京和河南等2个地区。

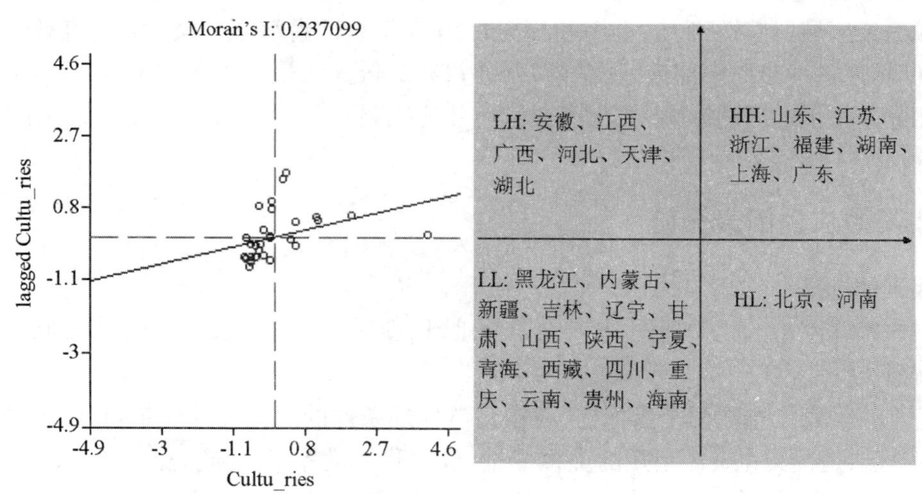

图1　2013年我国文化产业的 Moran 散点图及注释图

二、我国文化产业集聚效应的动态变化

基于2008年和2013年两次全国经济普查数据，对我国文化产业集聚效应的动态变化进行分析。

(一)文化产业空间集聚特征保持不变

由图2可得，我国各地区文化产业的 Moran's I 指数从2008年的0.13上升到2013年的0.24，表明各地区文化产业具有比较明显的正自相关关系，其发展变化呈现出空间集聚的特征。

与2008年相比，2013年我国各地文化产业在空间分布上的集聚特征基本保持不变。从2008年的散点图可以看出，第一象限(HH)包括的地区有山东、江苏、上海、浙江、福建；第二象限(LH)包括的地区有河北、天津、安徽、江西、湖南、广西；第三象限(LL)包括的地区有黑龙江、内蒙古、新疆、吉林、辽宁、甘肃、山西、山西、宁夏、青海、西藏、四川、重庆、云南、贵州、海南、湖北；第四象限(HL)包括的地区有北京、河南、广东。2013年只是有少数地区发生变化，比如第一象限增加了湖南和广东，第二象限增加了湖北，减少了湖南，第

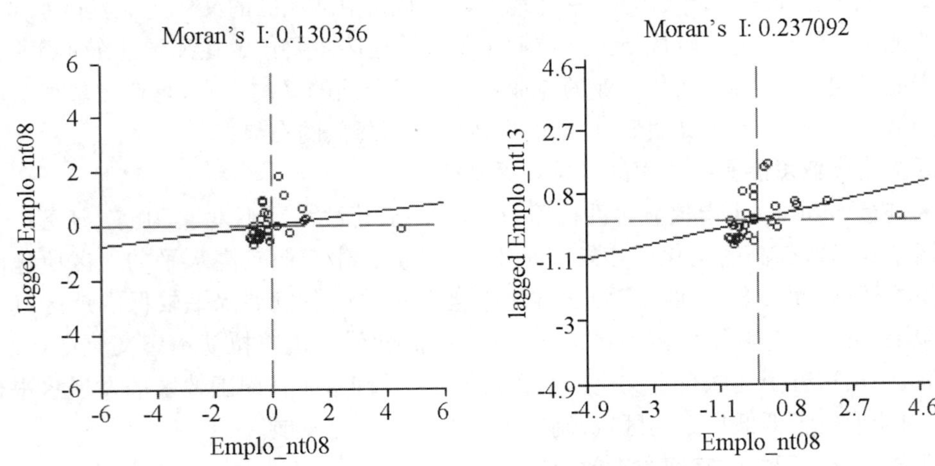

图 2　2008 年(左)和 2013 年(右)文化产业的 Moran's 散点图

三象限减少了湖北,第四象限减少了广东。

(二)文化产业发展水平较高地区集聚度上升,空间集聚区域不断扩大

通过 Moran's I 指数检验,在 5%显著性水平下,2008 年高高集聚的地区包括江苏、上海、浙江和福建四省,低高集聚的地区包括安徽、江西、湖南和广西,而低低集聚的地区有西藏、甘肃、青海、四川;2013 年与 2008 年相比,高高集聚的地区增加了山东和湖南,低高集聚的地区减少了湖南,低低集聚的地区增加了内蒙古。

分别对 2008 年与 2013 年各地区文化产业就业人数进行 LISA 聚类①分析,可以看出:第一,2008 年到 2013 年期间,我国文化产业发展水平较高地区集聚度上升,空间集聚的区域不断扩大。2008 年仅在东部沿海部分地区形成集聚区域(江苏、浙江、上海和福建),2013 年东部沿海地区文化产业集聚区域在继续扩大(增加山东)的同时,还进一步向中部地区(湖南)延伸;第二,低高集聚的地区在减少,文化产业发展水平较低的地区受到相邻高水平地区的影响,文化产业溢出效应明显;第三,低低集聚的区域在扩大,由西部内陆向西北地区扩展。

三、影响集聚效应的因素分析

(一)影响因素的选择

本文借鉴国内外文献中的相关理论,从传统经济地理、新经济地理以及产业政策三个方面,选择文化产业影响因素进行研究。

从传统经济地理的角度选取两个指标:一是按自然地理条件的地区虚拟变量,将沿海地区取值为 1,其他的地区取值为 0;二是按文化资源禀赋的虚拟变量,根据我国世界遗产与历史文化名城的分布数量,将北京、山东、江苏、浙江、山西、河南、陕西、甘肃、云南、四川划分为文化资源丰富的地区,并将虚拟变量取值为 1,其他地区取值为 0。

从新经济地理的角度选取三个指标:一是反映经济状况的指标,用 2013 年各地区人均国内生产总值与全国人均国内生产总值的比值来表示该省经济环境的相对影响能力,也可以在一定程度上代表该地区的市场需求能力;二是反映运输条件的指标,用 2013 年各地区邮电业务总量与全国邮电业务总量的比值来表示该省交通运输的相对便利程度;三是反映人力资本的指标,用 2013 年各地区每十万人口高等学校平均在校生人数与全国每十万人口高等学校平均在校人数的比值来表示该省人力资本的相对丰富程度。

从产业政策的角度选取指标:用各地区在文化、体育与传媒上财政支出与全国平均水平的比值来表示政府干预程度,也在一定程度上代表政府财政支出的作用。

归纳起来看,本文选择自然地理条件、文化资源禀赋、经济状况、运输条件、人力资本以及政府干预程度六个影响因素作为自变量,选择各地区文化产业就业人数与全国文化产业就业人数的比重作为因变量,建

① LISA 聚类是空间计量中经常使用的一种聚类方法,可以检验出目标变量是否局部自相关。

立空间计量经济模型，对文化产业集聚效应的影响因素进行分析。

（二）模型构建

空间计量经济模型的空间相关性主要体现在因变量的滞后项和误差项两方面：首先，在区域一体化和经济全球化的今天，地区间经济联系紧密；其次，在实际应用中，不同地区样本数据的采集可能存在测量误差。因此，对于截面数据而言，一般情况下包含空间效应（空间相关和空间差异）的空间回归模型，即空间自回归模型（SAR）和空间误差模型（SEM）两种。

（三）实证结果与解读

1.文化产业集聚效应影响因素模型的评估结果

对一般的线性模型进行空间相关性检验，Moran′s I 指数为 2.85，P 值为 0.004，可以认为数据适合建立空间计量模型。模型的估计结果显示，空间自回归模型的 LMLAG 为 3.04，P 值为 0.08，而空间误差模型的 LMERR 为 3.21，P 值为 0.07，都通过了 10％显著性检验。空间自回归模型的 R－LMLAG 为 1.59，P 值为 0.21，大于空间误差模型的 R－LMERR，而且空间自回归模型的 R^2 和 Log L 的数值都要小于空间误差模型的数值。综合上述分析，采用空间误差模型对文化产业集聚的影响因素进行分析。

2.文化产业集聚效应影响因素实证结果与解读

（1）地理自然条件和文化资源禀赋对文化产业集聚的形成具有差异化的影响。地理自然条件变量的系数不显著，从一定程度上说明传统的地理经济学不能完全解释文化产业集聚的形成。我国文化产业集聚地区的形成受各地区沿海区位优势的影响较小，受其他因素的影响较大。而文化资源禀赋变量的系数为 0.27，通过了 5％显著性检验，表明文化资源禀赋对文化产业集聚的形成具有正向影响。文化资源丰富有利于地区文化产业的发展，开发本地区的文化资源能够促进文化产业集聚的形成。

（2）运输条件和经济状况对文化产业集聚的形成具有关键性的作用。经济状况变量的系数为 0.42，通过 5％显著性检验，表明一个地区人均国内生产总值占全国人均国内生产总值的比重增加 1％，那么文化产业就业人数占全国就业人数的比重增加 0.42％。良好的地区经济环境为文化产业的发展奠定坚实的基础，对区域文化产业的集聚具有不可忽视的作用。运输条件变量的系数为 0.99，在所有系数中是最大的，并且通过 5％显著性检验，验证了新经济地理理论中运输条件是影响产业集聚的重要因素的观点。良好的交通运输条件可以减少文化产品的交易成本，降低运输费用，从而增加文化企业的收益。同时，交通运输条件的改善还能提高文化企业的生产和运营效率，为文化产业的区域集聚创造便利条件。人力资本变量的系数为正，但是没有通过检验，可以认为人力资本对文化产业影响程度不如前两者。然而，人力资本对文化产业也具有正向影响，对产业发展和集聚有一定的影响作用，即人力资本高的地区容易发生知识溢出，产生知识外部性，从而促进文化产业区域集聚的形成。

（3）产业政策对文化产业集聚的影响作用逐渐降低。政府干预程度变量的系数不显著，可以认为近些年随着文化产业的不断发展，文化产业的市场导向不断加强，政府在文化产业发展中的作用有弱化的趋势。我国文化产业在起步的时期，政府文化产业政策方面的扶持，财政政策的大力支持，对文化产业的快速发展有着至关重要的作用。随着文化产业的进一步发展，产业集聚区域的不断扩大，政府直接作用逐渐减弱，文化体制改革成为推动文化产业集聚区域扩大的重要原因，文化体制改革激活了文化市场，释放了巨大的潜力。未来，应进一步深化文化体制改革，遵循文化市场竞争规律，引导文化产业走上健康、良性发展的轨道。

（4）空间权重矩阵的系数通过显著性检验，为 0.86，再次验证文化产业的发展水平与各地的空间地理位置存在着正向空间相关关系，邻近地区的文化产业发展水平对本地有较明显的影响。而且文化产业发展水平较高的地区所产生的知识、技术等溢出效应能够带动周边地区共同发展，促使文化产业集聚区域的快速形成。

四、政策建议

根据上文对我国文化产业集聚效应的现状以及影响因素的实证分析，结合我国经济目前的发展状况，针对各区域文化产业的发展特征提出以下几点政策建议：

（一）为文化产业发展创造更为宽松的发展环境

目前，我国经济发展速度放缓，经济下行压力加大，转型升级迫在眉睫，加快文化产业发展势在必行。要继续深化全国范围内的文化体制改革，形成产权明晰、政企分离、管理科学的文化企业制度，充分发挥文化市场的导向作用;多方采取措施努力增加城乡居民收入,提高文化市场的需求能力,加大基础设施建设,提供便利的交通运输条件;要打破地区行政壁垒,借助举办商贸洽谈会、会展、论坛等系列活动,加强与邻近地区的文化产业合作与交流。

(二)提升东部地区文化产业发展质量和水平

要加大科技创新投入,提高文化产业附加值,重视人才队伍的培养,加强文化领军人物和各类专门人才的培养;要大力发展对人才、知识、技术要求较高的创新性行业,增加本区域文化产品的知名度,提升文化企业的品牌竞争力;要充分利用文化产业集聚的区位优势,不断提高文化产业的规模化、集约化水平,通过文化企业的"强强联合",取得规模经济效益。同时,东部要反哺中、西部地区,充分利用区位和资源优势为中、西部地区文化产业的发展提供力所能及的帮助,缩小东部与中、西部地区的发展差距。

(三)充分发挥中、西部地区的"后发优势"

我国中、西部地区文化产业发展水平落后于东部发达地区,要充分发挥"后发优势"。要更加注重本地区的基础设施建设,规范文化市场秩序,加大政府扶持力度,增强产业吸引力,营造良好的文化产业发展环境;要利用东部地区文化产业集聚的溢出效应,大力引进东部发达地区的创新知识、高端技术以及高水平人才,争取在短时间内提升本地区的文化产业发展水平;要充分发掘本地的文化特点,在深入了解自身优势的基础上,因地制宜地发展本地区的特色文化产业,在向东部地区学习的同时进行再创新,努力走出有区域特色的文化产业发展之路。

参考文献

[1]Marshall A. Principles of economics[M].London:Mcmillan,1920.

[2]F.佩鲁. 略论增长极概念[M].北京:我国经济出版社,1997:90—112.

[3]符正平.论熊彼特竞争优势理论的新发展[J].学术研究,1999,(9):22—24.

[4]Poter M. Cluster and New Economics of Competition[J]. Harvard Business Review, 1998,(11)77—90.

[5]保罗·克鲁格曼.地理和贸易[J].北京:北京大学出版社,2000:54—56.

[6]Greco A N. The Impact of Horizontal Mergers and Acquisitions on Corporate Concentration in theUS Book Publishing Industry:1989—1999[J]. Journal of Media Economics,1999,12(3):165—180.

[7]Allen J Scott. The Cultural Economy of Cites:Essay on the Geography of Image—Producing Industries[M].London SAGE Publications,2000.

[8]Power D. Cultural Industries inSweden:An Assessment of Their Place in the Swedish Economy[J]. Economic Geography, 2002,78(2):103—127.

[9]Garcia M I, Fernandez Y, Zofio J I. The Economic Dimension of the Culture and Leisure Industry inSpain:National, Sectoral and Regional Analysis[J]. Journal of Cultural Economics,2003,27(1):9—30.

[10]王明峰.文化产业政策与城市发展:欧洲的经验和启示[J].城市与文化,2001(4):11—15.

[11]陈倩倩,王缉慈.论创意产业及其集群的发展环境——以音乐产业为例[J].地域研究与开发,2005,24(5):5—8.

[12]钱紫华,闫小培,王爱民.城市文化产业集聚体:深圳大芬油画[J].热带地理,2006,26(3):269—274.

[13]宋泓明.文化创意产业集群发展研究——以北京朝阳区为例的分析[J].上海经济研究,2007,(12):118—122.

[14]张振鹏,马力.文化创意产业集群形成机理探讨[J].经济体制改革,2011,(2):176—180.

[15]袁海.我国文化产业区域差异的空间计量分析[J].统计与信息论坛,2011,26(2):65—71.

[16]"经济高速发展下的我国文化产业"课题组.基于区域和行业角度的文化产业集聚特点[J].调研世界,2011,(3):12—16.

[17]雷宏振,邵鹏,潘龙梅.我国文化产业集聚度测算及其分布特征研究——基于省级面板数据的分析[J].经济经纬,2012,(1):42—46.

[18]袁俊.我国文化产业空间集聚水平及其影响因素研究[J].技术经济与管理研究,2013,(11):102—107.

[19]顾江,吴建军,胡慧源.我国文化产业发展的区域特征与成因研究——基于第五次和第六次人口普查数据[J].经济地理,2013,33(7):89—95+144.

[20]赵星,赵仁康,董帮应.基于 ArcGIS 的我国文化产业集聚的空间分析[J].江苏社会科学,2014,(2):52—58.

[21]袁海.我国省域文化产业集聚影响因素实证分析[J].经济经纬,2010,(3):65—67.

[22]袁海,曹培慎.我国文化产业区域集聚的空间计量分析[J].统计与决策,2011,10:77—80.

[23]周晓唯,朱琨.我国文化产业空间聚集现象及分布特征研究——基于省际面板数据的空间计量分析[J].东岳论坛,2013,34(7):126—132.

[24]曹清峰,王家庭,杨庭.文化产业集聚对区域经济增长影响的空间计量分析[J].西安交通大学学报,2014,34(5):51－57.
[25]梁君,陈显军.广西文化产业集聚度实证研究[J]广西社会科学,2012,(5).
[26]戴钰.湖南省文化产业集聚及其影响因素研究[J].经济地理,2013,33(4):114－119.
[27]喻莎莎.河南省文化产业集聚度测算及其特征研究[J]我国管理科学,2013,21:557－562.

课题组　组长:蒋　萍
成员:王　勇　刘　强　刘　冲
滕晓飞　董恒新　王英洁

我国现代物流业发展状况研究

一、现代物流业的内涵界定

物流业是融合运输业、仓储业、货贷、金融和信息服务等的复合型服务产业，是国民经济的重要组成部分，涉及领域广，吸纳就业人数多，促进生产、拉动消费作用大，在促进产业结构调整、转变经济发展方式和增强国民经济竞争力等方面发挥着重要作用。

2001 年 8 月 1 日，我国《国家标准物流术语》正式实施，它对物流的定义指出：物流是“物品从供应地到接收地的实体流动过程，根据实际需要，将运输、储存、装卸、搬运、包装、流通加工、配送、信息处理等基本功能实施有机结合”。在当今的电子商务时代，我国物流业也有了新的发展趋势。

二、我国现代物流行业发展基本现状

近年来，国民经济结构调整持续推进，市场机制作用明显增强，在此背景下，我国物流发展形势总体良好，稳中有进。物流市场规模保持较快增长，但增速减缓，物流服务价格低位震荡，物流企业盈利能力偏弱，经济运行中的物流成本依然较高，物流细分市场分化明显，物流行业转型升级加快。

(一)物流市场规模保持平稳增长

2013 年全国社会物流总额 197.8 万亿元，按可比价格计算，同比增长 9.5%，增幅比上年回落 0.3 个百分点。在社会物流总额增速减缓的同时，物流市场分化明显。一方面，受国内经济增速放缓和产能过剩等因素影响，钢铁、煤炭等大宗商品物流市场持续低迷，行业陷入深度调整。另一方面，受内需扩大的带动，快速消费品、食品、医药、家电、电子等与居民消费相关的物流市场保持较高增长。

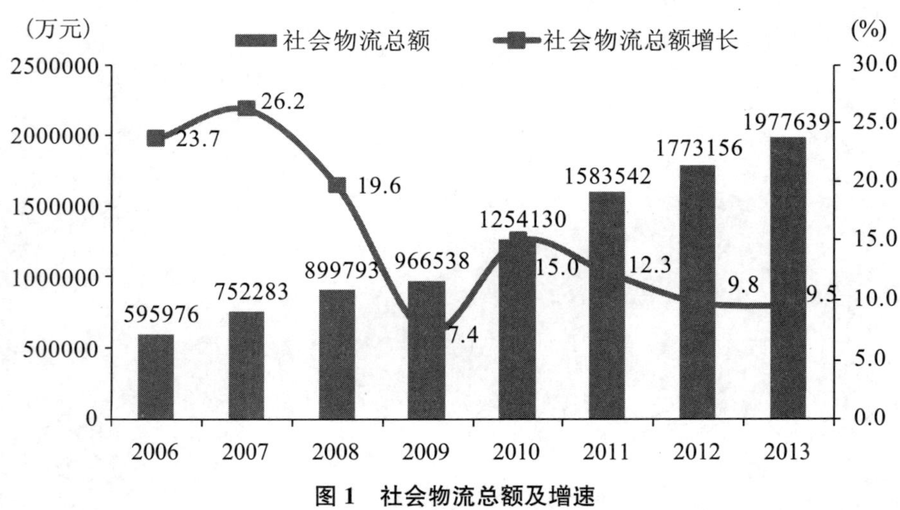

图 1 社会物流总额及增速

(二)行业规模不断扩大

2013 年末，物流业法人单位数为 22.8 万个，比 2008 年增长 74.9%，年均增长 15.0%。

2013 年末，物流业法人单位从业人员数为 884.8 万人，比 2008 年增长 67.6%，年均增长 13.8%。

表 1　物流业法人单位基本情况

年　份	法人单位数(万个)	从业人员数(万人)
2013 年	22.8	884.8
2008 年	13.2	529.9
2013 年比 2008 年增长%	174.9	167.6
年均增长%	15.0	13.8

数据来源:第二、三次全国经济普查

2013 年末,物流业企业法人单位资产总计为 7.1 万亿元,比 2008 年增长 94.9%,年均增长达 18.2%。

表 2　物流业企业法人单位基本情况

年　份	资产总计(亿元)	营业务收入(亿元)
2013 年	70974.9	45319.9
2008 年	36255.8	22395.1
2013 年比 2008 年增长%	194.9	202.4
年均增长%	18.2	19.3

(三)社会物流运行效率提升,物流成本回落

2013 年,全国社会物流总费用 10.2 万亿元,同比增长 9.3%,增速较 2012 年回落 2.1 个百分点。其中,运输费用 5.4 万亿元,保管费用 3.6 万亿元,管理费用 1.3 万亿元。与社会物流总额增势变化较为一致,2011 年以来,社会物流总费用增速也呈现回落走势,2006—2013 年间,现价年均增长 14.8%,增速低于现价社会物流总额年均增速 3.9 个百分点。

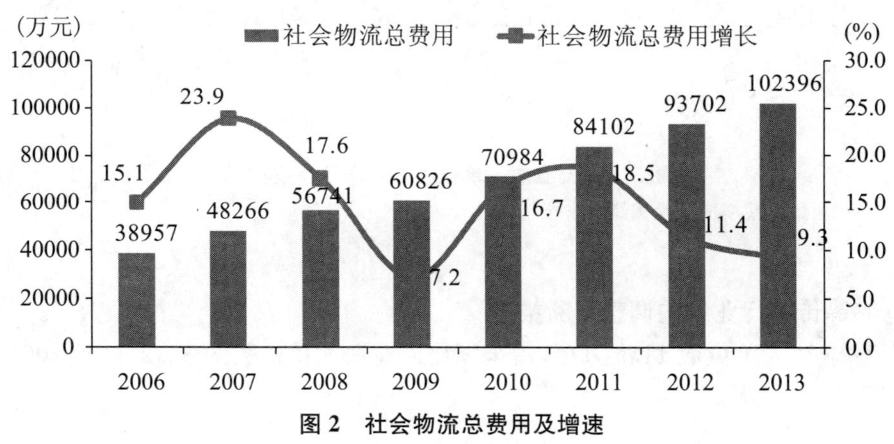

图 2　社会物流总费用及增速

我国社会物流总费用与 GDP 比率的变化,一方面是受货运周转量、GDP 调整的影响,另一方面也是我国经济结构变化的结果。根据相关统计数据可以发现,物流成本具有内在的变化规律,与经济发展阶段以及物流运行模式密切相关,具体表现为三个发展阶段。

短缺经济时期,物流成本处于上升阶段。在短缺经济时代,经济主体能够通过规模扩张获取增量收益,物流成本问题并没有受到高度重视,经济发展方式以粗放的外延扩张模式为主。物流发展的主要目标不是降低成本,而是帮助工业或商业企业扩大销售规模,物流发展处于低效的传统物流阶段。在这一阶段,物流成本不断上升,处于高成本运行阶段。在我国上世纪 90 年代初,社会物流总费用与 GDP 的比率高达 24%。

过剩经济阶段,物流成本变化进入平台期。随着经济发展由短缺经济进入到过剩经济阶段,而在经济结构没有发生实质性调整的背景下,物流成本在较高水平上存在一个平台期。2000 年以来,我国社会物流总费用与 GDP 的比率有所下降,但下降缓慢,尤其是在近几年产能过剩矛盾较为突出的阶段,社会物流总费用与 GDP 的比率下降进入一个平台期,该比率一直保持在 18%左右。

经济结构调整阶段,物流成本快速下降。在过剩经济背景下,产能过剩导致供需矛盾凸显,“高成本、低效率”的问题凸显，在这样的背景下，推进经济结构调整、化解产能过剩成为必然选择，在这一过程中，物流受到高度重视，逐渐由传统物流向一体化物流阶段发展，物流成本也随之不断下降。目前，我国正处于经济结构加快调整的阶段，物流发展也逐步由传统物流向一体化物流阶段过渡，供应链发展也初见端倪，与此相适应，物流成本水平也逐步进入下降期。但同时也应看到，整体上，我国物流成本水平仍然较高，尤其是煤炭、非金属矿物制品业等行业的物流成本水平仍然偏高。

(四)物流行业运行质量和效益有所提高

2013 年末，物流业企业法人营业收入为 4.5 万亿元，比 2008 年增长 102.4%，年均增长达 19.3%；物流行业效益逐年提高。

2013 年，我国物流业企业法人单位收入利润率为 6.5%。

分行业看，运输业收入利润率为 8.9%，高于全国平均水平 2.4 个百分点；装卸搬运和其他运输服务业、仓储业、快递业的收入利润率分别为 3.8%、1.0%和 5.5%，均低于全国平均水平。

运输业中，铁路运输业、管道运输业的收入利润率均高于运输业平均水平，分别为 26.5%和 29.6%，道路运输业、航空运输业的收入利润率为运输业最低，均为 2.7%。

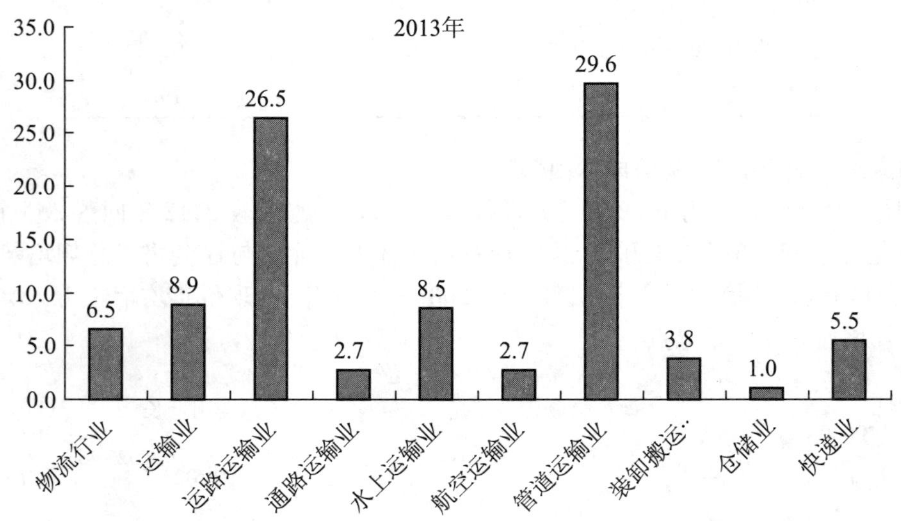

图 3 物流业法人单位收入利润率情况(%)

数据来源：第三次全国经济普查

(五)运输、仓储等传统行业结构调整不断推进

2013 年末，运输业法人单位数 11.9 万个，占全国物流业法人单位数的 52.2%，较 2008 年提高 3.9 个百

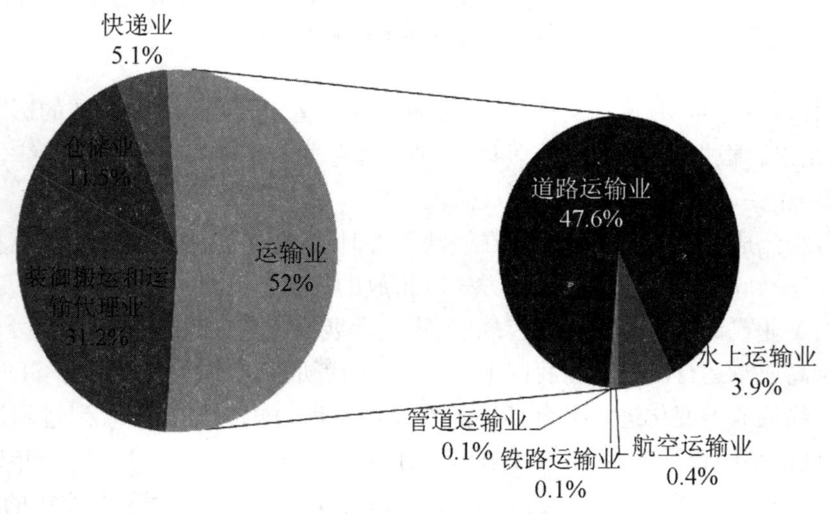

图 4 物流业法人单位数情况

数据来源：第三次全国经济普查

分点；仓储业法人单位数 2.6 万个，占全国物流业法人单位数的 11.5%，较 2008 年下降 1.9 个百分点。二者所占比重达到 63.3%，较 2008 年提高 2 个百分点，反映出运输、仓储等传统物流行业仍是物流业的主要组成部分。在运输业中，道路运输业法人单位数 10.9 万个，占全国物流业法人单位数的 47.6%，占运输业法人单位数的 91.3%，是运输业的主要组成部分。

装卸搬运和运输代理业法人单位数为 7.1 万个，占全国物流业法人单位数的 31.2%；快递业法人单位数为 1.2 万个，占全国物流业法人单位数的 5.1%。

(六)东部区域物流相对发达

近些年来，随着我国国民经济的快速稳定的发展，以及国家各项利好政策的推行，我国各区域的物流产业取得长足的发展，总体规模不断扩大，服务水平显著提高，发展的环境和条件也在不断改善。

2013 年末，东部地区物流业法人单位数为 13.8 万个，占全国物流业法人单位数的 60%；中部地区物流业法人单位数为 4.1 万个，占全国物流业法人单位数的 18%；西部地区物流业法人单位数为 3.3 万个，占全国物流业法人单位数的 15%；东北地区物流业法人单位数为 1.6 万个，占全国物流业法人单位数的 7 %。

中部，西部，东北地区年均增长分别为 22.2%，9.3%，12.7%，年均保持较快增长，说明近几年来，国家实行的“西部大开发”、“振兴东北”和“中部崛起”的区域发展战略取得了良好的效果。

(七)物流从业人员规模庞大:位列服务业第四位

物流业是劳动密集型产业，吸收就业人数长期位于第三产业前五位，仅次于教育、公共管理、卫生等公共事业行业。2008 年，第三产业中吸纳就业人员在 500 万人以上的行业有五个，包括教育业、公共管理和社会组织、卫生、社会保障和社会福利、物流业以及批发和零售业。其中，物流相关行业从业人员 529.9 万人，位列第四，截止 2013 年这一指标达到 884.8 万人，比 2008 年增长 167.6%，年均增长 13.8%。

三、我国现代物流业发展存在的突出问题

(一)“社会物流成本偏高”与“物流企业盈利偏低”相并存

当前，我国物流发展面临的核心问题是物流费用高、效率低，导致“社会物流成本偏高”与“物流企业盈利能力偏低”相并存。近年来，全社会物流总费用与 GDP 的比率维持在 18%左右，难以下降。这一比率高于美国、日本和德国 9.5 个百分点左右；高于全球平均水平约 6.5 个百分点；高于“金砖”国家印度和巴西 5～6 个百分点左右。但与此同时，全社会物流企业收入增速低于全社会物流费用增速，物流企业普遍盈利能力偏低。

我国物流费用偏高已经形成共识，但费用偏高是由多种因素造成的，既有合理的因素，也有不合理的因素；既与我国经济发展阶段、产业布局相关，也与物流自身发展密切相关。

从行业层面看，我国企业物流费用占销售额的比重与美国的差距较小，差距在 1 个百分点以内；而从宏观层面看，我国物流费用与 GDP 的比率高于美国 9.5 个百分点左右。这就说明，在生产力发展水平上，我国与美日等发达国家相比差距较大，实现同样多的商品销售额、耗费同样多的物流费用，但所创造的增加值明显偏低，从而导致物流费用与 GDP 的比率偏高。

其次，生产方式粗放是我国物流费用偏高的重要原因。当前，我国已进入过剩经济时代，与此相应，消费模式也逐渐从单纯追求温饱型或数量型，向追求消费价值多元化、个性化转变。但生产方式仍以“大批量、规模化”为主，导致产需不能有效衔接、资源周转偏慢、社会库存居高不下。

国际上，日本在上世纪 50 年代就出现了准时制精益生产模式，将企业生产流程与市场需求有效整合；美国在上世纪 90 年代实现了柔性化敏捷制造模式，以有效协调的方式响应客户需求。生产方式的变革大幅降低了美、日等国企业的库存水平，显著地降低了物流费用。2012 年，我国工业企业存货率为 9.4%，远高于日本等发达国家 5%的水平。因而，降低物流费用需要切实转变生产方式。

最后，流通模式粗放与物流费用偏高密切相关。流通模式粗放，突出表现在两个方面。一是以供应链为主的现代流通体系建设进展相对缓慢。社会物流资源缺乏有效整合、不能集约使用，导致物流效率偏低、费用偏高。2012 年，根据中国物流信息中心的重点企业调查，我国企业对外支付的物流费用占企业物流总费用的比重为 61.0%，低于日本约 9 个百分点，差距较为明显。二是物流一体化建设相对滞后。社会资源周转慢、环节多、费用高。例如，我国海铁联运比例远远低于全球平均水平，目前国际上港口集装箱的海铁联运比例通常在 20%左右，美国为 40%，而我国仅为 2.6%左右。我国工业企业流动资产周转次数为不到 3

次，远低于日本和德国 9—10 次的水平。

(二)“物流围城”和“最后一公里”问题依然突出

一是仓储等物流基础设施资源紧缺。随着城市化进程加快，物流仓储设施、配送中心设施不断外迁，配送半径不断增加；由于缺乏科学的城市物流规划，致使城市周边仓库、货场供给不足，仓储租金不断提高，增加了物流成本，降低了物流运行效率。

二是城市内配送效率低下。在现行的大城市物流管理中，由于把货运车辆作为城市交通的拥堵源之一进行管控，导致“路难行、车难停、货难卸、证难求”的问题长期存在。

(三)物流行业税收负担偏重

据中国物流与采购联合会的调查资料显示，2008 年至 2012 年期间，样本企业五年间平均税收负担水平为 20.19%，高于全国同期宏观税负水平 1.93 个百分点。

“营改增”的实施，有利于促进物流一体化运行，但物流企业整体税负水平不降反升。出现这种现象的主要原因有，服务于小微型企业的物流企业无法得到增值税进项抵扣发票；铁路运费细化改革后，电气化费和分流费无法抵扣；物流行业属于轻资产行业，可抵扣项目较少；物流企业的人工成本占经营成本的绝大部分，而在增值税体制下，人工成本得不到抵扣；增值税补贴速度较慢等等。

此外，土地使用税减半征收政策落实不够、地区执行标准差异明显，部分符合资格的物流企业没有享受到土地使用税减半征收优惠政策。对于物流园区的相关土地设施征收房产税，加重了企业税负负担。

四、我国现代物流业发展趋势

当前，我国物流业正处于转型升级的关键时期，物流业“新常态”为物流和供应链发展提出了艰巨的挑战，也提供了战略机遇。总体来看，我国物流业仍处于景气周期。2013 年中国物流业业务总量指数均处于 50%以上，显示物流活动较为活跃，呈高位趋稳态势。预计后期指数将有所回落，但仍保持在较高水平，物流业有望保持平稳运行的基本走势。面对新的形势，我国物流业将以质量和效益为中心，寻找战略突破口，培育竞争新优势，全面打造中国物流“升级版”，以转型升级应对物流“新常态”。

面对新的形势，我国物流业将以质量和效益为中心，寻找战略突破口，培育竞争新优势，全面打造中国物流“升级版”，以转型升级应对物流“新常态”。

(一)社会资本青睐物流，新一轮兼并重组热潮涌动

2013 年以来，物流业成为社会资本的“新宠”，多家产业基金投资快递、公路快运、冷链物流、化工物流、物流地产等领域。中信产业基金收购天地华宇，钟鼎创投投资卡行天下，红杉资本完成对安能物流多轮投资，公路快运市场新型组织方式获得资金支持。多家资本注资全峰快递，联想控股收购全日通等快递企业，长期独资经营的顺丰速运首次引入战略性投资。普洛斯、中储、宝湾等专业物流地产企业加大投资力度，扩大仓储管理面积。一些钢铁、煤炭、房地产企业投资转向，开始在物流基础设施建设领域寻求机会。此外，物流业兼并重组加快，制造与商贸资本向物流业流动。武钢集团重组旗下物流业务，包含过去的物流公司和港务板块，成立武钢集团物流公司。阿里巴巴投资海尔日日顺物流，实现“天网”与“地网”融合。重庆百货收购重庆庆荣物流，缓解商业超仓储不足。新杰物流收购上海强生便捷货运，进入城市配送领域。

月份	重大事件
2 月	全峰快递获得 2 亿的股权融资
3 月	中信收购天地华宇
5 月	红杉资本参股中通速递
8 月	中信资本、元禾控股、招商局集团及古玉资本投资顺丰速运
11 月	全峰快递获得景林资本等机构注资
12 月	阿里巴巴投资海尔电器旗下的日日顺物流

(二)制造、商贸、金融与现代物流深度融合，供应链加快发展

物流业与制造业、流通业和金融业等多业联动进一步深化，供应链管理迎来快速发展新时期。首先，制造企业、商贸企业的一体化物流与供应链管理需求逐步显现，为物流与供应链的发展奠定了市场基础，制造、商贸、金融与物流联动发展的内生动力增强。其次，部分物流企业积极地由物流服务商向供应链管理提供商转变。部分物流企业以大宗商品物流需求增速回落为契机，低成本整合资源，主导构建供应链、提供全方位一体化服务。

从发展趋势上来看，供应链管理是物流发展的高级阶段和基本趋势。伴随着生产方式逐渐由“少品种、大批量、高库存”向“准时制、柔性化”转变，传统物流逐渐向综合物流和供应链管理阶段发展转变。

时间段	制造业	物流业	标志性国家
18 世纪中叶以前	手工作坊阶段	古老的运输与仓储	中国、意大利、埃及
18 世界中叶以后到 19 世纪末	多品种小批量工厂化生产模式	传统物流	英国、法国
进入 20 世纪	少品种大批量流水线生产模式	实物配送	美国、德国
20 世纪 50 年代	准时制精益生产模式	综合物流	日本
20 世纪末	柔性化敏捷制造模式	供应链管理	美国、德国、日本

（三）物流平台创新发展，物流资源整合加快

2013 年，物流平台是物流行业发展的一个基本动向，也是未来发展的基本趋势。在公路货运领域，传化公路港加紧连锁复制，卡行天下网络平台集合了 1000 多家小微物流企业，林安物流整合社会车辆资源 150 万辆。在国际运输领域，中外运推出了国内首个跨境航空物流电商平台和海运电子商务平台，整合分散的国际运输资源。在家电物流领域，海尔日日顺物流建立了家电和大件商品“送装一体化”的社会化服务平台，通过物流网、配送网、服务网、信息网“四网融合”，实现了直配乡镇无盲区。在大宗商品流通领域，淮矿现代物流推出平台＋基地供应链管理模式，为钢铁企业开设品牌专场，整体交易能力突破 1000 万吨。在电子商务领域，阿里巴巴集团联合银泰集团复星集团等共同组建的“菜鸟网络科技有限公司”宣布正式成立。易迅网、京东商城、苏宁易购陆续对外开放物流平台，掀起了电子商务与互联网引领物流业变革大幕。

（四）快递物流“一枝独秀”，引领现代物流新变革

近年来，电子商务快速发展、国民经济转型升级加快，物流运行格局发生积极变化。在社会物流总额增速稳中回落、传统大宗商品物流市场疲软的背景下，我国快递物流“一枝独秀”，成为物流业新的增长点，呈现迅猛发展态势，将引领我国现代物流新变革。2011 年 3 月份以来，快递业务量增速连续 33 个月保持在 50％以上；2013 年以来，各月累计增速均保持在 60％以上。2013 年全年，全国规模以上快递服务企业业务量累计完成 91.9 亿件，同比增长 61.6％。

（五）物流规模增速回落，细分市场分化延续

预计到 2020 年，社会物流总额达到 370 万亿元左右，社会物流总费用达到 18 万亿元左右。从长期看，产业结构和物流发展水平是影响物流成本水平的核心因素。如果第三产业增加值占 GDP 的比重达到 50％，那么，社会物流总费用与 GDP 的比率下降至 16％左右；如果三产占比达到 60％，这一比率下降至 10％左右；如果三产占比达到 70％，物流发展进入供应链管理广泛应用的阶段，则社会物流总费用与 GDP 的比率预计下降至 9％左右。

（六）物流科技推动行业创新发展的突破口

当前，我国正处于新技术革命的战略机遇期，与其他国家站在同一起步线上，具有一定的先发优势。随着劳动力的短缺和要素成本上升，以机器替代人力的趋势日益明显。物流业将积极通过技术改造和设备升级，提升物流信息化、机械化、自动化水平，提高单位产出效率，创新物流服务模式。大数据在物流业开始发力，通过整合数据和深入挖掘，为物流经营提供决策支持、为经济运行提供分析预警、为供应链上下游企业提供数据共享和相互协同，用数据创造新的价值。移动互联加快推进，物流移动解决方案要求越来越高，物流信息出现终端化、移动化趋势，随着北斗车载定位终端在全国推广，位置服务应用加快普及，为移动互联提供了需求基础。智慧物流开始起步，将新一代信息技术应用于物流业，实现物流的自动化、可视化、可控化、智能化和网络化，提高资源利用效率和城市生产力水平。以互联网思维改造传统物流企业成为行业重要趋势,依托信息技术整合 O2O 线上线下资源成为热点领域。现代物流信息技术支撑体系逐步完善,打造智能化竞争新优势。

总的来说,现代物流业的一个重要发展趋势是向供应链转型。经济发达国家加大了"再工业化"战略的推进力度,依靠的就是对全球供应链的掌控和驾驭能力。2012 年,美国提出了《全球供应链安全国家战略》,以保障美国人民的福利和国家的经济繁荣。欧盟也在相关的规划中提出要发展新的供应链体系。刚刚结束的 2014 年亚太经合组织(APEC)贸易部长会议上,通过了《建立 APEC 供应链联盟倡议》,同意推动建设亚太绿色供应链网络供应链发展已经成为世界各国的共识。我国作为制造业大国,随着制造业"走出去"步伐加快,将要面对的是全球化的原料采购、全球化的生产力布局、全球化的产品营销要求,因此要求企业加强关键物流节点布局和物流资源掌控,实施供应链一体化管理,建立全球化的供应链体系,实现资源的全球化配置,与全球利益各方构建协作共赢的战略合作关系,掌控供应链的主导权。

五、我国现代物流业发展的政策建议

从宏观层面来讲,针对促进现代物流行业市场结构进一步优化,助推行业提质增效。具体而言,提出以下方面政策建议:

(一)促进物流业上下游产业的发展,创造良好的宏观环境

通过提升有关需求,以提振物流业绩效。此建议广泛地涉及到社会经济活动与物流有关的各个环节(如运输、仓储、配送、流通加工等)以及国内居民消费能力。营造良好、稳定的经济发展环境,是物流行业健康发展的前提。位于供应链中间环节的物流企业,其生存和发展很大程度取决于上下游的供需水平。物流行业的规划和发展,需要与经济容量相适应,否则势必导致物流行业供给过剩现象。当经济增长较快时,下游较高的消费需求增加带动了上游生产企业的生产规模扩张,这势必导致处于运输、分配环节的物流企业从中得益,规模得以扩大、绩效得以提高。

(二)深化物流业公司相关的投融资体系,使得物流业可以通过资本市场来增进资产流动性与融资便利性,从而在绩效提升上有更好的金融基础

政府还应当积极推进金融深化改革,促进我国资本市场健康发展。健全的资本市场,可以促进金融资本和产业资本的融通,可以为物流企业提供必要的资金支持,以用于企业规模的扩大和技术的升级,这样保证了处于成长期的物流企业资金周转畅通。具体而言,政府应首先制定有关政策,完善一级市场发行制度和二级市场流通制度,减少上市公司与投资者之间的信息不对称程度。这样,一方面保证上市公司有效融通资金,另一方面要避免投资者遭受物流企业的恶意圈钱。与此同时,政府应当鼓励金融机构为物流企业特别是民营企业提供畅通的信贷途径,为企业兼并、合并、收购等提供金融中介服务。只有当金融发展逐步深化,才能保证商品市场和资本市场起到相辅相成的作用,以求共同发展之路。

(三)加大固定资产投资规模,改善物流服务设施,通过资本积累增加物流企业绩效

鉴于资本积累增加可以增加物流企业绩效,政府应当完善基础设施平台建设,为物流发展提供基础支持,以使物流效率得以提高。一般而言,物流运输包括铁路、公路、水路、空运等综合运输体系,不同运输工具在现有物流企业中的使用程度也不尽相同,其中铁路和公路远远高于空运和水运,这也是现阶段物流企业关于运输成本与运输效率综合考虑所导致的结果。政府加大道路建设,可以保证陆上运输更为畅通便捷;加大港口建设,可以提高港口利用效率,以避免过多的港口货物装载所导致的时间浪费;加大机场建设,促进民航发展,同样可提高轻便货物的运输效率和成本。只有当基础设施具备时,物流企业才能更合理地分配货物运输方式,以避免某种运输方式的过度集中和其他运输方式的利用不足等。

(四)在提升物流业绩效方面,可以在其他政策推出的同时,进一步优化物流行业市场结构,加大行业集中度

政府应当进一步整合资源,扩大现有企业规模和带动龙头企业产生,以便未来新兴物流公司可以同时实现规模经济和范围经济。由本文的研究结论可知,物流行业的集中程度与该行业企业的绩效大致呈现开口向下的抛物线关系,也就是说:过度竞争和寡头垄断的市场结构都将导致企业业绩下降,运转效率降低。但是,结合我国目前的现状,中小规模的物流企业较多,难以实现规模经济,这也就意味着该行业在经历发展初期后需要调整。尽管越来越多的企业逐渐意识到物流资源整合可以给物流企业带来可观的收益,但是盲目的资源并购则可能导致整个行业出现秩序混乱,甚至受私人利益驱使而导致行业处于不当竞争的状

态，这同样会危害上下游的生产销售型企业和消费者利益。在信息不对称程度较高和产权制度不完善的市场经济条件下，政府需要从宏观上予以调控，制定扶持和引导物流行业发展的产业政策措施。

课题组　组长：何　辉
成员：闫淑君　陈中涛　冯　燕　武　威
曾庆宝　胡　焓　孟　圆　李　婧

我国建筑业在国际市场的竞争现状与政策研究

据《环球建筑观察》和《牛津经济报》报道，2020 年全球建筑业总产值预计达 12.7 万亿美元，国际建筑业市场蕴藏着巨大的潜力。我国有必要加大开拓国际建筑业市场的力度，提升国际承包市场的竞争力，这不仅可以拓宽我国建筑业的收入来源，也有利于学习建筑业发达国家的先进经验。本文分析了我国建筑业在国际市场竞争中的优势与不足，并提出提升我国建筑业国际竞争力的政策建议。

一、我国建筑业在国际竞争中的地位①

（一）国际建筑业市场情况

1. 全球建筑业从经济动荡中复苏但复苏基础不牢固

近年来，国际建筑业逐渐从国际金融危机所引发的世界范围的经济衰退中恢复起来，国际承包市场规模重新回到上升通道。但从当前世界经济形势可以看出，国际建筑行业的复苏情况不容乐观，发达国家经济复苏乏力，多数发展中国家经济增长出现内生性下滑，全球经济驱动力不足必然拖累建筑业的全面复苏。

2. 国际贸易承包壁垒制约国际建筑业市场发展

国际金融危机爆发后，除 2011 年外，2008－2013 年，国际承包市场 225 强企业在本国市场新签合同额增长明显高于国际市场。从全球看，各国政府更青睐于本土承包商，贸易承包壁垒加大，制约了国际承包市场份额的增加。

3. 国际承包商整体经营水平有所好转

2013 年，国际承包商 250 强在本国市场实现盈利的有 154 家，亏损的有 31 家。在国际市场实现盈利的有 162 家，亏损的有 26 家，国际承包商 250 强的整体经营水平在好转。

4. 国际承包商 250 强的市场份额稳中有变

近十年来，世界范围内的区域市场在不断发生着变化。截至 2013 年，亚洲/澳洲市场已连续三年保持全球第一大承包市场地位。欧洲市场虽有所萎缩，但依旧是全球第二大承包市场。加拿大、拉丁美洲和南非/中非市场增长势头显著，在国际市场总营业额中的比重分别提升 0.9%、0.7%和 0.9%。美国市场依旧保持稳定的增长。

5. 主要业务领域结构稳定

2013 年，传统全球承包三大业务领域——交通运输、石油化工和房屋建筑业依旧处于主导地位，营业额增长情况稳定，三大业务营业额占总营业额的 69.5%。全球承包市场业务结构的相对稳定，有利于承包商向更加专业化、精细化方向发展。2013 年，非传统业务领域业务增长最高，提高了 1.9 个百分点，这可能是国际承包商的业务领域逐渐多元化的开始。

（二）国际建筑行业竞争格局

1. 国际承包商整体经营水平差异大，竞争分化明显

从公司数目看，国际承包商 250 强地域分布差异较大。2013 年，中国有 62 家承包商进入 250 强，占 24.8%，中国、欧洲、土耳其和美国四国的承包商占 250 强的 77.2%，国际承包商 250 强地域分布差异较大。

从国际市场营业额看，国家间国际承包商经营水平差异明显。250 强榜中数目最多国家为中国、欧洲、土耳其等，但中国和土耳其的国际承包商在国际市场上的平均营业额远低于欧洲。巴西、韩国、澳大利亚虽然进入 250 强企业少，仅有 4 家、13 家和 4 家，但他们在国际市场的平均营业额都高于 250 强的平均经营水平。

---

① 《工程新闻纪录》(ENR)被誉为“国际工程界晴雨表”，每年发布系列年度国际承包商榜单和研究报告如国际承包商前 225 强榜单、400 强榜单。据估计，目前国际承包商 250 强榜单所占据的全球建筑市场份额超过 90%。本文的数据主要来自于 ENR 公布的最新数据。

2. 欧美国家承包商在其传统范围内优势明显

受贸易壁垒、技术水平等的影响，各国在不同区域的经营情况差异较大。在中东地区，韩国有明显竞争优势。在非洲，中国占 48.7%的地区对外承包市场营业份额，欧洲占 32.2%，中国具有绝对市场竞争优势，意大利和法国也优势明显。在欧美市场，欧洲以超过 80%的地区对外承包市场营业份额，占主导地位。

总的来说，欧美国家在国际承包市场有明显竞争优势，尤其在其传统势力范围——欧美、加拿大、拉丁美洲和加勒比地区有绝对优势，其他国家想参与竞争、提高所占市场份额的难度较大。

3. 国际承包商规模和竞争实力差距明显

在国际承包商 250 强中，排第一位的西班牙 ACS 集团 2013 年国际市场营业额 440.54 亿美元，约占 250 强国际市场总营业额的 8.1%，是第二位的德国 HOCHTIEF 公司国际市场营业额的 1.26 倍，第十位的法国 TECHNIP 公司的 3.60 倍，排在第 250 名的阿联酋 NPCC 公司的营业额仅 1.12 亿美元。可见，国际承包商规模和竞争实力差距明显。

4. 国际市场领军企业格局进一步固化

近五年，进入国际承包商 250 强榜单前十名企业中，有 13 家企业五年均进入过前十强，有七家连续五年名列前十强。2013 年和 2014 年的 250 强榜单中排在 1—7 名的企业相同。不难看出，国际建筑行业的领军企业格局进一步固化，这些企业规模大、实力强，有明显竞争优势，排名靠后企业要打破这种格局较为困难。

5. 部分领域国际竞争激烈

国际承包商 250 强企业的主营业务主要集中在房屋建筑、工业/石油化工、交通领域，这三个领域在国际工程承包中受贸易壁垒影响小、资金投入大，国际竞争激烈。

(三)我国国际承包商在国际建筑业市场上的经营情况

1. 在国际承包市场具有规模优势

2014 年，我国有 62 家企业进入国际承包商 250 强榜单，56 家进入 225 强，入围数量达历史最高水平。我国国际承包商在国际市场的营业额也有所回升，达 790.1 亿美元，占 250 强营业总额的 14.5%。总的来说，我国在整体规模上有优势。

对 2008—2013 年我国和美国进入 255/250 强的国际承包商占承包市场营业总额比重差异的 Mann—Whitney 检验结果(表 1)显示，我国和美国进入 255/250 强的国际承包商占承包市场营业总额比重无明显差异，我国国际承包商在整体规模上与美国处于同一水平上。

表 1　Mann—Whitney 检验结果

零假设：H_0	备择假设：H_1	p 值
H_0：$M_{中国} = M_{美国}$	H_1：$M_{中国} \neq M_{美国}$	0.24

2. 对外工程承包受国际市场需求影响不大

采用 Kendallτ 相关性检验对 2004—2013 年我国对外工程承包发展与国际市场需求的相关性的检验结果(表 2)显示，2004—2013 年，中国国际承包商国际营业额增长率与国际承包市场营业额增长率不存在显著的相关关系。即我国对外工程承包的发展受国际市场需求影响不大，主要受自身供给因素的影响。故现阶段我国应鼓励更多承包商“走出去”，参与国际竞争。

表 2　Kendall τ 相关检验表

零假设：H_0	备择假设：H_1	p 值
H_0：两变量间不存在相关关系	H_1：两变量间存在相关关系	0.42

3. 国际承包商 250 强榜单企业国际市场营业额较低

尽管在整体规模上，我国与美国处于同一水平，但美国国际承包商平均国际市场营业额比我国高很多，我国在总量上有优势，但质上不容乐观。2012 年、2013 年平均国际市场营业额均低于国际承包商 250 强的平均国际市场营业额。

4. 区域市场竞争力差异明显

我国对外承包工程主要集中在非洲、亚洲和中东，非洲承包工程营业额占非洲市场比重一直呈上升趋势。2013 年，占非洲地区对外承包市场营业额的 48.7%。非洲是我国主要国际工程承包市场，既与非洲地区经济落后、建筑业不发达，基础设施建设需要国际援助，进入政策壁垒低有关，也与我国和非洲许多国家有战略合作伙伴关系有关。

亚洲和中东地区也是我国主要国际工程承包市场，但我国在亚洲承包市场的份额呈萎缩趋势。2013 年，我国占亚洲市场份额为 17.3%，比 2009 年下降了 7.6 个百分点，在亚洲市场的地缘优势相对减弱。

在欧美、加拿大等市场，欧美国家承包商有明显的竞争优势。这些地区市场准入壁垒较高，对工程技术和管理水平要求较高，我国很难取得承包项目。

5. 在国际承包市场非传统行业中有优势

在国际承包市场主要业务领域中，我国近十年均有企业进入行业前十强，我国国际承包商差异化战略取得成效。

在传统三大业务领域中，交通运输和房屋建筑行业在 2012 年和 2013 年均有承包商进入前十强且排名较稳定，我国在这两个行业中有一定竞争力。石油化工行业自 2011 年至今无企业进入前十名。在非传统业务领域，2013 年分别有 4 家和 3 家企业进入电力和水利行业前十名，我国在这两个行业优势明显。

表 3　ENR250 强榜单行业前十名的中国承包商排名

业务领域	企业名称	排名	
		2012 年	2013 年
交通运输	中国交通建设股份有限公司	2	1
房屋建筑	中国建筑工程总公司	6	6
电力	中国水利水电建设股份有限公司	5	4
	中国机械工业集团公司	3	5
	山东电力建设第三工程公司	7	7
	上海电气集团股份有限公司	—	9
水利	中国水利水电建设股份有限公司	5	6
	中国水利电力对外公司	7	7
	中国葛洲坝集团股份有限公司	10	10
排水/废弃物	中国交通建设股份有限公司	6	6
通讯	中国机械工业集团公司	8	6
有害废物处理	中国通用技术(集团)控股有限责任公司	1	—

数据来源：ENR，2013～2014。

二、我国建筑业在国际市场竞争中的优势和劣势

(一)我国建筑业在国际竞争中的优势

1. 我国是除欧洲以外国际承包市场份额最大的国家

2013 年，中国有 62 家企业进入 ENR 国际承包商 250 强榜单，在企业数量上列世界第一。2013 年，我国国际承包市场营业额 790.1 亿美元，占 250 强总营业额的比重为 14.5%，居世界第二位，是除欧洲以外所占国际承包市场份额最大的国家。

2. 我国承包商在非洲地区竞争优势大

我国与多数非洲国家有着良好的合作关系，尤其在经济领域。2013 年，非洲地区对外承包市场营业份额的 48.7%由中国获得，近半的市场份额显示我国在非洲地区的明显优势。

3. 在国际承包市场经营业务领域较广，在非传统行业中优势明显

我国承包商在国际承包市场上经营业务领域较广，尤其在非传统行业领域，如冶金、勘探、电力、水利、军事等，专业水平相对较高。我国在电力和水利行业具有明显竞争优势，2013 年，分别有 4 家和 3 家企业进入电力和水利行业排名前十位。

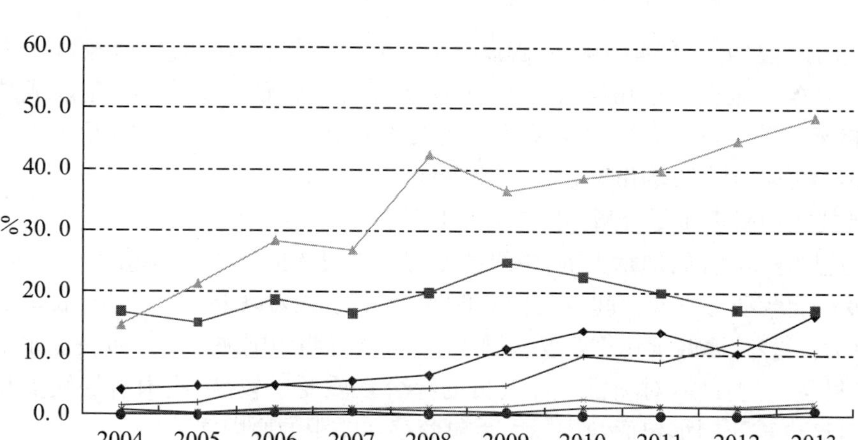

图 1 中国承包商国际市场营业额占区域市场的份额

数据来源:ENR,2005—2014。

4. 国内工程为承包商提供新技术、新管理模式实践机会

《国家新型城镇化规划(2014—2020 年)》提出,要"稳步提升我国城镇化水平和质量,到 2020 年底,常住人口城镇化率达到 60%"。城镇化的发展带来对新增住宅、公共设施等一系列基础设施、商业设施的建设需求;根据《国务院关于加强城市基础设施建设意见》,"城市道路交通基础设施、管网建设、污水及垃圾处理设施、生态园林建设是未来城市基础设施建设的四大核心领域"。李克强总理提出,要"多管齐下改革投融资体制"、"加快实施走出去战略"、"增加公共产品有效投资"。这些从市场需求、工程项目多元化、政策支持上给我国承包商提供了新技术、新管理模式实践的机会。

5. 对外开放新格局为我国企业在国际市场发展带来机遇

2014 年,国家主席习近平宣布中国出资 400 亿美元成立丝路基金。李克强总理也指出,"构建全方位对外开放新格局","推进丝绸之路经济带和 21 世纪海上丝绸之路合作建设"。数据显示,2014 年前 11 个月,我国承包商承接"一带一路"沿线国家服务外包合同金额和执行金额同比增长 22.3%和 31.5%。政策和资金支持给我国承包商在国际市场上的发展带来新机遇。

(二)我国建筑业在国际市场竞争中的劣势

1. 在国际承包工程的量上有优势,但质不容乐观

我国国际承包工程只是规模上大,2012 年和 2013 年平均国际市场营业额分为 12.2 和 12.7 亿美元,低于国际承包商 250 强的平均国际市场营业额 20.4 和 21.8 亿美元。我国建筑业依旧缺乏核心竞争力,与建筑业发达国家差距明显。

2. 建筑业劳动生产率处于较低水平

2011 年,西班牙、法国、荷兰的建筑业劳动生产率分别为我国的 8.4、6.5 和 6.2 倍,尽管近年来我国一直在努力提高劳动生产率,但差距依旧明显,且短时间很难赶上建筑业发达国家。

3. 在技术和管理水平上与国际大承包商存在差距

国际承包市场份额与单位劳动力成本不存在显著的相关关系,美国、欧洲等单位劳动力成本较高,但在国际承包市场依旧有很强的竞争力。除了较高的市场准入壁垒原因外,雄厚的资金实力、先进的科学技术和管理水平等也是重要因素。

对 2004—2011 年部分国家所占国际承包市场份额与劳动生产率的相关性检验结果(表 4)显示,国际承包市场份额与劳动生产率不存在显著的相关关系。即劳动生产率不是决定国际承包市场份额大小的主要条件,即使劳动生产率相对较低的国家如中国,在建筑业国际竞争市场上仍有可能获得一席之地,例如采用差异化产品战略等竞争策略也会对市场占有率产生影响。

表 4 相关性检验表

检验方法	Spearman 相关检验	Pearson 相关检验
相关系数	0.139	0.128
P 值	0.166	0.202

我国目前国际上承包项目主要集中在工程施工、劳务派遣等以单一的生产经营为主的劳动密集型项目,科技和管理水平竞争力较低。近几年,我国在工程项目设计等方面取得了一定的成绩,如被称为“中塞友谊之桥”的贝尔格莱德跨多瑙河大桥项目设计与施工均由中国企业主导完成,是中国企业在欧洲承建的第一个大桥项目,但该领域所占市场份额较少,依旧缺乏竞争力。

4. 缺乏中高级技能和高素质复合型国际工程项目管理人才

建筑业较为发达国家如美国、加拿大等,中级技能劳动力投入时间占该国总时间投入比重较大,往往超过50%。我国初级技能劳动力投入时间占我国总时间投入的50%以上。2009年,我国在高级技能水平投入的劳动时间比仅为3.2%,远低于建筑业发达国家水平,这说明我国缺乏中高级技能水平人才。

在国际工程项目运营过程中,对项目管理人员的综合素质要求较高,我国恰好缺少高素质复合型国际工程项目管理人才,这也是我国承包商与国际大承包商存在差距的原因之一。

5. 在欧美等建筑业发达地区缺乏竞争力

2013年,ENR国际承包商250强在欧洲、美国和加拿大的承包额分别为1118.6、484.1和342.0亿美元,占国际承包市场总规模的35.8%,而我国承包商在这些地区仅有零星项目。造成这一现象的主要原因是,建筑业发达地区的技术进入壁垒较高,我国承包商与国际大承包商在技术方面还存在较大差距。

6. 支持承包商“走出去”的金融体系不够完善

目前,我国金融机构对中国企业“走出去”的支持力度与一些发达国家相比来说仍还十分不够。现行的外汇管理信贷担保以及保险政策滞后,没有形成完善的金融支持服务体系,相关政策影响力和带动力不足,尤其在国企跨境投融资的限制较多。当前,建筑业企业带资承包、承包商帮助业主解决资金问题成为中标的重要因素。

7. 缺少优秀的相关产业供应商

不同国家对建筑工程的设备、原材料的使用制定的标准不同,一些建筑业发达国家对质量要求相对较高,我国部分自产材料达不到业主国的要求,采购其他国家的设备又给我国承包商国际工程承包施工上增加了成本,降低了我国承包商的盈利能力。

8. 劳动力成本呈上升趋势,低成本优势在减弱

后国际金融危机时代,发达国家卷土重来,加大基础设施建设,积极参与建筑业国际市场的竞争。而我国劳动力成本连年上升,我国在低端项目上与具有低成本优势的发展中国家竞争中竞争力减弱,在中高端项目中由于资金实力、科学技术和管理水平等原因,在与发达国家竞争时无法充分发挥低成本优势。

9. 政治与文化差异等影响国际工程项目竞标和实施

相比国内承包工程,承包商在参与国际承包项目所面临的的情况和环境更为复杂,与国内不同的语言、文化环境、风俗习惯、法律法规,还有业主国政治的影响等等。由此产生的风险都影响着我国国际工程项目的竞标、实施与收尾等工作,例如墨西哥撤销中国公司中标高铁项目等。

三、提升我国建筑业国际竞争力的政策建议

(一)推动产业结构优化转型,实现差异化发展

我国国际承包商差异化战略取得不小的成效,我国承包商在国际承包市场非传统行业具有较强的竞争力。当前国内大力推动城镇化发展、支持基础设施建设为建筑产业结构优化转型提供项目实践机会。我国应采取措施鼓励大型建筑业企业学习国际大承包商工程总承包管理模式,通过实践并不断优化管理模式,提升提供一体化服务能力,提高我国承包商在国际市场上的经营效益和竞争力。此外,还需要鼓励大型建筑业企业继续加大科研投入,提升主营业务的技术水平。对于中小型建筑业企业可以鼓励走专业化发展道路,采用品牌战略扩大在所属细分市场的影响力。

(二)推动国际承包工程项目使用人民币结算

采用本币结算可以减少汇价波动给承包商带来的风险,还可以降低由于美元等货币筹资难度大、借贷利率高所带来的项目资金压力,从而有效降低国际项目承包企业经营成本。

(三)加大对教育培训费投入和优秀人才引入

我国建筑行业劳动时间投入中,初级技能劳动时间的投入比超过50%,高级技能劳动时间的投入仅有3%左右,远低于建筑业发达国家水平。我国应支持建筑业企业加大对教育培训费用的投入,提高建筑工人

技能水平，同时引进并培养高素质复合型国际工程项目管理人才。

（四）扶持建筑业的设备供应企业提高质量标准

应通过扶持建筑业的设备供应企业，生产符合国际质量标准的设备，注重质量、环境和安全体系的认证，树立口碑品牌，为我国承包商参与国际承包工程项目提供具有竞争力价格和高质量的设备材料，从而提升我国承包商参与国际竞争的综合实力，同时也有利于扩大我国制造的影响力。

（五）完善支持承包商走出去的金融体系

我国应调整现行的外汇管理信贷担保以及保险政策，建立和落实金融风险防控体系，减少企业跨境投融资限制，拓宽承包商国际承包项目的融资渠道，鼓励金融机构加大对我国承包商参与国际承包项目和中国设备出口的资金支持，从而解决我国承包商在国际工程项目承包中的资金问题。

（六）加大建筑业 R&D 投入，提高劳动生产率

科学技术是第一生产力，而在参与国际中高端项目竞争时，技术和管理水平一直是我国承包商的短板。随着我国劳动力成本的优势不断减弱，我国在低端项目上也面临着来自许多低成本的发展中国家的竞争压力。我国应继续加大建筑行业 R&D 的投入，提高行业整体技术水平和单位劳动生产率，增强我国承包商在低端项目上的盈利能力和增加在高端项目上的竞争力。

课题组　组长：田成诗
成员：盖　美　赵秋成　孙　旭　郑　宏　李起昊
王丽华　张倩茹　田　璐　聂　猛

建筑业行业结构变化及与经济发展关联性分析

改革开放以来，我国建筑业快速发展，规模持续扩大、结构不断调整，为国民经济社会发展做出突出贡献。同时，我国建筑业发展仍存在着模式粗放、过度竞争和结构不合理等问题。本文以建筑业的行业结构变动作为切入点，结合三次经济普查资料，全面分析我国建筑业的行业结构现状及发展变化情况，开展建筑业与经济发展的关联性分析，并针对发现的问题提出对策建议。

一、建筑业的行业结构现状

(一)建筑业的行业分类分析

1. 全社会建筑业企业中房屋建筑业占主体地位

2013 年末，全国建筑业企业法人单位 34.8 万个，其中房屋建筑业 7.5 万个，土木工程建筑业 6.3 万个，建筑安装业 6.1 万个，建筑装饰和其他建筑业 14.8 万个。全国建筑业企业法人单位从业人员 5320.6 万人，其中房屋建筑业 3565.0 万人，占建筑业从业人员总数 67.0%；土木工程建筑业 907.1 万人，占 17.1%；建筑安装业 339.3 万人，占 6.4%；建筑装饰和其他建筑业 509.1 万人，占 9.6%。全国建筑业企业法人单位资产总计 167616.5 亿元，其中房屋建筑业占 44.4%，土木工程建筑业占 37.9%，建筑安装业占 8.9%，建筑装饰和其他建筑业占 8.9%(见图 1)。

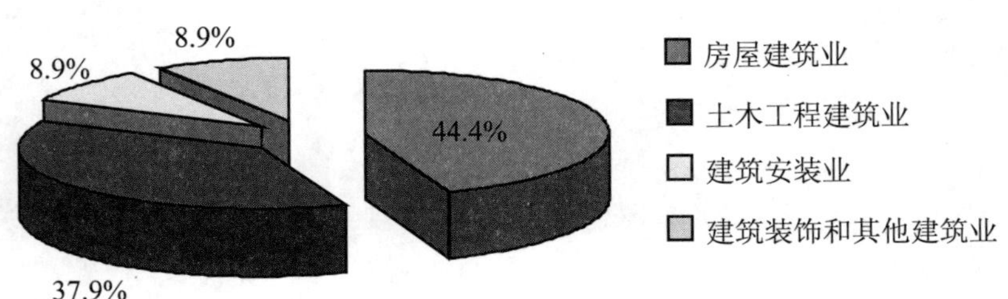

图 1　2013 年全国建筑业法人单位资产的行业分布

2. 总承包和专业承包建筑业企业在建筑业中起到骨干作用

2013 年末，总承包和专业承包建筑业企业个数为 85338 个，占全社会建筑业企业数的 24.6%；年末从业人数为 4542 万人，占全社会建筑业从业人员的 85.4%；企业资产为 130094 亿元，占全社会建筑业企业资产的 77.6%。总承包和专业承包企业以较少的企业数拥有绝大部分建筑业从业人员和较多的企业资产，充分显示出总承包和专业承包企业在建筑业中的骨干作用。

(二)建筑业的所有制结构分析

1. 全社会建筑业企业中私营企业和有限责任公司的占比最大

2013 年末，全国建筑业企业法人单位共 34.8 万个，其中私营企业和有限责任公司的法人单位占比分别达到 65.1%和 25.7%，其余类型企业占比均在 3%以下。

2013 年末，全国建筑业从业人员 5320.6 万人，其中私营企业和有限责任公司的从业人员占比分别达到 42.5%和 41.4%，其余类型企业的占比均在 7%以下。

2. 总承包和专业承包建筑业企业中有限责任公司和私营企业占主体

2013 年末，全国总承包、专业承包建筑业企业从业人数为 4528.4 万人，占全社会建筑业企业从业人员总数的 85.1%。其中，有限责任公司和私营企业的占比分别为 43.3%和 39.6%，远高于其余类型企业。

2013 年末，全国总承包、专业承包建筑业企业完成建筑业总产值 160366 亿元。其中，有限责任公司和私营企业的占比分别为 51.7%和 30.0%，也远高于其余类型企业(见图 2)。

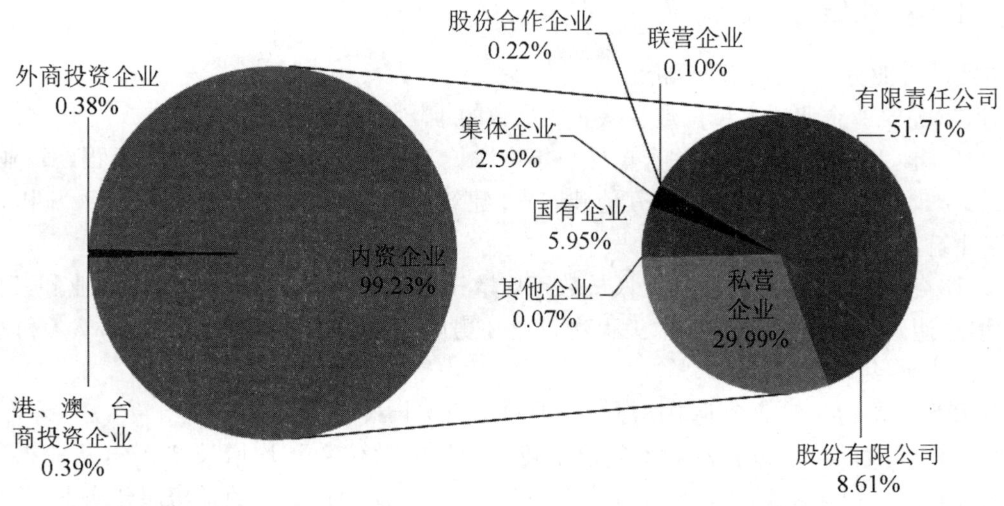

图 2　2013 年按登记注册类型分组的总承包和专业承包企业建筑业总产值占比分布

（三）建筑业企业资质等级结构分析

1. 特级和一级总承包建筑业企业数量少但所占市场份额较大

2013 年末，全国总承包和专业承包建筑业企业中，总承包建筑业企业完成建筑业总产值 143591.5 亿元，是专业承包建筑业企业的 8.6 倍；资产合计 113363.4 亿元，是专业承包建筑业企业的 6.8 倍；主营业务收入 134051.3 亿元，是专业承包建筑业企业的 7.9 倍。其中，具有特级和一级资质的总承包建筑业企业 5545 个，占总承包建筑业企业的 12.0%；完成建筑业总产值 93024.4 亿元，占 64.8%；资产合计 75819.7 亿元，占 66.9%。特级和一级总承包建筑业企业以较少的企业数量完成绝大部分建筑业活动，充分显示了其在行业中的主体地位。

2. 劳务分包建筑业企业中一级企业作用突出

2013 年末，具有一级资质的劳务分包建筑业企业 4418 个，占全部劳务分包建筑业企业的 61.0%；从业人员 22.16 万人，占 69.8%；资产合计 446.60 亿元，占 60.8%；完成建筑业总产值 1446.56 亿元，占 67.8%。

（四）建筑业的规模结构分析

2013 年末，全社会建筑业企业中，大型企业 1906 个，占全部企业数量的 0.5%，完成 42.3%的主营业务收入，拥有 39.6%的资产和 22.6%的从业人员；中型企业 23178 个，占全部企业的 6.7%，完成 39.6%的主营业务收入，拥有 30.9%的资产和 45.9%的从业人员；小型企业 89911 个，占全部企业的 25.9%，完成 15.8%的主营业务收入，拥有 18.1%的资产和 25.1%的从业人员；微型企业 23.25 万个，占 66.9%，完成 2.3%的主营业务收入，拥有 11.4%的资产和 6.4%的从业人员。大型和中型建筑业企业对建筑市场的影响力较为显著。

表 1　按单位规模分组的建筑业企业主要指标

指标名称 / 单位规模	企业法人单位（个）	从业人员（万人）	资产总计（亿元）	主营业务收入（亿元）
大型企业	1906	1205	67887	70392
中型企业	23178	2440	53033	65988
小型企业	89911	1333	30998	26273
微型企业	232508	342	19488	3805
合　计	347503	5321	171406	166459

二、建筑业的行业结构变动情况

(一)建筑业的行业分类结构变动分析

1. 分行业看,建筑业企业法人单位数和从业人员数的年均增速差异较大

2004 至 2013 年,我国建筑业企业法人单位数年均增长 10.5%。分行业看,土木工程建筑业增长最快,年均增速达到 13.3%;其次是建筑装饰和其他建筑业、建筑安装业,年均增速分别为 11.9%和 9.8%;增长最慢的是房屋建筑业,年均增速为 6.8%。

2004 至 2013 年,我国建筑业企业从业人员数年均增长 6.7%。分行业看,建筑装饰业和其他建筑业增长最快,年均增速达到 9.8%;其次是土木工程建筑业和房屋建筑业,年均增速分别为 6.8%和 6.7%;增长最慢的是建筑安装业,年均增速为 3.2%。

2. 总承包和专业承包建筑业企业中房屋建筑业总产值增长最快

2004 至 2013 年,我国总承包和专业承包建筑业企业法人单位数年均增长 2.9%,从业人员年均增长 6.1%,建筑业总产值年均增长 18.6%。分行业看,建筑业总产值增长最快的是房屋建筑业,年均增速达到 19.6%;其次是建筑装饰和其他建筑业、土木工程建筑业,年均增速分别为 18.8%和 17.9%;增长最慢的是建筑安装业,年均增速为 13.4%。

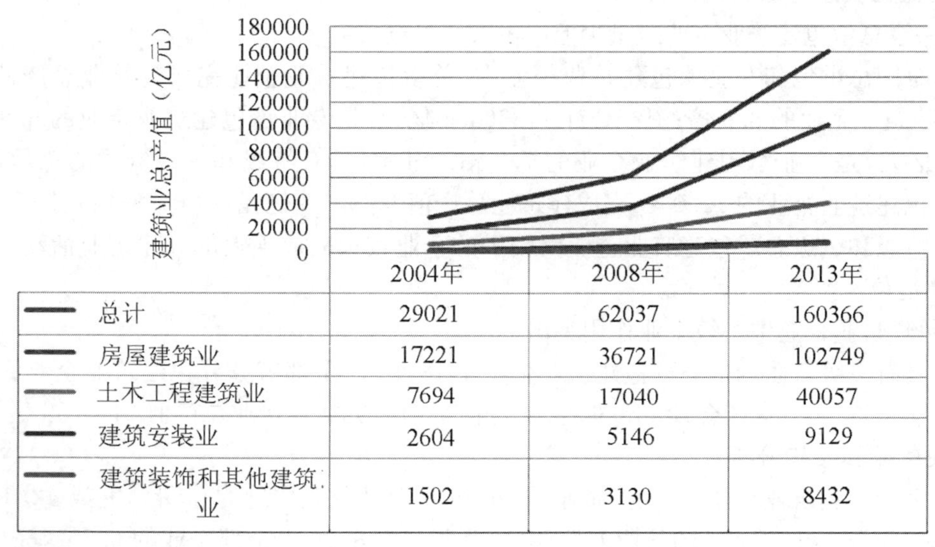

	2004年	2008年	2013年
总计	29021	62037	160366
房屋建筑业	17221	36721	102749
土木工程建筑业	7694	17040	40057
建筑安装业	2604	5146	9129
建筑装饰和其他建筑业	1502	3130	8432

图 3　按行业分组的总承包和专业承包建筑业企业建筑业总产值(单位:亿元)

3. 劳务分包建筑业企业中建筑装饰和其他建筑业增长最为迅速

2004 至 2013 年,劳务分包建筑业企业法人单位数年均增长 10.6%。分行业看,建筑装饰和其他建筑业增长最快,年均增速达到 13.9%;其次是房屋建筑业,年均增速为 11.5%;再次是土木工程建筑业和建筑安装业,年均增速分别为 7.0%和 5.3%。劳务分包建筑业企业从业人员年均增长 15.4%。建筑装饰和其他建筑业增长最快,年均增速达到 17.3%;其次是建筑安装业,年均增速为 16.0%;再次是房屋建筑业和土木工程建筑业,年均增速分别为 14.5%和 11.6%。

4. 资质外建筑业企业中各行业的结构变动呈现出明显差异

2004 至 2013 年,资质外建筑业企业法人单位数年均增长 17.1%。分行业看,土木工程建筑业增长最快,年均增速达到 20.8%;其次是建筑装饰和其他建筑业、建筑安装业,年均增速分别为 17.5%和 15.4%;增长最慢的是房屋建筑业,年均增速为 14.5%。

2004 至 2013 年,资质外建筑业企业从业人员年均增长 9.0%,其中,建筑装饰和其他建筑业、土木工程建筑业、建筑安装业和房屋建筑业的年均增速分别为 11.8%、11.6%、7.3%和 5.5%。

(二)建筑业的所有制结构变动分析

1. 国有企业、集体企业以及股份合作企业法人单位数量呈下降趋势

2013 年末,国有、集体以及股份合作建筑业企业法人单位数分别比 2004 年末减少 3467 个、7936 个和

1185个，年均减少4.7%、7.3%和5.6%；有限责任公司、股份有限公司和私营建筑业企业法人单位数分别比2004年末增加62469个、3311个和159168个，年平均增长12.8%、6.3%和12.9%。联营企业法人单位数有所波动，2008年末较2004年末减少110个，年平均减少4.0%；2013年末较2008年增加120个，年平均增加4.5%。

2. 有限责任公司、股份有限公司、私营企业、港澳台商投资和外商投资建筑业企业从业人员数量呈现增长趋势

2004至2013年，有限责任公司、股份有限公司、私营、港澳台商投资企业和外商投资建筑业企业从业人员呈现增长趋势，年均增速分别为8.7%、6.4%、12.0%、8.5%和1.9%。国有企业、集体企业、股份合作企业以及联营企业从业人员呈现下降趋势，年均减少5.8%、6.6%、13.2%和6.3%。

表2　按登记注册类型分组的建筑业企业从业人员

指标名称 / 登记注册类型	从业人员(万人)		
	2004年	2008年	2013年
内资企业	2774.3	3878.7	5291.7
国有企业	448.8	438.1	247.4
集体企业	360.7	261.8	181.9
股份合作企业	70.6	29.9	17.2
联营企业	15.0	11.9	7.8
有限责任公司	957.3	1404.2	2205.3
股份有限公司	186.4	269.8	347.7
私营企业	726.8	1443.8	2263.4
其他内资企业	8.7	19.2	21.0
港、澳、台商投资企业	7.7	11.5	17.4
外商投资企业	9.4	10.9	11.4
合　计	2791.4	3901.1	5320.6

三、建筑业与经济发展的关联性

(一)建筑业在国民经济中的地位分析

改革开放以来，我国建筑业快速发展，活力与竞争力大幅提升。建筑业对国民经济健康发展的作用进一步增强，对增加就业特别是转移农村富余劳动力、统筹城乡发展发挥着重要作用。

1. 建筑业对国民经济的贡献突出。我国建筑业为推动国民经济增长和社会全面发展发挥着重要作用。近5年来，建筑业增加值占国内生产总值(GDP)比重保持在6%左右，2013年达到6.9%①，在国民经济各部门中仅次于工业、农林牧渔业、批发和零售业居第四位，且呈现出上升趋势。另外，在一些地区建筑业成为当地财政收入的支柱性财源，利税贡献突出。

2. 建筑业为全社会创造出大量就业机会。建筑业作为劳动密集型行业，吸纳了大量劳动力，为缓解就业压力，特别是为解决农村富余劳动力转移、促进产业结构调整等做出积极贡献。第一次全国经济普查结果显示，建筑业从业人员2791.4万人，占全国第二产业和第三产业法人单位从业人员的13.1%；二经普时，建筑业从业人员3901.1万人，占全国第二产业和第三产业法人单位从业人员的14.4%；三经普时，建筑业就业人员5320.6万人，占全国第二产业和第三产业法人单位从业人员的14.9%，建筑业就业规模保持快速增长态势。

(二)建筑业与国民经济发展的协调性分析

利用1978—2013年建筑业增加值与人均GDP的时间序列数据②，采用单位根检验、协整检验、格兰杰

① 数据来源：根据国家统计局网站上历年《中国统计年鉴》数据计算而得。

② 数据来源：国家统计局网站上摘取。

因果检验以及脉冲响应和方差分解来考察建筑业与国民经济发展的协调性。

1. 建筑业与经济发展呈现出较强的协调性

(1)单整检验。进行建筑业序列 LnZ_t 与人均 GDP 序列的平稳性进行 ADF 检验,结果显示 LnZ_t 和 LnG_t 均为非平稳系列,但一阶差分后均为平稳系列,可知 LnZ_t 和 LnG_t 都具有一阶单整性,即 $LnZ_t \sim I(1)$,$LnG_t \sim I(1)$。

表 5 建筑业增加值与人均 GDP 系列 ADF 检验结果

变量	检验形式	ADF 检验值	临界值(1%)	临界值(5%)	P 值	结论
LnZ_t	(C,0,1)	0.1732	−3.6329	−2.9484	0.9668	不平稳
ΔLnZ_t	(C,0,0)	−4.7021	−3.6394	−2.9511	0.0006	平稳
LnG_t	(C,0,2)	0.5264	−3.6463	−2.9540	0.9851	不平稳
ΔLnG_t	(C,0,1)	−4.1347	−3.6463	−2.9540	0.0029	平稳

注:①检验形式(C,T,L)中 C、T、L 分别表示模型中的常数项、时间趋势项和滞后期数;

②滞后期的选择以施瓦茨信息准则(SC)为依据。

(2)协整模型及检验。检验两变量间的协整关系,通常采用 Engle－Granger 检验。利用该方法进行建筑业增加值与人均 GDP 的协整检验,结果表明 LnZ_t 与 LnG_t 之间存在协整关系,意味着建筑业增加值与经济发展之间存在着长期稳定的均衡增长关系,建筑业随着国民经济增长而发展壮大,建筑业反过来也对国民经济发展产生较强的推动作用,没有出现建筑业明显滞后于经济发展或经济发展明显滞后于建筑业的情况,说明改革开放以来我国经济发展和建筑业之间呈现出较强的协调性。

(3)格兰杰因果关系模型及检验。建立建筑业增加值(LnZ_t)与人均 GDP(LnG_t)之间的格兰杰因果关系模型,利用普通最小二乘法(OLS)进行参数估计,检验结果表明:滞后 4 期时 LnZ_t 不是 LnG_t 的原因的概率为 0.12%,说明我国建筑业是人均 GDP 的格兰杰原因;滞后 2 期时 LnG_t 不是 LnZ_t 原因的概率为 0.23%,说明在 1%的显著性水平下我国人均 GDP 是建筑业与增加值的格兰杰原因。可见,自 1978 年以来我国建筑业规模与经济发展水平存在着相互影响的格兰杰因果关系,意味着包含建筑业过去信息的条件下,对经济发展的预测效果要优于单独由经济发展自身信息所进行的预测,同样包含经济发展过去信息的条件下,对建筑业的预测效果要优于单独由建筑业自身信息所进行的预测。

表 6 建筑业增加值与人均 GDP 序列之间的因果关系检验结果

因果关系假定	滞后期数	F 统计值	P 值
LnG_t 不是 LnZ_t 的格兰杰原因	1	4.13247	0.0504
LnZ_t 不是 LnG_t 的格兰杰原因	1	0.15708	0.6945
LnG_t 不是 LnZ_t 的格兰杰原因	2	7.56846	0.0023
LnZ_t 不是 LnG_t 的格兰杰原因	2	1.78022	0.1865
LnG_t 不是 LnZ_t 的格兰杰原因	3	2.98469	0.0495
LnZ_t 不是 LnG_t 的格兰杰原因	3	0.95823	0.4272
LnG_t 不是 LnZ_t 的格兰杰原因	4	2.51717	0.0692
LnZ_t 不是 LnG_t 的格兰杰原因	4	6.45312	0.0012
LnG_t 不是 LnZ_t 的格兰杰原因	5	2.8667	0.0964
LnZ_t 不是 LnG_t 的格兰杰原因	5	5.928890	0.0016
LnG_t 不是 LnZ_t 的格兰杰原因	6	3.09079	0.0311
LnZ_t 不是 LnG_t 的格兰杰原因	6	3.21204	0.0270

2. 建筑业与经济发展之间呈现出明显的动态影响效应

反映建筑业与经济发展之间的动态影响，可在自回归模型的基础上建立起一个经济发展对建筑业的冲击响应模型，发现建筑业对经济发展的提高冲击效应逐步减弱；经济发展对建筑业产生正向冲击作用，强度和效应逐步扩大，且维持在一个较高的水平，说明经济发展的提高对建筑业的促进效应明显。

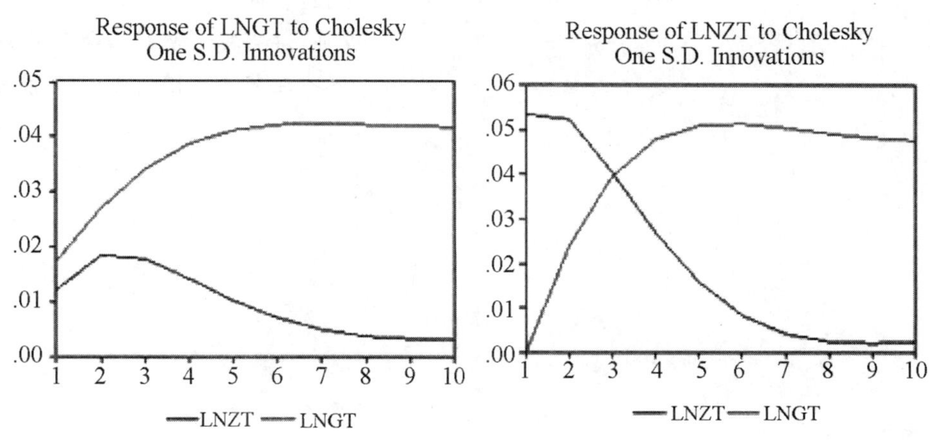

图 5　建筑业增加值和人均 GDP 一个标准差的冲击响应

为进一步分析结构冲击对内生变量变化的贡献度，评价不同结构冲击的重要性，根据方差分解理论模型对建筑业增加值和人均 GDP 的预测均方误差进行分解，结果显示建筑业对经济发展的反应呈逐步减弱的趋势，经济发展对建筑业的反应呈增强趋势。

四、对策建议

建筑业作为经济建设中的传统产业，近年来其地位受到一定的挑战，在企业规模、市场分布、资质等级结构等方面仍存在一些突出问题。所以，振兴我国的建筑业，提升其对国民经济的贡献，需要增加建筑业的技术内涵，提高机械化程度，采用先进的生产技术，提高劳动生产率。

（一）转变建筑业的传统建设模式

顺应科学发展要求，变“三高一低”的建设模式为“四节一环保”的建设模式。全方位推进节能减排，引导合理、适度的消费模式，增强规划的科学性、权威性和严肃性，注重城乡统筹，引导好农民自建房建设，促进城乡协调发展。注重建立和完善我国的多层次住房保障体系，继续做好建筑行业的清欠工作，高度关注建筑业企业中农民工的权益问题。

（二）促进建筑业的大中小微企业协调发展

鼓励大、中型建筑业企业学习国际优秀承包商的发展战略，合理配置资源，形成完整的产业链，提升企业竞争水平，开拓高难、专精领域以拓展利润空间。为促进建筑业小微企业健康发展，可以通过简化审批手续、提供税收优惠等政策进行扶持，为其创造更大发展的生存空间。

（三）提高建筑业从业人员素质

全面提高各类建筑业从业人员素质，改变劳务密集行业的传统单一属性。建筑业企业管理人员应当更新经营理念，提高管理水平和战略规划能力，增强市场行为自律自觉性，增加社会责任感。建立国家、企业、个人投入相结合的建筑业从业人员基本技能培训考核制度，形成个人技术能力刚性与职业经历弹性相结合的建筑业从业人员职业发展模式。

（四）坚决规范建筑市场秩序

完善市场管理制度，为建筑市场交易行为提供良好法制环境，保证交易的公平性。加强投资监管，从工程项目的资金源头实施根本控制，从源头上杜绝这些严重有损建筑业行业市场秩序的行为。政府应当加大面向全社会的工程建设投诉服务，建立起建筑市场违法行为投诉、质量安全投诉、建筑违法使用投诉等沟通处理渠道、程序，为各类市场主体、广大人民群众提供畅通、便捷、高效的投诉服务。

（五）大力推动建筑业的技术进步

在以往的经济发展过程中，政府采取多种宏观调控手段，包括扩大内需、进行大规模的基础设施建设以及确立建筑业的基础产业地位等，这些措施为建筑业的持续发展提供了广阔的空间，客观上形成建筑业超前发展的局面。要保持建筑业与国民经济协调性发展,必须大力推动建筑业的技术进步,改变现有的外延式增长方式,走出一条创新驱动的道路。

课题组　组长:程开明
成员:洪兴建　陈　骥　徐雪琪　李海涛
庄燕杰　陈　龙　章雅婷　张亚飞

利用外资状况及对产业结构的影响效应分析

近几年,国家根据国民经济发展需要出台了一系列利用外资的政策措施,成果显著。但随着经济全球化步伐加快,中国经济转型升级和政策调整,全面认真研究利用外资的新动向、新问题,是确保全面深化改革在重要领域和关键环节取得决定性成果,确保转变经济发展方式取得实质性进展的一项紧迫的重要课题。目前,国内研究大多停留在利用外资产业结构调整间的因果关系研究,而国外研究已深入到利用外资对经济增长及产业结构调整的内在传导机制及具体的影响等,很少学者将研究领域定位在分产业利用外资影响不同产业的调整机制上,因此本文着重利用模型来推断不同产业中实际使用外资额对产业结构的影响机制。

一、我国利用外资现状

(一)总体趋势性分析

我国利用外资的总体趋势具有以下三个特点:

(1)利用外资水平稳中趋降。2013 年末实际使用外资 1187.21 亿美元,已连续四年突破 1000 亿美元,较上年同比增长 5.25%,较 2008 年末增长 23.45%,较 2004 年末增长 83.52%。但近几年的增速明显放缓,2004—2008 年平均增长 11.44%,2009—2013 年平均增长仅有 4.65%。

(2)外资结构进一步优化。2013 年我国服务业利用外资 614.51 亿美元,比上年增长 14.15%,在全国总量中的比重首次过半达 52.3%。其中,社会福利保障业、电气机械修理业、娱乐服务业增长较快,分别增长 368.63%、308.8%和 117.42%。与此同时,制造业实际使用外资金额 455.55 亿美元,比上年下降 6.78%,占总量比重为 38.7%。其中,石油加工、炼焦及核燃料加工业、水产品加工增长较快,比上年分别增长 81.97%和 46.76%。农林牧渔业实际使用外资金额 18 亿美元,比上年下降 12.71%,在总量中的比重为 1.53%。

(3)区域产业布局调整初见成效。全国第三产业增加值超过第二产业,分别为 262203.8 亿元和 249684.4 亿元,占 GDP 比重分别为 46.1%、43.9%。第三产业增加值超过第二产业增加值的省份有北京、上海、海南、西藏、贵州、广东和黑龙江 7 省,第三产业占比分别为 54.53%、25.08%、20.58%、16.72%、6.12%、0.42%和 0.21%。相较于第二次经济普查,贵州、广东和黑龙江三省第三产业增加值超过第二产业增加值为首次。第三产业与第二产业增加值差距正向变化最大的省份有湖北、上海、广西、安徽、海南和吉林 6 省,分别变化 237.96%、208.22%、135.82%、134.43%、69.47%和 78.59%。其中安徽,西藏、湖北、吉林、广西,四川,青海、重庆,福建,湖南 10 省第二产业增加值与第三产业增加值差距进一步扩大,分别为−12.40%、−9.52%、−7.91%、−7.61%、−6.78%、−4.95%、−3.42%、−2.36%、−2.13%、和−0.24%。

(二)利用外资在第二产业中的分布状况

1. 不同行业利用外资规模分析

规模以上工业,全国实收港澳台资本与外商资本分别达到 12366.09 亿元、22153.57 亿元,较第二次经济普查分别提高 28.55%、28.22%。但外商资本占实收资本比例较第二次经济普查均有下降,规模以上工业整体平均下降 5.96%,其中制造业下降 8.68%,下降幅度最大。

利用外资制造业企业单位数 343584 个,与第二次经济普查的 396950 个相比下降了 13.44%,但工业销售产值达到 895412.2 亿元,与第二次经济普查的 430687.75 亿元相比提高了 107.90%。制造业是外商投资的主要行业,港澳台资本与外商资本分别为 11534.44 亿元和 21371.11 亿元,分别增长了 27.06%与 29.43%。行业整体外商资本占实收资本比例为 24.36%,但制造业外资投资比例较第二次经济普查有所下降,整体下降 8.68%。

2. 不同地区利用外资规模分析

对于规模以上工业企业，从全国范围看，华东地区整体外商资本占实收资本比例高于其他地区(28.96%)，其他依次为中南部地区、东北地区、西南部地区和西部地区。江苏、山东、广东三省的工业销售产值占工业销售总产值比例均超过10%。利用外资比例最高的三个省份是广东、上海和江苏，而西部地区与西南部地区的吸引外资水平整体偏低。

纵观第一、二、三次经济普查，外商资本占实收资本比例在诸多不同省份有逐次下降的趋势，特别是在华东地区、华北地区与部分中南地区显现得格外明显。

(三)利用外资在第三产业中的分布状况

1. 不同行业外资企业法人单位数及年末从业人员数

外商投资企业(含港澳台)占餐饮业与住宿业投资企业的个数比例相差不大，分别为2.35%与2.00%。批发和零售业年末从业人数较2008年末增长75.28%，其中批发业增长82.35%，零售业增长66.37%。住宿和餐饮业年末从业人数6916325人，较2008年末增长18.18%，其中住宿业增长10.17%，餐饮业增长24.90%。从外商投资企业(含港澳台)占整个行业年末从业人数比例来看，批发和零售业整体均有提高，与第一次经济普查相比，外商投资企业从业人数占行业年末从业人数增长3.13%，而住宿和餐饮业相对来说整体变化不大，其中住宿业下降3.46%。

2. 不同地区外资企业法人单位数分析

上海、广东、浙江、江苏和北京批发零售业外资企业法人个数绝对数最高，分别有9978个、7407、3574个、2771个和2244个。全国平均批发零售业外资企业法人个数占行业比例为1.2%，全国超过该平均水平的仅有以下6省市：上海、广东、天津、浙江、福建和北京，同时批发业的比例比零售业的比例高。从全国范围来看，除了上述省市，其余省市外资企业法人个数占比普遍较低，且批发业的比例普遍比零售业的比例低。住宿餐饮业法人单位数外资企业法人个数(含港澳台)最多的省份是广东、上海、北京和江苏4省，而外资企业法人个数占整个行业比例最高的省市为上海、天津、海南、广东、辽宁、福建和江苏。从全国范围看，餐饮业中的外资企业个数多于住宿业外资企业个数，且主要分布在东北地区、华东地区和中南部地区。

二、利用外资对产业结构影响的实证分析

(一)产业结构的度量与数据选择

1. 产业结构合理化度量与高级性度量

产业结构合理化指的是产业间的聚合质量，研究者一般采用结构偏离度对产业结构合理化进行衡量，其公式为：

$$E=\sum_{i=1}^{n}\left|\frac{Y_i/Y_i}{Y/L}-1\right|=\sum_{i=1}^{n}\left|\frac{Y_i/Y}{L_i/L}-1\right| \tag{1}$$

式(1)中，E表示结构偏离度，Y表示产值，L表示就业，i表示产业，n表示产业部门数。根据古典经济学假设，经济最终处于均衡状态时有$E=0$。E值越大，就表示经济越偏离均衡状态，产业结构越不合理。进一步考虑泰尔指数，本文借鉴干春晖、郑若谷、余典范(2011)对泰尔指数的定义，其计算公式如下：

$$TL=\sum_{i=1}^{n}\left(\frac{Y_i}{Y}\right)\ln\left(\frac{Y_i}{L_i}\Big/\frac{Y}{L}\right) \tag{2}$$

同样地，如果经济处于均衡状态下，也有$TL=0$，该指数保留了结构偏离度的理论基础和经济含义，因此是一个产业结构合理化的更好度量。泰尔指数不为0，表明产业结构偏离了均衡状态，产业结构不合理。本文选用结构偏离度与泰尔指数共同作为衡量产业结构合理化指标。

在信息化推动下的经济结构的服务化是产业结构升级的一种重要特征，鉴于在"经济服务化"过程中的一个典型事实是第三产业的增长率要快于第二产业的增长率(吴敬琏，2008)，本文采用第三产业增加值与第二产业增加值之比(本文简记为TS)作为产业结构高级化的度量。这一度量能够清楚地反映出经济结构的服务化倾向，明确地说明产业结构是否朝着"服务化"的方向发展，因此它是一种好的度量。如果TS值处于上升状态，就意味着经济在向服务化的方向推进，产业结构在升级。

2. 数据选择

本文的分析对象是外资结构对产业结构的影响，而国家统计局从1998年开始在《中国统计年鉴》中公布中国分行业的外商直接投资额，因此选用1997—2013年的数据进行分析。对于外资经济指标，本文以实际

使用外资额为衡量指标，下文中均用 *AUFC* 表示，通过三次产业下不同行业的实际使用外资额求和后使用当年汇率中间价折算为人民币数额，得到 $AUFC_1$、$AUFC_2$、$AUFC_3$。对于产业结构指标采用前文描述的结构偏离度指标（*E*）、泰尔指数（*TL*）和产业高级化指数（*TS*），所有数据资料均来源于历年《中国统计年鉴（1998－2014）》及第三次经济普查数据。

（二）利用外资对经济增长的影响效应分析

以 1985－2013 年数据进行计算，实际使用外资额与国内生产总值之间的相关系数高达 91.39%，由此可以看出我国的外商直接投资与国内生产总值之间具有较强的相关性。

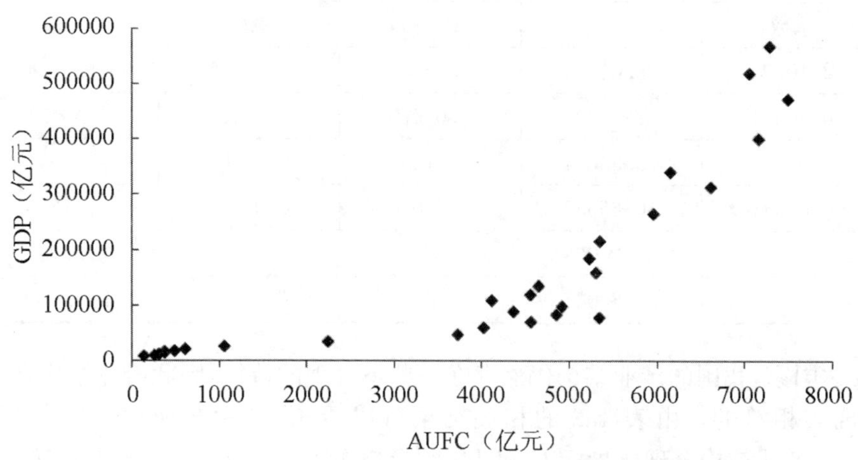

图 1　1997－2013 年 *AUFC* 与 *GDP* 散点视图

基于 *AUFC*－*GDP* 的散点图的观察，从中可以看出 *GDP* 与 *AUFC* 之间可能存在一定的非线性关系，因此探索性地建立二者的回归方程。为进一步研究外商直接投资与国内生产总值间的数量关系，以及消除模型中异方差带来的影响，采用单对数模型。考虑到伪回归给模型带来的影响，对 ln*GDP* 与 *AUFC* 分别作平稳性检验，得到二者皆为 1 阶单整序列，对模型使用广义差分法进行估计，得到以下结果：

表 1　实际使用外资额对产业结构的影响

因变量 自变量	ln *GDP*		
	系数	t－值	P－值
C	19.7878	3.9816	0.0005
AUFC	7.85×10^{-5}	4.8647	0.0001
AR(1)	0.9855	122.6864	0.0000
R	0.9988	*Ad*－*R*	0.9987
F－值	10426.99	*D.W.*	1.5568

从我国现阶段国情来看，外商资本能够直接推动我国产业结构的优化升级和经济增长。经检验国内生产总值与实际使用外资额间存在长期的协整关系，且 *AUFC* 是 ln*GDP* 的 Granger 原因。我国经济增长的主要动力来自国内产业发展和市场需求的不断扩张，但通过上面的简要分析不难看出，实际使用外资的规模确实对我国经济增长有很强的拉动作用，外商投资确实是带动我国经济增长的重要动力之一。*AUFC* 的增加相当于增加了本国的资本投入，有利于生产建设，则会使得当期的 GDP 出现增长，从长远来看，本期的 *AUFC* 如果投向大型基础建设项目，这些项目一旦建成并产生回报，即意味着可以实现 GDP 长期增长，该结果与众多学者的结论一致。

（三）利用外资结构对产业结构的影响效应分析

1、外资结构对产业结构合理化的影响

利用外资对产业结构合理化的影响主要是以外商投资为传导机制，考虑三次产业下实际使用外资额 $AUFC_1$、$AUFC_2$ 与 $AUFC_3$ 可以刻画外资对产业结构合理化的实际影响，因此是合理的。因此设定以下模型形式：

$$E = C_1 + \beta_1 AUFC_1 + \beta_2 AUFC_2 + \beta_3 AUFC_3 + \varepsilon_1$$
$$TL = C_2 + \beta_1' AUFC_1 + \beta_2' AUFC_2 + \beta_3' AUFC_3 + \varepsilon_2$$

$\beta_1, \beta_2, \beta_3, \beta_1', \beta_2', \beta_3'$ 分别为回归系数，$\varepsilon_1, \varepsilon_2$ 为随机误差项。下面分析外资对产业结构合理化指标 E 和 TL 影响机制。

表 2　实际使用外资额对产业结构的影响

因变量 / 自变量	TS			TL		
	系数	t－值	P－值	系数	t－值	P－值
C	2.10007	15.01014	0.00000	0.10081	7.26624	0.00000
$AUFC_1$	0.00314	2.51709	0.02570	0.00018	1.43721	0.17430
$AUFC_2$	0.00004	0.83854	0.41690	0.00001	2.20541	0.04600
$AUFC_3$	－0.00031	－10.66535	0.00000	－0.00002	－8.17218	0.00000
r	0.94382			0.90951		
F－值	72.80068			43.55171		

相对于欧美发达国家，我国的产业结构仍然存在一些不合理的特征，因此产业结构合理化指标 E 和 TL 均大于 0，也是与现实相符的。由表 4.2 的相关结果可以看出，三次产业中实际使用外资额 $AUFC_1$、$AUFC_2$ 与 $AUFC_3$ 对产业结构合理化指标 E 和 TL 的影响作用基本是相同的。其中第一、二产业中的实际使用外资额有正向作用，而第三产业中的实际使用外资额有负向作用。因此在控制第三产业中的实际使用外资额时，增加第一、二产业的实际使用外资额会加大产业结构的不合理性；控制第一、二产业的实际使用外资额时，增加第三产业中的实际使用外资额有利于降低产业结构的不合理性。

2. 利用外资结构对产业结构高级化的影响

由于第一产业占比较小，这里主要分析二、三产业的结构。为了更清晰的看出外资结构与产业结构高级化间的变化关系，以二、三产业中实际使用外资额的比值 $AUFC_3/AUFC_2$ 与产业结构高级化指标 TS 做比较分析，见下图。

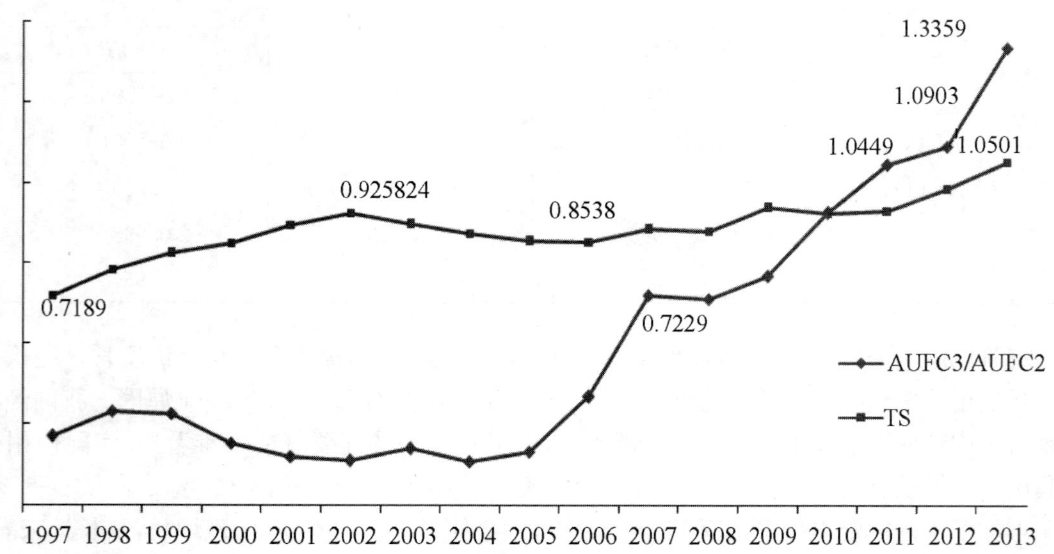

图 2　二、三产业实际使用外资额比值与产业结构高级化指标折线图

产业结构合理化指标与二、三产业实际使用外资额比值之间的整体趋势是相同的，自 1997 至 2013 年均有了明显的提高，但产业结构合理化指标在 3 个不同的时期有不同的走势：1997－2002 年上升期，2003－2006 年下降期与 2006－2013 年上升期。虽然前两个阶段外资结构与产业结构合理化指标走势不同，但第三个阶段可以明显看出外资结构的变化先于产业结构合理化的变化，而且变化幅度明显高于后者。对于变化趋势差异较大的前两个时期，我们认为是外资整体规模较小对产业结构合理化拉动力不足，以及我国对利用外资的产业分布控制力不足导致的。

3、第三产业中利用外资对产业的影响

在选定是否含有截距项、滞后阶数、时间趋势项后对 E 、TL 以及三次产业中的 GDP、$AUFC$ 分别取对数后的数据做平稳性检验，这里使用的方法是 ADF 检验法。检验结果见下表：

表 3　序列平稳性检验

序列	检验类型 (C,T,K)	阶数	ADF 统计量	5%临界值	P 值	平稳性结论
E	(0,0,1)	2	−4.760	−1.968	0.000	是
TL	(0,0,3)	0	−2.131	−1.971	0.036	是
$LnGDP_1$	$(C,T,2)$	0	−3.888	−3.791	0.043	是
$LnGDP_2$	(0,0,1)	1	−4.699	−1.971	0.000	是
$LnGDP_3$	(0,0,1)	2	−5.097	−1.971	0.000	是
$LnAUFC_1$	(0,0,3)	1	−3.233	−1.974	0.004	是
$LnAUFC_2$	(0,0,1)	1	−3.299	−1.966	0.003	是
$LnAUFC_3$	(0,0,3)	2	−6.632	−1.971	0.000	是

在平稳性分析中已得出 $LnGDP_1$ 与 $LnAUFC_1$ 非同阶单整，而 $LnGDP_2$ 与 $LnAUFC_2$，$LnGDP_3$ 与 $LnAUFC_3$ 分别为 1 阶同阶单整、2 阶同阶单整序列，故下面仅对后两组变量协整检验。采用 Engle 和 Granger(1987)提出的基于回归残差的协整检验，得到以下结果：

表 4　协整检验

因变量 / 自变量	$lnGDP_2$			$lnGDP_3$		
	系数	t−值	P−值	系数	t−值	P−值
C	−12.503	−1.810	0.090	——	——	——
$\ln AUFC_2$	2.970	3.464	0.003	——	——	——
C	——	——	——	2.0454	2.781	0.014
$\ln AUFC_3$	——	——	——	1.246	12.617	0.000
R	0.444	0.914				
F−值	11.998	159.177				
$\hat{\varepsilon}$ ADF 检验统计量	−0.211			−2.278		
1% level	−2.718			−2.755		
5% level	−1.964			−1.971		
10%level	−1.606			−1.604		

经检验，仅有 $LnGDP_3$ 与 $LnAUFC_3$ 间协整方程的残差项是平稳序列，故 $LnGDP_3$ 与 $LnAUFC_3$ 存在长期的稳定关系。

Granger 定理表明协整关系衡量的是变量间的长期均衡关系，则它们之间的短期均衡关系总能由一个误差修正模型表述，下面使用 ECM 模型对 $LnGDP_3$ 与 $LnAUFC_3$ 的短期调整机制进一步建模分析，有以下结果：

表 5　ECM 模型结果

自变量＼因变量	$\nabla^2 lnGDP_3$		
	系数	t—值	P—值
C	0.001	0.268	0.793
$\nabla^2 \ln AUFC_3$	0.146	4.553	0.001
ecm_{-1}	−0.890	−3.068	0.010
R	0.712	F—值	14.864
$Ad-R$	0.664	P—值(F—统计量)	0.001

为了探索 $LnGDP_3$ 与 $LnAUFC_3$ 之间的因果关系，对 $LnGDP_3$ 与 $LnAUFC_2$ 进行 Granger 因果检验，结果如下：

表 6　Granger 因果检验

零假设	F—统计量	P—值
$LnGDP_3$ 不是 $LnAUFC_3$ 的 Granger 原因	6.820	0.014
$LnAUFC_3$ 不是 $LnGDP_3$ 的 Granger 原因	1.835	0.209

4. 第二产业中利用外资对产业的影响

在时间序列模型中，从经济决策到政策变量的变化所造成的影响，其间可能经过了若干个时段。如果决策—反应周期特别长，则模型中就会包含滞后的解释变量。考虑到第二产业投资的时间较长，前期的增加值可能会对本期增加值造成影响，我们可能会把第二产业增加值的对数 $LnGDP_2$ 看作是一个滞后的 $LnGDP_2$ 的函数。更一般地，我们认为经济的变化可以发生在几个时段上，它包含滞后解释变量 $LnAUFC_2$ 来说明时间上的调整过程，因此使用分布滞后模型进行分析。

第二产业主要是工业行业，其增加值往往受上一期或上两期投入值或增加值的影响，因此模型中需要考虑滞后两期的自变量，具体模型结果见下表。

表 7　模型系数及 t 统计量

自变量＼因变量	$lnGDP_2$		
	系数	t—值	P—值
C	−2.785	−3.509	0.007
$lnGDP_{2,t+1}$	0.995	4.335	0.002
$lnGDP_{2,t+2}$	−0.070	−0.310	0.764
$lnAUFC_{2,t}$	0.316	2.947	0.016
$lnAUFC_{2,t-1}$	−0.220	−1.564	0.152
$lnAUFC_{2,t-2}$	0.369	3.236	0.010
R^2	0.998	F—值	1068.280
$Ad-R^2$	0.997	P—值(F—统计量)	0.000

表 8　残差序列的单位根检验

<table>
<tr><td colspan="2" rowspan="2">ADF 统计量/%</td><td>T 统计量</td><td>P 值</td></tr>
<tr><td>−4.559</td><td>0.000</td></tr>
<tr><td rowspan="3">显著性水平</td><td>1</td><td>−2.755</td><td></td></tr>
<tr><td>5</td><td>−1.971</td><td></td></tr>
<tr><td>10</td><td>−1.604</td><td></td></tr>
</table>

三、结论

(一)外商投资推动我国经济增长、促进产业结构优化

本文认为外资推动我国经济增长、促进产业结构优化主要有以下几方面的原因:首先,利用外资有效解决了我国经济发展中资金与外汇两个方面的重要问题,外资的引入提高了资金的配置效率,促进了资产质量的改善;其次,外商对华的直接投资,带来了先进技术、管理经验、高素质劳动力等生产要素,是新产品新技术的重要提供者;最后,外商对华直接投资对中国就业发挥了积极地作用。

(二)利用外资规模进一步扩大,尚未形成大规模向西部地区转移

2014 年我国实际利用外资 1195.6 亿美元,已连续 4 年超过 1000 亿美元,引资规模进一步扩大。2013 年,在全国利用外资总量中,东、中、西部地区所占比重分别为 78.45%、14.7%和 6.85%。西部地区受自然环境、基础设施、软环境落后等条件的影响,利用外资规模仍然较小,外资尚未形成大规模向西部转移。

(三)利用外资放缓,对产业结构升级的正向作用趋向弱化

我国实际利用外资已经进入中低速增长期,历年实际利用外资占 GDP 比例呈现下降趋势,而我国的产业结构却愈趋合理化,这表明外资对我国产业结构的调整作用在下降。首先,受金融危机的影响,主要发达经济体国家出现制造业回流现象,影响了我国利用外资的增长。其次,我国产业结构调整的相关政策对传统制造业、重要矿产等行业外资准入门槛的提高一定程度上限制了利用外资的粗放式增长。最后,我国利用外资的增长速度要慢于国民生产总值的增长速度。因此,未来外资对我国产业结构优化的作用将会越来越小。

(四)利用外资对不同产业影响机制的差异是产业结构升级的重要原因

外资对第二、三产业的影响机制有较大差异。第三产业中的实际使用外资额与第三产业增加值间存在长期的稳定关系,在短期,之间的非均衡受长期均衡偏差项的控制;第三产业增加值与第三产业中的实际使用外资额并非互为 Granger 原因,但第三产业增加值是第三产业中实际使用外资额的 Granger 原因。即从长期来看,第三产业增加值的增长有助于拉动第三产业中实际使用外资额的增加。第二产业的增长,除了得益于经济增长的惯性外,还受第二产业中的实际使用外资额当期值和滞后值的影响。当期值和滞后 2 期值对其有正向影响效应,滞后 1 期为负向影响。

这是因为 GDP 是国家经济发展水平的代表性指标,能够较好的体现一国经济发展的好坏。经济高速增长的国家往往具有良好的各类客观条件,比如在经济政策、市场容量、自然环境、地理环境、社会稳定等方面具有其他国家不具备的优势,而这些优势集中起来最终将有利于形成所有权优势、内部化优势和区位优势,并为跨国企业所利用,形成外商直接投资。根据邓宁、海默等学者建立的国际生产折衷理论(OIL),所有权优势、内部化优势和区位优势是吸引外商直接投资最重要的决定性因素。三种优势是相互联系、相互关联的,外商直接投资是三因素的综合体现。而我国作为全球最大的发展中国家,经过连续多年的高速发展,特别是在制造业和服务业中皆已具备上述三种优势,因此从协整模型、ECM 模型以及 Granger 因果分析得出的第三产业增长能够拉动第三产业中实际使用外资额的增长在国际生产折衷理论上也能得到有力支持。其次,第二产业增长主要受其自身滞后期的影响,这是由第二产业主要是制造业的性质决定的。由于制造业从投资—生产—销售的整个过程比服务业要长,且往往当期增加值与往期增加值具有较高的相关性,导致了第二产业增长的主要贡献来源于其自身,而产业中实际使用外资额占整个产业投资额的比例没有足够大到国内投资对第二产业的影响,因此我们认为外资对二、三产业不同的影响机制是促进产业结构升级的重要原因。

四、对策建议

(一)进一步完善投资环境,继续保持利用外资水平

完善投资环境,可以增强吸引外资的国际竞争力。在成本优势逐渐减弱的前提下,健康稳定的投资环境是我国目前吸引外资的有力条件,因此进一步完善投资环境对于继续保持外资水平起着举足轻重的作用。这里的投资环境是一个综合概念,涵盖的内容非常广泛,既包括人类赖以生存的自然环境,也包括适合企业运营的服务、设施,还包括这个地区的经济发展阶段、完善的市场机制、制度环境和法律环境等。

(二)继续加强产业导向,引导产业合理布局

加强外商直接投资的产业导向,要根据我国国情和经济发展现状合理地引导外资流向。应适当加大外资在第一产业的投入,通过引入农业新技术促进现代农业的发展;第二产业利用外资要在稳中求变,寻求在数量相对稳定的前提下向高技术、高附加值的改变;第三产业利用外资也要注意把握方向,合理布局,以免对国内经济健康发展造成不利影响。主要包括:

1. 适当加大第一产业利用外资规模。我国第一产业利用外资的数量很少,这与我国第一产业现代化水平低有直接关系,也与国内外国情不同有很大关系。无论是从基础设施上、从管理制度上,还是农业生产本身特点上,我国农业生产一直处于亟待提高效率的发展过程中。通过有计划、有针对性地吸引外资进入,可以推动我国农业向现代化的发展。

2. 稳重求变,促进第二产业结构升级。第二产业大规模利用外资对我国的工业化之路起到了重要的促进作用。应进一步限制传统制造业的进入,对已经引进的高污染、高耗能的企业进行整改,鼓励外资投向高新技术产业、高端制造业和节能环保战略性新兴产业。把引进先进技术、促进技术创新作为引资的出发点,推动工业由劳动力密集型和资源密集型向资本密集型和技术密集型的转化,实现第二产业内部的结构升级。

3、第三产业利用外资要合理布局。鼓励科研服务、现代物流、国际贸易和售后服务等生产性服务业和金融服务、保险等高端服务业的投资。应注意规范对房地产业的投资,鼓励发展资本密集型和技术密集型的生产性服务业,逐步放开对于医疗保险、养老机构等生活性服务业的限制,鼓励资本流向教育、技能培训等提高国民素质的领域。

(三)依托产业转移,合理配置资源

协调区域合作,引导外资企业把东部地区丧失竞争力的劳动密集型产业转投向中西部地区,积极承接更高端的外国资本,发展高技术产业、战略性新兴产业和服务业。西部地区应该发挥成本优势,从较低端的制造业着手,要注意吸取东部发展的经验教训,实现可持续发展,避免走“先污染,后治理”的弯路。通过区域间的协作分梯度地利用外资,形成西部为东部产业结构升级提供支撑的良好态势,达到合理配置资源,制造业和服务业共同发展的目标。

(四)健全市场竞争机制以减少利用外资政策失灵

应健全市场竞争机制,利用政策和市场的双重力量更有效地配置外资资源,使“看得见的手”和“看不见的手”在产业结构调整中完美结合。一方面,对外资优惠政策进行战略性调整,规范并逐步减少外资优惠政策,创造国内外企业公平竞争的环境,形成以市场为主导的外资配置模式。另一方面,外资政策应减少对外资配置的直接干预,将着力点集中于产业发展的公共基础设施及技术支撑领域,为“看不见的手”创造充分的作用空间。

课题组　组长:姜　山
成员:李　强　马晓燕　刘　婧
尹逊汝　张曼丽　刘旭玲

我国企业生命周期研究

本课题利用全国经济普查资料，以我国企业出生率、企业死亡率和企业平均寿命为研究主题，从经济类型、地区和企业规模等方面，分析了我国企业生命周期的主要特点，指出了企业发展过程中存在的主要问题，提出了一些建议。

一、企业出生率的主要特点

第三次全国经济普查资料显示，2013 年末我国从事第二、第三产业的企业达到 820.8 万家，其中，2013 年当年新开业企业 118.8 万家。据测算，2013 年我国第二、第三产业企业年出生率为 15.6%，比 2008 年提高 5.8 个百分点。

(一)分经济类型的企业出生率

有限责任公司和私营企业出生率较高。2013 年末，我国从事第二、第三产业的有限责任公司和私营企业分别为 149.4 万家和 560.4 万家，比 2008 年分别增长 171.1%和 55.8%。其中，2013 年当年新开业有限责任公司和私营企业分别为 23.1 万家和 84.2 万家，年出生率分别为 16.8%和 16.2%，分别比 2008 年提高 6.8 个和 5.4 个百分点，仅次于内资中的其他企业，列第二位和第三位。

国有和集体企业出生率相对较低。2013 年末，我国从事第二、第三产业的国有和集体企业分别为 11.3 万家和 13.1 万家，比 2008 年分别下降 20.9%和 32.1%。其中，2013 年当年新开业国有和集体企业分别为 3419 家和 2405 家，年出生率仅分别为 3.1%和 1.9%，大大低于有限责任公司和私营企业。

(二)分地区的企业出生率

中部地区企业出生率最高。2013 年末，我国中部地区从事第二、第三产业的企业达到 142.2 万家，比 2008 年增长 69.6%。其中，2013 年中部地区当年新开业企业 22.8 万家，年出生率为 17.4%，比 2008 年提高 8.1 个百分点，在各地区中名列第一。这表明，随着我国中部崛起战略的实施，中部地区新开业企业增长明显提速，企业年出生率显著提高。

其他地区企业年出生率依次是：西部地区 16.8%，东部地区 15.3%，东北地区 11%(详见图 1)。

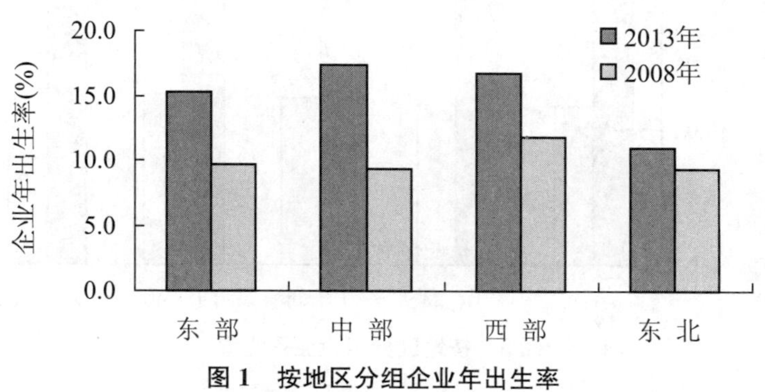

图 1　按地区分组企业年出生率

(三)分规模的企业出生率

微型企业出生率最高。2013 年末，我国从事第二、第三产业的微型企业达到 590.7 万家，占全部企业的 72%。其中，2013 年当年新开业的微型企业 101.5 万家，年出生率为 18.8%，在各规模企业中年出生率最高；小型企业年出生率为 8.3%，列第二位；大中型企业年出生率相对较低，仅分别为 0.7%和 2.3%，远远低于小微企业出生率。这表明，2008 年至 2013 年期间新开业企业，绝大部分为小微企业，特别是微型企业占绝大多数(详见图 2)。

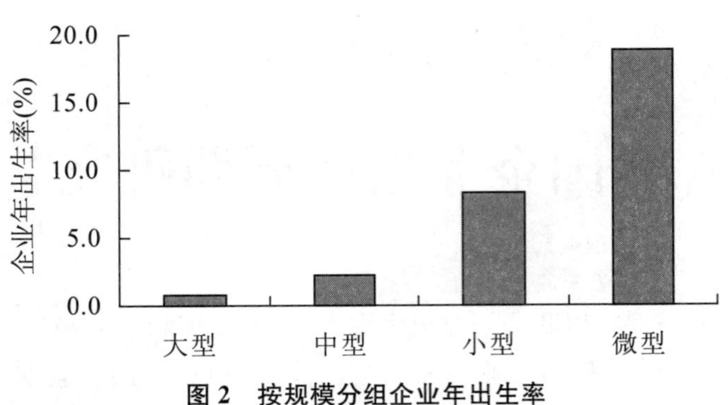

图 2　按规模分组企业年出生率

二、企业死亡率的主要特点

第三次全国经济普查资料显示，2013 年我国从事第二、第三产业的全部企业中，当年关闭破产的企业达到 17 万家，企业死亡率①达到 2.24%，比 2008 年上升了 1.07 个百分点。

(一)分经济类型的企业死亡率

集体、联营和私营企业死亡率较高。2013 年当年关闭破产的集体、联营和私营企业分别为 3188 家、442 家和 12.2 万家。其中，集体企业死亡率达到 2.47%，仅次于内资中的其他企业，在各登记注册类型企业中列第二位；联营企业死亡率 2.37%，列第三位；私营企业死亡率 2.34%，紧随其后。

外商和港澳台商投资企业死亡率相对较低。2013 年当年关闭破产外商和港澳台商投资企业分别为 1538 家和 1437 家。其中，外商投资企业死亡率为 1.49%，在各登记注册类型企业中最低；其次为港澳台商投资企业，为 1.53%，列倒数第二位。

(二)分地区的企业死亡率

东部地区企业死亡率最高。2013 年东部地区当年关闭破产企业 10.8 万家，企业死亡率达到 2.3%，比 2008 年上升了 1.11 个百分点，在各地区中最高；其次为中部地区，当年关闭破产企业 3 万家，企业死亡率为 2.28%，比 2008 年上升了 1.04 个百分点；东北地区当年关闭破产企业 0.9 万家，企业死亡率为 1.91%，在各地区中最低(详见图 3)。

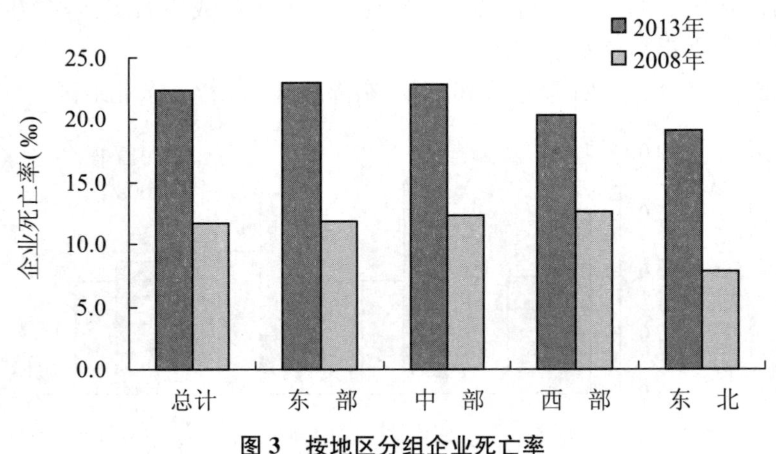

图 3　按地区分组企业死亡率

(三)分规模的企业死亡率

小微企业死亡率较高。2013 年当年关闭破产小微企业 16.8 万家，企业死亡率为 2.32%。其中，微型企业当年关闭破产 15.8 万家，企业死亡率最高，为 2.93%，分别是大中小型企业死亡率的 29.9 倍、8.7 倍和 5.5 倍(详见图 4)。

---

① 企业死亡率，是指当年关闭和破产企业数与全年平均企业数之比

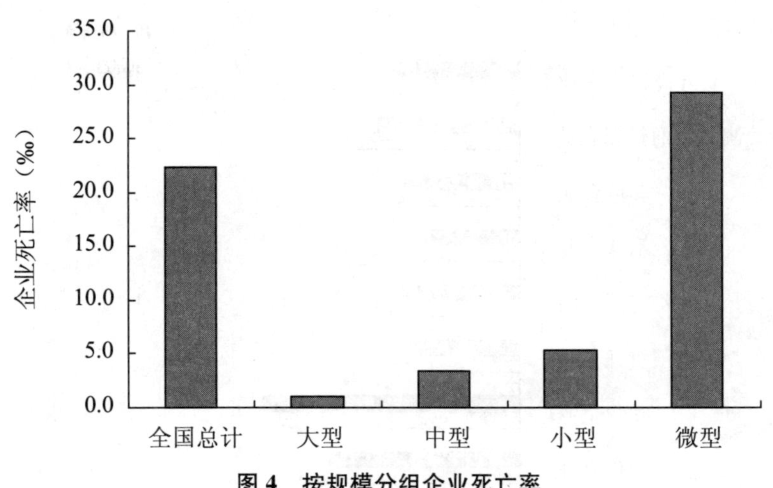

图 4　按规模分组企业死亡率

三、企业平均寿命的主要特点

第三次全国经济普查资料显示，2013 年我国当年关闭破产企业 17 万家，企业平均寿命约为 6.8 年，比 2008 年缩短 0.4 年。其中，平均寿命在 5 年以下的企业 8.7 万家，占全部关闭破产企业的 50.9%；平均寿命在 5 至 10 年之间的企业为 4.6 万家，占 27.2%；平均寿命在 10 至 20 年之间的企业 3.1 万家，占 18.2%；平均寿命在 20 年及以上的企业仅有 0.6 万家，占全部关闭、破产企业的 3.7%(详见图 5)。

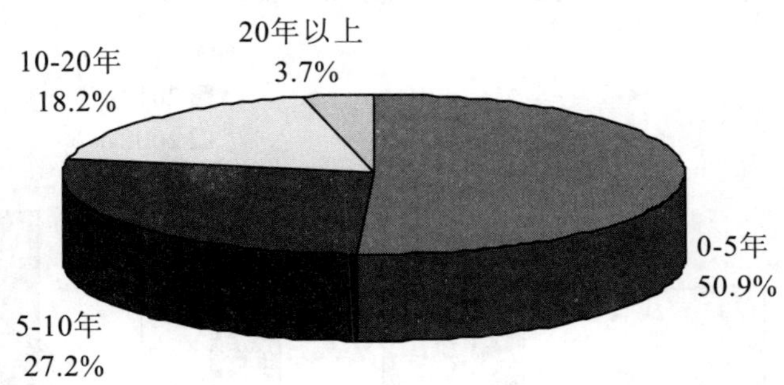

图 5　2013 年全部关闭破产企业年龄构成

(一)分经济类型的企业平均寿命

国有企业平均寿命最长。2013 年当年关闭破产国有企业 2167 家，平均寿命为 24.5 年，在各登记注册类型企业中平均寿命最长，但与 2008 年相比，平均寿命缩短了 1.4 年；其次为集体企业，当年关闭破产 3188 家，平均寿命为 21.7 年，列第二位，与 2008 年相比，平均寿命延长了 1.9 年。

私营企业平均寿命相对较短。2013 年当年关闭破产私营企业 12.2 万家，平均寿命为 6.1 年，在各登记注册类型企业中平均寿命最短，但与 2008 年相比，私营企业平均寿命延长了 0.6 年。这表明，2008 年以来，私营企业生存环境有所改善，企业生存能力明显增强(详见图 6)。

(二)分地区的企业平均寿命

东北地区企业平均寿命最长。2013 年我国东北地区当年关闭破产企业 0.9 万家，企业平均寿命为 8.4 年，在各地区企业中平均寿命最长，但与 2008 年相比，企业平均寿命缩短了 1.1 年；其次为中部地区，当年关闭破产企业 3 万家，企业平均寿命为 7.6 年，列第二位。

东部地区企业平均寿命最短。2013 年我国东部地区当年关闭破产企业 10.8 万家，企业平均寿命为 6.4 年，分别比东北地区和中西部地区短 2 年、1.2 年和 0.7 年，平均寿命最短(详见图 7)。

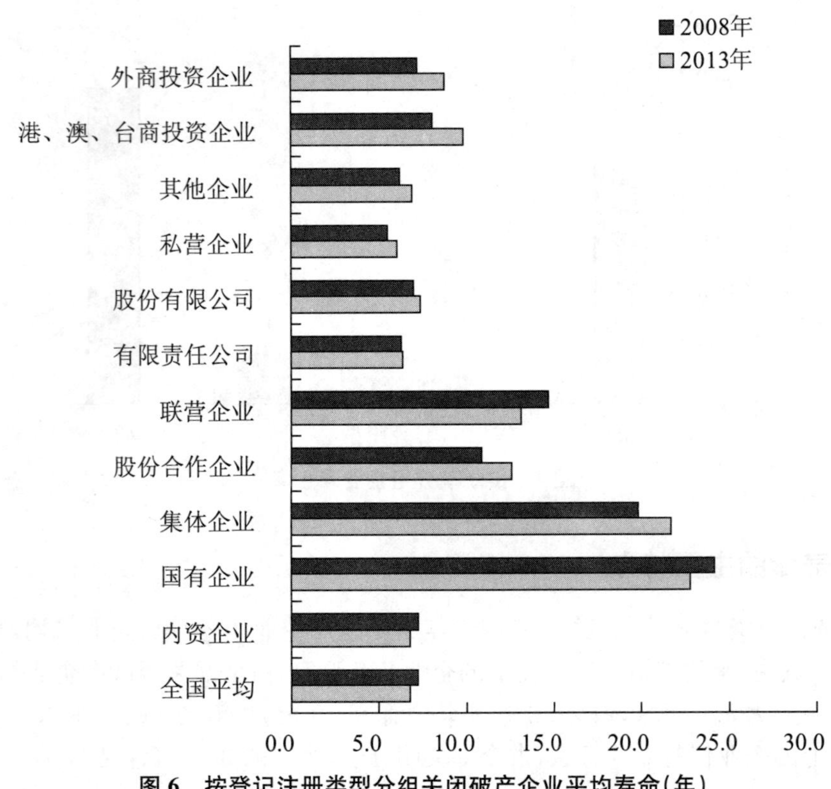

图6 按登记注册类型分组关闭破产企业平均寿命(年)

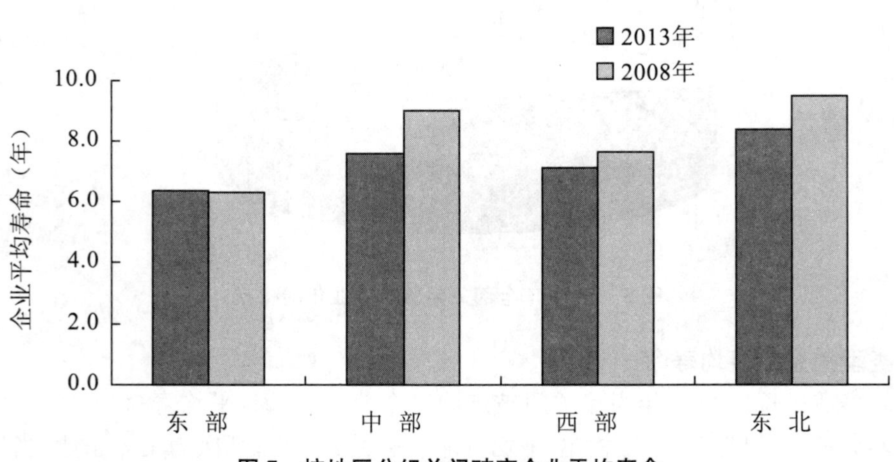

图7 按地区分组关闭破产企业平均寿命

(三)分规模的企业平均寿命

大型企业平均寿命相对较长。2013 年当年关闭破产大型企业 23 家,企业平均寿命为 21.3 年,在各规模企业中平均寿命最长;其次为中型企业,企业平均寿命为 11.3 年,比大型企业平均寿命短 10 年,列第二位(详见图 8)。

小微企业平均寿命相对较短。2013 年当年关闭破产小微企业 16.8 万家,平均寿命为 6.8 年,不足大型企业平均寿命的三分之一。其中,2013 年当年关闭破产微型企业 15.8 万家,企业平均寿命为 6.7 年,在各规模企业中平均寿命最短;其次是小型企业,企业平均寿命为 8.2 年,比微型企业平均寿命长 1.5 年,但与大中型企业相比差距很大(详见图 8)。

四、存在的主要问题与对策建议

随着我国积极推进政府职能转变,简政放权,大幅度减少行政审批事项,推动工商登记制度改革,极大地增强了市场活力和内生动力,促进了企业快速发展。但同时还应该看到,当前我国企业发展仍存在一些问题。

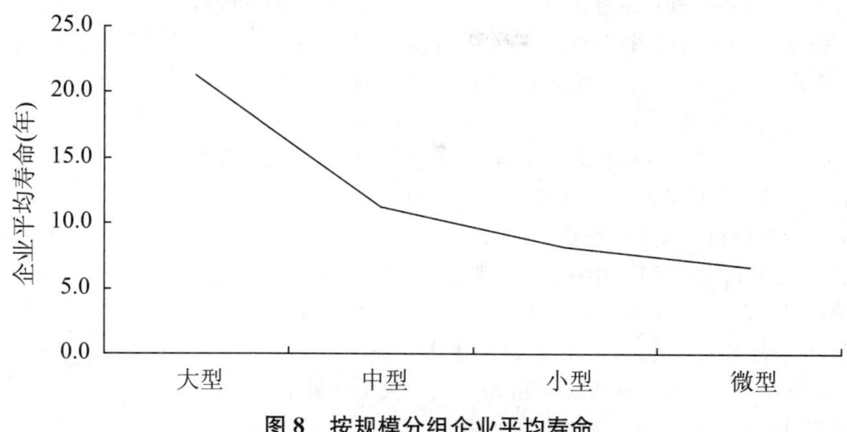

图 8 按规模分组企业平均寿命

一是区域间企业发展不均衡。分地区看，受区域经济发展水平不均衡的影响，各区域企业发展呈现出不均衡的现象。2013 年末，我国东北地区从事第二、第三产业的企业与 2008 年相比，增速大大低于东中西部地区。东北地区企业年出生率低于其他地区，企业死亡率居各地区之首，企业平均寿命也最短。

二是小微企业的存活率不容乐观。近年来，政府积极鼓励和引导民间资本投资兴办企业，并逐步加大对小微企业发展扶持的力度，促进了小微企业的快速发展。第三次全国经济普查资料显示，小微企业成为新成立企业的主力军，年出生率居各规模企业之首。但是，小微企业死亡率高于其他规模企业的现状不容乐观。

当前，要推动区域经济协调协同发展，扶持企业发展壮大，必须加强对企业的引导和扶持。

首先，要突破行政制度壁垒，解决区域发展不均衡。着力推动体制机制的创新，重点突破行政制度的壁垒，营造区域间企业科技创新、共赢经济的发展局面。要充分发挥政府在区域经济协同发展中的引导作用，研究制定区域经济协同发展规划，明确区域功能定位，整合区域间的产业链和创新链，推动创新要素的流动，促进技术流、产业流和服务流在各区域企业间流动一体化。

其次，做好小微企业的政策扶持。进一步加大对小微企业的财税支持力度，缓解小微企业融资难问题，确保一系列小微企业扶持政策措施的落实。充分发挥行业协会在行业发展中的引导和凝聚作用，搭建小微企业相互交流的平台，帮助小微企业提高企业经营决策水平，增强企业抗风险能力和市场竞争力。加强面向小微企业的培训工作，提高小微企业知识产权创造、运用、保护和企业经营管理水平，引导并鼓励小微企业发展现代服务业、战略性新兴产业和文化产业。

参考文献

[1]Levitt, T. Marketing myopia[J]. Harvard business review, 1960, 38(4): 24—47

[2]Greiner, L. E. Evolution and Revolution as Organizations Grow[J]. Harvard Business Review, 1972,(7—8):37—46.

[3]Adizes,I. Corporate Lifecycles: How and Why Corporations Grow and Die and What to Do about It[M]. NJ: Prentice Hall,1989.

[4]藤芳诚一．蜕变的经营———管理的基础认识[M]香港财政管理出版社，1982.

[5]陈佳贵．关于企业生命周期与企业蜕变的探讨[J]. 中国工业经济，1995，11(5)：14.

[6]吴革．企业生命周期中的战略目标与会计对策的抉择[J]. 会计之友，1995 (1)：9—10.

[7]顾力刚，韩福荣，徐艳梅．企业寿命剖析[J]. 北京工业大学学报：社会科学版，2001，1(4)：23—26.

[8]韩福荣，辛彦．企业仿生化研究综述[J]. 北京工业大学学报：社会科学版，2001，1(1)：42—45.

[9]王立志，韩福荣．企业寿命结构分析方法研究[J]. 北京工业大学学报，2003，29(1)：126—128.

[10]杜伟锦，李欢平．浙江民营企业生命周期分布特征研究[J]. 杭州电子工业学院学报，2004，24(3)：67—71.

[11]沈运红，王恒山．中小企业不同生命周期发展策略选择[J]. 商业时代，2006 (4)：31—32.

[12]何平．企业寿命测度的理论和实践 [J]. 统计研究，2008 (4)：20—31.

[13]Ahmad N, Seymour R. Defining entrepreneurial activity: Definitions supporting frameworks for data collection[J]. 2008.

[14]Koen De Backer, MEASURING ENTREPREPRENEURSHIP, 11th Joint UNECE/ Eurostat/OECD Seminar on Business Registers, 6—7 October 2009, Eurostat,Luxembourg.

[15]王炳成．企业生命周期研究述评[J]. 技术经济与管理研究，2011 (4)：52—55.

[16]谢世娟，陈新国．从企业生命周期理论看我国民营企业夭折现象[J]. 经济问题，2004 (6)：29－30.
[17]谭力文，夏清华．企业生命周期的比较分析[J]. 财贸经济，2001 (7)：41－44.
[18]韩利红，王立志．企业生命周期及成长战略研究[J]. 改革与战略，2007，12.
[19]伊查克．爱迪思．企业生命周期[J]，1997，北京：中国社会科学出版社．
[20]王成慧，彭星间．企业生命周期中的创新力与控制力分析[J]. 中国营销传播网，2002：06－05.
[21]郎咸平．为什么民营企业一大就死？[J]. 经理人，2006 (10)：58－58.
[22]何平．企业寿命测度的理论和实践[J]. 统计研究，2008 (4)：20－31.
[23]孙兢新等编译，人口统计分析方法[M]. 中国城市出版社，1993.
[24]国家统计局人口统计司译，人口间接估计技术[M]. 中国统计出版社，1992.
[25]翟振武等编，常用人口统计公式手册[M]. 中国人口出版社，1993.
[26]朱星宇，陈勇强．SPSS 多元统计分析方法及应用[M]. 清华大学出版社，2011.
[27]严明义．函数性数据分析方法与经济应用[M]. 中国财政经济出版社，2014.

课题组　组长：严明义
成员：杨丽荣　贾　嘉　唐文强　刘艳锦　曹　珂
郭恒华　陈厚君　王　勇　魏　玮　赵春艳

我国二、三产业聚集研究

产业聚集是世界上很多发展中国家和经济转型国家在经济开放之后出现的一个普遍现象。一方面，产业聚集可以创造出更多的就业机会，为大量拥有各种专门技能的人才提供一个劳动市场，有利于降低失业，增加就业；另一方面，产业聚集可以提高产业的分工程度，而分工程度的提高对劳动生产率提高有积极的影响。此外，产业聚集还能够带来聚集效应、共生效应、协同效应、区位效应和结构效应等诸多优势，从而对区域产业发展产生重要影响。我国“十二五”规划提出“发展现代产业体系”、“促进区域协调发展”，这就要求进一步优化产业结构和产业空间组织，发挥产业聚集的作用。为此，本文利用经济普查数据，对我国二、三产业聚集现状、存在问题进行了分析，并提出改进建议。

一、我国二、三产业聚集现状

产业聚集是指一些产业在地域上出现的集中布局状况，主要有两种表现，一是同一产业的各个企业在某一地区的集中，并进一步形成聚合；二是相关产业的各个企业在某一地区的集中。前者偏重于从产业角度进行研究，后者偏重于从区域角度进行研究。本文主要针对前一种情况，利用经济普查中企业法人单位从业人员数据，以行业大类为测算对象，采用 EG 指数对我国二、三产业按省域聚集状况进行研究。

EG 指数是一种测度产业聚集的指标，由 Ellison 和 Glaeser 提出。

假设某一国家或地区的某一产业内有 N 个企业，且该国家或地区可划分为 M 个区域单元，这些企业分布于 M 个区域单元中，则该产业的 EG 指数的计算公式如下：

$$\gamma_{EG}=\frac{G_i-(1-\sum_{j}^{M}X_j^2)H_i}{(1-\sum_{j}^{M}X_j^2)(1-H_i)}$$

其中：$G_i=\sum_{j}^{M}(S_{ij}-X_j)^2$，为 i 产业区位基尼系数

X_j 表示 j 地区从业人数占全国从业人数的比重

M 表示地区数量

$H_i=\sum_{k=1}^{N}(\frac{X_i^k}{X_i})^2$，为 i 产业赫芬达尔指数（H 指数）

EG 指数越高，产业聚集程度越强。Ellison 和 Glaeser（1997）将产业聚集分成三类：不聚集或分散（EG 指数＜0.02），有一定聚集性（0.02＜EG 指数＜0.05）和高度聚集（EG 指数＞0.05）。

（一）第二产业聚集程度高于第三产业

第三次经济普查数据表明，第二产业的 EG 指数为 0.0312，第三产业的 EG 指数为 0.0246，都显示了一定的聚集性，但第二产业 EG 指数明显高于第三产业 EG 指数。

此外，第二产业中高度聚集、有一定聚集性、不聚集这三类产业的占比分别为 18％、31％、51％，第三产业中这三类产业的占比分别为 12.8％、17.9％、69.3％，第二产业中聚集性产业的占比高于第三产业。

（二）第二产业中高度聚集产业主要是各类生产资源密集型产业，不聚集产业主要与本地市场密切相关

表 1　第二产业中高度聚集产业

行业代码	产　业	EG 指数	排名
12	其他采矿业	0.10592	1
28	化学纤维制造业	0.10270	2

续表

行业代码	产　业	EG 指数	排名
39	计算机、通信和其他电子设备制造业	0.09498	3
08	黑色金属矿采选业	0.08607	4
06	煤炭开采和洗选业	0.07477	5
19	皮革、毛皮、羽毛及其制品和制鞋业	0.06926	6
09	有色金属矿采选业	0.06691	7
24	文教、工美、体育和娱乐用品制造业	0.05271	8

高度聚集产业包括：①矿产资源密集型产业，如黑色金属矿采选业等；②知识、技术密集型产业，如计算机、通信和其他电子设备制造业，化学纤维制造业等；③劳动密集型产业，如皮革、毛皮、羽毛及其制品和制鞋业，文教、工美、体育和娱乐用品制造业等。

表 2　第二产业中最不聚集的 10 个产业

行业代码	产　业	EG 指数	排名
36	汽车制造业	0.01044	36
22	造纸和纸制品业	0.01013	37
26	化学原料和化学制品制造业	0.01006	38
48	土木工程建筑业	0.00986	39
50	建筑装饰和其他建筑业	0.00966	40
42	废弃资源综合利用业	0.00952	41
27	医药制造业	0.00930	42
49	建筑安装业	0.00709	43
35	专用设备制造业	0.00662	44
46	水的生产和供应业	0.00623	45

可以看出，最不聚集的产业主要包括：①立足于本地原材料的产业，如造纸和纸制品业，化学原料和化学制品制造业，废弃资源综合利用业，医药制造业；②立足于本地市场的产业，如汽车制造业，土木工程建筑业，建筑装饰和其他建筑业，建筑安装业，专用设备制造业，水的生产和供应业。

（三）第三产业中高度聚集产业主要是生产性服务业，不聚集产业则主要为生活性服务业或公共服务业

表 3　第三产业中高度聚集产业

行业代码	产　业	EG 指数	排名
69	其他金融业	0.16582	1
67	资本市场服务	0.12836	2
75	科技推广和应用服务业	0.05630	3
65	软件和信息技术服务业	0.05606	4
64	互联网和相关服务	0.05531	5

高度聚集产业包括：①金融类生产性服务业，如其他金融业，资本市场服务；②科技类生产性服务业，如科技推广和应用服务业；③信息类生产性服务业，如软件和信息技术服务业，互联网和相关服务等。

表4　第三产业中最不聚集的10个产业

行业代码	产　业	EG指数	排名
82	教育	0.00729	30
54	道路运输业	0.00604	31
63	电信、广播电视和卫星传输服务	0.00597	32
52	零售业	0.00533	33
60	邮政业	0.00530	34
70	房地产业	0.00511	35
78	公共设施管理业	0.00454	36
80	机动车电子产品和日用产品修理业	0.00406	37
77	生态保护和环境治理业	0.00337	38
51	批发业	0.00319	39

在最不聚集的10个产业中，①公共设施管理业、生态保护和环境治理业属于公共服务业；②教育，道路运输业，电信、广播电视和卫星传输服务，邮政业等既是生产性服务业也是生活性服务业；③其他产业则是与日常生活密切相关的生活性服务业。

(四)制造业聚集与生产性服务业聚集具有一定的相关性

对第二产业和第三产业的EG指数进行相关分析，发现并非全部第二产业和第三产业都存在着相关性，而只是部分产业间存在一定的相关性，即第二产业中只有那些与日常生活密切相关的产业(例如，皮革、毛皮、羽毛及其制品和制鞋业，纺织服装、服饰业，橡胶和塑料制品业)，以及有一定技术含量的产业(例如，化学纤维制造业，计算机、通信和其他电子设备制造业，铁路、船舶、航空航天和其他运输设备制造业，仪器仪表制造业等)与第三产业中的生产性服务业才存在着产业聚集上的相关，且相关系数在0.50—0.78之间。

(五)对第二产业聚集产生积极影响的主要因素为劳动力投入

参照有关理论及已有研究，并根据数据的可得性，本文选择如下变量，来分析第二产业聚集的主要影响因素：企业规模、知识溢出状况、上下游产业联系程度、劳动力投入强度、技术投入强度、销售强度、外资利用强度、出口强度。通过线性回归模型法分析其对产业聚集的影响，得到如下结果。

表5　第二产业聚集的影响因素

变量	企业规模	知识溢出	上下游产业联系	劳动力投入强度
标准回归系数	0.1349	0.2364	0.0714	0.3526
变量	技术投入强度	销售强度	外资利用强度	出口强度
标准回归系数	0.0526	−0.2583	0.2033	−0.0135

在上述影响因素中，对产业聚集产生正向影响的因素由强到弱依次为：劳动力投入强度、知识溢出状况、外资利用强度、企业规模、上下游产业联系程度、技术投入强度。说明产业聚集主要依赖于比较优势突出的劳动力优势。其次是知识溢出效应，企业追求知识分享的愿望促进了产业聚集。外资利用强度的影响排在各项因素的第三位，说明外商投资的区域集中性显著，外商投资所产生的盈利效应会进一步引发企业的区域聚集。销售强度的影响为负，与理论预期一致，说明第二产业中销售强度大的产品，扩展市场的能力降低，进而不利于产业聚集。

(六)对第三产业聚集产生积极影响的主要因素为市场需求

经分析，第三产业的聚集主要与以下因素有关：企业规模、知识溢出状况、产业横向联系程度、劳动力投入强度、技术投入强度、市场需求程度、信息化水平、出口强度、国有化率。通过回归分析得到如下结果：

表 6　第三产业聚集的影响因素

变量	企业规模	知识溢出	产业横向联系	劳动力投入强度	技术投入强度
标准回归系数	−0.0512	−0.2153	−0.0703	0.0097	0.0467
变量	市场需求	信息化水平	出口强度	国有化率	
标准回归系数	0.9526	0.237	0.0304	−0.1161	

在上述影响因素中，对第三产业聚集产生积极影响的因素由大到小依次为：市场需求程度、信息化水平、技术投入强度、出口强度和劳动力投入强度。说明服务业主要是围绕着服务对象而产生聚集，服务对象越集中，服务业的聚集程度越高。信息化水平的正向影响排在第二位，说明服务业更倾向于分布在信息交流便利的地区。很多大中城市交通便捷、人员往来频繁、信息交流通畅，往往聚集着众多的服务性企业。另外，产业横向联系和国有化率的影响为负，与理论预期一致，即服务业间的欧式距离越大，服务业的聚集程度越低，服务业的国有化程度越高，越不利于产业聚集。

(七)产业聚集对经济增长具有促进作用

产业聚集对经济增长产生影响。以各产业的人均增加值作为被解释变量，以各产业的固定资产投资、从业人数、由 EG 指数表示的产业聚集因素作为解释变量，分别对不同聚集程度的产业构建生产函数模型，并采用偏最小二乘法进行参数估计。结果表明，无论是第二产业还是第三产业，高度聚集产业和有一定聚集性产业中聚集因素对产业自身的经济增长都有正向影响，但高度聚集产业与有一定聚集性产业相比，其聚集因素对经济增长的促进作用要弱；而在不聚集产业中，聚集因素对经济增长的影响为负值。

另外，就第二产业和第三产业的比较来看，第三产业中聚集因素的影响程度更显著。

二、我国二、三产业聚集中存在的问题

(一)产业聚集程度总体呈下降趋势，第三产业下降明显

理论研究表明，产业聚集对经济增长会产生积极的影响。产业聚集能够产生知识和技术溢出效应，从而促进经济增长；由于贸易成本和规模报酬递增的相互作用，企业将会向经济增长更快的地区聚集，从而降低经济活动较为集中地区的创新成本，因而也会促进经济的更快增长。

本文利用三次经济普查数据，对我国二、三产业的聚集状况进行了测算。结果显示，二、三产业的聚集程度总体上看都呈现下降趋势，其中，第二产业的 EG 指数总体下降了 4.3%，第三产业的 EG 指数总体下降了 17.4%。

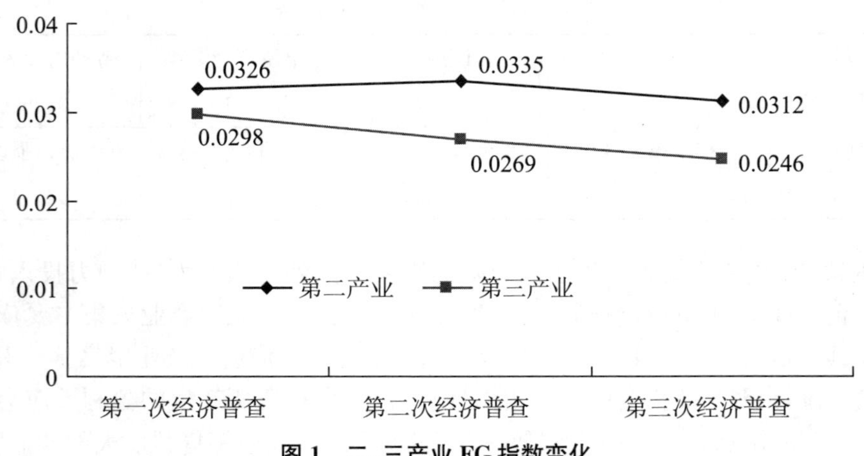

图 1　二、三产业 EG 指数变化

(二)制造业聚集和生产性服务业聚集的匹配性仍然偏低

理论研究表明，制造业与生产性服务业存在着近距离的协同式集聚关系，制造业的聚集必然会产生对生产性服务业的强烈需求，进而引发生产性服务业的扩张而形成聚集。

本文对二、三产业中高度聚集产业和有一定聚集性产业进行不同的组合，通过皮尔逊相关分析发现，只是部分制造业和部分生产性服务业存在着相关性，因此，制造业与生产性服务业在聚集上的相关性还不

充分。

表 7 二、三产业聚集存在相关性的产业

第二产业	第三产业
皮革、毛皮、羽毛及其制品和制鞋业(0.5697),文教、工美、体育和娱乐用品制造业(0.5870),计算机、通信和其他电子设备制造业(0.57178),纺织服装、服饰业(0.6231),家具制造业(0.7235),橡胶和塑料制品业(0.6423),电气机械和器材制造业(0.6213),仪器仪表制造业(0.6272)	其他金融业
文教、工美、体育和娱乐用品制造业(0.5729),化学纤维制造业(0.5371),计算机、通信和其他电子设备制造业(0.6789),纺织业(0.5322),纺织服装、服饰业(0.6603),家具制造业(0.6738),橡胶和塑料制品业(0.6348),黑色金属冶炼和压延加工业(0.5173),电气机械和器材制造业(0.6384),仪器仪表制造业(0.7010)	互联网和相关服务
计算机、通信和其他电子设备制造业(0.5109),纺织服装、服饰业(0.5163),家具制造业(0.54632),橡胶和塑料制品业(0.5000),电气机械和器材制造业(0.5054),仪器仪表制造业(0.5612)	软件和信息技术服务业
皮革、毛皮、羽毛及其制品和制鞋业(0.5505),文教、工美、体育和娱乐用品制造业(0.6608),化学纤维制造业(0.6470),计算机、通信和其他电子设备制造业(0.7876),纺织业(0.6329),纺织服装、服饰业(0.7496),家具制造业(0.7290),黑色金属冶炼和压延加工业(0.6401),铁路、船舶、航空航天和其他运输设备制造业(0.6188),电气机械和器材制造业(0.7581),仪器仪表制造业(0.8130)	研究和试验发展
文教、工美、体育和娱乐用品制造业(0.5422),计算机、通信和其他电子设备制造业(0.5535),纺织服装、服饰业(0.613579),家具制造业(0.63753),黑色金属冶炼和压延加工业(0.4946),铁路、船舶、航空航天和其他运输设备制造业(0.5116),电气机械和器材制造业(0.57667),仪器仪表制造业(0.64334)	其他服务业
计算机、通信和其他电子设备制造业(0.5889),家具制造业(0.6259),电气机械和器材制造业(0.5023)	航空运输业
计算机、通信和其他电子设备制造业(0.53132),纺织服装、服饰业(0.54889),家具制造业(0.52991),电气机械和器材制造业(0.5396),仪器仪表制造业(0.55535)	体育
家具制造业(0.5779)	资本市场服务

注:括号中的数字为皮尔逊相关系数

此外,尽管部分制造业和部分生产性服务业存在着相关性,但相关系数普遍在 0.50—0.78 之间,相关程度偏低。

(三)许多重要产业的聚集状况不理想

内生增长理论强调,经济的持续增长最终要依赖于知识和技术的溢出。因此,知识和技术密集型产业是促进经济增长的重要力量,也是产业聚集过程中需要重点关注的产业。本文在研究中发现,第二产业中,高度聚集产业尽管含有资源密集型产业、知识技术密集型产业和劳动密集型产业,但以资源密集型产业为主。很多重要的知识技术密集型产业的聚集程度还不理想。

表 8 技术密集型产业和生产性服务业聚集状况

	产 业	EG 指数	聚集程度
第二产业中的技术密集型产业	计算机、通信和其他电子设备制造业	0.09498	高度聚集
	电气机械和器材制造业	0.04031	有一定聚集性
	仪器仪表制造业	0.03252	有一定聚集性
	铁路、船舶、航空航天和其他运输设备制造业	0.02527	有一定聚集性
	通用设备制造业	0.01491	不聚集
	医药制造业	0.00930	不聚集
	专用设备制造业	0.00662	不聚集

续表

	产 业	EG 指数	聚集程度
生产性服务业	其他金融业	0.16582	高度聚集
	资本市场服务	0.12836	高度聚集
	科技推广和应用服务业	0.05630	高度聚集
	软件和信息技术服务业	0.05606	高度聚集
	互联网和相关服务	0.05531	高度聚集
	铁路运输业	0.04048	有一定聚集性
	其他服务业	0.02806	有一定聚集性
	航空运输业	0.02357	有一定聚集性
	仓储业	0.01635	不聚集
	装卸搬运和运输代理业	0.01612	不聚集
	商务服务业	0.01328	不聚集
	保险业	0.01210	不聚集
	货币金融服务	0.01033	不聚集
	租赁业	0.01006	不聚集
	道路运输业	0.00604	不聚集
	电信、广播电视和卫星传输服务	0.00597	不聚集
	邮政业	0.00530	不聚集
	批发业	0.00319	不聚集

注:技术密集型产业的分类参考国家统计局“高技术产业(制造业)分类(2013)”,生产性服务业分类参考国家统计局“生产性服务业分类(2015)”和陈建军的分类[陈建军等. 新经济地理学视角下的生产性服务业集聚及其影响因素研究——来自中国222个城市的经验证据. 管理世界,2009(4):83—95]

在第三产业中,生产性服务业并没有完全出现与制造业的“协同式聚集”。尽管高度聚集产业都是生产性服务业,但一些重要的生产性服务业的聚集程度还相对偏低,如货币金融服务、试验和研究发展等,甚至没有产生聚集,如商务服务业、货币金融业等。

(四)促进产业聚集的机制有所欠缺

在现有关于第二产业聚集机制的研究中,人们常常关注外部性理论、新古典贸易理论、新经济地理理论和新贸易理论。分别从外部规模经济、要素禀赋基础上的“比较优势”、规模收益递增、产业间联系和市场规模经济等方面对产业聚集机制进行解释。此外,在经济全球化和国际贸易自由化的大背景下,对外开放也是解释产业聚集不可忽视的因素。

对服务业聚集因素的分析,也涉及到上述理论。但更强调企业间的横向联系,强调无形产品的成本。目前,信息通信网络是承载无形产品交易的主要载体,因此,信息技术水平可以认为是解释服务业聚集的重要因素。此外,制造业对生产性服务业的需求日益强烈,推动了企业生产服务的外部化,进而也会引发生产性服务业的聚集。

但从表5的结果可以看出,对于第二产业而言,对产业聚集的影响效果与预期值不一致的变量是出口强度,其影响为负,并且影响力十分微弱,说明在我国现有的产品出口规模和力度,还没有对产业的聚集产生影响。此外,技术投入强度的影响尽管与预期一致,但很微弱,说明第二产业还没有围绕一定的技术优势而形成聚集,技术投入力度有待提升。

从表6的结果可以看出,对于第三产业而言,影响效果与预期值不一致的变量是企业规模和知识溢出,它们对产业聚集的影响都为负值。说明第三产业聚集主要以中小企业为主,大企业还没有充分发挥外部效应。此外,同一产业内各个企业之间为保持自身的竞争优势,存在一种知识共享壁垒,影响了知识溢出效应。

三、促进二、三产业聚集的建议

(一)积极引导和促进产业聚集

世界各国的发展经验表明,产业聚集在经济发展过程中是必然的现象,产业聚集对经济发展具有明显的促进作用。近年来我国二、三产业的聚集程度有所下降,鉴于此,我国在构建现代产业体系和发展区域经济的过程中,应高度重视产业聚集的变化,积极引导和推进产业聚集进程。从调整经济结构、提高经济增长质量的角度看,重点是促进知识技术密集型制造业和生产性服务业的聚集。要区别聚集程度不同的产业,从技术创新政策、金融政策、财税政策、土地政策、宣传推广政策等方面给予不同的侧重。对于已经形成高度聚集的产业,可适当强化聚集。对于有一定聚集倾向的产业,应积极提升聚集程度。对于目前还没有形成聚集的产业,应积极引导,逐步形成聚集趋势。

(二)注重二、三产业聚集的协调性

从二、三产业的关系来看,第三产业对第二产业具有服务性和配套性,第三产业的发展应以第二产业的发展为基础和条件。但是,也正是由于这种服务性和配套性,第三产业发展的同时也会促进第二产业的发展。目前,我国二、三产业中的聚集性产业(EG 指数>0.02 的产业)存在着一定的相关性,说明第二产业的聚集和第三产业的聚集存在着互为影响关系,但是这种相关性还不普遍,并且相关程度不高。因此,各地区在制定产业政策时,应将二、三产业的聚集结合起来,在促进第二产业不断聚集的同时,要有意识地积极推动第三产业的聚集;反之,在第三产业聚集程度较高的区域,也要积极引导第二产业相关行业的聚集。当前,促进制造业和生产性服务业"协同聚集",要着力解决企业因缺乏技术创新能力、自主知识产权、知名品牌等所形成的被动局面,从多个层面尤其是科技层面探索制造业与生产性服务业互动的方式和方法,使生产性服务业的发展能够与制造业转型升级进程保持动态的契合。因此,根据生产性服务业与制造业的产业相关性,借鉴发达国家工业化阶段生产性服务业与制造业互动发展的经验,立足产业结构与地域结构,从典型企业内部、产业链与价值链、空间结构与组织结构等方面来协调相关产业间的共同发展。

(三)有序促进二、三产业的聚集

目前,我国第三产业的聚集程度低于第二产业,但第三产业聚集因素对经济增长的正向影响却显著高于第二产业。因此,在促进产业聚集的过程中,要有意识地向第三产业倾斜,着力加强生产性服务业的聚集。对于聚集程度显著的资本市场服务、科技推广与应用服务业、软件与信息技术服务业、互联网和相关产业,要保持现有的聚集水平并适度强化;对于聚集程度不高以及还没有形成聚集的产业,如研究和试验发展,仓储业,货币金融服务,电信、广播电视和卫星传输服务,交通运输服务等产业应重点加强聚集。

第二产业中有一定聚集性产业对经济增长的正向影响较高。因此,这类产业应该成为促进第二产业进一步聚集的抓手,重点加强电气机械和器材制造业,仪器仪表制造业,铁路、船舶、航空航天和其他运输设备制造业,通用设备制造业,医药制造业,通用设备制造业等产业的聚集。

(四)创造有利于产业聚集的环境和机制

产业聚集受一系列因素的影响,这些因素中有的对产业聚集有正向影响,有的有负向影响。目前要创造和强化正向因素,削弱负向因素。

对于第二产业来说,一要保证产业聚集区域劳动力的充分供给。对于知识技术密集型产业,尤其要加强劳动力知识和技能的培训;二要加大对各产业的科技投入力度,努力提供完备和便利的科技信息服务平台,通过知识技术的共享吸引产业聚集;三要实施开放战略,积极吸引外资,提高外资利用水平,以优秀的人才、先进的技术和管理方式促进产业聚集。在引进外资的同时,扩大产品出口规模,不断打造产业链条,使上下游之间的产品流动顺畅,提升出口强度对产业聚集的促进作用。

对于第三产业来说,产业聚集的首要因素就是市场因素。因此,促进第三产业聚集,重点要明确服务对象,扩大服务范围和领域,优化服务方式和手段,进一步提升服务需求,以此来强化产业的聚集。其次,积极帮助企业做强做大,以重点企业为聚集核心,形成聚集引力。同时要引导企业注重合作,加强信息交流、业务配合、资源共享、取长补短,使知识溢出效应在产业聚集过程中发挥作用。

课题组　组长:刘　宇

成员:高寒松　王　璐　刘丹丹

中国外资企业发展状况及影响效应研究

2014 年，我国吸引 FDI 稳步增长，成为世界第一大外商直接投资目的国。随着 FDI 长期流入，我国境内形成的外商直接投资存量持续扩大，据国家外汇管理局统计，2014 年，我国直接投资负债净头寸为 2.7 万亿美元。而要清楚地了解外资经济的发展情况，既要对外资的流量和存量进行分析，更要从外资企业的结构分布、经营效益以及对当地经济的影响等方面去分析。因此，本报告整合外资经济相关统计资料，充分应用三次全国经济普查数据，通过静态描述和动态比较的方法，力图提供关于我国外资企业发展状况的新认识。研究表明，外资企业规模以平稳的速度增长，其产业和区域结构不断优化，外资企业对本地企业的技术溢出效应不断加强。

一、中国外资企业规模

1. 外资企业法人单位数持续增加，比重下降

2013 年我国外资企业法人单位数共计 20.3 万家，比 2008 年增加 1.7 万家。外资企业数量平均增速也从 2004—2008 年期间的 5%下降到 2008—2013 年期间的不到 2%。与内资企业发展相比，外资企业数量的增速较低，外资企业法人单位数占全部企业法人单位数的比值不断下降，从 2004 年 4.7%下降到 2008 年的 3.8%，到 2013 年已经下降到了 2.5%。

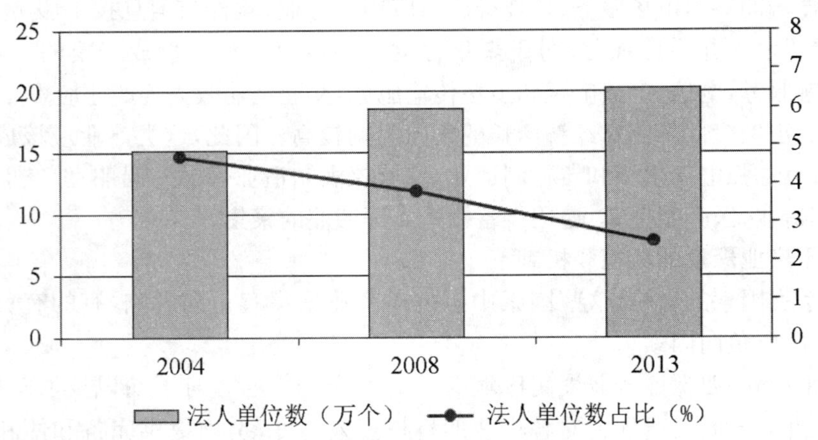

图 1 外资企业法人单位数比较

注：数据分别来自国家统计局第一次经济普查公报、第二次经济普查公报和第三次经济普查公报。

2. 外资企业从业人数不断增加，比重下降

2013 年外资企业从业人数为 3395.38 万人，比 2008 年增加 277.3 万人；占全国法人企业从业人数的比重为 9.8%，比 2008 年下降 1.7 个百分点。

3. 外资企业资产增加，占比下降

2013 年可比口径的外资资产①为 32.4 万亿元，在可比口径的内外资企业资产中占 13.56%。可以看到，外资企业资产持续增加，与国际投资头寸表中 FDI 存量的趋势一致，但是，由于内资企业资产增速比外资企业快，外资企业资产份额比 2008 年下降 4.3 个百分点。

① 可比口径的外资资产，主要包括规模以上工业和资质内建筑业以及限额以上批发零售业、住宿餐饮业、房地产业、其他服务业（不包括交通运输、仓储和邮政业以及金融业）等行业外资企业资产。

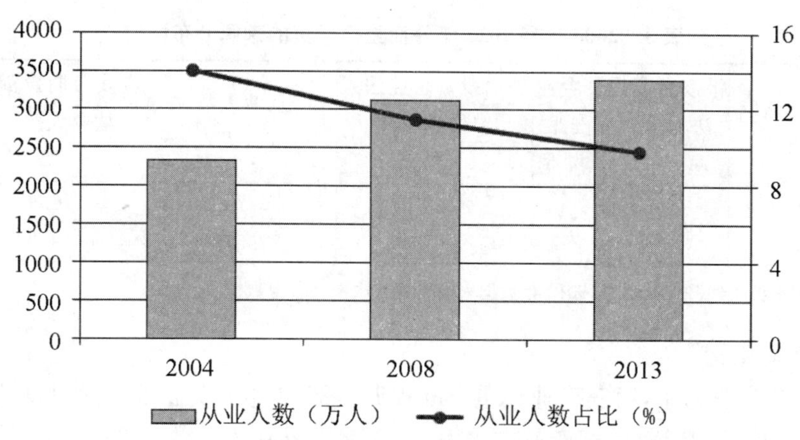

图2 外资企业从业人数比较

注：2004和2008年外资企业从业人员数取自第一次经济普查公报和第二次经济普查公报，2013年数据来自第三次经济普查。

表1 外资企业资产比较

年份	外资资产总量（万亿元）	外资资产占比（%）	可比口径外资资产（万亿元）	可比口径外资资产占比（%）
2004	10.4	10.8	8.6	17.7
2008	21.5	10.3	18.5	17.9
2013	—	—	32.4	13.6

注：外资资产总量和外资资产占比来源于2004和2008年第一次经济普查公报和第二次经济普查公报。2004和2008年可比口径外资资产和占比来源于国家统计局国家统计数据库网站《中国经济普查年鉴2004》、《中国经济普查年鉴2008》；2013年数据来源于第三次经济普查。

二、中国外资企业的结构分析

1. 企业所有权结构

独资企业数量继续增多，占比进一步提高。2013年，外商和港澳台商投资的独资企业共13.3万个，比2008年增加1.5万个，其中，外商独资企业6.7万个，比2008年增加0.4万个。独资企业数量增速快于其他类型的企业，因此，独资企业占全部外资企业的份额继续增加，占到65.5%，比2008年提高2.4个百分点，而2008年比2004年提高7.1个百分点，因此，相对于2004—2008年期间，2008—2013年期间独资企业相对数量的扩张趋于缓和。

表2 分所有权类型的外资企业数量

年份	外商投资企业（万个）	外商独资企业（万个）	外商独资企业占比（%）	外商和港澳台商投资企业（万个）	外商和港澳台商独资企业（万个）	外商和港澳台商独资企业占比（%）
2004	7.8	4.1	52.7	15.2	8.5	56.0
2008	10.2	6.3	61.1	18.6	11.8	63.1
2013	10.6	6.7	63.4	20.2	13.3	65.5

注：2004和2008年数据来源于《中国经济普查年鉴2004》、《中国经济普查年鉴2008》；2013年数据根据国家统计局提供的数据整理而得。

港澳台商投资企业与外商投资企业数量几近持平。2013年外资企业法人单位数为20.17万个，其中外商投资企业占比为52.10%；从业人数为3395.38万人，其中外商投资企业占比为51.61%。这两个指标的占比均超过港澳台商投资企业，外商投资企业是外资经济存量的主要来源。与2008年的经济普查数据相比，外商投资企业法人单位占比和从业人数占比都有所下降，而港澳台商投资企业的法人单位数占比从2008年的45.09%上升到2013年47.90%，从业人数占比从2008年的46.45%上升到2013年48.39%。由此可见，港澳台商投资企业的各项指标占比都在逐步提高。

表 3 2008 年和 2013 年外商直接投资的来源分布情况

年份	法人单位数（万个）	港澳台商投资企业法人单位数占比（%）	外商投资企业法人单位数占比（%）	从业人数（万人）	港澳台商投资企业从业人数占比（%）	外商投资企业从业人数占比（%）
2008	18.63	45.09	54.81	3077.64	46.45	53.55
2013	20.17	47.90	52.10	3395.38	48.39	51.61

数据来源：2008 年数据来源于经济普查年鉴，2013 年数据来源于第三次经济普查数据。

2. 外资企业的产业结构

我国外资仍以第二产业为主，第三产业比重不断提升。2013 年外资企业的全部法人单位数为 20.17 万个，其中第二产业占比为 58.43%，第三产业占比为 41.57%。从业人员数为 3395.38 万人，其中第二产业占比为 82.33%，第三产业占比为 17.67%。与 2004 年和 2008 年的经济普查数据对比可以看出，无论是法人

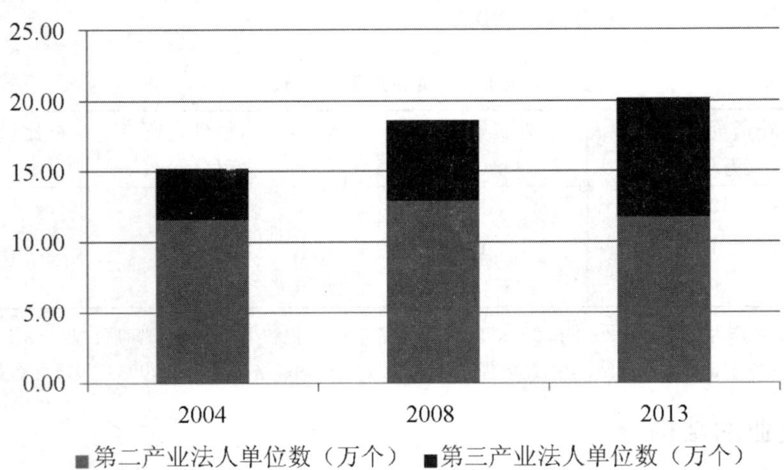

图 3 外资企业法人单位数的产业分布情况

数据来源：2004 年和 2008 年数据来源于经济普查年鉴，2013 年数据来源于第三次经济普查数据。

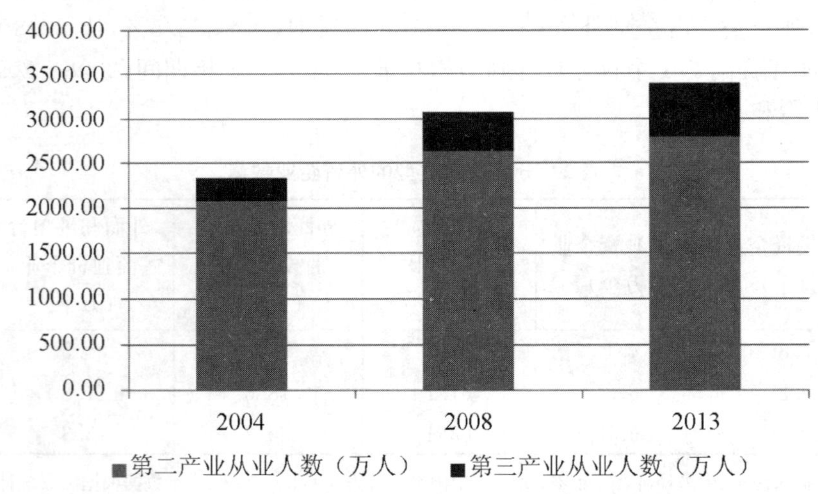

图 4 外资企业法人单位从业人数的产业分布情况

数据来源：2004 年和 2008 年数据来源于经济普查年鉴，2013 年数据来源于第三次经济普查数据。

单位数还是从业人员数第三产业的占比都在不断提升。法人单位数占比从 2004 年的 24.00%逐步提升至 2013 年的 41.57%，从业人员数占比从 2004 年的 11.00%提升至 2013 年的 17.67%。

2013 年第二产业和第三产业外资企业的资产总量为 32.4 万亿元，其中第二产业占比为 58.70%，第三产业占比为 41.30%（如图 2—3 所示）。与 2004 年和 2008 年的经济普查数据对比可以看出，资产总量第三产业的占比在不断提高，从 2004 年的 35.22%增加到 2013 年的 41.30%。从法人单位数、从业人员数以及

资产总量等数据可以看出，外资存量仍以第二产业为主，但第三产业正迎头赶上。

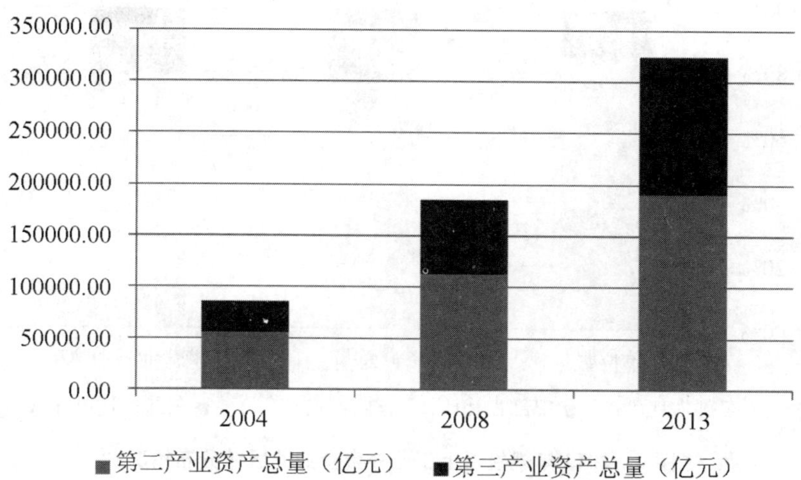

图5 外资企业资产总量的产业分布情况

注：第二产业是指规模以上工业和资质内建筑业外资企业，第三产业是指限额以上批发零售业、住宿餐饮业、房地产业和其他服务业（不包括交通运输、仓储和邮政业以及金融业）外资企业。2004 年和 2008 年数据来源于经济普查年鉴，2013 年数据来源于第三次经济普查数据。

3. 外资企业的区域结构

我国外资企业仍大量集聚在沿海东部地区。2013 年规模以上工业外资企业法人单位数排名前 10 位的是广东、江苏、浙江、山东、上海、福建、辽宁、天津、河北和北京，占比合计为 88.37%。资产总量排名前 10 位的是广东、江苏、上海、浙江、山东、福建、辽宁、天津、北京和河北，占比合计为 80.47%。主营业务收入排名前 10 位的是广东、江苏、上海、山东、浙江、福建、天津、辽宁、北京和湖北，占比合计为 82.15%。

表4 2013 年规模以上工业外资企业排名前 10 位的地区分布情况

企业单位数		资产总量		主营业务收入	
地区	占比(%)	地区	占比(%)	地区	占比(%)
广东	25.29	广东	19.50	广东	21.06
江苏	19.84	江苏	18.66	江苏	19.57
浙江	11.41	上海	8.58	上海	8.80
山东	7.61	浙江	8.12	山东	7.44
上海	7.48	山东	5.97	浙江	6.29
福建	7.43	福建	5.57	福建	5.55
辽宁	3.27	辽宁	4.09	天津	4.44
天津	2.89	天津	3.86	辽宁	3.55
河北	1.59	北京	3.41	北京	3.02
北京	1.55	河北	2.71	湖北	2.42
合计	88.37	合计	80.47	合计	82.15

数据来源：2004 年和 2008 年数据来源于经济普查年鉴，2013 年数据来源于第三次经济普查数据。

规模以上工业外资企业在各个区域的分布如图 2—4 所示，规模以上工业外资企业从法人单位数、资产总量、主营业务收入看，东部地区占比分别是 85.22%、76.79%、78.79%，东部地区占据绝对优势。从纵向来看，东部地区的占比在逐渐减少，中西部地区的占比在逐步增加。

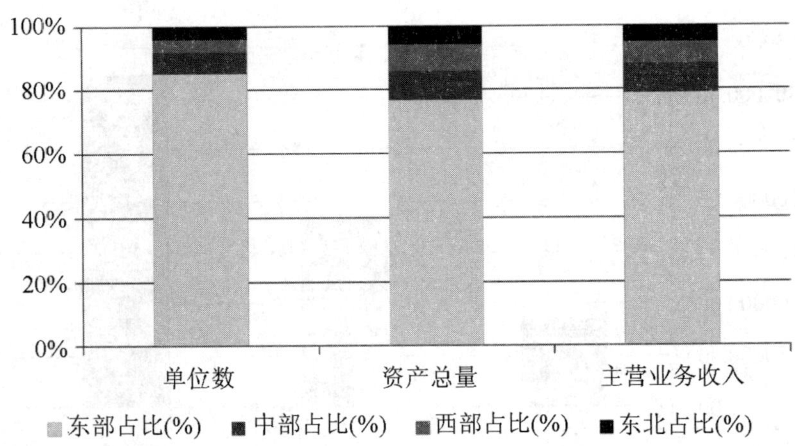

图 6　2013 年规模以上工业外资企业的区域分布情况

数据来源：2004 年和 2008 年数据来源于经济普查年鉴，2013 年数据来源于第三次经济普查数据。

三、中国外资企业经营状况

1. 外资企业经营成本

(1)外资企业税负逐步提高，与内资差距逐步缩小

从相关税率(如表 3－1 所示)可以看出，总体上外资企业的税率要低于内资企业，但从时间趋势看内资企业的税率呈下降趋势，外资企业的税率呈上升趋势，说明内外资企业的税负差距在逐步缩小。

表 5　规模以上工业内外资企业的税负压力情况

年份	主营业务税金及附加/主营业务收入(%)		应交所得税/利润总额(%)		应交增值税/工业销售产值(%)	
	内资	外资	内资	外资	内资	外资
2004	1.73	0.46	21.09	10.43	4.06	2.33
2008	1.53	0.60	16.01	12.81	3.95	2.68
2013	1.71	0.91	12.99	16.74	3.39	2.94

数据来源：2004 年和 2008 年数据来源于 2004 年和 2008 年经济普查年鉴，2013 年数据根据三次经济普查数据计算得到。

(2)外资企业人均劳动报酬依然高于内资企业

在第二产业中，整体来看外资法人单位的平均工资高于内资法人单位(如图 7 所示)。从具体行业看，不论内外资法人单位，烟草制造业、石油和天然气开采业、电力热力生产和供应业、开采辅助活动四个行业均跻居平均工资排名的前 10 位。

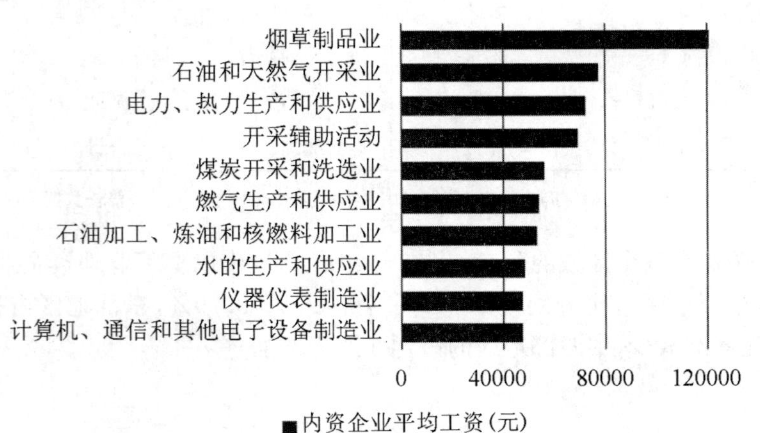

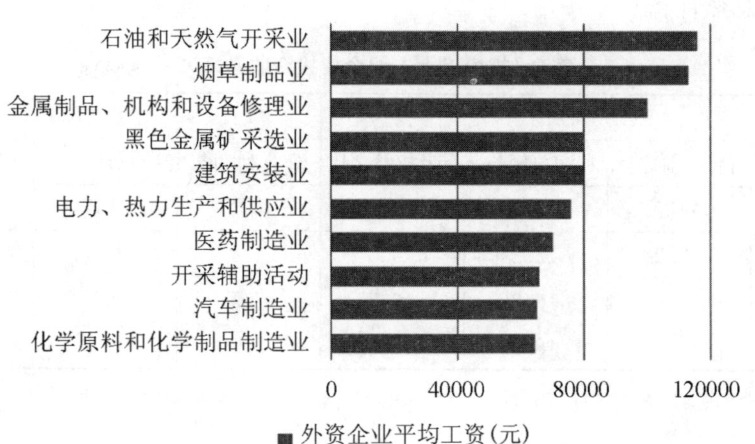

图 7　第二产业内外资企业排名前 10 位的从业人员平均工资

数据来源:2013 年第三次经济普查数据

观察第三产业的情况,显然外资企业的平均工资高于内资企业,外资企业的从业人员平均工资最高为 19.2 万元,而内资企业最高仅为 11.7 万元(如图 8 所示)。就具体行业而言,航空运输业、研究和试验发展、软件和信息技术服务业、专业技术服务业、互联网和相关服务业五个行业都跻居内、外资平均工资排名前 10 位。

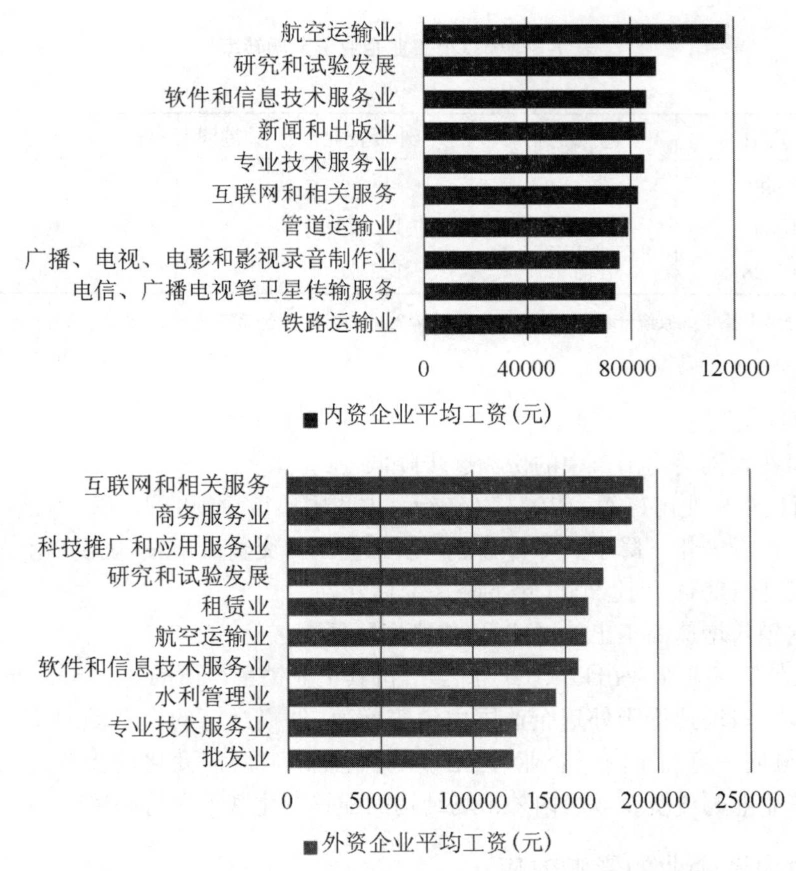

图 8　第三产业内外资企业排名前 10 位的从业人员平均工资

数据来源:2013 年第三次经济普查数据

2. 外资企业经营效率

(1)外资企业投资收益率不断提高,高于内资企业

从权益收益率(ROE)和资产收益率(ROA)来看,2013 年我国规模以上工业外资企业的投资收益均高于内资企业(如表 3—2 所示),规模以上工业外资企业 ROE 为 19.2%(按营业利润计算)或 19.3%(按利润总额计算),均高于 2008 年和 2004 年的水平,并且高于同期内资企业的水平。ROA 为 8.3%(按营业利润

计算)或 8.4%(按利润总额计算)。

表 6 规模以上工业企业投资收益率

年份	ROE(%)				ROA(%)			
	营业利润与所有者权益之比		利润总额与所有者权益之比		营业利润与资产总计之比		利润总额与资产总计之比	
	内资	外资	内资	外资	内资	外资	内资	外资
2004	11.5	15.2	12.2	16.0	4.8	6.6	5.0	7.0
2008	18.0	18.0	16.8	16.7	7.5	7.9	7.0	7.3
2013	18.8	19.2	18.8	19.3	7.7	8.3	7.7	8.4

注:2004、2008 年数据分别来源于国家统计局《中国经济普查年鉴 2004》和《中国经济普查年鉴 2008》;2013 年数据来源于第三次经济普查数据。

(2)外资企业的资金周转率高于内资企业,两者的差异在逐渐缩小

从资金周转率来看,2013 年规模以上工业企业资金周转率为 119.28%,其中内资企业为 116.66%,外资企业为 128.78%。从三次经济普查数据可以看出,外资企业的资金周转率均高于内资企业,内资企业资金周转率一直处于增长趋势,而外资企业 2013 年资金周转率比 2008 年有所下滑,内外资企业的差距在不断缩小。在外资企业中,外商投资企业的资金周转率均高于港澳台商投资企业,外商投资企业资金周转率不断提高,而港澳台商投资企业有所下降。

表 7 规模以上工业企业资金周转率

(单位:%)

年份	平均值	内资企业	外资企业	港澳台商投资企业	外商投资企业
2004	92.36	83.75	117.09	110.27	121.21
2008	115.93	110.73	130.74	128.06	132.17
2013	119.28	116.66	128.78	121.57	133.34

注:2004、2008 年数据分别来源于国家统计局《中国经济普查年鉴 2004》和《中国经济普查年鉴 2008》;2013 年数据来自第三次经济普查数据。

3. 外资企业的市场状况

(1)外资企业出口在我国货物出口中的份额逐步降低

2014 年我国外商投资企业出口额为 10747 亿美元,占我国出口总额的 45.87%,该份额近十年基本呈现出下降趋势,2013 年比 2008 年下降了 8 个百分点。从工业出口交货值来看,规模以上工业企业出口中外资企业所占份额也有所下降,2013 年比 2009 年下降 2 个百分点。

(2)外资企业国内销售增速高于出口增速,出口倾向降低

2013 年规模以上外资工业企业出口 11.3 万亿元,占其工业销售产值的 31.45%,比 2008 年降低 7.7 个百分点,说明外资企业出口增速低于外资企业国内销售增速,外资经济的出口倾向不断降低。尽管规模以上工业外资企业出口倾向一直高于内资企业,但是,外资企业出口倾向变化的步调与规模以上工业企业基本保持一致,说明外资企业与内资企业国内外市场结构的配置变化基本保持一致。

四、外资企业对内资企业的影响效应

1. 外资企业 R&D 人员投入快速增加,份额不断扩大

2013 年,规模以上工业外商和港澳台商投资企业 R&D 人员为 81.2 万人,2008—2013 年间年平均增长率达 18.4%。外资在规模以上工业企业 R&D 人员投入的比重达到 24%,比 2008 年增长了 1 个百分点。

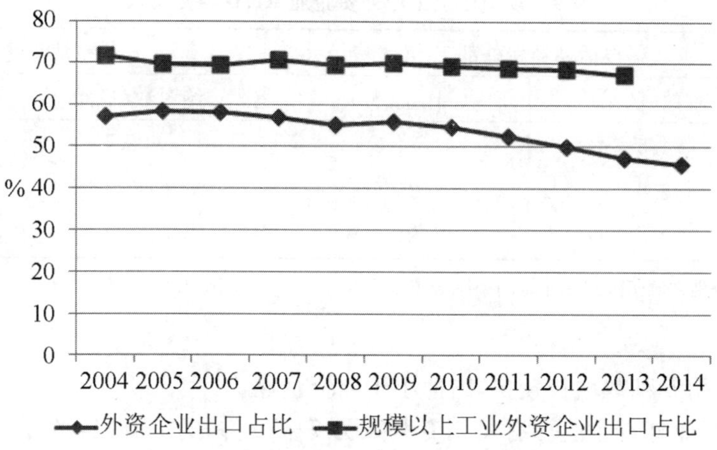

图 9 外资企业出口的相对规模

注：2004－2014 年外资企业出口占比是海关统计的货物出口中外商投资企业出口的比重，数据来源于国家统计局，国家统计数据库。2004－2013 年规模以上工业外资企业出口占比是规模以上工业外商和港澳台商投资企业出口与规模以上工业企业出口之比，2004－2012 年数据来源于国家统计局，国家统计数据库；2013 年数据根据第三次经济普查数据计算而得。

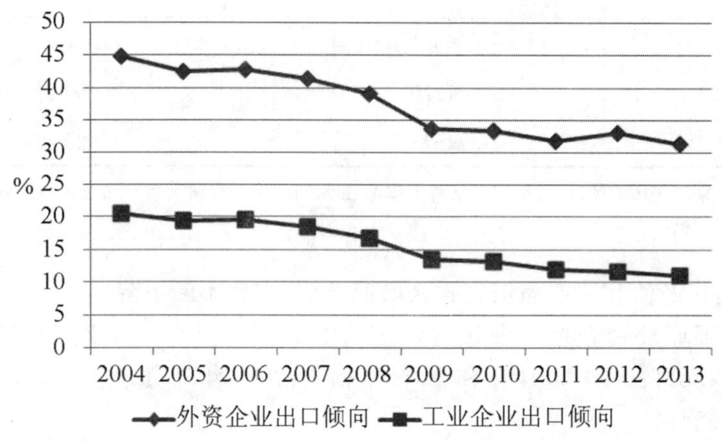

图 10 外资企业出口倾向

注：2004－2012 年数据来源于国家统计局，国家统计数据库；2013 年数据来源于第三次经济普查数据。

表 8 规模以上工业外资企业 R&D 人员投入

年份	外资企业 R&D 人员折合全时当量		外资企业 R&D 人员合计	
	绝对数(万人年)	比重(%)	绝对数(万人年)	比重(%)
2004	9.7	18.0	14.7	18.2
2008	29.3	23.8	34.9	23.0
2013	62.9	25.2	81.2	24.0

注：2004、2008 年数据分别来源于国家统计局《中国经济普查年鉴 2004》和《中国经济普查年鉴 2008》；2013 年数据来源于第三次经济普查数据。

2. 外资企业 R&D 经费支出向内部倾斜，占比略有下降

2013 年，规模以上工业外商和港澳台商投资企业科技活动经费外部支出为 102.6 亿元，比 2008 年略有减小，外资在规模以上工业企业中的占比缩小到 24.2%。而 2013 年内部支出高达 2015.1 亿元，远远高于外部支出，比 2008 年增长了 478 亿元，尽管如此，内部经费支出中，外资的份额仍然比 2008 年下降了 1.7 个百分点。

表 9　规模以上工业外资企业 R&D 经费投入

年份	科技活动经费外部支出		科技活动经费内部支出	
	绝对数(亿元)	比重(%)	绝对数(亿元)	比重(%)
2004	74.5	34.9	608.4	25.3
2008	118.5	25.5	1537.1	25.9
2013	102.6	24.2	2015.1	24.2

注:2004、2008 年数据分别来源于国家统计局《中国经济普查年鉴 2004》和《中国经济普查年鉴 2008》;2013 年数据来源于第三次经济普查数据。

3. 外资企业拥有发明专利数增长较快,增速小于内资企业

2013 年,规模以上工业外资企业拥有发明专利数为 74573 件,为 2008 年的 3.5 倍;外资企业在规模以上工业企业中的占比为 22.23%,比 2008 年的有所下降。规模以上工业内资企业拥有发明专利数为 260828 件,为 2008 年的 4.4 倍,占比比 2008 年提高。内资企业拥有发明专利数的增长快于外资企业,占比不断上升。

表 10　规模以上工业外资企业拥有发明专利数

年份	外资企业拥有发明专利数(件)	外资企业拥有发明专利数占比(%)
2004	6581	21.71
2008	21270	26.50
2013	74573	22.23

注:2004、2008 年数据分别来源于国家统计局《中国经济普查年鉴 2004》和《中国经济普查年鉴 2008》;2013 年数据来源于第三次经济普查数据。

4. 外资企业工业销售产值和新产品销售收入增速放缓,占比不断下降

2013 年,规模以上工业外资企业工业销售产值为 24.1 万亿元,占比为 23.67%;新产品销售收入为 4471.85 亿元,占比为 34.81%。与 2004 年和 2008 年相比,2013 年外资企业的工业销售产值占比和新产品销售收入占比均呈下降趋势。

表 11　规模以上工业外资企业工业销售产值和新产品销售收入

年份	工业销售产值		新产品销售收入	
	外资企业(亿元)	外资企业占比(%)	外资企业(亿元)	外资企业占比(%)
2004	64736.34	32.73	929.07	40.73
2008	146172.2	29.55	2238.46	39.25
2013	241273.2	23.67	4471.85	34.81

注:2004、2008 年数据分别来源于国家统计局《中国经济普查年鉴 2004》和《中国经济普查年鉴 2008》;2013 年数据来自国家统计局,国家统计数据库第三次经济普查主要数据。

5. 外资企业建立研发中心对本土企业产生了溢出效应

2013 年我国二三产业中,以外商投资企业形式存在的研发机构 5741 家,以港澳台商投资企业形式存在的研发机构 4627 家,合计占我国研发机构的 20%。课题组以北京市 403 家研发中心申报数据为基础,从创新强度、创新效率、生产率三个方面讨论了外资研发中心通过竞争、示范或人员流动效应等方式产生的产业内溢出效应,以及通过上下游产业关联等方式产生的产业间溢出效应。研究显示,外资企业研发中心对本土企业研发中心的影响是多方面的,外资研发中心创新强度的提升能够通过竞争效应促使本土研发中心提升其创新强度。外资研发机构创新效率的提升可以加快本土研发中心创新效率的追赶,外资的参与在一定程度上可以通过模仿效应、竞争效应等水平溢出效应促进本土研发机构创新效率的增长。外资研发中心的

生产率越高，本土研发中心的生产率增长越快。

课题组　组长：许晓娟
成员：高敏雪　徐礼志　刘学薇
王文静　张潆元　付　媛

工业转型升级现状、绩效、问题与对策

近年来,我国高度重视工业经济从“制造”向“创造”的提升,把产业转型升级与提质增效摆在突出的位置。为准确反映其变化,我们利用第三次全国经济普查资料,通过与2008年第二次经济普查结果比较,从多视角分析我国工业转型升级的新变化以及存在的问题,并据此提出对策建议。

一、五年来我国工业转型升级进展情况

(一)产业结构不断优化

1. 高技术产业地位稳步提高

2008年—2013年,我国高技术产业①主营业务收入年均增长20.2%(按现价计算),高于全国规模以上工业平均水平4.5个百分点。2013年高技术产业主营业务收入占制造业的比重为12.8%,比2008年提高0.8个百分点。可见我国高技术产业增长势头明显,领先于整个工业增长率,在一定程度上反映出工业经济正在朝着有利于结构优化的方向发展。

2. 装备制造业人均主营业务收入显著提高

2013年装备制造业人均主营业务收入达到97.5万元,较2008年提高1.8倍。2008—2013年,人均主营业务收入年均递增22.9%,远高于规上工业同期7%的递增速度。

3. 高耗能行业发展得到一定控制

2013年高耗能行业主营业务收入占规上工业主营业务收入比重为33.6%,较2008年下降1个百分点。2008—2013年,高耗能行业主营业务收入年均递增15.1%,比同期规模以上工业增速低0.6个百分点。

(二)投资结构趋于合理

1. 装备制造业、高技术产业成为投资热点

2008—2013年,装备制造业以年均递增28%的资金投入予以加强。其中以专用设备制造业、电气机械和器材制造业最为活跃,年均增速高达30%以上。高技术产业更是以年均30.1%的增速超强投入。其中医疗仪器设备及仪器仪表制造业、医药制造业增长速度最为迅猛,分别递增34.6%和33.4%。

2. 高耗能行业投资得到控制

2008—2013年,我国高耗能行业投资额年均递增17.4%,比同期规上工业投资增速低5.9个百分点,对高耗能行业发展管控日趋严格。

(三)经济效益状况有所改善

2013年,全国规模以上工业企业主营业务收入利润率为6.6%,比2008年提高0.5个百分点。工业总资产贡献率为15.0%,比2008年提高1个百分点。

2013年,高技术产业利润总额占制造业的比重为13.1%,比2008年提高0.5个百分点。其中,电子及通讯设备制造业、医药制造业两个领域利润总额占高技术产业的比重分别达到44.6%和29.5%,分别比2008年提高30.2和22.1个百分点。

2013年装备制造业利润总额占制造业比重为39.8%,比2008年提高6.8个百分点。其中,汽车制造业表现突出,比2008年提高7.8个百分点,金属制品业、计算机通信和其他电子设备制造业以及仪器仪表制造业分别提高1.3、0.5和0.4个百分点。

(四)自主创新能力有明显提升

随着我国经济发展进入“新常态”,产业转型升级对经济发展的作用日趋突出,创新驱动正成为产业转

① 注:本文中的高技术产业系高技术制造业,具体包括:医药制造,航空、航天器及设备制造,电子及通信设备制造,计算机及办公设备制造,医疗仪器设备及仪器仪表制造等。

型升级的重要发力点。

1. 工业企业研发投入强度不断提高

2013 年全国规上工业企业研发投入强度为 0.8%,比 2008 年提高了 0.2 个百分点。研发人员投入快速增长。2008—2013 年期间全国规上工业企业 R&D 人员折合全时当量年均递增 19.7%,比 2004—2008 年期间增速高出 2.7 个百分点。

2. 企业研发成效不断提高

研究表明研发成效与研发投入高度相关:研发投入越高,创新的产出也越多。

发明专利申请数与研发资金投入份额关联性较高,达到 0.87 的程度,并通过了 1%的显著性检验,说明不断加大研发投入经费力度是技术创新的基础条件之一。以下,我们将发明专利申请数占制造业总规模 2.5%以上的行业列出,并列出相应的研发投入份额。

表 1 部分行业发明专利与研发投入份额对应表 单位:%

行 业	发明专利 申请占比	研发投入份额
计算机、通信和其他电子设备制造业	25.8	15.7
电气机械和器材制造业	12.9	10.2
专用设备制造业	9.0	6.4
化学原料和化学制品制造业	7.6	8.3
通用设备制造业	7.3	6.9
医药制造业	5.4	4.4
汽车制造业	4.6	8.6
仪器仪表制造业	3.0	1.9
铁路、船舶、航空航天和其他运输设备	3.0	4.7
黑色金属冶炼和压延加工业	3.0	8.0
金属制品业	2.6	2.9
非金属矿物制品业	2.5	2.7

注:发明专利申请占比指发明专利申请占全部专利比重;研发投入份额指研发投入额占制造业比重。

(五)工业能源消耗逐步好转

1. 耗能比重逐年下降,能源利用效率上升

工业消耗标准煤所占能源消费总量的比重逐年下降,由 2008 年的 71.8%下降到 2013 年的 69.8%。其中 2011 到 2013 年的下降最为明显,工业能耗降低步伐加快。

2. 单位收入能耗水平显著下降

单位主营业务收入能耗下降十分明显,2008 年每亿元主营业务收入需要消耗 0.419 吨标准煤,到 2013 年这一数值降为 0.28,下降了 33%。

二、我国工业转型升级绩效综合评价

(一)工业转型升级绩效评价指标体系

工业转型升级是一个综合性概念,也是一个动态进程。从产业层次上看趋向结构高级化,从价值链上看趋向高收益化环节,从能耗上看趋向低碳化。因此,需要从投入、产出、结构、效益、环境多个角度进行综合衡量。根据指标的可获得性,提出由 8 个指标体系组成的评价指标体系。运用综合指数法,测算综合得分。

1. 指标体系[①]

高技术产业主营业务收入占规上工业比重、装备制造业主营业务收入占规上工业比重、工业企业研发

① 注:由于无法获得增加值数据,采用工业主营业务收入代替。由于统计资料所限,缺少产品质量的指标。

投入强度(R&D 经费支出占主营业务收入比重)、工业企业每亿元收入拥有发明专利申请数、新产品销售收入[①]占主营业务收入比重、人均主营业务收入、总资产利润率、亿元收入单位能耗。

2. 衡量标准确定

各指标的标准值主要依据是《中国制造 2025》提出到 2025 年的规划目标,规划中没有涉及指标则参考国内先进水平。这一水平虽然离发达国家水平还有相当距离,但与我国工业现状相比,已经有较大提升。

3. 赋权及评价方法

采用 Satty1996 年提出的能解决复杂结构的数学决策方法一网络层次分析法,即 ANP(The Analytic Network Process)进行赋权。

表 2 指标赋权

	评价指标	权重	参考标准
我国工业转型升级综合评价指标体系	高技术产业主营业务收入占工业收入比重(B1)	0.1223	15%
	装备制造业主营业务收入占工业收入比重(B2)	0.0917	35%
	工业企业研发投入强度(B3)	0.1513	1.60%
	工业企业每亿元收入拥有发明专利申请数(B4)	0.173	1.05 件/亿元
	新产品销售收入占主营业务收入比重(B5)	0.1025	30%
	人均主营业务收入(B6)	0.0816	200 万收入/人
	总资产利润率(B7)	0.1555	10%
	亿元收入单位能耗(B8)	0.1221	0.22 吨标煤/万元

4. 结果及分析

根据综合评价方法,计算了 2008—2013 年全国、东部、中部、西部和东北地区综合指数。

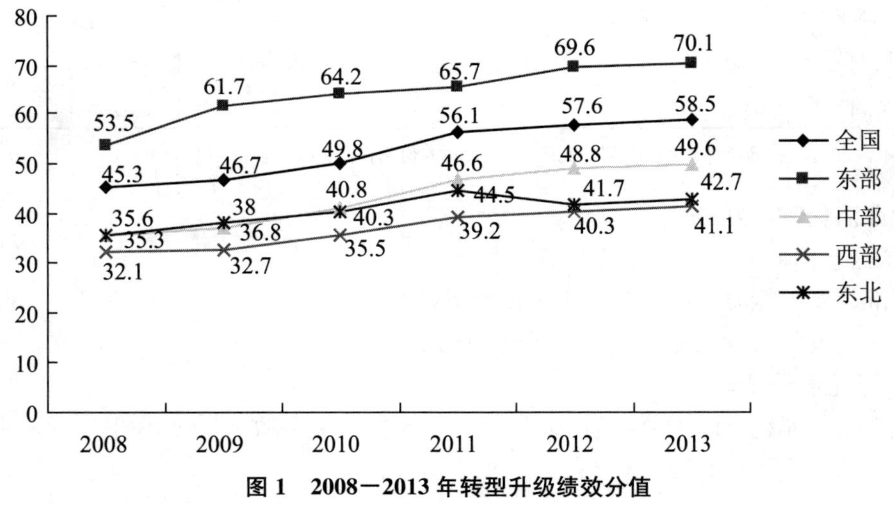

图 1 2008—2013 年转型升级绩效分值

从图中可以看出,2008—2013 年期间,我国工业转型升级成效是显著的,整体上接近 60 分。在四大区域中,东部地区得分最高,达到 70.1 分;而国内其他三个区域均未达到 50 分,与东部地区产业转型升级的水平差距十分显著。从 2008—2013 年分值变化看,全国增加 13.2 分,东部、中部增加分值超过全国,依次增加 16.6 和 14.3 分,而西部和东北地区分别只增加 9.0 和 7.1 分。

在全国产业转型升级绩效评价分值中,自主创新活动得分占比由 2008 年的 31%上升到 2013 年的 37%。2008—2013 年自主创新对产业转型升级绩效贡献占到 59.9%。

---

① 注:新产品销售收入指标数值取自《工业企业科技活动统计年鉴》。

(二)自主创新提高工业增加值率的实证。

以下,具体分析 2008—2013 年期间技术密集型行业①开展自主创新活动水平是否对增加值率提高起到促进作用。

1. 构建模型

$$Y_{it}=c+\alpha x_{1t}+\beta x_{2t}+\gamma x_{3t}+\theta x_{4t}+u_{it}+\varepsilon_{it} \tag{1}$$

采用 2008—2013 年面板数据,设因变量为增加值率(Y),自变量用研发投入强度(X_1)、研发技术人员全时当量占员工比重(X_2)、亿元主营业务收入有效发明专利数量(X_3)和新产品销售收入占主营业务收入比重(X_4)。

2. 模型结果及分析

根据模型参数,通过了 t 检验。从 t 值可以看出,研发投入强度、研发人员强度和新产品收入占比均达到 1%显著性水平。

最为显著的是研发投入强度(X1),每提高 1 个百分点可以带来增加值率提高 0.73 个百分点,说明在创新领域,当前推动产业升级最重要的是要增加研发投入。

研发人员强度(X2)作用次之,每提高一个百分点,可以带来增加值率提高 0.32 个百分点,作用仍然十分显著。

新产品销售收入占主营业务收入比重(X4),每提高一个百分点,可以带来增加值率提高 0.29 个百分点。新产品是创新结果的集中表现,占比越高反映出创新转化能力越强。

亿元主营业务收入有效发明专利数量(X3),模型结果不显著,反映出大批通过技术创新的成果,没有及时转化,研发成果商业化转化率严重偏低的问题亟待解决。

三、我国工业转型升级过程中存在的问题

过去 5 年,我国工业产业结构调整取得了积极成效,创新驱动正在取得进步,工业增长方式正经历着由粗放到集约的转变过程。在肯定取得的成绩同时,也要看到还存在着一些不容忽视的问题。

(一)部分成本上升快

1. 人均劳动者报酬增速较快

2008—2013 年期间,规模以上工业人均劳动者报酬增速保持了两位数增长,增速(现价)达到 11.4%。较高的劳动力成本增速,降低了我国工业产品的竞争力。

从图中可以看出,黑色金属冶炼及压延、电力、烟草制造、专用设备和汽车制造五个行业人均劳动者报酬年均增速都在 15%以上。

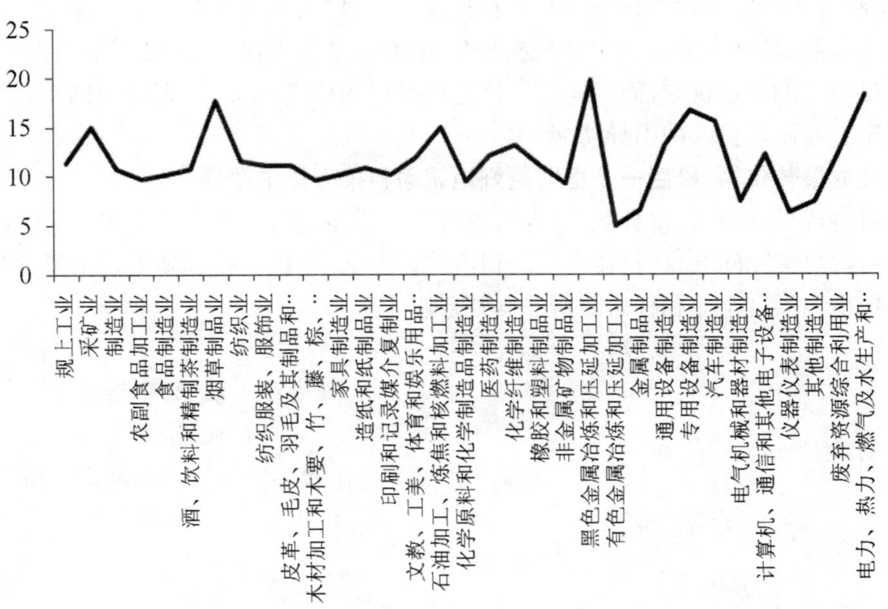

图 2　工业各行业人均劳动者报酬年均增速

① 注:根据 OECD 划分标准,技术密集型行业具体由:化学原料和化学制品制造业、医药制造业、通用设备制造业、专用设备制造业、交通运输设备制造业(新划分无资料)、电气机械及器材制造业、通信设备计算机及其他电子设备和仪器仪表制造业 8 个行业组成。

2. 企业税费负担有所上升

2013 年，规上工业贡献主营业务税金及附加占主营业务收入比重为 1.55%，比 2008 年提高 0.29 个百分点。主要体现在大型企业负担增加 0.62 个百分点。此外，能源成本上升也在侵蚀中国的制造业竞争力。根据波士顿咨询集团的研究，从 2004 年到 2014 年，中国工业用电成本上升 66%，中国天然气成本飙升大约 138%。

(二)自主创新环境有待改善

1. 激励政策有待完善

2013 年，我国享受企业研发费用加计扣除政策的规模以上企业仅占开展研发活动企业数的 20.3%，也就是 4/5 企业是享受不到国家优惠政策的。工业税前扣除的研发经费只占规模以上工业企业当年实际发生研发经费的 46.1%，也就是说，有一半企业的研发投入没有享受到激励政策。

2. 科研成果转化率低

2013 年工业企业的专利所有权转让及许可数为 10807 件，仅占当年专利申请量的 2%，专利通过市场转化为现实生产力的能力严重偏低。

四、我国工业转型升级的对策建议

产业转型升级不是我国的特有现象，而是世界各国经济发展过程中的共同路径和规律。通过产业转型升级，实现体制的更新、增长方式的转变、产业结构的提升、支柱产业的替换，是一个国家经济由量到质、由弱变强的必然过程。唯有走转型升级之路，才能使经济步入持续健康发展的新阶段，才能达到经济发展“更有效率、更加公平、更加健康、更可持续”的目标。根据我国目前工业转型升级的新变化以及存在的问题，提出对策建议如下：

(一)把“中国制造 2025”提升为产业转型升级的强国战略

我国制造业面临全球新一轮工业革命和技术革命的冲击，以及发达国家和新兴市场国家“前堵后追”的双重挤压，应该从实施“制造强国”的举国战略，加快我国制造业的技术升级、产业升级和全球价值链升级，重塑国家创新系统的创新能力，重构国家竞争优势。

(二)进一步完善税收激励机制，更好地推动万众创新

制定激励创新的普惠性政策，减少政府点对点资助企业的优惠，形成各类技术路线和企业公平竞争的环境。改革政府科研资金管理方式。优良的科研资金管理方式，是有效激励企业研发创新的关键。对此，可借鉴研发加计扣除减免税政策普惠性的优点，将当前的科研资金管理方式由“事前”拨付改为“事后”报销。具体而言，即将每年一定数额的科研经费不直接拨给项目，而是用于对企业上年度科研投入的资助；企业在科研上的投入，经会计师事务所等中介机构评估审计通过后，政府再按比例给予报销。这不仅能形成以业绩来获得科研投入的补偿机制，而且还可以杜绝项目申报中的拉关系、走后门的不良现象，最大限度地发挥政府资金对于企业研发投入的引导功能。

(三)打通科技成果转化的“最后一公里”，更好地调动科技人员主动性

进一步健全科技成果入股、收益分配等机制，政府部门要通过搭建成果转化平台、组建产学研联盟等方式，强化服务支持，解决实际问题，把科技人员的积极性调动起来，把科技创新的活力释放出来，真正形成利益共享和风险共担机制促进企业和科研院所的良好合作。

课题组　组长：张继良

成员：徐荣华　孔群喜　王淑君

陶晓宏　潘敏杰　余传鑫

执笔：张继良

我国大中城市房地产市场发展水平评价和政策建议

在新型城镇化和经济发展转型升级的背景下，我国房地产市场进入结构性调整阶段，从单纯的增量扩张逐渐转向存量优化配置，房地产市场内部细分程度加深，住房市场属性逐渐由投资属性向消费属性回归，商业地产、养老地产等房地产市场子单元逐步发展。与此同时，房地产市场城市分化不断加剧，部分三、四线城市库存居高不下，销售市场低迷，出现了“空城”、“鬼城”现象。因此，对目前我国房地产市场的发展水平进行科学全面的分析与思考，构建分城市评价体系，非常必要。

一、我国房地产市场总体状况

（一）从房地产市场规模看

我国房地产开发企业数量和房地产业从业人员数大致呈现出逐年递增的趋势。根据第三次经济普查数据，2013 年末，全国房地产开发企业数量为 13.2 万个，期末从业人员数为 335 万人，分别比 2008 年末增长 50.3%和 61.3%。

（二）从房地产企业整体资产结构看

2013 年末，全国房地产开发企业资产负债率[①]为 76.01%。房地产行业属于资金密集型产业，资产负债率一般较高，60—80%属合理水平。

（三）从房地产行业利润率看

2013 年房地产开发企业利润率[②]为 13.4%，而同年世界财富 500 强入围的 95 家中国企业平均利润率仅为 3.9%，远低于房地产开发企业利润率，说明在我国，房地产行业具有较高利润率。

（四）从房地产市场发展投资看

房地产开发投资与城镇固定资产投资比（见图 1）用来衡量住房市场的投入规模与宏观经济发展状况的协调程度。根据第三次经济普查数据，2013 年我国城镇固定资产投资中，房地产开发投资占比达到 19.7%。

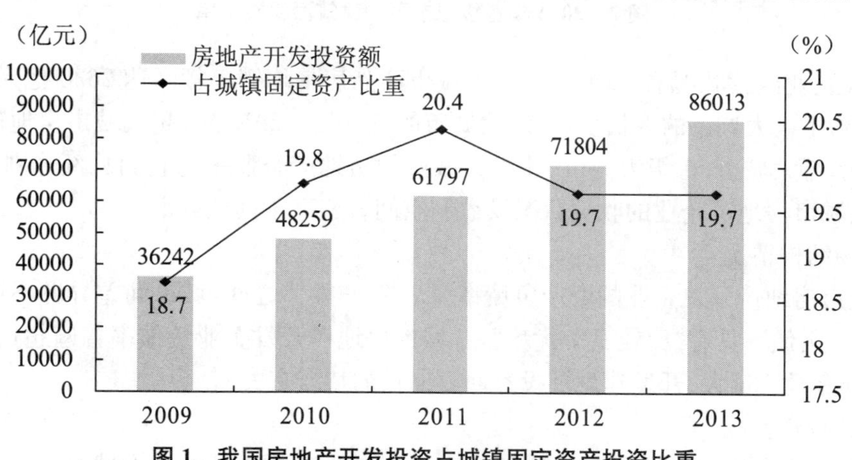

图 1　我国房地产开发投资占城镇固定资产投资比重

二、35 个大中城市的房地产市场概况

城市经济社会发展水平与城市级别密切相关。级别高的城市往往拥有优质的经济和政治禀赋优势，进

① 资产负债率 = 负债合计 / 资产总计×100%。

② 利润率 = 营业利润 / 营业收入×100%。

而吸引高质量人力资本的进入，产生集聚效应，从而继续推动经济社会水平的整体发展。对城市进行分级研究，可以得到不同城市房地产市场发展规律性结论，对引导不同城市房地产市场健康发展具有重要意义。

（一）城市分级

本文参照《国务院关于调整城市规模划分标准的通知》（国发〔2014〕51 号）①，以城区常住人口规模为标准，将城市划分为五类，如下表 1 所示。

表 1　大中城市分级情况

城市等级	城市
超大城市（6 个）	北京、上海、广州、深圳、天津、重庆
特大城市（6 个）	西安、南京、杭州、武汉、沈阳、成都
Ⅰ级大城市（10 个）	哈尔滨、大连、郑州、济南、青岛、长春、昆明、太原、厦门、合肥
Ⅱ级大城市（13 个）	长沙、乌鲁木齐、福州、石家庄、南宁、宁波、贵阳、兰州、南昌、海口、呼和浩特、银川、西宁

（二）不同级别城市房地产市场概况

1. 房地产市场效益情况

从房屋建筑面积竣工率②看，2013 年，超大城市、特大城市、Ⅰ级大城市、Ⅱ级大城市的平均房屋建筑面积竣工率分别为 17.0%、11.5%、13.9%和 12.7%；平均住宅建筑面积竣工率分别为 18.0%，12.6%，15.1%和 13.4%。

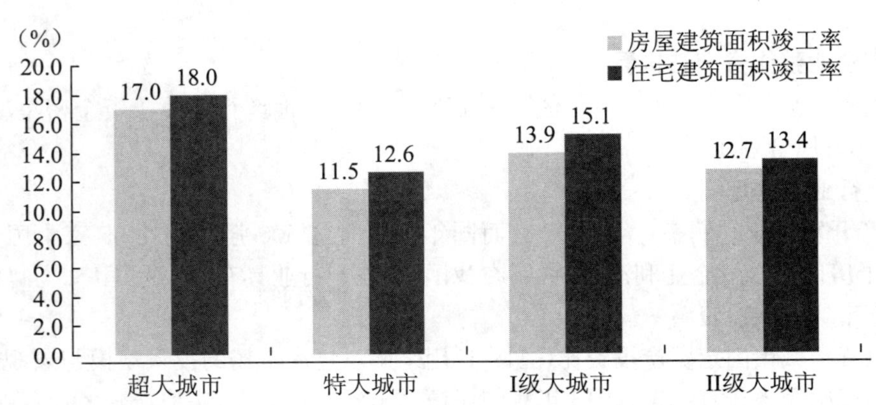

图 2　2013 年各级城市平均建筑面积竣工率

从房地产开发企业经营状况看，2013 年，超大城市商品房平均销售额高达 2630 亿元，是特大城市商品房销售额的 1.7 倍，Ⅰ级大城市的 3 倍多，Ⅱ级大城市的近 5 倍。2013 年，超大城市房地产开发企业平均利润总额为 531 亿元，特大城市、Ⅰ级大城市、Ⅱ级大城市的房地产企业平均利润总额分别为 205 亿元、91 亿元、51 亿元。超大城市房地产企业的收益状况及盈利空间普遍高于其他城市。

2. 房地产市场结构情况

2013 年，各城市房地产开发企业的资产负债率介于 70—80%之间，城市间差异并不明显。根据国际经验，50—60%的资产负债率具有“比较竞争优势”，各城市房地产开发企业负债率普遍超过了这一区间，这与房地产开发建设具有投资量大、开发建设及投资回收期长的特点有关。

3. 房地产市场投资情况

房地产开发企业投资规模与城市等级基本一致。具体来看，2013 年，超大城市房地产开发企业平均完成投资额 2208 亿元。Ⅰ级和Ⅱ级大城市平均完成投资额则远低于超大和特大城市。

---

① 以城区常住人口为统计口径，将城市划分为五类七档。城区常住人口 50 万以下的城市为小城市，其中 20 万以上 50 万以下的城市为Ⅰ型小城市，20 万以下的城市为Ⅱ型小城市；城区常住人口 50 万以上 100 万以下的城市为中等城市；城区常住人口 100 万以上 500 万以下的城市为大城市，其中 300 万以上 500 万以下的城市为Ⅰ型大城市，100 万以上 300 万以下的城市为Ⅱ型大城市；城区常住人口 500 万以上 1000 万以下的城市为特大城市；城区常住人口 1000 万以上的城市为超大城市。

② 房屋建筑面积竣工率 ＝ 房屋竣工面积 / 房屋施工面积×100%。

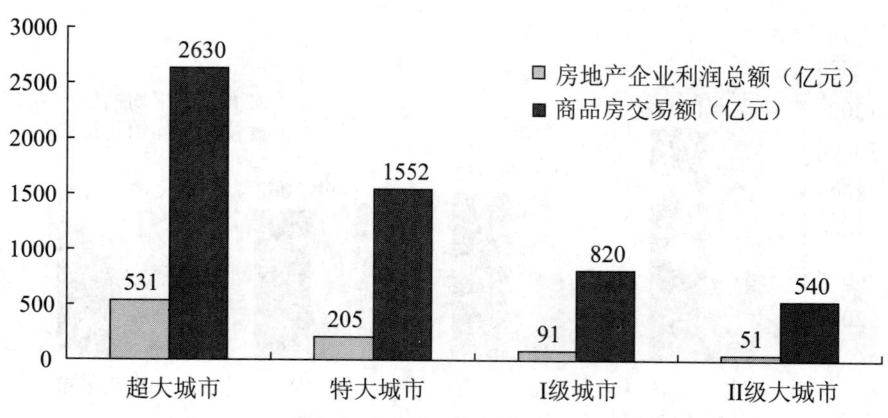

图3　2013年各级城市平均商品房销售额和利润总额

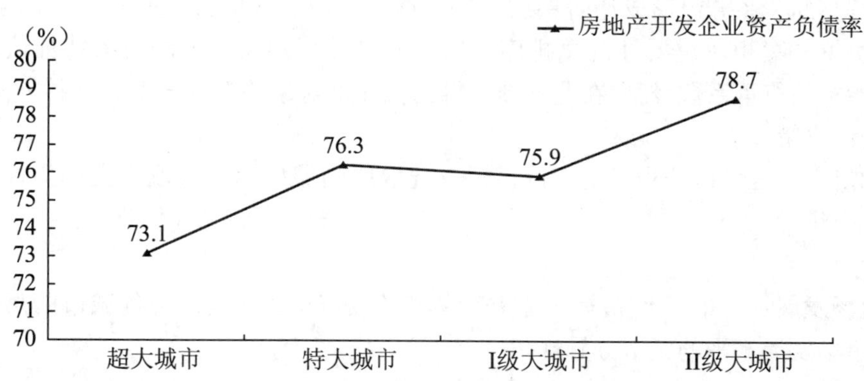

图4　2013年各级城市房地产企业资产负债率

本年住宅完成投资规模与城市分级间的关联性也较为明显。2013年，特大城市平均住宅完成投资额为1207亿元，略低于超大城市。Ⅰ级和Ⅱ级大城市的平均住宅投资完成额分别为974亿元和628亿元。

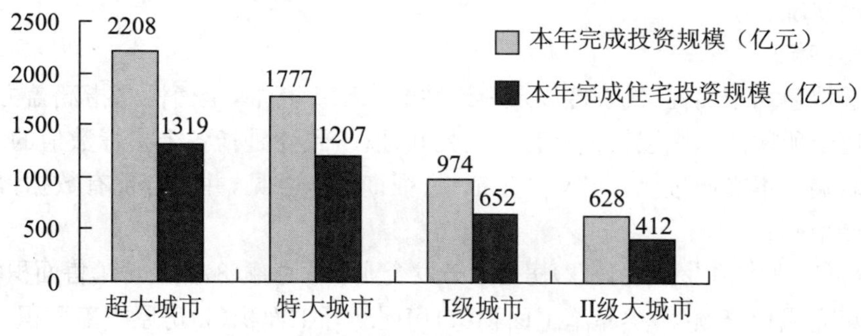

图5　2013年各级城市平均完成投资规模

4．房地产市场价格情况

从销售价格来看，商品房销售均价呈现出较为明显的随着城市级别上升的规律（如图6）。原因主要有：一是购房者对于超大和特大城市房价持续上涨的预期作用；二是城市级别越高，房地产辐射范围越广，客观上具有更大的升值空间。

三、基于层次分析法（AHP）的房地产市场发展水平评价

上文从房地产市场规模、结构、投资和价格等四个维度对我国35个大中城市房地产市场进行了描述性分析。这一部分我们将以层次分析法（AHP）建立起分城市房地产市场发展状况的评价指标体系并计算得出综合分值，以这一综合分值为依据评价各城市的房地产市场发展水平，并分析其与城市级别的关系，探究不同级别的城市在房地产市场发展水平上的差异。

层次分析法是美国运筹学家萨蒂应用网络系统理论和多目标综合评价方法，提出的一种层次权重决策分析方法。基本原理是，将评价过程分解为目标层、原则层和方案层等几个层次的指标，把复杂问题分解成

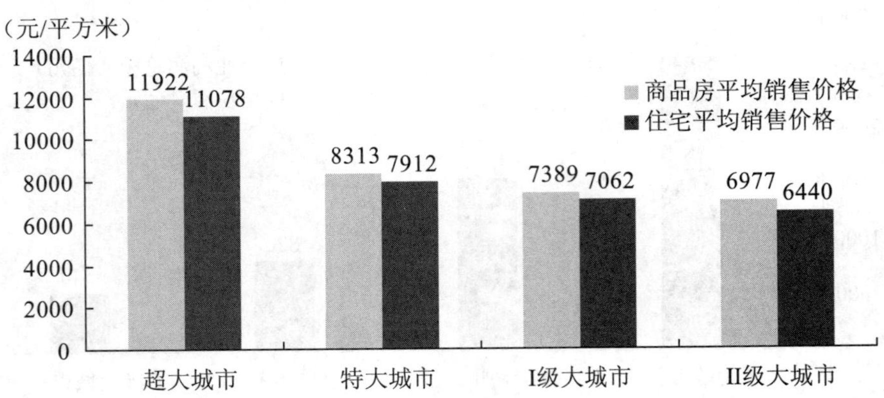

图6 2013年各级别城市商品房和住宅平均销售价格

各个组成因素，并按支配关系分组形成递阶层次结构。通过两两比较的方式确定各个因素相对重要性，建立判断矩阵，确定决策方案相对重要性的总排序。然后通过计算判断矩阵的最大特征值以及对应特征向量，得出不同层次指标的权重系数，然后在此基础上得出被评价对象的综合分值。这种方法适用于多准则、多目标的复杂问题的决策分析。

层次分析法的研究过程可以分为确定评价目标→选取原则层指标→选取方案层指标→确定指标权重→计算综合分值5个步骤。

（一）评价目标

构建房地产市场发展水平的评价指标体系并计算综合分值，定量地评价各城市的房地产市场发展状况，并探寻房地产市场发展水平的城市分异规律。

（二）选取原则层指标

房地产市场一方面与其上下游产业市场紧密联系，另一方面市场自身内部涉及诸多经济主体，因此对房地产市场及其发展水平的评价必须综合考虑各个维度的指标。基于对不同等级城市房地产市场描述性分析，本文将房地产市场评价指标体系分为规模层、投资层、价格层、结构层四个原则层，从多个角度刻画各个城市房地产市场的状况。

（三）选取方案层指标

方案层指标的选取遵循全面性、代表性以及一致性的原则。其中，全面性是指涵盖方案层各个方面；代表性是指所选方案层与所属的原则层指标具有较大关联性；一致性是指各个指标数值的大小对房地产市场发展水平具有同向影响。本文通过综合已有文献成果、征询专家意见，并结合现有数据，最终分别为四个原则层选定如下方案层指标：

规模层：(1)房地产开发企业资产总计(2)房地产开发企业利润总额(3)商品房销售面积(4)商品房销售额。

投资层：(1)本年完成投资额(2)房屋施工面积(3)房屋新开工面积(4)房屋竣工面积。

价格层：(1)商品房平均销售价格(2)单位建筑面积造价(3)住宅平均销售价格。

结构层：(1)房地产企业杠杆率(2)房屋建筑面积竣工率(3)商品房待售面积(4)非住宅新开工面积比例。

结构层中，房地产企业杠杆率＝1－房地产企业资产负债率；非住宅新开工面积比例＝1－住宅新开工面积/住宅施工面积。

一般情况下，房地产市场发展程度越高，房地产开发企业的经营效益和预期收益越好，因此房屋建筑面积竣工率和企业杠杆率也越高；城市规模越大、等级越高，作为市场供需变动蓄水池的待售面积则相对越多；城市社会经济发展水平越高，对商业地产的需求也越大，非住宅新开工面积的比例也会越大。因此，结构层下的四个方案层指标分别从企业财务结构、开发结构、供需结构、市场细分结构四个方面刻画房地产市场的结构特征。

（四）确定指标权重

选定评价指标后，再分别对原则层和方案层的指标赋予权重，之后将加权后的指标加总得出综合分值。本文基于现有文献研究确定原则层与方案层的权重系数。

1. 构造判断矩阵

对 4 个原则层以及每个原则层内部各自的方案层指标建立两两判断矩阵，并通过专家打分，得到 5 个判断矩阵(详见附表 1—5)。

2. 矩阵一致性检验

构造出判断矩阵后，对矩阵进行一致性检验。矩阵一致性检验的指标为一致性比例 C · R，其定义为 C · R=C · I/R · I，其中 C · I=$(\lambda_{max}-n)/(n-1)$，λ_{max}是矩阵的最大特征值，n 为矩阵阶数；R · I 为平均随机一致性指标。不同阶数矩阵的 R · I 值见附表 6。一致性指标 C. R. 的值越小，表明判断矩阵越接近于完全一致性。一般判断矩阵的阶数 n 越小，人为造成的偏离完全一致性指标 C. I. 的值便越小。当 C. R. ＜0. 10 时，便认为判断矩阵具有可以接受的一致性。经计算，本文建立的 5 个判断矩阵的一致性比例 C · R 均远远小于 0. 10，故认为判断矩阵是可以接受的。

3. 计算指标权重

层次分析法中对于权重系数计算方法为：(1)计算判断矩阵各行各个元素的积，得到一个 n 行 1 列矩阵 A；(2)计算矩阵 A 各个元素的 n 次方根得到矩阵 B；(3)对矩阵 B 进行归一化处理，即计算矩阵 B 各个元素在所有元素之和中的比重，得矩阵 C。矩阵 C 即为权重向量，其元素即为该判断矩阵中各指标对应的权重系数。经计算，指标体系的权重矩阵如附表 7 所示。

(五)计算并分析综合分值

利用附表 7 所得权重系数矩阵，将标准化后的各个方案层指标加权，代入具体指标数值得出 35 个大中城市房地产市场的综合分值，见表 2，其描述性统计表见附表 8。

表 2　按城市等级分房地产市场综合分值

城市等级	城市	综合分值
超大城市	上海	1. 788433267
	北京	1. 828428512
	重庆	1. 238650461
	深圳	1. 379557428
	广州	0. 894238447
	天津	0. 358002004
特大城市	武汉	0. 174257393
	成都	0. 569360244
	南京	0. 207615585
	沈阳	0. 119947368
	西安	−0. 115633381
	杭州	0. 705214222
Ⅰ型大城市	哈尔滨	−0. 280022207
	大连	−0. 060075074
	郑州	−0. 08983898
	济南	−0. 386713023
	青岛	−0. 096377493
	长春	−0. 56886925
	昆明	−0. 351013439
	太原	−0. 748294691
	厦门	0. 277050153
	合肥	−0. 158556054

续表

城市等级	城市	综合分值
Ⅱ型大城市	长沙	−0.045755736
	乌鲁木齐	−0.677785124
	福州	0.090069188
	石家庄	−0.56755337
	南宁	−0.64813108
	宁波	0.141825882
	贵阳	−0.566864886
	兰州	−0.879903691
	南昌	−0.504849321
	海口	−0.616864523
	呼和浩特	−0.827460966
	银川	−0.690850361
	西宁	−0.891236781

以分值为因变量、城市规模为因子做单因素 ANOVA 分析，结果见附表 9。极高的 F 值(104.84)和极低的显著性水平(0.000)都表明，不同等级城市的房地产市场分值之间存在显著差异。

利用相关性分析发现，市辖区城镇人口数量与分值之间的相关系数为 0.951，且显著性水平接近于 0，表明综合分值与城镇人口数量之间的关系为显著的高度正相关关系，即城市规模越大，城市房地产市场发展水平越高。

(六)研究结论

1. 我国房地产市场表现出较强的区域性特征

地区的资源禀赋决定了该区域产业发展程度，直接影响了区域的人口集聚程度。以上的描述性分析和层次分析结果都显示，人口集聚明显的城市，各项指标普遍优于其他城市，房地产市场发展水平也较高。

2. 房地产市场发展水平与按人口划分的城市等级并不完全一致

房地产市场发展水平虽与城市等级存在相关关系，但二者排名并不是完全对应的。例如，厦门虽然仅仅是Ⅰ型大城市，但其房地产市场发展的综合分值排到了全国前十。随着我国房地产市场进入深度调整期和转型期，仅仅使用开发规模、投资总量等硬性指标不能全面反映市场发展水平。购房者的收入水平、房地产细分市场的发育程度以及房地产市场整体结构等“软”指标也会影响市场发展水平。

四、政策建议

(一)制定差别化的房地产市场政策

中央政府应将着力点放在对于房地产市场的战略布局和监督职能上，赋予地方政府必要的房地产市场政策调控权力，对于不同等级的城市，“因地制宜”地制定相关政策。

1. 对于超大和特大城市，应当兼顾抑制房价持续快速上涨和引导去库存。通过培育租房市场，分流住房销售市场的部分需求，如鼓励业主出租闲置住房，对租金收入减免营业税或所得税，制定相关政策法规切实保障承租人的权利，使租房成为买房的替代选择，并提高存量住房的利用率。通过存量的优化配置，增加供给，抑制房价的快速上涨。

2. 对于Ⅰ级和Ⅱ级大城市，应当积极引导和配套相关产业政策。Ⅰ级和Ⅱ级大城市承接超大和特大城市的部分经济、政治和社会功能，吸引当地居民“生产生活不离乡”，同时增强容纳超大和特大城市人力资本、产业资本及相关资源“外溢”的城市能力，与超大和特大城市之间形成良性的城市区域群组关系。

3. 对于更小城市和城镇，政府应当积极引导公共资金进入基础设施建设和公共服务领域。通过增加小城市或小城镇自身的生产、就业、生活等综合吸纳能力，循序渐进地培育以满足住房消费需求为主的房地产市场，实现当地居民“就地城镇化”，吸引在外居民回乡。

（二）调控重点转向制度构建，建立多层级的住房体系

健康、合理的住房市场应该与社会人口结构和收入分配结构相匹配。我国市场经济规模与范围逐年加大，市场化过程中的资产阶层式积累使一部分高收入群体具备了消费高端住宅的能力；中等收入群体成为住房市场消费结构的主体；中低收入群体，购买能力低，通过自有住房解决居住问题比较困难。按照对当前人口收入结构的大致划分，我国的住房结构应该包括三个层次：一是高端住宅，包括别墅、高档小区等，应当实现市场化调节，一味收紧，只能使高收入群体向下寻找消费渠道，挤占本属于中等收入群体的产品供给。二是普通商品住宅，此类住宅面向庞大的中间阶层，是市场结构的主要组成部分。政府应该从政策层面通过增加供给满足该群体的住房需求。三是具有保障性质的住房，对有一定购买力的人群，政府要通过优惠政策有效降低供给价格；对完全没有购买能力的人群，政府则通过廉租房等形式进行保障。

（三）引导民间资本在房地产市场的“健康”流动

将民间资本通过适当的渠道引入住房开发领域，获取稳定持久的回报，将在社会、投资者和未来购房者之间形成多方共赢的局面。通过增加房地产投资品（土地开发基金、房地产投资基金、债券等），使投资需求从住宅的最终产品（消费需求）中剥离。让投资者从投资消费领域的终端产品（住宅），改为投资生产领域的投资品（开发投资）。其中既包括对销售型物业的投资，也包括对租赁型物业的长期投资。投资品的丰富能让住宅产业中形成的实物产品真正进入终端消费者手中（而不是买了就空置待价而沽），使投资者与消费者相对分流，形成产业的良性互动。

（四）制定适用于评价我国房地产市场发展水平的统计新标准

通过本文研究结果可以看出，不同层级间城市房地产市场发展水平差异较大，需要进一步深入研究适用于我国房地产市场发展水平评价的统计标准，增强房地产市场的结构性分析。

附表 1：原则层指标判断矩阵

原则层	规模层	投资层	价格层	结构层
规模层	1	3	1	5
投资层	1/3	1	1/5	3
价格层	1	5	1	5
结构层	1/5	1/3	1/5	1

附表 2：规模层指标判断矩阵

规模层	房地产企业资产	房地产企业利润总额	商品房销售面积	商品房销售额
房地产企业资产	1	1	1/5	1/3
房地产企业利润总额	1	1	1/5	1/3
商品房销售面积	5	5	1	3
商品房销售额	3	3	1/3	1

附表 3：投资层指标判断矩阵

投资层	本年完成投资规模	房屋施工面积	房屋新开工面积	房屋竣工面积
本年完成投资规模	1	3	1	3
房屋施工面积	1/3	1	1/3	1
房屋新开工面积	1	3	1	3
房屋竣工面积	1/3	1	1/3	1

附表 4：价格层指标判断矩阵

价格层	商品房平均销售价格	单位面积造价	住宅平均销售价格
商品房平均销售价格	1	3	1/3
单位面积造价	1/3	1	1/5
住宅平均销售价格	3	5	1

附表 5：结构层指标判断矩阵

结构层	房地产企业杠杆率	房屋建筑面积竣工率	商品房待售面积	非住宅新开工面积比例
房地产企业杠杆率	1	1/3	1/3	1/5
房屋建筑面积竣工率	3	1	1	1/3
商品房待售面积	3	1	1	1/3
非住宅新开工面积比例	5	3	1	1

附表 6：平均随机一致性指标

阶数	1	2	3	4	5	6	7	8	9
RI	0.00	0.00	0.58	0.90	1.12	1.24	1.32	1.41	1.45

附表 7：权重系数矩阵表

原则层	赋值打分	方案层	赋值打分	综合权重
规模层	0.37754424	房地产企业资产	0.10	0.0364
		房地产企业利润总额	0.10	0.0364
		商品房销售面积	0.56	0.2106
		商品房销售额	0.25	0.0942
投资层	0.128292873	本年完成投资规模	0.38	0.0481
		房屋施工面积	0.13	0.0160
		房屋新开工面积	0.38	0.0481
		房屋竣工面积	0.13	0.0160
价格层	0.428973077	商品房平均销售价格	0.26	0.1108
		单位面积造价	0.10	0.0449
		住宅平均销售价格	0.64	0.2732
结构层	0.06518981	房地产企业杠杆率	0.08	0.0051
		房屋建筑面积竣工率	0.20	0.0131
		商品房待售面积	0.20	0.0131
		非住宅新开工面积比例	0.52	0.0339

附表 8:综合分值描述性统计

	N	Minimum	Maximum	Mean	Std. Deviation
分值	35	−.891237	1.828429	2E−8	.729753358
Valid N (listwise)	35				

附表 9：综合分值 ANOVA 分析

分值 ANOVA	Sum of Squares	df	Mean Square	F	Sig.
Between Groups	16.482	3	5.494	104.839	.000
Within Groups	1.625	31	.052		
Total	18.106	34			

课题组　组长：贾　海　叶剑平
成员：路亚南　肖　雪　施昱年　李　嘉　高　峰
曹　阳　黄　皓　段潇潇　李永林　乔　敏

当前工业转型升级应尤为重视提高效率

中国经济已进入新常态，正面临要素成本快速上升、资源环境约束强化、发达国家再工业化与后发国家追赶等带来的严峻挑战，迫切需要工业提升生产效率与能源效率。国际经验亦表明，要成功跨越“中等收入陷阱”，持续提升工业的效率是关键。近年来，中国工业全要素生产率与资本产出效率却呈现显著下降的趋势，现阶段过度依赖资本投入驱动的工业经济增长方式已难以为继，体制机制上的缺陷是导致工业效率持续下降的主要原因。应加快体制机制改革，完善市场制度，建立公平竞争的市场环境，并制定相应政策，促进工业效率的持续提升。

一、效率提升是经济新常态下工业转型升级的关键

(一)持续提升工业效率是跨越“中等收入陷阱”的关键

国际经验表明，中等收入国家要成功跨越“中等收入陷阱”与“高收入之墙”，必须持续提升工业的生产率水平。2013 年，中国人均 GDP 为 6807 美元，根据世界银行的标准，中国已进入中等偏上收入国家行列。从世界各国的发展经验来看，后发国家进入中等包括偏上收入国家之后，随着劳动、土地、环境成本的上升，低成本优势消失，制造业的国际竞争力将面临严峻挑战，增长动力将减弱，从而陷入“中等收入陷阱”并面对“高收入之墙”。只有少数国家能通过持续提升国民经济(尤其是制造业)的效率，抵消要素成本不断上升给制造业竞争力带来的不利影响，推动经济在更高水平上持续增长，从而实现对于“中等收入陷阱”与“高收入之墙”的跨越。这些国家都非常重视促进企业创新、鼓励竞争、顺应产业发展与升级要求培育产业人才，并以此推动了制造业效率的持续改善。日本还从上世纪 50 年代开始发起持续改善(质量与生产率)运动，新加坡从上世纪 60 年代开始发起生产力运动，并制定相应政策与行动计划推动制造业效率的持续提升，这些政策起到了非常重要的作用。因而，后发国家在进入中等包括偏上收入国家水平之后，应特别重视工业的效率问题。

(二)工业亟需提升效率以应对成本快速上升带来的挑战

中国经济进入新常态后，制造业成本优势面临严峻挑战，迫切需要提升效率以消除成本上升带来的不利影响。

一是劳动力成本快速上升，劳动力成本优势削弱。改革开放以来，我国工业的快速增长得益于充分发挥了低成本优势，并适应了全球生产网络的形成以及发达国家劳动密集型产业离岸外包的趋势，低劳动力成本是“中国制造”价格优势的重要来源。第三次经济普查的数据显示，近年来中国制造业职工工资保持较高增速水平，2013 年的平均名义工资和平均实际工资分别是 2003 年的 3.8 倍和 2.7 倍。当前，中国制造业单位劳动成本虽然仍低于美国、日本、德国、韩国等工业化国家，但差距正在逐渐缩小；单位劳动成本已经高于越南、印度、印度尼西亚，且差距还在拉大。

二是环境保护成本正在快速上升。中国经济经历了三十余年高速增长，但发展方式粗放，生态、环境代价沉重，中国工业环境保护成本正在不断上升。第三次普查数据及此前历年统计数据显示，2013 年中国工业环境保护投资为 867.7 亿元，比上年增长了 73.4%，是 2003 年的 3.9 倍。随着生态、环境约束趋紧，可以预期未来中国工业的环境保护成本还将进一步提高。

三是工业用地成本将快速上升。长期以来，我国很多地区为了追求 GDP、财政收入的高增长，都实行低价甚至零地价的工业用地政策，以此招商引资和扶持本地企业，这降低了企业的投资成本、生产成本，提升了产品的出口竞争力。但是，近年来随着工业化和城镇化的步伐加快，对土地的需求快速增长，加之我国工业用地效率低下，土地的稀缺性日趋突出，工业用地指标已逐渐成为制约许多地区工业发展的刚性约束，工业用地价格的快速上升将不可避免。随着我国工业成本的上升，低收入发展中国家大力发展劳动密集型产业，发达国家重振制造业，我国制造业如不加快生产率提升，将面临来自高端和低端两个方向的挤压，如果

不能找到新的市场定位，将处于"高不成、低不就"的尴尬境地。

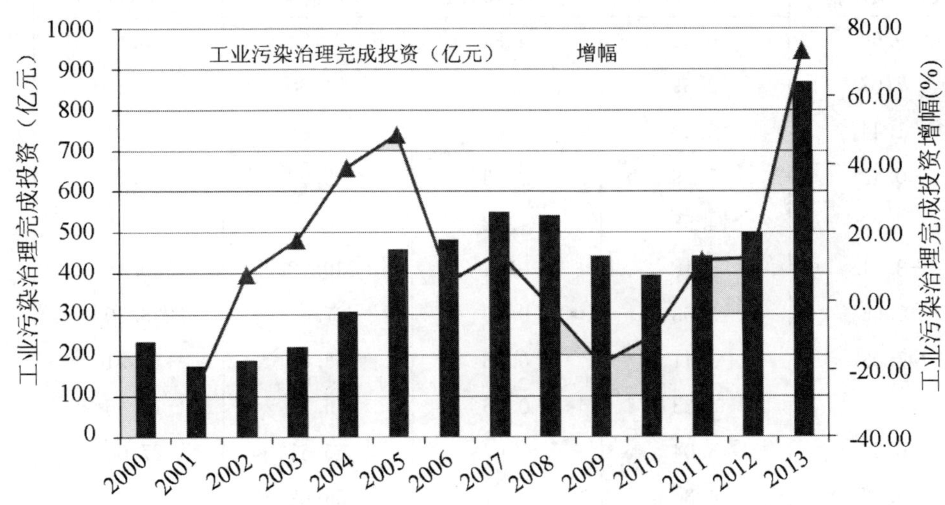

图 1　2000—2013 年中国工业污染治理完成投资情况

(三)工业发展迫切需要加快能源效率提升

中国工业能源消耗仍增长较快，据全国第三次经济普查数据显示，我国 2013 年能源消费总量为 41.7 亿吨标准煤，占全球能源消费总量的 20%左右。其中，工业消费能源 29.1 亿吨标准煤，占全国总消费量的 69.8%。虽然规模以上工业单位增加值能耗逐年降低，但工业能耗总量仍呈逐年上升之势。从能源安全的角度来看，中国能源的储量相对有限，2012 年煤炭、石油、天然气的储采比仅为 31、11.4 和 28.9，远远低于世界 109、52.9 和 55.7 的平均水平，能源安全形势非常严峻。而从碳减排的角度来看，中国政府也已经做出承诺，到 2020 年单位国内生产总值二氧化碳排放将比 2005 年下降 40%—45%，减排压力巨大。中国工业发展必须加快提升能源效率。

二、中国工业经济效率下降趋势明显

(一)中国工业全要素生产率(TFP)①显著恶化

利用全国第三次经济普查数据，我们优化了全要素生产率及资本效率的计算方法。研究结果表明，近年来中国工业全要素生产率正在明显下降，中国工业经济增长的动力正在减弱。表 1 是根据历年数据及全国第三次经济普查数据进行计算得出的结果，结果表明：近年来 TFP 增长率快速下滑，生产率呈现持续下降趋势，对于工业经济增长的贡献已经转为负值。1980—2003 年期间，TFP 年均增长率为 4.7%，对于工业经济增长的贡献率为 47.60%。而 2004—2013 年期间，TFP 年均增长率为－0.80%。其中，2004—2008 年期间，TFP 年均增长率为 0.58%；2009—2013 年期间，TFP 增长率平均值为－2.17%。我们必须看到，全要素生产率增长率的急剧下滑，并非始于 2008 年金融危机之后，而是在经济繁荣期的 2004—2007 年就已经开始。

表 1　1980—2013 年中国工业经济的增长核算结果

单位：%

年份	TFP 贡献值	资本贡献值	劳动贡献值	TFP 贡献率	资本贡献率	劳动贡献率
1980	8.97	0.09	2.96	73.24	0.72	24.16
1981	0.97	0.07	1.36	40.35	2.82	56.60
1982	3.98	0.07	1.66	69.02	1.26	28.75
1983	7.70	0.61	1.51	77.17	6.12	15.12

① 全要素生产率的来源包括技术进步、组织创新、专业化和生产创新等。产出增长率超出要素投入增长率的部分为全要素生产率(TFP，也称总和要素生产率)增长率。全要素生产率及其增长率经常被用来衡量或评价宏观经济、部门经济的产出效率。

续表

年份	TFP 贡献值	资本贡献值	劳动贡献值	TFP 贡献率	资本贡献率	劳动贡献率
1984	9.60	0.90	4.81	60.84	5.69	30.50
1985	7.07	2.39	3.87	51.38	17.36	28.13
1986	1.44	5.03	4.22	13.28	46.51	39.01
1987	−0.42	5.19	2.43	−5.93	72.78	34.10
1988	2.90	4.58	1.92	30.32	47.96	20.11
1989	−8.01	3.18	−0.24	149.28	−59.18	4.54
1990	−10.06	3.63	9.49	−627.91	226.50	592.33
1991	7.03	3.41	0.38	63.65	30.91	3.45
1992	14.54	3.33	0.66	76.23	17.46	3.47
1993	6.26	3.04	1.67	55.61	27.00	14.86
1994	9.96	4.36	0.21	66.82	29.29	1.44
1995	5.30	4.83	1.09	46.24	42.15	9.49
1996	4.91	5.78	3.57	33.40	39.35	24.28
1997	5.26	5.31	1.29	43.38	43.75	10.66
1998	2.21	5.09	0.43	28.54	65.68	5.56
1999	4.20	4.36	−0.58	52.41	54.39	−7.25
2000	5.10	4.03	−0.61	59.40	46.95	−7.11
2001	7.41	3.10	−0.36	72.00	30.11	−3.47
2002	9.80	3.98	−2.43	86.87	35.29	−21.53
2003	5.63	7.14	0.28	42.54	53.91	2.14
2004	1.09	8.45	2.36	9.20	71.30	19.93
2005	−0.69	10.70	3.23	−5.33	82.92	25.04
2006	0.02	11.95	3.15	0.14	80.79	21.33
2007	2.54	11.58	3.23	14.57	66.48	18.57
2008	−0.04	10.15	0.55	−0.34	99.13	5.33
2009	−2.64	12.91	0.49	−27.06	132.47	5.03
2010	0.95	11.29	0.79	7.55	89.25	6.22
2011	−3.69	12.41	2.86	−34.73	116.76	26.87
2012	−3.68	11.67	0.75	−47.30	150.03	9.71
2013	−1.82	10.99	−0.80	−24.10	145.32	−10.56
平均	3.05	5.75	1.65	29.20	55.01	15.08

注：贡献值为对工业经增长率的绝对贡献，贡献率为对工业经济增长的相对贡献。

资料来源：作者计算整理。

(二)工业增长过度依赖资本驱动，资本效率急剧下降

工业经济增长过度依赖资本投入驱动。改革开放以来，中国工业经济增长的动力机制经历了三次转换。第一阶段为1980—1992年，这一时期资本投入、劳动投入和TFP进步对工业经济增长的贡献较为平衡，三者的年均贡献值分别为2.5%、2.7%和3.5%，三者的贡献率分别为28.7%、31.0%和40.3%。第二阶段为1993—2003年，这一时期资本投入与TFP进步对工业经济增长的贡献相当，成为经济增长最为重要的来源，资本投入、劳动投入与TFP进步的年均贡献值分别为4.6%、0.4%与6.0%，贡献率分别为41.8%、3.6%和54.6%。第三阶段为2004年至今。这一时期，资本投入在工业增长中的驱动作用不断强化，并成为驱动工业经济增长最为重要的力量。资本投入对于增长的贡献值为11.2%，贡献率为92.6%；劳动投入与 TFP 进步对于工业经济增长的贡献值分别 1.7%和－0.8%，两者对于工业经济增长的贡献率分别 14.0%和－6.6%。

工业资本效率急剧下降。根据全国第三次经济普查数据及此前统计数据，计算了边际资本产出率(即每新增 1 单位资本带来的产出增加)。图 2 根据相应计算结果绘出，根据图 2 我们不难看出，中国工业的资本边际产出在 2002 年达到峰值之后出现快速下降，且下降幅度非常大。2002 年中国工业边际资本产出率为 0.624，2013 年该值已下降至 0.244。这一结果表明，2002 年中国工业固定资本每增加 1 元，会带来 0.624 元的新增工业增加值，而到了 2013 年只能带来 0.244 元的新增工业增加值。从图 2 可以看出，工业资本产出效率呈现持续快速下滑态势，并且这一趋势尚无扭转的迹象。

中国工业全要素生产率与资本产出效率急剧下降表明，现阶段过度依靠资本投入高速增长来驱动工业经济增长的模式已难以为继。

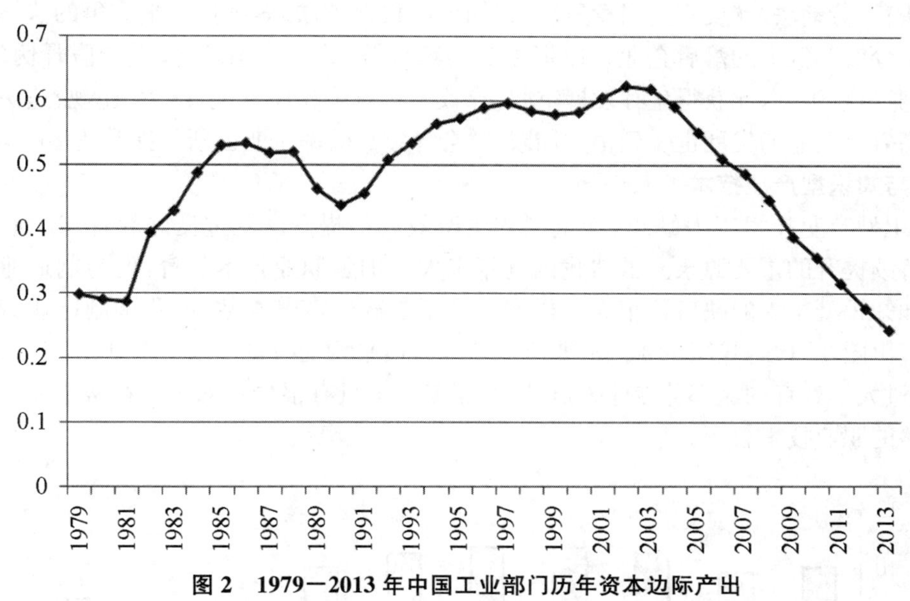

图 2　1979—2013 年中国工业部门历年资本边际产出

(三)工业部门资源配置效率亟待提高

从微观上看，中国工业部门“优不胜、劣不汰”现象突出，资源在企业间配置效率低下，且配置效率有进一步下降的趋势。本课题研究将企业按照全要素生产率从高到低排序，研究发现排在前 25%的制造业企业的全要素生产率平均值是排在后 25%企业的 4 倍，资本密集型行业中这种差距更加显著，例如炼钢行业中排在前 25%高效率企业的全要素生产率平均值是排在后 25%低效率企业的 9 倍。这些数据反映，我国工业企业效率差异巨大，存在大量经济效率低下的企业。钢铁、石化等资本密集型行业中，高效率企业市场份额不断降低，低效率企业市场份额不断提升，这种配置效率的下降，严重阻碍了这些行业总体生产效率的提升。根据计算结果，资本密集型行业中配置效率的下降使得全要素生产率增速下降了 25%。有研究指出，如果工业企业之间效率差异接近美国水平，中国工业的总体全要素生产率可以提高 25%—30%。

三、导致我国工业经济效率下降的主要原因

导致我国工业经济效率下降的原因，主要有以下几个方面：

(一)以扭曲的要素价格等方式推动工业投资

要素市场化改革滞后，行政主导土地、资本、矿产资源等重要要素资源配置。以低价提供土地与资源、提供财政补贴、提供税收优惠等政策推动工业投资，进而推动工业经济增长的模式，造成了工业经济效率的下降。以扭曲的要素资源价格等优惠政策导致部分行业严重产能过剩，并对工业经济的配置效率也带来极为不利的影响。这些优惠政策使得许多低效率企业进入市场，并为低效率的企业生存甚至发展提供空间，市场优胜劣汰的竞争机制难以充分发挥作用，进而导致资源在跨企业层面的配置效率低下。

(二)实施过度干预市场的产业政策

长期以来实施以干预市场、替代市场为特征的产业政策，对工业部门效率提升产生不利影响。采取广泛干预微观经济的产业政策，带来较为严重的寻租行为，诱导企业经营者将更多的精力配置于寻租活动，相

应减少了适应市场、降低成本、提高产品质量、开发新产品等提升效率方面的努力，进而阻碍了整个工业部门提升效率的步伐。

在钢铁、汽车、有色金属、石化等重要行业中，实施严格的投资审批、核准政策及市场准入政策为主的产业政策，这些产业政策具有显著限制竞争、扶持大企业限制小企业的倾向，破坏了公平竞争的市场环境，使得这些行业中优胜劣汰的市场竞争机制严重受阻，对行业效率的提升产生了显著的负面影响。主要表现在以下三个方面：①大企业由于受政策扶持且缺乏竞争压力，生产效率偏低且改进缓慢，但市场份额却不断扩大；②一些具有较高生产效率且效率改进速度较快的中小企业或新进入企业，受政策限制却难以进一步成长和扩大市场份额；③由于市场竞争受限，一些低效率的企业长期存活在市场中，不能被淘汰出市场。

（三）尚未建立公平竞争的市场环境

公平竞争的市场环境仍未建立，不利于工业部门的效率提升。当前，《产品质量法》、《消费者权益保护法》、《环境保护法》、《劳动法》、《反不正当竞争法》、《知识产权保护法》等维护公平竞争的法律法规及其实施机制仍不健全，不少效率低下的落后企业采取损害劳动者权益、破坏生态环境、生产假冒伪劣产品、剽窃知识产权等不正当竞争行为，以此获得生存发展空间，导致市场竞争秩序混乱，落后、违规、违法企业长期难以被淘汰出市场，高效率企业的发展也受到很大局限，并会导致高效率企业创新与提升效率的动力不足。

（四）技能型与知识型产业技术工人缺乏

技能型与知识型产业技术工人缺乏，严重制约生产效率的提升。受过良好教育与职业培训的产业人才，是工业效率持续提升的重要源泉。虽然我国近年来大力加强职业技术教育，但与制造业转型升级的要求相比，技能型和知识型工人的缺口还很大。根据全国第三次经济普查数据，我国制造业劳动力平均受教育年限还比较低，由图 3 可知，我国主要制造业行业从业人员平均受教育年限均不到 12 年。也就是说，剔除制造业行业中受过大学教育的这部分专业人员，制造业工人中只有很少一部分人在接受完 9 年义务教育之后，继续接受完整的职业技术教育。

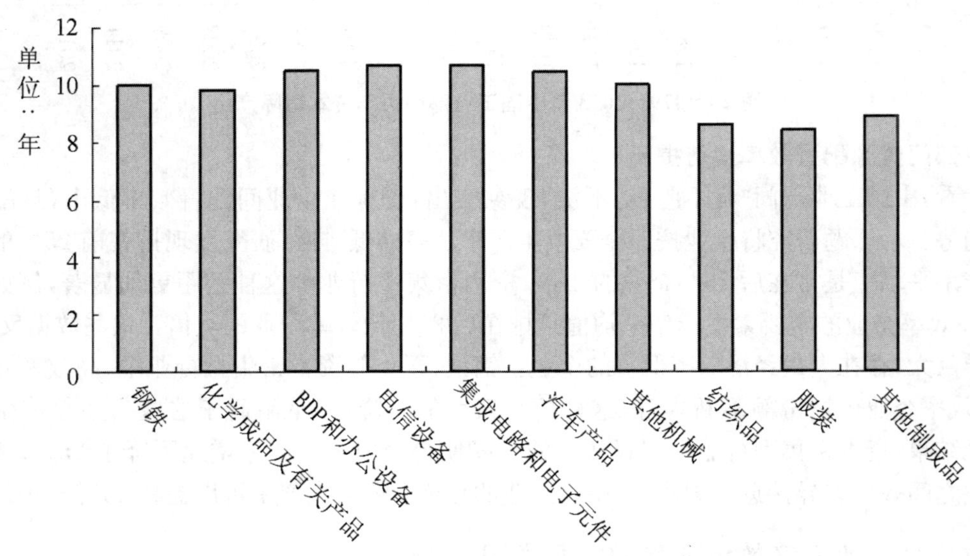

图 3　我国主要制造业行业从业人员平均受教育年限

四、政策建议

当前要推动工业效率的持续提升，加快工业转型升级步伐，首先需要处理好市场与政府关系。政府必须提供完善的市场经济制度体系，建立公平竞争的市场环境，让市场机制在资源配置、激励创新、促进效率提升中充分发挥其决定性作用，并在尊重市场机制及市场主体意愿的基础上积极作为，为市场主体提升效率的创新活动、创新主体之间的协调与合作创造良好的外部环境，从而实现“市场在资源配置中起决定性作用与更好发挥政府作用”的高度统一。

（一）完善市场体制机制

完善的市场经济体制是促进创新和推动效率提升最为有效的制度安排。具体而言：第一，加快建设与完善市场法制体系。市场经济的本质是法治经济，当前中国经济中面临的诸多问题，主要源于市场制度的基本法律及其执行机制不健全，中国迫切需要完善规范市场行为相应法律体系。应加快修订《合同法》、《公司法》、《破产法》、《劳动法》、《反不正当竞争法》、《产品质量法》、《消费者权益保护法》、《环境保护法》等法律法规，并加快完善相应执法体制。第二，应完善知识产权保护相关法律体系及其执行机制，以法治建立起严格保护知识产权的长效机制。还应修改职务发明相关法律规定，理顺职务发明人及其所属机构之间的责任、义务及利益分配关系，增强对职务发明人创新活动的激励。第三，应加快要素市场改革，改变行政主导土地等重要资源配置的局面，让市场在要素资源的配置中发挥决定性作用。重点推进土地制度改革，明晰土地产权，改进国家对土地的管理制度；加快推进水资源、矿产资源、能源价格形成机制的市场化改革，使价格能充分反应稀缺程度与社会成本。第四，加快税收体制改革。特别是理顺中央与地方之间的利益分配机制，推动地方财政透明化与民主化改革，推进有关资源环境的税收制度改革，不仅要将资源环境的成本纳入企业的成本，还要进一步加强相应的监督管理，防止地方政府利用环境保护管理方面的漏洞为企业变相提供优惠政策。

(二)建立公平竞争的市场环境

公平的市场竞争能通过优胜劣汰机制不断改进市场的配置效率，并迫使企业不断创新与提升效率。第一，应调整产业政策取向，放弃“扶大限小”以及挑选特定产业、特定企业、甚至特定技术、特定产品进行扶持的产业政策模式，将政策重点转为“放松管制与维护公平竞争”。第二，放松并逐渐取消不必要的审批、核准与准入，让不同所有制、不同规模的企业具有公平进入市场的权利。准入管理应仅局限在生态与环境保护、产品与生产安全、劳工权益保护方面。第三，制定完善的公平竞争法。切实保障各种所有制企业依法平等使用生产要素、公平参与市场竞争、同等受到法律保护，并将为本地企业提供损害公平竞争的各类补贴及优惠政策与其他地方保护主义行为，列入可诉范围；公平税负与社会责任，让不同所有制企业在税负、社会责任要求方面能得到同等对待。第四，消除一些行业或领域存在的隐性市场进入壁垒，例如政策影响力、指定采购、资源和要素的原始占有、在位企业战略性阻止行为等。

(三)完善环境保护体制

一是完善环境保护公众参与制度的法律设计。提高公众主体意识、权利意识、法律意识，在宪法、环保基本法、单项法规中明确公民环境权的内容，是实现公民环境权的必需条件和根本保障。二是完善公众参与环境保护的途径和方式，通过立法明确规定公众参与的程序性权利，大力发展环保团体，积极发挥非政府组织、民间团体的作用。三是在借鉴国外经验的基础上，进一步完善环境公益诉讼制度，使环境得到及时有效的保护，对个人和公众的环境权益进行全面周到的救济。四是加快环境保护的执法机制改革，保障环境保护相关法律法规能得以严格执行。尽快建立全国性钢铁、电解铝、水泥、化工等行业企业污染排放在线监测网络和遥感监测网络，强化高能耗、高污染物排放行业的环境监管。

(四)创造良好的金融环境

一是加快利率与汇率的市场化；二是加快建立多层次市场化的金融体系。第一，积极、稳妥地推动利率市场化进程，开展全方位的金融体制改革，将工业企业的资金使用成本充分反映到资金价格中去。这一方面可以从根本上抑制低效率的粗放型投资，提高资金的使用效率，抑制过剩产能；另一方面可以形成倒逼机制，迫使工业企业提高自身的生产效率和经营绩效。第二，在加强金融监管的同时，消除不必要的审批和准入管制，推动建立多层次、多元化、市场化的金融体系。逐步放开银行业等金融服务行业的准入管制，鼓励更多民间资本进入金融领域，发展社区银行、区域性银行；建立多层次的资本市场，形成交易所、全国性股权转让市场、区域性场外市场及券商柜台场外市场三个大的层次，积极发展能推动科技性中小企业发展的中小金融服务机构，健全多层次的资本市场体系以支持新兴产业的技术创新活动和产业化进程。

(五)为促进技术创新营造良好外部环境

第一，在财政上加大对于基础研究和产业基础技术研究开发的投入力度，并将这种资金投入的分配与使用、对于产出成果的审核与评价置于公开、透明的程序与体系下，并以此为基础提高科技投入的产出效率。第二，加强国家科技公共服务平台建设。建立全国性公共科技综合服务平台，这个服务平台是集创新供需信息收集、信息咨询、技术咨询与技术服务等多种服务功能于一身的综合性服务平台；强化现有公共技术服务平台的考核与评估，加强其服务功能，促使其提升服务质量；鼓励和支持国家重点实验室的开放运行，支持各大高校、科研机构、大型企业的研发部门为增进科技创新活动和推广科技成果而建立开放型的知识管理和技术服务平台，建立和完善公共科研数据的管理和共享机制，推进科研数据的共享。第三，拓展现有的税收优惠政策，对于所有行业的企业对高新技术的自主开发及自主开发技术在生产中的应用，均给予适当的税收减免。

（六）建立多层次的人才培养体系

鼓励职业技术院校与企业紧密合作培养高素质技能型技术工人。可参照德国模式，建立产业工人终身学习机制，由政府统筹规划，在财政上提供支持，在制度上提供法律保障；充分发挥各类教育机构的功能，有效整合各类教育资源，促进资源共享；鼓励和支持教育机构、企事业单位紧密合作开设符合社会需要的课程，以促进企业与职业学校的结合、实践与理论的结合、工作与学习的结合。鼓励一流高校调整学科与专业设置，培育与先进制造相适应的高级工程师与知识型员工。

（七）加快推动工业企业节能减排

首先，加大节能减排技术研发与应用的支持力度。以财政支持的方式鼓励节能减排技术公共研发机构和试验平台建设，推进节能减排基础性、框架性和共性技术的研究开发；推进产学研相结合，对企业与科研机构合作研发节能减排技术、购买或产业化实验室（节能减排）技术给予一定的税收优惠和财政补贴，加快节能减排技术成果产业化的步伐。

其次，制定有针对性、差异化的节能减排政策。一是研究制定区域工业节能减排差异化政策，在淘汰落后产能、新上项目能评环评以及节能减排技改资金安排等方面，充分考虑东部与中西部的地区差异。设立专项资金或专门的金融机构，为中西部能源技术推广提供资金支持，有针对性的扶持落后地区的技术升级。二是研究制定工业行业节能减排差异化政策，在节能减排技术装备推广、能源消耗和主要污染物排放总量控制等方面，充分考虑重点行业与一般行业的差异。三是研究制定工业企业节能减排差异化政策，在节能减排服务、绿色采购、绿色信贷等方面政策制定时，充分考虑大企业与中小企业的差异，重点支持中小企业的节能减排。

课题组　组长：史　丹

成员：江飞涛　简　泽　王　蕾

覃　毅　李晓萍

服务业发展与就业关系研究

1978 年以来，我国服务业保持快速增长，从 872.5 亿元提高到 2013 年的 262203.8 亿元，扩大了 300 倍。然而，虽然 2013 年我国服务业增加值占 GDP 的比重已达到 46.9%，但这一比重不仅低于发达国家 2000 年 70.1%的平均水平，与俄罗斯、巴西和印度等处于同等发展阶段的国家相比，也有较大差距。另一方面，随着我国劳动年龄人口的逐步减少，就业总量矛盾相对缓解的同时，结构性矛盾却在逐步凸显。

一、改革开放以来我国服务业发展及就业情况

(一)三次产业结构情况

改革开放以来，中国坚持以“调高调优调强”为基本导向，着重推动产业结构优化升级。三次产业结构由 1978 年的 28.2：47.9：23.9 调整为 2013 年的 9.4：43.7：46.9，第三产业增加值占 GDP 的比重首次超过第二产业。2013 年，第三产业增加值为 262203.8 亿元，比上年增长 8.3%，分别比第一、二产业增速快 4.3 个百分点和 0.5 个百分点。

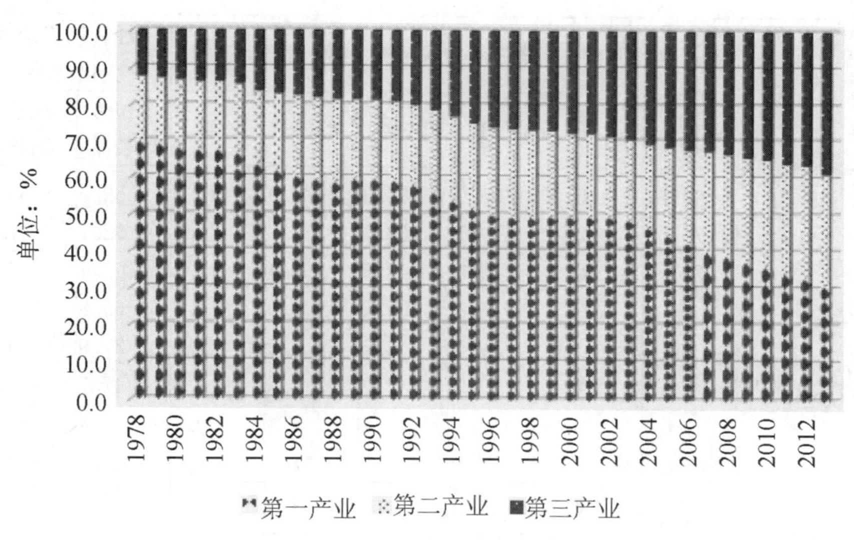

图 1 三次产业结构变化

(二)三次产业就业情况

从 1978—2013 年中国三次产业就业结构来看，就业结构得到持续调整。第一产业就业人数比重持续下降，从 1978 年占全部就业人数的 70.5%下降到 2013 年的 31.4%；第二产业就业人数比重稳步上升，从 1978 年的 17.3%上升到 2012 年的 30.3%，但在 2013 年下降了 0.2 个百分点；第三产业就业人数比重上升速度较快，从 1978 年的 12.2%上升到 2013 年的 38.5%。1994 年起，第三产业的就业人数开始超过第二产业；2011 年起，第三产业的就业人数开始超过第一产业，但与发达国家第三产业就业比重超过 60%相比，我国的第三产业就业吸纳还有很大发展空间。

二、从第三次经济普查看我国服务业发展及就业情况

(一)服务业法人单位数和法人单位比重均有提高

法人单位数方面，第三次经济普查中服务业法人单位数分别比第二次经济普查和第一次经济普查增长 62.0%和 121.2%，均高于全部法人单位增长的 52.9%和 110.0%。法人单位所占比重方面，第三次经济普查中服务业法人单位占全部法人单位 73.1%，比第二次经济普查的 69.0%和第一次经济普查的 69.4%分

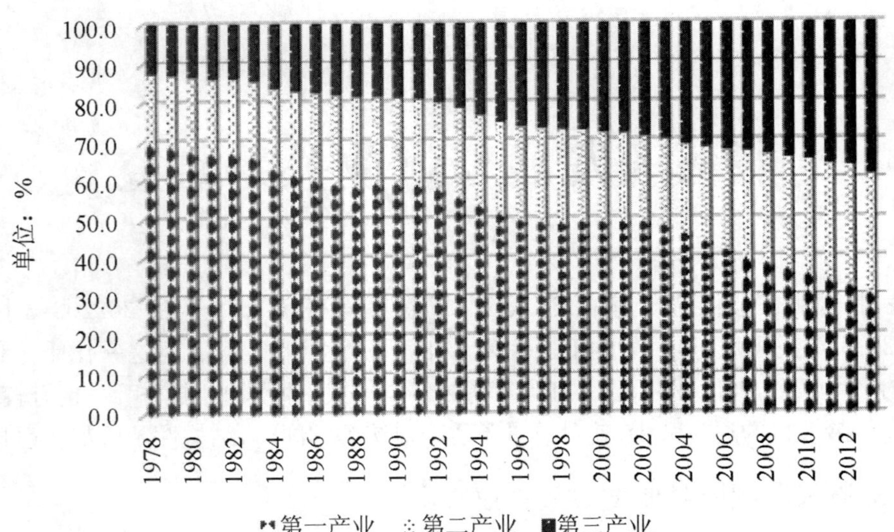

图 2　三次产业就业结构变化

别提高了 4.1 和 3.7 个百分点。服务业法人单位数和法人单位占全部的比重均有提高。具体到各细分服务业行业，第三次经济普查中所有行业法人单位数与第二次经济普查和第一次经济普查相比均有所增长，但法人单位占全部的比重，部分行业有所下降（见表 1）。

表 1　服务业法人单位数和比重变化（单位：万个；%）

行业	第三次经济普查		第二次经济普查		第一次经济普查		三经普比二经普变化情况		三经普比一经普变化情况	
	单位数	比重	单位数	比重	单位数	比重	单位数增长率	比重增长	单位数增长率	比重增长
合计	1085.7	100.0	709.9	100.0	516.9	100.0	52.9	—	110.0	—
服务业	793.7	73.1	489.7	69.0	358.8	69.4	62.1	4.1	121.2	3.7
批发和零售业	281.1	25.9	140.3	19.8	88.4	17.1	100.4	6.1	218.0	8.8
交通运输、仓储和邮政业	26.2	2.4	15.8	2.2	8.0	1.5	65.8	0.2	227.5	0.9
住宿和餐饮业	20.0	1.8	14.5	2.0	9.3	1.8	37.9	−0.2	115.1	0.0
信息传输、软件和信息技术服务业	22.6	2.1	15.3	2.2	7.3	1.4	47.7	−0.1	209.6	0.7
金融业	3.0	0.3	2.9	0.4	2.4	0.5	3.4	−0.1	25.0	−0.2
房地产业	34.4	3.2	21.4	3.0	12.9	2.5	60.7	0.2	166.7	0.7
租赁和商务服务业	91.7	8.4	42.7	6.0	24.9	4.8	114.8	2.4	268.3	3.6
科学研究和技术服务业	45.6	4.2	20.2	2.8	13.7	2.7	125.7	1.4	232.8	1.5
水利、环境和公共设施管理业	8.5	0.8	5.8	0.8	4.4	0.9	46.6	0.0	93.2	−0.1
居民服务、修理和其他服务业	19.1	1.8	12.0	1.7	8.4	1.6	59.2	0.1	127.4	0.2
教育	41.4	3.8	33.5	4.7	29.9	5.8	23.6	−0.9	38.5	−2.0
卫生和社会工作	25.0	2.3	20.7	2.9	18.2	3.5	20.8	−0.6	37.4	−1.2
文化、体育和娱乐业	23.1	2.1	8.2	1.2	6.5	1.3	181.7	0.9	255.4	0.8
公共管理、社会保障和社会组织	152.0	14.0	136.4	19.2	124.5	24.1	11.4	−5.2	22.1	−10.1

注：在第一次经济普查和第二经济普查，第三次产业划分为批发和零售业，交通运输、仓储和邮政业，住宿和餐饮业，信息传输、软件和信息技术服务业，金融业，房地产业，租赁和商务服务业，科学研究、技术服务和地质勘查业，水利、环境和公共设施管理业，居民服务和其他服务业，教育，卫生、社会保障和社会福利业，公共管理和社会组织。表 2 同。

（二）服务业法人单位从业人员数量增长较快，比重提高

在法人单位从业人员方面，服务业法人单位从业人员为 158.6 万人，比第二次经济普查的 112.2 万人和第一次经济普查的 86.6 万人分别增长了 41.3%和 83.0%，均高于全部法人单位从业人员增长的 31.1%和 67.4%。服务业法人单位从业人员占全部单位从业人员的比重为 44.5%，比第二次经济普查的 41.3%和第一次经济普查的 40.8%分别提高了 3.2 和 3.7 个百分点（见表 2）。

表 2 服务业法人单位从业人数和比重变化

单位:百万人;%

行业	第三次经济普查		第二次经济普查		第一次经济普查		三经普比二经普变化情况		三经普比一经普变化情况	
	从业人数	比重	从业人数	比重	从业人数	比重	从业人数增长率	比重增长	从业人数增长率	比重增长
合计	356.0	100.0	271.5	100.0	212.6	100.0	31.1	—	67.4	—
服务业	158.6	44.5	112.2	41.3	86.6	40.8	41.3	3.2	83.0	3.7
批发和零售业	33.2	9.3	18.9	7.0	13.8	6.5	75.2	2.3	139.8	2.8
交通运输、仓储和邮政业	13.0	3.7	9.0	3.3	6.3	3.0	44.8	0.4	107.1	0.7
住宿和餐饮业	6.9	1.9	5.9	2.2	4.3	2.0	18.1	−0.3	61.1	−0.1
信息传输、软件和信息技术服务业	5.5	1.5	3.2	1.2	2.4	1.1	72.0	0.3	131.3	0.4
金融业	5.3	1.5	5.1	1.9	3.7	1.8	4.2	−0.4	41.8	−0.3
房地产业	8.9	2.5	5.5	2.0	4.0	1.9	61.0	0.5	124.7	0.6
租赁和商务服务业	13.3	3.7	7.7	2.8	4.4	2.1	72.4	0.9	202.3	1.6
科学研究和技术服务业	8.1	2.3	4.5	1.6	3.3	1.5	81.0	0.7	148.6	0.8
水利、环境和公共设施管理业	3.0	0.8	2.2	0.8	1.8	0.9	34.6	0.0	62.0	−0.1
居民服务、修理和其他服务业	2.9	0.8	2.0	0.7	1.4	0.6	46.6	0.1	114.3	0.2
教育	19.1	5.4	17.2	6.3	15.2	7.1	11.0	−0.9	26.0	−1.7
卫生和社会工作	9.2	2.6	6.8	2.5	5.5	2.6	34.9	0.1	67.6	0.0
文化、体育和娱乐业	3.1	0.9	1.9	0.7	1.5	0.7	59.2	0.2	109.9	0.2
公共管理、社会保障和社会组织	27.1	7.6	22.3	8.2	19.2	9.0	21.6	−0.6	41.3	−1.4

从具体行业来看,与前两次经济普查相比,超过服务业法人单位从业人员平均增幅的有批发和零售业,交通运输、仓储和邮政业,信息传输、软件和信息技术服务业,房地产业,租赁和商务服务业,科学研究和技术服务业,居民服务、修理和其他服务业,文化、体育和娱乐业等行业。

此外,批发和零售业,交通运输、仓储和邮政业,信息传输、软件和信息技术服务业,房地产业,租赁和商务服务业,科学研究和技术服务业,居民服务、修理和其他服务业,卫生和社会工作,文化、体育和娱乐业等行业占全部法人单位从业人员的比重比前两次经济普查均有所提高。

(三)服务业发展不平衡

服务业发展不平衡。对于法人单位,在三次经济普查期间,租赁和商务服务业年均增速要远高于其他产业,并且占比增长也较高。交通运输、仓储和邮政业,信息传输、软件和信息技术服务业,房地产业,文化、体育和娱乐业虽然年均增速较高,但其比重提高不多。金融业,教育,卫生和社会工作,公共管理、社会保障和社会组织不仅年均增速较低,且其占比是下降的(见表3)。

表 3 服务业法人单位年均增速与占比增长列联表

	占比增长≥1%	0%≤占比增长<1%	占比增长<0%
年均增速≥10%	批发和零售业 租赁和商务服务业 科学研究和技术服务业	交通运输、仓储和邮政业 信息传输、软件和信息技术服务业 房地产业 文化、体育和娱乐业	
5%≤年均增速<10%		住宿和餐饮业 居民服务、修理和其他服务业	水利、环境和公共设施管理业
年均增速<5%			金融业 教育 卫生和社会工作 公共管理、社会保障和社会组织

三、我国服务业发展与就业关系分析

(一)服务业就业效应分析

经典学说"配第—克拉克定理"揭示了经济发展过程中产业结构变化以及相应的就业转移趋势,他们认为劳动力必然由第一产业转移至第二产业,而后再由第二产业转移至第三产业,服务业的发展能吸纳更多的劳动力就业。在服务业吸收劳动力就业方面,中国由过去 GDP 每增长 1 个百分点大约拉动 100 万人就业增长到现在大约可以拉动 150 万人就业。下面将分别从就业弹性、结构偏离度和比较劳动生产率,对中国服务业就业效应进行分析。

从就业弹性来看,中国三次产业部门的就业弹性均呈现起伏波动的态势。在三次经济普查期间,第一产业的就业弹性一直为负值,农业的生产技术提高对于农业劳动力有挤出效应,再加上人们更愿意从事非农业生产以获取更高的收入,因此,大量劳动力从第一产业转移出来。在 2013 年以前,第二产业的就业弹性相对而言是比较高的,这与我国之前着力发展制造业,使之对就业产生巨大的吸纳作用是分不开的。但在 2013 年,由于第二产业的就业人数为负增长,导致第二产业的就业弹性为负值,与此同时,第三产业的就业弹性大大提高(见图 3)。

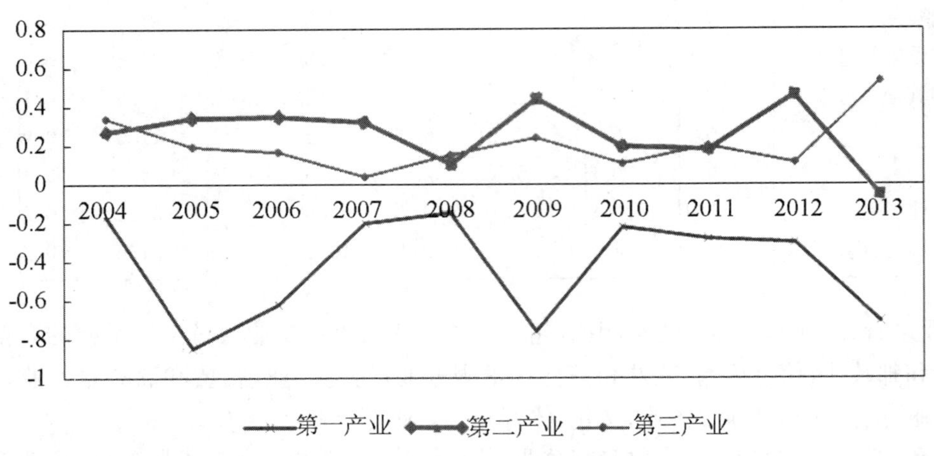

图 3 三次产业就业弹性变化

从结构偏离度来看,服务业结构偏离度呈现先上升后下降趋势。结构偏离度为负,表明该产业或部门的就业比重大于产值比重,意味着劳动力可能从该产业或部门转出;结构偏离度为正,表明该产业或部门的就业比重小于产值比重,意味着劳动力可能流入该产业或部门。2012 年,我国服务业的增加值比重为 44.6%,就业[①]比重为 44.5%,结构偏离度为 0.0011。人均 GDP38459 元,折算成 6092 美元,与赛尔奎因和钱纳里(1980)所研究出的人均 4000 美元的服务业结构偏离度为−6.8%的国际标准模式相比,我国服务业的结构偏离度已经超过了国际标准水平,说明我国服务业存在较大的潜力。除了批发和零售业,交通运输、仓储和邮政业,住宿和餐饮业,信息传输、软件和信息技术服务业,金融业,房地产业,居民服务、修理和其他服务业的结构偏离度为正值外,其他行业的结构偏离度均为负值。

表 4 服务业结构偏离度变化

行　业	2012 年[②]	2008 年	2004 年
服务业合计	0.0011	0.0049	−0.0037
批发和零售业	0.0020	0.0137	0.0129
交通运输、仓储和邮政业	0.0110	0.0190	0.0287
住宿和餐饮业	0.0007	−0.0005	0.0027
信息传输、软件和信息技术服务业	0.0056	0.0132	0.0153

① 此处指法人单位从业人数比重,下同。

② 因为 2013 年部分服务业分行业增加值不可获取,因此此处以 2012 年数据替代。下同。

续表

行　业	2012 年①	2008 年	2004 年
金融业	0.0404	0.0286	0.0161
房地产业	0.0315	0.0266	0.0263
租赁和商务服务业	−0.0165	−0.0105	−0.0042
科学研究和技术服务业	−0.0069	−0.0038	−0.0043
水利、环境和公共设施管理业	−0.0036	−0.0041	−0.0038
居民服务、修理和其他服务业	0.0071	0.0074	0.0091
教育	−0.0224	−0.0352	−0.0408
卫生和社会工作	−0.0085	−0.0103	−0.0094
文化、体育和娱乐业	−0.0020	−0.0010	−0.0004
公共管理、社会保障和社会组织	−0.0371	−0.0382	−0.0518

从比较劳动生产率来看，服务业比较劳动生产率呈现先上升后下降的趋势。比较劳动生产率大于 1 时，说明该部门的劳动密集程度相对较低；当这一比例小于 1 时，表明该部门的劳动密集程度比较高。2012 年，我国服务业的比较劳动生产率为 1.0025。与赛尔奎因和钱纳里(1980)所研究出的人均 4000 美元的服务业比较劳动生产率为 1.16 的国际标准模式相比，我国服务业的比较劳动生产率尚低于国际标准水平，说明我国服务业的劳动密集程度较高。主要体现在批发和零售业，交通运输、仓储和邮政业，信息传输、软件和信息技术服务业，金融业，房地产业，居民服务、修理和其他服务业的比较劳动生产率大于 1，其他行业的比较劳动生产率均小于 1，其中金融业的比较劳动生产率最高，说明其劳动密集程度最低。

表 5　服务业比较劳动生产率变化

行　业	2012 年	2008 年	2004 年
服务业合计	1.0025	1.0119	0.9910
批发和零售业	1.0212	1.1965	1.1980
交通运输、仓储和邮政业	1.3006	1.5761	1.9717
信息传输、软件和信息技术服务业	1.3633	2.1191	2.3620
金融业	3.7072	2.5223	1.9149
房地产业	2.2634	2.3078	2.4109
租赁和商务服务业	0.5589	0.6292	0.7949
科学研究和技术服务业	0.6970	0.7714	0.7179
水利、环境和公共设施管理业	0.5651	0.4942	0.5554
居民服务、修理和其他服务业	1.8490	2.0105	2.4256
教育	0.5831	0.4458	0.4285
卫生和社会工作	0.6714	0.5883	0.6367
文化、体育和娱乐业	0.7644	0.8565	0.9427
公共管理、社会保障和社会组织	0.5089	0.5348	0.4259

(二)服务业就业人数预测分析

第三产业就业人数受多种因素的影响，因此，预测第三产业的就业人数是一个复杂的经济系统。时间序列预测法是根据历史资料进行延伸预测，以时间序列所能反映的社会经济现象的发展过程和规律性，进行引伸外推，预测其发展趋势的方法。其中，ARIMA 模型(Autoregressive Integrated Moving Average Model)是一种著名的时间序列预测方法，它通过将非平稳时间序列转化为平稳时间序列，然后将因变量仅

① 因为 2013 年部分服务业分行业增加值不可获取，因此此处以 2012 年数据替代。下同。

对它的滞后值以及随机误差项的现值和滞后值进行回归所建立的模型，从而可以从时间序列的过去值及现在值来预测其未来值。

从1978－2013年第三产业就业人数序列图看，我国第三产业就业人数有着明显的增长趋势(见图4)。

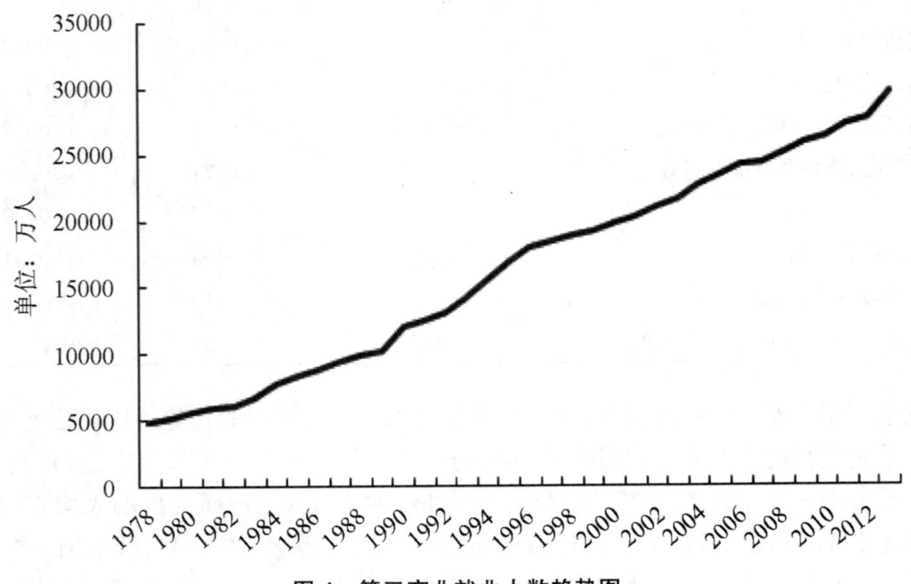

图4　第三产业就业人数趋势图

同时，对第三产业就业人数序列进行单位根检验，如果序列有单位根，则该序列非平稳；否则，序列是平稳的。在选择带有趋势和截距项的单位根检验后，平稳性结果如表6所示。ADF检验统计量的值是－2.534637，大于三个不同显著水平的临界值，因此，该序列是非平稳的。

表6　第三产业就业人数序列ADF检验结果

		T统计量	P值
ADF检验统计量		－2.534637	0.3107
检验临界值：	1%level	－4.243644	
	5%level	－3.544284	
	10%level	－3.204699	

在对我国服务业就业人数取对数并进行一阶差分后，进一步进行ADF平稳性检验(见表7)。从检验结果来看，ADF统计量的值是－5.831050，在10%的显著性水平下小于其临界值。即该序列是平稳序列。

表7　第三产业就业人数对数差分序列ADF检验结果

		T统计量	P值
ADF检验统计量		－5.831050	0.0002
检验临界值：	1%level	－4.252879	
	5%level	－3.548490	
	10%level	－3.207094	

因此，对该平稳序列做出其序列相关图，根据该序列的自相关函数(ACF)和偏自相关函数(PACF)判断其滞后阶数(见图5)。

由图5可以看出，自相关系数和偏自相关系数均处于置信带区间(虚线)内，所以，最后构建模型：

$$\ln y = 0.360196 + 0.967650 \ln y(-1)$$
$$(p=0.0006)\quad(p=0.0000)$$
$$R^2 = 0.9966 \qquad F = 9554.922$$

自相关	偏相关		自相关	偏相关	Q统计量	P值
		1	0.210	0.210	1.6745	0.196
		2	0.182	0.145	2.9774	0.226
		3	0.251	0.201	5.5312	0.137
		4	0.192	0.102	7.0632	0.133
		5	0.113	0.010	7.6184	0.179
		6	0.304	0.230	11.759	0.068
		7	0.059	-0.094	11.920	0.103
		8	-0.058	-0.173	12.083	0.148
		9	0.167	0.115	13.467	0.143
		10	0.183	0.138	15.195	0.125
		11	0.059	0.016	15.386	0.166
		12	-0.014	-0.171	15.397	0.220
		13	-0.142	-0.238	16.577	0.219
		14	-0.119	-0.049	17.451	0.233
		15	-0.184	-0.225	19.655	0.186
		16	-0.182	-0.198	21.917	0.146

图 5　第三产业就业人数对数差分序列相关图

从模型拟合结果可知，P 值在 1%的显著性水平下显著，且 R 平方值等于 0.9966，F 值为 9554.922(P 值 =0.0000)。此外，对回归模型残差序列进行相关分析，如图 6 所示，残差为白噪声，说明拟合模型有效，模型拟合图见图 7。

自相关	偏相关		自相关	偏相关	Q统计量	P值
		1	-0.045	-0.045	0.0772	0.781
		2	-0.066	-0.068	0.2465	0.884
		3	0.031	0.025	0.2849	0.963
		4	-0.074	-0.077	0.5161	0.972
		5	-0.152	-0.157	1.5140	0.911
		6	0.202	0.182	3.3397	0.765
		7	-0.068	-0.074	3.5515	0.830
		8	-0.209	-0.204	5.6500	0.686
		9	0.100	0.062	6.1528	0.725
		10	0.122	0.129	6.9177	0.733
		11	-0.059	-0.006	7.1042	0.791
		12	-0.025	-0.125	7.1394	0.848
		13	-0.178	-0.230	8.9941	0.773
		14	-0.122	-0.025	9.9174	0.768
		15	-0.145	-0.217	11.281	0.732
		16	-0.066	-0.247	11.578	0.773

图 6　模型残差序列相关图

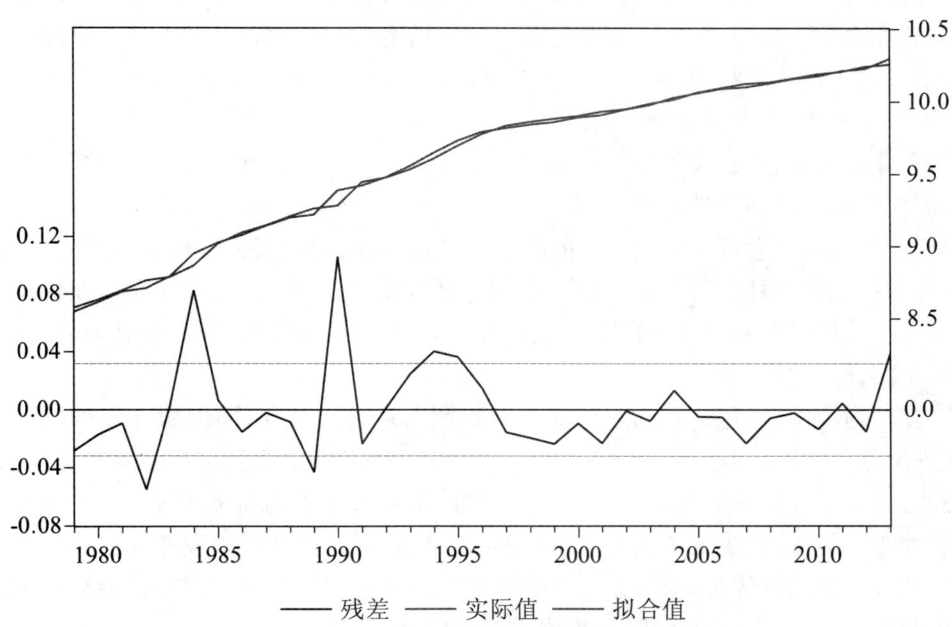

图 7　模型拟合图

根据该模型对我国第三产业就业人数进行预测，到 2020 年，我国服务业就业人数能达到 35280.99 万人，说明服务业吸纳劳动力还存在较大的潜力。

四、几点对策建议

服务业已成为我国第一大产业，但服务业发展仍存在诸多短板，其相对滞后的格局亟须改变。从上述分析可以看出：一是服务业稳定经济增长的作用增强，但结构还不够合理；其次服务业就业人口增长较快，但就业的结构性矛盾依然突出；再次服务业已吸纳了较多的就业，但还存在巨大的吸纳就业潜力与空间。因此，在“新常态”经济发展环境下，土地、劳动力、能源等要素资源短缺进一步加剧，产业低端化扩张难以为继。我国应充分利用自己的劳动力、市场潜力、工业基础等优势，结合各地区现有发展基础，促进第三产业发展，实现产业结构优化，带动就业增长。对此，建议：

（一）加快发展服务业，促进产业结构调整和优化

大力发展第三产业。我国服务业已经进入快速发展轨道，但是与发达国家相比还有较大的差距。应把发展服务业作为主要着力点，将服务业作为经济发展的引擎和主导产业。必须坚持市场主导、创新驱动、突出重点、集聚发展、融入全球化、走出去的原则，全力推动服务业发展增量提质。

一是以制造业发展为依托，促进服务业与先进制造业的融合发展。“制造业是服务业的生身父母”，离开发达的制造业，服务业就是无根的“空心化”产业。因此，应该抓住对内对外开放进一步扩大和服务业国际化逐渐加快的机遇，依托我国制造业优势，大力发展金融业，信息传输、软件和信息技术服务业、科学研究和技术服务业等现代服务业，促进先进制造业和服务业融合互动发展。依托区位交通的优势，加快发展第三、第四方物流，大力发展供应链管理、现代物流业和商贸流通业，推动物流业与制造业融合互动发展。大力发展服务外包，抢抓世界服务外包产业转移的新机遇，坚持开放带动战略，不断加快我国服务外包产业发展步伐。一方面，积极开发国际服务外包市场，不断拓展外包业务范围，重点推进现代物流、金融后台服务、科技研发、劳务服务、商贸营销等外包业务；另一方面，加大离岸外包服务力度，高起点切入国际服务外包市场，重点发展知识流程外包和业务流程外包。

二是以发展现代服务业为抓手，努力提高现代服务业的科技含量和创新水平。当前，我国服务业的许多模式都是参照国外，严重缺乏引领性创新模式，没有充分发挥科技对现代服务业发展的支撑作用。因此，亟需提高在服务业领域的研发投入，大力支持具有自主知识产权、高附加值的软件企业发展，聚焦“云计算”、“大数据”和“物联网”等重点发展方向，推动软件服务业外包企业创新发展，全面提升信息技术咨询、信息系统设计集成等水平。构建面向服务企业需求的公共信息平台，及时定期发布有关政策，针对不同行业建立全面的企业数据库，推进行业的信息化、网络化进程。

三是以互联网经济发展为契机，着力提升服务业发展水平和层次。传统服务业的转型升级势在必行，新兴的现代服务企业也需不断创新。目前我们国家扶持的养老、休闲等生活性服务业市场需求在日益增长，而供给能力却远远不足。依托“互联网＋”，适应城镇化和消费升级发展需要，全面融入金融、教育、旅游等现代服务业，积极发展教育、养老、健康等服务业。

四是放宽服务业准入机制，加快服务业市场化。当前，我国服务业领域的行政垄断仍具有比较大的普遍性，服务业发展面临的突出问题是对中小型企业、民营经济开放度还远远不够。“十三五”应当进一步解放思想，适应服务业市场对社会资本全面放开的新形势，以发展政府购买公共服务为重点，加快推进公益法人的立法，更好地发挥公益性社会组织在基本公共服务领域的独特作用。与此同时，加快推进公共资源配置社会化、市场化，在特许经营权出让方面全面引入竞争机制，全面规范和完善政府采购，完善形成服务业市场对社会资本全面开放的新格局。

五是以“营改增”为统领，构建良好的服务业发展机制与环境。目前，面向服务业的许多创新政策还处于缺失状态，促进服务业发展的政策环境还有待进一步建立和完善。政府与有关部门应该加强协同合作，积极制定和完善有利于服务业发展的政策。随着运输业、信息技术服务业等行业进行“营改增”改革，使我国服务业的税负大幅度降低，加快服务业专业化发展的步伐。建立健全服务业相关法律法规，营造公平、有序的市场环境。加快完善监管体系，消除体制性障碍，实行政策公开、透明，加快对铁路、民航、金融、保险等垄断性行业的体制改革，引入市场竞争机制，加强区域间的合作。

六是适应全面建成小康社会的多方面需求，大力发展满足全体居民的多元化需要，积极开拓新的现代

服务业业态，优化服务业结构。如休闲度假、保健康复、个性化居家养老等服务业，在提高国民素质，全面建成小康社会方面作出应有的贡献。

（二）优化服务业内部结构，扩大不同就业结构需求

在扩大服务业规模的基础上，要进一步优化服务业内部结构。一方面可以通过产业扶植政策发展高新技术行业，强化这些行业因为较大的发展潜力和市场带来的“二次就业效应”，同时增强我国现代服务业的国际竞争力；另一方面通过实施产业救助政策，适度的带动传统服务业发展，开发适合失业人员的就业岗位，实现扩大就业与经济增长同步前进。

一是针对性地培养现代服务业高素质人才。积极探索引进高层次人才的新路径，合理制定差异化的人力资本激励机制，推行技术入股、管理人员持股、股票期权激励等新型分配方式，重点培养现代物流业、金融业、信息服务等重点领域的高层次复合型人才。发挥部门主导作用，落实海外人才引进各项政策保障措施，为海外高层次人才提供良好的创新创业和生活环境。同时，与高等院校、科研机构合作，积极开展在职教育，建立重点领域服务业人才培训基地和相应的职业资格认证制度，培养现代服务业高素质人才。

二是大力提升传统服务业的就业能力。传统服务业尤其是商贸、餐饮仍然是人们的日常生活所不可或缺的行业，在第三产业中的基础地位不可动摇。相对于现代服务业，传统服务业的开放性更高，市场竞争更充分。但传统服务业由于所需技术含量不高，因此从业人员基本来自农村的富余劳动力，人员素质参差不齐。应利用人口大国优势，建立网上公开就业供给信息平台，加强传统服务业岗位技能培训，将我国在全球最大的人口资源转化为产业竞争优势。

三是加强中小企业创业计划促进产业就业。服务业中绝大多数是中小型企业，中小型企业是缓解就业压力的主要渠道。因此要想发展服务业促进就业，必须发展中小型企业。中小型企业适应市场能力强，吸纳劳动力多，通过发展中小型企业，广泛吸收社会各个层次的劳动力，尤其可以吸收国有大中型企业的富余人员。出台税收、银行贷款、财务扶持、法律保障等优惠政策，降低中小型企业的门槛，促进非正规就业能更快地成为规范就业。制定一些扶持政策，加强研究非正规就业组织的扶持创业政策，以创业来带动就业；加强对青年群体、高素质人员的创业研究，以便更好地吸引创业；鼓励地方创业，增加本地就业，尤其是低端劳动力就业。

四是制定完善相应的产业政策和就业政策。在产业政策中，应该多加考虑其对就业的扩散性影响，要将产业政策和就业政策相结合起来，把创造更多的就业岗位作为产业发展的重要目标。要优先促进有利于增加就业的产业发展，建立就业投入增长与劳动力数量和财政收入相挂钩的制度，积极开辟社会融资渠道，通过财政安排、社会筹集等方式，建立就业基金，形成稳定的就业投入机制。就业的扩展要和当地劳动力的人口素质结合起来，地区制定相关政策时不仅要考虑创造知识技术含量较高的就业，同时也要考虑加大知识技术含量较低的就业。要利用好现代服务业带动中低端就业的效应，安排好适当的低端就业培训，为缓解困难群体就业创造良好的环境。

参考文献

[1]陈凯．服务业结构升级与就业之间相关关系研究[J]．经济问题探索，2008，05：69－72.

[2]陈永平．提升我国服务业就业吸纳能力的研究[J]．价格理论与实践，2013，12：95－96.

[3]丁守海，陈秀兰，许珊．服务业能长期促进中国就业增长吗[J]．财贸经济，2014，08：127－137.

[4]兰玉娇．我国居民服务业就业效应的实证研究[D]．重庆大学，2014.

[5]李娟．我国服务业就业变动比较分析[J]．国际商务研究，2009，02：46－51.

[6]夏杰长，李芳芳．经济新常态背景下中国服务业就业特征与趋势研究[J]．学习与探索，2015，07：83－89.

[7]王昊．经济适度增长与服务业发展——以就业弹性系数为分析工具[J]．新视野，2011，05：35－37.

[8]吴淑玲．服务业结构升级的就业效应分析[J]．山东社会科学，2011，05：156－159.

课题组　组　长：凌亢（凌迎兵）

成　员：易莹莹　李春平　孙友然

张新岭　孙　悦

我国文化产业的构成情况及存在问题

《中共中央关于深化文化体制改革、推动社会主义文化大发展大繁荣若干重大问题的决定》提出了加快发展文化产业，推动文化产业成为国民经济支柱性产业的战略目标。第三次全国经济普查结果显示，我国文化产业[①]取得了较快的发展，已形成各方市场主体参与文化产业建设的格局，但仍存在重点行业发展不充分，文化内容生产活动的核心地位不突出，国有控股企业盈利能力不足等问题，实现国家文化产业发展战略目标还要付出艰苦努力。

一、我国文化产业的行业构成情况

（一）文化企业是文化产业构成主体，规模以上文化企业是主力军

2013 年末，我国文化产业共有企业法人（以下简称文化企业）78.6 万家、事业法人（包括社团，下同）13.3 万家和个体经营户（仅指有证照的）117 万家；全部从业人员数达 2132.8 万人，文化企业、事业和个体经营户的从业人员分别为 1548.3 万人、211.7 万人和 372.8 万人，占比分别为 72.6%、9.9%和 17.5%。在文化产业法人单位中，文化企业占比为 85.5%；企业从业人员占比为 88.0%。

全国规模以上文化企业[②]共有 41351 家，占全部文化企业数量的 5.3%；年末从业人员 753.8 万人，占 48.7%；年末资产总额 57568.5 亿元，全年实现营业收入 64000.7 亿元，分别占 60.3%和 76.4%。

在文化产业的 10 个大类行业中，文化专用设备的生产、文化用品的生产、文化信息传输服务、新闻出版发行服务、工艺美术品的生产、广播电视电影服务、文化产品生产的辅助生产、文化创意和设计服务等 8 个大类行业规模以上文化企业营业收入合计所占比重都在 60%－87.5%之间。

（二）就业和产出高度集中于少数行业，文化制造业的占比较高

在文化产业的 10 个大类行业中，文化用品的生产、工艺美术品的生产、文化创意和设计服务、文化产品生产的辅助生产等 4 个大类的就业和产出规模较大，占比较高。2013 年，上述 4 个大类文化企业的年末从业人员分别达到了 419.9 万人、246.2 万人、284.3 万人和 242.8 万人，分别占全部文化企业的 27.1%、15.9%、18.4%和 15.7%，合计占 77.1%。营业收入分别达到了 29190.4 亿元、15991.9 亿元、12016.5 亿元和 10560.4 亿元，分别占全部文化企业营业收入的 34.9%、19.1%、14.3%和 12.6%，合计占 80.9%。

2013 年，在全部文化企业中，文化制造业企业的年末从业人员和营业收入占全部文化企业的比重分别达到了 52.0%和 51.9%；在规模以上文化企业中，这两个指标的比重分别为 66.1%和 58.0%。而文化服务业企业虽然企业数量占 61.1%，年末资产总额占 52.8%，但其营业收入只占 25.9%。

二、我国文化企业的控股构成情况

（一）非公有制经济占比较高，公有制经济占比较低

2013 年，各方市场主体共同参与文化产业建设的格局已经形成。从文化企业控股情况看，私人控股、港澳台商控股和外商控股等非公有制经济各项指标在全部文化企业中均占有绝对高的比重，其中，单位数占 96%，从业人员数占 87%，资产总计占 71%，营业收入占 82%；国有控股和集体控股等公有制经济所占比重

① 根据国家统计局颁布的《文化及相关产业分类（2012）》，指“为社会公众提供文化产品和文化相关产品的生产活动的集合”。按活动性质分为 10 个大类、50 个中类和 120 个小类；按单位类别分为文化制造业、文化批发零售业和文化服务业；按单位属性（根据是否执行企业会计制度）分为经营性文化产业和公益性文化事业。

② 指在《文化及相关产业分类（2012）》所规定行业范围内的规模以上企业。包括：（1）规模以上文化制造业企业，指主营业务收入在 2000 万元及以上的工业企业法人；（2）限额以上文化批零业企业，指年主营业务收入在 2000 万元及以上的批发企业法人和年主营业务收入在 500 万元及以上的零售业企业法人；（3）规模以上文化服务业企业，指从业人员在 50 人及以上或年主营业务收入在 500 万元及以上的服务业企业法人。

相对较低，上述 4 项指标占比分别为 4%、13%、29%和 18%。

(二)不同控股类型企业的行业分布情况

1. 私人控股企业占有市场份额最大

2013 年，在全部文化企业的营业收入中，私营控股企业占 52.6%，占比过半，市场份额最大。

表 1　2013 年各控股类型文化企业营业收入所占比重

单位：%

类　别	国有控股	集体控股	私人控股	港澳台商控股	外商控股	其他
合　计	15.8	2.6	52.6	10.4	11.8	6.8
一、新闻出版发行服务	72.6	2.0	16.1	0.1	1.6	7.5
二、广播电视电影服务	46.3	1.7	39.1	2.0	0.3	10.5
三、文化艺术服务	30.5	1.7	57.4	0.5	0.6	9.3
四、文化信息传输服务	30.0	0.7	35.1	27.4	3.0	3.9
五、文化创意和设计服务	20.0	1.5	57.3	6.9	7.2	7.2
六、文化休闲娱乐服务	17.6	3.4	68.6	1.8	1.3	7.4
七、工艺美术品的生产	11.2	2.3	63.8	12.3	4.0	6.3
八、文化产品生产的辅助生产	9.8	3.2	70.7	6.5	4.6	5.2
九、文化用品的生产	11.2	3.1	46.8	12.9	17.9	8.1
十、文化专用设备的生产	5.1	3.3	35.0	10.4	42.9	3.2

数据来源：根据第三次全国经济普查资料测算。

分 10 个行业大类看，私人控股企业在文化产品生产的辅助生产、文化休闲娱乐服务、工艺美术品的生产、文化艺术服务、文化创意和设计服务等 5 个大类中所占比重均超过半数，分别达到了 70.7%、68.6%、63.8%、57.4%、和 57.3%；同时在文化信息传输服务、文化用品的生产两个大类中所占比重分别为 35.1%和 46.8%，居各控股类型之首。另外，私人控股企业在广播电视电影服务、文化专用设备的生产两个大类中所占比重也达到 39.1%和 35.0%，占比排列第二。

2. 外商控股企业在文化专用设备生产的占比最高，港澳台商在文化信息传输服务中占比较高。

2013 年，在全部文化企业的营业收入中，港澳台商控股企业占 10.4%，外商控股企业占比 11.8%，合计超过五分之一。

港澳台商控股企业在文化信息传输服务类中的营业收入占比较高，为 27.4%，其次是文化用品的生产，为 12.9%。外商控股企业在文化专用设备的生产占比最大，为 42.9%；其次是文化用品的生产，为 17.9%。

3. 国有控股企业在新闻出版发行服务和广播电视电影服务中的产出规模最大。

2013 年，在全部文化企业的营业收入中，国有控股企业仅占 15.8%。其中，国有控股企业在新闻出版发行服务、广播电视电影服务等 2 个行业大类中的产出规模最大，营业收入所占比重分别为 72.6%和 46.3%；国有控股企业在文化艺术服务、文化信息传输服务、文化创意和设计服务、文化休闲娱乐服务等 4 个大类中的营业收入所占比重分别为 30.5%、30.0%、20.0%和 17.6%，均排列第二，仅低于私人控股企业所占比重。

三、我国文化企业的地区构成情况

(一)东部地区文化企业聚集度较高，地区发展差距明显

2013 年，东部地区的文化企业数占全部文化企业的 66.1%，从业人员数占 67.3%，资产总计占 72.7%，营业收入占 74.1%；中部地区分别占 16.7%、18.9%、14.0%和 15.0%；西部地区分别占 12.7%、10.6%、10.5%和 8.4%；东北地区分别占 4.5%、3.3%、2.8%和 2.5%。东部地区占据明显优势。

分省(区、市)看，北京、上海、江苏、浙江、山东和广东等 6 个省(市)文化企业数、年末从业人员数、资产总计和营业收入等 4 项指标，合计分别占到全国的 56.7%、57.7%、63.1%和 65.6%。山西、吉林、黑龙江、海南、贵州、西藏、甘肃、青海、宁夏和新疆等 10 个省(区)上述 4 项指标合计分别占到全国的 6.1%、4.3%、4.4%和 2.2%，地区间差异尤其明显。

(二)各大类文化企业的地区集中程度较高

在产业经济学中,行业集中率[①]是测量整个行业市场结构集中程度的重要指标。2013 年,根据每个行业大类的营业收入前 4 名地区合计所占的比重来衡量,集中程度最高的大类,其比重超过了三分之二,最低的超过了 40%;以前 6 名地区衡量,则最高的超过了 80%,最低的也超过了 50%。

前 6 名地区各大类的行业集中率依次为:新闻出版发行服务(51.9%)、文化休闲娱乐服务(53.4%)、文化产品生产的辅助生产(59.6%)、文化用品的生产(63.7%)、文化艺术服务(64.8%)、工艺美术品的生产(68.5%)、文化创意和设计服务(71.4%)、广播电视电影服务(73.4%)、文化信息传输服务(77.2%)和文化专用设备的生产(81.1%)。

(三)地区间文化企业的产出结构存在差异

产业结构相似系数[②]是衡量不同地区之间产出结构差异程度的量化指标,具体计算办法是分别以每个地区文化企业营业收入的小类构成为基准来测算其他地区与该地区的相似系数,数值越小表示差异度越高,数值越大表示差异度越小。计算结果显示:2013 年,以北京为基准测算,有 24 个地区的相似系数小于 0.5,表明它们的产出结构与北京有着显著差异;6 个地区的相似系数在 0.52—0.71 之间,表明它们的产出结构与北京有着较为明显的差异。分别以余下地区为基准进行测算,也得出相似结论,这说明我国文化产业并不存在地区产出结构趋同的问题。

四、存在的问题

(一)"战略重点"行业的发展优势尚不明显

在《文化及相关产业分类(2012)》所包括的 50 个中类行业中,我们通过从国家发展政策、经济结构调整和新技术应用等角度进行研究,将其中的 20 个中类作为"战略重点"行业进行进一步分析。这 20 个中类为新闻服务、出版服务、发行服务、广播电视服务、电影和影视录音服务、文艺创作与表演服务、互联网信息服务、增值电信服务(文化部分)、广播电视传输服务、广告服务、文化软件服务、建筑设计服务、专业设计服务、娱乐休闲服务、版权服务、印刷复制服务、文化经纪代理服务、文化贸易代理与拍卖服务、会展服务和景区游览服务等。

2013 年,从这 20 个"战略重点"中类的企业数量、年末从业人员、年末资产总额和营业收入 4 项指标来看,其所占全国文化企业的比重分别为 63.8%、49.8%、59.6%和 37.9%。而"战略重点"规模以上文化企业的平均总资产报酬率和平均净资产收益率分别为 10.6%和 16.2%,与全部规模以上文化企业的平均水平相差无几。其中有 14 个中类的平均总资产报酬率和平均净资产收益率还低于全国平均水平。

(二)"文化内容生产"的核心地位不突出

"文化内容生产"是文化产业的核心。这些文化内容生产活动包括《文化及相关产业分类(2012)》中从事新闻服务、出版服务、广播电视服务、电影和影视录音服务、文艺创作与表演服务、工艺美术品的制造、园林、陈设艺术及其他陶瓷制品的制造等 7 个中类的 22 个行业小类。

2013 年,属于"文化内容生产"的年末从业人员共有 260.4 万人,营业收入达 13151.1 亿元,分别占全国文化企业相应指标的 16.8%和 15.7%。同时,这 22 个行业小类规模以上企业的净利润合计为 722.7 亿元,占全国规模以上文化企业净利润的 17.5%。"文化内容生产"在整个文化企业中所占的比重较小,核心地位不突出。

在上述 22 个行业小类中,属于服务业的共有 12 个小类,其年末从业人员、营业收入和规模以上文化企业净利润分别占全国的 3.7%、3.0%和 7.0%;余下 10 个行业小类属制造业,3 项指标分别占全国的 13.1%、12.7%和 10.5%。

(三)国有控股企业的盈利能力明显较低

2013 年,在规模以上文化企业中,国有控股企业的总资产报酬率和净资产收益率均低于其他类控股企

---

① 本文选取营业收入来测算行业集中率。计算公式=某大类营业收入居前 n 位的地区合计/该大类全国营业收入 * 100。

② 相似系数的计算公式为:$S_{ij}=\frac{\sum(X_{in}X_{jn})}{\sqrt{(\sum X_{in}^2)(\sum X_{jn}^2)}}$ 其中,S_{ij} 表示结构相似系数,X_{in} 与 X_{jn} 分别表示部门 n 在地区 i 和地区 j 的产出或是其他指标中所占的比重。$0\leqslant S_{ij}\leqslant 1$,当 $S_{ij}=1$ 时,说明两个地区的产业结构完全相同;当 $S_{ij}=0$ 时,则表明两个地区的产业结构完全不同。

业。对比看，港澳台商控股、私人控股企业的平均总资产报酬率相对较高，分别为16.0%和12.1%；而外商控股、集体控股、国有控股3类企业的平均总资产报酬率依次为8.8%、7.8%和6.1%。平均净资产收益率，港澳台商控股、私人控股两类企业相对较高，分别是29.4%和22.2%；而外商控股、集体控股、国有控股3类企业依次为15.8%、14.2%和9.6%。

从大类看，国有控股企业只在广播电视电影服务、新闻出版发行服务两个大类中盈利状况略好，总资产报酬率比平均水平分别高出0.3和0.2个百分点，净资产收益率比平均水平高出0.4和0.1个百分点。而在文化休闲娱乐服务、文化艺术服务、文化创意和设计服务、工艺美术品的生产、文化产品生产的辅助生产、文化用品的生产、文化专用设备的生产、文化信息传输服务8个大类中，这两个盈利性指标均低于全国平均水平。

参考文献

[1]王文森．产业结构相似系数在统计分析中的应用．中国统计．2006(10):47—48.
[2]顾江、吴建军、胡慧源．中国文化产业发展的区域特征与成因研究．经济地理．2013(7):89—96.
[3]袁俊．中国文化产业空间集聚水平及其影响因素研究．技术经济与管理研究，2013(11):102—107.
[4]马萱、郑世林．中国区域文化产业效率研究综述与展望．经济学动态，2010(3):83—86.
[5]中央文化企业国有资产监督管理领导小组办公室编．国有文化企业发展报告(2012)．北京：经济科学出版社，2012年版．

课题组　组长：史东辉

成员：殷国俊　辛　佳　徐晨杰　谢叙祎

张德成

工业企业人力资本投资状况及其对创新能力的影响

本文从企业人力资本投资的内涵、形式等基本概念出发，利用全国第三次经济普查等资料，对我国工业企业人力资本投资的现状进行分析，并对工业企业人力资本投资与工业企业创新能力关系进行初步探讨，目的是从人力资本投资角度，为工业企业创新活动提出合理可行的建议，以提高工业企业的自主创新能力。

一、人力资本及人力资本投资的内涵

对于人力资本的含义，美国经济学家舒尔茨[1]和贝克尔[2]认为，人力资本是体现在劳动者身上的一种资本类型，它以劳动者的数量和质量，即劳动者的知识程度、技术水平、工作能力以及健康状况来表示，是这些方面价值的总和，此外还包括时间、健康和寿命。随着知识经济时代的到来，人力资本在经济增长中的作用日渐突出。

企业人力资本是通过企业的投资行为形成的，企业人力资本投资是企业通过增加其人力资本存量而影响未来收益的各种经济活动。依据投资行为的具体目标，企业人力资本投资分为：形成人力资本的投资，主要是招聘；维持人力资本的投资，主要包括福利保障、医疗保健、工会活动等；提高人力资本的投资，主要包括教育培训、晋升提拔、激励考核等。

二、我国工业企业人力资本现状

依据上述企业人力资本相关概念可知，企业人力资本的承载者是企业员工，因此我们将从企业从业人员的规模和素质对我国工业企业人力资本现状进行分析。

(一)从业人员规模基本呈上升趋势

2013 年，我国规模以上工业企业从业人员 9791 万人，是 2000 年的 1.8 倍，年均增长率为 4.5%。其中 2004—2008 年期间，工业企业从业人员数量增长尤为突出，年均增长速度高达 7.5%(见图 1)。

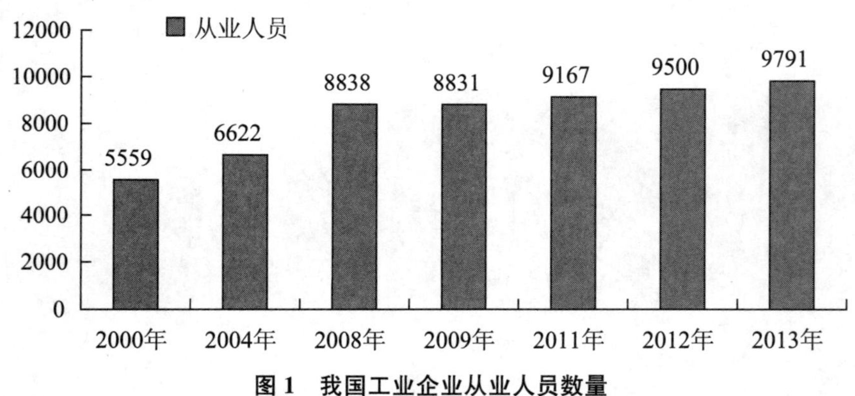

图 1　我国工业企业从业人员数量

数据来源：《中国统计年鉴》

从分布上来看，2013 年工业企业从业人员中，88%来自制造业企业(见图 2)，57.4%来自东部地区(见图 3)，74.1%来自内资企业(见图 4)。

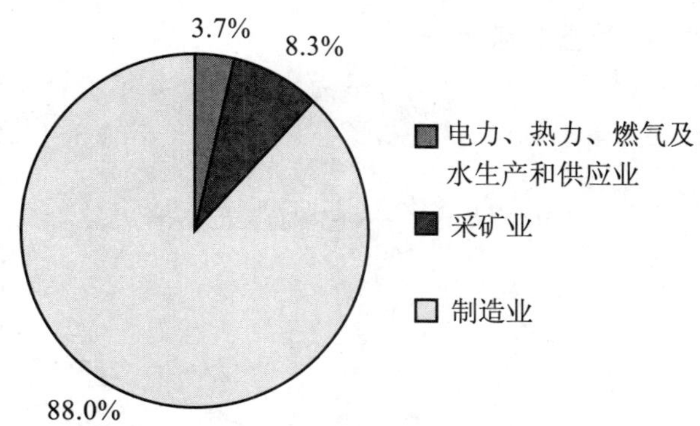

图 2　2013 年采矿业，制造业，电力、热力、燃气及水生产和供应业企业从业人员比重

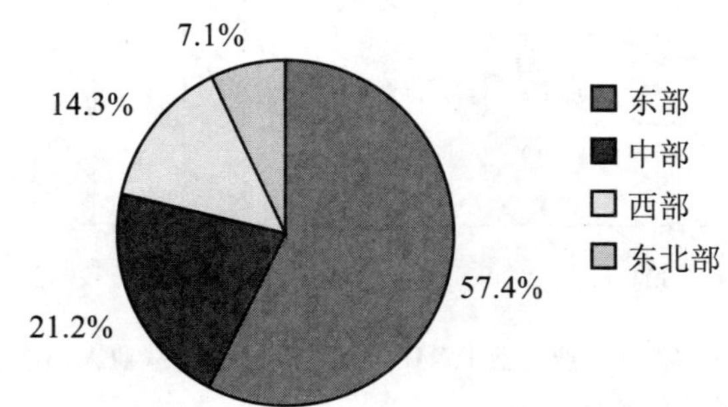

图 3　2013 年东、中、西以及东北部地区企业从业人员比重

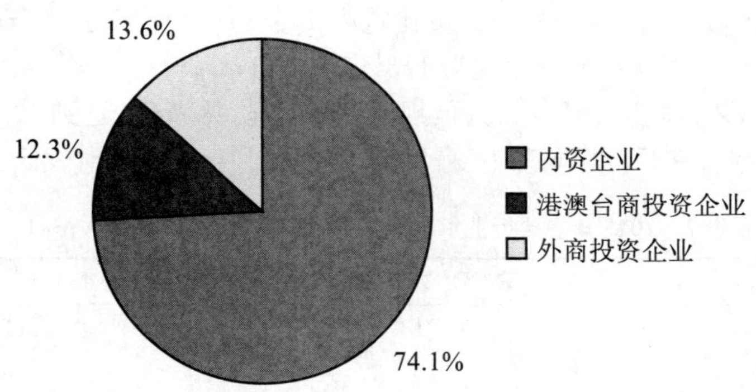

图 4　2013 年内资企业、外商投资企业以及港澳台商投资企业从业人员比重

从主要分组行业来看①，装备类行业从业人员数量最多，为 3422 万人（见表 1），占规上工业从业人数的 34.9%；其次是高耗能和主要轻纺行业，分别为 2073 万人和 2063.8 万人，占规上工业人数的比重分别为 21.2%和 21.1%；资源类行业人数最少，仅为 787.6 万人，占规上工业人数的 8%。

表 1　2013 年主要行业从业人员数量（万人）

行　业	从业人员
资源类行业	787.6
装备制造业	3422.0
高耗能行业	2073.0
主要轻纺行业	2063.8

数据来源：2013 年经济普查资料

① 资源类行业包括煤炭开采和洗选业，石油和天然气开采业，黑色金属矿采选业，有色金属矿采选业，非金属矿采选业；装备制造业包括金属制品业，通用设备制造业，专用设备制造业，汽车制造业；铁路、船舶、航空航天和其他制造业，电气机械及器材制造业，通信设备、计算机及其他电子设备制造业，仪器仪表制造业；高耗能行业包括石油加工、炼焦及核燃料加工业，化学原料及化学制品制造业，非金属矿物制造业，黑色金属冶炼及压延加工业，有色金属冶炼及压延加工业，电力、热力的生产和供应业；主要轻纺类行业包括农副食品加工业，食品制造业，酒、饮料盒精制茶制造业，纺织业，纺织服装、服饰业，皮革、皮毛、羽毛机器制品和制鞋业，化学纤维制造业。这四类行业从业人员人数占规模以上工业企业总人数的 85.2%。

(二)R&D 人员规模不断扩大,比重持续上升

2013 年,规模以上工业企业 R&D 人员数量为 338 万人,较 2000 年增长 3.8 倍,十三年年均增长率达到 12.9%。R&D 人员比重持续上升,由 2000 年的 1.3%上升至 2013 年的 3.4%(见图 5)。

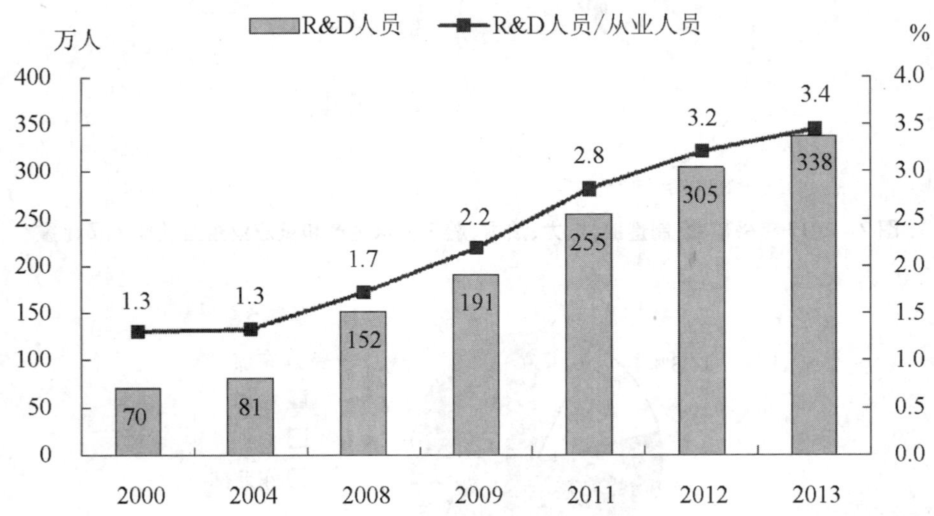

图 5　我国工业企业 R&D 人员数量及其占从业人员比重

资料来源:《工业企业科技活动年鉴》

从工业门类来看,制造业 R&D 人员数量最多,为 318.6 万人,占从业人员总数的比重为 3.7%;其次是采矿业,R&D 人员数量为 14.5 万人,占从业人员比重为 1.8%;电力、热力、燃气及水生产和供应业 R&D 人员数量最少,仅为 4.5 万人,占从业人员比重为 1.3%。

从主要分组行业来看,装备制造业 R&D 人员规模优势明显(见表 2),达到 191.8 万人,占从业人员比重为 5.6%;其次是高耗能行业,资源类行业和主要轻纺行业规模和比重均相对较低。

表 2　2013 年主要行业 R&D 从业人员数量及比重(万人,%)

行　业	R&D 从业人员数量	R&D 从业人员比重
资源类行业	13.7	1.7
装备制造业	191.8	5.6
高耗能行业	63.2	3.0
主要轻纺行业	29.7	1.4

数据来源:2013 年经济普查资料

从地区分布来看,R&D 人员多集中于东部地区,比重为 65.9%,中、西部地区比重分别为 18.3%和 10.5%,东北地区 R&D 人员最少,比重仅为 5.3%。

从登记注册类型来看,内资企业 R&D 人员数量最多,达 256.4 万人,R&D 人员占从业人员比重与外商投资企业相同,均为 3.5%。港澳台商投资企业 R&D 人员数量和比重均较低(见表 3)。

表 3　2013 年各类登记注册类型企业 R&D 从业人员数量及比重

(万人,%)

登记注册类型	R&D 从业人员数量	R&D 从业人员比重
内资企业	256.4	3.5
港澳台商投资企业	35.3	2.9
外商投资企业	45.9	3.5

数据来源:2013 年经济普查资料

(三)R&D 人员素质逐步提高

由于全部从业人员分教育程度、技术等级等数据资料有限,因此我们主要以 R&D 人员为基础考察我国

工业企业人员素质，进而从一个侧面反映工业企业人力资本的质量状况。

在研发机构的 R&D 人员中，具有博士硕士学历的人员规模不断增加，2013 年达到 30 万人，比重为 12.4%，较 2004 年增加了 26 万人，年均增速高达 25.1%（见图 6）。

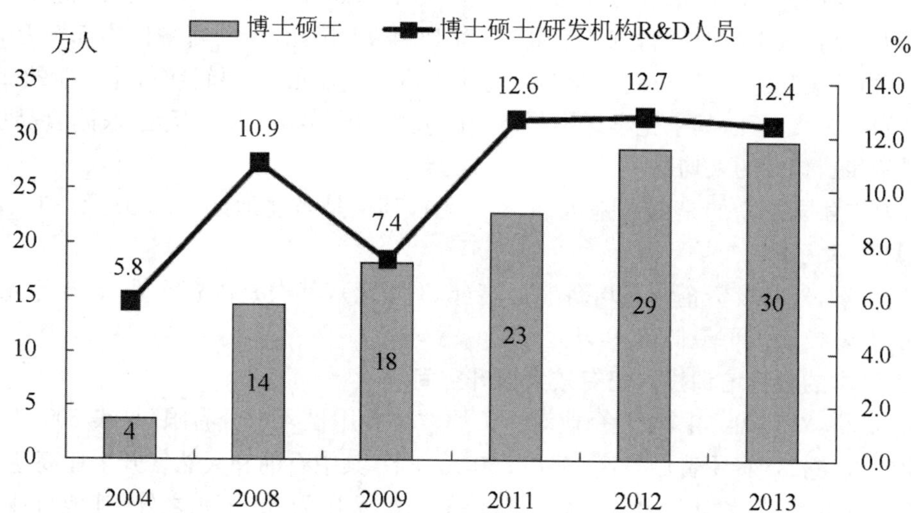

图 6　我国工业企业研发机构 R&D 人员数量及博士硕士占人员研发机构 R&D 比重

资料来源：2004 年、2008 年经济普查资料；2009 年《工业企业 R&D 清查资料》；2012 年、2013 年《工业企业科技活动统计年鉴》；2013 年经济普查资料。

从主要分组行业来看，2013 年，资源类行业的高学历 R&D 人员比重最大（见表 4），主要轻纺行业比重最低。

表 4　2013 年主要行业博士硕士人员数量及比重（万人，%）

行　业	博士硕士人员数量	博士硕士人员比重
资源类行业	1.2	18.4
装备制造业	17.9	12.6
高耗能行业	4.7	11.8
主要轻纺行业	2.2	9.7

数据来源：2013 年经济普查资料

三、我国工业企业人力资本投资现状

我们针对企业人力资本投资的维持和提高两种形式对我国工业企业人力资本投资现状进行分析。根据现有数据资料，企业维持人力资本的投入指标我们选择反映福利保障、医疗保健等水平的企业应付职工薪酬①；企业提高人力资本的投入指标我们选择教育费用。除此之外，我们还利用从上海证券交易所收集的上市工业企业年报中的“工会经费与职工教育经费”（以下简称“工会与教育费用”）数据进一步衡量企业对职工的教育培训情况②。

（一）维持人力资本的保障性投入行业和地区差异较大

2013 年，规模以上工业企业应付职工薪酬（以下简称“薪酬”）共计 52410 亿元，人均薪酬 5.4 万元。从工业门类上看，电力、热力、燃气及水生产和供应业的人均薪酬最高（9.6 万元），制造业最低（5.0 万元），采矿业（7.6 万元）介于两者之间。

---

① 普查资料中的应付职工薪酬内容包括：职工福利，医疗保险费、养老保险费、失业保险费、工商保险费和生育保险费等社会保险费，住房公积金等，但由于上述福利保障等费用缺少数据资料，因此我们选择总的“应付职工薪酬”以代之。

② 我们收集了上海证券交易所 499 家上市工业企业 2013 年、2010 年和 2008 年的年报相关数据及信息，其中制造业 452 家，采矿业 34 家，电力、热力、燃气及水生产和供应业 13 家，并且 266 家在东部地区，115 家在西部地区，118 家在中部地区，并且由于企业数量有限，我们没有单独考虑东北地区，认为辽宁属于东部，吉林和黑龙江属于中部。

从主要分组行业来看，高耗能行业保障性投入水平较高，薪酬总量达到12294.5亿元，人均薪酬为5.9万元，其中电力、热力生产和供应业的人均薪酬达到10.2万元；资源类行业对员工的人均保障投入较大，虽然该类行业的薪酬总量只有5822.8亿元，但其人均薪酬最多(7.4万元)，其中石油和天然气开采业的人均薪酬高达12.5万元，煤炭开采和洗选业的人均薪酬也达到了7.6万元；装备制造业企业对员工的保障投入总量大，但人均费用不高，该类行业的薪酬总量最高，为18845.1亿元，人均薪酬仅为5.5万元，其中只有铁路、船舶、航空航天和其他制造业，汽车制造业的人均薪酬超过6万元；主要轻纺行业企业的保障性投入处于较低水平，人均薪酬只有4万元，其中化学纤维制造业的人均薪酬最高，为5万元，农副食品加工业与皮革、毛皮、羽毛及其制品和制鞋业的人均薪酬仅为3.8万元。

从地区来看，人均薪酬最高的是西部地区(5.8万元)，其次是东北地区(5.6万元)和东部地区(5.4万元)，中部地区最少(4.8万元)。

从登记注册类型看，外商投资企业人均薪酬最高(6.3万元)，其次是内资企业(5.3万元)，而港澳台商投资企业对员工的保障投入水平最低(4.9万元)。

(二)提高人力资本的教育培训投入仍有较大提升空间

根据经济普查资料，2013年我国工业企业对员工的教育费用投入十分有限(见表5)。从主要分组行业来看，资源类行业的人均教育费用普遍较高，都在230元以上，其中石油和天然气开采业高达392.3元；在装备制造业中，除了计算机、通信和其他电子设备制造业的人均费用为82.4元之外，其他行业都在160－280之间；高耗能行业的人均教育费用都超过了100元，其中石油加工、炼焦和核燃料加工业达到了418.4元；主要轻纺行业的人均教育费用偏低，其中皮革、毛皮、羽毛及其制品和制鞋业只有75.8元。西方企业对职工的教育费用投入，一般都是职工工资的1%－5%[3]，而我国工业企业主要行业中，职工教育费用与职工工资的比重最高的仅有0.67%，最低的只有0.14%，普遍较低。

表5　2013年主要行业教育费用总量及人均教育费用(亿元，元)

行　业	教育费用总量	人均教育费用
资源类行业	17.2	265.0
装备制造业	41.4	170.4
高耗能行业	31.1	212.3
主要轻纺行业	19.2	133.7

数据来源：2013年经济普查资料

根据499家上市工业企业的年报数据，我们同样发现，虽然企业对员工的教育培训投入在不断增加，但是实际人均教育费用水平都不高。2013年，499家上市工业企业教育经费总计92.7亿元，比2008年增加了一倍多，年均增长17.3%。人均教育经费从2008年的1200元增加到2013年的2000元，五年期间仅增加了800元。从工业门类上看，2013年，电力、热力、燃气及水生产和供应业的人均教育费用最高，为3700元，制造业只有1500元，采矿业介于二者之间，为2600元。从地区上看，2013年东部和西部地区企业的人均教育费用都在2200元以上，中部地区偏低，仅为1335元。

四、工业企业人力资本投资与企业创新能力的综合评价

企业的创新能力和创新活动被认为是经济增长的重要推动力之一，关于企业创新能力的影响因素也一直是国内外学者研究和关注的焦点，其中人力资本投资对企业创新的显著影响得到学术界的共识。研究表明，人力资本投资对企业创新有积极的影响，它将逐步取代物质资本在技术创新活动中的主导地位[4－9]。

(一)基于企业人力资本投资的创新投入与创新产出相关测算

为了考察企业人力资本与企业创新能力之间的关系，我们从人力资本投资角度出发，结合已有的研究成果和经济普查资料，选择企业创新投入和产出相关指标进行分析(见表6)①。

① 需要指出的是，本文是从企业人力资本投资角度出发选取指标，并且由于数据资料的限制，我们所列指标并不包含反映企业创新能力的所有构成要素，因此我们不将其作为指标体系来看待，仅仅是为了分析方便，列出具体指标。

表 6 创新投入和产出相关指标

创新投入	费用	人均应付职工薪酬
		教育费用
		人均教育费用
		人均 R&D 经费内部支出
		人均人员劳务费用
		人员劳务费用占 R&D 经费内部支出比重
	人员	R&D 人员占从业人员比重
		博士硕士人员数
		博士硕士人员占研发机构人员比重
创新产出	专利	申请专利总量
		万人申请专利数
		发明专利总量
		万人发明专利数
		发明专利占申请专利比重
		百万人专利拥有量
	新产品	新产品销售收入
		新产品销售收入占主营业务收入的比重
		新产品出口额(新产品出口收入占新产品销售收入比重)

这里我们对 2013 年资源类、装备制造类、高耗能以及主要轻纺类涉及的主要工业行业大类的以上指标数据进行计算和分析。首先,对原始数据进行标准化处理,选取数据值最大行业的分值为 10,数据值最小行业的分值为 0 分,其他各行业对应的分值 $x_i=\frac{X_i-X_{\min}}{X_{max}-X_{min}}\times 10$,其中 $X_{\max}$ 和 $X_{\min}$ 分别为数据最大值和最小值;其次,采用均等赋权的方法,将各指标数据进行加权汇总;最终可以得出 2013 年该主要行业大类在创新投入和创新产出的得分和排名(见表 7、8)。

表 7 2013 年主要行业大类在费用、人员和创新投入的得分及排名

行 业	创新投入		费用		人员	
	得分	排名	得分	排名	得分	排名
煤炭开采和洗选业	3.60	12	5.26	5	1.94	17
石油和天然气开采业	6.02	2	6.91	1	5.13	2
黑色金属矿采选业	1.35	24	2.26	22	0.43	24
有色金属矿采选业	1.74	21	2.39	20	1.08	22
非金属矿采选业	1.39	23	1.55	26	1.23	21
金属制品业	2.11	19	2.57	18	1.65	19
通用设备制造业	3.66	11	3.73	10	3.60	10
专用设备制造业	4.53	4	4.01	9	5.05	4
汽车制造业	4.80	3	5.41	2	4.19	6
铁路、船舶、航空航天和其他运输设备制造业	3.72	10	3.01	14	4.42	5
电气机械和器材制造业	4.04	7	4.02	7	4.06	7
计算机、通信和其他电子设备制造业	6.52	1	5.40	3	7.64	1
仪器仪表制造业	4.08	6	3.09	13	5.07	3
石油加工、炼焦和核燃料加工业	3.86	9	5.32	4	2.40	14

续表

行业	创新投入		费用		人员	
	得分	排名	得分	排名	得分	排名
化学原料和化学制品制造业	4.23	5	4.46	6	3.99	8
非金属矿物制品业	2.14	18	2.55	19	1.72	18
黑色金属冶炼和压延加工业	2.94	13	3.52	11	2.36	15
有色金属冶炼和压延加工业	2.79	15	3.00	15	2.58	12
电力、热力生产和供应业	3.95	8	4.02	8	3.89	9
农副食品加工业	2.58	16	2.68	17	2.49	13
食品制造业	2.81	14	2.98	16	2.64	11
酒、饮料和精制茶制造业	2.47	17	3.35	12	1.59	20
纺织业	1.43	22	1.93	24	0.92	23
纺织服装、服饰业	1.34	25	2.29	21	0.39	25
皮革、毛皮、羽毛及其制品和制鞋业	1.06	26	2.05	23	0.08	26
化学纤维制造业	2.10	20	1.92	25	2.28	16

表 8　2013 年主要行业大类在专利、新产品和创新产出的得分及排名

行业	创新产出		专利		新产品	
	得分	排名	得分	排名	得分	排名
煤炭开采和洗选业	0.67	25	0.50	24	0.84	21
石油和天然气开采业	0.71	23	1.35	19	0.07	25
黑色金属矿采选业	0.67	26	1.30	20	0.04	26
有色金属矿采选业	0.68	24	0.78	23	0.59	22
非金属矿采选业	0.79	22	1.39	18	0.20	23
金属制品业	2.32	12	2.21	13	2.43	14
通用设备制造业	4.07	7	4.47	6	3.68	6
专用设备制造业	5.02	3	6.27	2	3.77	5
汽车制造业	4.18	6	3.22	8	5.13	4
铁路、船舶、航空航天和其他运输设备制造业	4.51	5	3.73	7	5.29	3
电气机械和器材制造业	5.85	2	6.19	3	5.51	2
计算机、通信和其他电子设备制造业	9.62	1	9.23	1	10.00	1
仪器仪表制造业	4.56	4	5.81	4	3.30	7
石油加工、炼焦和核燃料加工业	1.58	16	2.09	14	1.08	20
化学原料和化学制品制造业	3.88	8	4.57	5	3.18	8
非金属矿物制品业	1.72	15	1.79	16	1.65	16
黑色金属冶炼和压延加工业	2.65	10	2.40	12	2.91	10
有色金属冶炼和压延加工业	2.47	11	2.54	10	2.40	15
电力、热力生产和供应业	1.49	17	2.81	9	0.17	24
农副食品加工业	1.43	19	1.73	17	1.12	19
食品制造业	1.74	14	1.87	15	1.62	17
酒、饮料和精制茶制造业	1.08	21	0.94	21	1.23	18
纺织业	1.78	13	0.81	22	2.75	11
纺织服装、服饰业	1.48	18	0.32	25	2.64	12
皮革、毛皮、羽毛及其制品和制鞋业	1.39	20	0.30	26	2.48	13
化学纤维制造业	2.77	9	2.45	11	3.09	9

(二)基于企业人力资本投资的创新投入与创新产出测算的结论分析

从上述结果可以看出,多数行业创新投入和创新产出排名基本一致(见表 9),只有 5 个行业在这两方面的排名差距在 9 位以上。创新产出排名前 6 位的行业,其在创新投入排名中都位于前 10 名;而创新产出排名靠后,在创新投入中排名也很低。这说明,基于人力资本投资的创新投入对企业创新产出是有一定的积极作用的,且在行业分布上呈现以下特点:

表 9　2013 年主要行业大类创新投入和创新产出的排名及相差名次

行　业	创新投入排名	创新产出排名	相差名次
煤炭开采和洗选业	12	25	13
石油和天然气开采业	2	23	21
黑色金属矿采选业	24	26	2
有色金属矿采选业	21	24	3
非金属矿采选业	23	22	1
金属制品业	19	12	7
通用设备制造业	11	7	4
专用设备制造业	4	3	1
汽车制造业	3	6	3
铁路、船舶、航空航天和其他运输设备制造业	10	5	5
电气机械和器材制造业	7	2	5
计算机、通信和其他电子设备制造业	1	1	0
仪器仪表制造业	6	4	2
石油加工、炼焦和核燃料加工业	9	16	7
化学原料和化学制品制造业	5	8	3
非金属矿物制品业	18	15	3
黑色金属冶炼和压延加工业	13	10	3
有色金属冶炼和压延加工业	15	11	4
电力、热力生产和供应业	8	17	9
农副食品加工业	16	19	3
食品制造业	14	14	0
酒、饮料和精制茶制造业	17	21	4
纺织业	22	13	9
纺织服装、服饰业	25	18	7
皮革、毛皮、羽毛及其制品和制鞋业	26	20	6
化学纤维制造业	20	9	11

1. 创新投入和创新产出表现俱佳的行业

该类行业主要集中在装备制造业,其中计算机、通信和其他电子设备制造业优势尤为明显,其创新投入和创新产出均在主要行业中名列前茅。专用设备制造业,汽车制造业,电气机械和器材制造业,仪器仪表制造业在创新投入和产出方面都具有优势。

2. 创新投入较大,但创新产出水平一般的行业

该类行业主要包括资源类行业中的石油和天然气开采业,煤炭开采和洗选业,以及高耗能行业中的电力、热力生产和供应业,前二者的创新投入排名分别为第 2 和第 12 位,但是创新产出仅排在第 23 和第 25

位，后者创新投入排名第 8 位，创新产出排在第 17 位。这三个行业都是国民经济的基础行业，其具有的行业垄断性可能是造成其创新产出水平低的原因之一。

3. 创新投入较少，但创新产出水平尚可的行业

该类行业是轻纺类行业中的纺织业和化学纤维制造业，二者创新投入分别排在第 22 位和第 20 位，属于中等偏下的水平，然而它们的创新产出水平却在中等偏上的位置，排名分别为第 13 位和第 9 位。这说明，此类行业属于劳动密集型行业，对从业人员技术等级、受教育程度等要求不高，因此其创新产出受人力资本投资的影响较小。

4. 创新投入和创新产出水平均较低的行业

该类行业主要集中于资源类行业，包括黑色金属矿采选业、有色金属矿采选业和非金属矿采选业，三者在创新投入和创新产出的排名均在后 6 位的范围内。

除此之外，主要轻纺行业中的纺织服装服饰业与皮革、毛皮、羽毛及其制品和制鞋业的创新投入和创新产出水平也不高。

五、对策建议

（一）继续提高工业企业人力资本质量

我国工业企业人力资本规模非常大，但是人力资本的质量还有待进一步提高，结构有待进一步优化。一方面增加技术型和管理型人力资本存量，加大这两类人力资本比重；另一方面，注重提高普通型人力资本的质量，即生产人员的素质。通过提升人力资本的质量，提高企业在日益激烈的市场竞争中的优势和活力。

（二）着力增强工业企业人力资本投资对企业创新的积极作用

对于人力资本投资对企业创新的积极影响，是学术界较为公认的观点。有学者认为："人力资本对技术创新具有决定作用，中等及中等以上教育程度的人力资本决定了企业 R&D 活动的有效性。"[10] 通过上述工业企业人力资本投资与企业创新能力的综合评价，我们发现一些行业存在"投入大、产出少"的现象，虽然与行业自身特点有关，但也可能存在资源利用不充分等问题；还有一些行业是人力资本投入不足，导致创新产出方面的劣势。对于相关性高的行业如装备行业，增大投入力度，加快创新，有助于提升我国制造业整体技术水平和竞争优势；对于投入大，产出少的行业，打破垄断，有利于提高资金利用效率；对于投入与产出均较少的轻纺行业，应加大投入，着力打造自主品牌，提高质量，增加品种，满足多样化需求，扩大高端市场份额，巩固和提高轻纺工业竞争力。

（三）进一步丰富工业企业人力资本投资方式

企业应该采取多种方式，启发和挖掘职工的智能和潜能，训练和提高职工的知识技能水平和思想素质水平，同时引导和保障职工的身体和心理健康，充分调动职工的积极性、主动性和创造性。此外，企业应该完善教育培训机制，对教育培训效益进行评估，从而提高教育培训的质量和成效。

参考文献：

[1]舒尔茨，论人力资本投资[M]. 北京：北京经济学院出版社，1999.

[2]加里·S·贝克尔，梁小民(译). 人力资本[M]. 北京：北京大学出版社，1987 年 .

[3]吴竹，企业人力资本投资研究，硕士论文，2007，西南财经大学 .

[4] Bin Xu. Multinational enterprises, Technology diffusion, and host country productivity growth [J]. Journal of Development Economics, 2000, 62: 477—493.

[5]吴延兵 . R&D 与生产率——基于中国制造业的实证研究[J]. 经济研究，2006 (11)：60—71.

[6]寇琳琳，我国企业自主创新及测度研究，博士论文，2013，东北财经大学

[7] Kendall W. A, Patricia M. N. A Longitudinal Study of the Impact of R&D, Patents and Product Innovation on Firm Performance. Journal of Product Innovation Management, 2010, 27(5): 725—740.

[8] Louis Raymond. R&D as a determinant of innovation in manufacturing SMEs: An attempt at empirical clarification. Technovation, 2010, 30(1): 48—56.

[9]刘和东，黎东梁 . R&D 投入与自主创新能力关系的协整分析—以我国大中型工业企业为对象的实证研究[J]. 科学学与科学技术管理，2006 (8)：21—25.

[10] Papageorgiou, C. Human capital as a facilitator of innovation and imitation in economic growth: further evidence from cross country regressions. mimeo . Louisiana State University, 1999.

课题组 组长：于 洋

成员：李 伟 原鹏飞 周 晶 曹 麦

执笔：于 洋

小微工业企业发展状况研究

多年来，小微企业保持了较快的发展势头，对于促进就业平稳增长和经济稳定运行起到了不可替代的作用。尤其是小微工业企业，在推进工业化和城市化进程中发挥了重要作用。但近年来，小微企业发展在资金、用工、技术等诸多方面遇到了制约，使小微企业广受关注。课题以第三次全国经济普查资料为基础，结合相关研究和统计资料，对我国小微工业企业的生存状况和发展特点进行分析，在此基础上对小微工业企业的持续健康发展提出政策建议。

一、小微工业企业的发展状况

(一)总体情况

全国第三次经济普查资料显示，2013 年全国小微工业企业数量 234.2 万家、资产总计 40.7 万亿元、主营业务收入 46.7 万亿元、期末人员数 7397.2 万人。按同口径计算，小微工业企业的数量、资产、主营业务收入、期末从业人员数比 2008 年全国第二次经济普查[①]分别增长 26.5%、1.5 倍、1.2 倍和 12.2%。从几项指标的增速看，主营业务收入和资产增长较多，企业数量和期末从业人员数增长较少，反映出小微工业企业的发展呈现出资本深化和规模扩张的特点。

2013 年，小微工业企业的数量、资产、主营业务收入、期末从业人员数分别占全部工业企业的 97.2%、38.7%、41%和 52.7%。总体来看，小微工业企业在全部工业企业中的比重相对稳定，但不同指标反映的趋势有所差异。与 2008 年相比，资产和主营业务收入比重分别上升 3.8 和 1.9 个百分点，企业数量和期末从业人员数比重分别下降 0.1 和 3.4 个百分点。

(二)小微工业企业的行业及区域分布情况

小微工业企业主要聚集在东部沿海地区。2013 年，东、中、西和东北地区小微工业企业数量分别为 154.1 万家、38.9 万家、27.6 万家和 13.6 万家，分别占全国的 65.8%、16.6%、11.8%和 5.8%，东部地区小微工业企业数量最多。东部地区小微工业企业的资产、主营业务收入和期末从业人员数分别占全国的 54.6%、58.2%和 61.1%，也远高于中西部和东北地区所占比重。小微工业企业区域聚集的特征十分明显，尤其在东部沿海地区表现十分明显。仅广东、江苏、浙江、山东 4 个省份的小微工业企业数量、期末从业人员数和主营业务收入占全国比重超过 40%，且高于中西部和东北 21 个省份合计。部分东部区县小微工业企业主营业务收入超过千亿元，远超海南、西藏两省规模。小微工业企业在东部地区的聚集，有着产业基础、区位环境、市场规模等诸多因素影响，这些因素将长期影响小微工业企业的地区分布状态。

小微工业企业主要分布在劳动密集型的制造业行业。2013 年，采掘业、制造业和电力燃气水的生产供应业小微企业的数量分别为 8.5 万家、219.1 万家和 6.6 万家，占小微工业企业的 3.6%、93.5%和 2.8%，小微制造业企业数量最多。小微制造业企业的资产、主营业务收入和期末从业人员数分别占小微工业企业的 80.1%、91.4%和 93%，也远高于小微采掘业和小微电力燃气水的生产供应业企业。小微企业分布数量较多的行业主要是：通用设备制造、非金属矿物制品、金属制品、专用设备制造、橡胶和塑料制品、电气机械和器材制造、纺织服装服饰、纺织、农副食品加工、化学原料和化学制品制造业，10 个行业小微企业占小微工业企业数量的 61.5%。相对于烟草、石油等小微企业分布数量较少的行业，上述行业的人均资本水平相对较低。从小微企业分布较多的几个行业特点可以看出，大量小微工业企业主要为大中型工业企业和建筑业企业生产中间产品。

---

① 2008 年和 2013 年统计上工业企业规模划分标准不同。为保证数据的可比性，在计算小微工业企业在两次经济普查间各经济指标增长情况时，均采用 2013 年工业企业规模划分标准。下同。

二、小微工业企业发展特点

(一)单个企业吸纳就业能力下降

2013年,小微工业企业户均人数31.6人,比2008年减少4人,小微工业企业吸纳就业的能力下降;户均资产1738.1万元,比2008年增加846.8万元,小微工业企业资本深化的特征明显。在现阶段小微工业企业发展中,资本对劳动的替代作用明显,使得小微工业企业人员数量增长较慢,部分地区小微工业企业的期末从业人员数低增长的特点明显。如:北京、上海等6个省份小微工业企业期末从业人员数负增长,天津、四川等5个省份小微工业企业期末从业人员增长不足4%。

(二)呈现全国总量“西进”和东北员工“南下”的区域特点

2013年,东部地区小微工业企业资产、主营业务收入和从业人员数占全国的54.6%、58.2%和61.1%,比2008年下降7.2、6.1和0.1个百分点。中、西部地区小微工业企业的资产、主营业务收入和期末从业人员数合计在全国的比重分别为37.5%、32.2%和32.7%,分别提高7.4、4.2和1.1个百分点,小微工业企业资产、主营业务收入和其末从业人员数比例分布呈现出“西进”的态势。

2013年,东北三省小微工业企业数量13.6万家,比2008年减少1.1万家;期末从业人员数459.6万人,减少14.6万人。其中,吉林和黑龙江两省企业数量和期末从业人员数减少幅度较大。东北三省的小微工业企业和工业从业人员出现了“南下”的现象。东北三省小微工业企业数量和期末从业人员数的减少反映出东北地区经济发展动力不足的问题。

(三)小微采掘业企业数量和人数减少

2013年,小微采掘业企业数量8.5万家、期末从业人员数340.4万人,分别比2008年①减少5932家和33.6万人。小微采掘业企业数量、资产、主营业务收入和期末从业人员数占小微工业企业的3.6%、6.6%、5.5%和4.6%,企业数量和期末从业人员数比重比2008年下降1.3和1.1个百分点,资产比重上升1.4个百分点,主营业务收入比重与2008年持平。

小微制造业企业数量、资产、主营业务收入和期末从业人员数占小微工业企业的93.5%、80.1%、91.4%和93%,企业数量和期末从业人员数比重比2008年上升1.4和0.9个百分点,资产和主营业务收入比重下降2.5和0.2个百分点。小微电力燃气水的生产供应业企业数量、资产、主营业务收入和期末从业人员数占小微工业企业的2.8%、13.3%、3.2%和2.4%,企业数量比重下降0.1个百分点,资产、主营业务收入、人数比重分别上升1.1、0.2和0.1个百分点。

(四)外资小微工业企业明显减少

2013年,内资小微工业企业数量、资产、主营业务收入和从业人员数占小微工业企业的95.8%、85.5%、87.8%和90.1%,比2008年提高1.5、8.7、7.1和3.6个百分点。外商及港澳台商投资企业明显比重下降,尤其是企业数量和期末从业人员数显著减少。与2008年相比,外商和港澳台商投资小微工业企业数量减少5523家和1204家,期末从业人员数分别减少了75.4万人和85.4万人。

外商和港澳台商投资小微工业企业数量下降主要是由于新开业企业的减少。第二次经济普查时存活的外商及港澳台商投资企业中,2003到2006年4个年度开业的小微工业企业数量均在1万家左右。此后年份新开业的企业数量呈下降趋势,在第三次经济普查时存活的外商及港澳台商投资企业中,2013年开业的小微工业企业已经不足3千家。

三、小微工业企业效率评价

利用数据包络分析以及回归模型,可以从地区层面对小微工业企业发展的效率进行评价和分析。DEA数据包络分析方法的优越性在于,能够基于多指标投入与多指标输出进行综合性评价。

(一)DEA效率分析

DEA方法把综合技术效率分解为纯技术效率与规模效率。纯技术效率可以衡量小微工业企业在管理与技术层面上是否有效。通过评价小微工业企业纯技术效率,可以得知在其他因素一定的情况下,企业以现有的投入得到最大的产出的能力。而规模效率则是衡量小微工业企业规模收益的指标,通过对小微工业

① 两次经济普查采掘业内部行业口径发生变化,但采掘业范围未发生太大改变。

企业规模效益的评价，可以判断小微工业企业的实际规模是否达到最优生产规模。

从 DEA 方法的原理来讲，综合技术效率是纯技术效率和规模效率的乘积。综合技术效率小于 1，其原因要么是纯技术低效率、要么是规模低效率、要么是两者同时低效率。

考虑到该方法在选择投入与产出指标上的一些客观要求，我们选择期末从业人员数、实收资本和资产总计作为投入指标，选择主营业务收入、主营业务税金作为产出指标。在数据方面，我们选取了全国第三次经济普查资料所提供的相关数据。而在进行影响因素回归分析时，还选取了《中国统计年鉴》、《中小企业统计年鉴》和中国经济统计数据库所提供的相关数据。

从结果来看，尽管极少数地区的效率已经达到了标准状态，但我国绝大多数小微工业企业的效率仍然处于相对较低的水平。体现出传统的、缺乏技术含量的劳动密集型生产方式，简陋的设备以及低效的经营管理是小微工业企业发展中面临的突出问题。

1. 多数地区小微工业企业综合技术效率较低。全国 31 个地区中综合技术效率达到 1 的只有 4 个，大部分地区的小微工业企业并未达到投入产出有效的标准。其中，综合技术效率在 0.8 至 1 之间的地区有 11 个，分别是北京、天津、上海、江苏、山东、河南、湖南、辽宁、吉林、内蒙古、宁夏。综合技术效率处在 0.7—0.8 之间的地区有 7 个，分别是河北、浙江、江西、湖北、四川、海南、新疆。而 13 个地区的综合技术效率均处在 0.7 以下的较低水平。这些地区分别是福建、广东、山西、安徽、黑龙江、重庆、贵州、云南、广西、陕西、甘肃、青海和西藏。其中，云南、西藏与甘肃三个地区的综合技术效率甚至低于 0.5 的水平。

2. 纯技术效率水平低下，是造成部分地区小微工业企业的综合技术效率较低的主要原因。除个别地区外，大部分地区的规模效率都达到了 0.95 以上，但这些地区的纯技术效率则均匀地分布在 0.5 至 1 之间区域。据此可以推断，我国各地区小微工业企业投入产出无效率或低效率，都与这些企业落后的经营管理和不合理的资源配置密切相关。

3. 各项技术效率呈现东高西低的特点。综合上述情况，如果按东部、中部、西部和东北部大类地区来归类的话，可以看到如下的结果：(1)东部的小微工业企业的各项效率普遍处于较高的水平，除福建和广东外的其他地区均属于三项效率指标均大于 0.7 的类型。(2)中部和东北的大部分省小微工业企业的技术效率也较高，除安徽、山西和黑龙江以外的其他地区也都属于三项效率指标均大于 0.7 的类型。相比之下，东部地区的各项效率优势略胜于中部和东北地区。(3)西部大部分地区的小微工业企业的各项效率普遍处于较低的水平，除内蒙古和新疆以外的地区都属于一到三项效率指标小于 0.7 的类型。其中，云南、西藏和甘肃这三个地区的综合技术效率甚至低于 0.5 的水平，分别为 0.498、0.427 和 0.446。

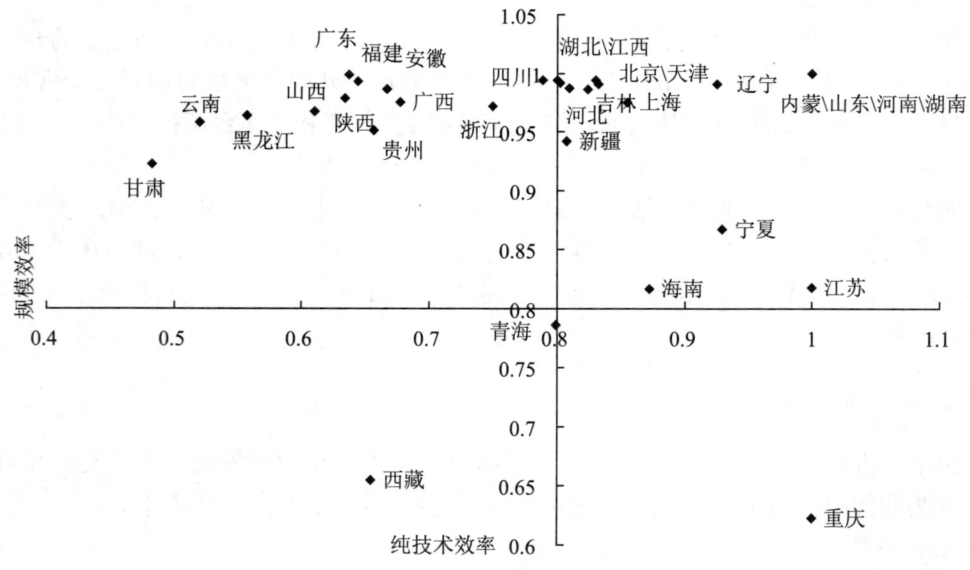

图 1　各地区规模效率与技术效率比较

4. 各地区技术效率和规模效应分类比较。根据纯技术效率、规模效率数值的大小，可以将各地区划分为四个类型：第一类，资源配置和规模效应显著：主要有北京、天津、河北、内蒙古、吉林、辽宁、上海、江苏、江西、山东、河南、湖北、湖南、海南、宁夏、新疆地区纯技术效率与规模效率同时达到 0.8 以上。第二类，规模效应显著但资源配置效率较低:山西、黑龙江、浙江、安徽、福建、广东、广西、四川、云南、贵州、陕西、甘肃地区规模效率较高(0.9 以上)但纯技术效率较低(0.8 以下)的地区。第三类,资源配置效率较高但规模效应不足:重庆的纯技术效率达到了 1 的水平,但其规模效率却处于 0.623 的较低水平。第四类,资源配置效率和规模效应均不足:西藏和青海 2 个西部地区。

(二)我国小微工业企业效率影响因素分析

在对我国小微工业企业投入产出效率综合评价的基础上,为进一步分析其影响因素,我们把小微工业企业的综合技术效率作为因变量,以外部环境影响因素为自变量,用 Tobit 回归模型进行了回归分析。根据 Tobit 回归运算结果,可以得到如下结论:

表 1　分地区 Tobit 回归分析结果

变量	系数	标准误	z 统计量	P 值
常数项	0.547724	0.052382	10.45639	* * *
各地区小微工业企业单位数量(万)	0.002903	0.001422	2.042015	*
各地区生产总值(万亿)	0.130855	0.052199	2.506862	* *
各地区固定资产投资(万亿)	0.599713	0.171710	3.492595	* * *

1. 集聚效应对提高小微工业企业投入产出效率作用显著。各地区小微工业企业的单位数量与该地区综合技术效率正相关。这表明,某一地区的小微工业企业数量越多,则该地区小微工业企业整体的投入产出效率就会提升。这主要因为,小微工业企业之间可“抱团取暖”、共享资源和技术而获取更多的产业集聚的好处(外部性)。

2. 宏观经济形势和经济环境对小微工业企业的影响较大。各地区生产总值与该地区综合效率呈现出显著的正相关关系。这表明,如果某一个地区的经济形势和经济环境越好,经济发展水平越高,那么该地区小微工业企业能够得到更多更好的发展机会,该地区小微工业企业的效率也就会得到较快的提高。

3、投资对小微工业企业发展的带动作用明显。各地区固定资产投资与该地区综合效率也显著正相关。这意味着某一地区的固定资产(包括基础设施)投资越多,能够派生出更多的市场需求,通过产业间的前向后向关联,就会带动整个小微工业企业的生产和投入产出效率水平的提高。

四、促进小微工业企业持续健康发展的政策建议

通过比较分析小微工业企业发展状况和特点,结合现阶段工业经济发展规律,为促进小微工业企业持续健康发展,提出以下政策建议。

提升发展定位。长期以来,将小微工业企业的发展定位在解决失业吸纳就业方面。比较两次经济普查数据可以看出,小微工业企业吸纳就业能力下降,招工难和用工贵已经成为制约小微工业企业发展的难题。同时,工业发展面临着产业外迁和在国民经济中的比重下降两大趋势。在这一背景下,小微工业企业的发展定位应当有别于其他行业小微企业,需要将其定位提升到打造制造业强国、提高工业品国际竞争力。

提高生产效率。大部分地区小微工业企业的技术效率较低,多数小微工业企业建立在劳动密集型产业持续发展的基础之上。随着人口红利的消失劳动力成本快速上涨,劳动密集型企业的发展正在受到冲击,低效率企业将被逐步淘汰。为了避免在此过程中,过早的“去工业化”而造成工业“空心化”,需要逐步提高小微工业企业的装备水平,加快资本深化进程。在提高小微工业企业生产自动化、智能化的同时,充分利用“互联网+”、云计算、大数据等现代信息技术手段,提高各行业小微工业企业的生产效率,使生产效率的提升能够弥补人工人成本的上升。

深化集群发展模式。聚集效应对提高小微工业企业的产出效率作用显著,集群式发展是小微工业企业发展的主要模式。一方面,部分地区集群的发展已经从简单的企业集中,发展为整个产业体系链条的完善和供应链的优化。目前,我国深圳电子信息产业、重庆笔电产业正在朝这一方向发展,为本地小微工业企业发展提供了优质的发展环境和低廉的发展成本。另一方面,我国大部分小微工业企业主要为大中型企业和相关行业提供中间产品。从日本、韩国等地发展经验来看,大量具有较高竞争力的小企业围绕三菱、大宇等大型企业提供配套生产。小微工业企业与大中型企业的发展,体现出很强的共生性。总结和梳理这些经验

和特点,小微工业企业的集群式发展应当从简单的企业聚集,深化到完善产业体系优化供应链层面,深化到建立与大中型企业互动的发展机制方面。

改善宏观经济环境。从小微企业与宏观经济环境的关系来看,小微企业对经济环境的依赖程度较高,依靠小微企业自身的发展难以从根本上改变经济运行的方向。在经济低迷时期,市场需求不足将会从根本上制约小微工业企业的健康发展。改善小微工业企业发展环境,需要出台宏观经济政策扩大总需求规模,改善对工业品的需求,为小微工业企业的发展提供较为宽松的宏观经济环境。

参考文献

[1] 张美娟．2013年廊坊市服务业小微企业发展状况简析[J]．统计与管理,2014(5)
[2] 王国顺．企业经营效率:概念、来源及关系[J]．中国工业大学学报,2002(3)
[3] 鞠晓峰,张帅．小型工业企业行业发展的综合排序方法探析[J]．中国软科学,2001(4)
[4] 黄必成,谢晓晖．成长型工业小企业评价体系研究[J]．工业技术经济,2006,25(2)
[5] 张震宇,史本山．从统计数据解析我国小型工业企业的技术创新状况[A]．中国技术经济论坛[C],2008
[6] 王杏云．小型微型工业企业经营状况与建议[J],经济研究导刊,2013(16)
[7] 曾献东．基于抽样调查的服务业小微企业经营情况分析[J]．决策咨询,2014(6)
[8] 焦桂芳．对当前小微企业发展状况的研究和分析[J]．经管空间,2012(10)
[9] 刘蓉．小微企业劳动关系影响因素分析[D],2014
[10] 胡国平,罗永明,孟宪超,喻志强．小微企业发展环境评价研究[J]．中国国情国力,2013(2)
[11] 张腾飞．小微企业的财务管理问题及对策[D],2014
[12] 宜信公司小微企业调研报告撰写组．小微企业经营与融资现状调研[J]．金融论坛,2012(7)
[13] 陈忠,李雅婷,魏国江．我国小微企业发展模式与转型探讨[J]．赤峰学院学报,2014(8)
[14] 孔德议,张向前．我国小微企业发展环境支撑体系研究[J]．理论探讨,2013(4)
[15] 王俊峰,王岩．我国小微企业发展问题研究[J]．商业研究,2012(9)
[16] 凌宁．小微企业如何脱困标本兼治[J]．中小企业管理与科技 2012(5)
[17] MA McPherson. Growth of micro and small enterprises in southernAfrica[J]. Journal of development economics, 1996, 48(2)
[18]Lawrence J White. Cookies cutter vs. Character: The micro structure of small business lending by large and small banks [J]. Journal of financial and quantitative analysis, 2004, 39(2)
[19] M Bowen, M Morara, M Mureithi. Management of business challenges among small and micro enterprises in Nairobi—Kenya[J]. KCA journal of Business Management, 2009, 2(1)
[20] Nichter S, Goldmark L. Small firm growth in developing countries[J]. World Development, 2009, 37(9)
[21] Fuller—Love N. Management development in small firms[J]. International Journal of Management Reviews, 2006, 8(3)
[22] Ayyagari M, Beck T, Demirguc—Kunt A. Small and medium enterprises across the globe[J]. Small Business Economics, 2007, 29(4)
[23] 晏艳阳,李波．基于DEA原理的公司经营效率研究．[J]．统计与决策,2008(10)
[24] 袁辉 ,戴大双,姜照华．基于DEA方法的国有企业效率评价与改进分析[J]．大连理工大学学报,2008,29(4)
[25] 陈仁权．基于DEA理论的企业效率评价及其影响因素研究 [D],2007
[26] 陈世宗,赖邦传．陈晓红．基于DEA的企业绩效评价方法[J]．系统工程,2005,23(6)
[27] 杨波．我国零售业上市公司经营效率评价与分析[J]．山西财经大学学报,2012(1)
[28] 程大友,冯英浚．基于两阶段关联DEA模型的企业效率研究——以财产保险公司为例[J]．预测,2008(3)
[29] 王雪青,张帆．基于DEA—Tobit的建筑业企业效率研究[J]．山东建筑大学学报,2011,26(4)
[30] 孔云林,吴杰．基于超效率DEA和Tobit模型的中国上市煤炭企业经营效率现状分析[J]．上海管理科学,2014,36(3)
[31] 李强．基于DEA方法的我国中小企业技术创新效率研究——以深交所中小上市公司为例[J]．科技管理研究,2010(10)

课题组　组长:金哲松
成员:张晓涛　张宝军　郭冬梅　张晓芳　于　雷
候云彩　杨　翠　李　航　刘瑶晗

我国体育产业发展研究

本文按照2008年国家统计局和国家体育总局联合制定的《体育及相关产业分类(试行)》标准,利用三次全国经济普查资料,对我国体育产业发展变化情况进行了初步分析,结果如下:

一、我国体育产业总量变化及其特点

(一)体育产业总量规模不断扩大

根据经济普查数据测算,2013年,我国体育产业增加值为2343.86亿元,比2004年增长近3倍,年均增长速度达到16.18%,超过了同期全国GDP的平均增长速度(详见图1)。

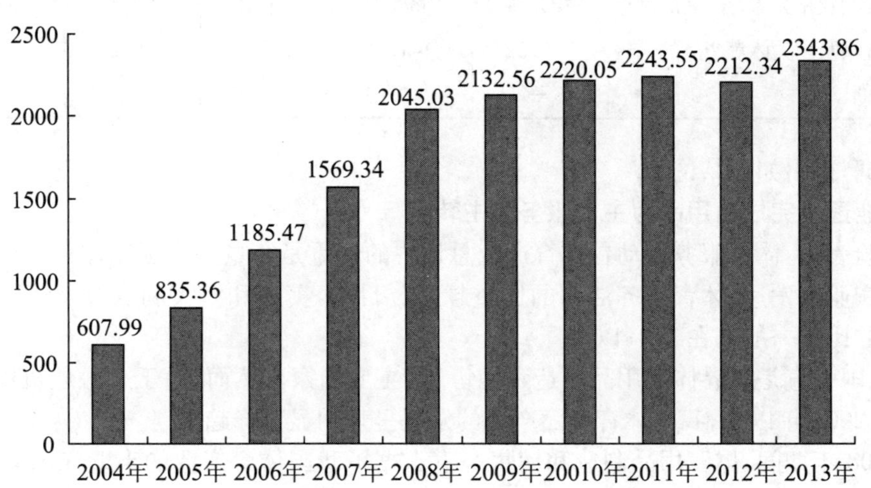

图1 我国体育产业增加值变动情况(单位:亿元)

(二)主办奥运会是我国体育产业总规模扩张的重要因素

从图1可以看到,我国体育产业发展可以划分为奥运前和奥运后两个阶段。奥运前,即北京奥运会筹办期间(2004年—2008年),我国体育产业增加值年均增长速度为35.43%,远远高于同期全国GDP平均增长速度,这一阶段是我国体育产业发展的黄金阶段。奥运后(2008年—2013年),我国体育产业进入了相对缓慢的发展阶段,年均增长速度只有2.77%,某些年份(如2012年)体育产业总量规模甚至出现了下降。奥运前后我国体育产业的不同表现,说明举办大型国际赛事对体育产业的巨大带动作用,因此,未来以大型赛事为契机推动体育产业发展仍有必要。

(三)体育产业占GDP比重仍然偏低

2013年,我国经济总量(以GDP为标志)和竞技体育水平(以世界级大赛奖牌数量为标志)均已达到世界前三位的水平。然而,与我国经济实力和竞技体育水平形成鲜明对照的是我国体育产业在国民经济中的地位偏弱。

根据经济普查数据测算,2004年我国体育产业增加值只占全国GDP的0.38%,2008年是我国体育产业占比最高的年份,达到0.65%,但随后呈现逐年下降趋势,到2013年下降为0.41%。

与世界其他主要体育强国相比,2008年,美国、法国、德国、英国、西班牙、澳大利亚、日本、韩国、巴西九个国家的体育产业比重平均值为1.92%,同期我国体育产业比重仅为0.65%,差距较大。这一方面要看到当前我国体育产业总规模仍然偏小,体育在国民经济中的地位不高;另一方面国外体育产业的较高比重,也暗示了未来我国体育产业发展空间较大,具有很大的发展潜力。

二、我国体育产业结构变化及其特点

根据经济普查数据，测算出体育产业内部各分支产业的增加值与占比情况(详见表1)。

表1 体育分支产业的增加值与比重

分支产业	增加值(亿元)			分支产业在体育产业中的比重(%)		
	2004	2008	2013	2004	2008	2013
合计	607.99	2045.03	2343.86	100.00	100.00	100.00
1. 体育组织管理活动	7.42	117.56	126.57	1.22	5.72	5.41
2. 体育场馆管理活动	12.34	30.00	60.16	2.03	1.43	2.62
3. 体育健身休闲活动	49.03	74.49	121.72	8.06	3.61	5.22
4. 体育中介活动	1.56	4.46	10.86	0.26	0.21	0.53
5. 其他体育活动	61.25	538.78	871.41	10.07	26.32	37.20
6. 体育用品、服装、鞋帽及相关体育产品的制造	420.10	1088.31	856.34	69.10	53.21	36.55
7. 体育用品、服装、鞋帽及相关体育产品的销售	56.32	141.79	257.58	9.26	6.92	10.94
8. 体育场馆建筑活动	—	49.61	39.22	—	2.59	1.70

分析表中数据，得出如下结论：

(一)体育产业逐步完成由用品为主向服务为主转变

发达国家经验表明：体育服务活动在体育产业总量中的比重是衡量一个国家体育产业结构是否合理的核心指标。体育产业越发达，体育服务活动的比重越大。目前，美国和澳大利亚等发达国家体育服务活动占体育产业总量的比重一般都在60%以上。

长期以来，我国一直是世界体育用品制造和销售[①]的主要国家。然而，由于金融危机以来外需减少和国内消费环境变化，2004年以来，我国体育用品产业的发展呈现明显下降趋势。

2004年—2008年期间，体育用品制造和销售一直占据了我国体育产业的半壁江山。2004年我国体育用品制造和销售占体育产业总量的比重为78.36%，2008年该比重仍然高达60.13%。2013年体育用品制造和销售占体育产业总量的比重为47.49%，虽然仍是我国体育产业的重要组成部分，但其地位正逐步下降。

与体育用品制造和销售下降趋势相对应的是过去10年我国体育服务活动的快速发展。体育服务活动[②]比重从2004年的21.64%提高到2013年的50.98%，并首次在总量上超过了体育用品制造和销售。这充分说明我国体育产业的结构正在向国际标准靠拢，产业结构日趋合理，产业发展态势良好。

在我国体育产业结构由用品为主向服务为主转变过程中，体育用品制造和销售的下降，不仅体现在产业占比指标上，也表现在产业总量上。2008年我国体育用品制造和销售达到1230.1亿元后开始下滑，到2013年下滑至1113.92亿元。可以说，正是体育用品制造和销售的长期低迷，影响了我国体育产业总规模的扩大。体育服务活动的快速增长虽然部分弥补了用品产业的下滑，但未来我国要实现体育产业总规模快速提高的战略目标，仍然需要高度重视体育用品制造和销售的支撑作用，扭转该产业持续下滑的不利局面。

(二)体育产业最大的亮点是新型体育活动的迅猛发展

从体育产业结构看，增长最显著的是其他体育活动[③]。2004年—2013年期间，该活动发展速度最快，规模从2004年的61.25亿元增长到2013年的871.41亿元，成为当前我国体育产业中总量最大的部分，占比

① 体育用品制造和销售：包括《分类》中的第6项“体育用品、服装、鞋帽及相关体育产品的制造”和第7项“体育用品、服装、鞋帽及相关体育产品的销售”。

② 体育服务活动：包括《分类》中的第1—5项：体育组织管理活动、体育场馆管理活动、体育健身休闲活动、体育中介活动和其他体育活动。

③ 其他体育活动：是指以体育培训服务、体育科研服务、体育彩票服务、体育传媒服务、体育展览服务、体育市场管理服务、体育场馆设计服务、体育场所保洁服务、体育文物及文化保护服务为代表的新型体育服务活动。

也从 2004 年的 10.07%,增长到 2013 年的 37.2%,尤其是以新媒体、新业态、"互联网+"为特征的新型体育服务活动,成为体育产业中的最大亮点。

(三)体育产业逐渐形成以体育赛事活动为核心的发展模式

体育赛事活动包括:体育组织管理活动、体育场馆管理活动和体育中介活动三项(在此简称"体育赛事活动"),它是体育产业中带动能力最强、产业影响力最大的核心产业之一。

2004 年以来,我国体育赛事活动增长十分强劲,从 2004 年的 21.32 亿元,增长到 2013 年的 197.59 亿元,占体育产业总量的比重达到 8.56%,正在逐步接近世界发达国家水平,说明我国体育产业正在逐步形成以体育赛事活动为核心的产业发展模式。

从体育赛事活动的实际运行情况看,2004 年以来,我国不断承接各种国内外大型赛事,各种职业性和非职业性竞赛表演活动如火如荼。其中,体育组织管理活动增长速度最快,在 2013 年达到了 126.57 亿元,一跃成为体育赛事服务业的支柱产业。与此同时,我国以场馆为依托的体育场馆管理活动保持了相对稳定的发展态势;体育中介活动虽然总量仍然偏小,只有 10.86 亿元,但增长态势良好。这些都说明当前我国体育赛事活动日趋活跃,正逐步发挥其对整个体育产业的核心带动作用。

(四)体育产业最大的短板是体育健身休闲活动

体育产业的成熟发展需要具有两大核心产业,一个是体育赛事活动,另一个是体育健身休闲活动。从国际经验看,体育健身休闲活动的重要性甚至超过了体育赛事活动,在整个体育产业中占据重要地位。

体育健身休闲活动是体育产业中与健康最直接相关的产业。2013 年,该产业只占我国体育产业总量的 5.22%,比 2004 年低 2.84 个百分点。

2004 年筹办奥运会的因素,国民体育健身热情被极大点燃,社会投资和政府投资力度都不断加大,体育健身休闲活动占体育产业总量的比重不断提高,达到 8.06%。

2008 年随着奥运会的结束,前期国民体育热情减弱和相关政策未能及时跟上,前期参与体育健身消费的主力人群(以上班族为主体)出现了较大的流失。与此同时,在缺乏政策扶持的经济环境中,前期以极大热情投入健身俱乐部建设的民间投资迫于价格竞争、房租、税费、员工工资等多重压力,纷纷倒闭,甚至出现过一些著名俱乐部席卷会员经费后关门的轰动性案件,在当时引起了不小的社会反响。统计数据表明,2008 年体育健身休闲活动整体低迷,在体育产业中的占比仅为 3.61%。

2009 年—2013 年期间,虽然体育健身休闲活动有所恢复,但尚未达到 2004 年的水平,与世界体育强国 30%以上的占比也相差甚远(详见表 2)。因此,当前我国体育产业最不合理、最大的"短板"是:与国民健康关系最紧密、产业带动能力最强的体育健身休闲活动发展严重滞后。这种产业格局既不利于发挥体育健身休闲活动对其他体育业态的带动作用,更不利于发挥体育促进公民健康的体育公共职能,值得引起高度重视。

表 2 各国体育产业结构对比(单位:%)

分支产业	韩国	悉尼	美国	中国
体育赛事活动	15.9	25.3	14.2	8.5
体育健身休闲活动	33.7	38.6	35.7	5.2
其他体育活动	12.8	15.0	14.9	37.2
体育用品制造	7.6	4.5	16.2	36.5
体育用品销售	13.7	4.9	10.3	11.0
体育场馆建筑活动	8.5	5.6	3.2	1.7

资料来源:国内数据根据第三次经济普查数据测算,国外数据来源于课题组专项研究。

三、我国体育产业未来发展方向

(一)继续推动体育用品产业发展

当前,体育用品制造与销售面临诸多不利的内部和外部经济环境压力。调整体育用品制造和销售自身结构,创新产销模式已经刻不容缓。

从近年来的实践中，我国体育用品制造与销售发展将不仅取决于制造业本身的发展，更取决于以体育用品销售为核心的其他用品衍生业态的发展。

当前，我国一些著名体育用品品牌制造企业正在纷纷尝试建立一种以体育用品制造为根基，以体育用品销售为支柱，打通制造、物流、销售、体验式服务等全产业链闭环的新型生产销售模式。尤其是今年在国务院提出制定"互联网＋"行动计划以来，很多传统的以线下实体店为产销核心的体育用品制造企业纷纷加入到线上、线下综合发展的实验当中，体育用品制造与销售整体出现了不同以往的新格局。

以往成功经验表明，我国体育用品制造与销售未来发展取决于传统制造业企业如何借助新型生产方式，向提高产销效率、提高品牌知名度的大方向转变。未来体育用品的发展趋势是：娱乐化、服务化、小型化、社区化和场地化。

因此，我国体育用品制造与销售应当借鉴国际和国内成功经验，将我国体育用品制造与销售产业打造成亚洲、乃至全世界的营销中心和研发中心。基于这一目标，我国未来在体育产业方面应着力发展体育会展、体育用品研发、体育用品分销等与体育用品销售和设计紧密关联的特色产业。有条件的情况下，拟考虑在我国代表性城市，设立全国性体育用品研发和集散中心、全球性体育品牌商展中心，从而打造我国在亚洲乃至全球的体育用品营销中心与研发中心的地位。

(二)进一步推进体育健身休闲产业发展

我国体育产业目前最现实也是最迫切的任务是促进体育健身休闲活动的发展，发挥该产业应有的经济带动能力。体育健身休闲活动是与我国公民健康状态最直接相关的产业，该产业的良性发展不仅具有极高的经济效益，更具有无可取代的社会效益。

目前，体育界对发展体育健身休闲活动的各种政策建议，都是从政府提供财政、税收、信贷、土地等支持性政策的角度出发，"要政策"的倾向较重。根据我们掌握的国外体育健身休闲活动发展经验，结合奥运会以来体育健身休闲活动走过的弯路，在此提出另外一种发展思路，即体育健身休闲活动的发展除了需要各种公共政策直接提供经济刺激外，更应关注体育健身休闲活动本身的组织形态建设，特别是要加强对发达国家各种民间俱乐部制健身活动的管理模式和管理经验的研究，将经济政策与特定的产业组织形态恰当地结合起来，从而完善我国体育健身休闲活动的自我发展机制。

(三)研究制定面向就业人群的"健康产业"规划

在医疗支出压力不断增大和人口日益老龄化的当今社会，发达国家政府都越来越重视体育与健康的密切关系，出台了一系列国家层面的国民健康计划。美国 2010 年制定的《健康公民 2010》计划中，列举了 28 个关键领域的 467 个指标来衡量美国公民，尤其是就业人口的健康体系。在这些指标中，"体育健身"和"医疗保障"是权数最高的两项，构成了美国国民健康的两大支柱。日本 2010 年出台了《体育立国战略》，这是日本继 2000 年公布《体育振兴基本计划》后，又一次发布的关于日本体育发展的长期计划，该计划明确了体育健身在日本健康计划中的核心地位，明确了公民的体育权力："必须确保全体国民，在自愿自主前提下，根据自身情况和兴趣，在安全公正的环境下享有日常接近体育、参与体育和支持体育的机会"。可见，发达国家抓住了体育与健康这个主题，通过大力发展面向不同人群的体育健身休闲活动，推动了体育产业整体的产能释放，促进了国民身体素质提高，增强了国家竞争力。

我国政府也高度重视国民身体素质的提高，先后出台了《中华人民共和国体育法》、《全民健身条例》和《全民健身计划(2011—2015 年)》等重要文件，推动了我国大众健身事业的发展。

从实际效果看，虽然我国已经开展了一系列大型的群众性体育活动，促进了体育事业的繁荣。但是也应当看到，体育部门组织的大多数群众性体育活动是从推广体育文化、增强凝聚力和维护社会和谐的公益角度出发，群众参与的此类健身活动仅限于尝试性、争光性和间歇性参与，未能切实转变成长期性、专业性和自觉性的体育健身消费行为，体育健身休闲活动长期发展滞后，产业与政策的脱节越来越严重。

面对这种形势，政府部门应充分借鉴美国、日本和欧洲等发达国家已经制定的各种国家层面的国民健康计划经验，尤其要更加关注就业人群，研究制定面向就业人群的健康产业规划，千方百计激发这部分人群的消费潜力和消费意愿，从而达到既发展产业、增加就业，又促进国民健康、提高国民生产能力的多重目的。

注：1. 本文是按照 2008 年国家统计局和国家体育总局联合制定的《体育及相关产业分类(试行)》标准，对三次全国经济

普查数据进行测算开展研究。使用2015年8月新发布的《国家体育产业统计分类》标准测算以往数据存在难度，本文暂未使用。2. 本文对数据由于四舍五入而产生的差数均未作调整。

课题组　组长：杨　越

成员：张　斌　张文春　靳英华　胡家勇　王　钦

中国能源消费强度地区差异与行业差异问题研究

能源作为现代文明的物质基础，不仅是社会进步水平的标志，也是约束社会经济发展的重要因素。随着经济的飞速发展，中国能源消耗总量急剧增加，2010 年已成为全球第一大能源消费国。同时，中国产业结构不尽合理，经济结构中重工业比例较大，高能耗、高污染产业比重还比较高，资源对经济社会发展的制约矛盾日益突出。此外，中国幅员辽阔，因在地理条件、经济水平、行业特色等方面存在的巨大差异，各地区的能源消费量和消费结构等也呈现出不同的空间分布特征。本文基于第三次经济普查数据资料，并结合第一次和第二次经济普查数据资料，系统分析中国能源消费强度①的地区差异与行业差异的现状以及地区差异与行业差异之间的内在关系，测算各影响因素对中国能源消耗强度的影响方向和程度，探讨有效降低能源消耗强度、缩减能源消耗的行业差异与地区差异的政策措施。

一、中国能源消费地区差异分析

依据基尼系数的定量测算方法，分别从能源消费量、能源消费结构、能源消费强度三个方面对能源消费差异状况展开论述。

(一)中国能源消费总量地区差异

根据表 1 可以看出，东部地区能源消费总量最多，中部次之，西部最低，而且东部地区的能源消费总量均值显著高于其他地区。同时，东、中、西地区内部各省区的能源消费情况也存在不同。东部地区能源消费总量整体偏高，山东省煤炭消费总量为 35358 万吨标准煤，但是同样位于东部地区的海南省能源消费总量仅为 1720 万吨标准煤。此外，西部地区能源消费总量整体偏低，但位于西部地区的四川省能源消费总量却高达 19212 万吨标准煤。因此，各个地区内部的差异分析也不容忽视。

表 1　第三次经济普查东、中、西地区能源消费总量

单位：万吨标准煤

东部地区	能源消费量	中部地区	能源消费量	西部地区	能源消费量
北　京	6724	山　西	19761	四　川	19212
天　津	7882	吉　林	8645	重　庆	8049
河　北	29664	黑龙江	11853	贵　州	9299
辽　宁	21721	安　徽	11696	云　南	10072
上　海	11346	江　西	7583	陕　西	10610
江　苏	29205	河　南	21909	甘　肃	7287
浙　江	18640	湖　北	15703	青　海	3768
福　建	11190	湖　南	14919	宁　夏	4781
山　东	35358			新　疆	13632
广　东	28480			广　西	9100
海　南	1720			内蒙古	17681
均　值	18357	均　值	11096	均　值	10317

为了更深入地分析能源消费总量的差异，根据基尼系数计算公式得出东、中、西地区的地区间差异与地区内差异，详见表 2。可以看出，中国能源消费总量地区内与地区间均存在较明显差异。地区内差异方面，

① 能源消费强度，也称单位 GDP 能耗，即一个国家或地区生产(创造)一个计量单位(通常为万元)的 GDP 所使用的能源。

东部地区内部基尼系数较大，三次经济普查中均大于 0.30，且东部地区内部的基尼系数变动较小，地区内部差异基本维持不变。西部地区内部差异低于东部地区，但仍存在较明显的地区差异。此外，中部地区的地区内部基尼系数维持在 0.20 左右，地区内部差异较小。地区间差异方面，三次经济普查中，能源消费总量的东部、西部地区间基尼系数均大于 0.40，基尼系数较高，地区差异较明显。相比于东部和西部地区间的差异，东部和中部地区间与中部和西部地区间的地区差异较小，基尼系数在 0.30 左右，且随着时间变动地区差异呈现缩小趋势。

表 2　能源消费总量东、中、西地区内部及地区间基尼系数

普查时期 / 差异类型	"一普"	"二普"	"三普"
东部地区内部	0.3266	0.3420	0.3321
中部地区内部	0.2022	0.2112	0.1907
西部地区内部	0.2626	0.2585	0.2466
东、中部地区间	0.3125	0.3314	0.3218
东、西部地区间	0.4319	0.4380	0.4001
中、西部地区间	0.3418	0.3370	0.2898

(二)中国能源消费结构地区差异

中国能源资源具有"富煤、贫油、少气"的基本特点，目前仍以消费煤炭为主。表 3 是以煤炭消费比重为例，计算得到的中国能源消费结构基尼系数。

表 3　煤炭比重东、中、西部地区内部及地区间的基尼系数

普查时期 / 差异类型	"一普"	"二普"	"三普"
东部地区内部	0.1151	0.1882	0.1801
中部地区内部	0.0837	0.1046	0.1066
西部地区内部	0.1480	0.1539	0.1424
东、中部地区间	0.1553	0.2140	0.2051
东、西部地区间	0.1502	0.1957	0.1850
中、西部地区间	0.1548	0.1676	0.1556

根据表 3 中基尼系数计算结果可知，地区内部差异方面，中部地区内部和西部地区内部地区差异均很小，尤其是西部地区的基尼系数一直维持在 0.15 左右。但在三次经济普查中，东部地区和中部地区的基尼系数均在上升，尤其东部地区内部差异上升幅度较大。地区间差异方面，东部地区与中部地区间、东部地区与西部地区间的差异略高于中部地区与西部地区间的差异，但东、中、西地区间差异均比较小，基尼系数基本上在 0.20 以下。

(三)中国能源消费强度地区差异

表 4 是能源消费强度东、中、西部地区内及地区间基尼系数，可以看出，能源消费强度地区内部差异中，东部地区内部差异最小，基尼系数低于 0.20；中部地区内部与西部地区内部差异较为明显，但其差异在三次经济普查中逐渐缩小。地区间的差异中，东部地区和西部地区间差异最为显著，基尼系数介于 0.3—0.4 之间；东部地区与中部地区间、中部地区与西部地区间差异较为明显，基尼系数基本上介于 0.2—0.3 之间。值得注意的是，能源消费强度地区间的差异在三次经济普查中均呈现出逐渐减小趋势。

表 4　能源消费强度东、中、西部地区内及地区间基尼系数

差异类型 \ 普查时期	“一普”	“二普”	“三普”
东部地区内部	0.1563	0.1714	0.1553
中部地区内部	0.2127	0.1536	0.1750
西部地区内部	0.2428	0.2156	0.2215
东、中部地区间	0.2336	0.2295	0.2035
东、西部地区间	0.3685	0.3623	0.3312
中、西部地区间	0.3299	0.2846	0.2979

二、中国能源消费行业差异分析

将国民经济按产业进行能源消费差异分析，分别为：第一产业（即农、林、牧、渔、水利业），第二产业（工业、建筑业），第三产业（交通运输仓储邮政业、批发零售餐饮住宿业、其他行业），以及城乡居民生活。同时，分别从能源消费总量、能源消费结构、能源消费强度三个方面展开论述。

（一）中国能源消费量变化与行业差异分析

由于行业性质及技术应用的差异，不同行业所消耗的能源总量存在较大的差异。为简化分析，图 1 为三次经济普查中第一、二、三产业和居民消费的能源消费量变化条形图。根据图 1 可以看出，各行业能源消费量均在增加，但第二产业能源消费量所占比重居高不下，三次经济普查中均超过 70%。其次，第三产业和居民消费的能源消费量较多，二者之和所占比重约为 25%。第一产业能源消费量最少，三次经济普查中所占比重均未超过 3%。

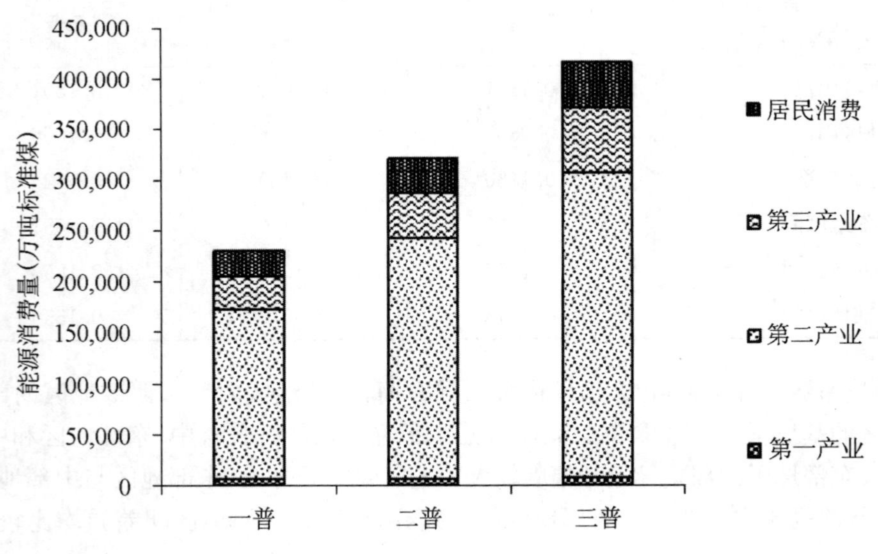

图 1　中国三次经济普查能源消费量变化条形图

（二）能源消费结构变动与行业差异分析

中国是煤炭消费大国，煤炭消费量一直位于世界前列。根据表 5 可以看出，工业是煤炭消费最大的部门，在三次普查中工业煤炭消费量占煤炭总消费量的比例分别为 91.63%、93.74%、94.99%。同时，工业煤炭消费量呈现逐年增加模式，“二普”与“一普”相比和“三普”与“二普”相比的增长率分别为 44.95%和 43.06%。相对而言，批发零售住宿和餐饮业的煤炭消耗总量较小，但也存在较快的增长速度，“二普”与“一普”相比和“三普”与“二普”相比的增长率分别为 28.30%和 28.27%。此外，交通运输、仓储和邮政业的煤炭消耗较低，同时存在下降趋势；生活用户的煤炭消耗量在“一普”之后显著下降，“二普”至“三普”期间则呈现小幅度增加。

表 5　三次经济普查中各行业煤炭消费量

单位:万吨

行业 / 普查时期	农、林、牧、渔、水利业	工业	建筑业	交通运输、仓储和邮政业	生活用户	批发、零售、住宿和餐饮业	合计
"一普"	1655	194421	572	828	9768	2410	212162
"二普"	2023	281808	625	665	9148	3092	300605
"三普"	2451	403157	811	615	9290	3966	424426

(三)能源消费强度变化与行业差异分析

不同行业的能源消费强度有较为显著的差异。一般而言,第一和第三产业的能源消费强度较小,而第二产业的能源消费强度较大。表 6 为 2000－2013 年各行业能源消费强度变化表。

根据表 6 可以看出,按时间顺序,各行业的能源消费强度都呈现逐年递减的态势,其中农林渔牧业、工业、建筑业和批发零售业的下降趋势较为明显,与 2000 年能源消费强度相比,2013 年各行业能源消费强度的下降幅度均接近 50%,交通运输、仓储和邮政业的能源消费强度虽有下降,但相比之下幅度较小。横向比较可知,工业的能源消费强度最高,第一次经济普查时期该数值高达 2.51 吨标准煤/万元,高出同年全国的平均水平。交通运输、仓储和邮政行业的主要消费能源为石油和煤炭,由于其产业增加值相对较小,居民拥有汽车的数量越来越多,石油消耗量快速增加,导致其能源消费强度相对较大,第三次经济普查结果显示,交通运输、仓储及邮政行业的能源消费强度为 1.35 吨标准煤/万元,已经超越工业的能源消费强度(1.34 吨标准煤/万元),成为能源消费强度最大的部门。农林渔牧业和批发零售餐饮业分别属于第一和第三产业,其能源消费量较小,能源消费强度较低。

表 6　2000－2013 年各行业能源消费强度变化表

单位:万吨标准煤/万元

行业 / 年份	农、林、牧、渔业、水利业	工业	建筑业	批发零售住宿餐饮业	交通运输、仓储和邮政业
2000	0.28	2.58	0.40	1.47	1.86
2001	0.29	2.52	0.38	1.41	1.72
2002	0.30	2.53	0.38	1.40	1.72
2003	0.33	2.54	0.37	1.44	1.89
2004	0.30	2.51	0.37	1.43	1.91
2005	0.31	2.44	0.34	1.41	1.79
2006	0.30	2.27	0.31	1.32	1.72
2007	0.25	2.05	0.27	1.16	1.54
2008	0.20	1.79	0.21	1.01	1.47
2009	0.20	1.79	0.21	0.97	1.48
2010	0.18	1.61	0.20	0.88	1.44
2011	0.16	1.45	0.18	0.80	1.36
2012	0.15	1.39	0.17	0.75	1.37
2013	0.14	1.34	0.17	0.71	1.35

(四)能源消费强度因素分解

1. 结构效应与效率效应二维图

为直观显示各部门能源消费强度变动的结构效应与效率效应及对总体能源消费强度的影响性质,比较结构效应与效率效应的大小,采用 LMDI 分解法与完全分解法对各行业能源消费强度进行横向与纵向分解,在此引入 Liu 和 Ang(2007)设计的结构效应与效率效应的二维图,如图 2 所示。其中,X 轴表示效率效应,Y 轴表示结构效应。X 轴上的点表明结构效应不显著,Y 轴上的点表明效率效应不显著,X 轴与 Y 轴的交点表明结构效应与效率效应均不显著。对角线 A、B 上,结构效应与效率效应的绝对值相等,其将平面平均划分为八个区域，分别以 I 至 VIII 表示。以区域 IV 为例，该区域表明结构效应与效率效应均显著，效率效应大于结构效应，二者的变动均会导致总体能源消费强度的改进。区域 I 至 IV 内，总体能源消费强度上升，区域 V 至 VIII 内，总体能源消费强度下降。区域 VI 与 VII 为最优区域，其结构效应与效率效应为负值，均会导致能源消费强度下降。

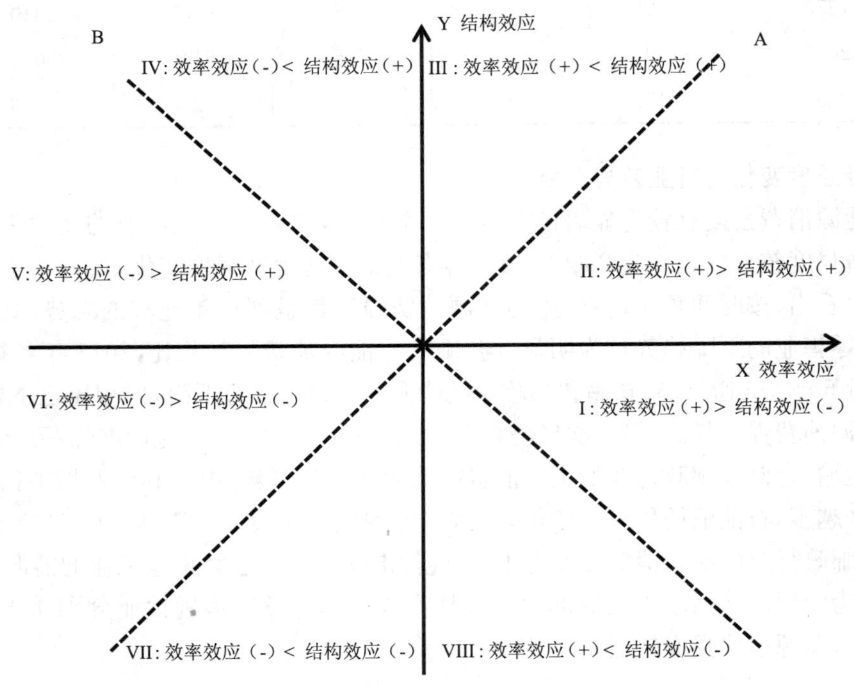

图 2 效率效应与结构效应二维分布图

对中国总体能源消费强度的变化在时间轴上进行纵向分解，并根据结构效应与效率效应二维图，对各年度因素分解情况进行区域划分，结果如表 7 所示。可以看出，影响能源强度的各种因素中，结构变动所占比重较大，效率变动所占比重较小。2006 年以后效率变动的比例开始逐渐提高，以技术进步为主的效率因素正逐渐成为影响能源消费强度的主要原因。其中结构因素对能源消费强度的变化产生正向影响但影响逐渐降低，表明结构因素对降低能源消费强度的阻碍作用逐渐减小，直至促进能源消费强度的降低，而效率因素则对总体能源消费强度产生负向影响，表明效率因素是降低能源消费强度的重要因素，要想提高能源消费强度，除改善结构外，还必须关注效率的提高。

表 7 2000—2013 年结构变动与效率变动表

年份	结构变动		效率变动		区域
	数值	所占比例(%)	数值	所占比例(%)	
2000—2001	−0.039	74.328	−0.013	25.672	VII
2001—2002	0.015	234.109	−0.008	−134.109	IV
2002—2003	0.022	56.125	0.017	43.875	III
2003—2004	−0.015	206.099	0.008	−106.099	VIII
2004—2005	1.228	98.406	0.020	1.594	III
2005—2006	1.135	99.494	0.006	0.506	III
2006—2007	0.992	101.677	−0.016	−1.677	IV
2007—2008	0.852	100.635	−0.005	−0.635	IV
2008—2009	0.886	103.882	−0.033	−3.882	IV
2009—2010	0.753	99.479	0.004	0.521	III
2010—2011	0.686	100.423	−0.003	−0.423	IV
2011—2012	0.669	102.634	−0.017	−2.634	IV
2012—2013	0.622	102.811	−0.017	−2.811	IV

对三次经济普查的各行业能源消费强度的变动情况进行横向分解，结果如表8所示。可以看出，2004—2008年和2008—2013年期间，所有行业的能源消费强度均有所下降，其中各行业的效率因素均为负值，表明这些行业在技术管理上均有所进步，促使能源消费强度的降低。其中工业对能源消费强度降低的作用变动最为明显。2004—2008年，工业能源消费强度变动占总能源消费强度变动的12.313%，下降了0.027吨标煤/万元，其中效率变动为负，表明工业正在改进技术管理，提高效率从而降低能耗，2008—2013年，工业对总体能源消费强度降低的贡献率越来越大，所占比例高达33.311%，表明降低能耗主要降低工业能耗，而降低工业能够主要在于提高效率和改善结构。

表8　各行业能源消费强度分解情况表

行业 \ 消费强度变动	2004—2008				2008—2013			
	结构	效率	总变动	总变动占比(%)	结构	效率	总变动	总变动占比(%)
农林牧渔业	−0.007	−0.050	−0.057	26.270	−0.008	−0.031	−0.039	41.314
工业	0.012	−0.039	−0.027	12.313	−0.007	−0.024	−0.031	33.311
建筑业	0.001	−0.041	−0.040	18.233	0.016	−0.029	−0.013	13.464
交通运输、仓储和邮政业	−0.011	−0.009	−0.019	8.858	−0.001	−0.002	−0.003	3.246
批发零售和住宿餐饮业	0.001	−0.045	−0.044	20.385	0.013	−0.014	−0.001	0.624
其他行业	0.004	−0.034	−0.030	13.941	0.007	−0.015	−0.008	8.041
总计	0.001	−0.218	−0.217	——	0.020	−0.114	−0.094	——

三、中国能源消费强度影响因素分析

上述分析结果已表明，中国能源消费强度存在地区差异与行业差异，且随着时间的变动而发生变化。为进一步探究能源消费强度变化的主要原因，建立空间能源消费强度影响因素的空间计量模型。

(一)指标选取

1．工业结构

本文引入工业特征偏向指数测算各地区的工业能耗特征，表9是利用工业的41个细分行业的产值和能源消费量数据计算出的中国各地区工业特征偏向指数 ICB_i 。

表9　东、中、西地区各省工业特征偏向指数

东部地区	工业特征偏向指数	中部地区	工业特征偏向指数	西部地区	工业特征偏向指数
河　北	1.0181	湖　南	0.8681	重　庆	0.6085
广　东	0.4500	黑龙江	0.7213	四　川	0.8000
天　津	0.5685	安　徽	0.7835	内蒙古	1.2281
福　建	0.5945	湖　北	0.7737	陕　西	0.8046
上　海	0.5346	吉　林	0.6912	广　西	0.9270
浙　江	0.5730	江　西	0.9150	贵　州	1.0772
辽　宁	0.8873	山　西	1.1863	云　南	0.8359
江　苏	0.6518	河　南	1.1045	甘　肃	1.2309
山　东	0.7682			新　疆	1.4713
北　京	0.6582			青　海	1.5104
海　南	0.7656				

注：工业特征偏向指数数字越大，表示工业结构越趋向于高能耗。其中，由于2013年各省工业中细分行业的能源消费量暂未公布，同时考虑到各省工业结构在短期内变动较小，暂用2012年相关数据代替2013年数据。

2. 能源消费结构

能源消费结构反映的是能源消费中各种能源的比例关系。为定量测算能源消费结构对中国能源消费强度的影响,选取煤炭总量占能源消费总量的比重来表示能源结构,变量代码为 MT。

3. 经济发展水平

经济发展水平也是影响能源消费强度的一个重要因素。能源消费强度是根据能源消费总量与国内生产总值的比值计算得出,两者增加的幅度和速度不同会对能源消费强度产生不同的影响,利用各省的人均生产总值表示经济发展水平,变量代码为 GRP。

(二)实证结果与解读

中国能源消费强度在经过对数化处理后,其 Moran'I 值为 0.4374,显著大于 0,并在 1%的显著性水平下通过了检验。表明中国能源消费强度具有显著的空间效应。表 10 是利用 GeoDa 软件采用极大似然估计方法得到的空间滞后模型估计结果。

表 10 空间滞后模型的极大似然估计结果

变量	系数	标准误	t 统计量	P 值
ρ	0.5044	0.1375	3.6669	0.0002
C	−0.1252	0.2072	−0.6045	0.5455
INICB	0.1946	0.0928	2.0973	0.0360
INMT	0.3773	0.0991	4.8155	0.0000
INGRP	−0.1992	0.0446	−4.4603	0.0000
R^2	0.7326			
Log likelihood	2.0027			
AIC	3.9945			
SC	11.1644			

由表 10 可以得出空间滞后模型为:

$$INEI = 0.5044WgINEI + 0.1946INICB + 0.3773INMT - 0.1992INGRP + \varepsilon$$

根据空间滞后模型的极大似然拟合结果,可以得出以下结论:

(1)中国能源消费强度在省域之间形成了显著空间集聚效应。空间滞后模型中 ρ 值为 0.5044,空间集聚效应明显,表明相邻省区的能源消费强度出现趋同态势,即能源消费强度较高的省份集中在一起,能源消费强度较低的省份集中在一起。为了保证中国能源消费强度与消费效率的区域平衡发展,打破低能源消费强度地区与高能源消费强度地区之间的界限显得尤为重要。

(2)工业结构是影响能源消费强度的重要因素。各省区工业特征偏向指数与能源消费强度存在正相关关系,在 5%显著性水平下通过了检验。模型中回归系数为 0.1946,意味着工业特征偏向指数提高 1%,能源消费强度将相应地提高 0.1946%。工业特征偏向指数越高表示能源消费越高,而工业的能源消费量占据了中国所有行业的能源消费量的绝大比重,因此,应积极提高工业的能源消费效率,降低工业特征偏向指数。

(3)能源消费结构的不合理极大程度地提高了能源消费强度。煤炭消费所占比重与能源消费强度存在显著正相关关系,并在 1%的显著性水平下通过了检验。模型中回归系数为 0.3773,意味着煤炭消费所占比重提高 1%,能源消费强度将相应地提高 0.3773%。由于资源禀赋的限制,中国能源消费以煤炭消费为主,消费结构非常不合理。能源消费结构问题成为众多学者的关注点,但该现状在短时间内调整又相当困难,需要通过新清洁能源的推广使用,逐步降低煤炭消费比重。

四、政策建议

针对前文的描述分析与实证研究提出相关政策建议,以期能为相关部门制定有效缩减能源消耗的行业差异与地区差异、降低能源消耗强度等政策提供参考依据。

(一)推行区域差别化能源政策,同时注重各省区之间的相互影响

受到资源禀赋、经济发展水平等因素的影响,中国能源消费存在明显的区域差异,能源消费量、能源消费结构与能源消费强度均呈现出明显的区域集聚现象。因此在制定政策时,需要结合当地的能源消费现状,针对不同地区的能源消费特征,提出地区差别化能源政策。

此外,各省区能源消费情况会受到相邻省份的影响,所以在制定政策时,既应考虑本地区的能源环境,也要考虑邻近省份对本地区的影响。加强相邻省区技术、人才等多个方面的沟通交流,打破高能源消费区与低能源消费区之间的界限,促进区域协同发展。

(二)调整行业结构,降低高耗能行业的比重

就中国目前的发展阶段来看,第二产业所占比重较大,重工业增长明显加快。因此,需要适度调控工业、重工业等行业的发展速度和规模,对于钢铁、水泥等过剩产业,通过淘汰落后产能和优化产业技术,降低其煤炭消费量。同时,合理地调整产业结构布局,积极促进以工业为主导的产业结构向第三产业为主导的产业结构转化,努力形成"低投入、低消耗、高效率"的经济发展方式。鼓励发展先进生产能力,支持投资那些既能促进经济增长又可以降低能源消费量的新型行业,优化产业组织结构,调整区域产业布局,有效控制能源消费量、降低能源消费强度,提高资源利用率。

(三)优化能源消费结构,提高清洁能源的比重

"以煤为主"的能源资源禀赋决定了长期以来中国"以煤为主"的能源消费现状,但由于煤炭利用技术不成熟,煤炭利用率较低,造成了能源浪费和大量的废弃排放。特别是那些资源禀赋丰裕的地区,应该充分利用本地的资源优势,发展煤炭、石油深加工行业,提高煤炭的利用效率,降低能源消费强度。此外,应加大对新能源、清洁能源等领域的科技、人力、资金等方面的投入,倡导使用新兴清洁能源,不断优化能源结构,采取多元化能源结构的发展战略,提高优质能源比重,努力实现能源工业的均衡发展。

(四)加强节能技术投入,改善组织管理,提高终端能源利用效率

根据因素分解结果可知,效率效应对能源强度产生负向影响,且影响所占比例较大,表明效率效应是导致能源强度下降的主要因素。为改善能源利用效率问题,一方面,企业应当加大对能源技术的研发投入,引进国内外先进管理体制,聘请优秀管理与技术人才,从管理与技术层次提高能源利用效率;另一方面,政府应当在财政与金融方面对各部门尤其是工业部门的技术进步给予适当的政策倾斜,如对应用节能技术的项目减免部分税收、发放财政补贴、扩大优惠贷款额度等,以此激励各部门企业促进节能技术进步。

参考文献

[1]Ang B W, Zhang F Q, Choi K H. Factorizing changes in energy and environmental indicators through decomposition[J]. Energy, 1998, 23(6):489—495(7).

[2]Fisher—Vanden K, Jefferson G H, Jingkui M. Technology development and energy productivity in China[J]. Energy Economics, 2006,28:690 - 705.

[3]Jorgenson D W, Ho M S, Garbaccio R F. Why Has the Energy—Output Ratio Fallen in China? [J]. General Information, 1999, 20(3):63—91.

[4]Keller W. Geographic Localization of International Technology Diffusion[J]. American Economic Review, 2001,92(1):120—142.

[5]Liu N, Ang B W. Factors shaping aggregate energy intensity trend for industry: Energy intensity versus product mix[J]. Energy Economics, 2007, 29(4):609—635.

[6]Liu X Q, Ong H L. The Application of theDivisia Index to the Decomposition of Changes in Industrial Energy Consumption[J]. General Information, 1992, 13:161—178.

[7]Ma C, Stern D I. China's changing energy intensity trend: a decomposition analysis[J]. Energy Economics, 2008, 3(30): 1037 - 1053.

[8]Mielnik O, Goldemberg J. Foreign direct investment and decoupling between energy and gross domestic product in developing countries[J]. Energy Policy, 2002, 30(2):87 - 89.

[9]Sadorsky P. Financial development and energy consumption in Central and Eastern European frontier economies. [J]. Energy Policy,2011, (2):999—1006.

[10]Sun J W. Accounting for energy use inChina, 1980—94[J]. Energy, 1998, 23(10):835 - 849.

[11]符淼.全要素生产率和产业结构对能源利用影响的实证分析[J].数理统计与管理,2008,3(27):189—196.

[12]国涓,王玲,孙平.中国区域能源消费强度的影响因素分析[J].资源科学, 2009,31(2):205—213.

[13]韩智勇,魏一鸣,范英.中国能源强度与经济结构变化特征研究[J].数理统计与管理, 2004, 23(1):1—6.

[14]姜磊,季民河．我国能源强度空间分布的集聚性分析[J]．财经科学,2012,(2).
[15]阚大学,罗良文．我国城市化对能源强度的影响——基于空间计量经济学的分析[J]．当代财经,2010,(3):83—88.
[16]李廉水,周勇．技术进步能提高能源效率吗？——基于中国工业部门的实证检验[J]．管理世界,2006,(10):82—89.
[17]刘满平．我国产业结构调整与能源协调发展[J]．宏观经济管理,2006,(2):24—27.
[18]齐志新,陈文颖,吴宗鑫．工业轻重结构变化对能源消费的影响[J]．中国工业经济,2007,(2):8—14.
[19]秦放鸣,师博．中国能源强度变动的指数分解研究:1980－2007[J]．北京师范大学学报:社会科学版,2010,(2):118—126.
[20]史丹．我国经济增长过程中能源利用效率的改进[J]．经济研究,2002,9:49—56.
[21]宋马林,王舒鸿,黄蓓等．我国中部六省产业集聚与扩散的空间计量[J]．地理研究,2012,31(3).
[22]王安建,王高尚,陈其慎等,矿产资源需求理论与模型预测[J],地球学报,2010,31(2):137—147.
[23]王玉潜．能源消耗强度变动的因素分析方法及其应用[J]．数量经济技术经济研究,2003,(8):151—154.
[24]魏楚,沈满洪．能源效率及其影响因素:基于DEA的实证分析[J]．管理世界,2007,8:66—76.
[25]吴玉鸣．中国区域能源消费的决定因素及空间溢出效应——基于空间面板数据计量经济模型的实证[J]．南京农业大学学报:社会科学版,2012,12(4):124—132.
[26]徐铭辰,王安建,陈其慎等,中国能源消费强度趋势分析[J],地球学报,2010,31(5):720—726.
[27]余甫功,我国能源消费强度变化因素分析——以广东作为案例,学术研究,2007,(2):74—79.
[28]袁梁,王军．对中国各地区能源强度空间影响的实证研究[J]．统计与信息论坛,2011,26(6):71—77.
[29]张瑞,丁日佳．中国能源强度变动因素分析[J]．中国矿业,2007,16(2):31—34.
[30]张贤,周勇．外商直接投资对我国能源强度的空间效应分析[J]．数量经济技术经济研究,2007,24(1):101—108.

课题组　组长:孙玉环
成员:李培军　刘沈忠　夏　伟　李　倩
陈　婷　王　琛　张银花　韩　悦

我国批发和零售业发展现状及未来发展趋势研究

2013 年第三次全国经济普查提供了我国境内从事批发和零售业的全部法人单位的基本情况、经营情况和财务状况等详细数据。本文基于第三次全国经济普查数据，辅以《中国统计年鉴》、《中国经济普查年鉴2008》数据，采用描述性统计分析、多元回归分析、灰色关联分析和灰色预测等多种分析方法，研究了我国批发和零售业发展现状，分析了第二次、第三次经济普查之间批发和零售业发生的各方面变化，并从多个角度对批发和零售业未来发展趋势进行了预测。

一、中国批发和零售业发展现状与变化特点

(一)批发和零售业行业结构与变化

第三次经济普查数据显示，2013 年末全国共有批发和零售业企业法人单位(以下简称企业)281.1 万家，比 2008 年末增长 100.4%。其中，批发业企业 174.6 万家，增长 104.5%；零售业企业 106.5 万家，增长 93.9%。批发业和零售业企业数分别占批发和零售业企业总数的 62.1%和 37.9%。

1. 批发和零售业行业构成差异明显

批发和零售业涉及行业广泛，各行业企业数所占比重存在较大差异。

批发业行业构成差异较大。在批发业各子行业中，矿产品建材及化工产品批发、机械设备五金产品及电子产品批发两个行业企业数占到全部批发业企业数的一半以上，其企业数分别为 51.6 万家和 42.8 万家，分别占批发业企业总数的 29.5%和 24.5%；农林牧产品批发、食品饮料及烟草制品批发、纺织服装及家庭用品批发企业数分别为 11.0 万家、18.1 万家和 22.5 万家，分别占 6.3%、10.4%和 12.9%；文化体育用品及器材批发、医药及医疗器材批发、贸易经纪与代理企业数分别为 6.1 万家、5.0 万家和 6.6 万家，分别占 3.5%、2.8%和 3.8%。

零售业行业构成相对均衡。零售业各子行业企业数在零售业企业总数的占比大都在 10%－15%之间。其中包括超市、百货商场、杂货店等在内的综合零售企业有 11.4 万家，占 10.7%；在单一类零售行业中，除文化体育用品及器材专门零售、医药及医疗器材专门零售、货摊无店铺及其他零售业企业占比 10%以下外，其余零售行业都在 10%－15%之间，汽车摩托车燃料及零配件专门零售、家用电器及电子产品专门零售、五金家具及室内装饰材料专门零售企业数分别占零售业企业总数的 13.4%、15.0%和 14.8%；另外，自动售货机、网络销售、电视销售等无店铺零售业发展迅速，企业数将近 10 万家，占比为 9.3%。

2. 批发和零售业行业构成变化较大

在两次经济普查的五年间，批发和零售业单位构成也发生了很大的变化。

从批发业看，矿产品建材及化工产品批发、机械设备五金产品及电子产品批发两个行业企业数比二经普时分别增加 22.9 万家和 18.9 万家，但增长率却是各行业中最低的，分别为 79.7%和 78.8%；贸易经纪与代理企业数二经普时仅有 2 万家，三经普增加到 6.6 万家，增长 236.2%；农林牧产品批发、食品饮料及烟草制品批发、纺织服装及家庭用品批发和文化体育用品及器材批发等四个与生活消费密切相关的行业，其增长率都超过 120%，从长期看，这四个行业发展较为稳定，发展前景较为乐观。

从零售业看，综合零售行业企业数增长慢于专门零售行业。其中，综合零售企业数由 6.4 万家增加到 11.4 万家，增长 79.1%。在专门零售行业中，食品饮料及烟草制品专门零售企业数增长最快，增长 149.8%；其次是五金家具及室内装饰材料专门零售和纺织服装及日用品专门零售，分别增长 103.1%和 116.5%，其他各专门零售行业增长率在 80%－100%之间，其中货摊无店铺及其他零售业增长 91.5%。

比较批发和零售业企业构成变化，可以看出，近年来食品饮料及烟草制品的批发和零售增长速度都特别快，这种变化主要是受经济发展水平、居民生活水平提高产生的多样化消费需求而引起的。

(二)批发和零售业从业人员情况与变化

1. 批发和零售业企业从业人员基本情况

第三次经济普查数据显示,2013 年批发和零售业企业年末从业人员(以下简称"总人数")3314.9 万人,比 2008 年末增长 75.3%。其中,批发业企业年末从业人员 1922.7 万人,占总人数的 58.0%,增长 82.4%;零售业企业年末从业人员 1392.2 万人,占总人数的 42.0%,增长 66.4%。

从批发业来看,从业人员主要集中在重工产品和居民日常消费品(衣食用品)批发行业。矿产品建材及化工产品批发行业年末从业人员 513.3 万人,占全部批发业从业人员的 26.7%,所占比重最大;其次为机械设备五金产品及电子产品批发、食品饮料及烟草制品批发和纺织服装及家庭用品批发行业,分别占 19.8%、15.4%和 13.3%;其他各行业从业人员占比均不足 10%。

从零售业来看,综合零售行业年末从业人员最多。有 27.2%的从业人员从事综合零售行业,所占比重最大,其次 17.9%分布在汽车摩托车燃料及零配件专门零售行业,10.6%分布在家用电器及电子产品专门零售行业,这三个行业的年末从业人员占全部零售业一半以上;其他各行业年末从业人员占比均在 4%—10%之间,其中货摊无店铺及其他零售业年末从业人员 84.3 万人,占全部零售业的 6.1%。

2. 批发和零售业企业从业人员增长有快有慢

从批发业看,两次经济普查间,矿产品建材及化工产品批发和机械设备五金产品及电子产品批发年末从业人员分别增加 192.2 万人和 134.1 万人,增长率分别为 59.9%和 54.6%,增速最低;贸易经纪与代理行业年末从业人员增加 38.7 万人,增速最高,达到 185.2%;农林牧产品批发、食品饮料及烟草制品批发、纺织服装及家庭用品批发等三个与居民日常消费密切相关的行业年末从业人员增长率均超过 100%,除其他批发业外,其他行业年末从业人员增速均在 65%—100%范围内。

从零售业看,综合零售行业年末从业人员增长最缓。两次经济普查间,综合零售行业年末从业人员增加 92.8 万人,增长率为 32.5%;在专门零售行业中,食品饮料及烟草制品专门零售行业年末从业人员增加 64.7 万人,增长率为 131.5%,增速最快;除汽车摩托车燃料及零配件专门零售和五金家具及室内装饰材料专门零售增速超过 100%外,其他各行业增速在 50%—85%之间,其中货摊无店铺及其他零售行业年末从业人员增长率为 80.1%。从上述数据可以看出,近年来食品饮料及烟草制品专门零售行业吸纳从业人员有大幅度地提高,而综合零售行业吸纳从业人员增长不是特别显著。

3. 批发和零售业企业就业吸纳能力差异明显

就业吸纳指数是指分行业就业人数占总行业就业人数的比重与分行业产值占总行业产值的比重之比,它反映了某行业发展对就业的影响。从理论上来说,采用第三次经济普查的全口径数据做分析可以更加准确地反映我国批发和零售业就业吸纳水平,但考虑到数据的可得性,本部分采用限额以上①(以下简称"限上")批发和零售业企业数据,并且以商品销售额与商品购进额之差代表行业产值进行分析。

根据第三次经济普查数据计算可得,限上批发业就业吸纳指数为 0.59,限上零售业就业吸纳指数为 2.09,数据表明零售业就业吸纳指数明显高于批发业。

批发业各子行业就业吸纳指数分化明显,最高的为农林牧产品批发,高达 4.59;最低的为机械设备五金产品及电子产品批发,仅为 0.68。零售业各子行业就业吸纳指数相对均衡,其中,食品饮料及烟草制品专门零售最高,为 1.75;汽车摩托车燃料及零配件专门零售最低,为 0.60。可见,批发和零售业各子行业之间就业吸纳指数的差异也很明显。

4. 不同行业之间就业吸纳能力的变化各异

两次经济普查间,批发业就业吸纳指数增长率为—21.6%,零售业就业吸纳指数增长率为 20.0%,两个行业的就业吸纳指数出现了截然相反的变化。以上数据表明,近年来,批发业整体的就业吸纳能力下降明显,而零售业的就业吸纳能力有明显上升。

各子行业之间,就业吸纳指数的变化情况差距也比较大。从批发业来看,农林牧产品批发行业就业吸纳指数增长最快,增长率为 31.7%;其次纺织服装及家庭用品批发和医药及医疗器材批发就业吸纳指数增长率均为 26.0%左右;机械设备五金产品及电子产品批发和其他批发业出现负增长。从零售业来看,除增长最快的汽车摩托车燃料及零配件专门零售(66.1%)和综合零售(12.5%)外,其他各子行业均出现负增

① 限额以上:指年主营业务收入 2000 万元及以上的批发业企业,年主营业务收入 500 万元及以上的零售业企业。

长，说明零售业的就业吸纳能力提升主要依靠汽车摩托车燃料及零配件专门零售行业的带动。

(三)批发和零售业企业财务状况及变化

1. 批发和零售业企业资产总计

第三次经济普查数据显示，批发和零售业企业资产总计 342329.6 亿元，其中批发业 270020.0 亿元，占批发和零售业企业资产总计的 78.9%，零售业 72309.6 亿元，占 21.1%。

批发业企业资产总计主要集中在矿产品建材及化工产品批发，该行业资产总计为 129720.4 亿元，占全部批发企业资产总计的 48.0%。其次为机械设备五金产品及电子产品批发，资产总计 43418.9 亿元，占全部批发企业的 16.1%，其他各行业占比均不足 10%。

零售业企业资产总计主要集中在综合零售和汽车摩托车燃料及零配件专门零售这两个行业，资产总计分别为 17407.4 亿元和 21738.8 亿元，分别占零售业企业资产总计的 24.1%和 30.1%，两者合计占零售业资产总计的一半以上，其他各行业资产总计均不足 10%，其中货摊无店铺及其他零售业企业资产总计占比 6.1%。

2. 批发和零售业企业主营业务收入

第三次经济普查数据显示，批发和零售业主营业务收入 606200.1 亿元，其中批发业主营业务收入 495008.5 亿元，零售业主营业务收入 111191.6 亿元，批发和零售业中 81.7%的主营业务收入是由批发业创造的。

从批发业来看，矿产品建材及化工产品批发实现主营业务收入 286159.0 亿元，占全部批发业企业主营业务收入的 57.8%，占比最大；机械设备五金产品及电子产品批发实现主营业务收入 64438.3 亿元，占全部批发业企业主营业务收入的 13.0%；食品饮料及烟草制品批发和纺织服装及家庭用品批发行业分别实现主营业务收入 40360.1 亿元和 41829.8 亿元，分别占全部批发业企业主营业务收入的 8.2%和 8.5%；其他各行业占比均不超过 5%。

从零售业来看，占比最大的汽车、摩托车燃料及零配件专门零售行业实现主营业务收入 46715.3 亿元，占全部零售业企业主营业务收入的 42.0%；综合零售行业实现主营业务收入 23253.9 亿元，占全部零售业企业主营业务收入的 20.9%；9.2%的主营业务收入由家用电器及电子产品专门零售行业创造；其他各行业占比在 3%—6%范围内，其中货摊无店铺及其他零售行业占比为 5.3%。由以上分析可以看出，汽车、摩托车燃料及零配件专门零售行业和综合零售行业创造的主营业务收入相对较多，其他子行业创造的比重均比较低。

3. 批发和零售业企业资产周转率

由于批发和零售业的资金主要用于购进商品货物等流动性资产，回收较快。第三次全国经济普查数据显示，批发和零售业企业资产周转率①为 177.1%。批发业资产周转率为 183.3%，其中，矿产品建材及化工产品批发行业资产周转率较高，为 220.6%；贸易经纪与代理行业和农林牧产品批发行业资产周转率较低，分别为 97.2%和 120.0%；其余各子行业资产周转率均在 130%－170%之间。零售业资产周转率为 153.8%，低于批发和零售业平均水平 23.3 个百分点，其中，汽车摩托车燃料及零配件专门零售行业资产周转率较高，为 214.9%；五金家具及室内装饰材料专门零售行业资产周转率较低，为 93.2%；其余各子行业资产周转率均在 110%－150%之间。批发业的资产周转率明显高于零售业，一方面是由行业性质决定的，另一方面受经营状况影响的。从资产周转率的角度来看，批发业的销售经营情况要好于零售业，批发业需要继续保持并不断提升，零售业则需适当控制业务规模，改善经营状况，避免资产周转率超出安全水平后出现资金周转不灵、债务危机等问题。

4. 批发和零售业企业资产和经营情况的变化

从资产总计角度分析，两次经济普查期间，批发和零售业企业总资产明显增加，增长率达 181.5%。其中，批发业企业总资产增长率为 181.1%，零售业企业总资产增长率为 182.9%，批发业与零售业企业总资产增速基本持平。

从主营业务收入角度分析，两次经济普查期间，批发和零售业企业实现主营业务收入也明显提高，增长率为 145.0%。其中，批发业为 142.5%，零售业为 156.5%，零售业企业增速略微快于批发业。

---

① 资产周转率：定义为销售收入和平均资产总额之比。这里以主营业务收入代表销售收入，以资产总计代表平均资产总额。

从资产周转率角度分析，两次经济普查期间，批发和零售业资产周转率下降 26.4%。其中，批发业资产周转率下降 29.2%，零售业资产周转率下降 15.8%，说明近年来批发和零售业营运能力均有所下降，且批发业下降幅度大于零售业。

二、批发和零售业发展与国民经济发展的关系

(一)批发和零售业水平与国民经济发展水平的相关性分析

1. 依经济发展水平的地区聚类

以人均 GDP、城镇居民人均可支配收入、农村居民人均纯收入指标作为分组标志，采用系统聚类法，对全国 31 个省(自治区、直辖市)按照经济发展水平进行分组，并在此基础上进行批发和零售业发展水平与国民经济发展水平的相关性分析。

通过聚类分析，将我国 31 个省(自治区、直辖市)划分为三个等级：高经济发展水平组(包括北京、天津、上海)，中等经济发展水平组(包括辽宁、内蒙古、江苏、浙江、福建、山东、广东)，其余省市为低经济发展水平组。

按照聚类分析结果计算各发展水平组的平均人均 GDP、平均城镇居民人均可支配收入、平均农村居民人均纯收入。计算结果显示，高经济发展水平组的各项指标平均值均为三个发展水平等级中最高值，低经济发展水平组的各项指标平均值均为三个发展水平等级中的最低值。

因此，聚类分析和均值分析的结果都证明了基于聚类分析的不同经济发展水平组之间存在着明显的经济发展水平差异。

2. 批发和零售业与地区经济发展水平的关系

根据第三次全国经济普查数据，采用相关分析法对批发和零售业发展水平与地区经济发展水平之间的关系进行研究，国民经济发展水平用主成分分析的主成分得分表示，批发和零售业发展水平用批发和零售业收入占 GDP 比重表示。计算全国 31 个省(直辖市、自治区)各经济发展水平组内部批发和零售业收入占 GDP 比重与经济发展水平主成分得分的相关关系，结果如下：

表 1　批发和零售业收入占 GDP 比重与经济发展水平的相关系数表

分组	样本容量	相关系数
高经济发展水平组	3	0.939(0.224)
中等经济发展水平组	7	0.755(0.050)
低经济发展水平组	21	−0.075(0.748)
全部样本	31	0.811(0.000)

资料来源：根据《中国第三次经济普查数据》、《中国统计年鉴 2014》整理计算。

研究结果表明，不同经济发展水平组之间存在明显的经济发展水平差异，整体国民经济发展水平与批发和零售业发展水平之间存在明显的相关性，并且这一相关关系呈现出阶段性特征：当处于中等经济发展水平时，批发和零售业发展水平与整体国民经济发展水平存在较为明显的正相关性；当处于高经济发展水平或低经济发展水平时，批发和零售业发展水平与整体国民经济发展水平不存在明显的相关关系。

(二)批发和零售业对整体国民经济的间接贡献

依据两部门模型理论，批发和零售业对经济增长的贡献可分为批发和零售业自身增长对国民经济的直接贡献和间接贡献即溢出效用。选择以下变量：整体国民经济的国民生产总值(Y)、固定资产投资额(K)、年末从业人员(L)、批发和零售业固定资产投资(K_1)和年末从业人员(L_1)建立模型。

整体国民经济增长与批发和零售业发展关系的经济计量模型：

$$\ln Y = \ln C + \alpha_1 \ln L + \alpha_2 \ln K + \beta_1 \ln L_1 + \beta_2 \ln K_1 + \varepsilon$$

根据样本数据对模型参数进行估计，如下：

$$\ln Y = \underset{(3.93)}{2.293} + \underset{(8.11)}{0.411}\ln K + \underset{(2.44)}{0.146}\ln L + \underset{(2.05)}{0.156}\ln K_1 + \underset{(3.59)}{0.322}\ln L_1$$

模型结果表明，在整体国民经济增长的四个影响因素中，全社会固定资产投资对经济增长的拉动作用最为明显，这一结果与我国目前经济增长中资本投入贡献最大的现实是相吻合的。整体国民经济的劳动力

投入对经济增长的贡献不明显，原因应该与目前我国各行业存在大量剩余劳动力和隐性失业人员有关。大量剩余劳动力和隐性失业人员的存在，增加了显性的劳动力投入，但并未带来相应比例的经济增长。从而在该模型表现为较低的劳动产出弹性。批发和零售业发展对整体国民经济发展的溢出效用比较显著。批发和零售业的劳动力投入的溢出效应弹性系数为 0.322，表明批发和零售业劳动力投入增加 1%，对整体国民经济增长的溢出效用为 0.322%。批发和零售业资本投入对整体国民经济发展的溢出效应不明显，弹性系数仅为 0.156，表明批发和零售业资本投入增加 1%，可带动整体国民经济发展水平提高 0.156%。

（三）批发和零售业对国民经济的直接贡献分析

根据两部门模型的相关理论，批发和零售业对国民经济的直接贡献分析做如下假定：国民经济由批发和零售业与批发和零售业之外的其它行业两大生产部门构成。选取整体国民经济的国民生产总值（Y）、批发和零售业固定资产投资（L_1）和年末从业人员（K_1）、批发和零售业之外其它行业的固定资产投资（K_2）和年末从业人员（L_2）建立模型。

整体国民经济增长与批发和零售业发展关系的直接贡献模型为：

$$\ln Y=\ln C+\beta_1\ln K_1+\beta_2\ln L_1+\gamma_1\ln K_2+\gamma_2\ln L_2+\varepsilon$$

根据样本数据采用最小二乘法对模型进行拟合，结果如下：

$$\ln Y=\underset{(4.57)}{2.59}+\underset{(2.094)}{0.162}\ln K_1+\underset{(3.572)}{0.328}\ln L_1+\underset{(2.269)}{0.214}\ln K_2+\underset{(5.590)}{0.332}\ln L_2$$

直接贡献模型表明，批发和零售业发展对国民经济发展的影响较为显著。批发和零售业资本投入直接贡献的弹性系数为 0.162，劳动力投入直接贡献弹性系数为 0.328。即我国批发和零售业对经济发展的贡献主要源于劳动力投入的贡献，而资本投入的效益相对较差，对国民经济的贡献程度低于劳动力投入的贡献程度。与溢出效应模型相比较可以发现，批发和零售业对国民经济的全部贡献中，无论劳动力投入的贡献率还是资本投入的贡献，直接贡献的比重均高于间接贡献的比重。

三、批发和零售业未来发展趋势预测

（一）批发和零售业未来市场状态预测

零售业企业的状态和未来发展在很大程度上决定着批发和零售业整体的未来发展趋势。因此，首先基于马尔科夫状态转移矩阵方法，预测了我国零售业市场的未来发展状态。研究过程首先定义了批发和零售业的三种市场状态，分别是：状态 1：$A<0$；状态 2：$0\leqslant A<5\%$；状态 3：$A\geqslant 5\%$；其中 A 表示限额以上零售业企业商品销售额的月度变化率。预测结果显示，2015 年 7 月三种市场状态出现的概率分别为：$\frac{31}{96}$、$\frac{32}{97}$、$\frac{9}{26}$；2015 年 8 月三种市场状态出现的概率分别为 $\frac{28}{87}$、$\frac{32}{97}$、$\frac{8}{23}$；2015 年 9 月，分别为 $\frac{19}{59}$、$\frac{32}{97}$、$\frac{33}{95}$；2015 年 10 月，分别为 $\frac{19}{59}$、$\frac{32}{97}$、$\frac{33}{95}$。以上数据表明，我国批发和零售业在未来四个月内呈现较好发展的概率大于发展较差的概率。我们同时求出了稳态概率，三种状态的稳态概率分别为 0.32203、0.33051、0.34746，批发和零售业月销售总额呈现上升的概率为 0.6779，所以，总体上来说，批发和零售业市场状态的未来发展趋势比较不错。

（二）批发和零售业典型指标未来发展趋势预测

接下来，选取了几个有代表性的批发和零售业发展水平指标，预测了它们在未来一段时间内的发展趋势。

批发和零售业增加值反映该行业在一定时间内新创造的价值，是反映批发和零售业发展水平的重要指标；作为劳动密集型行业，批发和零售业从业人员也可在一定程度上反映该行业的发展水平和繁荣程度；商品销售额则直接反映该行业在一定时期内销售的商品数量；亿元以上商品交易市场数量也可从一个侧面反映批发和零售业繁荣程度和发展水平。因此，我们选取这四个指标作为批发和零售业发展水平的代表性指标。

对于批发和零售业增加值指标，采用二次曲线指数平滑法进行描述和预测，根据该方法的预测结果，未来五年内批发和零售业增加值将分别达到 61761.3 亿元、67718.6 亿元、73541.6 亿元、79230.1 亿元和 84784.3 亿元。

对于批发和零售业年末从业人员指标，采用趋势外推法进行预测。预测结果显示，未来五年内我国批发和零售业年末从业人员将分别为1088.8万人、1170.1万人、1257.5万人、1351.5万人和1452.4万人。

对于批发和零售业商品销售额指标，采用ARMA模型进行预测。由于静态预测的结果比动态预测结果更精确，因此采用静态预测方法，预测了2014－2018年的批发和零售业商品销售额，预测结果分别为585548.9亿元、718625.3亿元、847126.5亿元、1036763.0亿元、1224293.0亿元。

对于亿元以上商品交易市场数量，采用灰色预测模型进行预测。根据预测结果，未来五年内我国亿元以上商品交易市场数量将分别达到5255个、5383个、5514个、5648个和5785个。

以上代表性指标的预测结果均表明，我国批发和零售业未来发展前景十分乐观。

(三)批发和零售业影响因素分析

这一部分借助灰色关联度分析方法研究各影响因素对批发业、零售业以及新型零售业的影响。

对批发业发展水平影响因素的研究选取批发业年末从业人员(X1)、商品销售额(X2)、资产总计(X3)、流动资产合计(X4)、固定资产合计(X5)、亿元以上商品交易市场批发市场成交额(X6)、城市化率(X7)七个指标。研究结果显示，各影响因素与批发和零售业发展程度的关联度排序为：$\gamma_{06} > \gamma_{03} > \gamma_{02} > \gamma_{04} > \gamma_{01} > \gamma_{05} > \gamma_{07}$，即，批发业发展水平主要受市场的影响，批发交易市场有利于批发业行业的健康发展；企业本身的资产状况也是影响批发业发展程度的主要因素；年末从业人员对批发业发展的关联度不是很大。

对零售业影响因素的研究选取零售业年末从业人员(X1)、商品销售额(X2)、资产总计(X3)、流动资产合计(X4)、固定资产合计(X5)、连锁零售企业门店数(X6)、连锁零售企业商品销售额(X7)、亿元以上商品交易市场零售市场成交额(X8)、人均国内生产总值(X9)、城市化率(X10)十个指标。根据研究结果，各影响因素与批发和零售业发展程度的关联度排序为：$\gamma_{07} > \gamma_{03} > \gamma_{09} > \gamma_{02} > \gamma_{04} > \gamma_{08} > \gamma_{05} > \gamma_{01} > \gamma_{06} > \gamma_{10}$。即，连锁零售企业商品销售额与零售业发展程度的相关性最大；其次为资产总计、流动资产、固定资产等资产类因素；人均生产总值与零售业发展程度的相关性也比较大；零售业年末从业人员和城市化率与零售业发展程度的相关性最小。

新型零售业态代表了零售业业态的未来发展趋势，因此单独研究了新型零售业态的影响因素。研究过程选取批发和零售业增加值(X1)、零售业年末从业人员(X2)、零售业资产总计(X3)、零售业固定资产合计(X4)、综合零售商品销售额(X5)、网购规模占社会消费品零售总额①(X6)六个指标。结果显示，各影响因素与批发和零售业发展程度的关联度排序为：$\gamma_{06} > \gamma_{03} > \gamma_{01} > \gamma_{04} > \gamma_{05} > \gamma_{02}$，反映资本类因素对网购规模的影响程度高于劳动类因素对网购规模的影响程度。

课题组　组长：金　剑

成员：王建祥　马晓毅　王　倩

赵　真　闫树生　袁　彦

---

① 网购规模占社会消费品零售总额比重数据来源于历年《中国网络零售市场数据检测报告》，其他数据取自《中国统计年鉴》。

中国快递业发展状况——基于内外资对比研究

本课题利用2013年第三次全国经济普查资料，对我国快递业发展状况进行了初步分析，对内外资快递企业情况进行了对比，对我国快递市场绩效进行了初步测算，归纳出了我国快递业发展的主要特点，找出了内外资快递企业存在的主要差距，提出了一些建议。

一、我国快递业发展现状

2013年经济普查数据显示，我国的快递服务业市场已经初具规模，形成了三大市场板块和三大市场主体，三大市场板块是国际快递、国内(异地)快递、同城快递，三大市场主体包括国有、民营和外资快递企业。目前在我国东部地区已经形成了以沿海大城市群为中心的4大区域性快运速递圈，并以滚动式、递进式的扇面辐射，带动中部和西部地区的发展。

(一)快递业务量迅速扩大，业务收入快速增长

近十年以来，我国快递业保持着高速的发展，快递业务量和快递业务收入均以较快的速度发展，快递业务增长快于GDP的增长。如图1、图2和图3所示，特别是2007年以来，快递业务量和业务收入整体不断上升，且比上年增长幅度较大，高于同期GDP增长幅度。

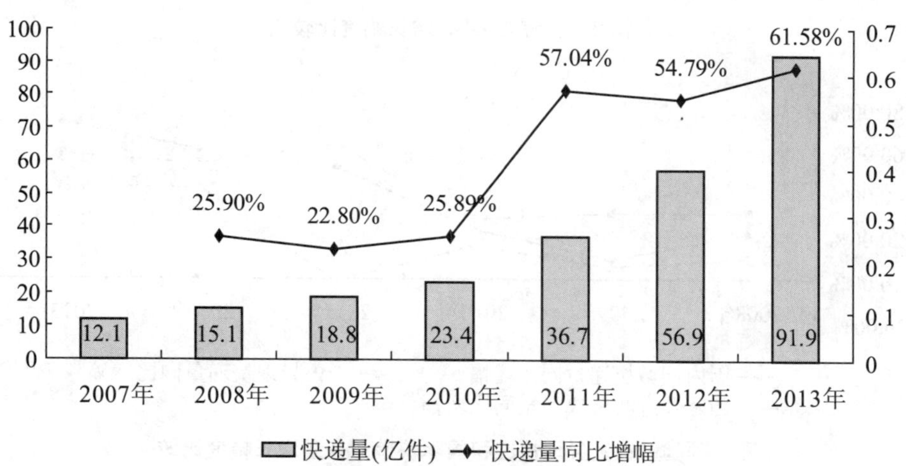

图1 2007—2013年我国快递业务量增长情况①

与此同时，国际快递，异地快递和同城快递三大市场都在蓬勃发展，如图4所示。

2013年同城快递企业业务发展迅速，市场份额急剧攀升，从业务量看，2013年同城快递累计完成22.9亿件，异地快递累计完成66.4亿件，国际港澳台快递累计完成2.6亿件。从市场份额来看，2013年同城快递、异地快递和国际港澳台业务量分别占24.9%、72.2%和2.9%，其中同城快递业比重比上年提高1.8个百分点；异地快递和国际港澳台快递分别下降1.5个百分点和0.3个百分点。从快递业务收入来看，2013年同城快递累计完成业务收入166.4亿元，比上年增长51.0%；异地快递累计完成业务收入829.0亿元，比上年增长30.5%；国际及港澳台快递累计完成业务收入270.7亿元，比上年增长31.7%。2013年同城快

① 数据来源：我国国家统计局官网：http://www.stats.gov.cn/

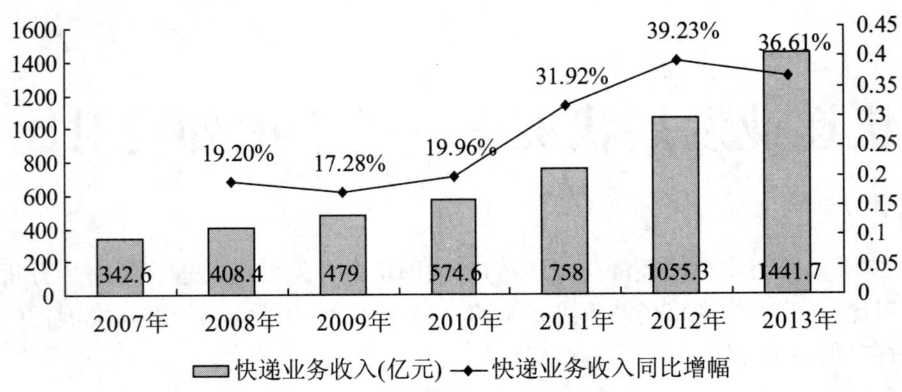

图 2　2007—2013 年我国快递业务收入增长情况①

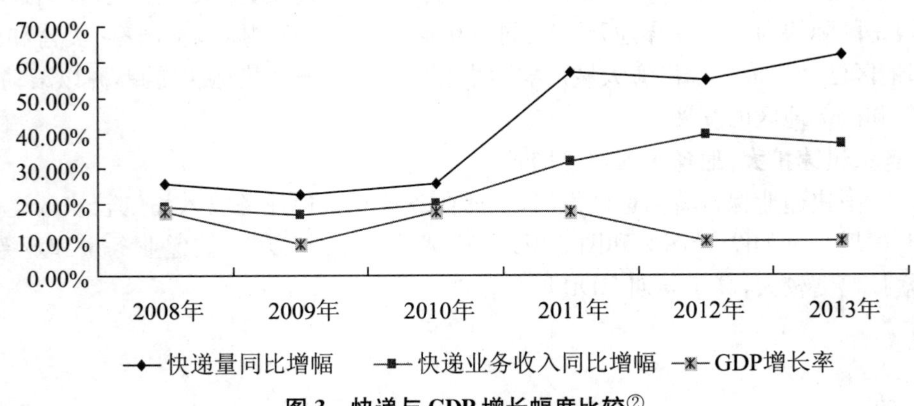

图 3　快递与 GDP 增长幅度比较②

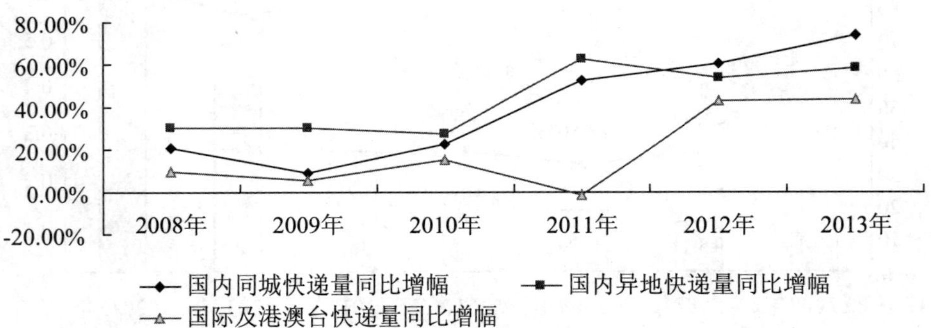

图 4　同城快递、异地快递和国际快递业务量增长幅度比较③

递、异地快递、国际及港澳台快递业务收入分别占全部快递业务收入的 11.5%、57.5%、18.8%，其中同城快递比重提高 1.1 个百分点，异地和国际港澳台快递业务收入的比重分别下降 2.7 个百分点和 0.7 个百分点。

(二)在企业单位数上，民营快递企业为主，国有快递企业为辅，外资和港澳台资企业较少

2013 年经济普查数据显示，在 11380 家快递企业中，登记注册为国有企业的有 173 家，占 1.5%；私营企业的有 7590 家，占 66.7%；港澳台投资的仅为 17 家，占 0.2%；外商投资的有 23 家，占 0.2%(如图 5)。

在 11380 家快递企业中，绝大部分为私人控股企业，有 10003 家，占 87.9%，；国有控股企业有 313 家，仅占 2.8%；港澳台和外商控股分别为 15 家和 16 家，均占 0.1%左右，如图 6 所示。

① 数据来源：我国国家统计局官网：http://www.stats.gov.cn/

② 数据来源：我国国家统计局网站：http://www.stats.gov.cn/

③ 数据来源：我国国家统计局网站 http://www.stats.gov.cn/以及相关数据计算

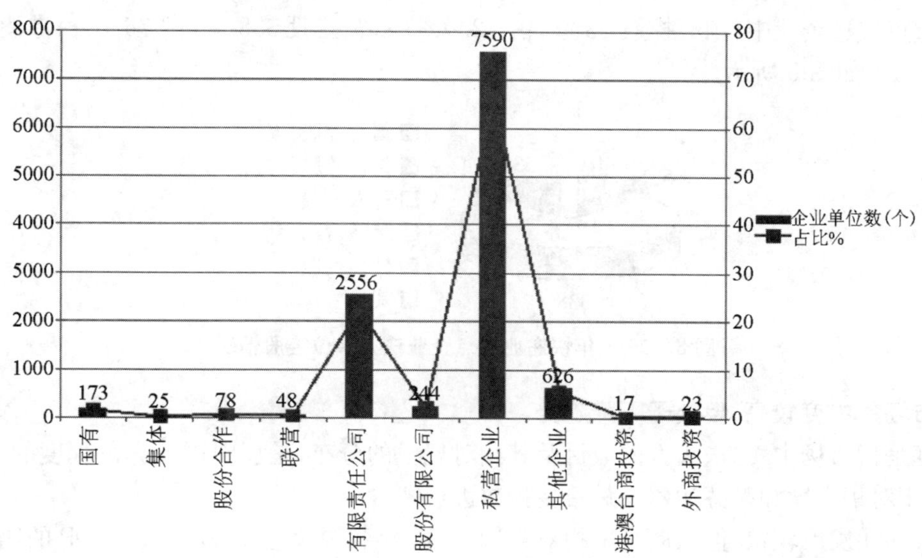

图 5　2013 年我国快递业企业法人单位登记注册类型情况

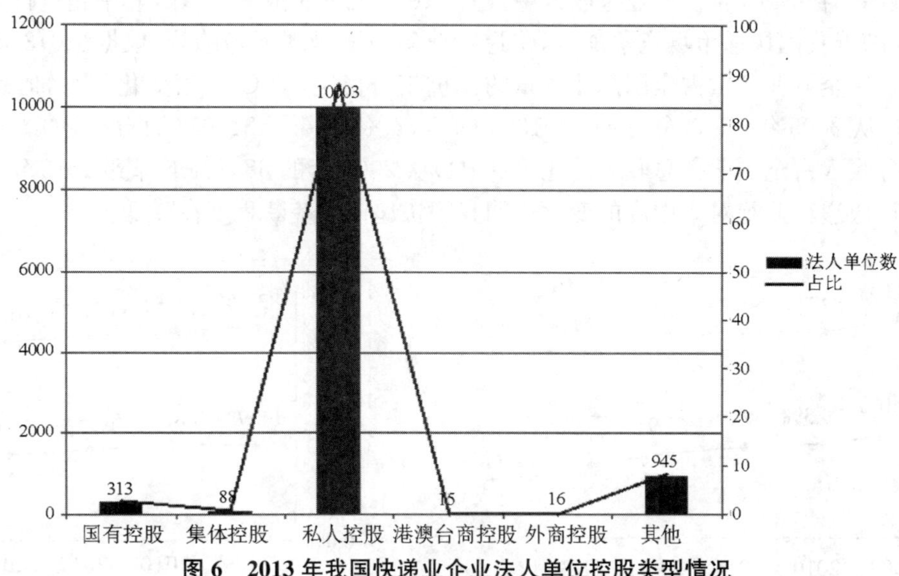

图 6　2013 年我国快递业企业法人单位控股类型情况

在 442 家重点快递企业[①]中，登记注册为国有企业的有 16 家，占 3.6%，;私营企业的有 247 家，占 55.9%;港澳台投资的仅为 5 家，占 1.1%;外商投资企业有 6 家，占 1.4%，如图 7 所示。

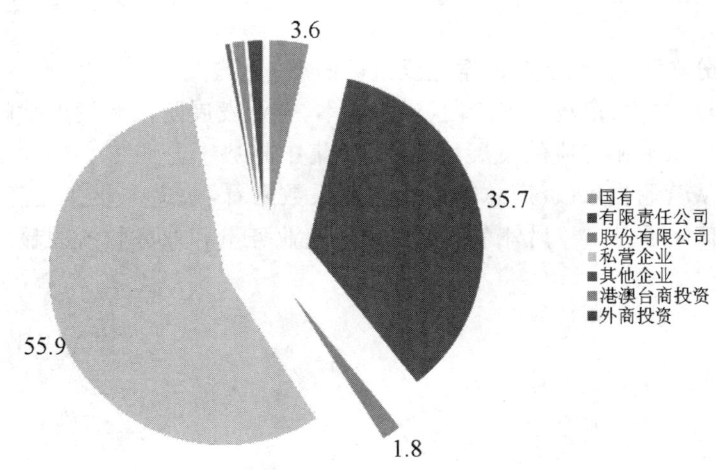

图 7　2013 年快递业重点企业法人单位登记注册类型情况

① 数据来自第三次全国经济普查。其中"重点快递企业"是指年营业收入 1000 万元及以上，或年末从业人员 50 人及以上服务业法人单位，下文中"重点快递企业"与"重点企业"均由此定义。

在442家重点快递企业中，国有控股53家，占12.0%；私人控股338家，占76.5%；港澳台和外商控股各5家，均占1.1%，如图8所示。

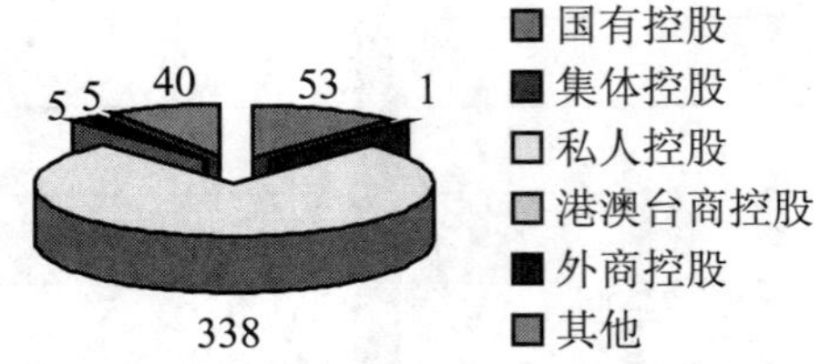

图8　2013年快递业重点企业法人单位控股情况

(三)快递市场集中度较高，但处于下降趋势

市场集中度是指市场中卖方、买方的数目及其相对规模的分布，是反映市场竞争程度的一个概念，常采用绝对集中度、相对集中度和赫芬达尔一赫希曼指数进行衡量。

虽然我国快递业发展较快，但发展水平相对较低，2013年我国快递业务收入占GDP的比重为0.3%，比上年末提高0.1个百分点，而发达国家快递业占GDP的比例已达到1%左右。同时，我国快递企业规模偏小，市场集中度较高。在2013年快递业务收入中，超过10亿元的企业有15家，其中超过百亿元收入的企业只有6家。但是，随着我国快递市场竞争加剧，快递行业集中度呈现下降趋势，根据《2013年度快递市场监管报告》显示，前八家企业业务量占全国总业务量的比重相对稳定，即CR8值变化不大，但是前四家企业业务量的比重(CR4)从2009年77.0%下降到2013年的55.4%，下降了21.6个百分点，如图9和图10所示。前四家企业的业务收入占全国业务总收入的比重(CR4)从2009年的68.7%下降到2013年的55.9%，下降了12.8个百分点，快递行业绝对集中度的变化说明我国快递市场垄断程度在降低。

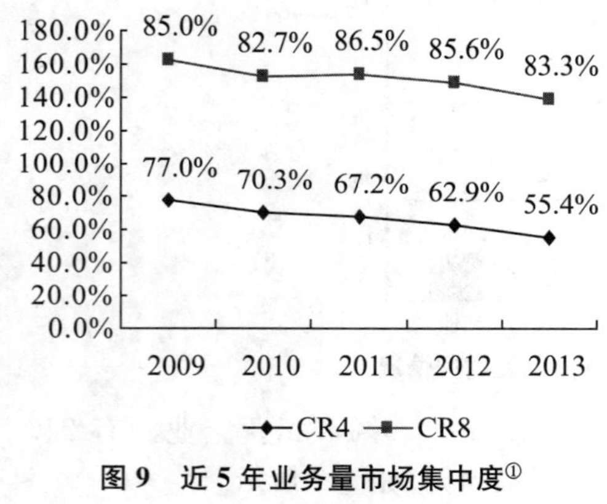

图9　近5年业务量市场集中度①

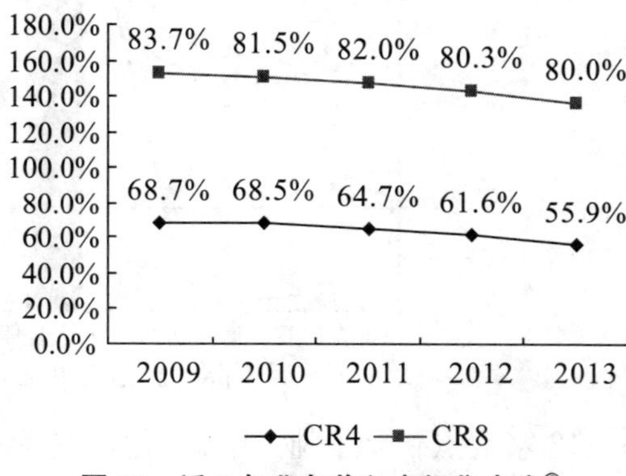

图10　近5年业务收入市场集中度②

(四)快递市场区域分布不均，北上广占据主要市场份额

在区域发展上，受市场规模、市场发展阶段、运营成本、企业发展阶段和发展战略等因素的影响，快递服务发展呈现出与经济发展水平相对应的发展特征，区域集中趋势十分明显。根据2013年经济普查数据显示，无论从单位数，还是从营业收入、资产总额以及从业人数来看，快递企业在经济较发达的东部地区分布密度远远高于中西部地区③，见表1。另外东部地区的快递业务量和业务收入明显向长江三角洲、珠江三角洲、京津冀地区聚集。

---

① 数据来源：《2013年度快递市场监管报告》

② 数据来源：《2013年度快递市场监管报告》

③ 东部地区：北京、天津、河北、辽宁、上海、江苏、浙江、福建、山东、广东、广西、海南；中部地区：山西、内蒙古、吉林、黑龙江、安徽、江西、河南、湖北、湖南；西部地区：重庆、四川、贵州、云南、西藏、陕西、甘肃、宁夏、青海、新疆。

表 1 2013 年快递业发展前八位的省份

序 号	单位数	营业收入	资产总额	从业人数
1	广 东	北 京	广 东	广 东
2	上 海	广 东	北 京	北 京
3	浙 江	上 海	上 海	上 海
4	山 东	浙 江	山 东	浙 江
5	湖 北	江 苏	江 苏	江 苏
6	江 苏	山 东	浙 江	山 东
7	湖 南	福 建	福 建	湖 南
8	北 京	贵 州	贵 州	吉 林

2012 年，东、中、西部地区各项快递业务均保持了较好的增长势头，其中东部地区快递业务量增幅达 58.6%，对全部快递业务量增长的贡献率达到 85.5%；中部地区业务增长速度有所提高，业务量比上年增幅为 44.9%；西部地区增长幅度稍有提升，业务量和业务收入增幅均超过 30.0%，全年各地区业务结构基本保持稳定。2013 年，东、中、西部地区快递业务收入的比重分别为 83.2%、9.2%和 7.6%，业务量比重分别为 81.3%、10.8%和 7.9%，如图 11、12 所示。

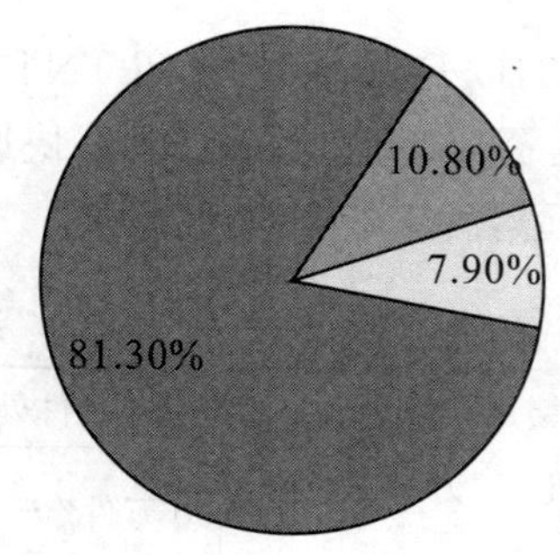

图 11 东、中、西部业务量结构图①

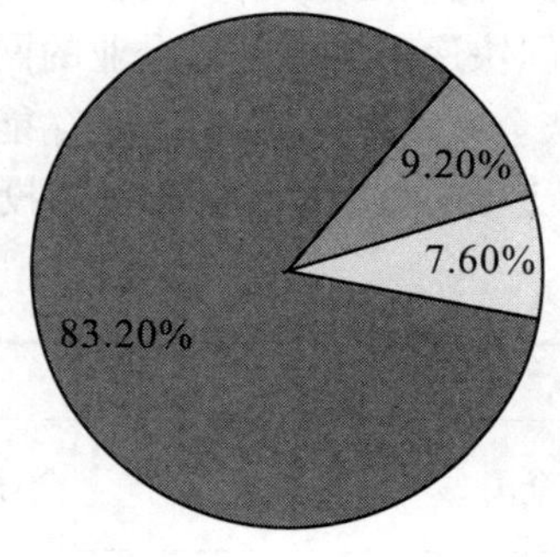

图 12 东、中、西部业务收入结构图②

根据 2013 年经济普查数据计算的区域集中度（如表 2 所示）显示，按照各指标（尤其是营业收入和资产总计）测算，我国快递行业在区域市场分布上均属于寡占型集中分布。

表 2 2013 年快递业区域集聚水平测度

评价指标	单位数	营业收入	资产总计	从业人数
CR③4	31.8	56.6	54.4	49.7
CR8	49.8	74.3	76.4	67.6
HHI	517.1	992.4	1068.3	814.0
GINI	0.4	0.6	0.6	0.6

二、内外资快递企业的对比分析

按照快递服务的主体分类，我国快递企业可以分为国有快递企业、民营快递企业和国际快递企业，前者以 EMS 为代表；后者以顺丰、申通、圆通、宅急送等为代表；国际快递企业则以 DHL、FedEx、UPS、TNT 为代表。

快递企业之间的竞争主要体现在服务网络、价格以及服务水平三个方面④。服务网络覆盖能力即快递

① 数据来源：《中国快递年鉴(2013)》

② 数据来源：《中国快递年鉴(2013)》

③ CRn 表示行业集中度(Concentration Ratio)，是指某行业的相关市场内前 n 家最大的企业所占市场份额(产值、产量、销售额、销售量、职工人数、资产总额等)的总和，是对整个行业的市场结构集中程度的测量指标，用来衡量企业的数目和相对规模的差异，是市场势力的重要量化指标。

④ 王旭晴，朱晓宁．我国快递企业市场竞争力比较分析．研究与探讨[J]，2010 年 4 月刊．

公司服务网络所能覆盖或到达的范围，是快递企业提供快递服务的基础性因素，一般区分为经营范围和网络服务能力。

(一)国有快递企业经营范围最广，外资企业最窄

目前，我国快递市场上主要企业的经营范围如表 3。

表 3 各类快递企业的经营范围①

快递企业	国内快递业务			国际快递业务		
	邮政专营的信件	邮政专营以外的信件	包裹	邮政专营的信件	邮政专营以外的信件	包裹
中国邮政 EMS	允许	允许	允许	允许	允许	允许
民营快递企业	不允许	允许	允许	不允许	允许	允许
外资快递企业	不允许	不允许	允许	不允许	允许	允许

随着我国快递业务的逐步对外开放，外资企业凭借其优势的网络服务能力和全球市场覆盖范围，对我国内资快递企业的市场占有率产生一定的威胁。

(二)相对外资快递企业，内资快递企业网络服务能力较差

目前，我国快递市场上主要企业的网络服务能力如表 4 所示。DHL、FedEx、UPS 和 TNT 四大国际快递企业无论从全球网络布局，网络运输能力和快件处理能力均领先内资快递企业。此外，从快递运输设备、IT 技术支持以及其他技术装备研发与投入使用而言，内资快递企业远落后于外资快递企业。

表 4 主要快递企业的网络服务能力②

企业名称	国内网络	全球网络	网络运输能力[1]	快件处理能力[2]
EMS	全国	全球 220 多个国家和地区	9 架飞机，1 万多辆运营车辆	50 万件/天
DHL	400 多个城市	220 多个国家和地区	——[3]	——
FedEx	400 多个城市	超过 220 个国家和地区	650 架飞机、约 47500 辆机动车	超过 3900 万个包裹和 1100 万磅的货件。
UPS	300 多个商业中心和主要城市	220 多个国家和地区	拥有喷气机队 237 架，租用飞机 388 架，96361 辆快递车辆，全球营业设施 1990 个	每日全球固定客户达 940 万人
TNT	600 多个城市	全球 200 多个国家和地区	约 3 万部车辆及 46 架飞机	——
顺丰	300 多个大中城市及 2000 多个县级市或县区，7000 多个营业网点	新加坡(除裕廊岛、乌敏岛外)、韩国、马来西亚、日本、美国、泰国、越南、澳洲的全部区域	1.6 万多台运输车辆，32 架全货机	——
申通	基本覆盖到全国地市级以上城市和发达地区县级以上城市	——	上万辆干线和支线网络车	超过 300 万件/天
圆通	2300 余个城市，县级以上城市覆盖率超过 90%	已开通港澳台、东南亚、中亚和欧美快递专线，并开展中韩国际电子商务业务	4 架自主全货机，陆路运送收派车辆 2 万多辆	超过 350 万件/天
宅急送	2000 多个城市和地区	欧洲 40 多个国家和地区	有 780 条航线，近 5000 个航班资源，运营车辆 5000 多辆	——

注 1,2：表中外资快递企业的网络运输能力和快件处理能力均指其全球范围内的能力。
注 3："——"表示数据缺乏

① 杨帆，刘似臣．FDI 进入对我国快递业市场结构发展的影响[D]．北京交通大学，2012

② 数据来源：各企业官方网站及《中国快递年鉴》

(三)相对外资快递企业,内资快递企业服务价格低

国内主要快递企业的国际业务服务价格如表 5 所示。同一快递服务的价格,顺丰低于 EMS,低于主要的外资快递企业。

表 5 主要快递企业国际业务的服务价格(单位:元)①

快递企业		香港	日本	澳大利亚	英国	美国
EMS	文件 500g 以内	90	115	160	220	180
	包裹 500g 以内	90	115	160	220	180
	文件每 500g 加价	30	40	55	75	75
	包裹每 500g 加价 * *	70/30	105/40	105/55	135/75	135/75
FedEx *	文件 500g 以内	109	145	227	261	274
	文件每 500g 加价	41	62	76	109	102
	包裹 500g 以内	156	220	234	323	248
	包裹每 500g 加价	29	47	70	84	79
DHL	文件 500g 以内	115	152	238	273	257
	包裹 500g 以内	115	152	238	273	257
	每 500g 加价	41	59	80	110	109
UPS	文件 500g 以内	130	172	259	308	297
	包裹 500g 以内	216	302	373	441	326
	文件每 500g 加价	42+	63+	78+	117+	103+
	包裹每 500g 加价	44−	66−	84−	120−	110−
TNT	文件 500g 以内	159	170	226	254	283
	包裹 500g 以内	239	283	326	356	396
	每 500g 加价	49	41	73	96	100
顺丰 * *	文件 500g 以内	30	90	150	无服务	190
	包裹 500g 以内	30	120	190	无服务	220
	每 500g 加价	0/8	35	40	无服务	45

注:* FedEx 公司国际经济快递不包括文件,只有国际优先快递包括文件快递,所以价格较高。且表中包裹价格为国际经济快递的价格。

* * 包裹每 500g 加价数据包含两个,原因在于当包裹重量在 500g~1000g 之间时,增加"/"前的价钱,大于 1000g 后增加"/"后的价钱。

(四)相对外资快递企业,内资快递企业的服务质量有待提高

快递服务质量的衡量指标主要包括取件时间、发货效率、准时性、安全性等。从服务质量上来说,外资快递企业优于内资企业,平均投诉率仅为 2.6%,送货效率高②;顺丰的服务质量是与外资快递企业服务质量最接近的一家内资快递企业。EMS 在上门取件和送货上门两方面处于劣势,投诉率达到 31.6%。;而其他民营快递企业在服务质量方面则处于劣势。

(五)相对外资快递企业,内资企业的区域集中度更低

从企业法人单位数据来看,外资快递企业主要分布在广东、北京和上海,港澳台资企业主要分布在广东、北京和天津,而内资企业区域集中度低于外资企业。从重点企业法人单位数据显示,外资快递企业完全集中在北上广,港澳台资企业则只在广东和北京,而内资企业的分布相对集中度低于外资企业。

---

① 数据整理自各企业官方网站,若涉及到小数均用四舍五入法取整。因不同城市之间文件或包裹服务价格不一,本文选取各国首都(香港以九龙为准)为寄件或收件地址所需服务价格进行对比。

② 投诉率数据来自《中国快递年鉴》2013 年 12 月数据,单位:件有效申诉/百万件快件。其中"其他民营企业"与"外资快递企业"的投诉率由《中国快递年鉴》中给出的代表企业求均值所得。

三、外资对我国快递业发展的影响

(一)外资进入后我国快递业的机遇

1. 外资带来先进的经营管理理念

外资快递企业非常重视员工培训,不断加大对人才引进和培养的力度,充分利用其丰富的理论和实践经验加强对员工的专业培训。例如在物流人才的培养和储备方面,DHL 在上海成立了物流管理学院;UPS 的一线员工培训已经细化到上门收件、派件。

外资快递企业在管理模式上采用准时生产方式(Just In Time 简称 JIT),快速高效的运转模式,从快件的分拣、转运、寄送到快件的取件都已经形成了一套规范化的操作标准,快递服务应用技术向信息化、集成化和自动化发展。

2. 外资带来了前沿的技术设备和信息化水平

四大外资快递企业都拥有世界一流的快件操作系统和客户自动化工具,自动化分拣设备。运输工具大多为自有飞机,形成了规模化的运转中心,拥有雄厚的资金和 IT 技术支持。如,DHL 采用世界上最先进的操作系统在上海建成了亚洲转运中心,运用 EDI 技术和上海海关实现实时对接,使出口包裹在飞机起飞前 2 小时内实现清关,进口包裹在航班落地前实现清关,大大的缩短了转运和清关的时间。

外资快递企业不断更新自己的信息技术化水平,UPS 早已实现自动化分拣,而我国拥有自动化分拣设备的快递企业并不多,多数企业采用机械化分拣。FedEx 位于广州的亚太区转运中心拥有自己的机坪控制塔,使其成为首家在中国拥有自己机坪控制塔的国际航空快递货运公司。2010 年 FedEx 推出 Sense Aware 平台,即 GPS 全球定位传感器设备与网络平台共同合作的平台,供顾客实时了解包裹的状况信息,包括包裹的位置、温度、是否被打开或曝露在光线下等。在外资快递企业的影响下,自动化分拣、无线传输、射频技术、车辆跟踪、影像监控等技术在内资快递企业逐步推广。

3. 外资提供了完善的服务理念

外资快递企业拥有广泛的网络服务范围,完善的售后服务体系,为客户提供了优质的服务。如,FedEx 的服务分为两类:优先达和普达,优先达的特点为:快捷、准时、可靠;普达的服务特点为:经济、可靠、有弹性,并且都规定了"准时送达保证条款"。2007 年 DHL 引进进口到付、朝九特派、正午特派、机场到门快递等产品和服务,2009 年发布全新电子商务供给 DHL 网视通进一步提升客户服务标准。

在 2014 年 12 月邮政业关于消费者申诉的调查中发现四大外资快递企业的有效申诉率明显低于内资企业(见图 13)。

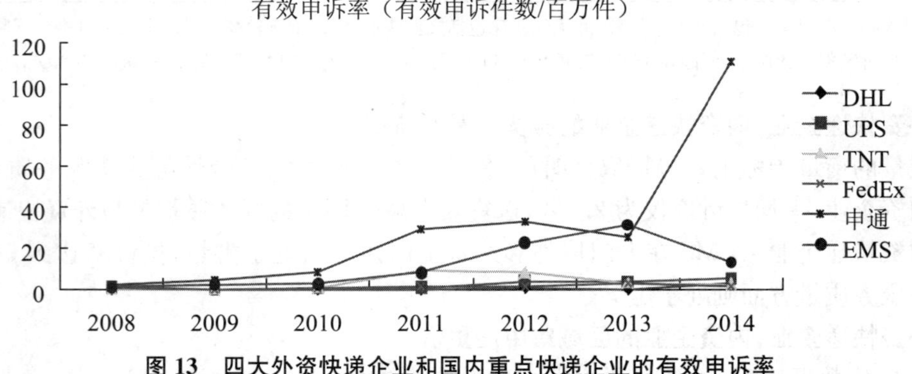

图 13　四大外资快递企业和国内重点快递企业的有效申诉率

(二)外资对我国快递业的挑战

1. 外资快递业挤占快递市场份额,加剧了市场竞争

外资快递企业的进入加剧了国内快递市场的竞争。外资快递企业凭借其遍布全球的运营网络、雄厚的资金与技术实力,良好的管理与服务,在占据我国大部分的国际快递业务后,又进军国内市场,争夺国内的优质客户,优秀的人才。尽管从业务量来讲,中国已是快递业第一大国,但内资快递企业的收入只相当于外资快递企业的八分之一甚至十分之一。中国邮政集团旗下主营快递物流的 EMS,在巅峰时控制市场的比例一度超过 90%,随着快递市场的开放,其份额被大幅压缩至 29.4%;而在 EMS 具有优势的涉公业务和票据

业务方面，FedEx 和 UPS 已经对其构成重大的威胁。按照国家邮政局披露，FedEx 和 UPS 的中国公司分别以北京顺义区和广州白云区为基地，经营除信件外的国内快递业务。其中，FedEx 申请在上海、深圳、广州、郑州等地开展国内快递业务，而 UPS 则只是在上海、深圳、广州、天津和西安五地经营国内快递业务。2012 和 2013 年国家邮政局持续向 UPS 和联邦快递发放经营国内快递业务的许可证。

2. 外资快递企业的进入给监管带来了新的挑战

1979 年国际快递企业进入中国后就被纳入了外贸管理系统，之后，原外贸部授权中国外运总公司管理国际快递业务。2009 年《中华人民共和国邮政法》规定经营国际快递业务应当接受邮政管理部门和有关部门依法实施的监管，国内的快递业务则主要有国家邮政局管理。因此，国际和国内快递业务的监管有所不同。

快递管理涉及商务部、邮政局、工商总局、海关和公安等部门，造成了管理部门之间的权限相互交叉，彼此矛盾。快递相关法律法规很多，相互之间的系统性、协调性、规范性较差，致使市场上既有行业垄断行为，也有无序竞争行为，制约了快递行业的健康发展①。

(三)外资对我国快递业影响的实证分析

通过计算我国快递市场绩效的变动可以佐证外资对我国快递业成长的可能影响。

1. 我国快递市场绩效衡量指标的选取

快递业属于服务行业又属于技术密集型产业，反映快递业企业发展情况的指标包括：快递业务人员数量，从业人员文化程度，快递企业数量等，它们与快递业市场的发展规模成正比；反映快递业市场结构的产出指标包括：投资回报率，快递投诉率，快递业务量，快递业务额增长率等，其中快递投诉率越低，说明服务质量越好，而投资回报率越高说明快递产业的效益越好，快递业务量，快递业务额增长率越高，说明快递业发展的情况越好。

根据以上指标，结合数据的可获得性，可以选取以下 5 个指标来衡量我国快递业的市场绩效：快递业从业人员数量(万人)(x_1)，企业法人单位数(x_2)，快递有效投诉率(x_3)，快递业务收入(x_4)，快递业务量(亿件)(x_5)，具体数据见表 6。

表 6　2006—2013 快递业发展情况指标②

年份	从业人员数＊(万人)	企业法人单位数＊＊	快递投诉率(件/亿件)	快递业务收入(亿元)	快递业务量(亿件)
2006	22.7	2422	332.6	299.7	10.6
2007	23.4	2979	578.8	342.6	12.0
2008	31.8	3664	678.1	408.4	15.1
2009	40.1	4434	943.9	479.0	18.6
2010	54.2	5409	1138.2	574.6	23.4
2011	65.0	6898	2406.6	758.0	36.7
2012	59.0	8485	2413.9	1055.3	56.9
2013	53.1	11380	2133.3	1441.7	91.9

＊其中 2008 年快递就业人数不可得，故用 2007 和 2009 年快递业就业人数的平均值代替。

＊＊数据来源：第三次经济普查数据和中国国家统计局官网。

2. 对外资全面开放后，我国快递市场绩效逐年上升

利用 SPSS 软件进行因子分析可以提取两个公因子：F_1 和 F_2，前者在 X_2，X_4，X_5 上的因子载荷系数最大，说明它集中反映了快递业法人企业数、快递业务量和快递业务收入三个市场规模指标，因此可以将其视为快递业经营效益的因子；后者在 X_1 上的因子载荷系数最大，即主要反映快递业从业人数、快递投诉率两个市场经营情况指标，因此可以将其视为快递业服务效益的因子。由因子得分系数矩阵和旋转成分矩阵可以

① 商务部研究院课题组．中国快递市场发展研究报告．经济研究参考．2006(34)

② 数据来源：根据国家邮政局网站 http://www.spb.gov.cn/整理所得

获得市场绩效综合得分 F 的计算公式:$(56.8F_1+41.9F_2)/98.7$。

将各年度数据带入公共因子得分计算公式,得到我国各年度快递业的市场绩效,如图 14 所示。

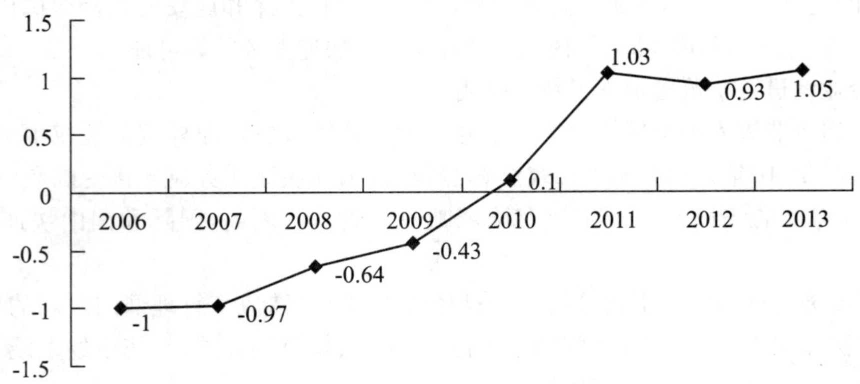

图 14　2006—2013 年我国快递业综合市场绩效得分

我国快递业综合市场绩效在 2007 年没有出现明显的上涨,此后增速提升。2009 年《邮政法》的修订使我国快递市场运营模式更加规范,服务质量全面提升。2010 年 5 月 20 日国家邮政局为 UPS 等 18 家快递企业颁发了国际快递业经营许可证。图 14 显示,2010 年我国快递市场绩效从负转正。2011 年我国快递业的业务增长率达最高点为 57.0%,2011 年之后快递业综合市场绩效基本保持稳定。

四、对策建议

(一)加快内资快递企业的兼并重组,促进内资快递企业竞争能力的提升

内资快递企业规模相对较小,无论从资金实力还是技术开发与应用方面,与外资快递企业相距较远。因而内资快递企业的服务范围,网络覆盖能力均落后于外资快递企业。建议鼓励内资快递企业的兼并重组,培养企业的核心竞争能力,提升企业的竞争实力。

(二)鼓励内资快递企业提升快递服务技术水平,提高快递服务质量

到目前为止,我国内资快递企业粗放经营特征明显,大部分国内民营企业缺乏长期、合理、系统的发展规划,并且产品开发和创新能力不足,竞争手段主要依靠价格。建议改变内资快递企业同质化,提倡快递企业服务差别化,鼓励内资快递企业提升服务质量,增强内资快递企业市场拓展能力。

(三)鼓励和扶持中西部快递市场的发展,促进区域经济的平衡发展

快递企业的区域分布不平衡状况比较明显,区域集中度指数较高,尤其是外商投资企业和港澳台资企业,主要集中在经济较发达的区域。快递服务,作为物流服务的一部分,在地区经济发展中起到连通和促进作用,也反映了一个地区经济发展的水平。建议鼓励和支持快递企业拓展中西部市场,促进区域经济的平衡发展。

(四)合理、有效、安全的利用外资,依据入世协议,有序放开快递市场

2006 年以来,我国快递业开始对外资全面开放,快递业务量及收入都大幅增加,同时市场竞争开始加剧,市场绩效得到了较大的改善。外资快递企业的进入带来了先进的管理经验和运营理念,前沿的信息技术以及完善的服务理念,通过技术外溢,促进了整个快递业市场绩效的提高。但是基于内资快递企业发展水平与 4 大外资快递企业的差距较大,在对外资快递企业放开国内市场时需要有序进行,以实现合理、有效、安全的利用外资。

参考文献:

[1]季彤．快递业发展影响因素[D]．南京邮电大学．2012

[2]李俊英．基于产业关联的我国快递产业发展的研究[D]．上海师范大学．2011

[3]王莲花,牟丹凤．基于灰色关联度的快递业影响因素分析[J]．中国商贸．2014(2):107—110

[4]王维婷,黄宝章．快递业发展影响因素的实证研究[J]．中国物流与采购．2011(13):74—75

[5]邹姝琪,侯云先．快递业发展影响因素实证研究[J]．现代商贸工业．2014,26(1): 70—72

[6]程青雷,李灿．民营快递业的 PEST 分析及资源营销策略研究[J]．经营管理者．2011(14):171

[7]段水利．我国快递业发展影响因素实证分析[J]．物流工程与理．2015(1)：171－173
[8]钟静．浅论湖南快递业的发展[J]．企业技术开发．2008(10)：64－67
[9]孙祖斌．中国快递业现状和发展对策研究[J]．经济管理者．2010(10)：42－43
[10]范维维，宗贺贺．我国快递市场发展趋势分析及启示[J]．物流科技．2011(3)：65－67
[11]姜珊珊．中国邮政快递(EMS)发展现状与对策研究[J]．现代商贸工业．2011(23)
[12]2010年快递业发展回顾与2011年展望．中国物流发展报告2011
[13]候博亚，焦文艳．电子商务——民营快递企业新出路[J]．商品与质量．2011(2)．
[14]石利汝，基于价值链的邮政速递业务核心竞争力研究[D]，北京交通大学，2011
[15]冉莉，孙兰凤．我国民营快递企业发展现状及对策探讨[J]．现代商贸工业，2013(15)．
[16]王旭晴，朱晓宁．我国快递企业市场竞争力比较分析．研究与探讨[J]，2010年4月刊．
[17]《中国快递年鉴》
[18]中国国家统计局《2013年国民经济和社会发展统计公报》
[19]第35次中国互联网络发展状况统计报告
[20]2013年度快递市场监管报告
[21]杨帆，刘似臣．FDI进入对中国快递业市场结构发展的影响[D]．北京交通大学，2012
[22]王建华．对我国快递业问题的探讨——基于7Ps理论[J]．产业透视．2013(10)：97－99
[23]曲洋．跨国快递公司的进入及其应对措施[J]．企业战略．2014(2)：23－25
[24]严石林，唐军荣．外资快递入市背景下本土快递发展策略探究[J]．物流工程与管理．2013，35(2)：11－14
[25]杨帆，刘似臣．中国快递业对外资全面开放后的市场绩效分析——基于因子分析法[J]．
[26]商务部研究院课题组．中国快递业市场发展研究报告[J]．经济研究参考．2006(34)
[27]商丽景，贾瑞峰．基于SCP分析的我国快递业市场结构调整研究[J]．铁道运输与经济．2013(4)：69－73
[28]段宗训．中国快递业发展现状及发展趋势分析[J]．企业导报．2012(3)．
[29]2013年度中国电子商务市场数据监测报告
[30]李荦．中国快递产业发展分析[J]．中国商界．2012(11)．
[31]张玉坤．中国快递市场结构分析[J]．今日湖北．2013(5)．
[32]武丽，刘振华．快递市场结构目标选择和分析[J]．运输经理世界．2013(8)：69－71
[33]卢梅金．电子商务环境下我国快递市场结构分析[J]．物流工程与管理．2013(8)：81－83
[34]李谦，吕利平，晏敬东．我国快递业的产业环境分析[J]．商业经济．2008(8)：110－111

课题组　组长：刘似臣
成员：胡雅梅　兰洪杰　汪娅兰　董新新
袁嘉欣　江　希　田志萍等

绿色评价视角下的中国工业发展效益测度研究

当前，人们的生存和发展观念正在发生重大变化，可持续发展的思想已被人们普遍认同，“绿色”成为现代经济中一个很重要的元素，绿色经济成为世界各国关注的热点话题。党的十六大提出走新型工业化道路，要千方百计提高能源资源利用效率，突破能源资源约束；坚持防治污染、保护生态环境，使经济建设和生态建设和谐发展。党的十八大报告也强调了为建立“美丽中国”，我们必须着力推进绿色发展、循环发展、低碳发展。2013 年 11 月 7 日至 9 日，经国务院批准，工业和信息化部与联合国工业发展组织在广州联合召开主题为“加快建设绿色工业体系，促进工业与生态协调发展”的第三届绿色工业大会。会上强调发展绿色工业，要统筹协调工业化进程与资源环境的关系，不断推进产业绿色转型，坚持以科技进步为支撑，坚持发挥企业的主体作用。由此可见，从“绿色”评价视角下对工业发展效益进行测度研究具有重要的理论和现实意义。

一、绿色评价视角下的工业发展效益具有更加丰富的内涵

传统视角下的工业发展效益内涵极其单一，仅仅是指经济效益，而不考虑其他因素。近年来，绿色发展成为世界各国经济发展的目标和动力，发展绿色经济有利于国家的经济建设及社会的和谐发展。在发展绿色工业，确保工业实现可持续发展的目标下，对工业发展效益进行评价，除了经济效益外，还应充分考虑资源、环境、科技以及社会的效益（见图 1）。

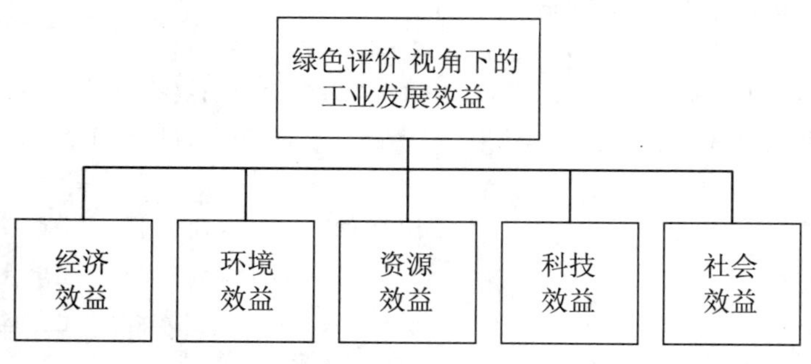

图 1　绿色评价视角下的工业发展效益

（一）经济效益

经济效益，是工业生产中通过商品和劳动的对外交换所取得的社会劳动节约，即以尽量少的劳动耗费取得尽量多的经营成果，或者以同等的劳动耗费取得更多的经营成果。经济效益是资金占用、成本支出与有用生产成果之间的比较。所谓经济效益好，就是资金占用少，成本支出少，有用成果多。较高的经济效益意味着增加盈利和收入，有利于工业系统的发展。

（二）环境效益

环境效益是指在工业生产过程中，在企业占用和耗费一定的自然资源的条件下，由于污染物的排放或环境治理等行为而引起环境系统结构和功能上的相应变化，从而对人的生活和生产环境造成影响的效应。工业生产会对环境造成很多影响，使环境发生各种各样的变化，有些变化会破坏人类赖以生存的环境，对可持续发展产生反作用。我国工业化水平不断提高，但环境资源约束依旧很大，因此注重绿色化的生产经营，对我国工业持续发展具有重大战略性意义。

（三）资源效益

资源效益是工业生产中企业能够有效率地占用和耗费一定的自然资源，并充分利用自然资源。主要包括企业因减少能源消耗带来的效益、回收副产品以及销售绿色产品的收入，还包括废弃物循环利用再生带来的效益等。近年来，中国自然资源对经济增长起到了重要的支撑作用，现阶段我国还处于工业化的快速

发展阶段，资源需求矛盾日趋紧张，工业企业必须全面提高资源利用率，避免不必要的资源浪费。

(四)科技效益

科技效益是伴随着工业的发展企业在科技方面取得的成果。科技进步是第一生产力，我国工业发展到中后期阶段，想要突破发展中的资源、技术、环境污染等瓶颈的制约必然要依靠科技进步来实现。

(五)社会效益

社会效益是指工业发展为社会所作的贡献，也是外部间接经济效益。当前我国的社会主义建设中如何处理社会效益与经济效益关系是个极为重要的问题。社会效益对企业乃至全行业的影响是毋庸置疑的，良好的社会效益可以使企业发展之路畅通，也能促成行业繁荣，具有较高社会效益的工业产品有利于提高人民生活质量，有利于提高企业生产效率，有利于中国经济健康发展。因此，一切工业生产活动，都要特别重视社会效益，它们所属的企业也要以提升社会效益为最高准则。

显然，要想实现工业的绿色发展，就必须改变过去那种只重视经济指标，而忽视环境、资源、科技、社会的评价体系。本文从绿色评价角度对我国工业发展效益进行分析研究，本质上是在分析工业发展与环境保护、资源有效利用、科技进步、社会和谐等方面的协调程度，在宏观上对我国工业发展的真实情况进行分析。

二、绿色评价视角下我国工业发展效益评价指标体系的构建

绿色评价视角下，对工业发展的效益进行测度要以可持续发展战略为指导。工业发展效益绿色评价的最终目标是为了满足消费者安全地获得工业产品、功能和服务的需求，实现工业的可持续发展。对工业发展综合效益的测度需要通过构建评价指标体系来实现。

(一)评价指标体系的构建原则

1. 指标体系应能体现出绿色评价的目标

从绿色评价角度对我国各地区工业发展效益进行分析研究，必须改变过去那种只重视经济指标而忽视环境效益、资源利用效率、科技效益以及社会效益的评价体系，指标体系的构建应能够体现出工业经济发展与资源投入、环境污染治理、科技进步、社会和谐等方面的协调程度。

2. 指标体系应有助于实现工业的可持续发展

工业的可持续发展，离不开经济、环境、资源、科技、社会的交互协作，即经济效益的提高意味着其能够更好地为环境治理、资源高效使用、科技进步、社会和谐提供经济基础；同时，环境、资源、科技、社会效益的提高又可以为经济效益的提高提供保障，使工业实现自身的良性循环和可持续发展，指标体系也应能够反映此方面的内容。

3. 指标体系应能反映效益的实现机制

效益的实现必须具备人、财、物的投入，应当具备相应的产出，因此指标体系应系统地反映投入和产出等各方面的情况，反映出投入产出之间的联系。

4. 指标体系应具有实际的可操作性

环境、资源、社会效益的一些内容要借助于主观指标来评估，主观指标通常不稳定，易受主观因素影响，难以精确度量且实际中不容易得到。因此，应尽量少采用主观指标，以保证整个指标体系既切实可行便于操作，又具有客观权威性。同时尽量选择相对指标与平均指标便于地区间的对比。

(二)评价指标体系框架的构建

运用层次分析法的基本思想，构建了由“目标层——准则层——指标层”三个层次构成的工业发展效益评价指标体系。

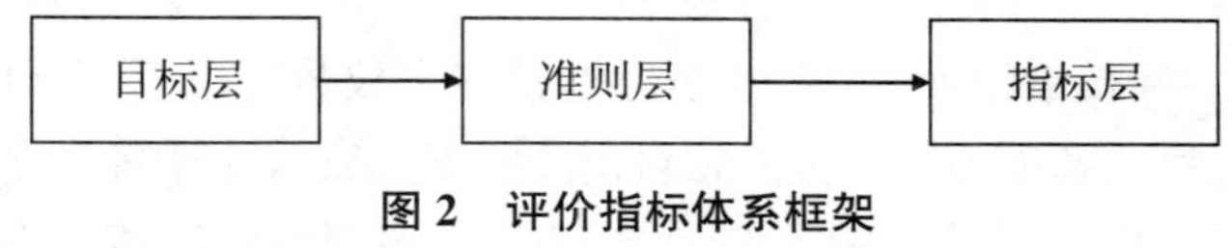

图2 评价指标体系框架

第一层——目标层，根据前文对工业发展效益内涵的拓展，对工业发展效益进行综合评价。

第二层——准则层，由经济、环境、资源、科技、社会五个子系统组成，旨在突破仅从经济效益出发对工业效益进行测算的传统研究方法，从绿色评价视角全面评价工业经济、环境、资源、科技、社会等工业发展效

益的各个方面。

第三层——指标层，分别从各个角度诠释了准则层的每一个子系统，是实证评价的直接手段。

(三)评价指标体系的构建

在构建评价指标体系时，参考了经济合作与发展组织(OECD)、联合国统计署(UNSO)等国际权威机构的典型指标，结合了中国科学院可持续发展战略研究组、中国科学技术促进发展研究中心、国家统计局等组织机构提出的可持续发展指标体系，以“全面、协调、可持续发展”的科学发展观的内涵为理论依据，借鉴了相关领域专家学者所使用的高频指标，并根据中国统计数据和工业发展的实际情况，选取可观测和可操作性指标，建立了绿色评价视角下我国工业发展效益的评价指标体系。

综合上述，绿色评价视角下我国工业发展效益评价指标体系的内容共由三个层次、25 个指标组成，本文运用此指标体系对我国绿色工业发展效益进行评价研究(见表 1)。

表 1　绿色评价视角下我国工业发展效益评价指标体系

<table>
<tr><th>目标层</th><th>准则层</th><th>指标层</th><th>指标性质</th><th>指标含义</th><th>权重</th></tr>
<tr><td rowspan="25">工业发展效益</td><td rowspan="6">经济效益 0.10</td><td>总资产贡献率(%)</td><td>正指标</td><td>盈利能力</td><td>0.0254</td></tr>
<tr><td>成本费用利润率(%)</td><td>正指标</td><td>盈利能力</td><td>0.0236</td></tr>
<tr><td>产品销售率(%)</td><td>正指标</td><td>盈利能力</td><td>0.0009</td></tr>
<tr><td>流动资产周转次数</td><td>正指标</td><td>发展能力</td><td>0.0261</td></tr>
<tr><td>资产负债率(%)</td><td>适中指标</td><td>发展能力</td><td>0.0041</td></tr>
<tr><td>全员劳动生产率(万元/人)</td><td>正指标</td><td>产出效率</td><td>0.0197</td></tr>
<tr><td rowspan="5">环境效益 0.21</td><td>单位工业污染治理完成投资销售产值</td><td>正指标</td><td>工业污染治理能力</td><td>0.0788</td></tr>
<tr><td>地方财政环保支出比重(%)</td><td>适中指标</td><td>财政环保支持</td><td>0.0271</td></tr>
<tr><td>工业固体废物的综合利用率(%)</td><td>正指标</td><td>固体废物处理能力</td><td>0.0267</td></tr>
<tr><td>工业废水处理排放比</td><td>正指标</td><td>废水处理能力</td><td>0.0457</td></tr>
<tr><td>工业废气治理设施平均处理能力(万立方米/小时/套)</td><td>正指标</td><td>废气处理能力</td><td>0.0290</td></tr>
<tr><td rowspan="4">资源效益 0.25</td><td>采掘业等资源行业资产回报率(%)</td><td>正指标</td><td>盈利能力</td><td>0.0474</td></tr>
<tr><td>清洁电力生产所占比重(%)</td><td>正指标</td><td>清洁能源生产能力</td><td>0.0867</td></tr>
<tr><td>单位能耗工业生产总值(元/吨标准煤)</td><td>正指标</td><td>能源效率</td><td>0.0352</td></tr>
<tr><td>废弃资源综合利用利润率(亿元)</td><td>正指标</td><td>废弃资源再利用</td><td>0.0779</td></tr>
<tr><td rowspan="6">科技效益 0.30</td><td>企业 R&D 人员所占比重(%)</td><td>正指标</td><td>科研实力</td><td>0.0252</td></tr>
<tr><td>企业 R&D 经费投入强度(%)</td><td>正指标</td><td>科研实力</td><td>0.0321</td></tr>
<tr><td>有 R&D 活动的企业所占比重(%)</td><td>正指标</td><td>科研实力</td><td>0.0470</td></tr>
<tr><td>新产品销售收入占主营业务收入比重(%)</td><td>正指标</td><td>科技产出</td><td>0.0539</td></tr>
<tr><td>高新技术产业主营业务收入所占比重(%)</td><td>正指标</td><td>科技产出</td><td>0.0645</td></tr>
<tr><td>企业平均有效发明专利(件/个)</td><td>正指标</td><td>科技产出</td><td>0.0837</td></tr>
<tr><td rowspan="4">社会效益 0.14</td><td>工业销售产值占全国比重(%)</td><td>正指标</td><td>产品社会影响力</td><td>0.0872</td></tr>
<tr><td>企业平均从业人员(人/个)</td><td>正指标</td><td>吸纳就业能力</td><td>0.0193</td></tr>
<tr><td>社会积累率(%)</td><td>正指标</td><td>为社会创造的价值</td><td>0.0102</td></tr>
<tr><td>社会贡献率(%)</td><td>正指标</td><td>社会贡献</td><td>0.0229</td></tr>
</table>

(四)权重的确定

指标的权重对评价的结果起着重要的作用，能在一定程度上影响评价结果的科学性和准确性。在评价过程中，选用变异系数法确定权重。变异系数赋权法是一种客观赋权的方法，依据各评价指标下各评价对象属性值的相对离散程度来确定各指标权重的大小。用变异系数法确定权数有以下两个优点：第一，直接利用了各项指标所包含的信息，较为客观反映各项评价指标的相对重要程度；第二，计算简单方便，计算量较小。

从赋权的结果上看，三级指标中，单位工业污染治理完成投资销售产值、清洁电力生产所占比重、废弃资源综合利用利润率、企业平均有效发明专利、工业销售产值占全国比重等指标权重较大。准则层中诠释经济效益、社会效益的指标权数较小，而诠释环境、资源、科技效益的指标权重较大。这完全是由各地区相应指标的客观取值决定的，与我国当前各地区工业效益在环境、资源、科技等方面的发展不平衡有直接的关系。

三、中国工业发展效益的 TOPSIS 分析

(一)TOPSIS 评价模型简介

TOPSIS 法是 technique for order preference by similarity to ideal solution 的缩写,意为与理想方案相似性的顺序选优技术,是系统工程中有限方案多目标决策分析中常用的一种决策技术,可用于效益评价、卫生决策和卫生事业管理等多个领域。它基于归一化后的原始数据矩阵,找出有限方案中的最优方案和最劣方案,然后获得某一方案与最优方案和最劣方案间的距离,进而得出该方案与最优方案的接近程度,以此作为评价各方案优劣的依据。TOPSIS 计算各评价单元指标值与最优值的相对接近程度(即相对贴近度,用 C 来表示),按接近度大小对各评价单元优劣进行排序,C 值越大(即越接近 1),说明越接近最优水平;C 值越小(即越接近 0),说明越接近最劣水平(或者说接近最优水平的程度越低)。

(二)TOPSIS 计算结果

运用前文的评价指标体系对我国工业发展效益及其各子系统——经济、环境、资源、科技及社会效益分别做 TOPSIS 评价。评价所用数据分别来自于第三次全国经济普查、《2014 中国统计年鉴》、《中国环境统计年鉴—2014》。利用 SAS 软件进行编程计算,模型运行结果如下(见表 2)。

表 2 各地区与理想值的相对贴近度

地区	综合效益	经济效益	环境效益	资源效益	科技效益	社会效益
北京	0.4964	0.3443	0.5456	0.2002	0.8757	0.1345
天津	0.3556	0.6092	0.2773	0.2971	0.5011	0.2091
河北	0.2599	0.5207	0.3487	0.2574	0.1059	0.3408
山西	0.2718	0.1849	0.1586	0.4309	0.1469	0.1532
内蒙古	0.1797	0.6358	0.1851	0.2309	0.0777	0.1604
辽宁	0.2501	0.5520	0.3023	0.2314	0.1337	0.3898
吉林	0.2447	0.5995	0.3591	0.2741	0.1232	0.1776
黑龙江	0.2512	0.6039	0.1606	0.4056	0.1196	0.1318
上海	0.4619	0.4251	0.7094	0.2189	0.5321	0.2454
江苏	0.4279	0.5338	0.3469	0.2129	0.3958	0.9166
浙江	0.3031	0.3434	0.1893	0.2427	0.3326	0.4569
安徽	0.2284	0.5403	0.1999	0.2193	0.2307	0.2522
福建	0.2470	0.5088	0.1666	0.2963	0.2307	0.2561
江西	0.2380	0.6902	0.2560	0.2840	0.1658	0.2083
山东	0.3843	0.6560	0.2663	0.3095	0.1884	0.9129
河南	0.2650	0.5989	0.2193	0.2827	0.1598	0.4445
湖北	0.3114	0.5496	0.2508	0.4212	0.2041	0.2910
湖南	0.3133	0.6778	0.2465	0.3996	0.2743	0.2585
广东	0.5319	0.4457	0.4770	0.3832	0.5889	0.7982
广西	0.2372	0.5364	0.2196	0.3349	0.1527	0.1475
海南	0.2595	0.4941	0.1137	0.3061	0.3493	0.0620
重庆	0.2930	0.4652	0.3018	0.2828	0.3426	0.1329
四川	0.3515	0.4550	0.2924	0.4928	0.2475	0.2642
贵州	0.2900	0.4849	0.2258	0.5123	0.1209	0.0835
云南	0.2731	0.4078	0.2022	0.4270	0.1163	0.0961
西藏	0.2740	0.1719	0.0515	0.4176	0.1933	0.0193
陕西	0.2275	0.6478	0.1587	0.2611	0.2341	0.1585
甘肃	0.1903	0.3094	0.1315	0.2997	0.1334	0.0711
青海	0.2786	0.3372	0.2120	0.4359	0.0612	0.0622
宁夏	0.1404	0.2793	0.1731	0.1548	0.1248	0.0487

续表

地　　区	综合效益	经济效益	环境效益	资源效益	科技效益	社会效益
新　　疆	0.3431	0.5319	0.1390	0.6072	0.0552	0.0836
全国平均	0.2961	0.4884	0.2544	0.3268	0.2425	0.2570
东　　部	0.3512	0.4975	0.3302	0.2742	0.3656	0.4058
中　　部	0.2559	0.5645	0.2262	0.3276	0.1669	0.2308
西　　部	0.2662	0.4090	0.1888	0.3891	0.1629	0.1020

如果某地区各项指标均处于全国最高水平，该地区的相对贴近度 $C_i=1$；如果某地区各项指标值均处于全国最低水平，则该地区的相对贴近度 $C_i=0$。总之，C_i 越接近于 1，表明从绿色评价视角测度，该地区工业发展效益越好。利用 TOPSIS 模型评价结果，第一能够比较任意两个地区排名的先后，第二能够根据各地区与理想值的相对接近度，考察地区之间的差异程度。

四、全国及各地区工业发展效益的绿色评价水平

（一）全国工业发展效益的绿色评价水平

1. 工业发展综合效益

从绿色评价视角看，2013 年，我国结合了经济、环境、资源、科技以及社会在内的工业发展效益综合水平不高，综合效益的全国平均相对贴近度远低于 1，仅为 0.2961。即从绿色评价的角度来看，我国工业发展效益较低，工业发展与高收益、低污染、与自然相和谐、科技水平较高、社会贡献较大的理想阶段相比尚有一段距离。

2. 各子系统效益

2013 年，我国工业发展效益绿色评价结果显示，5 个子系统的效益整体偏低，具体来看：经济效益(0.4884)＞资源效益(0.3268)＞社会效益(0.2570)＞环境效益(0.2544)＞科技效益(0.2425)。

其中经济效益、资源效益高于综合效益，社会效益、环境效益、科技效益低于综合效益。

（二）各地区工业发展效益的绿色评价水平

1. 各地区工业发展综合效益

从评价值的绝对水平来看，各地区的相对贴近度远低于 1，即从绿色评价角度来看，各地区的工业效益存在很大的发展空间。2013 年，有 11 个地区工业发展综合效益与理想值的相对贴近度超过全国平均水平。其中，广东相对贴近度在 0.5 以上，达到了 0.5319，北京、上海、江苏、山东等四个地区相对贴近度在 0.4—0.5 之间。20 个地区工业发展效益与理想值的相对贴近度低于全国平均水平，大部分地区位于我国中西部(见图 3)。

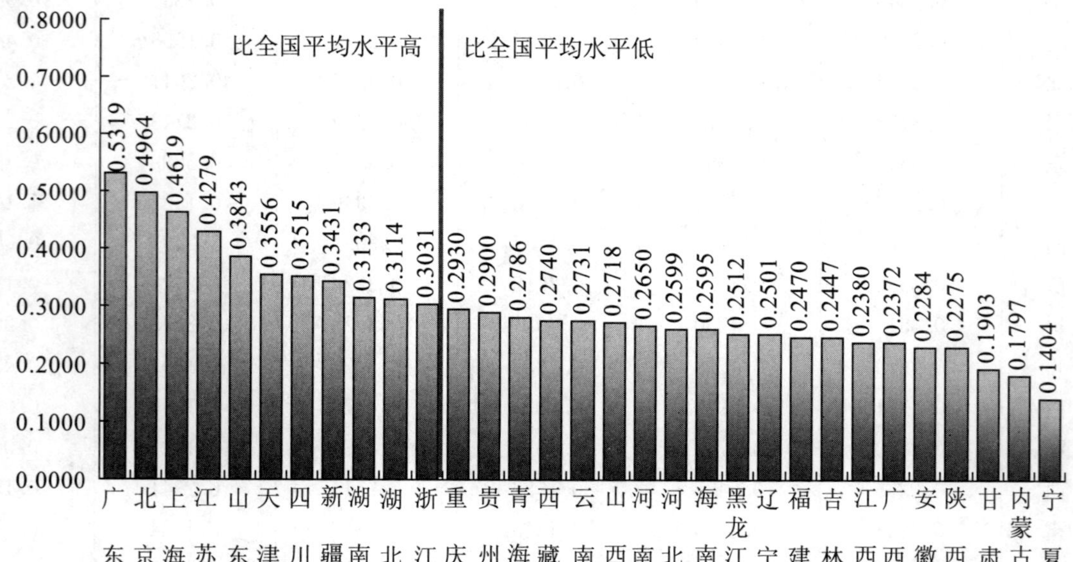

图 3　各地区工业发展综合效益与理想值的相对贴近度排名

2. 各地区工业发展经济效益

2013 年，18 个地区工业发展经济效益与理想值的相对贴近度超过全国平均水平，13 个地区低于全国平均水平(见图 4)。

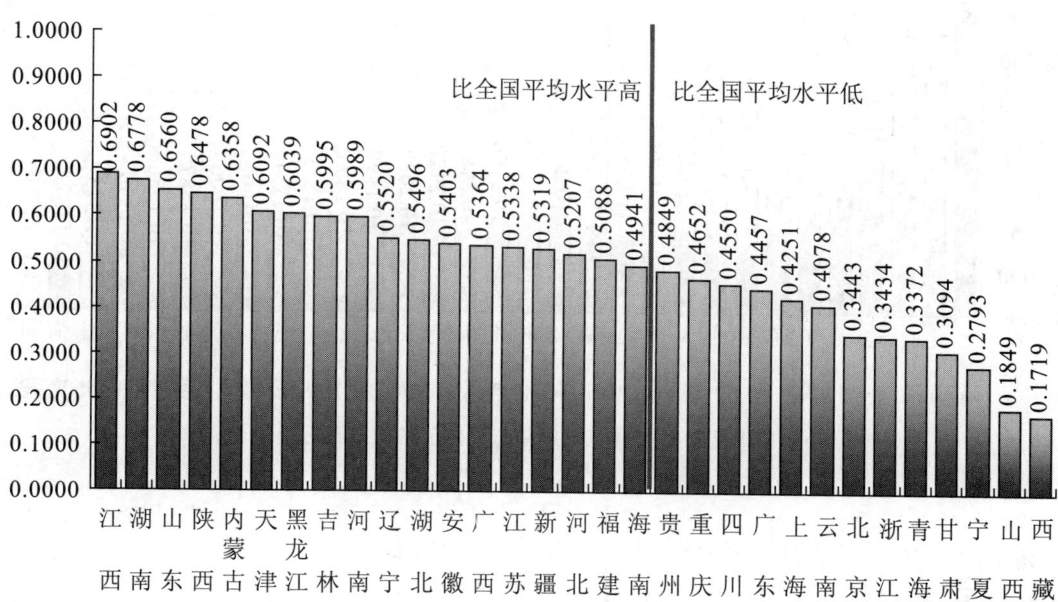

图 4　各地区工业发展经济效益与理想值的相对贴近度排名

3. 各地区工业发展环境效益

2013 年，18 个地区工业发展环境效益与理想值的相对贴近度低于全国平均水平，12 个地区比全国平均水平高(见图 5)。

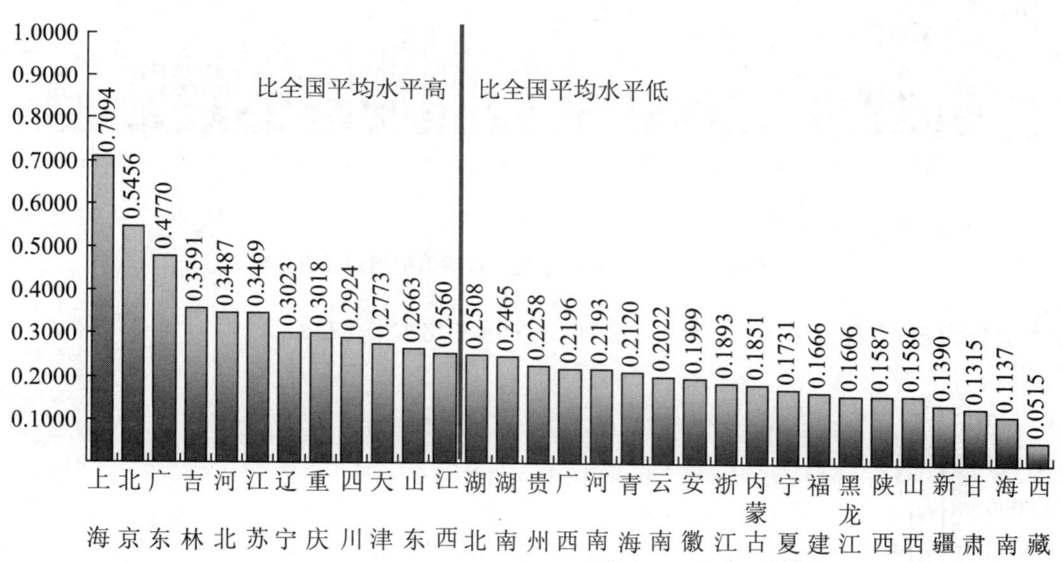

图 5　各地区工业发展环境效益与理想值的相对贴近度排名

4. 各地区工业发展资源效益

2013 年，12 个地区工业发展资源效益与理想值的相对贴近度超过了全国平均水平，基本上位于我国西部与中部；19 个地区低于全国平均水平的地区，多为东、中部地区(见图 6)。

5. 各地区工业发展科技效益

2013 年，10 个地区工业发展科技效益与理想值的相对贴近度超过了全国平均水平，其中大部分为东部地区。北京的评价值达到了 0.8757，广东、上海、天津的评价值分别为 0.5889、0.5321、0.5011；21 个地区低于全国平均水平，多为中、西部地区(见图 7)。

6. 各地区工业发展社会效益

2013 年，江苏、山东、广东、浙江等 10 个地区工业发展社会效益与理想值的相对贴近度超过了全国平均

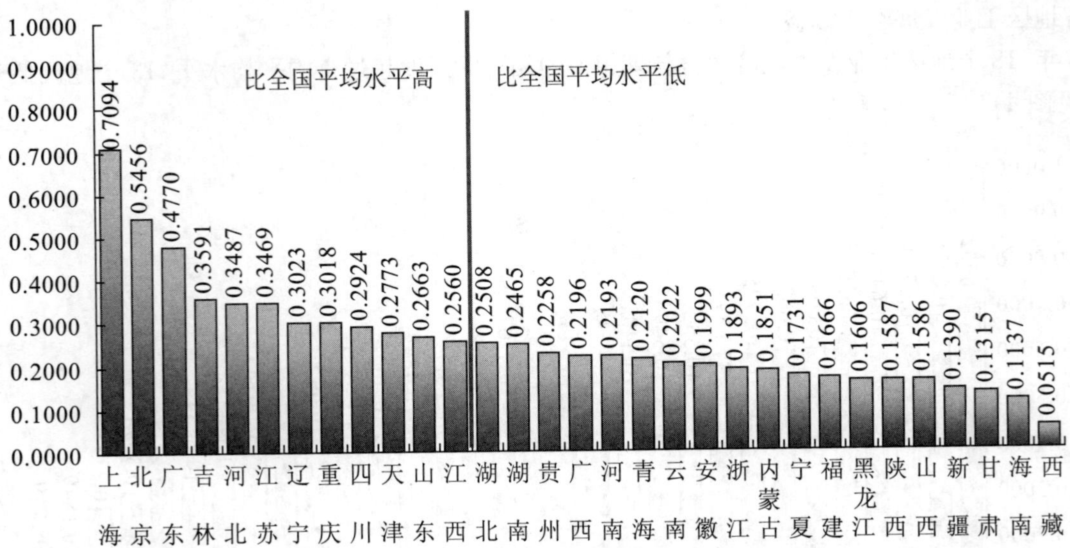

图 6　各地区工业发展资源效益与理想值的相对贴近度排名

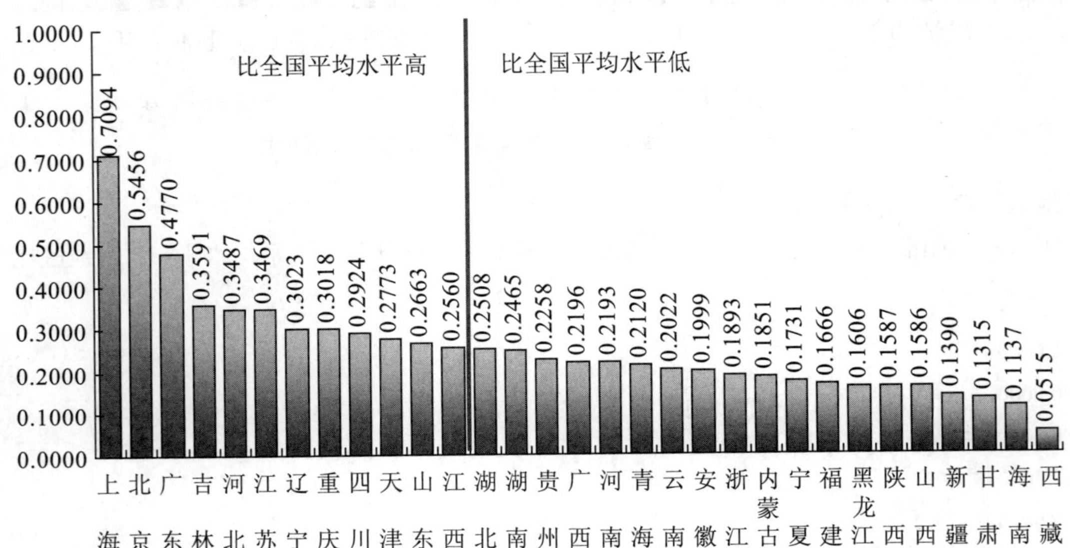

图 7　各地区工业发展科技效益与理想值的相对贴近度排名

水平，其中大部分为东、中部地区；其余 21 个地区低于全国平均水平(见图 8)。

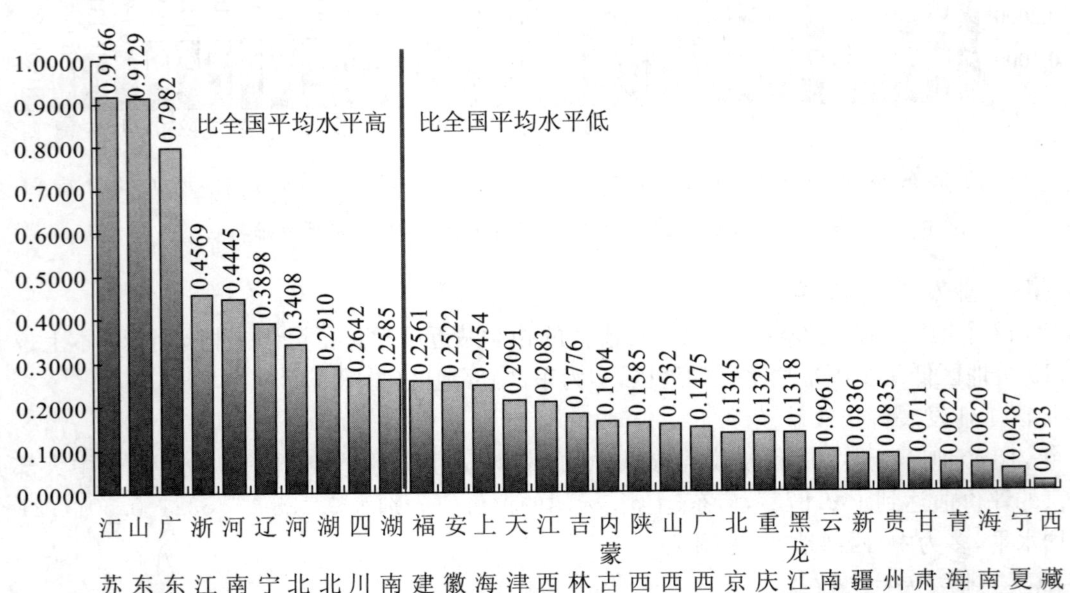

图 8　各地区工业发展社会效益与理想值的相对贴近度排名

7. 绿色评价视角下我国各地区工业发展效益优、劣势分析

将各地区工业发展综合效益及其五个子系统的绿色评价结果进行"＋"、"－"符号转化，采用更直观的方式观察各地区的工业发展效益的特征。转化方法是：将各地区每一个相对贴近度减去对应系统的全国平均相对贴近度，正值取"＋"号，负值取"－"号（见表3）。

表3　各地区工业发展效益的优势与劣势

地　区	综合效益	经济效益	环境效益	资源效益	科技效益	社会效益
东部地区						
北　京	＋	－	＋	－	＋	－
天　津	＋	＋	＋	－	＋	－
河　北	－	＋	＋	－	－	＋
辽　宁	－	＋	＋	－	－	＋
上　海	＋	－	＋	－	＋	－
江　苏	＋	＋	＋	－	＋	＋
浙　江	＋	－	－	－	＋	＋
福　建	－	＋	－	－	－	－
山　东	＋	＋	＋	－	－	＋
广　东	＋	－	＋	＋	＋	＋
海　南	－	＋	－	－	＋	－
中部地区						
山　西	－	－	－	＋	－	＋
吉　林	－	＋	＋	－	－	－
黑龙江	－	＋	－	＋	－	－
安　徽	－	＋	－	－	－	－
江　西	－	＋	＋	－	－	－
河　南	－	＋	－	－	－	＋
湖　北	＋	＋	－	＋	－	＋
湖　南	＋	＋	－	＋	＋	＋
西部地区						
内蒙古	－	＋	－	－	－	－
广　西	－	＋	－	＋	－	－
重　庆	－	－	＋	－	＋	－
四　川	＋	－	＋	＋	＋	＋
贵　州	－	－	－	＋	－	－
云　南	－	－	－	＋	－	－
西　藏	－	－	－	＋	－	－
陕　西	－	＋	－	－	－	－
甘　肃	－	－	－	－	－	－
青　海	－	－	－	＋	－	－
宁　夏	－	－	－	－	－	－
新　疆	＋	＋	－	＋	－	－

东部各地区工业发展综合效益普遍相对较好，多数地区综合效益高于全国平均水平。东部各地区的优

势是经济效益、环境效益、科技效益;劣势是资源效益、社会效益。

中部各地区工业发展综合效益普遍较差,多数地区综合效益低于全国平均水平,中部各地区的优势是经济效益;劣势是环境效益、科技效益,资源效益、社会效益。

西部各地区工业发展综合效益普遍较差,多数地区综合效益低于全国平均水平,西部各地区的优势是资源效益;劣势是经济效益、环境效益、科技效益、社会效益。

社会效益不佳是东中西部地区的共同短板。

五、提高绿色工业发展效益的对策建议

(一)以企业为单位大力发展绿色经济

1. 加速环境保护模式的转变,加强工业生产"废弃物"的源头控制与管理

在推进环境保护政策的过程中,从过去废弃物的"末端治理"为主向以生产与消费的源头控制废弃物产生的"开端预防"为主进行转变。我们在处理废弃物的对策必须进行战略性的变化,紧紧抓住循环经济的核心原则:在社会物质流动的全过程节省并循环利用资源,尽可能少或避免产生废弃物,并且在处理过程中再将废弃物资源化和产业化。只有这样,我国工业的绿色发展工作以及我国工业经济的增长才能实现绿色发展。

2. 利用高新技术,提高资源利用效率

科技进步对资源的绿色利用及改善环境质量具有不可代替的重要作用,实现工业绿色发展,通过开发利用高新技术或者将高新技术与传统技术相结合发展无污染、少污染、低消耗的技术。用高新技术改造传统工业,实现传统工业向高新技术产业的提升,促进经济与自然的协调发展。

(二)以区域为单位,大力倡导绿色工业

1. 调整产业结构,推动同类产业聚集向生态工业模式的转变

各地区政府应按照循环经济,生态学理念,在企业集群区或开发区建立生态工业园区,在园区内组织生产,使上游企业的"废弃物"成为下游企业的原材料,尽可能做到少排放或"零排放"。在这方面,有关部门应该加入对企业或绿色工业园区的技术指导工作,大力发展"绿色"生产,应用循环经济和生态学思路,通过对经济系统的物流和生产流程的分析,设计我国的生态工业园区,建设高新技术园区,提供相关技术支撑体系。

2. 建立产业技术绿色支撑体系、开发废弃物资源化体系支撑生态工业发展

建立产业技术绿色支撑体系的关键是积极采用清洁生产技术,采用无害或低害化新工艺、新技术,大力降低原材料和能源的消耗,实现少投入、高产出、低污染,尽可能把对环境污染物的排放消除在生产过程之中。推行清洁生产技术要与产业结构调整相结合,通过清洁生产实现"增产减污"。同时,要把清洁生产的着眼点从目前的单个企业延伸到工业园区,通过建立一批生态工业示范园区来推广、扩散清洁生产技术。

(三)以政府为主体探索新的治理考核方式

政府在评价社会发展时,单纯地衡量经济收益不免扭曲了部分区域发展现状,使得部分地区出现经济与生态环境的两极化发展。

1. 加强环境保护措施建设,探索环保设施运营管理的新方式

环境保护措施不能有效运作,不仅在投资上造成了浪费,同时也不能实现减少工业污染,保护环境的目的。因而,在社会主义市场经济体制日臻完善的背景下,我国不仅要加强环保设施的投资、建设,同时应注重其运营管理的改革。在国家政策引导下,许多省(市、自治区)出台推动市政公用事业市场化的政策。其中,北京、深圳率先实施了环保设施特许经营权的发放。市场机制的引入使得三废的治理可以由企业本身,社会,群众,外资进行多方参与与管理,这就出现了企业、社会、群众、外资等多元之间的竞争,可以节约成本、提高效率。

2. 构建绿色发展体制,建立绿色发展思路的 GDP 核算体系

宏观调控管理部门在实施宏观调控时需要对经济的真实运行状况进行分析和判断,有必要从社会层次上对社会成本进行补充核算。因此,仅依据传统的 GDP 指标是不够的,应该剔除资源耗费和环境污染所造成的损失部分,建立绿色 GDP 核算体系。以绿色 GDP 作为衡量经济增长的标准,既可以有效约束各个经济行为主体的扩张冲动,又为经济增长提供绿色的内在动力。绿色 GDP 在宏观、微观领域的应用和推广是实施绿色发展的前提条件,离开这一理念的树立,绿色发展就成为一句空话。

3. 进一步加强绿色发展的教育宣传，提高全民生态环境意识

长期以来，我国在绿色发展的一些实现路径如循环经济，清洁生产的宣传发动方面缺乏力度，人们对绿色发展的认识水平还仅仅停留在污染治理、能源节约的阶段。当前，我国在资源存量和环境承载力两个方面都已不能承受传统经济形式下高强度的资源消耗和环境污染。要宣传鼓励循环经济和清洁生产的全面实践，发展生态工业与生态经济，加大示范试点的扩展，推动典型企业的辐射作用，鼓励绿色消费，提高大众对绿色发展的认识水平。

参考文献：

[1] 李海舰，原磊. 三大财富及其关系研究[J]. 中国工业经济，2008(12).
[2] 薛珑. 绿色经济发展测度体系的构建[J]. 统计与决策，2012(09).
[3] 单伟明. 对工业企业经济效益评价体系的探讨[J]. 当代经济，2013(01).
[4] 聂玉立，温湖炜. 中国地级以上城市绿色经济效率实证研究[J]. 中国人口·资源与环境，2015(06).
[5] 张彩霞，麻东露. 工业发展效益绿色评价指标体系研究探讨[J]. 河北经贸大 学学报(综合版)，2014(03).

课题组　组　长：梁婉君
成　员：张彩霞　刘永利　张　梅　张　华　麻东露
执笔人：梁婉君　张彩霞

经济转型、人口变动与我国房地产供求关系研究

我国房地产业受到政策法律、经济、社会文化、技术、资源和生态等发展环境和条件的影响和制约，发展环境的变化从多方面影响房地产供给和需求，进而影响到房地产业的发展。

在房地产业的政策法律环境方面，十八大以来，进一步明确了市场和政府的边界，市场在资源配置中起决定性作用；全面依法治国，建设法治政府和廉洁政府；房地产调控坚持市场化为主的方向，从全面调控到分类调控转变，从短期应对向在大的制度改革框架下重构房地产的中长期制度建设转变，从大量使用行政手段向经济、法律手段为主的转变。这些政治和法律环境的重大转变，将会影响到房地产的供给和需求关系。

在宏观经济环境方面，随着我国步入经济发展新常态，“增长速度换挡期、结构调整阵痛期、前期刺激政策消化期”三期叠加阶段，宏观经济将出现一定的结构性减速，经济增长减速的大背景对房地产的供求关系也带来了变化。房价上涨速度下降，部分城市甚至出现房价绝对下降，投资和投机性购房需求减少，并进而影响了开发企业的投资热情。但我国经济增速仍将保持在合理区间。为了保证经济增长，防范房地产下行带来的风险，保持房地产业的稳定和健康发展仍将是政策调控的主基调。

在人口增长方面，人口总量和结构是影响房地产需求的重要因素。我国人口总量峰值将出现在 2025 年左右。同时，人口的年龄结构出现了巨大的转变，劳动年龄人口比例下降，老龄化比重提高，城镇化进入到了中期。在此背景下，房地产的需求增长将放缓，甚至下降。作为需求驱动的产业，房地产的供给会逐步下降。

本文以房地产市场发展环境变化为背景，重点分析经济转型、人口变动对我国当前和未来一段时间房地产市场供求关系的影响。

一、房地产从供不应求走向供求平衡

(一)城镇人口和建设用地面积不断扩张

我国城镇建设用地供给的影响因素，主要有政府的规划和土地供给政策，以及城市当前土地利用状况以及新增用地的开发成本。影响城镇建设用地需求的影响因素很多。一是经济增长，二是产业结构调整，三是城镇化，四是人口因素。从 2005 年底到 2013 年底，我国城镇建设用地增加 553.4 万公顷，年均增加 69.2 公顷；其中，居民点及工矿用地增加 459.2 万公顷，年均增加 57.4 公顷。城镇建设用地的增长以征用农村土地为主，其中大约 90％的城市建设用地需求是通过征收农村土地来实现的，剩下的 10％才是存量未开发土地[①]。随着我国经济进入新常态，城镇化进入中期，人口结构的转变，产业的信息化，建设用地需求的增长速度将放缓。据测算，2020 年城镇总人口需要的建设用地为 1100 万公顷左右。在现有政策的规定下，需要提高存量土地的利用效率。

(二)我国城镇住宅已经跨越绝对短缺的阶段，供求基本平衡甚至走向相对过剩

2010 年全国城镇套户比[②]已经上升为 1.01，全国城镇住房总量供求基本平衡。从人均住房面积来看，2012 年我国城镇人均住房面积为 32.9 平方米[③]，接近发达国家人均住房面积 35－60 平方米的下限。我国住宅的总量已经可以满足现阶段的需求。但目前我国城镇住房供求的问题在于地区差异较大，一线城市和省会城市的人均面积依然较低。

(三)商业地产处于快速发展阶段，但存在结构性过剩

国际经验表明，人均 GDP3000－8000 美元是商业地产的起步期，8000 美元之后进入加速发展期，20000

---

① 国务院发展研究中心、世界银行，2014。

② 刘洪玉 杨帆 徐跃进，基于 2010 年人口普查数据的中国城镇住房状况分析，2013。

③ 中国统计年鉴 2014，城镇居民人均住房建筑面积为城镇住户抽样调查数据(不含农户)。

美元之后进入成熟发展期。但在城镇化与网络化并行的背景下,商业地产未来的发展可能并不能完全复制发达国家的发展路径,尤其是购物中心等零售物业的发展可能会受到电商一定的冲击。目前来看,我国的商业地产已经足够,部分地区出现了相对过剩,存在一些结构性过剩和结构性短缺的问题。

二、基于房地产供求关系发展阶段和人口变动的定量预测

随着经济增速的下降和城镇化进入中期,以及人口结构的转变,我国城镇房屋供求进入到了平稳增长阶段。根据联合国对我国人口和城镇化率的预测,2020 年我国总人口将达到 13.97 亿人,城镇化率将达到 61.8%,城镇常住人口将达到 8.63 亿人。在判断我国房地产供求关系发展阶段的基础上,采用 logistic 曲线对历史数据进行拟合,得出 2020 年我国城镇家庭人均住房面积将达到 35.7 平方米,假定当时住房空置率为 7%的合理水平,2020 年城镇家庭户住房总需求将达到 294 亿平方米。

中国建筑的平均寿命为 35 年左右,假定 2010—2020 年期间 6%的比例拆掉,则城镇住房共拆除 23.6 亿平方米。另外,根据五普、六普数据,2000—2010 年间各地区农村家庭户进入城镇的规模约为 3700 万户;农村移入住房的规模①约为 30.9 亿平方米。以各地区移民变化量为预测依据,预测 2010—2020 年间各地区农村家庭户进入城镇的规模约为 3200 万户,据此比例推测,2010—2020 年间农村移入住房的规模约为 26 亿平方米。

根据第六次人口普查的数据,测算 2010 年城镇家庭住房面积为 181.2 亿平方米。2020 年城镇住房总需求加 2010—2020 城镇住房拆除量,减农村移入住房量和 2010 年城镇住房存量,可以预测 2010—2020 年城镇住房竣工量为 102.8 亿平方米。

因为人口增长是住房需求的最基本动力,根据高、中、低生育率(logistic 曲线,上述预测以中生育率为基础),可以得到住房竣工量在三种场景下的预测值,结果如图 1 所示。高场景预测中,城镇住房竣工的峰值将出现在 2017 年,中场景出现在 2016 年,低场景出现在 2015 年。

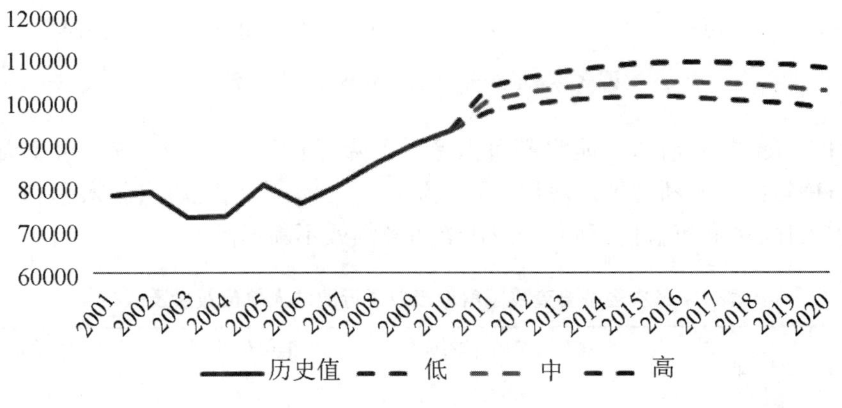

图 1 各年城镇住房竣工量预测

由于房地产领域市场化水平的不断提高,房地产开发企业竣工住宅的比重持续上升(见图 2)。由图 3 可以看出,将城镇住房竣工量转化为房地产开发企业住房竣工量预测,在预测期内并未出现峰值。再加上非住宅类房屋的竣工量,房地产开发企业竣工总量维持在年均 11 亿平方米左右。因此为实现住房供需平衡,房屋竣工量方面,2000 至 2014 年平均每年增速为 11.6%,2015 至 2020 年增速降为 0.7%,下滑约 10.9 个百分点。

基于以上分析,我国城镇房屋的需求还有一定的上升空间,但增速会逐步下滑到一个较低水平。当现有房屋的供给量过大时,还会带来阶段性调整。

三、房地产业从快速发展转向平稳发展阶段

根据三次经济普查数据,我国房地产业从 2004 到 2013 年处于快速发展阶段。表现在房地产法人单位总量和总体就业规模快速增长,结构发生了变化,中介和物业管理行业增长较快;房地产企业的生产经营状

① 农村移入住房是指由于城镇区域扩张,原本处于农村地区的住房变为了城镇住房。

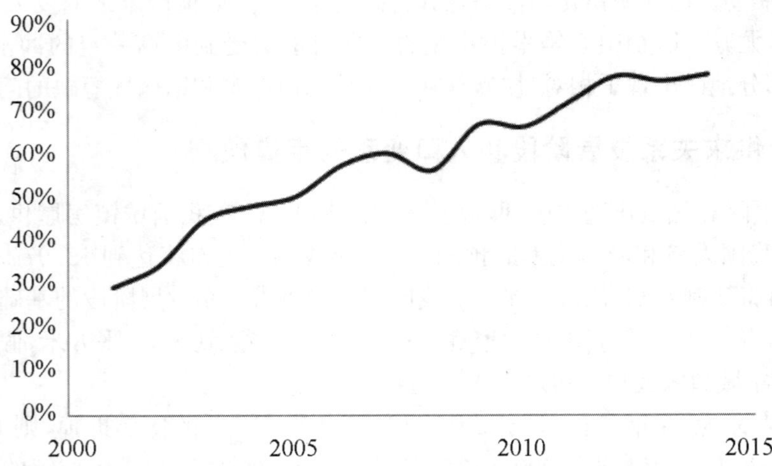

图 2　房地产开发企业住房竣工量占城镇住房竣工量的比重

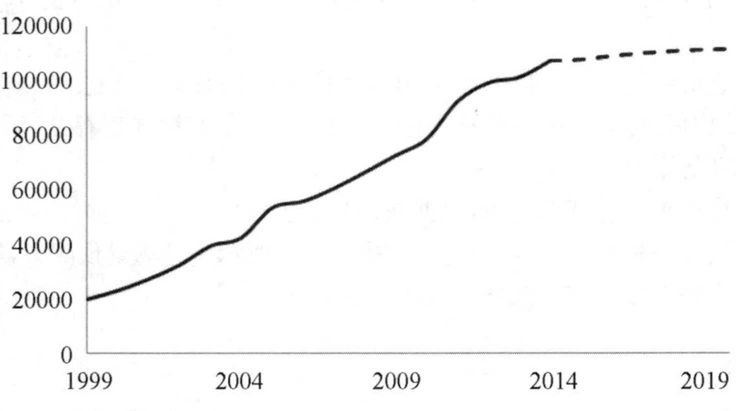

图 3　房地产开发企业房屋竣工量预测

况发生了较大的变化。随时间推移，土地购置面积趋于下降；施工房屋面积、竣工房屋面积、商品房销售面积出现了快速增长；待售面积不断增加。房地产企业资产、负债、所有者权益、收入和利润出现了快速增长，资产负债率、利润收入比、利润权益比、利润资产比等财务绩效不断提高。

表 1　三次经济普查我国房地产业子行业法人单位数量及分布

行　业	2004 年单位个数（万个）	2008 年单位个数（万个）	2013 年单位个数（万个）
房地产业	12.9	21.4	33.8
房地产开发企业	5.9	8.8	13.2
物业管理	3.2	5.8	10.5
中介服务	2.0	3.4	6.6
其他	1.8	3.4	3.6

资料来源：根据第一次、第二次和第三次经济普查资料计算。

表 2　三次经济普查我国房地产业及子行业资产

行　业	房地产业				房地产开发			
年　份	2004	2008	2013	2004—2013 年变化(%)	2004	2008	2013	2004—2013 年变化(%)
资产总计(亿元)	69774.7	—	525889.2	653.7	61790.0	144845.8	474567.4	668.0
平均每单位资产(万元/个)	5408.9	——	15558.9	187.7	10472.9	16549.8	35952.1	243.3

行业	物业管理				中介服务			
年份	2004	2008	2013	2004—2013年变化(%)	2004	2008	2013	2004—2013年变化(%)
资产总计(亿元)	2779.6	——	13667.7	391.7	718.3	——	5489.5	664.2
平均每单位资产(万元/单位)	868.6	——	1301.7	49.9	359.1	——	831.7	131.6

资料来源:根据第一次、第二次和第三次经济普查资料计算。

2014年以来,我国房地产出现了投资增速回落,销售下降,这反映出房地产业进入到了一个新的平稳发展阶段。

四、政策建议

(一)科学定位,客观认识新常态下房地产业的地位

房地产业成为国民经济的支柱产业,是在特定的历史条件下多种因素共同作用的结果。经过十多年的发展,住房绝对短缺的阶段已经过去,居民消费结构也将进一步升级,人口红利和城镇化的拉动作用不断趋缓,宏观经济增长由高速增长进入中高速增长的"新常态",之前拉动房地产业发展的因素都出现了减弱,再结合国外经验,房地产业对经济增长贡献减弱,将是不可避免的趋势。从近期来看,为避免房地产业发展的快速回落对经济的影响,需要以总量基本平衡、结构基本合理、房价与消费能力基本适应为目标,促进房地产业平稳健康发展,切实稳定住房消费。一是鼓励刚性自住需求,二是鼓励住房改善需求。这需要相应的财政和金融政策支持。

(二)优化发展模式,大力推动房地产服务业发展

目前我国的各类房地产服务业都有一定的发展,但基本上处于自发的状态,规模较小,发展不规范,产业的协同效应不明显。下一步,建议推动房地产服务业的发展,包括城市配套、房地产金融、中介服务和物业服务等。

(三)统筹城乡,深化新农村建设

由于我国的土地制度及城乡二元结构,房地产均为城镇的房地产开发,我国大量的农村用房建设规模巨大,但产业化水平较低,对相关产业的拉动较弱。同时,大量的农民工进城,在城市无力购房,居住条件较差,而在农村建设的住房又处于空置状态。建议下一步从城市吸引与农村提升两个方面,统筹城乡发展。城市吸引方面,推行农民工市民化,完善城市社会管理制度,放开中小城市的落户门槛,推行公共服务的均衡化,鼓励更多的农民工留在城市。农村提升方面,完善农村基础设施建设,提高农村住房开发的产业化水平,提升农民房屋建设质量,将农村房屋建设逐步纳入专业化、产业化的范畴。同时,结合农村集体用地改革试点,积极利用农村集体土地,开发相关产业地产。

(四)优化关联产业,推进住宅产业化和绿色建筑

从房地产业对主要关联的产业的拉动来看,产业的延伸长度不够,如钢铁、水泥、玻璃等建材产业,相关的产品生产出来以后直接或简单加工后投入到房地产的开发建设中,产业的带动力相应较低。从建设标准来看,绿色节能建筑较少,对相关新材料、新工艺的应用和带动不够。建议通过制订经济政策,利用税收、价格、信贷等经济杠杆,鼓励新技术、新材料、新设备、新工艺的开发应用,通过制订技术标准,淘汰落后技术、产品,鼓励技术创新,推进住宅产业现代化。税收方面,对产业化住宅项目的开发与施工单位企业所得税予以核减;对全装修项目,不进行重复征税。对产业化住宅予以专项贷款支持,对购买产业化住宅的消费者实施贷款优惠政策。将住宅产业化确定为高新技术产业,享受高新技术产业政策。建立和完善住宅建筑体系、技术标准体系、质量控制体系和住宅性能认定体系,并以此形成住宅产业现代化框架体系。

(五)未雨绸缪,调整房地产关联产业投资结构

随着房地产开发投资增长的趋缓,房地产业对传统产业的拉动逐步减弱,并且从投资端的拉动逐步向消费端的拉动转变。而传统的建材产业,目前已经出现产能过剩,因此,需要合理控制这部分产业的投

资,并推动相应的产品升级,支持住宅产业化和绿色建筑的发展。同时,随着在住房需求端拉动的提升,以及人们消费结构的升级,对智能家具家电等产品的拉动将会不断提升,建议加大这一部分产业的研究和投入。

课题组　组长:易成栋

成员:满向昱　高菠阳　吕雪征　郑　亮　侯永周

高　萌　梁　环　巩密密　罗棪心

房地产市场新增长点研究

经济发展进入新常态，经济运行的特征、走势和动力等都发生了较大变化，其中房地产市场就是变化较大的一个行业，突出表现为运行速度放缓。在这样的形势下，努力寻找房地产市场新的增长点，促进房地产市场的持续稳定发展，对整个国民经济的持续稳定增长、增加就业都有着十分重要的意义。

一、我国房地产市场基本情况

(一)2013 年房地产市场运行情况

根据国民经济行业分类，我国房地产行业可以分为五大类，分别是房地产开发经营、物业管理、房地产中介服务、自有房地产经营活动和其他房地产业。根据第三次全国经济普查数据，2013 年末，我国房地产行业登记注册的法人单位有 33.8 万个，从业人员 887.2 万人，资产总计 525889.2 亿元(见表 1)。

表 1　2013 年底我国房地产行业总体情况

房地产行业	法人单位数(万个)	从业人员(万人)	资产总计(亿元)
合　计	33.8	877.2	525889.2
房地产开发经营	13.2	335.0	474567.4
物业管理	10.5	411.6	13667.7
房地产中介服务	6.6	77.6	5489.5
自有房地产经营活动	2.4	34.4	11670.8
其他房地产业	1.2	18.5	20493.8

数据来源：国家统计局网站第三次经济普查数据

(二)房地产行业单位数、从业人员和资产结构及变化情况

第三次全国经济普查数据显示，就我国房地产行业单位个数来看，房地产开发经营法人个数占房地产行业登记注册单位数的 39.05%，物业管理法人个数占 31.07%，分列前两名；就从业人员来看，物业管理从业人员占房地产行业从业人员的比例达到 46.92%，排名第一，房地产开发经营从业人员占 38.19%，排名第二；就资产规模来看，房地产开发经营资产占房地产行业资产比例为 90.24%，排名第一，远远高于其他几个方面。

将 2013 年的数据与 2004 年第一次全国经济普查数据和 2008 年第二次全国经济普查数据相比较可知，我国房地产行业中，无论是企业个数还是就业人员，房地产开发经营企业的比重在逐渐下降，而物业管理和房地产中介服务的比重则在不断上升。

二、影响房地产市场增长点的因素分析

对房地产产业的影响因素主要有政策、经济、人口、城镇化四个方面。

(一)政策因素对房地产市场的影响

政策是影响中国房地产发展最为关键和直接的因素，是调控楼市的持续手段和杠杆。2000 年以来，房地产开发投资基本都以每年 14%左右的速度增长，为了稳定、调节房地产市场，政府陆续出台一系列的政策措施对房地产市场进行调节，包括土地政策、信贷政策、经济政策和行政措施，多维角度的对房地产市场进行全面调节。

(二)经济对房地产市场的引导作用

经济是影响房地产增长的客观因素，经济的发展对房地产市场的影响主要通过房地产市场的供给和需求这两个渠道。

(三)人口对房地产市场需求的影响

人口对于房地产市场是一个中长期的因素,是影响房地产长远发展的一个重要因素。不同结构性质的人口有着不同的住房需求,当住房需求多的人口占比多时,能更快推动房地产市场的发展的房地产价格的提高。

(四)城镇化对房地产需求的拉动作用

2001 年到 2011 年被称为是我国房地产市场发展的黄金十年,房地产业成为国民经济发展的支柱性产业。其根本动力归根结底还是城镇化的快速发展,城镇化的直接结果是城镇人口的增加和城镇规模不断扩大,从而带动城市购房需求增加。

三、新常态下我国房地产市场运行及人口情况

(一)在经济新常态的背景下,我国房地产市场呈现下行趋势

2014 年,我国房地产开发投资规模高于 2013 年水平,但增速回落,这一回落态势在进入 2015 年之后仍在持续;2014 年全年和 2015 年第 1 季度,房地产施工面积增速回落,新开工面积下降;2014 年到 2015 年第 1 季度,全国商品房销售面积和销售额、全国商品住宅销售面积和销售额均下降,使房地产市场面临严峻挑战;2014 年以来,国房景气指数持续下降。

(二)在新型城镇化背景下,我国不同区域的房地产市场发生较大变化

1. 不同区域房地产开发投资和住宅投资占比情况。2013 年 7 月到 2015 年 4 月,东、中、西部三个区域房地产和住宅开发投资比例呈现不同状态。东部房地产和住宅开发投资额占全国房地产和住宅投资比重最大,中部和西部房地产和住宅开发投资占全国房地产和住宅投资比重相当。

2. 商品房销售面积和销售额变化情况。全国商品房销售面积和销售额在 2013 年各月保持较高增速,但是增速持续回落,2014 年开始转为下降,到 2015 年 4 月仍然保持下降态势。东、中、西部三个地区,东部地区与全国的情况非常相似,中部地区在 2014 年两个指标的累计增幅要高于全国和东部地区,西部地区商品房销售额的累计增幅在 2014 年为正增长,其他情况与全国和东部地区相似(见图 1)。

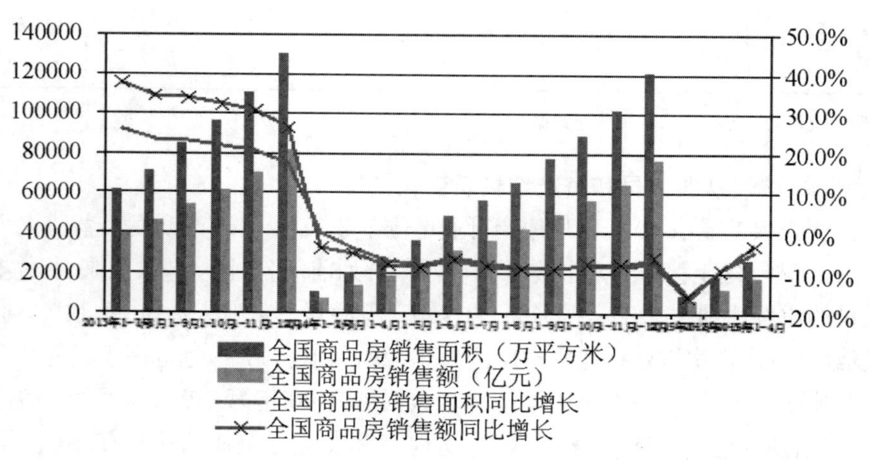

图 1 全国商品房销售面积、销售额情况

(三)对人口规模和年龄结构的分析,显示出我国已于 2001 年进入老龄化社会

通过对我国人口规模和不同年龄段人群的比例,即我国人口的年龄结构进行分析,可以发现以下几个特点。

第一,我国人口总数在缓慢提升。1998 年我国总人口 12.48 亿人,到 2013 年人口总数为 13.61 亿人,年均增长率为 5.801‰。

第二,我国 0—14 周岁人口的比重在逐年降低。从 1998 年到 2013 年,我国 0—14 周岁人口年均下降 23.835‰。

第三,对我国 15—64 岁人口的规模和比重进行研究发现,1998 年我国 15—64 周岁人口的比例为 67.6%,之后逐年增加,到 2010 年的时候这一比例达到最高值 74.53%,之后这一比例开始逐年下降,到 2013 年已经降到 73.92%。

第四,我国 65 周岁以上的老龄人口比重在逐渐提升。按照联合国老龄化社会的新标准,即一个地区 65

岁老人占总人口的7%,该地区视为进入老龄化社会,那么我国在2001年就已经进入了老龄化社会。另外,从1998年到2013年之间,我国65周岁及以上人口的增速年均达到30.724‰,表明老龄人口的年均增速也较高,并有加速老龄化的趋势(见图2)。

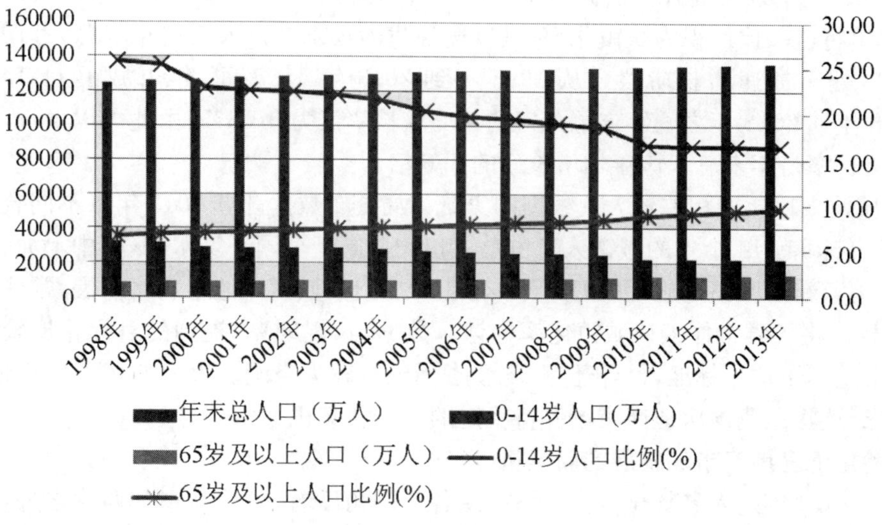

图2 我国人口规模和年龄结构情况

对不同省份老龄人口结构进行分析发现我国几乎所有省份已经进入老龄化社会(见表2)。2013年末,我国有11个省份的老龄化程度高于全国平均水平,即有11个省的65周岁及以上人口的比例高于9.67%,其中重庆市、四川省、江苏省分别排前三名。另外,按照联合国的7%的标准,2013年末,我国31个省(直辖市、自治区)中有29个已经超过7%的标准,仅有新疆维吾尔自治区和西藏自治区的老龄化比例低于7%的标准,分别为6.37%和5.17%。

表2 我国不同省份65岁以上人口占本省总人口的比例

省份	2013年65岁以上人口比例(%)	排名	省份	2013年65岁以上人口比例(%)	排名
重庆市	13.25	1	江西省	9.00	17
四川省	12.76	2	黑龙江省	8.94	18
江苏省	12.25	3	河南省	8.93	19
天津市	11.46	4	甘肃省	8.89	20
山东省	10.98	5	北京市	8.58	21
上海市	10.64	6	内蒙古自治区	8.55	22
湖南省	10.57	7	福建省	8.16	23
安徽省	10.53	8	海南省	8.15	24
辽宁省	10.22	9	云南省	8.01	25
湖北省	9.91	10	山西省	7.97	26
陕西省	9.83	11	广东省	7.24	27
吉林省	9.66	12	青海省	7.15	28
广西壮族自治区	9.29	13	宁夏回族自治区	7.08	29
贵州省	9.28	14	新疆维吾尔自治区	6.37	30
浙江省	9.20	15	西藏自治区	5.17	31
河北省	9.17	16	全国平均	9.67	

数据来源:根据国家统计局历年人口统计数据整理计算。

四、未来房地产市场新增长点的判断

(一)新型城镇化下房地产市场发展的新契机

1. 我国城镇人口比例逐年提升。根据国家统计局公布的数据计算每年我国年末城镇人口占年末总人口的比例,如果简单将这一比例视为城镇化率,可以发现我国年末城镇人口占年末总人口的比例持续上升。而且我国城镇人口处于加速增长阶段。从 1998 年到 2013 年 15 年间,年末城镇人口年均增长率达到 3.83%,而从 1998 年到 2013 年之间年末总人口的年均增长率仅为 0.58%,由此可以发现,这一阶段我国年末城镇人口年均增长率是年末总人口年均增长率的 6.6 倍。

2. 不同省份城镇人口比例相差较大。根据国家统计局公布数据计算 2013 年末不同省份城镇人口占总人口的比例,2013 年末,有 14 个省的城镇人口占总人口比例高于全国平均水平,其中上海、北京、天津、广东位列前四位。而《国家新型城镇化规划(2014—2020 年)》提出了城镇化健康有序发展,常住人口城镇化率达到 60%左右的目标。将各省常住人口城镇化率的计算数据与《规划》中提到的目标相比较,截至 2013 年仅有 8 个省和直辖市达到了这一标准,另外还有 23 个省仍还有较大空间。人口的城镇化将带来对住宅、商业房屋等方面的需求,这将是我国房地产市场保持稳定的一个新契机。

(二)人口老龄化下房地产市场发展的新契机

我国整体已于 2010 年进入老龄化社会,另外,从各省的角度看,除了新疆和西藏之外,截至 2013 年,其他省份均已进入老龄化社会。数据显示,从 2009 年到 2013 年间,我国城市养老服务机构数量持续增加;同时,在 2009 年到 2013 年之间,我国城市养老服务机构的职工数始终保持较高速度增长。另外,据《2014 年社会服务发展统计公报》数据显示,我国养老服务机构、设施等的数量均与我国老龄人口数量有较大差距,进一步发掘的潜力较大。因此,对于房地产开发企业来说,养老地产的进一步挖掘将成为经济新常态下,我国房地产发展的一个新增长契机。

五、促进我国房地产市场新增长点发展的对策建议

(一)经济新常态下,房地产市场要围绕着整体经济形势,调整产业结构,发展房地产服务业

随着经济进入新常态,经济由高速增长换档为中高速增长,将对房地产业发展产生深远影响,普查数据显示,在房地产行业中,房地产开发企业的占比在逐步缩减,但是物业管理和中介服务的占比却在不断上升,这说明,经济的产业结构在转型升级,而房地产市场也正在发生同样的转变。未来一段时间,我国房地产市场可以加大对物业管理和中介服务业的发展,促进房地产市场的稳定健康发展。

(二)新型城镇化背景下,未来房地产企业的布局要注意围绕新型城镇化发展,对于目前城镇化水平较低的省份加大关注和投资力度

《国家新型城镇化规划(2014—2020 年)》提出了城镇化健康有序发展,常住人口城镇化率达到 60%左右,户籍人口城镇化率达到 45%左右等具体目标。而我国不同省份之间的城镇化水平差异较大,与《规划》中提到的目标"常住人口城镇化率达到 60%左右"相比较,截至 2013 年仅有 8 个省和直辖市达到了这一标准,另外还有 23 个省仍有较大空间。未来这些省份的城镇化快速发展将为房地产市场的发展提供广阔的空间和巨大的需求。

(三)人口老龄化背景下,未来我国房地产市场的发展可以进一步挖掘老龄人口的需求,注重开发与老龄化服务相配套的房地产产品和服务

通过对我国人口规模、增长速度和人口年龄结构进行分析,我国在 2001 年已经进入老龄化社会,而对于不同的省份来说,除了新疆和西藏之外,其他 29 个省份已经进入老龄化社会。对于房地产市场来说,人口因素是房地产市场最重要的影响因素之一,老龄化社会的到来,以及人们需求的多元化,为房地产市场的差异化发展及养老地产的发展提供了广阔的前景。

课题组　组长:张　琦
成员:施发启　陈伟伟　冯丹萌　万　君
胡田田　李冠杰　徐晓君　王　赟等

我国高技术服务业发展现状特征及对策研究

随着产业结构不断优化和升级，世界经济呈现出“工业型经济”向“服务型经济”转型的大趋势。传统服务业通过信息技术改造，知识和技术密集程度不断增大，服务业与高技术产业相互融合催生了一批新型现代服务业。一些具有技术含量高、人才密集、知识密集、渗透性强、创新性强、附加值高、能源消耗低等特点的高技术服务业蓬勃发展。

一、高技术服务业的概念和重要意义

高技术服务业这一概念最早出现在科技部“2003 年度科技型中小企业技术创新基金若干重点项目指南”中，2005 年首次对其进行正式的描述。2007 年国家发展和改革委员会发布《高技术产业发展“十一五”规划》，将高技术服务业明确列入八大高新技术产业中，将其表述为现代服务业的重要组成部分。2009 年国家统计局服务业司联合北京大学信息管理系对高技术服务业分类进行了研究，在此基础上国家统计局颁布了高技术产业(服务业)统计分类标准(试行)。

国内学术界近年来也把高技术服务业作为国民经济发展的热点问题对其概念、特征、发展战略等进行了较为深入的研究。陈华鹏、翁端和孙德江(2006)对高技术服务业进行了概念上的界定和特征上的总结，对我国的高技术服务业发展现状做出分析，并提出了我国高技术服务业中几个重要行业的发展方向。王仰东、张军和冯立(2009)在对高技术服务业进行概括分析和总结的基础上，提出了高技术服务业的内涵和特征，通过对高技术创新项目评价和服务评价的比较分析，建立了一套高技术服务业的评价指标体系和评价方法。吴艮(2011)通过对以信息服务业、金融服务业和创意产业为典型代表的美国、欧洲和日本高技术服务业进行重点分析，归纳出国外主要国家和地区高技术服务业的发展现状和特点。

高技术服务业是高技术产业服务化和服务业高技术化的表现形态，其中“高技术”是产业的技术支撑和服务手段，“高技术”包括生物技术、信息技术、新材料技术等最新、最前沿的科学技术；高技术服务业包含两个方面：一是具备“高技术”特征的服务活动，“采用、依赖、体现高新技术”的服务业形态；二是以高技术产业为服务业对象的服务活动，其主要目的就是为高技术产业的培育孵化和产业链升级提供全方位的产业服务。2013 年国家统计局颁布了高技术产业(服务业)统计分类标准，将高技术服务业界定为采用高技术手段为社会提供服务活动的集合(详见附表 1)。

高技术服务业是一种知识到资本的驾驭模式，是推动高技术产业、服务业发展的重要引擎，对于提高产业发展技术水平、生产效率、完善产业链、优化产业布局、经济结构转型都有着重要意义。高技术服务业是中国经济从“中国制造”迈向“中国创造”的重要支撑。2011 年国务院下发《关于加快发展高技术服务业的指导意见》(国办发〔2011〕58 号)，确立了发展高技术服务业的指导思想、基本原则、发展目标、重点任务和政策措施，明确了“十二五”时期我国高技术服务业发展的方向。要求各级政府充分认识加快发展高技术服务业的重要性和紧迫性。

二、我国高技术服务业发展现状特征

2014 年，中国三产增加值占 GDP 比重达到 48.1%，比二产比重高 5.4 个百分点。第三次经济普查结果显示，我国高技术服务业(本项目的高技术服务业数据仅包括信息传输、计算机服务和软件业与科学研究、技术服务和地质勘查业)发展较快，具有如下特征：

(一)企业单位众多，户均从业人数较少

2013 年末，全国共有从事高技术服务业的法人企业单位 56.5 万个，占服务业法人企业单位的 10.3%，占全部法人企业单位数的 6.9%；从业人员 1142.5 万人，较 2008 年增长 67.5%，占服务业法人企业从业人员总数的 11.6%。

从单位数量看，单位最多的行业是软件和信息技术服务业，拥有法人企业单位 18.3 万个，占高技术服务业法人企业单位数的 32.4%。高技术服务业六个行业大类中有两个行业大类法人企业单位数接近 20 万，1 个行业大类接近 15 万，高于绝大多数行业的法人企业单位数。

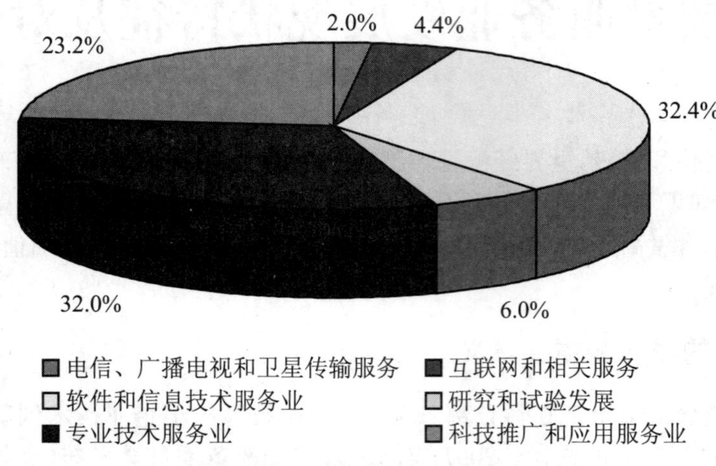

图 1　高技术服务业法人企业单位数分行业构成

从从业人数看，从业人员最多的行业是专业技术服务业，拥有从业人员 383.0 万人，占高技术服务业企业从业人员的 33.5%。高技术服务业企业户均从业人员仅为 20 人，六个行业大类中有四个大类从业人员都少于 20 人。

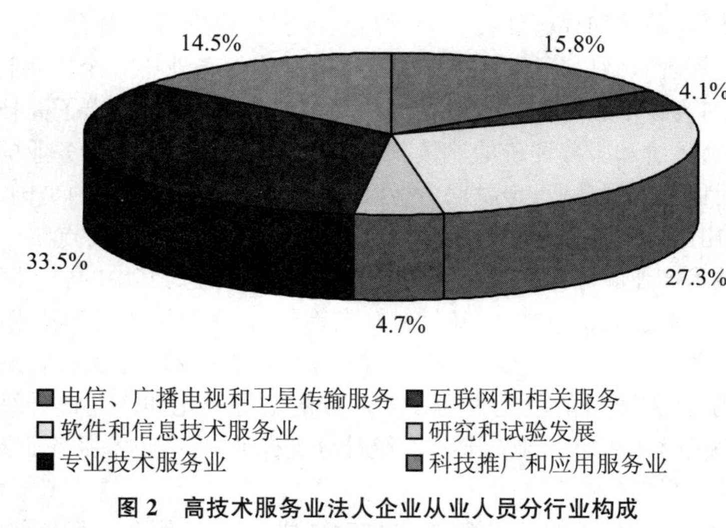

图 2　高技术服务业法人企业从业人员分行业构成

(二)营业收入增长较快，行业间差距较大

2013 年，高技术服务业法人企业共完成营业收入 54797.3 亿元，较 2008 年增长 129.7%，年均增长 18.1%，占服务业法人企业营业收入的 16%。分行业看，2013 年高技术服务业营业收入占比最大的是电信、广播电视和卫星传输服务业，完成营业收入 16883.4 亿元，占高技术服务业的 30.8%；占比最低的研究和试验发展业仅占 4.0%。

(三)资产总额不断增大，行业间分布不均衡

2013 年，高技术服务业法人企业资产总额达到 145227.5 亿元，较 2008 年增长 117.7%，年均增长 16.8%，约占服务业法人企业资产总额的 4%，低于单位数、从业人员、营业收入的占比，表明我国高技术服务业具有明显的轻资产特点。

分行业看，占比最高的是电信、广播电视和卫星传输服务业，资产总额 46727.2 亿元，占高技术服务业法人企业资产总额的 32.2%，其次是专业技术服务业占 31.7%，二者资产总额占比超过高技术服务业的 60%。

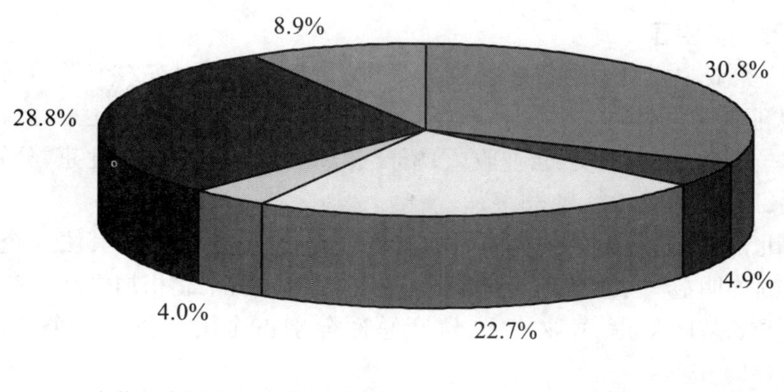

图3 高技术服务业发法人企业营业收入分行业构成

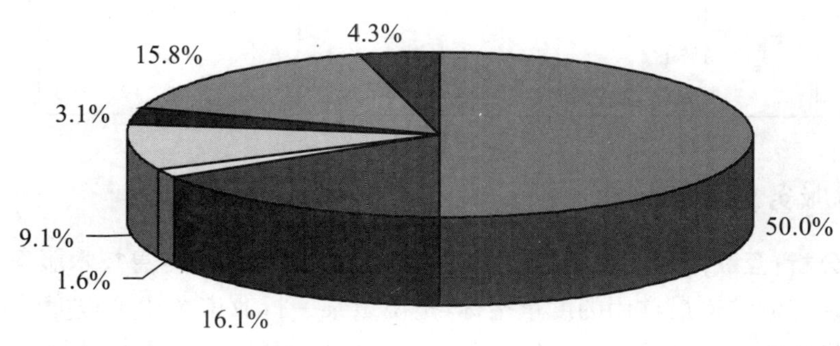

图4 高技术服务业法人企业资产总额分行业构成

(四)劳动生产率提高明显

从劳动生产效率看，2013年高技术服务业法人企业的平均劳动生产率[①]达到479627元/人，较2008年提高15.3%。六大行业门类中，劳动生产效率最高的是电信、广播电视和卫星传输服务业，行业平均劳动生产率达到935368元/人，明显高于其他五个行业。

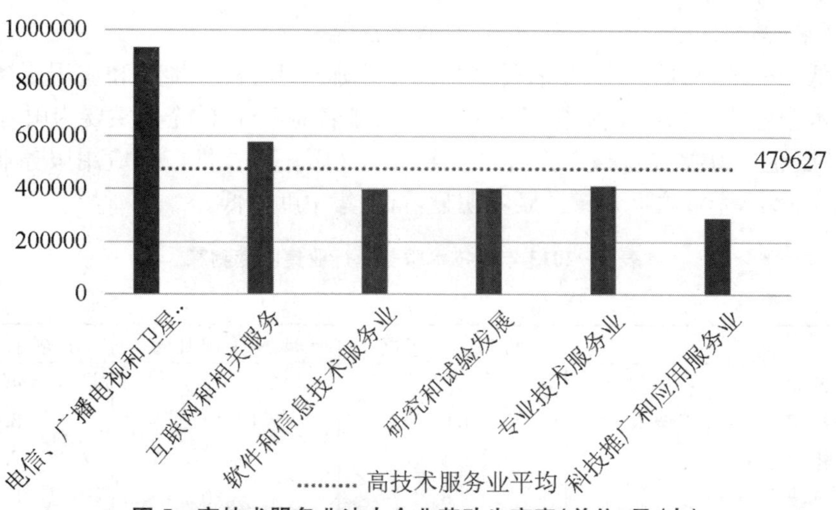

图5 高技术服务业法人企业劳动生产率(单位:元/人)

① 本文中劳动生产率=营业收入/从业人员。

(五)东部地区发展优势明显

高技术服务业法人企业主要集中在北京、广东、江苏、上海、浙江、山东六个省(直辖市),该六省合计的法人企业单位个数、从业人员、营业收入、资产总额分别占全国高技术服务业法人企业的59.5%、56.0%、62.3%和65.2%。单位个数、从业人员、营业收入、资产总额最多的地区都是北京,分别占全国高技术服务业法人企业的20.8%、15.3%、21.2%和33.7%。

分东、中、西和东北部看,东部地区的高技术服务业在全国占明显优势,其法人企业单位个数、从业人员、营业收入、资产总额均明显高于其余三个地区,且超过了中、西、东北相加之和。2013年,东部地区高技术服务业法人企业个数、从业人员、营业收入、资产总额分别占全国高技术服务业法人企业的68.5%、64.9%、70.5%和72.1%。

表1 2013年高技术服务业法人企业分东、中、西和东北部占比情况

单位:%

地　区	单位个数占比	从业人员占比	营业收入占比	资产总额占比
东　部	68.5	64.9	70.5	72.1
中　部	14.6	15.1	11.6	10.3
西　部	11.1	14.7	13.9	14.0
东　北	5.8	5.3	4.1	3.6

三、我国高技术服务业结构分析

(一)行业集中度分析:互联网和相关服务业行业集中度最高,软件和信息技术服务业最低

行业集中度是反映产业结构最常用的度量指标,是衡量某一行业市场竞争程度的重要标志。行业集中度是指某一产业规模最大的n个企业的有关数值(如生产额、销售额、职工人数、资产总额等)占整个市场或行业的份额,其计算公式为:$CR_n = \frac{\sum_{i=1}^{n} X_i}{\sum_{i=1}^{n} X_i}$

其中,CR代表X产业中规模最大的前n个企业的市场集中度,Xi代表X产业中第i位企业的生产额或销售额、职工人数等,N代表X产业的全部企业数。

按照主营业务收入,计算得出高技术服务业各自行业的CR5、CR10和CR20(表2)。CR5、CR10和CR20排名前三的行业均为互联网和相关服务业、电信广播电视和卫星传输服务业以及专业技术服务业,其中互联网和相关服务业主营业务收入排名前10席被阿里巴巴、腾讯、百度三大巨头的企业牢牢掌控;电信广播电视和卫星传输服务业主营收入排名前15位被移动、电信、联通三大巨头的企业占据,都为国有控股企业,前20位仅出现了华为一家非三巨头的企业;专业技术服务业排名靠前的单位涉及服务的行业较广泛,包括通信设备、石油开采、核力发电、交通基础设施、交通装备等。

行业集中度最低的三位(从低到高)是软件和信息技术服务业、科技推广和应用服务业、研究和试验发展。软件和信息技术服务业市场竞争激烈,主营业务收入排名前10位的企业主要为国有控股企业和外商控股企业,其中外商控股企业IBM、微软、惠普占据了第1、6、8席。科技推广和应用服务业、研究和试验发展两个行业的企业规模较小,企业之间规模差距不明显,行业集中度较低。

表2 2013年高技术服务业行业集中度测算

单位:%

行业门类	排名前5比重	排名前10比重	排名前20比重
高技术服务业	3.70	4.17	4.62
电信、广播电视和卫星传输服务	10.62	12.13	13.64
互联网和相关服务	32.51	35.04	37.32
软件和信息技术服务业	5.61	6.20	6.72
研究和试验发展	7.91	8.99	9.97
专业技术服务业	9.28	10.14	10.86
科技推广和应用服务业	7.25	8.15	9.00

(二)区域集聚化分析:不同地区区位优势不同

产业集聚是指在一个区域范围内,生产某种产品或服务的若干个不同类企业,以及为这些企业配套的上下游企业、相关服务业,高度密集地聚集在一起的现象。高技术服务业集聚化可以产生分工效应、规模经济效应、市场效应、创新效应和品牌效应。

国内外常用的测量产业集聚水平的指标主要有区位熵、空间基尼系数、空间集聚指数(也称 E－G 指数)、Isard 指数、熵指数以及基于距离的多空间尺度方法的 D 函数、M 函数等,鉴于本文的研究内容及数据的可获得性,此处选取区位熵来测算我国高技术服务业的区域集聚化发展情况。

区位熵又称地方专业化指数,用于在既定地区考察不同产业在同一地区的分布情况,反映一个地区的专业化水平,计算公式:

$$LQ=\frac{X_{ij}/X_j}{X_j/X}$$

其中,LQ 为区位熵,x_{ij}表示 i 行业 j 地区的就业人数,x_j表示 j 地区的高技术服务业就业人数,x_i表示 i 行业的全国就业人数,x 表示全国就业人数。当 LQ>1 时,表明该产业在该地区的专业化程度较高,生产较为集中,具有一定的比较优势;当 LQ<1 时,表明该产业专业化程度低于全国平均水平,规模比较优势弱;当 LQ=1 时,说明该行业在当地的生产能力或在当地雇佣的劳动力比例与全国平均水平相等,意味着该地区的该行业供给能力恰好能够满足本地区需求。

从各地区高技术服务业就业人数区位熵(表 3)可以看出,东部地区的区位优势主要体现在互联网和相关服务业、软件和信息技术服务业、研究和试验发展业,其中北京在前两个行业都具有显著的区位优势,广东则在研究和试验发展业具有区位优势;西部地区的优势在电信、广播和卫星传输服务与专业技术服务业;中部地区的优势在科技推广和应用服务业,其中河南区位优势明显。

表 3 高技术服务业六大行业门类区位熵测算结果

地 区	电信、广播电视和卫星传输服务	互联网和相关服务	软件和信息技术服务业	研究和试验发展	专业技术服务业	科技推广和应用服务业
东 部	0.68	1.15	1.20	1.07	0.96	0.96
中 部	1.19	0.71	0.52	0.92	1.00	1.82
西 部	1.89	0.68	0.66	0.78	1.24	0.44
东 北	1.84	0.86	0.87	0.95	0.88	0.73
北 京	0.39	1.65	1.51	0.83	0.73	1.08
天 津	0.61	0.75	0.82	1.16	1.22	1.28
河 北	1.17	0.72	0.42	0.74	1.58	0.90
山 西	2.18	0.27	0.44	0.75	1.35	0.46
内蒙古	2.43	0.67	0.33	0.65	1.26	0.52
辽 宁	1.20	0.97	1.08	1.12	0.97	0.70
吉 林	3.23	0.46	0.48	0.72	0.78	0.50
黑龙江	2.21	0.94	0.68	0.71	0.76	1.02
上 海	0.38	0.89	1.65	1.47	0.91	0.44
江 苏	1.06	1.07	1.03	1.16	1.00	0.83
浙 江	0.57	1.32	1.18	0.93	1.19	0.62
安 徽	1.35	1.16	0.65	0.79	1.30	0.73
福 建	1.00	1.16	1.06	0.83	1.04	0.82
江 西	1.80	0.89	0.54	0.67	1.06	1.10
山 东	0.95	0.54	0.57	0.61	0.70	2.71
河 南	1.06	0.42	0.28	0.62	0.77	3.03

续表

地 区	电信、广播电视和卫星传输服务	互联网和相关服务	软件和信息技术服务业	研究和试验发展	专业技术服务业	科技推广和应用服务业
湖 北	0.98	0.62	0.70	0.80	1.10	1.55
湖 南	0.66	1.20	0.67	2.20	0.73	2.04
广 东	0.64	1.21	1.37	1.53	1.05	0.33
广 西	1.98	0.61	0.44	0.47	1.35	0.67
海 南	1.68	1.30	0.67	0.95	1.23	0.43
重 庆	1.19	1.27	1.07	0.67	1.19	0.32
四 川	2.02	0.46	0.86	0.82	1.03	0.43
贵 州	1.90	0.63	0.48	0.57	1.46	0.40
云 南	2.24	0.45	0.62	0.69	1.17	0.39
西 藏	3.33	0.14	0.22	1.98	0.96	0.18
陕 西	1.67	0.78	0.68	1.17	1.22	0.50
甘 肃	1.93	0.89	0.30	1.12	1.56	0.25
青 海	2.32	0.38	0.37	0.72	1.41	0.31
宁 夏	1.73	0.58	0.31	0.67	1.54	0.69
新 疆	1.88	0.54	0.42	0.36	1.59	0.35

(三)企业生命周期分析:高技术服务业企业平均寿命5年

“企业生命周期”是把企业仿生化,最早在上世纪70年代中期由耶鲁大学副教授金伯利和米勒思提出:“组织要经历产生、成长和衰退,其后要么复苏,要么消失。”美国学者伊查克·麦迪思博士在《企业生命周期》中,把企业生命周期细分为孕育期、婴儿期、学步期、青春期、盛年期、稳定期、贵族期、官僚化早期、官僚化期和死亡期(图6)。分析了企业在每个生命阶段中出现的问题、关注的问题和追求的典型目标,提出了预测和改变企业文化和行为的工具及方法步骤,其研究成果已经应用于全球数百家公司,取得了成功。杨玉民、刘瑛(2004年)根据企业生命周期理论,结合人的年龄阶段和中国统计上年龄分组的特点,把企业年龄归并成6个年龄段,分别称作企业的6个年龄期(表4)。

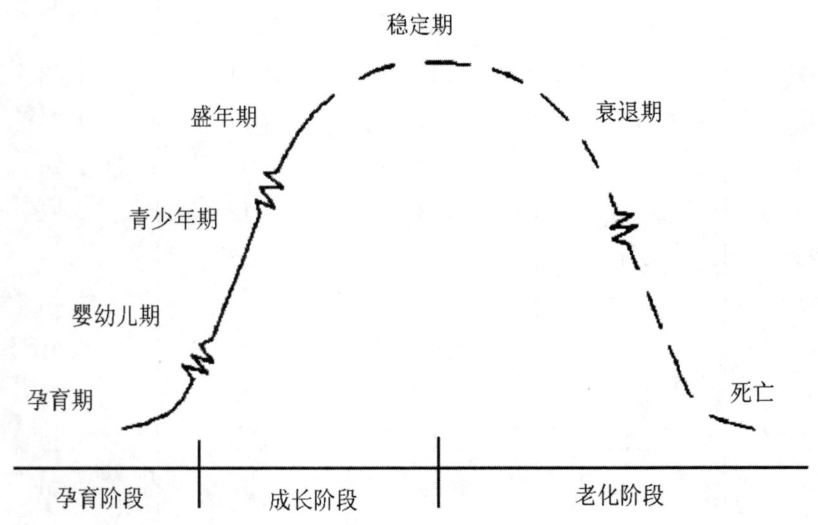

图6 企业生命周期古典模型

表 4　企业的年龄段及相应年龄期

年龄段	企业年龄期
1 岁以下	孕育期
1—4 岁	幼年期
5—14 岁	少年期
15—29 岁	青年期
30—59 岁	中年期
60 岁以上	老年期

对第三次经济普查调查的 56 万多家高技术服务业企业进行生命周期分析：由于我国高技术服务业近几年发展迅猛，高技术服务业企业平均年龄仅 5 岁，绝大多数高技术服务业企业以幼年期和少年期为主，未步入盛年期，成长不稳定，还容易夭折。

表 5　分年龄段高技术服务业法人企业占比情况

年龄期	年龄段(岁)	比重(%)
孕育期	<1	——
幼年期	1～4	63.7
少年期	5～9	22.2
	10～14	10.0
青年期	15～19	2.4
	20～24	1.0
	25～29	0.4
中年期	30～34	0.1
	35～39	0.1
	40～44	0.0
	45～49	0.0
	50～54	0.0
	55～59	0.1
老年期	>=60	0.0

企业的经营状况、规模与企业年龄密切相关，计算不同年龄段企业的平均主营业务收入和平均资产显示：1—14 岁的高技术服务业企业，也就是幼年、少年企业，如果能够存活，往往随着年龄的增长规模明显变大，主营业务收入、资产总额都快速增加，与年龄存在明显正相关性；15—29 岁的高技术服务业企业，也就是青年企业，规模随年龄继续扩大，但速度明显放缓，多数企业在这一阶段步入稳定期；30 岁以上高技术服务业企业其生长情况以 45 岁为分水岭划为两个阶段，30—44 岁企业的平均主营业务收入、平均资产都随着年

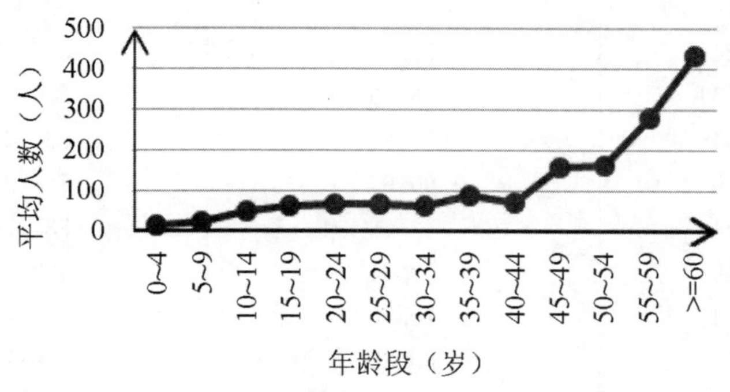

图 7　分年龄段高技术服务业法人企业平均人数

龄增加呈递减趋势，而进入 45 岁以后，这两指标又随着年龄开始增长。这表明高技术服务业企业的发展在 40 岁左右会出现分化，如果不能顺利跨过 40 岁的门槛，部分企业会逐渐衰退，而另一部分成功度过该危险期的企业则会成长为实力超群的大企业。

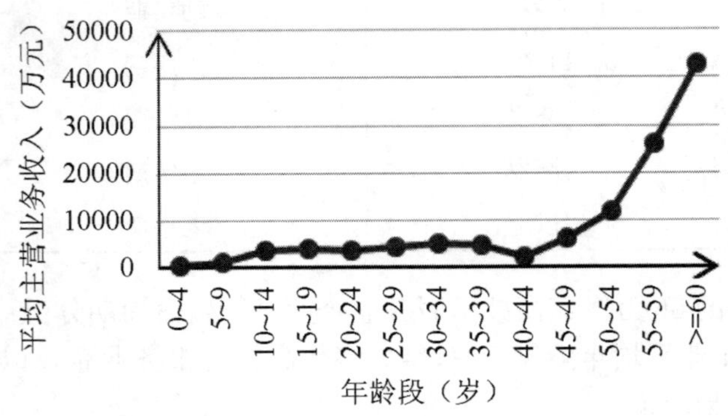

图 8　分年龄段高技术服务业法人企业平均主营业务收入

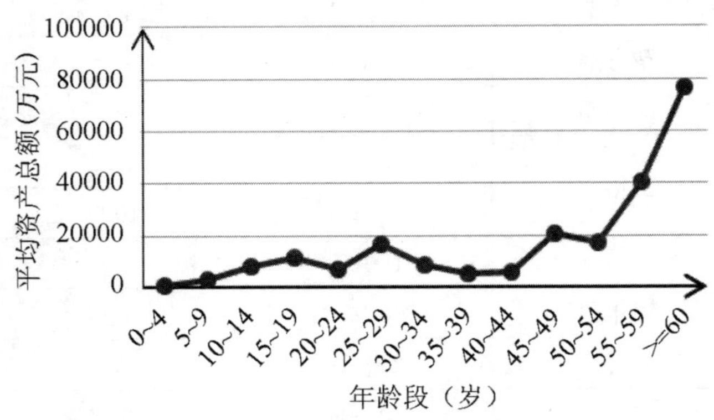

图 9　分年龄段高技术服务业法人企业平均资产总额

与企业平均规模类似，我们也对高技术服务业企业的效率与年龄关系进行了分析：0－14 岁高技术服务业企业的劳动效率、资产效率随着年龄增加提高明显；15－29 岁期间，企业进入规模效率不变期，劳动效率、资产效率基本保持平稳；30－45 岁期间，企业效率随着年龄增加下降，此时企业处于规模不经济期；45 岁－60 岁期间，企业通过技术、管理、营销等方面的改进提高效率又呈现出较为明显的增长趋势，企业进入规模经济期；60 岁以后的企业，转型升级带来的利好已基本用尽，效率提高不再明显，企业进入稳定期。

表 6　分年龄段高技术服务业法人企业资产效率和劳动效率

年龄段(岁)	百元资产创营业收入(元)	劳动生产率(元/人)
全部	37.73	479627.13
0～4	33.50	255617.00
5～9	31.98	479776.56
10～14	43.05	722933.30
15～19	34.74	625942.53
20～24	50.04	527107.40
25～29	26.16	656143.92
30～34	58.84	864128.72
35～39	90.63	543030.46
40～44	42.68	335178.26
45～49	31.34	402993.13
50～54	70.76	756747.31
55～59	65.32	939770.08
>=60	56.47	997788.80

四、对高技术服务业发展的意见建议

综上研究,我们看到经过近年发展,我国高技术服务业已经初具规模,孕育产生了一批规模较大、发展较为成熟的企业,对我国服务业乃至整个国民经济产发展起到了积极推动作用。同时,我们也应看到我国高技术服务业尚处于起步阶段,多数企业创立时间短、发展不稳定,地区间、行业间差距较大、分布不均衡。为使我国高技术服务业更加健康平稳地发展,在国民经济中更好地发挥优势作用,提出如下意见和建议:

(一)完善顶层战略设计,聚集高技术服务业发展合力

近年来,我国政府出台了《关于加快发展高技术服务业的指导意见》等一系列政策文件,但与其他发展比较成熟的行业以及国际上服务业发达的国家相比,我国的高技术服务业政策尚未形成一个完整体系,没有聚集形成高技术服务业全面发展的合力。顶层设计的缺失导致不少地方对高技术服务业发展缺乏清晰认识,使得一些地区高技术服务业的发展与经济发展的总体水平不相适应,高技术服务业发展明显滞后。因此,应进一步完善和出台促进高技术服务业转型升级的战略性文件,确立高技术服务业发展的产业重点和方向,强化其与传统服务业、高技术制造业等相关行业融合发展的互动关系,实现高技术服务业发展与经济结构转型升级之间的相互促进。

(二)优化战略布局,提升高技术服务业集聚度

世界上很多国家的高技术服务业都呈现集聚发展效应,如著名的美国硅谷、北卡罗来纳研究三角园、波士顿地区的128公路、英国的剑桥科学院等。这样的高技术服务业集聚发展,有利于知识和技术共享网络及专业化劳动力市场的形成,增强品牌运营效应和技术服务的互补性。目前,我国的北京、上海、深圳、浙江等地高技术服务业已具有比较高的集聚度,也形成了中关村软件园、大连软件外包园、杭州创意产业园等高技术服务业集聚度较高的产业园区,但这些园区大都基于制造业集聚理论建立,其体系并不能完全满足高技术服务业发展的需要。在我国广大的中西部地区,具有影响的高技术服务业产业园区还是凤毛麟角。在充分发挥市场机制配置资源的同时,要在制度和政策层面对高技术服务业所需的集聚发展给予一定的保障支持,对集聚区的基础设施、资金、人才技术引进、财税政策、服务管理等多方面给予更多的优惠和便利。在集聚区内根据企业发展所处的不同阶段设立不同的创业服务环境,帮助大量的幼年、少年企业渡过难关、健康成长;同时也要注意发挥当地的比较优势,避免把集聚区数量、规模作为政绩,盲目建设。

(三) 加大财政支持,完善相关立法,助力不同年龄阶段的高技术服务业企业健康成长

应根据不同年龄阶段的高技术服务业企业特征,做好政策支持、法律保护、人才资金扶植等帮助工作。对幼年、少年期的高技术服务业企业,通过财政税收、贷款融资等政策工具,降低其营业成本,鼓励增加技术创新投入,提升自主创新能力;同时完善有利于创新的知识产权政策,鼓励创造发明,加大对专利和知识产权的保护,营造良好的自主创新氛围,为企业的快速成长保驾护航。对处于发展瓶颈阶段的中青年高技术服务业企业,通过产业聚集、企业孵化器等,完善企业间知识、信息、人才的交流互通,不断激发企业发展的新方向和新思路。做好中小企业投融资服务,加大政府对高技术服务的采购力度,帮助企业不断提升核心竞争力,加速做大做强。对已经成长为大企业的高技术服务业企业,除了继续做好上述政策扶持以外,更要鼓励企业通过海内外并购、联合经营、设立分支机构等方式,积极开拓国际及港澳台市场。鼓励企业和行业协会参与制定国际标准,支持高技术服务自主标准国际化,打造一批以品牌为龙头、资本为纽带,跨地区、跨行业、国际化的高技术服务企业集团。

(四)重视行业人才,建立高技术服务业人才培养体系

在推动高技术服务业发展的各生产要素中,人力资本起着决定性作用。首先要扩大人才供应量,充分发挥高等院校、科研院所及各类社会机构的作用,采用合作办学、定向培养、继续教育等多种方式,创新高技术服务业人才培养模式,加快人才培养。二是加快高技术服务业相关学科的建设,增设紧缺专业,培养特需人才。三是加强创新型人才和领军人才的引进和使用。四是切实提高高技术服务业从业人员的待遇,鼓励知识、技术和管理才能等生产要素参与收益分配,稳定和集聚人才。

附表 1　高技术产业(服务业)分类(2013)(试行)

<table>
<tr><th>门类</th><th>大类</th><th>小类</th><th>对应 GBT4754—2011 类目</th></tr>
<tr><td rowspan="7">高技术应用服务</td><td rowspan="2">信息服务</td><td>信息传输服务</td><td>631 电信,632 广播电视传输服务,633 卫星传输服务</td></tr>
<tr><td>软件和信息技术服务业</td><td>651 软件开发,652 信息系统集成服务,653 信息技术咨询服务,654 数据处理和存储服务,655 集成电路设计,659 其他信息技术服务业</td></tr>
<tr><td rowspan="3">电子商务服务</td><td>网络销售平台服务</td><td>6420 互联网信息服务 *</td></tr>
<tr><td>互联网支付服务</td><td>6930 非金融机构支付服务 *</td></tr>
<tr><td>互联网销售服务</td><td>5294 互联网零售</td></tr>
<tr><td rowspan="2">数字内容及相关服务</td><td>数字内容加工处理</td><td>6591 数字内容服务</td></tr>
<tr><td>数字内容提供</td><td>6420 互联网信息服务 *,8525 电子出版物出版,8529 其他出版业 *</td></tr>
<tr><td rowspan="17">创新支撑服务</td><td rowspan="2">检验检测服务</td><td>质量检验服务</td><td>7450 质检技术服务</td></tr>
<tr><td>环境检测服务</td><td>7461 环境保护监测,7462 生态监测</td></tr>
<tr><td rowspan="2">生物技术服务</td><td>生物技术研发</td><td>7330 农业科学研究和试验发展 *,7340 医学研究和试验发展</td></tr>
<tr><td>生物技术推广</td><td>7511 农业技术推广服务 *,7512 生物技术推广服务</td></tr>
<tr><td rowspan="7">专业技术服务</td><td>气象服务</td><td>741 气象服务</td></tr>
<tr><td>地震服务</td><td>742 地震服务</td></tr>
<tr><td>海洋服务</td><td>743 海洋服务</td></tr>
<tr><td>测绘服务</td><td>744 测绘服务</td></tr>
<tr><td>地质勘查</td><td>747 地质勘查</td></tr>
<tr><td>工程技术服务</td><td>748 工程技术 *</td></tr>
<tr><td>其他专业技术服务</td><td>749 其他专业技术服务业</td></tr>
<tr><td>研发与设计服务</td><td>自然科学研究和试验发展</td><td>7310 自然科学研究和试验发展</td></tr>
<tr><td rowspan="2">科技成果转化服务</td><td>工程和技术研究和试验发展</td><td>7320 工程和技术研究和试验发展</td></tr>
<tr><td>技术推广服务</td><td>7513 新材料技术推广服务,7514 节能技术推广服务,7519 其他技术推广服务</td></tr>
<tr><td rowspan="3">知识产权服务</td><td>科技中介服务</td><td>7520 科技中介服务</td></tr>
<tr><td>其他科技推广和应用服务业</td><td>7590 其他科技推广和应用服务业</td></tr>
<tr><td>知识产权服务</td><td>7250 知识产权服务</td></tr>
</table>

参考文献

[1] 李强,孟庆欣,刘金钟,李卉等．我国服务业发展结构特征、问题及对策研究——基于结构优化视角下的中国服务业发展战略研究,2011 年度全国统计科学研究计划项目(立项编号:2011001).

[2] 孟庆欣,陈建龙,刘金钟,李卉,王建冬等．高技术服务业统计目录研究,2009 年国家发展改革委重大问题软科学研究项目．

[3] 杨玉民,刘瑛．规模以下工业企业年龄状况及相关分析[J]．统计研究,2004(6):52—55.

[4] 赵玉林,魏芳．基于熵指数和行业集中度的我国高技术产业集聚度研究[J]．科学学与科学技术管理,2008(6):122—127.

[5] 张继良,胡健．中国高技术服务业的聚集特征与影响因素研究[J]．地域研究与开发,2014(8):8—13.

[6] 陈仕鸿,徐姝好．我国高技术服务业竞争力比较分析一基于偏离份额分析法的研究[J]．连云港职业技术学院学报,2014(3):23—26.

[7] 王卉．国内外高技术服务业的发展现状及比较[J]．现代经济信息,2013(6):322—323.

[8]单文．企业年龄与成长战略研究[D]．北京:北京工业大学,2001.

[9]王园园．政策工具视角下中国高技术服务业政策研究一《关于加快发展高技术服务业的指导意见》内容分析[D]．辽宁:东北大学,2012.

[10]王娜．行业集中度测算与进入壁垒——一个中美比较分析[D]．山东:山东大学,2012.

[11]孙超．基于生命周期理论的企业生存能力与发展战略研究[D]．辽宁:辽宁工业大学,2014.

[12]张德祎．行业集中度与监管有效性—基于我国上市公司的实证分析[D]．上海:上海师范大学,2013.

[13]高文婷．高技术服务产业测评理论与方法研究[D]．上海:上海交通大学,2013.

[14]周妮．互联网行为滥用市场支配地位行为规制研究[D]．江西:江西财经大学,2013.

[15] Bell D. The coming of post－industrial society：a venture in social forecasting. New York：American Educational Book Ltd，1973，41－76.

[16] Coe N M. Explore uneven development in producer service sectors：detailed evidence from the British computer services industry. Environment and Planning，1998，30(11)：2041－2068.

[17]Greenhalgh,C. ,Gregory,M. ,2001. Structuralchange and the emergence of the new service economy. Oxford Bulletin of Economics and Statisties63，629－646.

[18] Grubel H G，Walker M A. Service industry growth：case and effects. Vancouver：The Fraser Institute,1989,66－78.

[19]Hiroaki Sasaki. The rise of service employment and its impact on aggregate productivity growth，Structural Change and Economic Dynamics，2007,18(4):438－459.

[20]Katouzian M A. The economics of services：development and policy. Edward elgar Publishing Ltd,1970,22.

[21] Khayum M. The impact of service sector growth on inter－sectoral linkages in the United States[J]，Service Industrial Journal，1995,15(1):35－49.

[22] P. D. Hertog. Knowledge intensive business services as co－producer of innovation [J]. International Journal of Innovation Management，2002(12):491－528.

课题组　组长:许剑毅

成员:刘金钟　李　卉　申孟宜

新常态下我国房地产市场的供求关系研究

经济发展进入新常态,房地产市场也发生了较大新的变化,其中房地产市场供求关系是变化较大的方面。当前着力加强对房地产供求关系的研究,对搞好房地产市场调控乃至房地产市场持续健康发展都有着十分重要的意义。

一、中国经济和房地产市场新常态简析

(一)中国经济的新常态:结构性减速

近来,有关经济的新常态,理论界多有探讨。在众多研究中,"三期叠加"或许是"新常态"最为简洁明确的概括,即,自2009年以来,中国经济基本结束了长达30余年的高速增长时期,进入了增长速度换档期、结构调整阵痛期以及前期刺激政策消化期三期叠加的阶段。尽管在2014年12月的中央经济工作会中,首次官方明确了经济发展"新常态"的九大趋势性特征,这九大特征与"三期叠加"是相容的,但"三期叠加"的概括或许更为简洁。这一概括不仅明确划出了中国经济发展的新阶段,而且指出了发生这一转变的主要原因。其中,在增速换档、结构调整和消化前期政策效应三者间,核心因素则是增速换档和结构调整。如果我们将速度变化和结构调整综合起来理解,即可得到结构性减速的概括。结构性减速,将构成未来经济新常态的主要特征。

尽管对近年来经济减速的下滑形成共识,但对于增速下滑的原因,学术界却有不同的看法。有观点认为目前的减速主要是周期性原因造成的,在这种观点下,自然倾向于得出周期性因素过后,中国仍会回到或保持较高增长速度的结论。如林毅夫教授认为近年来经济减速主要是由于外部的周期性因素,而不是由于中国经济的结构性问题导致潜在增长下降,这一时期的经济增速下滑是世界普遍现象,中国也无法独善其身。他根据中国人均GDP与世界前沿的水平的差距,并参考日本、韩国、台湾、新加坡等的发展历程,认为中国和发达国家的发展水平差异与上世纪50年代的日本、60年代的新加坡、70年代的韩国非常相近,而这些国家在同样的差距水平上保持了20年8%—9%的增长速度。因此,借鉴他们的经验,林毅夫教授认为中国未来仍有20年年均8%的增长潜力。卢锋则认为,除国际经济环境不佳的因素外,目前中国经济增长的下行走势很大程度上与经济失衡的阶段性因素有关,他将其概括为"挤水分"(消化过剩产能)、"去泡沫"(消化房价泡沫)、"控杠杆"(金融部门的去杠杆化)。复旦大学张军也持有类似的观点,他认为这两年经济增长持续低于8%且增速下滑,主要是因为国家对信贷执行了过于谨慎的政策所致。

但我们的判断是,当前的增速下滑更多是结构性因素造成的,不是现实增长率与潜在增长率的短期偏离,而是潜在增长率的下降。从近年来经济增长核算的角度看,一些研究均发现全要素生产率(TFP)增速和人力资本增速的下滑是经济危机以来中国经济增长速度放缓的主要原因,而资本要素的贡献在危机前后并未有明显差别,因此,支撑次贷危机后经济增长的主要是资本要素的积累(投资),这一点同印度、巴西、俄罗斯等新兴经济体增速放缓的原因有着根本差异。李扬和张晓晶(2015)[①]将结构性减速的原因主要概括为以下六点:一是资源配置效率改进空间缩小;二是劳动供给下降,人口老龄化加剧[②];三是资本积累面临低效率困境;四是创新能力滞后;五是资源环境约束增强;六是国际竞争压力加剧。基于这些原因,当前中国经济已经从改革开放以来30余年的"结构性增速"转向了未来一段时期"结构性减速"的轨道。

(二)中国房地产市场的新常态

与整体宏观经济一样,房地产市场在最近也发生显著的变化,正在逐步经历从"旧常态"到"新常态"的

---

① 李扬、张晓晶,2015:《论新常态》,人民出版社。

② 特定的人口结构使得中国劳动年龄人口减少的时间点远早于同发展阶段(与前沿的差距)的日本,同时老龄化的速度和程度又明显超过日本。

转变。其中,房地产市场的"旧常态"主要是指从改革开放以来,特别是1998年城镇住房市场化改革后的情况,部分体现在:一是人均住房面积快速增长、居民旺盛的住房需求与有限的住房供给之间的矛盾得到极大缓解;二是1998年城镇住房市场化改革以来房地产市场发展更为迅速,新房在城镇住房存量结构中占据较大比重;三是城市化进程和城市建设从东部沿海向中西部内陆推进,内地省份住房投资建设取得更大进展①;四是人均住房间数从2000年的0.81扩大到2010年1.05②,住房供求总体平衡,但部分东部沿海发达城市住房供求仍然相对紧张;五是房价总体维持快速上涨态势,特别是2004年来房价飙升;六是人口结构变迁是旺盛的住房需求和房价上涨的主要动力。

而房地产市场的"新常态",我们认为可以被确认的主要特征则包括:一是刚性需求增长放缓,放缓的原因主要来自于人口结构层面,包括婚龄人口高峰减退、高校毕业生规模停止大幅扩张等因素;二是城镇化减速,包括异地城镇化、流动人口城镇化的模式较不稳定,由于农村人口老龄化等因素使得未来城镇化潜力下降;三是需求增长放缓乃至下降使得房地产投资增速下行。

二、中国房地产市场的供给状况和特征

我们主要对全国、分省份和分城市各类型商品房库存(待售面积)情况进行了简要分析,并研究了库存变动对于房价和房屋开发的影响。

(一)全国各类型商品房库存主要特征

1. 1999—2007年,各类型商品房库存都有明显的长期库存下降的趋势,这主要是由于此时期房地产市场的繁荣和销售火爆导致,与之相应的是这一时期的房价也快速增长。

2. 尽管库存问题似乎在2014年特别严重,但实际上库存压力相对增加从2011年就逐渐开始了,只不过库存压力随着时间推移越来越大,并在2014年问题集中爆发。

3. 住宅、办公楼和商业营业用房的待售面积/销售面积(或住宅待售面积/竣工面积)的结果有明显差异,三个比率中,总体上看有商业营业用房比率>办公楼比率>住宅比率的现象。这种现象的原因主要在于,开发商在住宅开发中侧重于"开发－销售"模式,但商业营业用房和办公楼中,有相当部分会被用于出租而不是出售,"开发－持有"模式的应用更多,这使得商业营业用房和办公楼的待售面积/销售面积(竣工面积)比率一直明显高于住宅。

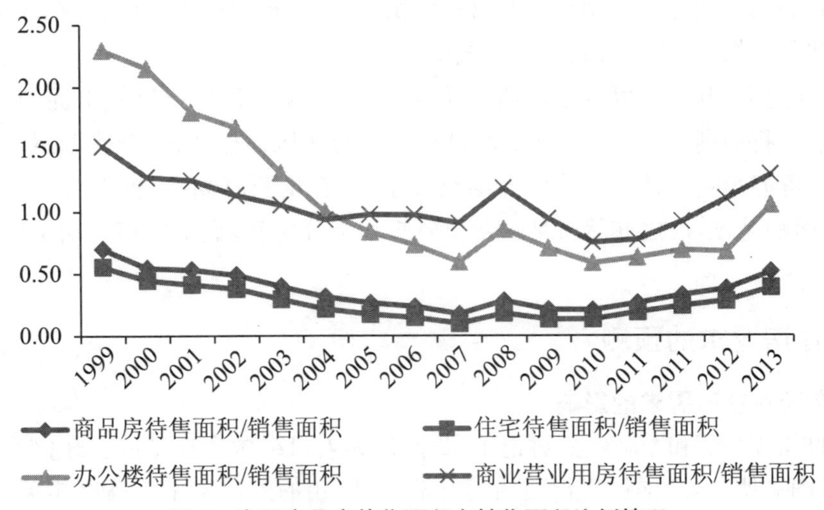

图1 全国商品房待售面积占销售面积比例情况

(二)分省份各类型商品房库存主要特征

对不同省份分类型的商品房库存状况的分析发现,不同省份房屋待售面积/销售面积的结果有明显差

① 部分是因为内地城市的土地资源更加富裕,具有更大供给弹性。

② 根据人口普查数据统计。

异，这种差异随房屋类型的变化而变化，并且，一些地区有较强的特殊性①。

1. 从住宅情况看，西藏、宁夏、海南、黑龙江、吉林等地的待售面积/销售面积相对较高。

2. 从办公楼的情况看，待售面积/销售面积较高的则是海南、青海、宁夏、天津等地，其中天津办公楼待售面积/销售面积结果高达4.53，显示天津的办公楼库存压力很大，这与我们的其他研究和调研得出的直观感受相吻合。同时，与北京和上海具有较高的办公楼出租面积/销售面积相比（北京2011—2013年平均的办公楼出租面积/销售面积为1.19，上海同期的这一数字更高达4.47），天津的这一比例仅有0.17，这比广东省全省的0.73都低上不少，显示天津的办公楼租赁市场目前也不够发达。因此，天津的办公楼库存压力令人堪忧。

3. 从商业营业用房情况看，待售面积/销售面积较高的地区有北京、上海、海南、西藏、青海、宁夏、天津、浙江等地。但有些地区具有较高的商业营业用房出租面积，因此库存压力反而不是很大。例如，北京、上海2011—2013年平均的出租面积/销售面积分别为3.71和3.50。海南的这一比例则为0.40、青海0.57、宁夏0.27、天津0.13、浙江0.41。从这个角度看，宁夏和天津等地的商业营业用房库存压力也较大。

（三）主要城市各类型商品房库存主要特征

对35个大中城市分商品房类型的库存状况的分析主要有如下发现：

1. 从住宅的情况看，银川、北京、哈尔滨、大连、南京等城市的待售面积/销售面积比例较高，而西安、南昌、福州、合肥等地的待售面积/销售面积比例较低。但总体来看，全国范围内住宅的库存情况似乎都不是特别严重。由于数据为2013年，未能反映2014年的新情况，2014年的库存压力可能明显超过2013年。

2. 从办公楼的情况看，海口、天津、银川、大连、乌鲁木齐、沈阳、西宁等城市的待售面积/销售面积比例较高，其中海口的待售面积/销售面积甚至达到8.17，显示海口可能面临较严重的办公楼库存积压情况。同时，西安、南宁、福州、贵阳、郑州、济南等地办公楼待售面积/销售面积比例较低，库存压力不大。值得注意的是北京、深圳等城市的情况，待售面积/销售面积在大约0.6左右，低于全国0.68的平均水平，并且这两个城市的办公楼租赁市场十分发达，因此北京和深圳的办公楼市场可能反而相对紧张。

3. 从商业营业用房情况来看，深圳、北京、上海、南宁、宁波、长春、西宁等地的待售面积/销售面积相对较高，其中深圳、北京、上海的结果分别达到5.41、3.90和2.79。不过这三个城市均有十分发达活跃的商业营业用房出租市场。但像南宁、长春、宁波等地可能就没有这样活跃的出租市场了。总体来看，具有相对较高待售面积/销售面积比例，同时又有相对较低出租面积/销售面积的城市，供给过剩压力可能较大，这些城市有南宁、哈尔滨、呼和浩特、天津、兰州、长沙等城市。

理论上，如果库存过大，开发商可以采取两个策略应对：一是降低销售价格来促销，二是减少新开发的项目以减少新增供给。我们利用1999—2013年30个省级行政区面板数据（剔除西藏），实证检验了库存变动对房地产的这两个可能影响。计量模型估计结果显示，库存增长越高，房价下行压力越大，反之亦然；库存增长越高，新开工面积越低，反之亦然。且这两个效应都十分显著，显示库存变动是影响开发商定价和开发决策的重要变量。

三、中国未来住房需求的预测

（一）人口结构变迁对住房需求的影响

在房地产市场的“旧常态”和“新常态”讨论中，我们认为人口结构变迁是过去旺盛的住房需求和房价上涨的主要动力②。如图2所示，全国住房价格增速与滞后23年的人口出生率高度相关，同时，图3显示，中国的初婚率在2003年后大幅扩张，这与2003年后的房价暴涨也高度吻合。但是，须知这种由于人口结构冲击引发的住房市场繁荣具有明显的周期性特征：包括婚龄人口高峰将逐渐消退、高校毕业生规模逐渐稳定、城市化速度放缓、农村剩余劳动力潜力下降等，都将制约未来对城镇的住房需求。

---

① 以下数据来源于第三次经济普查数据和历年《中国房地产统计年鉴》。

② 见刘学良、吴璟、邓永恒，2011：《人口冲击，婚姻和住房市场》，NUS IRES Working Paper，世界华人不动产学会2011年年会论文一等奖。

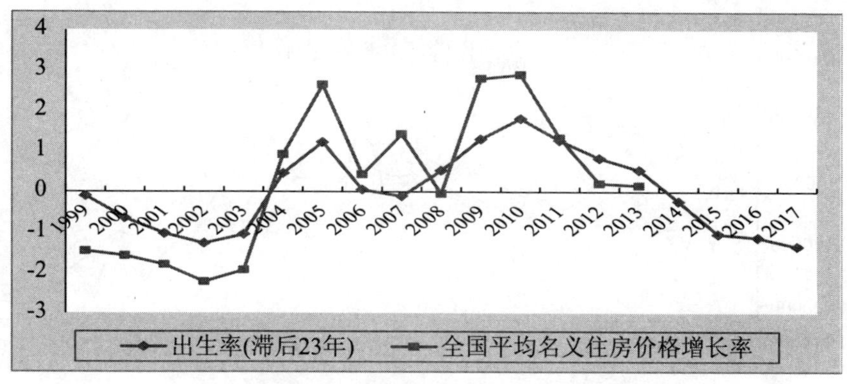

图 2 全国平均名义房价增速和滞后 23 年的出生率

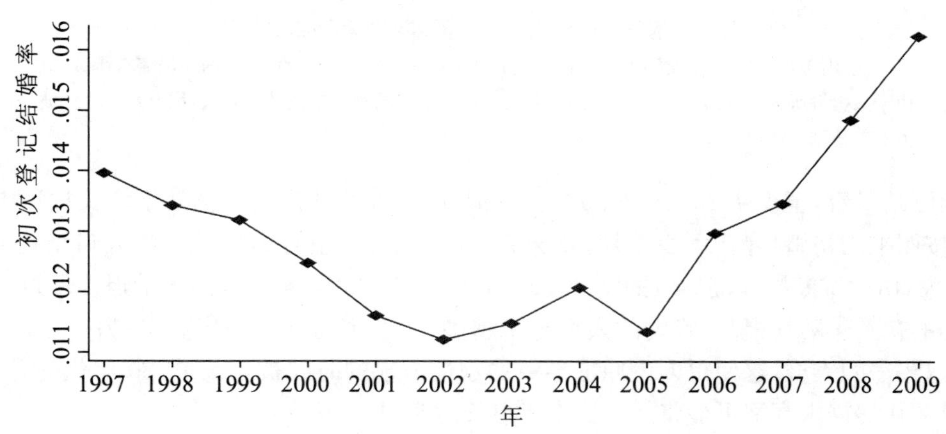

图 3 初次登记结婚率(初次登记结婚人口/总人口)

(二)中国未来城镇住房需求预测

人口结构是一个"慢变量",其随时间的变化比较缓慢且相对更加有迹可循。因此,我们首先建立了一个包含年龄结构、性别结构、城乡结构的人口增长和迁移的预测模型,并以人口普查数据等为基础预测了中国 2010—2050 年的人口结构。然后,我们又估计了一个有关人口年龄和性别的住房需求模型,两个模型结合,从而从人口结构视角预测中国未来城镇的住房需求情况。

研究发现,2000—2004 年,新增住房需求处于波动萎缩过程,这与 2004 年之前住房市场的相对低迷是一致的。从 2005 年开始,新增住房需求快速上升,到 2010 年达到一个需求小高峰。2010 年后需求基本仍处于上涨过程,但增长速度有所放缓。这种走势则与 2004 年后房价的高速增长相一致。需要特别注意的是,到 2020 年左右,新增住房需求达到峰值。2020 年后,住房需求才开始呈现波动下滑态势。2020—2050 年,由人口结构导致的新增住房需求处于长期的波动下滑过程中。

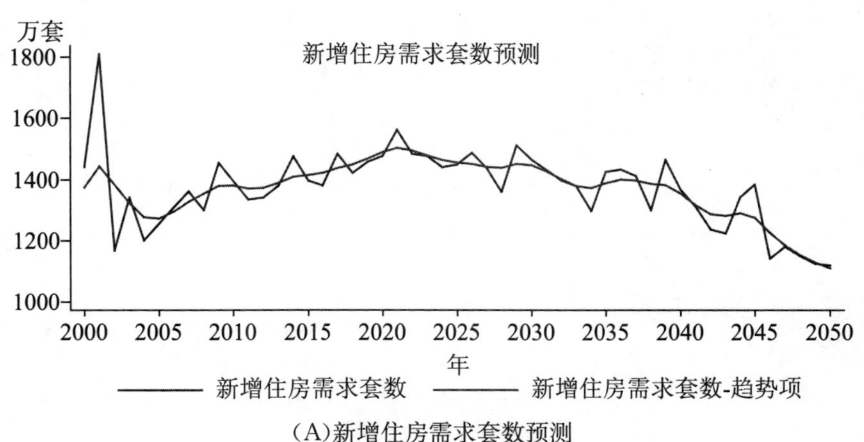

(A)新增住房需求套数预测

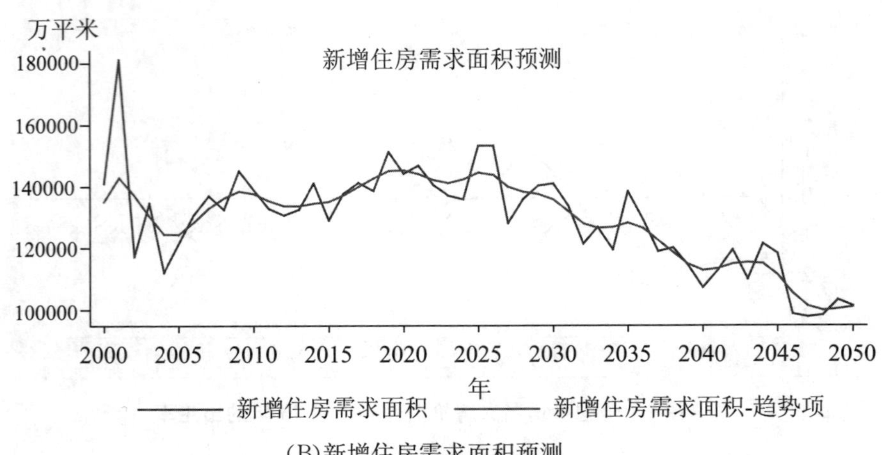

(B)新增住房需求面积预测

图 4 基于人口结构的住房需求套数和面积的预测

注:由于人口普查数据无法获得,因此用其他微观数据估计分年龄、性别的住房需求函数,但由于数据量所限导致估计结果的误差相对较大,反映到需求预测中波动也较大,因此用 HP 滤波方法来得到趋势项,从而尽量剔除误差的干扰。

因此,从预测结果看,至少从 2014—2020 年这一时期内,新增住房需求仍处于增长过程中,而并没有开始下降。虽然按照平均初婚年龄 24 岁推算,意味着 80 年代人口生育高峰带来的人口结构冲击在 1990—1991 年基本结束,由此推断婴儿潮导致的刚性需求将在 2014—2015 年左右逐渐消退。不过,从现在的研究看,一方面人们的初婚年龄在提高,晚婚的人也越来越多,从而主动推迟购房需求;另一方面还有大量限于支付能力而推迟买房的人群,这使得人口冲击导致的刚性需求的时间被拉长了,80 年代的婴儿潮时长达十年,但由此造成的住房需求高涨可能将持续比十年更长的时间。

需要指出的是,本文的住房需求预测有三点需要注意:一是预测仅考虑了由于人口规模和结构变化导致的住房需求变化,而没有纳入其他诸如经济增长,居民收入提高等因素。然而,随着中国经济增长的逐步放缓,由此带来的住房需求也会减速。二是由于本研究中估计住房需求函数所用基础数据为中国综合社会调查(CGSS)2010 年数据,样本量有限,代表性亦是问题。因此,以上结论更重要的在于需求预测随时间的发展变化趋势,而不在于绝对值是否与现实一致。三是房屋折旧率的设定会对结果有较大影响,如果折旧率越高,已建成房屋被拆掉的速度越快,意味着就需要更多的每期住房建设和销售,才能满足人们的住房需求。实际上,3%的折旧率更多是参考国外学者基于美国等市场得出的结论,而从直观感受来讲,中国过去城镇的房屋折旧率可能要明显高于 3%,因此更高的折旧率和拆除率意味着更加旺盛的住房需求和建设。不过,房屋拆除率是内生的,当城市快速发展时,再开发的需求使得拆除率也高,但当城市发展放缓时,可以想象,拆除率自然也很有可能降低。

课题组　组长:张晓晶

成员:刘学良　吴　璟　王　宇等

电子商务应用对企业绩效的影响研究
——基于企业能力的视角

本文以 2013 年第三次全国经济普查资料为基础，结合利用财经网站提供的微观资料，按照 2003 年国家统计局颁布的《统计上划分信息相关产业暂行规定》中确定的标准，从宏观与微观两个层面对我国电子商务发展状况及其对企业绩效的影响进行测算与简要分析如下：

一、电子商务发展现状

(一)互联网在企业中使用广泛

根据第三次全国经济普查数据，截至 2013 年 12 月，我国企业的互联网应用程度整体较高，平均达到 95%以上，为我国企业开展“互联网＋”的转型升级提供了较好的基础条件。从不同地区来看，中部和东部地区使用互联网的企业占比最高，平均达到 96%以上，比例最低的为西藏和黑龙江等边疆地区，分别为 93.2%和 95.6%，明显低于其他省区。从不同行业来看，教育、卫生和社会工作行业中使用互联网企业占比最高，为 99.0%，采矿业、居民服务修理和其它等行业中使用互联网企业占比最低，分别为 96.5% 和 96.8%。

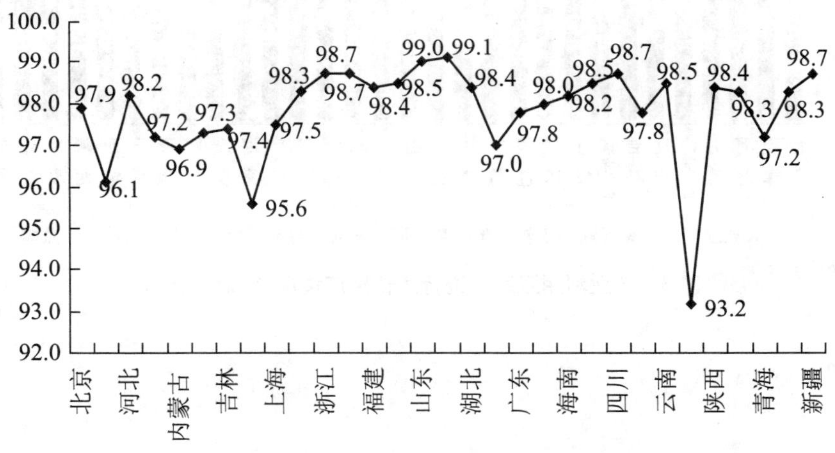

图 1　使用互联网企业占比(分地区%)

(二)企业电子商务应用程度有待提高

根据第三次全国经济普查数据，我国企业当前电子商务应用程度较低，企业利用互联网宣传推广程度不够。截至 2013 年 12 月，不同地区和不同行业的企业主要采用独立网站和电子邮件的方式进行宣传推广，利用电子商务平台进行宣传推广的推广方式占比较少。从不同地区来看，浙江省企业中采用电子商务平台渠道对企业进行宣传推广的比例最高，为 18.5%，山西地区最低，为 5.1%。从不同行业来看，信息传输、软件和信息技术服务业行业的企业采用电子商务平台渠道对企业进行宣传推广的比例最高，为 19.5%，电力、热力、燃气、水生产和供应行业最低，仅为 3.6%。

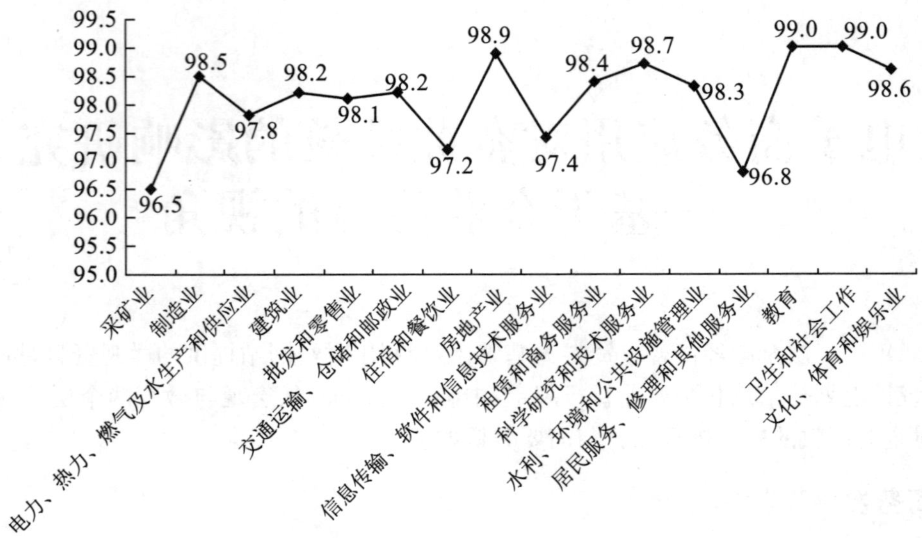

图 2　使用互联网企业占比(按行业分%)

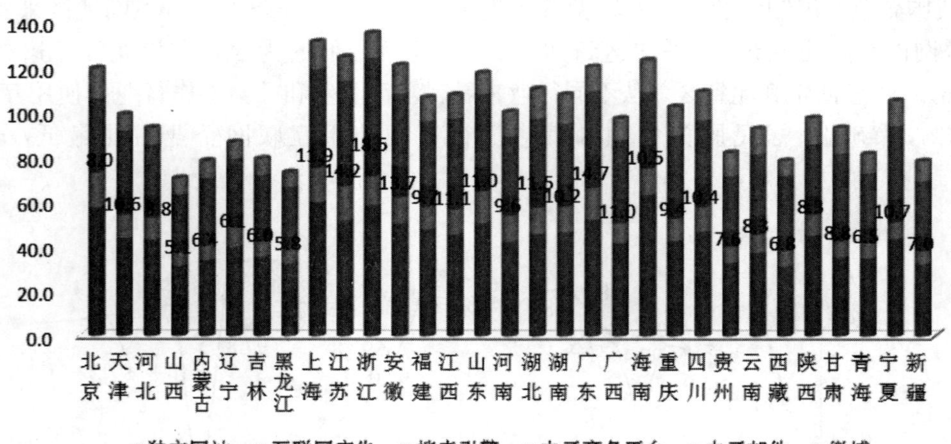

图 3　企业利用互联网进行宣传推广情况(按地区分%)

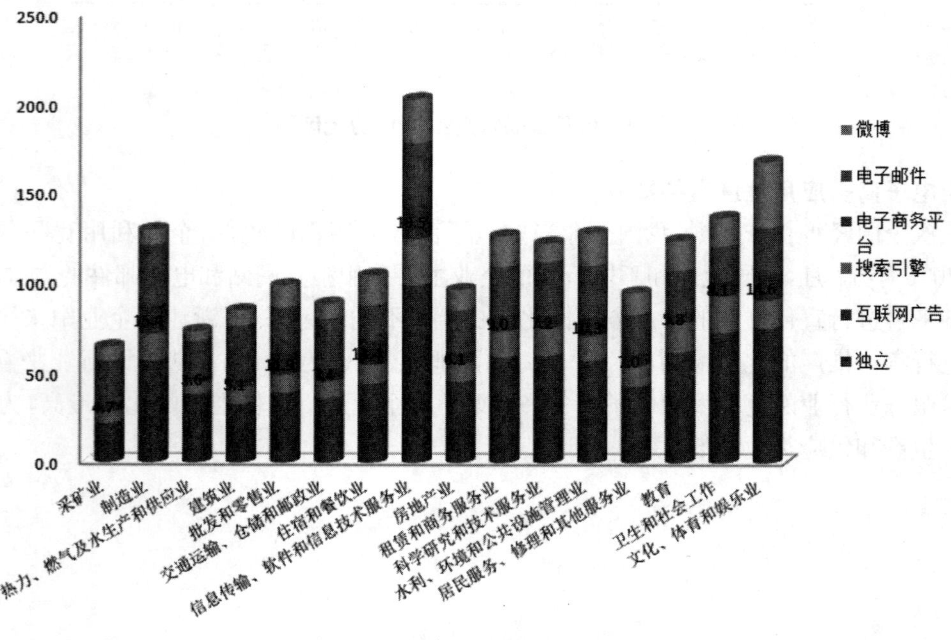

图 4　企业利用互联网进行宣传推广情况(按行业分%)

(三)企业开展电子商务情况差异较大

根据第三次全国经济普查数据，截止 2013 年 12 月，从不同地区看，北京、上海、江苏、浙江、福建、山东、广东等地区企业中有电子商务交易的企业占比较高，均高于 5%，其中，浙江省拥有电子商务交易的企业数占比最高，达 25.24%，贵州、云南、西藏、陕西等西部地区拥有电子商务交易企业数占比较低，其中，西藏地区拥有电子商务交易企业数占比最低，仅为 0.05%；从不同行业来看，制造业、信息传输、软件和信息技术服务业、水利、环境和公共设施管理业、文化、体育和娱乐业等行业企业中有电子商务交易的企业占比较高，均高于 5%，其中信息传输、软件和信息技术服务业等行业企业中有电子商务交易的企业占比最高，为 14.03%。采矿业、房地产业等行业企业中有电子商务交易的企业占比较低，均低于 2%，其中采矿业行业企业中有电子商务交易的企业占比最低，仅为 1.11%。

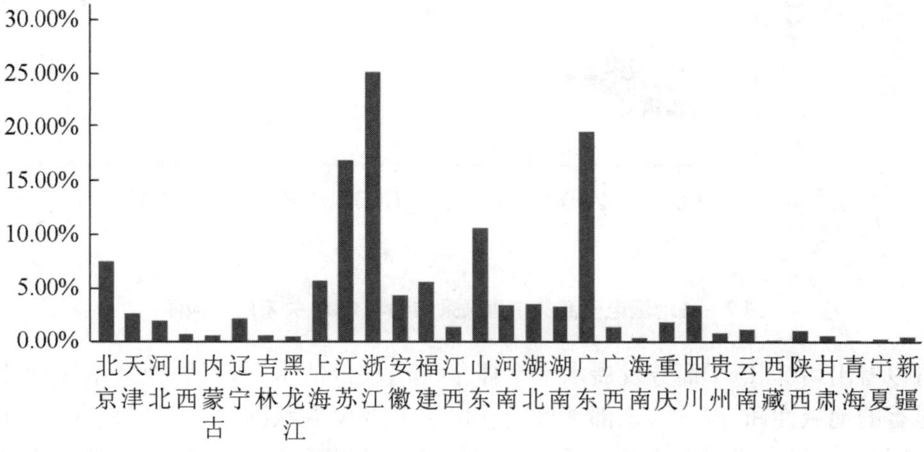

图 5 有电子商务交易企业数占比(按地区分)

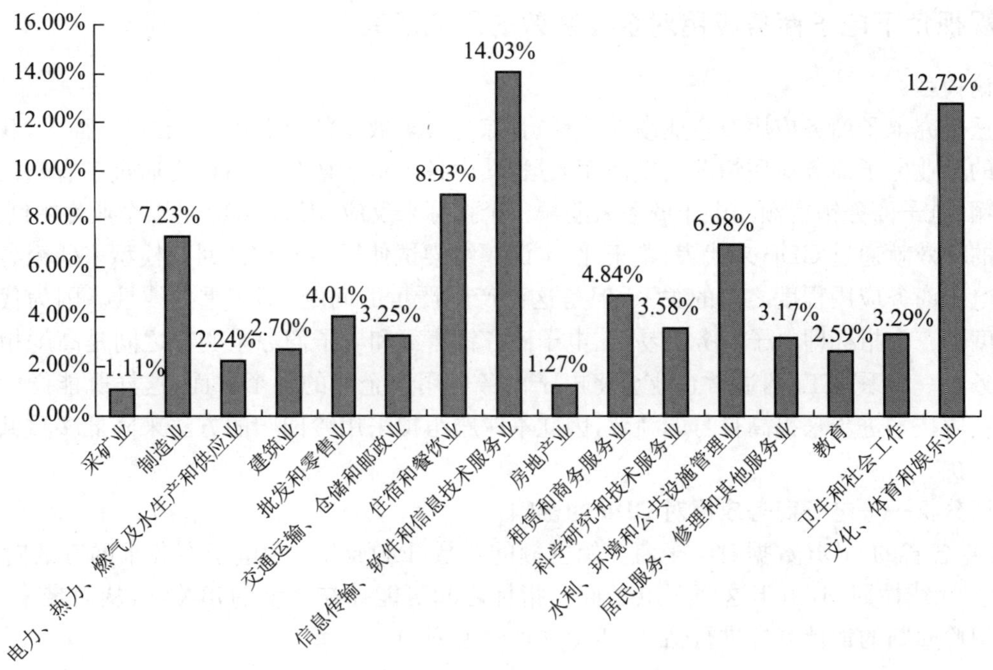

图 6 有电子商务交易企业数占比(按行业分)

(四)电子商务对区域经济发展效果显著但发展不均衡

通过各地区电子商务销售额及采购额与地区 GDP 关系的气泡图可以看出，截至 2013 年 12 月，随着各地区电子商务销售额和采购额增加，地区生产总值趋向于增加。对于已经开展电子商务的企业，电子商务的应用从“改善企业形象”、“降低成本”、“扩大销售”、“提高员工工作效率”等方面为企业销售收入的扩大提供保障。由已经开展电子商务的受访企业所取得成效来看，电子商务应用对企业的作用已经逐步显现。电子商务应用在改善了企业形象、提升了企业产品知名度、增强了企业的信息化管理意识的同时，还提高了企业获取信息的速度、有力的支持了企业的决策，不仅如此，电子商务也给企业带来了经济效益，改善了企业的经营状况，从而促进地区生产总值的增加。

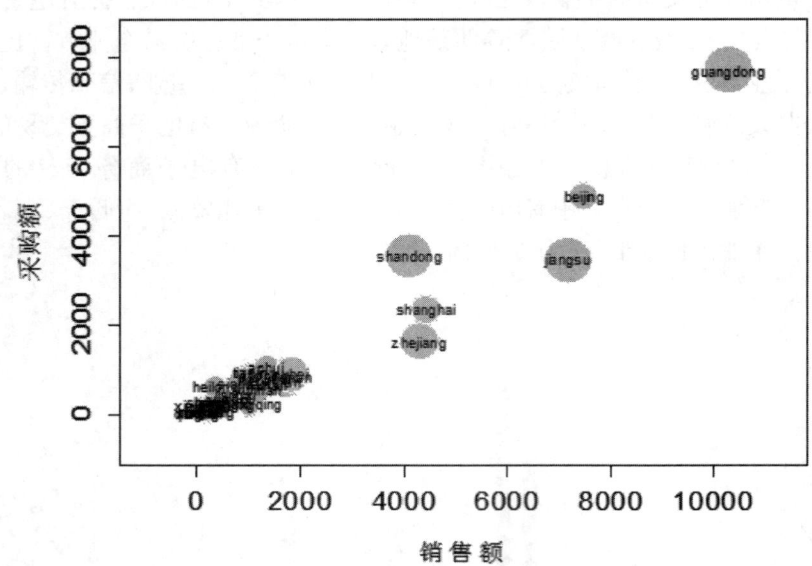

图 7　各地区电子商务销售额采购额与 GDP 关系的气泡图

通过分析可以看出，我国电子商务发展水平整体呈现出较低的水平，不同地区不同行业企业开展电子商务情况存在显著的地域性和行业性，东部地区企业电子商务发展状况优于西部地区，存在明显的区域发展不平衡现象。因此，为提高我国企业电子商务应用水平，从而提升企业的绩效，需要从宏观和微观层面分析企业电子商务应用对企业绩效的影响机制，从而为区域经济发展提出建设性意见。

二、宏观视角下电子商务应用对企业绩效的影响研究

(一)理论模型

本文着重研究电子商务应用对企业绩效的影响，综合考虑数据的可获得性，宏观层面上，我们选取全国按省份划分的企业电子商务应用情况的横截面数据，其中各省电子商务应用程度通过各省辖区内企业的电子商务交易额、电子商务销售额和电子商务采购额三个指标来反应；因为 GDP 是以企业为主创造出来的，因此各省企业的绩效就通过 GDP 来代表；鉴于此，本课题组尝试使用多元线性回归模型来研究各省企业绩效和各省企业电子商务应用程度之间的关系，但是这会产生严重的问题，即多重共线性。因为代表企业电子商务应用程度的三个指标即电子商务交易额、电子商务销售额和电子商务采购额之间是高度相关的①，企业应用电子商务是一个系统工程，通常企业会将电子商务应用到企业的各个方面，这样既能产生规模效应也能最大化的利用技术进步来提高自身的绩效，因此本课题组拟采用岭回归的方法来降低多重共线性对模型估计结果的干扰。

(二)实证分析——电子商务应用对 GDP 的影响

用 2013 年各省的 GDP 数据对电子商务销售额的对数(log(sale))和电子商务采购额的对数(log(purchase))进行多元线性回归，由于这两个电子商务指标之间可能存在高度的相关性，从而带来多重共线性。因此我们采用岭回归的估计方法进行估计，所建立理论模型如下：

$$GDP_i = \beta_0 + \beta_1 \log(sale_i) + \beta_2 \log(purchase_i) + \varepsilon_i$$

采用岭回归法进行参数估计，实证结果发现，电子商务应用水平的两个维度即电子商务销售额和电子商务采购额的对数对 GDP 的影响都显著为正，系数分别为 3410 和 4710。以上结果表明：从平均来看，在其它条件不变时，电子商务销售额(亿元)和电子商务采购额(亿元)每提高一个百分点对 GDP 的贡献分别为 34.1 亿元和 47.1 亿元。

---

① 电子商务交易额为电子商务采购额和电子商务销售额的算数平均数，存在强烈的相关性。因而在本文中只采用了电子商务销售额和电子商务采购额作为解释变量。

(三)实证分析——电子商务应用对企业各项运营收入的影响

为了进一步探索电子商务运用对于企业的经营绩效的影响程度,本文选取全国各省市企业的营业收入、主营业务收入、营业利润和利润总额等体现企业经营绩效的指标分别作为被解释变量,选用 B2B 销售额、电子商务采购额、电子商务平台使用企业所占比重和互联网广告使用所占比重等能表现电子商务应用程度的变量作为解释变量。通过构建线性关系,以期发现电子商务的运用能否提高企业的经营绩效。

为此,本文构建如下理论模型①:

$$YYSR_i = \beta_0 + \beta_1 sale_i + \beta_2 purchase_i + \beta_3 dzsw + \beta_4 hlwgg + \varepsilon_i$$
$$ZYYWSR_i = \beta_0 + \beta_1 sale_i + \beta_2 purchase_i + \beta_3 dzsw + \beta_4 hlwgg + \varepsilon_i$$
$$YYLR_i = \beta_0 + \beta_1 sale_i + \beta_2 purchase_i + \beta_3 dzsw + \beta_4 hlwgg + \varepsilon_i$$
$$LRZE_i = \beta_0 + \beta_1 sale_i + \beta_2 purchase_i + \beta_3 dzsw + \beta_4 hlwgg + \varepsilon_i$$

其中 YYSR、ZYYWSR、YYLR 和 LRZE 分别代表营业收入、主营业务收入、营业利润和利润总额。sale、purchase、dzsw、hlwgg 分别代表 B2B 销售额、电子商务采购额、电子商务平台占比和互联网广告占比,通过估计模型得出以下结论:以营业收入和主营业务收入为被解释变量得到的结果相近,营业利润和利润总额结果相近。以营业利润为例,B2B 销售额、电子商务采购额、电子商务平台占比和互联网广告占比,对于企业营业收入的影响都显著为正,其中 B2B 销售额每增加 1 亿,平均来看企业营业收入将增加 0.363 亿;电子商务采购额每增加一亿,平均来看企业营业收入将增加 0.283 亿;电子商务平台占比多一个百分点,平均来看企业营业收入将增加 169 亿;互联网广告占比每多一个百分点,平均来看企业营业收入将增加 35.434 亿。因此,可以发现电子商务的使用确实有效提高了企业经营绩效。

三、微观视角下电子商务应用对企业绩效的影响研究

(一)理论模型

为了更加细致的研究电子商务应用对企业绩效的影响,本文除了从宏观视角研究外,还选取了与电子商务密切相关的百货超市行业做进一步探讨。考虑到当前百货超市行业发展的进程中,电子商务的使用效率逐渐成为决定其未来发展空间的重要因素,因此,本文选取百货超市行业这一微观视角来更好的比较电子商务应用对于企业效应的影响。本文采用的企业能力包括企业的成长能力、营运能力和经营发展能力。其中,成长能力包括营业收入同比增长、归属净利润同比增长、扣非净利润同比增长、营业收入滚动环比增长、归属净利润滚动环比增长、扣非净利润滚动环比增长 6 个二级指标;营运能力包括存货周转率、应收账款周转率、总资产周转率 3 个二级指标;经营发展能力包括营业收入增长率、营业利润增长率、利润总额增长率、净利润增长率、总资产增长率、净资产增长率 6 个二级指标。每一个能力下面都包括若干个指标,为达到降维目标,需要采用主成分方法。然后借鉴赵岳,冯变英等国内一些知名学者的做法,使用上一步得到的主成分因子 X,再加入虚拟变量对企业绩效进行回归分析。采用的回归分析模型如下:平行回归模型,$Y_i = \alpha_1 + \alpha_2 D + \beta_1 X_i + u_i$;交叉回归模型,$Y_i = \alpha_1 + \beta_1 X_i + \beta_2 (DX_i) + u_i$;相异回归模型,$Y_i = \alpha_1 + \alpha_2 D + \beta_1 X_i + \beta_2 (DX_i) + u_i$,其中虚拟变量 D 表示企业截止 2013 年末是否开始应用电子商务,其中 1 代表截止 2013 年企业已经开始应用电子商务,0 代表截止 2013 年末企业没有应用电子商务。

(二)实证分析——电子商务应用对企业绩效的影响

为了分析企业能力在电子商务应用对企业绩效影响方面的中介作用,理论上应分析第三次全国经济普查的所有普查对象,但是由于我们得到的普查数据都是汇总数据而没有基于企业方面的微观数据,因此本课题组不得不采取从相关网站查找数据的方法来获得基于企业的数据,其中包括东方财富网等网站上的上市公司财务数据并结合相关企业的官方网站来了解各个企业的电子商务应用情况,因此我们能够获得的数据仅包括相关企业的财务数据和该企业是否应用电子商务方面的信息,而没有企业电子商务应用程度方面的数据,最终得到 20 个商业百货企业的数据,其中截止 2013 年 12 月 31 日已经开始应用电子商务和没有应用电子商务的企业各 10 个,我们希望通过对相关数据的建模分析来探索企业能力在电子商务应用对企业绩效影响方面的中介作用。这 20 家企业分别是人人乐、重庆百货、苏宁云商、百联股份、友好集团、红旗连锁、新世界、三联商社、天虹商场、广百股份、步步高、文峰集团、豫园商城、大商集团、王府井、永辉超市、新华百

① 类似地,为了有效克服变量之间的多重共线性,本文采用岭回归。

货、东百集团、大连友谊、华联综超。

1. 企业能力的综合评价

通过主成分分析提取五个主成分，这五个主成分解释的方差达到总方差的 89.297%，明显满足要求，结果如下表 1 所示：

表 1　解释的总方差

成份	初始特征值			提取平方和载入		
	合计	方差的 %	累积 %	合计	方差的 %	累积 %
1	5.567	37.115	37.115	5.567	37.115	37.115
2	3.306	22.037	59.152	3.306	22.037	59.152
3	2.017	13.448	72.600	2.017	13.448	72.600
4	1.409	9.395	81.996	1.409	9.395	81.996
5	1.095	7.302	89.297	1.095	7.302	89.297
6	0.734	4.891	94.188			
7	0.353	2.354	96.542			
8	0.205	1.369	97.911			
9	0.179	1.195	99.106			
10	0.111	0.737	99.843			
11	0.015	0.101	99.944			
12	0.005	0.031	99.975			
13	0.002	0.013	99.988			
14	0.001	0.008	99.996			
15	0.001	0.004	100.000			

提取方法：主成份分析。

企业各能力因子得分矩阵如下表 2 所示，从表中可以看出，归属净利润滚动环比增长、扣非净利润滚动环比增长、应收账款周转率、营业利润增长率、利润总额增长率、净利润增长率、归属净利润同比增长、扣非净利润同比增长等指标在因子 1 的得分较高，因此，称因子 1 为经营发展能力因子。营业收入同比增长、营业收入增长率、净资产增长率指标在因子 2 的得分较高，因此称因子 2 为成长能力因子。总资产周转率指标在因子 3 的得分较高，因此称因子 3 为经营质量和利用效率因子。存货周转率指标在因子 4 的得分较高，因此称因子 4 为存货资产变现能力因子。营业收入滚动环比增长指标在因子 5 的得分较高，因此称因子 5 为发展能力。各企业在各个因子方面的得分情况如表 3 所示。

表 2　各能力指标因子得分成份矩阵

指　标	成份				
	1	2	3	4	5
营业收入同比增长	−0.129	0.827	0.459	0.036	−0.157
营业收入滚动环比增长	0.257	0.391	−0.168	0.110	0.786
归属净利润滚动环比增长	0.789	−0.524	0.239	−0.057	0.113
扣非净利润滚动环比增长	0.618	0.159	−0.705	0.042	−0.124
存货周转率	0.212	0.079	−0.215	0.822	0.268
应收账款周转率	0.610	−0.426	0.235	−0.319	0.277
总资产周转率	0.546	0.422	0.557	−0.004	0.271
营业收入增长率	−0.106	0.844	0.457	0.029	−0.123

续表

指　标	成份				
	1	2	3	4	5
营业利润增长率	0.897	−0.166	0.314	0.098	−0.150
利润总额增长率	0.898	−0.199	0.317	0.089	−0.157
净利润增长率	0.967	−0.159	0.061	−0.024	−0.087
总资产增长率	0.236	0.317	0.368	−0.729	0.182
净资产增长率	0.321	0.742	−0.064	−0.198	0.045
SMEAN(归属净利润同比增长)	0.735	0.335	−0.388	0.001	−0.257
SMEAN(扣非净利润同比增长)	0.714	0.484	−0.332	0.157	−0.180

提取方法 :主成份。

a. 已提取了 5 个成份。

表 3　各企业在各个因子方面的得分情况

企业名称	经营发展能力因子	成长能力因子	经营质量和利用效率因子	存货资产变现能力因子	发展能力因子
人人乐	2.6902	−2.3563	1.9855	−0.1564	0.5490
重庆百货	0.6764	0.5895	−0.0016	−0.2137	1.0393
苏宁云商	−2.3143	−0.6201	0.7314	−0.5633	1.3977
百联股份	−0.4239	−0.3407	−0.4374	0.2704	0.2274
友好集团	−0.7910	0.6442	2.1926	0.2157	−1.7893
红旗连锁	−0.2725	0.1610	0.5208	−0.4788	0.6747
新世界	−0.3299	−1.1472	−1.1877	0.6166	−1.0816
三联商社	−0.0453	0.1327	−0.2117	0.1505	−0.7058
天虹商场	0.0899	0.3252	−0.2584	0.4419	0.6394
广百股份	0.1378	−0.1231	−0.7504	1.1385	−0.3712
步步高	0.7279	1.8379	−0.5452	−1.3601	0.3631
文峰集团	−0.2673	0.1947	−0.2688	−0.2334	−0.2652
豫园商城	−0.4693	−0.1157	0.5924	−1.0109	−1.7496
大商集团	0.5622	0.2999	−0.8387	1.6636	0.1829
王府井	−0.0439	−0.1107	−0.4479	2.3923	0.4735
永辉超市	1.1312	2.3974	0.9262	0.1835	0.2750
新华百货	−0.5057	0.2406	−0.1080	−0.2724	0.2538
东百集团	0.8475	−0.7026	−2.1068	−2.1520	−0.0866
大连友谊	−0.1716	−0.5527	−0.2188	−0.2318	−1.7558
华联综超	−1.2284	−0.7541	0.4323	−0.4003	1.7294

根据公式：

主成分 i 的得分＝因子 i 的得分 * 主成分 i 的方差的算术平方根(i=1,2,3,4,5)每个地区的综合得分 X 是通过下式计算的：

$$X=\sum_{5}^{i=1}\frac{\text{第 i 个主成分的方差}}{\sum_{5}^{i=1}\text{第 } i \text{ 个主成分的方差}} * \text{第 i 个主成分的得分}$$

通过上述公式以及上表 1 中各个主成分的方差信息可以计算得出各个企业综合能力得分，如下表 4

所示：

表 4 各企业综合能力得分情况

企业名称	能力综合得分	企业名称	能力综合得分
人人乐	2.03	步步高	1.28
重庆百货	0.99	文峰集团	−0.28
苏宁云商	−2.34	豫园商城	−0.66
百联集团	−0.61	大商集团	0.73
友好集团	−0.14	王府井	0.15
红旗连锁	−0.09	永辉超市	2.43
新世界	−1.11	新华百货	−0.42
三联商社	−0.07	东百集团	−0.21
天虹商场	0.29	大连友谊	−0.64
广百股份	0.03	华联综超	−1.35

图中左侧人人乐等企业是截止 2013 年 12 月 31 日已经开始应用电子商务的企业，右侧步步高等是没有开始应用电子商务的企业，可以发现样本企业中无论是已经开始应用电子商务的企业或者是没有开始应用电子商务的企业，其综合能力得分差异都比较大，没有出现应用电子商务的企业比没有应用电子商务的企业在综合能力上的明显差异，这可能意味着企业希望通过电子商务应用来迅速提高自身经营能力的希望是徒劳的，在电子商务的应用上面，各企业还是应该结合自身能力的实际情况进行综合考量。另外，每一类企业中综合能力得分的差异都比较大，这对后续的数据分析是比较有利的。

得到企业能力的综合得分后，以企业能力的综合得分作为衡量企业能力的指标变量，下文通过建立虚拟变量回归模型来研究电子商务应用对企业绩效的影响，以及企业能力在其中的中介作用。采用的衡量企业绩效的指标有：加权净资产收益率 Y1(%)、摊薄净资产收益率 Y2(%)、摊薄总资产收益率 Y3(%)、毛利率 Y4(%)、净利率 Y5(%)，此外考虑到企业能力对绩效的影响可能是非线性的，在模型中引入企业能力的平方项(X^2)来描述企业能力对企业绩效的非线性影响。

2. 带虚拟变量的回归分析模型

(1)平行回归模型

平行回归模型如上文理论模型部分所述，如下式：

$$Y_i = \alpha_1 + \alpha_2 D + \beta_1 X_i + \beta_2 X_i^2 + u_i \text{，其中 } i = 1,2,3,4,5;$$

Yi 为企业绩效指标，包括上面所述加权净资产收益率等五个指标，建立该平行回归模型，经过统计分析可得以下结论：五类绩效指标作为被解释变量得到的模型结果总体来说都比较差，而虚拟变量电子商务应用情况 D 的系数普遍不显著，说明电子商务应用的使用与否并不会对企业绩效带来明显变化，相反企业能力对企业绩效产生很大的影响，从结果可以看到企业能力的系数普遍为正，企业能力平方项的系数普遍为负，这说明企业能力对绩效的影响是倒 U 型的，能力过强和能力过弱都不利于企业绩效的提高。究其原因，能力过强的企业并不需要过多倚重电子商务的使用来提高绩效，而能力过弱的企业则无力配置电子商务系统，对其绩效的提高也没有太大的影响，而要保持企业的高能力以及随之而来的高市场竞争力就必须加大投入以保持自己的优势，牺牲一定的当前绩效来换取未来的高绩效，这也是企业通常的做法。

(2)交叉回归模型

交叉回归模型如上文理论模型部分所述，如下式：

$$Y_i = \alpha_1 + \beta_1 X_i + \beta_2 X_i^2 + \beta_3 (DX_i) + u_i \text{，其中 } i = 1,2,3,4,5;$$

Y_i为企业绩效指标，包括上面所述加权净资产收益率等五个指标，建立该交叉回归模型，经过统计分析可得以下结论：五类绩效指标作为被解释变量得到的模型结果总体来说都比较好，除 Y4(毛利率%)以外其它结果都非常显著，值得注意的是电子商务应用和企业能力的交叉项对企业绩效的影响也是显著为正的，这意味着电子商务应用对企业绩效的影响要通过企业能力来显现，在企业能力相同的条件下，应用电子商务的企业绩效要优于没有应用电子商务的企业，这也印证了本文所提出的观点即电子商务应用对企业绩效的影响要通过企业能力来显现，即企业是否采用电子商务要结合自身实际，在自身能力不够的情况下盲目采用电子商务并不必然带来企业绩效的提升。

(3)相异回归模型

相异回归模型如上文理论模型部分所述，如下式：

$$Y_i = \alpha_1 + \alpha_2 D + \beta_1 X_i + \beta_2 X_i^2 + \beta_3 (DX_i) + u_i \text{，其中 } i = 1,2,3,4,5;$$

Y_i为企业绩效指标，包括上面所述加权净资产收益率等五个指标，建立该相异回归模型，经过统计分析可得以下结论：五类绩效指标作为被解释变量得到的模型结果总体来说都比较一般，其中虚拟变量的系数不显著，但是虚拟变量和企业能力的交叉项的系数比较显著，这再次验证了上文交叉回归模型的结论，即电子商务应用对企业绩效的影响要通过企业能力来显现，在企业能力相同的情况下，应用电子商务的企业相比于没有应用电子商务的企业绩效更好，即企业是否采用电子商务要结合自身实际，盲目采用电子商务并不必然带来绩效的提升。

五、主要结论与政策建议

(一)主要结论

本文从宏观视角和微观视角分别研究了电子商务应用对企业绩效的影响，得出的结论主要有：

宏观视角下，利用岭回归得出电子商务应用水平的两个维度即电子商务销售额和电子商务采购额对GDP的影响都显著为正，而且作用较大。平均看来，电子商务销售额(亿元)和电子商务采购额(亿元)每提高一个百分点对GDP的贡献分别为34.1亿元、47.1亿元。

微观视角下，本文通过对20家商业百货上市企业进行研究，分别采用平行回归模型、交叉回归模型、相异回归模型进行回归，研究发现：首先，企业能力对于企业绩效的影响比较显著，呈倒U型。在以上三类模型中都证实了这一点，即企业能力的系数显著为正而企业能力平方项的系数显著为负。这说明企业能力过高或过低都不利于提升企业绩效，能力低的企业绩效较低，而能力高的企业其为了保持高能力以及随之而来的高市场竞争力，就必须舍弃一定的当期绩效来换取未来的高绩效，这和企业实践是相符的；其次，企业电子商务应用对其绩效总体而言并不显著，从以上三个模型可以看出，虚拟变量的系数都不显著。这说明企业应用电子商务与否并不能显著提升自身绩效。最后，企业能力和虚拟变量的交叉项系数显著为正，三个模型都验证了这一结论，即电子商务应用对企业绩效的影响要通过企业能力来显现，在企业能力相同的情况下，应用电子商务的企业相比于未应用电子商务的企业绩效更好。

(二)政策建议

针对以上研究结论，企业应用电子商务对区域经济发展的影响显著，但是企业是否应用电子商务对企业绩效并没有显著影响，企业是否应用电子商务还要结合自身能力和财力等综合考虑，盲目采用电子商务并不能带来绩效的提高，但是在激烈的市场竞争下，企业采用更具效率的电子商务模式又是一个必然趋势，因此企业必须在应用电子商务的同时注重企业能力的提升，只有这样才能获得企业能力和电子商务应用协同作用下给企业绩效带来的显著提升。当前我国经济新常态的背景下，要想利用电子商务发展来带动整个国民经济的复苏，从以下几个方面进行改进：

第一，健全与电子商务相关的法律法规政策体系。电子商务相关的法律法规体系的健全是保障企业开展电子商务的重要因素之一。2005年4月1日《电子签名法》正式实施。这是我国信息化立法的一个突破。《电子签名法》通过确立电子签名的法律效力、规范电子签名行为、维护电子交易各方的合法权益、保障电子交易安全，为电子商务和电子政务的发展创作了良好的法律环境，同时也为电子认证服务业的发展提供了有力的法律保障，为国内的电子商务安全认证体系和网络信任体系的建立打下了坚实的法律基础。而且作为《电子签名法》的重要配套规章之一，信息产业部发布的《电子认证服务管理办法》也于2005年4月起同步施行，并逐步形成完整的电子认证服务业法规体系。因此，当前我国各地区应该在这些法律法规的基础之上，结合本地区自身的情况制定出台地方性的政策规章，修订现有的行政法规中不适应电子商务发展的地方，逐步地建立和健全电子商务相关的法律法规政策的体系，使企业在发展电子商务的过程中有法可依、有章可循。

第二，加强网络安全体系。目前网络信息安全问题影响我国企业电子商务发展的最重要因素。要为企业发展电子商务创造一个安全的网络环境，我们认为当前主要应该从建立相关法律法规政策和建立网络安全认证体系两个方面展开。首先通过建立和健全与电子商务相关的法律法规政策的体系，可以使企业在开展电子商务的过程中有法可依、有章可循，同时这也可以增强企业在开展电子商务过程中的安全感。其次，通过贯彻实施《电子签名法》和《电子认证服务管理办法》，加强对电子认证服务机构建设与管理的规范，建立 CA 认证中心。此外通过对网络安全知识的宣传普及，一方面可以提高企业的网络安全意识，使企业建立相应的安全措施和制度；另一方面也可以使企业能够客观的认识网络安全的现状，消除企业对电子商务应用安全性的心理障碍。

第三，完善社会信用体系。目前的社会信用环境较差也是影响我国企业发展电子商务的重要因素。关于建立社会信用体系，国内电子商务发展相对薄弱的地区可以学习其它地区的建设经验，结合自身的情况，逐步地建立起全国社会信用体系。首先，应该建立一个信用管理的专门机构，由该机构负责建设社会信用信息数据库，这个数据库采集分散于各个政府部门、金融机构的信用信息，最终形成一个能覆盖全国的信用信息数据库。在此基础之上，该机构还应使数据库的信息能够充分共享。另外，还应该大力推进信息公开、开展信息交换工作。通过建立社会信用体系，可以改善企业电子商务应用的社会信用环境。

除以上提出的政策建议外，政府还可以在推动网络基础设施建设、完善网上支付系统和物流配送体系、加强电子商务建设等诸多方面改善中小企业开展电子商务的外部环境。总而言之，在我国企业电子商务发展阶段，政府的引导、组织、协调和扶持对于中小企业电子商务的发展起着至关重要的作用。

课题组　组长：喻开志

成员：邹　红　龚铭权　刘　琪　周志成

我国房地产市场供求关系及房地产对经济的影响

经济发展进入新常态，房地产市场供求关系也发生了新变化。本文将围绕着房地产市场供求关系及其对经济的影响进行分析研究。

一、宏观经济与房地产市场供求

住房市场兼具土地要素市场和住房产品市场双重属性，土地要素市场的供给者是中央和地方政府，所以更多体现政府调控政策的选择，住房产品市场则更多体现价格规律。

(一)土地要素市场特征

1. 总量特征。中国过去的城镇化基本是以“外延式”和“建新区”这两种基本模式来推进的。“外延式”和“建新区”的城镇化发展模式造成了诸如地区发展不均、居民收入和福利分配不公、环境承载力下降以及“大城市病”等诸多问题，过去的城镇化模式已经不可延续。2012 年 12 月 4 日，中央政治局会议明确提出要提高土地节约集约利用水平，有序推进农业转移人口市民化；《国家新型城镇化规划(2014－2020 年)》更直接强调要限制特大城市和大城市发展规模，有序引导并发展中心城市。“外延式”扩张向“内涵式”发展转变将是一大趋势，所以增量建设用地的供给将显著下降，存量用地的高效合理利用将成为城镇化建设的主导。由图 1 可知，建设用地规模和增速在 2010－2011 年均表现为平稳上升的态势，年均增速为 5.1%，期间正是 2010 年末 4 万亿投资的消化期；2012－2013 年增速有所下降，土地供应数量和增速也开始放缓，且存量用地供应占比和中小城市供应占比逐渐增加，说明由中央政府把控的建设用地指标供应开始收紧，并引导激发中小城市城镇化后发优势。“外延式”向“内涵式”转变的城镇化发展战略削弱了建设用地指标的供应数量，尤其是特大城市和大城市的土地供应数量将进一步减少。

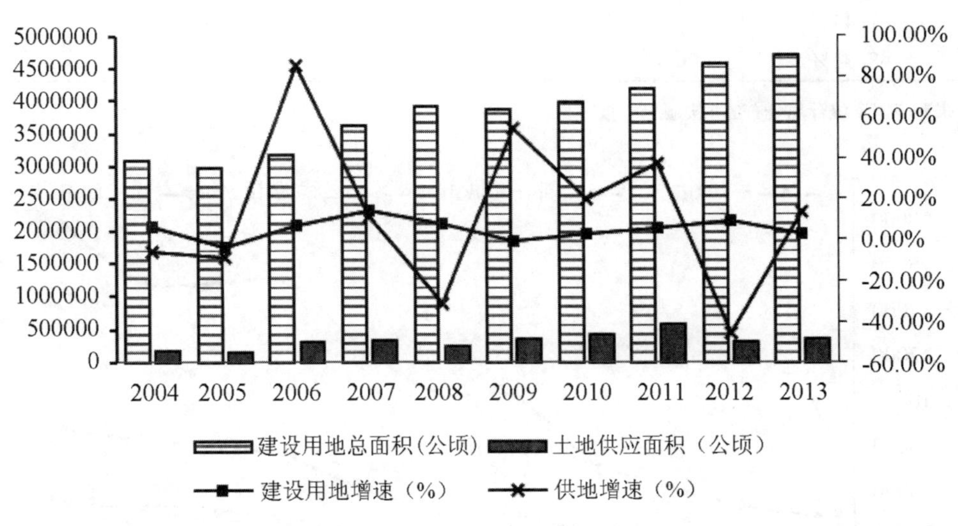

图 1　2004－2013 年建设用地及土地增长情况

2. 结构特征。首先，地方债务风险的累积和“土地财政”的不可持续逼迫地方政府重视存量用地的利用，所以新常态下的土地要素供给将以存量为主。其次，经营型向服务型的地方政府职能转变促进了住房土地供应结构的调整，满足居住需求和提高公共服务水平的供地占比提高。再次，土地要素的需求量整体呈现下降趋势，一线城市成为开发商要素需求的集聚区。

3. 调控政策特征。2003－2013 年，中央政府多次采取了对房地产调控的措施，如提高第二套住房的首付比例、上调存款准备金率和多轮加息政策等。中央在 2014 年全国两会期间开始释放建立以税法和不动产等级为重要内容的房地产市场长效机制，以及依据市场分化特征开展“分类调控”等信号。2014 年 7 月，除北京、上海、广州和深圳等一线城市①外，全国大部分城市开始取消限购并以第二套房贷款利率优惠等手段鼓励自住和改善型购房需求，这也从侧面反映出短期干预思维被依托宏观经济形式和稳定市场供求的长期思路所替代，取而代之的是以税收和分类调控为主的柔性调控政策。

(二)住房产品市场特征

随着人民银行 2003 年以来 39 次调整存款准备金比率，目前大型存款类金融机构的法定存款准备金比率变为 20%，中小型存款类金融机构变为 16.5%。就国际宏观政策而言，考虑到制造业的逐步恢复、新能源的发现以及互联网的发展可能会给美国经济带来的增长，美国正在退出 QE3，必然波及我国国内金融市场流动性。加之房地产市场投资回报率的下降和中央对实体经济金融服务的支持，房地产市场的流动性将进一步收紧。为了体现开发企业库存情况，以竣工量与销售量的比值来予以简单反映，比值越高，库存压力越大。由表 1 可知，无论是总量还是地区，库存率都表现出“两阶段”特征，第一阶段是 2003－2010 年，库存率先下降后上升，2007 年进入低点；第二阶段是 2011－2013 年，库存率表现为平稳下降。住房的销售价格同样以 2010 年为分割点表现出“两阶段”特征，2003－2010 年为快速上升阶段，年均增速为 16.26%；2011－2013 年为缓慢增长阶段，年均增速为 6.06%(图 2)。从地区差异来看，2011－2013 年二线城市的库存压力

表 1　2003－2013 年不同等级城市的开发商库存率

年份	总体	一线城市	新一线城市	二线城市	三线城市
2003 年	120.07%	140.32%	112.16%	110.03%	149.65%
2004 年	105.27%	112.35%	107.15%	99.24%	107.26%
2005 年	83.15%	84.24%	85.65%	77.58%	87.07%
2006 年	79.58%	88.52%	79.57%	77.41%	77.24%
2007 年	70.04%	84.73%	66.10%	64.48%	82.35%
2008 年	98.19%	104.62%	105.71%	78.79%	113.18%
2009 年	72.13%	59.55%	73.60%	72.89%	76.14%
2010 年	73.75%	84.42%	75.21%	70.49%	68.03%
2011 年	88.92%	92.89%	93.48%	79.14%	93.57%
2012 年	87.44%	83.48%	82.79%	74.00%	134.13%
2013 年	68.31%	70.59%	66.29%	63.46%	83.25%

注：表中数据来源于国家统计局公布的主要城市年度数据。

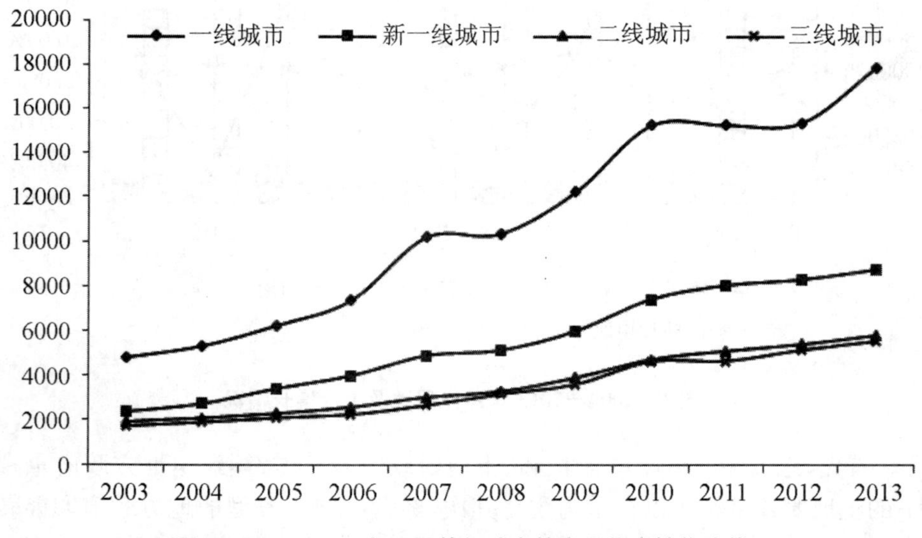

图 2　2003－2013 年不同等级城市的商品住房销售均价

① 本文中关于城市的划分，一线城市为：北京、上海、广州、深圳；新一线城市为：天津、沈阳、大连、杭州、宁波、南京、福州、厦门、济南、青岛、武汉、长沙、重庆、成都、西安；二线城市为：石家庄、太原、呼和浩特、长春、哈尔滨、合肥、南昌、郑州、南宁、贵阳、昆明；三线城市为：海口、兰州、西宁、银川、乌鲁木齐。

最小,三线城市的库存压力最大,一线和新一线城市的库存压力趋同。所以房价增速相应表现为二线城市最大(年均增速 6.96%),三线城市最小(年均增速 4.07%),一线和新一线城市基本趋同(年均增速分别为 5.65%和 5.57%)。当然库存率和房价变动中存在时间趋势和季度影响,但我们仍可以看出开发企业以低利润率来保障资金链完整的短期举措。

流动性萎缩和存量累积激发企业采取"薄利多销"的短期发展策略,其中三线城市表现更为显著。对住房价格下行的预期将进一步延滞有效的购房需求,其中一线城市购房需求的形成周期将进一步延长。

二、房地产开发企业与房地产市场供求

(一)房地产开发行业规模情况

从 2004 年的第一次全国经济普查到 2013 年的第三次全国经济普查,我国房地产市场经历了黄金十年的高速发展,对于房地产开发企业来说,无论在从业人数、企业个数还是企业资产等方面都得到了长足的进步和发展。

表 2 三次经济普查房地产业行业规模变动主要指标比较

经济普查	企业从业人数(人)	企业个数(个)	企业资产总计(亿元)
一经普	1585428	59242	61789.2
二经普	2077214	87881	144845.8
三经普	3349693	132105	474567.4

通过分析三次普查数据发现,我国房地产业发展呈现出以下特点:

1. 房地产开发企业发展迅速。我国房地产开发企业的队伍是随着我国房地产市场的发展而不断壮大起来的。经济普查数据显示,2004 年,我国共有房地产开发企业 5.9 万家,截止到 2013 年末已发展为 13.2 万家,增长了 1.2 倍。

2. 房地产开发企业规模偏小。随着我国房地产市场的发展,房地产开发企业数量及从业人员数量在不断增加。但平均每个开发企业人数在 25 人左右,总体来看,房地产开发企业虽然个数众多,但规模偏小。

3. 房地产开发企业资产负债率偏高,风险大。开发企业普遍存在自有资金不足的问题,企业所需资金主要是靠向银行贷款解决。我国开发企业资产负债率多数在 70%以上,过高的负债必然使企业成本增加,盈利下降,甚至出现亏损。部分自有资金不足的开发企业,靠银行贷款、施工企业垫资和拖欠材料款等进行房地产开发,一旦商品房销售不畅,资金不能及时回笼,将会导致工程难以为继,引发连锁反应,隐藏一定的金融风险。如处理不当将影响正常的经济秩序。

(二)房地产开发行业结构调整情况

1. 开发企业行业结构优化。从三次经济普查的结果来看,我国房地产开发企业中,有资质的企业呈现出不断发展和壮大的过程,尤其是资质等级高的企业占的比重越来越大,这也在另一方面充分说明了我国房地产开发企业的结构越来越优化,越来越向品牌化发展。

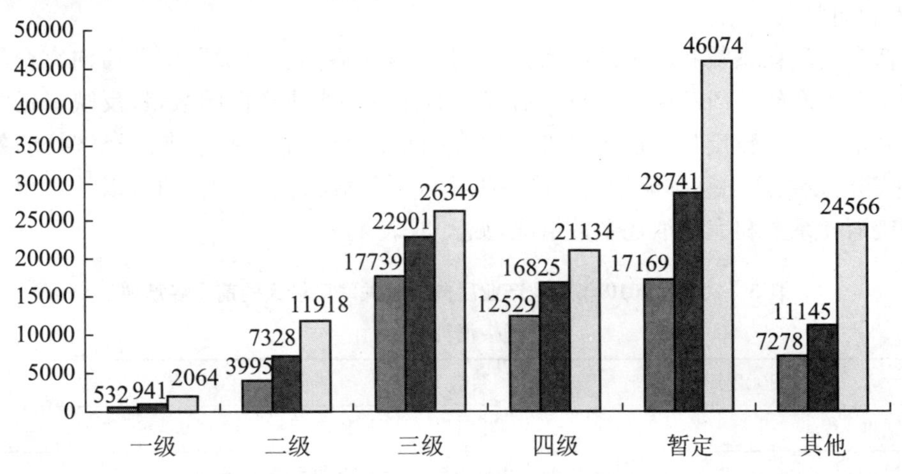

图 3 三次经济普查按资质等级房地产开发企业个数

2. 开发企业产品结构优化。通过选取 2005、2009、2013 年等代表性年份的数据看，住宅投资占比比较稳定，一直维持在 70%左右，值得关注的是别墅、高档公寓投资占比，从 2005 年的 6.6%到 2009 年的 5.7%，再到 2013 年的 4.2%，可以看出别墅、高档公寓占比越来越小，商业营业用房占比和其他投资占比基本保持稳定，变化不大，说明我国房地产开发企业的开发结构越来越合理，越来越理性。

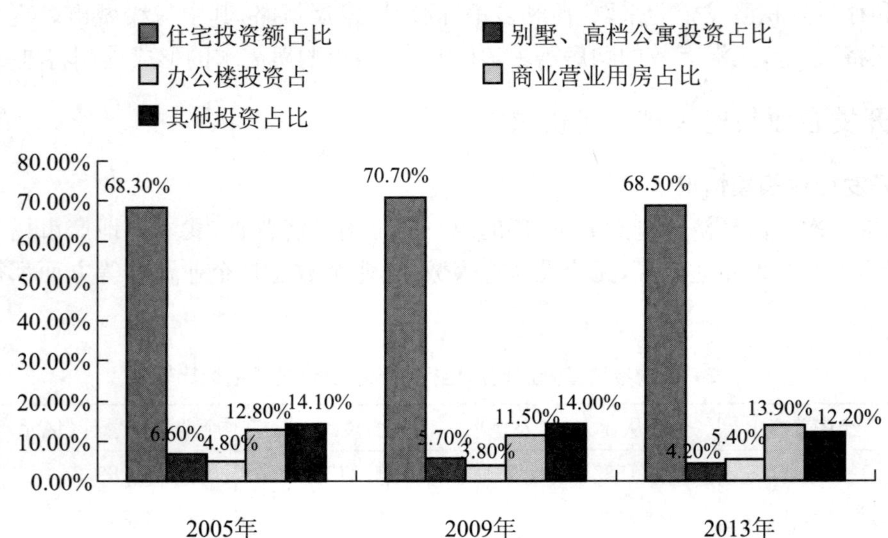

图 4 按项目类别 2005、2009、2013 年房地产开发企业投资比较

注：图中数据来源于《中国统计年鉴》。

三、房地产对上下游产业的影响

由于房地产业融资量大，产业链长，波及面广，与其他产业之间存在着广泛、复杂的和密切的技术经济联系。这种技术经济联系在产业经济学中被称为产业关联。一方面，在经济活动中，房地产业需要上游产业为其提供各种产品，以作为其要素供给；另一方面，房地产业又把自身的产品作为一种市场需求提供给下游产业进行消费。房地产业与上下游产业的关联效应，是指房地产业与其上下游产业之间以各种投入和产出为联系纽带的技术经济联系，其实质是房地产业与其他各产业相互之间的供给与需求关系。

(一)房地产业与上游产业的关联效应分析与测度

房地产后向关联产业即房地产上游产业。后向关联是指一产业通过需求联系与其他产业部门发生的关联，房地产业对于后向关联产业主要产生的是需求拉动作用，直接拉动称为后向直接关联，直接和间接共同拉动称为后向完全关联。后向关联度用后向关联系数——消耗系数来定量表示，房地产业的消耗系数越大，说明房地产业对其他产业的后向关联度越大，需求越大，带动效应越明显。房地产业对其他产业的后向关联度可按降序进行排列并计算平均消耗系数，将消耗系数高于平均消耗系数的产业作为房地产的后向密切关联产业，消耗系数大于 0 但小于平均消耗系数的产业为房地产业的后向非密切关联产业，消耗系数为 0 时，说明产业间无后向关联关系。

消耗系数包括直接消耗系数和完全消耗系数，分别代表了后向直接关联度和后向完全关联度。直接消耗系数是指某产业在生产经营活动中单位总产值直接消耗另一产业产值的数量，反映了任意两部门之间的直接依存关系。完全消耗系数反映了房地产业直接和间接消费其他产业带来的经济拉动效果。利用我国 2002 年—2010 年部门投入产出基本流量表中的数据附录，借助统计软件，我们可以计算得到与房地产业密切关联产业的直接消耗系数和完全消耗系数情况，见表 3、表 4。

表 3 2002—2010 年房地产业后向直接关联度最大的前十名产业

（直接消耗系数）

位次	2002 年	系数	2005 年	系数
1	金融业	0.277	金融业	0.133
2	建筑业	0.114	租赁和商务服务业	0.062

续表

位次	2002 年	系数	2005 年	系数
3	租赁和商务服务业	0.030	建筑业	0.035
4	住宿和餐饮业	0.022	住宿和餐饮业	0.025
5	非金属矿物制品业	0.022	电力、热力的生产和供应业	0.014
6	房地产业	0.018	非金属矿物制品业	0.014
7	交通运输及仓储业	0.017	交通运输及仓储业	0.011
8	交通运输设备及制造业	0.013	电气、机械及器材制造业	0.009
9	电气、机械及器材制造业	0.012	房地产业	0.009
10	通用、专用设备制造业	0.011	交通运输设备及制造业	0.005
比重累计	89.09%		86.95%	
位次	2007 年	系数	2010 年	系数
1	金融业	0.053	金融业	0.091
2	租赁和商务服务业	0.049	租赁和商务服务业	0.077
3	建筑业	0.038	建筑业	0.063
4	化学工业	0.028	住宿和餐饮业	0.027
5	住宿和餐饮业	0.016	房地产业	0.024
6	石油加工、炼焦及核燃料加工业	0.015	石油加工、炼焦及核燃料加工业	0.022
7	房地产业	0.012	电气机械及器材制造业	0.019
8	电气、机械及器材制造业	0.010	交通运输及仓储业	0.018
9	金属制品业	0.009	居民服务和其他服务业	0.017
10	居民服务和其他服务业	0.009	化学工业	0.016
比重累计	80.10%		84.41%	

资料来源：根据 2002、2005、2007 和 2010 年投入产出表计算。

表 4　2002—2010 年与房地产业后向直接关联度最大的前十名产业

（完全消耗系数）

位次	2002 年	系数	2005 年	系数
1	金融业	0.384	金融业	0.171
2	金属矿采选业	0.177	租赁和商务服务业	0.099
3	租赁和商务服务业	0.087	金属冶炼及压延加工业	0.065
4	建筑业	0.058	化学工业	0.054
5	金属冶炼及压延加工业	0.051	电力、热力的生产和供应业	0.053
6	化学工业	0.051	通信设备、计算机及其他电设备制造业	0.047
7	交通运输及仓储业	0.049	交通运输及仓储业	0.040
8	通用、专用设备制造业	0.049	建筑业	0.040
9	批发和零售贸易业	0.043	住宿和餐饮业	0.031
10	通信设备、计算机及其他电设备制造业	0.041	非金属矿物制品业	0.029
比重累计	71.63%		70.63%	
位次	2007 年	系数	2010 年	系数
1	化学工业	0.101	金融业	0.213
2	金融业	0.078	电力、热力的生产和供应	0.184

续表

位次	2002 年	系数	2005 年	系数
3	金属冶炼及压延加工业	0.070	租赁和商务服务业	0.174
4	租赁和商务服务业	0.047	金属冶炼及压延加工业	0.119
5	电力、热力的生产和供应	0.044	化学工业	0.112
6	石油加工、炼焦及核燃料加工业	0.041	房地产业	0.059
7	通信设备、计算机及其他电子设备制造业	0.036	造纸印刷和文教体育用品	0.055
8	电气机械及器材制造业	0.035	交通运输及仓储业	0.051
9	住宿和餐饮业	0.035	建筑业	0.045
10	交通运输及仓储业	0.033	通信设备、计算机及其他电设备制造业	0.042
比重累计	63.19%		73.12%	

资料来源：根据 2002、2005、2007 和 2010 年投入产出表计算。

(二)房地产业与下游产业的关联效应分析与测度

房地产前向关联产业即房地产下游产业。前向关联是指一产业通过供给联系与其他产业部门发生的关联，房地产业对于前向关联产业主要产生的是供给推动作用，直接推动称为前向直接关联，直接和间接共同推动称为前向完全关联。前向关联度用前向关联系数——分配系数来定量表示，房地产业的分配系数越大，说明房地产业对其他产业的前向关联度越大，供给越大，推动效应越明显。房地产业对其他产业的前向关联度可按降序进行排列并计算平均分配系数，将分配系数高于平均分配系数的产业作为房地产的前向密切关联产业，分配系数大于 0 但小于平均分配系数的产业为房地产业的前向非密切关联产业，分配系数为 0 时，说明产业间无前向关联关系。

分配系数包括直接分配系数和完全分配系数，分别代表了前向直接关联度和前向完全关联度。利用我国 2002 年－2010 年部门投入产出基本流量表中的数据，我们可以计算得到与房地产业密切关联产业的直接分配系数和完全分配系数，见表 5、表 6。

表 5　2002－2010 年房地产业前向直接关联度最大的前十名产业

（直接分配系数）

位次	2002 年	系数	2005 年	系数
1	公共管理和社会组织	0.186	公共管理和社会组织	0.019
2	批发和零售贸易业	0.054	金融业	0.015
3	金融业	0.047	批发和零售贸易业	0.015
4	居民服务和其他服务业	0.037	居民服务和其他服务业	0.008
5	房地产业	0.030	租赁和商务服务业	0.007
6	信息传输、计算机服务和软件业	0.024	信息传输、计算机服务和软件业	0.004
7	租赁和商务服务业	0.023	通信设备、计算机及其他电子设备制造业	0.003
8	住宿和餐饮业	0.020	房地产业	0.002
9	—	—	住宿和餐饮业	0.002
10	—	—	交通运输设备及制造业	0.002
比重累计	92.71%		91.29%	
位次	2007 年	系数	2010 年	系数
1	批发和零售贸易业	0.085	金融业	0.067
2	金融业	0.038	批发和零售贸易业	0.024
3	居民服务和其他服务业	0.019	房地产业	0.013
4	住宿和餐饮业	0.016	公共管理和社会组织	0.011

续表

位次	2002 年	系数	2005 年	系数
5	信息传输、计算机服务和软件业	0.016	通信设备、计算机及其他电子设备制造业	0.009
6	租赁和商务服务业	0.015	住宿和餐饮业	0.009
7	纺织服装鞋帽皮革羽绒及其制品业	0.011	租赁和商务服务业	0.008
8	房地产业	0.008	信息传输、计算机服务和软件业	0.007
9	化学工业	0.008	居民服务和其他服务业	0.004
10	交通运输及仓储业	0.007	公共管理和社会组织	0.003
比重累计	90.67%		92.31%	

资料来源：根据 2002、2005、2007 和 2010 年投入产出表计算。

表 6　2002—2010 年与房地产业前向直接关联度最大的前十名产业

（完全分配系数）

位次	2002 年	系数	2005 年	系数
1	公共管理和社会组织	0.253	公共管理和社会组织	0.026
2	批发和零售贸易业	0.087	金融业	0.026
3	金融业	0.082	通信设备、计算机及其他电子设备制造业	0.019
4	建筑业	0.081	化学工业	0.018
5	化学工业	0.075	批发和零售贸易业	0.017
6	居民服务和其他服务业	0.067	建筑业	0.015
7	通信设备、计算机及其他电子设备制造业	0.059	租赁和商务服务业	0.014
8	农业	0.055	通用、专用设备制造业	0.007
9	交通运输及仓储业	0.036	交通运输及仓储业	0.006
10	通用、专用设备制造业	0.034	居民服务和其他服务业	0.006
比重累计	77.33%		73.23%	
位次	2007 年	系数	2010 年	系数
1	批发和零售贸易业	0.099	金融业	0.082
2	化学工业	0.047	批发和零售贸易业	0.038
3	金融业	0.038	通信设备、计算机及其他电子设备制造业	0.034
4	建筑业	0.032	房地产业	0.032
5	通信设备、计算机及其他电子设备制造业	0.031	公共管理和社会组织	0.030
6	金属冶炼及压延加工业	0.028	信息传输、计算机服务和软件业	0.028
7	通用、专用设备制造业	0.027	租赁和商务服务业	0.022
8	交通运输设备制造业	0.026	建筑业	0.019
9	纺织服装鞋帽皮革羽绒及其制品业	0.022	住宿和餐饮业	0.018
10	交通运输及仓储业	0.018	交通运输及仓储业	0.018
比重累计	75.33%		73.12%	

资料来源：根据 2002、2005、2007 和 2010 年投入产出表计算。

在投入产出分析中，完全消耗系数可表示后向拉动作用，完全分配系数可表示前向推动作用。因此，房地产业的拉动作用可以用完全消耗系数矩阵的列合计来计算，表示它增加一个单位最终使用时，通过直接或间接关联要求国民经济各部门提供的投入总量；房地产业的推动作用可以用完全分配系数矩阵的行合计来计算，表示它增加一个单位初始投入时，通过直接或间接关联对国民经济各部门提供的分配总量。房地产业对城市所有产业的后向拉动作用和前向推动作用之和为房地产业对所有产业的带动效应。经过计算发现，房地产业对其他所有产业的后向拉动作用、前向推动作用和总带动效应出现了先降后升和总体下降的趋势。房地产业的后向拉动作用在 2002、2005、2007、2010 年的系数分别为 1.384、0.988、0.826 和

1.560。房地产业的前向推动作用在2002、2005、2007、2010年的系数分别为1.072、0.211、0.488和0.442。房地产业的带动系数在2002、2005、2007、2010年分别为2.456、1.199、1.314和2.002。

房地产业对经济的后向需求拉动的产业相对稳定,始终在前十名和排名相对稳定的行业有金融、租赁和商务服务业、建筑业等,并且出现了拉动的第三产业比重上升和建筑业下降的趋势,不同产业对房地产业的直接投入和间接投入存在一定的差异。房地产业对经济的前向供给推动的产业相对稳定,始终在前十名和排名相对稳定的行业有金融业,批发和零售贸易业,建筑业,通信设备、计算机和其他电子设备制造业,交通运输及仓储业等,主要为第三产业,不同产业对房地产业的直接和间接需求存在一定的差异。经过计算发现,房地产业对其他所有产业的后向拉动作用、前向推动作用和总带动效应出现了先降后升和总体下降的趋势。

四、对策建议

通过以上对经济普查数据及其他相关数据的分析和挖掘可以发现,伴随着宏观经济进入新常态,房地产业已进入新常态。就政府而言,不论是中央政府还是地方政府,都面临着转变市场调控理念的巨大挑战。具体而言,为了主动适应房地产市场的新常态,政府的市场调控政策应至少从以下几个方面进行调整。

(一)要重新审视房地产业与国民经济的关系

房地产业的强关联性决定了其对经济增长依然非常重要,但相对于以前,其贡献度将有所下降。本研究表明,随着经济进入新常态,房地产业对其他所有产业的后向拉动作用、前向推动作用和总带动效应呈总体下降趋势,对经济的拉动效应也在逐渐减小。因此,经济增长不能再过度依赖房地产业,应该逐步培育新的经济增长点。

(二)要探索建立长效市场调控机制

调控应弱化行政手段,强化市场手段。如果说爆发式增长下需要更多的行政调控措施,那么稳速增长下更需要回归市场。或者说,行政手段是过去房地产市场非正常迅猛发展时期的非常规调控方式,随着市场进入新常态,调控手段也应该回归市场化的正常状态。进入新常态以后,不少城市先是放松随后取消限购、限贷政策,其实质就是行政手段的逐步退出。市场化的市场调控机制应包括税收、金融、土地、规划等手段,而尽量减少政府对市场的直接干预。不过,建立长效调控机制还要控制好节奏,要和宏观经济转型相协调,避免给经济增长带来过多风险。

(三)要通过制度创新培育房地产业新的增长点

要给予房地产小微企业政策支持,同时要加强对房地产开发经营行业的监管,促使企业提升产品和服务质量,推动企业开发绿色房地产,提高经营效益。另外,还要深化改革,重视房地产市场调控的制度创新,扫清行业发展障碍。

(四)房地产市场应实行差别化调控

市场分化是房地产市场新常态的重要特点之一,一二线城市与三四线城市之间,发达城市与欠发达城市之间呈现出不同的特点,由中央政府制定一刀切的调控政策是不科学的。中央政府应更多地做好政策的顶层设计和宏观决策,而给予地方政府更加灵活的调整权,以实现因地制宜、精准调控。例如本研究发现不同规模城市的土地要素供求呈现差别化特点,因此只有适合本地的土地供给政策才更有效。

(五)鼓励企业兼并重组,加速房地产行业优化升级

未来房地产企业将面临更具挑战性的市场环境,那些过去依靠某些特殊条件生存和发展的企业如果不能积极转型,将被综合竞争力强的企业逐渐淘汰或兼并。政府应顺应市场优胜劣汰的潮流,积极为行业重组提供服务。

(六)合理引导舆论,重视预期管理

对住房价格下行的预期将进一步延滞有效购房需求。因此,政府应明确认识到预期因素对房地产市场的特殊重要性,通过引导大众舆论,避免出现“羊群效应”,造成市场剧烈波动。

课题组 组长:吕 萍

成员:谢经荣 陈卫华 藏 波 朱庄瑞

刘 寅 柯奇铭 甄 辉 张跃松

余华义 陈泓冰 陈宇锋

我国文化产业的区域差异及政策取向

近年来，随着经济社会的发展和文化体制改革的不断推进，我国文化及相关产业①（以下简称文化产业）得到较快发展，但空间布局的不平衡性也日益突显。对区域文化产业发展差异及政策取向的研究，对制订文化产业发展战略与规划，推进文化产业健康协调发展具有重大的现实意义。

本文以当前我国文化产业的区域差异问题为研究对象，利用第三次全国经济普查及相关统计数据，采用理论与实证研究、定性与定量分析相结合的研究方法，对我国文化产业发展的区域差异进行了多角度分析。首先，用聚类分析法对文化产业的发展区域进行合理的划分；其次，在分析文化产业的总体现状及动态发展特征的基础上，运用多种统计分析方法对文化产业的区域差异进行多视角的分析；第三，结合文化产业发展理论及实证分析结论，归纳总结形成我国文化产业区域差异的主要原因；最后，为区域文化产业的协调发展提出政策建议。

一、我国文化产业发展的区域划分

本文选取了反映文化产业投入和产出的 6 个指标，构建我国文化产业发展区域划分的聚类分析统计指标。这些指标包括：文化产业企业法人单位数、文化产业企业法人单位从业人员数、文化产业企业资产总额、“三上”文化产业企业利税总额、文化产业企业主营业务收入和居民文教娱乐现金消费支出。利用系统聚类分析法②对我国 31 个省（市、自治区）的文化产业发展状况进行区域划分，结果详见表 1。

表 1　聚类分析结果

区　域	省（自治区、直辖市）
一类地区	北京、上海、江苏、浙江、山东、广东（6 个）
二类地区	天津、河北、辽宁、安徽、福建、江西、河南、湖北、湖南、重庆、四川（11 个）
三类地区	吉林、黑龙江、山西、内蒙古、广西、海南、云南、贵州、西藏、陕西、甘肃、青海、宁夏、新疆（14 个）

聚类结果显示：全国 31 个省（自治区、直辖市）可分为三类区域：一类地区包含北京、上海、江苏、浙江、山东和广东等 6 个省（市），均为东部省份，且上述 6 项指标的数值大多排名位列全国前 6 位。二类地区包括天津、河北、辽宁、安徽、福建、江西、河南、湖北、湖南、重庆和四川等 11 个省（市），近半数省份为中部省份，这 11 个省（市）的 6 项指标的数值排序多集中在 11～19 位。三类地区包括黑龙江、吉林、山西、内蒙古、广西、海南、云南、贵州、西藏、陕西、甘肃、青海、宁夏和新疆等 14 个省（自治区），多数为西部省份，这 14 个省（自治区）的 6 项指标的数值绝大部分都排在 20 名以后。

---

① 根据国家统计局颁布的《文化及相关产业分类（2012）》，指“为社会公众提供文化产品和文化相关产品的生产活动的集合”。

② 聚类分析是一种建立分类的多元统计分析方法，它将研究目标群体根据其诸多特征，按照亲疏程度在没有先验知识的情况下进行分类并产生分类结果。每类内部的个体在特征上具有相似性，不同类别间个体特征的差异性较大。

二、各区域发展差异的现状和特征

(一)区域间发展差异明显,二类地区区域内差异最大

1.区域间特征差异明显。以2013年我国文化产业企业主营业务收入测算的泰尔指数①为0.49,其中,区域间差异和区域内差异分别为0.39和0.10,区域间差异明显大于区域内差异,区域间差异占总差异的比重高达79.6%,表明区域间差异对总差异的影响较大,起主导作用。

2. 二类地区区域内特征差异最大。2013年,一类、二类和三类地区的主营业务收入指标变异系数②分别是55.3%、75.0%和53.9%,就区域内的差异来看,呈现出二类地区、一类地区、三类地区依次递减,一类地区和三类地区的区域内部差异程度相近的特点。同时各区域的泰尔指数由高到低依次是:二类地区0.12、三类地区0.09、一类地区0.08,这与变异系数测算的结果基本一致,也说明二类地区的区域内差异最大。从对区域内差异的贡献来看,二类地区占比最大,达到57.4%,一类地区次之,为22.6%,三类地区最小,为20.0%,说明全国总体的泰尔指数区域内差异有近60.0%来自于二类地区内部的差异。

表2 2013年文化产业企业主营业务收入泰尔指数

区域间差异	区域内差异	总差异	区域间差异占总差异的比重(%)
0.39	0.10	0.49	79.6

(二)三区域文化产业发展水平呈阶梯状排列格局

目前我国文化产业发展的区域特征是:一类地区占据明显优势,各项基础指标处于领跑水平;二类地区发展条件尚可,各项基础指标处于跟进水平;三类地区发展基础薄弱,各项基础指标处于落后水平。一类、二类和三类地区总体上呈现阶梯状排列的格局。

1.从产业规模来看,一类地区明显占有绝对优势。2013年我国文化产业企业单位近79万家,其中一类地区占56.8%,二类、三类地区分别占31.7%和11.5%;企业年末从业人员1548万人,其中一类地区占57.7%,二类、三类地区分别占33.5%和8.8%;"三上"文化产业企业拥有资产57568.5亿元,其中一类地区占65.8%,二类、三类地区分别占27.4%和6.8%;固定资产投资总额19045亿元,其中一类地区占33.7%,二类、三类地区分别占47.9%和18.4%。

2.从产出效益看,一类地区产出能力最强、效益水平处于领先地位。2013年我国文化产业企业实现主营业务收入82611.0亿元,一类、二类和三类地区分别占65.6%、29.4%和5.0%;"三上"文化企业创造的全

---

① 泰尔指数用于衡量区域间的不均衡程度,考察区域间和区域内的差异程度,以及两者对总体差异的贡献程度。

(1)一类、二类、三类地区的泰尔指数计算公式:

$$T_1=\sum_{i=1}^{n}\frac{N_i}{N_{11}}\ln\left[\left(\frac{N_i}{N_{11}}\right)/\left(\frac{P_i}{P_{11}}\right)\right],$$

$$T_2=\sum_{i=1}^{n}\frac{N_i}{N_{22}}\ln\left[\left(\frac{N_i}{N_{22}}\right)/\left(\frac{P_i}{P_{22}}\right)\right],$$

$$T_3=\sum_{i=1}^{n}\frac{N_i}{N_{33}}\ln\left[\left(\frac{N_i}{N_{33}}\right)/\left(\frac{P_i}{P_{33}}\right)\right]。$$

公式中的T_1、T_2、T_3分别表示一类、二类、三类地区的泰尔指数,N_i表示i省(自治区、市)人口数占全国人口数的比重,N_{11}、N_{22}、N_{33}表示一类、二类、三类地区人口数占全国人口数的比重,P_i为i省(自治区、市)文化产业企业主营业务收入占全国文化产业企业主营业务收入的比重,P_{11}、P_{22}、P_{33}为一类、二类、三类地区文化产业企业主营业务收入占全国文化产业企业主营业务收入的比重。

(2)区域间差异的泰尔指数计算公式:

$$T_a=N_{11}\times\ln\left(\frac{N_{11}}{P_{11}}\right)+N_{22}\times\ln\left(\frac{N_{22}}{P_{22}}\right)+N_{33}\times\ln\left(\frac{N_{33}}{P_{33}}\right)$$

(3)区域内差异的泰尔指数计算公式:

$$T_b=N_{11}\times T_1+N_{22}\times T_2+N_{33}\times T_3$$

(4)总泰尔指数计算公式:

$$T=T_a+T_b$$

② 变异系数又叫离散系数,是反映评价对象相对差异程度的统计分析指标,它能够消除平均水平和(或)计量单位不同带来的影响,客观地反映各单位标志值的相对变异程度。其计算公式为:$V_\sigma=\frac{\sigma}{\mu}\times100\%$

式中σ、μ分别代表标志值的标准差和均值。

部营业利润4480.6亿元，一类、二类和三类地区分别占65.4%、30.1%和4.5%。一类、二类和三类地区的企业平均主营业务收入分别为1215.4万元、975.8万元和455.2万元，“三上”文化企业的人均营业利润分别为6.3万元、5.3万元和4.5万元。

3.从居民文化消费水平看，一类地区明显优于二、三类地区。2013年，一类、二类和三类地区的城镇居民人均文教娱乐现金消费支出分别为3044.1元、1955.5元和1879.5元，农村居民人均文教娱乐现金消费支出分别为791.5元、411.2元和410.4元。

(三)三区域文化产业综合发展实力差异显著

为深入分析各区域文化产业的综合发展实力，本文进一步选取了15个反映文化产业综合发展实力的指标(详见表3)，运用因子分析法[①]，对2013年各区域的文化产业综合发展实力进行排序分析。

表3 文化产业综合发展实力测算指标

序号	指标	序号	指标
1	人均文化产业法人单位数	9	人均文化产业专利授权数
2	文化产业从业人员数与全部从业人数之比	10	人均文化产业企业主营业务收入
3	人均文化产业固定资产投资	11	受过高中和大专及以上教育的人口数占六岁及以上人口总数的比重
4	人均文化产业总资产		
5	人均地区生产总值	12	城镇居民人均文教娱乐现金消费支出
6	城镇居民人均可支配收入	13	农村居民人均文教娱乐现金消费支出
7	农村居民人均纯收入	14	“三上”文化产业企业人均营业利润
8	人均文化体育与传媒支出	15	“三上”文化产业企业资产利润率

测算结果显示：文化产业综合发展实力一、二、三类地区依次递减。上海、北京、浙江、江苏、广东和山东等6个一类地区的省份，均进入我国文化产业综合发展实力的前八名(详见表4)，综合实力最强。二类地区11个省(市)以中部地区省份为主，其综合实力总体上紧随一类地区之后。从具体位次看，其中天津、福建两个东部省份的综合实力排名进入前8名，位于第4和第7，另外8个省份集中排在9—16位，位于西部的四川排在23位。结果显示二类地区的综合实力弱于一类地区，且区域内各省份差异较大。三类地区包含14个省(自治区)，主要来自西部地区，文化产业综合实力基本排在17名之后，在三大区域中属于弱势区域。总体上看，文化产业的综合发展实力受到各区域经济发展水平的影响，呈现出与经济发展水平相似的空间排列格局。

表4 各区域的文化产业综合实力排名

区域	省(自治区、直辖市)及其综合实力排名						
一类地区(6个)	上海	北京	浙江	江苏	广东	山东	
	1	2	3	5	6	8	
二类地区(11个)	天津	福建	湖南	江西	辽宁	重庆	湖北
	4	7	9	10	11	12	13
	河南	安徽	河北	四川			
	14	16	17	23			
三类地区(14个)	内蒙古	吉林	海南	陕西	广西	黑龙江	宁夏
	15	18	19	20	21	22	24
	山西	云南	新疆	贵州	甘肃	青海	西藏
	25	26	27	28	29	30	31

① 因子分析是常用的综合评价分析方法，通过指标的降维，用少数几个因子去描述许多指标或因素之间的联系，即将相关性比较密切的几个变量归在同一类中，每一类变量就成为一个因子，以较少的几个因子反映原资料的大部分信息，然后对这几个主要因素进行比较分析，实现综合评价。

三、区域发展差异的因素分析

本文通过选择经济社会发展的相关指标，从文化资源禀赋、经济基础、文化产业结构、人力资本以及政府扶持力度等角度分析文化产业区域发展差异的影响因素。

(一)文化资源禀赋

文化资源禀赋是指本地所具有的各种文化要素和文化环境。赫克歇尔—俄林理论认为，地区之间要素禀赋的差异决定了地区之间的生产模式差异。而我国的文化资源分布并不平衡。例如，一类、二类地区拥有全国76.0%的博物馆藏品和82.1%的民间艺术团体，而国家级风景名胜区有92.5%处于二类、三类地区。地域文化特色与文化资源将赋予不同地区文化产品或服务独特的文化价值和差异化优势，并随着本地市场的扩大和文化品牌的建设，形成比较优势。

(二)经济基础

文化产业布局不仅是文化生产能力空间运动的结果，也是国民经济发展的结果。三大地区的经济基础存在差异，一类地区地处东部，经济发达，人均GDP、投资水平、居民人均可支配收入、城乡居民的文化消费水平均较高，服务业占比也比较高；二类地区大多是中部省份，经济发展水平较一类地区还有一定差距，第二产业是经济发展的主导力量；而三类地区的经济发展总体水平相对较低，其他几项指标也落后于一类、二类地区。

(三)文化产业结构

我国文化产业结构在三类地区中差异明显。(1)从产业类型看，一类地区拥有全国38.4%的文化制造业企业，58.7%的文化批零业企业和54.1%的文化服务业企业，文化批零业和文化服务业在全国占有明显优势；二类地区拥有全国56.8%的文化制造业，文化批零业和服务业拥有的比例分别为30.0%和32.9%，文化制造业占据优势；三类地区文化制造业、批零业和服务业在全国中所占的份额分别为4.8%、11.3%和13.0%，均无优势。(2)从规模结构看，我国文化企业中规模以上企业占比较少，2013年文化产业“三上”法人单位数，三大区域均没超过6%，最高的一类地区只有5.3%，二类、三类地区分别为4.2%和2.3%；企业规模小在一定程度上制约了区域文化产业的发展。文化产业“三上”法人单位在三大地区分布是：61.1%，32.1%和6.8%，绝大多数分布在一类地区。(3)从技术层次看，文化及相关产业专利授权总数、动漫企业数、规模以上文化制造业企业中有R&D活动企业数以及R&D经费内部支出等指标均是一类地区居优势地位，处于领先水平，而三类地区则很薄弱，相关指标均不及一类地区的一半。

(四)人力资本

整体上看，我国的文化产业的发展水平受制于高素质人才的缺乏。2013年我国人均受教育年限仅为8.5年，大专及以上学历人数占6岁及以上人口的比重为11.3%，规模以上文化制造业企业的R&D人员全时当量平均水平为37.3人年。人力资本的分布呈现出一类、二类、三类地区递减的阶梯状分布，一类地区集中了较多的高素质人才和R&D活动人员，文化产业的发展活力更强。

(五)政府扶持力度

从各地区地方财政支出中文化体育与传媒支出所占比重来看，一类地区最高，三类地区次之，二类地区最少。一类地区由于先天的资源优势及文化产业市场的完善使其获得的财政资助比二类、三类地区要多，三类地区则受益于近年来国家的西部大开发战略。从文化产业园区的建设情况看，地方政府积极干预区域文化产业布局，通过公共财政支持，建立文化产业园，引领了区域文化产业的发展，在目前已建成的文化创意产业园区共计1177个(不含港、澳、台地区)，一类、二类、三类地区分别占47.4%、34.6%和18.0%，其中排在前三名的分别是广东、上海和江苏，文化产业园区的非均衡分布在一定程度上影响了区域发展的差异。

四、政策建议

由于受文化产业发展影响因素的制约，我国区域文化产业发展差异明显。要提高我国文化产业综合实力，缩小文化产业区域发展水平的差异，各地区必须因地制宜，并着力从改善经济条件，优化产业结构、注重人才培养，提高政府扶持力度等关键因素入手，发挥各地优势，扬长避短，形成各具特色的文化产业发展之路。

(一)一类地区走“文化+”融合创新发展之路

一类地区是我国文化产业发展的优势区域,其文化产业发展条件较好,经济水平高,高素质人才聚集,文化产业的创新水平较高。一类地区在立足自身优势的前提下,应注重文化与科技、金融、旅游和贸易等领域的融合,走“文化+”融合创新发展之路,推进文化产业发展模式创新,以融合创新,优化文化产业结构,提升文化产业层次,提高整个文化产业的发展实力。具体措施是:利用现有条件集中于文化产业的发展,建立大型的文化产业园区,引导以数字技术为主的文化产业单位进驻;环渤海经济圈以北京为龙头,辐射山东,主打展演出版、咨询策划、电信软件、科研教育、古玩艺术品交易等优势行业;长三角地区以上海为龙头,带动江苏、浙江等省文化产业发展,设计服务、休闲娱乐、广告策划等行业优势较为明显;珠三角地区以广东为代表,主打工艺时尚、咨询策划、动漫等行业。一类地区在继续保持政府在文化体育和传媒支出方面的优势之外,尝试通过一些新型的融资项目如私募基金、信托计划、项目所有权和收益权质押贷款以及资产证券化甚至是“互联网+文化产业+金融”的创新融资模式。积极引进具有国际视野的文化人才,加大R&D人员的培育及投入力度,为文化产业创新提供后备主力军。

(二)二类地区走协调发展之路

二类地区要因地制宜,从实际情况出发,走经济与文化协调发展之路。一是注重文化产业各行业的均衡关系,优化文化产业结构。充分挖掘当地文化特色和文化遗产,整合文化产业资源。二类地区有历史文化资源和人文文化资源优势,如安徽的徽文化、河南的中原文化、江西的红色文化和道教文化、湖北的“楚”文化、湖南的“湖湘文化”等等。以湖北、湖南为中心,影视文化、展演出版尤为突出,可重点发展以版权为核心价值的期刊、图书出版业和广播电视产业。二是加大政府对文化产业的财政支持力度,发挥财政资金引导作用。三是积极探索推广PPP模式,鼓励财政资金与社会资本有机结合,引导社会资本特别是民营资本敢进入、能投入文化产业。四是加快人才的培养与引进力度,重点加强其历史文化、人文文化修养,提高出版、影视人才的素质。

(三)三类地区走民族特色文化产业发展之路

三类地区的文化产业发展需要依托经济发展、文化自然资源支撑以及人才的培养等举措,探索一条适合区域特点的文化产业发展之路。首先,必须通过大力发展经济,提升经济整体实力,壮大文化产业队伍。政府要鼓励发展潜力好、符合上市要求的文化企业积极上市,扩宽企业的资金来源渠道。其次,积极举办或参加文化产业博览会,将优秀的文化企业和文化资源展现在世界面前,吸引有实力的开发者进行投资。西部地区可在有条件的城市构建文化产业交易平台,打造供各类资本挑选的文化产业“项目池”,为文化产品信息沟通和点对点交易提供平台,推动文化产业和资本相结合。再次,可依托丰富的自然资源和少数民族风土民俗,加强文化和旅游的有机结合,注重挖掘区域文化资源的特色,注重民族文化的保护与开发,借助自身丰富的旅游资源,进行深度整合开发,形成品牌效应。如七彩云南、茶马古道、兵马俑、丝绸之路等区域文化特色浓厚的文化品牌;做好知识产权和品牌的保护,形成民族特色发展之路,进而带动整个区域文化产业的发展。第四,要注重文化产业的核心人才培育。必须加大扶持力度,建立文化产业人才培养基金和资助体系。把文化产业人才尤其是顶级人才的引进提升到与经济上招商引资同等重要的地位上来。通过增加专项资金、政府拨款、企业赞助、社会捐助、自筹资金等多种方式作为融资渠道,从政策和服务方面加以配套支持,加大文化产业人才的培养与引进力度,以解决制约本区域文化产业发展的一大瓶颈问题。

参考文献

[1]顾江.文化产业研究[M].南京:东南大学出版社,2011.

[2]国家统计局社会科技和文化产业统计司,中宣部文化体制改革和发展办公室.中国文化及相关产业统计年鉴—2014[M],北京:中国统计出版社,2014.

[3]国家统计局社会科技和文化产业统计司,中宣部文化体制改革和发展办公室.文化及相关产业统计概览—2014[Z].2014.

[4]韩美群.当代西方文化产业区域发展模式评析[J].国外社会科学,2009.6.

[5]胡惠林.关于区域文化产业战略与空间布局[J].山东社会科学,2006.2.

[6]黄小平.2013年江西文化及相关产业经济普查主要数据简要分析[Z].江西统计局网站 http://www.jxstj.gov.cn/News.shtml? p5=5732256,2015-03-04.

[7]李兴江,孙亮.中国省际文化产业效率的区域差异分析[J].统计与决策,2013.20.

[8]梁君,黄慧芳.中国省级区域文化产业竞争力分析[J].统计与决策,2012.11.

[9]滕堂伟,翁玲玲,韦素琼.中国文化产业发展的区域差异[J].经济地理,2014.7.

[10]辛佳.2013 年我国文化及相关产业法人单位数近 92 万家[Z].简明统计资料,2014.291.

[11]赵彦云,余毅,马文涛.中国文化产业竞争力评价和分析[J].中国人民大学学报,2006.4.

[12]张晓明,王家新,章建刚.中国文化产业发展报告(2014)[M].北京:社会科学文献出版社,2014.

[13]张协嵩,庄能红.国内文化产业发展指数构建经验及对福建的启示[J].发展研究,2014.4.

[14]张玉玲.中国文化产业:2 万亿平台上的新坐标——从国家统计局最新数据看文化产业发展[N].光明日报,2015-01-24(04).

[15]中华人民共和国国家统计局.中国统计年鉴—2014[M],北京:中国统计出版社,2014.

[16]周锦,闻雯.基于因子分析的我国文化产业发展评价[J].华东经济管理,2012.26(2).

[17]AnthonyY. H. Fung & John Nguyet Erni.Cultural Clusters and Cultural Industries in China[J].Inter-Asia Cultural Studies,2013.

[18]Helmut K.Anheier & Yudhushtiiir Raj Isar. Cultures and Globalization: The Cultural Economy[M].London: SAGE,2008.

[19]HONG Jin & YU Wentao & GUO Xiumei & ZHAO Dingtao. Creative Industries Agglomeration,Regional Innovation and Productivity Growth in China[J].Chinese Geographical Science,2014.24.

课题组　组长:魏和清

成员:李燕辉　黄小平　郑罗慧　邓丹泉

肖惠妩　李　颖　刘少京　许鲁洋

经济转型升级的国际比较研究

经过30多年的高速增长，我国经济发展取得了世人瞩目的成就，现已成为世界第二大经济体，并步入中等偏上收入经济体行列。从世界诸多经济体的发展进程看，成功跨越中等收入陷阱（见附件）的经济体都成功实现了经济转型升级，而陷入中等收入陷阱的经济体在经济转型升级过程中都遇到了阻碍。可见，跨越中等收入陷阱和经济转型升级是一个问题的两个方面，从是否成功跨越中等收入陷阱这一视角，可以更好地分析国外经济转型升级的一般规律和实现途径，对于我国如何顺利推进转型升级，进而步入世界高收入经济体行列，具有重要的借鉴意义。

一、1950年以来全球经济体跨越中等收入陷阱情况

根据按PPP(购买力平价法)计算的1990年可比价人均GDP及收入分组数据，对照世界银行和亚洲开发银行有关中等收入陷阱判断和量化标准(见附件)，我们对1950－2013年间世界124个主要经济体[①]跨越中等收入陷阱的基本情况进行了区分：一是能明显判断的4类，包括成功跨越中等偏上收入陷阱、成功跨越中等偏下收入陷阱、陷入中等偏上收入陷阱、陷入中等偏下收入陷阱的经济体；二是因观察时间还不够长尚无法判断是否陷入中等偏上或偏下陷阱的两类经济体。

从表1可以看出，1950年以来，随着世界经济的增长，低收入经济体数大幅减少，由1950年的82个减少至2013年的35个；高收入经济体数明显增多，由1950年的3个增加至2013年的33个；而中等收入经济体数量1950－1980间增加较多，1980年以来大致稳定。

表1　1950－2013年世界124个经济体收入分组变化

组别	1950年		1980年		2013年	
	个数	比重%	个数	比重%	个数	比重%
高收入	3	2.4	21	16.9	33	26.6
中等偏上	6	4.8	10	8.1	15	12.1
中等偏下	33	26.6	46	37.1	41	33.0
低收入	82	66.1	47	37.9	35	28.2
合计	124	100.0	124	100.0	124	100.0

资料来源：亚洲开发银行、世界银行以及本文作者推算。

从124个经济体60多年间收入分组的变动情况看，成功跨越中等偏下收入陷阱最为不易。1950年以来，只有中国等10个经济体[②]进入了中等偏下收入组并成功实现向中等偏上收入组的跨越，而同期包括中国香港在内的16[③]个经济体进入了中等偏上收入组并成功实现向高收入组的跨越。有32个经济体曾陷入中等收入陷阱。其中，29个[④]陷入中等偏下收入陷阱，3个陷入中等偏上收入陷阱。另外17个经济体[⑤]，因

① 麦迪森《世界经济千年史》提供了161个全球主要经济体的可比价人均GDP估计数据。为提高分析的应用价值，本文剔除了其中的37个经济体，包括7个人口不足100万的经济体、24个前苏联东欧国家以及6个在世界银行数据库没有数据的经济体，剩下共计124个经济体。

② 10个经济体分别为中国、马来西亚、韩国、中国台湾、泰国、中国香港、以色列、新加坡、沙特阿拉伯和委内瑞拉。

③ 16个经济体分别为奥地利、比利时、智利、芬兰、法国、德国、中国香港、意大利、日本、毛里求斯、挪威、韩国、新加坡、瑞士、中国台湾和美国。

④ 29个经济体分别为菲律宾、斯里兰卡、阿尔巴尼亚、罗马尼亚、玻利维亚、巴西、多米尼亚共和国、厄瓜多尔、萨尔瓦多、危地马拉、牙买加、巴拿马、巴拉圭、秘鲁、阿尔及利亚、埃及、伊朗、约旦、黎巴嫩、利比亚、摩洛哥、突尼斯、也门共和国、博茨瓦纳、刚果共和国、加蓬、纳米比亚、南非和斯威士兰。

⑤ 17个经济体中，有8个经济体目前尚无法判断是否会陷入中等偏下收入陷阱，分别为柬埔寨、印度、印尼、缅甸、巴基斯坦、越南、洪都拉斯和莫桑比克；9个经济体目前尚无法判断是否会陷入中等偏上收入陷阱，分别为中国、泰国、保加利亚、匈牙利、波兰、土耳其、哥斯达黎加、墨西哥和阿曼。

时间原因目前尚无法判断是否会陷入中等收入陷阱。

二、跨越中等收入陷阱经济体的共同特征

虽然成功跨越中等收入陷阱的各经济体之间存在较大的差异，但在跨越过程中，仍表现出以下共同特征。

（一）经济持续快速增长

据我们掌握的完整历史数据，日本等 10 个成功跨越中等偏下收入陷阱的经济体[①]跨越该阶段的 GDP 年平均增速为 7.8%；中国香港等 11 个成功跨越中等偏上收入陷阱的经济体[②]跨越该阶段的年平均增速为 7.4%。

与此同时，陷入中等偏上收入陷阱的阿根廷、委内瑞拉和叙利亚等 3 个经济体的 GDP 平均增速只有 2.8%。

（二）经济结构顺利升级

从产业结构看，高收入经济体在进入高收入组时的三次产业占比平均分别为 5.6%、36.0%和 58.1%，第一产业比重显著下降，第三产业取代第二产业占据主导地位。而陷入中等偏上陷阱经济体的 2013 年的三次产业占比平均分别为 12.9%、41.3%和 45.9%，第一产比重高，第三产比重偏低；陷入中等偏下收入陷阱经济体平均为 13.5%、31.0%和 55.4%，第二产业比重偏低。

从就业结构看，跨越中等偏上收入陷阱经济体成功进入高收入组时，三次产业就业人数占比平均为 9.8%、31.2%和 59.0%；陷入中等偏下收入陷阱经济体 2013 年的平均占比分别为 23.3%、20.8%和 54.1%；陷入中等偏上收入陷阱经济体的占比分别为 11.9%、27.4%和 60.7%，农业就业人口占比均偏高，工业占比略低。

从投资消费结构看，跨越中等收入陷阱，特别是中等偏下收入陷阱的经济体，投资率都保持在一定水平，外贸依存度也高。而陷入中等收入陷阱的经济体目前的消费率和投资率均较低。

从居民消费水平看，2013 年，高收入经济体恩格尔系数平均为 12.6%；中等偏上收入经济体在 17%至 27%之间，平均为 21.1%；中等偏下收入经济体则大多在 25%以上，平均为 28.9%。

从收入分配结构看，成功跨越中等收入陷阱特别是中等偏上收入陷阱的经济体收入分布呈中等收入者为主体的橄榄型，而陷入中等偏上和偏下收入陷阱经济体目前的基尼系数平均分别达到 0.428 和 0.436，比高收入组经济体 2000 年平均水平分别高出 0.09 和 0.10。

（三）成功实现经济转型

1. 劳动生产率提高较快。日本、韩国、新加坡、中国香港、以色列和西班牙等 6 个高收入经济体在跨入高收入门槛时，劳动生产率（按 2005 年可比价计算的每个劳动者创造的 GDP）平均是其跨入中等偏上收入组时的 1.43 倍。而大部分陷入中等偏上收入陷阱的经济体还在一定时期出现劳动生产率下降的情况，其中，阿根廷 2006 年劳动生产率仅为 1982 年时的 66.0%，委内瑞拉 2010 年劳动生产率仅为 1975 年时的 63.5%。

2. 科技教育水平显著提升。成功跨越中等收入陷阱，特别是中等偏上收入陷阱的经济体通常的做法是大力发展教育，加大研发投入，更加注重科技进步和技术、工艺、产品创新等。突出表现在：一是劳动力受教育程度大幅提高；二是研发人数比重高；三是出口产品结构升级快；四是农业现代化水平高；五是单位 GDP 能耗水平低。

（四）社会转型稳步推进

一是人口生产类型实现转变。人口生产实现从高（出生率）、高（死亡率）、低（自然增长率）的传统人口生产类型转变为低（出生率）、低（死亡率）、低（自然增长率）的现代人口生产类型，人口预期寿命延长。

二是就业较为充分。在进入高收入组的当年，日本、韩国、新加坡和中国香港的失业率分别仅为 2.0%、2.1%、3.6%和 4.4%。2013 年，陷入中等偏上和偏下收入陷阱经济体的平均失业率分别高达 7.2%和 7.8%。

---

① 分别为日本、韩国、中国香港、中国台湾、希腊、以色列、中国、马来西亚、泰国和委内瑞拉。

② 分别为中国香港、新加坡、中国台湾、奥地利、比利时、韩国、日本、法国、德国、意大利和智利。

三是城市化水平稳固提升。多数成功跨越中等收入陷阱的经济体都比较好的处理了城乡协调发展问题,在跨越时期,城镇化水平得到提高。反之,一些陷入中等偏下或偏上收入陷阱的经济体城乡失调的现象比较突出,城市化水平普遍过低或过高。

三、跨越中等收入陷阱经济体的政策支持

(一)在发展战略上促进投资增长

韩国于1969年进入中等偏下收入组,但早在1962年就实施了一系列经济政策,鼓励高储蓄和高投资,大力发展劳动密集型产业。

(二)制定并实施结构升级和经济转型政策

1. 培育新的支柱产业。上世纪六、七十年代,日本政府将纺织、冶炼等产业转移到韩国等地,国内则大力发展能源消耗低、原材料消耗少、产品附加值高的技术密集型产业,提高了产品的技术含量和国际竞争力,实现了产业升级。

2. 优化出口结构。芬兰刚刚步入中等偏上收入组时,制定并实施了将过去出口产品以林业产品为主向高科技产品为主过渡的政策,带动了整体经济结构升级。

3. 增强企业竞争力。上世纪70年代,韩国通过关税保护以及根据出口业绩调整国有银行对企业融资政策,扶持出口企业做大做强,企业竞争力提高显著。

(三)重视人力资源培养

1970年,韩国考虑到化学和重工业部门的强劲增长,政府大力发展中等和高等职业技术教育,并根据企业对高技能人才的需求调整课程内容。

(四)大力扶持企业技术创新

20世纪80年代中期,韩国政府提出了“技术立国”方略,并于1985年制订和颁布了《科技促进法》。1986年又制定了“面向21世纪的科学技术发展长期计划”及科技发展15年规划,明确提出将技术开发的主体由政府逐步转到企业。

(五)增加居民收入

上世纪60年代日本实施了“收入倍增计划”,有力提高了居民消费能力。1982年日本居民最终消费支出占GDP的比重为55%,比1970年提高7个百分点。

(六)改善收入分配结构

20世纪70年初期,由于国内社会矛盾和冲突加剧,韩国政府通过保障劳动者权益、运用税收调节杠杆以及健全社会保障体系等一系列措施,改善了收入分配结构。

四、基本结论

(一)保持经济持续较快增长是跨越中等收入陷阱的基本支撑

从各经济体60多年的发展历程来看,成功步入高收入组的经济体在中等偏上收入阶段的GDP年均增长7.4%左右,比陷入中等偏上收入陷阱经济体的平均增速高出4.1个百分点。

(二)推动科技进步和提升人力资本是跨越中等收入陷阱的内在要求

一般情况下,各经济体在进入中等偏上收入组后,生产要素特别是劳动力和资源环境等方面对经济增长的制约作用明显增强,依靠要素大规模投入的增长模式往往难以为继,廉价劳动力和模仿国外技术所产生的效益明显减少。因此,成功跨越的经济体都及时调整经济发展方式,顺利实现支柱产业更替。同时,通过大力发展教育,加强人力资本投资,加大研发投入,鼓励科技创新,不断推动并进而实现从依靠要素投入向依靠人力资本积累和科技创新转变。

(三)改善民生是跨越中等偏上收入陷阱的社会基础

成功跨越中等收入陷阱的经济体城镇化水平稳固提高,而未能跨越的经济体城乡失调,要么过度城镇化,出现城市“贫民窟”,要么城镇化徘徊不前。同时,更加重视提高居民生活质量、收入和就业水平,大力发展社会保障,加强生态环境建设,有效化解社会矛盾,也是成功跨越中等收入陷阱经济体的共同做法。

(四)人力资本提升和科技创新是成功实现经济转型的根本动力

通过大力发展教育,加强人力资本投资,加大研发投入,鼓励科技创新,不断推动并进而实现从依靠扩

大要素投入向依靠人力资本积累和科技创新转变。

(五)科学施策是跨越中等偏上收入陷阱的重要保障

成功步入高收入组的经济体在跨越中等收入陷阱的过程中,都是在一个有能力的政府领导下,制定并实施了一系列与自身经济社会发展阶段相适应的政策措施,及时有效地解决自身在跨越过程中存在的各种问题和矛盾,确保经济持续较快增长和社会稳定,为其完成本阶段成功跨越提供了重要保障,也为下阶段的跨越奠定了坚实的基础。

五、新常态下中国经济转型升级路径分析

我国人均 GDP 于 2009 年突破 7250 国际元①,开始进入中等偏上收入组。按照亚洲开发银行的计算口径及分组标准,如果按每年 7%的 GDP 增速和 0.5%的人口增速测算,从 2013 年起,我国还需 6 年左右的时间,即在 2019 年前后进入高收入组。国际经验告诉我们,跨越中等偏上收入陷阱的时间仅有短短的 14 年,今后 5 年将是决定我国能否成功跨越的关键时期,对长远发展至关重要。

(一)我国现阶段经济的主要特征

我国现阶段经济的主要特征是"大"而"不强"。从"大"的方面看:

一是经济总量位居世界第二。2014 年我国 GDP 总量首次突破 60 万亿元,达 63.65 万亿元。以汇率折算,中国成为继美国之后又一个"10 万亿美元俱乐部"成员。三经普数据显示,2013 年末,全国第二、第三产业共有法人单位 1085.7 万个,比 2008 年末增长 52.9%;我国企业资产总计 466.8 万亿元,比 2008 年末增长 124.6%,这些指标均显示了中国经济规模的扩大。

二是制造业产值位居世界第一。我国的粗钢等多种制成品产量多年来稳居世界第一位。高技术制造业近年来呈现蓬勃发展的态势。三经普数据显示,2013 年末,我国规模以上高技术制造业企业比 2008 年增加 1077 家,实现主营业务收入 11.6 万亿元,比 2008 年增长 108%;同期实现利润总额 7234 亿元,比 2008 年增长 166%,增幅比其他制造业平均水平高出 11.5 个百分点。

三是贸易进出口增长迅速。2013 年,我国进出口贸易总额达到 258169 亿元,首次超过美国而跃居世界第一位,占世界贸易总额的 11.0%。其中,出口额占比为 11.7%,居世界第一位;进口额占比为 10.3%,居世界第二位;服务贸易从近乎无到有,进出口额从 1982 年的 44 亿美元增长到 2013 年的 5396 亿美元,居世界第三位。

四是利用外资稳步发展。联合国贸发会议数据显示,2014 年中国 FDI 流入量达到 1285 亿美元,创历史新高,超过美国而居全球第一位。此外,根据三经普数据,2013 年末我国共有港澳台企业法人单位 9.7 万个和外商投资企业法人单位 10.6 万个,分别比 2008 年增长 15.5%和 3.9%,其中,外资企业的产业投向以第二产业为主(57.9%),第三产业为辅(41.7%)。

五是外汇储备独居鳌头。据 IMF 统计,我国外汇储备自 2006 年超过日本之后,已连续七年稳居世界第一位。2013 年底,我国外汇储备 3.82 万亿美元,占世界总额的 32.7%,居世界首位。

我国虽然已是经济大国,但还不是经济强国。突出表现在:

从经济发展水平看,尚未跨越经济强国的基本门槛——较大的经济规模和较高的人均收入。2013 年我国人均国民总收入为 6560 美元,虽已迈入中等偏上收入经济体行列,但还仅相当于高收入经济体标准的 51.5%,相当于世界 24 个主要发达国家的平均水平的 13%左右。我国人民的生活水平与发达国家乃至处在相同发展阶段的国家相比,还有不小的差距。

从科技水平看,与高收入经济体仍存在差距,且地区之间不平衡。目前,我国每十万人申请专利的数量不到发达国家平均水平的三分之一。研究与试验发展(R&D)经费支出占比重较低。三经普数据显示,2013 年我国规模以上工业企业法人单位中,开展科技活动的企业法人单位仅占全部规上工业企业法人单位的 14.8%;有研发机构的规上工业企业仅占全部规上企业的 11.6%;研究与试验发展经费仅占规上企业主营业务收入的 0.8%。分地区看,在开展科技活动的企业中,东、中、西部地区分别占 75.3%、17.5%和 7.2%。企业的科技活动主要集中于东部地区,呈现地区分布不平衡的特点。

从经济结构看,我国还具有中等收入国家的典型特征。我国服务业比重过低,2013 年我国第三产业增

---

① 按 1990 年可比价计算,来自麦迪森《世界经济千年史》。

加值占 GDP 总量的 46.9%，与中等收入经济体 55%的平均水平和高收入经济体 74%的平均水平相比，仍有不小差距。此外，我国居民消费率过低，经济增长过度依靠投资和出口。

从城市化水平看，城镇化落后于工业化。2013 年美国、日本、德国的城市化率分别为 81.3%、92.5%、74.9%，英国在 1861 年城市化率就达到 61.3%。而我国城乡二元结构长期存在，以常住人口口径统计的城市化率为 53.2%，按户籍人口计算的城市化率仅为 35%左右，城镇化水平严重滞后。

从金融方面看，我国的金融市场发育水平与我国的经济规模相差甚远。根据三经普数据，2013 年在所有二、三产业的 1085.7 万家法人单位中，金融行业法人单位只有 30186 家，其中企业法人单位只有 2.9 万家，占比微乎其微。目前我国金融服务业增加值占 GDP 的比重为 5%左右，与美国、日本在本世纪前 10 年 8.0%和 6.5%的平均水平相比还有不小的差距。

（二）我国经济转型升级的目标与路径

1. 目标

（1）保持合理的经济增长速度。推动经济转型升级，不是说速度不重要。相反，如果经济增长失速，不仅两个百年目标无法实现，经济社会中的诸多矛盾也会更加突出。

（2）以升级促转型。经济转型和结构升级相辅相成，但结构升级是基础。要大力推进经济结构战略性调整和升级。我国经济结构调整要在补齐短板的同时，全面向高收入经济体发展水平提升。

（3）以质量和效益为核心。经济发展的本质要求是以最小的投入获得最大的产出。要坚决摒弃片面追求 GDP 的高速度，不考虑经济成本、环境成本、社会成本的片面发展观，围绕着提高质量和效益推动我国经济转型升级。

（4）发展动力要进行切换。通过进一步深化改革，进一步增强我国经济的内生动力和活力。加快转变经济发展方式，向结构改革和创新驱动要动力，使经济增长以投资拉动和外力推动为主，转向内在消费拉动和创新驱动。

2. 主要路径

要做到高质量地成功跨越中等偏上收入陷阱，需要在以下几个方面“发力”：

（1）深化体制改革，推动转型升级和机制创新。在更大范围和更高程度上发挥市场在资源配置中的决定性作用。在宏观调控方面，把握好政府与市场的定位，创新调控方式。要全面深化改革，不断释放改革红利，弥补“人口红利”衰减和外部需求不足的负面影响。

（2）处理好“速度”和“质量”的关系，保证转型升级顺利健康进行。在经济发展理念方面，更加注重平稳健康可持续。没有一定的增长速度，不仅追赶无望，就业等社会矛盾还可能激化，经济转型升级难以推进。我国经济从高速增长转向中高速增长符合世界各经济体在这一阶段的一般规律，关键是同时还要扎实推进经济转型升级，不断释放改革红利，确保经济保持中高速增长，避免大起大落。

（3）全力推进结构优化升级，不断培育壮大经济发展的内生动力。在转型升级方面，以调整产业结构为突破口，以提高经济增长质量和效益为目标，加紧培育发展战略新兴产业。

（4）提高开放水平，努力营造鼓励与支持产业升级、保护创新的国际环境。要密切关注、积极应对世界经济格局中发生的大调整和大变革，高度重视区域经济一体化的发展态势和发达经济体对外经济关系新动向，适时调整对外战略格局，力避在国际市场上对我国形成战略挤压。

（5）在开发建设方面，始终关注资源和环境状况。我国人均能源资源占有量不到世界平均水平的一半，而单位国内生产总值能耗却明显高于发达国家水平和世界平均水平，主要依靠物质消耗、要素投入和低成本比较优势的发展模式已难以为继。

（6）大力提高城镇化水平，释放城镇化对经济发展的推动力。当前，我国的城镇化还处在快速上升期，对未来经济的增长具有稳定而持久的拉动力。在推进城乡发展方面，要做到积极稳妥。要吸取拉美经济体过度城镇化的教训，按照经济规律，积极作为，稳妥推进。

（7）加大人力资本投资，提升全社会人力资本存量和水平。这是我国“人口红利”从数量规模型向质量素质型转化、延长“人口红利”存续期的关键，实现由“人口红利”向“人才红利”的转型。

附件

技术说明

中等收入陷阱的基本涵义。中等收入陷阱虽然在国际上广受关注,但目前尚无公认的明确定义。根据世界银行2007年发布的一份研究报告,其基本涵义是指,当一个经济体的人均收入达到中等水平后,由于不能顺利实现经济发展方式的转变,导致既不能延续、又难以摆脱以往的经济发展模式,经济起落徘徊,长期停滞不前,陷入困境难以自拔。

收入分组标准的界定及分组临界值的设定。目前,国际上广泛采用的收入分组标准由世界银行设定。世界银行按照现价美元人均国民总收入设定了1987年以来各收入组的临界值,并将世界各经济体分别划分为低收入组、中等偏下收入组、中等偏上收入组和高收入组。临界值按现价美元计算,每年都会进行调整,在纵向上不可比;除美国以外的经济体将本币GNI折算为美元时采用的是市场年均汇率(世界银行考虑到汇率波动的特点,实际采用近三年汇率经技术处理后形成转换系数),但各经济体国际化程度存在差异以及经济中存在大量程度不等的非贸易品(服务),汇率折算法也使得横向可比性受限。为解决这一问题,本文基于麦迪森对历史上各经济体按1990年国际元(PPP$,即购买力平价法国际元)估算的人均国内生产总值数据,采用亚洲开发银行设定的分组标准,对于从1950年以来历年各经济体进行分组和分析,从而保证了各经济体历史数据的一致可比,也提高了横向可比性。亚洲开发银行根据按购买力平价法计算的1990年可比价人均GDP(国际元),将世界各经济体划分为与世界银行一致的4个收入组别:2000国际元以下为低收入组;2000至7250国际元为中等偏下收入组;7250至11750国际元为中等偏上收入组;11750国际元以上为高收入组。

陷入中等收入陷阱的量化标准。我们的研究基于亚洲开发银行的研究成果,采用一种简单做法,即从一个经济体处于中等收入组别的临界年限来判断其是否陷入或成功跨越中等收入陷阱。临界年限为已成功跨越中等收入陷阱的各个经济体停留在中等收入组别年限的平均值。若某经济体分别处于中等偏下或偏上收入组别的时间超过28年或14年的临界年限,则认为该经济体陷入了中等偏下或偏上收入陷阱。

此外,亚洲开发银行通过分组标准及临界年限计算出,一个经济体要避免陷入中等偏下或偏上收入陷阱,其人均GDP的年均增长率需在4.7%[①]或3.5%[②]以上。

课题组　组　长:闫海琪
副组长:刘　冰
成　员:杨家亮　王金萍　高　析
吕　璐　解明明

① 4.7% = {[(7250/2000)^(1/28)]−1} * 100%。
② 3.5% = {[(11750/7250)^(1/14)]−1} * 100%。

电子商务对零售业的影响

电子商务作为一种先进的交易方式，以日新月异的高科技手段引领传统流通方式变革，对传统零售业的经营理念和经营方式产生了巨大影响。本课题研究基于全国经济普查数据、问卷调查、商务部城乡监测系统数据等，通过文献综述法、问卷调查法、统计分析法、案例分析法和调查访谈法等，对近年来国内外电子商务与零售业的发展情况进行了详尽的梳理，展望未来我国零售业与电子商务的发展环境和趋势，提出了我国零售业和电子商务发展的政策建议。

一、我国零售业的发展现状

2008—2013年间，我国零售业总体保持平稳快速发展，经营规模和销售规模持续扩大，劳动效率[①]、平米效率[②]稳步提升，盈利能力略有下降，产业结构不断优化调整。

（一）规模持续扩大，增速逐渐回落

2013年，零售业法人单位数、从业人员期末人数、年末零售营业面积分别为106.5万个、1392.2万人和53080.6万平方米，分别比2008年年均增长14.2%、10.7%和12.2%；资产总计72309.6亿元，比2008年年均增长23.1%；限额以上零售企业实现商品销售额98487.3亿元，是2008年的2.6倍，年均增长21%。

由于经济增速放缓，居民收入水平增长缓慢，消费市场较为低迷，居民日常消费观念和习惯逐渐改变，消费回归理性，零售业销售规模虽然继续扩大，然而增长速度却呈现逐年回落态势，零售业告别高速增长时期，逐渐进入缓慢增长阶段。

（二）劳动效率、平米效率小幅提升，限额以上优势进一步凸显

2013年，我国零售业劳动效率为79.9万元/人，比2008年提高28.1万元/人；平米效率为2.1万元/平方米，比2008年提高0.6万元/平方米。其中，限额以上零售业劳动效率、平米效率明显高于零售业平均水平，且领先优势进一步扩大。2013年，限额以上零售业劳动效率为131.6万元/人，比零售业行业平均值高51.7万元/人，领先优势较2008年扩大24.9万元/人；平米效率为3.0万元/平方米，比2008年提高1.3万元/平方米，比零售业行业平均值高0.9万元/平方米，优势进一步凸显。

（三）盈利能力略有下降

2013年，限额以上零售业主营业务利润9863.1亿元，比2008年年均增长20.2%；利润总额2556.6亿元，比2008年年均增长19.7%；净利润2108.5亿元，比2008年年均增长19.6%。但主营业务和资产的获利能力有所下降。2013年，限额以上企业主营业务利润率为11.4%，比2008年下降0.4个百分点；资产净利率为4.7%，比2008年下降0.6个百分点。

（四）传统业态增长放缓，网络零售高速发展

受宏观经济增速放缓、人工及租金成本上升、网络零售迅速崛起等因素影响，传统零售业态竞争压力加大，利润严重下滑，零售额增长明显放缓，购物中心、专业店、超市和百货店销售增幅均有回落，百货店增速回落最快，发展形势较为严峻。据商务部数据显示，2014年购物中心、专业店、超市和百货店零售额同比分别增长7.7%、5.8%、5.5%和4.1%，比上年同期分别回落4.5个、1.7个、2.8个和6.2个百分点。

与传统零售业态形成鲜明对比的是，网上零售迅猛发展，交易规模极速扩张。据艾瑞咨询和国家统计局统计，2012年我国网络购物市场规模达1.3万亿元，首次突破万亿大关；2013年和2014年分别达1.84万亿元和2.8万亿元，同比增长39.4%和48.7%，相当于同年社会消费品零售总额的7.9%和10.7%。

（五）线上线下加速融合，移动销售快速增长

面对网络零售的快速发展，线下零售企业纷纷加速转型步伐，试水线上零售，积极探索传统零售企业转

---

① 劳动效率即人均主营业务收入。

② 平米效率即平均每平米的主营业务收入。

型,与互联网零售融合发展的方法和路径。国美于 2011 年 4 月上线电子商务平台“国美在线”,苏宁于 2012 年 2 月上线电子商务平台“苏宁易购”,先后开启了网络零售模式,迈出了企业围绕互联网零售转型的步伐。百盛推出线上零售平台“百盛网”,王府井百货推出“王府井网上商城”,银泰百货推出线上商城“银泰网”,沃尔玛掌控网上超市“1 号店”等等,线下零售企业不断深化系统整合、资源共享、商品融合,优化供应链和价格策略,改造企业组织架构,促进线上线下全面融合。

随着智能移动化设备和 4G 网络的普及,移动终端交易倍受消费者青睐。数据显示,2014 年“双 11”当天,天猫移动终端交易额为 243.3 亿元,是上年 4.5 倍,占比达 42.6%,比上年提高约 20 个百分点;京东移动终端占比超过 40%;国美在线移动终端交易额占比 43%,同比增长 10.5 倍;苏宁易购移动终端占比 38.9%;1 号店移动终端交易额达到去年同时段的 15 倍。无线化是电商的未来,移动网上购物成为主流是大趋势,无线客户端购物习惯正在逐渐养成,并随着我国移动终端环境的不断优化与成熟,终将步入移动化网络购物新时代。

二、我国电子商务的发展现状

(一)电子商务整体发展状况

1. 市场规模达 16.4 万亿

据国家统计局最新数据显示,2014 年我国电子商务市场交易规模达 16.4 万亿元,同比增长 59.4%。从交易规模看,B2B 是我国电子商务占据市场绝对优势,超过我国电子商务交易总量的 75%。2014 年中国网络购物市场交易规模达到 2.8 万亿元,同比增长 48.7%。中国电子商务中心研究显示,2013 中国跨境电商市场交易额约为 3.1 万亿人民币,出口业务占比达到 80%以上,到美国的跨境电商占出口电商份额的 16.6%,欧盟占 15.3%,东盟占 11%。

2. 多种电商模式共存

经过多年的发展,我国电子商务行业基层形成了平台型、渠道/自营型和品牌型电商共同发展的市场格局。平台型电商以阿里巴巴集团绝对领先;渠道/自营型电商行业竞争激烈,供应链优化和自建物流是竞争的核心,京东商城是我国最大的渠道电商,苏宁易购和国美在线在家电行业占有一席之地聚美优品是化妆品电商的典型代表;品牌型电商中“小米模式”成为主导,规模较大的企业有互联网企业小米、乐视,传统企业海尔等。

3. 移动终端交易快速发展

随着智能手机拥有率和通信基础设施的提升,移动终端交易将保持快速的增长。艾瑞咨询最新统计数据显示,2014 年移动购物交易规模达到 9297.1 亿元,同比增长 239.3%,占网购规模的比例从 2011 年的 1.5%提高到了 33%,同期 PC 终端交易规模达到 18870 亿元。

在整个移动购物市场中,阿里无线、手机京东和手机唯品会据前三名,份额分别为 86.2%、4.2%、2.1%。阿里无线依托天猫和淘宝的平台优势,将交易入口拓展到金融理财等各类生活服务。京东则联合腾讯,开发自有手机客户端,接入微信购物和 QQ 购物,扩大移动终端流量。此外,唯品会、苏宁易购、一号店等都在大力构建移动终端平台。

4. 物流体系逐步完善

第三方物流成为平台型电商的首选。由于卖家数量以及销售的产品种类较为分散,平台型电商不得不选择第三方物流作为主要的物流方式,使得第三方物流成为我国电子商务最依赖的物流模式,主要代表企业为顺丰、EMS 和主要为淘宝和天猫服务的四通一达(申通、圆通、中通、汇通、韵达)。第三方物流主要负责包装、运输、配送这一中间过程,无法有效地同电商企业协作在集中配置方面提升物流效率。对此,阿里巴巴协同国内几家较大的第三方物流企业组建了“物流联盟”——菜鸟物流,一方面是在全国构建仓储中心,基于自身电商平台的大数据有效地预测仓储产品的种类以及数量,提高就地物流配送的比例,另一方面希望打通物流企业之间独立的运营,构建一个类似淘宝的物流平台,实现信息的共通,结束第三方物流各自运营的情况。

渠道电商倾向于自建物流体系。京东是渠道电商中拥有最完善物流体系的电商,采取“分布式管理”,根据自身大数据的分析,高效估计各地潜在需求,统一运送至分布于各地仓库和二级仓库,然后根据用户的订单,就近从库存调取商品配送。苏宁易购、国美在线、唯品会、当当、亚马逊等电商企业采取的是“自建物流体系+第三方物流”的战略，降低物流的成本并提高物流效率。

5. 支付方式多元化发展

我国电子商务支付方式主要有汇款、货到付款、网上银行转账支付和第三方支付平台结算。随着电子支付安全体系的提高，电子支付方式极大的提高了电商交易的效率，特别是在近两年第三方支付平台通过移动支付等方式将服务拓展到生活的各方面之后，这一趋势更加明显。艾瑞的调查显示，2014 年我国网络购物用户中有 62%经常使用第三方互联网支付，49.8%的用户使用第三方移动支付，46.8%的人使用网上银行支付，预期未来将会有更多的人使用电子支付以及移动支付。

各大电商均在推广第三方支付平台和移动支付，扩大接口和流量。易观国际的研究显示，2014 年第三方支付企业互联网收单交易额已达 88161 亿元。在移动支付方面，二维码技术的发展极大的促进了移动支付的发展，通过移动终端实现万物连接已经逐步实现。艾瑞咨询的数据显示，2014 年交易规模接近 6 万亿。

(二)零售业电子商务发展状况

2013 年，开展电子商务的企业数量较少，零售业电子商务普及率较低，运行效率和经营效率有待进一步提高，地区发展不均衡，沿海省市发展领先。

1. 零售业电子商务企业数量较少

2013 年，我国零售业通过电子商务进行商品购进或销售的法人单位 6.7 万个，占零售业法人单位数的 6.2%；其年末零售营业面积 1530.6 万平方米，仅为零售业的 2.9%；年末从业人员 62.8 万人，占零售业的 4.5%；资产总计 2426.7 亿元，占比为 3.4%；实现主营业务收入 3953.7 亿元，占零售业的 3.6%。通过电子商务进行商品采购或销售的限额以上零售业法人单位 415 家，仅占限额以上零售业法人单位数的 0.5%；其年末零售营业面积 191.8 万平方米，占比为 0.7%；从业人员期末人数 9.1 万人，占比为 1.4%；资产总计 707.7 亿元，占比仅为 1.6%；实现主营业务收入 2170.1 亿元，占比仅为 2.5%。限额以上零售业电子商务各项指标占比均远低于全行业平均水平，限额以下零售业电子商务普及率相对较高。

2. 限额以上零售业电子商务运营效率较高

2013 年，通过电子商务进行商品采购或销售的零售企业劳动效率为 63.0 万元/人，比零售业劳动效率低 16.9 万元/人；其中限额以上企业电子商务口径劳动效率为 239.2 万元/人，比限额以上零售企业高 107.6 万元/人，优势比较明显。

2013 年，通过电子商务进行商品采购或销售的零售企业平米效率为 2.6 万元/平方米，比零售业总体平米效率高 0.5 万元/平方米；其中限额以上企业电子商务口径平米效率高达 11.3 万元/平方米，比限额以上零售企业高 8.3 万元/平方米。

2013 年，通过电子商务进行商品采购或销售零售企业资产效率(主营业务收入/资产合计)为 1.6 次，比零售业总体高 0.1 次；其中限额以上企业电子商务口径资产效率为 3.1 次，比限额以上零售企业高 1.1 次。

3. 零售业电子商务经营效益有待提升

零售业电子商务利润占比低。2013 年，通过电子商务进行商品采购或销售的限额以上零售企业实现主营业务利润 164.2 亿元，占限额以上零售业主营业务利润的 1.6%，比主营业务收入占比低 0.8 个百分点。

零售业电子商务主营业务利润率低于行业平均水平。2013 年，通过电子商务进行商品采购或销售的限额以上零售企业主营业务利润率为 7.6%，比限额以上零售企业低 3.8 个百分点，电子商务企业盈利水平有待加强。

零售业电子商务资产净利率低于限上企业总水平。2013 年，通过电子商务进行商品采购或销售的限额以上零售企业资产净利率为 1.7%，比限额以上零售企业低 3 个百分点，电子商务企业资产获利能力仍偏低。

4. 零售业电子商务总体呈“东强西弱”格局

从地区看，沿海省市零售业电子商务发展水平较高，东北、西部地区零售业电子商务规模较低。2013 年，浙江零售业开展电子商务的单位数达 11508 个，占比达到 15.5%，显著高于其他省市，广东、山东、北京零售业电子商务法人单位数比重在 6%以上。山东、广东零售业开展电子商务企业年末从业人员超 6 万人，浙江、上海人数超 5.8 万人。山东零售业开展电子商务企业的年末零售营业面积为 238.9 万平方米，远高于其他省市，河北、上海、四川紧随其后，营业面积超过 100 万平方米。

北京零售业电子商务效率领先全国，西部省份劳动效率总体较高。2013 年，通过电子商务进行商品采购或销售的企业中,北京劳动效率最高,达 269.2 万元/人,领先优势明显。在排名前 10 的省市中,除北京、黑龙江、上海、河北外,均为西部省份。

三、电子商务对零售业的影响分析

电子商务在对传统产业领域形成变革性冲击、加速传统零售业的转型和创新的同时,降低了整体交易成本,提高了市场运行效率,带动了上下游以及整个产业链的发展,极大地便利了消费者,激发出新的消费潜力,培育出新的经济增长点,促进了消费和经济的良性循环。

(一)电子商务对零售业形成变革性冲击,加速零售业转型和创新

电子商务对传统零售业形成冲击和挑战,截至 2014 年 12 月 31 日,全国主要零售企业(百货店、超市)共计关闭 201 家门店,同比增长 474.3%,创历年关店之最。电商冲击驱动传统零售业的转型升级,实现在线化、数据化。

一是商品重合度较高,百货店冲击较大。电商改变着人们的消费观念和消费习惯,百货店经营商品与电子商务零售平台重合度高,均主要经营服装、鞋帽、首饰、化妆品等,且未及时把握消费需求变化,产品及客户群定位脱节,受电商冲击较大。据本课题问卷调查结果,约 87%的被调查者认为百货店是受电子零售商务冲击明显的实体零售业业态;89%的人认为服装鞋帽是受电子零售分流明显的实体零售商品。面对电商冲击,百货店开始经营转型,加速推进门店互联网化,促进 O2O 战略落地。王府井百货建立王府井网上商城,百盛建立百盛网,徐家汇商城建立网络购物平台徐家汇商城,天虹商场建立网上天虹,银泰商业建立银泰网等,但多数仅仅把线下门店复制到互联网,转型并不成功。

二是价格优势弱化,专业店加速转型。京东商城、当当网、卓越亚马逊等电商零售平台冲击家电、3C 数码、图书等线下专业店。据本课题问卷调查结果,约有 51%的调查者认为家用电器及音像器材也是受电子零售分流比较明显的实体零售商品。电商平台价格优势明显,使专业店促销战略受阻,促使专业店转型速度加快。苏宁和国美分别建立线上平台"苏宁易购"和"国美在线",且发展较好。2014 年,苏宁易购占中国自主销售为主 B2C 网站交易规模的 8.5%,市场份额仅次于京东商城位居第二。

三是非标准化商品居多,超市冲击较缓。超市主营食品、生鲜、日用品等,2012 年以来,电商对实体超市的冲击逐渐显露,大型超市沃尔玛、家乐福、人人乐纷纷出现关店潮,超市扩张速度放缓。超市经营商品中非包装化、非标准类商品占主导,特别是生鲜类食品,市场周期短,对储存和运输要求苛刻,成为电商平台的壁垒,一定程度上减缓了实体超市所受冲击。实体超市逐步转型 O2O,推出网络超市品牌。2012 年,沃尔玛把握消费趋向,投资控股网络超市 1 号店,成功转型电商,线上线下和谐共赢。

四是专业属性强,便利店、建材店等保持较快增速。因专卖店品牌影响力较大,便利店生活化特点突出,建材市场经营商品较为特殊,相对于百货店、专业店和超市来说,专卖店、便利店、家居建材市场等受电商冲击较小,增长速度相对较快。2013 年,专卖店、便利店、家居建材商店主营业务收入分别为 31182 亿元、2005 亿元和 1848 亿元,分别比 2008 年增长 1.8 倍、2.2 倍和 2.9 倍。

(二)电子商务提升零售业运行效率,培育新的经济增长点

1. 提升零售业整体运行效率

电子商务弱化了零售业进入和退出壁垒,催生了经营管理、营销、支付、物流方式的变革与创新,降低了消费者的信息、搜寻和交通成本,促进了全国零售统一市场的形成,提高了整体市场运行效率。阿里研究院研究表明,网络零售的交易效率是实体零售的近 5 倍,1 元的投入成本,实体零售完成商品交易额 10.9 元,网络零售完成商品交易额 49.6 元。一是经营管理模式变革。电子商务以实时性和互动性,变革着企业经营管理模式。2014 年 3 月底,银泰商业与阿里达成战略投资合作,共同探索和打造 O2O 模式。国美和苏宁推出国美在线和苏宁易购,先后开启了网络零售经营模式。二是营销方式不断创新。电子商务使营销更具全球性、共享性、高效性,网络营销、数字营销、移动营销成为电子商务零售的主流营销方式,推动产品定制化、营销互动化、服务人性化。淘宝网、京东商城、苏宁易购等电商平台通过搜索引擎、即时通讯、电子邮件、微博、微信等进行营销,带动销售额的增长。三是支付方式稳步增加。电子商务发展过程中,第三方支付、网上支付、移动支付、信用支付产生并发展起来。2003 年 10 月 18 日,阿里巴巴推出实名制网络支付平台一支付宝。2013 年 8 月 5 日,腾讯微信开通微信支付功能。这些第三方支付平台功能多样,得到了广泛应用。四是物流方式更加标准。在电子商务快速发展推动下,第三方和第四方物流平台快速发展起来,使物流方

式更加标准化、规范化、系统化。2013 年,阿里巴巴集团等联合多家物流企业,共同组建"菜鸟网络科技有限公司"。五是供应链管理日益优化。京东商城以高效、快速、精准、控制力强的信息系统为基础,供应链管理较为成功。苏宁将供应链整合,与供应商完美链接,搭建并优化信息化系统。

2. 增强零售业的正外部性

电子商务产业关联度、感应度及带动性都很高,逐步向上下游以及全产业链延伸和渗透。拉动互联网信息技术、信用、物流、支付、广告、云计算等服务业的发展,对农业、制造业也有带动作用。一是促进服务业水平提高。电子商务信息传输速度快、效率高且准确性强,与服务业需求完美契合,促进全行业服务水平和质量的提高,还推动了服务业的创新,网络金融服务、网络旅游、网络中介、网络咨询、网店系统服务、物流仓储服务、客服服务等丰富着服务业的业务范围。58 同城和赶集网突出本地化、生活化和服务业。2014 年,阿里推出金融理财服务平台一招财宝,提高了金融服务的效率和质量。二是提升农业产品影响力。电子商务应用于农业发展中,突破了农业产品销售的地域限制,助力农业产品"走出去",绿色农产品逐渐走进发达城市。新疆物产哈密瓜、大枣、葡萄干等干鲜瓜果通过淘宝网销往全国各地。2013 年,阿里平台上农产品卖家数量为 39.4 万个,农产品销售额同比增长 112.15%,零食/坚果/特产类目销售额最大,枣类为销量最大单品。三是创造工业产销新模式。电子商务改变了工业产销传统模式,提供并实现了定制化、个性化、批量化的产销新模式,使消费者参与到生产、制造、销售的各个环节,包括产品的设计、研发、生产、测试、定价。2011 年 5 月 27 日,淘宝商城电器城联合淘宝团购聚划算平台,发起定制化、个性化、批量化的产销新模式,使消费者参与到生产、制造 DIY 定制团。

3. 促进消费与经济的良性循环

电子商务作为国家战略性新兴产业,逐渐成为中国新的经济增长点。一是有效扩大消费。电子商务的兴起带来了网上零售的繁荣,网络零售对扩大和拉动消费作用明显。据国家统计局测算,每 100 元网上零售额中,有 22%是因网购刺激出来的新增消费,照此比例计算,2014 年 2.8 万亿元网上零售额中,新增消费达 6160 亿元。二是创造和促进就业。电子商务已成为创业和就业的新渠道,有助于缓解社会就业压力、提高居民收入、促进就业公平,并催生出网店卖家、网店装修师、"网模"等新职业的产生。截至 2013 年 10 月,全国网络创业就业总人数 962 万,其中淘宝网占 866 万,9 成为个人网店。三是推动国际贸易发展。电子商务具有开放性、跨时空和全球性特点,跨境电子商务加快转变外贸发展方式,促进国际贸易更加方便、快捷、流畅,活跃国际贸易市场。2009—2013 年中国跨境电商市场规模从 0.9 万亿元增至 3.1 万亿元,复合增长率达 31.1%。2014 年双 11 当天,阿里巴巴三个平台天猫国际、淘宝海外和速卖通全面开通,吸引全球 217 个国家和地区参与其中,全球覆盖率高达 95.6%。

四、我国电子商务与零售业发展趋势和建议

(一)引领未来电子商务与零售业发生变革的主要力量

在网络和信息技术快速发展的今天,移动智能终端广泛普及、大数据技术快速渗透、新兴消费群体广泛兴起、互联网商圈逐步形成,将给零售业带来翻天覆地的变化,即将引领零售业发生新一轮变革。

1. 智能终端是基础:智能设备、移动 APP 等广泛普及

移动智能终端设备将人与世界万物连接更加紧密,是推动未来零售业发生变革的根本动力。有研究机构报告显示,2014 年全球智能手机出货量 11.67 亿部,同比增长 25.9%,其中中国智能手机品牌出货量达到 4.5 亿部,占全球智能手机出货量 40%份额。美国 Rackspace 预计到 2020 年时,全球联网设备总数将达到 750 亿台,年平均增长率将达到 31%。市场研究机构(IDC)预测 2014 年全球 App 下载数量将达到 769 亿次,总价值将达到 350 亿美元。

2. 数据资源是血液:云计算、大数据等快速渗透

世界零售巨头沃尔玛、亚马逊等非常擅长利用大数据为顾客提供精准化服务,包括顾客群体进行细化、模拟消费场景、管理客户关系、开展精准营销等,获取更大商业价值。麦肯锡全球研究院研究显示,全球数据量大约每两年翻一番,到 2020 年将达到 35ZB 的数据量。据计世资讯(CCW Research)研究,2012 年中国大数据市场规模为 4.5 亿元,2013 年预计增长到 11.2 亿元,且此后将保持每年超过 100%的增长率,到 2016 年中国大数据市场规模将达 93.9 亿元。

3. 消费迁移是动力:SoLoMoMe 新兴群体广泛兴起

借助移动互联网和物联网，消费群体从以前的规模化、区域化、片段化、标准化向社交化(So)、本地化(Lo)、移动化(Mo)、个性化(Me)转移，SoLoMoMe新兴群体正在逐成为渐引爆新一轮零售革命的发力点。据调查，消费者对熟人对于产品的评价和推荐有90%的信任度，对陌生人的评价有65%的信任度，对于品牌自己的评价有18%的信任度。据美国Business Insider报告，目前约有20%的流量来自移动设备。

4. 商圈变革是源泉：社交商圈、移动商圈等逐步壮大

随着移动互联网的快速发展和SoLoMoMe消费群体的广泛兴起，商圈正在从以往的物理商圈向互联网商圈迁移，成为一股巨大力量对未来零售业带来巨大变革。越来越多的零售商借助Facebook、Pinterest、微信等社交网络巩固老客户，增加新顾客流，提高销售量。如Facebook已演变为美国互联网上最大商圈，集合了5000多万个用户小组。移动商圈渐成规模。资料显示，目前全球移动互联网用户总数已超10亿。据权威机构调查，现代人平均每天看手机次数约为150次，相当于每6.5分钟看一次手机。

(二)我国电子商务与零售业发展趋势

在物联网和移动互联网技术的大力推动下，全球消费互联网逐步形成，它将打破传统零售业的商业模式、营销模式、渠道模式、消费模式，未来零售业将呈现以下趋势。

1. 融合协同将主导零售业发展格局

一是业态融合：以消费者为中心。零售业态深度细分。百货业经过细分，形成多业态集群或系列化品牌。王府井百货从原有的百货业态转变为目前的“四下一上”五种百货业态共存。大商集团以“全景式现代商业”为目标，通过合资、并购、自建等方式，形成了麦凯乐高端百货、千盛时尚流行百货，以及各种老字号的现代综合百货等。零售业态跨业组合。零售业各业态之间相互融合，如百货和超市相互融合形成的“超市化百货”和“百货”+超市”；零售业态与服务业态融合，如百货店、购物中心与餐饮业融合，如王府井百货引入餐饮、美发等业态；零售业与其他产业融合，如迪斯尼将零售业与创意产业、娱乐业相融合，zara、h&m等快时尚既是品牌商也是制造商。服务性零售业悄然诞生。传统零售企业不断谋求新的消费热点，部分商场、购物中心改变传统运营模式，提倡“舒适购物、休闲体验”的购物方式，推出“购物－娱乐－餐饮”一体化的一站式购物模式，服务性零售业态悄然诞生。

二是渠道融合：以O2O为主导。实体零售店与电商企业相互渗透、融合并存已渐成主流，实体零售借助电子商务扩大自身影响，电子商务通过实体零售店面快速铺货，达到双赢。线下零售业向线上发展。众多手机厂商将手机销售重点向线上倾斜，避免了线下渠道“加价购买”、“捆绑销售”等乱象，压缩传流实体零售利润空间，其中小米、华为等手机厂商已将整个手机销售业务放在线上。线上企业向线下延伸。京东商城已和一万多家便利店建立合作关系，包括快客、好邻居等，在信息系统、会员体系、消费信贷体系及服务体系等方面深度整合。线上线下企业融合发展。以万达与百度、腾讯的O2O战略合作为例，三方共同出资成立万达电子商务公司，打通三方帐号与会员体系，形成线上线下一体的信息平台，达成信息共享、共同盈利的模式。

三是市场融合：以一体化为目标。随着全球消费互联网的形成，区域发展一体化是大势所趋。电子商务企业的跨区域整合。海外购物的浪潮兴起，产生一批代购企业和海淘网站，加速虚拟电商与国外实体零售商的合作。实体零售企业的跨区域整合。国际零售企业向国内市场扩张，2011年梅西百货官方网站开通了国际运输服务；国内零售企业向国际市场拓展，2014年4月3日，江苏民企三胞集团在伦敦收购英国福来莎百货89%的股份；国内零售企业区域间相互拓展，2011年5月11日，步步高商业连锁股份有限公司宣布收购广西南城百货股份有限公司100%股份。

2. 大数据将打造零售业营销新模式

大数据有助于零售商优化企业决策、改善服务体验、实现精准营销、提升运营效率。一是大数据营销优化企业决策。数字营销直观指导企业发展方向，帮助企业优化决策。优衣库对其天猫官网订单进行大数据分析，精准地指导优衣库新门店的开设区域。二是大数据营销定位消费热点。零售企业逐渐打通线上线下会员体系，利用大数据分析消费者行为，对消费者进行精准把握和个性化营销。如亚马逊网站内的“推荐购买”。三是大数据营销提升运营效率。零售商利用互联网和大数据加强流程衔接，缩短流通链条，提升运营效率。如沃尔玛通过数据挖掘重塑并优化供应链。阿里巴巴联合百货、快递以及银行建设立体式仓储网络体系。四是大数据营销提升消费者体验。零售商通过数字平台与上游供应商和下游消费者实现实时信息互动，提升用户体验。沃尔玛采用Retail Link数字商务平台，与合作伙伴实现及时的信息共享。

3. 全渠道将布局零售业全消费链条

在移动互联网时代，各种零售终端的切换，将实现商品流通网络互联互通，市场交易无缝对接。零售企业正在加速从多渠道向全渠道转型。多渠道消费者比单渠道消费者平均要多消费15%－30%，全渠道消费者比多渠道消费者平均要多消费20%。一是地面商店：消费者体验中心。在全渠道零售环境下，零售商通过移动互联网、社交网络把地面店逐渐打造成数字化商店，提升消费者购物体验。快时尚品牌C&A巴西分店"Fashion Like"将实体店成衣直接与公司Facebook页面联系起来。二是网络商店：互联网商圈的缩影。每个网络商店都是建立在适合零售商目标客户群的互联网商圈上。零售商设计网络商店的网址导航等功能，消费者随时在实体店、社交论坛、网络商店之间切换，同时满足消费者购物、支付、娱乐、休闲、社交等各类多样化需求。如阿里巴巴与杭州政府合作的未来商圈项目。三是移动商店：连接消费者的重要路径。移动商店是打通实体商店和网店的最便捷渠道，是零售商连接消费者的重要路径。如沃尔玛移动商店、优衣库移动商店。四是微店：社交营销的主要枢纽。微博、微信、QQ等社交媒体快速发展，每个消费者通过社交媒体把私人微店自主地连接起来，微店成为所有消费者的社交商店。

4. C2M模式将重塑零售业全产业链条

消费者通过社交网络扭转了产消格局，消费者处于商业活动的中心，在商业链条上进行波浪式、倒逼式传导，倒逼流通企业改进销售方式，倒逼生产企业改变生产流程，最终形成新的商业模式。一是消费者数字化。随着智能终端设备、移动互联网的快速发展以及大数据应用技术的逐步渗透，每个消费者的所有社交关系都在社交网络上呈现，沃尔玛提出"一人一沃尔玛"计划，希望实现每个顾客都拥有自己的沃尔玛蓝图。二是零售商社交化。零售商借助社交媒体的扩音器，参与到消费者的社交关系中。三是中间商服务化。线上线下零售企业融合度逐步加深，供应链一体化程度加速，中间商由原来依靠信息不对称赚取差价向创造信息增值的盈利模式转变。四是生产商柔性化。为适应消费者需求，众多品牌让消费者参与到产品生产和研发过程中来，通过消费者对产品的使用感受加以修改。

(三)我国电子商务与零售业发展建议

优化电子商务制度环境。加快建立电子商务法律法规体系；推动网络仲裁、网络公证等法律服务与保障体系建设；完善电子商务政策环境。

加强互联网技术应用推广。大力推进信息基础设施建设；全面提升信息技术改造提升零售企业能力；鼓励订单、库存等后台管理系统开发和应用；创新商业运营模式。

健全电子商务服务支撑体系。大力发展现代物流体系；推进在线支付体系建设；加快社会诚信体系建设；加强运行监控体系建设。

促进线上线下零售融合发展。支持大型零售企业开展网上交易，创新网络销售模式；鼓励电子商务企业加强与传统零售企业合作；鼓励电子商务平台企业拓展网络消费领域。

积极发展零售自有品牌。鼓励大型实体零售企业加强自有品牌开发和经营；支持电子商务企业培育网络自有品牌；加强电子商务、连锁经营等高级管理人才培养。

课题组　组长：李正波
成员：邱　琼　姜树博　陈秀珍　黄艳会
韩　炜　王　川　司洪宇　杜　燕

工业企业自主创新能力测度与影响因素分析

工业企业作为国民经济重要组成部分，与其他行业企业相比，在国家创新体系建设中扮演着更为重要的角色，发挥着更为重要的作用。在经济转型升级的背景下，客观评价工业企业的自主创新能力，深入分析工业企业自主创新能力的内外部影响因素，进一步增强扶持政策的针对性和效果，对提高企业自主创新能力、推动国家创新体系建设，具有十分重要的意义。本课题利用第三次经济普查数据，对工业企业自主创新能力进行科学测度，并从内、外两个方面实证分析影响工业企业自主创新能力的主要因素，从而为探索提升工业企业自主创新能力的有效途径提供依据。

一、工业企业自主创新能力评价指标体系

(一)企业自主创新能力的界定

自熊彼特(1912)首次提出“创新”概念以来，国外对创新问题的研究已有百年历史。但是“自主创新”这一概念是中国创造性的提法。自 20 世纪 90 年代以来，众多学者对企业自主创新的内涵及影响因素进行了深入研究，但还没有得到一致的结论。

本文认为，要清晰界定企业自主创新能力，必须要强调三个要素。

第一，定义企业自主创新能力的前提是，企业是创新的主体。企业的自主创新活动，是以市场需求为导向，以获取经济效益为目的的创新活动。因此，企业的研究与开发活动更侧重试验发展和应用研究，其创新的模式主要是集成创新和技术引进消化吸收再创新，而原始创新的比例还比较低。

第二，定义企业自主创新能力的重点是“自主”。首先，企业在自主创新过程中占据主导地位，拥有对创新投入、创新收益分配等环节的主动权。其次，自主创新活动主要依靠企业内部创新主体，掌握具有自主知识产权的核心技术或形成自主品牌。

第三，定义企业自主创新能力的关键是，企业的自主创新活动是一个投入产出过程。虽然学者们将企业自主创新能力分为研发能力、制造能力、管理能力、企业家能力等多种能力，但是都脱离不开投入产出框架，各种能力均可概括为创新的投入能力和产出能力。

(二)工业企业自主创新能力评价指标体系的构建

基于对企业自主创新能力的界定，构建工业企业自主创新能力评价指标体系。首先根据创新活动是投入产出过程的界定，将工业企业自主创新能力分为创新投入能力和创新产出能力两个一级指标。再根据可以量化的投入要素和产出要素，将创新投入能力划分为机构投入、人力投入和经费投入 3 个二级指标，下设 5 个三级指标；将创新产出能力划分为创新技术产出和创新价值产出 2 个二级指标，下设 5 个三级指标。具体指标设置如表 1 所示。

二、工业企业自主创新能力测度

(一)测度方法和变量选择

本节采用 DEA 模型中的 BCC 模型及超效率 DEA 模型，以我国的 31 个省份为研究对象，对各地区工业企业的自主创新能力进行测度。考察时间为第三次经济普查年度(2013 年)。

我国各地区长期以来经济社会发展极不均衡，在自主创新的投入产出上也表现出显著的差异。因此我们按照产出规模(新产品销售收入占主营业务收入的比重)将 31 个省份划分为两组，即较高产出组和较低产出组，对自主创新能力分别进行测度。较高产出组包括北京、天津、上海、江苏、浙江、安徽、福建、山东、湖北、湖南、广东、广西、海南和重庆 14 个省份。较低产出组包括河北、山西、内蒙古、辽宁、吉林、黑龙江、江西、河南、四川、贵州、云南、西藏、陕西、甘肃、青海、宁夏和新疆 17 个省份。

表 1 工业企业自主创新能力评价指标体系

	一级指标	二级指标	三级指标
工业企业自主创新能力	创新投入能力	机构投入	有研发机构的企业占全部企业的比重
		人力投入	R&D人员占就业人员的比重
			企业研发机构人员中博士和硕士所占比重
		经费投入	R&D经费投入强度
			新产品开发经费投入强度
	创新产出能力	创新技术产出	10万元R&D经费投入的发明专利申请量
			万名企业就业人员发明专利拥有量
			专利许可与转让收入与新产品销售收入之比
		创新价值产出	新产品销售收入与主营业务收入之比
			新产品出口占新产品销售收入的比重

测算时以构成创新投入能力的5个三级指标作为投入变量，分别是：有研发机构的企业占全部企业的比重、R&D人员占就业人员的比重、企业研发机构人员中博士和硕士的比重、R&D经费投入强度、新产品开发经费投入强度；以构成创新产出能力的5个三级指标作为产出变量，分别是：10万元R&D经费投入的发明专利申请量、万名企业就业人员发明专利拥有量、专利许可与转让收入与新产品销售收入的比值、新产品销售收入与主营业务收入之比、新产品出口占新产品销售收入的比重。

(二)各地区工业企业自主创新能力测度结果

1. 基于BCC模型的工业企业自主创新能力分析

基于BCC模型，使用DEAP2.1软件，计算得到两个组别31个省份2013年自主创新的技术效率、纯技术效率和规模效率①，列于表2中。

表 2 各地区自主创新能力测度结果

地 区	技术效率	纯技术效率	规模效率	规模报酬	超效率
第一组					
平均	**0.982**	**0.996**	**0.986**		**1.462**
北京	1.000	1.000	1.000	—	1.768
天津	1.000	1.000	1.000	—	1.456
上海	1.000	1.000	1.000	—	1.220
江苏	1.000	1.000	1.000	—	1.061
浙江	1.000	1.000	1.000	—	2.253
安徽	1.000	1.000	1.000	—	1.522
福建	1.000	1.000	1.000	—	1.497
山东	0.887	0.939	0.944	Irs	0.887
湖北	0.857	1.000	0.857	Irs	0.857
湖南	1.000	1.000	1.000	—	1.127
广东	1.000	1.000	1.000	—	2.860
广西	1.000	1.000	1.000	—	1.386
海南	1.000	1.000	1.000	—	1.428
重庆	1.000	1.000	1.000	—	1.153

① 技术效率反映在给定投入的情况下企业获取最大产出的能力，技术效率＝纯技术效率＊规模效率。其中纯技术效率测度的是当规模报酬可变时，被考察企业与生产前沿面之间的距离；而规模效率衡量的则是规模报酬不变的生产前沿与规模报酬变化的生产前沿之间的距离。

续表

地　区	技术效率	纯技术效率	规模效率	规模报酬	超效率
第二组					
平均	**0.934**	**0.989**	**0.944**		**1.426**
河北	1.000	1.000	1.000	—	1.082
山西	0.862	0.913	0.945	Irs	0.862
内蒙古	0.780	1.000	0.780	Irs	0.780
辽宁	1.000	1.000	1.000	—	1.701
吉林	1.000	1.000	1.000	—	1.375
黑龙江	0.748	0.896	0.835	Irs	0.748
江西	1.000	1.000	1.000	—	1.008
河南	1.000	1.000	1.000	—	3.966
四川	1.000	1.000	1.000	—	1.988
贵州	1.000	1.000	1.000	—	2.049
云南	1.000	1.000	1.000	—	1.093
西藏	1.000	1.000	1.000	—	2.640
陕西	0.888	1.000	0.888	drs	0.888
甘肃	1.000	1.000	1.000	—	1.022
青海	0.628	1.000	0.628	Irs	0.628
宁夏	1.000	1.000	1.000	—	1.441
新疆	0.978	1.000	0.978	Irs	0.978

注：irs 表示规模报酬递增，drs 表示规模报酬递减，— 表示规模报酬不变。

结果显示，全国各省份总体效率水平较高。31 个省份中有 23 个省份技术效率均为 1，8 个省份技术效率小于 1。在技术效率小于 1 的 8 个省份中，纯技术效率和规模效率小于 1 的省份分别为 3 个和 8 个，可见规模无效率是导致技术无效率的主要原因。

从不同组别来看，较高产出组的平均技术效率、纯技术效率和规模效率分别为 0.982、0.996 和 0.986。在较高产出组的 14 个省份中，技术效率小于 1 的有山东和湖北，其中山东的纯技术效率和规模效率均小于 1，湖北的纯技术效率等于 1，规模效率小于 1。较低产出组的平均技术效率、纯技术效率和规模效率分别为 0.934、0.989 和 0.944。在较低产出组的 17 个省份中，技术效率小于 1 的有 6 个省份，其中山西和黑龙江的纯技术效率和规模效率均小于 1，内蒙古、陕西、青海和新疆纯技术效率等于 1，规模效率小于 1。可见较低产出组总体效率水平低于较高产出组。此外，规模效率水平低于纯技术效率水平。

以上结果表明，当前我国大部分地区工业企业自主创新的纯技术效率较高，只有少数中西部省份纯技术效率还相对较低。规模无效率是造成技术无效率的主要原因，规模无效率的省份主要分布在中西部地区，说明这些地区自主创新活动的各项投入规模和产出规模不相匹配。

2. 基于超效率 DEA 模型的自主创新能力分析

从 BCC 模型的分析结果可见，较高产出组中有 12 个省份技术效率为 1，较低产出组中有 11 个省份技术效率为 1，要想了解相应组别中各省份之间技术效率的相对水平如何，就需要使用超效率 DEA 模型做进一步测算。测算结果列于表 2 的第 6 列。

从表中可见，较高产出组的平均效率为 1.462，在该组别的 14 个省份中，效率较高的有广东、浙江和北京。较低产出组的平均技术效率为 1.426，略低于较高产出组，在该组别的 17 个省份中，技术效率较高的有河南和贵州等。

以上结果显示，广东、浙江、北京这些经济和科技强省在企业自主创新方面依然保持着传统优势，而河南和贵州等经济欠发达省份则成为企业自主创新方面的后起之秀，这些省份虽然 R&D 人力和经费投入力度还相对不高，但创新效率水平明显高于较低产出组的平均水平。相比之下，较高产出组中一些 R&D 投入力度较高的省份在创新效率方面没有显示出优势，技术效率仅相当于甚至低于较高产出组的平均水平。这表明，加大自主创新投入只是开展自主创新活动的基础，要想切实提高自主创新能力，更重要的是要加强管理、改进资源配置、提高效率，这样才能充分利用投入的各类资源，取得最大的创新产出和绩效。

三、工业企业自主创新能力影响因素实证分析

（一）影响工业企业自主创新能力的内部因素

通过 BCC 模型的分解，可以得到各地区工业企业自主创新投入要素的冗余状况，以及创新的实际产出与有效产出之间的差值。正是对投入要素的利用率不高以及某些产出不能达到有效水平影响了部分地区工业企业的自主创新能力。

1. 投入要素冗余状况

从表 3 可见，纯技术效率小于 1 的省份在各创新投入要素上均存在不同程度的冗余或利用率低的情况。特别是对研发机构中的高学历人才和研发经费的利用率不高。山西、黑龙江和山东研发机构中博士和硕士的比重可分别降低 1.44、1.30 和 0.96 个百分点，R&D 经费投入强度可分别降低 0.18、0.20 和 0.08 个百分点，仍能维持现有产出不变。

表 3　部分地区投入要素冗余状况

地　区	有研发机构的企业比重（%）	冗余率（%）	R&D 人员比重（%）	冗余率（%）	研发机构中博士和硕士比重（%）	冗余率（%）	R&D 经费投入强度（%）	冗余率（%）	新产品开发经费投入强度（%）	冗余率（%）
山　西	5.83	0.00	2.13	0.00	13.53	1.44	0.67	0.18	0.54	0.01
黑龙江	5.18	0.00	3.70	0.99	15.82	1.30	0.69	0.20	0.57	0.00
山　东	6.81	0.16	3.45	0.88	13.42	0.96	0.80	0.08	0.77	0.11

2. 未达到有效产出状况

表 4 中的结果显示，纯技术效率小于 1 的 3 个省份各项创新产出与有效产出均存在一定差距。特别是在单位创新投入的专利产出和新产品的市场竞争力方面还存在明显不足。例如，山西、黑龙江、山东 10 万元 R&D 经费投入的发明专利申请量与有效产出的差值分别达到 0.008、0.009 和 0.015 件/10 万元。黑龙江和山东万名企业就业人员的发明专利拥有量比有效产出低 5.21 和 6.77 件/万人。这两项产出水平的不足表明，这些省份工业企业没能充分利用自主创新的人力物力投入创造出有效的技术产出。黑龙江和山东新产品销售收入占主营业务收入的比重与有效产出的差值分别为 1.46 和 0.51 个百分点，说明这些省份工业企业新产品的市场竞争力和市场占有率还存在差距。

表 4　各地区实际创新产出与有效产出的差值

地　区	10 万元 R&D 经费投入的发明专利申请量	差值	万名企业就业人员发明专利拥有量	差值	专利许可与转让收入与新产品销售收入的比值	差值	新产品销售收入占主营业务收入比重	差值	新产品出口占新产品销售收入的比重	差值
山　西	0.015	0.008	13.78	0.00	0.015	0.003	5.59	0.00	12.33	0.00
黑龙江	0.018	0.009	16.94	5.21	0.091	0.000	4.25	1.46	6.77	0.58
山　东	0.014	0.015	19.34	6.77	0.040	0.000	10.81	0.51	12.14	0.00

（二）外部因素对工业企业自主创新能力的影响

1. 模型设定与变量选择

本文采用 DEA 模型的两阶段法（Two－Stage Method）来分析企业自主创新能力受到哪些外部因素的

影响,以及这些因素的影响程度。基于当前工业企业自主创新的特点,同时考虑数据的可得性,从以下 2 个方面选取影响工业企业自主创新能力的外部因素。

(1)经济对外开放程度(TRADEGDP)。用地区进出口贸易总额与地区生产总值的比值表示。

(2)产业结构特点(HITECH)。用地区规模以上工业总产值中高技术产业产值的比重表示。

由于效率值有一个最低界限值 0,因此建立受限因变量 Tobit 模型,采用极大似然法进行估计。以各地区效率值为因变量,以上述各影响因素为自变量,其中绝对量取对数,对较高产出组和较低产出组分别建立以下回归模型:

$$SUPERDEA_i = \alpha_0 + \alpha_1 TRADEGDP_i + \alpha_2 HITECH_i$$

其中 i=1,2,……,31,代表两个组别的 31 个省份。其他符号含义如前所示。回归结果如表 5 所示。

表 5 工业企业自主创新能力外部影响因素回归结果

	较高产出组			较低产出组		
变量	系数	z 统计量	Prob.	系数	z 统计量	Prob.
常数	1.097***	4.09	0.00	0.732*	1.82	0.07
TRADEGDP	0.005	1.01	0.31	0.014	0.49	0.62
HITECH	0.008	0.25	0.81	0.098**	2.07	0.04

注:*、**、*** 分别表示在 10%、5%和 1%的水平上显著。

2. 测算结果分析

通过表 5 的实证结果可以看出,第一,代表地区经济对外开放程度的进出口贸易总额占地区生产总值的比重对工业企业自主创新能力的影响为正。地区经济对外开放程度越高,与国外发达国家的技术交流就越多,企业就有更多机会接触到国际上的先进技术,可能的技术引进就越多,模仿创新也越多,而这些对自主创新无疑有积极的促进作用。

第二,代表地区产业结构特征的地区高技术产业产值在工业总产值中的比重对工业企业自主创新能力的影响为正,对创新产出较低地区的影响更为显著。地区产业结构的升级转型与企业自主创新能力的提高互相促进,形成良性循环。地区高技术产业的实力越强,技术水平越高,企业对创新的重视程度也越高,在创新方面的投入也越大,自主创新能力自然也相应提升。相应的,企业自主创新能力的提高也必然会带来更多的创新产出,从而促进企业核心竞争力的提升,进一步推动高技术产业的发展和地区产业结构的升级转型。

四、政策建议

基于上述模型分析,我们提出如下政策建议。

(一)加大对重点行业的支持力度,鼓励高技术行业做大做强

实证分析结果显示,高技术产业产值在工业总产值中的比重越高,对企业自主创新能力的提升越有利。高技术产业是经济发展的新动力,发展高技术产业是我国经济转型升级的战略重点。高技术产业创新比较活跃,资金和技术密集度高,同时创新风险也比较高,更需要政府的扶持。在促进高技术产业发展方面,政府已出台了多项政策,对高技术企业创新提供了支持和保障。为了发挥好高技术产业在创新方面的引领作用,应在现有的支持政策基础上和政策实施过程中加大支持力度,如政府采购政策向民族高技术企业倾斜;采取补贴等方式鼓励社会采用高技术企业首次投放市场的自主创新产品;在大力发展的高技术前沿领域对专利发明人和成果推广应用者给予特别奖励等。

(二)扩大对外开放程度,通过多种方式加强合作

实证分析结果显示,经济对外开放程度对企业自主创新能力有正向影响。这表明,在经济全球化的背景下,加入全球产业链并推动我国企业在产业链中的升级对企业的自主创新有积极的促进作用。在扩大对外开放的同时要积极引导企业通过多种方式加强与外商的合作,促进外资企业发挥技术溢出效应。同时还应当进一步加大力度鼓励和引导企业"走出去",通过融入全球生产网络、整合全球经济资源来进一步提升中国企业的自主创新能力和技术水平。

(三)促进科技成果转化,提高技术进步对经济增长的贡献率

我国技术市场发展的实践表明,一个发达和完善的技术交易市场体系,应该有利于加快高新技术成果产业化,对于建立和完善以企业为主体、市场为导向、产学研相结合的技术创新体系有积极的促进作用。技术是一种特殊的商品,必须融合在生产制造过程中,才能产生新的价值,进而产生技术进步,推动产业升级。因此,一要活跃技术市场,提高科技成果转化率,引导企业在技术转移过程中注重与自身技术的融合和提升,二要对技术交易市场实施有效的监督管理,建立技术交易市场的社会信用体系,三要大力培育和发展各类科技中介服务机构,引导其向专业化、规模化和规范化方向发展,支持区域性、专业性技术交易市场的发展和服务体系的建设等。

课题组　组长:李　伟
成员:于　洋　周　晶　曹　麦　冯　莎
执笔:李　伟

产业结构调整与就业结构变动

一、研究背景

当前中国已经进入到人口、经济与社会转型发展的关键时期。人口老龄化进程加快，人口抚养比已经开始逆转并逐步上升，劳动年龄人口(15—59 岁)开始出现连续负增长，城乡人口迁移也趋于平稳，劳动力市场正在发生深刻变化，普通劳动者工资水平持续快速上涨，长期以来支撑中国经济增长的“人口红利”已逐步减弱。

在经济新常态下寻找新的增长点不仅是当前的一个重要挑战，更是成功跨越“中等收入陷阱”的关键所在。经济结构与就业结构的变动既是经济社会发展的结果，也是实现新阶段经济转型发展的关键。结构变化能否顺应新常态的要求、能否与新的增长点相契合，这很大程度上影响着中国经济可持续发展之路。

本报告将主要依据 2004 年、2008 年和 2013 年三次全国经济普查数据，全面地考察中国经济快速发展和转型阶段产业结构调整与就业结构变动的总体趋势、典型特征以及主要问题，为实现中国经济转型发展和全面建成小康社会提供决策依据。

二、产业结构调整与就业结构变动的现状及总体情况

(一)市场经济主体发育迅猛，企业数量快速增长

企业法人数量迅速扩大，成为市场经济最重要的主体。三次经济普查结果显示，2004—2013 年法人单位数量翻了一番，从 516.9 万增长到 1085.7 万，年均增速达到 8.6%。其中，企业法人是最主要的贡献来源，企业法人数量从 325 万迅速扩张到 820.8 万，不到 10 年间增长了 1.5 倍，年均增速高达 10.8%。企业法人已经发展成为市场经济主体中最重要的组成部分，占法人单位的比重从 2004 年的 62.9%提高到 2013 年的 75.6%，已经超过 3/4。企业法人的迅猛扩展是驱动这一时期经济快速增长的重要动力。

产业活动单位快速增长，第三产业成为主导部门。截至 2013 年底，产业活动单位数量已经突破 1300 万，较 2004 年增长了近一倍。其中，第二产业和第三产业的活动单位数量年均增速分别为 6.2%和 7.8%。第三产业活动单位增长相对更快，所占比重也从 75.4%相应地提高到 77.9%。产业活动单位的快速扩张反映出这一时期经济快速增长以及经济结构的变动趋势。

个体经营户数量在波动中有所下降。2004 年个体经营户数量一度超过 3900 万，到 2008 年下降到不足 2900 万，几年间大幅减少约 1000 万，主要由于工商部门开展了个体工商户改革，核发新式营业执照，注销了一批长期空挂的工商户，同时一批工商户发展壮大转变为私营企业或有限责任公司。但是，改革并没有影响到个体经营户继续发展，到 2013 年底个体经营户数量又恢复到接近 3300 万。第三产业始终是个体经营户的最集中部门，所占比重从 2004 年的 85%逐步提高到 2013 年的 94.3%。

表 1　市场经济主体的数量变化(2004—2013 年)

市场经济主体	2004 年		2008 年		2013 年	
	单位数(万)	比重(%)	单位数(万)	比重(%)	单位数(万)	比重(%)
法人单位	516.9	100.0	709.9	100.0	1085.7	100.0
企业法人	325.0	62.9	495.9	69.9	820.8	75.6
机关事业法人	90.0	17.4	95.9	13.5	103.7	9.6
社会团体和其他法人	101.9	19.7	118.1	16.6	161.1	14.8
产业活动单位	682.4	100.0	886.4	100.0	1303.5	100.0

续表

市场经济主体	2004 年		2008 年		2013 年	
	单位数(万)	比重(%)	单位数(万)	比重(%)	单位数(万)	比重(%)
第二产业	167.5	24.6	230.0	25.9	287.5	22.1
第三产业	514.9	75.4	656.4	74.1	1015.9	77.9
个体经营户	3921.6	100.0	2873.7	100.0	3279.1	100.0
第二产业	588.7	15.0	253.8	8.8	188.3	5.7
第三产业	3332.9	85.0	2619.9	91.2	3090.8	94.3

数据来源:根据 2004 年、2008 年和 2013 年三次全国经济普查结果整理得到。

(二)经济体制改革不断深化,民营经济发展壮大

国有集体企业数量继续减少,企业所有制结构进一步优化。上世纪 90 年代中期全面启动的国有企业改制,在进入新世纪之后也并未停止,市场经济体制改革继续深化,有效地激发了民营经济活力。2004－2013 年间,国有企业数量从约 18 万家进一步减少到 11.3 万家,下降了 37%,年均下降 5%。同期,集体企业数量从 34.3 万家大幅削减到 13.1 万家,降幅达到 62%,年均下降 10.1%。国有企业和集体企业所占比重均已经下降到 2%以下。从企业法人的数量和结构变化来看,中国市场经济体制改革从未停滞,即便是 2008 年为应对金融危机出台的四万亿投资刺激计划,也并没有阻止国有集体企业改革的脚步,国有集体企业的数量和比重均在下降,至少从结构层面来看所谓“国进民退”的说法并不能站住脚。

私营企业数量迅猛增加,民营经济发展迅速。与国有集体企业形成鲜明对比,私营企业的数量在不到十年间从 198.2 万家增长到 560.4 万家[①],增长了 1.8 倍,年均增速达到 12.2%,所占比重提高到 68.3%。同一时期,有限责任公司的数量从 35.5 万家增长到约 150 万家,增长了约 3 倍,年均增速为 17.3%,所占比重提高到 18.2%。股份有限公司的数量也翻了一番,从 6.1 万家增长到 12.3 万家,年均增长 8.1%。境外投资企业也取得了平稳良好的发展:港澳台投资企业数量从 2004 年的 7.4 万家增加到 2013 年的 9.7 万家,增长了 31%;外商投资企业数量也从 7.8 万家增长到 10.6 万家,增长了 36%。

个体经营户灵活发展,为市场经济添注活力。个体经济具有明显的灵活性和集中性特征。一方面,个体经营户的规模较小、经营方式简单,能够快速反映宏观经济形势和市场环境的变化。2008 年前后个体工商户数量的较大幅度缩减,既有工商制度改革的因素,一定程度上也是国际金融危机冲击下宏观经济波动的反映。另一方面,个体经济高度集中在服务业部门,成为城市经济发展的不可或缺的重要保障。第三次经济普查结果显示,目前超过 90%以上的个体经营户都从事服务业。其中,批发和零售业个体经营户数量达到 1600 多万户,占到总体的一半。其次是交通运输业,个体经营户数量出现了大幅增长,2013 年已经接近 880 万户,占到总体的 26.8%。

个体私营部门城镇就业比重上升,国有集体部门比重下降。城镇的市场化改革相对滞后于农村地区,到上世纪 90 年代初期城镇国有和集体单位就业比重仍然高达 90%以上。直到国有企业改制将城镇市场化改革推向高潮,国有和集体单位就业比重开始迅速下降,2003 年下降到 30%左右,之后继续稳步下降,目前已经下降到 20%以下。与此同时,个体私营经济迅猛发展,吸纳的就业人员逐步扩大,外资企业、股份制企业、有限责任公司等非公经济也吸收了大量就业。国家统计局公布的数据显示,1990－2014 年,城镇就业规模从 1.7 亿人增长到 3.9 亿人,增长了 1.3 倍。同期,城镇个体私营企业从业人员从 671 万人迅速扩张到约 1.7 亿人,增长了 24 倍之多,占城镇就业总量的比例从不到 4%提高到 42.9%。其中,城镇个体经营户从业人员从 614 万人增长到约 7000 万人,占城镇就业总量的比例从 3.6%提高到 17.8%;城镇私营企业从业人员从 57 万人增长到 9800 多万人,占城镇就业的比例从 0.33%提高到 25.1%。从城镇劳动力市场和就业结构视角来看,市场经济体制改革始终在稳步推进。

① 国家工商行政管理总局的统计口径和范围有所差异,根据其官方公布的数据,截至 2015 年 5 月底,全国实有各类市场主体 7264 万户,其中,个体工商户 5165.2 万户,私营企业 1684.5 万户。

表 2　不同登记注册类型企业法人单位数量的变化(2004—2013 年)

登记注册类型	2004 年		2008 年		2013 年	
	单位数(万)	比重(%)	单位数(万)	比重(%)	单位数(万)	比重(%)
合　计	325.0	100.0	495.9	100.0	820.8	100.0
内资企业	309.8	95.3	477.4	96.3	800.6	97.5
国有企业	17.9	5.5	14.3	2.9	11.3	1.4
集体企业	34.3	10.6	19.2	3.9	13.1	1.6
股份合作企业	10.7	3.3	6.4	1.3	6.5	0.8
联营企业	1.7	0.5	1.1	0.2	2.0	0.2
有限责任公司	35.5	10.9	55.1	11.1	149.4	18.2
股份有限公司	6.1	1.9	9.7	2.0	12.3	1.5
私营企业	198.2	61.0	359.6	72.5	560.4	68.3
其他企业	5.4	1.7	11.9	2.4	45.6	5.6
港澳台商投资企业	7.4	2.3	8.4	1.7	9.7	1.2
外商投资企业	7.8	2.4	10.2	2.1	10.6	1.3

数据来源：根据 2004 年、2008 年和 2013 年三次全国经济普查结果整理得到。

表 3　有证照个体经营户数量变化(2004—2013 年)

行　业	2004 年		2008 年		2013 年	
	户数(万)	比重(%)	户数(万)	比重(%)	户数(万)	比重(%)
合　计	3921.6	100.0	2873.7	100.0	3279.1	100.0
工　业	532.3	13.6	227.4	7.9	176.9	5.4
建筑业	56.5	1.4	26.4	0.9	18.5	0.6
交通运输业	621.7	15.9	459.6	16.0	878.6	26.8
批发和零售业	1831.1	46.7	1549.1	53.9	1642.7	50.1
住宿和餐饮业	293.9	7.5	226.3	7.9	240.8	7.3
房地产业	3.8	0.1	3.5	0.1	5.0	0.2
租赁和商务服务业	35.2	0.9	27.0	0.9	30.6	0.9
居民服务和其他服务业	413.8	10.6	269.3	9.4	214.6	6.5
教　育	14.4	0.4	6.7	0.2	5.8	0.2
卫生和社会福利业	83.0	2.1	57.0	2.0	20.9	0.6
文化、体育和娱乐业	36.2	0.9	21.0	0.7	17.2	0.5
信息传输、软件和信息技术服务业					10.6	0.3
科学研究和技术服务业					11.8	0.4
其　他			0.4	0.0	5.1	0.2

注：工业包括采矿业、制造业和电力、燃气及水的生产和供应业。

数据来源：根据 2004 年、2008 年和 2013 年三次全国经济普查结果整理得到。

(三)经济结构调整优化，新兴产业和服务业快速发展

传统农业部门在经济和就业中的份额持续下降，第二产业趋于稳定，第三产业稳步提高。伴随着改革开放以来持续快速的经济增长，农业部门创造的 GDP 比重从 1980 年代初期的 30%左右持续下降到目前 10%以下，这符合经济发展的一般规律。第二产业(工业和建筑业)长期以来是中国经济发展的支柱，在经济结构中的比重稳定在 40%—50%之间。第三产业(服务业)呈现稳定的发展态势，经济结构中的比重从 1980 年代初期的 20%左右持续提高到目前的 48%。2013 年成为了转折性的一年，服务业超越第二产业成为国民经济中最大的部门。因此，经济快速发展和转型过程中经济结构也在逐步调整和优化。

现代新兴产业和服务业发展迅速，就业规模和比重逐步提高。三次经济普查结果显示，全国单位就业

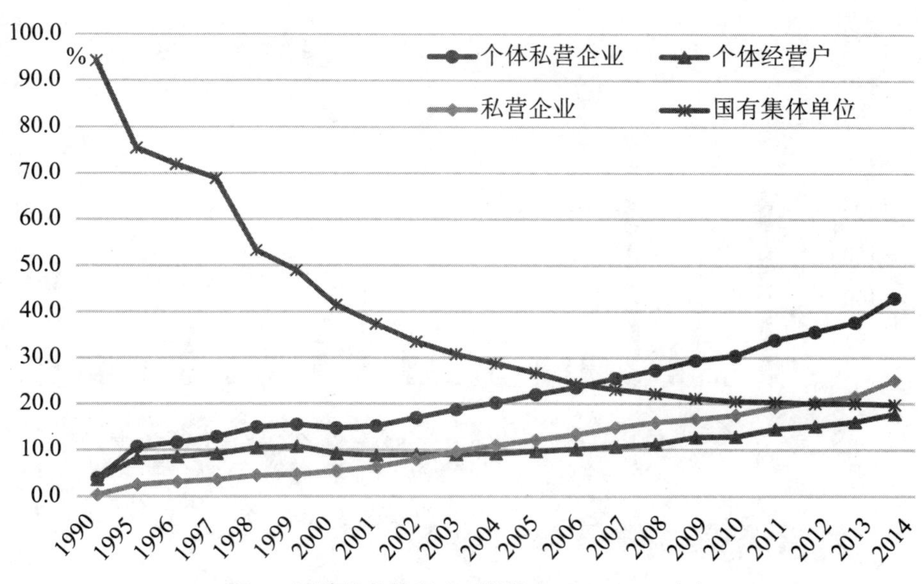

图 1 城镇就业的所有制结构(1990－2014 年)

数据来源:根据国家统计局《2015 年中国统计摘要》相关数据计算得到。

人员规模从 2004 年的 2.15 亿人扩大到 2013 年的 3.56 亿人,增长了 66%,年均增速达到 5.8%。信息传输、计算机服务和软件业发展迅速,到 2013 年就业规模扩大到 550 万人,较 2004 年增长了 1.4 倍,年均增速达到 9.8%。同期,科学研究、技术服务和地质勘探业的就业规模也扩大到 810 万人,较 2004 年增长了约 1.5 倍,年均增速达到 10.6%。现代新兴产业在十年间得到了快速发展,吸纳了大批高技能、高素质人才。服务业发展更加迅猛,批发和零售业就业规模从 2004 年的不到 1400 万人扩大到 2013 年的 3300 多万人,增长了 1.4 倍,年均增速达到 10.2%,占单位人员就业比重也提高了 3 个百分点,到 2013 年批发零售业的法人单位数量达到 280 万家,占所有法人单位数量的四分之一(25.9%)。同期,租赁和商业服务业规模从不到 450 万人扩大到 1300 多万人,增长了约 2 倍,年均增速高达 12.8%。房地产业、居民服务业和其他服务业的就业规模也加快扩张,年均增速分别达到 9.4%和 8.8%。

制造业仍是吸收就业的最多部门,但比重呈现下降趋势。制造业在中国经济奇迹中扮演着关键角色,长期以来大量廉价劳动力支撑着中国制造业的竞争优势,但随着人口结构转变与劳动力市场变化,传统的制造业低成本优势逐渐丧失,制造业的转移和萎缩将不可避免。截至 2013 年底,制造业法人单位数量达到 225 万家,占所有法人单位数量的五分之一(20.8%)。2004－2013 年间,制造业的就业规模保持稳步扩张,从约 8400 万人增加到 1.25 亿人,增长了约 50%,年均增速为 4.5%,但相对于新兴产业和服务业,就业增长步伐已经放缓,单位就业比重从 2004 年的 39.1%下降到 2008 年的 38.2%,2013 年进一步下降到 35.2%,近十年间就业份额下降了约 4 个百分点。

建筑业保持平稳较快发展,始终是吸纳就业的重要部门。建筑业是另一个重要的传统产业部门,吸纳大量的低技能的劳动力,尤其是农村迁移到城镇的农民工。但不同于制造业部门,建筑业在过去十年间仍然保持较快的发展,主要得益于房地产市场迅猛扩张。2004 年,建筑业单位从业人员规模接近 2800 万人,到 2008 年增加到 3900 万人,之后仍然延续较快的发展,2013 年就业规模扩张到 5300 万人,在近十年间增长了 91%,年均增速达到 7.4%,超过单位就业人员总体的增速,占单位就业比重也从 13.0%提高到 14.9%,始终占据第二大就业部门位置。

公共与准公共部门就业人员有所增长,就业比重有所下降。公共部门精简是市场经济体制改革的重要内容,机关事业单位改革逐步推进,有效地抑制了公共部门与准公共部门的快速扩张。2004－2013 年间,公共管理和社会组织的就业人员从 1925 万人增长到约 2700 万人,增长了 41%,年均增速为 3.9%,低于单位就业人员总体增速,占单位就业比重从 9%下降到 7.6%。教育部门是另一个规模较大的准公共部门,这一时期就业人员从 1500 多万人增长到 1900 多万人,增长了 26%,年均增速仅为 2.6%,占单位就业比重也从 7.1%下降到 5.4%。此外,卫生、社会保障和社会福利部门的就业规模也从 550 万人扩张到 900 多万人,年均增速为 5.9%,占单位就业比重保持稳定。

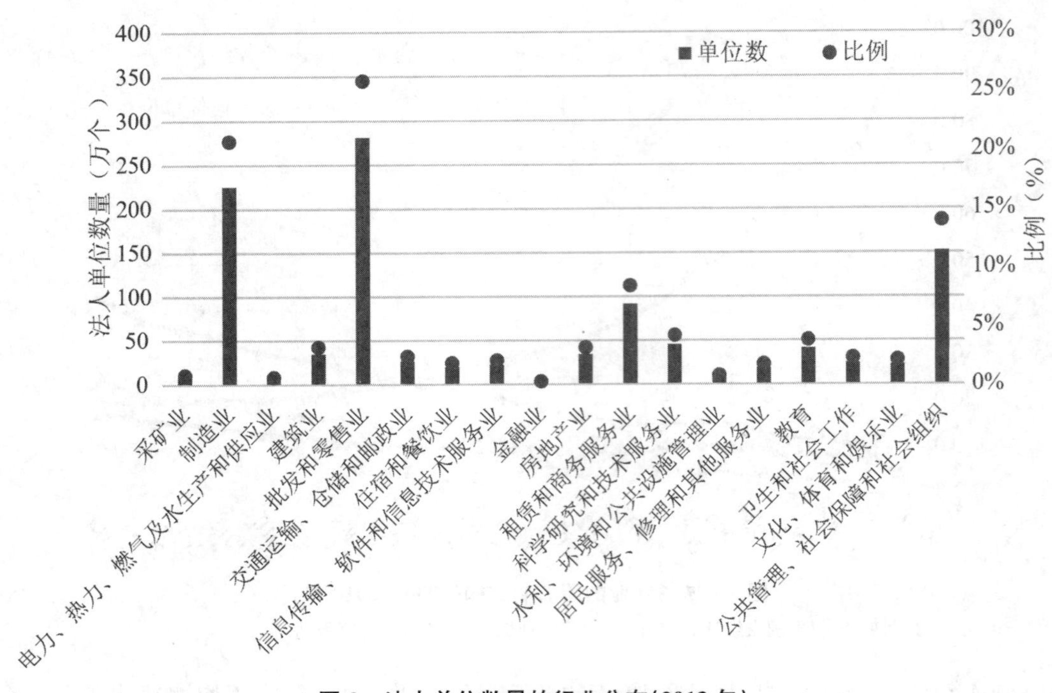

图 2 法人单位数量的行业分布(2013 年)

数据来源:根据 2013 年第三次全国经济普查结果整理得到。

表 4 单位就业人员的行业分布变化情况(2004—2013 年)

行　业	2004 年		2008 年		2013 年	
	从业人员（万人）	比重（%）	从业人员（万人）	比重（%）	从业人员（万人）	比重（%）
合　计	21460.4	100.0	27311.5	100.0	35602.3	100.0
农、林、牧、渔业	161.7	0.8	195.3	0.7	389.8	1.1
采矿业	888.8	4.1	990.8	3.6	1035.2	2.9
制造业	8390.5	39.1	10433.1	38.2	12515.1	35.2
电力、燃气及水的生产和供应业	364.5	1.7	404.6	1.5	485	1.4
建筑业	2792.6	13.0	3907.7	14.3	5320.6	14.9
交通运输、仓储和邮政业	801.5	3.7	1077	3.9	1299.5	3.7
信息传输、计算机服务和软件业	238.6	1.1	320.7	1.2	551.7	1.5
批发和零售业	1382.5	6.4	1892	6.9	3315	9.3
住宿和餐饮业	429.3	2.0	585.8	2.1	691.6	1.9
金融业	374.7	1.7	487	1.8	531	1.5
房地产业	396.3	1.8	552.2	2	889	2.5
租赁和商务服务业	448.3	2.1	770.7	2.8	1328.9	3.7
科学研究、技术服务和地质勘查业	326.4	1.5	447.6	1.6	810.3	2.3
水利、环境和公共设施管理业	184	0.9	221.4	0.8	298.1	0.8
居民服务和其他服务业	136.1	0.6	199	0.7	291.7	0.8
教　育	1521.8	7.1	1723.6	6.3	1913.8	5.4
卫生、社会保障和社会福利业	550.1	2.6	680.4	2.5	917.7	2.6
文化、体育和娱乐业	147.4	0.7	194.1	0.7	309	0.9
公共管理和社会组织	1925.2	9.0	2228.5	8.2	2709.6	7.6

注:2013 年行业分类中,社会保障纳入公共管理和社会组织中。

数据来源:根据 2004 年、2008 年和 2013 年三次全国经济普查公报数据计算得到。

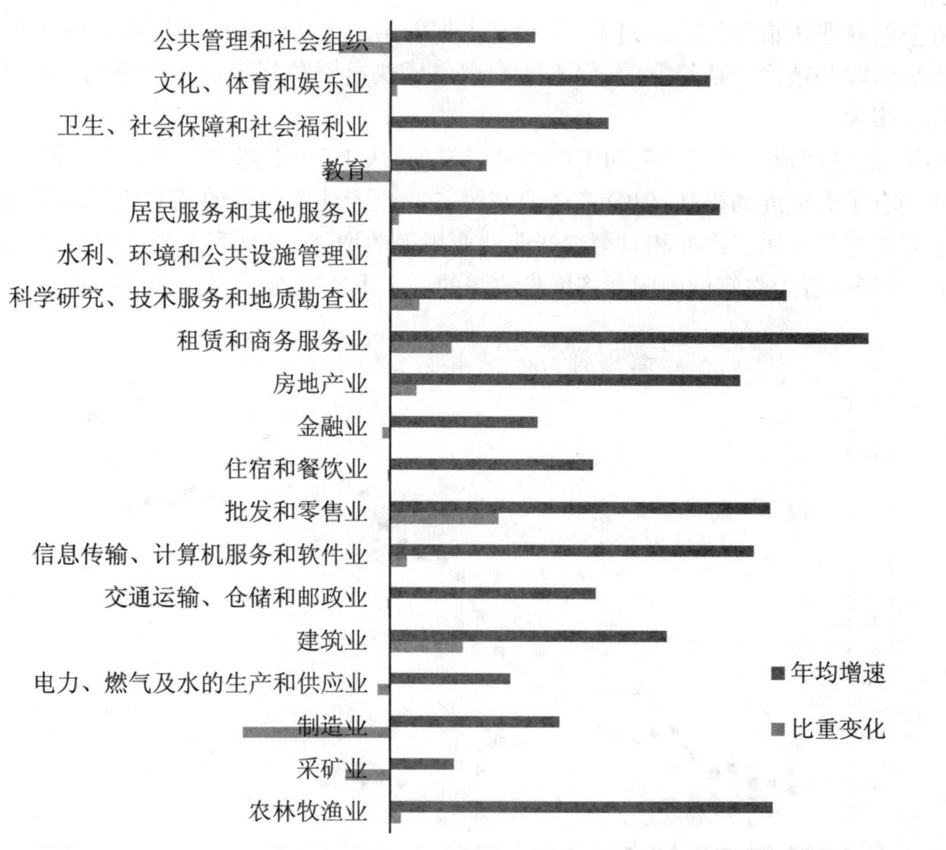

图 3 单位就业人员的增长速度与结构变化(2004—2013 年)

数据来源:根据 2004 年、2008 年和 2013 年三次全国经济普查结果整理得到。

三、当前产业结构与就业结构存在的主要问题

(一)就业结构与经济结构的不匹配

尽管农业部门的就业份额持续下降,但目前仍然占到 30%左右。30%的就业人员仅创造了 10%的 GDP,这意味着农业部门的劳动生产率仍然过低。服务业的就业比重早在 1990 年代中期就超过第二产业,后者(主要是工业部门)的就业在一段时期内出现低速增长甚至停滞,主要归因于上世纪 90 年代的国有企业

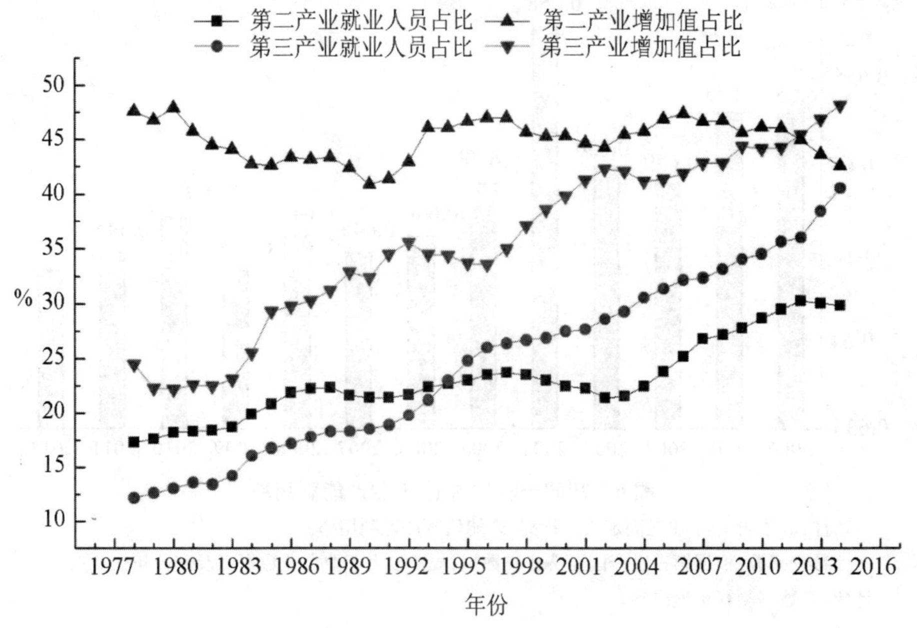

图 4 产业结构与就业结构的变动(1978—2014 年)

数据来源:国家统计局网站(http://data.stats.gov.cn)。

改制。目前服务业的就业比重已经提高到40%,稳定占据着第一大就业部门的位置。尽管就业结构变动总体上符合经济发展阶段和结构调整的方向,但不匹配现象反映出资源配置和生产率仍然有待改进,结构优化调整的空间仍然很大。

进一步观察第二、三产业就业以及劳动生产率可以发现,从1978年到2014年,第三产业与第二产业就业人员的相对比例有了大幅度的提高,但第三产业与第二产业劳动生产率的相对比例却保持在80%左右,近几年甚至有下降的趋势。第三产业相对第二产业就业规模的增加,以及第三产业相对第二产业较低的劳动生产率,成为一些研究者用来解读中国经济增长放缓的一个重要方面。

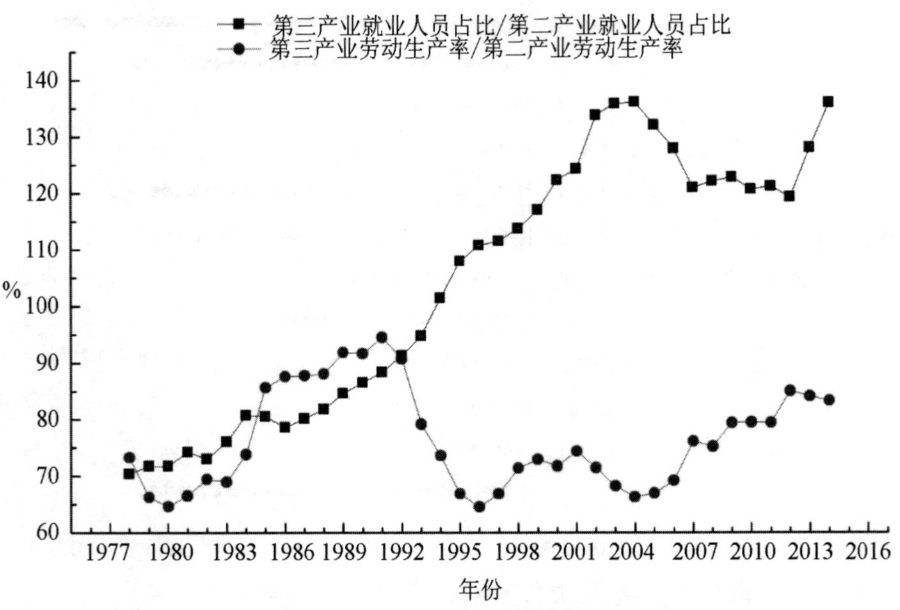

图5 第二、三产业就业人员和劳动生产率的相对水平(1978—2014年)

数据来源:国家统计局网站(http://data.stats.gov.cn)。

(二)产能过剩问题严重,就业风险加剧

根据各行业的产能水平以及分行业就业状况,我们大致推算了各个行业的冗余就业数量(规模以上企业部分)。假设生产前沿面可能的最高产出的85%为适度的产能利用率水平①,那么每个行业的冗余就业数量则为"(0.85—行业产能利用率)*行业就业数量"。表5中可见,对于全国规模以上工业产业,其就业总人数

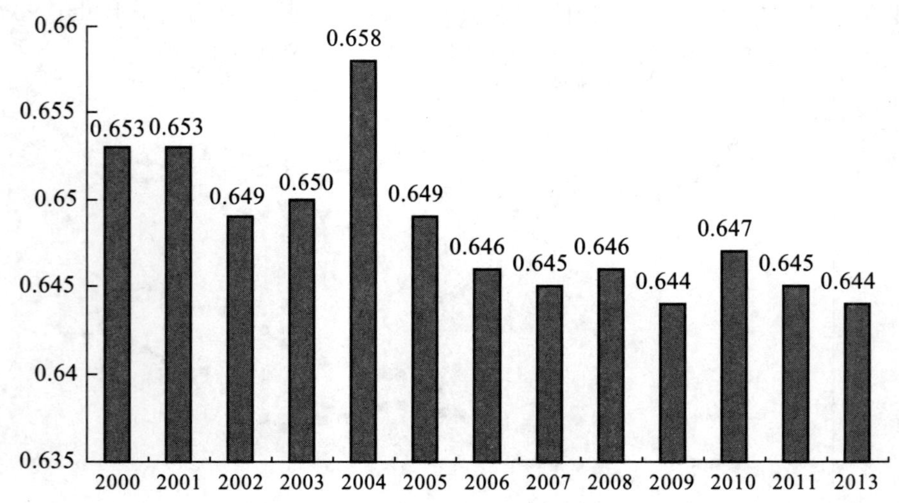

图6 2000—2013中国工业产能利用率

注:2012年由于缺乏固定资产指标,未能估算产能利用率。

数据来源:根据第三次全国经济普查数据、规模以上工业企业数据以及部分年份《中国统计年鉴》数据测算整理得到。

① 国家统计局,《2009年上半年经济述评之十五:破解产能过剩困局》,http://www.stats.gov.cn/was40/reldetail.jsp?docid=402584105

约为9791万人，而其产能利用率约为64.45%，这样初步推算中国工业的冗余就业约有2012万人。如果我们用每个行业的产能过剩的水平和该行业的就业人数来估算各行业的冗余就业人数的话，这样汇总得到的全国工业的冗余就业数量为3124万人左右。

表5中还列出了分行业的情况。我们看到实际产出水平达不到或仅仅接近前沿产出水平50%的行业有黑色金属矿采选业、有色金属矿采选业、印刷业、医药行业和有色金属冶炼加工业。除了这几个产能最低的行业之外，由于就业基数较大造成较多冗余就业的行业分别为食品制造业、皮毛羽绒制品业、木材加工业、家具制造、以及印刷业，这些行业的产能水平差不多在60%的水平上。

表5 工业产能利用率及冗余就业

行　业	从业人员	产能利用率	冗余就业
全国总计	9791.5	0.6445	2012.5
煤炭采选业	529.7	0.6913	84.0
石油和天然气开采业	77.5	0.7707	6.1
黑色金属矿采选业	71.0	0.5045	24.5
有色金属矿采选业	55.4	0.4439	22.5
非金属矿采选业	54.0	0.5772	14.7
食品加工业	418.2	0.5980	105.4
食品制造业	200.9	0.6152	47.2
饮料制造业	157.8	0.7227	20.1
烟草加工业	19.9	−0.4907	26.6
纺织业	486.3	0.5963	123.4
服装及其他纤维制品制造	455.1	0.6141	107.4
皮革毛皮羽绒及其制品业	296.9	0.5908	77.0
木材加工及竹藤棕草制品业	138.1	0.6000	34.5
印刷业记录媒介的复制	92.3	0.1469	64.9
文教体育用品制造业	222.9	−1.2586	469.9
石油加工及炼焦业	94.5	−2.8944	353.9
化学原料及制品制造业	494.9	0.6091	119.2
医药制造业	208.6	0.3187	110.8
化学纤维制造业	48.5	0.6564	9.4
橡胶制品业	334.9	0.5721	93.1
非金属矿物制品业	568.6	0.6172	132.4
黑色金属冶炼及压延加工业	416.0	0.6267	92.9
有色金属冶炼及压延加工业	204.9	0.4426	83.5
金属制品业	372.0	0.5954	94.7
普通机械制造业	476.1	0.6299	104.8
专用设备制造业	352.1	0.6300	77.5
交通运输设备制造业	426.0	0.7101	59.6
电气机械及器材制造业	623.2	0.6475	126.2
电子及通信设备制造业	880.5	0.6665	161.5
仪器仪表文化办公用机械	104.6	0.6499	20.9
电力蒸汽热水生产供应业	294.1	0.7379	33.0
煤气的生产和供应业	23.9	1.7422	
自来水的生产和供应业	39.7	0.7097	5.6

数据来源：根据第三次全国经济普查数据中的规模以上企业数据测算得到。

进一步研究发现，产能过剩严重的企业（即产能利用率低的企业），员工通常受教育程度较低，女性的比例也更高，同时享有较差的工资福利水平，也就是通常我们所说的劳动力市场上的脆弱群体。数量如此巨大的脆弱群体蕴含着巨大的就业风险。在化解产能过剩的过程中，对这部分群体的处置不当，将会造成直接的社会风险。

(三)潜在的“逆库兹涅茨化”现象凸显

1971 年诺贝尔经济学奖获得者库兹涅茨指出产业结构升级的关键，是资源从生产率较低的部门向生产率更高的部门转移，从而使得经济整体的资源配置效率得以提高。我们可以将此视作“库兹涅茨式”的产业结构演进。由此，如果产业结构演进的确遵循第一、第二和第三产业的顺序，其隐含的假设则是生产率按照相同的产业顺序依次提高。因此，一国经济的整体资源配置效率得以不断改善，表现为全要素生产率的提高。近年来，有的观察者开始注意到，劳动力从第一、二产业到第三产业的转移有时反而导致劳动生产率的下降。如果这是实际中发生的事实，则意味着出现了产业结构调整的“逆库兹涅茨化”现象。

尽管对是否发生了“逆库兹涅茨化”现象需要进行严肃的实证研究，但对于产业结构发生逆库兹涅茨变化的现象做出警示，也不是完全没有针对性的，其实，在现实中已经出现某些值得关注的问题端倪。在我国经济发展进入新常态的条件下，经济增长速度将明显减缓，保持经济增长可持续性要求通过加快产业结构调整和升级，把增长的动力从投入驱动转向生产率驱动。实际上，一个经济体逐渐从二元经济发展阶段转向新古典阶段，意味着经济增长越来越依靠全要素生产率的提高。从微观层面看，企业提高效率的努力可以多种多样，如采用新技术、开拓新市场、改善管理等，从宏观层面看，全要素生产率的提高归根结底是通过资源配置效率的提高体现出来的，因此，产业结构调整必须遵循提高生产率的原则。潜在和实际存在的逆库兹涅茨产业结构调整现象，至少有以下两种表现。

首先，由于户籍制度改革没有完成，已经转移到城镇就业和生活的农民工，由于不能均等的享受城镇的基本公共服务，特别是不能享受基本社会养老保险、失业保险和最低生活保障待遇等社会保障，在他们仍然具有很高就业能力的时候往往就退出城镇劳动力市场。2014 年全国农民工监测调查显示，年龄处于 16－40 岁的农民工所占比例为 56.5%，农民工一般在四十岁以后就考虑返乡。虽然返乡后他们仍然处于就业状态，但是，从非农产业回归到务农状态，从沿海地区的城市经济就业回到中西部地区的农村经济就业，必然意味着生产率和资源配置效率的降低。所以，如果说劳动力从农业和农村转移出来，到城镇非农产业就业是一种对经济增长做出重要贡献的资源重新配置，推动了“库兹涅茨式”的产业结构演进，这种农民工返乡则表现为“逆库兹涅茨”现象，不仅减少了劳动力供给，更降低了资源配置效率，不利于保持经济可持续增长。

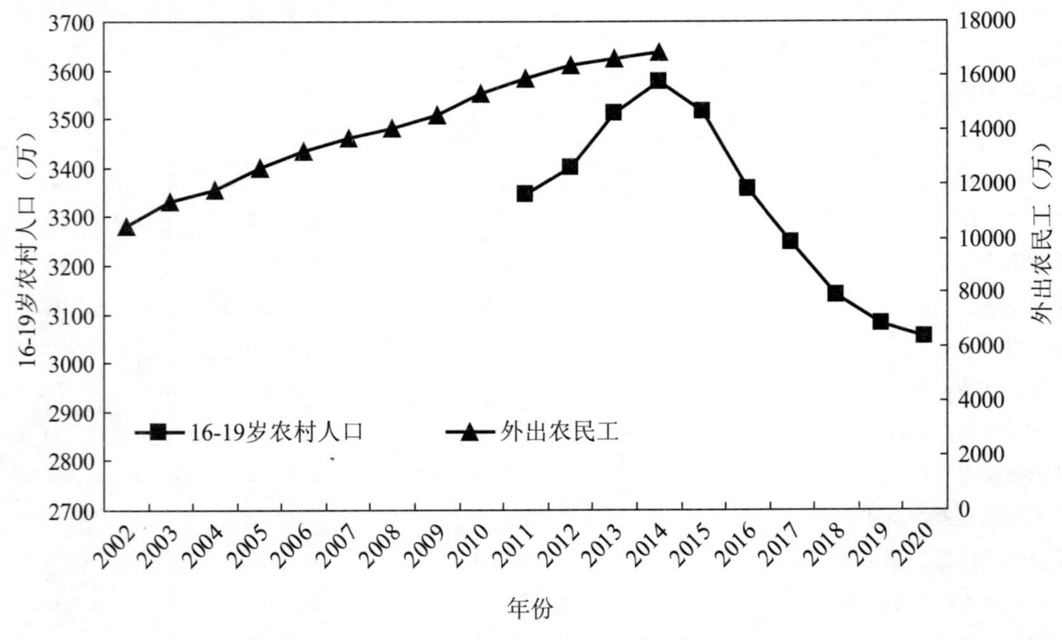

图 7　外出农民工数量及其增长潜力

数据来源：根据国家统计局及卫计委科研所数据计算。

此外，随着人口继续老龄化，特别是农村户籍人口年龄升高，新增农民工数量很快将小于返乡人口数量，形成城乡劳动力逆向流动，这将降低劳动生产率从而进一步降低经济增长率。根据对农村人口年龄结构的预测，16 岁（大约为初中毕业）到 19 岁（大约为高中毕业）的农村人口（正是外出的年龄），2015 年为 3513 万人，到 2020 年将减少到 3055 万人，净减少 458 万。事实上，外出农民工的年度增长率，已经从 2005—2010 年的平均 4％显著地下降到 2014 年的 1.3％。如果我们粗略地把 16—19 岁农村人口作为潜在的外出群体，其 2014 年以前的增长轨迹与外出农民工是一致的，但已于 2014 年达到峰值，预计“十三五”时期将会显著的减少。由此判断，如果户籍制度改革没有明显的新突破，外出农民工增长势头也可能出现逆转。

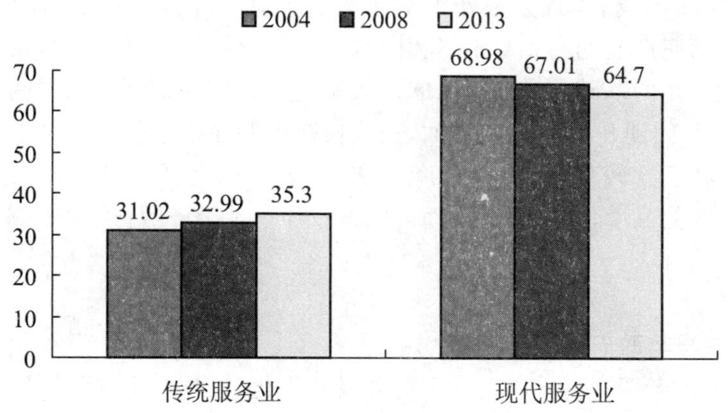

图 8 传统服务业及现代服务业就业比重变动(2004—2013)

数据来源：根据 2004 年、2008 年和 2013 年三次全国经济普查结果整理得到。

其次，劳动力从第二产业向第三产业转移，是库兹涅茨式的产业结构演进还是与此相背离的变化方向，取决于从怎样的第二产业转移到怎样的第三产业。实际上，第三产业是一个涵盖甚广的大产业，既包括与居民日常生活息息相关的传统服务业，也包括一系列与新科技紧密结合的现代服务业，生产率水平大不相同。我们可以利用第一次经济普查和第三次经济普查的数据，考查 2004—2013 年期间第三产业的发展及其构成的变化。如果我们把第三产业大体上划分为“传统服务业”（包括批发和零售业、交通运输、仓储和邮政业、住宿和餐饮业、居民服务、修理和其他服务业）和“现代服务业”（包括水利、环境和公共设施管理业、信息传输、软件和信息技术服务业、金融业、房地产业、租赁和商务服务业、科学研究和技术服务业、教育、卫生和社会工作、文化、体育和娱乐业、公共管理、社会保障和社会组织）两类部门，在此期间前者增长了 103.60％，2013 年占全部第三产业的比重为 35.30％；后者增长了 67.83％，2013 年占全部第三产业的比重为 64.70％。两种类型服务业的发展趋势既是同方向的，也有不尽相同的诱因和动力。不仅在经济发展进入更高的阶段下，人民生活水平改善对各种生活服务业发展提出更大的需求，新常态下的经济增长驱动力，也越来越有赖于诸多现代服务业部门的加快发展。一方面，传统服务业增长明显快于现代服务业，这无疑是

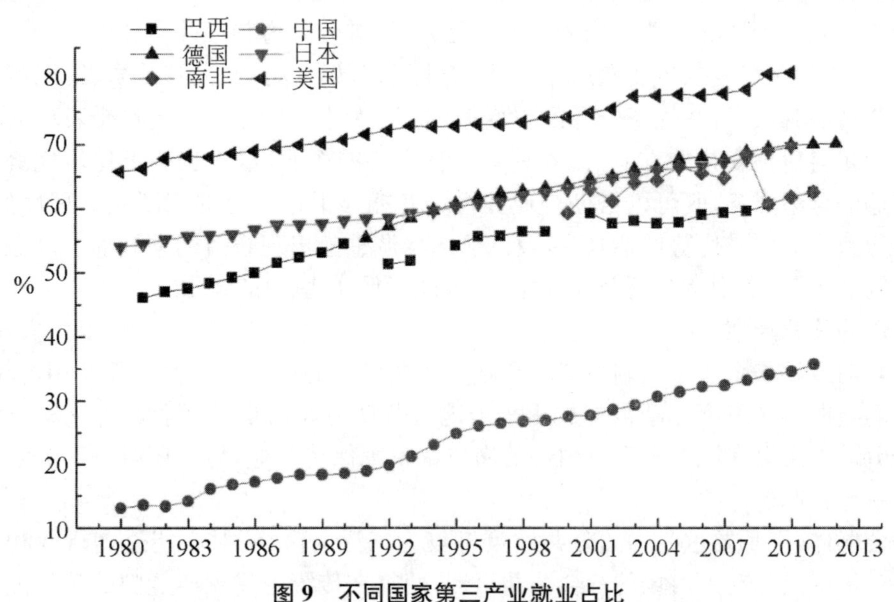

图 9 不同国家第三产业就业占比

数据来源：世界银行“世界发展指数”(World Development Indicators，WDI)数据库。

一个降低生产率的因素；另一方面，由于现代服务业占比高，因此其对第三产业发展的贡献更大，则成为提高生产率的因素，后者的效果超过前者。

当我们讲通过产业结构调整实现资源重新配置时，并不一定意味着第三产业与制造业的此消彼长。实际上，制造业升级也包括从价值链“微笑曲线”的底端从两个方向上延伸，从而从制造过程生长出研发、设计、营销、售后服务等生产性服务业，后者帮助制造业变得更具竞争力。这样，制造业升级和现代服务业发展是可以同步实现的。国际比较表明，分别处于不同发展阶段的许多国家第三产业的就业比重都高于我国，但是背后的逻辑以及第三产业的内涵却不尽相同，甚至大相径庭。一般来说，发达国家的服务业比重较高，而且通常是在高度工业化的基础上发展起来的现代服务业。例如，在美国、德国和日本这样的制造业大国，服务业比重已经高达70%到80%。另一方面，一些长期徘徊在中等收入水平上的国家也有较高的服务业比重，却往往是制造业缺乏比较优势，甚至是产业结构“去工业化”的结果，表现为传统服务业为主的特征，并不代表一种产业结构的高度化和优化，反而可以被看作是其经济增长结构性弊端之一。

四、政策建议

（一）正确认识市场主导与政府调控的关系

把结构演化真正变为生产率提高导向型的产业升级和优化过程，最重要的原则是充分发挥市场机制配置资源的作用，而避免政府过多使用政策手段人为推动结构调整。在面对产业结构调整这样具有重要性和紧迫性问题时，政府往往急于寻找可以产生立竿见影效果的政策抓手。除了一般性的倡导之外，传统上政府习惯使用并且在以往被认为“行之有效”的政策抓手，主要是实施附带着一系列奖惩措施的产业政策。即从财政、税收、信贷、审批等方面支持意欲鼓励发展的产业，或者抑制意欲限制发展的产业。正如国内外大量发展经验所表明的那样，虽然一般来说实施产业政策的本意是好的，也可以取得预期的效果，但是，实践中也不乏相关激励措施使用过度，扭曲了生产要素价格，把产业结构的自然演进变成人为干预过程的事例，常常显示出事倍功半甚至适得其反的效果。

在观察到产业政策实施中存在问题的情况下，一些研究者建议放弃这种政策形式以及政府对产业结构调整的干预，完全由市场自发调节产业结构的演进方向、节奏和力度。这不啻为一种把婴儿随着洗澡水倒掉的想法。实际上，发挥市场机制配置资源的决定性作用，与政府在产业结构升级过程中更好发挥作用并不矛盾，而且，政府履行职责也仍然有切实有效的抓手。目前，遵循提高资源重新配置效率的原则实现产业结构升级和优化，防止产业结构变化的“逆库兹涅茨化”倾向，政府的抓手在于推动深化若干重要领域的改革，其中特别是有利于生产要素市场发育的改革。

生产要素市场发育的关键是搞准价格信号。只有生产要素价格充分反映资源的相对稀缺性，全国乃至每个地区的比较优势才能得到发挥，从而产业结构的调整才是与比较优势相符的。另一方面，生产要素充分流动才能引导资源有效配置的产业结构的形成。首先，促进劳动力转移并使那些已经实现就业转移的农民工真正在城市落户，使其稳定从事非农产业，不致发生逆向转移从而重新造成资源配置的低效率，要求加快推进户籍制度改革。其次，旨在提高资源配置效率的产业结构变化，归根结底要表现为千千万万个企业和投资者遵循要素相对价格变化的方向，进入具有比较优势的产业，退出丧失了比较优势的产业。充分竞争和享受公平待遇的金融服务，既可以帮助企业和投资者能够根据自己的判断做出理性的选择，又可以避免优惠政策可能导致的对比较优势的错判，以及产业结构调整上出现盲目的一拥而上现象。这对深化金融体制和投融资体制的改革、实现资金的合理分配和有效使用提出紧迫的要求。

（二）积极谨慎的化解产能过剩

化解产能过剩的过程是企业缓慢调整产量和减少就业雇佣的过程。受教育程度相对较差、工资偏低并且包含更多女性的脆弱群体将会逐渐被释放出来。这些劳动力如何重新就业成为化解产能过剩的重要问题。其中一部分劳动力可以在同一家企业内部的岗位调整来保持就业，另外还有一部分劳动力会被释放到劳动力市场上重新寻找职位。

对于这两部分群体，则都要求我们的公共政策有较为广泛、有效针对产能过剩行业和企业本身的技能培训系统以及面对更广泛劳动力市场的社会公共培训，使得在传统的过剩产能中的就业能够在新的产业结构中充分得以利用。其次，在化解产能的方式上，我们看到，企业自身化解产能调整要素使用的过程是相对渐次和缓慢的，这样被释放出来的就业通常有相对充分的时间寻找新的工作岗位，有更多的机会接受相关的技能培训以适应新的就业岗位需求。而如果我们对产能过剩严重的企业采取强行关厂停产部分企业的做法,那么大量的教育程度和工资水平较低的脆弱群体将被快速成为失业群体,引发的大量失业将会成为严重经济和社会问题。

总体而言,对待现存的产能过剩,我们应该尽可能地遵从市场机制的信号逐步进行化解,同时配以充分的培训、再教育以及就业扶持政策以维持就业和劳动力市场平缓地实现新的均衡。

(三)更加重视人力资本在产业结构调整中的作用

中国经济要保持长期可持续增长,需要通过产业结构调整以及同时进行的经济发展方式的转变,实现经济增长动力的转换。这个转换的含义是从依靠资本、劳动和土地投入驱动,转向依靠创新和全要素生产率提高驱动。诚然,在传统的发展方式中,劳动者素质也至关重要,人力资本的贡献也是显著的,但是,在新的发展方式中,人力资本不仅将成为越来越重要的增长源泉,而且也是推动创新和生产率提高的必要条件。

经济增长归根结底靠劳动者的创意推动,而越来越普及或深化的教育则是现代社会创意产生的必要前提、创新的源泉和生产率的保障。在中国加快经济结构调整、发展方式转变和增长动力转换的过程中,教育发展具有至关重要且不可替代的作用。不仅如此,教育还具有增强社会流动性、防止收入差距扩大和贫困代际传递的作用。因此,发展教育不仅是保持经济增长可持续性的重要因素,还是增进经济发展分享性的关键。

人力资本积累既依靠个人、家庭、社会和政府的投入,也需要有利于来自市场的激励人力资本投资的正确信号。在中国目前所处的这个发展阶段上,存在着抑制教育需求和供给的诸种体制机制障碍,需要通过深化相关领域的改革特别是教育体制的改革。

课题组 组长:蔡 昉

成员:屈小博 曲 玥 程 杰 贾 朋

减少资源配置扭曲:改革对经济增长的贡献

摘要:本文通过构建理论模型和数据模拟,从微观企业行为层面研究了改革对资源配置扭曲的影响机制,讨论了工业土地投放政策和所有制结构对全要素生产率、总产出、稳态①资本积累水平和工资水平等经济变量的影响。研究发现,通过改革消除政策扭曲能够带来全要素生产率的提高。具体地说,在消除土地政策扭曲后,全要素生产率可以提高约 2.1%;在消除所有制差别相关的扭曲后,全要素生产率提高了 4.1%。所以,通过改革,按照效率原则实行土地投放,对各类所有制企业一视同仁,可以减少资源配置扭曲,提高总体经济的全要素生产率,进而促进经济增长和结构调整。

一、引言

在中国经济转轨的过程中,经济运行中的政府不恰当的干预以及市场不完全竞争等造成的市场扭曲都可能导致资源配置效率降低。我国工业土地按行政计划供应,以及不同所有制企业在补贴及税收方面存在差异等制度性因素在资源有效配置中的作用受到越来越多的关注②。许多研究者认为上述因素影响了资源在不同企业或经济单位之间的有效配置,但在现实中,这些制度因素对资源配置和经济运行具有怎样的影响机制,以及影响有多大等,却没有得到充分研究。深入研究这一问题将对理解中国经济运行并采取相应的改革措施具有重大意义。

本文在经典的经济增长模型中引入地区企业的生产异质性,建立一个研究资源配置扭曲、全要素生产率和产出水平之间关系的一般均衡框架,系统考察资源配置扭曲对于总体经济的一般均衡效应;在此基础上应用第三次全国经济普查数据,评估和探讨了工业土地政策和企业所有制结构的调整对经济增长的影响,提出了一些政策意见和改革建议。

二、理论模型

(一)资源配置扭曲的定义

企业利润最大化的一阶条件是要素边际产出价值等于投入要素价格。在不存在任何市场扭曲的理想状态下,跨企业的资源有效配置要求不同企业要素边际产出实现均等化,但现实中由于存在扭曲,企业的要素边际产出存在一定差异。

扭曲的主要表现为:政府针对于产品的补贴或者额外税收,产品市场上行业垄断等;由于政府管制或者所有制形式不同带来的企业融资成本差异、土地成本差异、劳动力成本差异等。所以,现实中扭曲可能来自很多方面。但是,为了便于说明,我们将各类扭曲简单看作是针对企业的各种形式的“税收”或“补贴”。将全社会的扭曲记为向量 τ,具体企业 i 的扭曲以 τ_i表示。如果 $\tau_i>0$,则表示企业的税收或补贴超过整体经济中企业的一般水平,该企业被加征了额外成本;反之,如 $\tau_i<0$ 则表示该企业获得了补贴收益。

(二)模型的基本思想

该模型中,企业部门由众多的异质性企业构成。其异质性表现在两个方面,一是企业生产率不同,二是企业面临的扭曲不同。

资源有效配置的理想状态要求将更多的资源配置给拥有更高生产率的企业,直到所有企业的投入要素边际产出实现均等化。但是,各种形式的补贴或者税收,都会直接或间接影响企业对生产要素投入的选择,进而使得资源配置偏离理想状态,这种偏离就是扭曲。另外,从企业进入与退出的动态角度看,扭曲不仅可

---

① 在稳态中,模型中每个变量的增长率都是常数。

② 还有许多其他制度或政策因素,例如金融市场中的所有制差别待遇等,但是由于数据限制,本报告仅讨论了受到强烈关注的部分政策性因素的影响。

能改变资源在企业之间的配置,使得每个企业的生产偏离投入产出的最优结构,还可能通过降低潜在进入企业的预期价值,影响企业进入或退出决策,导致经济中生产企业数量偏离最优值。所以,这两个渠道或机制都会引起总体经济全要素生产率和总产出的变化。

通过上述两种渠道,扭曲改变资源配置进而引起全要素生产率和总产出等总体经济变量变化的作用机制,可以通过一般均衡模型表述,详细模型见附录。

在理论模型基础上,利用第三次经济普查数据,可以对模型进行校准,得到存在扭曲的基准模型。然后,通过对扭曲的实际测量,分离出与土地投放和所有制差异相关的扭曲。最后,在消除两类政策相关的扭曲后,考察基准模型结果的变化,从而回答我国工业土地供应、企业所有制差异等制度性因素对资源有效配置和总体经济产生的效果。

三、数据来源与指标测量

(一)数据来源

本报告的基础数据是第三次全国经济普查的工业部门数据。由于不能获得企业层面的数据,本报告以地市作为观察对象,共包含全国 327 个地市,覆盖了除了北京、上海、天津等三个直辖市之外的所有地市。在计算过程中,我们又删除了西藏数据。本报告假设地区内企业是同质的,所以,企业的相关指标为地市对应指标除以地市内企业数量。

由于变量指标获得性的限制,我们对相关变量指标进行了相应处理。

第一,工业增加值根据收入法近似计算,公式为:工业增加值=固定资产折旧+劳动者报酬+生产税净额+营业盈余=本年折旧+本年应付薪酬+营业税金及附加+税金+应交增值税-补贴收入+利润总额。

第二,地市固定资产存量。使用固定资产净值代替固定资产存量。固定资产净值等于固定资产原值减去累计折旧。

第三,地市劳动投入。选择各地市从业人员平均人数作为地市劳动投入。

第四,地市土地面积。来源于司尔亚司数据信息有限公司(CEIC)的“中国经济数据库”。

第五,地市经济所有制结构指标。我国经济中多种所有制并存,因此以国有资本、集体资本、法人资本、个人资本、港澳台资本和外商资本占实收资本的比例表示我国各地经济的所有制结构。

(二)生产率和扭曲指标的测量

根据 Lucas(1978),假设企业生产函数对于资本和劳动表现为规模报酬递减。地区企业(简称企业 i)生产函数为

$$y_i = s_i k_i^{\alpha} n_i^{\gamma}$$
$$\alpha, \gamma \in (0,1), 0 < \alpha + \gamma < 1, i = 1, 2, \cdots\cdots D$$

其中,y 为产出,k 为资本,n 为劳动,s 表示企业技术水平或全要素生产率,D 表示经济中地区或企业类型个数,α 和 γ 表示资本和劳动产出弹性。由于各地方企业资本的租用费用数据难以得到,企业工资总额的准确数据可以得到,所以在位企业 i 面临的扭曲(记为 τ_i)可由以下等式得出:

$$1 - \tau_i = \frac{1}{\gamma} \frac{w n_i}{y_i}$$

企业 i 的全要素生产率为

$$s_i = \frac{y_i}{k_i^{\alpha} n_i^{\gamma}}$$

由于不同企业之间每个工人的劳动时间和体现的人力资本具有较大差异,我们利用企业的工资总额来测量劳动投入,而不使用劳动人数。Brandt,Tombe,Zhu 等(2013)利用美国行业的要素份额和中国各省产业构成计算了中国各省加权(权重为产业比重)平均要素份额,发现各省平均的劳动收入份额基本相同。所以,本文假定不同地区之间生产函数的要素产出弹性相同。因此,与 Lucas 和 RR2008 设定相同,本文模型也是单部门、规模报酬递减经济。

四、模型校准

为了用模型分析中国经济,对基础模型的参数需要根据中国实际情况进行校准。企业生产规模递减的

程度是一个重要指标，本文设企业经济规模报酬递减程度为 0.8，[①]企业劳动产出弹性 α 和资本产出弹性 γ 相同，都为 0.4。于是可以得到全部 327 个地市的全要素生产率 s 和扭曲指标 $1-\tau_i$ 的测量结果。

除了企业的劳动和资本产出弹性以及估计的生产率和扭曲之外，还需校准其他相关参数。设模型的一个时期为一年。基于我国高储蓄率的现实，设定贴现因子 $\beta=0.96$，所以真实利率 R 为 4%。HK2009 选择折旧率为 5%，RR2008 选择折旧率为 8%。根据 Daniel Gros（2015）的估计，近年来中国资本产出比已经超出美国等发达国家，大约为 2.8—3.0。在现实测量的扭曲分布下[②]，我们校准折旧率使得基准经济的资本产出比处于 2.8—3.0 之间。最终我们选择折旧率为 14%，对应的资本产出比为 2.88，投资—产出比约 40.8%，基本符合现实经济。在上述参数下，资本租用价格 r 为 18%。

参照 RR2008，设定企业退出率 λ 为 0.1，从而企业的贴现率 $\rho=0.8654$（退出率影响贴现率的大小）。基准经济模型的工资和企业进入成本，两者可以任意选择其中之一，另一个则由上式决定。不妨设定工资水平 w[③] 标准化为 1。给定上述参数值，根据自由进入条件，可以得到企业进入成本（记为 C_e）为 2.67[④]，即大约相当于 3 个工人一年的工资总额。基准经济模型参数校准值总结为表 1。

表 1　基准模型参数

参数	α	γ	β	δ	w	C_e	λ
校准值	0.4	0.4	0.96	0.14	1	2.67	0.1

给定上述校准参数和现实测量的地区企业生产率和扭曲指标，以及各地区企业数量，根据理论模型可以计算得到基准经济中，各类型企业的最优资本、最优劳动和最优产出以及企业数量等。所有企业的加总则可以得到相应总体经济变量包括总产出、总资本存量，进而可以计算总体经济的全要素生产率（TFP）。

五、对土地投放和所有制差别待遇的改革设想

本部分首先讨论全国各地区的工业用地投放政策和工业企业所有制差别引起的扭曲；然后，利用校准的基准模型，使用反事实实验和模拟的方法，评估和讨论通过改革消除相应扭曲对于资源配置、总体经济全要素生产率、总产出、工资水平、总资本存量和进入企业数量等经济变量的影响。

（一）工业土地投放政策

在土地国有制下，中国实行严格的土地用途管制和耕地保护制度。东部是改革开放的先行地区，土地市场的形成也早于全国其他地区。但是，2003 年之后中国土地供给的空间配置发生了重大的逆转，中西部相对于东部有了更为充裕的土地供给。从 2003 年开始，中西部建设用地审批面积占全国的比重逐渐提高，东部与中西部的人均土地出让面积之比则逐年下降。显然，中央和省级政府的工业用地出让政策是导致这种变化的决定力量。

由于土地供应的垄断性质，我们用各地区的单位增加值土地出让面积作为代表政府土地政策的变量，建立扭曲指标与单位增加值土地出让面积的回归关系如下：

$$\text{taoy}=0.979+0.2159*\text{yjtd} \qquad (1)$$
$$(37.17)\quad(5.12)$$

其中，taoy 表示 $1-\tau$，yjtd 为地区单位增加值土地出让面积，括号内数值为 t 统计量。由上述回归关系可以看出，单位增加值土地出让面积对地区扭曲具有显著的解释能力，单位增加值土地出让面积越高，τ 越小。这意味着长期以来土地政策可能在一定程度上扭曲了资源的有效配置。

（二）所有制差别

我国经济中多种所有制形式并存，但在现实中不同所有制形式的企业所处的经营环境差异较大，即政

---

① 由于要素市场扭曲的存在，劳动的收入份额一般不等于劳动的产出弹性。所以，Brandt，Tombe，Zhu 等（2013）给出的另外一种设定是劳动产出弹性为 0.67。但是，考虑到与多数文献报酬一致，本报告依然选取相应弹性为 0.4。

② 根据本文计算，以企业数量加权的平均扭曲为 1.32。

③ 实际上，工资水平，进入成本，生产率水平和扭曲水平等四个变量中的任意一个的绝对值，都要由同时给出另外三个值才能确定。但是，本文主要研究资源配置如何受到扭曲的影响，以及经济总体变量在扭曲变化前后的相对变化，无论资源配置还是经济总量的相对变化，都是相对值。所以，对于工资水平，进入成本，生产率水平和扭曲水平等变量的绝对值的设定，不会影响研究的结果。

④ 根据自由进入条件，可以得到工资水平和企业进入成本之间关系式，该关系式略。

策对不同所有制企业往往存在差别待遇,从而可能扭曲了不同所有制形式企业的经营行为和总体经济的资源配置效率。

类似于对土地投放政策的分析,我们可以进行地区所有制差别对扭曲的回归分析。以前文定义的地市所有制结构指标作为企业所有制形式的变量,同时考虑到完全多重共线性问题,我们排除掉法人资本占比,将扭曲指标与其他类型的资本占比进行回归,结果如下:

$$taoy=1.072+0.161*vgy-1.277*vjt-0.260*vgr+0.670*vgat+0.079*vws$$

(12.6)　(1.04)　(−1.92)　(−1.52)　(2.01)　(0.23)

其中,vgy,vjt,vgr,vgat,vws 分别表示国有资本、集体资本、个人资本、港澳台资本和外商资本在企业实收资本中的占比;括号中的数值为 t 统计量。从回归检验结果显示,我国经济中的所有制结构对于扭曲指标具有显著的解释能力。国有资本占比和外商资本占比的回归系数不显著,可能是由于所有制形式变量之间多重共线性造成的。所以,应进一步删除回归系数不显著的变量,重新回归,结果如下:

$$taoy=1.142-1.33*vjt-0.357*vgr+0.593*vgat \quad (2)$$

(23.32)(−2.02)　(−2.51)　(2.06)

结果显示,删除国有资本占比和外商资本占比变量之后,剩下的变量系数都是显著的。与原回归结果相比,各变量系数估计结果的符号和结果都保持基本稳定。根据回归系数符号来看,国有资本、港澳台资本占比的系数都是正的,而集体资本和个人资本占比的系数是负的。根据扭曲指标的定义,这意味着国有资本和港澳台资本占比越高的地区企业,其要素投入的边际产出越低(即 τ 的数值越小),个人资本和集体资本越高的地区企业,其要素投入的边际产出越高(即 τ 的数值越大)。

(三)改革的总体经济效应:模拟分析

上述两个回归分析说明我国资源配置扭曲与土地政策和所有制形式存在显著的关系。那么,我们下面要回答的问题是:通过改革进而纠正与上述两个政策(或制度)相联系的扭曲,对于总体经济能够带来怎样的影响。

根据回归关系(1)和(2),我们可以方便地在测量的扭曲指标中分离掉与两类政策相关的扭曲。于是,我们可以利用第四部分校准的基准模型,通过模拟分析,将带有现实扭曲的基准经济与消除了两类扭曲的经济进行比较,考察分析消除扭曲后可能存在的潜在效应。通过具体对比分析经济总产出、TFP、工资水平、企业进入数量、资本总量等多个方面,从而比较全面地认识扭曲对经济发展的影响。消除相应扭曲后各个总体经济变量与基准经济的比值就是改革的效果[①],具体结果见表 2。

值得注意的是,为了方便对比分析,我们假设通过改革消除相关政策(制度)扭曲之后,企业进入成本不受影响,经济中的劳动供给也保持不变。另外,带有扭曲的基准经济模型中各变量的模拟解,分别消除土地政策扭曲和所有制差异扭曲后各变量的模拟解,都是基于 stata 软件完成。

由表 2 结果可以看出:

第一,对土地政策进行改革消除相关的扭曲后,经济总产出提高了 5.5%,全要素生产率提高了约 2.1%。土地政策解释的扭曲消除之后,不仅带来了总体经济全要素生产率的增加,还使稳态社会资本存量增加了 6.8%,这也是总产出提高幅度大于全要素生产率的原因。

表 2　政策扭曲与模拟结果

指　标	消除土地政策相关的扭曲	消除所有制差别相关的扭曲
相对产出	1.055013	0.983236
相对全要素生产率	1.020656	1.041027
相对工资	1.068457	0.892054
相对企业进入数量	1.068457	0.892054
相对资本总量	1.068457	0.892054
相对劳动总量	1	1

① 由于基准经济和消除扭曲后经济的解本身没有明确经济含义,故相关结果略。

相应地，消除所有制差别相关的扭曲后，总体经济的全要素生产率水平提高了 4.1%，同时总产出却有所下降。这是由于消除扭曲后，稳态资本存量下降所导致的。稳态资本存量下降可能的原因是：与所有制结构相关的扭曲具有过度资本化的特点，或者说我国现有的所有制结构导致了经济中的过度资本积累，这与国有企业普遍存在的重资本化现象是相符合的。

第二，改革消除两种扭曲对于均衡工资水平的影响是相反的。消除土地政策相关的扭曲提高均衡工资水平，而消除所有制差别相关的扭曲却导致均衡工资水平下降。反过来，这说明两种扭曲对于工资水平的影响具有不同的机制，所有制差别待遇扭曲是通过过度投资提高工资，而土地出让扭曲是通过限制总产出压低工资。

第三，本文模型假定总体经济中劳动供给是固定的。如果放松劳动力供给完全无弹性的假设，消除扭曲所带来的总体经济效应可能不一样。特别是考虑到我国经济长期存在的二元经济特征，农村劳动力具有持续向工业劳动力转化的潜力。

如果劳动力供给持续增加并使稳态资本积累水平不变，在全要素生产率提高的情况下，经济总产出必将提高。另外，假定总劳动供给固定，还导致消除所有制相关的扭曲后企业平均雇佣劳动数量上升，从而导致企业数量下降。如果劳动供给持续增加，企业数量保持不变，经济总产出也将进一步提高。从这个意义上说，通过改革消除所有制差别待遇相关的扭曲；对于提高经济总产出具有巨大潜力。

六、结论和建议

前文通过严格的模型构建和数据模拟，讨论了土地投放政策和所有制结构扭曲如何影响微观企业决策，从而影响资源配置、全社会全要素生产率、总产出、稳态资本积累水平和工资水平等经济变量。

研究发现，消除两种政策（制度）相关的扭曲都能够带来全要素生产率的提高，但是它们对于其他经济变量具有不同的影响，反映了不同的政策性扭曲对于经济运行的影响机制比较复杂。具体地说，在消除土地政策相关的扭曲后，全要素生产率可以提高约 2.1%，稳态资本存量水平提高 6.8%；作为全要素生产率和稳态资本存量提高的共同结果，总产出可以提高 5.5%。在消除所有制差别待遇相关的扭曲后，全要素生产率提高了 4.1%，而稳态资本存量下降了 11%，总产出大约下降 1.7%。

结合我国目前的实际情况，为提高全要素生产率，实现经济稳定增长的同时优化结构，提出改革建议如下：

一是要改革调整区域土地投放政策。在当前的土地资源配置方式下，相对同样一个单位工业增加值，东部发达地区土地出让的面积较小，而中西部和东北地区出让的土地面积较大。这种政策的初衷可能是引导资本和人力资本向中西部流动，与当地的劳动和自然资源相结合，获得与东部地区更加均衡的发展，但是这种政策与效率之间具有一定的冲突。通过调整区域土地投放的改革，可以减少经济资源的配置扭曲，提高总体经济的全要素生产率和总产出。具体而言，在东部地区特别是最发达地区，可以适当放松对土地用途的限制，允许当地根据实际需要增加工业用地投放。而对中西部地区和东北地区，则应严守耕地红线，保护林地和草场，限制政府依靠土地政策招商引资，要求各地依靠推动现有企业的技术进步发展地区经济。

二是要对各类所有制企业一视同仁。根据前文模型分析，国有资本和港澳台资本获得了相对更多的补贴或者税费优惠，而集体资本和个人资本获得的补贴和优惠较少或者受到各种类型的限制较多。这种政策对不同所有制企业的差别待遇大幅降低了资源配置的效率，应对各种所有制形式施行同等待遇。具体而言，要取消对国有企业各种类型的补贴，并且完善市场竞争，打破国企垄断，取消外商和港澳台企业的各类税费优惠。

参考文献

[1] Baily, M., Hulten, C., Campbell, D., 1992. Productivity dynamics in manufacturing plants. Brooking Papers on Economic Activity: Microeconomics, 187 - 267.

[2]Buera, Francisco J., Joseph P. Kaboski, and Yongseok Shin. 2011. "Finance and Development: A Taleof Two Sectors." American Economic Review 101 (5): 1964 - 2002.

[3]Caselli, Francesco, and Nicola Gennaioli. 2013. Dynastic Management. *Economic Inquiry* 51 (1):971 - 96.

[4]Chu, T., 2002. Exit barriers and productivity stagnation. Manuscript, University of Hawaii.

[5]DanielGros , 2015. Monetary policy and the over—investment cycle: China as an extreme case, http://www. ceps. eu/system/files/DG%20Overinvestment%20cycle%20China. pdf

[6]Hsieh, Chang—Tai, and Peter J. Klenow. 2009. "Misallocation and Manufacturing TFP in China andIndia." Quarterly Journal of Economics 124 (4): 1403 - 48.

[7]Hopenhayn, H. , 1992. Entry, exit, and firm dynamics in long run equilibrium. Econometrica 60, 1127 - 1150.

[8]Hopenhayn, H. , 2014. On the Measure of Distortions, NBER Working Paper No. 20404, Issued in August 2014

[9]Jones, Charles I. 2013,Misallocation, Economic Growth, and Input—Output Economics,in D. Acemoglu, M. Arellano, and E. Dekel, Advances in Economics and Econometrics, Tenth World Congress, Volume II, Cambridge University Press

[10]Lucas, Robert E. , Jr. ,1978,"On the Size Distribution of Business Firms," *Bell Journalof Economics*, 9 (1978), 508 - 523.

[11]Midrigan, Virgiliu, and Daniel Yi Xu. 2014. "Finance and Misallocation: Evidence from Plant—LevelData: Dataset." American Economic Review. http://dx. doi. org/10. 1257/aer. 104. 2. 422.

[12]Melitz, 2003. The impact of intraindustry trade reallocations and aggregate industry productivity. Econometrica 71 (6), 1695 - 1725.

[13]Parente, S. , Prescott, E. C. , 1999. Monopoly rights: A barrier to riches. American Economic Review 89, 1216 - 1233.

[14] Restuccia, Diego, and Richard Rogerson, 2008,"Policy Distortions and Aggregate Productivitywith Heterogeneous Plants," Review of Economic Dynamics, 11, 707 - 720.

[15]龚关,胡关亮,中国制造业资源配置效率与全要素生产率[J],经济研究,2013(4)

[16]简泽,市场扭曲、跨企业的资源配置与制造业部门的生产率[J]. 中国工业经济,2011(01)

[17]盖庆恩,朱喜,程名望,史清华,要素市场扭曲、垄断势力与全要素生产率[J],经济研究,2015,5

[18]邵宜航,步晓宁,张天华,资源配置扭曲与中国工业全要素生产率——基于工业企业数据库再测算[J]. 中国工业经济 . 2013(12)

[19]朱喜,史清华,盖庆恩,要素配置扭曲与农业全要素生产率[J],经济研究,2011(5)

附录:理论模型

1. 扭曲

根据一般均衡理论,完全竞争市场上,企业利润最大化的一阶条件为要素边际产出等于要素价格,跨企业资源有效配置要求不同企业要素边际产出的均等化。因此,在存在多个企业的经济中,扭曲(记为 τ)的定义为企业要素边际产出与理想状态的差异。

在利润最大化条件下,要素边际产出在企业之间的差异既可以由企业生产产品价格的差异引起,也可以由企业投入要素价格差异引起;即可以由产品市场受到的不同管制引起,也可以是要素市场的不同管制引起。所以,将扭曲看作针对产品的税收或补贴,实际上涵盖了要素市场扭曲和产品市场扭曲,是对经济中扭曲的一种广泛概括,而并非仅限于政府对企业的直接税收和补贴。具体到单个企业 i,如 $\tau_i>0$ 表示该企业被加征了额外成本,如 $\tau_i<0$ 表示该企业获得了补贴受益。

2. 家庭部门

代表性家庭提供劳动并拥有企业。根据标准的消费者最优化问题的一阶条件,在稳态下,资本的租用价格 r_t 为不变常数,记为 r,有

$$r=\frac{1}{\beta}(1-\delta)$$

其中,β 为贴现因子。记资本折旧率为 δ ,稳态条件下的实际利率为 R,则 $R=r-\delta\frac{1}{\beta}-1$

3. 企业部门

根据 Lucas(1978),假设企业生产函数对于资本和劳动表现为规模报酬递减。地区 i 的企业(简称企业 i)生产函数为 $y_i=s_ik_i^{\alpha}n_i^{\gamma}\alpha,\gamma\epsilon(0,1),0<\alpha+\gamma<1,\quad 1=1,2,\cdots\cdots D$ 其中,y 为产出,k 为资本,n 为劳动,s 表示企业技术水平或全要素生产率,D 表示经济中地区个数,α 和 γ 表示资本和劳动产出弹性。

地区生产异质性表现在生产率水平 s 和遭受的扭曲 τ 两个方面。任意潜在进入者在支付了成本 c_e 之后,以概率 $g(s_i,\tau_i)$ 获得具体水平为 $\{s_i,\tau_i\}$ 的生产率和扭曲水平。集合 $\{(s_i,\tau_i)\mid i=1,2,\cdots D\}$ 的具体取值可以根据现实经济数据进行估计。不同潜在进入企业抽取生产率和扭曲是相互独立的。[①] 假设所有企业都面临一个固定死亡概率 λ 。所以,在经济稳态中,既存在持续的企业进入也存在持续的退出。

(1)在位企业的问题

考察某企业 i 生产率水平为 s_i ,面临的市场扭曲为 τ_i 。在稳态下,在位企业面对的两种投入要素价格为 r 和 w,根据一阶条件,可以得出存在政策扭曲情况下,企业 i 的最优要素需求函数 $\bar{k}(s_i,\tau_i)$,$\bar{n}(s_i,\tau_i)$ 和最优产出函数 $\bar{y}(s_i,\tau_i)$ 满足以下等式:

$$\bar{k}(s_i,\tau_i)^{1-\gamma-\alpha}=s_i(1-\tau_i)\left(\frac{\alpha}{\gamma}\right)^{1-\gamma}\left(\frac{\gamma}{w}\right)^{\gamma}$$

$$\bar{n}(s_i,\tau_i)^{1-\gamma-\alpha}=s_i(1-\tau_i)\left(\frac{\alpha}{\gamma}\right)^{\alpha}\left(\frac{\gamma}{w}\right)^{1-\alpha}$$

$$\bar{y}(s_i,\tau_i)^{1-\gamma-\alpha}=s_i(1-\tau_i)^{\gamma+\alpha}\left(\frac{\alpha}{\gamma}\right)^{\alpha}\left(\frac{\gamma}{w}\right)^{\gamma}$$

企业的收入 $(1-\tau_i)\bar{y}(s_i,\tau_i)$ 为,

$$(1-\tau_i)\bar{y}(s_i,\tau_i)=\left(s_i(1-\tau_i)\left(\frac{\alpha}{\gamma}\right)^{\alpha}\left(\frac{\gamma}{w}\right)^{\gamma}\right)^{\frac{1}{1-\gamma-\alpha}}$$

根据企业利润公式,可以计算得到企业最优选择下的利润水平,记为 $\bar{\pi}(s_i,\tau_i)$ 。因此在位企业价值为:

$$W(s_i,\tau_i)=\frac{\bar{\pi}(s_i,\tau_i)}{1-\rho}$$

---

① 在 RR(2008)的设定中,生产率水平和扭曲水平的联合分布是一个连续分布,生产率水平为一个连续的取值范围,联合概率由人为设定的以条件概率表示的“政策扭曲”和生产率概率密度共同决定。而本报告中该分布是一个离散分布,值域为各地区的生产率水平和扭曲水平,而相应的联合概率为各地区企业数量占比。

其中，$p=\frac{1-\lambda}{1+R}$ 表示企业贴现率，R 是稳态下真实利率，λ 是企业的外生退出率。

(2)潜在进入企业的问题

令 W_e 表示潜在进入者的现值，有

$$W_e=\sum_{(s_i,\tau_i)}W(s_i,\tau_i)-c_e$$

在稳态均衡下，自由进入条件意味着 $W_e=0$。在给定生产率分布的条件下，政策的变化或者扭曲分布的变化会引起联合分布的变化，将进一步引起潜在进入者预期价值的变化，这会导致更多或更少的进入者。

值得注意的是 $W(s_i,\tau_i)$ 是内生变量 r 和 w 的单调递减函数。根据上文所述，稳态下的资本租用价格 r 由 β 和 δ 决定。因此，给定资本租用价格，必然存在唯一的劳动价格 w，使得 $W_e=0$。①

(3)企业的稳态分布

令 $\mu(s_i,\tau_i)$ 表示生产企业的当期分布，即类型为 (s_i,τ_i) 的企业的数量为 $\mu(s_i,\tau_i)$。设稳态下企业进入者数量为 E，稳态下的分布为 $\hat{\mu}(s_i,\tau_i)$，有

$$\hat{\mu}(s_i,\tau_i)=\frac{E}{\lambda}g(s_i,\tau_i)$$

根据劳动力市场出清，进入者数量 E 满足下式：②

$$E=\frac{\lambda}{\sum\bar{n}(s_i,\tau_i)g(s_i,\tau_i)}$$

4. 劳动力市场出清

在稳态，工资和资本租用价格决定了企业决策函数 $\bar{k}(s_i,\tau_i)$，$\bar{n}(s_i,\tau_i)$ 以及相应的不变分布 $\hat{\mu}(s_i,\tau_i)$。加总的劳动需求为：

$$N(r,w)=\sum_{(s_i,\tau_i)}\bar{n}(s_i,\tau_i)\hat{\mu}(s_i,\tau_i)$$

即，

$$N(r,w)=\frac{E}{\lambda}\sum_{(s_i,\tau_i)}\bar{n}(s_i,\tau_i)g(s_i,\tau_i)$$

根据上文所述的方式确定 r 和 w 之后，劳动力出清条件可以用来确定稳态均衡下企业进入者数量。回忆劳动力供给是无弹性的且等于 1，因此稳态均衡下进入者数量 E 满足下式：

$$E=\frac{\lambda}{\sum_{(s_i,\tau_i)}\bar{n}(s_i,\tau_i)g(s_i,\tau_i)}$$

5. 均衡

至此，可以正式定义一个稳态竞争性均衡。工资 w，资本租用价格 r，一次付清的税收 T，企业分布 $\hat{\mu}(s_i,\tau_i)$，进入者数量 E，值函数 $W(s_i,\tau_i)$，$\pi(s_i,\tau_i)$，W_e，个体企业的决策函数 $\bar{k}(s_i,\tau_i)$，$\bar{n}(s_i,\tau_i)$，$\bar{y}(s_i,\tau_i)$，以及总体消费 C 和总体资本 K，是一个带有进入的稳态竞争性均衡，如果满足以下条件：

(1)(消费者最优化) $r=\frac{1}{\beta}^{-(1-\delta)}$

(2)(企业最优化)给定价格(w，r)，函数 $\pi(s_i,\tau_i)$，$W(s_i,\tau_i)$，W_e 是在位企业和进入企业问题的解，$\bar{k}(s_i,\tau_i)$，$\bar{n}(s_i,\tau_i)$，$\bar{y}(s_i,\tau_i)$ 是在位企业的最优策略函数。

(3)(自由进入) $W_e=0$。

(4)(市场出清)③

$$1=\sum_{(s_i,\tau_i)}\bar{n}(s_i,\tau_i)\hat{\mu}(s_i,\tau_i)$$

---

① 如果企业同时面对不同的资本扭曲，则使利润等于 0 的工资是资本扭曲的函数，所以，能解出的是一个函数。这个函数对不同企业是相同的。在这个函数下，同时给定资本扭曲的情况下，能给出所有企业的使利润同时等于 0 的工资。在本报告的基准模型中，对于生产率不同的企业来说，使利润等于 0 的工资价格是相同的。

② 在校准的基准经济中，g 设定为现实中企业数目占比；在扭曲变化后，进入数量会发生变化，每个类型的企业的规模会变化，但是分布 g 不发生变化。本文假设了地区 i 中的劳动和资本是自由流动的。

③ 如果分行业，总产出用 CD 生产函数加总，则上述 Σ 号，要分两层 Σ 号：企业层和行业层，行业层由 CD 函数表示。

$$K=\sum_{(s_i,\tau_i)} k(s_i,\tau_i)\hat{\mu}(s_i,\tau_i)$$

$$C+\delta k+c_e E=\sum_{(s_i,\tau_i)} \bar{y}(s_i,\tau_i)\hat{\mu}(s_i,\tau_i)$$

(5)(政府预算平衡)

$$T+\sum_{(s_i,\tau_i)} \tau_i\bar{y}(s_i,\tau_i)\hat{\mu}(s_i,\tau_i)=0$$

(6)($\hat{\mu}$ 是不变分布)

$$\hat{\mu}(s_i,\tau_i)=E\frac{1}{\lambda}g(s_i,\tau_i)\text{，对任意}(s_i,\tau_i)$$

在给定模型参数条件下，均衡价格是模型求解的关键。r 和 w 分别由消费者决策的最优化条件和企业自由进入条件决定。总体经济总产出为所有企业产出的总和。注意劳动总量为 1，并根据 RR2008 总体经济全要素生产率为：

$$TFP=\frac{Y}{K^{sh}}$$

其中 sh 表示国民收入中资本的收入份额。

利用该模型，对比存在扭曲和消除扭曲下的全要素生产率 TFP、总产出 Y、总资本存量 K、工资水平 w、进入企业数量 E 等各种总体经济变量，就可以分析扭曲的总体经济效果。

课题组　组　长：盛来运
成　员：杜修立　毛盛勇　刘爱华
戴旻乐　郑　鑫　鲍俊平
执笔人：杜修立

信息服务业对经济增长的贡献研究

一、信息服务业内涵的界定

综合国内外对信息服务业的相关理解以及第三次全国经济普查的统计范围，信息服务业是指充分利用计算机、通信和网络等现代信息技术对信息进行生成、收集、处理加工、存储、检索和利用，为社会提供信息产品和服务的专门行业的集合体。

结合第三次全国经济普查公报，并为保证数据的可获取性和可比较性，在本课题的研究中，现代信息服务业由三大部分构成：电信业、互联网行业、软件和信息技术服务业。

二、信息服务业发展现状及特点

(一)法人单位数呈爆炸式增长

根据第三次全国经济普查数据，2013 年全国信息服务业法人单位数总计 226107 个，占所有行业全部法人总数 2.09%。与第二次经济普查相比，法人单位数净增 72817 个，增长 47.50%。

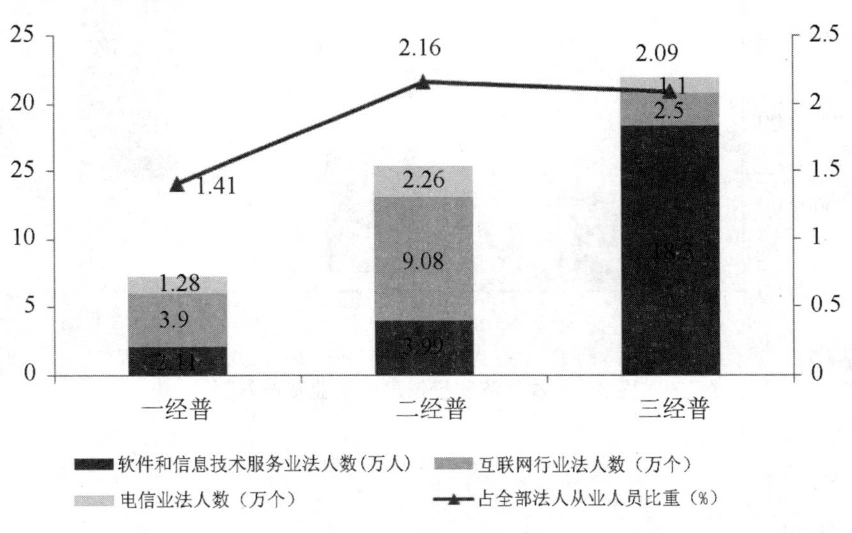

图 1　三次经济普查信息服务业法人单位数

(二)吸纳社会就业能力进一步提升

据三经普统计，信息服务业吸纳社会就业 5516558 人，占全社会就业总人数 1.59%。相比于二经普，新增就业人数 2309604 人，增长 72.02%，占全社会就业总人数的比重提高 0.98%。

(三)资产总额成倍增加

三经普数据显示，我国信息服务业资产总额累计达到 77774.6 亿元，是二经普资产总额的 2.3 倍，增长了 130.35%。

(四)电信业增长放缓，软件和信息技术服务业加速增长

软件和信息技术服务业的法人数和从业人员全行业占比最高，电信业资产总额占比全行业最高。三次经济普查中，电信业增长呈现明显下滑趋势，软件和信息技术服务业快速发展。

(五)东部地区企业分布密集度高

信息服务业地区分布高度集中，东部地区法人单位数 16.51 万个，占全行业 73.02%；中部地区 3.37 万个，占全行业 14.90%；西部地区信息服务业法人最少，仅有 2.73 万个，占全行业 12.08%。

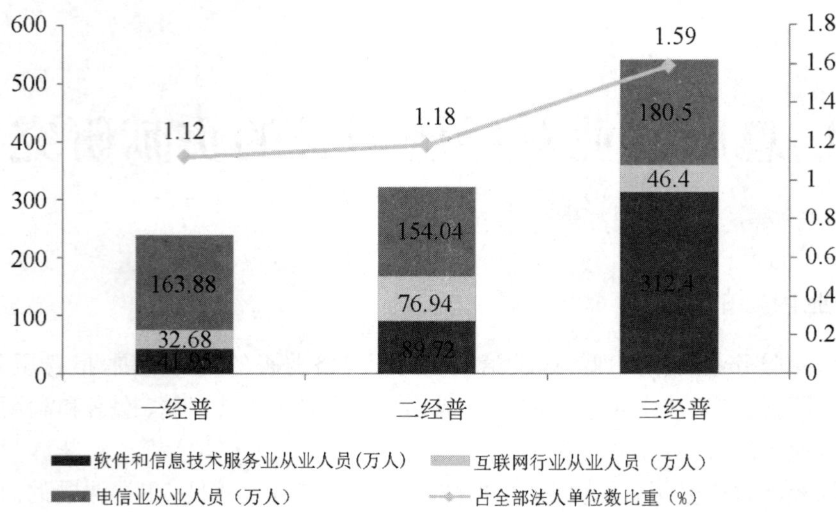

图 2　三次经济普查信息服务业从业人数

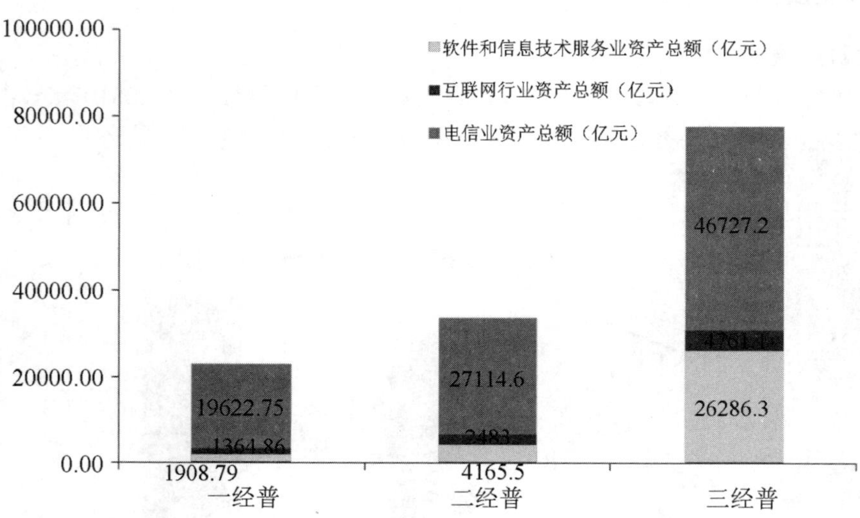

图 3　三次经济普查信息服务业资产总额

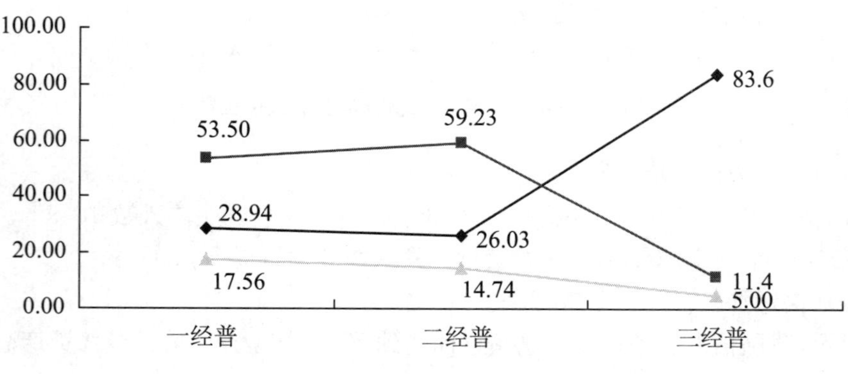

图 4　三次经济普查信息服务业各产业法人数占比

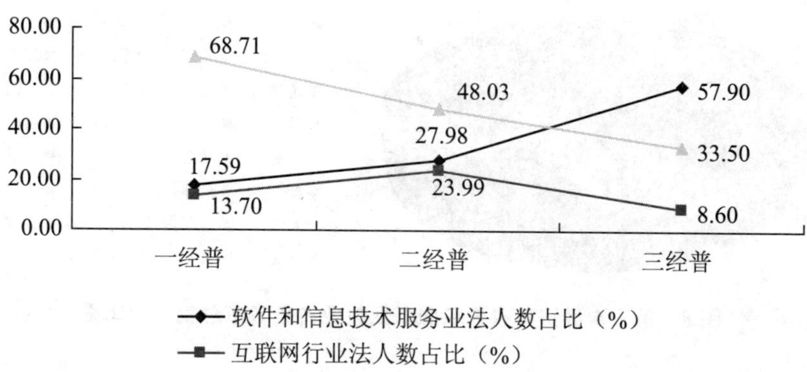

图 5　三次经济普查信息服务业各产业从业人员占比

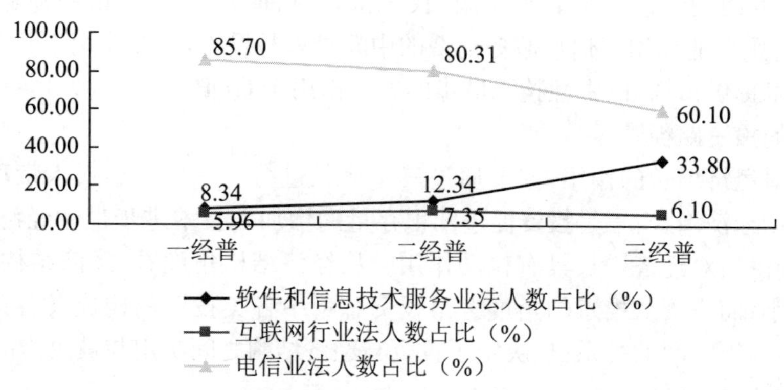

图 6　三次经济普查信息服务业各产业资产占比

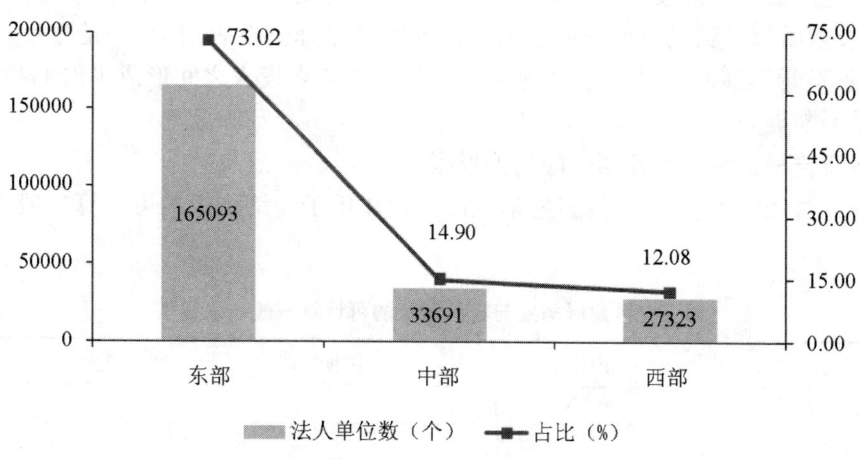

图 7　第三次经济普查信息服务业法人单位地区分布

(六)粤、京、新、沪、黑信息服务业就业比重最高

第三次全国经济普查数据显示，信息服务业对各省就业总人数的贡献率存在较大差异，广东、北京、新疆、上海、黑龙江信息服务业的就业人数在本省市总就业人数中所占比重最高，分别达到了 12.66%、8.82%、8.11%、6.17%和 5.68%，而内蒙古、甘肃、福建、重庆、云南和西藏的信息服务业从业人员在本省市总就业人数中占比最低，均低于 0.5%。

三、信息服务业对经济增长的作用机制

依据经济学理论分析，信息服务业对于经济增长的传导路径包括消费路径、投资路径和技术路径。

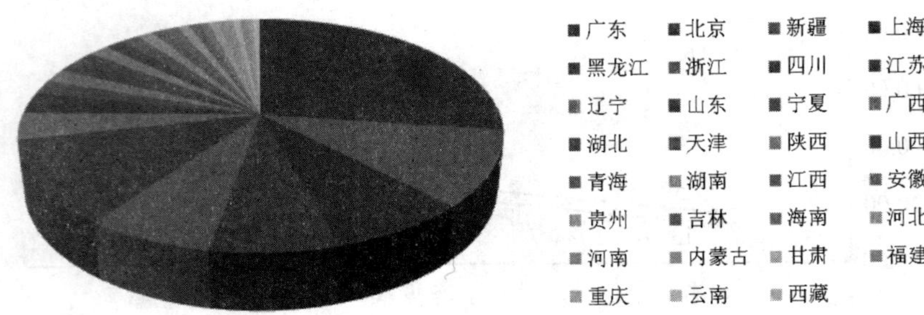

图 8 第三次经济普查信息服务业就业占各省市总就业的比重

(一)信息服务业的消费路径

信息服务业首先可以决定信息消费的供给,而信息消费可以通过多种不同的途径影响经济增长。因此,信息服务业的消费路径对经济增长的传导机制一方面是信息服务业通过一系列的中间过程最终影响自身的规模和增长;另一方面是信息服务业作用于国民经济,其路径分为三种:第一种是信息服务业直接作用于GDP,第二种是信息服务业作用于信息服务消费的中间投入与投资,间接作用于GDP,第三种是信息服务业通过为信息通信技术提供市场,以中性技术进步的方式作用于GDP。

(二)信息服务业的投资路径

信息服务业投资对经济增长的作用,主要通过三个途径进行。一是资金投入带动经济增长;二是投资带动经济结构调整推动经济增长;三是投资促进知识存量的增加和技术进步带动经济增长。从资金投入角度看,投资需求和投资供给对经济增长具有拉动作用。从经济结构角度看,经济结构从产出角度考察各要素对总产值贡献的大小;而投资从投入的角度考察投资总量中各类投资的构成及各部门、各地区之间的分配比例。因此,投入与产出之间的关系,也决定了投资与经济结构之间决定与被决定的关系。

(三)信息服务业的技术路径

信息服务业通过技术路径影响经济增长的实现条件,可以分为外延式扩大再生产和内涵式扩大再生产。外延式扩大再生产依靠要素投入量的增加使生产扩大;内涵式扩大再生产依靠提高装备水平、改进工艺流程、提高劳动者素质等达到经济增长的目的。技术路径原理主要表现为:一是技术进步使劳动工具不断改进,使劳动对象不断得以扩大;二是技术进步使得各生产要素投入之间形成平滑的替代关系;三是技术进步使劳动力质量不断提升。

(四)信息服务业传导机制的可计算一般均衡模型

按照信息服务业对经济增长的传导路径,信息服务业作用于经济增长的可计算一般均衡模型可以从以下均衡模型得到。

表 1 信息服务业与经济增长的可计算一般均衡模型

序号	方程式		内生变数	说明	外生变数	说明
1	中间投入需求	Z11=a11X1	X1	生产总额		
2		Z21=a21X1	X2	生产总额		
3		Z12=a12X2	Z11	中间需求		
4		Z22=a22X2	Z21	中间需求		
			Z12	中间需求		
			Z22	中间需求		
5	生产函数	X1=F(L1)	L1	劳动投入		
6		X2=G(L2)	L2	劳动投入		
7	附加价值价格之定义	PV1=PD1−a11P1	PV1	附加价值之价格		
		−a21P2	PV2	附加价值之价格		
8		PV2=PD2−a12P1	PD1	X1 之价格		
		−a22P2	PD2	X2 之价格		
			P1	「商品」(Q1)之价格		
			P2	「商品」(Q2)之价格		

序号	方程式		内生变数	说明	外生变数	说明
9	劳动市场	W/PV1=dF/dL1	W	名目薪资	L	劳动总量
10		W/PV2=dF/dL2				
11		L=L1+L2				
12	附加价值总额	VA=WL1+WL2	VA	附加价值总额		
以上为生产活动而附加价值之产生						
13	进口品价格	PM1=PWM1 · ER · (1+tm1)	PM1	进口品在国内市场价格	PWM1	进口品以外币表示之国际价格
14		PM2=PWM2 · ER · (1+tm2)	PM2	进口品在国内市场价格	PWM2	进口品以外币表示之国际价格
					ER	汇率,定义为以本国货币表示的外国货币价格
15	对国产品与进口品之需求	D1=d1 (PD1/PM1) · Q1(D1,M1)	Q1	「商品」,为国产品与进口品之综合		
16		D2=d2 (PD2/PM2) · Q2(D2,M2)	Q2	「商品」,为国产品与进口品之综合		
17		M1 =[1 − d1 (PD1/PM1)] · Q1(D1,M1)	D1	国产品		
18		M2 =[1 − d2 (PD2/PM2)] · Q2(D2,M2)	D2	国产品		
		上式中 d1 与 d2 分别为 PD1/PM1 与 PD2/PM2 之函数,d 表示「商品」中使用国产品之比率	M1	进口品		
			M2	进口品		
19	商品之价格	P1=PD1 (D1/Q1) +PM1 (M1/Q1)				
20		P2=PD2 (D2/Q2) +PM2 (M2/Q2)				
以上为「商品」之组成						

序号	方程式		内生变数	说明	外生变数	说明
21	附加价值之分配	YH=b1 · VA	YH	家庭单位所得	b1+ b2= 1	
22		YG=b2 · VA +tm1 · M1 · PWM1 · ER +tm2 · M2 · PWM2 · ER	YG	政府所得		
23	消费与政府购买	C1=(1/P1) · c1 (P1/P2) · (1−sh) · YH	C1	消费		
24		C2=(1/P2) ·[1−c1 (P1/P2)] · (1−sh) · YH	C2	消费		
		上式中 c1 为 P1/P2 之函数,sh 为储蓄率	G1	政府购买		
25		G1=(1/P1) · g1 · (1−sg) · YG	G2	政府购买		
26		G2=(1/P2) · (1−g1) · (1−sg) · YG 上式中 g1 为固定比率,sg 为政府储蓄率				

27	储蓄总额	S=sh · YH+sg · YG	S	储蓄总额		
28	投资 投资需求	IF=S−FE	IF	可投资总金额		
29		I1=(1/P1) · i1 · IF	FE	资本净流出		
		I2=(1/P2) · (1−i1) · IF	I1	投资		
30		i1 为固定比率	I2	投资		
以上为消费、政府购买及投资之决定						
序号	方程式		内生变数	说明	外生变数	说明
31	对出口之需求	E1 = E1 [(PWE1 · ER/PD1), WTV]	E1	出口	PWE1	出口品以外币表示之世界价格
32		E2 = E2 [(PWE2 · ER/PD2), WTV]	E2	出口	PWE2	出口品以外币表示之世界价格
					WTV	世界贸易量指数
33	国产品之市场均衡	X1=D1+E1				
34		X2=D2+E2				
35	商品之总需求	Q1 = C1 + G1 + I1 + Z11 +Z12				
		Q2 = C2 + G2 + I2 + Z21 +Z22				
以上为信息服务市场均衡						

可以看出，信息服务业和经济增长之间的均衡可以分为四大部分：生产活动附加价值均衡；商品组成均衡；信息消费、政府购买及投资均衡；信息服务市场均衡。

四、信息服务业对经济增长贡献的测算方法

信息服务业通过直接和间接的途径作用于经济增长，其直接贡献和间接贡献可以分别依据不同的方法进行测算。

(一)信息服务业对经济增长直接贡献的测算方法

信息服务业的直接经济贡献可以分别通过以下公式得到：

$$\text{信息服务业对经济增长的直接贡献}=\frac{\text{信息服务业增加值的变动额}}{\text{GDP 的变动额}}\times \text{GDP 增速}\times 100\%$$

$$\text{信息服务业对增加就业的直接贡献}=\sum_{i=1}^{3}\frac{\text{行业增加值}}{\text{信息服务业的劳动生产率(经济增加值口径)}}$$

(二)信息服务业对经济增长间接贡献的测算方法

本课题采用增长核算账户框架(KLEMS)研究信息服务业对经济增长的贡献。依据第三次全国经济普查，将整个国民经济分为31个省市(鉴于研究数据的可获得性，本部分分析不含港澳台地区)，定义每个省份的总产出可以用于最终需求和中间需求，GDP是所有省份最终需求的总和。

假设技术进步为希克斯中性。省份 i 在 t 时期使用不同类型的生产要素进行生产，这些生产要素包括信息服务业资本(CAP_{it}^{ICT})、非信息服务业资本(CAP_{it}^{NICT})、劳动力(LAB_{it})以及中间产品(MID_{it})。希克斯中性技术进步由(HA_{it})表示，在对各生产要素进行加总之后，可以得到生产函数，记为：

$$OTP_{it}=HA_{it}f(CAP_{it}^{ICT},CAP_{NICT\,it},MID_{it},LAB_{it})$$

其中，OTP_{it}表示省份 i 在 t 时期内的总产出。鉴于计算的可行性，把上面的生产函数显性化为以下的超越对数生产函数：

$$dOTP_{it}=dHA_{it}+\beta_{CAP_{it}^{ICT}}dCAP_{it}^{ICT}+\beta_{CAP_{it}^{NICT}}dCAP_{it}^{NICT}+\beta_{MID_{it}}dMID_{it}+\beta_{LAB_{it}}DL|AB_{it}$$

其中，$dX_{it}=INX_{it}-lnX_{it-1}$表示增长率，$\beta_x$ 表示不同生产要素在总产出中的贡献份额。

五、信息服务业对经济增长贡献的测算结果及分析

(一)信息服务业对经济增长的直接贡献的测算结果

信息服务业的增加值数据由三个行业的增加值数据加总得到，其中电信业的增加值数据由工业和信息

化部部门统计数据直接计算获得，而互联网行业、软件和信息技术服务业的增加值没有直接的统计数据，本课题采用的方法是依据部门相关行业收入数据与相应的增加值率的乘积求得行业增加值。

1. 信息服务业的直接经济贡献

根据部门统计数据计算，2013 年电信业、互联网行业以及软件和信息技术服务业的增加值分别为 6041、1090 和 312 亿元①，分别采用不同的增长速度对 2015 年至 2020 年三个行业的增加值进行预测。我国 2013 年 GDP 为 51.7 万亿元②，同比增长 7.7%③。

信息服务业占 GDP 的比重，2013 年为 1.44%④，预计这一数值到 2015 年为 1.68%，到 2018 年约为 2.25%，到 2020 年则将达到 2.74%⑤。

信息服务业对经济增长的贡献，2013 年为 0.13%，2015 年预计为 0.26%，到 2018 年预计达到 0.39%，而到 2020 年预计将达到 0.45%。

表 2　2013—2020 年信息服务业的直接经济贡献测算⑥

（单位:亿元，%）

	2013	2014	2015	2016	2017	2018	2019	2020
电信业	6041	6530	6987	7476	7999	8559	9158	9799
互联网	1090	1735	2637	3903	5542	7593	10098	12925
软件	312	431	509	600	708	836	986	1164
GDP	517449	557810	602435	650027	700729	754685	812041	872944
信息服务业占 GDP 比重	1.44	1.56	1.68	1.84	2.03	2.25	2.49	2.74
对经济增长的贡献	0.13	0.24	0.26	0.31	0.35	0.39	0.43	0.45

2. 信息服务业的直接就业贡献

信息技术的应用在提升效率、削减工作岗位的同时，也在创造新的就业岗位。依据信息服务业的人均劳动生产率估算，2013 年信息服务业创造的直接新增就业岗位约为 7.67 万个，预计 2015 年新增 15.79 万个，到 2018 年直接新增就业岗位 25.83 万个，2020 年这一数值预计将达到 31.43 万个。

表 3　2013—2020 年信息服务业的直接就业贡献测算⑦

（单位:亿元，万个）

	2013	2014	2015	2016	2017	2018	2019	2020
电信业增加值	6041	6530	6987	7476	7999	8559	9158	9799
电信业就业增加	1.83	5.75	5.02	5.09	5.18	5.28	5.40	5.53
互联网增加值	1090	1735	2637	3903	5542	7593	10098	12925
互联网就业增加	5.30	7.59	9.91	13.19	16.23	19.34	22.57	24.37
软件增加值	312	431	509	600	708	836	986	1164
软件就业增加	0.54	1.40	0.85	0.95	1.07	1.20	1.36	1.53
总新增就业	7.67	14.74	15.79	19.23	22.48	25.83	29.33	31.43

① 这里的计算口径为工信部统计的范围，略小于全行业口径。由于无法获得三个行业的价格平减指数，这里三个行业的增加值为现价价值。

② 这里为以 2010 年不变价格计算的 GDP。

③ 这里的增长率为剔除价格因素的实际增长率。

④ 综合考虑三个行业产品的市场状况，其实际价格呈下降趋势，因此，以不变价格计算的行业增加值会大于以现价计算的行业增加值，这里计算的信息服务业占 GDP 的比重以及下文对经济增长和就业的贡献均为保守估计。

⑤ 参考国民经济及三个行业的运行情况及发展趋势，电信业 2015—2020 年增加值按照 7%的增长速度预测，互联网行业增加值按照逐年递减的增长速度预测(2015 年为 50%，2016 年为 46%，2017 年为 40%，2018 年为 35%，2019 年为 31%，2020 年为 26%)，软件和信息技术服务业按照 18%的增长速度预测。2015 年 GDP 以 6.5%的增长速度加 1.5%的通胀率进行预测，以后年份增长速度不变，通胀率逐年递减 0.1%。

⑥ 2015—2020 年信息服务业的直接经济贡献测算为预计值。

⑦ 2015—2020 年信息服务业的直接就业贡献测算为预计值。

(二)信息服务业对经济增长的间接贡献的测算结果

1. 信息服务业对经济增长间接经济贡献的计算步骤

第一,定义信息服务业投资。为了保证测算具有国际可比性,同时考虑第三次全国经济普查工作,本课题将信息服务业的投资统计范围确定为:

表 4 中国信息服务业投资统计框架

分类	计算机	通信设备	软件
项目	电子计算机整机制造 计算机网络设备制造 电子计算机外部设备制造	雷达及配套设备制造 通信传输设备制造 通信交换设备制造 通信终端设备制造 移动通信及终端设备制造 其他通信设备制造 广电节目制作及发射设备制造 广播电视接收设备及器材制造	公共软件服务 其他软件服务

第二,确定信息服务业投资额的计算方法。思路是以投入产出表年份的固定资产形成总额为基准数据,结合信息服务业产值内需数据,分别计算出间隔年份内需和投资的年平均增长率,二者相减求得转化系数,然后再与内需的年增长率相加,由此获得投资额的增长率,在此基础之上计算出间隔年份的投资数据。具体公式如下:

$$IO_{t1} \times (1 + INF_{t1t2}) = IO_{t2}$$

$$\hat{\gamma} = IO - INF$$

其中,IO_{t1} 为开始年份投入产出表基准数据值,IO_{t2} 为结束年份投入产出表基准数据值,INF_{t1t2} 表示开始至结束年份的内需增加率(内需=产值-出口+进口),IO 为间隔年份间投入产出表实际投资数据年平均增长率,INF 为间隔年份间实际内需数据的年平均增长率,$\hat{\gamma}$ 表示年率换算连接系数。在此,信息服务业投资增长率=内需增长率+年率换算连接系数(γ)。

第三,确定电信业、互联网行业以及软件和信息技术服务业的使用年限和折旧率。对于电信业和互联网行业本课题采用两个行业所使用的通信设备的使用年限和折旧率数据,通信设备选取使用年限的中间值7.5年,折旧率为0.2644;此外,由于官方没有公布软件折旧率的相关数据,同时考虑到全球市场的共通性,本课题选择0.315的折旧率,使用年限为5年。

第四,计算我国信息服务业投资价格指数。通常以美国作为基准国。

$$\lambda_{i,t} = f(\Delta lnP^{U}_{i,t} - \Delta lnP^{U}_{k,t})$$

其中,$\lambda_{i,t}$ 为美国信息服务业资本投入与非信息服务业资本投入变动差异的预测值序列;$\Delta lnP^{U}_{i,t}$ 表示美国非信息服务业固定投资价格指数变化差;$\Delta lnP^{U}_{k,t}$ 表示美国信息服务业价格指数变化差。

对价格差进行指数平滑回归,获得 $\lambda_{i,t}$,然后将其带入下式即可估算出中国的信息服务业价格指数。

$$\Delta lnP^{C}_{it} = \lambda_{i,t} + \Delta lnP^{C}_{k,t}$$

2. 信息服务业的间接经济贡献

信息服务业通过产业关联和波及效应,间接带动国民经济各行业增加值的提升,间接作用于经济增长。2013年信息服务业对经济增长的间接贡献为0.30%,2015年预计为0.61%,到2018年预计为0.93%,到2020年预计将达到1.07%的间接贡献率。

表 5 2013—2020 年信息服务业的间接经济贡献测算[①]

(单位:%)

年份	2013	2014	2015	2016	2017	2018	2019	2020
间接经济贡献	0.30	0.58	0.61	0.73	0.83	0.93	1.03	1.07

① 2015—2020年信息服务业的间接经济贡献测算为预计值。

3. 信息服务业的间接就业贡献

信息服务业的发展为全社会各行业创造了许多新的就业岗位，2013 年信息服务业间接带动各行业累计新增就业岗位 24.93 万个，预计 2015 年间接就业效应将产生 49.75 万个工作岗位，到 2018 年约为 73.21 万个，到 2020 年将达到 82.05 万个。

表 6　2013—2020 年信息服务业的间接就业贡献测算①

（单位：万个）

	2013	2014	2015	2016	2017	2018	2019	2020
电信业间接就业增加	5.94	18.43	15.83	15.54	15.25	14.97	14.70	14.43
互联网间接就业增加	17.23	24.36	31.24	40.21	47.77	54.83	61.46	63.63
软件间接就业增加	1.76	4.51	2.69	2.91	3.15	3.41	3.69	3.99
总新增间接就业	24.93	47.30	49.75	58.66	66.17	73.21	79.85	82.05

六、进一步推动信息服务业对经济增长贡献的政策建议

第三次全国经济普查工作对信息服务业的发展规模、业务结构、产业布局等进行了全面调查，本课题通过对普查数据的系统分析，认为信息服务业对经济增长的贡献突出，未来可重点从信息基础设施、关键软件自主支撑能力、新兴信息服务、产业生态体系、创新激励和保护、财税融资、市场环境、人才培养等八个方面着手，进一步发挥信息服务业对经济增长促进作用。

课题组　组长：何　伟

成员：毕新华　徐　玉　孙　克　汪明珠　张　琳

张　丽　左铠瑞　韦柳融　张春飞

① 2015—2020 年信息服务业的间接就业贡献测算为预计值。

基于工业经济转型升级的碳信息披露发展现状与影响因素研究

随着近年来我国工业经济转型升级，如何在节能减排的基础上实现经济发展的目标，成为当前我国学术界以及政府部门所需考虑的重大课题。为实现低碳发展，我国在多项政策规划中提出了节能减排降碳目标。政府碳减排计划的实施，需要工业企业将碳排放管理融入发展战略，企业碳排放管理的重要内容是碳信息披露。碳信息披露是企业将自身的碳排放情况、碳减排方案、碳减排计划执行情况适时向利益相关方披露，从而提升企业的信息透明度。

一、碳信息披露评价指标及研究样本

（一）碳信息披露评价指标体系的建立

本文构建上市公司碳信息披露评价指标体系的依据，是以我国《企业会计准则——基本准则》对信息披露的质量特征要求为出发点，综合考虑已有学者的体系构建，设立了及时性、可靠性、可理解性、可比性和完整性五个一级指标。然后综合各项一级指标的内涵，参考国际上权威的碳信息披露研究机构（CDP 项目、气候风险披露倡议 CRDI 等）的要求，借鉴国内外学者的研究成果，设立了 14 项二级指标（见表 1）。

本文对各指标的得分结果，采用功效系数法来进行归一化处理，最终得分值为各项指标归一化得分值之和，如此可使各项指标的值域一致，权重相等，使评价体系得分值具有同质性及可比性。其计算公式如下所示：

$$D=\frac{x_i-x_{min}}{x_{max}-x_{min}}\times A+B$$

D 为指标归一化后得分，x_i 为第 i 项指标的初始得分值，x_{min} 为第 i 项指标的最小值，x_{max} 为第 i 项指标的最大值，A，B 为已知常数，本文取 A 为 1，B 为 0，各指标的值域归一化为[0，1]，则各公司的最终得分值域为[0，5]，即本文所构建的碳信息披露指数（Carbon Disclosure Index，简称 CDI）的值域为[0，5]。

表 1　碳信息披露评价指标体系的建立及其评价标准

一级指标	二级指标	值域		指标评分标准
及时性	报告披露时间	0—1	0—1	碳信息（社会责任报告）披露时间是否及时，年报披露之后＝0，随年报披露或之前＝1
可靠性	报告采集流程体系	0—4	0—2	是否有碳信息采集流程体系说明，无体系介绍＝0，有相关温室气体装置说明或计算方法介绍＝1，有详细完整流程体系介绍＝2
	审验鉴证		0—2	所披露的碳信息是否有第三方独立审验鉴证，无审验鉴证＝0，有社会责任报告（报告中涉及碳信息，否则视为无）鉴证＝1，有专门碳信息披露鉴证＝2
可理解性	图文说明	0—5	0—3	披露碳信息中文字、数据与图表的使用平衡情况，三者均无＝0，仅三者之一＝1，文字＋数据＝2，三者综合＝3
	专业术语		0—2	披露的碳信息中是否有专业术语及其解释，有专业术语且无解释＝0，无专业术语＝1，有专业术语并附解释说明＝2
可比性	碳核算量化标准	0—2	0—2	碳信息核算是否量化标准统一，无计算方法及数据＝0，有大众性标准化具体数据＝1，有计算方法和具体数据＝2

续表

一级指标	二级指标	值域		指标评分标准
完整性	减排战略	0—16	0—2	战略规划中是否存在对于碳减排的说明，无说明＝0，简单说明＝1，详细说明＝2
	减排目标		0—2	是否披露了碳减排目标，无减排目标说明＝0，仅定性说明计划＝1，定性＋定量说明计划＝2
	减排管理		0—2	减排职能机构的设立情况、减排管理制度的建立及其他有关碳减排的措施说明，无减排管理说明＝0，简单说明＝1，详细说明＝2
	减排风险		0—2	政府管制造成的不减排风险、气候变化带来的经营风险、减排造成可能的经济效益损失等减排风险说明，无减排风险说明＝0，简单说明＝1，详细说明＝2
	减排投入		0—2	为碳减排所投入的技术改进、项目投资，以及缴纳的排污费用、罚款等说明，无减排投入说明＝0，仅定性说明＝1，定性＋定量说明＝2
	减排补贴		0—2	是否获得政府的减排补助、奖励金等碳信息披露，无说明＝0，简单说明＝1，详细说明＝2
	减排核算		0—2	核算方法、节约用能吨数、减排吨数等碳信息披露，无核算说明＝0，仅定性说明＝1，定性＋定量说明＝2
	减排绩效		0—2	减排产生的经济效益、环境效益、社会效益、获得荣誉等碳信息披露，无说明＝0，仅定性说明＝1，定性＋定量说明＝2

(二)研究样本选取及数据来源

本文选取了我国在沪深两市上市的全部工业公司 2013－2014 年两年的数据为样本，剔除了 47 家 ST(＊ST)公司及 2014 年新上市公司，最终获得了沪深两市两年各 476 家工业上市公司为研究样本，以各公司年报、社会责任报告及环境报告书为评价分析来源。

二、工业上市公司碳信息披露现状研究

(一)总体碳信息披露情况对比分析

2014 年碳信息披露指数平均得分值(1.245)及中值(1.325)均略高于 2013 年(1.222 及 1.263)，但两年的差距并不明显。图 1 显示两年的碳信息披露指数均主要分布在[0,2]区间中，可见工业上市公司的碳信息披露水平偏低。两年的分值分布相似，各分值区间的差异不大。2013－2014 年并无明显影响因素发生改

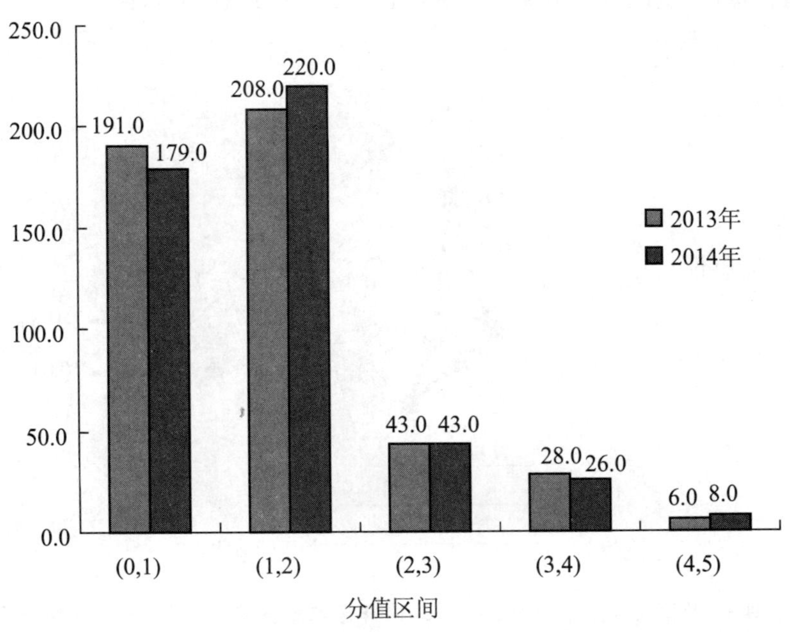

图 1　我国工业上市公司 2013－2014 年碳信息披露指数分布情况

变,体现了若无其他因素变动的影响(如发布新政策、经济市场大幅变动等),我国工业上市公司碳信息披露水平可能将保持当前状态。

(二)碳信息披露质量对比分析

由图2可看出,我国工业上市公司的碳信息披露情况具有较好的及时性,上市公司通常将碳相关信息置于社会责任报告中披露,多数上市公司的社会责任报告随年报一同发布,故具有较好的及时性。

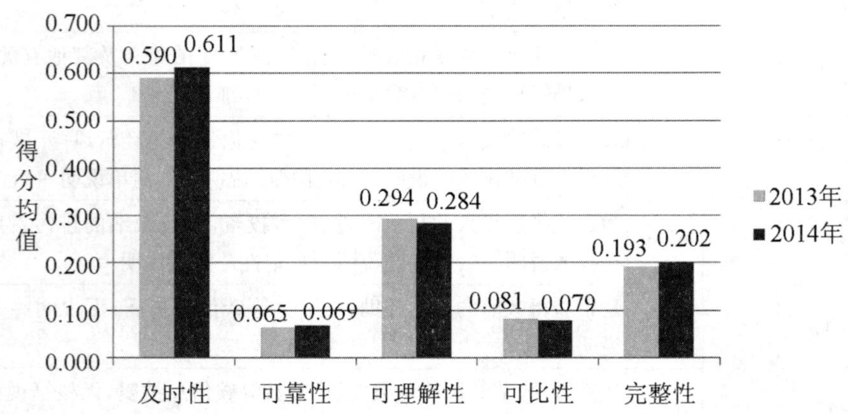

图2 我国工业上市公司2013年和2014年碳信息披露各质量性质均值情况

就可靠性及可比性而言,两年的均值都不足0.1,且两年间的差异不明显,体现了工业上市公司的碳信息披露可靠性及可比性水平较差,说明目前针对碳信息披露的规范化及信息的审验鉴证还有待加强。工业上市公司所披露的碳信息核算数据横向之间可比性较差,核算数据不统一。

2014年可理解性的得分均值较2013年略有下降,多数公司仅以文字描述的形式来披露其碳相关信息,且多数不涉及专业术语,仅有部分公司以较为多样、图表结合的方式来披露其碳相关信息,且有些公司出现了文字描述简化披露的倾向,这导致了2014年的可理解性均值低于2013年的得分均值。由于缺乏相应的政策规范,上市公司详尽地披露碳信息需付出更多成本,而简化该流程并不会对该公司造成重大影响,因此上市公司会有简化披露碳信息的倾向。

就完整性而言,两年的完整性得分值均较低,体现了我国工业上市公司的碳信息披露内容仍不够全面完整,有待进一步加强提升。

综合各个质量特征及图3来看,两年的各个质量分值分布重合性非常高,两年分值差异不大。因此若无其他因素变化的影响,我国工业上市公司的碳信息披露水平可能将保持当前的状态。在各个质量特征中,可靠性与可比性分值较低,完整性分值情况亦不尽理想,及时性分值相对较高。

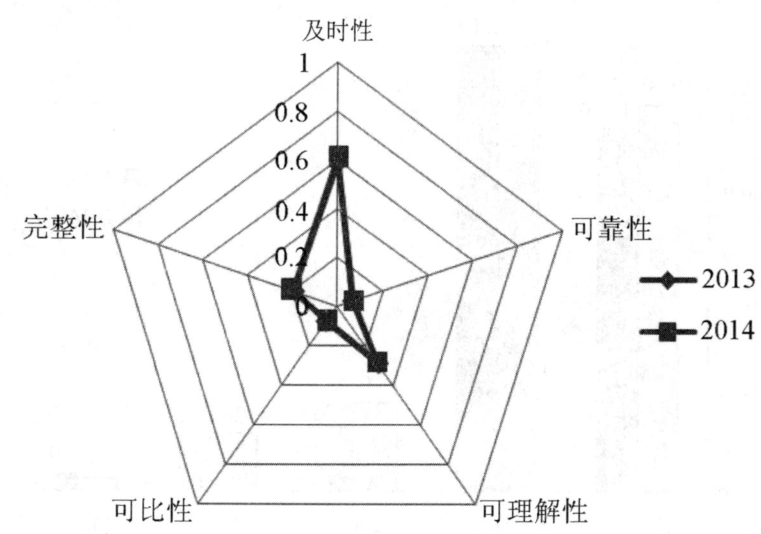

图3 我国工业上市公司2013—2014年碳信息披露各质量性质分值情况

根据两年碳信息披露情况方差分析结果(见表2),P值为0.724,显然未通过显著性检验,因此,应认为2013年与2014年的碳信息披露指数分值在统计学意义上不存在明显差异,这一结论支持了上文分析结果。

表2 我国工业上市公司2013年和2014年碳信息披露分值的方差分析结果

差异源	SS	df	MS	F	P—value	Fcrit
组间	0.123	1	0.123	0.124	0.724	3.851
组内	941.594	950	0.991			
总计	941.718	951				

三、工业上市公司碳信息披露的影响因素研究

本文针对工业上市公司碳信息披露的影响因素,通过确定研究变量,设置回归模型来对所获取的数据进行实证研究,根据实证分析结果进一步探析影响我国工业上市公司碳信息披露的因素及其影响模式。

(一)研究变量的设置

本文综合考虑了我国国情与已有学者的研究成果,以上文所述的碳信息披露指数(CDI)为因变量,设置了9个影响因素为实证分析的自变量(见表3)。

表3 实证分析的变量设置

变量类型	变量名称	变量指标	变量符号	变量描述
因变量	碳信息披露情况	碳信息披露指数	CDI	从五个维度对上市公司碳信息披露情况进行评价的指数(详见上文)
自变量	公司规模	Ln(总资产)	Ln(A)	总资产的自然对数
	资本结构	资产负债率	ALR	总负债/总资产
	经营风险	经营杠杆	DOL	息税前利润变动率/销售额变动率
	盈利水平	资产报酬率	ROA	息税前利润/平均总资产
	偿债能力	流动比率	CR	流动资产/流动负债
	发展能力	固定资产增长率	FAGR	本期固定资产增加额/期初固定资产总额
	可持续性	可持续增长率	SGR	销售净利率×总资产周转率×利润留存率×权益乘数
	企业价值	托宾Q值	TQ	(流通股数×市价+非流通股数×每股净资产+负债账面价值)/总资产的账面价值
	社会责任报告披露情况	是否披露社会责任报告	DCSR	虚拟变量,披露CSR=1,不披露CSR=0

(二)研究模型的设置

本文针对所获取的数据,通过采用最小二乘法(OLS)对数据进行多元线性回归分析,所构建的回归模型如下所示。

$$CDI=\beta_0 \cdot Ln(A)+\beta_1 \cdot ALR+\beta_2 \cdot DOL+\beta_3 \cdot ROA+\beta_4 \cdot CR+\beta_5 \cdot FAGR+\beta_6 \cdot SGR+\beta_7 \cdot TQ+\beta_8 \cdot DCSR+C$$

(三)实证结果及分析

1. 相关性分析

由表4可发现在9个变量之间基本上任意两个变量不存在很强的线性相关性,可排除多重共线性问题,则可用这9个变量进行多元线性回归分析。

表 4　自变量之间的相关性分析结果

	Ln(A)	ALR	DOL	ROA	CR	FAGR	SGR	TQ	DCSR
Ln(A)	1								
ALR	.444*** (.000)	1							
DOL	−.013 (.698)	−.005 (.879)	1						
ROA	−.011 (.734)	−.232*** (.000)	.025 (.435)	1					
CR	−.260*** (.000)	−.547*** (.000)	.011 (.732)	.068** (.035)	1				
FAGR	.009 (.785)	.019 (.562)	−.048 (.139)	.030 (.350)	−.026 (.416)	1			
SGR	−.050 (.125)	.056* (.084)	.003 (.935)	.118*** (.000)	−.016 (.612)	−.005 (.876)	1		
TQ	−.443*** (.000)	−.020 (.539)	.027 (.403)	−.064** (.048)	.057* (.077)	−.034 (.299)	.124*** (.000)	1	
DCSR	.327*** (.000)	.075** (.020)	.063* (.052)	.025 (.449)	−.081** (.012)	−.003 (.931)	−.018 (.574)	−.114*** (.000)	1

注：*、**、***分别表示在 0.1、0.05、0.01 水平下显著。

2. 实证回归分析

由表 5 可知，DW 值为 1.575，支持了变量之间存在多重共线性的可能性较小。R^2 以及调整后的 R^2 均大于 0.3，说明模型整体拟合度较好。F 统计的 P 值为 0.000，说明按照模型对相应数据回归的结果在 0.01 的显著性水平下整体显著，模型具有统计意义。

表 5　多元线性回归结果

Variable	Coefficient	Std. Error	t−Statistic	Prob.
Ln(A)	0.256	0.020	12.880	0.000***
ALR	−0.618	0.132	−4.664	0.000***
DOL	0.006	0.005	1.364	0.173
ROA	−0.996	0.471	−2.112	0.035**
CR	−0.014	0.010	−1.368	0.172
FAGR	−0.009	0.010	−0.943	0.346
SGR	0.030	0.040	0.750	0.453
TQ	0.046	0.014	3.324	0.001***
DCSR	1.260	0.044	28.787	0.000***
C	−4.902	0.425	−11.530	0.000
R−squared	0.607	Prob(F−statistic)	0.000	
Adjusted R−squared	0.604	Durbin−Watson stat	1.575	

注：*、**、***分别表示在 0.1、0.05、0.01 显著性水平下回归结果显著。

从各自变量的回归 P 值来看，总资产的自然对数、资产负债率、资产报酬率、托宾 Q 值及是否披露社会责任报告至少在 0.05 的显著性水平下通过了显著性检验，即这五个因素对工业上市公司的碳信息披露有显著性影响。经营杠杆、流动比率、固定资产增长率及可持续增长率未通过显著性检验，即这四个因素所代表的公司经营风险、偿债能力、发展能力及可持续性在本文研究中对工业上市公司的碳信息披露影响不显著。

从有显著影响因素的回归系数来看，总资产的自然对数的系数为 0.256，说明资产规模与碳信息披露情况呈正相关关系，资产规模越大，碳信息披露水平越高。即资产规模大的公司，愿意披露更多的、质量更高的碳相关信息。总资产的自然对数每增加一个单位，可使得 CDI 提高 0.256 个单位。

资产负债率的系数为−0.618，说明资产负债率与其碳信息披露情况呈负相关关系，公司资产中债权比重越低，碳信息披露水平越高。则可认为公司负债水平越低的公司，愿意向公众披露更多的、更详细的碳相关信息。资产负债率每降低一个单位，可使得 CDI 提高 0.618 个单位。

资产报酬率的系数为−0.996，体现了盈利水平与其碳信息披露情况呈负相关关系，盈利能力越弱，碳信息披露水平越高。即上市公司的盈利能力越弱，则越可能披露更多的碳相关信息来吸引投资者。资产报酬率每降低一个单位，可使得 CDI 提高 0.996 个单位。

托宾 Q 值的系数为 0.046，体现了企业价值与其碳信息披露情况呈正相关关系，企业价值越高，碳信息披露水平越高。可认为企业价值高的公司更倾向于披露更多的碳相关信息，以向投资者传达更多利好信号。托宾 Q 值每增加一个单位，可使得 CDI 提高 0.046 个单位。

是否披露社会责任报告的系数为 1.260，因我国大多数上市公司以社会责任报告为载体来披露碳相关信息，因此，体现了企业是否披露社会责任报告存在明显的碳信息披露水平差异，披露社会责任报告的上市公司比不披露社会责任报告的上市公司的 CDI 值高 1.260，显然披露社会责任报告的企业披露了更多的碳相关信息。

根据回归结果，可得如下等式：

$$CDI = 0.256Ln(A) - 0.618ALR + 0.006DOL - 0.996ROA - 0.014CR - 0.009FAGR + 0.030SGR + 0.046TQ + 1.260DCSR - 4.902$$

四、工业上市公司碳信息披露的未来发展趋势分析

本文收集了对我国工业上市公司的碳信息披露指数有显著影响的因素 2000－2014 年的平均值，根据历年平均值情况来分析其碳信息披露的发展情况。

（一）公司规模因素

由图 4 可知，工业上市公司规模呈现稳定上升的趋势，经拟合分析，得到总资产的自然对数平均值以每年 0.103 的增长速度增加，根据回归结果，若其他条件不变，未来每年公司规模稳定变化会提高工业上市公司 0.026(0.256×0.103)个单位的 CDI。

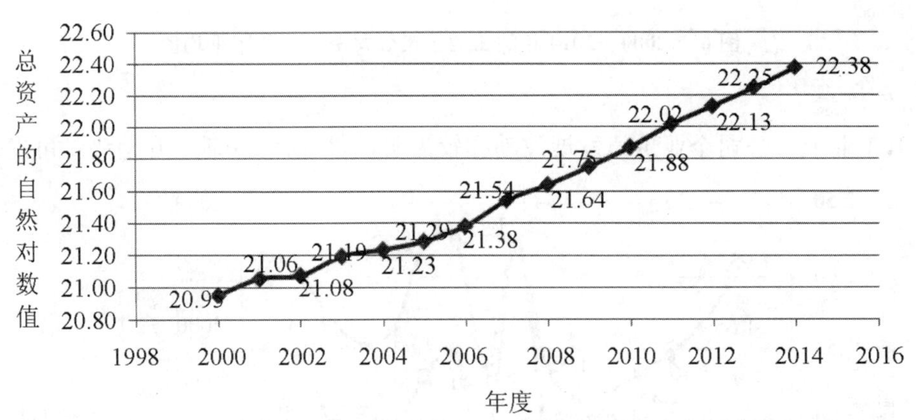

图 4　2000－2014 年的工业上市公司总资产的自然对数平均值

（二）资本结构因素

由图 5 可知，工业上市公司资本结构发展呈倒 U 形并趋向平缓。自 2011 年始，资产负债率保持在 0.49 左右。根据回归结果，若其他条件不变，未来因资本结构稳定变化会影响工业上市公司−0.303(−0.618×0.49)个单位的 CDI，预计未来由资产结构造成的碳信息披露指数波动不明显。

（三）盈利水平因素

由图 6 可知，工业上市公司盈利水平发展波动较为明显。考虑到资本市场波动的影响，本文收集了具有

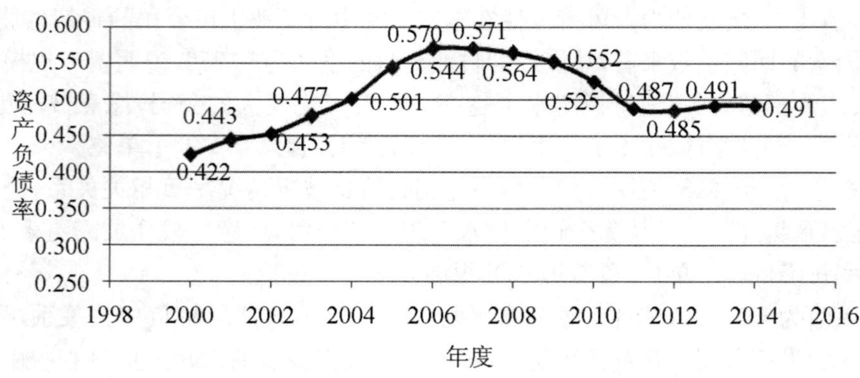

图 5 2000－2014 年的工业上市公司资产负债率平均值

较强的市场代表性的沪深 300 指数历年的数据(自 2005 年起发布),可发现资产报酬率均值波动情况基本上与市场波动情况相符。2014 年沪深 300 开始上升。据 2015 年 6 月的沪深 300 指数情况,数值高于 2014 年数值,因此,未来有可能资产报酬率将不低于 0.04,上升的可能性较大。根据回归结果,若其他条件不变,未来盈利水平稳定变化会影响工业上市公司－0.040(－0.996×0.04)个单位的 CDI,预计未来短期内盈利水平平均值会上升,造成碳信息披露指数降低。

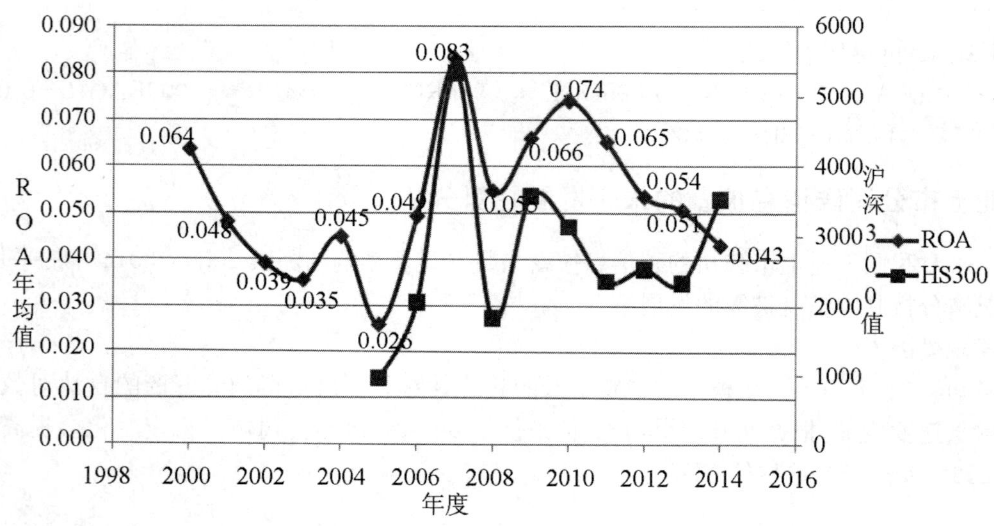

图 6 2000－2014 年的工业上市公司资产报酬率平均值

(四)企业价值因素

由图 7 可知,工业上市公司企业价值发展波动亦较为明显,目前为逐渐上升趋势。可发现企业价值与市

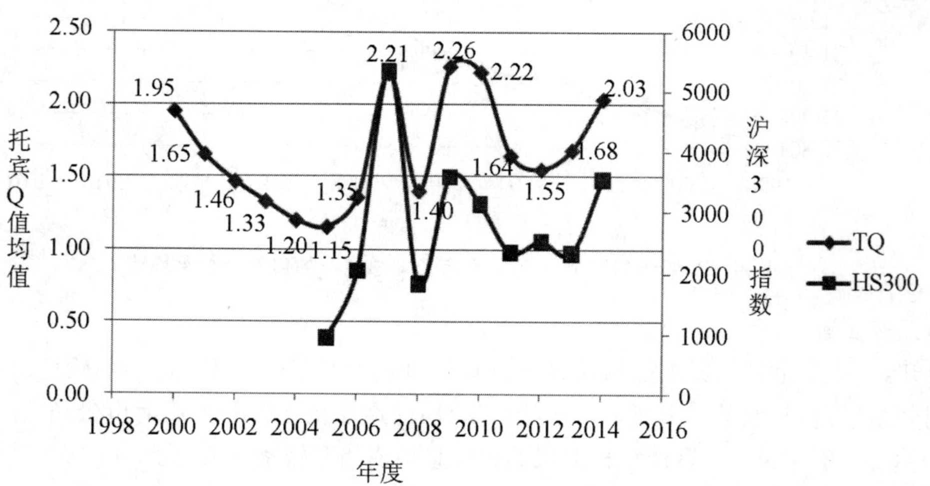

图 7 2000－2014 年的工业上市公司托宾 Q 值平均值

场波动情况亦相似，则可认为企业价值未来波动方向也将继续上升。根据回归结果，若其他条件不变，未来因企业价值稳定变化影响会大于 0.093(0.046×2.03)个单位的 CDI，预计未来短期内企业价值平均值会持续上升，从而提升碳信息披露指数。

(五)社会责任报告披露因素

从 2007 年起，我国政府高度重视企业的社会责任情况，出台了一系列政策文件对企业公布社会责任报告进行规范，自此企业公布社会责任报告的数量迅速增加，增长势头明显。根据回归结果，公布了社会责任报告的公司较未公布的公司高 1.260 个单位的 CDI，若其他条件不变，预计未来披露社会责任报告的公司会越来越多，则会提高碳信息披露指数。

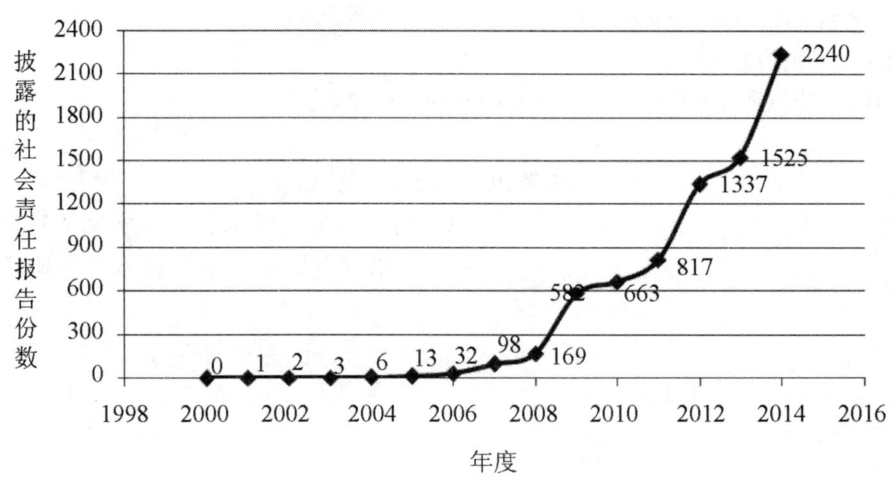

图 8　2000—2014 年的我国企业每年前十个月所披露的社会责任报告份数

数据来源：金蜜蜂中国企业社会责任报告指数(2009—2014)

五、结论与建议

根据上文分析结果，可得如下结论：

(一)本文按所构建的碳信息披露指数对我国工业上市公司所公布的信息进行评分的结果，发现目前工业上市公司所披露的碳相关信息水平偏低。2013 年与 2014 年碳信息披露水平的差异不大。

(二)我国各个工业上市公司之间所披露的碳信息横向可比性较差，且所公布的碳信息可靠性水平也较低，完整性有待进一步加强，碳信息的可理解性方面还可以往更全面的方向发展，碳信息披露的及时性情况较为良好。

(三)根据对碳信息披露的影响因素实证研究，发现显著影响我国工业上市公司碳信息披露水平的因素有公司规模、公司资本结构、公司盈利水平、公司价值及是否披露社会责任报告。

(四)对我国工业上市公司碳信息披露有显著影响的因素中，公司规模和公司价值与碳信息披露呈正相关关系，公司规模与公司价值的提升会提高公司的碳信息披露水平；公司资本结构和公司盈利水平与碳信息披露呈负相关关系，公司负债比例和盈利水平的降低会促进碳信息的披露；披露社会责任报告的公司显著比未披露社会责任报告的公司的碳信息披露水平高。

(五)根据对显著性影响因素的趋势发展，分析我国工业上市公司的碳信息披露发展情况，本文认为未来工业上市公司的碳信息披露水平可能会得到提高。

根据上述分析结果，本文认为可从企业角度与政府角度采取措施，来改善我国工业上市公司的碳信息披露情况。基于此，本文提出如下建议。

1. 增强我国工业上市公司自主披露碳信息的意识。目前我国工业上市公司的碳信息披露水平仍偏低，要加强企业的碳排放治理参与度，才能从根源上促进上市公司提高碳信息披露的质量及透明度。

2. 政府应当明确碳信息披露框架，规范碳信息披露的体系，以增强公司之间的可比性及完整性。除了上市公司自觉提升碳信息披露水平外，政府可通过管制的手段，规范上市公司的碳信息披露情况。

3. 加强独立机构对披露的碳信息审验，提高碳信息披露的可靠性。目前多数上市公司所披露的碳信息未经过专业的独立机构审验，可靠性有待加强，因此，应加强独立机构对上市公司所披露的碳信息的审验。

4. 鼓励上市公司以多样化的形式披露碳信息，如图表结合等形式，以便利益相关者更直观清晰地理解上市公司的碳信息披露情况。

参考文献

[1]Stanny E, Ely K. Corporate environmental disclosures about the effects of climate change[J]. Corporate Social Responsibility and Environmental Management, 2008, 15(6): 338－348.

[2]陈华，王海燕，荆新．中国企业碳信息披露：内容界定，计量方法和现状研究[J]. 会计研究，2013 (012)：18－24.

[3]赵选民，严冠琼．企业经营绩效对碳信息披露水平的影响研究——基于 CDP 中国报告沪市 A 股企业经验数据[J]. 西安石油大学学报：社会科学版，2014，23(2)：41－46.

[4]碳信息披露项目(CDP)中国报告 2014[R].

[5]碳信息披露项目(CDP)中国官方网站．http://www.cdpchina.net/

课题组　组长：李慧云

成员：佟　岩　张永冀　刘宁悦　符少燕　王任飞

岳子娇　杨　林　张永强　曲华超　张　惠

我国工业企业自主创新——模式选择与竞争力评价

自虚拟经济极端膨胀、实体经济弱化引发金融危机后，美国等西方国家纷纷提出“再工业化”政策，实现经济重心由虚拟经济向实体经济的转型[2]。经济发展模式从单纯提升服务业比重到再次强调以工业为主体的实体经济回归，已经成为全球经济的基本格局，对此，我国工业的传统国际地位迫切需要转变。在我国工业发展路径的优化与转型过程中，自主创新是最核心的驱动要素和动力源泉。自主创新强调创新活动的“自主性”，其深层含义已上升到实现民族利益价值的高度，成为经济全球化时代下各国之间的竞相角逐。

我国在2006年初确定了到2020年建成创新型国家的目标，创新型国家是指，以科技创新为基本战略、通过提高科技创新能力而获得国家竞争优势。《国家中长期科学和技术发展规划纲要(2006—2020年)》[1]将自主创新划分为“原始创新”、“集成创新”和“引进消化吸收再创新”三种类别，这是首次以官方文件的形式为自主创新概念赋予明确内涵。结合第三次经济普查在全国范围内获得的大量科技与经济数据，我国工业企业自主创新问题具备了更为充分的研究条件。

一、工业整体创新水平迈上新台阶

2013年是全面贯彻落实党的十八大精神、实施自主创新驱动发展战略的开局之年，我国工业企业创新活动展现全新局面。根据第三次经济普查数据，2013年，我国工业企业R&D人员合计337.59万人；R&D经费支出合计8741.56亿元，其中，R&D经费内部支出为8318.40亿元，R&D经费外部支出为423.16亿元；R&D人员折合全时当量合计249.40万人年；以R&D经费内部支出占新产品销售收入比重度量的R&D经费投入强度达6.48%。2013年，我国工业企业的有效发明专利335401件，形成国家或行业标准23348项，拥有注册商标数341621件，专利所有权转让及许可收入47.74亿元，新产品销售收入占主营业务收入的比重为12.37%。

从企业所有制考察，内资企业、港澳台商投资企业和外资企业均在工业创新活动中作出较大努力并取得较好成绩，其中，内资工业企业R&D活动的规模效应创造出良好的创新氛围，港澳台商投资工业企业、外商投资工业企业通过技术溢出带动创新辐射。

(一)工业企业创新显现自主性格局

2013年我国工业企业创新的突出特征表现为内资企业的规模效应：内资工业企业的R&D人员数超过250万人、R&D经费支出超过6600亿元、R&D人员折合全时工作量将近200万人年，以全国工业企业为总体，内资工业企业的R&D人员数占比、R&D经费支出占比、R&D人员折合全时工作量占比均高于75%。内资工业企业中，私营企业的R&D投入绝对量最大，国有企业的R&D经费投入强度最高。

表1 2013年我国工业创新投入

登记注册类型	R&D人员(人)	R&D经费支出(万元)	R&D折合全时当量(人年)	R&D投入强度(%)
内资企业	2564162	66238411	1865328	7.53%
其中：国有企业	120504	3463341	85572	10.07%
集体企业	11899	648761	7402	6.97%
私营企业	742847	17328512	523551	7.41%
港澳台商投资企业	352698	7987790	274173	5.51%
外商投资企业	459052	13189377	354457	4.05%

数据来源：全国第三次经济普查。数据范围：规模以上工业企业。

以创新资源投入为基础，内资工业企业的创新产出同样呈现明显优势。2013 年，内资工业企业的有效发明专利数为 260828 件、形成国家或行业标准 19849 项，分别占全部工业企业的 77.77%、85.01%，高份额比例特征突出。以新产品销售收入占比(新产品销售收入/主营业务收入)指标来考察工业企业的创新经济效益，内资工业企业中的集体企业最高(10.91%)、私营企业其次(6.67%)、国有企业最低(5.76%)，而且，三类内资工业企业均低于港澳台商投资企业(15.79%)和外商投资企业(19.91%)。初步说明，我国工业企业创新自主性仍停留于创新活动本身，而创新向经济价值与市场竞争力的转化则有待提高。

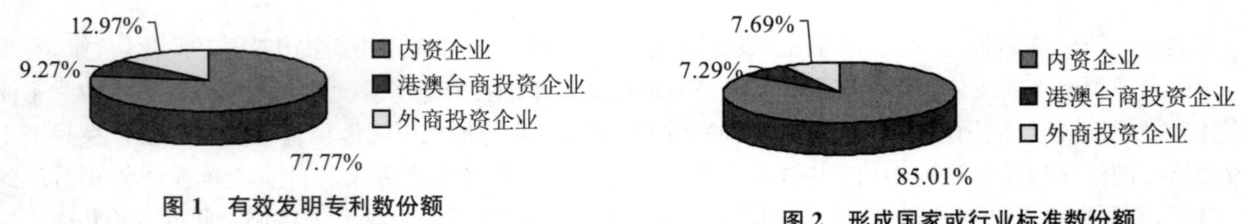

图 1 有效发明专利数份额

图 2 形成国家或行业标准数份额

(二)外资企业为工业自主创新创造良好基础

在平均每家企业的相对层面，我国工业企业的创新意识以港澳台商投资企业和外商投资企业明显占优。2013 年，平均每家外商投资工业企业的 R&D 人员数、R&D 经费支出、R&D 人员折合全时当量基本为内资工业企业的 2 倍，平均每家港澳台商投资工业企业的创新投入亦高于内资工业企业。与创新投入相对应，2013 年，平均每家外商投资工业企业的有效发明专利数约为内资工业企业的 1.7 倍，平均每家港澳台商投资工业企业的有效发明专利数约为内资工业企业的 1.4 倍。表 2 列示了三类所有制工业企业在相对层面上的创新投入和创新产出基本情况。

表 2 2013 年以每家工业企业为单位的创新情况统计

登记注册类型	R&D 人员(人)	R&D 经费支出(万元)	R&D 折合全时当量(人年)	有效发明专利数(件)
内资企业	8.21	212.00	5.97	0.83
港澳台商投资企业	13.33	301.94	10.36	1.18
外商投资企业	14.85	426.66	11.47	1.41

数据来源：全国第三次经济普查。数据范围：规模以上工业企业。

全球经济一体化背景下，FDI(外商直接投资)带来科学技术、管理理念和知识产权。为竞争市场份额，外资企业主动投入技术工艺到产品竞争之中，从而一些难以通过贸易引进的工业技术将在技术溢出路径上得到“解码”，这是我国工业企业“模仿→改良→创新”的必要条件。外资企业与内资企业之间的创新网络是 FDI 技术溢出的主要通道，技术的吸收、集成与革新因创新网络得到平滑、加速和优化。

二、工业创新网络及创新高地趋于稳固

作为微观生产单位的工业企业，其自主创新要求独立的创新行为和专属的创新成果，同时，一切微观创新活动又依附于宏观创新环境。各个工业创新参与者(工业企业)通过交互建立起创新行为的直接和间接、互惠和灵活的相互关系[6]，继而形成工业创新网络。创新网络是创新行为主体(企业、大学、科研院所、地方政府等)在长期合作与交流关系基础上所形成的相对稳定的系统[7]。

(一)自由贸易区与创新联动模式正在形成

创新网络不仅构架于国内资本与国外资本的所有制结构之中，而且反映在地理区域间的资源流动与互补整合。2013 年，中国(上海)自由贸易试验区的正式设立为打造跨国境、跨区域创新网络提供了重要契机。2014 年底国务院设立中国(福建)自由贸易试验区，以中华文化为纽带的社会经济交流将有利于推动海峡两岸创新网络、进一步增进海峡两岸工业技术的互补互动。

福建省厦门市作为海峡两岸创新网络的“桥头堡”，近年来已颁布多项创新激励性政策规划。《关于开展对台科技合作与交流的若干意见》明确提出要在厦门市科技经费中专门设立“对台科技合作专项资金”，

用于对台科技合作与交流基地建设、人才引进培养、台资企业自主创新项目和国家级涉台项目配套等;《厦门市实施“海纳百川”人才计划、打造“人才特区”2013－2020 行动纲要》明确了厦门高层次人才引进计划的实施细则,包括台湾特聘专家制度、领军人才特殊支持政策、科技与金融支持人才创新创业政策等。

根据全国第三次经济普查数据,厦门市的工业创新稳步提升、高技术制造业优势驱动。2013 年,厦门市规模以上工业企业 1668 家,取得工业总产值 4716.2101 亿元,相比 2012 年增长 13.1%,工业销售产值 4673.8115 亿元,其中工业出口交货占比销售产值接近一半;以所有规上工业企业计,企业办研究开发机构数 311 个,科技活动人员投入 50862 人,R&D 人员折合全时当量合计 31107 人年,R&D 经费内部支出 76.2149 亿元,新产品开发经费支出 79.114 亿元,共申请 4996 件专利,其中发明专利 1566 件。《厦门市发展科技先导产业指导意见》于 2012 年颁布,厦门市高技术制造业取得快速发展。2013 年厦门市 1232 家高技术制造业调查单位共完成工业总产值 2100.3457 亿元,以总产值计算的劳动生产率达到 97.49 万元/人,远高于厦门工业企业平均劳动生产率水平;在创新活动方面,高技术制造业企业的科技活动人员为 16988 人、占比全市规模以上工业企业科技活动人员的 33.40%,高技术制造业企业 R&D 人员折合全时当量合计 11020 人年、占比全市规模以上工业企业 R&D 人员折合全时当量 35.43%,高技术制造业企业 R&D 项目经费内部支出 33.2826 亿元、占比全市规模以上工业企业 R&D 项目经费内部支出 43.67%。

表 3　2013 年厦门市工业企业基本情况

工业企业	工业总产值	劳动生产率	R&D 折合全时当量	R&D 项目经费内部支出
高技术制造业企业	2100 亿元	98 万元/人	11020 人年	33.3 亿元
规模以上工业企业	4716 亿元	74 万元/人	31107 人年	76.2 亿元
前者与后者比值	44.53%	131.48%	35.43%	43.67%

数据来源:《厦门经济特区年鉴 2014》。数据范围:规模以上工业企业。

(二)创新网络节点与创新高地稳步发展

创新活动内生于经济生产活动,由于促成自主创新的创新资源配置和隐性知识流动等关键要素均遵循市场机制,因此,创新网络框架的重要节点将优先在经济发达区域筑基,从而引导自主创新资源要素在网络体系中的优化配置。

第三次经济普查统计报表制度作为全国性的统计调查总体框架,由此可以运用三经普数据展开区域间的横向比较分析,这为探析我国工业企业创新网络节点的发展现状提供了基础条件。考虑到北京市、上海市、广东省是领跑我国经济发展的典型区域,北京海淀的中关村科技园区又是代表我国高新技术发展的综合性基地,为此,运用三经普数据、以中关村为对标、从平均每家企业的相对数值,对“北上广”工业企业的创新现状展开分析,并得到如下结论。

第一,2013 年北京市工业企业在产学研和注册商标方面具有明显优势:当年北京工业企业“对境内研究机构的经费支出”水平约为上海工业企业的 2 倍、广东工业企业的 9 倍;北京工业企业“拥有注册商标数”为上海工业企业和广东工业企业的 3 倍有余。第二,2013 年上海市工业企业比较注重技术的引进吸收:上海工业企业“引进技术的消化吸收经费支出”和“购买国内技术经费支出”都高于北京工业企业和广东工业企业。第三,2013 年广东省工业企业的优势主要表现为新产品出口:广东工业企业“新产品出口销售收入”为 1499.84 万元,约为上海工业企业的 2 倍。第四,2013 年中关村海淀园工业企业的创新高地特征明显:首先,中关村工业企业的创新投入密集、已经形成显著的高端人才结构,中关村工业企业“具有博士学位的机构人员数”达到上海工业企业的 2.63 倍、广东工业企业的 5.56 倍;其次,中关村工业企业的“专利申请数”、“有效发明专利数”、“拥有注册商标数”等在“北上广”工业企业中居于首位。

表 4　2013 年“北上广”工业企业创新概览

指　标	北京	上海	广东	中关村海淀园
科技人员投入				
科技活动人员合计(人)	22	12	13	41
全时人员(人)	19	9	9	34

续表

指　标	北京	上海	广东	中关村海淀园
博士毕业机构人员(人)	0.36	0.19	0.09	0.5
硕士毕业机构人员(人)	3	2	1	4
科研经费投入				
企业内部用于科技活动的经费支出(万元)	593	422	307	947
对境内研究机构支出(万元)	18	10	2	55
对境内高等学校支出(万元)	3	3	1	7
新产品销售出口(万元)	1502	807	1500	348
引进技术的消化吸收经费支出(万元)	16	23	2	0.4
购买国内技术经费支出(万元)	9	39	2	2
创新产出				
专利申请数(件)	5	3	2	6
其中:发明专利(件)	3	1	1	4
有效发明专利数(件)	5	2	2	7
拥有注册商标数(件)	6	1	2	6

数据来源:全国第三次经济普查。数据范围:规模以上工业企业。

三、工业企业自主创新模式选择与竞争力优势培育

自主创新的本质内涵是自主性在创新活动与创新成果两个维度上的二元融合,但是自主创新是一个嵌套多种模式的复杂系统,系统运行又涵盖不同阶段。我们认为,既不能否认模仿中的自主创新,又不能否定自主创新中的模仿,创新范畴下的“自主”与“模仿”是一对相互交织彼此重叠的概念、并不独立也并不互斥,但是,自主创新必须是协奏中的主旋律。

后金融危机时期的“工业回归”将导致全球工业产品市场的国际竞争愈加激烈,我国工业企业“来料加工”、“成本优势”等传统竞争策略已经面临全新挑战,对此,工业自主创新的战略意义突出,而自主创新模式与路径的科学选择将对我国工业企业核心竞争力的培育起到关键性作用。

(一)自主创新系统的“钻石模型”理论

按照《国家中长期科学和技术发展规划纲要(2006—2020年)》[1],自主创新包括“原始创新”、“集成创新”和“引进消化吸收再创新”三种类别。结合国家对于自主创新的类别划分,我们提出运用系统观视角看待自主创新,并将自主创新系统运行细化为依次递进的四个阶段(自主创新“四阶段论”)。

由于自主创新是发展中国家跨越发展瓶颈的重要依托,我国经济社会发展有赖于自主创新全面驱动的现实情形就离不开宏观与微观协调匹配的研究框架,由此,自主创新“四阶段论”既需要契合我国的宏观经济背景,又能够为微观企业的创新实践提供严谨思维路径。针对上述目标,拟进一步从全球视角和本国视角两个层面展开讨论。

1. 宏观经济范畴下的自主创新

自主创新“四阶段论”的基本依据是,“建设创新型国家”背景下我国创新资源要素在内因驱动与外因催化过程中的阶段性差异。企业作为自主创新的最主要群体,企业行为是社会创新成果的起点所在,行业政策则为企业自主创新的价值取向营造了基本环境,从而自主创新第一阶段的宏观内涵是以提升国家综合竞争实力和获取国际技术标准先导权为目标的“企业创新与行业创新联动”;政策引导下的资源优化配置和生产实践构成自主创新第二阶段,以何种技术或哪个领域作为企业自主创新的决策标的,将取决于企业拥有的生产要素、面对的市场需求条件、所处的行业发展机遇期等内外因素叠加,其中,内部因素是企业自主创新的根本,外部因素则发挥重要的催动功能;自主创新第三阶段强调金融资本的价值发现逻辑和创新支撑力度,这反过来突出了我国金融体制改革中民营企业自主创新与“草根金融”相互合作运作[3]的实际成效;自主创新第四阶段作为承接两轮自主创新系统运行的轴承,其宏观内涵是如何实现新一轮自主创新系统的升

级，具体包括第一阶段的政策优化、第二阶段的资源动态配置、第三阶段的金融资本创新服务，另外，企业为应对市场需求变化与生产工艺改良的企业组织机制创新也将内化于第四阶段，并作为接续新一轮自主创新系统运行的内生基础。

2. 微观经济范畴下的自主创新

为清晰阐释自主创新“四阶段论”在微观企业层面的运行机理，有必要引入相关的理论概念。市场经济体制中，透过对市场需求的细分，我们能够解析企业开展“引进消化吸收再创新”、“集成创新”、“原始创新”三类自主创新活动的本源以及差异。第一，面对已经形成客观市场格局的实际需求，企业通过积累继承而进行的自主创新在很大程度上可以有效规避市场开拓风险，对于大多数企业而言，本国市场往往又是竞争实际需求的关键领域，因此，在全球视角下实际需求更多表现出国内特性，实际需求与国内需求也存在高度的重合空间；由于客观存在的实际需求已经决定了产品属性的稳定，从而产品的“刚性”特征又决定了此类自主创新必须是在充分消化吸收之后的二次创新。第二，在实际需求的市场格局中，实际需求结构的动态变化蕴含未尽需求，比如，座机时代的移动电话需求、“大哥大”时代的智能手机需求；在全球经济一体化背景下，文化差异以及民族个性反倒是发掘商机、融合优势、形成互补的有利因素；因此，未尽需求一方面扎根本土，另一方面则更容易孕育于国际交往中因理念互动所萌生的创新灵感，从而更多表现为一种世界需求；企业面对未尽需求的理性决策是填补市场，此时的自主创新不再如“引进消化吸收再创新”一般注重细节创新，而是寻求技术兼并与价值融合的“集成创新”。第三，企业的市场嗅觉并不局限于对需求的单方向满足，具有价值属性的原生性自主创新不仅创造新产品还将创造新需求，需求创造能够捕获消费者尚未觉察的潜在需求，继而，潜在需求的大量涌现将促成需求格局的重构；企业“以我为主”的创新坚持能够为企业带来“舍我其谁”的需求格局，美国苹果公司对操作系统 iOS 的独立研发让 iPhone 一度成为智能手机的航标；“原始创新”相异于“引进消化吸收再创新”与“集成创新”的分水岭在于——需求创造唯有通过“原始创新”。

针对基于自主创新“四阶段论”的自主创新模式选择，我们专门绘制图 3。图 3－a 展现了自主创新第一阶段，即企业自主创新意识与市场需求彼此对接的确认过程。企业自主创新战略规划的确定将启动对创新要素的投入，自主创新开始进入具体践行的第二阶段，图 3－b 展现了企业依靠自主创新谋求“争夺市场”、“填补市场”和“创造市场”。自主创新第三阶段是在市场检验下完成“需求—供给”的真正对接，图 3－c 展现了三类自主创新与需求聚合之后形成的“钻石”剖面，“钻石”的外切圆代表自主创新系统的运转以及新价值的不断创造，此时的“钻石模型”揭示出两个重要特征：自主创新从意识到成果的转变造成三类自主创新的

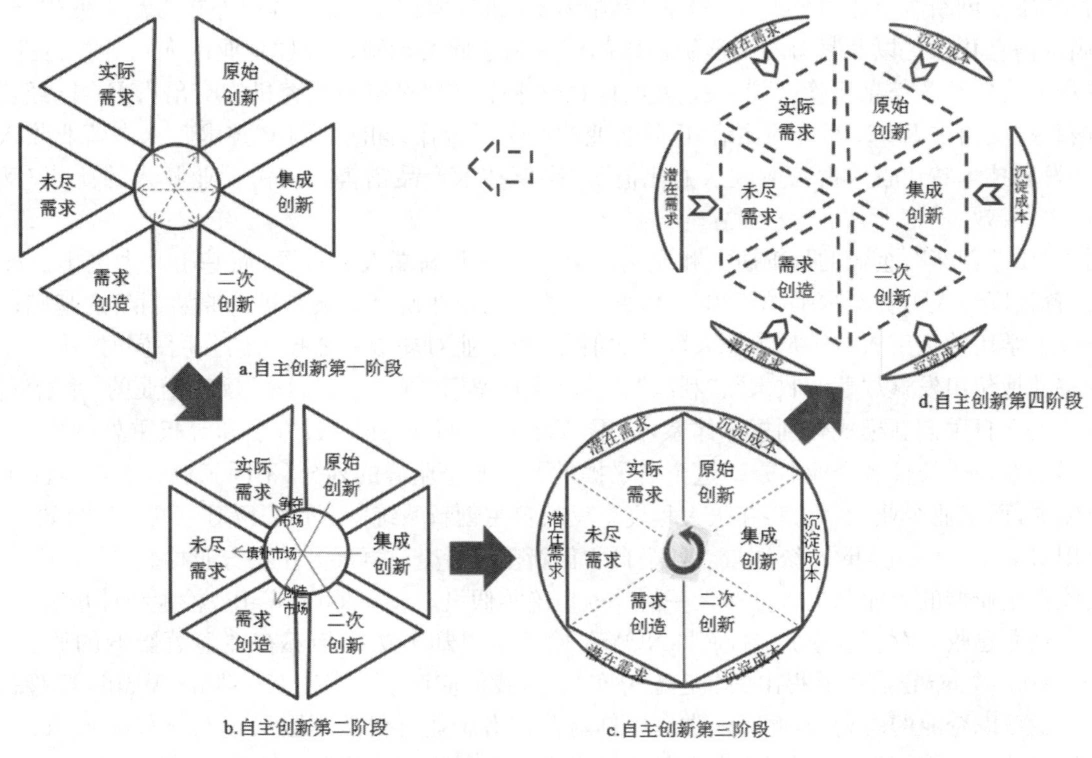

图 3　自主创新系统“钻石模型”图示

边界不再清晰、“钻石”与外切圆的间隙是自主创新系统中未能完成价值实现的余集。自主创新的沉淀成本以知识、技能、经验的形式留存下来，并在自主创新第四阶段演变成为下一轮自主创新系统运行的基础，图3－d同时展现了潜在需求的演变，进一步将重新回到自主创新意识与市场需求甄别的相互对接与确认（自主创新第一阶段）。

（二）自主创新模式识别和竞争力优势分析

根据第三次经济普查制度以及科技统计指标，我们在“钻石模型”基础上确定指标体系，用于识别微观企业的三类自主创新模式。指标体系分别从创新投入和创新绩效两个方面对“引进消化吸收再创新”、“集成创新”、“原始创新”予以定位。

表5　自主创新模式甄别指标体系

创新模式	创新投入	创新绩效
引进消化吸收再创新	贷款总额占总资产比值；风险投资额、用于并购金额、新增债券融资额、新增股权融资额、获得创新基金额的总和占总资产的比值	TC指数；高新技术产品出口、自有品牌产品出口、技术或服务出口、软件外包出口的总和占出口总额的比值
集成创新	人均计算机拥有量；生产制造和人力资源的信息化管理；对境内研究机构支出占R&D经费的比值；对境内高校支出占R&D经费的比值	技术收入占营业收入的比值；技术开发和技术转让收入占营业收入的比值；高新技术产品销售收入占营业收入的比值
原始创新	获得研究生以上学历的员工人数占员工总人数的比值	营业收入；利润；劳动生产率；资产净利润率

对于“引进消化吸收再创新”，企业需要足额资金来引进技术和消化技术，继而完成二次创新，因此，保障资金链的稳定充裕是开展此类创新的关键；故以“贷款总额占总资产的比值”反映企业的传统融资能力、以“风险投资额、用于并购金额、新增债券融资额、新增股权融资额、获得创新基金额五类资金总和占总资产的比值”反映企业的现代融资能力；同时，着眼国际竞争，以“TC指数”、“高新技术产品出口、自有品牌产品出口、技术或服务出口、软件外包出口四类出口额总和占出口总额的比值”反映企业的“引进消化吸收再创新”成效。

对于“集成创新”，企业需要追踪相关前沿领域以增进技术储备、需要调动外在力量以促进技术集成，因此，较高的信息化水平以及紧密的产学研合作都将有利于此类创新；故以“企业的人均计算机拥有量”、“生产制造和人力资源的信息化管理”反映企业的信息化水平，以“对境内研究机构支出占R&D经费的比值”、“对境内高校支出占R&D经费的比值”反映企业的产学研合作；同时，运用“技术收入占营业收入的比值”、“技术开发和技术转让收入占营业收入的比值”、“高新技术产品销售收入占营业收入的比值”反映企业的“集成创新”成效。

对于“原始创新”，企业的基础研究和应用研究均离不开高端人力资源，而基于人力资本的教育年限理论，受教育程度与人力资本水平呈正相关，因此，高学历的企业研究人员是进行原始创新的基础；故以“获得研究生以上学历的员工人数占员工总人数的比值”反映企业对高端人才投入的强度；同时，从企业对新市场需求的垄断地位出发，以“营业收入”、“利润”、“劳动生产率”、“资产净利润率”反映企业的“原始创新”成效。

基于表5自主创新模式甄别指标体系，运用Weaver－Thomas指数方法和等权重处理原则，我们能够得到自主创新模式佼佼者企业名录。这个名录提供了工业企业群的划分，不同工业企业群专注于不同的自主创新模式，而工业企业竞争力将在很大程度上反映自主创新系统“四阶段”所对应的经济绩效。

使用Cramer－von Mises统计量对各个自主创新佼佼者企业群展开正态分布检验，结果显示，各个自主创新佼佼者企业群的企业总收入分布无一例外地拒绝零假设。Kruskal－Wallis检验统计量表明，自主创新模式对于企业总收入存在显著影响，而ANOVA检验结果却无法拒绝不存在显著影响的原假设；考虑到Cramer－von Mises正态检验得出的非正态分布结论，我们应该主要参照Kruskal－Wallis检验。

进一步考虑企业的总利润，此时六类自主创新佼佼者企业群仍然不服从正态分布；Kruskal－Wallis检验统计量显著拒绝零假设，从而证明自主创新模式对于以利润表征的企业绩效也存在显著影响。在企业收入层面，开展“原始创新”模式的工业企业群取得最高的收入水平，相比“集成创新”模式的收入水平高出

4.14亿元、相比“引进消化吸收再创新”模式的收入水平高出10.44亿元；与此同时，对于三类自主创新模式共存的工业企业，其收入水平低于专门开展“原始创新”或“集成创新”的工业企业，不过仍然高出专门开展“引进消化吸收再创新”工业企业的收入水平，由于三类自主创新模式的差异不可避免带来创新资源要素的分散化配置，从而可能引致三类自主创新模式共存企业的竞争力阶段性弱势。

四、基本结论与发展路径启示

（一）我国工业创新水平的整体格局

在国家整体层面考察内资、港澳台商投资和外商投资的工业企业自主创新能力，对于绝对规模层面，无论是自主创新投入、自主创新生产实践、自主创新成果，均以内资型工业企业占优，对于平均每家企业的相对层面，外商投资和港澳台商投资的工业企业则表现出更高的投入水平，与此同时，外商投资和港澳台商投资工业企业也具有更多的有效专利数并取得更多的新产品销售收入。基于三经普数据分析，我们得知，内资型工业企业是自主创新活动的最主要行为主体，但是，剔除绝对规模影响后的企业创新素质相比外商投资和港澳台商投资企业仍然存在不容忽视的差距。工业企业FDI的技术溢出特性已经得到了大量实证研究证实，基于此，我们的研究表明：以外资技术为标杆，在市场竞争中积极定位与外资技术的差距短板，通过公平竞争下的市场盈利动机来推升内资型工业企业“从加大投入到激励产出，从竞争优势到要素升级”的自主创新内生发展过程。

（二）工业企业的自主创新模式

完全封闭的自主创新无法有效吸收已有研究成果、难以有效规避研发弯路，适当的引进消化吸收不仅可减轻创新成本，更重要的是强调积累继承之后的创新升级；社会主义市场经济体制为创新活动赋予市场属性，大量的技术引进移植为我国“后发优势”的发挥做出了重要贡献。然而，核心技术对当今时代的我国发展具有更为关键的现实意义，因为发达国家对于核心技术并未真正开放，我国工业要在国际竞争中占据先机和主动唯有依靠自主知识产权和自主专利技术的引擎驱动。由此，单方面的“引进消化吸收再创新”容易造成依赖性发展路径，“集成创新”和“原始创新”才是我国获取自主技术体系、参与国际技术标准、打造自主品牌的恰当选择。不过，仍然需要指出的是，市场经济的竞争环境并不允许完全脱离资源禀赋客观条件的自主创新，以模仿和引进为特征的“后发优势”理论依旧是“集成创新”和“原始创新”的重要组成部分。在宏微观层面上，三类自主创新模式均对我国的自主创新和创新型国家建设具有重要意义：其一，自主创新模式的识别可为相应创新政策的出台和创新资源的调拨提供依据；其二，自主创新模式根植于企业发展路径，唯有对自主创新模式的准确判断方可确立适于企业发展的良性通道；其三，在自主创新模式的共有框架下，宏观政策调控将能够获取与微观企业战略相互匹配的公共平台，进一步将促进政策落地和降低政策执行成本。

（三）自主创新模式选择与工业企业竞争力优势

在市场经济体制下，具有内生性的自主创新模式嵌套是相关理论难以转化为经验实证的症结所在，不同阶段的自主创新模式在实际自主创新过程中具有浑然一体、无法断层的特点。与现有研究相区别，我们针对自主创新系统所创立的“钻石模型”理论强调对规范的政府统计数据的全面应用。契合我国政府统计制度、开发三经普数据资源，我们提出以市场需求为导向的自主创新模式甄别研究。

“钻石模型”理论强调三类自主创新内生于四阶段循环发展的始末。企业自主创新意识与市场需求彼此对接的确认，企业自主创新战略规划对创新要素投入的启动，企业依靠自主创新谋求“争夺市场”、“填补市场”和“创造市场”的战略规划，企业对创新要素投入在三类自主创新模式中的优化配置由此明晰；以研判市场需求而确认的“实际需求”、“未尽需求”、“需求创造”决定了企业对自主创新模式的最终选择；据此，“引进消化吸收再创新”、“集成创新”、“原始创新”三类自主创新模式获得了理论上的完备逻辑支撑。基于对全国第三次普查数据资源的全面梳理，进一步利用中关村海淀园工业企业数据和运用Weaver－Thomas指数方法，我们获得了三类自主创新模式佼佼者的工业企业名录。据笔者所知，这是首次在区域层面上完成的微观企业自主创新模式识别结果，进一步获得了如下基本结论：

在企业收入层面，开展“原始创新”模式的工业企业群取得最高的收入水平；与此同时，对于三类自主创新模式共存的工业企业，其收入水平低于“原始创新”和“集成创新”。使用非参数核密度估计技术，我们发现,自主创新模式佼佼者工业企业群的竞争力分布与对数正态分布更为接近,这为我们提供了经验证据——以自主创新为引擎驱动的中关村海淀园工业企业群正处于整体高速发展的上升通道。

参考文献

[1]中华人民共和国国务院．国家中长期科学和技术发展规划纲要(2006—2020年)[Z]. 2005－12－26.

[2]赵彦云,秦旭,王杰彪．“再工业化”背景下的中美制造业竞争力比较[J]. 经济理论与经济管理,2012,02:81－88.

[3]厉以宁．中国经济双重转型之路[M]. 北京:中国人民大学出版社,2013.

[4]许庆瑞,吴志岩,陈力田．转型经济中企业自主创新能力演化路径及驱动因素分析——海尔集团1984～2013年的纵向案例研究[J]. 管理世界,2013,04:121－134＋188.

[5]韵江,刘立．创新变迁与能力演化:企业自主创新战略——以中国路明集团为案例[J]. 管理世界,2006,12:115－130.

[6]池仁勇．区域中小企业创新网络的结点联结及其效率评价研究[J]. 管理世界,2007,01:105－112＋121.

[7]盖文启,王缉慈．论区域的技术创新型模式及其创新网络——以北京中关村地区为例[J]. 北京大学学报(哲学社会科学版),1999,05:29－36.

[8]金碚．论我国工业化过程中的技术进步[J]. 中国工业经济研究,1991,09:14－21.

[9]Porter M E. The competitive advantage of nations[J]. Harvard business review, 1990, 68(2): 73－93.

课题组　组长:赵彦云

成员:曾孟夏　盖亚男　甄　峰　吴翌琳

中国工业企业研发投入现状研究

改革开放 30 多年以来，中国工业发展取得了举世瞩目的成就。在国际市场上，中国制造的产品市场份额不断扩大，已经成为世界最大的商品出口国。但是，中国制造业的国际竞争力主要来源于低成本优势、日趋完整的供应链以及较低的环境成本。然而，随着工资、土地及环境成本的不断提高，中国工业的国际竞争优势正面临严峻挑战，迫切需要企业加大研发投入力度以提升创新能力。本文利用第三次全国经济普查数据，对工业企业研发投入的趋势及存在的问题进行了分析，并试图找出制约工业企业研发投入的关键原因，提出相应政策建议。

一、工业企业研发投入现状

(一)研发活动日趋活跃

2013 年，我国开展研发活动的规模以上工业企业数为 54832 家，比 2008 年翻了一番，年均增长 15.0%；所占比重为 14.8%，比 2008 年的 6.5%提高了 8.3 个百分点；规模以上工业企业办研发机构为 51625 个，比 2008 年增长 97.2%，年均增长 14.5%；规模以上工业 R&D 活动项目为 322567 项，是 2008 年的 2.3 倍，年均增长 17.6%。

(二)研发经费支出持续增长

2013 年，我国规模以上工业企业研发经费支出为 8318.4 亿元，是 2008 年的 2.7 倍，年均增长 22.0%，增幅比同期全社会研发经费支出年均增长高 1.3 百分点。分企业规模看，2013 年，大型企业研发经费支出为 4930.0 亿元，占规模以上工业企业研发经费支出的 59.3%；中型企业为 1814.1 亿元，占 21.8%。分登记注册类型看，2013 年，内资企业研发经费支出为 6303.3 亿元，占规模以上工业企业研发经费支出的 75.8%。

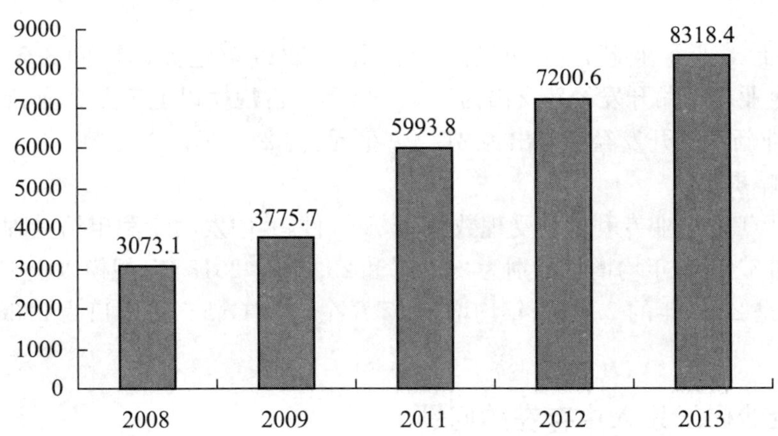

图 1　2008—2013 年规模以上工业企业 R&D 经费支出(单位:亿元)

2008—2013 年我国规模以上工业企业研发经费支出占全社会研发经费支出的比重呈上升态势，2013 年为 70.2%，比 2008 年提高了 4.1 个百分点，企业在科技创新中的主体地位得到进一步加强。2008—2013 年我国规模以上工业企业研发经费投入强度(研发经费支出与主营业务收入的比值)持续提高，2008 年为 0.56%，2013 年上升至 0.80%，提高了 0.24 个百分点。

(三)研发人员持续增加

2013 年，规模以上工业企业研发人员折合全时当量为 249.4 万人年，是 2008 年的 2.0 倍，年均增长 15.2%；规模以上工业企业办研发机构人员数为 238.8 万人，比 2008 年增长了 83.1%，年均增长 12.9%。

分企业规模看，大型企业办研发机构人员数为 120.5 万人，占规模以上工业企业办研发机构人员数 50.5%；中型企业办研发机构人员数为 66.8 万人，占 28.0%。分登记注册类型看，内资企业办研发机构人

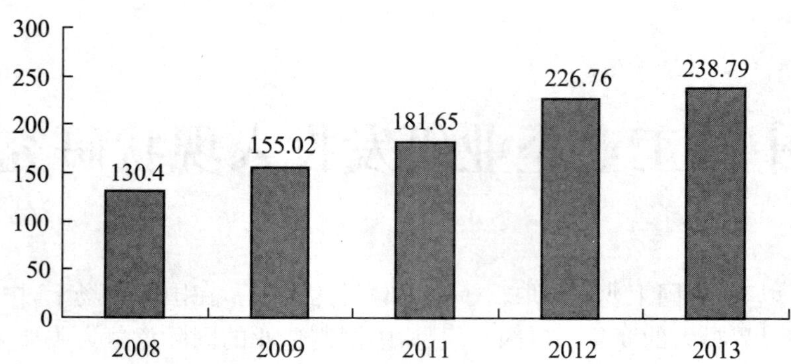

图 2　2008—2013 年规模以上工业企业办研发机构人员数(单位:万人)

员数为 179.0 万人,占规模以上工业企业办研发机构人员数的 75.0%。

(四)新产品研究开发力度不断加大

2013 年,规模以上工业企业新产品开发项目数为 35.8 万项,比 2008 年增长了 93.8%,年均增长 14.2%。其中,大型企业为 11.8 万项,占规模以上工业企业新产品开发项目总数的 33.0%;中型企业为 10.4 万项,占 29.1%。

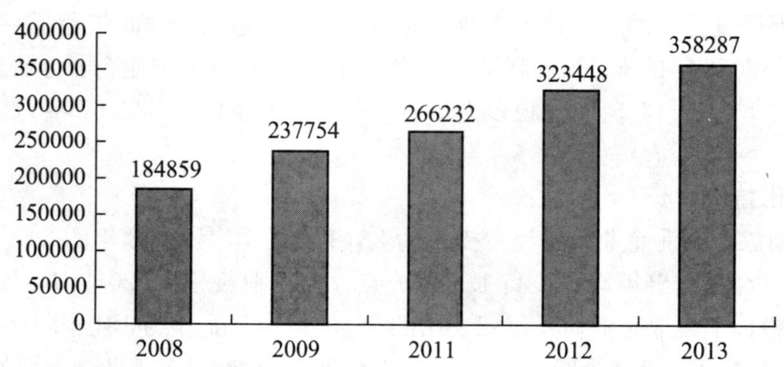

图 3　2008—2013 年规模以上工业企业新产品开发项目数(单位:项)

2013 年,规模以上工业企业新产品开发经费支出为 9246.7 亿元,是 2008 年的 2.5 倍,年均增长 20.3%。其中,大型企业新产品开发经费支出为 5317.8 亿元,占规模以上工业企业新产品开发经费支出总额的 57.5%;中型企业新产品开发经费支出为 2122.9 亿元,占 23.0%。

(五)研发产出大幅提高

2013 年,规模以上工业企业专利申请受理数为 560918 件,其中发明专利申请受理数为 205146 件,分别是 2008 年的 3.2 倍和 3.5 倍,年均增长分别为 26.4%和 28.2%。2013 年,规模以上工业企业新产品销售收入为 128460.7 亿元,是 2008 年的 2.3 倍,年均增长 17.6%。其中,新产品出口为 22583.4 亿元,比 2008 年增长了 62%,年均增长 10.2%。

二、我国工业企业研发投入中存在的问题

(一)大多数工业企业未开展研发活动

第三次经济普查数据显示,2013 年我国工业企业研发经费支出占全社会研发经费支出比重虽已达到 70.2%,但在规模以上工业企业中,有 75.2%的企业没有开展研发活动,77.1%的企业没有新产品销售。研发活动主要集中在少数企业,大多数企业只能生产低附加值产品,或者依靠低成本的优势维持生存。

(二)中部、西部、东北地区工业企业研发投入不足

第三次经济普查数据显示,东部地区规模以上工业企业研发经费支出为 5653.4 亿元,占全国规模以上工业企业研发经费支出的 67.5%;中部、西部和东北地区规模以上工业企业研发经费支出分别为 1359.7 亿元、807.4 亿元和 498.0 亿元,这三大地区研发经费支出合计仅占全国规模以上工业企业研发经费支出的 32.5%,研发投入地区间差异明显。

(三)企业研发强度仍较低

虽然我国研发经费规模已居世界前列,但企业研发投入强度却很低,根据第三次经济普查数据,2013 年我国规模以上工业企业研发投入强度仅为 0.80%,制造业投入强度为 0.88%,而德国制造业企业研发投入强度为 4.7%,欧盟(15 国)为 2.9%,美国约为 4%,日本约为 3.4%。我国工业企业与发达国家制造业企业在研发强度上存在巨大的差距。

(四)高技术产业研发投入力度亟待加强

2013 年,我国规模以上高技术制造业企业 R&D 经费支出为 2034.3 亿元,占规模以上制造业的比重为 25.6%;R&D 经费投入强度为 1.75%,比规模以上制造业平均水平高 0.87 个百分点。但是与美国(2009 年 19.74%)、日本(2008 年 10.5%)和韩国(2007 年 5.86%)等发达国家相比还有不小的差距。

(五)国有企业研发投入产出效率有待提高

2013 年,国有及国有控股企业研发费用支出、研发人员数分别占规模以上工业企业的 33.6%和 43.8%,发明专利申请受理数、境外授权有效发明专利拥有数、专利所有权转让及许可收入分别占规模以上工业企业的 26.1%、7.8%和 21.9%,新产品销售收入、新产品出口分别占规模以上工业企业的 31.2%和 15.7%。国有及国有控股企业投入产出效率低于规模以上工业企业的平均水平。

(六)重"引进"轻"消化吸收再创新"问题仍然存在

2013 年,我国规模以上工业企业引进技术经费支出为 393.9 亿元,消化吸收经费支出为 150.6 亿元,两者之比为 2.6:1。而日本用于引进技术与消化吸收费用支出的比例为 1:3,有些领域高达 1:7;韩国用于引进技术与消化吸收费用支出的比例在 1:3 左右,在装备制造业等重点领域的比例在 1:8 左右。

三、现阶段工业企业创新投入不足的主要原因

(一)不利于激励企业研发投入的体制机制障碍依然存在

一是知识产权保护的体制机制仍不完善,知识产权市场化程度低,不利于激励企业创新。2013 年,我国工业企业专利所有权及许可收入仅为 47.4 亿元,远低于发达国家水平。二是缺乏风险投资的生成机制与退出机制,风险分担机制不健全,创新融资困难,进一步影响了市场主体研发投入能力。三是缺乏公平竞争的市场环境,且要素市场化程度还不高,使得企业创新与研发投入的压力与动力不足。

(二)国有企业推动科技创新的内在动力不足

由于产权属性和管理机制的原因,国有企业与政府始终保持着紧密联系,并或多或少地替政府分担了许多社会责任。很多时候,国有企业既不以追求商业利润最大化作为首位目标,也不承担经营失败破产的风险,从而形成了其在科技创新中的惰性。国有企业创新动力不足还与考核体系和任期制有很大的关系,一些国有企业领导更关心行政升迁和当期效益。

(三)政府研发投入资金中用于支持企业研发的投入不足

2013 年,中国企业研发经费支出中来自政府的资金为 359.7 亿元,仅占当年我国政府研发经费支出额的 14.3%。而美国联邦政府研发投入的 1/3 以上流向了产业部门,我国大多数政府资金支持以国家科技计划的形式流向了大学和公立研究院所(如国家 863 计划、973 计划和国家支撑计划),只有很少一部分流向了企业。

(四)支持小微企业研发活动的力度亟需加强

科技型小微企业对于新兴市场最为敏感、创新活动最为活跃,但往往研发资金缺乏、获得优质科技服务能力差,所以发达国家政府重点支持科技型小微企业的研发活动。当前,我国政府资金支持科技型小微企业的力度明显不够。2013 年,我国规模以上工业企业研发经费中政府资金为 359.7 亿元,其中大型企业为 221.0 亿元、中型企业为 77.4 亿元、小型企业为 61.3 亿元,大、中、小型企业占比分别为 61.4%、21.5%和 17.1%,对于小型企业的支持力度明显不足。

(五)产学研合作渠道仍不顺畅

2013 年,规模以上工业企业对于境内研究机构与境内高等学校研发经费外部支出分别为 170.6 亿元与 87.0 亿元,两者合计为 257.6 亿元,而规模以上工业企业研发经费内部支出高达 8318.4 亿元,企业在产学研合作研发上的投入占企业研发总投入的比重几乎可以忽略不计,表明企业与高等学校、研究机构的合作研发并不积极。这主要是因为产学研合作机制不顺畅,缺乏各方风险共担和利益共享机制,高等学校、研究

机构在科研成果转化或转移等过程中,各方在协商利益分享时,面临非常高的谈判成本与契约执行成本,严重影响产学研合作的深度与广度,并妨碍创新成果顺利转化和转移,以及降低创各创新主体创新及创新投入的意愿。

(六)科技公共服务支撑体系不完善,不利于企业尤其是小微企业开展研发活动

我国在科技信息交流与共享平台、科技成果转化与转移平台、科技成果评估与交易平台、产学研合作创新平台等科技服务公共平台建设滞后,且这些平台大多功能单一,提供公共服务的能力及服务的质量与开放程度都亟待增强。此外,信息基础设施、科技基础设施及其开放性都亟待加强。这些问题的存在,会对企业尤其是小微企业的研究开发活动带来一定程度上的不利影响。

四、政策建议

为促进工业企业研发与创新活动,激励工业企业加大研发投入,我国在财政资金支持、税收、金融、产学研结合、科技公共服务平台建设方面制定了一系列的优惠政策,并取得了积极效果,但也存在一些政策措施落实不到位,一些政策措施需要调整完善的问题,为建立激励工业企业积极进行研发投入的长效机制,针对当前工业企业研发投入中存在的主要问题,提出以下政策建议:

(一)完善有利于激励企业创新与加大研发投入的制度环境

一是完善知识产权保护相关法律体系及其执行机制,以法治建立严格保护知识产权的长效机制。二是加快建立公平竞争的市场环境。公平的市场竞争是推动企业创新的原动力。应制定系统、完善的公平竞争法,切实保障各种所有制、不同规模的企业依法平等使用生产要素、公平参与市场竞争、同等受到法律保护,禁止大企业限制竞争或其他不公平竞争行为。三是要加快要素市场化改革。改变土地等重要资源配置由政府主导的局面,只有这样才能使得企业将更多精力放在积极创新、应对市场变化方面。四是完善国有企业创新导向的经营者选拔任用与激励考核机制,将工业类国有企业科技创新投入与产出绩效作为重要内容纳入经营者考核评价指标体系。

(二)加大财政资金支持企业研发活动的力度,尤其是要加大对于民营中、小企业研发活动的资金支持力度

一是在政府部门对于研发活动支持资金中,适当提高对于企业研发活动支持资金的比例,加大对于产业部门及企业研发活动的支持。二是形成不同所有制企业公平分享政府研究开发支持资金及其他创新资源的体制机制,让民营企业的研究开发活动能得到与国有企业同等力度的支持。三是大幅增加对于小微科技企业研发活动的资金支持,进而引导并带动小微型科技企业加大研发投入,增强小微企业创新能力。

(三)加大税收优惠政策支持力度

一是放宽享受税收优惠政策的企业研发活动的范围,扩大享受加计扣除税收优惠政策的费用范围。二是简化对研发费用的归集和核算管理,简化审核程序,使企业享受相应税收优惠政策的通道更为便捷。三是将适应于高新技术自主开发及自主开发技术在生产中应用的税收减免政策,适当放宽到所有行业的企业。此外,允许企业特别是有较好发展前景的小微企业,按其销售收入一定比例提取科技开发基金,以弥补科技开发可能造成的风险,并规定科技开发基金必须在规定时间内用于研究开发、技术更新和技术培训等方面。

(四)协助建立产学研合作研发各方风险共担和利益共享机制

在多方合作的过程中不可避免地存在因为利益分配问题产生各种摩擦和冲突,这时候政府能否合理保护合作各方的利益就成为合作能否公平顺利地进行下去的关键。建立合作研发各方风险共担和利益共享机制,能有力促进产学研合作研发,激励企业加大合作研发投入。为实现风险共担和利益共享,首先,政府应完善知识产权保护制度,为产学研战略合作中知识产权的使用权、归属权的划分提供法律依据。并以市场为手段,完善监督机制,建立一个科学、有效、规范的利益分配机制,并使这一机制被严格的贯彻执行。其次,政府需要对参与产学研合作研发各方投入的资金、人才、技术等生产要素加强风险评估和监管,以充分发挥产学研合作要素本身的激励和收益分配的功能,协助建立参与方利益共享和风险共担机制,激活合作各方自身的内在动力,调控合作风险,从而保障合作具有可持续性。

(五)提升小微科技型企业研发投入能力

一是加强信息通信技术(ICT)、云计算中心等基础设施建设,为各种"互联网+"创业行为提供更多便利。二是小微企业作为创新主体普遍面临信息、人才、研发条件等方面约束，围绕这些约束组织共性技术研发、加大科技基础设施建设、打造产业公共研究平台，为其开展创新活动提供强力支撑。三是规范资本市场，在加强监管、减少不正常炒作的同时，要切实利用好新三板等平台，将更多社会资金引导到创业创新活动中，并以此提升小微企业研发投入能力。

此外，在各类科技软硬件基础设施建设方面，中央财政应加大对于西部地区、中部地区及东北地区的支持力度。

课题组　组长：李　平

成员：王宏伟　伏玉林　江飞涛　简　泽

李晓萍　张若晨　沈筠彬

我国工业企业自主创新能力分析

工业企业的自主创新能力是国家核心竞争力的重要组成部分，事关国民经济发展全局。目前，我国已经进入了从“中国制造”到“中国创造”的关键性过渡阶段。面对当前我国经济改革和转型的关键时期，如何正确全面地认识我国工业企业自主创新现状，科学系统地评价我国工业企业自主创新能力，探寻适合我国国情的自主创新之路具有重要的现实意义。本课题运用第三次全国经济普查数据，通过构建工业企业自主创新能力评价指标体系，利用因子分析方法的优势，从地区和行业两个维度深入研究企业的自主创新能力，力求为政府部门制定相关政策提供决策依据。

一、自主创新能力评价体系的构建

（一）对企业自主创新能力的界定

企业自主创新能力是一个复杂的系统，它涉及企业生产经营活动的全过程。根据已有研究成果，一种观点认为企业自主创新能力就是企业通过有效运用内外各种优势资源，取得自主知识产权，获得持续竞争优势所表现出来的各种能力的有机综合。包括技术创新资源，技术创新活动，技术创新产出能力，技术创新环境四方面。另一种观点认为，企业自主创新能力指企业有效运用各种创新资源攻破技术难关，形成有价值的自主核心技术，获取自主知识产权的能力，分为原始创新能力、集成创新能力和消化吸收再创新能力。还有一种观点认为企业自主创新能力是由多种能力复合作用的结果，既包括企业对资源的掌握和运用能力，也包括使企业的资源能力得以实现的载体和外部环境所做的贡献；既包括科技成果的创造能力即产出能力，也包括新产品及市场品牌的培育能力。我们认为，企业自主创新能力就是企业在市场竞争中，通过有效运用企业内外的各种创新资源，通过建立新的技术平台或改变核心技术，并取得自主知识产权，使企业能不断增强其核心竞争力，从而获得持续竞争优势，在技术创新过程中所表现出来的各种能力的有机综合。遵循这种创新过程的思想，企业自主创新能力是多种能力复合作用的结果，其指标体系应该包括自主创新的投入能力、活动能力、产出能力和环境能力等 4 个方面。

总的来看，国内学者对企业自主创新能力的现状和问题的研究虽然较多，但基于企业自主创新能力形成动因与机理，构建企业自主创新评价能力指标体系，并进行实证分析还相对较少。因此，本文从分地区和分行业两个层面对我国工业企业自主创新能力进行综合评价，以期获得有益的启示，并提出相关政策建议。

（二）构建企业创新评价指标体系

由于研究的需要不同，不同学者对工业企业自主创新能力的认识程度不同，提出的评价指标体系也相差较大。本文根据工业企业自主创新过程中涉及的影响因素，参考已有研究成果，从自主创新的投入能力、产出能力、活动能力、环境能力等四方面建立我国工业企业自主创新能力评价指标体系（见表 1）。限于资料的可获得性，本文以各省、市、自治区①（不包括港澳台）和分行业的规模以上工业企业（以下简称工业企业）为样本。数据主要来源于第三次全国经济普查及等相关资料。

表 1　工业企业自主创新能力评价指标体系

一级指标	二级指标	单位	变量
自主创新投入能力	R&D 人员比例	%	X1
	R&D 投入强度②	%	X2
	新产品开发强度③	%	X3

① 由于西藏自治区变量异常值较多，且存在数据缺失，故样本剔除西藏自治区。

② R&D 投入强度指 R&D 经费内部支出与主营业务收入之比。

③ 新产品开发强度指新产品开发经费支出与新产品销售收入之比。

续表

一级指标	二级指标	单位	变量
自主创新活动能力	R&D 活动项目数	项	X4
	技术引进经费支出	亿元	X5
	消化吸收经费支出	亿元	X6
	技术改造经费支出	亿元	X7
自主创新产出能力	专利申请数	件	X8
	有效发明专利数	件	X9
	新产品销售收入	亿元	X10
	新产品销售收入率	%	X11
自主创新环境能力	财政资金支持度	%	X12
	国外和金融机构资金支持度	%	X13

(三)确定研究分析方法

由于上述工业企业自主创新能力评价涉及较多指标,且各指标均是对同一事物的反映,因此不可避免地造成信息的大量重叠,这种信息的重叠有时甚至会抹杀事物的真正特征与内在规律。而因子分析正是利用降维的思想,由原始指标相关矩阵内部的依赖关系出发,把一些具有错综复杂的指标归结为少数几个主要因子,进而抓住这些主要因子就可以帮助我们对复杂的经济问题进行分析和解释。因子分析的最大优势就在于在评价指标的相关性比较高时,能消除指标间信息的重叠,而且根据指标所提供的原始信息生成权重系数,避免了人为确定权重的随意性。基于此,本文利用因子分析方法对我国工业企业自主创新能力进行分析和解释。

在因子分析中,对于所研究的具体问题,原始指标可以分解成两部分之和的形式:一部分是少数几个不可测的公共因子的线性函数;另一部分是与公共因子无关的特殊因子。因子分析模型为:

$$X = AF + \varepsilon$$

式中,X 为原始变量,$F=(f_1,f_2,\cdots,f_m)^T$ 为公共因子,A 是因子载荷矩阵,$\varepsilon=(\varepsilon_1,\varepsilon_2,\cdots,\varepsilon_p)^T$ 称为特殊因子。且满足:(1) $m \leqslant p$;(2) $Cov(F,\varepsilon)=0$,即 F 和 ε 是不相关的;(3) $D(f_i)=E$,即 $f_1,f_2,\cdots,f_m$ 不相关且方差均为 1; $D(\varepsilon)=Var(\varepsilon)$,即 $\varepsilon_1,\varepsilon_2,\cdots,\varepsilon_p$ 不相关,且方差不同。

虽然上述方法提取的公共因子是不相关的,但其对原始变量的解释能力往往很弱,不容易解释公共因子的实际含义。这时可以通过旋转变换,进而得到比较容易解释的公共因子。公共因子因能较好的反映原始变量包含的信息和它们之间的相关性,因此公共因子代表原始变量有利于描述研究对象的特征。公共因子可以表示为原始变量的线性组合,即:

$$F_j = \beta_{j1}x_1 + \beta_{j2}x_2 + \cdots + \beta_{jp}x_p \quad (j=1,2,\cdots,m)$$

上式计算出来的值称为因子得分,进一步,可以根据公共因子的方差贡献率(ω_i)为权重,由各公共因子的线性组合得到的综合因子得分: $F=\sum_{i=1}^{m}\omega_i F_i$

二、实证分析

基于上述自主创新能力评价指标体系,我们采用因子分析法进行建模分析,以期反映区域自主创新的特点与优势。

(一)分地区工业企业自主创新能力分析

主要基于 KMO 和 Bartlett 统计量检验可知,分地区观测样本的 KMO 值为 0.697,Bartlett 球度检验的近似卡方为 458.949,其相伴概率为 0.000,表明分地区数据适合于因子分析法。并按照公因子特征根下降速度最快原则,选入 4 个公因子,其累计方差贡献率为 84.561%。由于未经过旋转的载荷矩阵中,因自变量在许多变量上都有较高的载荷,含义比较模糊,因此有必要对公因子进行方差最大化正交旋转(见表 2)。

表 2　分地区因子分析中旋转后的因子载荷矩阵

变量	因子 F1	因子 F2	因子 F3	因子 F4
X8	0.924	0.291	−0.049	0.070
X10	0.915	0.316	−0.049	0.182
X4	0.912	0.288	−0.070	0.115
X9	0.857	0.250	0.034	−0.009
X7	0.819	0.085	−0.191	0.209
X6	0.600	0.400	0.084	0.344
X5	0.571	0.567	0.200	0.218
X1	0.212	0.908	0.012	−0.160
X2	0.443	0.850	0.057	−0.037
X11	0.341	0.833	−0.135	0.197
X13	−0.126	0.229	0.860	0.129
X3	0.023	−0.426	0.728	−0.301
X12	−0.251	0.048	0.037	−0.908

经过旋转后，第一个公因子 F1 在 X8、X10、X4、X9、X7、X6、X5 七个指标上的载荷值较大，可以将 F1 命名为自主创新产出能力和活动能力。第二个公因子 F2 在 X1、X2、X11 三个指标上有较高的载荷值，可以将 F2 命名为自主创新投入能力。第三个公因子 F3 和第四个公因子 F4 在 X13、X3、X12 三个指标上有比较高的载荷值，可以将 F3 和 F4 命名为自主创新环境能力。其中，F3 主要是反映自主创新市场环境能力；F4 主要是反映自主创新政策环境能力。

表 3　我国分地区工业企业自主创新能力排名①

地　区	F1 得分	F1 排名	F2 得分	F2 排名	F3 得分	F3 排名	F4 得分	F4 排名	F 综合得分	F 综合排名
北　京	−0.7211	27	2.6770	1	1.1140	4	−0.8032	27	0.4396	6
天　津	−0.8822	29	2.1211	3	0.8366	7	0.7966	5	0.3613	7
河　北	−0.2031	13	−0.6913	25	−0.6224	22	0.5986	8	−0.2627	19
山　西	−0.3785	18	−0.5885	24	−0.3083	15	0.6004	7	−0.2711	20
内蒙古	−0.7235	28	−0.2657	16	1.3314	2	1.1620	2	−0.0942	13
辽　宁	0.0089	10	−0.4109	19	−0.4373	17	−0.1664	22	−0.1635	16
吉　林	−0.3589	17	−1.1060	28	−0.5414	20	0.2468	14	−0.4538	28
黑龙江	−0.3532	16	0.1474	13	−0.0488	12	−2.6702	29	−0.3634	24
上　海	0.0678	8	2.1511	2	0.8372	6	1.0304	3	0.7608	3
江　苏	3.2510	1	−0.0691	14	0.1957	9	0.5252	11	1.3177	1
浙　江	1.3205	4	0.9814	4	−0.6722	24	0.0509	18	0.6953	4
安　徽	0.1774	7	0.3383	7	−0.6153	21	−0.4255	23	0.0480	10
福　建	−0.2440	14	0.2801	8	0.1685	11	0.7064	6	0.0625	9

① 东部地区包括：北京、天津、河北、辽宁、上海、江苏、浙江、福建、山东、广东、海南 11 个省市；中部地区包括：山西、吉林、黑龙江、安徽、江西、河南、湖北、湖南 8 个省市；西部地区包括：内蒙古、广西、重庆、四川、贵州、云南、西藏、陕西、甘肃、青海、宁夏、新疆 12 个省区市。

续表

地　区	F1得分	F1排名	F2得分	F2排名	F3得分	F3排名	F4得分	F4排名	F综合得分	F综合排名
江　西	−0.7202	26	−0.4465	20	1.1508	3	1.2067	1	−0.1537	15
山　东	1.4500	3	−0.1324	15	−0.1255	13	0.8900	4	0.6027	5
河　南	−0.0113	11	−0.5884	23	−0.7331	26	0.5437	10	−0.1792	17
湖　北	−0.2612	15	0.4872	6	−0.3434	16	0.0462	19	−0.0101	11
湖　南	0.2341	5	0.2195	10	−0.8397	27	0.1442	16	0.0711	8
广　东	2.9277	2	0.2567	9	0.1956	10	−0.5802	25	1.1677	2
广　西	−0.4295	20	−0.7308	26	−1.0306	30	0.4052	13	−0.4229	27
海　南	−0.9023	30	0.1817	12	−0.8968	28	−0.1488	21	−0.4146	26
重　庆	−0.5744	23	0.8090	5	−0.4501	18	0.5566	9	−0.0122	12
四　川	0.0588	9	−0.7725	27	−0.5226	19	−0.0384	20	−0.2325	18
贵　州	−0.4184	19	−0.5428	21	0.2628	8	−1.0840	28	−0.3771	25
云　南	−0.6540	24	−0.5731	22	0.8962	5	0.1285	17	−0.2915	21
陕　西	−0.1002	12	0.2124	11	−0.2638	14	−3.2800	30	−0.3305	22
甘　肃	−0.5543	22	−0.3598	18	−0.6520	23	0.2309	15	−0.3538	23
青　海	0.1833	6	−2.0164	30	3.8382	1	−0.7523	26	−0.1036	14
宁　夏	−0.7036	25	−0.3309	17	−1.0272	29	−0.4287	24	−0.5084	29
新　疆	−0.4854	21	−1.2379	29	−0.6963	25	0.5083	12	−0.5276	30

从综合排名来看，江苏的工业企业自主创新能力在全国排名居首，其次分别为广东、上海、浙江、山东、北京及天津，排名靠前的地区基本都是东部沿海经济发达省市，而中、西部经济落后地区的工业企业自主创新能力排名靠后，反映出工业企业自主创新能力基本与本地区经济发展整体状况相一致。这主要由于自主创新与经济发展是互动互促关系，自主创新在推动地区经济发展的同时，反之，经济发展又为自主创新奠定了必要的经济基础和物质条件，从而使得东部地区的自主创新能力更强、速度更快、质量更高。

自主创新产出能力和活动能力(F1)说明对我国区域工业企业自主创新能力起最大作用的是自主创新产出能力和活动能力。江苏在自主创新产出能力和活动能力上排名全国第一，其他东部地区(如广东、山东、浙江及上海等)产出能力和活动能力也比较靠前，反映出创新产出和创新活动对整体创新能力起决定作用，这主要受本地区经济发展情况的影响。其结果与东部地区工业企业自主创新产出较多和活动较为活跃的现状相一致。2013 年，江苏新产品销售收入居全国首位，达到 19714.2 亿元；广东专利申请数和有效发明专利最多，均为 9.7 万件。2013 年，江苏 R&D 项目数、购买国内技术经费支出和技术改造经费支出最多，分别达到 4.9 万项、41.3 亿元和 642.1 亿元；广东 R&D 项目经费最多，达到 1131.9 亿元；上海引进技术经费支出和消化吸收经费支出最多，分别达到 71.5 亿元和 22.1 亿元。需要注意的是，虽然东部省区规上工业企业的专利申请量较多，但其中发明专利申请的占比和成功率却相对较低，专利质量并不是很高。

自主创新投入能力(F2)虽然与自主创新产出能力和活动能力(F1)排名存在一定差异，但东部地区的排名依然相对靠前，如北京、上海、天津及浙江居于前四位，中、西部地区依然排名靠后。这也是与东部地区工业企业自主创新投入相对较高相一致。2013 年，广东 R&D 人员折合全时当量最高，达到 42.6 万人年；江苏 R&D 经费内部支出和新产品开发经费支出最高，分别达到 1239.6 亿元和 1669.3 亿元；上海 R&D 投入强度最高，达到 1.17%。虽然东部地区工业企业自主创新投入(如 R&D 投入强度)相对较高，但我国与美日德等发达国家相比,仍存在一定差距①。

自主创新环境能力(F3 和 F4)是反映工业企业自主创新环境能力因子,这两个因子对综合排名的影响相对较小,且与 F1、F2 的排名差异较大,部分中、西部省市的排名比较靠前。从排名结果看,F3、F4 与本地区经济发展关联程度并不高,但从原始数据看东部地区的政府资金支持力度以及国外和金融机构资金总量均较大,但是相对于研发经费来说占比略显偏低。

综上所述,东部地区工业企业自主创新能力较强,中、西部地区相对较弱。但东部地区仍然存在专利质量不高,与国外相比创新投入强度存在一定差距等问题。从模型结果看,创新产出和活动能力(F1)和创新投入能力(F2)对综合排名影响较大,而创新市场环境能力(F3)和创新政策环境能力(F4)影响相对较弱,表明提升地区自主创新能力,即要营造外部的市场、政策环境,更要激发企业内在的创新动力。

(二)分行业工业企业自主创新能力分析

基于 KMO 和 Bartlett 统计量检验可知,分行业观测样本的 KMO 值为 0.672,Bartlett 球度检验的近似卡方为 468.992,其相伴概率为 0.000,表明分行业数据适合采用因子分析法。按照公因子特征根下降速度最快的原则,选入 4 个公因子,其累计方差贡献率为 84.561%。同样,为了使公因子含义清晰,对公因子进行方差最大化正交旋转。

表 4　分行业因子分析中旋转后的因子载荷矩阵

变量	因子 F1	因子 F2	因子 F3	因子 F4
X9	0.959	0.073	0.115	0.007
X8	0.915	0.241	0.181	−0.072
X4	0.842	0.332	0.256	−0.105
X10	0.829	0.482	0.089	0.139
X6	0.195	0.944	0.060	−0.015
X5	0.256	0.836	0.118	0.201
X7	0.236	0.791	−0.039	−0.209
X12	−0.059	−0.149	0.839	−0.013
X2	0.476	0.138	0.823	−0.059
X1	0.410	0.272	0.785	−0.009
X11	0.586	0.249	0.598	0.354
X3	−0.091	−0.156	0.304	−0.811
X13	−0.107	−0.183	0.262	0.699

第一个公因子 F1 在 X9、X8、X4、X10、X11 五个指标上载荷较大,F1 命名为自主创新产出能力。第二个公因子 F2 在 X6、X5、X7 三个指标上有较高载荷,F2 命名为自主创新活动能力。第三个公因子 F3 在 X12、X1、X2 三个指标上有较高载荷,F3 命名为自主创新投入能力和政策环境能力。第四个公因子 F4 在 X13、X3 二个指标上有比较高载荷,F4 命名为自主创新市场环境能力。

① 2012 年美国、日本和德国的 R&D 投入强度分别为 2.79%、3.35%和 2.98%,而同期的中国仅为 1.98%。

表 5 我国分行业工业企业自主创新能力排名①

行业	F1得分	F1排名	F2得分	F2排名	F3得分	F3排名	F4得分	F4排名	F综合得分	F综合排名
H1②	−0.3831	21	0.1960	9	−0.6001	24	−0.9655	31	−0.3032	23
H2	−0.3504	19	−0.2970	15	−0.5693	23	−0.6767	27	−0.3640	28
H3	−0.5245	26	−0.4919	21	−0.0414	11	0.4681	8	−0.2307	19
H4	−0.4443	24	−0.3230	17	−0.2858	18	−0.3122	23	−0.3021	22
H5	−0.4221	23	−0.3502	20	−0.2591	16	3.4490	1	0.1080	11
H6	0.0258	8	−0.2898	14	−0.7525	29	0.6858	5	−0.1357	15
H7	−0.1677	13	−0.5514	23	−0.9179	33	0.4296	10	−0.3151	24
H8	−0.3677	20	−0.6889	32	−0.8764	30	1.1058	3	−0.3269	25
H9	−0.5285	27	−0.6477	28	−0.6066	25	−0.1851	20	−0.4517	32
H10	−0.2867	17	−0.6582	30	−0.8875	31	0.1150	13	−0.4034	31
H11	−0.2577	16	−0.2281	12	−0.6096	26	−0.0061	15	−0.2560	21
H12	−0.3147	18	−0.6170	26	−0.6703	27	0.0612	14	−0.3646	29
H13	−0.1512	12	−0.6702	31	−0.7134	28	−0.1661	19	−0.3582	27
H14	−0.6009	30	0.6110	6	−0.8977	32	0.3701	11	−0.1977	18
H15	0.5988	5	1.1858	3	−0.2560	15	−0.1203	16	0.3831	7
H16	0.3890	6	−0.0179	10	1.4505	3	−0.7722	28	0.3313	8
H17	−0.2345	15	−0.3371	19	0.2770	9	0.4364	9	−0.0442	13
H18	−0.0329	10	−0.0514	11	−0.3126	19	−0.1633	18	−0.1030	14
H19	−0.0185	9	−0.2990	16	−0.5654	22	−0.5885	26	−0.2501	20
H20	−0.4880	25	2.5705	2	−0.5376	21	−0.9587	30	0.1993	10
H21	−0.4103	22	0.8975	4	−0.1526	14	0.6361	6	0.1058	12
H22	0.1000	7	−0.5005	22	−0.0604	13	−0.4204	24	−0.1361	16
H23	0.8629	4	0.6998	5	0.6081	6	−0.2817	22	0.5182	5
H24	1.3062	3	−0.3322	18	0.8684	5	−0.7779	29	0.4302	6
H25	−0.1814	14	3.9798	1	0.5413	7	1.3718	2	1.0756	2
H26	−0.5832	29	−0.2594	13	3.8203	1	0.3654	12	0.5796	4

① 参考刘贵鹏等(2012)、王然等(2010)等对中国工业行业的分类方法，将工业行业分为资源型行业、原材料行业、一般制造行业和高技术行业四大类。具体来说，资源型行业包括：采矿业，电力、热力、燃气及水生产和供应业；原材料行业包括：石油加工、炼焦和核燃料加工工业，化学原料和化学制品制造业，化学纤维制造业，橡胶和塑料制品业，非金属矿物制品业，黑色金属冶炼和压延加工业，有色金属冶炼和压延加工业，金属制品业；一般制造行业包括：农副食品加工业，食品制造业，酒、饮料和精制茶制造业，烟草制品业，纺织业，纺织服装、服饰业，皮革、毛皮、羽毛及其制品和制鞋业，木材加工和木、竹、藤、棕、草制品业，家具制造业，造纸和纸制品业，印刷和记录媒介复制业，文教、工美、体育和娱乐用品制造业，医药制造业，通用设备制造业，其他制造业，废弃资源综合利用业，金属制品、机械和设备修理业；高技术行业包括：专用设备制造业，汽车制造业，铁路、船舶、航空航天和其他运输设备制造业，电气机械和器材制造业，计算机、通信和其他电子设备制造业，仪器仪表制造业。

② H1 表示采矿业，H2 表示农副食品加工业，H3 表示食品制造业，H4 表示酒、饮料和精制茶制造业，H5 表示烟草制品业，H6 表示纺织业，H7 表示纺织服装、服饰业，H8 表示皮革、毛皮、羽毛及其制品和制鞋业，H9 表示木材加工和木、竹、藤、棕、草制品业，H10 表示家具制造业，H11 表示造纸和纸制品业，H12 表示印刷和记录媒介复制业，H13 表示文教、工美、体育和娱乐用品制造业，H14 表示石油加工、炼焦和核燃料加工业，H15 表示化学原料和化学制品制造业，H16 表示医药制造业，H17 表示化学纤维制造业，H18 表示橡胶和塑料制品业，H19 表示非金属矿物制品业，H20 表示黑色金属冶炼和压延加工业，H21 表示有色金属冶炼和压延加工业，H22 表示金属制品业，H23 表示通用设备制造业，H24 表示专用设备制造业，H25 表示汽车制造业，H26 表示铁路、船舶、航空航天和其他运输设备制造业，H27 表示电气机械和器材制造业，H28 表示计算机、通信和其他电子设备制造业，H29 表示仪器仪表制造业，H30 表示其他制造业，H31 表示废弃资源综合利用业，H32 表示金属制品、机械和设备修理业，H33 表示电力、热力、燃气及水生产和供应业。

续表

行业	F1 得分	F1 排名	F2 得分	F2 排名	F3 得分	F3 排名	F4 得分	F4 排名	F 综合得分	F 综合排名
H27	2.3064	2	0.4637	7	−0.0549	12	−0.2488	21	0.7868	3
H28	4.2963	1	−0.6536	29	−0.2852	17	0.6268	7	1.2119	1
H29	−0.1220	11	−0.5818	25	2.2337	2	−0.5536	25	0.2306	9
H30	−1.0230	33	−0.9021	33	1.1152	4	1.0806	4	−0.1752	17
H31	−0.8069	32	−0.6372	27	0.1607	10	−0.1486	17	−0.3761	30
H32	−0.5386	28	−0.5718	24	0.3365	8	−1.0500	32	−0.3384	26
H33	−0.6466	31	0.3532	8	−0.4997	20	−2.8065	33	−0.5283	33

从综合排名来看，排名前五名的行业分别为计算机、通讯和其他电子设备制造业，汽车制造业，电气机械和器材制造业，铁路、船舶、航空航天和其他运输设备制造业，通用设备制造业，排名靠前的基本为高技术行业，而一般制造行业、原材料行业、资源型行业的自主创新能力相对偏后，如废气资源综合利用业排名第30，家具制造业排名第31，木材加工和木、竹、藤、棕、草制品业排名第32，电力、燃气及水的生产和供应业排名最后，反映出行业间自主创新能力基本上与技术水平整体状况是一致的。这是因为高技术行业的R&D投入强度在国民经济各行业中相对较高，其作为国民经济和社会发展的战略性和先导性行业，对其它行业的渗透能力较强，且主要是以开发技术前沿的工艺或技术突破为基础，进而能够不断地推动自主创新能力的提升，对促进经济增长、优化产业结构、增强综合国力发挥着重要作用。

自主创新产出能力(F1)说明了我国行业间对企业自主创新能力起最大作用的是创新产出。计算机、通讯和其他电子设备制造业在自主创新产出能力上排名全国居首，其他高技术行业(如电气机械和器材制造业、专用设备制造业等)产出能力均比较靠前，这表明创新产出能力对整体的自主创新能力起主要作用，还主要是受所处行业技术类别水平的影响。以上结果与高技术行业自主创新产出较多的现状是一致的。2013年，计算机、通信和其他电子设备制造业的新产品销售收入、专利申请数和有效发明专利均为最高，分别达到24163.5亿元、8.9万件和9.8万件。其次分别是汽车制造业、电气机械和器材制造业和专用设备制造业等。

自主创新活动能力(F2)显示，汽车制造业，黑色金属冶炼和压延加工业，化学原料和化学制品制造业，有色金属冶炼和压延加工业，通用设备制造业，石油加工、炼焦和核燃料加工业，电气机械和器材制造业，电力、燃气及水的生产和供应业，采矿业等排名相对靠前，其主要是原材料行业和资源型行业，说明这些行业在创新活动能力方面较强。特别地，计算机、通讯和其他电子设备制造业排名第29，仪器仪表制造业排名第25，专用设备制造业排名第18，铁路、船舶、航空航天和其他运输设备制造业排名第13，这与自主创新产出能力排名形成鲜明对比，表明这些行业在创新活动方面存在一定的问题。这与行业间企业自主创新活动现状具有一致性。2013年，电气机械和器材制造业的R&D项目数最多，达到3.7万项；汽车制造业的引进技术经费支出和消化吸收经费支出最多，分别达到144.6亿元和27.6亿元，其后主要有黑色金属冶炼和压延加工业，化学原料和化学制品制造业，有色金属冶炼和压延加工业，通用设备制造业等。

自主创新投入产出和政策环境能力(F3)显示，铁路、船舶、航空航天和其他运输设备制造业，仪器仪表制造业，医药制造业，其他制造业，专用设备制造业，通用设备制造业，汽车制造业，金属制品、机械和设备修理业，化学纤维制造业等排名相对靠前，说明以上行业在自主创新投入能力和政策环境能力较强。与此相反，纺织服装、服饰业，石油加工、炼焦和核燃料加工业，家具制造业，皮革、毛皮、羽毛及其制品和制鞋业，纺织业等排名相对靠后，说明以上行业的自主创新投入能力和政策环境能力较弱。

自主创新市场环境能力(F4)与综合能力差异较大。其中，烟草制品业，汽车制造业、皮革、毛皮、羽毛及其制品和制鞋业，其他制造业，纺织业，有色金属冶炼和压延加工业等排名相对靠前。从排名结果看F4与技术水平关联程度并不高，但是从原始数据看，虽然技术水平相对较高的行业国外和金融机构资金总量较大，但是相对于研发经费来说其占比却略显不足，这意味着我国高技术行业的工业企业国际化和市场化程度其实并不高。

综上所述,高技术行业自主创新能力较强,其他工业行业相对较弱。但高技术行业仍然存在创新活动能力不强,研发经费中政府资金占比偏低等问题。从模型结果看,创新产出(F1)和创新投入及和政策环境(F2)对综合排名影响较大,而创新活动(F2)和市场环境能力(F4)影响相对较弱,表明提升行业自主创新能力既要鼓励企业自身的创新投入,也要注重产出效益,同时要形成与其行业发展配套的政策措施。

基于以上模型分析,本文认为提升企业自主创新能力应以增强企业创新投入水平作为出发点,以提高企业创新产出效益作为落脚点,以营造良好的创新环境为支撑。

从地区层面看要进一步明确创新发展目标。东部地区应将眼光更多瞄准国外发达国家,确定"赶超型"创新目标,中、西部地区应充分利用"后发优势",结合自身特点确定"追赶型"创新目标。各地区应进一步落实好金融、财税、政府采购、产业及人才等各方面的优惠政策,激发企业创新活力,在加大企业创新投入力度和强度的同时,更要突出企业创新产出效益,实现创新驱动经济发展的根本目标。

从行业层面看要充分发挥高技术产业的示范和带动效应。以开发前沿工艺或技术为突破口,充分利用知识、技术、人才等高度集中的优势,促进科研、教育、生产一体化,提高创新活动能力,加速高技术产业发展。同时,政府应进一步加大高技术产业创新的投入力度,重点扶持一批拥有自主知识产权、具有跨国经营能力的大型高技术企业,通过大企业整合科技资源,带动产业核心竞争力提高。同时,还要发挥好市场调节的作用,激发中小企业自主创新的积极性。

课题组　组长:张亚雄

成员:张　鹏　李继峰　陶丽萍　尹伟华

肖宏伟　蔡松锋　袁剑琴　程伟力

张晓兰　赵硕刚　王江昊

基于经济学位元理论方法的我国房地产市场供求关系分析

经济系统的量能与动能之间的联系与变化，是与自然界物理系统的原理基本相同的，本质也是量变和质变的关系。我们可以把经济积聚的能量作为“位理论”来分析，其位势高低本身就具有能量（相当于物理学中物体质量产生的势能）；把经济流量的转化的机理用“元理论”来研究（相当于物理学中物体运动产生的能量），这样就可以将经济系统静态与动态的转化和演变有机地展现出来，——我们把这种研究方法叫做经济学“位元理论”。

经济学“位元理论”的应用意义在于，它条理清晰地一改经济领域里“位”、“元”不分的混淆现状，它的方法是先分解再合成，把事物变化的内因和外因分开、量化；然后再给出发生量变到质变的关系（比如经济走势的数量关系）。数据统计采用现代计算机技术才能统计和记录的大量变量信息、方向信息；数学方法也将引进向量分析、泛函分析、场论数学分析；最终在系统理论的框架下结合程序以及程序模块，计算出变化的关系、数量、趋势与方向。

经济学“位元理论”可以用于我国房地产经济的分析。同样面积房屋建在不同的城市，建设成本可能相同但是价格会有不同；在同一城市不同位置，同样的面积而价格却因位置不同有很大差别。那么内在的本质和规律是什么？就是不同城市，不同位置赋予了房地产不同的“位”；其次，由于时间的推移，是涨价还是降价？也会由于人口流入或者流出的关系，赋予了不同的需求趋势，这种需求趋势产生了价格变化的“元”；房地产经济本质就是位和元相结合的结果。所以用“位元理论”分析房地产经济，有可能取得较好的效果。

一、基于经济学位元理论方法的房地产市场供求关系概述

为什么不同城市的房价不同、而且差异很大？为什么有的城市房地产畅销、有的城市房地产滞销？究竟是什么要素决定了房地产的价格和销量？各个相关部门应该根据什么监管某一城市的开发量、某一城市应该根据什么制定自己的房地产发展目标？

基于经济学位元理论和系统动力学方法进行的本课题的研究表明，某一城市的房地产价格与这个城市的“位”值相关联，某一城市的房地产销售量和市场需求与这个城市的“元”值相关联；根据这两个经济参数监管某一城市的开发量、某一城市也应该根据这两个经济参数制定自己的房地产发展目标。

本课题给出了一些主要城市各自不同的房地产经济位元情况，用经济学位元理论确定了城市的位元值，并根据位元值用系统论方法模拟了各个城市现状和未来情况。

（一）房地产由于与位元理论的运用相符，所以销售量增加，价格也会增加；销售量降低，价格也会降低；即位势高，流量大，动能大；位势低，流量小，动能小。所以分析房地产的销售量，也就同时分析了价格趋势；具有“量代价”的特征。

（二）三经普房地产数据表明，近年来全国库存量不断增加，库存量增大会增加库存成本，在库存量费用没有超过开发商降价销售所带来的利润损失和一些后续成本费用的时候，开发商并不抛售房地产，即没有由量变引起质变。

二、按人口流入流出情况确定的各个城市元值排序

元量是指各个城市的人口流入流出值的参数，标准化后相当于我们统计常用的“权重”值。根据全球经济数据网对全国100个主要城市[①]人口流入流出对房地产价格的影响调查，得到2010—2013年的人口平均

① 100个主要城市包括全部一线、二线、三线城市，部分扩展到重点经济发展较快县级市。

值根据这个平均值计算房地产元值，为便于使用，将其平均值除以1000，作为房地产关联的位值数据计算参数。由于有些城市数据链不全，根据计算数据完整性要求，剔除了数据不完整的城市项，故所得数据总量不足100个。

模拟模型方法说明：

1. 人口元值＝人口净流入值/100
2. 房地产元值＝(近期3年人口均值/1000)＊(人均房地产需求量/近期3年人口均值)
3. 标准化参数＝人均房地产需求量/近期3年人口均值

表1 主要城市房地产位值和依据人口位值、人口元值得出的房地产元值数据表

城　市	房地产位值	人口位值	人口元值	人口元值＊房地产位值＊人口位值之积	房地产元值
上　海	2.6	2.38	9.5	58.786	3.41
北　京	2.5	2.07	7.7	39.848	3.96
深　圳	2.6	1.05	7.5	20.553	－0.66
广　州	1.5	1.28	4.6	8.832	0.39
武　汉	0.8	1.00	10.0	8.0	2.55
哈尔滨	0.8	1.0	10.0	8.0	1.02
天　津	1.1	1.4	4.2	6.468	2.28
苏　州	1.1	1.1	4.0	4.84	1.7
东　莞	0.8	0.8	6.4	4.096	－0.29
杭　州	1.9	0.8	1.8	2.736	1.28
成　都	0.8	1.4	2.4	2.688	－0.63
绍　兴	1.0	0.5	5.0	2.5	5.1
宁　波	1.3	0.8	1.9	1.976	0.26
佛　山	0.8	0.7	3.5	1.96	0.52
温　州	1.6	0.92	1.2	1.7664	0.57
南　京	1.2	0.8	1.8	1.728	3.75
郑　州	0.8	0.9	1.6	1.152	－0.28
厦　门	1.4	0.4	2.0	1.12	－1.23
青　岛	0.9	0.9	1.2	0.972	1.52
无　锡	0.8	0.6	1.8	0.864	1.53
大　连	1.2	0.7	1.0	0.84	3.17
泉　州	0.7	0.8	1.4	0.784	1.94
福　州	1.3	0.7	0.7	0.637	2.18
济　南	0.9	0.7	0.9	0.567	0.2
沈　阳	0.7	0.8	1.0	0.56	0.29
嘉　兴	0.8	0.5	1.0	0.4	－0.27
昆　明	0.8	0.7	0.7	0.392	2.65
西　安	0.7	0.9	0.6	0.378	1.56
长　沙	0.6	0.7	0.6	0.252	2.25
石家庄	0.6	1.0	0.4	0.24	2.03
太　原	0.6	0.4	1.0	0.24	3.01

续表

城　　市	房地产位值	人口位值	人口元值	人口元值＊ 房地产位值＊ 人口位值之积	房地产元值
合　　肥	0.6	0.7	0.5	0.21	0.35
乌鲁木齐	0.6	0.3	0.8	0.144	−1.13
长　　春	0.6	0.8	0.2	0.096	−1.07
唐　　山	0.6	0.8	0.2	0.096	9.57
镇　　江	0.7	0.3	0.4	0.084	7.24
南　　昌	0.7	0.5	0.08	0.028	2.33
鄂尔多斯	0.7	0.2	0.06	0.0084	6.18
南　　通	0.8	0.7	−0.4	−0.224	−0.66
徐　　州	0.6	0.9	−1.4	−0.756	5.8

数据来源：全国第三次经济普查数据和中国经济网，会计网等网络公布的大数据。

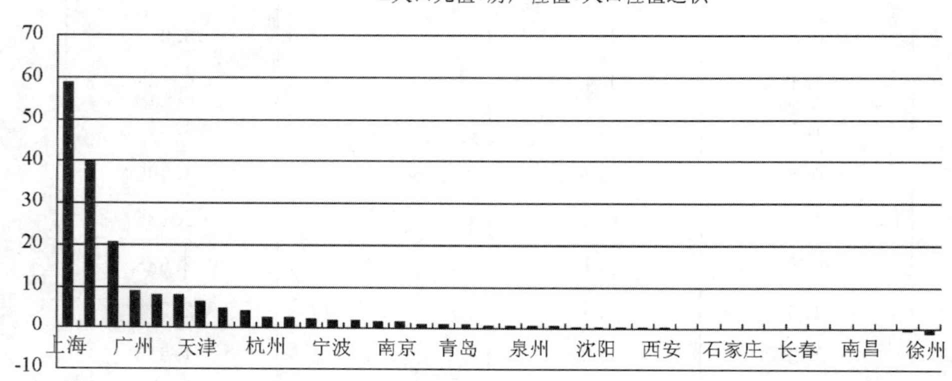

图 1　各个城市房地产综合“位”值图

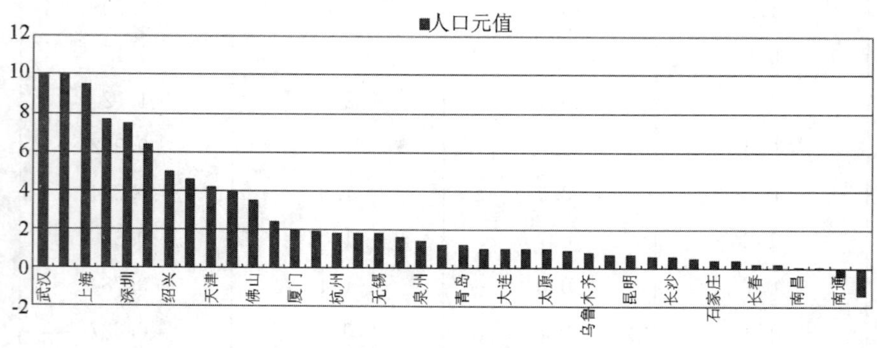

图 2　各个城市房地产综合“元”值图

三、基于经济学位元理论与系统论建模及模拟

经过以上房地产"元值"和房地产"位值"的测算，即可采用系统动力学方法进行模拟测算各个城市现在和未来房地产销售情况及对 GDP 的贡献。模拟模型方法说明：

1. 40 余行业与 GDP 关系系数，是房地产业经济增长直接带动建材（水泥、钢铁、化工等）行业用于房地产部分的比例系数，加上与房地产增长相关联的家电、装修等服务业和第三产业等综合测算的系数，通过此模型，可以同时得到对 GDP 的贡献率。

2. 居民收入直接关系房地产销售量，是主要的输入参数。

3. 软环境，是指一线、二线、三线城市对人口的吸引力，用标准化参数。

4. 城市位值，是指某一城市房地产基准价格水平，不同城市不同。

5. 城市元值，是指某一城市因为人口流入量大小不同(甚至负流入)，对应产生的房地产元量值，不同城市不同。

6. 使用方法：不同城市代入相应的数值，即可得到其房地产销量情况、以及对其GDP贡献率。

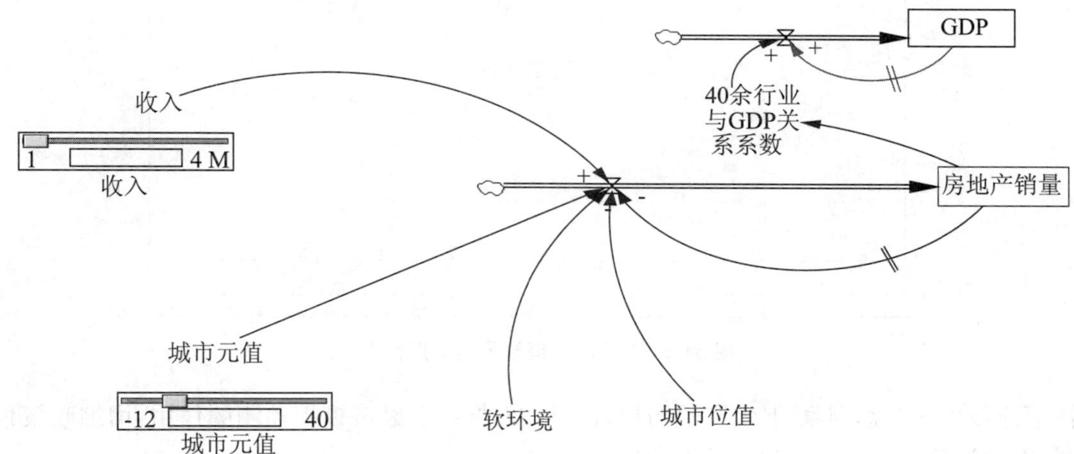

图3　城市房地产发展的系统动力学模型

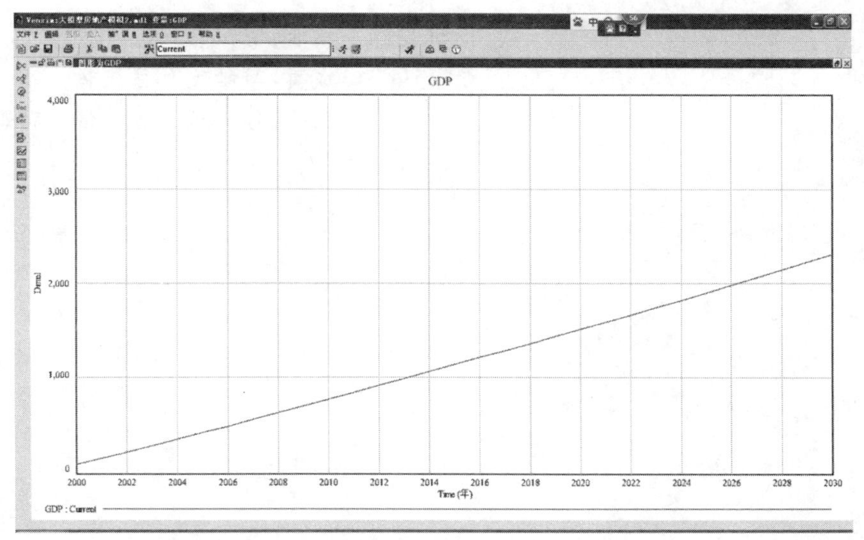

图4　城市GDP模拟运行图

四、基于各个城市位元值分析的主要结论和相关建议

(一)根据表1数据，目前房地产位值排序上海、北京、深圳为前3名，也就是目前房价最高的三个城市；但是按照元值，北京比上海要高，说明北京的房地产发展潜力要大于上海，而深圳由于元值小于武汉和天津，房地产发展潜力也小于武汉和天津；各个城市房地产发展潜力依此可以比较。

(二)软环境和居民收入增长是房地产发展的重要支撑，软环境是人口流入的主要原因，但是居民收入水平持续提高更是消化房地产的主要因素。

(三)房地产业作为支柱产业，直接拉动各类建材产业的发展，间接带动家电等行业的增长，间接带动服务业的发展，总共涉及40多个行业的发展，所以房地产业仍然是我国市场经济中的支柱产业。

(四)结合宏观经济情况，把握好经济增长要点，房地产业仍是释放居民消费和投资的重要闸门。适当调节，按市场经济规律办事才能发挥好闸门的作用。

(五)综合近年来情况，限价、限购已经造成部分地区出现资本外流的情况，为稳定人民币汇率币值，提升国内民众资产的价值，防止房地产业中的各类资本流失，应考虑调整限价、限购政策。

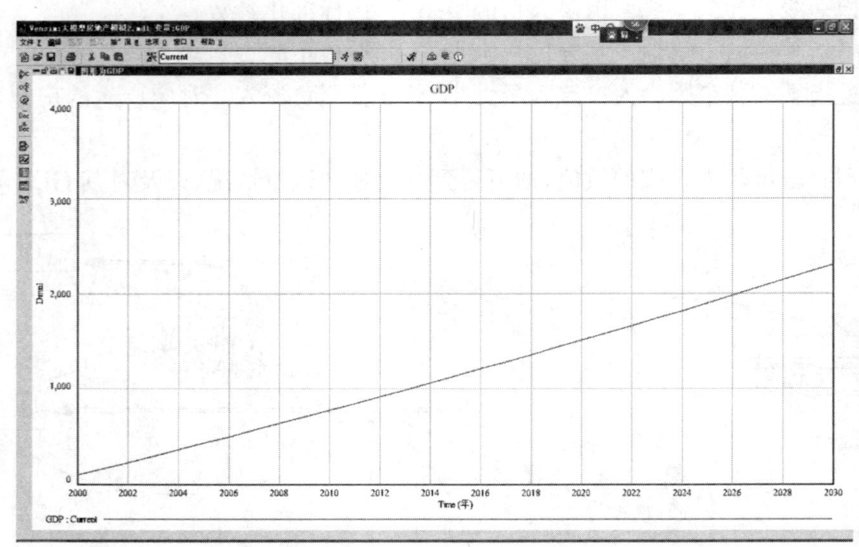

图 5　城市房地产销售量模拟运行图

(六)国家应该借鉴发达国家的经验,适当投入,努力发挥综合经济模拟预测的作用,增加政策顶层设计的科技含量,有效避免政策反复产生的负面影响。

课题组　组长:陈玉营

成员:李叶飞　吕庆哲　高　析　施凤丹

谷　斌　董　倩　孙娜娜

我国服务业就业吸纳能力研究

近年来,我国服务业发展迅速,产业结构转型取得积极成效。然而,相对于增加值的高速增长,就业人员则处于小幅增长区间。分行业看,各行业对就业的吸纳能力也不尽相同。因此,本文利用第三次全国经济普查的数据对服务业总体及其内部各行业的就业吸纳能力进行分析,为我国发展服务业、提高服务业就业吸纳能力提供政策依据,使服务业成为吸纳我国劳动力的主要渠道之一。

一、我国服务业就业现状

(一)服务业近年发展状况

第二、三次全国经济普查主要数据公报显示,我国服务业增加值由 2008 年的 131340.0 亿元提高到 2013 年的 262203.8 亿元,年均增长 14.83%,高于第一产业 11.06%以及第二产业 11.64%的年均增长率。第三产业的产业活动单位由 2008 年末的 656.4 万个增至 2013 年末的 1015.9 万个,增长 54.8%,年平均增长率 9.1%。第三产业产值占 GDP 的比重逐年上升,由 2008 年的 41.8%上升到 2013 年的 46.9%,而第一、二产业产值占 GDP 的比重逐年下降,分别由 10.7%下降到 9.4%、47.5%下降到 43.7%。以上结果表明,我国进入了服务业比重不断上升的阶段。

(二)服务业就业总体状况

从 2008 年至 2013 年,第三产业就业规模不断扩大,就业人数共增长 4549 万人,年均增长率为 3.4%,第二产业就业人数共增长 2617 万人,年均增长率为 2.4%,比第三产业低 1 个百分点。而第一产业就业人数呈逐年减少的趋势,2008 年至 2013 年共减少了 5752 万人,平均每年减少近 1150.4 万人。

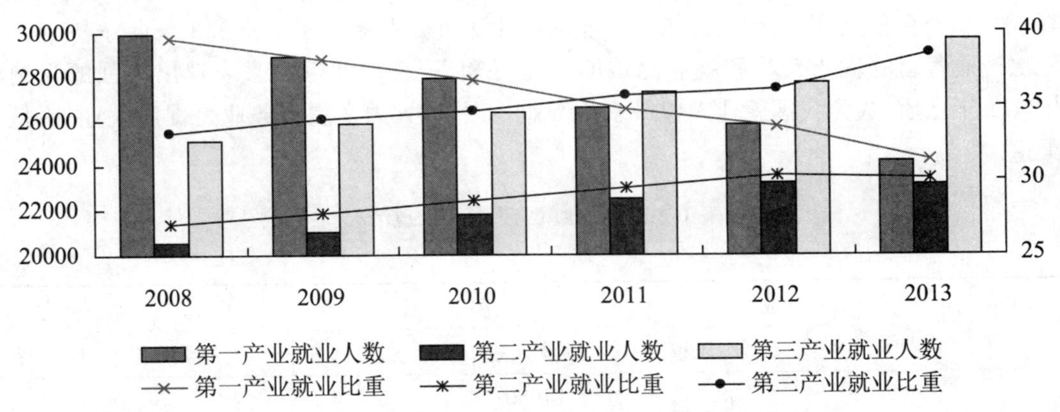

图 1 三次产业就业人数变动趋势图(单位:万人、%)

(三)服务业内部就业结构基本情况

近年来,我国服务业就业人数逐年增多,已成为吸纳就业人数最多的产业,分行业看,各行业就业人数均有所增长,增速各异。13 个行业中[①],就业人数增长超过 1000 万人的有 1 个,为批发和零售业,增长 1423 万人。卫生、公共管理和社会保障以及租赁和商务服务业 2 个行业就业人数增加幅度较大,分别增加 718 万人和 558 万人。金融业,水利、环境和公共设施管理业以及居民服务和其他服务业等行业就业人数增长未超过百万,增速较为缓慢。

① 由于第二、三次经济普查对服务业的分类不一致,为统一统计口径,本文将服务业分为交通运输、仓储和邮政业,信息传输、计算机服务和软件业,批发和零售业,住宿和餐饮业,金融业,房地产业,租赁和商务服务业,科学研究、技术服务和地质勘查业,水利、环境和公共设施管理业,居民服务和其他服务业,教育,文化、体育和娱乐业,卫生、公共管理和社会保障这 13 个行业进行数据分析。

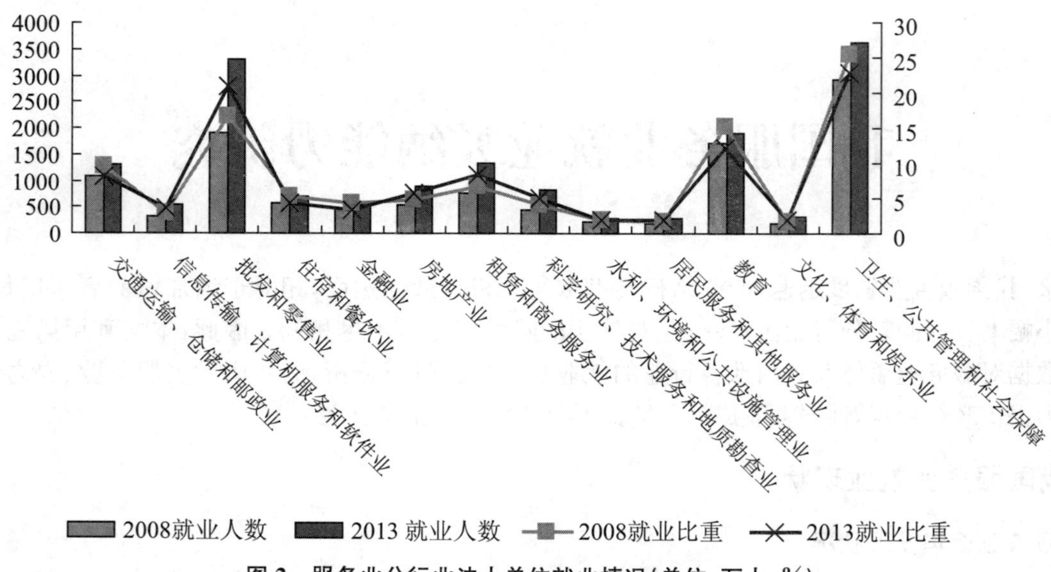

图 2　服务业分行业法人单位就业情况(单位:万人、%)

二、第三次经济普查我国服务业就业吸纳能力变化

(一)总就业人数小幅增长,三次产业吸纳能力存在差异

从第二次和第三次经济普查数据来看,服务业吸纳就业能力增强。我国总的就业人数一直呈小幅增长的态势,由2008年末的75563万人增长至2013年末的76977万人,增长了4114万人,年均增长率为0.4%;三次产业吸纳的就业人数各有增减,其中服务业吸纳就业人数增加幅度和增长率均在三次产业中排名第一。

如表1所示。第一产业和第三产业就业人数此消彼长——自2011年起,第三产业就业人数超过第一产业,位居第一。从各产业就业人员总量的变化趋势看,第一产业、第二产业和第三产业占我国总就业人员的比重在2008年分别为39.6%、27.1%和33.2%,到2013年变化为31.4%、30.1%和38.5%,即第一产业就业比重下降了8.2个百分点,第二产业和第三产业的就业比重分别提高3.0和5.3个百分点。

综合三次产业各自的就业人数和就业比重的变化可知,第三产业近年来表现出极强的吸纳就业的能力,特别是2011年之后,成为我国就业人数最多的产业。因此,大力发展服务业是促进就业、降低失业率的一个重要渠道。

表 1　三次产业就业人数和比重情况

单位:万人,%

年份	第一产业		第二产业		第三产业	
	就业人数	所占比重	就业人数	所占比重	就业人数	所占比重
2009	28890	38.1	21080	27.8	25857	34.1
2010	27931	36.7	21842	28.7	26332	34.6
2011	26594	34.8	22544	29.5	27282	35.7
2012	25773	33.6	23241	30.3	27690	36.1
2013	24171	31.4	23170	30.1	29636	38.5

(二)服务业内各行业就业吸纳比重变化各异

服务业13个行业中,6个行业就业人员比重有所下降,分别是交通运输、仓储和邮政业,住宿和餐饮业,金融业,水利、环境和公共设施管理业,教育以及卫生、公共管理和社会保障等行业,其中,教育,卫生、公共管理和社会保障以及交通运输、仓储和邮政业3个行业下降幅度较大,分别下降3.1、2.7和1.3个百分点;7个行业就业人员比重上升,分别是信息传输、计算机服务和软件业,批发和零售业,房地产业,租赁和商务服务业,科学研究、技术服务和地质勘查业,居民服务和其他服务业以及文化、体育和娱乐业。其中比重上升幅度最大的是批发和零售业,上升4.3个百分点,租赁和商务服务业和科学研究以及技术服务和地质勘查业

2个行业的就业比重也有较大提升，分别上升1.6个和1.2个百分点。

表2 服务业各分行业法人单位就业情况

行 业	就业人数(人)		就业比重(%)		就业比重变化(百分点)
	2008年	2013年	2008年	2013年	
交通运输、仓储和邮政业	1077.0	1299.5	9.5	8.2	−1.3
信息传输、计算机服务和软件业	320.7	551.7	2.8	3.5	0.7
批发和零售业	1892.0	3315.0	16.6	20.9	4.3
住宿和餐饮业	585.8	691.6	5.2	4.4	−0.8
金融业	487.0	531.0	4.3	3.4	−1.0
房地产业	552.2	889.0	4.9	5.6	0.8
租赁和商务服务业	770.7	1328.9	6.8	8.4	1.6
科学研究、技术服务和地质勘查业	447.6	810.3	3.9	5.1	1.2
水利、环境和公共设施管理业	221.4	298.1	2.0	1.9	−0.1
居民服务和其他服务业	199.0	291.7	1.8	1.8	0.1
教育	1723.6	1913.8	15.2	12.1	−3.1
文化、体育和娱乐业	194.1	309.0	1.7	2.0	0.2
卫生、公共管理和社会保障	2908.9	3627.3	25.6	22.9	−2.7

三、我国服务业就业弹性分析

(一)服务业就业吸纳弹性模型

为比较第二次全国经济普查(2008年)与第三次全国经济普查(2013年)两次普查的数据变动情况，基于数据的可获得性和可操作性，本文选取《中国统计年鉴》(2008—2012①)第三产业增加值及其就业人数(年底数)作为研究对象。国内外学者在衡量各行业就业效应时，通常选取的衡量指标为就业吸纳弹性。一般来说，就业吸纳弹性越大，经济增长带动就业增长的效果就越大，依靠经济增长拉动就业的作用就越明显；当就业吸纳弹性水平较低时，即使经济保持高增长，也不会对就业有较强劲的拉动。因此，大力发展就业吸纳弹性高的行业有利于解决就业问题。②

一般而言，经济增长与就业人数之间呈非线性关系，本文采用中科院国情分析小组建立的经济增长与就业人数之间的非线性模型：

$$L_i = f(Y_i) = A_i Y_i^{\alpha_i} e^{\mu} \tag{1}$$

其中，L表示就业人数，Y表示产出水平GDP，A为常系数，α表示就业吸纳弹性系数，μ为随机误差项，i则代表服务业或其内部各行业。

通过对式(1)两边取对数可得：

$$\ln L_i = LnA_i + \alpha_i LnY_i + \mu \tag{2}$$

以式(2)为基础，我们可以构建回归方程：

$$\ln L_i = C_i + \alpha_i LnY_i + \mu \tag{3}$$

研究时间序列之间是否存在长期均衡关系时，应该先对时间序列的平稳性进行检验，若时间序列平稳，则直接进行传统的回归分析即可，采用ADF(Augmented Dickey—Fuller Test)方法来检验各变量的平稳性，借助Eviews6.0，对2008—2012年间服务业总体及其内部各行业的产值水平和就业人数的数值进行检验，结果表明，原始数据存在单位根，该序列为不平稳序列，但经过差分处理后都趋于平稳，可以对其进行协整分析。

① 由于2014年《中国统计年鉴》中“分行业增加值”一栏未对2013年数据做出统计说明，因而仅能分析2008至2012年间的数据。

② 任旺兵，李冠霖．我国服务业的发展与创新[M]．北京：中国计划出版社，2004，134—178.

对 LnL 和 LnY 进行回归分析，同时，对服务业及内部各行业残差 Ei 进行 ADF 检验，从检验结果可以看到：残差序列的 ADF 检验值小于显著水平下的临界值，由此可以判断 LnL 和 LnY 之间存在协整关系。方程 $\ln L_i = C_i + \alpha_i LnY_i + \mu$ 称为协整方程，它反映的是 LnL 和 LnY 的长期均衡关系。这说明服务业及内部各行业的产出水平和就业水平这两个时间序列虽然不是平稳的时间序列，但是二者的变动趋势在长期内是一致的，因此二者的线性组合是平稳序列。

(二)我国服务业就业吸纳弹性结果分析

1. 回归过程

利用计量经济学软件 STATA 对我国服务业就业相关统计数据进行统计分析，估计结果见表 3，表中列出了第三产业整体的就业吸纳弹性及第三产业内部各行业的就业吸纳弹性，同时把吸纳弹性系数用图形的方式描述，从计量回归结果来看，所有变量都在 10％以上显著性水平下通过检验，表示估计结果较为科学可靠，R^2 均在 0.85 以上，表示所选取变量的拟合程度较高，所构建的模型解释力较强，F 统计量大大超过临界值，表示不存在共线性现象，即所得结论较为准确可信度高。

表 3 服务业各行业就业吸纳弹性

行业		就业吸纳弹性
服务业		0.2982＊＊＊
服务业内部各行业	交通运输、仓储和邮政业	0.1526＊＊＊
	信息传输、计算机服务和软件业	0.9968＊＊
	批发和零售业	0.5207＊＊＊
	住宿和餐饮业	0.7030＊＊＊
	金融业	0.3542＊＊
	房地产业	0.6613＊＊
	租赁和商务服务业	0.0585
	科学研究、技术服务和地质勘查业	0.3216＊＊＊
	水利、环境和公共设施管理业	0.3342＊＊
	居民服务和其他服务业	0.1416＊＊＊
	教育	0.1251＊
	文化、体育和娱乐业	0.1494＊＊
	卫生、公共管理和社会保障	0.3682＊＊＊
	F 统计值	1098.36
	Adj. R2	0.8936

注：＊、＊＊、＊＊＊分别表示 10％，5％和 1％显著性水平

从表 3 及图 3 的就业吸纳弹性可以看出，除租赁和商务服务业外，服务业总体及其内部各行业的产值与就业水平的回归效果均比较显著。分析其原因在于：该行业在 2008 至 2012 年期间的发展趋势波动较大，该行业的就业人数在 2008 年至 2010 年呈上升趋势，到 2011 年出现下降趋势，之后又略有上升，而同期 GDP 始终都是增长趋势，因而 GDP 就不能很好地解释租赁和商务服务业的就业变动情况。

2. 我国服务业就业吸纳弹性整体分析

服务业总体弹性系数相对较低，仅为 0.2982，表示我国的服务业尚处于发展阶段，对就业的拉动作用还没充分发挥，同时也说明服务业今后发展潜力较大，吸纳劳动力创造价值的能力有较大提升空间。服务业的就业效应整体较小的原因可以概括为如下几点：首先，由于我国长期以来工业为主导的国民经济结构，工业在整个国民经济中的比重较大，对就业的吸纳能力也最强，在今后的一段时间内将会从工业为主导的国民经济结构向服务业为主导的国民经济结构转化，在这一转化未完成之前，工业的就业吸纳能力依然较强，服务业的就业吸纳能力相对较弱。其次，我国城镇化水平相对较低，城镇化是推动服务业发展的重要因素，目前我国的城镇化水平尚处于发展阶段，对就业的拉动作用没有充分发挥出来。第三，服务业的发展对基

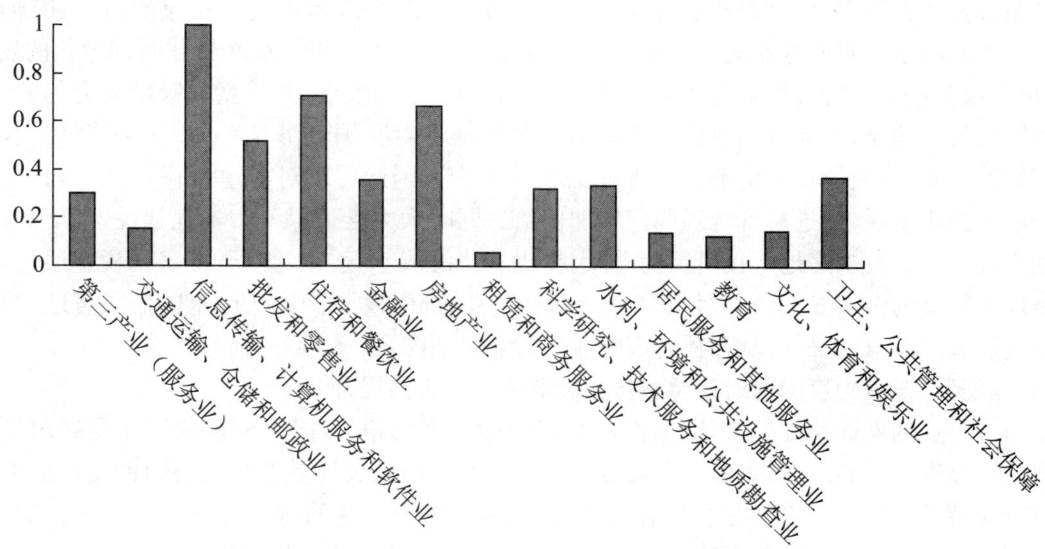

图 3 2008—2012 年各产业/行业就业吸纳弹性

础设施的依赖性较大，但现阶段我国服务业基础设施还处于逐步改善之中，影响了服务业的发展，对服务业就业吸纳能力有一定的影响。

3. 我国服务业就业吸纳弹性内部各行业分析

从内部各行业的就业吸纳弹性系数看，信息传输、计算机服务和软件业，批发和零售业，住宿和餐饮业以及房地产业贡献超过 50%，吸纳劳动力创造价值比较明显；而交通运输、仓储和邮政业，居民服务和其他服务业，教育，文化、体育和娱乐业以及租赁和商务服务业等弹性系数低于 20%，远低于行业平均水平；金融，水利环境，科学研究等行业的就业吸纳弹性系数居于 30%左右。进一步分析推出以下几点结论：

第一，随着我国经济的快速增长，与工业密切相关的服务业率先发展起来，在拉动就业方面所做贡献较大，比如随着知识经济时代的到来和快速发展，给信息传输、计算机服务和软件业带来前所未有的发展机遇，随着人们生活水平的逐步提高，休闲旅游逐渐成为人们生活的重要组成部分，从而带动了批发和零售业、住宿和餐饮业、房地产业的发展。

第二，生活性服务业相关行业发展就业弹性系数较低。居民和其他服务业，租赁和商务业，教育、卫生以及体育等与居民生活息息相关的行业，虽然随着经济的发展而逐步发展，但仍需要在今后较长的一段时间才能发挥出对就业的推动作用。

第三，金融，水利环境和科学研究等行业则和整体服务业就业弹性比较接近，这些属于传统行业，其就业吸纳作用处于中间层次，如银行业的发展对就业有一定的拉动作用，而水利环境和科学研究等，则具有较强的公益性，与国家政策的扶持力度密切相关。

四、我国服务业结构调整与促进就业的对策建议

（一）完善相关政策法规，为服务业的就业吸纳提供制度保障

由于我国服务业尚处于发展阶段，服务业发展的法律法规还不健全。制度是服务业发展的根本保障，要想促进服务业的长久发展，必须奠定良好的制度基础。根据统计数据及实证分析结果，虽然服务业是我国吸纳就业的第一大产业，但与发达国家相比还有很大差距，甚至还不及发展中国家的平均水平，面临当前就业压力特别是大学生的就业压力，大力发展服务业势在必行。目前我国的服务业的生产效率普遍较低，国际竞争力不强，仍处于粗放式增长状态，有效提高服务业的生产效率及国际竞争力将会缓解当前日益严重的就业压力。

第一，优化服务业发展环境，规范服务业发展。服务业的发展要注重量的增加更应注重质的提升，要注重服务业的发展更应注重就业吸纳能力的增强。通过在全国范围内设立专门机构、优化政策法规环境、严格执法以及加强宣传等方式构筑服务业发展的良好环境。

第二，为服务业的发展制定科学合理的发展规划体系。依据服务业的实际情况，制定相应的服务业发展规划体系，对服务业的进、退及质量管理秩序进行相应的调整。政府作为服务业的监督及指导部门，应该

鼓励和引导服务业的资源整合，对服务业存在可能连锁经营的集团或团体进行相应的培育，鼓励建立服务业的独立品牌。同时还应对服务业的服务质量进行相应的提升，制定功能化、个性化及绿色化的发展方向。

第三，出台服务业平稳发展的有效政策法规。服务业能否平衡发展，是其就业吸纳能力的关键，能为从业者提供稳定的发展前景，才能吸纳更多的从业者。如房地产对我国经济具有重大的推动作用，所以房地产业的规范和稳定发展，便能提高房地产服务业的吸纳能力。因此可以对房地产行业进行如下操作：一是坚持房地产业调控不动摇，促进房价合理回归增加供给。同时大力推进保障房工程建设，上下齐抓共建，把工作落实到实处。二是打击房地产投机行为，加大投机炒房的成本，适宜地区开征房产税。通过以上措施，促进我国房地产行业的健康发展，同时促进房地产服务业的健康发展。其它行业也如同房地产行业一样，也应出台促进发展的政策及法规，从而提升服务业的就业吸纳能力。

(二)加大服务业投资力度的同时注重服务业就业吸纳能力的提升

目前我国服务业的发展速度较快，这和投资力度的增加密切相关，但服务业的快速发展却没有带来就业吸纳能力的明显提升，因此在加大服务业投资力度的同时更应该关注就业吸纳能力的提高。由于服务业吸引外资对就业劳动力的技术水平存在显著差异，所以应根据服务业的行业特征实行差异化的引资策略，对中低技术服务业应采取积极的引资政策，适度扩大引资规模，提升就业吸纳能力。

第一，加强城市服务业基础设施建设，有效提升城市就业吸纳能力。服务业的发展需要以城市为依托，城市化与服务业的发展呈正相关关系，这一点毋庸置疑，这里的差异化引资策略主要是对城市而言。城市作为服务业发展的主要平台，其规模和城市化的水平直接决定了服务业的规模和结构——城市人口规模越大，一些服务业相关行业越能盈利，同时才能形成有效的服务业供给；推进城市化进程可以扩大城市人口规模，扩大服务业的发展空间，创造更多的就业岗位，缓解就业压力，在一定程度上缓解大城市对农村剩余劳动力的容纳压力。

第二，把握城镇化发展的有利时机，以城镇化作为就业吸纳的重要渠道。此过程中不能盲目的一味追求规模，而是要在大、中、小城市中有区别的进行政策性引导，控制超大城市增加，适当增加中等城市，大力促进小城镇的发展。着力提高居民收入，大力增强农民和城镇中低收入居民的消费能力。适当调整收入分配政策，逐步缩小居民收入差距，适当增加转移支付的比重，增加低收入者、离退休人员、失业人员的收入。正确认识服务消费观念，既要扩大服务领域，又要提高服务内容和质量，把生产性服务业与消费性服务业紧密结合起来，共同发展，协调拉动就业的增长。

(三)加快服务业信息化发展步伐，提升服务业的人力资本水平

根据实证分析结果，信息传输、计算机软件等现代化产业的就业拉动能力较强，在把重点放在这些新兴行业发展的基础上，兼顾其他产业的发展。人才是服务业信息化的载体，教育是人才培养的摇篮，因此必须把教育作为基础保障。目前，我国劳动力技能水平参差不齐、素质不高、文化程度较低、知识结构不完善是影响经济增长和就业率提高的关键因素。如果服务业从业人员的素质较低，不能形成劳动力的有效供给，服务业吸纳就业的潜力效应就难以实现。要顺利地将大量的农村剩余劳动力、城镇下岗失业职工在服务业中实现就业和再就业，必须加强服务职业技能的教育与培训工作。

第一，加快制定高素质紧缺专业人才和经营管理人才的培训、引进计划。根据各行业的发展对就业质量结构产生的需要，加快紧缺服务业人才培养，可以通过一些优惠条件吸引国内外著名培训组织建立培养机构，加强职业技术培训，实现职业培训主体的多元化。加强对新兴服务业的职位的确认与技术技能的认定工作，完善劳动力市场，形成劳动力优化配置机制。表 3 的数据显示，教育行业的就业吸纳弹性为 0.1251，但这仅仅是其直接吸纳就业的能力，从宏观来看，教育行业的发展对服务业就业吸纳能力的提升更多地体现在对其他行业就业吸纳能力的促进作用上。高素质人才的增多可以增加服务业整体的创新度和利润空间，从而反过来进一步吸纳就业，缓解失业。

第二，全面推进现代职业教育体系建设。支持发展市场化教育培训业，建设一批国内一流的技能型人才培养基地。破除学校行政化，实现教育家办学。可以在各院校及培训机构设立特定课程，推进相关职业资格认定等手段，打造一批既可以管理企业，又可以与低层工作人员良好沟通的专业化、职业化的管理队伍，为服务业的发展储备管理层力量；同时发挥政府主导功能，从全局出发制定规划和政策措施，设立就业人员相应的社会保障和法律保护，为服务业的发展营造良好的政策环境。

参考文献

[1]中国服务业内部就业结构演变的特征、趋势与影响因素分析——兼析服务业分支行业部门就业吸纳能力与潜力[J]. 学术研究,2011,(3):75-82.

[2]城镇化进程中的服务业就业吸纳能力的实证分析——以山东省为例[J]. 湖北社会科学,2011,(10):85-88.

[3]吴淑玲. 基于服务业结构调整及路径选择的就业效应研究——以青岛市为例究[D]. 天津:天津大学博士学位论文,2011. 34-38.

[4]中国服务业增长的区域差异性研究——基于鲍莫尔—富克斯假说的实证分析[J]. 经济管理,2011,(6):36-42.

[5]任旺兵,李冠霖. 我国服务业的发展与创新[M]. 北京:中国计划出版社,2004,134-178.

[6]范桂玉. 我国服务业就业效应分析[J]. 商业时代. 2013,(31):111-113

课题组　组长:田　静

成员:李文敏　田　慧　刘　林　亓俊宝

产业结构调整与就业结构变动的关联性与协同性

一、产业结构与就业结构的内涵界定

产业结构，是指国民经济各产业部门之间以及各产业部门内部的构成；就业结构是指国民经济各部门就业人员数量、比例及其相互关系。产业结构是就业结构的基础，产业结构的调整必然会引起人力资源流向的变化，引起就业结构的变动。因此，在优化产业结构的同时，合理配置就业资源，促进二者协调发展，将是我国经济发展中一项长期而又艰巨的任务。

二、我国产业结构的基本现状

改革开放以来，我国国民经济快速发展，产业结构在逐步优化和提升。

(一)经济发展速度的变化

2004－2007 年间我国国内生产总值以及第二、三产业的产值增长率都在逐年提高，尤其是第三产业在2005 年超过第二产业的产值增长率。2008 年由于受全球性经济危机的影响，我国国内生产总值和第二、三产业产值的增长率均到达一个低谷；生产总值增长率和三次产业的增长率自 2008 年下降之后于 2010 年稍有回升，随后增长速度趋于放缓。我国未来经济增长速度将由过去 10%左右高速增长转入 7%－8%左右的中高速增长，二、三产业的增长速度也将会相应放缓。

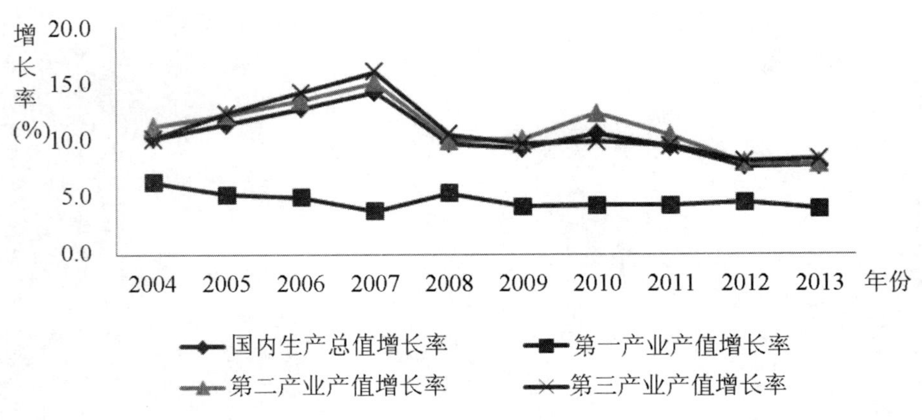

图 1　2004－2013 年我国各产业产值的增长率变化趋势图

(二)产业结构的变化

2004 年以来，我国第一产业所占比重逐年降低，并在 2009 年达到基本稳定；第二产业比重逐年提高，在2006 年达到一个极大值。2006 年以后，第二产业的比重逐年降低，同时第三产业的比重逐年增加，并在2012 年首次超过第二产业的产值比重，标志着我国迈入“服务化”时代。2013 年第二产业比重为 43.89%，第三产业比重为 46.09%、比第二产业高 2.2 个百分点。随着经济发展水平的提高，我国的产业结构正在向更高层次转变，第三产业所占比重将逐年上升，第一、二产业所占比重将会有所下降。

(三)分行业产业结构分析

从“一经普”到“三经普”，第一产业、第三产业中交通运输、仓储和邮政业，所占比重逐步降低；第二产业中的建筑业、第三产业中除交通运输、仓储和邮政业与住宿和餐饮业外的各行业等所占的比重在逐步上升，但上升的幅度差异较大。金融业所占的比重由 2004 年的 3.37%上升到 2013 年的 6.16%，提高 2.79 个百分点，而房地产业只提高 0.34 个百分点。第二产业中，工业所占比重由“一经普”时 40.79%上升到“二经

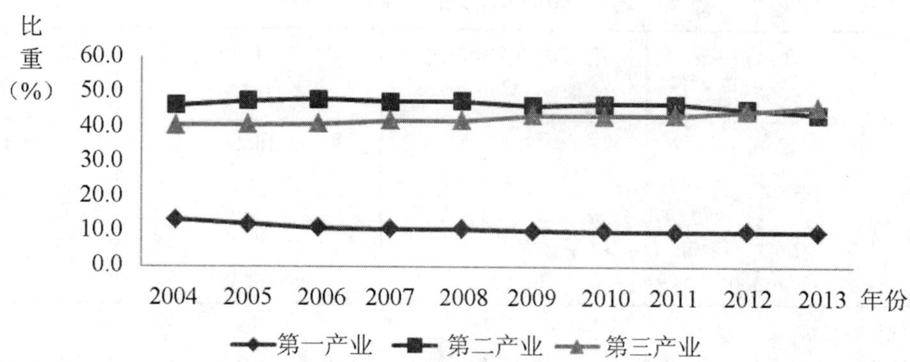

图 2　2004—2013 年我国三次产业的构成比例变化图

普”时的 41.48%，再下降到“三经普”时的 37.03%，呈现“先升后降”的发展态势；而第三产业中的住宿和餐饮业则呈现“先降后升”的发展态势。

表 1　不同时期我国分行业国内生产总值构成情况

行　业	2004 年（亿元）	比重（%）	2008 年（亿元）	比重（%）	2013 年（亿元）	比重（%）
第一产业	21412.7	13.39	33702.0	10.73	56957.0	10.02
第二产业	73904.3	46.23	149003.4	47.45	249684.4	43.89
工　业	65210.0	40.79	130260.2	41.48	210689.4	37.03
建筑业	8694.3	5.44	18743.2	5.97	38995.0	6.86
第三产业	64561.3	40.38	131340.0	41.82	262203.8	46.09
交通运输、仓储和邮政业	9304.4	5.82	16362.5	5.21	29406.2①	5.17
批发和零售业	12453.8	7.79	26182.3	8.34	59922.5①	10.54
住宿和餐饮业	3664.8	2.29	6616.1	2.11	13482.3①	2.37
金融业	5393.0	3.37	14863.3	4.73	35046.3①	6.16
房地产业	7174.1	4.49	14738.7	4.69	27488.9①	4.83
其他②	26571.2	16.62	52577.1	16.74	96857.6①	17.02
合计	159878.3	100.00	314045.4	100.00	568845.2	100.00

数据来源：《中国统计年鉴》（2005，2009，2014）

注：①根据 2013 年按三次产业分地区生产总值数据推算得出。

②其他行业包括信息传输软件和信息技术服务业、租赁和商务服务业、科学研究和技术服务业、水利环境和公共设施管理业、居民服务修理和其他服务业、教育、卫生和社会工作、文化体育和娱乐业、公共管理、社会保障和社会组织。下同。

（四）分地区产业结构分析

2013 年我国东部地区的第一产业比重最小，仅有 6.17%，第三产业比重最大，达到 46.97%，这说明东部地区总体上已进入工业化中期的后半阶段。中部、西部和东北地区都是第二产业比重最大，这说明第二产业仍是这些地区支柱产业，目前这些地区的产业结构还处在“二、三、一”发展阶段。显然，我国经济由工业主导型经济向服务主导型经济转变过程是非同步的，东部地区已开始转向服务业驱动，但广大的中西部和东北地区工业化依然处于高速发展的中期阶段。这样，既为东部产业升级提供有效的腾挪空间，也为中西部及东北地区的加速发展提供良好的契机。

表 2　2013 年分地区产业结构分析

地区	生产总值（亿元）	第一产业产值比重（%）	第二产业产值比重（%）	第三产业产值比重（%）
东部	322258.9	6.17	46.86	46.97
中部	127305.6	11.79	52.13	36.08
西部	126002.8	12.46	49.49	38.05
东北	54442.0	11.66	49.68	38.66

数据来源:《中国统计年鉴》(2014)

注:东部地区包括:北京、天津、河北、上海、江苏、浙江、福建、山东、广东和海南。中部地区包括:山西、安徽、江西、河南、湖北和湖南。西部地区包括:内蒙古、广西、重庆、四川、贵州、云南、西藏、陕西、甘肃、青海、宁夏和新疆。东北地区包括:辽宁、吉林和黑龙江。下同。

三、我国就业结构的基本现状

就业结构是否顺应产业结构演进的规律、与产业结构调整步伐是否一致,既决定着产业结构的演进能否顺利进行,也是产业结构调整真正完成的标志。

(一)就业结构的变化

2004－2013 年,我国三次产业的就业结构在 2011 年前后发生了标志性的变化。2004－2010 年,我国就业结构为"一、三、二"结构,第一产业就业比重虽然下降了 10.2 个百分点,但仍然拥有 35%以上的就业人数,而第二产业和第三产业的就业人数分别上升 6.2 个百分点和 4.0 个百分点。2011－2013 年,我国就业结构从"一、三、二"结构调整为"三、一、二"结构,2011 年第三产业首次超过第一产业成为吸纳劳动力最多的产业。我国三次产业就业人口分布结构的变化将会随着经济发展,劳动力将由第一产业向第二、三产业转移,即:第二、三产业就业比重呈上升趋势,第一产业就业比重呈下降趋势。

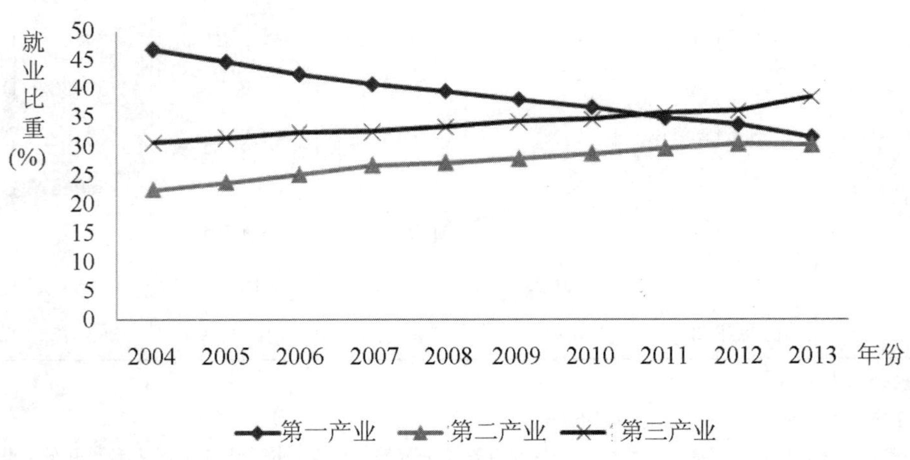

图 3　2004－2013 我国三次产业就业结构对比

(二)法人单位就业人数的行业分析

第三次全国经济普查数据显示:制造业、建筑业一直是吸纳就业人数较多的行业。2013 年,制造业法人单位就业人数为 12515.1 万人,占比 35.15%,其就业人数相对 2004 年增加 49.16%,相对 2008 年增加 19.96%;建筑业法人单位就业人数为 5320.6 万人,占比 14.94%,其就业人数相对 2004 年增加 90.52%,相对 2008 年增加 36.16%;这两个行业吸纳了单位就业人数的 50%以上。虽然制造业和建筑业的法人单位就业人数都有明显的上升趋势,但是制造业的法人单位就业人数所占比重有所下降,而建筑业的法人单位就业人数所占比重有所上升。相对于前两次全国经济普查,2013 年第三产业中批发和零售业法人单位就业人数在数量和比重上均有较明显的增长。

表 3 全国法人单位就业人数按行业分布的对比

行　业	法人单位就业人数(万人)			比重(%)		
	2004 年	2008 年	2013 年	2004 年	2008 年	2013 年
总计	21261.7	27153.7	35602.3	100	100	100
农、林、牧、渔业	161.4	195.3	389.8	0.76	0.72	1.09
采矿业	888.8	990.8	1035.2	4.18	3.63	2.91
制造业	8390.3	10433.1	12515.1	39.46	38.20	35.15
电力、热力、燃气及水生产和供应业	364.5	404.6	485.0	1.71	1.48	1.36
建筑业	2792.6	3907.7	5320.6	13.13	14.31	14.94
批发和零售业	1382.5	1892.0	3315.0	6.50	6.93	9.31
交通运输、仓储和邮政业	627.6	897.6	1299.5	2.95	3.94	3.65
住宿和餐饮业	429.2	585.8	691.6	2.02	2.14	1.94
信息传输、软件和信息技术服务业	238.5	320.7	551.7	1.12	1.17	1.55
金融业	374.5	509.5	531.0	1.76	1.78	1.49
房地产业	395.7	552.2	889.0	1.86	2.02	2.50
租赁和商务服务业	439.6	770.7	1328.9	2.07	2.82	3.73
科学研究和技术服务业	325.9	447.6	810.3	1.53	1.64	2.28
水利、环境和公共设施管理业	184.0	221.4	298.1	0.87	0.81	0.84
居民服务、修理和其他服务业	136.1	199.0	291.7	0.64	0.73	0.82
教育	1518.6	1723.6	1913.8	7.14	6.31	5.38
卫生、社会保障和社会福利业	547.4	680.4	917.7	2.57	2.49	2.58
文化、体育和娱乐业	147.2	194.1	309.0	0.69	0.71	0.87
公共管理和社会组织	1917.5	2228.5	2709.6	9.02	8.16	7.61

数据来源:根据第一、二、三次全国经济普查有关数据计算得到。2004 年、2008 年分别为第一、二次全国经济普查年鉴数据,2013 年为第三次全国经济普查公报数。

(三)法人单位就业人数的地区分析

同样,由第三次全国经济普查数据可知:我国法人单位和从业人员数量在不同地区差距明显,其中东部地区法人单位和从业人员数量占比均超过 50%,中西部地区法人单位和从业人员数量所占比重均在 20%左右,而东北地区比重最小,不足 10%。

表 4 2013 年各地区的法人单位数和从业人员数

地　区	法人单位数		从业人员数	
	数量(万个)	比重(%)	数量(万人)	比重(%)
合　计	1085.7	100.00	35602.3	100.00
东部地区	601.9	55.40	19224.5	54.00
中部地区	214.1	19.70	7428.8	20.90
西部地区	197.4	18.20	6567.2	18.40
东北地区	72.2	6.70	2381.8	6.70

数据来源:根据第三次全国经济普查汇总数据计算得到。

四、产业结构与就业结构的关联性分析

将产业结构看成一个灰色系统,以就业结构的样本数据为依据,用关联度来描述他们之间关系的强弱、大小和次序等。结果显示:总的就业人数与产业结构升级的关联度最大,达到 0.9265,反映目前我国的整体就业状况对产业结构升级的影响较大,产业结构的优化升级对就业增长具有明显的推动作用。第三产业的

就业状况与产业结构升级的关联度系数较大，为 0.6980，大于第一、二产业的就业状况与产业结构升级的关联度系数。第一产业的就业状况与产业结构升级的关联度系数为 0.5478，说明第一产业的就业对产业结构升级具有一定的影响。农业是国民经济的基础，提高农业劳动生产率，促使第一产业的剩余劳动力向第二、三产业的转移，从而促进产业结构的升级。第二产业的就业状况与产业结构升级的关联度系数最小，为 0.5316；第二产业在转型过程中，科技的发展将传统的劳动密集型企业淘汰或转型，转变为资本密集或技术密集型企业，对普通劳动者数量需求锐减，对高素质人力资源的需求会增加，这样就会产生一部分剩余劳动力。剩余的劳动力如果得不到快速转移，就会造成结构性失业，致使第二产业就业不畅，这是在就业结构调整中必须加以正视的问题。

五、产业结构与就业结构的协同性分析

产业结构与就业结构协调系数是将产业结构与就业结构的相关数据结合起来，建立产业结构与就业结构协调系数，从整体上反应产业结构与就业结构的均衡发展情况。

(一)分地区的产业结构与就业结构协调发展分析

从各省市区来看，北京市产业结构与就业结构协调程度最好，产业结构与就业结构呈现典型的“三、二、一”倒金字塔分布，二者间具有很好的协调性。云南省的产业结构与就业结构协调程度较差，其产业结构与就业结构呈现明显的“一、三、二”分布，第一产业仍滞留着大量的剩余劳动力，就业结构严重滞后于产业结构的演变。从地域上来看，协调系数也表现出较大的差异，呈现出东部、中部、东北、西部依次降低的梯度差异。

总体来看，当前我国的产业结构与就业结构发展的协调性省际差异较为悬殊。东部地区部分省份的就业结构已经变动为非农产业部门占据主导地位，随着产业结构的调整，第一产业发展中产生的剩余劳动力已经大部分转移到第二、三产业中，产业结构与就业结构发展较为均衡；而西部地区的一些省份尚处于一种原始的就业水平上，农业仍是就业的主要部门，而第二、三产业发展较为薄弱，无法吸收大量亟待转移的农业剩余劳动力，产业结构与就业结构发展均衡性较差。

表 5　不同时期我国分地区的产业结构与就业结构协调系数

区域	省　份	协调系数		
		2004 年	2008 年	2013 年
东部	北　京	0.9871	0.9972	0.9976
	天　津	0.9609	0.9409	0.9877
	河　北	0.7868	0.8341	0.8914
	上　海	0.9827	0.9940	0.9965
	江　苏	0.9000	0.9667	0.9690
	浙　江	0.9343	0.9744	0.9815
	福　建	0.8481	0.9171	0.9539
	山　东	0.7736	0.8269	0.8982
	广　东	0.8303	0.8992	0.9438
	海　南	0.9235	0.8831	0.9208
	平均值	0.8927	0.9234	0.9540
中部	山　西	0.7290	0.7090	0.8046
	江　西	0.8160	0.8371	0.8893
	安　徽	0.7588	0.8257	0.8399
	河　南	0.6748	0.7372	0.8320
	湖　北	0.7772	0.8969	0.7784
	湖　南	0.7443	0.7813	0.8135
	平均值	0.7500	0.7979	0.8263

续表

区域	省 份	协调系数		
		2004 年	2008 年	2013 年
西部	内蒙古	0.7234	0.6388	0.6882
	广 西	0.7664	0.7565	0.7120
	重 庆	0.7759	0.8523	0.8421
	四 川	0.7793	0.8253	0.8141
	贵 州	0.6955	0.7144	0.7671
	云 南	0.5718	0.6304	0.7079
	西 藏	0.7020	0.7131	0.7361
	陕 西	0.6966	0.6871	0.7713
	甘 肃	0.6626	0.6826	0.7228
	青 海	0.6781	0.7165	0.7717
	宁 夏	0.7270	0.7500	0.8571
	新 疆	0.7567	0.6814	0.7453
	平均值	0.7113	0.7207	0.7613
东北	辽 宁	0.8373	0.8123	0.8845
	吉 林	0.8033	0.7757	0.7583
	黑龙江	0.6606	0.7268	0.8574
	平均值	0.7671	0.7716	0.8334

数据来源：根据《中国统计年鉴》(2005,2009,2014)有关数据计算得到。

(二)分行业的就业弹性分析

就业弹性是指经济增长每变化一个百分点所对应的就业数量变化的百分比，它主要强调经济增长对劳动力资源的吸纳能力。

分别以“一经普”、“二经普”为基期，研究“二经普”、“三经普”时，分行业的就业弹性。第一产业的就业弹性始终为负值，说明第一产业发展对就业具有“挤出”效应，随着经济增长第一产业的就业人数将逐渐减少。在“三经普”时，第二产业就业弹性系数为 0.3404，与“二经普”时期相比，第二产业的就业弹性系数有所增加，其经济增长对就业增长的拉动作用增强；在第二产业内部，工业部门就业弹性系数增加较为明显，而建筑业的就业弹性变化不大，说明建筑业的发展对于带动就业容量增加的能力有限。第三产业的就业弹性为 0.4144，大于第二产业的就业弹性系数，也显著地大于“二经普”时的就业弹性系数，这说明第三产业的发展对就业的拉动作用越来越强；在第三产业内部，相对于“二经普”时的就业弹性，批发和零售业、房地产业和其他服务业就业弹性系数都有着显著的增加，交通运输、仓储和邮政业的就业弹性系数变化不大，依然保持着对就业增长较大的拉动作用，而住宿和餐饮业、金融业就业弹性系数有着明显降低。随着现代金融服务业的发展，对其从业人员素质与能力要求越来越高，对就业增长很难再形成较强的拉动作用；住宿和餐饮业作为传统服务业，其就业弹性系数的降低说明随着第三产业内部产业结构的调整，劳动力正在由传统的服务业向新兴的服务业转移，因此通过促进批发零售和餐饮业、房地产业等其他新兴服务业的发展，充分挖掘第三产业吸纳劳动力的潜力。

表 6 “二经普”及“三经普”时各产业及主要行业就业弹性

行 业		二经普			三经普		
		生产总值增长率	就业增长率	就业弹性	生产总值增长率	就业增长率	就业弹性
第一产业	总值	0.5739	−0.1409	−0.2455	0.6900	−0.1922	−0.2786
第二产业	总值	1.0162	0.2654	0.2611	0.6757	0.2300	0.3404

续表

行业		二经普			三经普		
		生产总值增长率	就业增长率	就业弹性	生产总值增长率	就业增长率	就业弹性
	工 业	0.9975	0.2266	0.2271	0.6175	0.1866	0.3022
	建筑业	1.1558	0.3993	0.3455	1.0805	0.3616	0.3346
第三产业	总值	1.0343	0.2953	0.2855	0.9964	0.4129	0.4144
	交通运输、仓储和邮政业	0.7586	0.4302	0.5671	0.7972	0.4477	0.5617
	批发和零售业	1.1024	0.3685	0.3343	1.2887	0.7521	0.5836
	住宿和餐饮业	0.8053	0.3649	0.4531	1.0378	0.1806	0.1740
	金融业	1.7560	0.3605	0.2053	1.3579	0.0422	0.0311
	房地产业	1.0544	0.3955	0.3751	0.8651	0.6099	0.7050
	其他	0.9787	0.2440	0.2493	0.8422	0.3455	0.4103

数据来源:根据表1及 第一、二、三次全国经济普查相关数据计算得到。

(三)分地区的就业弹性分析

东部地区的就业弹性系数最大,所以东部地区对劳动力的吸纳能力最强,其次为中部地区。无论是东部与中西部地区"三经普"相对于"二经普"时的就业弹性都有所增加,这说明这些地区随着经济增长对就业增长拉动作用逐步增强。尤其是中西部就业弹性系数增加的幅度较大,这正是我国实施"西部大开发"、"中部崛起"等政策效应的显现,中西部地区在经济增长的同时,其就业增长也较为显著。值得注意的是东北地区"二经普"和"三经普"时的就业弹性都较低,"三经普"时的就业弹性为0.0855,低于其他地区,这意味着东北地区经济增长对就业增长的拉动作用较弱。这与整个东北地区的产业结构有密切关系,东北三省是我国的老工业基地,国有企业所占比重较高,国有企业大多集中于传统行业,而国有企业所存在的改革滞后、缺乏创新和竞争意识等问题影响东北地区产业结构升级的步伐,因此亟须采取措施促进东北地区的产业优化升级,以拉动东北地区的就业增长。

表7 不同时期我国分地区的就业弹性系数

区域	省 份	就业弹性	
		二经普	三经普
东部	北 京	0.0749	0.3726
	天 津	0.2102	0.2102
	河 北	0.1150	0.2504
	上 海	0.1207	0.2133
	江 苏	0.3064	0.3455
	浙 江	0.2518	0.4578
	福 建	0.3849	0.4350
	山 东	0.2259	0.2512
	广 东	0.2079	0.3392
	海 南	0.1488	0.1346
	平均值	0.2187	0.3319
中部	山 西	0.0315	0.1309
	江 西	0.2575	0.4345
	安 徽	0.2688	0.3039
	河 南	0.1469	0.4145
	湖 北	0.3183	0.2895
	湖 南	0.1893	0.3203
	平均值	0.1845	0.3283

续表

区域	省 份	就业弹性	
		二经普	三经普
西部	内蒙古	0.1583	0.1984
	广 西	0.1230	0.3508
	重 庆	0.3133	0.3613
	四 川	0.1962	0.2680
	贵 州	0.0619	0.3141
	云 南	0.1520	0.3500
	西 藏	0.2237	0.5384
	陕 西	0.1420	0.2189
	甘 肃	0.0264	0.2069
	青 海	0.0792	0.3446
	宁 夏	0.0939	0.3451
	新 疆	0.0939	0.3807
	平均值	0.1462	0.2970
东北	辽 宁	0.1850	0.1716
	吉 林	0.1490	0.0288
	黑龙江	0.2394	−0.0406
	平均值	0.1903	0.0855
全国		0.1960	0.3039

数据来源：根据《中国统计年鉴》(2014)，第一、二、三次全国经济普查相关数据计算得到。

六、产业结构与就业结构的国际比较

2013年我国的人均国民总收入为6560美元，位处中等偏上收入国家行列，但我国产业结构、就业结构以及二者间发展的协调性与中等偏上收入国家、特别是与高收入国家相比还存在着一定差距。

表8 2013年世界部分国家产业结构与就业结构协调系数

收入水平	国家或地区	人均GNI（美元）	产业结构（%）			就业结构（%）			协调系数
			第一产业	第二产业	第三产业	第一产业	第二产业	第三产业	
中等偏下	巴基斯坦	1380	25.30	21.60	53.10	45.10①	20.70①	32.10①	0.8891
	印 度	1570	18.20	24.80	57.00	47.20	24.70	28.10	0.7878
	越 南	1730	18.40	38.30	43.30	47.40	21.10	31.50	0.8267
	平 均	2843	16.06	32.79	51.16	36.42	20.22	43.15	0.8885
	埃 及	3160	14.50	39.20	46.30	29.20①	23.50①	47.10①	0.9389
	斯里兰卡	3170	10.80	32.50	56.80	39.40	17.70	41.50	0.8452
	菲律宾	3270	11.80②	31.10②	57.10②	32.20	15.40	52.50	0.9193
	印度尼西亚	3580	14.40	45.70	39.90	35.10	21.70	43.20	0.8646
	蒙 古	3770	16.50	33.30	50.30	32.60①	17.30①	49.60①	0.9334
	平 均	2843	16.06	32.79	51.16	36.42	20.22	43.15	0.8885

续表

收入水平	国家或地区	人均GNI(美元)	产业结构(%)			就业结构(%)			协调系数
			第一产业	第二产业	第三产业	第一产业	第二产业	第三产业	
中等偏上	泰国	5370	12.00	42.50	45.50	39.60	20.90	39.40	0.8346
	中国	6560	9.04	48.69	42.27	31.40	30.10	38.50	0.8695
	南非	7190	2.40	27.60	70.00	4.60①	24.30①	62.70①	0.9993
	平均	9185	6.92	35.51	57.56	26.54	24.96	48.48	0.9399
	墨西哥	9940	3.50	34.80	61.70	13.40①	24.10①	61.90①	0.9789
	马来西亚	10400	9.30	40.60	50.10	12.60	28.40	59.00	0.9728
	土耳其	10950	8.50	27.10	64.40	23.60	26.00	50.40	0.9601
	哈萨克斯坦	11380	4.90	37.80	57.20	25.50	19.40	55.10	0.9153
	平均	9185	7.04	34.92	58.04	26.54	24.96	48.48	0.9451
高收入	委内瑞拉	12550	5.80③	52.20③	42.10③	7.70	21.20	70.70	0.8263
	波兰	12960	3.50③	31.60③	64.80③	12.60	30.40	57.00	0.989
	俄罗斯	13860	3.90	36.20	59.90	9.70②	27.90②	62.30②	0.9889
	捷克	18060	2.40	37.80	59.80	3.10	38.10	58.80	0.9999
	韩国	25920	2.30	38.60	59.10	6.60③	17.00③	76.40③	0.935
	西班牙	29180	2.60	25.30	72.10	4.40	20.70	74.90	0.9975
	意大利	34400	2.10	23.90	74.00	3.70	27.80	68.50	0.9971
	平均	36080	1.86	27.97	70.15	4.64	25.88	69.24	0.9812
	英国	39110	0.60	20.30	79.00	1.20	18.90	78.90	0.9998
	法国	42250	1.80	18.80	79.40	2.90	21.70	74.90	0.9987
	德国	46100	0.80	30.20	69.00	1.50	28.20	70.20	0.9995
	日本	46140	1.20②	25.60②	73.10②	3.70③	25.30③	69.70③	0.9993
	荷兰	47440	1.60	24.40	74.00	2.50①	15.30①	71.50①	0.9941
	美国	53670	1.20①	20.20①	78.60①	1.60③	16.70③	81.20③	0.9988
	新加坡	54040	0.00	25.10	74.90	1.10②	21.80②	77.10②	0.9988
	平均	36080	1.86	27.97	70.15	4.64	25.88	69.24	0.9812

数据来源：根据《国际统计年鉴》(2014)，世界银行数据库整理及计算得到。

注：①为2011年数据。②为2012年数据。③为2010年数据。

(一)产业结构的对比分析

2013年我国第一、二、三产业占国内生产总值的比重分别为10.02:43.89:46.09，中等偏下收入国家对应的平均比重为16.06:32.79: 51.16，中等偏上收入国家为7.04:34.92:58.04，而高收入国家为1.86:27.97:70.15，且大部分高收入国家的第一产业占比在2.00%左右。显然我国的第一产业比重偏高，而第三产业的所占比重又明显偏低。

(二)就业结构的对比分析

2013年我国第一、二、三产业就业人数占总就业人数的比重为31.40:30.10:38.50，中等偏下收入国家对应的平均比重为36.42:20.22:43.15，中等偏上收入国家为26.54:24.96:48.48，高收入国家为4.64:25.88:69.24。显然，我国的第一产业和第二产业吸纳了较多的就业人口，而第三产业吸纳就业的能力明显不足。

(三)产业结构与就业结构发展的协调性分析

与中等偏下收入国家相比，我国产业结构与就业结构发展的协调性较好；在中等偏上收入国家行列中，我国产业结构与就业结构发展的协调性较差；高收入国家产业结构与就业结构发展具有良好的协调性，我国的产业结构与就业结构发展的协调性与高收入国家相比还存在着较大差距。

总之，我国的产业结构与就业结构及其二者间发展协调性与世界其他国家相比还存在着一定的差距，必须通过大力发展第三产业，逐步引导劳动力从第一、二产业向第三产业转移，优化产业结构和就业结构，逐步实现产业结构与就业结构二者的协调发展。

七、我国产业结构调整与就业结构变动中存在的主要问题

(一)就业人口的产业分布不够合理

2013 年，我国三次产业占国内生产总值的比重为 10.02:43.89:46.09；我国三次产业的就业人数比重为 31.40:30.10:38.50，第一产业的剩余劳动力并没有很好地被第二、三产业吸收，仍然滞留于第一产业，第二、三产业吸纳劳动力的能力与其所处地位并不完全相匹配。

(二)就业人口的空间分布不够合理

2013 年我国东部、中部、西部和东北地区的产值结构为 51.15:20.21:20.00:8.64；就业结构为 54.00:20.90:18.40:6.70，就业人口的地区分布不够合理。从“二经普”到“三经普”，各地区的产业结构与就业结构发展的协调性逐步提高。东部地区产业结构与就业结构发展协调性较好，就业弹性也最高，吸纳就业人口的能力较强；中部地区协调性和就业弹性表现一般；西部地区的产业结构与就业结构发展的协调性较差，就业弹性相比于中部地区略低；尽管东北地区在产业结构与就业结构发展的协调性表现一般，但就业弹性最低，经济增长对就业增长的拉动能力较弱。

(三) 劳动力在“低效”行业集聚严重

我国就业人口很大一部分集中于建筑业、批发与零售业、住宿与餐饮业等行业，这些行业虽然接纳了大量的就业人口，但创造的产值却非常有限，属于“低效”行业。以建筑业法人单位的就业人数为例，2013 年我国建筑业法人单位吸纳全部法人单位 14.94%的就业人口，但创造的产值却只占 6.86%。

(四)创业就业形势严峻

在国内生产总值增长速度放缓、产业结构调整不断推进的大背景下，会出现一定程度的失业和再就业问题，加之高校招生规模的扩大、新增就业人数的增加，就业结构性矛盾更加凸显，创业就业的形势将更加复杂，也将更为严峻，特别是高校毕业生就业问题将会变得更加突出。

(五)与高收入国家相比差距明显

作为中等偏上收入国家，我国的产业结构、就业结构和二者间发展的协调程度未达到中等偏上收入国家平均水平，部分指标低于中等偏下收入国家平均水平。与高收入国家相比，我国在产业结构、就业结构以及二者间的协调发展方面差距明显，我国的第一、二产业及其就业比重较高，第三产业及其就业比重过低，产业结构和就业结构发展的协调性较差。与世界平均水平相比，我国就业结构的演变明显滞后于产业结构的演变。

八、促进我国产业结构调整与就业结构变动的政策建议

(一)保持东部地区经济发展，加快中、西部和东北地区经济发展

1. 东部地区产业结构与就业结构的协调性最好，并且具有较高的就业弹性，一直以来都是我国产业结构调整升级的先行区。对此，应保持东部地区经济稳定增长，继续保持东部地区在产业结构调整与就业结构变动方面在全国的带动与示范作用。

2. 加快中部地区经济发展，尤其是江西、河南等就业弹性较大的地区，转变产业结构，不断推进工业转型升级，通过产业结构的优化升级，实现农业转移人口的就地就近市民化。

3. 坚定不移地实施“西部大开发战略”，发挥中心城市作用，以线串点、以点带面地不断形成西部经济带。西藏、新疆和重庆具有较高的就业弹性，可以优先考虑通过经济增长拉动地区的就业增长。内蒙古的产业结构与就业结构发展的协调性较差，以农业为主的产业结构亟待调整，通过农产品的深加工，以农业为抓手促进现代服务业的发展。

4. 坚定不移地实施东北地区老工业基地振兴战略。东北地区经过多年的产业结构调整升级，产业结构与就业结构逐渐协调，但就业弹性依然偏低。对此，应加快东北地区思想观念转变和体制机制创新，不断优

化产业结构与就业结构，发展优势产业，培育潜力型产业与新型产业，不断发展服务业，提升劳动力就业水平与就业能力，以扩大就业容量、适应产业发展对人才的需求。

(二)调整优化农业结构促进现代农业发展

发展农业、提高农业劳动生产率，促使第一产业的剩余劳动力向第二、三产业的转移，从而促进产业结构的升级。传统的高投入、低产出的农业模式已经不适合现代经济发展，必须加快传统农业向现代农业发展。为此：

1. 加强农业生物技术、食品生物工程技术、作物遗传育种技术等方面的研究力度，加快现代农业技术的推广和建设，加快农业科技成果的转化应用和推广普及。

2. 大力发展农村成人教育，优化农村地区的师资配置，加强农村地区培训机构的建设，不断扩大培训教育规模，积极培育现代农民。一方面满足现代农业发展对新型农民的现实需要，另一方面使得农业剩余劳动力能在二、三产业中顺利实现就业。

(三) 加快工业转型升级，大力发展高新技术产业

工业是第二产业的重要组成部分，工业是经济社会发展的强力引擎。

1. 必须加快工业转型升级，通过加大财政、用地、创新、减负、融资方式等政策支持，加快推动制造业向高端化、集约化、智能化、绿色化、网络化和服务化转变。

2. 打造地区性支柱产业，发展配套产业，形成产业集群，促进产业优化升级。树立品牌效应，发展附加值高、关联性强、市场潜力大的工业产品。

3. 充分发挥市场的调节作用，注重市场的自由选择，合理发展高新技术产业。

4. 在引导第二产业就业人口向第三产业转移的同时，应充分挖掘第二产业自身的就业潜力和就业空间。

(四) 优化产业结构，大力发展第三产业

我国的产业结构与发达国家相比仍存在较大差距，其中第三产业的比重相比于发达国家严重不足，因此应大力发展第三产业。第三产业与就业具有较高的关联性，第三产业发展对就业的拉动作用也最强。因此，提升第三产业发展水平，不仅有利于满足人民日益增长的物质文化需求，更有利于解决就业问题，优化产业结构与就业结构。加快新型城镇化建设步伐，大力发展农村地区的第三产业，拓宽第三产业的发展空间和发展领域，比如通过挖掘乡村旅游资源，实现农村劳动力的就地就近转移等。

(五) 加快第一产业从业人员向第二、三产业特定部门转移

目前，虽然第一产业的就业人数不断下降，但是第一产业的就业弹性仍为负值，第一产业就业人员受到的“挤出”效应不断加剧。限于从第一产业转移出的劳动力自身知识和能力不足，而第三产业中交通运输、仓储和邮政业、批发和零售业、房地产业的就业弹性普遍较高，吸纳就业能力较强，通过建立健全的就业与再就业培训机构，进行特定的专业培训与政策引导，鼓励第一产业转移劳动力在这些部门实现就业；同时，引导就业和再就业人员进入制造业等急需就业人员的高效产业，从而促进产业结构和就业结构优化升级。

(六)营造创业就业优良环境，着力解决大学生创业就业问题

面对将更加复杂、更为严峻就业形势，采取积极措施保障创业就业尤其是大学生的创业就业。

1. 积极引导和促进大学生就业，创造就业岗位。通过财政补贴、税收等减免措施，鼓励企业雇用青年失业者。建立和完善就业信息网络系统，实现资源共享，架起大学生就业的“信息桥梁”。

2. 鼓励大学生去中小企业、偏远地区及基层单位就业，缓解就业压力。

3. 积极鼓励大学生创业，开展大学生创业培训，以创业带动就业。加大大学生创业的政策扶持力度，建立一批大学生创业园，为创业大学生提供低成本的生产经营场所和企业指导服务。

4. 积极发展职业技术教育。通过产教融合、校企合作，实现用人单位与大学毕业生的无缝对接，努力培养适应经济发展、满足产业配套和市场需要的高素质技能人才。

课题组　组长：白先春

成员：邵　驾　曹姗姗　唐张立　刘雪玲　刘亚辉

外资对我国进出口与就业影响效应的统计分析

一、外资及其相关概念的界定

外资，是指其他国家或地区(包括港澳台地区)来中国大陆以从事经济社会活动为主要目的，在遵守中国法律法规前提下，遵循市场机制法则，本着互利互惠的原则进行的独资、合资、参股等流入的资金。

在我国国家统计调查制度中，利用外资，是指我国各级政府、部门、企业和其他经济组织通过对外借款、吸收外商直接投资以及用其他方式筹措的境外现汇、设备、技术等。在我国，利用外资的方式主要有两种：外商直接投资和对外借款。

外商直接投资，指外国企业和经济组织或个人(包括华侨、港澳台胞以及我国在境外注册的企业)按我国有关政策、法规，用现汇、实物、技术等在我国境内开办外商独资企业、与我国境内的企业或经济组织共同举办中外合资经营企业、合作经营企业或合作开发资源的投资(包括外商投资收益的再投资)，以及经政府有关部门批准的项目投资总额内企业从境外借入的资金。

对外借款，指通过对外正式签订借款协议，从境外筹措资金的方式，它包括外国政府贷款，国际金融组织贷款，外国银行商业贷款，出口信贷等。

在现阶段我国利用外资中，外商直接投资占绝大部分比例，本文中外资或利用外资仅指外商直接投资，从来源地角度包括外商投资和港澳台商投资两部分。

二、外商直接投资在我国的发展现状

对外开放是我国的一项基本国策，随着外商投资法律法规的不断完善、对外开放进程的深入以及投资环境的不断改善，我国利用外商直接投资的规模从 20 世纪 90 年代起增长迅速，1993 年达到 275 亿美元，成为发展中国家利用外资最多的国家。

近些年，随着一系列更加对外开放战略措施的实施，外资已逐步成为我国经济社会发展的重要推动力量。我国利用外商直接投资也呈现出新的特点和趋势。

(一)外商直接投资规模持续扩大

2013 年，我国利用外商直接投资额为 1176 亿美元，比上年增长了 5.25%，与 2008 年相比，5 年累计吸收外商直接投资额增加了 252 亿美元。2008 年国际金融危机爆发，国际直接投资锐减、国际经济持续低迷，在这种背景下，我国政府采取了一系列稳定经济增长的措施，外商直接投资虽有波动但增长趋势依旧。

表 1　1991—2014 年外商直接投资额

年份	外商直接投资金额/亿美元	年份	外商直接投资金额/亿美元
1991 年	44	1997 年	453
1992 年	110	1998 年	455
1993 年	275	1999 年	403
1994 年	338	2000 年	407
1995 年	375	2001 年	469
1996 年	417	2002 年	527
2003 年	535	2009 年	900
2004 年	606	2010 年	1057
2005 年	603	2011 年	1160
2006 年	630	2012 年	1117
2007 年	748	2013 年	1176
2008 年	924	2014 年	1196

数据来源：中国贸易外经统计年鉴

20 世纪 90 年代起，我国利用外资的规模呈现较快的发展势头。1993 年我国利用外商直接投资额达到 275 亿美元，成为吸收外商直接投资最多的发展中国家，2010 年外商直接投资超过 1000 亿美元，2011 年外商直接投资额达到 1160 亿美元，全球排名上升至第二位，2013 年我国利用外商直接投资额上升到 1176 亿美元，且连续 3 年全球排名第二，到 2014 年，我国已成为全球利用外商直接投资最多的国家。

国际金融危机以来，我国市场成为众多跨国公司重要的避风港和利润源，这期间，利用外商直接投资我国可谓一枝独秀。

(二)外商直接投资法人单位和从业人员规模持续增加

2013 年，外商直接投资法人单位数增加到 20.2 万家，与 2008 年相比，5 年累计增长了 9.2%，年均增长 1.8%；2013 年，外商直接投资企业从业人员为 3395 万人，比 2008 年增加了 282 万人，5 年累计增长了 9%，年均增长为 1.75%，与同期法人单位几乎步调一致的增长，反映出外资对我国未来经济社会发展的信心。

表 2 外商直接投资法人单位基本情况

指 标	2008 年	2013 年	2013 比 2008 年增长的%	年均增长%
法人单位数/万个	18.5	20.2	9.19	1.77
从业人员数/万人	3113	3395	9.06	1.75

数据来源：第二次和第三次全国经济普查

目前，世界 500 强公司中已有约 490 家在我国进行投资活动，跨国公司在我国设立的研发中心、地区总部等功能性机构已经达到 1600 余家。

(三)外资行业分布变化较大，有利于我国产业结构调整

截至到 2013 年，外商直接投资行业最多的是制造业，法人单位接近 11.4 万家，占全部外商直接投资法人单位的比重为 56.3%，其他较多的行业依次为批发零售业(2.75 万家)、租赁和商务服务(1.32 万家)、房地产业(0.92 万家)等，四个外商投资集中的行业，其法人单位占全部外商直接投资法人单位比重达到 79%。

表 3 外商直接投资法人单位的行业分布与变化

代码	行业大类合并	2008 年外资法人单位数/个	2013 年外资法人单位数/个	累计增长%
A	农、林、牧、渔业	8	163	1,937.50
B	采矿业	642	491	−23.52
C	制造业	125282	113993	−9.01
D	电力、热力、燃气及水生产和供应业	1370	1696	23.8
E	建筑业	1654	1563	−5.5
F	批发和零售业	3981	27515	591.16
G	交通运输、仓储和邮政业	5842	4426	−24.24
H	住宿和餐饮业	16717	4412	−73.61
I	信息传输、软件和信息技术服务业	3947	8093	105.04
J	金融业	1172	1479	26.19
K	房地产业	9086	9297	2.32
L	租赁和商务服务业	8560	13243	54.71
M	科学研究和技术服务业	4210	6519	54.85
N	水利、环境和公共设施管理业	399	569	42.61
O	居民服务、修理和其他服务业	1234	1198	−2.92
P	教育	254	316	24.41
Q	卫生和社会工作	122	143	17.21
R	文化、体育和娱乐业	867	1127	29.99
S	公共管理、社会保障和社会组织	0	0	0
	合计	185347	202394	9.2

数据来源：第二次和第三次全国经济普查行业大类数据合并得出

与 2008 年相比，2013 年外商直接投资的行业分布越来越合理，主要变化如下：

第一，外商直接投资于农林牧渔业的法人单位增长最为突出。由 2008 年的 8 家上升到 2013 年的 163 家，5 年增长超过 19 倍。农业是受各国政府保护的传统产业，随着我国农业对外开放领域的逐步扩大，农业将成为外资越来越青睐的新领地。

第二，批发零售业法人单位增长较快。外商直接投资于批发零售业法人单位由 2008 年的 3981 家上升倒 2013 年的 27515 家，五年累计增长了近 6 倍。

按照“入世”承诺，2004 年底，我国零售业取消了对外资在地域、股权比例、数量和经营方式等的限制，全面放开了国内的零售业市场，2005 年后外资零售业迅速增长，世界主要零售巨头纷纷落户我国。2008 年金融危机后，国外市场消费低迷，外资看好我国国内市场，外商直接投资额也从 2008 年的 44 亿美元增长到 2013 年的 215 亿美元，批发零售业外资与内资共同分享了我国零售业高速发展带来的一系列利益。

此外，信息传输、软件和信息技术服务业法人单位增加了一倍，租赁和商务服务业、科学研究和技术服务业法人单位增长均超过 50%。

第三，制造业外资企业法人单位和所占比重均大幅下降。外商直接投资企业法人单位由 2008 年的 12.5 万家下降到 2013 的 11.4 万家，减少 1.1 万家；制造业法人单位占全部外资法人单位的比重由 2008 年的 67.6%下降到 2013 年的 56%，其中：外商投资企业占比下降了 10%，港澳台商投资企业占比下降了 13%。

外资制造业减少主要是由于近几年来我国制造业产能过剩、环境污染严重、能源消耗大等问题突出，制造业面临着结构调整、转型升级方面的压力，致使制造业法人单位数和利用外资比重均在下降。

第四，住宿和餐饮业法人单位降幅最大。外商直接投资住宿餐饮业的法人单位由 2008 年的 16717 家减少到 2013 年的 4412 家，5 年累计下降超过 70%。

第五，房地产业法人单位内部构成变化明显。从总体情况看，房地产法人单位数略有增加。从内部构成看，港澳台商投资法人单位由 2008 年的 5531 家增长到 2013 年的 6075 家，增加 544 家；而外商投资法人单位则由 2008 年的 3555 家下降到 2013 年的 3222 家，减少 333 家。房地产业是外资较早进入的领域，随着近几年我国楼市低迷，外资进出房地产市场的频率加快，房地产及相关的建筑业总体呈现下降的趋势。

总体而言，外商投资的行业结构越来越合理，越来越符合我国产业结构调整的需求。外商直接投资于第一产业法人单位及所占比重有所上升，外资第二产业法人单位的比重下降迅速，由 2008 年的 69.6%下降到 2013 年的 58.2%；外资第三产业所占比重上升，由 2008 年的 30.4%上升到 2013 年的 38.7%，在第三产业中信息传输、软件和信息技术服务业，租赁和商务服务业，科学研究和技术服务业等法人单位增长尤为显著。

（四）外资规模以上工业企业占有较大份额

2013 年，外商直接投资规模以上工业法人企业为 57368 家，占全部规模以上工业企业的比重为 15.5%；工业销售产值为 24.12 万亿，占比达到 23.7%，接近全部规模以上工业销售产值的四分之一；从业人员超过 2536 万人，占全部规模以上工业企业从业人员比重达到 25.9%，超过四分之一；而出口交货值则高达 75935 亿元，占全部规模以上工业企业出口交货值的比重超过 67.3%。

与 2008 年相比，从法人单位到从业人员、从销售产值到出口交货值，外商直接投资在我国规模以上工业企业占有较大份额，其对规模以上工业企业的影响也是全方位的。

表 4　2013 年规模以上工业企业主要经济指标（部分）

分组	企业数	企业数比重（%）	工业销售产值（当年价格）（亿元）	工业销售产值比重（%）	从业人员平均人数（万人）	从业人员比重（%）	出口交货值（亿元）	出口交货值比重（%）
总计	369813	100	1019405.3	100	9791.46	100	112824.03	100
内资企业	312445	84.49	778132.13	76.33	7255.39	74.1	36888.99	32.7
外资企业	57368	15.51	241273.2	23.67	2536.08	25.9	75935.05	67.3

数据来源：第三次全国经济普查规模以上工业企业主要经济指标摘录计算

(五)制造业外商投资下降,将缓解部分行业产能过剩和环境、能源的压力

2013 年,外商制造业投资额为 455.55 亿美元,比 2008 年的 498.94 亿美元减少了 40 多亿美元,累计下降 8.7%。

在我国,外商投资产能过剩的行业主要是,汽车制造、洗衣机、彩电、机床、计算机制造等。外商投资的高污染行业主要集中于橡胶、塑料、印染、制革、制鞋、电池等行业,且资金主要来源于港澳台地区。外商投资的高耗能行业主要集中于钢铁、有色金属冶炼、化工、建材、造纸。

2013 年,外商投资工业销售产值最高的 10 个行业和出口交货值最高的 10 个行业的相关数据见表 5。

表 5　2013 年外商和港澳台商投资工业企业有关指标的比较

行　业	工业销售产值(当年价格)(亿元)	行　业	出口交货值(亿元)
计算机、通信和其他电子设备制造业	56036.77	计算机、通信和其他电子设备制造业	40210.67
汽车制造业	27883.92	电气机械和器材制造业	5842.25
化学原料和化学制品制造业	17427.64	通用设备制造业	3316.5
电气机械和器材制造业	16447.24	纺织服装、服饰业	2625.54
通用设备制造业	10760.45	橡胶和塑料制品业	2126.83
农副食品加工业	10273.32	文教、工美、体育和娱乐用品制造业	2108.94
黑色金属冶炼和压延加工业	8541.47	金属制品业	1992.57
橡胶和塑料制品业	7052.58	皮革、毛皮、羽毛及其制品和制鞋业	1885.07
金属制品业	6278.21	专用设备制造业	1785.54
专用设备制造业	6247.64	化学原料和化学制品制造业	1770.01
纺织服装、服饰业	6114.31	纺织业	1678.74
纺织业	5888.46	汽车制造业	1493.48

数据来源:第三次全国经济普查数据摘录

从工业销售产值和出口交货值两个指标看,规模以上的外资制造业行业,绝大部分是产能过剩、高耗能和高污染行业,这些行业外商投资的减少将会缓解我国环境和能源消耗的压力,既有利于我国节能减排和环境保护,又有利于缓解我国产能过剩行业的生存压力。

三、我国利用外商投资中存在的主要问题

(一)我国经济发展受国际经济状况影响越来越显著

2013 年,我国利用外商直接投资规模比 2012 年增长较为显著,但从 2008 年起的总体来看,外商直接投资的波动性较大,增长速度明显降低。

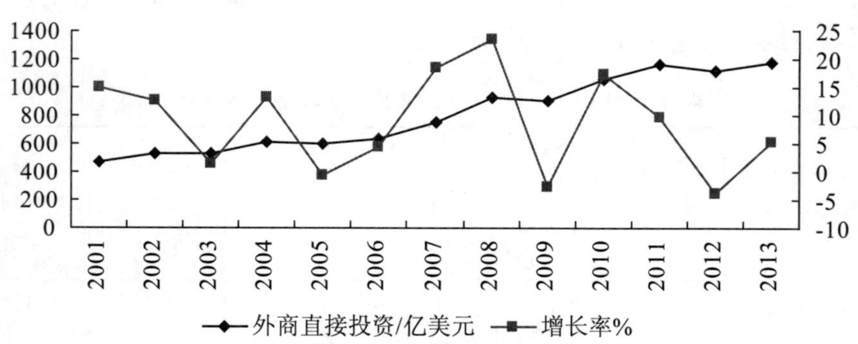

图 1　我国实际利用外商直接投资与增长率

数据来源:中国贸易外经统计年鉴

2009 年，受全球金融危机的影响，国际直接投资锐减。

从年度数据看，我国实际使用外商直接投资，在 2008 年达到 924 亿美元，比上年增长了 23.57%，到 2009 年外商直接投资仅为 900 亿美元，与 2008 年相比下降了 2.56%，2010 年受我国经济政策影响，外商投资恢复性增长了 17.43%，到 2012 年又回落了 3.70%，2013 年以后外商投资增速保持稳定。

从平均增速看，2003—2008 年间的平均增速高达 11.55%，而 2008—2013 年的平均增速仅为 4.94%，2008—2013 年外商直接投资增速波动远大于 2008 年之前。我国经济增长率，从 2008 年以前的两位数，到 2009 年环比增速只有 8.4%，而到 2013 年环比增速仅为 7.1%。

外商投资，一方面促进了我国社会经济的全面发展，另一方面又成为制约我国经济社会发展的重要因素。因为影响外商投资决策的因素十分复杂，这些因素都会通过外商直接投资转移到我国国内，使得我国经济发展越来越多的受国际经济环境的影响。

(二)外商投资结构不合理，增加了我国产业结构调整的难度

与 2008 年相比，2013 年外商投资结构虽有改善，但整体而言，外商投资的行业结构仍然不够合理，突出表现在以下几方面：

1. 农业领域利用外资的规模整体过低

2013 年，我国农林牧渔业实际使用外资为 18 亿美元，仅占当年实际利用外资总额 1176 亿美元的 1.5%，农业领域利用外资规模整体过低。

由于农业领域引进外资的基数太小，才使得 2013 年比 2008 年农业领域外资法人单位的增速最快，但我国农业领域中设施农业、现代农业的整体水平和规模都较低，需要引进外资弥补对农业发展的需求。

2. 房地产业投资比重依然过大

2013 年，房地产业使用外商投资额为 288 亿美元，占当年全部外商投资的比重达到 24.5%，比 2008 年的 20.1%的比重增加了 4.4 个百分点。外资热衷于我国房地产市场，加剧了我国房地产市场需求的不平衡及其房地产价格的波动。

3. 居民服务和其他服务业比重偏低

2013 年，居民服务和其他服务业使用外资仅为 6.6 亿美元，约占当年实际使用外资额的 0.56%，比 2008 年的 0.62%减少 0.06 个百分点，与跨国公司在我国直接投资规模的增长趋势不匹配。

4. 现代服务业所占比重整体偏低

相对于传统服务业如批发零售业、住宿餐饮业和房地产业而言，现代服务业利用外资的规模和比重整体偏低。

2013 年，信息传输与计算机服务和软件业，金融业，科学研究、技术服务和地质勘查业，水利、环境和公共设施管理业，教育等行业利用外资总额仅为 90 亿美元，占当年全部外商投资总额的 7.7%。

(三)外商投资的地域分布不合理，加剧了区域经济发展的不平衡

在我国，外商投资主要集中于东南沿海地区，西部地区和欠发达地区外商投资少，外资进入的地区差异客观上加剧了我国区域经济发展的不平衡性。

2013 年，外商规模以上工业企业从业人员最多的是广东省，超过 810 万人，占全国规模以上工业企业从业人员的比重达到 30%。其次是江苏省，规模以上外资工业企业从业人员达到 441.9 万人。福建为 185 万人、浙江为 183 万人、上海为 152 万人、山东为 149 万人。外资工业从业人员最多的 6 个省占全国规模以上从业人员的比重达到 75.8%。而外商投资最少的 6 个省(包括宁夏、新疆、贵州、甘肃、青海、西藏)从业人员合计仅为 8.34 万人，占比不到全国的千分之五。

2013 年，外资规模以上工业企业出口交货值最多的也是广东省，超过 22809 亿元，占全国规模以上工业企业出口交货值的 30%。其次是江苏，达到 18184.9 亿元，占全国的比重为 23.9%。出口交货值最多的省份，除了广东和江苏，依次为上海、福建、浙江和山东，这 6 个省的出口交货值占全国规模以上工业企业的 79.8%。而出口交货值最低的宁夏、新疆、贵州、甘肃、青海、西藏 6 个省，出口交货值仅有 25.6 亿元，占比只有全国的万分之三。

四、外商直接投资与我国就业和进出口的影响效应分析

外资与我国就业、进出口之间是否存在长期均衡关系，能否为我国经济可持续发展起到长期稳定作用？

这里我们根据协整理论，采用计量经济学方法，从数量经济学角度来探讨外资对我国就业、进出口影响及其效应。

在时间序列分析中，非平稳序列很可能出现伪回归，协整的意义就是检验它们的回归方程所描述的因果关系是否是伪回归，即检验变量之间是否存在稳定的关系。所以，非平稳序列的因果关系检验就是协整分析。

(一)外商直接投资与我国就业的协整分析

1、指标选取与数据来源

外商直接投资选取我国实际利用外商直接投资额(万美元)，就业采用我国就业人员数(万人)，并分别用FDI和EMP来表示；指标来源于国家统计局国家数据网1991－2013的数据。

2. 协整分析的结果

通过单位根和平稳性检验，建立协整方程、误差修正模型，其结果表明：外商直接投资与我国就业量存在长期均衡关系，外商直接投资每增长一个百分点，长期上会影响我国就业量增加0.082个百分点；从短期上看，会拉动当期就业量上升0.0054个百分点。格兰杰因果关系检验表明：外商直接投资与我国就业量存在单向因果关系，即外商直接投资促进了我国就业规模的提高。相关计算结果如下：

协整方程为：

$$LNEMP_t = 9.906 + 0.082 LNFDI_t$$

$$(61.66) \quad (7.98)$$

$$R^2 = 0.752 \quad F = 63.72 \quad D.W = 0.354$$

误差修正模型为：

$$\nabla LNEMP_t = 0.0067 + 0.0054 \nabla LNFDI_t - 0.090 ecm_{t-1} + \varepsilon_t$$

$$(11.396) \quad (1.926) \quad (-4.425)$$

$$R^2 = 0.520 \quad F = 10.21 \quad D.W = 1.954$$

格兰杰检验结果：

LNFDI与LNEMP因果关系检验

Null Hypothesis:	Obs	F－Statistic	Probability
LNEMP does not Granger Cause LNFDI	22	2.10207	0.16341
LNFDI does not Granger Cause LNEMP		6.11359	0.02303

3. 结论

第一，外商直接投资与就业量的协整分析表明，外商直接投资与我国就业量之间存在着长期的均衡关系。且外商直接投资正向影响我国就业数量，即外商直接投资的增加会促进外资企业就业人员数量的增加，从协整方程看，外商直接投资每增长一个百分点，在长期上会促使我国就业人口增加0.082个百分点。从这方面看，要增加就业规模、提高就业率，我国还应该继续鼓励外商直接投资的流入。

第二，外商直接投资与就业量的误差修正模型表明，外商直接投资增长一个百分点，在当期就会拉动就业量上升0.0054个百分点；但上期误差对就业量的当期波动调节作用不大，单位调节比例为9%。

第三，外商直接投资对我国就业的促进作用在统计学意义上比较显著，即外商直接投资促进了我国就业规模的提高，而就业却非外商直接投资增加的格兰杰原因。

(二)外商直接投资与我国进出口总额的协整分析

1. 指标的选取与数据来源

选取的指标为实际利用外商直接投资(FDI，万美元)，对外贸易进口额(IM，亿人民币)和对外贸易出口额(EX，亿人民币)，指标来源于国家统计局国家数据网1983－2013年的数据。为了消除时间序列中数据可能存在的异方差现象，分别对上述几个变量进行对数变换，变换后不改变原序列的协整关系。变量的对数形式相应表示为 $LNFDI$ 、$LNIM$ 和 $LNEX$ 。

2. 协整分析的结果

运用计量经济学软件Eviews6.0，得到相关计算结果如下：

外资与出口额、进口额的协整方程如下：

$$LNEX = -10.953 + 1.364LNFDI \qquad (1)$$

$$t: \quad (-8.133) \qquad (15.218)$$

$$R^2 = 0.8887 \quad F = 231.60 \quad D.W = 0.358$$

$$LNIM = -9.796 + 1.268LNFDI \qquad (2)$$

$$t: \quad (-7.723) \qquad (15.195)$$

$$R^2 = 0.8884 \quad F = 230.90 \quad D.W = 0.272$$

外资与出口额、进口额的误差修正模型如下：

$$\nabla LNEX_t = 0.508\, \nabla LNFDI_t - 0.139\, ecm_{t-1}$$

$$\nabla LNIM_t = 0.599\, \nabla LNFDI_t - 0.097\, ecm_{t-1}$$

外资与出口额、进口额的格兰杰因果关系检验如下：

LNFDI 与 LNEX、LNIM 因果关系检验

Null Hypothesis：	Obs	F－Statistic	Probability
LNFDI does not Granger Cause LNEX	30	0.11313	0.73921
LNEX does not Granger Cause LNFDI		8.01254	0.00867
LNIM does not Granger Cause LNFDI	30	6.10754	0.02006
LNFDI does not Granger Cause LNIM		0.89147	0.35345

3. 结论

第一，协整方程表明 FDI 与出口贸易、FDI 与进口贸易之间都存在着长期均衡关系。从长期关系看，尽管变量 LNFDI 与 LNEX、LNFDI 与 LNIM 之间的关系是非平稳的，但它们之间的线性组合却是平稳的，即 LNFDI 与出口贸易、LNFDI 与进口贸易之间存在着长期稳定的均衡关系。方程(1)和(2)的协整回归结果表明：外商直接投资变动 1 个百分点，会带来进口 1.268 个百分点的同方向变动和出口 1.364 个百分点的同方向变动。FDI 推动了我国进出口贸易的增加，扩大了我国出口贸易的规模，提高了出口贸易依存度，增强了我国出口产品的竞争力，同时改善了我国出口产品的结构。

第二，误差修正模型表明，FDI 与出口贸易、FDI 与进口贸易的关系由短期偏离向长期均衡调整的速度很快，每年对上一年非均衡偏离的纠正程度分别为 13.9％和 9.7％。这一结论从另一角度辅证了外商直接投资和进出口之间的长期均衡关系。从短期关系看，出口变动除了受误差修正项和自身滞后一期变动的影响外，还受滞后一期的 FDI 变动的显著影响。而进口的短期变动亦受误差修正项、自身滞后一期和 FDI 滞后一期变动的影响。

第三，在 5％显著性水平上，LNFDI 不是 LNEX 的 Granger 原因，但 LNEX 却是 LNFDI 的 Granger 原因；LNIM 是 LNFDI 的 Granger 原因，但 LNFDI 并不是 LNIM 的 Granger 原因。这一结论意味着：外商直接投资不是进口贸易增长的原因，也不是出口贸易增长的原因；进口贸易与外商直接投资之间只存在单向的因果关系，即进口贸易的增长促进了外商直接投资的增加；出口贸易与外商直接投资之间也只存在单向的因果关系，即出口贸易的增长促进了外商直接投资的增加。

一般国际贸易理论认为，出口是对外直接投资的先导，对外直接投资是企业产品出口引起的最终结果。格兰杰因果关系检验，用中国数据印证了国际贸易理论这一理论。

五、我国利用外资的政策建议

外商直接投资已经成为我国经济社会可持续发展十分重要的组成部分，不仅可以提高我国进出口贸易的规模、提升我国国际贸易中的地位，又能增加我国就业人口规模，同时外商直接投资行业结构的改变，将有利于我国产业结构调整与升级。外资企业在管理创新和技术创新方面对我国企业也起到了重要的示范作用。

在全球金融危机之后，国际资本流动呈现出新的特点：一是在业务战略上向绿色经济、节能环保方面发展;二是在区域战略上向以中国为代表的新兴市场国家倾斜;三是在社会责任战略上强化企业合规责任。因此,在未来一段时期,尤其是十三五期间,应该深入研究国际资本流动的新特点,结合我国的国家发展战略,积极主动地实施跨国战略合作,使我国产业结构调整升级、国家发展战略的实施与跨国公司发展战略有机融合,这样有利于我国企业竞争力的提升,有利于管理体制创新,还有利于技术创新和新兴产业发展,又能促进企业合规经营和优化我国投资环境。

未来一段时间,外资流入的来源结构和产业投资方向都将会发生巨大变化。我们有理由相信,这种变化将朝着有利于我国产业结构升级、推动我国经济健康发展的"兴利减弊"的方向发展。为此,提出以下政策建议:

(一)引导外资的产业布局

1. 制定符合国家发展战略以及时代发展要求的产业政策,严格限制外资进入高耗能和高污染的项目,提高外资进入这类行业的准入门槛。

从外资的行业分布看,港澳台商投资企业57.6%在制造业,外商投资企业55.2%集中在制造业;从制造业行业大类看,外商集中在重化工业行业。因而,应该制定符合时代发展要求的新的引进外资产业政策,严格限制外资进入产能过剩、高耗能、高污染项目,提高外资进入这类行业的准入的门槛。

2. 扩大外资进入农业领域的规模和水平。

一直以来,外资鲜有涉及农业领域,2005年外商直接投资在农林牧渔业等第一产业的比重为1.19%,到2013年这一比重也仅有1.53%。因而,应该制订符合我国当前实际的农业领域利用外资政策,引导外资有序合理进入农业领域,把农村土地改革与农业领域引进外资政策相结合。

3. 提高利用外资的水平,扩大金融、保险、物流等服务业领域的对外开放,提高现代服务业在第三产业所占的比重。

外资在我国第三产业等服务业领域中的比重已由2005年的不足25%,提高到2013年的56%,属于增长较快的领域,但从法人单位、从业人员和资产规模上,外资大多集中在传统服务业领域,服务业外资集中度最高的是批发零售贸易,住宿餐饮,信息传输、软件和信息服务、商务服务等。因而,从服务领域现状看,还应继续提高我国在服务领域利用外资的水平,扩大金融、保险、物流、技术服务等服务业领域的对外开放,提高现代服务业的规模和比重。

现代服务业主要以生产性服务业为主,主要是指为保持工业生产过程的连续性、促进工业技术进步、产业升级和提高生产效率提供保障服务的服务行业,是与制造业直接相关的配套服务业,包括信息传输、金融、租赁和商务服务、科研、电子商务、现代物流、服务外包、文化创意、检验检测等,具有较高的人力资本和技术知识含量。

我们认为,应该适时修订引进外资的产业政策,引导外资有序进入农业和现代服务业,使外资成为我国产业结构调整和转型升级的推动力量。

(二)合理引导外资的地域布局

1. 国家应该继续加大对西部地区基础设施建设的投资力度,改善西部地区投资"硬环境"。

"一带一路"战略构想是我国对外开放的重要战略。西部地区更应该借力国家的"西部大开发"战略与"一带一路"战略,把西部地区的区域发展战略与国家发展战略以及利用外资政策有机结合,改善区域的投资环境,使外资成为西部地区未来经济社会可持续发展的重要推动力之一。

2. 把改革开放初期给沿海地区的优惠政策有创造性地"移植"到西部地区来,在产业政策、土地政策、投融资政策、税收政策、就业政策上给予适度的支持,积极鼓励外资投资基础设施领域,同时培育西部地区的特色产业,实施西部地区经济产业化经营,使外资成为西部地区经济增长的发动机。

在政策上,还应继续鼓励外商在中国的研发活动,鼓励外商设立研发中心,加大在中国的研发投入和技术创新力度,鼓励外资研发机构科技成果在国内的转化;同时加大知识产权保护力度,还应加强我国企业与外资研发机构的合作交流。如果跨国公司的研发中心在中国,生产基地也在中国,自然会强化外商的本土化意识,这样才能使外商真正与中国市场融为一体,使外资成为我国经济可持续发展的引擎。

课题组　组　长:鲁　玲

成　员:耿宏强　孙学英　张兴旺　吴克军

普查数据与民政部门行政登记数据对比分析

国家普查数据和政府部门行政登记数据是社会经济系统中两大重要的基础数据。近年来，统计部门与政府行政审批部门不断加强协作配合，加大部门间数据比对和核查的力度，特别是2013年开展的第三次全国经济普查，与前两次经济普查相比，在普查各个环节均更加注重部门行政登记数据的应用，部门行政登记数据在普查及日常统计工作中发挥了越来越重要的作用。本文利用第三次全国经济普查资料，与民政部门社会服务机构相关行业的行政登记资料进行对比分析，对我国经济普查工作中部门行政登记资料的应用现状进行了初步的分析，找出部门间数据共享存在的问题，提出改进和完善的建议。

一、社会服务机构基本情况

第三次全国经济普查中，涉及民政部门行政登记管理的社会服务行业的组织机构（以下简称“社会服务机构”），从国民经济行业分类来看，包括居民服务、社会工作、社会组织等类别；从机构类型来看，包括社会团体、民办非企业单位、基金会、居委会、村委会等类别。

（一）按国民经济行业分类分组

从国民经济行业分类来看，第三次全国经济普查中，社会服务机构主要分布在居民服务业（O类）、社会工作（Q类）、社会组织（S类）三个门类。具体包括婚姻服务、殡葬服务、提供住宿社会工作（干部休养所、护理机构服务、精神康复服务、老年人、残疾人养护服务、孤残儿童收养和庇护服务、其他提供住宿社会工作）、不提供住宿社会工作（社会看护与帮助服务、其他不提供住宿社会工作）、社会团体、基金会、基层群众自治组织（社区自治组织、村民自治组织）等多个行业（详见表1）。

表1 第三次全国经济普查中涉及民政部门行政登记行业分类

<table>
<tr><th colspan="4">代 码</th><th rowspan="2">类别名称</th></tr>
<tr><th>门类</th><th>大类</th><th>中类</th><th>小类</th></tr>
<tr><td rowspan="2">O
居民服务、修理和其他服务业</td><td rowspan="2">79
居民服务业</td><td>797 婚姻服务</td><td>7970</td><td>婚姻服务</td></tr>
<tr><td>798 殡葬服务</td><td>7980</td><td>殡葬服务</td></tr>
<tr><td rowspan="8">Q
卫生和社会工作</td><td rowspan="8">84
社会工作</td><td rowspan="6">841
提供住宿
社会工作</td><td>8411</td><td>干部休养所</td></tr>
<tr><td>8412</td><td>护理机构服务</td></tr>
<tr><td>8413</td><td>精神康复服务</td></tr>
<tr><td>8414</td><td>老年人、残疾人养护服务</td></tr>
<tr><td>8415</td><td>孤残儿童收养和庇护服务</td></tr>
<tr><td>8419</td><td>其他提供住宿社会救助</td></tr>
<tr><td rowspan="2">842
不提供住宿社会工作</td><td>8421</td><td>社会看护与帮助服务</td></tr>
<tr><td>8429</td><td>其他不提供住宿社会工作</td></tr>
<tr><td rowspan="6">S
公共管理、社会保障和
社会组织</td><td rowspan="4">94
群众团体、社会团体
和其他成员组织</td><td rowspan="3">942
社会团体</td><td>9421</td><td>专业性团体</td></tr>
<tr><td>9422</td><td>行业性团体</td></tr>
<tr><td>9429</td><td>其他社会团体</td></tr>
<tr><td>943
基金会</td><td>9430</td><td>基金会</td></tr>
<tr><td rowspan="2">95
基层群众
自治组织</td><td>951
社区自治组织</td><td>9510</td><td>社区自治组织</td></tr>
<tr><td>952
村民自治组织</td><td>9520</td><td>村民自治组织</td></tr>
</table>

资料来源：根据《国民经济行业分类 GB/T 4753—2011》整理。

第三次全国经济普查资料显示，截至 2013 年底，全国社会服务机构法人单位 96.3 万个，比民政部门登记的 106.5 万个少 10.2 万个。按国民经济行业分组，其中婚姻服务 0.6 万个，比民政部门登记的 0.2 万个多 0.4 万个；殡葬服务 0.6 万个，比民政部门登记的 0.4 万个多 0.2 万个；提供住宿社会工作 3.2 万个，比民政部门登记的 4.6 万个少 1.4 万个；不提供住宿社会工作 1.2 万个，比民政部门登记的 3.6 万个少 2.4 万个；社会团体 22.1 万个，比民政部门登记的 28.9 万个少 6.8 万个；基金会 0.3 万个，比民政部门登记的 0.4 万个少 0.1 万个；社区自治组织 9.4 万个，比民政部门登记的 9.5 万个少 0.1 万个；村民自治组织 59 万个，比民政部门登记的 58.9 万个多 0.1 万个（详见表 2、图 1）。

表 2　按国民经济行业分组的社会服务机构数①

行业类别	行业代码	2013 年经济普查法人单位数（万个）	2013 年民政登记法人单位数（万个）	民政登记减经济普查法人单位数（万个）	普查数为民政数的百分比（%）
合　计		96.3	106.5	10.2	90.4
居民服务业	79				
婚姻服务	797	0.6	0.2	−0.4	291.4
殡葬服务	798	0.6	0.4	−0.2	137.0
社会工作	84				
提供住宿社会工作	841	3.2	4.6	1.4	70.2
不提供住宿社会工作	842	1.2	3.6	2.4	33.3
群众团体、社会团体和其他成员组织	94				
社会团体	942	22.1	28.9	6.8	76.5
基金会	943	0.3	0.4	0.1	64.6
基层群众自治组织	95				
社区自治组织	951	9.4	9.5	0.1	99.2
村民自治组织	952	59.0	58.9	−0.1	100.2

数据来源：根据第三次全国经济普查公报、民政部统计年鉴数据整理。

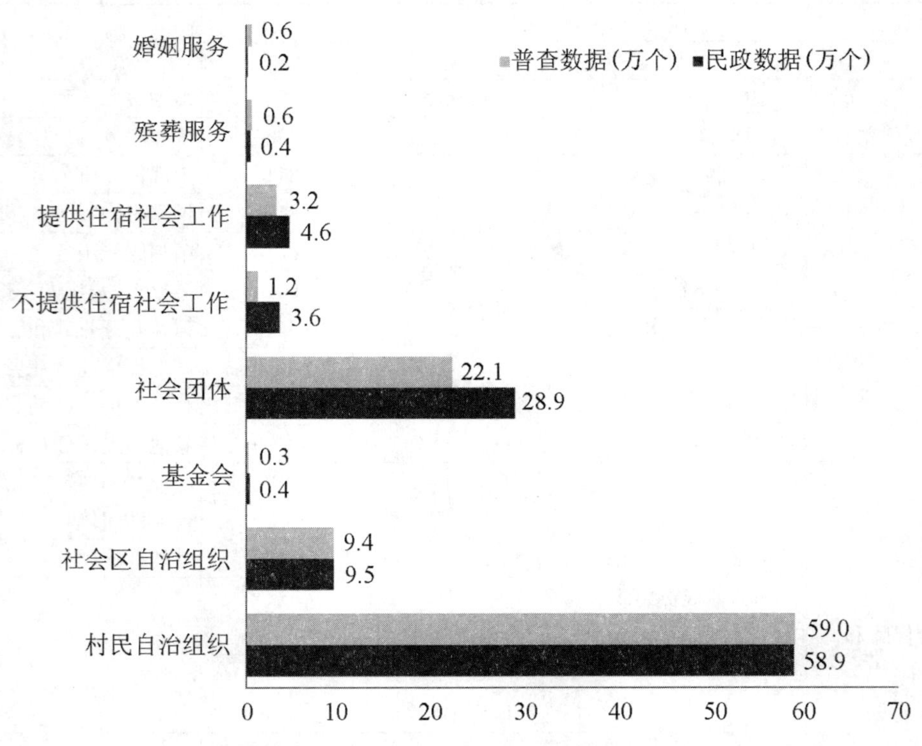

图 1　社会服务机构的单位普查数与民政登记数分行业对比情况

数据来源：根据第三次全国经济普查公报、民政部统计年鉴数据整理。

① 本文数据合计数或相对数由于单位取舍不同而产生的计算误差，均未做机械调整。

(二)按机构类型分组

从机构类型分类来看,第三次经济普查中,社会团体 26.3 万个、民办非企业单位 22.6 万个、基金会 0.3 万个、居委会 9.4 万个和村委会 59.0 万个。进一步交叉比对社会服务机构的机构类型和行业分类情况后发现,民办非企业所涉及的行业类别范围最广,社会团体和基金会类型主要被放在 94 类行业(群众团体、社会团体和其他成员组织),部分按照其主要业务活动被划入 67 类行业(资本市场服务)、84 类行业(社会工作)和 88 类行业(体育)等行业类别(详见表 3)。

表 3 按机构类型、行业类别分组的社会服务机构法人单位数

单位:万个

行业类别	行业代码	按机构类型分组				
		社会团体	民办非企业单位	基金会	居委会	村委会
总计		26.3	22.6	0.3	9.4	59.0
农、林、牧、渔服务业	05		0.2			
软件和信息技术服务业	65		0.1			
资本市场服务	67	…①				
租赁业	71		0.1			
商务服务业	72		0.8			
研究和试验发展	73		0.2			
专业技术服务业	74		0.2			
科技推广和应用服务业	75		0.8			
居民服务业	79		0.6			
教育	82		12.8			
卫生	83		4.0			
社会工作	84	0.3	1.6			
文化艺术业	87		0.7			
体育	88	0.2	0.3			
娱乐业	89		0.1			
群众团体、社会团体和其他成员组织	94	25.8		0.3		
其中:社会团体	942	22.1				
基层群众自治组织	95				9.4	59.0

数据来源:第三次全国经济普查公布数据。

二、普查中行政登记资料作用日趋显著

(一)第三次全国经济普查工作更加注重部门合作

部门行政登记资料,是政府行政部门基于行政管理需要,根据法律、法规、规章的有关规定,依相对人申请,对符合法定条件的涉及相对人人身权、财产权等法律事实予以书面记载的资料。部门行政登记资料也是经济普查单位核查阶段查找单位的主要依据,在全国经济普查中发挥着越来越重要的基础作用。

与前两次相比,第三次全国经济普查更加注重部门合作和行政登记资料的使用。2012 年 11 月,《国务院关于开展第三次全国经济普查的通知》(国发〔2012〕60 号)明确相关部门的责任和分工。2013 年 7 月,国务院第三次全国经济普查领导小组办公室、中央机构编制委员会办公室、民政部、国家税务总局、国家工商行政管理总局、国家质量监督检验检疫总局、国家统计局联合印发了《关于共同做好单位核查工作的通知》

① 注:社会团体单位中从事资本市场服务的单位不足千个,以“…”代替。

(国经普办字〔2013〕8 号),要求相关部门做好第三次全国经济普查单位核查工作,提供单位行政登记资料、比对和核查单位名录。

第三次全国经济普查中,在前期准备阶段,统计部门通过收集整理部门数据,以基本单位名录库为基础,与部门数据进行单位比对、合并和整理,确定单位底册,部门行政登记资料作为单位清查的重要信息来源,为查找单位提供了重要依据;在普查登记阶段,各有关部门抽调熟悉业务的专业技术人员,与统计部门共同做好单位核查和认定工作;在事后质量抽查和数据评估阶段,结合部门行政记录,统计部门对主要指标和分行业、分地区数据进行比较分析,评估普查数据的真实性、一致性和可靠性,行政登记资料成为查疑补漏和数据质量评价的重要依据(详见表 4)。

表 4　第三次全国经济普查行政登记部门分工与要求

普查阶段	分工与要求
前期准备	1.参与研究制定行政登记资料与基本单位名录库资料的比对核查办法; 2.提供单位行政登记资料;
普查登记	3.抽调熟悉业务的专业技术人员,与统计部门做好单位核查和认定工作;
事后质量抽查和数据评估	4.对经济普查单位结果进行评估、分析和认定。

资料来源:《第三次全国经济普查方案 2013》,国家统计局,中国统计出版社,2013.10.

(二)全国经济普查与行政记录数据一致性显著提升

随着经济普查工作中部门合作不断加强,数据交换工作更加充分,部门提供的登记资料更加规范,可比对、可查询数据更多,通过反复比对查询,经济普查与部门登记资料查找比对率逐步提高,大部分行业的经济普查数与行政登记数呈现出逐步接近的变化趋势。

通过计算社会服务机构各行业的三次经济普查数与当年民政部门行政登记数的百分比,表示经济普查数与行政登记数的接近度,比值越接近 100%,说明两者数据越接近。结果显示,除婚姻服务、殡葬服务、不提供住宿社会工作三类行业外,其他行业三次经济普查年份的普查数与行政登记数百分比值都越来越趋近 100%(详见图 2)。

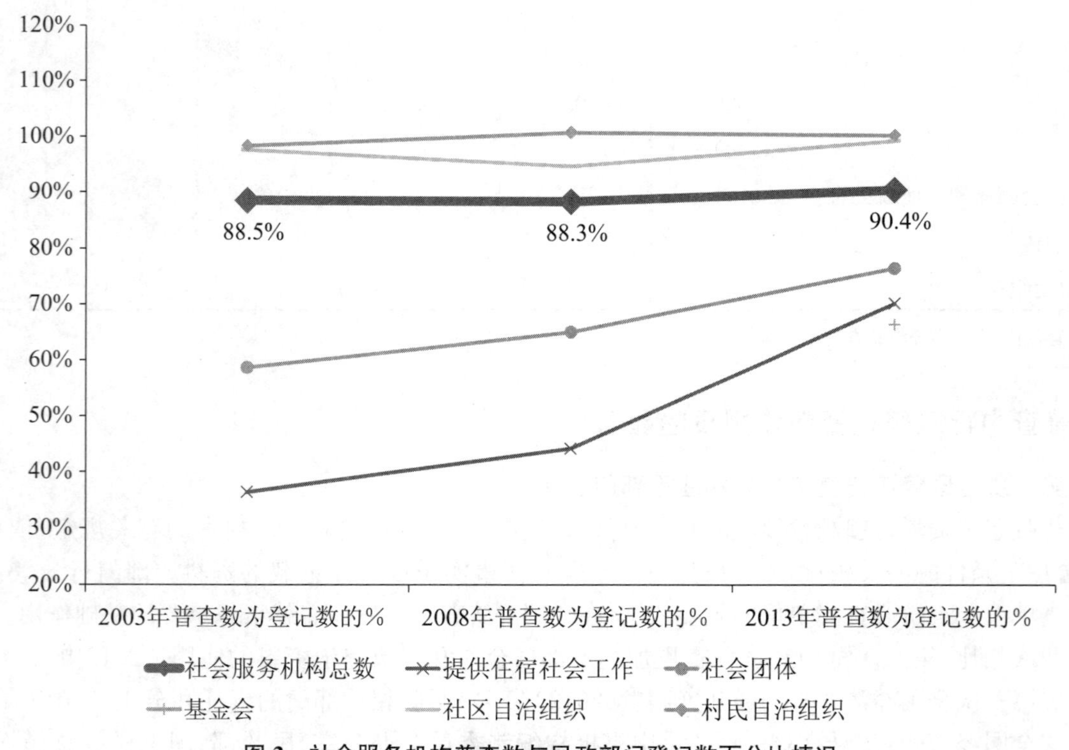

图 2　社会服务机构普查数与民政部门登记数百分比情况

注:普查数为民政数的% = 普查数/登记数 x100%

其中,婚姻服务、殡葬服务行业普查数与民政部门登记数相差较大,主要原因在于民政部门登记数据并未包括在工商部门登记的盈利性婚姻、殡葬服务公司，而普查数据中包涵这些行业在工商部门登记的单位。不提供住宿社会工作的单位普查数明显低于民政登记数，主要原因为，在经济普查中是按行业分类标准将有医疗性质的干休所等医疗服务机构划入卫生(行业代码 83)中的医院类别中，而民政部门是按登记管理分类，将这部分单位划为不提供住宿社会工作中(行业代码 842)。

具体来看，除了婚姻服务、殡葬服务、不提供住宿社会工作三个行业外，2003 年全国经济普查数据中，提供住宿社会工作行业的法人单位数仅为民政部门行政登记数的 36.4%，2008 年为 44.2%，2013 年已达 70.2%；社会团体行业，2003 年仅为 58.7%，2008 年为 65.1%，2013 年达 76.5%；基金会行业，2013 年为 66.4%，(2003 年和 2008 年经济普查时，基金会尚未作为国民经济行业分类中的单独一类划分)；基层群众自治组织行业，2003 年已达 98.3%，2008 年为 100.7%，2013 年基本达到 100%(详见表 5)。

表 5　按行业分组的社会服务机构情况

单位：万个，%

行业类别	2003 年一经普			2008 年二经普			2013 年三经普		
	经济普查单位数	民政登记单位数	普查数为民政数的%	经济普查单位数	民政登记单位数	普查数为民政数的%	经济普查单位数	民政登记单位数	普查数为民政数的%
合计	83.2	94.0	88.5	86.8	98.3	88.3	96.3	106.5	90.4
居民服务									
婚姻服务	0.2	0.2	83.3	0.3	0.2	170.5	0.6	0.2	291.4
殡葬服务	0.3	0.3	114.7	0.4	0.4	119.8	0.6	0.4	137.0
社会工作									
提供住宿社会工作	1.3	3.7	36.4	1.8	4.1	44.2	3.2	4.6	70.2
不提供住宿社会工作	0.4	1.7	22.0	0.5	1.9	28.8	1.2	3.6	33.3
群众团体、社会团体和其他成员组织									
社会团体	8.3	14.1	58.7	15.0	23.0	65.1	22.1	28.9	76.5
基金会	—	—	—	—	—	—	0.3	0.4	66.4
基层群众自治组织									
社区自治组织	7.6	7.7	97.6	7.9	8.3	94.7	9.4	9.5	99.2
村民自治组织	65.2	66.3	98.3	60.8	60.4	100.7	59.0	58.9	100.2

数据来源：根据全国经济普查公报、民政部统计年鉴数据整理。

三、主要问题与挑战

近年来，统计部门与行政登记管理部门的合作力度不断加强，部门行政登记资料在经济普查工作中的应用日益广泛，经济普查资料与部门行政登记资料的数据质量均得到显著提高。但是，由于存在统计标准认定不统一、组织机构代码管理不规范、资料数据时效性不一致等问题，行政记录在经济普查中的应用仍有提升空间。

(一)统计标准认定不统一

经济普查与部门行政登记在对象范围和单位的行业分类认定方面存在认定口径不统一的问题，给数据交换和共享带来一定困难。

在对象范围认定方面，经济普查的对象为我国境内从事第二产业和第三产业的全部法人单位、产业活动单位和个体经营户。政府行政部门登记则是行政机关为实现一定的行政管理目的，在所主管业务范围内的依相对人申请和所提供的登记资料，对符合法定条件的法人单位和产业活动单位进行批准登记。前者是国家对各类单位实际情况的主动调查，后者则是行政部门对业务主管对象的批准登记。

例如民政部门负责行政登记的社会团体和基金会，按照国民经济行业分类，是两个专门的行业类别，但按照机构类型分组，社会团体和基金会又作为两个机构类型，尽管名称完全一致，但统计部门与行政登记部门对不同分类下的含义和认定标准却并不相同。经济普查时，按照统计行业类别划分标准，部分机构类型为社会团体和基金会单位在行业划分时会依据其主要业务活动被划分到金融、教育、卫生等行业类型中；而民政部门则会依据单位性质将其划分到社会团体和基金会行业。这种差异给事后数据交换比对工作带来困难，使得数据交换时需要再进行识别与调整。

（二）组织机构代码使用管理亟需规范

我国对于法人和其他组织统一代码标识制度的建设，可以追溯到26年前。1989年，国务院发布了75号文《关于建立企业、事业单位和社会团体统一代码标识制度的通知》，推出了组织机构代码。26年来，由于缺乏国家层面的法律支持，组织机构代码没有像公民身份证号码一样得到广泛应用，多种机构代码体系仍然在各个行政管理系统中长期存在和使用，如工商注册号、纳税人识别号、机构信用代码等。机构代码的不统一，导致各部门之间缺乏有效的协调管理和信息共享工作机制。

经过三次经济普查，部门数据交换工作中统一代码的作用受到重视，使用也更加充分，但仍然存在代码不规范、不统一等问题。

统一的代码是不同部门之间信息交换、资源共享的前提，是实现经济普查中运用行政部门登记资料的基础。根据普查方案，普查数据与部门行政资料的通用指标包括单位名称、组织机构代码、部门登记号、单位地址、行政区划代码，以及行业代码(或主要业务活动)等。但在实际数据交换和比对过程中，单位名称指标经常存在填写不规范的情况，如房山区统计局和房山统计局，仅一字之差，信息系统都会默认为是两家单位；部门登记号仅用于登记部门内部使用，不便于其他部门使用；单位地址、行政区划代码，以及行业代码指标，不是单位唯一的、不变的代码，只能在比对中作为辅助指标使用。因此，在实际数据比对过程中，组织机构代码成为各部门间资料比对的唯一标识码。

另外，实际工作中仍存在暂未取得或无组织机构代码的法人单位，对此，统计部门和行政部门通常会根据各自的临时码规则对其赋予临时代码。这些临时代码仅限于统计部门或行政部门各自内部使用，不具备在部门间标识单位唯一性身份的作用。以第三次经济普查中社会团体和民办非企业的普查数据为例，使用临时代码的法人单位分别占全部单位的21%和16%，致使近两成单位数据难以有效地与行政登记数据进行对比和衔接，降低了行政登记数据使用的准确性和有效性。

（三）数据时效存在差异

经济普查数据与部门登记资料的时效性存在差异，前者反映的是普查时点法人单位的实际情况，后者反映的是申请登记时申请单位的登记状况，因此，导致在普查过程中，普查人员在按照部门提供的单位名录资料入户时“找不到”的现象比较突出。一是正在筹建的单位。有些单位只是在行政部门登记注册，但成立的手续还在完善中，并且办公地点没确定，工作人员也没到位，普查中无法找到；二是关闭的单位。有的单位经过多年体制改革，现在已经名存实亡，或者已变更为个体户，但一直未在登记部门和质检部门办理注销手续；三是“无主单位”。部分单位过去“挂靠”于某个法人单位，但由于“改革”、“改制”、“脱钩”等原因，已与原法人单位毫无关系，成为游离于法人单位之外的“无主”单位；四是破产、停业的单位，部分单位已经停业或破产，没法填报普查表。

四、几点建议

为进一步发挥部门行政登记资料在经济普查工作中关键的基础作用，建议从以下三个方面进行完善。

（一）统一认定衔接标准，加强元数据建设

由国家统计部门统一规范和衔接单位定义和认定标准，完善部门资料交换沟通协调机制，建立标准统一、数据库结构衔接的单位认定标准。标准制定时，应充分听取有关方面意见，建立具有科学性的、可操作性的标准规范。普查统计指标和部门登记指标相应调整，逐步靠拢衔接统一，以提高数据比对匹配度。

近年来，世界上许多国家及国际组织认识到元数据的重要性，运用元数据思维和标准管理数据，并基于元数据管理建立元数据管理系统，对数据收集、数据加工和信息发布等统计业务各个环节进行统一管理，最大程度地减少业务流程，避免重复工作，提高整体效率。在参照国内和国际相关做法的基础上，我国应建立健全全国统一规范的统计元数据标准，实现统计元数据的规范化和标准化管理，提高普查数据和行政资料的一致性。

(二)严格规范单位代码,加快推进统一代码制度的落实

单位使用统一代码是不同部门之间信息交换、资源共享的前提。统一代码应当具备唯一性、兼容性、稳定性、全覆盖和协调性等特点。

2015 年 6 月,国务院下发《关于批转发展改革委等部门法人和其他组织统一社会信用代码制度建设总体方案的通知》(国发〔2015〕33 号),要求各有关部门尽快完成现有机构代码向统一代码过渡。各有关部门应认真贯彻执行法人和其他组织统一社会信用代码制度,加强部门统计数据管理、核查、监督机制,完善国家统计局和各部门的统计信息共享数据库,实现部门统计信息共享交换,提高经济普查效率和部门行政登记效率。

(三)完善行政登记工作,提高部门资料的使用效率

从国际经验来看,一些国家在经济普查中,对于变动不频繁的单位,如机关事业单位、非营利社会组织等可直接使用行政登记资料作为普查数据,从而降低普查成本,提高普查效率。

将行政资料直接用于普查数据,首先要统一、规范、健全部门行政登记内容,使行政部门的统计数据更加契合普查及日常统计工作的需求;第二,要在统一标准的前提下,加强对行政部门统计工作的业务培训和指导,提高行政部门资料的完整性和与统计部门指标的匹配性,为直接利用行政登记数据奠定基础;第三,要进一步完善部门行政登记管理工作,建立部门全国统一、完整、时时更新的行政登记管理库,及时掌握登记单位的生存状况和变化情况;第四,要不断摸索有效的部门间合作机制,建立常态化数据交换制度,完善部门间资料交换规范,提升部门数据比对的效率和准确性,逐步实现对那些管理规范、变动不频繁的行政、事业和非营利性等单位直接利用部门行政记录作为普查数据的有效转换,更好地发挥行政登记资料在普查工作中的关键基础作用。

课题组　组长:高华俊

成员:何珊珊　高玉荣　张　柳

民营企业已成为推动信息相关产业发展的重要力量

本文民营企业，是指除国有企业、集体企业、港澳台商投资企业和外商投资企业外的其他企业总称。2013 年第三次全国经济普查资料和 2008 年第二次全国经济普查资料对比分析显示，近年来，我国从事信息相关产业的民营企业发展迅速，已成为推动我国信息相关产业发展的重要力量。

一、主要特点

(一)企业总体规模扩大

普查资料显示，截止 2013 年底，我国从事信息相关产业的民营企业法人单位达到 45.7 万家，占全部信息相关产业企业法人单位的比重达到 94%，比 2008 年提高了 2.9 个百分点，年均增长 9.6%，比全部信息相关产业企业法人单位年均增速高 0.7 个百分点；从业人员达到 1050.8 万人，占全部信息相关产业企业法人单位从业人员的比重达到 56.3%，比 2008 年提高了 10.5 个百分点，年均增长 13.1%，比全部信息相关产业企业法人单位从业人员年均增速高 4.6 个百分点；全年实现营业收入达到 7.5 万亿元，占全部信息相关产业企业法人单位营业收入的比重达到 49.7%，比 2008 年提高了 14.6 个百分点，年均增长 22.7%，比全部信息相关产业企业法人单位营业收入年均增速高 8.3 个百分点。

(二)小微企业占绝大多数

分企业规模看，我国从事信息相关产业的民营企业绝大多数为小微企业。截止 2013 年底，在我国信息相关产业民营企业法人单位中，小微企业法人单位和从业人员分别达到 44.8 万家和 570.5 万人，分别占信息相关产业民营企业法人单位和从业人员的 98%和 54.3%；全年实现营业收入 3 万亿元，占信息相关产业民营企业法人单位的 39.7%。其中，微型企业法人单位和从业人员分别为 35.3 万家和 207.2 万人，分别占信息相关产业民营企业法人单位和从业人员的 77.3%和 19.7%；全年实现营业收入 0.8 万亿元，占信息相关产业民营企业法人单位的 10.2%。

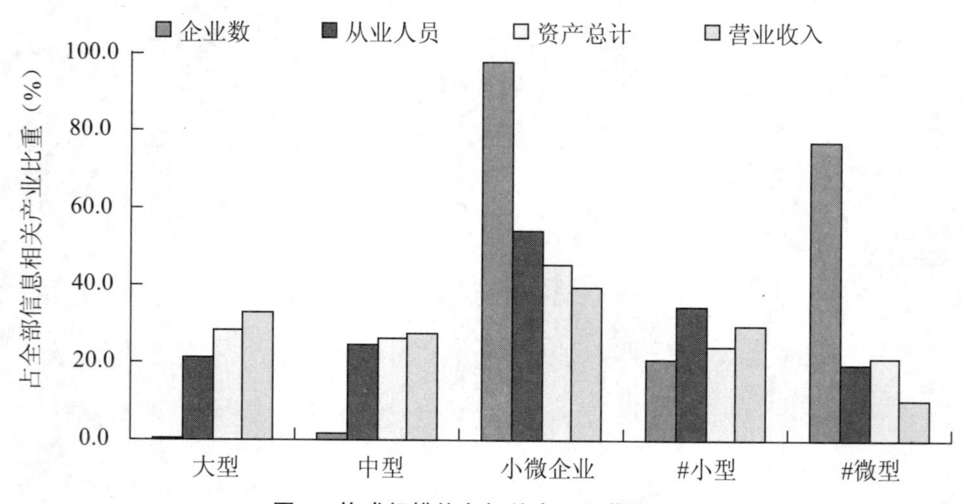

图 1　构成规模信息相关产业民营企业的

(三)以电子信息设备制造为主

分行业看，我国从事信息相关产业的民营企业主要集中在电子信息设备制造业。截止 2013 年底，在我国信息相关产业民营企业法人单位中，从事电子信息设备制造的民营企业法人单位和从业人员分别达到 8.2 万家和 494.1 万人，分别占信息相关产业民营企业法人单位和从业人员的 18%和 47%；全年实现营业收入 3.9 万亿元，占信息相关产业民营企业法人单位的 52.1%。电子信息设备销售和租赁业、计算机服务和软件业民营企业虽然在数量上分别占全部信息相关产业企业法人单位的 35%和 38.1%，但企业规模较小，其拥有从业人员和全年实现营业收入合计占全部信息相关产业企业法人单位相应指标的比重都仅在30%左右。

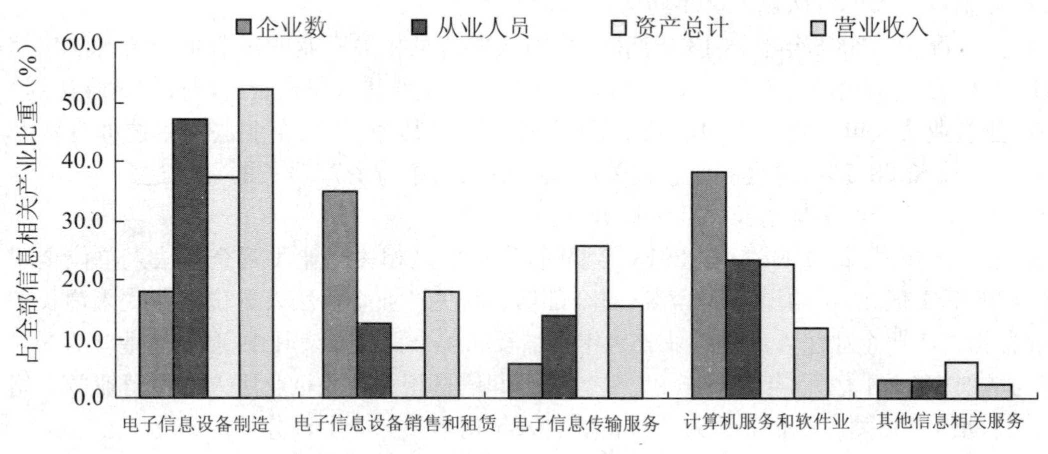

图 2　信息相关产业民营企业的行业分布

(四)企业主要分布在东部地区

分区域看，我国从事信息相关产业的民营企业主要分布在东部地区。截止 2013 年底，在我国东部地区从事信息相关产业的民营企业法人单位和从业人员分别达到 31.5 万家和 727.2 万人，分别占信息相关产业民营企业法人单位和从业人员的 68.9%和 69.2%；全年实现营业收入 5.4 万亿元，占信息相关产业民营企业法人单位的 71.6%。而中、西部和东北地区从事信息相关产业的民营企业法人单位合计所占比重，营业收入均不足百分之三十，从业人员不足百分之四十。

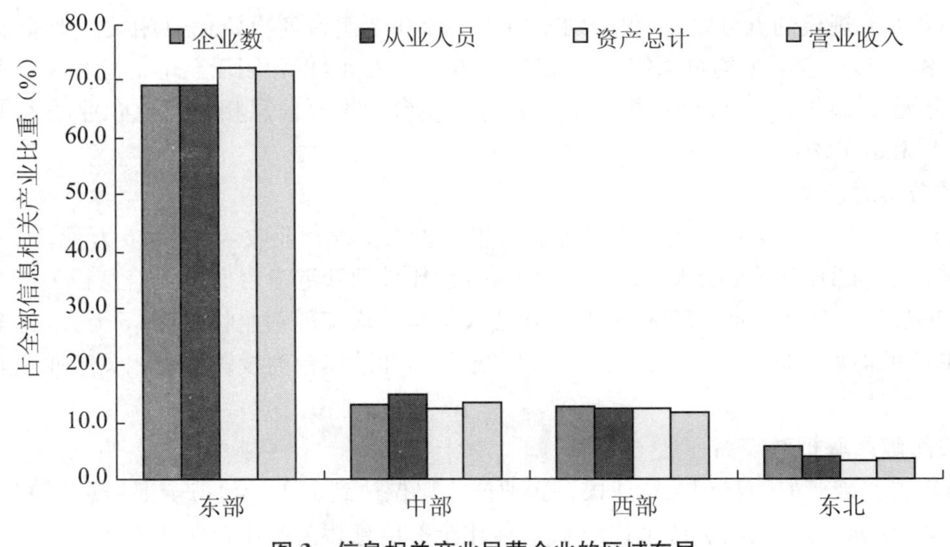

图 3　信息相关产业民营企业的区域布局

二、对信息相关产业发展的影响

民营企业的迅速发展，对推动我国信息相关产业的发展发挥了重要作用。具体表现在以下几个方面：

一是从单位数量上看。2008 年至 2013 年期间，我国从事信息相关产业的民营企业法人单位年均增加 3.4 万家，年均增长 9.6%，对全部信息相关产业企业法人单位数量增长的贡献达到 99.5%，大大超过其他经济类型企业对信息相关产业增长的贡献，在各种经济类型企业中贡献最大。其中，私营企业法人单位年均增加 1.8 万家，年均增长 6.5%，对全部信息相关产业企业法人单位数量增长的贡献为 52.7%，拉动信息相关产业企业法人单位数量年均增长 4.7 个百分点。

二是从人员数量上看。2008 年至 2013 年期间，我国从事信息相关产业的民营企业法人单位从业人员年均增加 96.8 万人，年均增长 13.1%，对全部信息相关产业企业法人单位从业人员数量增长的贡献达到 77.1%，超过了外商和港澳台商投资企业法人单位从业人员合计对信息相关产业从业人员增长的贡献，拉动信息相关产业企业法人单位从业人员年均增长 6.6 个百分点。其中,私营企业法人单位从业人员年均增加 43.1 万人,年均增长 10.5%,对全部信息相关产业企业法人单位从业人员数量增长的贡献为 34.4%,拉动信息相关产业企业法人单位从业人员年均增长 2.9 个百分点。

三是从资产情况看。2008 年至 2013 年期间,我国从事信息相关产业的民营企业法人单位拥有资产年均增加 12417.9 亿元,年均增长 26.2%,对全部信息相关产业企业法人单位资产增长的贡献达到 69.4%,拉动信息相关产业企业法人单位资产年均增长 11.9 个百分点。其中,私营企业法人单位拥有资产年均增加 4393.6 亿元,年均增长 28.7%,对全部信息相关产业企业法人单位资产增长的贡献达到 24.5%,拉动信息相关产业企业法人单位资产年均增长 4.2 个百分点。

四是从营业收入规模看。2008 年至 2013 年期间,我国信息相关产业民营企业法人单位全年实现营业收入年均增加 9635.1 亿元,年均增长 22.7%,对全部信息相关产业企业法人单位营业收入增长的贡献达到 65%,拉动信息相关产业企业法人单位营业收入年均增长 9.4 个百分点。其中,私营企业法人单位全年实现营业收入年均增加 3822.1 亿元,年均增长 21.1%,对全部信息相关产业企业法人单位营业收入增长的贡献达到 25.8%,拉动信息相关产业企业法人单位营业收入年均增长 3.7 个百分点。

三、存在的主要问题

信息相关产业民营企业的发展,对推动我国信息相关产业发展做出了贡献。但还应该看到,民营企业在发展过程中存在的一些问题,也不容忽视。主要表现在:

(一)企业规模相对较小

我国从事信息相关产业的民营企业虽然数量众多,但企业规模相对较小,平均每家拥有从业人员 23 人,比全部信息相关产业企业法人单位平均 38.4 人的规模少 15.4 人,不足外商与港澳台商投资信息相关产业企业法人单位平均人员规模的十分之一;平均每家拥有资产 1975.9 万元,不足全部信息相关产业企业法人单位平均 3365 .8 万元规模的五分之三,仅分别相当于外商和港澳台商投资信息相关产业企业法人单位资产规模的 6.6%和 7.4%;全年平均每家实现营业收入 1647.4 万元,仅相当于全部信息相关产业企业法人单位平均 3112.7 万元规模的 53%,仅分别相当于外商与港澳台商投资信息相关产业企业法人单位平均营业收入规模的 4.2%和 5.6%。

(二)企业效益相对较差

2013 年,我国从事信息相关产业的民营企业法人单位人均实现营业收入为 71.6 万元,比全部信息相关产业企业法人单位平均 81.1 万元的水平低 9.5 万元,分别比外商和港澳台商投资信息相关产业企业法人单位平均水平低 39 万元和 7.6 万元。其中,私营企业法人单位人均实现营业收入 56.5 万元,比全部信息相关产业企业法人单位平均水平低 24.6 万元,仅分别相当于外商和港澳台商投资信息相关产业企业法人单位平均水平的 51.1%和 71.4%。

(三)企业关闭破产率相对较高

2013 年,当年关闭破产的信息相关产业民营企业法人单位达到 7713 家,占全部信息相关产业关闭破产企业法人单位总量的 94.6%,关闭破产率达到 1.7%,比全部信息相关产业企业法人单位关闭破产率高 0.1 个百分点,分别比外商和港澳台商投资信息相关产业企业法人单位关闭破产率高 0.3 个和 0.5 个百分点。其中,当年关闭破产私营企业法人单位 5878 家,占全部信息相关产业关闭破产企业法人单位总量的 72.1%,关闭破产率达到 1.8%,比全部信息相关产业企业法人单位关闭破产率高 0.2 个百分点,分别比外商和港澳台商投资信息相关产业企业法人单位关闭破产率高 0.4 个和 0.6 个百分点。

可以看出,近年来,虽然我国从事信息相关产业的民营企业发展迅速,特别是企业数量增长很快,但企业规模相对较小,经济效益相对较差,抵抗风险的能力和市场竞争力相对较弱,应该给予高度重视。

课题组　组长:刘建生
成员:任　远　林自葵　杜小芳　陈　立
石静蕾　刘奕杉　李　冉

基于要素产出角度的中国制造业生产率提升研究

制造业是一国生产力水平的集中体现。历史上英国"日不落帝国"的形成、美国"世界霸主"地位的确立、日本战后经济的快速复苏和成长均得益于制造业的崛起。改革开放30多年来,我国工业化、城镇化的迅速推进,更是由于制造业的跨越式增长,2010年,我国的制造业总产值即已超过美国成为世界第一。但与此同时,我国制造业的进一步发展,正面临日益加深的资源环境和国际竞争的严峻挑战。要继续增强我国制造业的增长动力,提高国际竞争力,根本途径是提高全要素生产率。我们以全国第三次经济普查数据为依据,定量分析制造业各单一要素生产率的变化,综合分析全要素生产率提高的途径和前景,希望能为建设强大的中国制造业提供决策依据。

一、中国制造业的基本特征

2014年工业增加值228122.9亿元,比上年增长6.9%,占GDP的35.9%。规模以上工业企业利润总额68155亿元,其中,制造业利润总额56898亿元,占工业83.5%。第三次经济普查资料显示,中国制造业发展呈现如下特征:

(一)从增长态势看,制造业增速放缓,但结构不断优化

2014年中国制造业增加值比上年增长9.4%,而2006—2013年平均增长14.49%,增速放缓但结构有所优化。高技术制造业增加值比上年增长12.3%,装备制造业增加值增长10.5%,均高于制造业的增长水平,而五个高耗能行业①增加值比上年增长8.72%,低于制造业的平均增长速度。进入2015年,制造业结构保持优化态势:一方面,8月高技术制造业继续保持稳步增长,PMI为52.2%,高于制造业总体水平2.5个百分点,消费品相关行业持续保持扩张状态,PMI为54.6%,高于制造业总体水平4.9个百分点,且2014年5月以来始终位于临界点上方,8月增速有所加快;另一方面,1—8月份投资行业结构继续改善:一是装备制造业投资和消费品制造业投资同比分别增长10.8%和11.3%,增速分别比全部制造业投资增速高1.9个和2.4个百分点,二是高技术制造业投资保持较快增长,投资达到12362亿元,增长12.6%,比全部制造业投资增速高3.7个百分点,三是高耗能制造业投资同比增长2.1%,比全部制造业投资增速低6.8个百分点。

制造业转型升级主要是指产业由低技术水平、低附加值状态向高新技术、高附加值状态演变,发展模式由依靠资源要素投入、规模扩张的粗放型增长向提质增效的集约型增长转变。近年我国制造业正处在结构转型升级中,且收效明显。本文根据三经普资料,从科技、资本、劳动和规模四方面,选取固定资产实现销售产值、三费合计实现销售产值、科技支出实现销售产值、人均销售产值、科技人员占全部从业人员比例、新产品开发经费支出占主营业务成本比例、新产品销售收入占主营业务收入比例,劳动成本实现销售产值、人均利润率、销售产值占全国比重,主营业务收入占全国比重等11个指标,分析制造业各行业的综合效益情况。从总效益的综合得分看:除烟草制品业综合效益最大外,计算机、通信和其他电子设备制造业,汽车制造业,铁路、船舶、航空航天和其他运输设备制造业,电气机械和器材制造业,仪器仪表制造业,专用设备制造业,通用设备制造业等装备制造业的综合效益也较高,医药制造业,化学原料及化学制品制造业,化学纤维制造业等技术密集行业综合效益都在平均水平之上,这些表明高新制造业综合效益较好。而对资源依赖性较强的传统行业如木材加工和木、竹、藤、棕、草制品业,家具制造业,皮革、毛皮、羽毛及其制品和制鞋业等行业的综合效益排名靠后,详见图1。

---

① 数据来源于《2014年国民经济和社会发展统计公报》。六大高能耗行业中的电力、热力生产和供应业不属于制造业,故本文取五个高能耗行业(非金属矿物制品业、化学原料和化学制品业、黑色金属冶炼和压延加工业、有色金属冶炼和压延加工业、石油加工、炼焦和核燃料加工业)增长的平均值8.72%。

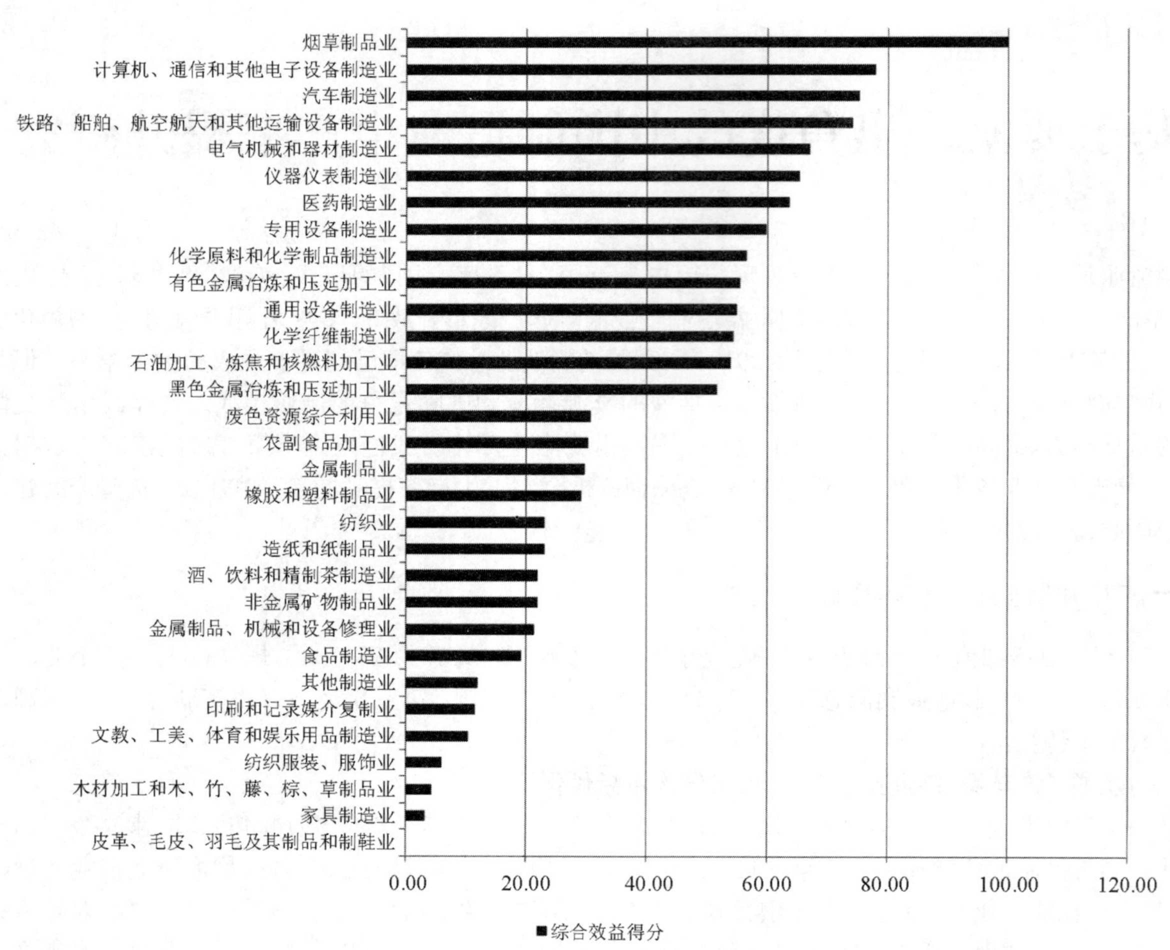

图 1　制造业 31 个细分行业的因子分析综合得分

备注：本课题数据来源①1998—2013 年的时间序列数据来自于历年《中国工业经济统计年鉴》（1999－2012 年）和经济普查一普、二普、三普数据。②2003—2011 年数据来自国家统计年鉴。③2013 年数据来自经济普查，由于没有公布工业总产值，在采用经济普查数据时我们将产出指标更改为工业销售产值。④2014 和 2015 年资料来自于国家统计局网站。

（二）从区域发展看，制造业实力总体呈现东部显著优于中西部、西部赶上中部、中部和西部无明显梯度差的特点

从行业规模来看：第三次经济普查数据显示东部地区在多数行业中占据更大比重。如纺织业，纺织服装、服饰业，皮革、毛皮、羽毛及其制品和制鞋业，文教、工美、体育和娱乐用品制造业，化学纤维制造业，橡胶和塑料制品业，金属制品业，通用设备制造业 8 个行业东部地区的销售产值分别占该行业的 74.23%、73.76%、73.77%、82.01%、89.6%、67.43%，69.23%、63.61%，规模显著大于中部和西部。但在资源依赖性较强的酒、饮料和精制茶制造业，烟草制品业，有色金属冶炼和压延加工业 3 个行业中，东中西的规模差异不大。

依据上文的 11 项指标，从综合效益得分来看：北京、江苏、山东、天津、上海、广东、浙江等东部经济发达省份位列前茅，中部的安徽、湖南、湖北紧随其后，西部地区的重庆也处于平均水平之上，详见图 2。

二、中国制造业生产率的发展轨迹与困境分析

生产率是投入与产出之比，衡量资源开发利用的效率。如果研究对象的投入只包含一种生产要素如劳动、资金等，所得生产率为单要素生产率，如果研究对象的投入包含了劳动、资金以及自然资源、科技、管理等所有要素，所得生产率即为全要素生产率（TFP），其来源包括技术进步、组织创新、专业化和生产创新等，是可用于衡量经济效益水平和集约化增长程度的综合性指标。本文从资金生产率（工业总产值/资产总计）、劳动生产率（工业总产值/全部从业人员年平均数）、全要素生产率（总产出/综合投入）分析制造业生产率的发展轨迹及困境。

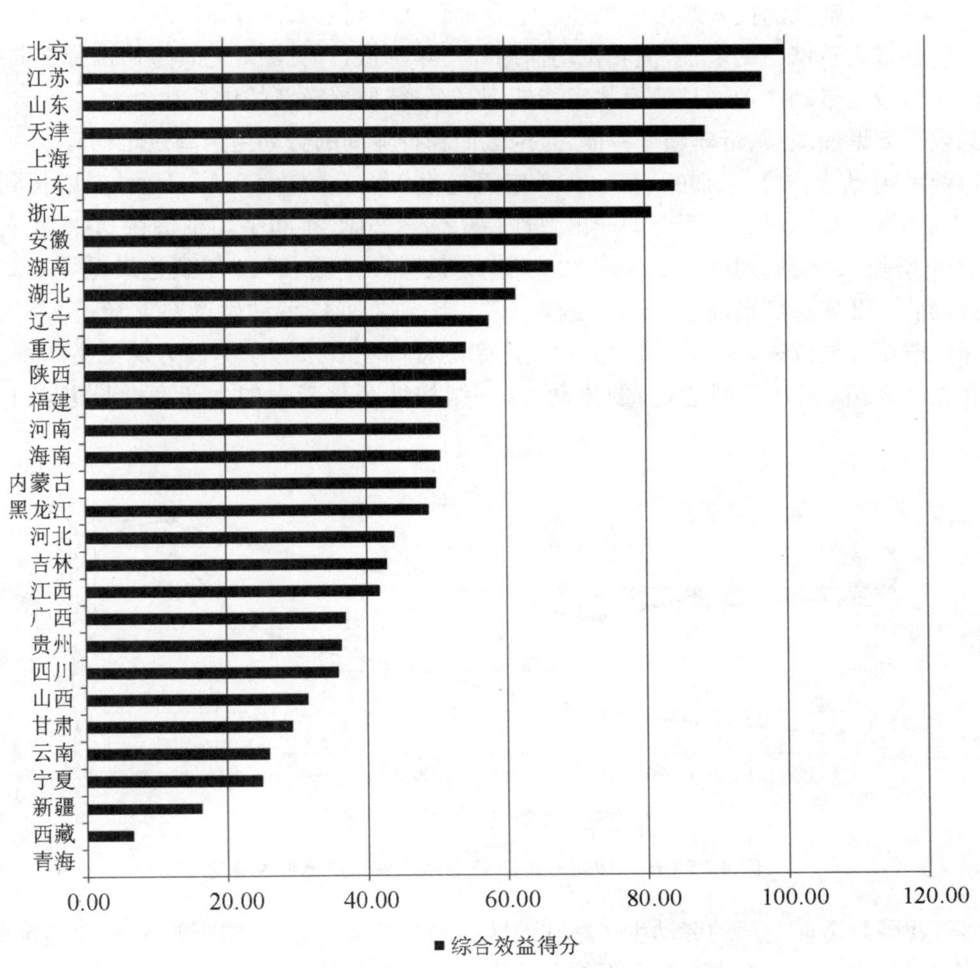

图 2　全国 31 个省份制造业因子分析的综合得分

(一)资金对经济效益的影响逐渐减弱,中国制造业依靠投资拉动经济增长的模式难以为继

资金生产率反映了资金投入转化为产出的能力,而产出弹性反映的是边际生产率,即多投入一单位的生产要素(资金)所能带来的产出增长百分数。①中国制造业资金生产率从 1998 年的 0.7 增长到 2013 年的 1.34,平均增长率仅为 4.5%,2009 年有小幅度的下降,2011 年上升到顶峰 1.38,2012 和 2013 年有所下降,近来制造业 PMI 低于 50%,说明趋于停滞,详见图 3 的资金生产率曲线。②应用 C−D 生产函数模型,以 1998—2013 年的制造业内细分行业数据测算制造业整体的资金产出弹性,我国资金的产出弹性是先升后降而在 2012 年触底后 2013 年略有回弹,1998—2013 年资金的平均产出弹性为 0.70,表明资金投入增加 1%,相应的产出平均增加 0.70%。分段来看:1998 年的资金产出弹性为 0.63,到 2004 年弹性达到最高为 0.82,

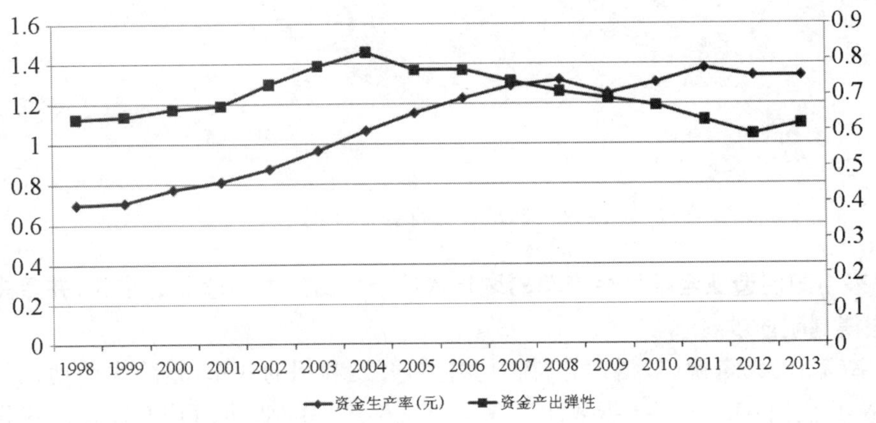

图 3　制造业 1998−2013 年资金生产率和产出弹性变化

表明 1998—2004 年间，资金的投入产出效果逐年上升；而 2005 到 2012 年，弹性值从 0.77 下降到 0.59，表明加大资金投入能够带来总产出的增长，但其拉动作用却逐年降低，详见图 3 的资金产出弹性曲线。也就是说我国制造业以资金投入带动产业增长的模式亟待转型升级，需要寻求新的增长动力。

(二)劳动生产率增速减缓，近年趋于停滞，且地区间和行业间的劳动生产率过于均等

我国制造业的劳动生产率在 1998 年—2012 年间是逐年上升的，由 9.18 万元/人增长到 95.97 万元/人，共增长了 10.46 倍，涨幅显著。而劳动产出弹性在 1998—2012 年间平均维持在 0.35 左右，表明劳动投入提高 1%，产出增长 0.35%。其中 1998—2003 期间是波动不定的，2003 年到达最低点 0.27 后开始呈明显的上升趋势，到 2012 年达到最高点 0.47。进入 2013 年，制造业的劳动生产率下降了 9.8%，同时产出弹性也略有下降。改革开放以来，我国制造业劳动生产率的提高主要来源于劳动力从低生产率的农业部门向高生产率的非农业部门（尤其是制造业）的流动，这一结构性变化带来的生产率增长进入了瓶颈期，详见图 4。

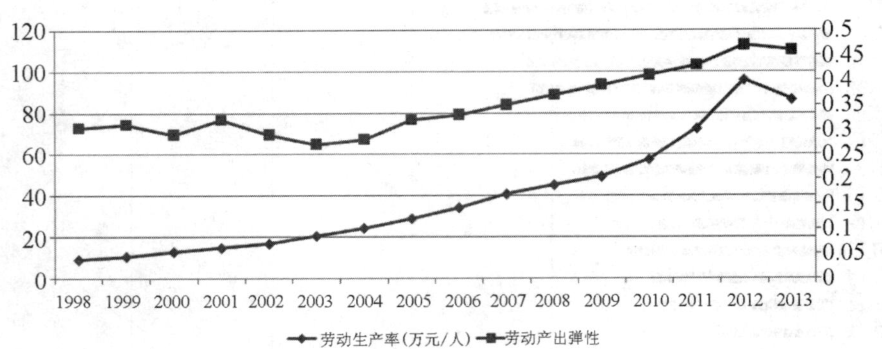

图 4　制造业 1998—2013 劳动生产率和产出弹性变化

近 10 年来，我国制造业内部的劳动生产率在地区间和行业间的差距逐渐缩小，东北地区的劳动生产率在 2010 以后逐渐与东部一致，而中部和西部的劳动生产率一直差异不大，同时低技术制造业、中低技术制造业、中高技术制造业、高技术制造业的劳动生产率差距也较小。根据 2013 年普查资料，发现不同行业、不同区域的劳动生产率呈现无差异现象，详见图 5、图 6，劳动力没有动力从低生产率部门向高生产率部门流动，这一现象的形成原因是我国区域间的产业结构趋同。具有不同资源禀赋和产业基础的省份形成了门类齐全的产业结构体系，资源分散而没有主导优势产业，同时主要行业的空间分布均衡化，未能集中于相应区域，难以发挥集聚效应。

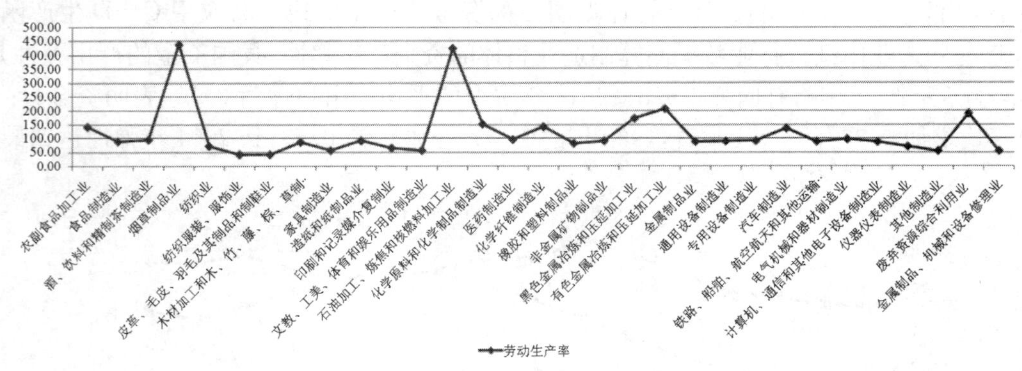

图 5　2013 年分行业劳动生产率

(三)1998 以来中国制造业全要素生产率的增长依赖于中高技术制造业的增长，并且主要来源于技术进步，技术效率未能得到明显改善

全要素生产率（TFP）是资源（包括人力、物力、财力）开发利用的效率，是除去劳动、资本、土地等要素投入之后的"余值"。我们用 Malmquist 指数法计算全要素生产率的变动（TFPC），并将其分解为技术效率变动（EC，向当前技术前沿的追赶）和技术进步（TC，技术前沿随时间向前的推移），而技术效率变动进一步又可以分解为纯技术效率（PEC，管理的提升使效率发生变化）和规模效率（SEC，向最佳规模的靠近），即

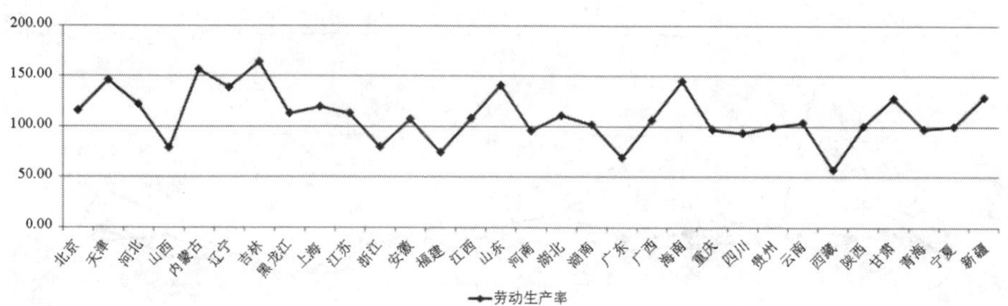

图 6　2013 年分省份劳动生产率

TFPC＝EC×TC＝PEC×SEC×TC。

1998—2013 年，全要素生产率平均增长了 7.83%，其中技术进步变化率增长了 9.18%，为全要素生产率的增长贡献了 172%，说明全要素生产率的增长全部来源于技术进步，而技术效率为负增长，同时进一步观察其分解出来的纯技术效率和规模效率，可以发现全部小于 1，说明我国的制造业管理、资源配置效率低下，规模未能达到最优水平，因而抵消了技术进步的一部分积极作用，详见表 1。

对各年份的具体分析发现技术进步变化率不同程度的增长，促进了全要素生产率的增长，仅在 2009 年与 2013 年出现了负增长，而当年技术效率的变化为正，除了数据处理的偏差外主要是因为 2008 年的经济危机与 2012 年的经济增长模式转变后，对结构调整更为重视，推动了技术效率改善，而技术进步则稍有放缓。技术效率的变化历年来波动不定，其分解的纯技术效率和规模效率也各有起伏，总体上我国的技术效率仍有待改善，通过管理创新、优化资源配置以及生产力的重新布局和调整等途径能提高全要素生产率。

表 1　制造业整体 1998～2013 年全要素生产率变化率及其分解

年份	技术效率变化率			技术进步变化率	Malmquist 指数	TFP 增长率(%)
		纯技术效率	规模效率			
1999	0.99	0.97	1.01	1.09	1.07	7.07
2000	1.00	0.99	1.01	1.11	1.12	11.57
2001	0.92	0.99	0.93	1.21	1.11	11.27
2002	1.06	1.00	1.06	1.00	1.06	6.19
2003	0.95	0.95	1.00	1.18	1.12	11.58
2004	0.97	1.00	0.97	1.12	1.09	8.83
2005	0.98	0.98	1.00	1.12	1.10	9.93
2006	0.96	0.98	0.98	1.13	1.09	8.77
2007	1.02	1.02	1.00	1.07	1.09	9.38
2008	0.97	0.97	1.00	1.10	1.06	6.13
2009	1.04	1.01	1.03	0.98	1.02	1.93
2010	1.01	1.01	1.00	1.05	1.06	6.02
2011	0.96	0.98	0.98	1.14	1.10	9.76
2012	0.97	1.01	0.96	1.16	1.12	12.24
2013	1.02	1.04	0.98	0.96	0.98	−2.24
平均值	0.99	0.99	0.99	1.09	1.08	7.83

按照经济合作与发展组织（OECD）和世界银行的标准将制造业按技术高低进行分类，1998—2013 年全要素生产率总体呈持续增长，低技术制造业平均增长 7.2%，中低技术制造业平均增长 7.3%，中高技术制造业平均增长 10.7%，高技术制造业平均增长 10.5%，说明我国制造业 TFP 的增长主要依靠中高及以上的技术制造业。详见图 7，在 2009 和 2013 年 TFP 出现较大幅度的下降，而高技术制造业的 TFP 变化波动最大。

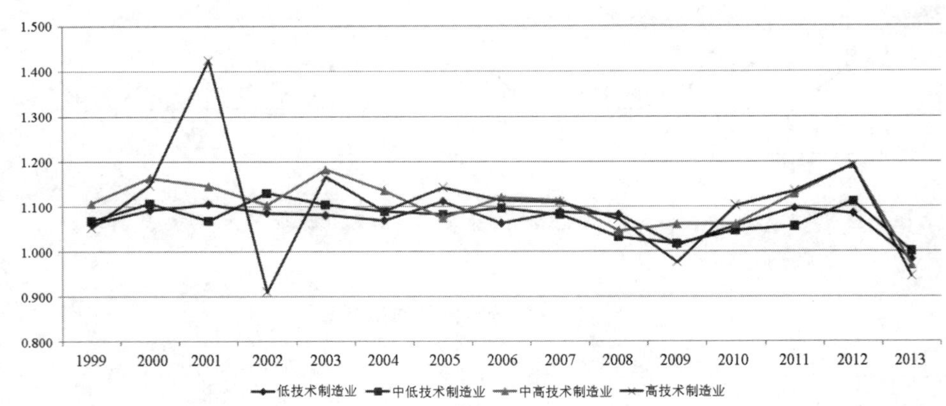

图 7 制造业分类型的全要素生产率变化

(四)相对发达经济体,中国制造业装备制造能力弱,研发投入少,生产率低

改革开放以来,我国制造业快速发展,建立起门类齐全、独立完整的制造体系,成为支撑我国经济社会发展的重要基石。然而,与世界先进水平相比,我国制造业仍然大而不强,在产业结构水平、自主创新能力、资源利用效率等方面差距明显。

1. 中国制造业总量增长较快,但主要以轻纺工业支撑发展,装备制造业能力较弱。以 2005 年不变价美元比较主要制造大国 1998—2013 年的制造业增加值,中国的总量增长幅度显著大于其余国家,1998 年中国制造业增加值仅占美国的 27%,日本的 46%,德国的 71%,而在 2001 年总量超过德国,2007 年赶超日本,到 2010 年超越美国,跃居世界第一。近 15 年来,中国的制造业增加值增长了 7.26 倍,而美国、日本、德国、韩国、印度分别增长了 1.31、1.28、1.32、3.03 和 2.98 倍。但从制造业的构成来看,2010 年,日本与德国的机械和运输设备占制造业增加值百分比已经达到 37.5%和 39.86%,韩国在 2008 年亦达到 46.5%,而中国的装备制造业销售产值占制造业的比重却在 2013 年才达到 37.14%。

2. 研发重视程度有所提升,但投入依然不足。中国的研发支出占 GDP 比例从 1998 年的 0.65%增长到 2012 年的 1.98%,但同发达国家相比,研发投入严重不足,从图中可以看出,发达制造业代表的德、日、美、韩的研发支出比例均显著高于我国。近 15 年来,美国和德国的研发支出虽增长较慢,但其初始水平较高,1998 年已经分别投入 GDP 的 2.34%和 2.28%;日本和韩国作为后发国家,对研发的重视逐年加大,研发支出增速较快,韩国从 1998 年的 2.34%上升到 2011 年的 4.04%,日本在 2008 年以前一直维持着较高比例研发投入,从 1998 年的 2.96%到 2008 年的 3.25%,2009 年以后的投入比例稍有下降,但依然处于高投入水平。

3. 资金和劳动生产率显著低于发达经济体。目前,中国的劳动生产率高于印度,但资金生产率却较低,美国的资金和劳动生产率均遥遥领先于中国,日本和德国的生产率水平相当,韩国稍低,但也远高于中国,详见表 2。

表 2 经济总体的资金和劳动生产率

年份	资金生产率						劳动生产率(现价美元/人)					
	中国	美国	日本	德国	韩国	印度	中国	美国	日本	德国	韩国	印度
1998	2.71	4.38	3.83	4.30	4.36	4.25	4097	55329	38214	39282	29272	4727
1999	2.74	4.29	4.04	4.28	3.75	3.73	4318	57074	38670	39425	31845	4958
2000	2.86	4.24	3.98	4.19	3.04	4.15	4660	58601	39790	39949	33234	5063
2001	2.77	4.53	4.11	4.49	3.17	3.91	5100	59190	40236	40448	33881	5227
2002	2.66	4.63	4.45	5.03	3.23	4.01	5695	60424	40994	40687	35330	5295
2003	2.44	4.62	4.46	5.09	3.12	3.83	6517	61460	41821	40887	36378	5606
2004	2.32	4.44	4.44	5.24	3.11	3.08	7124	62911	42717	41239	37314	5881
2005	2.39	4.31	4.45	5.33	3.11	2.92	7825	63741	43109	41583	38283	6285
2006	2.34	4.29	4.41	5.08	3.06	2.79	8778	64227	43648	42884	39753	6720

续表

年份	资金生产率						劳动生产率(现价美元/人)					
	中国	美国	日本	德国	韩国	印度	中国	美国	日本	德国	韩国	印度
2007	2.42	4.47	4.37	4.83	3.07	2.63	9975	64740	44439	43547	41280	7170
2008	2.29	4.81	4.35	4.80	3.03	2.81	10901	64812	44131	43483	41970	7517
2009	2.10	5.71	5.09	5.51	3.51	2.76	11864	65250	42375	41231	42233	8018
2010	2.11	5.44	5.04	5.12	3.12	2.74	13056	67190	44795	42699	44293	8515
2011	2.12	5.39	4.95	4.85	3.03	2.57	14203	68039	44628	43393	45116	8875
2012	2.11	5.22	4.79	5.21	3.23	2.76	15250	68374	44851	43243	45478	9200
2013	2.10	5.17	4.73	5.27	3.44	3.07						

备注:资金生产率=GDP现价美元/资本形成总额现价美元,劳动生产率=GDP现价美元/就业人口

三、基于要素产出角度的中国制造业生产率提升对策

制造业生产率的提高主要通过两个途径:一是技术进步与创新带来的全要素生产率提高;二是生产要素投入比例的改变所引致的要素重置效应。

(一)技术进步与效率改善并重,提升中国制造业全要素生产率,实现要素投入驱动向科技创新驱动的增长模式转变

技术进步的根源在于实现自主创新,包括原始创新、集成创新和引进消化吸收再创新三部分。原始创新活动主要集中在基础科学和前沿技术领域,其本质属性是原创性和第一性,集成创新和引进消化吸收再创新是利用已存在的技术完成重大创新,而集成创新的结果是一个全新产品,引进消化吸收的再创新结果是产品价值链某个或者某些环节的重大创新。我国利用后发优势,积极从国外引进技术实现了制造业的飞速发展,然而关键核心技术和高端装备对外依存度高,创新能力不足。2013年我国制造业投入4322.39亿元用于技术获取与改造,其中引进技术经费支出占8.93%,消化吸收经费支出占3.24%,购买国内技术经费支出占4.75%,技术改造经费支出占83.08%。调整研发投入结构,加大消化吸收的投入比例,实现由消化吸收再创新到集成创新和原始创新的突破,最终达成工业国产化的目标。

1998—2013年,我国制造业的技术效率呈负增长,低技术制造业的技术效率平均下降了1.3%,中低技术制造业平均下降1.6%,高技术制造业平均下降0.4%,仅中高技术制造业略有增长。因此重视发展教育,提高人力资源素质,实现组织创新与管理效率的提升;集中力量,重点培育,实现资源的优化配置;鼓励产业集群的诞生,发挥规模效应,最终实现技术效率的大幅改善。

(二)大力发展装备制造业,提高制造业的科技创新能力和资源使用效率

装备制造业是制造业的核心,制造业技术水平的提高很大程度上取决于装备的现代化。而我国装备制造业发展严重滞后,表现为研发投入不足,大部分高端装备、先进技术依赖于国外进口;要素投入产出效益低,2013年的资金产出弹性仅0.45,低于制造业的平均水平;全要素生产率1998—2013年平均增长8.56%,仅略高于制造业平均水平,但是技术效率低下,平均下降0.49%。提升装备制造业实力的关键途径是技术创新,我们要利用制造领域科学技术变革机遇,把握行业技术创新的方向,加强研发投入,提高资源使用效率,促进产学研一体化合作,实现装备制造业的快速发展,培育具有核心竞争力的中国装备品牌。

(三)工业化与城镇化为制造业发展提供沃土,资金应回流实体经济

2003—2013年全社会固定资产投资的增长幅度明显快于制造业固定资产投资的涨幅,并且这一差距有继续增大的趋势,详见图8。进入2015年,受国际经济总体走弱、产能过剩矛盾依然突出、工业品出厂价格持续下降、工业企业利润下降的影响,制造业投资增速持续回落,制造业企业投资意愿不足,1—8月份,全国制造业投资113313亿元,同比增长8.9%,增速比1—7月份回落0.3个百分点。1—8月份,制造业投资拉动全部投资增长3.05个百分点,比1—7月份减少0.1个百分点。

然而我国正处于工业化的中后期,工业化的持续推进必然会为制造业发展提供更广阔的空间,城镇化进程逐步加速,城市公共设施和农村基础设施建设也必然会带来制造业产品的需求,巨大的国内市场为中

国制造业的发展提供"良田沃土",同时中国产业结构转型升级阶段必然对创新提出了更高的要求,资金应回流实体经济,夯实制造业基础。

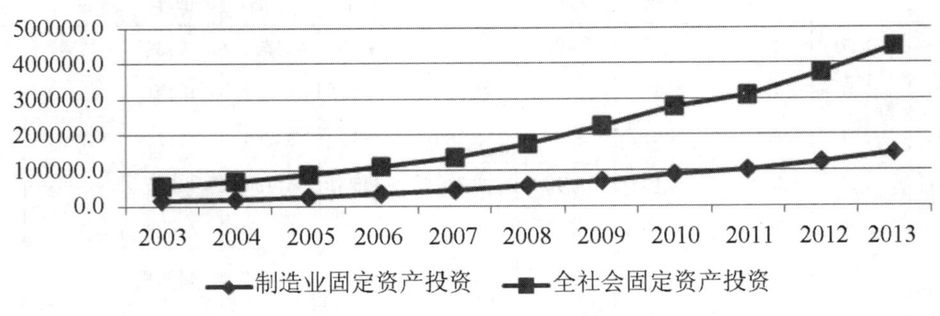

图 8　2003—2013 年制造业和全社会的固定资产投资

(四)打破要素流动障碍,发挥要素重置效应,提升落后的生产能力

合理的产业布局与专业化分工,实现行业和区域之间的优势互补,打破区域产业结构同质化,实现生产要素自由流动,发挥重置效应,提高生产率。根据 2013 年经济普查数据,从投入产出角度选择了 11 个指标,进行分行业和分区域的聚类分析,按照不同类别的特征实施相应的提升策略。

1. 不同类别行业提升建议①

第一类是高技术类,以医药制造业、铁路、船舶、航空航天和其他运输设备制造业、仪器仪表制造业、汽车制造业、电气机械和器材制造业、计算机、通信和其他电子设备制造业、通用设备制造业、专用设备制造业、化学纤维制造业九个行业为代表。该类行业技术密集度高,整体效益较好,多数行业的资本、劳动效益和行业规模较高,是制造业结构升级的重要载体。需要提高自主创新能力,在关键核心技术与高端装备方面实现重大突破,以达成工业创新强国目标。

第二类是资源依赖类,以石油加工、炼焦及核燃料加工业、废弃资源综合利用业、化学原料和化学制品制造业、黑色金属冶炼及压延加工业、农副食品加工业、有色金属冶炼及压延加工业六个行业为代表。此类别行业对资源依赖性强,规模大,除废弃资源综合利用业,其余五个行业的资本和劳动效益较高。但该类别的行业科技效益普遍偏低,是粗放型向集约型增长转变过程中的重点突破对象,需要加大科技投入,提高资源能源的利用率,降低对资源的依存度和环境的破坏,实现绿色制造强国的目标。

第三类是传统制造类,以食品制造业、酒、饮料和精制茶制造业、印刷和记录媒介复制业、造纸和纸制品业、其他制造业、金属制品、机械和设备修理业、纺织服装、服饰业、家具制造业、皮革、毛皮、羽毛及其制品和制鞋业、文教、工美、体育和娱乐用品制造业、木材加工和木、竹、藤、棕、草制品业、橡胶和塑料制品业、金属制品业、纺织业及非金属矿物制品业十五个行业为代表。除了金属制品业,金属制品、机械和设备修理业和非金属矿物制品业外,其余行业属于传统的轻纺制造业,综合表现一般。该类别是中国产品向中国品牌,中国速度向中国质量转型的基础对象,需要建立优势互补的产业集群,由加工制造环节向研发、设计、营销和品牌培育等高端环节延伸,建成工业质量强国。

2. 不同类别区域提升建议

第一类是以江苏、山东、浙江、广东四省为代表的综合实力领先类,其特点是制造业规模大,资本效益突出,科技投入产出效果良好,除山东外科技效益均位列前十,但劳动效益未能得到充分发挥。该类省份的行业门类虽齐全,却未能打造出特色鲜明、具有国际竞争力的产业。因此,生产率提升应调整产业布局,优先发展技术密集型行业,推动重点产业国际布局,同时有序转移部分落后生产力。

第二类是以天津、上海、北京三省为代表的科技领先类,其科技效益显著,资本和劳动的投入产出效果也在中上水平,但各行业的规模均比较小。此类省份重视研发投入,资源利用效率虽高却未能流向制造业。针对性的对策建议为集中优势资源发展高技术制造业,突破关键技术,实现制造业的数字化、网络化和智能化,并发挥中心辐射作用,带动整体发展。

第三类是以安徽、湖北、湖南、黑龙江、陕西、重庆、贵州七省为代表的综合实力平均类,其特点是科技效

① 鉴于烟草制品业的垄断特性,建议中未将其纳入。

益在平均水平之上，其中陕西、湖南和安徽的跻身前十，多数省份的资本和劳动效益较好，但制造业规模小。不足之处为资源缺乏且分散，未能形成主营业务突出、竞争力强的行业。因此制造业生产率的提升重点应为提高资源配置效率，形成跨区域跨行业的基于产品内分工的合作互赢网络。

第四类是以江西、河南、河北、广西、辽宁、内蒙古、海南、吉林八省为代表的劳动领先类。劳动力效益表现突出，全部处于中上等水平，并且除内蒙古和海南，其余省份资本效益和规模都位于平均之上，但科技效益低，处于中下等水平。该类省份锁定于加工制造低端环节以及劳动密集的低端行业，因此应创新加工贸易模式，延长加工贸易国内增值链条，推动加工贸易转型升级。

第五类是以云南、甘肃、新疆、西藏、宁夏、青海、山西、福建、四川九省为代表的综合实力相对滞后类。除福建的资本效益较好，规模较大外，其余省份在科技、资本、劳动、规模四方面的表现都差强人意。此类多属西部落后地区，资源整合利用效率低下。因此，紧抓西部大开发和一路一带的历史机遇，利用国家的政策倾斜、资金扶持以及项目支持，综合考虑区域内部资源能源、环境容量以及市场空间等因素，合理承接东部转移产业，开辟西南国际市场，加强区域间合作，实现共同增长。

课题组　组长：段敏芳

成员：吴俊成　田秉鑫　陈江胜

我国快递业发展状况研究

一、我国快递业发展现状及特点

(一)我国快递业发展历程

我国快递业起步较晚,中国邮政速递物流(EMS)于1984年开始开展我国特快专递业务,是第一家开展我国快递业务的公司。随着中国经济的快速发展及人民生活对快递业务需求的不断增加,我国快递业发展迅速。我国快递业的发展主要经历了三个阶段:一是快递业初始发展阶段——国有EMS的主导阶段;二是民营快递企业快速发展阶段;三是我国快递市场对外开放阶段。

1. 快递业初始发展阶段——国有EMS的主导阶段

快递业发展初期,中国邮政成立了邮政特快专递(EMS),业务发展迅猛。同时,我国第一部《邮政法》明确规定,“信件及具有信件性质的物品的寄递业务由邮政企业专营”,最初的我国快递市场几乎由邮政垄断。

2. 民营快递快速发展阶段

20世纪90年代后,随着市场经济的逐步建立及民营经济的不断壮大,民营快递企业逐步进入快递行业。在此期间,一大批民营快递企业迅速发展壮大。顺丰、宅急送、申通等民营快递企业采取“门到门”的服务方式,运作方式灵活,价格低廉,反应迅速,显露明显竞争优势,民营快递企业很快开始占领市场。

3. 我国快递市场对外开放阶段

随着我国对外开放的不断深入,特别是加入世界贸易组织(WTO)后,我国快递业的发展迎来了新的机遇和挑战。中外运敦豪(DHL)、联邦快递(FedEx)、联合包裹(UPS)及荷兰天地快运(TNT)等国外大型快递企业凭借雄厚的经济实力和先进的技术水平陆续进入我国开展国际快递业务。同时,我国快递市场逐步提高对外开放程度,我国快递行业开放性和竞争性进一步加强。

(二)我国快递业发展情况

1. 快递业发展迅速

近年来,我国快递业务收入和快递业务量均保持了快速增长态势。2013年,全国规模以上快递服务企业业务量完成91.9亿件,同比增长61.5%,增速比2012年提高6.5个百分点。快递业务收入① 1441.7亿元,同比增长36.6%。

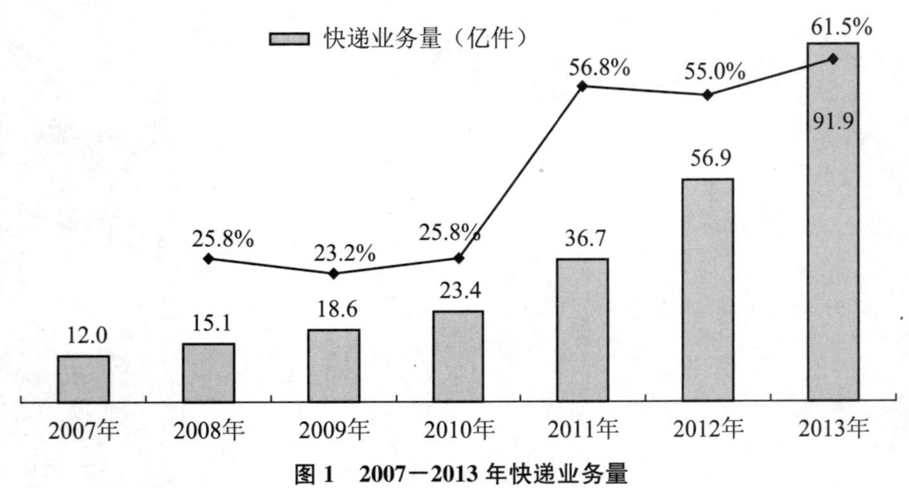

图1　2007—2013年快递业务量

① 数据来源:国家邮政局2013年邮政行业发展统计公报。

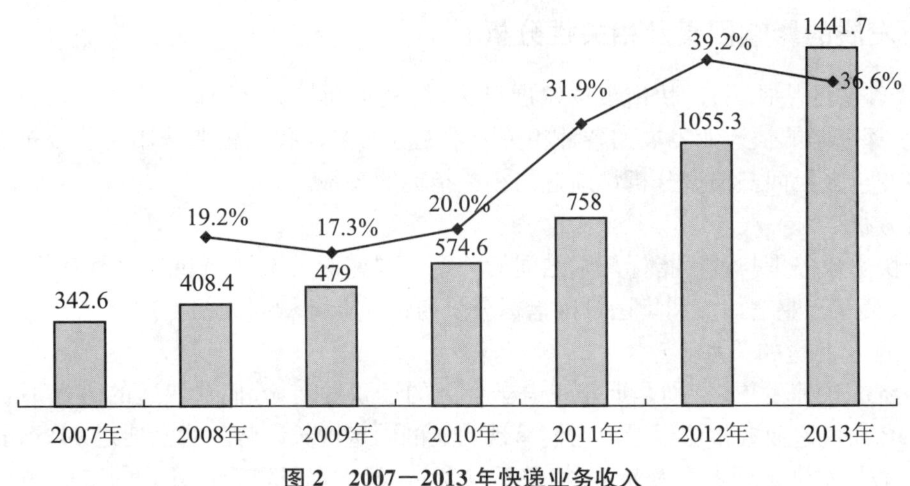

图 2　2007—2013 年快递业务收入

2. 快递业区域发展不平衡

从快递业企业单位分布情况看，半数以上集中在东部地区。2013 年东、中、西部地区分别有快递业企业 6078 家、3118 家、2184 家。其中，大型快递业企业①分别有 36 家、8 家、5 家。从资产总计和营业收入构成看，东、中、西部资产总计比重分别为 80％、9.8％，10.2％，营业收入比重分别为 77.1％、12.4％、10.5％。

3. 私营企业是快递市场"主力军"

我国快递市场，以私营企业为主。2013 年，全国有快递业企业 1.1 万家，其中私营企业 7590 家，占到了 66.9％。从控股情况看，私人控股的快递业 10003 家，占到了 87.9％。从我国快递业务量来看，2014 年排名前三位的分别为：申通快递、圆通快递和中通快递，均为私营企业。从业务收入来看，排名前三位的分别是顺丰速运、邮政速递和申通快递。顺丰速运和申通快递为私营企业。

4. 快递业务以国内异地快递为主

从快递业务收入和业务量情况看，国内异地快递都占据主导地位。2014 年，我国异地快递业务收入占 55.3％，业务量占 72.3％。各板块的业务收入及业务量如图 3、4 所示。

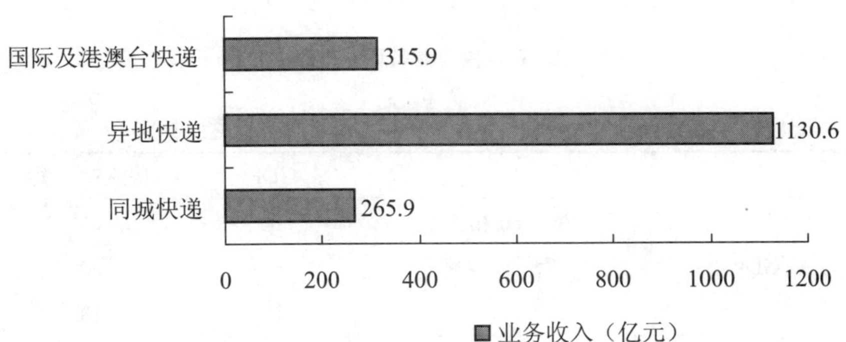

图 3　2014 年快递业各版块业务收入情况

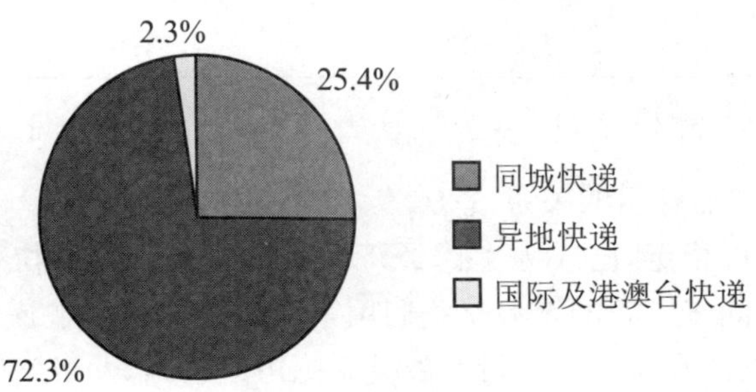

图 4　2014 年快递业各版块业务量比重

① 按照国家统计局《统计上大中小微企业划分办法》划分。

二、快递业发展的影响因素及相关性分析

近年来，随着经济的快速增长，快递市场发展迅速，规模不断扩大，快递业已成为人们工作和生活不可或缺的服务行业，探究影响快递业发展的各种相关因素尤为必要。我们主要采用定量分析方法通过单变量相关性分析及多变量多元回归模型分析快递业与相关指标的关系。

（一）单变量分析

即定量分析快递业务量与若干指标两两之间的关系。快递业的发展与众多因素有关，我们选取了国内生产总值(GDP)、第三产业增加值和货运量等指标分析与快递业务量间的相关性。

1. GDP与快递业务量的关系

随着中国经济的快速发展，特别是近年来电子商务的迅猛发展，人们对快递的需求不断增长。从2007年到2013年GDP和快递业务量可以看出它们呈现明显的同步增长趋势。我们通过SPSS软件的相关数据分析，在1%的显著性水平下两者显著相关，相关系数为0.951。可见，随着GDP的增长，快递业务量呈现逐年增加态势。

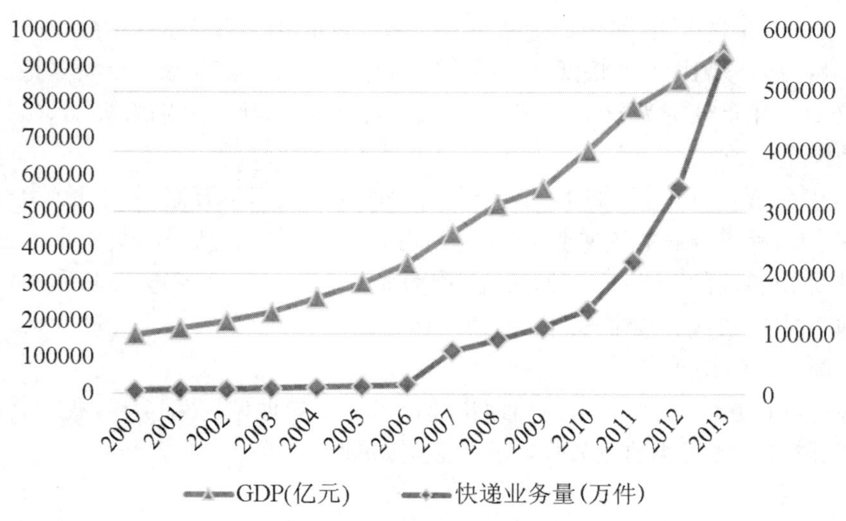

图5　GDP与快递业务量的发展关系图

表1　GDP与快递业务量的相关性检验表

		GDP	快递业务量
GDP	Pearson 相关性	1	.942**
	显著性(双侧)		.000
	N	13	13
快递业务量	Pearson 相关性	.942**	1
	显著性(双侧)	.000	
	N	13	13

**. 在.01水平(双侧)上显著相关

2. 第三产业增加值与快递业务量的关系

近年来，我国第三产业发展稳定，已成为支撑经济增长的主要因素。快递业作为第三产业重要的组成部分，与第三产业发展保持了同步增长的态势。我们用第三产增加值及快递业务量来研究服务业和快递业的发展关系。从第三产业增加值和快递业务量发展关系图可以看出，两者之间高度关联，另外用SPSS分析表明，在1%的显著性水平下两者具有较明显的正向相关性，相关系数为0.952，说明第三产业增加值和快递业务量密切相关。

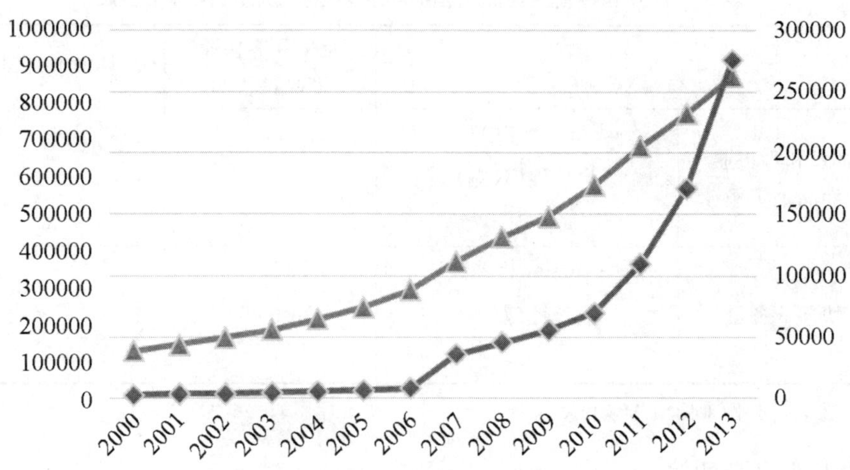

图 6 第三产业增加值和快递业务量的发展关系图

表 2 第三产业增加值和快递业务量的相关性检验表

		快递业务量	第三产业增加值
快递业务量	Pearson 相关性	1	.952**
	显著性(双侧)		.000
	N	13	13
第三产业增加值	Pearson 相关性	.952**	1
	显著性(双侧)	.000	
	N	13	13

**. 在 .01 水平(双侧)上显著相关。

3. 批发零售业与快递业务量的关系

商品的批发和零售与快递活动密切相关，我们用批发和零售业商品销售额及快递业务量两个指标，研究批发和零售业与快递业的关系。从图中可以看出两个指标发展趋势相同，另外用 SPSS 分析数据结果表明，在 1%的显著性水平下两者显著相关，相关系数为 0.974，这说明，批发零售业与快递业的发展显著相关。

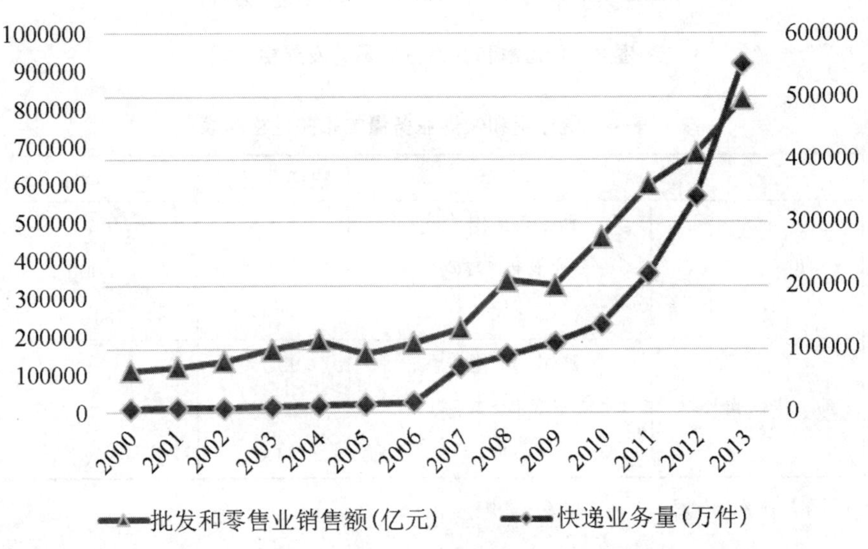

图 7 批发和零售业商品销售额与快递业务量的发展关系图

表 3　批发和零售业商品销售额与快递业务量的相关性检验表

		批发和零售业商品销售额	快递业务量
批发和零售业商品销售额	Pearson 相关性	1	.974**
	显著性(双侧)		.000
	N	13	13
快递业务量	Pearson 相关性	.974**	1
	显著性(双侧)	.000	
	N	13	13

**. 在 .01 水平(双侧)上显著相关

4. 货运量与快递业务量的关系

快递业务的开展离不开货物运输，货运方式包括水路、铁路、公路等，快递物件的运输同样是通过这些渠道。从历年数据发展态势分析可以看出，从 2007 年到 2013 年快递业务量和货运量呈相同趋势发展，另外用 SPSS 分析数据表明，在 1%的显著性水平下两者显著相关，相关系数为 0.957，可见，货运量与快递业务量密切相关。

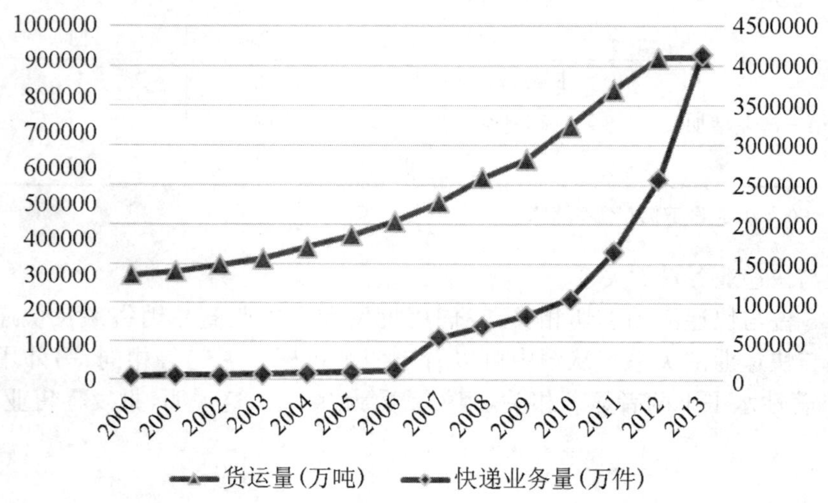

图 8　货运量和快递业务量的发展相关图

表 4　货运量和快递业务量的相关性检验表

		快递业务量	货运量
快递业务量	Pearson 相关性	1	.957**
	显著性(双侧)		.000
	N	13	13
货运量	Pearson 相关性	.957**	1
	显著性(双侧)	.000	
	N	13	13

**. 在 .01 水平(双侧)上显著相关

5. 互联网上网人数与快递业务量的关系

从每年的双十一各大电商销售额不断攀升，快递企业频频爆仓可见，互联网的发展能够对快递业发展起到积极的促进作用。我们研究互联网上网人数与快递业务的关系。从图 13 可知两者的发展趋势一致，用 SPSS 分析可知，在 1%的显著性水平下两者显著相关，互联网上网人数和快递业务量的相关系数为 0.933，可见,电子商务对快递的发展起着上游产业的拉动作用。

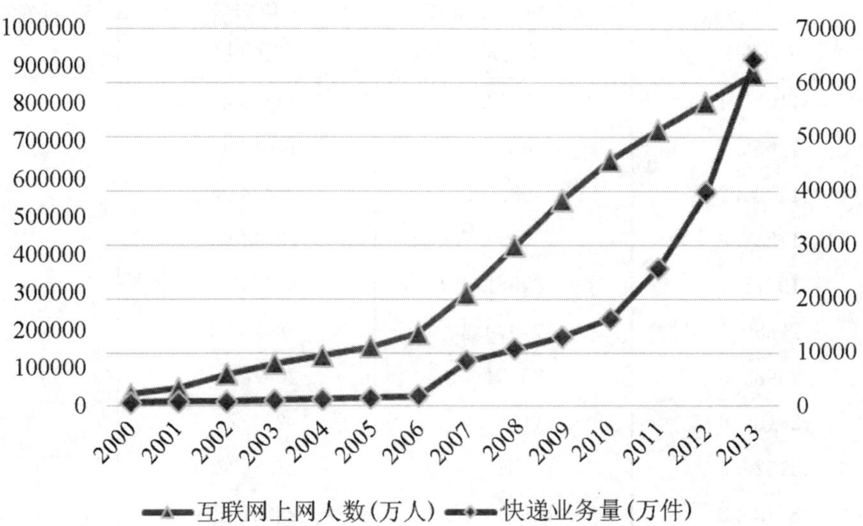

图 9 互联网上网人数和快递业务量发展关系图

表 5 互联网上网人数和快递业务量的相关性检验表

		快递业务量	互联网上网人数
快递业务量	Pearson 相关性	1	.933**
	显著性(双侧)		.000
	N	13	13
互联网上网人数	Pearson 相关性	.933**	1
	显著性(双侧)	.000	
	N	13	13

**. 在 .01 水平(双侧)上显著相关

(二)多变量分析

我们采用多元线性回归的方法,建立快递业务量与其影响因素之间的模型关系。

1. 数据的选择与模型的建立

通过单变量分析我们得出,第三产业增加值与快递业务量相关系数高于 GDP,在这两个同类指标间我们选择第三产业增加值作为解释变量。另外,第三产业增加值、批发和零售业销售额、货运量与快递业务量的相关系数均高于 0.95,而互联网上网人数和快递业务量的相关系数为 0.933,因而我们选取相关性更强的 3 个指标作为解释变量建立多元回归模型。

即:被解释变量 Y=快递业务量(万件)

解释变量为:X_1=第三产业增加值;X_2=货运量;X_3=批发和零售业销售额。本文对 2000—2013 年的数据进行分析。

根据以上数据,我们用 Eviews 软件进行多元线性回归分析,模型设定为:

$$y=\beta_1+\beta_2x_1+\beta_3x_2+\beta_4x_3+u$$

表6 快递业务量与其相关变量历年数据①

年份	快递业务量（万件）	第三产业增加值（亿元）	货运量（万吨）	批发和零售业销售额（亿元）
2000	11031.4	38714.0	1358682.0	66359.5
2001	12652.7	44361.6	1401786.0	72415.2
2002	14036.2	49898.9	1483446.9	81266.2
2003	17237.8	56004.7	1564491.5	99446.1
2004	19771.9	64561.3	1706412.0	114071.4
2005	22880.3	74919.3	1862066.0	93151.3
2006	26988.0	88554.9	2037059.7	110054.8
2007	120189.6	111351.9	2275821.6	132740.8
2008	151329.3	131340.0	2585937.3	208229.8
2009	185785.8	148038.0	2825221.9	201166.2
2010	233892.0	173596.0	3241806.7	276635.7
2011	367311.1	205205.0	3696961.1	360525.9
2012	568548.0	231934.5	4100436.2	410532.7
2013	918674.9	262203.8	4098900.0	496603.8

2. 模型的参数估计和检验

(1)参数估计

用快递业务量及相关数据做以下参数估计，得到多元线性回归结果如下：

表7 快递业与其相关因素的多元线性回归结果

Dependent Variable：Y

Method：Least Squares

Date：04/18/15　Time：22：07

Sample (adjusted)：2000 2013

Included observations：14 after adjustments

Variable	Coefficient	Std. Error	t−Statistic	Prob.
C	376103.3	124698.3	3.016107	0.0130
X_1	7.635776	2.439948	3.129483	0.0107
X_2	−0.62478	0.149255	−4.186041	0.0019
X_3	2.189973	0.516920	4.236581	0.0017
R−squared	0.974982	Mean dependent var		190737.8
Adjusted R−squared	0.967476	S. D. dependent var		266282.4
S. E. of regression	48022.49	Akaike info criterion		24.63168
Sum squared resid	2.31E+10	Schwarz criterion		24.81427
Log likelihood	−168.4218	Hannan−Quinn criter.		24.61478
F−statistic	129.9014	Durbin−Watson stat		2.109607
Prob(F−statistic)	0.000000			

从统计回归结果来看，R～2＝0.974982，修正的可决系数为0.967476，这说明模型对样本的拟合很好。

① 数据来源：中国统计年鉴。

可得函数：

$$Y=376103.3+7.64X_1-0.62X_2+2.19X_3$$

$$t=(3.02)\quad(3.13)\quad(-4.19)\quad(4.24)$$

$$R^2=0.97\qquad F=129.9$$

(2)相关统计量的检验

模型的经济意义检验：模型估计结果说明，在假定其他变量不变的情况下，当年第三产业的增加值每增长1%，平均来说快递业务量会增长7.64%；在假定其他变量不变的情况下，当年批发和零售业销售额每增长1%，平均来说快递业务量会增长2.19%。

统计检验：

F检验，针对H0：B2＝B3＝B4＝0，显著水平 $\alpha=0.05$，在F分布表中查出自由度 $k-1=3$ 和 $n-k=9$ 的临界值 $F\alpha(3,9)=3.86$，而表中得到的 $F=129.9$，由于 $F=129.9>F\alpha(3,9)=3.86$，应该拒绝原假设H0：B2＝B3＝B4＝0，说明回归方程显著，即“第三产业增加值”、“货运量”、“批发和零售业销售量”等变量联合起来确实对“快递业务量”有显著影响。

T检验：分别针对H0：Bj＝0（j＝1,2,3,4），给定显著水平 $\alpha=0.05$，查t分布表得自由度为 $n-k=9$ 的临界值 $t\alpha/2(n-k)=2.201$。由表中数据可得，与B1～、B2～、B3～、B4～对应的t统计量分别为3.016107、3.129483、－4.186041、4.236581，其绝对值均大于 $t\alpha/2(n-k)=2.201$，这说明在显著水平 $\alpha=0.05$ 下，分别应当拒绝H0：Bj＝0（j＝1,2,3,4），也就是说，当在其他解释变量不变的情况下，解释变量“第三产业增加值”、“货运量”、“批发和零售业销售额”对被解释变量“快递业务量”都有显著的影响。

3. 模型的预测

2014年按照2013年的增长率，利用模型可得2014年快递业务量达到的水平为：

$$Y=376103.3+7.64*296423.5-0.62*4097383.44+2.19*600720.3$$
$$=1395088.1$$

2014年实际快递业务量为140亿件，与模型估计结果较为接近，可见模型拟合程度较好。利用该模型预测2015年、2016年快递业务量为156.9亿件和192.3亿件。

三、促进快递业发展的措施及建议

我国快递业的发展仍处于起步阶段，快递市场有很大发展潜力。推动快递业的发展可以降低流通成本，便利群众生活，有利于扩大内需和就业。建议从以下四个方面促进我国快递业发展。

（一）推进“互联网＋快递”，实现快递业与电子商务联动发展

近年来，我国电子商务发展迅猛，不仅创造了新的消费需求，增加了新的就业渠道，而且在推动服务业转型升级，与制造业融合发展等方面发挥了重要作用，成为经济发展新的动力。电子商务对快递的发展发挥着上游产业的拉动作用，电子商务的蓬勃发展能够带动快递业务量和快递业务收入的增加。因此，引导快递企业与电商深度合作，加强信息共享及大数据技术的应用，对加快快递业发展具有重要意义。与此同时，需要让更多的企业和个人涉足电子商务。近年来，我国上网人数和互联网普及率呈现逐年增长的态势。但是我国的互联网普及率仍然较低。截止2013年底，我国互联网普及率为45.8%。从前文的分析中我们可以看出，互联网上网人数对我国快递业的发展有着重要影响。应进一步加大互联网基础设施建设，提高互联网普及率，特别是农村互联网普及率，才能更为有效的促进快递业的发展。

（二）完善快递业相关法律法规，规范服务市场

我国快递业起步较晚，但是发展迅速，快递业相关的法律法规还不够完善，行业准入制度尚未健全。快递行业准入资格的不完善导致部分不具备运营条件的企业或个体户进入快递行业，一些机构或人员甚至冒用知名快递企业的名称招揽货物，对正规快递企业的信誉和经营活动带来了严重的负面影响，同时给托运人造成大量经济损失，阻碍了快递业的健康发展。另外，部分快递企业对快递业务服务质量重视不够，导致客户的业务体验不佳，产生许多投诉，也是影响快递业健康发展的一个大问题。因此，要实现我国快递业市场健康稳步发展，需要进一步完善快递业相关法律法规，制定行业管理规定，明确经营者的从业条件与经营范围的同时，严格市场监督机制，规范市场秩序，提高快递业务服务质量，维护托运人及正规快递企业的利益。

(三)提高民营企业竞争力,提升快递业服务水平

在外资快递企业纷纷抢滩中国市场的形势下,民营快递企业面临着巨大的竞争压力。对于我国快递市场,民营企业有着更加灵活和便捷的配送优势。民营企业尽早制定自己的发展战略,以自己的优势作为突破口,不断提升自己品牌与口碑。通过信息技术的有效运用,增强对顾客的要求进行快速反应,实现快速准确的货物交付,提高服务水平,同时,可以通过对货物全流程的跟踪和控制,使各作业环节做到无缝衔接,进而可以提高快递网络效率。民营快递企业还应加强与外界各方采取合作联盟等战略。如加强与电子商务企业的合作,以此来抓住市场机遇,实现更长久地发展战略。提高民营企业的竞争力和服务水平,才能真正促进我国快递行业的持续稳定发展。

(四)健全物流学科建设,培养物流业专业人才

在物流系统中,人才因素是系统整合的关键要素。物流技术的创新和物流系统的运作都需要具有综合素质的物流专业人才。由于我国长期以来对物流人才培养的重视程度不够,物流许可体系不健全,物流方面的人才缺乏,物流从业人员的综合素质亟待提高。为适应快递业的快速发展,应鼓励高校设置物流专业,资助科研机构在物流领域的研究和创新活动。同时,支持行业协会建立和开展物流业从业人员的职业培训,促进行业从业人员素质的提高。

参考文献:

[1]季彤,快递业发展影响因素分析[D]南京邮电大学,2012年.
[2] 杨蕊蕊.民营快递企业发展问题及对策研究[D],长安大学,2010年.
[3] 陈雪.王志坚.探析我国快递业发展现状及存在的问题[J]《企业导报》2012年19期.
[4] 张学高.基于物流决策三角形的民营快递企业发展路径选择[J]《价值工程》2013年.
[5] 郭淑芳.中国快递产业的竞争力研究[D]上海师范大学,2009年.
[6] 赵志敏.中国民营快递企业的发展研究 [J]《东方企业文化》2012年18期.
[7] 王丽蕊.快递行业对淘宝的影响及发展对策研究学术期刊[J]《中国电子商务》2014年.
[8]中国统计年鉴 2013.
[9] 钱卫.我国快递行业研究和民营快递公司的竞争策略分析学位论文[D]复旦大学,2006.
[10] 张洪斌.我国快递业发展的现状、问题与对策[J].中国科技信息,2008(11).
[11]王维婷.对中国快递业现状及发展的研究[J].交通与运输,2007(3).
[12]张兵.我国快递业发展的思考[J].商场现代化,2008(7)
[13]张洪斌,赵玉敏.快递业发展面临六个问题[J]中国物流与采购,2006 (8).
[14]周用隆.提升中国快递业竞争力的对策[J].铁道货运,2006(9).
[15]商务部研究院课题组.中国快递市场发展研究报告[J].经济研究参考,2006年.
[16]张洪斌,赵玉敏.我国快递业现状与趋势预测[J].中国物流与采购,2005年.

课题组　组长:金　明
成员:寇　莉　刘　强　黄　琴　杨　勇

我国交通运输业发展状况及延伸影响

一、主要研究内容

交通运输泛指运用运载工具在交通网络上流动，从而实现人、货之空间移动的过程，交通运输业则是那些专门从事交通运输活动的经济单位的集合。

本项目的主要研究目标是我国近年交通运输业发展状况。我们首先着眼于行业发展规模与结构状况、投入与产出做分析，以期获得对当前中国交通运输业整体状况的基本认识。进而深入到企业层面，希望通过对交通运输企业组成状况、经营状况的分析，进一步丰富对交通运输业整体状况的认识。

在上述分析基础上，我们将研究内容做了适度扩展，意在进一步反映交通运输业以及交通运输基础设施建设对经济社会发展的影响。具体内容包括以下方面：

首先是交通运输业的外部效应分析，包括正向效应和负向效应。

交通运输业是国民经济产业结构的组成部分，一方面要为其他行业提供交通和客货运输服务，另一方面在自身运行过程中形成对其他行业产品的需求，两方面合起来，形成与其他各行业之间的经济关联。借助于投入产出表可以从投入和产出两个角度揭示交通运输业与其他行业之间的供求关系，从而显示交通运输业通过产业关联对整个经济增长的贡献和作用。

交通运输业是能源消耗“大户”，在全社会能源消耗以及二氧化碳排放中占有非常显著的比重。在可持续发展背景下，为实现节能减排目标，交通运输业承担很大责任。本项目将研究内容做进一步延伸到交通运输业能源消耗状况分析，希望通过交通运输在能源消耗总量、强度以及影响因素等方面的分析，揭示交通运输给经济社会发展带来的负面效应以及未来所承担的责任。

其次是交通运输基础设施投资对经济社会发展的影响效应。一方面，交通运输业发展特别依赖于交通基础设施投资建设，另一方面交通运输业发展不仅能够带动本地经济增长，而且还会因为“通”和“运”而对相邻地区经济产生良性作用。为此，我们从各地区交通运输基础设施固定资产投资入手，通过本地交通运输业产出延伸到各区域经济增长，结合空间计量模型的应用，试图验证当前交通运输发展给其他区域经济社会发展所带来的空间溢出效应。

二、我国交通运输业整体发展状况

(一)法人单位及从业人员总体规模

根据第三次经济普查，2013 年中国交通运输业共有 223123 个法人单位，共有从业人员 11094056 人，占经济活动人口的 1.40%，占第三产业从业人员总数的 3.74%。

分运输方式看，道路运输业贡献率最高，包括 129389 个法人单位和 6516274 名从业人员，分别占运输业总数的 62.5%和 58.7%。铁路运输是高度垄断的，大中型国有企业掌握着几乎所有铁路资源，由此导致法人单位数量有限，只有 313 个，但铁路运输业的就业贡献率则不可小觑，其从业人员数量占总数的 18.3%。值得关注的是装卸搬运和运输代理业，已拥有超过 7 万家法人单位，约 134 万从业人员，分别占总数的 31.8%和 12.0%，已成为交通运输业的重要组成部分。

相比于二经普时期交通运输业的状况，交通运输业的法人单位数增长了 41.59%，从业人员增加了 23.59%，可见交通运输业在这五年中得到了快速的发展。其中两个基数最小的子类——管道运输业和航空运输业发展最快，前者法人单位和从业人员分别增长了 275.29%和 51.58%，后者法人单位数在五年内增加了 83.29%，从业人员增加了 46.13%。道路运输业的发展速度位居第三，法人单位数相比二经普时期增加了 72.32%，从业人员数增加了 21.57%，增长最为缓慢的是水上运输业，法人单位数增加了 32.4%，从业人数则降低了 15.02%，最为特殊的要数铁路运输业，其法人单位数比二经普时期降低了 28.86%，从业人员则是大幅度增长，达到 265.23%。

(二)交通运输业实物产出——运量与运输周转量

运输业作为服务行业，其实物产出主要体现为每年为社会经济提供了多少运输服务。

图 1 显示出，自 2004 年起的近十年间，我国旅客运输无论是客运量还是旅客周转量，均呈现出高速、稳定的增长态势。其中，客运量从不到 200 亿人次增长到近 400 亿人次，年均增长率达到 10.1%，旅客周转量则从 15000 亿人公里，到 2012 年达到 33000 亿人公里，平均每年有 9.4%的增幅。

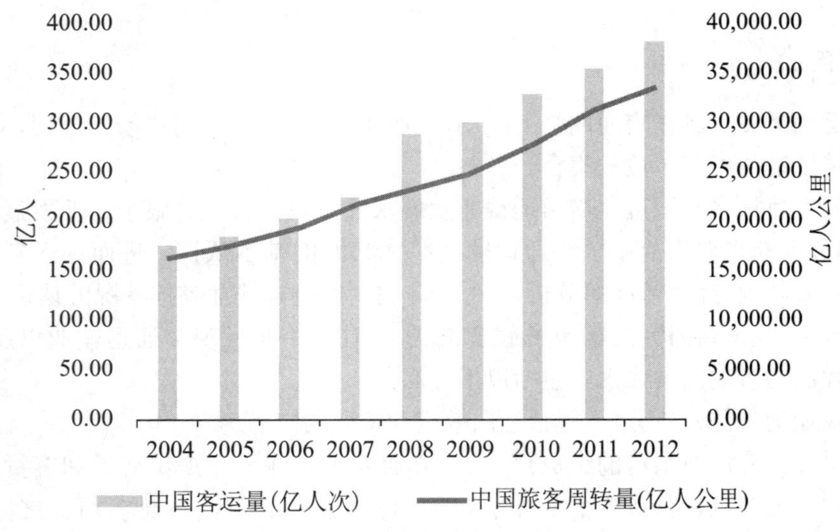

图 1 中国近年客运量与客运周转量

图 2 显示了 2004—2012 年全国运输业货运量和货物周转量的基本走势。可以看到，与客运类似，近十年间无论是货运量还是货物周转量，都一直处于高速增长之中。货运量从 171 亿吨增长到超过 410 亿吨，年均增长率达到 11.6%；货物周转量增长更快，从 6.9 万亿吨公里增长到 17.4 万亿吨公里，平均每年增长 12.2%。

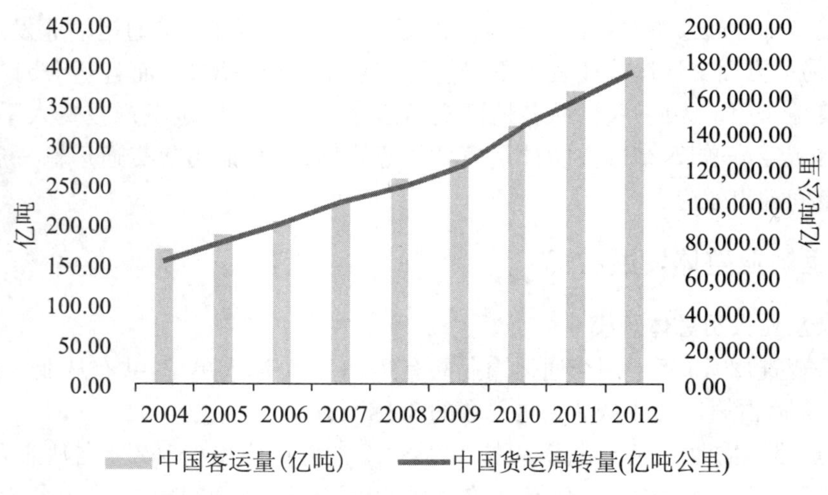

图 2 中国近年货运量与货运周转量

(三)交通运输业增加值较快增长

从图 3 可见，从 2004 到 2013 年，我国交通运输业增加值一直保持着较高的增长速度，10 年间增长了 1.8 倍，以现价计平均每年增长 12.2%，扣除价格影响，实际增长超过 8%。

但与此同时，交通运输业增加值占 GDP 比重却呈现出平缓下降态势，从 2004 年占比 5.8%下降到 2013 年的 4.4%，如何评价这个占比水平以及下降态势？是一个比较复杂的问题。总体而言，不能单就交通运输本身做评价，也不能简单地认为交通运输业对国民经济的贡献在下降。实际上，交通运输业经济产出取决于实物产出、运价、各种投入品(尤其是燃油)若干因素，而这个产出反过来就是其他行业的交通运输成本。结合交通运输业实物产出的快速增长态势而言，交通运输业增加值对 GDP 直接贡献下降趋势，可能在一定程度上是价格变化(包括运价和燃油价格)所致,其下降在一定程度上可以作为一个信号:交通运输业的高速发展,使得长期困扰经济发展的交通运输瓶颈已经得到很大缓解,已能够支持整个经济系统的增长。

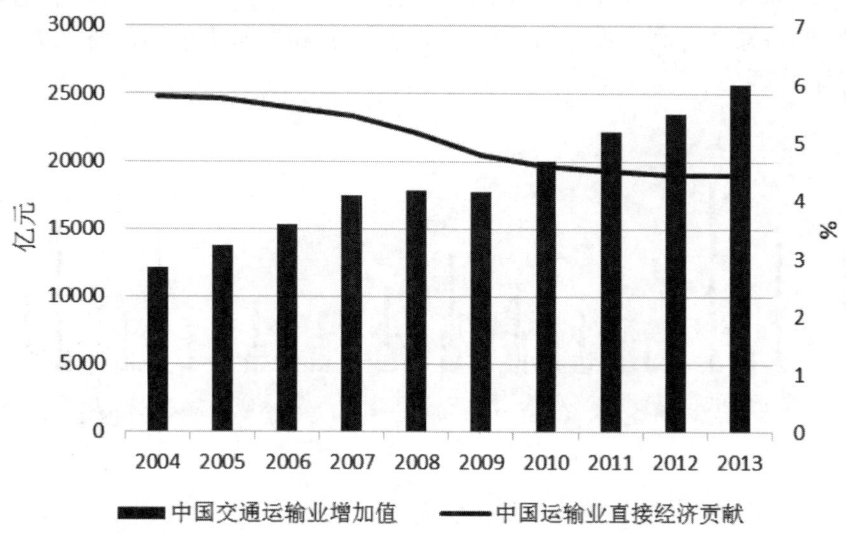

图 3　中国近年交通运输业增加值及 GDP 贡献

三、交通运输企业状况

作为一个面向市场的营利性行业,交通运输业的主体肯定是各类交通运输企业。第三次经济普查将交通运输企业分为规模以上和规模以下两个部分,规模以上企业数据较为全面,规模以下企业数据较少。为此,我们主要针对规模以上交通运输企业,进行企业经营状况分析。

根据第三次经济普查,2013 年共有规模以上交通运输企业 26821 家,占全部交通运输企业的 12.2%,而按照从业人员、总资产、营业收入计算,占比分别达到 60.8%、48.7%、63.7%。作为交通运输企业中的重点单位,其经营状况在很大程度上能够决定整个交通运输业的基本状况。

(一)资产分布及资产负债率

以总资产论,规模以上交通运输企业主要分布在广东、上海、北京、江苏,其次是天津、浙江、山东、辽宁、四川。但值得关注的是,如果从企业单体资产(企业平均资产)规模看,排名前列的并不是上述省市,而是海南、贵州、新疆、云南、陕西诸省区,显示出比较高的企业集中度,尤其是海南和新疆(以及内蒙、青海),只有一百多家规模以上企业,但单体规模却高高在上,相对狭小的运输市场被少数企业所主导。相比较而言,上海、广东、北京、天津(以及辽宁、福建)等省市,一方面运输业市场规模较大,同时有较多企业进入,能够形成更具竞争性的市场结构。

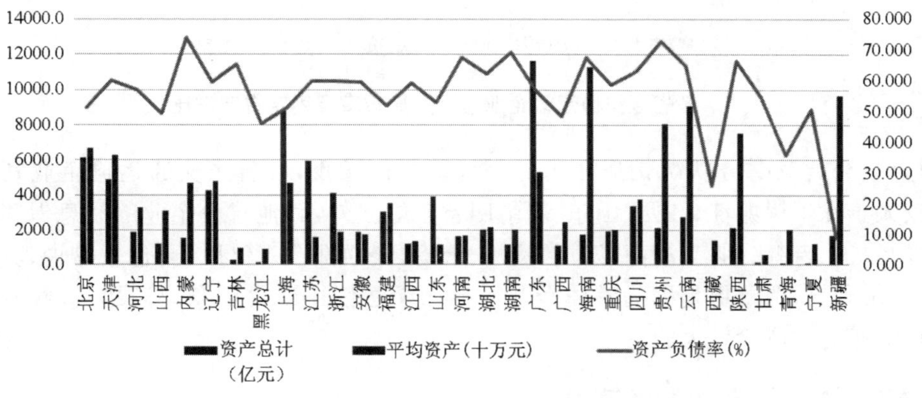

图 4　各省交通运输企业负债与平均资产(2013 年)

大部分省份企业的资产负债率都在 50%—70%之间,略高于一般所认为的 40%—60%适宜水平,尤其是内蒙和贵州两地,企业资产负债率高达 70%以上,只有新疆、西藏等少数省区资产负债率处于较低水平。

(二)生产经营状况

利润率是评价企业生产经营情况的基本指标。由图5可以发现,各省区交通运输企业的总体盈利能力普遍不高,净利润率基本都在10%以下,吉林、湖南、西藏、青海四省区甚至处于亏损状态,一些交通运输大省如上海、浙江、广东等,在总体盈利能力方面并没有突出表现,相对水平较高的省区大体包括北京、河北、江苏、安徽、山东、河南、广西等省区。

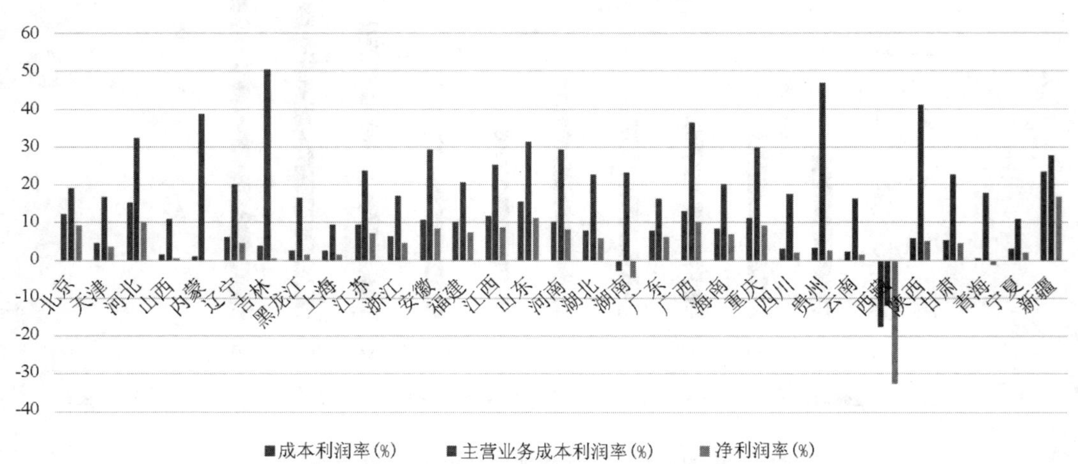

图5 各区域交通运输企业平均利润水平

以较少的资产带来较大的业务收入,这是基本经营目标。由图6可以发现,各省市交通运输业平均总资产周转率普遍不高,而且差异较大。其中,江西和山东水平最高,分别达到65%和58%,其次是甘肃和上海,为54%和51%;另一端是贵州、内蒙、四川、云南、西藏和陕西,资产周转率最低,均不足20%。结合市场规模看,除个别省份(如甘肃)之外,仍然是东部交通运输强省其资产周转率较高,处于西部的省份则相对较低。

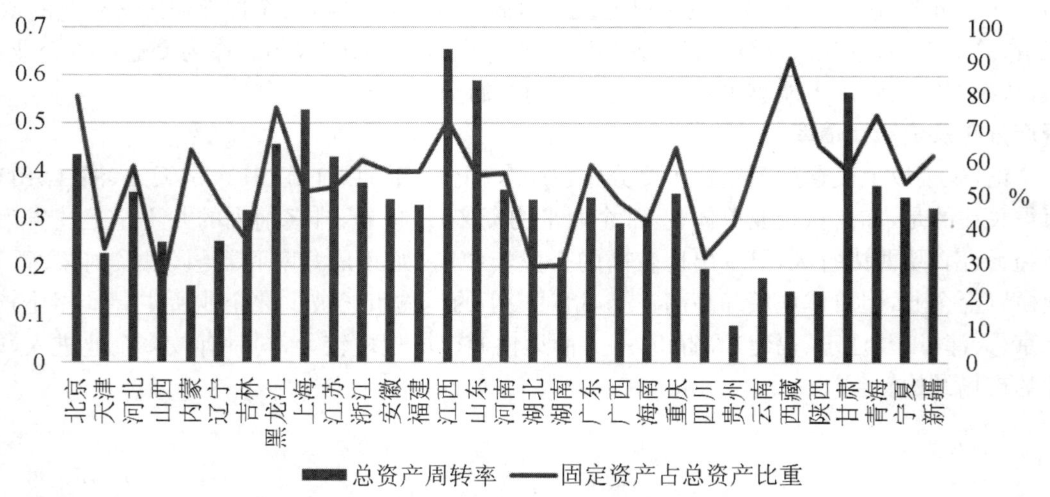

图6 各省区交通运输企业总资产周转率及固定资产占比

债务常常对企业经营及财务状况构成压力。经计算可以发现,各省区交通运输企业利息保障倍数不高,但差异也比较大。除了黑龙江、江西、山东、新疆四省较好之外,其他省份企业的利息保障倍数都在5倍以下,其中山西、内蒙古、吉林、湖南、海南、四川、贵州、云南、陕西都在1倍以下,也就是说,其经营产生的利润还不足以偿还应付利息,西藏更是因为整体经营亏损而无法偿还所欠利息。显然,这些省份运输企业的生存能力堪忧,负债经营的风险较大。

四、交通运输业与其他产业的关联分析

交通运输经济系统属于国民经济基础子系统,它提供的产品既是国民经济其他产业进行生产所必备的基本条件,同时也构成生产和再生产的投入要素。它与国民经济其他产业的联系可以从两个角度考察。一

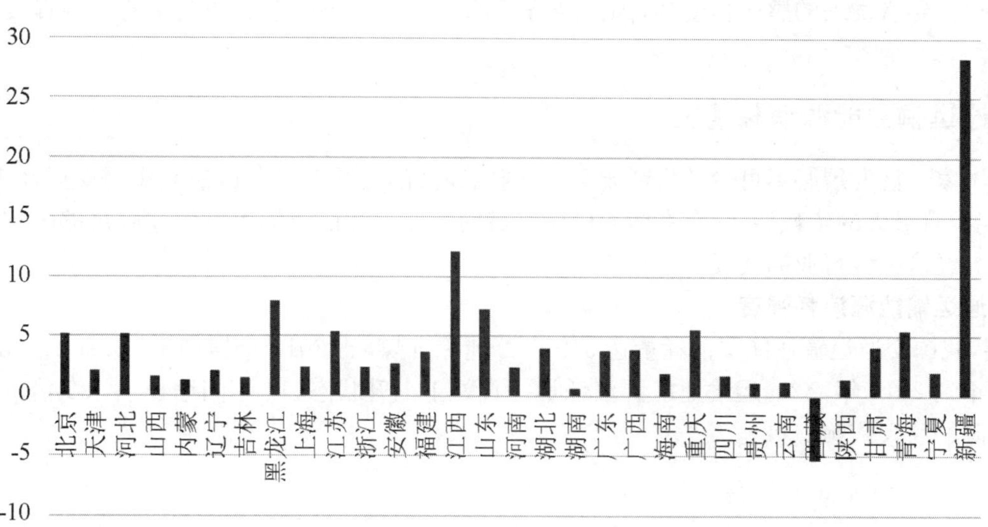

图 7 各省区交通运输企业利息保障倍数

方面，交通运输业消耗了大量其他产业的产品，拉动了其他产业的产出；另一方面，其他产业通过消耗交通运输业提供着交通业的服务，拉动了交通运输业的产出，支持着交通运输业的发展。以下采用 2010 年投入产出延长表做分析，其中包括 41 个产品部门。

（一）交通运输业对国民经济其他产业的拉动

通过计算可以发现，交通运输及仓储业对石油加工、炼焦及核燃料加工业的直接拉动作用最为明显。交通运输及仓储业每增加 1 单位产值，就需要直接消耗 0.186 个单位的石油加工、炼焦及燃料加工业的产品。这基本符合交通运输业消耗大量化石能源的产业特征，也说明交通运输及仓储业对能源产业的直接拉动作用是非常明显的。交通运输设备制造业，金融业，通用、专用设备制造业分别位于直接消耗系数排名的第 3 至第 5 位。

如果用完全消耗系数来衡量交通运输及仓储业对其他产业的拉动作用，可发现排名靠前的产业有了显著变化。整体来看，在前 10 个产业中，除了交通运输机仓储业本身和金融业属于第三产业的部门之外，其余均属于一、二产业。对于石油和天然气开采业来说，由于其属于上游产业，虽然直接消耗系数并未进入前十，但在完全消耗系数中，跃升到第二次，达到 0.1528，成为为交通运输业及仓储业拉动效果最明显的部门之一。

（二）国民经济其他产业对交通运输业的支持

交通运输业不仅通过消耗其他产业的产品与它们产生关联，其他产业也通过对交通运输业服务的消耗，支持着交通运输业的发展。对于投入产出模型的直接消耗系数矩阵，若从行向来看，交通运输及仓储业的系数表示，当所有产品部门的产出都增加 1 个单位，对交通运输及仓储业分别拉动的产出。

通过计算可以发现，邮政业对交通运输及仓储业的直接依赖性最高，其产值每增加 1 个单位，就直接消耗了 0.144 个单位的交通运输及仓储业的产品。建筑业作为我国拉动经济增长的一个关键性部门，它对交通运输及仓储产业的直接依赖也比较明显。建筑业产值每增加 1 个单位，就直接消耗了 0.093 个单位的交通运输及仓储业服务。批发和零售贸易业、租赁和商务服务业等，在其生产中也对交通运输业有较大的消耗。

在其他部门对交通运输业及仓储业的完全消耗系数，邮政业、建筑业依然占据着前两位，凸显出这两个部门对交通运输及仓储业完全的依赖程度是非常高的。而纺织服装鞋帽皮革羽绒及其制品业和电气、机械及器材制造业，由于对交通运输及仓储业的间接消耗较高，其排序从直接消耗系数的第 13 位、第 22 位分别提升到完全消耗系数的第 6 位、第 7 位，达到 0.115 和 0.113。

（三）交通运输业的影响力分析与感应度分析

经过计算，交通运输及仓储业的影响力系数仅为 0.8907，小于 1 ，在 41 个部门排序为第 26 位。说明交通运输及仓储业对其他行业的影响程度低于社会平均水平，对其他产业的拉动作用较小，后向联系较弱。

交通运输及仓储业的感应度系数为 1.8994，高于平均水平，在 41 个部门中排序为第 6 位。这说明交通运输及仓储业对经济发展的感应程度强，国民经济其他行业对交通运输及仓储业的依赖程度是较大，前向联系非常密切。

五、交通运输业能源消耗情况

能源是国家经济发展必不可少的生产要素，是国民经济的命脉。交通运输业作为支撑经济发展的基础性产业，对能源有极大的依赖性，只有在能源供应充足的情况下才能对国民经济起到足够的支撑作用，才能充分拉动社会经济中各行业的发展。

(一)交通运输能源消耗强度

2013 年，我国交通运输业能源消耗量达 34917 万吨标准煤，比 2012 年增加了 10.76%。从图 8 可以看到，从 2000 年到 2013 年，交通运输业能源消耗量一直处于上升状态，14 年间增长了 1.9 倍，可见交通运输发展对于能源的巨大依赖。

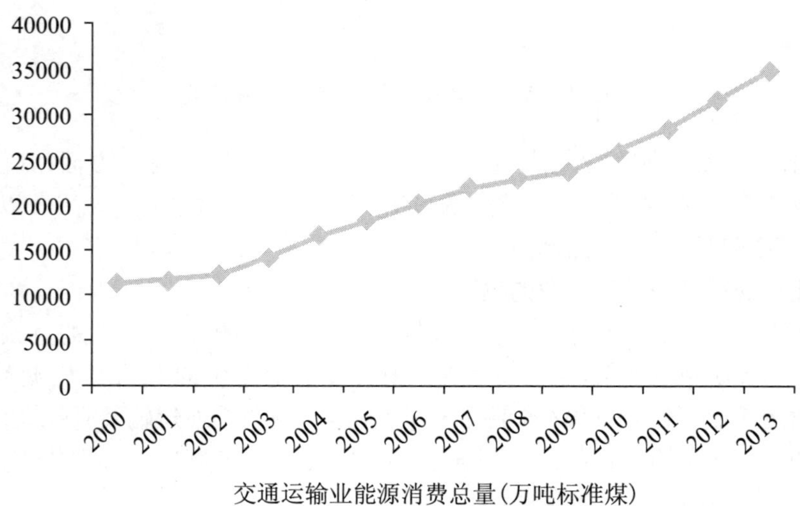

图 8　近年中国交通运输业能源消费总量

落实到能源消耗强度上，2000 年以来，当我国能源消耗量强劲增长的同时，社会能源消耗强度(单位 GDP 能耗)和交通运输业能源消耗强度(单位增加值能耗)都呈震荡下降趋势，但交通运输业能源消耗强度明显高于社会能源消耗强度，并且差距在逐年增大。

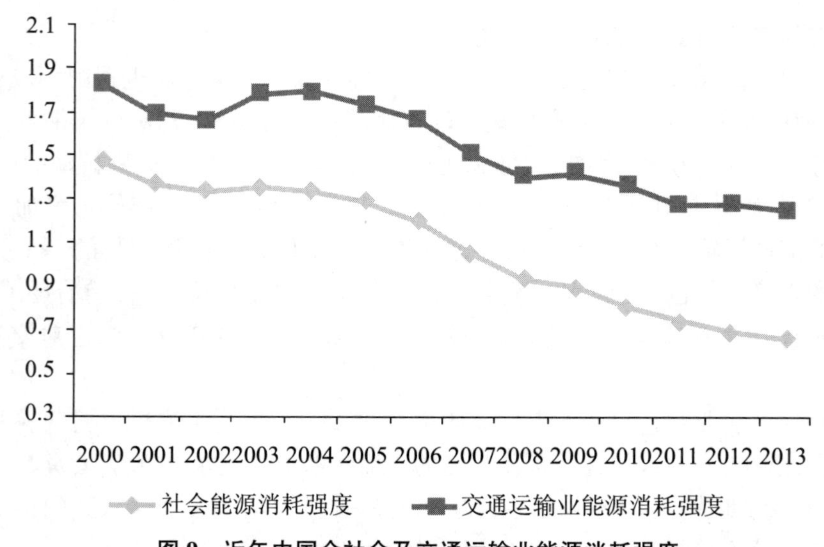

图 9　近年中国全社会及交通运输业能源消耗强度

(二)能源消耗强度因素分解

因素分析法使用数学分析的手段，通过计算不同因素的比较值和基准值间的差额，来衡量因素对指标的影响。我们采用拉氏因素分解模型，将交通运输业能源消耗强度分解为结构份额和效率份额两个部分。

图 10 是按照拉氏因素分解模型，计算而得的 2000－2013 年运输业能源消耗强度增量分解结果，显示了结构份额(ES)和效率份额(EE)的变化趋势。可以看到，效率份额在绝大多数年份都在降低能源消耗强度，而且这种作用逐年增大。说明最近十余年，我国交通运输业能源消耗强度的下降主要是由于使用效率的提高。而结构份额则一直在提高能源消耗强度，说明当前我国的交通运输业产业结构并不合理，不但没有对降低能耗做贡献，反而起到了负作用。只有 2003－2005 年比较特殊，呈现出效率份额提高能源消耗强度、而结构份额反而降低消耗强度的情况。

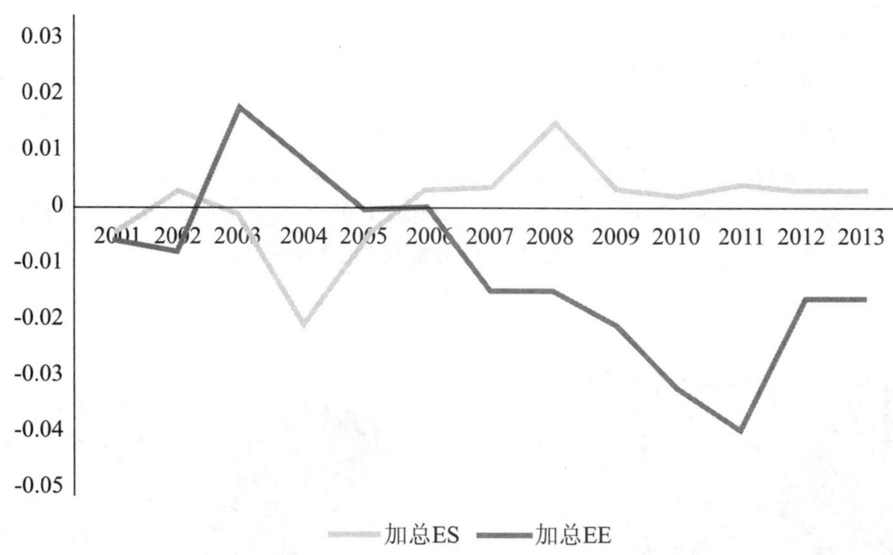

图 10　近年能源消耗强度中的结构份额和效率份额

从分运输方式的结构份额组成上看，铁路运输份额的变化一直在降低能源消耗强度。2000 年以来，铁路运输的份额从 37.4%降到了 2013 年的 21.3%，并且铁路运输的能源消耗在运输业中处于低水平，所以铁路运输结构变化降低了运输业能耗强度。但与此同时，公路结构份额的上升却起到了反作用，2000 年开始，公路运输份额从 14.1%上升到了 2013 年的 34.7%，增长迅速，并快速提高了能源消耗强度，二者相互抵消使结构份额的作用不明显。2011 年后，水运和航空两种运输方式结构份额变化也开始降低能源消耗强度，但由于公路结构的提升效果更为明显，所以整体结构份额仍未在降低能耗强度上起到显著作用。从图中效率份额的走势上看，2005 年之后，效率份额一直在降低能源消耗强度，并且到 2011 年为止，这种正面作用不断增强，说明我国提高交通运输能源使用效率的工作卓有成效。

六、交通运输固定资产投资空间经济溢出效应

(一)交通运输固定资产投资状况

交通运输业作为支撑社会经济发展的基础服务性产业，需要大规模的基础设施建设，只有在固定资产投资充足的前提下，运输产业才能够持续健康的发展。

从图 11 可以看到，从 2004 年开始，运输业固定资产投资完成额大概呈现直线上升趋势，且增长速度极快，10 年间增长了 3.8 倍，平均每年增长达 19.8%。

再从固定资产投资完成额的组成上看，结果如图 12 所示。可以看到，10 年间，投资一直主要发生在公路建设领域，但组成结构发生了较大变化：铁路投资占比有大幅提高，从 2004 年的 10%增加到 2013 年的 24%。管道及其他投资完成额占比亦有较大幅度的增长，从 2004 年度的 10%增长到 2014 年的 18%。而公路固定资产投资完成额占比则发生了大幅下降，从 2003 年的 68%降到 2014 年的 48%。航空与水路投资完成额占比仅有略微降低。这与我国近些年大力推动高铁建设，管道建设等高端运输方式是紧密相连的。

(二)固定资产投资对本地经济发展的影响

交通运输固定资产投资会对本地交通运输业的发展产生支持作用，促进本地经济发展。同时，交通运输业又通过支持其他经济产业，进而促进本地经济的发展。

我们使用 pearson、kendall 和 spearman 三种相关系数分别检验东中西三大经济区固定资产投资和各经

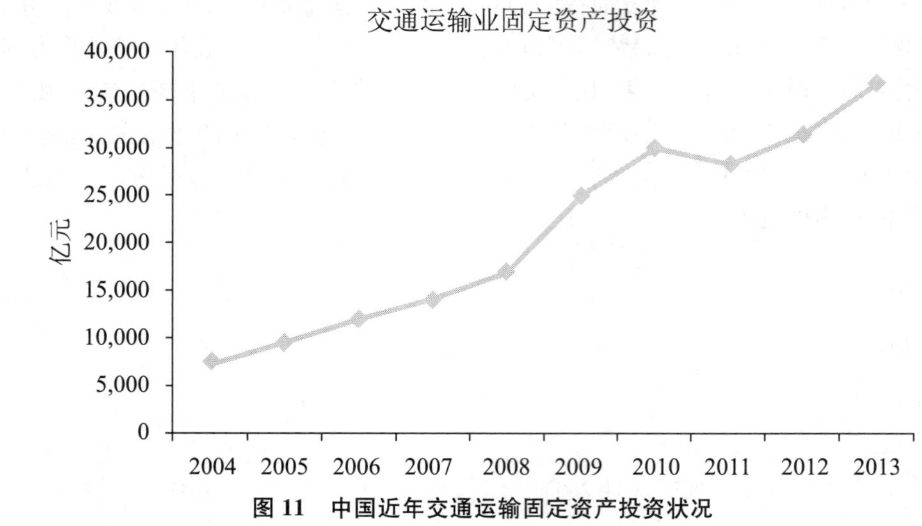

图 11　中国近年交通运输固定资产投资状况

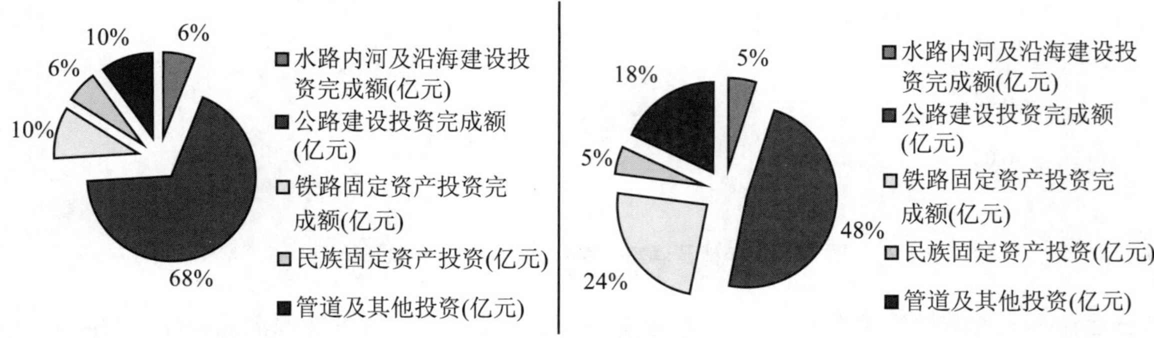

图 12　2004 与 2013 年分不同运输方式固定资产投资完成额占比

济区 GDP 的相关性。从相关性检验结果上看，交通运输固定资产投资与各经济区 GDP 之间存在着显著的相关关系。

之后进行格兰杰因果检验，考察固定资产投资是否是本地经济增长的原因。从格兰杰因果检验结果上看，针对“投资不是本地 GDP 增长的原因”的原假设，在东部沿海、中部地区和西部地区，均能拒绝原假设。也就是说，固定资产投资确实是本地 GDP 增长的格兰杰原因，对本地经济有显著的促进作用。

(三)交通运输发展的空间溢出效应

以下使用空间经济计量模型对我国各省市的交通运输空间溢出效应进行测量，理论模型如下：

$$Y = Af(L, K, KG, IKG)$$

其中 Y 为各个区域的经济增长情况，A 为广义技术进步，L 为劳动力投入，K 为其他资本投入(将交通运输资本投入排除)、KG 为交通运输资本投入，IKG 为其他区域交通运输资本投入，用来代表区域经济联系，衡量交通运输对区域经济增长的溢出作用。应用对数线性函数模型进行进一步计量分析：

$$\log(Y) = \partial_0 + \partial_1 \ln(L_{it}) + \partial_2 \ln(K_{it}) + \partial_3 \ln(KG_{it}) + \partial_4 \ln(IKG_{it}) + \varepsilon_{it}$$

其中 $IKG_{it} = \omega_j KG_j$，ω_j 为各省份之间的空间权重矩阵，衡量相邻省份之间交通运输资本做出的贡献。根据本文的理论模型构建了两类权重矩阵，简单相邻权重矩阵和省会直线距离权重矩阵。

根据计算结果，交通运输固定资产投资在各省份之间是存在明显的空间溢出效应的，本省市的交通运输固定资产投资每增加 1%，GDP 提高 0.08%，其他省份的固定资产投资平均每提高 1%，本省 GDP 提高 0.04%。由此可见，交通运输固定资产投资的空间溢出效应大概是对本省经济促进作用的一半，尽管远低于劳动力投入和其他资本投入的促进效果，但后者衡量的是所有产业的劳动力投入和除交通运输外其他所有产业的资本投入，交通运输作为其中一个产业，其对本省经济和外省经济的促进作用依旧是显著的。

七、总结及政策建议

（一）总结

综合前述分析，针对中国交通运输业及其延伸领域，我们有以下结论性认识：

关于中国交通运输业整体发展的认识。第一，近十余年间，我国交通运输业发展迅速，总体规模已经很大。第二，不同运输方式之间发展状况略有差异，运输结构在发生变化。铁路运输占比大体稳定，公路货运的重要性在提升，航空客运的占比在提高，传统水运在货物运输中仍然占有重要的地位。第三，交通运输业发展与中国经济发展基本相匹配。不仅交通运输业整体发展速度与中国经济发展速度大体一致，不同区域交通运输发展与其自身经济发展之间也具有比较明显的一致性。第四，得益于科学技术进步和交通运输市场竞争，交通运输业生产效率在不断提高。但从价值创造角度考察，交通运输业增加值率在各类服务业中仍处于中下水平，有待于进一步提高。

以交通运输企业经营状况分析深化对交通运输业的认识。第一，交通运输企业分布特征可以归纳为：以内资企业为主，但外资企业已经占据一定市场份额；不同运输方式的企业各有特点，铁路、航空、管道企业集中度较高，单体规模大，更具垄断色彩；空间布局上东部占据优势，尤其是向那些经济大省倾斜。第二，各区域规模以上交通运输企业的经营状况呈现出较大差异。总体而言，在市场规模较大、企业竞争比较充分的东部以及具有口岸和交通枢纽的交通运输大省表现出一定优势，西部各省区各项指标则情况相对较差。第三，将企业负债水平、盈利能力和债务利息负担合起来看，相当一部分企业存在着比较大的财务风险。负债水平高、盈利能力差，结果必然是偿债能力受到影响，甚至出现连债务利息都无法偿还的状况。

将分析延伸到交通运输业与其他行业之间的关联。第一，交通运输业与其他各部门的前向和后向关联，主要体现在第二产业相关部门，尤其就包含间接关联的完全消耗层面，此特征更加突出。第二，交通运输业在各部门感应度系数中排名第6，在影响力系数排名中位列第26位，由此显示出其后向联系较弱，前向联系较强。

基于可持续发展而考察交通运输业能源消耗状况。第一，从基本态势上看，中国交通运输业能源消耗量持续增长，能源消耗强度有明显下降，但对能源的需求依然在加大。第二，中国近十余年间，各种交通运输方式大都在提高自身的能源使用效率，但不同交通运输方式之间的结构状况则在一定程度上阻碍了能源消耗强度的降低。

从交通运输固定资产投资入手，探索其对本地交通运输发展以及相邻区域经济发展的空间溢出效应。第一，我国在经济增长和交通运输业发展方面存在正相关性并且关联性显著。第二，交通运输固定资产投资在各省区之间存在明显的空间溢出效应。实证分析结果表明，本省区交通运输固定资产投资每增加1%，本地GDP可提高0.08%，其他省份的固定资产投资平均每提高1%，本省GDP提高0.04%。

（二）政策建议

加大行业投资。继续加大在交通运输方面的投资，完善交通运输基础设施建设，提高我国交通运输能力。同时调整不同运输方式的运输结构，完成从低端传统运输向高技术含量的现代运输方式的转变。加强对综合枢纽站的建设，完成不同运输方式间的衔接，大力发展多式联运，提高运输效率。

加强行业扶持。要继续加强对交通运输企业的扶持，保障各省市运输企业扭亏为盈，同时要因地制宜，参考不同省市的实际地理经济情况，侧重发展不同运输方式的运输企业。加强不同省市之间的合作，完成省市间交通运输活动的衔接，使得不同省市可以协调发展，实现一加一大于二的共赢。加强对西部地区交通运输业的开发，用交通沟通东部和西部，使得东部发达地区可以对西部地区经济发展进行扶持。

降低准入壁垒。降低交通运输业的准入壁垒，打破国有企业和集体企业在交通运输行业的垄断，积极鼓励民营企业进入交通运输业，鼓励自由竞争。同时加强对中小企业的帮扶，营造更加有利于中小企业创业兴业的良好行业发展环境。

鼓励科研开发。提高交通运输业的技术含量。积极发挥科学技术作为第一生产力应有的作用，建立科学研究激励机制，对做出卓越贡献的集体或个人进行奖励。同时加强和高等院校、研究机构的联系，充分调动社会各种力量促进科学技术的进步。

课题组　组长：高敏雪

成员：王　鹏　景　向　苏兴国　管　乐　葛金梅

我国小微企业经营融资状况研究

小微企业是我国社会主义市场经济的重要组成部分，在促进经济增长、提高国民生活水平、增加就业、优化经济结构以及构建和谐社会等方面发挥着日益重要的作用。第三次全国经济普查资料显示，2013 年末，全国共有第二产业和第三产业的小微企业法人单位 785 万个，占全部企业法人单位 95.6%；小微企业法人单位资产总计 138.4 万亿元，占全部企业法人单位资产总计 29.6%；小微企业从业人数为 14730.4 万人，占全部企业法人单位就业人数的 50.4%。

在当前国际经济发展放缓、国内经济下行压力加大的情况下，要适应新常态，实现经济转型升级，开展“大众创业，万众创新”，增强经济内生动力的课题研究，为我国小微企业健康有序发展建言献策是一件十分有意义的事。需要说明的是，由于第三次全国经济普查的重点在于摸清我国各类单位的基本情况，所以规模（限额）以下小企业财务指标数据十分有限。为此，我们选择了规模以上工业、限额以上批发业和零售业企业中的小微企业①（以下简称“小微企业”）作为本课题的研究对象，以探讨小微企业经营与融资状况②、经营融资中存在的问题，并探索解决问题的途径。

一、小微企业资金运用能力

（一）从期间费用看

有效控制销售费用、管理费用、财务费用等期间费用是企业挖潜增效，提升赢利水平的重要方式。从总体上看，工业、批发、零售业企业，三项费用之和占营业收入的比重一般不超过 10%。其中：批发、零售业企业三项费用之和占营业收入的比重，大型、中型、小微企业逐次递减；而在工业企业中，小微企业最低，大型企业次之，中型企业最高（见表 1）。

表 1　分行业期间费用在营业收入中比重

单位：%

企业规模	工业			批发业			零售业		
	销售	管理	财务	销售	管理	财务	销售	管理	财务
大型企业	2.6	3.7	1.1	3.7	1.7	0.1	7.3	3.1	0.4
中型企业	2.6	4.1	1.2	1.8	1.1	0.4	5.0	3.0	0.9
小微企业	2.2	3.5	1.1	1.5	1.1	0.6	3.5	3.0	0.7

（二）从资金使用效率看

资金使用效率是评价资金使用效果的一个重要参数，企业在生产经营中的很多问题都和资金管理息息相关。要提高资金使用效率，就应降低资金占用量，压缩成本，降低库存，提高固定资产利用率，从而加强资金的流动与周转，提高单位资金的获利能力。同大中型工业企业相比，由于工业小微企业中技术含量相对较低的劳动密集型企业较多，其资本密集度明显偏低，故其总资产和固定资产周转等指标明显优于大中型工业企业，应收账款周转天数则没有明显差别，劳动力与资本的替代作用较明显；批发、零售业小微企业一般处于流通的末端，批发业小微企业与大中型企业相比总资产和固定资产周转速度大体相

① 第三次全国经济普查，执行了《统计上大中小微型企业划分办法》。在第三次经济普查中，规模以上工业、批发、零售业中的小微企业约占全部小微企业的半成，资产的两成；其数量不足工业、批发、零售业全部小微企业的一成，资产却占到五成。由于这些企业是小微企业中规模较大的那部分企业中的一部分，其结论可能与观察全部小微企业的情况存在一定偏差。因此，必须谨慎地使用这些结论。

② 由于经济普查标准时点为 2013 年 12 月 31 日，普查时期资料为 2013 年年度资料。在计算规模以上企业财务指标时，年均数据均采用年末数据替代。

当，零售业小微企业则较快，但由于销售对象众多，这两个行业的应收账款周转期就明显长一些（见表 2、表 3 和表 4）。

表 2 分行业总资产周转率

单位：%

企业规模	工业	批发业	零售业
大型企业	102.8	232.8	185.4
中型企业	121.3	229.0	197.5
小微企业	154.2	228.3	224.1

表 3 分行业应收账款周转天数

单位：天

企业规模	工业	批发业	零售业
大型企业	32	23	11
中型企业	36	26	14
小微企业	33	33	21

表 4 分行业固定资产周转天数

单位：天

企业规模	工业	批发业	零售业
大型企业	118	10	29
中型企业	100	6	26
小微企业	76	7	25

（三）从偿债能力看

企业有无支付现金的能力和偿还债务能力，是企业能否健康生存和发展的关键。偿债能力是反映企业财务状况和经营能力的重要标志。工业、零售业小微企业资产负债率均低于相应的大中型企业，偿债能力较强；批发业小微企业资产负债率则高于批发业大中型企业，偿债能力稍弱（见表 5）。

表 5 分行业资产负债率

单位：%

企业规模	工业	批发业	零售业
大型企业	59.7	66.7	70.4
中型企业	57.9	77.1	77.1
小微企业	55.3	78.0	63.5

（四）从盈利能力看

盈利能力是企业获取利润的能力，企业经营业绩的好坏在一定程度上可以通过企业的盈利能力来反映。数据显示，工业小微企业除销售利润率稍低于中型企业外，净资产收益率和总资产收益率均高于大中型工业企业；零售业小微企业的这三项指标全部高于零售业大中型企业，盈利能力较强；而批发业小微企业的这三项指标都弱于大型企业，与中型企业不相上下，盈利能力较弱（见表 6、表 7 和表 8）。

表 6 分行业销售利润率

单位：%

企业规模	工业	批发业	零售业
大型企业	6.2	3.7	2.9
中型企业	7.0	1.8	2.1
小微企业	6.5	1.7	4.6

表 7 分行业净资产收益率

单位:%

企业规模	工业	批发业	零售业
大型企业	13.3	20.6	14.8
中型企业	17.4	14.6	14.7
小微企业	20.1	15.0	24.6

表 8 分行业总资产收益率

单位:%

企业规模	工业	批发业	零售业
大型企业	5.3	6.9	4.4
中型企业	7.3	3.4	3.4
小微企业	8.8	3.3	9.0

综上所述,工业和零售业小微企业资金运用能力较强,经营状况较好,而批发业小微企业资金使用效率较低,负债率较高,盈利能力偏弱。不同行业小微企业间经营状况分化严重。

二、小微企业融资状况

充足的资本投入,低成本、高效率的融资能力是企业持续发展的前提。小微企业的发展,不仅受经营管理水平的影响、技术水平的约束,融资水平低更是制约小微企业发展的关键因素。从整体上看,国家、个人、港澳台和外商这些投资主体对小微企业的投资意愿差异较大。

(一)小微企业个人直接投入多

随着社会主义市场经济体制的逐步完善,国家遵循市场机制,规范调整存量,科学配置增量,以服务国家战略、提升产业竞争力为主要目标,在关系国家安全、国民经济命脉的重要行业和关键领域,加快优化国有资本布局结构。反映到数据上,就是个人投入到小微企业的资本金在小微企业实收资本构成中比例较高,而国家资本则占比较低。分行业看,工业大型企业中的国家资本、小微企业个人资本均超过 1/3;批发业大型企业的国家资本超过 1/3,小微企业个人资本达到一半;零售业大型企业的国家资本超过 1/4,小微企业个人资本也超过了一半(见表 9)。

表 9 个人、国家资本在分行业实收资本中比例

单位:%

企业规模	工业		批发业		零售业	
	个人	国家	个人	国家	个人	国家
大型企业	9.1	34.8	6.8	37.8	11.9	26.2
中型企业	20.6	15.1	23.8	25.2	31.1	6.8
小微企业	37.5	7.8	50.0	5.0	51.7	4.4

(二)小微企业难获境外资本支持

数据显示,港澳台资本和外商资本普遍青睐大中型企业,小微企业很难获得其直接的资本金投入。在大型企业中,港澳台、外商资本在企业实收资本所占比重分别在 5.7%—9.5%之间和 13%—15.8%之间;中型企业在 4.2%—9.6%之间和 5.7%—15.2%之间;小微企业在 1.1%—6%之间和 1.1%—10.8%之间。工业小微企业吸收的境外资本相对较多,港澳台资本占比为 6%;外商资本也只有 10.8%(见表 10)。

表 10 港澳台、外商资本在分行业实收资本中比例

单位:%

企业规模	工业		批发业		零售业	
	港澳台	外商	港澳台	外商	港澳台	外商
大型企业	6.6	13.0	5.7	15.8	9.5	13.6
中型企业	9.6	15.2	4.2	5.7	7.7	5.7
小微企业	6.0	10.8	3.2	2.8	1.1	1.1

三、破解小微企业融资难的主要对策

进一步促进小微企业发展,既需要良好的外部环境,更需要小微企业不断提高资金运用能力,提高经营管理水平。

(一)政府要发挥主导作用

1. 大力提高融资担保机构服务能力。以发展政府支持的融资担保和再担保机构为基础,以缓解小微企业融资难、融资贵为导向,以有针对性地加大对融资担保业的政策扶持力度为抓手,加快发展主要为小微企业服务的新型融资担保行业,促进大众创业、万众创新。

2. 构建多元融资渠道。我国已初步形成了包括银行体系、资本市场、创业投资等在内的中小企业金融支持体系。要在继续完善既有融资途径的基础上,整合各种金融资源,优化社会融资结构,建立多层次融资体系,保证小微企业合理的融资需求。

3. 强化融资监管。要加强对民营金融机构的监管,规范商业银行收费,完善互联网金融融资风险监控制度建设。

(二)金融机构要做好融资服务

1. 完善金融服务体系。根据小微企业不同发展阶段的特点,为小微企业提供融资、结算、理财、咨询等全方位的综合性金融服务,最大限度地满足小微企业的融资需求,切实推动小微企业的发展。

2. 完善信用风险评估机制。要建立健全、完善的小微企业融资信用风险评估机制,规范对小微企业的诚信评级以及信息发布,防范和化解信用风险。

3. 拓展融资渠道。互联网金融作为小微企业的融资新渠道,覆盖了部分传统金融业的金融服务盲区。利用互联网金融,可以多渠道聚合资本,降低融资门槛,实现快捷融资,提升资源配置效率,促进实体经济发展。

(三)小微企业要改善融资条件

1、探索新的融资模式。要优化资产结构,提高管理水平,在努力获取银行信贷资金支持的同时,实现科技创新,引入风险投资,利用期权、期货等金融衍生产品,获取高效、快速地融资发展机遇。

2. 防控经营风险。要提高风险防控意识,做好财务规划,积极开拓低成本的融资渠道,稳健、慎重地利用高利率融资方式。

课题组 组长:张曙光
成员:张 鹏 何 凝 郑福林 毕秀春
雷 谦 李 荣 段旭旭 颜香贞
执笔:毕秀春 张曙光

工业企业研发支出的现状、问题及建议

党的十八大确立了创新驱动发展战略，指出科技创新是提高社会生产力和综合国力的战略支撑。研究探讨我国研发经费支出的影响因素，对促进企业加大研发投入、提高自主创新能力，加快我国经济发展方式转变具有重要意义。本文利用第三次全国经济普查数据，对我国规模以上（简称规上，下同）工业企业研发支出的现状和问题进行了初步分析，并提出一些政策建议。

一、规上工业企业研发经费支出现状

（一）开展研发活动企业数量持续增加

2013 年，规上工业企业中开展研发活动的企业数为 54832 个，比 2008 年增长 101%，是 2004 年的 3.2 倍。开展研发活动企业数占规上工业企业数的比重为 14.8%，分别比 2008 年和 2004 年提高 8.4 个和 8.6 个百分点。开展研发活动企业数量持续增加，为研发经费支出不断增长奠定了基础。

（二）研发经费支出规模不断扩大

2013 年，规上工业企业研发经费支出为 8318.4 亿元，分别是 2008 年和 2004 年的 2.9 倍和 9 倍。规上工业企业研发经费支出占全社会研发经费支出的比重为 70.2%，分别比 2008 年和 2004 年提高 7.3 个和 23.4 个百分点。

分行业门类看，制造业研发经费支出占主导地位。2013 年，制造业研发经费支出为 7959.8 亿元，占规上工业企业研发经费支出的比重为 95.7%，而采矿业，电力、热力、燃气及水生产和供应业研发经费支出分别为 292.6 亿元和 66.0 亿元，所占比重分别仅为 3.5%和 0.8%。

分行业大类看，计算机、通信和其他电子设备制造业研发经费支出为 1252.5 亿元，占规上工业企业研发经费支出的比重为 15.1%，排名首位；电气机械和器材制造业研发经费支出为 815.4 亿元，占比为 9.8%，排名第二位；排名前十位的行业研发经费支出合计为 6122.6 亿元，占比为 73.6%。详见表 1。

表 1 研发经费支出排名前十位工业行业情况（2013 年）

排名	行　业	研发经费支出（亿元）	研发经费支出占比（%）	研发经费投入强度（%）
	合　计	6122.6	73.6	1.20
1	计算机、通信和其他电子设备制造业	1252.5	15.1	1.59
2	电气机械和器材制造业	815.4	9.8	1.32
3	汽车制造业	680.2	8.2	1.14
4	化学原料和化学制品制造业	660.4	7.9	0.86
5	黑色金属冶炼和压延加工业	633.0	7.6	0.83
6	通用设备制造业	547.9	6.6	1.26
7	专用设备制造业	512.3	6.2	1.57
8	铁路、船舶、航空航天和其他运输设备制造业	372.1	4.5	2.41
9	医药制造业	347.7	4.2	1.69
10	有色金属冶炼和压延加工业	301.1	3.6	0.64

(三)研发经费投入强度稳步提高

2013年,规上工业企业研发经费投入强度①为0.8%,分别比2008年和2004年提高0.23个和0.34个百分点。

分行业门类看,制造业研发经费投入强度最高,为0.88%;采矿业次之,为0.43%;电力、热力、燃气及水生产和供应业最小,为0.11%。

分行业大类看,铁路、船舶、航空航天和其他运输设备制造业的研发经费投入强度最高,为2.41%。研发经费支出排名前十的行业研发经费投入强度情况详见表1。

二、规上工业企业研发经费支出存在的主要问题

(一)企业参与度仍相对较低

第三次全国经济普查数据显示,虽然开展研发活动的企业数持续增加,但规上工业企业中开展研发活动企业所占比重依然较低,仅为14.8%,仍有85.2%的规上工业企业没有开展研发活动。

(二)研发经费投入强度与发达国家相比仍存差距

第三次全国经济普查数据显示,2013年规上工业企业研发经费投入强度仅为0.8%,如果剔除未开展研发活动的企业,则开展研发活动企业的研发经费投入强度也仅为1.9%。我国规上工业企业研发经费投入强度虽然持续加大,但与发达国家的差距仍然不小。在欧盟2014年全球研发活动最活跃企业排行榜②中,欧盟企业研发经费投入强度为2.7%,美国企业为5.0%,日本企业为3.2%,均明显高于我国企业。

(三)研发经费支出地域化差异显著

第三次全国经济普查数据显示,规上工业企业研发经费支出分布不均衡,地域化差异显著,呈东部高,西部低,东、中、西阶梯排列特征。东、中、西部规上工业企业研发经费支出占全国规上工业企业研发经费支出的比重分别为68%、16.3%和9.7%。分七大行业③看,其研发经费支出同样呈现类似特征。上述情况表明地区因素是影响研发支出的重要因素。隐藏在地域特征和行业特点背后的因素是经济状况,东部地区之所以研发经费支出较多,与其拥有较好的经济状况能吸引众多企业落户,较好的政策鼓励创业、刺激创新紧密相关。按地区分主要行业研发活动情况详见表2。

表2 按地区分主要行业研发活动情况(2013年)

地 区	规上工业企业	计算机、通信和其他电子设备制造业	电气机械和器材制造业	汽车制造业	化学原料和化学制品制造业	黑色金属冶炼和压延加工业	通用设备制造业	专用设备制造业
一、研发经费支出占比(%)								
东部地区	68.0	87.3	78.5	60.3	70.2	51.4	71.3	61.2
中部地区	16.3	7.8	14.7	19.0	13.0	24.8	13.5	26.3
西部地区	9.7	3.9	4.8	13.6	11.9	10.7	5.7	6.6
东北地区	6.0	1.0	2.0	7.1	4.9	13.1	9.5	5.9
二、研发经费投入强度(%)								
东部地区	0.95	1.73	1.46	1.29	0.95	0.78	1.40	1.69
中部地区	0.65	1.29	1.09	1.26	0.63	1.02	1.02	1.68
西部地区	0.55	0.69	0.97	1.16	0.89	0.54	0.96	1.19
东北地区	0.57	1.23	0.60	0.51	0.61	1.28	1.02	0.94

① 研发经费投入强度指研发经费支出与主营业务收入之比。

② 本调查是以2013年研发经费支出超1550万欧元(按2013年底8.4的汇率,折合人民币1.3亿元)的企业中前2500名作为研究样本。

③ 排名前七位行业的研发经费支出均超过500亿元,合计占规上工业研发经费支出的比重为61.3%。

续表

地　区	规上工业企业	计算机、通信和其他电子设备制造业	电气机械和器材制造业	汽车制造业	化学原料和化学制品制造业	黑色金属冶炼和压延加工业	通用设备制造业	专用设备制造业
三、开展研发活动企业占比(%)								
东部地区	18.3	32.3	29.2	26.1	24.2	14.6	26.5	31.1
中部地区	11.6	31.9	24.3	18.7	15.4	8.4	19.5	21.9
西部地区	8.6	24.8	17.0	15.1	12.9	5.1	15.1	21.3
东北地区	6.2	22.7	12.2	10.4	9.7	5.5	8.7	12.2

(四)不同控股类型企业研发活动差异显著

第三次全国经济普查数据显示，国有控股企业是规上工业企业研发活动的主体之一。国有控股企业的研发经费投入强度为1.09%，开展研发活动企业占比为27.3%，均位居首位。不同控股类型企业间的研发状况差异较大，说明研发活动受企业控股类型的影响，分行业不同控股类型的规上工业企业也表现出相同特征。按控股情况分主要行业研发活动情况详见表3。

表3　按控股情况分主要行业研发活动情况(2013年)

控股情况	规上工业企业	计算机、通信和其他电子设备制造业	电气机械和器材制造业	汽车制造业	化学原料和化学制品制造业	黑色金属冶炼和压延加工业	通用设备制造业	专用设备制造业
一、研发经费支出占比(%)								
国有控股	33.5	24.7	15.7	51.9	25.1	64.0	27.7	33.2
集体控股	2.9	1.1	9.2	2.1	3.0	2.6	1.8	2.4
私人控股	41.3	37.0	49.7	28.7	50.7	21.9	48.0	46.4
港澳台控股	7.3	14.7	8.3	3.0	6.3	4.1	4.4	4.0
外商控股	9.6	19.0	10.5	10.1	8.1	3.6	12.3	9.5
其他类型	5.4	3.5	6.6	4.2	6.8	3.8	5.8	4.5
二、研发经费投入强度(%)								
国有控股	1.09	4.68	2.45	1.38	1.27	1.63	3.04	3.06
集体控股	0.89	2.38	2.59	1.04	0.82	0.53	0.98	1.44
私人控股	0.66	3.06	1.12	1.19	0.76	0.34	0.98	1.20
港澳台控股	0.83	0.95	1.25	1.39	0.85	1.22	1.00	1.40
外商控股	0.73	0.69	1.09	0.67	0.64	0.93	1.07	1.31
其他类型	0.97	1.66	1.38	0.66	1.21	0.72	1.63	1.83
三、开展研发活动企业占比(%)								
国有控股	27.3	67.4	53.1	46.8	40.2	36.5	49.4	53.9
集体控股	13.7	41.1	27.3	22.5	19.0	8.9	18.9	27.3
私人控股	13.4	31.7	25.7	19.5	18.0	9.3	21.5	25.3
港澳台控股	17.6	28.5	27.1	28.1	25.5	17.9	27.1	28.8
外商控股	17.7	25.2	25.2	18.2	19.6	13.7	21.4	23.9
其他类型	18.4	34.6	32.3	27.5	23.6	12.0	29.1	33.0

(五)不同企业规模的研发活动差异显著

第三次全国经济普查数据显示,规上工业企业中研发经费支出、研发经费投入强度、开展研发活动企业占比等指标均与企业规模呈正相关关系(详见表4)。大型企业研发经费支出占规上工业企业的59.3%,研发经费投入强度为1.18%,开展研发活动企业占比为54%,大型企业在研发活动中具有绝对优势。随着企业规模变小,研发经费支出随之减少,研发经费投入强度也随之降低。不同规模的企业间的研发状况差异较大,说明研发支出受企业规模的影响,分行业不同规模的企业也表现出相同特征。

表4 按企业规模分主要行业研发活动情况(2013年)

企业规模	规上工业企业	计算机、通信和其他电子设备制造业	电气机械和器材制造业	汽车制造业	化学原料和化学制品制造业	黑色金属冶炼和压延加工业	通用设备制造业	专用设备制造业
一、研发经费支出占比(%)								
大型企业	59.3	75.3	52.5	73.2	40.2	88.3	43.0	46.7
中型企业	21.8	15.4	25.6	16.6	28.3	6.6	28.7	24.9
小型企业	18.9	9.3	21.9	10.2	31.5	5.1	28.3	28.4
二、研发经费投入强度(%)								
大型企业	1.18	1.67	1.85	1.33	1.18	1.17	2.08	2.64
中型企业	0.74	1.44	1.25	1.08	0.95	0.33	1.39	1.50
小型企业	0.42	1.31	0.82	0.60	0.61	0.20	0.74	0.96
三、开展研发活动企业占比(%)								
大型企业	54.0	55.9	72.5	61.4	65.1	49.0	70.7	73.4
中型企业	27.2	39.7	45.4	38.7	37.9	20.2	47.1	49.2
小型企业	11.3	25.0	21.2	15.6	16.2	7.4	18.5	22.7

三、政策建议

(一)进一步发挥市场在创新资源配置中的作用

研发经费资源配置效率的高低在一定程度上是制度问题,是如何处理好政府和市场两者之间在经济发展中的相互关系问题。应切实让市场发挥在资源配置中的决定性作用,努力激发各类经济体的活力,保证各种所有制经济和不同规模企业平等公平参与市场竞争,这样才能使整个社会的资源得到最优化配置,创造、创新热情才能得到有效激发。

(二)进一步完善国有控股企业创新效益的激励与约束机制

与其他企业相比,国有控股企业与政府联系更为紧密,市场化意识相对较弱。国有控股企业应引入经理人市场化竞争机制,建立研发创新收益长期薪酬激励体系,研发支出产出效益考核机制。增强国有控股企业领导者的忧患意识,拓宽战略眼光,提高战略高度,激发其创新激情,保障其创新收益。

(三)进一步激发企业创新的内在需求

研发活动的本质源动力是创新需求,因此要在顶层设计上进一步激发企业的创新需求。要落实企业研发费用加计扣除、高新技术企业扶持等普惠性政策,鼓励企业增加研发支出,支持企业更多参与重大科技项目实施、科研平台建设,推进企业主导的产学研协同创新。完善服务机制,探索新型平台,强化创新支撑体系。

(四)进一步探索企业技术引进的新渠道

应当突破过去主要依靠FDI、贸易等手段引进技术的方式,变引进项目、引进商品为直接引进国外高质量人才和智力。创造有利环境,深化"请进来走出去"战略,吸引国外高科技人员来华工作、创业。同时,鼓励我国企业、人才主动走出去。在先进技术环境中提高技术研发意识，在学习和工作中逐步吸纳和引进先进技术，为提高我国研发水平发挥作用。

课题组　组长：吕瑜佩　华　鹏
成员：薛红蕾　孙天川　平　超　侯　鹏　刘思明
李慧丽　程海森　刘中强　杨业伟
执笔：华　鹏

普查数据与税务数据的对比分析

本课题以第三次全国经济普查数据和2013年底的税务登记数据为基本依据，旨在寻找税务登记户数和经济普查数的差异，深入剖析产生差异的原因，提出改进建议。

一、经济普查与税务登记的关系

经济普查是一项重大国情国力调查，是政府全面准确掌握国情国力的重要手段和有效方法。《全国经济普查条例》第二条规定：经济普查的目的，是为了全面掌握我国第二产业、第三产业的发展规模、结构和效益等情况，建立健全基本单位名录库及其数据库系统，为研究制定国民经济和社会发展规划，提高决策和管理水平奠定基础。经济普查每5年进行一次，迄今为止已经开展了三次全国经济普查，分别为2004年的第一次全国经济普查、2008年的第二次全国经济普查和2013年的第三次全国经济普查。经济普查的对象是我国境内从事第二产业、第三产业活动的全部法人单位、产业活动单位和个体经营户①。普查的主要内容包括单位基本属性、从业人员、财务状况、生产经营情况、生产能力、原材料和能源消耗、科技活动情况等。

税务登记，又称纳税登记，是税务机关对纳税人的经济活动进行登记并据此对纳税人实施税务管理的一种法定制度。它是税务机关对纳税人实施税收管理的首要环节和基础工作，是征纳双方法律关系成立的依据和证明，也是纳税人必须依法履行的义务。税务登记有利于税务机关掌握和监控税源，合理配置征管力量，组织征收管理活动，有利于增强纳税人税收法制观念和纳税意识，自觉接受税务机关监督管理，维护自身合法权益。税务登记对象包括企业、企业分支机构、个体工商户和其他单位。税务登记分为开业登记、变更登记、注销登记等，主要登记内容包括纳税人基本信息、批准设立机关情况、纳税人财务负责人信息、核算方式、管户情况等。

税务登记所形成的纳税人数据库为统计部门开展经济普查提供了基础依据，而经济普查在单位核查阶段可以进一步核准纳税人基本情况。从第一次全国经济普查开始，国务院经普办、中编办、民政部、税务总局、工商总局、质检总局和国家统计局等7部门便联合发文，就做好单位行政登记资料提供和单位核查认定工作进行了详细部署。按照文件要求，一方面，税务部门将税务登记信息提供统计部门，由统计部门将工商、税务等部门信息与统计名录库进行比对，形成单位核查底册，组织普查员以单位核查底册为线索，开展普查登记；另一方面，统计部门也要将核查结果与部门行政登记资料比对不上的单位反馈部门，双方共同查找，最终查找不到的单位，部门应在日常年检中重点进行核查。

二、经济普查与税务登记数据的总体情况及差异原因分析

(一)单位总体情况

截至2013年年底，第三次全国经济普查数据显示全国从事第二产业和第三产业活动的产业活动单位②共1303.5万个，税务登记资料显示全国共有纳税单位户1472.5万个，税务登记数比普查数多169.0万个。按登记注册类型分组，内资普查单位数为1274.4万个，税务登记数为1425.4万个，税务登记比普查数据多151.0万个，港、澳、台资普查单位数为13.2万个，税务登记数为20.9万个，税务登记比普查数据多7.7万个，外商投资普查单位数为15.9万个，税务登记数为26.2万个，税务登记比普查数据多10.3万个(见下表

---

① 个体经营户是指生产资料归劳动者个人所有，以个体劳动为基础，劳动成果归劳动者个人占有和支配的一种经营组织。第三次全国经济普查的个体经营户包括领取证照的个体工商户、合伙或个人民办非企业单位，以及没有领取证照但有相对固定场所、实际从事个体经营活动三个月以上的城镇、农村个体经营户。

② 产业活动单位是指位于一个地点，从事一种或主要从事一种社会经济活动的组织或组织的一部分。文内产业活动单位数，包括从事单一活动的法人单位数及从事多种活动的法人单位下属的产业活动单位数。

和下图)。

表1　两部门全国数据比对情况

登记注册类型	普查单位数(万个)	税务登记户(万个)	税务一普查(万个)
合计	1303.5	1472.5	169.0
内资	1274.4	1425.4	151.0
港、澳、台商投资	13.2	20.9	7.7
外商投资	15.9	26.2	10.3

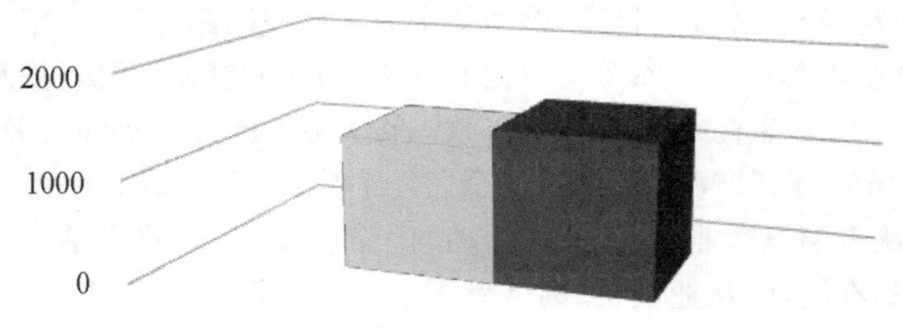

图1　单位情况

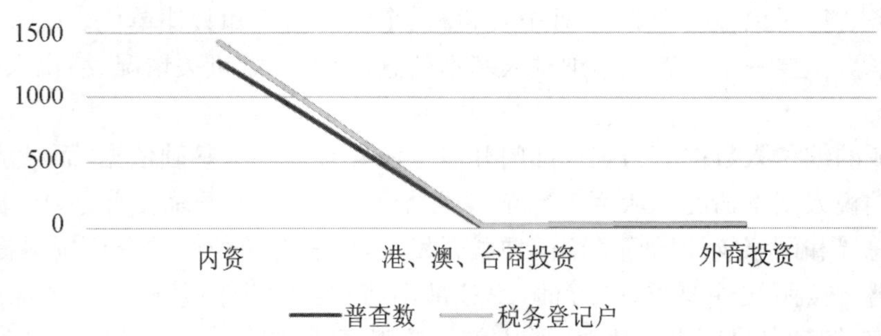

图2　单位情况(分登记注册类型)

从数据表象来看,普查数据和税务登记数据存在一定的差异,为此,两部门对数据的差异情况进行了认真比对、深入调研和论证分析,结果发现两部门数据差异的主要原因是统计范围和统计标准不同造成的,数据差异是客观存在且合理的,普查数据是真实可靠的。

(二)差异原因分析

1. 经济普查和税务登记的统计范围不同

第三次全国经济普查的单位范围是我国境内全部从事第二产业和第三产业活动的企业、事业、机关和社会团体等各类单位,不包括农业(01)、林业(02)、畜牧业(03)和渔业(04)等四个国民经济行业大类的单位。税务登记的单位范围是全部负有纳税义务的企业、事业、机关和社会团体等各类单位。经济普查和税务登记在统计范围上存在差异,经济普查的范围不包括从事第一产业活动的单位,从范围上小于税务登记范围。

2. 经济普查和税务登记的统计标准不同

(1)单位划分标准不同

第三次全国经济普查的单位划分为法人单位和产业活动单位,具体细分为企业、事业、机关、社会团体、民办非企业单位、基金会、居委会、村委会和其他组织机构。其中其他组织机构包括农民专业合作社①、律师事务所、寺庙教堂等宗教活动场所以及其他未列明的单位类型。

税务登记的单位划分为企业和其他单位两类。其中企业一般包括工商部门审批登记的企业法人、企业分支机构以及农民专业合作社，其他单位包括事业单位和社会团体等其他纳税户，在税务登记数据库中，这些不同类型的单位并未进行严格细分。

由于经济普查的目的之一就是要摸清我国各类单位的基本情况，所以普查更重视不同类型单位的细分，共分法人单位和产业活动单位2个大类，以及企业、事业、机关等9个小类。而税务登记的主要目的是为后续税收征管服务，只需将单位类型简单分为企业和其他单位2个大类。因此，两部门单位划分标准不尽相同。

(2)对一户多证(照)机构的处理方式不同

根据第三次全国经济普查方案的规定，领取多个法人执照的一户多证(照)机构，如果是相同的人员、在相同的场地、从事同种活动，并统一核算的作为一个法人单位，如果分别核算收入和支出的则作为不同的法人单位。对于上述统一核算的单位，经济普查会将其作为一个法人单位处理，而税务部门根据其领取的不同工商执照，会分别作为不同的法人单位进行登记。

(三)实际工作中存在的一些问题

1. 存在一定比例的无人员、无场所和无活动企业

部分企业虽然在工商部门领取了营业执照，也在税务部门进行了税务登记，但是由于某些原因，这些企业无固定办公人员和活动场所，没有开展任何经营活动，无法进行正常的普查登记。

2. 部分关停企业未及时办理注销税务登记

税收征管法规定，纳税人发生解散、破产、撤销以及其他情形，依法终止纳税义务的，应当在向工商行政管理机关或者其他机关办理注销登记前，持有关证件向原税务登记机关申报办理注销税务登记。但是在实际工作中，个别早已停业或关闭的企业，由于其债权、债务等关系，一直保持零纳税申报，因未办理注销手续仍在税务部门数据库中，但是已无法进行正常的普查登记。

3. 部分国、地税共管户的纳税人识别号未完全统一

纳税人识别号由纳税机关的6位行政区划代码加9位质监部门颁发的组织机构代码组成，每个企业的识别号都是唯一不变的。近年来，随着“金税工程”的不断推进，国、地税两局共管的新开业企业，已使用统一的纳税人识别号，对于那些原来的老企业，国家税务总局早在2006年已经发文要求进行统一，文件规定对于国税局、地税局的共管户，如果拥有两个纳税人识别号，可由当地国税局、地税局双方协商确定其纳税人识别号的前六位编码。但是，目前国税数据库和地税数据库中仍存在同一企业不同纳税人识别号的现象，在一定程度上虚增了税务部门的企业个数。

4. 企业注册地不准确或与经营地分离给普查登记造成困难

普查员以工商和税务等部门提供的名单为线索进行普查登记时，发现部分企业在部门申报的地址信息不够规范，或者所登记地址非该企业地址，或者所登记门牌号码不存在等，根本无法找到企业；还有一些企业为了享受税收减免政策，实际经营地与注册地分离，造成普查员按部门提供的注册地址找不到单位，而实际经营地统计机构又不掌握单位情况的现象，给普查登记造成了很大困难。

三、结论与建议

统计部门和税务部门分别基于各自不同的目的开展经济普查和税务登记工作，经济普查是为了全面真实地反映我国第二、第三产业的分布结构和规模，税务登记主要是为进行税务管理，由于两部门的诉求不同，普查信息和税务登记信息的差异在某种程度上来讲是必然的。然而，为更好地适应新时期新形势下经

---

① 农民专业合作社是以农村家庭承包经营为基础，通过提供农产品的销售、加工、运输、贮藏以及与农业生产经营有关的技术、信息等服务来实现成员互助目的的组织，从成立开始就具有经济互助性。拥有一定组织架构，成员享有一定权利，同时负有一定责任。依据《中华人民共和国农民专业合作社法》和《农民专业合作社登记管理条例》，经各级工商行政管理部门审批登记成立，领取《农民专业合作社法人营业执照》或《农民专业合作社分支机构营业执照》的单位。

济社会发展的客观需求，各政府部门都迫切需要利用信息化手段，多渠道快速准确地获取和共享信息，切实提升宏观决策、监测分析和公共服务能力，通过完善信息共享标准规范，建立健全信息共享机制，强化部门协同配合，可实现基础信息在政府部门间的高效共享。

（一）加快推进“三证合一”工作

不同部门间的数据比对和数据共享，需以统一的单位唯一标识码为基础。目前，组织机构代码作为桥梁，对统计和税务部门间的数据共享起到了至关重要的作用。按照我国原有审批登记制度规定，新成立单位到工商、编制和民政部门进行登记注册后，再到质监部门领取组织机构代码证书，但是由于领证缴费等问题，部分小型私营企业未领取该证。因此，组织机构代码覆盖范围不全的问题，给统计和税务部门数据共享带来一定的困难。

今年，国务院实施“三证合一”登记制度改革，将由原来工商、质监和税务三个部门分别核发不同证照和代码，改为由工商部门核发加载统一社会信用代码的营业执照，即“一照一码”的登记模式。“三证合一”登记制度改革对于简政放权、便利市场准入、鼓励投资创业、激发市场活力具有十分重要的意义，使用统一的社会信用代码，也将极大提高行政登记资料在各部门间的共享效率。一是与无含义的组织机构代码相比，统一社会信用代码[①]包含了登记部门管理含义，便于各部门分类管理；二是统一代码制度实施后，对新设立的法人和其他组织，在注册登记时发放统一代码，对已设立的单位通过适当方式换发统一代码，将实现对法人和其他组织的全覆盖；三是税务部门的纳税人识别号随之取消，在税务登记过程中不再进行再次赋码，保证了单位唯一代码在部门间信息共享的唯一性。因此，随着“三证合一”、“一照一码”工作的大力推进，必将为统计和税务部门的信息共享工作奠定坚实的基础。

（二）加大信息共享力度

普查年份，统计部门可以动用大量的人力、物力和财力，对工商和税务等部门提供的行政登记资料逐个开展实地核查，核准企业的经营状态、企业的经营场所等基本信息以及经营情况；非普查年份，随着我国商事制度改革逐步推进和“大众创业、万众创新”新浪潮的不断掀起，市场主体出现“井喷式”增长，统计和税务部门同样面临部分小微企业难查找的困境。因此，加大两部门的信息共享力度，可以进一步核准企业情况，对促进双方工作都具有重要意义。

近期来看，应逐步完善信息共享机制。不仅要建立完善常规信息共享制度，加大信息交换频率、扩大信息交换内容，还要将双方协作、共同核查单位的工作模式常态化，确保“纳税户”和“统计调查户”的衔接统一。长期来看，要逐步搭建信息共享平台。按照统一规范和标准，改造升级各自的业务信息管理系统，实现互联互通、信息共享，逐步搭建统一的公共信息平台，推动企业（单位）信息在两部门间广泛共享和有效应用。

（三）逐步规范衔接各项分类标准

统计部门和税务部门因工作需求不同，关注的信息各有侧重，整体上缺乏统一规范的统计标准，两部门在单位认定标准、统计原则、统计范围、统计内容和数据管理等诸多方面都存在一定差异，影响了两部门数据共享的效率。

为提高部门资料的可比性和可共享性，两部门应共同研究，建立衔接统一的单位划分标准体系。近期来看，可本着求大同存小异的原则，在统计数据库中增加反映各类单位属性的标识，通过对各类标识的加工，使两部门各种口径的单位可相互转换，达到信息的基本共享；长期来看，应逐步统一两部门的单位认定标准和分类标准，建立统一的部门登记信息元数据库，统一相同指标的内涵和外延，统一指标代码，进而规范和统一相关的信息技术标准，确保信息在两部门间的无障共享。

（四）优化工作绩效评价制度

无论是统计部门还是税务部门，工作绩效评价制度的优化有助于工作人员增加办事效率和提高工作成果的准确性。具体可以分三个层级展开，分别是优化各级政府的政绩评价体系、优化部门的工作绩效考核办法以及优化企业考核评价指标。以此来不断优化工作绩效考评制度，正确引导税务登记与经济普查工

---

① 统一社会信用代码共18位，由登记管理部门代码、机构类别代码、登记管理机关行政区划码、主体标识码（组织机构代码）和校验码五个部分组成。其中，登记管理部门代码分为机构编制、民政和工商等部门，机构类别代码分为机关、事业、社会团体、民办非企业单位、基金会、企业、个体工商户和农民专业合作社等。

作,客观评价工作绩效,促使制度内偏差降到最低。

课题组　组　长:樊　勇
副组长:杨培峰
成　员:赖先云　张宝军　杨　虹　高　萍　王　蔚
陈博天　马　婕　王志潇　过思颖

制造业企业信息化和电子商务发展及其对绩效影响的研究

本文以 2013 年第三次全国经济普查中规模以上制造业，即国民经济行业分类(GB T4754－ 2011) C13—C43 的 31 个大类，343584 个企业的汇总数据为基础，采用多种现代数量经济分析的方法，从销售、成本、盈利能力等方面分析了信息化及电子商务发展水平对制造企业的绩效影响效应，揭示了制造业信息化及电子商务运用中存在的问题，并提出加快信息化及电子商务促进制造业发展的政策建议。

一、理论、方法与数据处理

本文拟定 13 个指标，其中 3 个企业绩效指标，分别为盈利能力(利润总额/工业销售产值)、营业成本(主营业务成本/企业单位数)及销售收入(工业销售产值/企业单位数)；10 个信息化及电子商务指标，其中 8 个信息化指标，分别为技术人员情况(有信息技术人员企业个数/企业单位数)、信息化管理(使用信息化管理企业个数占比)、局域网使用(使用局域网企业个数/企业单位数)、宽带使用(有连接宽带企业个数/企业单位数)、互联网(有互联网的企业个数/企业单位数)、互联网开展活动(通过互联网开展活动的企业个数/企业单位数)、企业网站(有网站企业个数/企业单位数)和网络化营销推广(通过互联网对本企业进行宣传推广企业个数/企业单位数)，2 个电子商务能力指标，分别为电商企业销售规模(运用电商企业全年销售总值/工业销售产值)和电商企业采购规模(运用电商企业全年采购额/主营业务成本)。

本研究在结合统计学、经济学和管理学理论的基础上，主要运用 SPSS、AMOS、Excel 等软件进行数据录入、处理及分析。利用回归分析方法分析信息化及电子商务对企业绩效的影响；利用聚类分析方法分析信息化及电子商务发展的地区差异及其对地区制造业发展的影响；利用聚类分析方法分析信息化及电子商务发展的行业差异及其对行业发展的影响。

二、信息化及电子商务发展水平对制造企业的绩效影响效应分析

(一)模型设定

本研究采用经济普查数据，选择信息化及电子商务指标为自变量，相关财务指标作为因变量，分析信息化及电子商务发展水平对制造企业的绩效影响效应。

1. 主成分分析

对自变量进行主成分分析，包含选取的 8 个变量，分别为技术人员情况、信息化情况、局域网使用、宽带使用、企业网站、网络化营销推广、电商企业销售规模和电商企业采购规模，提取出两个主成分，主成分 F_1 解释信息化建设，主成分 F_2 解释电子商务运用水平。

2. 回归模型

本文采用简单线性回归的方法对前提假设进行检验，回归模型设定为：

$$DV = C_0 + C_i * X_i + \sigma \quad (2.1)$$

其中 DV 为因变量，即企业绩效指标：销售收入、营业成本和盈利能力，X_i 代表各解释变量，模型中为主成分分析的结果 F_1 和 F_2，C_i 代表其相应的各回归系数，C_0 为常数项，σ 为随机扰动项。

(二)信息化及电子商务发展水平对制造企业的销售影响效应

因变量为销售收入时，估计(2.1)式，得到回归结果表达为标准形式如下：

$$DV_1 = 4.25 + 1.61F_1 + 11.43F_2 \quad (2.2)$$

t：(7.76)　(2.94)　(20.82)

$R^2 = 0.72$　　F＝220.99　　Sig＝0.000

表 1 为回归模型的方差分析结果，从方差分析的结果来看，F 值为 220.99，Sig 值小于 0.001，所以其显著性概率值远远小于 0.01，显著的拒绝总体回归系数为 0 的假设，可以较好的解释销售收入、F_1、F_2的关系。可以分析知模型无线性自相关并且不存在严重的多重共线的问题。由于回归方程 R^2 值为 0.72，对于截面数据来说，拟合度非常好。

表 1　模型 1 方差分析结果

ANOVA[b]						
模型		平方和	df	均方	F	Sig.
1	回归	22798.692	2	11399.346	220.990	.000[a]
	残差	8717.560	169	51.583		
	总计	31516.252	171			

a. 预测变量：(常量)，REGR factor score　3 for analysis 1，REGR factor score　2 for analysis 1，REGR factor score　1 for analysis 1

b. 因变量：销售收入

得出的回归模型，很大程度上解释了信息化及电子商务对销售收入的影响。方程(2.2)中 F_1、F_2的系数都为正数，F_1对销售有促进作用，F_1解释为信息化水平，即信息化的建设会促进销售，在其他不变的情况下，增加 1 个单位的信息化基础，销售收入增加 1.61 个单位；F_2为电子商务化情况，电子商务能有效增加销售，增加 1 个单位的电商投入能增加 11.43 个单位的销售。

(三)信息化及电子商务发展水平对制造企业的成本影响效应

因变量为营业成本时，估计(2.1)式，得到回归结果表达为标准形式如下：

$$DV_2 = 3.12 + 0.55F_1 + 3.53F_2 \tag{2.3}$$

t：　(7.43)　(1.31)　(8.39)

$R^2 = 0.30$　　$F = 36.05$　　$Sig = 0.000$

表 2 为回归模型的方差分析结果，从方差分析的结果来看，F 值为 36.05，Sig 值小于 0.001，所以其显著性概率值远远小于 0.01，显著的拒绝总体回归系数为 0 的假设，可以较好的解释营业成本、F_1、F_2的关系。可以分析知模型无线性并且不存在严重的多重共线的问题。回归方程 R^2 的值为 0.30，对于截面数据拟合度一般。

表 2　模型二方差分析结果

ANOVA[b]						
模型		平方和	df	均方	F	Sig.
1	回归	2184.201	2	1092.101	36.053	.000[a]
	残差	5119.333	169	30.292		
	总计	7303.534	171			

a. 预测变量：(常量)，REGR factor score　3 for analysis 1，REGR factor score　2 for analysis 1，REGR factor score　1 for analysis 1

b. 因变量：营业成本

得出的回归模型，可以在一定程度上解释信息化及电子商务对营业成本的影响。方程(2.3)中 F_1、F_2的系数都为正数，F_1对企业平均成本有促进作用，即信息化的建设会增加企业的前期投入成本，在其他不变的情况下，增加 1 个单位的信息化基础，成本增加 0.55 个单位；F_2为电子商务化情况，它与企业成本也呈促进作用，说明电子商务并未发挥节约成本的效用，还处于前期成本投入，增加 1 个单位的电商投入能增加 3.53 个单位成本。

(四)信息化及电子商务发展水平对制造企业盈利能力影响效应

因变量为盈利能力时，估计(2.1)式，得到回归结果表达为标准形式如下：

$$DV_3 = 0.07 + 0.007F_1 + 0.005F_2 \quad (2.4)$$

t：（35.80）（3.81）（2.52）

$R^2 = 0.11$ $F = 10.42$ $Sig = 0.000$

表 3 为回归模型的方差分析结果，从方差分析的结果来看，F 值为 10.42，Sig 值小于 0.001，所以其显著性概率值远远小于 0.01，显著的拒绝总体回归系数为 0 的假设，可以较好的解释盈利能力、F_1、F_2 的关系。可以分析得到无线自相关并且不存在严重的多重共线的问题。由于回归方程 R^2 比较小，只有 0.11，这说明方程并不能很好地解释 DV_3，从自变量到因变量只考虑财务数据，对于企业绩效的影响远非这么简单，往往会因为某些中介变量的作用而使得最终结果发生变化，考虑到自变量与因变量之间可能存在中介变量的影响导致 R^2 较小。

表 3　模型三方差分析结果

ANOVA[b]						
模型		平方和	df	均方	F	Sig.
1	回归	.013	2	.007	10.415	.000[a]
	残差	.108	169	.001		
	总计	.121	171			

a. 预测变量：(常量)，REGR factor score 3 for analysis 1，REGR factor score 2 for analysis 1，REGR factor score 1 for analysis 1

b. 因变量：盈利能力

得出的回归模型，可以在一定程度上解释信息化及电子商务对盈利能力的影响。方程(2.4)中 F_1、F_2 的系数都为正数，说明信息化及电子商务对企业的盈利能力有正向作用。通过增加信息化和电子商务的投入可以增加制造业企业的盈利能力，在其他情况不变的情况下，增加 1 个单位的信息化基础设施可以增加 0.007 单位的盈利能力，增加 1 个单位的电商投入可以增加 0.005 单位的盈利能力。但由于 F_1 和 F_2 的回归分析的系数较小，说明信息化及电子商务对企业盈利能力影响较小。

(五)结论和建议

1. 电子商务的运用促进制造企业销售。电子商务对制造企业的收入具有正向作用，电子商务的投入可以有效提高企业的收入。新型商务模式的出现使现代企业的营销环境、营销手段和营销策略都发生了深刻变化，对现代企业的市场营销活动具有明显的促进作用。

2. 电子商务的建设增加制造企业成本。电子商务对企业的成本具有反向作用，即电子商务的增加，反而增加制造企业的成本，不如预期的电子商务的运用可以降低企业成本，这可能与电子商务的前期大量投入有关。由于多数制造业运用电子商务较晚，电子商务运用的规模很小，处于起步阶段，从短期来看电子商务反而增加了成本，但以发展的眼光来看，未来电子商务能够降低企业成本。

3. 信息化及电子商务促进制造企业盈利。信息化及电子商务对企业的盈利能力有正向作用，通过增加信息化和电子商务的投入可以增加制造业企业的盈利能力。

4. 信息化建设能够增加制造企业的销售收入。信息化基础建设对企业销售收入有正向作用，技术人员、局域网使用、信息化管理、宽带使用、企业网站及网络化营销推广的投入可以促进收入，通过网络营销和交易可以促进销售增加收入。

5. 信息化建设对制造企业的成本的降低没有明显的作用。按照常理，企业实施信息化管理，实现流程改造，可以有效降低企业管理、营销和采购成本。信息化在制造业虽已全面普及，但并未达到预期降低成本效用，原因可能是前期投入只累积增加了成本，但信息化资源并没有完全转化为降低成本的有效资源。

由此，基于现有数据得出的初步结论是，信息化在制造业普及程度较高，在促进销售收入方面表现突出；但可能由于前期成本投入较大，在企业成本降低方面尚未起到明显作用。制造业应该充分利用已有的信息化建设，充分发挥信息化的作用，并加大电子商务在制造业采购和销售中运用，真正起到增加收入与降低成本的作用。

信息化和电子商务发展对企业绩效影响效应的原因分析如下：

1. 信息化和电子商务对企业的绩效影响是复杂的、隐性的和长期的。

2. 信息化和电子商务与企业绩效之间可能存在着多重中介作用或调节作用。信息化和电子商务实施通过增强企业创新能力、合作能力和资源整合能力等核心竞争能力，进而提高企业绩效。

3. 企业绩效标准的合理设定，是体现信息化和电子商务战略作用的关键。如基于平衡计分卡(BSC)的绩效管理方法建立财务指标与非财务指标相结合的业绩评价指标体系，强调企业生产经营需要从长期和短期、结果和过程等综合角度思考问题，也为建立信息化、电子商务以及企业绩效因果关系模型和路径分析模型提供了很好的借鉴。本研究基于数据获取的限制，只能从财务指标建立相关绩效评价。

三、IT&EB 发展的地区/行业差异及其对地区/行业制造业发展的影响

(一)各省 IT&EC 发展水平的聚类分析和差异比较

采用多元统计分析中的主成分分析和聚类分析方法对我国 31 个地区的信息化和电子商务发展水平进行分析比较。

1. 主成分分析

对自变量进行主成分分析，包含 7 个变量，分别为技术人员情况、信息化情况、局域网使用、宽带使用、互联网开展活动、企业网站、网络化营销推广、电商企业销售规模和电商企业采购规模，提取出三个主成分，累积的方差贡献率为 75.747%。进一步根据主成分的表达式可以计算各省直辖市的主成分得分，并且根据三个主成分的贡献率进行加权求和可以计算综合得分，为下一步将不同发展类型的地区进行聚类分析提供了基础。

2. 各省 IT&EB 发展水平的聚类分析

在上述主成分分析基础上，利用 SPSS18 中系统聚类方法对各省数据进行聚类分析，根据树状图，为了研究的方便，我们将结果分为 3 类。

第一类 7 个包括：北京、天津、上海、浙江、广东、海南、宁夏；

第二类 15 个包括：山东、湖北、河北、河南、安徽、江苏、福建、江西、重庆、四川、陕西、甘肃、青海、山西、吉林；

第三类 9 个包括：广西、内蒙古、辽宁、黑龙江、云南、贵州、新疆、湖南、西藏。

从这三类地区各企业综合得分来看，第一类地区信息化和电子商务综合得分都高于第二类地区企业；而第二类地区企业的综合得分高于第三类地区，即可得到结论是，第一类地区属于信息化和电子商务发展水平较高的地区；第二类地区属于信息化和电子商务发展水平一般的地区；而第三类地区属于信息化和电子商务发展水平落后的地区。

3. 利用 ANOVA 作变量维度的各省差异比较

用统计差异比较方法得出结论，即上述三类在技术人员、信息化管理、互联网使用、局域网使用、企业网站、电商销售、电商采购等七个变量维度，除了互联网使用，其它六个方面均存在显著性或极其显著性差异。

4. 结论

(1)根据全国各省的 IT&EC 发展水平差异，将其分为三类。分别是第一类地区属于信息化和电子商务发展水平较高的地区；第二类地区属于信息化和电子商务发展水平一般的地区；而第三类地区属于信息化和电子商务发展水平落后的地区。

(2)利用统计差异比较方法得出结论，即上述三类在技术人员、信息化管理、互联网使用、局域网使用、企业网站、电商销售、电商采购等七个变量维度，除了互联网使用，其它六个方面均存在显著性或极其显著性差异。

(3)第一类地区多属于经济发达地区，在信息化管理、互联网使用、局域网使用、企业网站、电商销售、电商采购等方面都具有不可比拟的优势。而第二类多属于中部地区，第三类属于中西部地区，在信息化管理、互联网使用、局域网使用、企业网站、电商销售、电商采购等方面发展相对落后，在信息化管理、局域网使用等方面相差不大；反而在电子商务销售和采购方面，第三类地区还以微弱优势高于第二类地区。发展水平较高的发达地区制造业，多是先进制造业或服务型制造，而中西部地区制造业多以简单加工为主的低端制造业，所以中西部地区更应该发展先进制造业和服务型制造。

(二)制造业各行业 IT&EC 发展水平的聚类分析和差异比较

采用多元统计分析中的因子分析和聚类分析方法对我国制造业三位码行业的信息化和电子商务发展水平进行分析比较。

1. 因子分析

对三位码行业样本(共 172 个)进行因子分析。检验 KMO 值为 0.714,显著性在 0.001 以下,有特征值大于 1 的 3 个因子析出(见表 8.1),方差解释率则达到 88.9%。根据三个因子中变量的组合特征,将三个因子命名为信息化水平,网络应用能力和电子商务交易能力。

2. 各行业 IT&EB 发展水平的聚类分析

在上述因子分析基础上,利用 SPSS18 中系统聚类方法对各行业数据进行聚类分析,根据树状图,为了研究的方便,我们将结果分为 6 类。

第一类包括 36 个行业,水产品加工、蔬菜水果和坚果加工、合成纤维、棉纺织及印染精加工、金属制品修理、非金属矿物制品制造、植物油加工、机织服装制造等为代表,基本都为资源集中型企业,在制造环节中是对原料的初步加工,技术水平一般。

第二类包括 40 个行业,基础化学原料加工、食品加工、通用零部件制造、工艺美术品制造、家具制造、专用化学产品制造、服装制造、农副产品加工等日用品和工艺消费品为主。具有一定技术或设计要求,利润较高。

第三类包括 57 个行业,以汽车整车制造、计算机制造、通信设备、视听照明用品、日用化学用品、汽车零部件及配件制造、大型机械等专用设备及仪器、包装容器、乐器、船舶制造、服装皮革加工设备、电工器材、钟表、广播设备、家用电器制造等,本类基本都为制造环节的终端或消费产品、仪器设备,技术水平要求高,有一些是先进制造业。

第四类包括 2 个行业,即卷烟制造、贵金属冶炼,属于垄断和高利润行业。

第五类包括 16 个行业,炸药烟火、水泥石灰、造纸、炼钢、炼铁、挂车制造、通用设备修理等,技术含量一般。

第六类包括 19 个行业,城市轨道交通设备、仪器仪表修理、通用仪器仪表制造、电子器件制造、生物药品、医药用品、电车制造、电子器件。一般技术水平要求高,多数属于先进制造业。

3. 利用 ANOVA 作变量维度的各行业差异比较

用统计差异比较方法得出结论,即上述三类在信息化水平、网络应用、电子商务能力三个因子变量维度均存在极其显著性差异。

4. 结论

(1)我国规模以上制造业电子商务整体处于新兴阶段,发展薄弱,没能形成竞争力,是未来的发展重点。

(2)我国制造业电子商务行业整体差异较小,都较为薄弱,截止 2013 年底制造业销售总额为 895412.20 亿元,利用电子商务销售总额达到 31358.20 亿元,远不及销售总额的 0.35,通过电商采购仍是如此,说明制造业以传统的销售、采购方式为主导。在信息化水平上行业差异较为明显,高新技术相关的信息化水平较高(比如电子元件制造),传统制造业则呈现较低的信息化水平(比如贵金属冶炼)。

(3)在制造业产品制造环节中,越接近终端的行业电子商务水平越高(从炼铁到黑色金属铸造,再到具体金属产品制造汽车制造等发展水平越来越高。);行业产品技术含量越高的,相应的电子商务水平越高,现代制造业要优于传统行业(饮料制造、服装制造以及零件工具制造等行业只能聚类在第二类,而家电制造、电子元件制造等高技术含量行业要明显优于之前的行业)。

(4)工业产品市场电子商务水平低下,也反映出我国 B2B 电子商务市场发展还远远落后,有很大的潜力可挖。

由研究结论提出以下建议:

(1)我国制造业要实现持续增长,发展电子商务与信息化是必由之路,但是由于投资黑洞,出现投入短期难以获得效益的矛盾,企业应当有战略眼光持续投入发展,积极学习国外先进工业方法形成核心竞争力。

(2)行业间整体差异虽然不大,但是国家高精尖行业还是较为突出,高科技先进行业走在前面,对于这些行业虽然领先,但是没能形成效益,应当努力消化,转变为自身的竞争力。

(3)传统行业较落后,这些行业对于电子商务需求较弱,对其效益的提高帮助较低,应当有针对性的发展，提高内部信息化，缩减交易成本等。国家当前也在大力支持包括农产品深加工和农村电子商务发展在内的促进发展政策。国家政策扶持的关键行业，资源充裕，发展水平突出，建议积极探索，充分利用资源，总结发展经验，这些都是我国制造业发展的重要财富，能够极大地指导其他行业的发展。

课题组 组长:寿志勤

成员:李 应 邓德平 何 凝 张尚豪

陈正光 陈 波

我国服务业产业结构升级的机制研究

一、服务业的内涵界定

服务业是指除第一、第二产业以外的其他行业，金融、地产、运输、仓储、批发零售和信息服务等与人们生活息息相关的行业都包含在服务业中。服务业是国民经济的重要组成部分，涉及领域广，吸纳就业人数多，促进生产、拉动消费作用大，在促进产业结构调整、转变经济发展方式和增强国民经济竞争力等方面发挥着重要作用。

2013 年 1 月 14 日，根据国家质检总局和国家标准委颁布的《国民经济行业分类》(GB/T 4754—2011)，国家统计局设管司对 2003 年《三次产业划分规定》进行了修订，再次发布《三次产业划分规定》，此次修订明确指出，服务业即为第三产业，包括：批发和零售业，交通运输、仓储和邮政业，住宿和餐饮业，信息传输、软件和信息技术服务业，金融业，房地产业，租赁和商务服务业，科学研究和技术服务业，水利、环境和公共设施管理业，居民服务、修理和其他服务业，教育，卫生和社会工作，文化、体育和娱乐业，公共管理、社会保障和社会组织，国际组织，以及农、林、牧、渔业中的农、林、牧、渔服务业，采矿业中的开采辅助活动，制造业中的金属制品、机械和设备修理业。

二、我国服务业及其内部结构基本现状

从“十二五”开始，由于经济格局的变化，服务业在我国国民经济中的比重不断上升，服务业开始渗透到居民生活的各个方面；为推动服务业发展，出台了一系列鼓励我国服务业发展的政策，各地区制定服务业发展的规划。实践证明，这些政策的制定和实施，改善了我国服务业的发展环境，也加快了我国服务业的发展。

(一)服务业发展存在显著区域差异

至 2013 年末，我国服务业发展最好的即服务业增加值最多的前 5 个地区依次为广东、江苏、山东、浙江、北京；服务业增加值最低的 5 个地区依次为甘肃、海南、宁夏、青海和西藏。我国服务业产值表现出明显的区域差异特征，且存在一定的空间关联效应。这与第二次全国经济普查时的情况完全一致。也就是说，我国服务业发展在区域间存在显著差异性，且这种差异是比较稳定的，不会轻易随着时间的推移而发生改变。

综合并比较分析第二、第三次全国经济普查的结果，我们将全国的服务业产值大致分为四个区域。服务业产值最高的第一区域，2008 年末服务业产值在 5100 亿元以上，包括广东、江苏、山东、浙江、北京等 8 个省市，2013 年末服务业产值在 10000 亿元以上，包括广东、江苏、山东、浙江、北京等 10 个省市；

服务业产值较高的第二区域，2008 年末服务业产值处于 4000 到 5100 亿元之间，包括河南、湖南、四川、湖北、福建这 5 个省市，2013 年末服务业产值处于 6000 到 10000 亿元之间，包括湖北、四川、天津、福建、安徽等 7 个省市；

服务业产值次之的第三区域，2008 年末服务业产值处于 2300 到 4000 亿元之间，包括 9 个省市，2013 年末服务业产值在 4000 到 6000 亿元之间，包括 7 个省市；

服务业产值最差的第四区域，2008 年末服务业产值均不大于 2300 亿元，包括 9 个省市，2013 年末服务业产值在 4000 亿元以下包括 7 个省市。

从时间维度来看，在经过一个普查期从 2008 年末发展到第三次全国经济普查(2013 年末)的过程中，我国各个地区的服务业都一致地表现出稳定增长的趋势；从区域维度上来看，两次经济普查得出的服务业产值的区域分布与我国经济地带的划分基本一致，除了个别特殊情况外，第一和第二区域属于我国的东部地区，第三区域为中部地区，第四区域为西部地区，总体表现出“东部＞中部＞西部”的格局，这说明我国服务业的发展具有明显的地域性差别。

(二)服务业内部行业增加值结构与总资产结构相近

2013年末,我国服务业增加值及总资产中比重最大的都是生产型服务业,增加值占比69.10%,总资产占比82.38%;增加值及总资产比重最小的是公共型服务业,增加值占比6.25%,总资产占比1.62%。

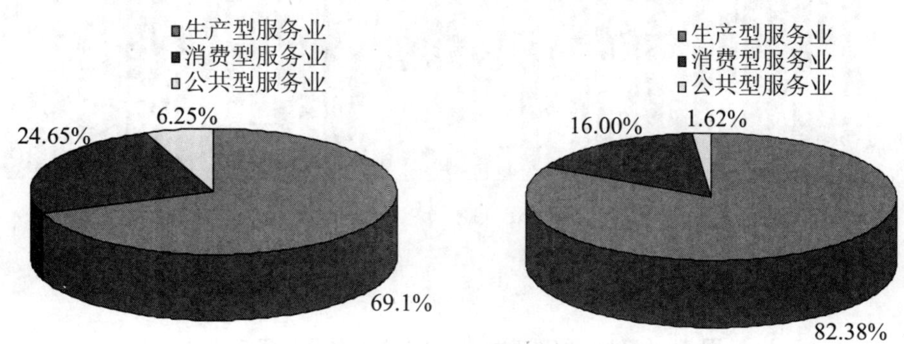

图1 我国服务业内部增加值及总资产功能性结构示意图

数据来源:第三次全国经济普查

(三)服务业内部就业结构与资产结构存在差异

2013年末,服务业中资产占比最大的行业是金融业,占比高达47.02%,资产占比最小的是教育业,占比仅有0.09%;整个服务业资产集中在金融业、房地产业、租赁和商务服务业、批发零售业、交通运输、仓储和邮政业这5个行业中,累计占比达到93.35%,这5个行业的发展情况对整个服务业的发展具有决定性作用。

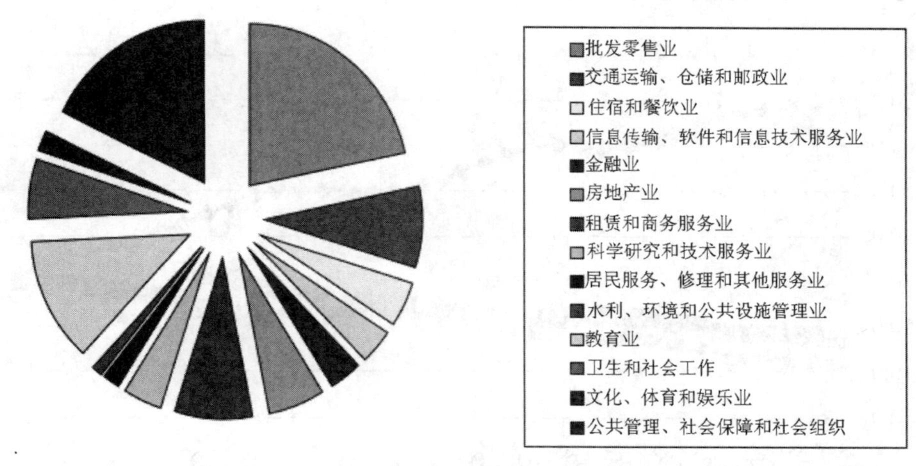

图2 2013年末我国服务业内部就业结构

数据来源:第三次全国经济普查

我国服务业内部就业结构与资产结构存在较大差异。2013年末,在服务业内部的14个行业中,就业人员比重最大的3个行业依次是:(1)批发零售业,占21.68%;(2)公共管理、社会保障和社会组织,占17.72;(3)教育业,占12.52%。就业人员比重最小的3个行业依次是:(1)信息传输、软件和信息技术服务业,占3.53%;(2)金融业,占3.36%;(3)文化、体育和娱乐业,占2.02%。

三、我国服务业演变趋势

(一)服务业发展水平保持平稳增长

1978—2013年我国第一产业增加值占GDP的比重呈不断下降的趋势;1978—2013年我国第二产业增加值占GDP的比重保持基本平稳的态势,36年间占比只下降了4%,第二产业一直保持其在国民经济中的重要地位;1978—2013年我国服务业占GDP的比重不断上升,服务业在国民经济中的地位日益突显。

从整体结构来看,在改革开放初期,我国产业结构表现为"二、一、三"的模式,即第二产业占GDP的比重最大,其次是第一产业,服务业占比最小;随着经济发展水平的提高,到1985年末,我国服务业占GDP比重首次超过第一产业,我国产业结构出现了调整,表现为"二、三、一"的模式;2009年末,我国服务业占比逐渐接近第二产业,一直到我国第三次经济普查之时(即2013年),服务业占比首次超过第二产业,我国产业结构再次发生调整，表现为与发达国家一致的“三、二、一”模式，我国经济进入新常态。

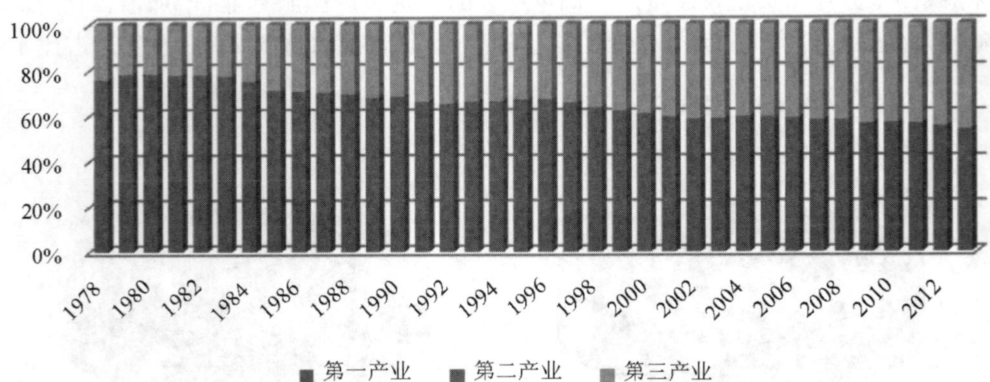

图 3　1978—2013 年间我国 GDP 三次产业构成(%)

(二)服务业就业比重持续增大

改革初期，我国就业结构表现为“一、二、三”的模式，即第一产业就业比重最大，第二产业次之，服务业就业比重最小；到 1994 年末，我国服务业就业比重首次超过第二产业，我国就业结构表现为“一、三、二”的模式；随着 2011 年末服务业就业比重超过第一产业，我国就业结构再一次发生调整，演变为“三、一、二”的模式。2013 年末，我国第一、二、三产业的就业比重分别为 31.4%、30.1%和 38.5%。由于三次产业的劳动力需求存在差异，就业结构和产业结构并非完全一致。

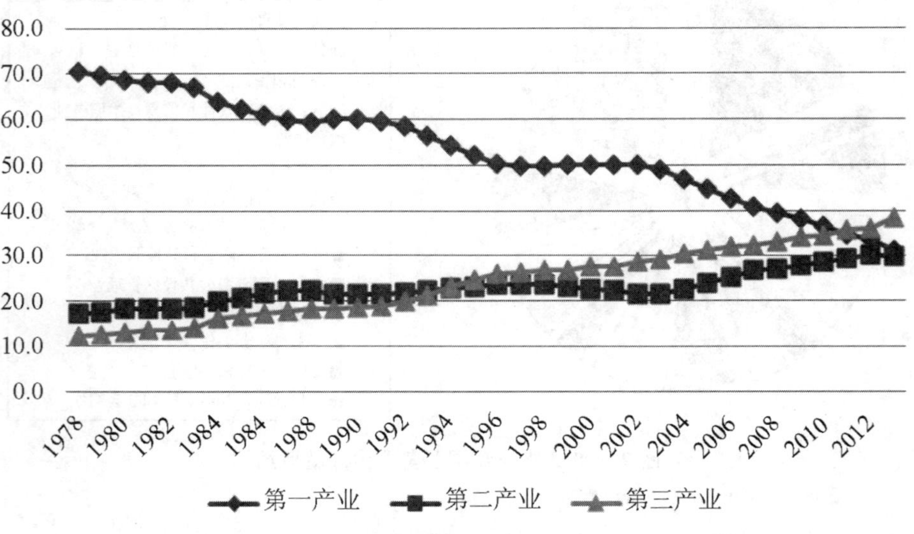

图 4　1978—2013 年间我国就业人数三次产业构成(%)

(三)生产型服务业规模最大，公共型服务业开始发展

为了从功能结构的角度对我国服务业内部结构的动态变化开展分析，根据国家统计局在 1985 年《关于建立服务业统计的报告》中对服务业 4 个层次的划分(现已取消 4 个层次的划分)，将我国服务业划分为生产(生活)型、消费型、公共服务型服务业。

表 1　我国服务业功能性结构划分

类型	子行业
生产型服务业	金融业、信息传输、软件和信息技术服务业、房地产业、租赁和商务服务业、科学研究和技术服务业、居民服务、修理和其他服务业
消费型服务业	交通运输、仓储和邮政业、批发零售业、住宿和餐饮业
公共型服务业	水利、环境和公共设施管理业、教育业、卫生和社会工作文化体育和娱乐业、公共管理和社会组织

我国服务业内部增加值表现为生产型服务业>消费型服务业>公共型服务业的态势；消费型服务业的比重随着时间推移而不断减少，生产型和公共型服务业的比重则随着时间推移不断增加。

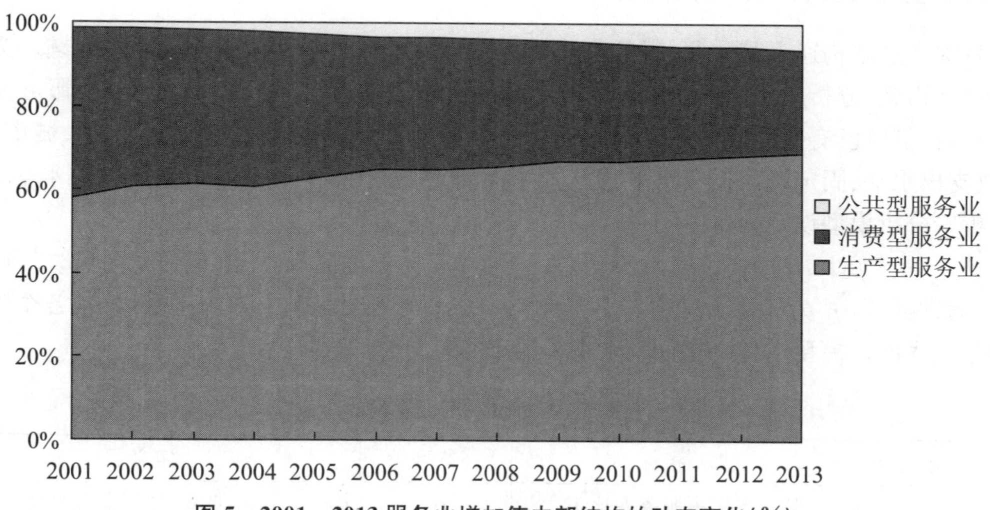

图 5 2001—2013 服务业增加值内部结构的动态变化(%)

四、我国服务业及其内部结构发展存在的问题

(一)我国服务业发展水平不够高、速度不够快

根据发达国家产业结构发展演进的一般规律，服务业的发展主要有以下三个特征：①服务业占 GDP 的比重会随着整个国民经济发展水平的提高而不断提升，产业结构最终形成第三产业(即服务业)占比最高、第二产业次之、第一产业占比最小的格局；②服务业的增长速度会逐渐超越 GDP 增长速度；③随着产业结构的升级，第三产业占 GDP 的比重会达到较高水平，一般发达国家第三产业增加值占 GDP 的比重为 60—80%。

(二)我国服务业城乡发展不平衡

由于农村经济发展的滞后，使农村非农产业发展缓慢，缺少自身消化剩余劳动力的能力，大量剩余劳动力在农村的沉积造成了农业生产率低下，农民收入较低，且增长缓慢。收入水平的高低很大程度上影响了消费需求，由于农民收入较低，且长期以来形成的生活方式使农村居民缺少对服务业的需求，同时农村服务业发展的落后又缺少对农村居民服务需求的刺激，因此在这样循环的状态下，农村服务业尤其是以高知识水平、高技术水平的现代服务业的发展缺少基础也缺少动力，造成了农村服务业发展水平远远落后于城市，尤其是在经济欠发达的中西部地区，农村与城市的差距更大。

(三)我国服务业市场化制度不够完善，存在垄断的问题

我国服务业中的个别行业出现了垄断现象，使得一些市场主体、民间资本对服务业的贡献受到了很大的限制。例如电信业、运输业、金融业等。此外，由于市场化制度的不完善，许多具有非自然垄断性的服务业的行业，以及还不是完全垄断的服务业中的行业，面临着准入机制限制、非公平竞争等问题，成为潜在的“垄断障碍”。

(四)我国服务业要素结构不够合理

我国服务业投入要素中，资本、人力、技术等要素的结构均存在一些问题。资本要素方面，服务业投资力度并不大，我国正处于经济形态转变的关键时期，在以服务业为主导的经济形态中，财政支持与外资引入在服务业中体现的还不够；人力要素方面，随着服务业内部行业的细分，相应专业人才的培养、引进与分配体系也有待改进；技术要素方面，由于我国服务业开放水平并不够高，导致有技术的引入与交流少，从而使得缺乏自主创新、科技投入不足、科技成果转化力度不强成为阻碍我国服务业发展的最主要因素。

(五)我国服务业区域发展不平衡

地区经济发展不平衡是我国经济发展中存在的主要问题之一，这一问题同样也体现在我国服务业的发展上。我国各地区服务业发展的不平衡问题，主要表现为东、中、西三大地区的差距上，具体体现在现代服务业发展的公共基础条件，现代服务业发展水平，现代服务业发展环境等几个方面。总体而言，我国服务业

的发展表现出“东部＞中部＞西部”的格局。

五、我国服务业及其内部结构的影响因素

现阶段我国产业结构还不甚协调，服务业及其内部结构的发展还存在许许多多的问题。为找到解决这些问题的针对性措施，分析我国服务业及其内部结构的影响因素显得尤为必要。为分析服务业及其内部结构的影响因素，在借鉴已有研究成果并考虑数据可得性的前提下，本文选取了收入水平、城市化水平、市场化水平、财政支出水平、固定资产投资水平、劳动力供给水平、人力资源水平以及对外开放水平这8个指标来开展实证分析。分析模型设定为：

$$Y_i = \alpha + \beta_1 LnR + \beta_2 U + \beta_3 M + \beta_4 G + \beta_5 I + \beta_6 L + \beta_7 H + \beta_8 O + \mu \quad i = 1,2,3,4$$

其中：α 为常数项，μ 为随机干扰项，$\beta_j, j = 1,2,\cdots,8$ 为各个影响因素的系数，表示各个因素对服务业内部结构的影响程度。模型中各个指标及变量说明、回归结果如表2、表3所示。

表2 指标及对应变量说明

变量类型	指标	符号	定义
被解释变量	第一层次占服务业比重	Y_1	第一层次增加值/服务业增加值
	第二层次占服务业比重	Y_2	第二层次增加值/服务业增加值
	第三层次占服务业比重	Y_3	第三层次增加值/服务业增加值
	第四层次占服务业比重	Y_4	第四层次增加值/服务业增加值
解释变量	收入水平	R	GDP/总人口数
	城市化水平	U	城镇人口数/总人口数
	市场化水平	M	非国有经济总值/服务业总产值
	财政支出水平	G	财政支出/GDP
	固定资产投资水平	I	固定资产投资额/GDP
	劳动力供给水平	L	第三产业从业人数/就业总人数
	人力资源水平	H	受教育年限(虚拟变量)
	服务业对外开放水平	O	服务业贸易额/GDP

表3 我国服务业内部四层次结构变动影响因素的回归结果

变量	第一层次	第二层次	第三层次	第四层次
α	107.25＊＊＊ (15.636)	25.976＊＊＊ (29.086)	3.507＊＊＊ (5.212)	10.374＊＊＊ (25.708)
β_1	—	—	−0.29＊＊ (−2.33)	0.024＊＊ (8.082)
β_2	−0.65＊＊ (−4.415)	0.744＊＊ (2.403)	—	—
β_3	—	0.245＊＊＊ (12.072)	—	−0.054＊＊＊ (−5.840)
β_4	1.352＊＊＊ (3.771)	−0.966＊ (−2.169)	—	—
β_5	—	0.428＊＊＊ (5.123)	−0.25＊＊＊ (−5.712)	—
β_6	—	−1.855＊＊ (−3.029)	4.633＊＊＊ (3.569)	—
β_7	—	—	—	—
β_8	−0.358＊ (−1.578)	—	—	—

注：括号内的为系数的t检验值，＊、＊＊、＊＊＊分别表示通过显著性为10%、5%、1%的t检验

(一)经济体总的产业结构对服务业内部结构有重要影响

投资需求、政府消费需求、个人消费需求、外商直接投资等经济要素对我国服务业及其内部结构具有间接影响作用,它们通过影响国民经济整体的产业结构来对服务业起作用,课题通过基于产业结构影响因素的空间计量模型的实证分析(模型设定为 SLM:

$$w_{it}=\beta_0+\beta_1 fdi_{it}+\beta_2 h_{it}+\beta_3 s_{it}+\beta_4 c_{it}+\beta_5 i_{it}+\beta_6 g_{it}+\beta_7 tr_{it}+\rho\sum_{j=1}^{n}W_{ij}w_{it}+\varepsilon_{it}$$

SEM:$w_{it}=\beta_0+\beta_1 fdi_{it}+\beta_2 h_{it}+\beta_3 s_{it}+\beta_4 c_{it}+\beta_5 i_{it}+\beta_6 g_{it}+\beta_7 tr_{it}+\varepsilon_{it}$,其中 fdi 指外商直接投资、h 表示人力资本、s 表示技术水平、c 表示个人消费需求、i 表示投资需求、g 表示政府投资需求、tr 表示外贸规模,W 表示邻接矩阵)得到结果如表 4 所示。

表 4 我国区域产业结构升级影响因素的空间计量回归结果

变量	SLM			SEM		
	空间固定	时间固定	时空固定	空间固定	时间固定	时空固定
fdi	0.118770	−0.08392	−0.11613	0.46339 *	−0.07449	−0.08577
h	0.008368 * * *	0.008665 * *	0.007266 * * *	0.012531 * *	0.006947 * * *	0.005770
s	0.903081 *	0.857673 *	0.877798 *	1.016888 *	0.953453 *	0.969410 *
c	0.018868 *	0.019570 *	0.022118 *	0.013728 *	0.016093 *	0.017822 *
i	0.046300 * *	0.105743 *	0.097098 *	0.037521	0.141258 *	0.135679 *
g	0.260625 *	0.316533 *	0.337710 *	−0.016318	0.305952 *	0.327929 *
tr	0.086922 *	0.103890 *	0.097918 *	0.093720 *	0.142324 *	0.138043 *

注:*、* *、* * * 分别表示 1%、5%和 10%显著性水平。

结果表明,上述因素对产业结构的影响包括以下三个方面的内容:首先,固定资产投资并非影响产业结构升级的重要因素;其次,外贸规模、个人消费需求和人力资本这三个变量构成了产业结构升级的重要驱动力,它们每增加 1%,对产业结构升级的影响程度依次为 0.0937%、0.0137%和 0.0125%;最后,技术水平的提高和外商直接投资的增加将对省域产业结构的升级具有积极促进作用,从回归结果看,技术水平的回归系数最大,在 1%显著水平下,统计显著且为正,是产业结构升级的直接动力,技术水平每提高 1 个百分点,产业结构升级程度将提高 1.0169 个百分点。

(二)收入水平通过需求结构来影响服务业内部结构

收入和需求结构存在着紧密的联系,收入水平的变动会引起需求结构的变动,而需求具有引导生产的作用,这会进一步导致产业结构的变化。伴随着人均可支配收入的增加,人们用于食品消费支出占家庭消费总额的比重趋于下降,人们把更多的可支配收入用于耐用消费品、文化娱乐、保健、医疗、教育、卫生、体育等服务品的消费。这是因为服务消费品的需求收入弹性比实物消费品的需求收入弹性大,因此随着人们生活水平的提高,人们对服务消费品的需求增长相对迅速,由此带动服务业在国民经济结构中的比重增大。不同服务消费品的需求收入弹性也是不相同的,需求收入弹性大的行业增长速度快,在国民经济中的比重也随之增大;需求收入弹性小的行业增长速度慢,在国民经济中的比重也随之减少。因此服务业内部结构伴随着人们收入水平的变动而变动。

(三)城镇化与服务业发展相互促进、相辅相成

城镇化是产业结构高级化、合理化和非农化的过程,随着城镇化的发展,服务业表现为持续上升的趋势;同时,伴随着产业结构的调整,人类经济活动和社会活动会在特定区位形成大规模的集聚,从而形成了意义上的城市,使城市的交通运输、邮电通信、文化教育、医疗卫生和各类服务业部门也相应集聚和发展,另外城市的建设也会带动基础设施、市政设施建设，带动工业、商业、建筑业、金融业等相关行业的发展。

服务业内部结构与城市规模结构也存在着很大的关系。一般来说，高附加值的、为生产服务的、新兴的服务业，往往是与城市规模联系在一起的。在大城市和特大城市里，金融保险、会计法律、信息服务、科研技术等比较发达；在中小城市，特别是小城镇，这些产业就缺乏需求基础，很难有大的发展。可见，城镇化与服务业发展是相互促进、相辅相成的关系。

(四)市场化水平的提升有助于推动服务业发展

我国市场化水平对为生产、生活服务的部门占服务业增加值比重有强显著正影响。随着我国市场化水平的不断提高，为生产、生活服务的服务部门占服务业增加值比重将趋于上升。从产业发展的历史视角来看，在经济发展初期，由于生产力不发达，市场容量比较狭小，市场上占主导地位的都是“全能型”企业，生产服务基本上都是由企业自身提供的。随着市场化水平的提高和专业化生产的发展，这些部门将逐步从企业的内部部门独立出来。此外，在经济发展水平、市场化程度仍较低的发展阶段，人们倾向于自我提供一部分家庭服务(如洗衣、保姆等)。这部分服务随着市场化水平的提高，也将逐步转向市场化购买。市场化水平的提高能够推动为生产、生活服务的服务部门的发展。

(五)技术进步能促进新兴服务业的形成与发展

首先，技术进步直接改变了产业的技术基础和生产的技术结构，并使一些新兴服务业不断形成和发展、传统服务业加速了改造或衰退的进程，从而推进了服务业内部结构的高级化；其次，技术进步会促使新的服务业部门形成，还会使原有的服务业部门得到改造；最后，技术进步会刺激需求结构发生变化，例如航空技术的发展使人们出外旅游更加方便，从而刺激人们对旅游的需求；网络技术的不断发展，促使人们可以更加方便快捷地从网上采购到自己所需要的产品，极大地刺激了人们对网上购物的需求。

(六)服务业对外开放水平引导着其内部结构变动

随着商品经济的发展，经济全球化趋势不断增强，使各国不断产生寻求内外分工协作的强烈要求。各国的经济水平提高能带来更高的消费服务需求(如餐饮、旅游)，世界贸易和生产发展产生了更多的生产服务需求(如货运、保险)，市场竞争的外在压力和追求利润的内在动力使得现代企业需要更多的专业化服务(如法律、咨询会计等商务服务)。经济全球化和日趋广泛的国际分工使得一国无须在上述服务提供方面自给自足，而可通过国际服务贸易实现国际范围内的产业、产品协调。经济全球化的发展态势为各国基于资源禀赋、比较优势实现特定服务部门的优先发展提供了前提和可能。服务业开放水平越高，本国具有比较优势的服务部门越容易通过对外输出服务得到充分发展，而具有比较劣势的服务部门则可能由于主要从国外输入相应服务而导致发展趋于缓慢，进而可以影响到服务业内部结构的变动。

六、促进我国服务业及其内部结构发展的政策建议

服务业的发展战略与经济和社会活动的发展息息相关，促进服务业及其内部结构健康发展的政策也应该与时俱进。针对促进服务业及其内部行业市场结构进一步优化，助推行业提质增效的目标，提出以下方面政策建议：

(一)因地制宜，促进服务业协调发展

东中西部经济水平发展程度不尽相同，应该根据各自的实际情况，制定不同的发展目标。

东部及沿海地区在提高服务业比重的同时，应该更加注重提升服务业的质量。向国际标准看齐，大力发展信息、物流等新兴服务业，与国际接轨，积极主动走出国门，使服务业发展达到国际先进水平；主动进行跨区域投资和合作，带动中西部服务业发展，提升服务业整体水准。

中西部地区应该加快产业结构调整与升级，提高服务业比重；运用现代经营方式和先进技术大力改造和发展传统服务业；充分利用资源禀赋条件，发展具有地方特色的服务业；加快城镇化建设，推进服务业的发展和服务业内部的结构升级，继而缓解就业压力、提升城镇化质量，两者互为促进，进入良性循环；积极寻求区域交流和合作的机会，学习和借鉴国内外领先地区的先进经验，发挥后发优势，实现服务业发展的赶超。

从政策上加强对落后地区的扶持，加大对落后地区的资金和技术的投入，缩小服务业发展的地区差异，使各地区服务业协调发展。

(二)提升市场化水平，促进服务业内部结构升级

促进服务业的全面升级、全面优化，要更加主动、更加灵活的运用市场机制，加快服务业市场化改革的

脚步，逐渐放开经济管制，降低服务业市场准入的条件。充分发挥市场在服务业的价格机制、竞争机制、供求机制的调节作用是深化服务业改革的必然选择。要积极推进放开准入机制，允许平等进入，促进公平竞争。完善的市场化，可以有效提高服务业的生产效率、优化服务业结构。

（三）加大对服务业的投资力度，积极拓宽融资渠道

各地可根据实际情况积极拓宽融资渠道，坚持多层次、多渠道、多方形式地增加对服务业的投入，鼓励在服务业领域开展 PPP 项目，为民间资本提高更广阔的发展空间；同时要加大对外开放的力度，利用多种渠道和手段，更好地吸引外资和技术。此外，要加强现代服务业的投资扶持力度，积极支持和鼓励多渠道资金对金融保险、信息技术、科技服务、商务服务、教育、卫生等行业的投资。

（四）完善人力资本培养与引进机制

为实现专业人才的有效供给，应该拓宽现代服务业人才培养网络，在进行专业人才的培养的同时大力引进高素质人才，同时注意人力资源分配体系的构建和完善。完善人力资本培养与引进机制的措施主要包含以下 3 个角度：(1)强化专业人才培养能力；(2)加大专业人才引进力度；(3)完善专业人才分配体系，引导人才流向。

（五）加强对外开放水平，关注技术创新

应提高各地区现代服务业的对外开放水平，一方面可以弥补资金的不足，另一方面可以借鉴并采纳外资所带来的先进理念、经验技术和管理方式，促进现代服务业质量和水平的提升。要使科研支出发挥作用，要改革科研院所运行机制，使其成果迅速转化为生产力，并且国家扶持和鼓励企业进行研发投资。现在各个省份都很重视 R&D 的投入强度，但是应该根据当地的产业结构以及地区经济发展水平，制定合适的投入强度，找到一条适合自己发展的道路，使 R&D 的溢出效应达到最大，从而带动中国服务业产业结构变动。

课题组　组长：陶长琪

成员：徐　晔　彭永樟　熊娟娟

我国现代服务业发展与就业关系研究

随着我国国民经济步入新常态,服务业比重的不断提高,就业结构也由一二产业就业为主逐渐过渡到以服务业为主。作为服务业的重要组成部分,现代服务业也在就业中发挥着重要作用。这既符合马克思主义与中国特色社会主义经济学理论,也符合美欧日等发达国家的既往发展经验。

"十二五"以来,在《服务业发展"十二五"规划》的指导下,我国服务业(特别是现代服务业)实现了快速发展,对经济发展的支撑和拉动意义重大,在就业的拉动与促进方面的作用也日益突出。2015 年 10 月十八届五中全会公报中明确指出要"开展加快发展现代服务业行动"。在这种背景下,本文基于全国经济普查数据,对我国现代服务业对就业的促进作用进行研究讨论,得出我国现代服务业的发展对就业增长的带动作用极其显著,各行业作用效果具有一定差异的研究结论,并据此提出几点建议,进而为加快发展我国现代服务业、提高就业吸纳能力提供理论依据。

一、现代服务业的概念起源与界定

1997 年中国共产党十五大报告中明确指出"要改造传统服务业,发展现代服务业",这是我国第一次正式提出"现代服务业"概念。2000 年十五届五中全会公报和 2002 年十六大报告中,明确指出要"促进现代服务业的快速发展,使服务业在国民经济中的比重不断提高"。2015 年 10 月十八届五中全会公报中明确指出要"开展加快发展现代服务业行动"。

参照国家统计局关于"现代服务业"的相关统计标准,本文涉及"现代服务业"包括以下 10 个行业:信息传输、软件和信息技术服务业,金融业,房地产业,租赁和商务服务业,科学研究和技术服务业,水利、环境和公共设施管理业,教育,卫生和社会工作,文化、体育和娱乐业,公共管理、社会保障和社会组织。

二、我国现代服务业发展及其就业现状

自十一五、十二五以来,我国现代服务业取得了快速发展,就业人员大幅增加,主要特征体现为以下三个方面:

(一)现代服务业法人单位数量较快增长

2009—2013 年间,全国现代服务业法人单位增速为 45.7%,低于全国所有行业法人单位增速(52.9%)7.2 个百分点,分别比全国服务业法人单位增速(62.1%)和传统服务业法人单位增速(89.7%)低 16.4 个和 40 个百分点。

表 1　2009—2013 年现代服务业法人单位数增速与比重增长①

行业分类	单位数增速(%)	比重增长(百分点)
全国	52.9	—
服务业	62.1	4.1
传统服务业	89.7	6.2
现代服务业	45.7	−2.1
信息传输、软件和信息技术服务业	47.7	−0.1
金融业	3.5	−0.1
房地产业	60.8	0.2

① 数据来源:根据全国经济普查数据计算得到。(下文同)

续表

行业分类	单位数增速(%)	比重增长(百分点)
租赁和商务服务业	114.8	2.4
科学研究和技术服务业	125.7	1.4
水利、环境和公共设施管理业	46.6	−0.03
教育	23.6	−0.9
卫生和社会工作	20.8	−0.6
文化、体育和娱乐业	181.7	1.0
公共管理、社会保障和社会组织	11.4	−5.2

分行业看，现代服务业各行业增速存在差异，金融业，公共管理、社会保障和社会组织，卫生和社会工作等4个行业法人单位增速相对较低，而文化、体育和娱乐业，科学研究和技术服务业，租赁和商务服务业以及房地产业等行业法人单位增速较高，分别为181.7%、125.7%、114.8%和60.8%。

(二)现代服务业从业人数实现高速增长

2009—2013年间，全国现代服务业从业人数增速为45.8%，高于全国从业人数增速(31.1%)14.7个百分点，是传统服务业从业人数增速(7.1%)的六倍。

分行业看，除金融业外，其余9个行业从业人数增速均超过两位数。其中，增长最快的三个行业为科学研究和技术服务业、租赁和商务服务业以及房地产业，增速分别为80%、72.7%和71.9%。科学研究和技术服务业，租赁和商务服务业，信息传输、软件和信息技术服务业，文化、体育和娱乐业以及房地产业等行业增速超过现代服务业平均水平，分别为80%、72.7%、71.9%、63.2%和61.8%。

表2　2009—2013年现代服务业法人单位从业人数和比重变化

行业分类	从业人数增速(%)	比重增长(百分点)
全国	31.1	—
服务业	41.4	3.2
传统服务业	7.1	2.5
现代服务业	45.8	0.7
信息传输、软件和信息技术服务业	71.9	0.4
金融业	3.9	−0.4
房地产业	61.8	0.5
租赁和商务服务业	72.7	0.9
科学研究和技术服务业	80	0.6
水利、环境和公共设施管理业	36.4	0.03
教育	11.1	−1.0
卫生和社会工作	35.3	0.1
文化、体育和娱乐业	63.2	0.2
公共管理、社会保障和社会组织	21.5	−0.6

(三)现代服务业有更强的就业吸纳能力

2009—2013年间，现代服务业新增就业人数2272万人，年均吸纳454.4万人数就业，分别比传统服务业高出447.3万人和90万人。表明现代服务业比传统服务业有更强的就业吸纳能力。

分行业看，批发和零售业，公共管理、社会保障和社会组织，租赁和商务服务业，房地产业等4个行业年均新增从业人员超过50万人，就业吸纳能力较强。

表 3　2009—2013 年服务业法人单位新增就业人数

行业分类	新增人数(万人)	排名	年均新增人数(万人)
服务业	4096.7	—	819.34
传统服务业	1824.7	—	364.9
现代服务业	2272	—	454.4
批发和零售业	1423.7	1	284.7
公共管理、社会保障和社会组织	481.2	2	96.2
租赁和商务服务业	445.3	3	89.1
房地产业	325	4	65
卫生和社会工作	237.4	5	47.5
交通运输、仓储和邮政业	226.8	6	45.4
信息传输、软件和信息技术业	218.7	7	43.7
教育	190.1	8	38.0
科学研究和技术服务业	155.7	9	31.1
文化、体育和娱乐业	115	10	23
住宿和餐饮业	106.4	11	21.3
水利、环境和公共设施管理业	76.7	12	15.3
居民服务、修理和其他服务业	67.8	13	13.6
金融业	26.9	14	5.4

综上所述，2009—2013 年，虽然现代服务业的法人单位数量增长低于传统服务产业，但现代服务业新增就业人数却高于传统服务产业，即现代服务产业单位吸纳就业人员能力超过传统服务产业。因此，发展现代服务业对于缓解我国当前严峻的就业形势具有极其重要的意义，是解决我国长远就业压力的重要出路。

三、我国现代服务业资金投入的就业拉动分析

尽管我国现代服务业发展在所有产业中具有极佳的就业带动作用，但现代服务业是否是带动就业增长最经济的资金运用行为，仍需要进一步探究。因此，本文使用直观的“就业当量”与“就业指数”指标来进行行业间的比较研究，二者计算公式如下：

公式 1.　就业当量计算方法

$$\text{就业当量}=\frac{\text{当期值(如 2013 年)}-\text{基期值(如 2005 年)}}{\text{当期某产业资产(资本投资累计)}-\text{基期产业资产(资本投资累计)}}$$

公式 2.　就业指数计算方法

$$\text{就业指数}=\frac{\text{基期(如 2005) 至当期(如 2013) 年间某产业就业人数增长率}}{\text{基期(如 2005) 至当期(如 2013) 该产业资产(资本投资累计) 增长率}}$$

本文选取全国第三次经济普查(以下简称三经普)的统计数据，计算出我国现代服务业就业当量与就业指数，如表 4 和表 5 所示，其中，就业当量分为“单位增长当量”、“人员增长当量”和“单位就业当量”，“单位就业当量”为前二者的比值。

表 4　2009—2013 年现代服务业法人单位及其从业人数当量分析表

行业分类	单位增长当量(个/亿元)	人员增长当量(人/亿元)	单位就业当量(人/个)
服务业	1.38	20.23	14.65
现代服务业	0.70	13.55	19.33
信息传输、软件和信息技术业	1.50	50.01	33.29
金融业	0.0012	0.36	298.89
房地产业	0.32	8.53	26.29
租赁和商务服务业	1.12	12.90	11.48
科学研究和技术服务业	4.40	47.79	10.87
水利、环境和公共设施管理业	0.88	24.59	27.99
教育	2.69	64.72	24.09
卫生和社会工作	1.97	107.38	54.57
文化、体育和娱乐业	9.39	72.90	7.77
公共管理、社会保障和社会组织	8.48	261.09	30.81

表 5　2009—2013 年现代服务业法人单位从业人数就业指数分析表

行业分类	人员就业指数
服务业	28.11
传统服务业	29.81
现代服务业	24.22
信息传输、软件和信息技术业	53.08
金融业	6.30
房地产业	22.37
租赁和商务服务业	32.52
科学研究和技术服务业	37.24
水利、环境和公共设施管理业	11.87
教育	9.29
卫生和社会工作	16.66
文化、体育和娱乐业	23.45
公共管理、社会保障和社会组织	46.27

现代服务业进行资金支持拉动就业的效果，与传统服务业相比较，具有以下两点特征：

一是现代服务业法人单位更有利于劳动就业人数增长。根据表 4 中的单位就业当量，2009—2013 期间，每增加 1 个现代服务业法人单位能够提供 19 人就业，比传统服务业(11 人)多 8 人。从现代服务业内部结构看，每增加 1 个法人单位，拉动就业人数最多行业是金融业，其次为卫生和社会工作，公共管理、社会保障和社会组织，水利环境和公共设施管理业，房地产业以及教育等行业。

二是现代服务业资金拉动就业的优势尚未显著体现，主要受现代服务业内部各行业就业促进能力差异大，发展不平衡等原因所影响。尽管如此，现代服务业中的部分产业，如文化、体育和娱乐业，公共管理、社会保障和社会组织等产业的就业指数均高于传统服务业，说明在这些领域每投入 1 亿元，拉动社会法人单位增长与就业人数增长高于向传统服务业投资。

综上所述，现代服务业的发展，相比传统服务业发展，更有利于就业数量与质量的促进。同时，朝着现代服务业各产业平衡发展，尤其是文化、体育与娱乐业、公共管理、社会保障与社会组织等方向等加大投资力度，才能更加有利于提高现代服务业发挥其就业促进的巨大潜力。此外我国现代服务业仍然处于初级阶段，其发展潜力才刚刚显现，随着我国国民经济的升级与转型不断深化，现代服务业边际投资就业促进能力将逐渐扩大。特别是在我国“四个全面”和“一带一路”等重大国家发展战略的实施推进下，现代服务业有巨大发展空间，大额资产投资也能加速提升现代服务业的质量升级，进一步促进我国劳动就业高量高质的健康发展。

四、政策建议

党的十八大明确指出要“加快传统产业转型升级，推动服务业特别是现代服务业发展壮大”。我国现代服务业将必然成为推动我国国民经济发展的中坚力量，区域经济基础作用和辐射作用将日益凸显。理论实践与发达国家经验均证明，大力发展现代服务业是增加就业的重要途径。但就目前而言，我国现代服务业发展不够充分、总体比重还比较低、发展结构不平衡，没有充分发挥出现代服务业的就业促进优势与潜力。为此，应从以下几方面着重努力：

（一）紧密适应我国国民经济产业结构调整升级，加强市场引导与政策支持力度，大力推动现代服务业产业发展

随着我国经济发展进入新常态，产业结构面临着转型升级的关键时期，服务业在国民经济中的比重也将不断上升。尽管我国服务业增加值比重已至首位，但比照国际发展经验，服务业尤其是现代服务业的比重仍有待提高。它包含两个方面：其一是大力推进第一产业和第二产业向服务业转型；其二是促进服务业向现代服务业转型。因此，需出台一系列有针对性的支持政策和细化举措，引导市场与产业调整升级，为现代服务业快速发展创造更广阔适宜的环境与平台，扩大就业。

一是提倡大众创业、万众创新，大力发展社区就业。大多数社区服务业的专业技术能力要求较低，适合下岗失业人员再就业和新增劳动力创业。要通过制度安排及其强有力的行动推进，例如给予社区服务企业就业补贴，政府购买公益性服务，加强社区服务业的基础性平台投资等推进产业转型，加强就业吸纳能力。二是大力发展中小企业、小微企业、电商企业。这些企业数量众多、劳动密集程度高，单位投资创造的就业机会大于大型企业，从而推进就业人数增加。

（二）以提高现代服务业法人单位数量为抓手，以实现现代服务业产业结构平衡发展为目标，促进现代服务业就业人数快速增长

发展现代服务业、实现现代服务业就业人数更快增长，必须首先把现代服务业法人单位数量做大。至今为止，传统服务业在法人单位数量及其增长等方面占据优势，现代服务业从法人单位数量看比重不大，仍然需要一系列针对现代服务业经营实体发展有倾斜的财政、税收、工商等政策制度支持。同时，对就业促进潜力巨大的现代服务业产业，例如公共管理、社会保障和社会组织，信息传输、软件和信息技术业，卫生和社会工作，水利、环境和公共设施管理业等行业，应进一步加大投资力度，实现现代服务业产业结构平衡发展，凸显其就业吸纳的优势潜力，促进长期社会整体劳动就业数量与质量健康发展。

（三）加强现代服务业人才培养，为我国现代服务业实现长期健康发展提供执行保障

发展现代服务业，需要加强各产业领军人才的培养，同时还应当通过扩大专业技能培训、产学研对接等途径，边发展边培养，全面提高现代服务业从业人员的数量与质量。相对传统服务业，现代服务业具有更强的劳动力吸纳能力。特别是对高端、专业人才的吸纳。随着我国产业信息化的发展，产业链价值的快速提升，现代服务业中对高层次专业人才和复合型创新人才的需求也越来越大。例如，现代金融服务业，不仅需要专业的金融咨询师，更需要融合信息通讯和工程技术的创新性、复合型人才。培养专业的现代服务业相关行业人才，不仅有利于优化就业结构，也有利于提高现代服务业的生产水平。

参考文献：

[1]国家统计局．统计数据库[EB/OL]．http://www.stats.gov.cn/tjsj/.

[2]赵霄伟，姚永玲．动态外部性、收敛性与中国服务业就业增长的关系——基于传统服务业和现代服务业的比较研究[J]．经济问题，2014，07：52－56＋68.

[3]丁守海，陈秀兰，许珊．服务业能长期促进中国就业增长吗[J]．财贸经济，2014，08：127－137.

[4]刘辉群．我国现代服务业就业增长效应分析[J]．广东商学院学报，2009，06：9－13.

[5]徐海涛，戴骥．服务业发展、就业增长及国际比较[J]．江苏商论，2008，11：72－75.

[6]何万里．中国现代服务业的就业增长机制和绩效研究[D]．浙江大学，2008.

[7]郑吉昌,何万里,夏晴. 论现代服务业的隐性就业增长机制[J]. 财贸经济,2007,08:94—98.
[8]刘柳. 完善就业失业统计 编制就业指数[N]. 人民政协报,2015—03—20003.
[9]郑东亮,张丽宾. 2012 年中国劳务用工行业就业指数报告[J]. 经济研究参考,2013,33:3—27+57.
[10]王进.《CTG 中国(劳务用工)行业就业指数报告》在京发布[J]. 中国劳动,2012,06:65.

课题组 组长:刘邦凡
成员:王 燕 徐 水 刘乃郗 刘永奎 赵 艳
夏令国 彭建交 廉格俊 宋 辉 李春光

新常态下服务业发展特征及转型升级研究

当前，我国经济发展已进入新常态，发展方式、发展动力、经济结构需要加快转型升级。近年来，我国服务业规模快速扩张，不断迈上新的台阶。从第三次全国经济普查的结果看，服务业法人单位数、从业人数、资产规模等大幅增长，劳动生产率稳步上升，服务业结构升级出现新变化，特别是生产性服务业增长势头显著。但也要看到，我国服务业增加值比重低于典型工业化国家相同发展阶段的水平，部分服务行业成本压力较大、营业收入利润率偏低。为此，需要有针对性地推动不同类型服务业的发展，加强供给侧改革创新，大力提升服务业人力资本投资，完善有利于服务业创新转型的财税金融政策，扩大服务业对内对外开放。

一、我国服务业发展的总体情况

在经济增长平稳减速的背景下，我国服务业发展稳中有进，增长势头显著。

(一)服务业实现第一大产业的历史跨越

2014 年，我国服务业实现增加值 30.6 万多亿元，相当于“十一五”末(2010 年)的 1.7 倍。自 2012 年以来，服务业实际增速分别为 8.0%、8.3%和 7.8%，年度间波动幅度较小，并且连续 2 年高于同期 GDP 和第二产业增速。与此相应的是，继 2012 年服务业增加值占 GDP 比重(45.5%)首次超过第二产业，形成“三二一”的产业结构后，2014 年该比重进一步上升到 48.1%，比“十一五”末提高 3.9 个百分点。2014 年我国服务业就业规模超过 3.1 亿人，占总就业人数的比重上升至 40.6%，比“十一五”末增加 6 个百分点(见图 1)。

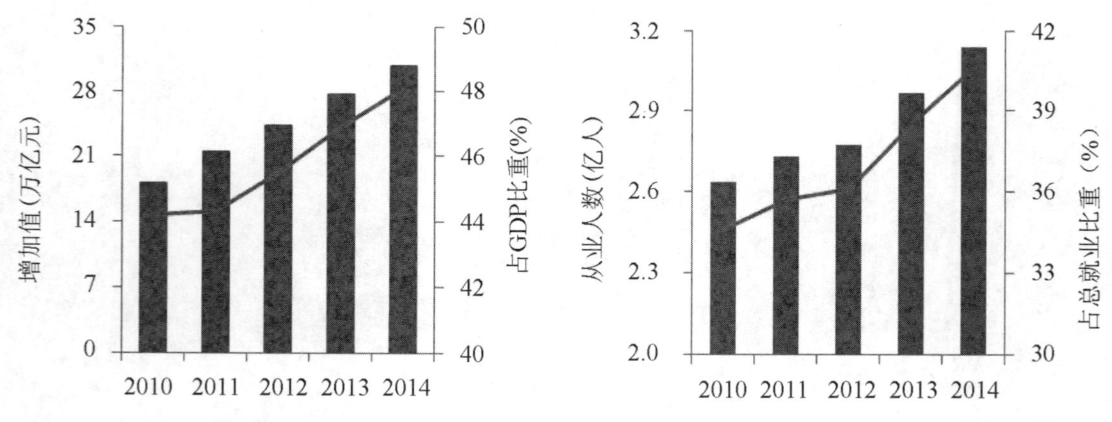

图 1　2010—2014 年我国服务业增加值和就业的变化

资料来源：国家统计局。

可见，无论是服务业的增加值比重还是就业比重，“十二五”规划设定的发展目标已接近或提前实现①。长期以来，我国倚重第二产业特别是制造业拉动经济增长的格局已发生明显转变，服务业实现了第一大产业的历史性跨越。

(二)服务业法人单位数和从业人数大幅增长

我国服务业法人单位数从 2008 年的 489.6 万个增加到 2013 年的 793.5 万个，增长了 62%；第二产业从 2008 年的 220.0 万个增加到 2013 年的 276.0 万个，增长了 25%。服务业法人单位从业人数从 2008 年的

---

① 《国民经济和社会发展第十二个五年规划纲要》中提出“到 2015 年，服务业增加值占国内生产总值的比重较 2010 年提高 4 个百分点”。另外，作为我国首部国家级服务业发展专项规划，《服务业发展“十二五”规划》中进一步明确“到 2015 年，服务业成为三次产业中比重最高的产业，服务业就业人数占全社会就业人数的比重较 2010 年提高 4 个百分点”。

11223.0万人增至2013年的15856.5万人，增长了41%；第二产业从2008年的15735.4万人增加到2013年的19355.9万人，增长了23%。可见，服务业在2008—2013年期间在法人单位数和法人单位从业人数方面都有了长足的发展，增速均超过第二产业的增速(见图2、图3)。

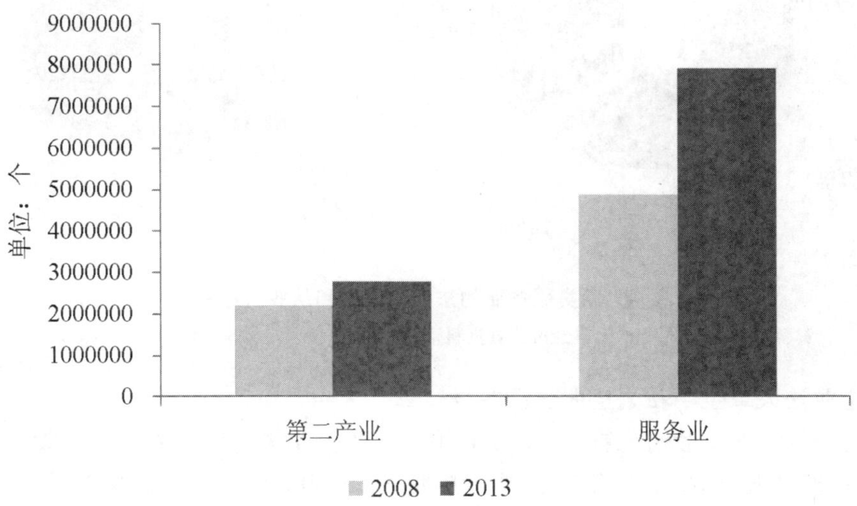

图2 我国服务业法人单位数量的增长

资料来源：根据第二、三次全国经济普查资料整理而成。

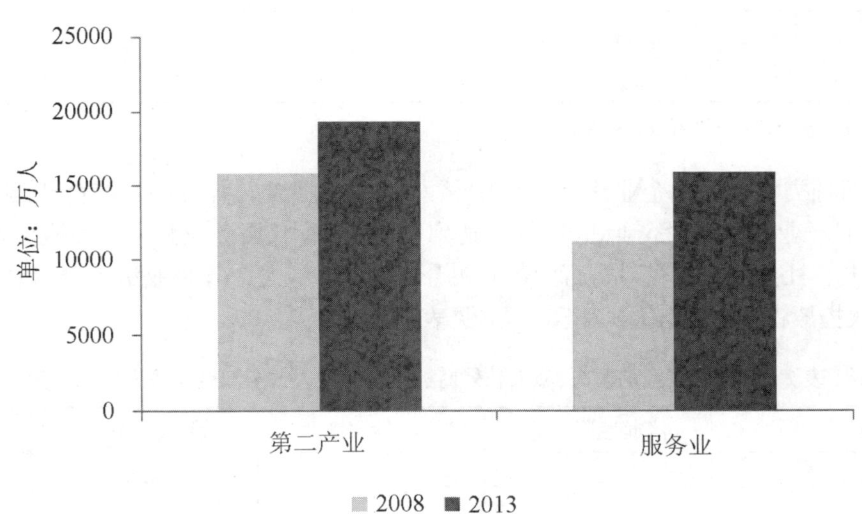

图3 我国服务业法人单位从业人数的增长

资料来源：根据第二、三次全国经济普查资料整理而成。

根据辛格曼的研究，按服务性质和功能不同，可将服务业划分为流通性服务业、生产性服务业、个人服务业和社会服务业四类①。2013年我国四种类型服务业的法人单位数由大到小依次为：流通性服务业、生产性服务业、社会服务业和个人服务业，在服务业中的占比分别为37.9%、27.3%、27.1%和7.7%。从从业人数来看，由多到少依次为社会服务业、流通性服务业、生产性服务业和个人服务业，在服务业中的占比分别是35.0%、28.9%、28.1%和8.0%(见图4)。

① 流通性服务业是指移动商品、信息的部门，是联系生产和消费的中介，包括交通运输和仓储业、邮政通讯业、批发业、零售业；生产性服务业是为商品生产提供中间投入的部门，涉及金融保险业、房地产业、租赁和商务服务业、软件和信息服务业、科学研究和技术服务业；个人服务业是为居民最终消费提供服务的部门，具体有住宿和餐饮业、娱乐与休闲服务业、家庭服务业；社会服务业是为社会公共需要提供服务的部门，包括教育、医疗卫生、社会保障和社会福利业、公共管理与防务、国际组织(资料来源：Singelmann，Joachim，1978. From Agriculture to Services：The Transformation of Industrial Employment. Sage Publications，Beverly Hills)。

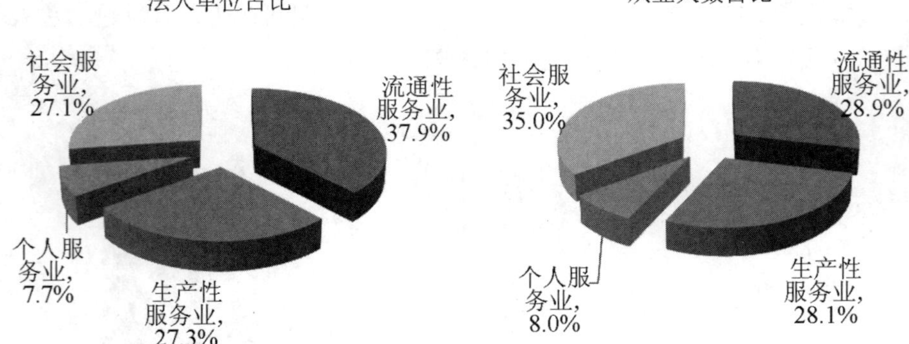

图4 四类服务业的法人单位数和从业人数占比

资料来源：根据第三次全国经济普查资料整理而成。

(三)服务业企业法人单位中私人控股占据主导

从"三经普"反映的企业控股情况看，2013年我国服务业企业法人单位中私人控股的企业法人单位数为461.8万个，占比为85.6%，远高于国有控股、集体控股、外商控股等其他控股形式(见表1)。

表1 2013年按控股类型分组服务业企业法人单位数

指标	国有控股	集体控股	私人控股	港澳台商控股	外商控股	其他
服务业企业法人(个)	163576	139611	4618546	34870	39145	399467
占比(%)	3.0	2.6	85.6	0.7	0.7	7.4

资料来源：根据第三次全国经济普查资料整理而成。

2013年我国四种类型服务业企业法人单位中私人控股企业法人所占比重均高于国有、外商控股的比重。其中，流通性服务业私人控股企业占比最高，达到87.8%；个人服务业和生产性服务业私人控股企业占比也达到80%以上。社会服务业受自身行业特点的影响，包含了大量非企业法人(如机关、事业法人、法人团体等)，使得私人控股占比相对较低，为79.1%(见表2)。

表2 四类服务业的国有、私人和外商控股企业法人占全部企业法人单位比重

指标	流通性服务业	生产性服务业	个人服务业	社会服务业
国有控股占比(%)	2.0	4.7	3.3	4.1
私人控股占比(%)	87.8	81.7	86.4	79.1
外商控股占比(%)	0.6	1.0	0.5	0.3

资料来源：根据第三次全国经济普查资料整理而成。

(四)服务业资产规模快速增长

2008—2013年期间，我国服务业资产总计均有显著增长。其中，流通性服务业、生产性服务业、个人服务业、社会服务业增速分别为51.4%、20.8%、58.3%、61.2%。在增加量的绝对数上，流通性服务业居于四类服务业之首(见图5)。

(五)服务业劳动生产率呈稳步上升趋势

改革开放以来，我国服务业劳动生产率的变化大致可分为两个阶段。一是20世纪70年代末至90年代初的小幅增长阶段，服务业劳动生产率由1979年的3484元/人增长到1990年的5327元/人，年均增幅为3.9%。二是90年代初以来的持续较快增长阶段。2013年，服务业的劳动生产率上升到20097元/人，年均增幅为5.9%(见图6)。

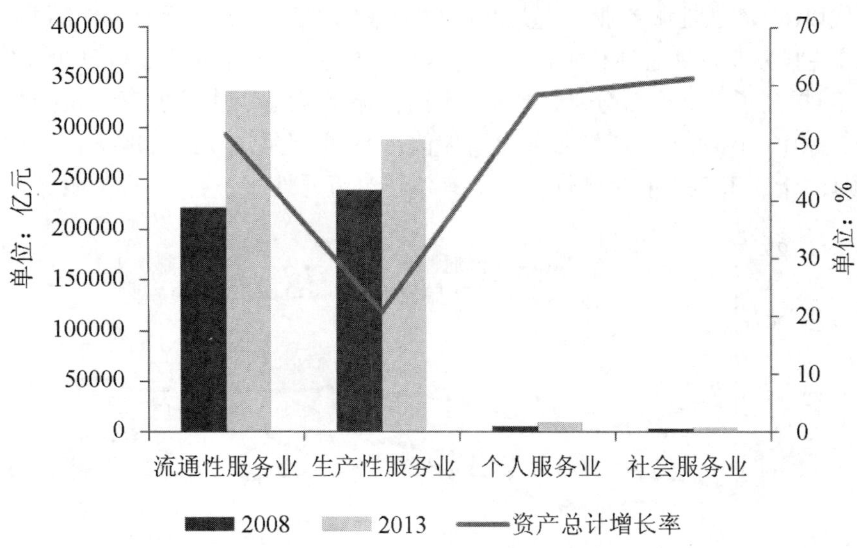

图 5 2008、2013 年我国服务业资产规模的增长

资料来源：根据第二、三次全国经济普查资料整理而成。

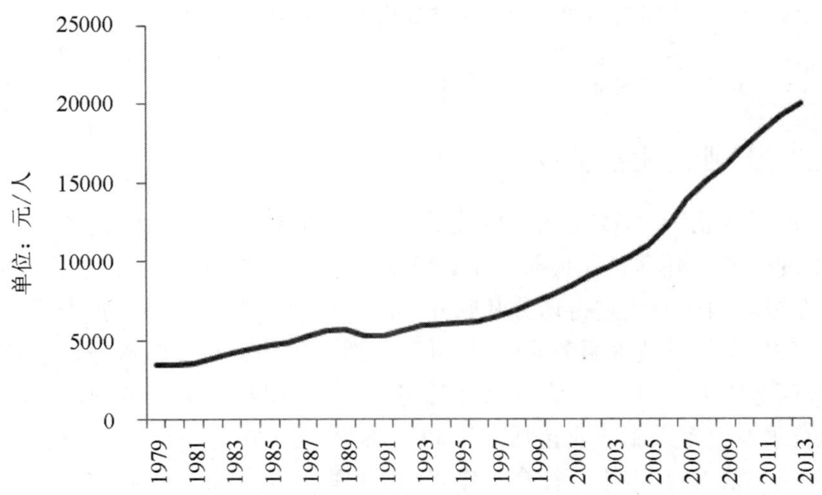

图 6 我国服务业劳动生产率的变化

资料来源：根据《中国统计年鉴 2014》计算得到。

（六）服务业结构升级出现新变化

自 2008 年第二次全国经济普查至 2013 年第三次全国经济普查的五年间，四类服务业的发展规模均取得较快增长，按增加值规模由大到小的排序依次为：流通性服务业、生产性服务业、社会服务业和个人服务业。2013 年四类服务业增加值分别达到 93859.4 亿元，92721.7 亿元，59728.7 亿元和 20478.4 亿元。排在前两位的流通性服务业、生产性服务业的规模差距在这五年中明显缩小。就增速而言，随着经济的发展，四类服务业均取得了快速增长。其中，生产性服务业增长幅度最大，达 130.3%（年均增长 18.2%），高于服务业整体在这五年的年均增速（15.2%）。

表 3 四类服务业的增加值及其增速

行 业	"二经普"行业增加值（亿元）	"三经普"行业增加值（亿元）	增速（%）
流通性服务业	49333.2	93859.4	90.3
生产性服务业	40261.2	92721.7	130.3
个人服务业	11242.3	20478.4	82.2
社会服务业	30483.7	59728.7	95.9

资料来源：根据第二、三次经济普查数据整理而成。

20 世纪 90 年代以来，流通性服务业一直是我国服务业内部最主要的行业。伴随服务业结构调整的持续推进，近年来流通性服务业发展总体稳定。2013 年，流通性服务业增加值占 GDP 的比重约为 16.5%，比“十一五”末（2010 年）提高了 0.9 个百分点。同时，生产性服务业呈快速发展态势，在服务业乃至整个经济中的比重不断上升。2013 年，我国生产性服务业增加值占 GDP 比重达到 15.9%，比 2010 年提高了 1.4 个百分点（见图 7），预计“十二五”末期，生产性服务业有望超过流通性服务业，上升为服务业发展的主导。

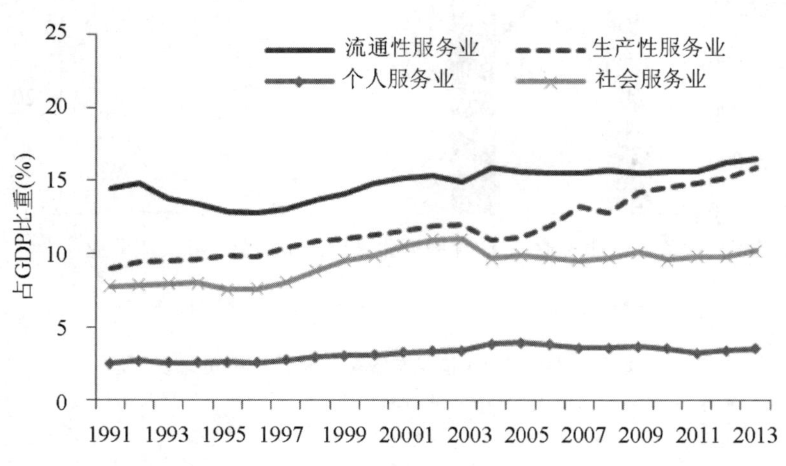

图 7　1991—2013 年中国服务业内部结构的变化

资料来源：根据相关年份的《中国统计年鉴》、《中国第三产业统计年鉴》、《中国投入产出表》计算整理而成。

二、我国服务业分行业的发展特点

我国服务业发展的行业差别大，需要从结构化的视角，更细致地分析不同类型服务业的结构特点和变动趋势。根据辛格曼的研究，并借助我国《国民经济行业分类》国家标准对照表及有关年份投入产出表的细分行业数据，对我国服务业内部行业进行切分和归并。流通性服务业主要包括批发零售业，交通运输、仓储和邮政业，信息传输、软件和信息技术服务业中的电信、广播电视和卫星传输服务。生产性服务业包括金融业，房地产业，租赁和商务服务业，科学研究和技术服务业，互联网和相关服务，软件和信息技术服务业，水利、环境和公共设施管理业。个人服务业包括住宿和餐饮业，居民服务、修理和其他服务业以及文化、体育和娱乐业。社会服务业包括教育，卫生和社会工作，公共管理、社会保障和社会组织。

（一）流通性服务业的发展特点

1. 流通性服务业的整体特点

从总体上看，流通性服务业具有以下两方面的特点。一方面，不同行业资本密集和劳动力密集程度分化明显。批发零售业的法人单位数、从业人员数量分别占整个流通性服务业的 91.4%和 70.9%，而资产总计在流通性服务业中的占比则不到 60%。这表明批发零售业相对“小而散”，行业吸纳的就业人口多，劳动力密集特征较为突出。另一方面，私人企业在批发零售业中地位大于其他行业。在流通性服务业中，私人企业都占绝大多数，但批发零售业的私人企业数量优势尤为明显，私人企业数量是国有企业数量的 72.1 倍，而在交通运输、仓储和邮政业以及电信、广播电视和卫星传输服务业则分别为 19.1 倍和 3.9 倍。可见，私营经济在批发零售业中更为活跃。

2. 批发零售业

通过“二经普”和“三经普”的数据发现，2008—2013 年我国批发零售业发展具有以下特点。

第一，批发零售业整体快速增长。从企业法人单位数量、从业人员数量和资产总计三个指标来衡量行业的发展，2013 年批发零售业法人单位数达到 281.1 万个，较 2008 年的 140.3 万个增长 100.4%，年均增长 14.9%；从业人数由 2008 年的 1891.2 万人增加到 2013 年 3314.9 万人，增长 75.3%，年均增速为 11.9%；资产总计从 2008 年的 12.2 万亿元增加到 2013 年的 34.2 万亿元，增加了 181.5%，年均增长 23.0%。由此可见，2008—2013 年期间，批发零售业企业平均资产数量增加，行业的人均资本存量大幅上升；而单位企业雇佣的劳动力增长相对较慢（见表 4）。

表 4 批发零售业相关数据

指 标	“二经普”	“三经普”	增速(%)
企业法人单位(万个)	140.3	281.1	100.4
从业人数(万人)	1891.2	3314.9	75.3
资产总计(亿元)	121619.4	342329.6	181.5

第二,批发业、零售业的比例关系较为稳定。2008—2013 年期间,批发业企业法人单位数量在行业中占比保持在 61%左右,从业人数占比保持在 57%左右,资产总计占比保持在 79%左右;零售业企业单位法人数量在行业中占比保持在 39%左右,从业人数占比保持在 43%左右,资产总计占比保持在 21%左右(见表 5)。

表 5 批发零售业内部行业相关数据

“二经普”	企业法人单位数(万个)	占比(%)	从业人数(万人)	占比(%)	资产总计(亿元)	占比(%)
批发业	85.4	60.9	1054.4	55.8	96055.9	79.0
零售业	54.9	39.1	836.8	44.2	25563.5	21.0
“三经普”	企业法人单位数(万个)	占比(%)	从业人数(万人)	占比(%)	资产总计(亿元)	占比(%)
批发业	174.6	61.1	1922.7	58.0	270020.0	78.9
零售业	106.5	38.9	1392.2	42.0	72309.6	21.1

第三,批发零售业中内资、港澳台资以及外资企业占比也相对稳定,内资企业继续在行业中占据绝对份额。从资产总计来看,2013 年批发零售业内资、港澳台资以及外资企业分别占比 90.3%、3.9%及 5.8%,相比 2008 年的占比 89.8%、3.1%、7.1%,变化不大。

3. 交通运输、仓储和邮政业

第一,交通运输、仓储和邮政业总资产和营业收入增长迅猛,从业人数增长相对缓慢。2008—2013 年期间,该行业从业人数由 897.6 万人增加到 1246.9 万人,增长 38.9%左右,年均增速为 6.8%;营业收入从 31168.0 亿元增加到 54983.0 亿元,增长 76.4%,年均增长 12.0%;资产总计从 74807.5 亿元增加到 188690.7 亿元,增长 152.2%,年均增长 20.3%。可见,这五年间,从业人数相对于营业收入和资产总计增幅较缓。而营业收入、资产总计的迅速提高主要得益于 2008 年国际金融危机以来对交通运输、仓储业等领域基础设施的大规模投资(见表 6)。

表 6 交通运输、仓储和邮政业相关数据

指 标	从业人数(万人)	营业收入(亿元)	资产总计(亿元)
“二经普”	897.6	31168.0	74807.5
“三经普”	1246.9	54983.0	188690.7
增速(%)	38.9	76.4	152.2

第二,铁路运输业、管道运输业以及仓储业快速发展。比较两次经济普查数据可以发现,铁路运输业的资产总额和营业收入在交通运输和仓储业中占比较大。2008—2013 年期间,我国铁路资产总额增长 231.4%,营业收入增长 89.8%,这主要是得益于近几年大规模的高铁建设。这一时期的管道运输业资产总计增长 195.2%,营业收入增长 143.9%。管道运输业最主要应用于石油和天然气的运输,这一行业的蓬勃发展与我国近年来的能源战略密切相关。另外,在此期间,仓储业资产总计增长 196.4%,营业收入增长 135.1%,反映出近年来快递物流业发展对仓储业带来的深刻影响(见表 7)。

表 7 交通运输、仓储和邮政业细分行业相关增速数据

行 业	从业人数增速（%）	营业收入增速（%）	资产总计增速（%）
交通运输、仓储和邮政业	20.0	68.9	154.1
铁路运输业	11.3	89.8	231.4
道路运输业	23.2	69.4	146.8
水上运输业	−16.3	10.1	105.7
航空运输业	46.7	78.1	90.4
管道运输业	57.7	143.9	195.2
装卸搬运和其他运输服务业	26.6	92.9	100.8
仓储业	15.1	135.1	196.4
邮政业	55.7	150.1	68.0

第三，铁路运输业、道路运输业仍然在交通运输和仓储业中处于规模优势地位，并且占比有所提高。截至 2013 年，我国铁路运输业、道路运输业的资产总计分别占全行业总资产的 26.6%和 37.6%，在整个行业中规模最大。相较于 2008 年的 20.4%和 33.7%，资产占比有所增加。就营业收入而言，2013 年铁路运输业、道路运输业营业收入分别占全行业的 11.5%和 33.9%，比 2008 年占比也有所提高。

（二）生产性服务业的发展特点

1. 生产性服务业的整体特点

两次经济普查期间，生产性服务业是发展最为迅猛的服务行业。总体上看，我国生产性服务业中不同行业规模差异明显。其中，金融业在生产性服务业中地位最为突出。2013 年，整个金融业从业人数为 531 万人，在生产性服务业全部 4550.4 万从业人员中仅占 11.7%。但金融业的资产总计达到 1620312.7 亿元，在生产性服务业中占比达到 58.4%。除金融业之外，房地产业、租赁和商务服务业的资产总计分别在行业中占比 17.1%和 19.2%。这两个行业和金融业一共构成了生产性服务业接近 95%的资产规模。相比之下，科学研究和技术服务业、互联网和相关服务、软件和信息技术服务业以及其他产业中的辅助服务业等行业加总的资产规模仅占全行业的 5.3%（见表 8）。

表 8 生产性服务业中各行业资产规模情况

指 标	生产性服务业	金融业	房地产业	租赁和商务服务业	其余行业
资产总计（亿元）	2772667.6	1620312.7	474567.4	532104.3	145683.2
所占比重（%）	100	58.4	17.1	19.2	5.3

2. 金融业

在金融业内部，货币金融服务体现了间接金融的范畴，资本市场服务反映的是直接金融的范畴。2013 年，货币金融服务、资本市场服务、保险业的单位数分别为 1.5 万个、0.1 万个和 1.2 万个，占金融业的比重分别为 51.7%、3.4%和 41.4%；从业人数分别是 369.5 万人、26.2 万人和 112.3 万人，在行业中占比分别是 71.9%、5.1%和 21.8%；资产总计的占比分别为 92.2%、1.9%和 5.2%。从以上数据的比较可以发现，货币金融服务与资本市场服务之间存在明显差距，以银行为代表的货币金融服务仍然在我国金融体系中发挥主导作用（见表 9）。

表 9 2013 年我国金融业相关数据

行 业	单位数（万个）	单位数占比（%）	从业人数（万人）	从业人数占比（%）	资产总计（亿元）	资产规模占比（%）
货币金融服务	1.5	51.7	369.4	71.9	1493977.9	92.2
资本市场服务	0.1	3.4	26.2	5.1	30409.7	1.9
保险业	1.2	41.4	112.3	21.8	84069.5	5.2
其他金融业	0.1	3.5	6.0	1.2	11855.5	0.7
合计	2.9	100	513.9	100	1620312.6	100

3. 房地产业

一方面，房地产业主营业务收入和资产总计快速增长。2013 年，该行业的年末从业人数、主营业务收入和资产总计分别达 335.0 万人、70706.7 亿元和 474567.4 亿元，较“二经普”的 2008 年分别增长 61.3%、164.9%和 227.6%，年均增速分别为 10.0%、21.5%和 26.8%。可见，主营业务收入和资产总计的增速远快于年末从业人数增速(见表 10)。

表 10　房地产业相关数据

指　标	从业人数(万人)	主营业务收入(亿元)	资产总计(亿元)
“二经普”	207.7	26694.2	144845.8
“三经普”	335.0	70706.7	474567.4
增速(%)	61.3	164.9	227.6

另一方面，就企业登记注册类型来看，私营有限责任公司、其他有限责任公司的年末从业人员数量为 259.4 万人，占全行业的 77.4%；主营业务收入 53228.8 亿元，占全行业的 75.3%；资产总计 321586.9 亿元，占全行业的 67.8%。可见，我国房地产行业中私营等其他所有制形式占据主导，国有比重相对较低。

4. 租赁和商务服务业

从整体上看，租赁和商务服务业发展迅猛，经营效率明显提高。2008—2013 年期间，全行业从业人数由 676.9 万人增加到 1216.0 万人，增长 79.6%，年均增速为 12.4%；营业收入从 18900.0 亿元增加到 52035.2 亿元，增长 175.3%，年均增长 22.5%；资产总计从 192783.4 亿元增加到 539678.2 亿元，增长 179.9%，年均增长 22.9%。营业收入、资产总计的增长速度相比于从业人数高出近 2 倍(见表 11)，可见行业的劳动生产率和经营效率得到了显著提高。

表 11　租赁和商务服务业相关数据

指　标	从业人数(万人)	营业收入(亿元)	资产总计(亿元)
“二经普”	676.9	18900.0	192783.4
“三经普”	1216.0	52035.2	539678.2
增速(%)	79.6	175.3	179.9

就内部结构来看，租赁和商务服务业包括租赁业、商务服务业两个行业。“三经普”中商务服务业的从业人数、营业收入和资产总计在全行业中的占比分别为 95.5%、96.9%和 98.6%。“二经普”中的对应数据为 96.9%、97.8%和 99.3%。可见，虽然商务服务业的这三项规模指标略有下降，但在行业中仍处于绝对主导地位。

5. 科学研究和技术服务业

根据“三经普”数据，2013 年我国科学研究和技术服务业的从业人数、营业收入、资产总计分别达到 603.2 万人、22787.7 亿元和 67452.9 亿元，对应“二经普”的数据分别是 250.6 万人、8009.0 亿元和 29591.9 亿元，五年间增长了 140.7%、184.5%和 127.9%，年均增速分别是 19.2%，23.3%和 17.9%(见表 12)。

表 12　科学研究和技术服务业相关数据

指　标	从业人数(万人)	营业收入(亿元)	资产总计(亿元)
“二经普”	250.6	8009.0	29591.9
“三经普”	603.2	22787.7	67452.9
增速(%)	140.7	184.5	127.9

从内部结构来看，2013 年我国专业技术服务业从业人数、营业收入和资产总计分别为 383.0 万人、15756.1 亿元和 45990.8 亿元，在全行业中占比分别是 63.5%、69.1%和 68.2%。相比于 2008 年对应的占比 67.3%、61.0%和 74.9%，专业技术服务业在全行业中的占比相对稳定，规模一直保持在 60%以上。

(三)个人服务业的发展特点

1. 个人服务业的整体特点

一般来看，个人服务业吸纳的劳动力多、就业门槛低，是典型的劳动密集型行业。“三经普”数据显示，个人服务业发展具有以下特点。一是住宿和餐饮业在个人服务业发展中占据主导。住宿和餐饮业，居民服务、修理和其他服务业以及文化、体育和娱乐业的从业人数在全行业中的占比分别为 53.5%、22.6%和 23.9%，这三个行业的资产总计在行业中的占比对应为 47.0%、18.2%和 34.8%。可见，住宿和餐饮业的发展规模明显大于另外两个行业。二是不同行业中国有企业和私人企业的比重差异较大，外资企业在个人服务业的各行业中占比都远小于内资企业。

2. 住宿和餐饮业

首先，住宿和餐饮业整体发展平稳。在“二经普”至“三经普”的五年间，住宿和餐饮业整体企业法人单位数量从 14.5 万个增长到 19.9 万个，增加 37.2%，年均增长 6.5%；从业人数由 581.5 万人增长到 691.6 万人，增加 18.9%，年均增长 3.5%；资产总计由 11079.1 亿元增长到 20642.6 亿元，增长 84.7%，年均增长 13.1%。三项统计指标中，只有资产总计增长相对较快，而企业法人单位数量和从业人数发展比较稳定(见表 13)。

表 13　住宿和餐饮业相关数据

指　标	企业法人单位(万个)	从业人数(万人)	资产总计(亿元)
“二经普”	14.5	581.5	11079.1
“三经普”	19.9	691.6	20462.6
增速(%)	37.2	18.9	84.7

其次，住宿业与餐饮业发展在行业中占比变化不大。2008－2013 年期间，住宿业的企业法人单位数量在行业中的占比保持在 37%左右，从业人数在行业中占比保持在 45%左右，资产总计占比保持在 70%左右；余下部分为餐饮业占比。可见，住宿业的法人单位数和从业人数相对少于餐饮业，但就资产总计而言前者大于后者，这与两个细分行业自身的特点密切相关，住宿业的资本密集程度一般高于餐饮业。从动态的角度看，五年间住宿业和餐饮业在行业中的占比相对稳定(见表 14)。

表 14　住宿业和餐饮业的相关数据

指　标	企业法人单位数在行业中占比(%)	从业人数在行业中占比(%)	资产总计在行业中占比(%)
“二经普”住宿业	37.4	45.6	71.1
“三经普”住宿业	36.7	42.6	67.2
“二经普”餐饮业	62.6	54.4	28.9
“三经普”餐饮业	63.3	57.4	32.8

第三，按企业注册类型来看，内资企业在住宿和餐饮业中占据绝对份额，其中私营和有限公司占比最高，且呈现上升趋势。在 2008 年的“二经普”时，内资企业资产占据住宿和餐饮业全部企业总资产的 80.6%，其中私营和有限公司在内资企业中占比 67.0%。到 2013 年的“三经普”期间，这两个比例分别上升至 98.0%和 85.6%。这既体现了内资企业以及其中的私营和有限公司在该行业的绝对地位，同时，随着时间的推移这种绝对地位有继续强化的趋势。

3. 居民服务、修理和其他服务业

居民服务、修理和其他服务业包括居民服务业，机动车、电子产品和日用产品修理业以及其他服务业。随着我国居民生活水平的提高，居民对于理发美容、家电修理以及清洁服务等服务的需求日益增长，使得近年来居民服务、修理和其他服务业不断发展。2008－2013 年期间，该行业从业人数由 176.1 万人增长到 266.9 万人，增加 51.6%，年均增长 8.7%，增幅相对比较平缓。但是，营业收入从 2023.7 亿元增长到 3714.7 亿元，增长 83.6%，年均增长 12.9%；资产总计从 2846 亿元增长到 7933.2 亿元，增长 178.7%，年均增长 22.7%(见表 15)。

表 15 居民服务、修理和其他服务业相关数据

指　标	从业人数(万人)	营业收入(亿元)	资产总计(亿元)
“二经普”	176.1	2023.7	2846.0
“三经普”	266.9	3714.7	7933.2
增速(%)	51.6	83.6	178.7

从内部结构看,2008—2013 年期间居民服务业的从业人数由 82.2 万人增加到 94.0 万人,增长 14.4%;营业收入从 926.7 亿元增加到 1116.5 亿元,增长 20.5%;资产总计从 1156.4 亿元增加到 2486.8 亿元,增长 115.0%。三项指标的增速均小于行业的平均值。

(四)社会服务业的发展特点

1. 社会服务业的整体特点

与流通性服务业、生产性服务业、个人服务业相比,社会服务业相对特殊,具有较为明显的公益性特征。整体上看,“三经普”调查显示的社会服务业中各行业规模差异大。无论是从从业人数还是资产总计(年末资产)的角度来看,国家机构、教育和卫生的行业规模较大。其中,国家机构的从业人数是 1668.9 万人,占整个社会服务业的 30.2%,资产为 74674.3 亿元,占社会服务业的 39.4%;教育企业法人单位、行政事业及非企业法人单位的从业人数是 1913.7 万人,占社会服务业的 34.6%,资产为 54106.7 亿元,占社会服务业的 28.5%;卫生企业法人单位、行政事业及非企业法人单位的从业人数为 866.9 万人,占社会服务业的 15.7%,资产为 31002.7 亿元,占社会服务业的 16.3%。

2. 教育

总体上看,我国教育企业法人单位发展迅速,多项指标呈数倍增长。2008—2013 年期间,教育企业法人单位的从业人数由 56.0 万人增加到 118.1 万人,增长 110.9%;营业收入从 593.9 亿元增加到 1395.6 亿元,增长 135.0%;资产总计由 694.0 亿元增加到 3096.7 亿元,增长 346.2%。三项数据指标的增长均超过 1 倍,资产总计增长 3 倍以上。这一方面体现了国家对于教育行业的政策支持,另一方面也表明全社会对于教育这一重要人力资本投资途径的日益重视(见表 16)。

表 16 教育企业法人单位相关数据

指　标	从业人数(万人)	营业收入(亿元)	资产总计(亿元)
“二经普”	56.0	593.9	694.0
“三经普”	118.1	1395.6	3096.7
增速(%)	110.9	135.0	346.2

在两次经济普查中,技能培训、教育辅助及其他教育行业在教育业企业法人单位的占据最大比重。截至 2013 年,技能培训、教育辅助及其他教育行业的从业人数所占比重为 59.2%,营业收入占比为 69.8%,资产总计占比为 63.6%。

3. 卫生和社会工作

2008—2013 年期间,卫生和社会工作企业法人单位的从业人数由 54.4 万人增加到 110.0 万人,增长 102.2%,年均增长 15.1%;营业收入从 708.4 亿元增加到 1951.5 亿元,增长 175.5%,年均增长 22.5%;资产总计从 846.8 亿元增加到 3562.4 亿元,增长 320.7%,年均增长 33.3%(见表 17)。

表 17 卫生和社会工作企业法人单位相关数据

指　标	从业人数(万人)	营业收入(亿元)	资产总计(亿元)
“二经普”	54.4	708.4	846.8
“三经普”	110.0	1951.5	3562.4
增速(%)	102.2	175.5	320.7

另外,“三经普”数据显示,卫生企业法人单位在卫生和社会工作企业法人单位中的从业人数、营业收入

和资产总计占比分别为 96.5%、98.2%和 89.9%，而“二经普”对应的数据分别为 96.1%、97.4%和 94.9%。可见，卫生在两次经济普查中均在卫生和社会工作内保持绝对规模，占比较为稳定。

4. 公共管理、社会保障和社会组织

公共管理、社会保障和社会组织包括中国共产党机关，国家机构，人民政协、民主党派，社会保障，群众团体、社会团体和其他成员组织，基层群众自治组织。根据“三经普”数据，这一行业中行政事业单位和非企业法人单位数量达 151.2 万个，从业人数 2693.2 万人。相比之下，该行业中企业法人单位数量仅为 8018 个，从业人数 16.1 万人。行业中行政事业单位和非企业法人单位的数量和从业人数远多于法人单位，体现了该行业的特殊性质。

在公共管理、社会保障和社会组织的行政事业及非企业法人单位中，国家机构占据最主要部分。“三经普”数据显示，国家机构的从业人数为 1668.9 万人，占该行业总数的 62.0%；非企业单位支出(费用)为 49940.7 亿元，占该行业的 84.8%；年末资产为 74674.3 亿元，占该行业的 72.6%。

三、我国服务业发展的主要差距与突出问题

(一)服务业增加值比重低于典型工业化国家相同发展阶段的水平

改革开放以来，我国服务业保持了较快发展。截至 2014 年的 36 年间，服务业增加值年均增长 10.7%，高于同期 GDP 年均 9.7%的增速，但比第二产业增加值年均增速低 0.4 个百分点。进入 21 世纪之后，我国服务业发展速度有所加快，最近十年(2004－2014 年)服务业增加值年均增速达到 10.5%，比 1990－2004 年的年均增速高出 0.3 个百分点。与此同时，服务业增加值比重由 1978 年的 24.5%逐步上升到 2014 年的 48.1%(见图 8)。

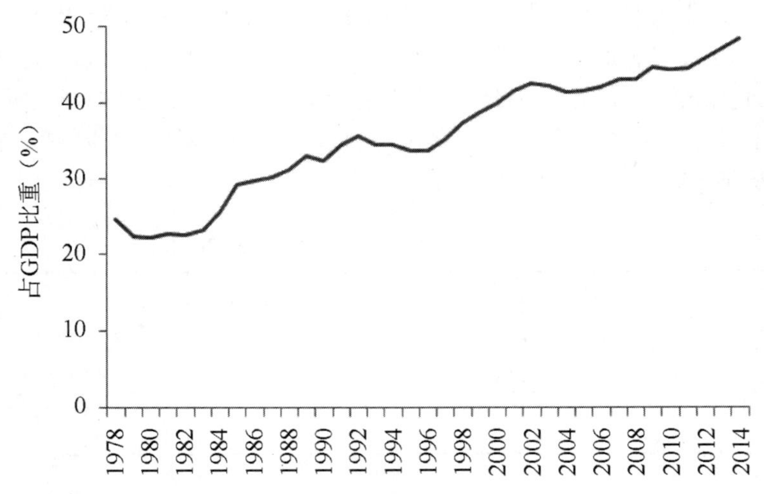

图 8　1952－2014 年我国服务业的增加值比重

资料来源：国家统计局。

以人均 GDP、服务业增加值比重作为衡量经济发展阶段和服务业发展水平的指标，选取 20 世纪 60 年代以来不同收入水平国家的人均 GDP 和服务业增加值比重，并将人均 GDP 现价美元调整为麦迪森 1990 年国际元后可以发现，人均 GDP 与服务业增加值比重之间具有正相关关系，但两者并不是简单的线性关系，而是呈阶段性变化的特征。2014 年，我国人均 GDP 超过 7400 美元，相当于 10763 国际元。与典型工业化国家比较，我国近两年的服务业增加值占 GDP 比重比韩国低近 12 个百分点，比德国、日本低 20 多个百分点，比美国、法国低 30 个百分点左右。考虑到发展阶段的影响，我国服务业增加值比重的走势特征与国际经验非常接近，服务业增加值比重偏低的程度有所缩减，但仍有不小差距(见图 9)。已有研究表明，服务业统计低估是其中一个不可忽视的重要原因①。

---

① 尽管各国在服务业统计上都存在一定问题，但是我国的问题尤为突出。国内外许多机构和学者研究了我国服务业统计的低估状况。其中，许宪春(2004)认为，我国服务业现价核算的问题集中在：资料来源缺口、资料来源口径、金融媒介服务的处理、房地产业核算、保姆服务核算、计算机软件的处理、进口税的处理和未观测经济统计。以上问题都会在较大程度上造成服务业增加值统计的低估。

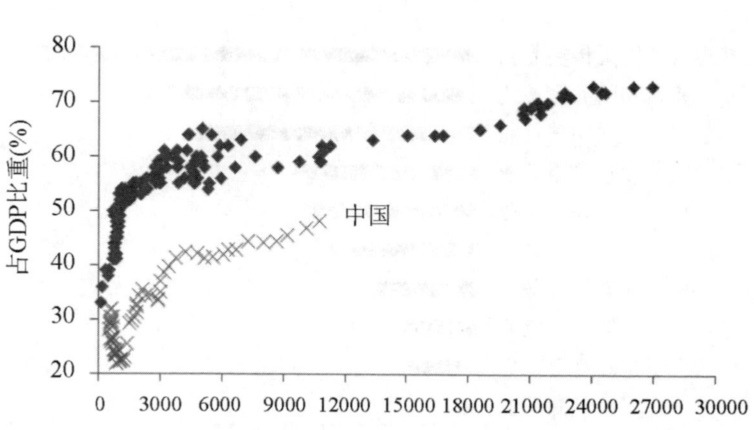

图 9　我国服务业增加值比重与典型工业化国家的对比

资料来源：世界银行、国务院发展研究中心经济增长数据库、《中国统计摘要 2015》。

(二)部分服务行业成本压力较大

从“三经普”数据来看，交通运输、仓储和邮政业的各项成本、税金及费用占营业收入的比重最高，达到 84.2%；租赁和商务服务业、科学研究和技术服务业、卫生和社会工作的成本、税金及费用的占比也在 70%以上。只有电信、广播电视和卫星传输服务，信息互联网相关行业以及教育行业的成本、税金及费用的占比在 50%左右(见图 10)。

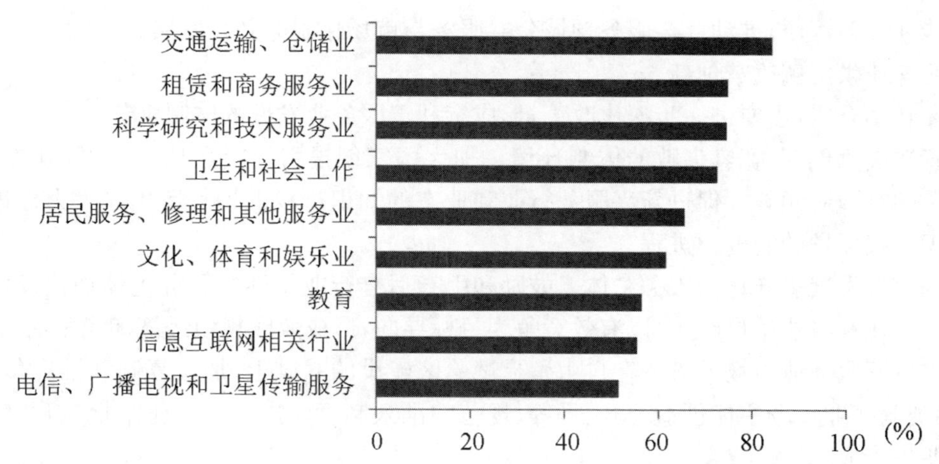

图 10　规模以上企业法人单位的成本、税金及费用占营业收入的比重

注：费用包括销售费用、管理费用、财务费用。

资料来源：根据第三次全国经济普查数据计算整理而成。

(三)部分服务行业营业收入利润率偏低

根据第三次经济普查数据，2013 年服务业各行业中营业收入利润率最高的是电信、广播电视和卫星传输服务，达到 26.6%；租赁和商务服务业、信息互联网相关行业、科学研究和技术服务业的营业收入利润率紧随其后，分别为 20.1%、17.3%、11.2%，排在最后两位的是卫生和社会工作以及邮政业，营业收入利润率分别是 4.2%、1.5%(见图 11)。

四、加快我国服务业转型升级的政策建议

(一)有针对性地推动不同类型服务业的发展

为加快我国服务业转型升级，未来要以提升服务业发展规模和效率为核心，逐步形成以知识、技术密集型服务业为引领的现代服务业结构。针对不同类型的服务行业，应进行分类施策。

一是以提升生产率水平为重心，促进流通性服务业发展稳中提质。大力推动流通方式创新和产业融合发展，提高流通性服务业的信息化、智能化水平。培育和壮大各类流通主体，降低流通成本，提高流通效率。

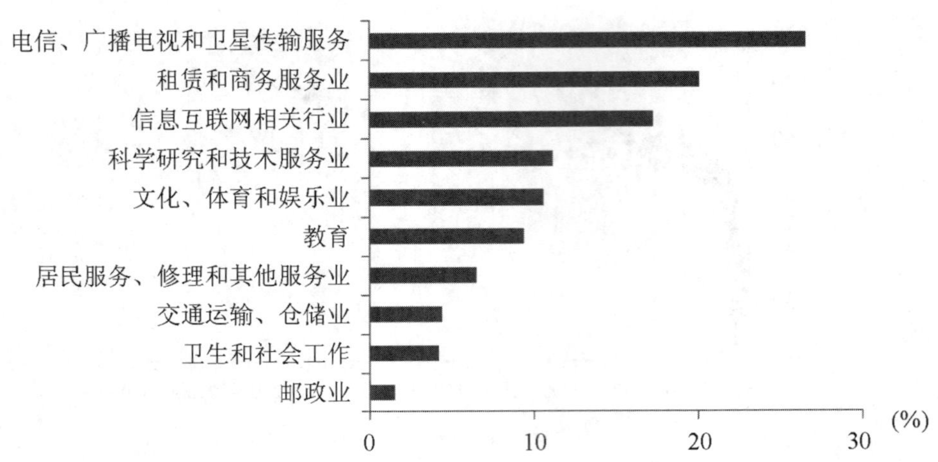

图 11 规模以上企业法人单位的营业收入利润率

资料来源:根据第三次全国经济普查数据计算整理而成。

二是以产业转型升级需求为导向,进一步提升生产性服务业发展水平和竞争能力。紧扣产业价值链的核心环节,加强生产性服务业的技术创新、管理创新和商业模式创新。鼓励生产性服务领域的创业和中小企业快速成长,积极培育新兴生产性服务业态。三是顺应居民消费结构升级和消费观念转变,促进个人服务业健康发展。进一步丰富服务内容、创新服务方式、增进服务体验,更好地满足居民多层次服务消费的便利性。四是在加大政府财政投入力度的同时,鼓励民间资本进入,实现社会服务业多元化稳步发展。合理界定公共服务职能和公益性质,推动社会服务领域公共服务与市场化服务并行发展。

(二)加强服务业供给侧改革创新

推动服务业转型升级,需要进一步深化改革,形成有利于服务业发展的体制机制。

一是切实营造鼓励创新、宽容失败的体制环境。加大国家创投引导资金扶持力度,并更多向创新性服务企业初创成长的"前端"倾斜。促进新兴服务行业和业态的知识产权保护与运用。大力推进服务内容、商业模式创新知识产权保护的制度化进程。

二是着力培育和发展多样化的服务主体。鼓励和引导适合行业特性的服务主体加快发展。同时,深化服务领域的国有企业和事业单位改革,以有效竞争为目标导向,形成兼顾规模经济和竞争活力的市场格局。

三是进一步放开服务业市场准入。在自由贸易试验区建设的基础上,加快复制和推广负面清单的准入管理模式,为各类服务业市场主体创造公开、平等、规范的准入制度。进一步优化审批流程、缩短审批时限,降低服务业企业投资成本。

四是加快转变服务业监管方式。切实扭转以检代管、以罚代管的局面,着力促进监管方式和手段的改革创新。全面规范监管自由裁量权,避免多头执法、重复监管和一事多罚。同时,完善社会化监管机制,形成规范有序的竞争格局。

(三)大力提升服务业人力资本投资

人才是服务业转型升级、加快发展的第一资源。要转变"重设备不重人"的政策导向,适应服务业企业"轻资产"的特点,推动资源要素向激励人才的方向倾斜。完善人才培养和激励机制,创新校企联合培养人才模式,大幅提高科研人员成果转化收益比例,支持科研人员在职和离岗创业,建立高校、科研院所与企业创新创业人才双向流动的长效机制。

探索实施人才培训福利计划,鼓励应用型、技能型、复合型人才脱颖而出。积极吸引海外高层次服务业人才和创新科研团队,尽快完善引进人才在居留和出入境、落户、税收、医疗、保险等政策,促进高层次人才集聚。

(四)完善有利于服务业创新转型的财税金融政策

在全面完成"营改增"的基础上,适时简并增值税税率,增强税收中性,推动增值税立法,以法治手段巩固改革成果。优化服务贸易出口退税方式,适当扩大期末留抵退税政策和出口服务零税率的适用范围,提高我国服务贸易的竞争力。扩大固定资产加速折旧的覆盖面,加大企业在研发投入、技术改造等方面的税收激励，进一步鼓励新兴服务行业和业态投资。

同时，创新多样化的金融服务。在促进服务业转型升级的同时，实现金融业的良性发展。鼓励商业银行按照风险可控、商业可持续原则，开发适合服务业特点的金融产品和服务。支持符合条件的服务业企业上市融资、发行债券。积极发展供应链融资、商业保理等融资方式，推动完善我国动产融资服务体系。

（五）扩大服务业对内对外开放

加大力度清除隐形市场壁垒，鼓励各类服务要素跨地区自由流动，优化不同所有制服务业企业公平竞争、一视同仁的营商环境。与此同时，进一步优化服务贸易结构，适当扩大新兴生产性服务要素进口，充分发挥技术和知识溢出效应，改善服务业供给结构。借鉴国际上高水平自贸协定的经验，在互惠互利基础上推动我国与贸易伙伴国家之间的贸易投资自由化和便利化，提升国际服务业产业转移层次，为我国服务业转型升级提供高水平要素支撑。

课题组　组长：王　微

成员：刘　涛　杜浩然　张燕燕　李跟强　乔　时

我国快递业发展现状、问题及对策研究

本课题依据第三次全国经济普查资料、中国统计数据库和国家邮政局行业统计数据，参考相关研究资料，主要从全国快递业务综合发展状况及快递业对国民经济相关产业影响等方面，对我国快递业发展情况进行了分析，并结合快递业发展的特点和存在的问题，提出了相关建议。

一、快递业内涵界定

国内外不同的社会组织和专家，对快递业内涵都有不同的表述，但本质都相同。快递服务（express service；courier service）通常简称快递，是在承诺的时限内快速完成的寄递服务（GB/T 10757－2011，定义2.6）。

快递服务的业务种类，包括快递业务和快递增值业务。快递业务按寄达范围可分为国内快递（同城、省内异地、省际）和国际快递（进境、出境、港澳台）；快递增值业务则包括代收货款、签单返还、限时快递、专差快递。

快递业（快递服务行业的简称），是 EMS、国营非 EMS 快递、民营快递、外商快递等四大承运方，以时间敏感性为核心、以合理的运输方式，通过各自的运输线路，将特定物品递交指定收件人的“端对端”的快捷服务活动。

快递与物流有联系，但不等同于物流。快递只是物流服务链条上的一个环节，两者区别的主要表现，一是递送对象，快递以商务文件、小包裹等小型物体为主要递送对象；物流则以大中型物品为运输对象。二是服务方式，快递采取了“门到门”的服务方式，上门取货、送货上门，承诺限时完成寄递任务；物流一般送、提货到物流公司。三是收费方式，快递收费是按公斤收取，收费相对较贵，速度快；物流一般是按吨收费，价格便宜、速度慢。

二、全国快递业综合发展状况

根据第三次全国经济普查数据，2013 年快递业企业法人单位 11380 个。按企业规模分，大型 49 个、中型 104 个、小型 1807 个、微型 9420 个；按登记注册类型分，内资 11340 个（其中国有 173 个）、港澳台 17 个、外商 23 个；按控股情况分，国有 313 个、集体 88 个、私人 10003 个、港澳台 15 个、外商 16 个、其它 945 个。2013 年，快递业企业营业收入 1042.9 亿元，资产总计 1047.2 亿元，从业人员 53.1 万人。

快递业务量、业务收入和营业网点是反映快递业发展水平的主要指标；区域发展、企业规模分布和信息化水平是快递业发展情况的重要方面。以下从上述六个方面对我国快递业务发展进行分析。

（一）快递业务量

1. 业务量接近指数曲线增长。2007 年以来，我国快递业务量年均增长 42%。据国家邮政局公报数据，我国 2014 年全年快递服务企业业务量完成 139.6 亿件，同比增长 51.9%。

根据快递业务量散点图所呈现的趋势，使用各种不同模型进行拟合，最终选择确定的快递业务量拟合模型如下：

$$y = 4.743 + 10.209t - 3.571t^2 + 0.556t^3$$

根据该模型进行快递业务量预测，2014 年为 142.3 亿件（实际值 139.6 亿件，误差率 1.93%），2015 年和 2016 年的快递业务量，将分别为 212.3 亿件和 305.2 亿件。同时可知，我国快递量在未来几年可能会保持较快增长。

2. 国内异地业务量超过总量的七成。2014 年我国快递业务量为 139.6 亿件，其中，国内异地（含省内异地和省际）快递占 72%、同城快递占 26%、国际快递占 2%。

在2007年至2014年间，国内异地业务量增长迅速，年均增长速度为44.4%。国内异地业务的特点是资本和技术较为密集，市场竞争主体资质较高，利润相对较高，一直是内外商快递企业争夺的主要市场。

国际快递业务属于高瑞快递服务业务，中外运敦豪(DHL)、联邦快递(FedEx)、联合包裹(UPS)及荷兰天地快运(TNT)等国外大型快递企业占据了我国国际快递市场的主要份额。从2007年到2014年，国际快递业务量由1.0亿件增加到3.3亿件，业务量的比重由8.1%下降为2.3%。

与异地和国际快递业务相比，同城快递业务对资金投入、运输工具和信息化程度要求较低，具有市场高度竞争和劳动密集的特点。

3. 八成以上的业务由民营企业完成。2014年全国139.6亿件快递业务，国有、民营和外商等完成的业务量比重分别为13.4%、85.6%、1.0%，民营企业完成的业务量超过八成。另外，2011至2014年，民营企业的业务量年平均增长速度为68.9%，同期国有和外商的平均增长速度，分别只有20.1%和8.4%，民营企业的快递业务量增长明显。

(二)快递业务收入

1. 业务收入增长速度低于业务量。据国家邮政局公报数据，2014年全国快递服务企业的业务收入为2045.4亿元，同比增长41.9%，同期业务量增长51.9%，两者相差约10个百分点。

2007年至2014年间，快递业务收入的年均增长速度为29.1%，而同期业务量的年均增长速度为42.0%。显然，快递业务收入的增长速度低于业务量的增长速度，相差12.9个百分点。

对快递业务收入可以建立预测模型：

$$y = 269.9 + 93.8t - 23.1t^2 + 4.8t^3$$

根据该模型对快递业务收入进行预测，2014年为2007.7亿元(真实值是2045.4亿元，误差率－1.9%)。2015年和2016年的预测值，将分别为2753.5亿元和3712.9亿元。

2. 国内业务收入增长速度高于国际。2010年到2014年间业务收入的平均增长速度，同城为59.1%、国内异地为37.7%、国际为15.3%。国内业务收入增长速度明显高于国际增长速度。

3. 民营企业占总业务收入的四分之三。2014年各登记注册类型企业完成的快递业务收入，国有、民营和外商分别为300亿元、1541亿元和204.2亿元，其比重分别为14.7%、75.3%和10.0%。民营快递企业是业务收入中的主体，且其2011－2014年业务收入的平均增长速度为60.3%。

4. 快递平均单价逐年下降。伴随着快递业务量的逐年快速上升，平均单价呈逐年下降的趋势。2007年为28.5元/件，2014年下降到14.7元/件，年均降低9.0%。造成这种现象的主要原因，是不同业务单价差异和低价业务比重增加。

2014年，国际、国内异地和同城快递的平均单价分别为95.7元/件、11.2元/件和7.5元/件。分企业类型看，民营企业、国有企业和外商企业快递业务平均单价分别为12.9元/件、16元/件和145.9元/件。

(三)快递业网点

2014年，我国快递服务营业网点132251处。2007－2014年的平均增长速度为15.9%。

2009年是我国快递业比较特殊的一年，是唯一快递网点数量较上年减少的年份，快递业网点数35783处，仅为上年的74.3%。以2009年为起点，快递网点2009－2014年的平均增长速度为29.9%。分析快递业网点的承载量和业务收入，都需要结合这个情况。

1. 网点承载量逐年上升，省市之间差别较大。从2007年到2014年，网点承载量(即平均每处快递营业网点的业务量，万件/处)由2.6上升到10.6。

可见，网点承载量长期趋势表现为上升，但2009年较为特殊，由于网点数量较上年减少了约25.7%，造成承载量同比增加67.7%。这也解释了为什么当年“双十一”快递爆仓，以及之后年份快递营业网点的连续增长。

各省网点承载量存在明显差别。网点承载量最高的是浙江(34.1万件)，其它超过15万件的省市有上海(28.7万件)、北京(27万件)、广东(22.4万件)和福建(15.5万件)，而内蒙古、西藏、贵州、青海和甘肃等5个省市，其网点承载量不足2万件。

2. 网点业务收入逐步恢复。网点业务收入与网点承载量的联系非常密切，营业网点的业务收入也是逐

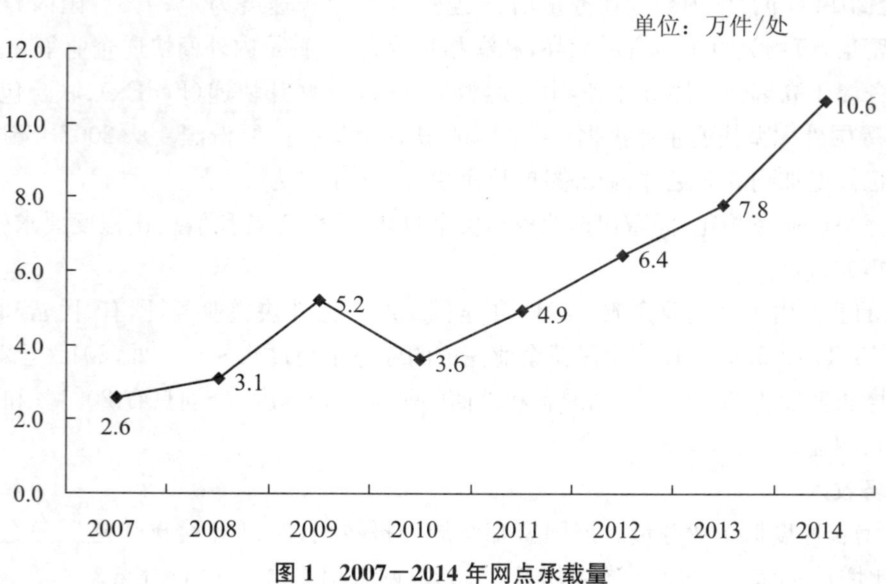

图 1　2007—2014 年网点承载量

步上升的趋势。2007 年网点业务收入为 72.9 万元，到 2014 年增加为 154.7 万元，年均增长 11.3%。此间出现了一个较高的数值，即 2009 年网点业务收入达到 133.9 万元，这一数值直到 2014 年才被超过。目前网点业务收入已经恢复，并且呈稳定较快增长，2014 年环比增长 26.2%，明显地超过平均增长速度。

（四）区域发展特征

依据第三次全国经济普查数据，结合中国统计年鉴（2014）和国家邮政总局统计公告，从区域的角度，对快递区域发展状况和各地企业类型结构进行分析。

1. 综合发展水平可分为五类。从法人单位数、营业收入、资产总计和从业人数等四个方面，对各省市快递业综合发展水平进行分类。利用 SPSS Modeler 软件，按聚类分析中的 two－steps clustering 算法进行聚类，31 个省市分为五类，结果如下：

表 1　31 个省市快递业规模的聚类表

类　别	省　份	平均单位数（个）	平均营业收入（亿元）	平均资产总计（亿元）	平均从业人数（人）
聚类－1	广东	1229	161.3	202.0	96608
聚类－2	北京	530	189.3	187.4	64048
聚类－3	上海、江苏、浙江、山东	785.25	92.8	93.9	39656
聚类－4	河北、辽宁、吉林、安徽、福建、江西、河南、湖北、湖南、四川、云南、陕西	394	18.1	15.6	12559
聚类－5	天津、山西、内蒙古、黑龙江、广西、海南、重庆、贵州、西藏、甘肃、青海、宁夏、新疆	135	8.0	7.3	4727

综上可得，我国快递业综合发展水平的区域特征，是东南部水平较高，西北部地区则相对水平较低，这种表现与各省经济发展水平类似。西藏、青海、宁夏、海南、贵州、甘肃等具有总体发展水平较低的特征，而广东、北京、山东、江苏、上海、浙江等省市的快递业发达，具有综合发展水平较高的共同特征。

2. 各地企业类型结构差别大。2013 年我国快递业的企业法人单位 11380 个，按登记注册类型考察，内资有 11340 个（其中，私营企业 7590 个，有限责任公司 2556 个，两者合计占内资企业的 89.5%），港澳台有 17 个，外商有 23 个。通过各省各类企业的市场份额可知，各地不同注册类型企业的结构存在较大差别，不同企业类型在各地的发展差别较大。

表 2 部分省市快递企业法人注册类型市场份额

省 份	私营企业	省 份	有限责任公司	省 份	国有	省 份	外商投资
浙 江	93.7%	海 南	43.8%	河 南	4.7%	西 藏	4.4%
上 海	92.9%	陕 西	39.2%	内 蒙	4.5%	北 京	0.8%
江 苏	83.4%	甘 肃	35.3%	西 藏	4.4%	广 东	0.7%
青 海	73.7%	四 川	33.8%	山 东	3.2%	山 东	0.5%
山 西	73.2%	贵 州	33.2%	天 津	2.7%	上 海	0.4%
山 东	71.2%	新 疆	33.0%	黑龙江	2.6%	安 徽	0.2%
北 京	69.8%	吉 林	32.0%	河 北	2.6%	湖 北	0.2%
重 庆	67.9%	云 南	31.9%	广 西	2.3%	江 苏	0.0%
安 徽	66.2%	黑龙江	31.3%	江 西	2.2%	浙 江	0.0%
宁 夏	65.4%	福 建	30.5%	吉 林	2.0%	福 建	0.0%

(五)企业规模分布

2013 年快递企业法人单位共计 11380 个,大、中、小、微型的数量分别为 49 个、104 个、1807 个和 9420 个,比重分别为 0.4%、0.9%、15.9%和 82.8%。

大中型快递企业集中分布不明显。大中型快递企业法人单位的个数超过 10 个的有广东、江苏、上海、北京、浙江等五个省市,但只有广东、江苏、上海的大中型快递企业法人单位的比重超过总数的 10%。快递企业数量在部分省市高度集中表现突出。全部快递企业法人单位数超过全国总量 10%的省市,有广东、上海、江苏、浙江、北京等五个省市,它们的快递企业数超过了全国的一半;占全国总量 5%～10%的省市,有山东、湖北、湖南、河南、安徽、天津等六个省市。

表 3 大、中、小型企业比重前五的省份

省 份	大型比重	省 份	中型比重	省 份	小型比重	省 份	微型比重
北 京	1.7%	青 海	5.3%	江 苏	25.9%	辽 宁	94.3%
天 津	1.4%	海 南	4.2%	山 东	24.2%	吉 林	91.6%
吉 林	1.0%	天 津	2.7%	浙 江	23.5%	山 西	91.6%
重 庆	0.8%	江 苏	2.4%	重 庆	20.9%	宁 夏	90.1%
江 苏	0.6%	甘 肃	1.7%	福 建	20.1%	贵 州	89.8%

企业规模分布数据不仅显示了历史形成的快递企业分布及各地快递业发展水平,而且可以作为全国物流园区和物流节点规划的参考资料。同时,解读分析完整数据可知,大中型快递企业数量的多少,特别是大型快递企业,对一个省市快递业的发展水平具有重要影响。

(六)信息化水平

快递业信息化与电子商务密不可分。信息化水平已经成为快递企业提升服务能力、增强竞争优势的核心要素。根据 442 个 2013 年快递业规模以上企业法人单位数据①,可以从计算机使用和互联网使用两方面,分析快递企业信息化水平。

1. 计算机使用情况。所有企业都在生产经营活动中使用了计算机,平均每个企业 244 台;从地区的角度,不考虑企业规模大小影响,北京、广东、天津、上海、吉林等使用的数量较多,其中北京最高,平均每个企业使用 901 台。

快递企业主要在财务管理和物流配送管理中使用计算机,其比例分别为 79.6%和 71.6%,而生产制造管理中的使用比例最低,只有 10.3%。

2. 互联网使用状况。快递生产经营中使用互联网的比例为 99%。快递企业通过互联网开展生产经营活动,最主要的是收发电子邮件,其比重达 91%,而使用网上银行的有 72%、提供客户服务的有 63%、对外或对内招聘的有 50%,其它用途则均不足一半,尤其是与政府机构互动、在线提供产品和使用其他金融服务,使用互联

① 规模以上企业为年营业收入 1000 万元及以上,或年末从业人员 50 人及以上的法人企业。

网的比例居后三位，分别为23.4%、16.7%、11.1%。快递企业的互联网应用还有较大的提升空间。

三、快递业对国民经济相关产业影响分析

本文以2010年全国42部门投入产出表为基础，同时参考国家邮政局公布的数据，将快递业从邮政业中剥离出来，即邮政业数据分解为快递业和狭义邮政业等两部分，从而得到快递业和合并形成的交通运输、仓储及邮政业。

快递业单列的称为投入产出调整表，本文对调整表中的估算数据进行了准确性检验，误差率控制要求低于5%。由于实际数据不需要检验，所以数据准确性仅检验中间投入和中间使用等估算数据，检验结果显示，实际误差率最高为3.7%，因此调整表可用于分析。

（一）快递业与其它产业的依存关系分析

1. 直接依存度分析

直接依存度主要通过直接消耗系数和直接分配系数衡量。

直接消耗系数也称投入系数，反映某产业在生产运行过程中因直接消耗而对其它产业产生的拉动和影响作用，描述的是与其后向产业的直接关联度。该系数越大，表明快递业对其他产业的直接需求就越大。

快递业的主要后向产业，有交通运输、仓储及邮政业、交通运输设备制造业、批发和零售贸易业、建筑业、租赁和商务服务业。快递业对这些产业有较强的依赖关系。

表4　直接消耗系数排名前十位的快递业相关行业

行　业	直接消耗系数
交通运输、仓储及邮政业	0.18
交通运输设备制造业	0.08
批发和零售贸易业	0.07
建筑业	0.04
租赁和商务服务业	0.04
石油加工、炼焦及核燃料加工业	0.03
造纸印刷及文教体育用品制造业	0.03
信息传输、计算机服务和软件业	0.02
快递业	0.02
房地产业	0.01

直接分配系数，是反映某产业产品分配给另一个产业作为中间产品直接使用的价值占该种产品总产出的比例，描述的是与其前向产业的直接关联度。该系数越大，说明其它产业对快递业的直接需求越大。

快递业的主要前向产业，有公共管理和社会组织、金融业、租赁和商务服务业、交通运输、仓储及邮政业、化学工业。快递业对这些产业具有明显的直接供给推动作用。

表5　直接分配系数居前十位的快递业相关行业

行　业	直接分配系数
公共管理和社会组织	0.19
金融业	0.10
租赁和商务服务业	0.08
交通运输、仓储及邮政业	0.05
化学工业	0.05
通用、专用设备制造业	0.04
批发和零售贸易业	0.04
农林牧渔业	0.03
纺织服装鞋帽皮革羽绒及其制品业	0.03
教育	0.02

2. 完全依存度分析

完全依存度由完全消耗系数衡量。完全消耗系数是指第 j 产品部门每提供一个单位最终使用时，对第 i 产品部门货物或服务的直接消耗和间接消耗之和。

完全消耗系数为直接消耗系数和完全间接消耗系数之和，该系数的大小，反映了快递业对其它产业的需求拉动作用大小。快递业拉动影响较大的相关行业，如下表所示

表 6　完全消耗系数排名前十位的快递业相关行业

行　业	完全消耗系数
交通运输设备制造业	0.12
批发和零售贸易业	0.08
租赁和商务服务业	0.05
建筑业	0.04
石油加工、炼焦及核燃料加工业	0.04
通信设备、计算机及其他电设制造	0.03
金融业	0.02
石油和天然气开采业	0.02
非金属矿物制品业	0.02
木材加工及家具制造业	0.01

数据比较可知，快递业的直接与间接依存部门存在着差异，应重视这些部门对快递业的间接依存。通过汇总快递业带动其他产业的产值数据可知，快递业拉动国民经济 41 个部门的产值为 2900274.7 万元，占国民经济总产出的 0.023%。

(二)快递业产业波及效应分析

产业波及效应分析是指当投入产出表中的某一参数发生变化时，对表中其他参数可能产生影响的分析。产业波及效应主要分析指标有产业影响力系数、感应度系数、生产诱发系数、综合就业系数。快递业具体分析如下：

1. 快递业影响力系数低于平均水平。一个产业影响其他产业的“程度”叫该产业的影响力，通常用影响力系数表示。一个产业影响力系数越高，其对国民经济发展的推动力越大。

2010 年快递业的影响力系数为 0.8351，在 42 个行业部门中排名第 19，虽然低于平均水平，但高于第三产业中的批发零售业、房地产业和金融业的影响力系数。

2. 快递产业感应度系数高于平均水平。一个产业受到其他产业影响的程度叫做该产业的感应度，用感应度系数表示。通常用系数的大小，评价某一产业受到国民经济其它产业发展的拉动能力大小。

产业感应度系数的平均值为 1。该系数越大，说明国民经济发展对其拉动作用越大，或者说该产业对国民经济发展不可或缺的程度越高。这种产业通常具有基础产业和瓶颈产业的属性，应在经济发展过程中适度优先发展。2010 年快递业感应度系数为 1.3456，高于平均水平，属于要优先发展的基础或瓶颈产业。

3. 快递业生产诱发的主因是消费。通过投入产出表计算的生产诱发系数，表示某一单位最终需求所诱发的各部门的生产额，是说明各产业部门的生产受各需求项目影响程度的相对数。而生产诱发额是指对某产业的一个最终需求量，由产业间的波及效果所激发的全部生产额。生产诱发系数越大，其生产波及效果也越大。快递业生产诱发测算的具体数据如下：

表 7　最终需求项目对快递业的生产诱发系数

最终需求项 / 快递业	最终需求	其中：		
		消费	资本形成	出口
生产诱发额(万元)	88324.84	64700.2	19310.6	4314.0
生产诱发系数	0.000018	0.000033	0.00001	0.000004

因此，根据 2010 年的数据，最终消费需求每增加 1 万元，可以诱发快递业增加 0.33 元的产值；投资每增

加1万元,可以诱发快递业增加0.1元的产值;出口每增加1万元,可以诱发快递业增加0.03元的产值。因此,快递业具有相对明显的消费拉动特征。

4. 亿元产出可创造40个间接就业机会。根据国家邮政局公报数据计算,2010年快递业的直接就业系数为0.2234万人/亿元,即快递业每亿元产出可以提供2234个直接就业机会。经测算,快递业的综合就业系数为0.2274万人/亿元,即每亿元的快递业产出可以提供2274个就业机会,也就是另外创造40个间接就业机会。

四、我国快递业发展过程应注意的问题

(一)均衡各区域快递业的发展

要把快递业的发展,有效地融入国民经济产业总体发展之中,适度加快中西部地区的快递业发展,促进其经济发展,进而缩小全国区域经济发展差距。

(二)注重开展同城快递业务和国际快递业务

国内异地业务仍将是快递的主要业务,并且随着电子商务的发展,其比重可能会有所上升。国际业务的效益最佳,但其业务量比重一直较小,增长空间较大。

(三)积极稳妥引进外商快递企业

民企始终是快递业的主体,适度稳妥发展外商企业,有助于提高管理、服务和技术水平,不断提高其效率与效益,有利于国民经济发展。

(四)加强快递业信息化建设

信息化、网络化已经成为制约我国快递业发展的主要因素。加强信息化,尤其是快递发展较为缓慢的新疆、云南、山西、宁夏、西藏的信息化建设,有助于完善全国快递市场。

(五)完善政策法规,加强市场监管

进一步健全快递物流的法律法规,为我国快递业的发展创造良好的法律环境。国家应加强宏观调控,充分发挥行业协会的监管作用。

(六)促进电子商务和快递业的协同发展

更加充分地认识电子商务与快递业协同发展的关系,通过多部门合作,从法律和制度上建立包括电商、快递和金融的有效保障机制。

(七)快递业应适度优先发展

快递业的感应度较高,具有基础和瓶颈产业的属性,应得到优先发展,为国民经济其它行业的发展提供条件保障。

参考文献:

[1]杜艳. 我国快递业对国民经济增长作用机制研究[D]. 北京:北京邮电大学,2013

[2] 李俊英. 基于产业关联的我国快递产业的发展研究[D]. 上海:上海师范大学,2011

[3] 张兵. 快递概论[M]. 北京:中国商务出版社,2006

[4] 陈子侠,琚春华. 国内企业物流信息化建设的程度分析与思考[J]. 商业经济与管理,2005,12:15-19

[5] 田青,白卫东. 物流企业信息化评价指标体系构建研究[J]. 物流科技,2010,33:96-98

[6] 李鹤,许佳美. 我国第三方物流企业信息化建设问题与对策研究[J]. 现代经济信息,2014(20):152-154

[7]邹姝琪,侯云先. 快递业发展影响因素的实证研究[J]. 现代商贸工业. 2014(1):70-72

[8] 晏敬东,石银萍,李谦. 我国快递业发展的现状、问题与对策. 中国科技信息,2008(18):205-207

[9] 陈锡康,杨翠红. 投入产出技术[M]. 北京:科学出版社,2011

[10] 国家统计局工业交通司. 中国能源统计年鉴2011 [M]. 北京:中国统计出版社,2011

[11] 李艳梅,杨涛. 交通运输设备制造业能源消耗效率的投入产出分析[J]. 数学的实践与认知,2009(5):7-12

[12] 中华人民共和国国家统计局. 中国统计年鉴2014[M]. 北京:中国统计出版社,2014

[13] 中华人民共和国国家邮政局. 2014年邮政行业发展统计公报[EB/OL]. http://www.spb.gov.cn/dtxx_15079/201504/t20150429_462010.html. 2015,4,29

[14] 杜艳. 我国快递业对国民经济增长作用机制研究[D]. 北京:北京邮电大学,2013

[15] 韩嵩,朱杰. 中国现代物流业与国民经济联系研究[J]. 统计与决策,2010(17):128-131

[16] 宋则,常东亮. 现代物流业的波及效应研究[J]. 商业经济与管理,2008,1:3—9
[17] 肖兴志. 产业经济学[D]. 北京:中国人民大学出版社,2012
[18] 中国电商研究中心.2013年度中国电子商务市场数据监测报告.2014.3
[19] 中国快递行业发展报告2014,http://www.imcpowers.com/archives/2042
[20] 李鹤,许佳美. 我国第三方物流企业信息化建设问题与对策研究[J]. 现代经济信息,2014(20):152—154

课题组 组长:吴海建

成员:韩 嵩 周 丽 徐 敏 张 懿

刘 佳 李 志

从三经普看我国经济结构转型升级

经济结构转型升级是指经济结构中的某一或某些方面，向着更合理更协调的方向发展，从而优化经济的内部结构，促进经济与社会协调发展，实现经济发展方式的转变。指数是反映现象动态或差异程度的统计指标，通过构建适当的指标体系，计算某一方面和总体的统计指数，反映我国总体的经济结构转型升级动态情况和监测各地区经济结构转型升级水平的差异程度；观察和分析分类指数与总指数，可以找到我国经济结构转型升级中的薄弱环节，从而为有关决策的制定提供科学依据。

一、构建经济结构转型升级总指数以监测我国经济结构转型升级水平

(一)指标体系构建

1. 构建原则。构建原则包括科学性、系统性、可比性、可获得性等。

2. 具体指标体系。计算经济结构转型升级总指数的指标体系，全国层面的包括产业结构、需求结构、收入分配结构、质量效益结构、对外贸易结构、创新驱动结构和经济发展对环境的影响七个方面，共 25 项指标(见表 1)，地区层面的包括产业结构、需求结构、收入分配结构、质量效益结构、创新驱动结构和经济发展对环境的影响六大方面，共 16 项指标(见表 2)。

表 1　全国经济结构转型升级总指数的指标体系及其权数

一级指标	二级指标	指标方向
产业结构(A)(19.81)	第三产业占 GDP 比重(4.9525)	+
	高技术制造业增加值占规上工业增加值比重(4.9525)	+
	文化及相关产业增加值占 GDP 比重(4.9525)	+
	生产性服务业占 GDP 比重(4.9525)	+
需求结构(B)(17.48)	居民最终消费率(17.4800)	+
收入分配结构(C)(14.64)	城镇居民人均可支配收入与农村居民人均纯收入之比(4.88)	−
	居民人均可支配收入与人均 GDP 之比(4.88)	+
	基尼系数(4.88)	−
质量效益结构(D)(12.63)	税收占 GDP 比重(1.8043)	+
	单位土地面积 GDP (1.8043)	+
	从业人员全员劳动生产率(1.8043)	+
	GDP 与固定资产投资之比(1.8043)	+
	总资产贡献率(1.8043)	+
	能源生产效率(1.8043)	+
	水资源生产效率(1.8043)	+
对外贸易结构(E)(9.97)	货物出口额中工业制成品所占比重(4.9850)	+
	服务出口额占货物与服务出口总额比重(4.9850)	+

续表

一级指标	二级指标	指标方向
创新驱动结构(F)(16.57)	每万名就业人员 R&D 人员全时当量(3.3140)	+
	R&D 经费支出与 GDP 比例(3.3140)	+
	发明专利申请授权量与 R&D 经费之比(3.3140)	+
	人均技术市场成交额(3.3140)	+
	新产品销售收入占主营业务收入比重(3.3140)	+
经济发展对环境的影响(G)(8.91)	二氧化硫排放量(2.9700)	—
	废水排放总量(2.9700)	—
	森林覆盖率(2.9700)	+

注：1. 指标后括号内数字为权数，字母为指标的代号。

2. 因国家统计局 2013 年以前没有公布过我国居民人均可支配收入数据，表中数据为测算数。

表 2　地区经济结构转型升级总指数及其权数

一级指标	二级指标	指标方向
产业结构(A)(22.00)	第三产业增加值占 GDP 比重(11.00)	+
	高新技术产业占规模以上工业主营业务收入比重(11.00)	+
需求结构(B)(19.42)	居民最终消费率(9.71)	+
	城镇化率(9.71)	+
收入分配结构(C)(16.26)	居民人均可支配收入与人均 GDP 之比(8.13)	+
	劳动者报酬占地区生产总值比重(%)(2012 年)(8.13)	+
质量效益结构(D)(14.03)	税收占 GDP 比重(2.806)	+
	GDP 与投资之比(2.806)	+
	全员劳动生产率(2.806)	+
	规上工业总资产贡献率(2.806)	+
	2012 综合能耗产出率(万元/吨标准煤)(10 年价)(2.806)	+
创新动力结构(E)(18.39)	规上工业新产品销售收入占主营业务收入比重(9.195)	+
	R&D 经费投入强度(9.195)	+
经济发展对环境的影响(F)(9.90)	化学需氧量发展速度的倒数(3.30)	+
	氮氧化物发展速度的倒数(3.30)	+
	二氧化硫发展速度的倒数(3.30)	+

注：指标后括号内数字为权数，字母为指标的代号。

(二)指数的计算方法

1. 公式构造。首先对所有指标数据进行无量纲化处理，其公式如下：

$$k=\frac{x_1}{x_0}$$

k 是某指标的无量纲化数据；

x_1 是全国某指标报告期数值(全国总指数计算时)

或某地区某指标计算期(2013 年)数值(地区总指数计算时)；

x_0 是全国某指标固定基期(2008 年) 数值(全国总指数计算时)

或计算期(2013 年)某指标的全国平均数值(地区总指数计算时)。其次，计算分类指数和总指数，其公式为：

$$\bar{k} = \frac{\sum kw}{\sum w}$$

k 是某指标的无量纲化数据；

w 是某指标的权数；

$\bar{k}$ 是全国(地区) 的总指数或分类指数。

2. 权数确定。一级指标采用层次分析法(AHP)赋权，二级指标采用等权法。各指标的权数见表 1 和表 2。

(三)数据来源与计算结果

1. 数据来源。第三次经济普查和近几年中国统计年鉴、地方统计年鉴。西藏数据许多缺乏，总指数计算时没有包括进去。

2. 我国总体经济结构转型升级总指数

表 3　我国经济结构转型升级指数(1)

单位：%

年份	产业结构指数	需求结构指数	收入分配结构指数	质量效益结构指数	对外贸易结构指数	创新驱动结构指数	经济发展对环境影响指数	总指数
2008	100.00	100.00	100.00	100.00	100.00	100.00	100.00	100.00
2009	101.48	100.28	105.33	101.89	103.58	113.64	101.03	104.34
2010	104.04	98.87	96.92	110.74	104.66	126.32	100.45	106.66
2011	105.97	101.13	92.51	111.64	100.78	136.77	98.37	108.65
2012	114.56	101.98	94.25	119.17	100.63	154.40	99.37	114.14
2013	118.83	102.55	95.39	123.27	102.74	162.43	100.67	117.44
初步结论	明显提升	略有改善	总体由降转升	显著提升	略有改善	显著提升	变化甚微	明显提升

3. 我国分地区经济结构转型升级总指数

表 4　我国经济结构转型升级指数(分地区)(2)

单位：%

地　区	产业结构指数	需求结构指数	收入分配结构指数	质量效益结构指数	创新驱动结构指数	经济发展对环境影响指数	总指数
北　京	184.00	130.02	106.03	174.41	213.49	102.63	156.86
上　海	164.50	143.51	99.02	193.59	162.48	101.01	147.20
广　东	183.50	119.00	98.52	137.99	115.50	102.02	130.20
天　津	129.00	112.98	73.49	135.00	141.98	101.31	117.35
江　苏	140.50	102.99	84.50	114.61	111.47	103.33	111.46
浙　江	84.50	109.47	96.00	119.39	135.02	102.02	107.14
重　庆	128.50	104.02	99.02	96.22	93.47	100.00	105.16
福　建	95.50	97.48	97.48	108.41	70.47	100.30	93.89
湖　南	83.00	93.00	104.49	96.36	94.02	97.68	93.79
四　川	109.50	95.01	98.52	87.38	60.52	101.01	91.95
山　东	77.50	90.99	80.50	104.78	88.53	101.72	88.86
湖　北	73.00	93.98	97.48	89.38	85.48	100.00	88.32
安　徽	62.18	95.01	108.49	85.17	89.99	100.30	88.20

续表

地区	产业结构指数	需求结构指数	收入分配结构指数	质量效益结构指数	创新驱动结构指数	经济发展对环境影响指数	总指数
海南	88.50	95.01	106.52	102.78	45.02	99.70	87.81
江西	80.00	97.48	101.48	107.41	43.99	97.68	85.86
辽宁	64.00	107.00	89.48	99.43	66.50	101.31	85.62
广西	72.00	94.49	112.98	86.60	50.52	98.99	83.80
陕西	76.00	90.01	80.50	95.79	71.02	101.01	83.79
河南	70.00	88.52	102.52	87.38	54.00	98.99	81.25
贵州	77.00	92.48	114.02	78.83	32.52	98.69	80.25
黑龙江	67.00	101.49	92.00	93.01	41.98	100.30	80.11
云南	60.00	99.49	112.98	84.18	31.97	97.68	78.25
山西	62.50	97.01	97.48	74.41	48.50	101.01	77.80
吉林	70.50	88.00	81.00	102.21	33.01	100.30	76.11
河北	53.50	85.99	101.48	80.83	46.00	101.01	74.77
甘肃	52.50	92.02	102.52	64.58	50.52	100.00	74.34
宁夏	50.00	95.98	96.49	72.63	48.02	100.00	74.25
内蒙古	48.00	89.50	79.52	98.00	28.00	98.38	69.51
新疆	41.50	83.99	100.00	85.03	27.03	93.03	67.81
青海	47.50	90.53	88.01	68.21	17.51	94.04	64.44

(四)比较分析

我国总体的经济结构转型升级指数是定基指数，指数越大，说明经济结构转型升级状况越好；我国分地区的经济结构转型升级指数是2013年的静态指数，指数大于100%，说明该地区经济结构转型升级状况高于全国平均水平。

从全国层面看，2008—2013年，经济结构转型升级总指数有了明显提升；特别是创新驱动结构、质量效益结构、产业结构得到了显著的或明显的提升与改善，需求结构和对外贸易结构有所改善；经济发展对环境正的影响甚微，收入分配结构尽管近两年有所改善，总体水平下降。但是，和国际比较，服务业增加值占GDP比重(2013年中国46.1%，中等收入国家55%)、居民最终消费率(2013年中国36.2%，绝大多数国家在50%以上)、城镇化率(2013年我国常住人口53.7%，户籍人口35%，世界平均53%，高收入国家80%)、基尼系数(我国长期高于0.4的警戒线)、万美元GDP能耗(吨标准油，世界银行2012年按PPP计算：中国2.02，世界平均1.37)、R&D经费占GDP比重(世界银行数据，中国2%，高收入国家2.32%)等这些反映结构转型升级水平的核心指标，我国都有不小差距。

分地区看，总指数大于100%的是经济结构转型升级水平较高的地区，包括东部的北京、上海、广东、天津、江苏、浙江和西部地区的重庆；总指数在85—100%之间的，属于经济结构转型升级水平中上的地区，包括东部的福建、山东、海南和中部的湖北、安徽、江西以及西部的四川、东北部的辽宁；总指数在75—85%之间的，属于经济结构转型升级水平中下的地区，包括中部的河南、山西和西部的广西、陕西、贵州、云南、以及东北部的黑龙江、吉林；总指数在75%以下的属于经济结构转型升级水平较低的地区，除了东部的河北以外，包括西部的甘肃、宁夏、内蒙古、新疆、青海，还有西藏。

我国总体经济结构转型升级指数结合分地区指数看，发现我国创新驱动结构指数显著提升掩盖了大部分地区该指数极低的现象(17个省区低于70%，12个省区低于50%)，我国总体产业结构指数明显提升掩盖了不少地区产业结构水平较低的现象(11个省区的产业结构指数低于70%)。

总之，通过分析可以得到如下结论：

①我国总体上经济结构转型升级水平逐步上升，经济发展对环境正的影响以及收入分配结构的改善不理想。

②和国际水平比较，我国产业结构水平较低、消费需求不足、收入分配还需大力调整、创新驱动能力有待增强，质量效益水平等急需提高。

③我国大部分地区经济结构转型升级水平不高，地区差异大。特别是创新驱动结构、产业结构的转型升级水平很低。

二、我国经济结构转型升级的原因分析

（一）经济发展基础的影响

改革开放初期，我国经济发展水平低，经济建设缺乏经验，追赶型跨越式发展，“经济增长上速度、经济总量上台阶”是我国现实的追求目标，在很大程度上忽略了质量与效益、忽略了经济发展对环境资源的影响和分配的公平程度；同时，产业结构演进有自身的规律，低水平的一二产业难以催生出高水平服务业。

（二）社会与法律保障体系的影响

社会保障体系不够完善，“教育”、“住房”和“医疗”对居民压力太大，各种社会保障基金地方壁垒繁多，有钱不敢花、有钱不便花；市场交易中诚信缺乏法制不健全，有钱不乐意花。传统的二元化体制导致城乡购买能力和需求结构差异巨大。

（三）科教管理体制的影响

科研资源行政配置特征明显，知识产权保护不够，科研考核重数量轻质量，“科”与“技”（科学与技术）分离，“研”与“发”（研究与开发）分离，“产”与“研”（产业创新与科研创新）分离；重普教轻职教，教育资源分配失衡。所有这些导致高素质与创新人才虚多实少，面对国民经济主战场时科技创新驱动发力不够。

三、进一步促进我国经济结构转型升级的政策建议

以科学发展观和“创新、协调、绿色、开放、共享”五大发展理念作为指导思想总揽全局，制定切实可行措施推动我国经济结构转型升级。

1. 转变观念，加快政府管理体制改革。我国经济发展的现状和水平，面临的国内外经济形势，科学发展的要求，所有这些内外条件都要求加快我国经济结构转型升级的思想落实在行动上。要转变政府职能，真正实现让市场配置资源，充分发挥政府引导和监督作用；完善社会保障体系，健全法制，保障居民消费需求得到满足；改革政绩考核机制和科研考评机制，以有利于转变经济发展方式和实现经济社会可持续协调发展作为总的评价标准。

2. 新建和改造结合，实现产业转型升级。新建企业瞄准产业高端和高端产业，传统产业充分利用“互联网＋”实现转型升级。所有企业和产业活动单位的运行，都要有利于民生和环境。

3. 推动现代服务业发展壮大，不断激发和满足生产与消费的内生需求。努力发展教育、文化娱乐、医疗与健康、信息服务、金融、现代物流等现代服务业和生产性服务业。

4. 创新驱动发展与战略性新兴产业发展结合。找准我国战略性新兴产业的定位，提高原始创新、集成创新和引进消化吸收再创新能力，注重协同创新；政府要支持战略性新兴产业，在产业布局和企业组织创新上进行适当引导，减少战略性新兴产业的一哄而上、重复建设；完善战略性新兴产业的产品与服务的市场目标定位。

5. 猛抓重点地区和分配领域的经济结构转型升级。鼓励与扶持西部地区、落后地区的经济结构转型升级，促进地区均衡发展；继续改革国民收入分配制度，缩小居民收入差距。

6. 依靠城镇化和城乡一体化，不断刺激和释放消费需求。加强户籍改革和中小城镇公共资源配置，提高城镇化率，协助农民市民化，推进城乡一体化建设，引导服务型消费，以消费需求作为经济社会发展的重要推动力。

7. 优化对外贸易结构。鼓励引进国际高端产业资本，出口高端制造业产品与服务，适当进口生产必需的原材料及其他生产与生活资料；进出口产品的目标市场在地区上不能太单一，降低经营风险。

课题组　组　长：熊健益
副组长：王艳云
成　员：陈晓卫　丛日玉

小微企业融资需求及其影响因素分析

本文在对我国第三产业 10 个行业[①]小微企业 2013 年截面经济数据比较基础上，分析了不同行业小微企业的发展特点和融资需求，重点研究小微企业融资与经济发展和金融深度之间的关系，对小微企业通过融资得到更好发展提出针对性意见。

一、第三产业小微企业融资需求比较

营业收入是银行对小微企业贷款的重要依据指标，人均营业收入（营业收入/从业人数）反映行业的经营效率，人均资产（资产总计/从业人数）反映行业的总体规模，营业收入/资产通常用于反映企业的资产周转率。理论上，人均营业收入和人均资产与融资需求呈正比关系，资产周转率与融资需求呈反比关系，融资的扩大可引致就业状况的改善[②]。根据第三次全国经济普查数据，利用 SPSS 软件对第三产业 10 个行业小微企业从业人数、营业收入、资产总计和资金周转率进行数据分析（附表 1）。

从均值来看，小微企业融资需求主要反映在与城镇化、人民生活水平提升相关的行业上，如平均从业人数较多的“房地产业”、“批发和零售业”，平均营业收入较高的“批发和零售业”、“住宿和餐饮业”，平均资产较高的“房地产业”、“租赁和商务服务业”。资产周转率方面，“批发和零售业”、“住宿和餐饮业”以及“居民服务、修理和其他服务业”的资产周转率平均值明显高于其他行业，资金回流速度较快，从而融资需求压力较小，其他大部分行业有较大的融资需求压力。

比较小微企业各行业 4 个指标的峰度可知，前 3 个指标的峰度大都大于 3，这意味着大部分行业的从业人数、营业收入和资产总计 3 个指标的分布集中在众数周围，而大部分行业的从业人数、营业收入和资产总计的众数对应的值都较低，即从业人数少、营业收入和资产总计较低的小微企业占较大比例。而资产周转率的峰度刚好相反，大部分行业的峰度小于 3，反映出它们的总体分布较为分散，因此各个行业的资金回流速度有快有慢，并未集中在同等水平。

至于偏度，4 个指标中，只有“租赁和商业服务业”的从业人数，“信息传输、软件和信息技术服务业”和“居民服务、修理和其他服务业”这两个行业的资产周转率的偏度为负值，分别为－0.01、－0.37、－0.72，其他均为正值。偏度大于 0 时，平均值＞中位数＞众数，小于 0 时则相反。不同的偏度说明“租赁和商业服务业”大部分小微企业为充分就业做出了贡献，“信息传输、软件和信息技术服务业”和“居民服务、修理和其他服务业”中大部分小微企业拥有高于平均值的“资产周转率”，而其他行业中大多数小微企业的资金周转率低于平均值。即：从业人数少、营业收入和资产总计较低的第三产业小微企业占比大，资金周转率参差不齐，融资需求压力普遍较大。政府相关部门和金融体系应针对小微企业融资难的原因制定对应政策和制度，在融资环境上为小微企业创造条件。

二、第三产业小微企业融资行业聚类分析

本文基于人均营业收入和资产周转率对小微企业融资进行行业聚类分析，聚类结果可以为金融机构针对同一类别不同行业小微企业设置相似融资标准提供参考。

以小微企业人均营业收入做行业聚类分析时，类间距离选择最短距离法，样本距离采用平方欧式距离，得到下面分类表（表 1）。

---

① 批发和零售业，交通运输、仓储和邮政业，住宿和餐饮业，信息传输、软件和信息技术服务业，房地产业，租赁和商务服务业，科学研究和技术服务业，水利、环境和公共设施管理业，居民服务、修理和其他服务业，文化、体育和娱乐业。

② 李巍和张志超（2013），外部融资对就业状况和工资报酬的影响，经济与管理研究，92－100 页。

表 1 部分行业小微企业人均营业收入行业聚类表

类 别	第三产业
第一类	批发和零售业
第二类	交通运输、仓储和邮政业,信息传输、软件和信息技术服务业,租赁和商务服务业,水利、环境和公共设施管理业,科学研究和技术服务业
第三类	住宿和餐饮业,房地产业,居民服务、修理和其他服务业,文化、体育和娱乐业

可以看出,"批发和零售业"人均营业收入与其他行业差别明显,将营业收入作为主要贷款依据的银行,对"批发和零售业"小微企业的融资需求会采取比较宽松的态度,从而他们的融资压力较小。"交通运输、仓储和邮政业"、"信息传输、软件和信息技术服务业"、"租赁和商务服务业"、"水利环境和公共设施管理业"和"科学研究和技术服务业"这五个行业发展水平参差不齐,但人均营业收入总体上可归类于同一个级别,仅次于"批发和零售业"。在预期经济向好时期,重视营业收入作为贷款依据的银行对他们的融资需求也会给予一定的支持;反之,有相反的可能性。"住宿和餐饮业"、"房地产业"、"居民服务、修理和其他服务业"以及"文化体育和娱乐业"这几个行业的人均营业收入处于相对较低的水平,银行融资方面影响不利,需要相关部门给予更多的关注。

以资产周转率为基准进行聚类分析(表 2),同样可以将小微企业分为三类,其中"批发和零售业"的资产周转率最高(1.16),仍归为一类,但第二、三类包含的行业发生了较大变化。即:人均营业收入和资产周转率这两个聚类标准对"批发和零售业"聚类分析结果没有影响,但对其他行业聚类组合影响较大。金融机构应根据具体情况选择基准指标,针对同类别行业设置相似的贷款标准和口径。

表 2 部分行业小微企业资产周转率行业聚类表

类 别	第三产业
第一类	批发和零售业
第二类	交通运输、仓储和邮政业,住宿和餐饮业,居民服务、修理和其他服务业
第三类	租赁和商务服务业,水利、环境和公共设施管理业,房地产业,信息传输、软件和信息技术服务业,文化、体育和娱乐业,科学研究和技术服务业

三、小微企业融资依赖于经济增长和金融深度的发展

本文应用协整理论和 VAR 模型,用 2010—2015 年有关经济数据对市场环境因素与小微企业融资(贷款)增长的关系进行检验,分析它们之间的长期关系及动态影响。

选取小微企业贷款余额(XWDK)为因变量,用国内生产总值(GDP)、金融深度(JRSD)、银行贷款审批指数(SPZS)和小微企业贷款需求指数(XQZS)代表市场环境因素作为自变量(附表 2),国内生产总值(GDP)反映一国或地区综合经济发展能力;金融深度(JRSD)用"本外币贷款余额/GDP"表示,可以衡量一国金融业发展的总体水平和成熟程度;银行贷款审批指数(SPZS)反映银行贷款审批条件的松紧;小微企业贷款需求指数(XQZS)反映银行对小微企业贷款需求的情况判断。考虑到数据的自然对数变换不会改变原有的协整关系,还可以消除时间序列数据的异方差性,故对所有变量取自然对数形式,例如令 $xwdk = \log(XWDK)$ 。

1. 单位根检验和回归方程构建。

在实证分析过程中,发现所选变量的一阶差分均为平稳序列,故采用 Engle—Granger 两步法检验协整性。用 OLS 法估计小微企业贷款余额函数得到的回归结果,显示银行贷款审批指数($spzs$)和小微企业贷款需求指数($xqzs$)未通过 t 统计量检验,故剔除它们,重新建立回归方程。

表 3　剔除 *spzs*、*xqzs* 后的回归结果

变量	系数	标准差	t 统计量	p 值	R^2	调整后的 R^2
c	−2.1049	0.1856	−11.3390	0.0000	0.9871	0.9853
gdp	1.2720	0.0681	18.6676	0.0000		
jrsd	0.7600	0.1734	4.3824	0.0005		

剔除变量 *spzs* 和 *xqzs* 后，各变量的系数都显著（p 值分别为 0.0000 和 0.0005），方程总体上对小微企业贷款的解释力较强，模型可信度高。

2. VAR 模型。

对回归方程的残差序列 ε_t 进行单位根检验的结果显示，小微企业贷款余额（*xwdk*）与国内生产总值（*gdp*）以及金融深度（*jrsd*）之间存在协整关系，可构建 VAR 模型。根据表 4，在 6 个准则中有 3 个选择 1 阶为最优滞后阶数，故选择建立 VAR(1)模型。

表 4　VAR 模型的最优滞后阶数

滞后阶数	LogL	LR	FPE	AIC	SC	HQ
0	88.4277	NA	2.27e−09	−11.3904	−11.2488	−11.3919
1	146.5763	85.2847 *	3.37e−12 *	−17.9435	−17.3771 *	−17.9495
2	155.4717	9.4884	4.15e−12	−17.9296	−16.9383	−17.9401
3	169.9362	9.6430	3.62e−12	−18.6582 *	−17.2421	−18.6733 *

注：* 表示该准则选择的滞后阶数

LR：sequential modified LR test statistic (each test at 5% level)

FPE：Final prediction error

AIC：Akaike information criterion

SC：Schwarz information criterion

HQ：Hannan−Quinn information criterion

模型的平稳性检验结果显示 VAR(1)模型是合理的，故基于稳定的 VAR(1)模型进行协整分析、Granger 因果检验，以及脉冲响应分析。

采用 Johansen 协整检验方法得到的结果见表 5 和表 6。在 5%的显著水平下，迹检验和最大特征值检验都拒绝不存在协整方程的原假设，因此小微企业贷款（*xwdk*）与国内生产总值（*gdp*）以及金融深度（*jrsd*）之间存在协整关系。

表 5　无限制的协整阶数检验（迹统计量）

原假设 协整方程个数	Eigenvalue	Trace Statistic	0.05 Critical Value	Prob. * *
没有 *	0.7819	36.8687	29.7971	0.0065
最多 1 个	0.4280	12.5037	15.4947	0.1343
最多 2 个	0.1998	3.5663	3.8415	0.0590

表 6　无限制的协整阶数检验（最大特征值）

原假设 协整方程个数	Eigenvalue	Max−Eigen Statistic	0.05 Critical Value	Prob. * *
没有 *	0.7819	24.3650	21.1316	0.0169
最多 1 个	0.4280	8.9374	14.2646	0.2914
最多 2 个	0.1998	3.5663	3.8415	0.0590

根据 Johansen 协整检验结果得到如下协整方程：

$$xwdk = 0.4935gdp + 2.1430jrsd \quad (1)$$
$$(0.1025) \qquad (0.2531)$$

国内生产总值(gdp)和金融深度($jrsd$)的系数分别为0.4935和2.1430,均大于0,因此,从长期看,金融深度增加和经济发展都与小微企业贷款增长呈正相关关系,GDP每上升1%,小微企业贷款就会上升0.49%;而金融深度每提高1%,小微企业贷款就会上升2.14%。长期内金融深度对小微企业贷款的拉动作用大于GDP。

对小微企业贷款($xwdk$)、国内生产总值(gdp)和金融深度($jrsd$)做Granger因果检验。从检验结果得知,国内生产总值(gdp)和金融深度($jrsd$)都是小微企业贷款增长的Granger原因,引入其序列的滞后值可以提高小微企业贷款的解释程度。另外,金融深度($jrsd$)在5%的显著水平上构成对国内生产总值(gdp)的Granger因果关系,而小微企业贷款不构成对国内生产总值(gdp)的Granger因果关系;小微企业贷款($xwdk$)和国内生产总值(gdp)都不构成对金融深度的Granger因果关系。这个检验结果符合经济理论和经验。因此,经济发展和金融深度都可以用来分析小微企业贷款的变化。

图1和图2分别为小微企业贷款($xwdk$)对国内生产总值(gdp)和金融深度($jrsd$)冲击的脉冲响应函数。其中,实线表示小微企业贷款受冲击后的走势,两侧的虚线表示走势的正负两倍标准差偏离。

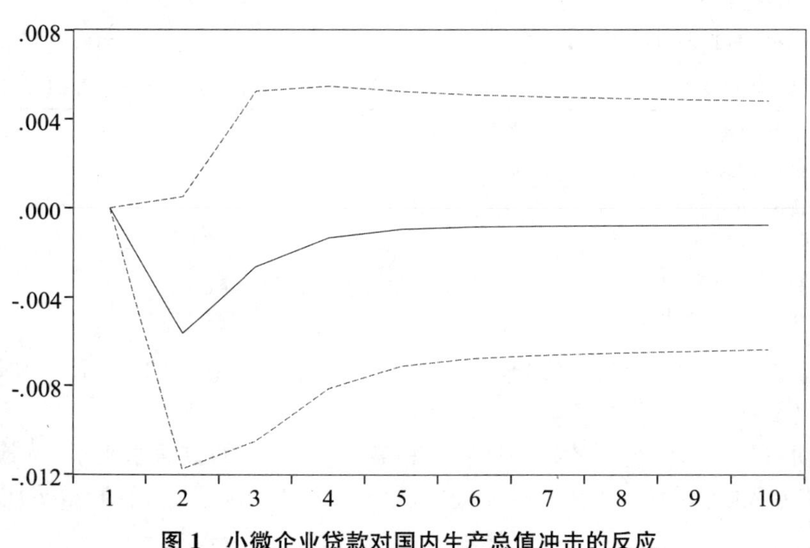

图1 小微企业贷款对国内生产总值冲击的反应

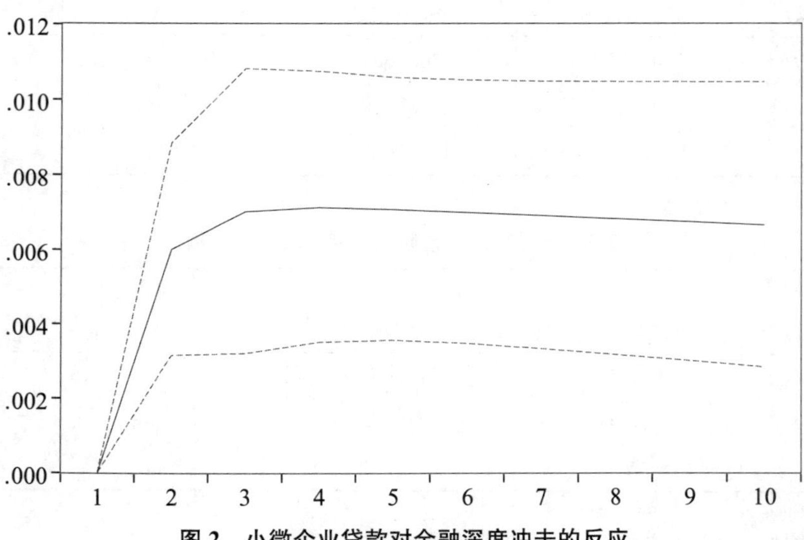

图2 小微企业贷款对金融深度冲击的反应

从图1中可以看出，当期小微企业贷款（*xwdk*）受到国内生产总值（*gdp*）的正向冲击后，小微企业贷款开始下降并在第2期达到最低值（−0.0056），然后冲击作用减小并趋于0，这意味着经济发展短期内对小微企业贷款可能有负面影响，原因是经济发展对小微企业贷款的拉动作用具有时滞性。从图2中可以看出，当期小微企业贷款（*xwdk*）受到金融深度（*jrsd*）的正向冲击后，会产生持续的正向反应，到第4期达到最大值（0.0071）之后，基本保持稳定。即金融深度的增加可以拉动小微企业贷款的快速增长，并且在长期内保持拉动作用。因此，国家应该加快金融建设，加强金融深度，为小微企业营造良好的金融环境。

四、几点建议

（一）鼓励创新型金融平台发展

创新型互联网金融借贷平台比传统的融资方式拥有更高的灵活性和开放性，在解决小微企业融资方面具有优越性。因此，要在传统金融中介基础上，鼓励创新型金融平台的发展，降低金融贷款平台的进入门槛，并给予政策上的支持和税收优惠，为小微企业融资创造一个宽松而多样化的融资环境。

（二）完善多样的信用指标体系

除“批发和零售业”外，贷款分类的基准指标会影响其他行业的聚类。金融机构应考虑若干个贷款基准指标，对同类行业小微企业制定相应的信用评级机制。通过完善多样的信用指标体系，加快小微企业贷款审批效率，解决小微企业贷款门槛高、时间久、过程复杂等问题。

（三）加强小微企业融资制度保障

借鉴各国经验，国家应尽快成立专门面向小微企业的管理机构，加大财政扶持力度，如规定银行对小微企业的贷款比例，适当降低小微企业贷款利率等。同时实行优惠的创业政策，简化注册手续、在小微企业创立前几年降低征税额度等，为小微企业发展提供绿色通道。

附表 1：

部分行业小微企业从业人数和主要财务指标数据分析

单位：万人、万元

统计特征		批发和零售业（18 小类）	交通运输、仓储和邮政业（7 中类）	住宿和餐饮业（7 小类）	信息传输、软件和信息技术服务业（12 小类）	房地产业（4 小类）	租赁和商业服务业（11 小类）	科学研究和技术服务业（3 中类）	水利、环境和公共设施管理业（12 小类）	居民服务、修理和其他服务业（15 小类）	文化、体育和娱乐业（25 小类）
从业人数	平均值	123.55	75.42	60.72	17.92	130.88	85.93	115.97	8.61	11.69	5.30
	标准差	95.73	113.64	77.50	30.17	121.77	66.72	86.25	13.92	14.27	13.57
	最大值	395.38	320.60	220.98	110.50	277.86	170.80	204.34	47.68	59.05	68.83
	最小值	44.64	1.06	6.53	0.43	14.27	1.84	32.02	0.29	0.22	0.07
	中位数	94.22	31.05	16.24	8.79	115.70	101.83	111.56	1.82	9.12	0.99
	峰度	5.21	4.30	3.68	8.84	1.42	1.41	1.50	6.27	9.39	20.87
	偏度	1.74	1.68	1.42	2.68	0.25	−0.01	0.09	2.06	2.63	4.34
营业收入	平均值	122030238.30	36276700.68	7728076.96	5483776.83	28149993.82	27289274.45	32997678.52	2557566.63	1903973.94	1028862.43
	标准差	239905848.10	41289773.42	10509628.99	8903069.47	23658031.53	34326555.34	22628673.44	4479285.76	2562906.04	1918947.32
	最大值	1055021262.00	109715883.90	30056953.86	32641391.82	61033420.89	119687356.40	55956329.20	15228446.01	10619728.72	9280349.80
	最小值	18600366.60	1962731.41	795291.56	224281.31	8868841.83	413866.06	10714088.70	59784.49	19527.12	8387.52
	中位数	42968942.05	23987087.05	1827894.26	2874463.72	21348856.29	20949329.83	32322617.67	528166.06	1221663.04	317285.10
	峰度	14.26	2.32	4.06	8.63	1.93	5.91	1.50	6.50	10.29	14.97
	偏度	3.53	0.84	1.57	2.61	0.73	1.88	0.05	2.16	2.84	3.42
资产总计	平均值	88436761.11	90843714.29	14541671.43	25373275.00	554242275.00	334147427.30	112990000.00	23472908.33	4253400.00	3318524.00
	标准差	139289009.30	106239534.50	16705925.17	37607181.84	876422720.90	891156792.90	76788896.66	46858780.69	6076126.10	3750932.48
	最大值	611575700.00	308980800.00	38633700.00	119145700.00	1866363300.00	3007778500.00	196856000.00	168050800.00	19032700.00	13749800.00
	最小值	16136200.00	4920700.00	818700.00	746700.00	47895100.00	1721500.00	46129000.00	235700.00	23000.00	46800.00
	中位数	43575350.00	85831000.00	3942800.00	7389750.00	151355350.00	46528300.00	95985000.00	5990000.00	1666100.00	2121000.00
	峰度	12.46	3.65	1.60	4.28	2.32	8.93	1.50	9.01	4.61	4.03
	偏度	3.21	1.32	0.61	1.61	1.14	2.80	0.39	2.74	1.76	1.43
资产周转率	平均值	1.16	0.42	0.70	0.30	0.13	0.53	0.28	0.14	0.72	0.27
	标准差	0.22	0.28	0.36	0.13	0.10	0.43	0.05	0.10	0.30	0.20
	最大值	1.73	0.84	1.23	0.51	0.24	1.31	0.34	0.31	1.06	0.87
	最小值	0.85	0.17	0.26	0.05	0.03	0.04	0.23	0.03	0.18	0.07
	中位数	1.12	0.35	0.82	0.32	0.13	0.46	0.28	0.09	0.81	0.22
	峰度	3.92	1.85	1.66	2.52	1.31	2.31	1.50	1.75	2.14	5.00
	偏度	1.12	0.75	0.09	−0.37	0.08	0.75	0.01	0.51	−0.72	1.59

附表 2：

主要使用数据

类别 时期	小微企业 贷款余额 （单位：万亿元）	国内生产 总值（累计） （单位：亿元）	本外币 贷款余额 （单位：万亿元）	银行贷款 审批指数 （单位：%）	小微企业贷款 需求指数 （单位：%）
2010 年四季度	7.55	401512.8	50.92	42.9	80.4
2011 年一季度	8.61	97479.54	52.61	33.1	82.1
2011 年二季度	8.95	206488.11	54.65	33.0	81.5
2011 年三季度	9.35	322344.67	56.24	35.5	83.1
2011 年四季度	9.93	473104.05	58.19	38.5	81.8
2012 年一季度	10.38	108471.97	60.77	45.8	81.8
2012 年二季度	10.87	228003.09	63.33	47.8	76.3
2012 年三季度	11.29	353741.55	65.46	48.3	71.7
2012 年四季度	11.58	534123.04	67.29	47.5	74.1
2013 年一季度	11.78	123170.78	70.49	49.1	77.7
2013 年二季度	12.25	256911.2	72.87	48.7	74.7
2013 年三季度	12.82	400987.3	74.99	47.2	76.3
2013 年四季度	13.21	588018.8	76.63	46.9	76.9
2014 年一季度	13.70	132920.2	80.12	45.6	77.5
2014 年二季度	14.17	278740.4	82.88	43.1	72.9
2014 年三季度	14.55	435021.9	84.74	45.1	70.8
2014 年四季度	15.26	636462.7	86.79	44.8	67.5
2015 年一季度	15.89	140667.2	91.52	45.8	69.7

注：1. 小微企业贷款余额来源于中国人民银行调查统计司《金融机构贷款投向统计报告》；

2. 国内生产总值来源于中宏统计数据库；

3. 本外币贷款余额来源于中国人民银行调查统计司《金融统计数据报告》；

4. 银行贷款审批指数来源于中国人民银行调查统计司《银行家问卷调查报告》；

5. 小微企业贷款需求指数来源于中国人民银行调查统计司《银行家问卷调查报告》。

课题组　组长：王相宁

成员：缪柏其　侯　波　姚佑琛　倪　成　王梦丽

执笔：王相宁

工业企业自主创新现状、问题及对策建议

工业企业是国民经济的支柱，也是自主创新的主体。提升工业企业的自主创新能力对于提高整个国家核心竞争力，实现国民经济提质增效、转型升级起关键作用。深入开展企业创新能力研究，对推动我国工业企业创新发展具有重要的现实意义。本文利用第三次全国经济普查数据，对规模以上工业企业自主创新能力进行分析，并提出政策建议，供有关部门参考。

一、工业企业自主创新能力现状

（一）自主创新活跃程度不断提高

2013 年我国规模以上工业企业中开展研发（以下又称 R&D）活动的企业数为 54832 家，是 2008 年的 2 倍，年均增长 17.9%；企业办 R&D 机构数为 51625 个，比 2008 年增长 97.2%，年均增长 14.5%；开展 R&D 项目 32.3 万项，是 2008 年的 2.25 倍，年均增长 17.6%。

分登记注册类型看，在全部开展 R&D 活动企业中，内资企业占比显著提高，2013 年开展 R&D 活动的内资企业为 43564 家，占 79.4%，比 2008 年提高 17.5 个百分点。分行业看，电气机械和器材制造业开展 R&D 活动的企业数最多，共有 6061 家，占全部 R&D 企业的 11.1%。分地区看，东部地区创新活跃程度高于其他地区，开展 R&D 活动的企业数为 40199 家，占全部 R&D 企业的比重为 73.3%。

（二）自主创新投入快速增长

2013 年我国规模以上工业企业 R&D 人员全时当量为 249.4 万人年，是 2008 年的 2.0 倍，年均增长 15.2%。2013 年规模以上工业企业 R&D 经费支出为 8318.4 亿元，是 2008 年的 2.7 倍，年均增长 22.0%；R&D 经费投入强度（R&D 经费与主营业务收入之比）为 0.80%，比 2008 年提高了 0.19 个百分点。

分登记注册类型看，内资企业投入 R&D 人员全时当量和 R&D 经费分别为 186.5 万人年和 6303.3 亿元，占全部企业的比重分别为 74.8%和 75.8%；内资企业 R&D 经费投入强度为 0.79%，低于港澳台商投资企业（0.87%）和外商投资企业（0.81%）。分行业看，计算机、通信和其他电子设备制造业投入 R&D 人员全时当量和 R&D 经费最多，分别为 39.1 万人年和 1252.5 亿元，占全部企业的比重分别 15.7%和 15.1%；铁路、船舶、航空航天和其他运输设备制造业 R&D 经费投入强度最高，达 2.41%。分地区看，东部地区创新投入力度明显强于其他地区，R&D 人员全时当量和 R&D 经费分别为 169.8 万人年和 5653.4 亿元，占全国的比重分别为 68.1%和 68%；东部地区 R&D 经费投入强度为 1.75%，远高于中部地区（1.06%）、西部地区（0.64%）和东北地区（0.90%）。

（三）自主创新产出水平有所提升

2013 年我国规模以上工业企业实现新产品销售收入 12.8 万亿元，是 2008 年的 2.3 倍，年均增长 17.6%；全年申请专利 56.1 万件，是 2008 年的 3.2 倍，年均增长 26.4%，其中发明专利申请数占全部专利申请的 36.6%，比 2008 年提高 2.5 个百分点。

分登记注册类型看，内资企业产出规模大，但产出水平有待提高。2013 年内资企业实现新产品销售收入 8.4 万亿元，占全部企业的 65.2%；申请专利 43.7 万件，占全部专利申请的比重为 78%，其中发明专利数 15.9 万件，占全部发明专利申请的 77.5%。分行业看，计算机、通信和其他电子设备制造业创新产出领先，新产品销售收入、专利申请和发明专利申请分别占全部企业的 18.8%、24.7%和 29.3%。分地区看，东部地区创新产出水平具有明显优势，新产品销售收入占全国的比重为 70.3%，专利申请和发明专利申请占全国的比重分别为 70.8%和 71.4%。

二、工业企业自主创新能力存在的问题

（一）开展自主创新活动的企业数占比较低

2013年全国开展R&D活动的规模以上工业企业数占比仅为14.8%，比2008年6.5%的水平虽有提高，但仍显不足。大部分企业尚未开展R&D活动的主要原因在于，自主创新活动目前尚未成为企业最关注的焦点，盈利能力没有建立在依靠自主创新的基点上。

（二）研发经费投入强度不高

我国研发经费规模已居世界前列，其中规模以上工业企业作为创新活动主体，研发经费投入总量较高，但是研发经费投入强度却很低。2013年我国规模以上工业企业研发经费投入强度仅为0.80%，比2008年提高了0.19个百分点，但与美国(4%)、日本(3.4%)、德国制造业企业(4.7%)相比还有较大差距。

（三）自主创新产出质量有待提升

自主创新产出在数量方面有大幅提高，但是在质量方面仍显不足。2013年，规模以上工业企业的新产品销售收入占主营业务收入的比重为12.5%，与2008年11.4%的水平相比，仅提高1.1个百分点；规模以上工业企业的发明专利申请数占专利申请总数的比重为36.6%，比2008年仅提高1.5个百分点。

（四）自主创新能力区域差距较大

自主创新能力区域差距明显，东部地区的自主创新能力要远高于其他地区。2013年，东部地区开展R&D活动的企业数分别是中部、西部和东北地区的4.5倍、10.1倍和23.9倍；R&D项目数分别是中部、西部和东北地区的4.3倍、6.3倍和11.9倍；R&D人员全时当量分别是中部、西部和东北地区的3.9倍、7.0倍和14.1倍；R&D经费支出分别是中部、西部和东北地区的4.2倍、7.0倍和11.4倍；新产品销售收入分别是中部、西部和东北地区的4.1倍、8.6倍和16.8倍；专利申请数、发明专利申请数和有效发明专利数的区域分布也基本一致，均为东部占比最多，达70%以上，中部其次，西部第三，东北地区占比最少。

（五）自主创新环境有待改善

一是对创新的理解和宽容不够。目前很多工业企业对开拓性、探索性的创新活动，抱有只许成功不许失败的心态，这使得参与自主创新的研发人员负担较重。二是化解创新风险的机制不强。开展自主创新活动需要一定的前期投入和承担相当大的风险，大部分工业企业尚未建立创新风险基金，社会资金流向创新风险投资的又少，致使许多企业不敢、不愿放手开展创新活动。三是工业企业融资环境较差。受自身条件及政策因素影响，工业企业普遍感到贷款、融资困难，即使有好想法、好项目，也是心有余而力不足。四是知识产权保护环境不佳。工业企业自主创新产出成果易被仿造侵权，即使申请了专利，还是防不胜防，由于诉讼程序繁琐、诉讼费用高昂，维权难度较大。

三、政策建议

（一）加强工业企业自主创新主体地位，打造核心技术优势

工业企业创新主体地位的加强，需从长远角度思考自主创新战略，把提升自主创新能力放到更加突出的位置，力争掌握具有自主知识产权的关键技术，形成生产力。工业企业自主创新的突破口是核心技术的自主研发，这是企业具备自主创新能力、获得可持续的核心竞争力的必要条件。一般来讲，工业企业并不研究相关产品的所有技术，而是重点研究本企业拥有优势的技术和关系到产品更新换代的核心技术。经验表明，核心技术是无法引进的，工业企业只有掌握了自身独有的核心技术，才有可能不被市场竞争所淘汰，不被其它企业所替代。因此，工业企业必须增强自主研发能力，搞好关键技术的开发，从而形成自己的核心技术优势，或是通过同国外先进企业建立多种形式的合作关系，跟踪和掌握国际最先进的技术成果，在此基础上进行消化吸收，从而最终形成自己的核心技术优势。

（二）建立资金扶持体系，加大自主创新资金的合理投入

目前，研发资金不足主要是由于工业企业融资渠道不通。因此，需要建立起资金的扶持体系，保证工业企业研发资金的充足供给。一是建立财政资金的扶持体系。应设立工业企业自主创新专项资金，把大力扶持工业企业自主创新作为政府财政职能。二是建立培育工业企业自主创新能力的金融信贷机制。银行对工业企业的自主创新支持就是要把贷款投到符合国家产业政策、效益好的工业企业上来。增加对高新技术企业的信贷投入，重点扶持科技含量高和有市场发展潜力的工业企业发展。鼓励工业企业的技术改造创

新。三是完善信用担保制度。完善的信用担保制度可以为工业企业提供公平的融资环境,解决贷款担保难的问题。政府应在融资担保中起主导作用。担保业务具有风险和收益的不确定性,也需要政府的大力支持。

(三)鼓励技术引进基础上的消化吸收再创新,实现技术进步

提高自主创新能力仅靠技术引进模仿创新是不够的,应该以技术引进作为基础,实现创新模式的跨越,从而做到真正的自主创新。一是大力引进先进技术以及优化引进结构,增加产品设计和制造工艺方面的专有技术以及专利在技术引进中占有的比例。二是结合引进的先进技术进行开发创新,加强技术引进、消化和吸收的有效衔接,使工业企业拥有更多的知识产权。三是促进传统产业进行技术升级和结构优化,扩大相关行业和地区的引进规模,结合整体推进和重点扶持,真正做到引进基础上的消化吸收再创新。除此之外,工业企业还应加强自主研发活动,努力实现技术进步,打造企业品牌优势,改变自主创新水平偏低的状况。

(四)提高协同研究能力,改善科技服务体系

"产学研"合作可以对技术联合引进、集中消化、协力创新,从而减少技术的重复引进和无效引进,并且可以依靠多学科合作、配套企业合作,迅速提高工业企业对引进技术的消化吸收能力和再创新能力。目前我国工业企业的产学研合作开发比率并不高,结合我国工业企业自主创新的实际情况,"产学研"合作途径可以是与科研院所、高等院校通过合作开发、项目委托、技术转让、建立以关键项目为纽带的方式进行合作。另外,一些实力雄厚的工业企业可以兼并若干与行业自主创新联系密切的科研院所,使之与大企业自身的研发机构合为一体,壮大实力。

(五)重视人才培养,建立激励机制

研发队伍的持续发展直接影响工业企业自主创新的能力,工业企业在用人方面不仅要吸引更多优秀的人才,更重要的是要用好人、留住人,把对员工的培养真正落实到实处,做到储备人才和挖掘人才并重。可以通过不断地对研发技术人员进行职业再教育,以应对知识经济时代技术迅速发展、快速更新换代的需要。同时建立和完善各类专业人才特别是研发人才的培养激励机制,使知识的价值能更充分地体现出来,激发出科技人员创新的积极性。

课题组　组长:赵喜仓
成员:李芳林　冯　缨　应　俊　孙建祥
孙晓阳　丁　瑶　崔永亮

影响产业结构调整与就业结构变动的资源配置因素研究

一、研究背景

改革开放以来，以丰富的劳动力资源为基础，依托高投资和出口导向型发展模式，我国经济发展取得了很大的成绩，增长速度远远超过其他发展中大国。参考世界各国经济发展的历程，以拉美为典型代表的一大批国家长期处于中等收入水平，陷入“中等收入陷阱”。如何避免陷入“中等收入陷阱”，实现经济持续快速增长就成为我国现阶段学术研究和政策制定共同关注的一个非常重要的问题。

现有的发展模式是否可以实现中国经济的持续快速发展呢？图1是金砖国家投资与经济增长的关系。左图是资本形成占比，右图是相应的家庭消费占比。显然，相对于俄罗斯、巴西和印度，中国的资本形成比例非常高，且上升速度非常快，这对于中国过去三十年的高速增长至关重要。但是，我国资本形成比例已经基本达到极限，这使得居民消费占比非常低，2011年为29%，远远低于发达国家和同类发展中国家。图2是

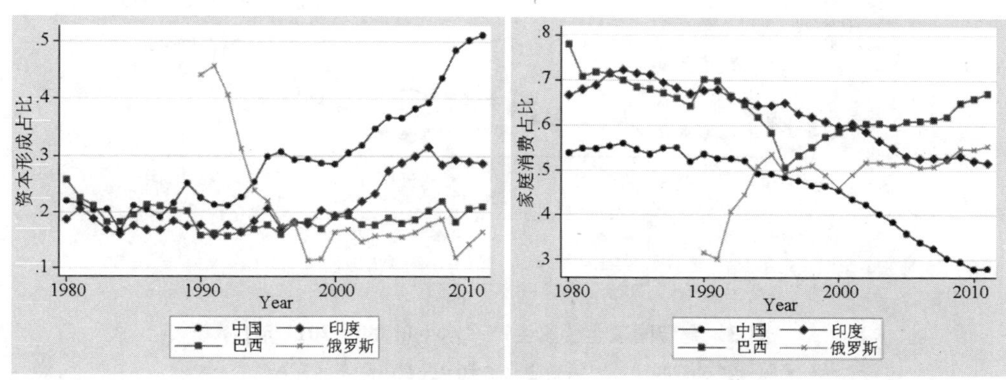

图1　高投资与中国经济高增长(1980—2011年)

资料来源：杨汝岱，2015，《中国制造业企业全要素生产率研究》

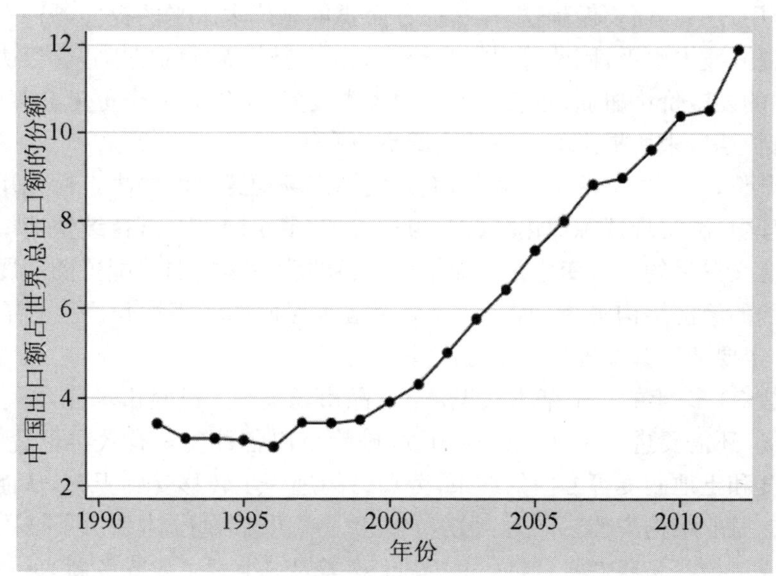

图2　出口导向与中国经济高增长(1980—2011年)

资料来源：杨汝岱，2015，《中国制造业企业全要素生产率研究》

出口导向与中国经济增长的关系，我国出口额占世界总出口额的比例已经由 1992 年的 3.42%上升到 2012 年的 11.91%。2013 年的贸易总额超过美国成为世界第一大贸易国。如果考虑到过去三十年富裕的劳动力资源，毋庸置疑，资本 K、劳动 L、出口 E 共同成就了中国的经济增长奇迹。但是，随着老龄化社会的逐渐到来，人口红利将逐渐消失，而资本形成和出口即使是要维持现有的水平都已经是非常困难，勿论还要进一步快速增长。由此可见，过去三十年以人口红利为基础的高投资、高出口拉动型的发展模式面临着非常大的挑战。

资本形成和出口已经很难维持中国经济今后二十年的快速增长，按照现代经济增长理论的框架，我们唯一能够依托的就是技术(A)进步。图 3 列出了金砖国家的全要素生产率(TFP)水平。从图中可以看到，我国的整体 TFP 水平还非常低，对于过去三十年经济增长的贡献也非常小。正是因为如此，TFP 水平的提升还有非常大的空间，这将成为也应该成为中国经济持续增长的重要源泉。

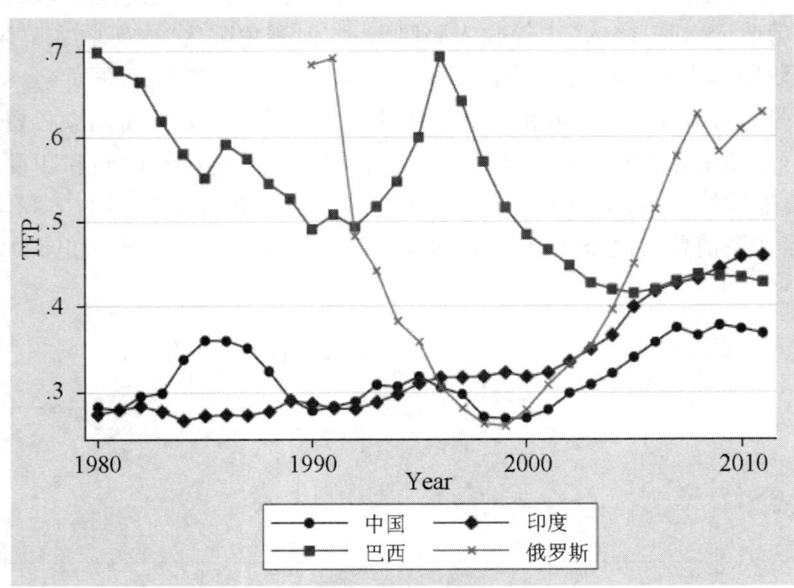

图 3　金砖国家全要素生产率水平(1980—2011 年)

资料来源：杨汝岱，2015，《中国制造业企业全要素生产率研究》

我国现阶段已经步入中等收入国家行列，现有的依靠人口红利释放、高投资增长、高出口增长的发展模式很难使我们跳出"中等收入陷阱"，因此，要在未来几十年内让经济继续保持强劲走势，就需要在给定的资源约束下，提高资源使用效率。而要做到这一点，一方面要依靠技术水平的提升，另一方面要依靠优化资源的配置。通过研发来提升技术水平，固然可以提高经济效率，但其需要的成本也是巨大的。相比之下，打破制度障碍，纠正行业间的要素价格扭曲，更有效地使用各类要素，可能是一个更为合算的提升经济效率的途径，这也就是我国政府长期以来所提出的产业结构调整与升级。

我国的产业结构调整，一方面坚持市场调节，充分发挥市场配置资源的决定性作用，另一方面也提倡加强国家产业政策的合理引导，实现资源优化配置。与过去 30 多年国民经济持续快速增长相伴随，我国的产业结构发生了一系列意义深远的巨大变化。产业结构调整的背后是资源再配置的问题，微观层面的要素流动障碍会导致中观层面的经济结构失衡，而这一定会对宏观层面的经济增长产生影响。所以，探讨我国产业结构调整的问题，一定要从资源配置这一基础出发。

关于中国改革开放 30 多 年的一个基本共识是：商品市场基本上已经市场化，要素市场，包括劳动力市场、资本市场、土地市场，还需要进一步加大改革力度，破除阻碍各种要素有效再配置的制度约束。许多研究表明由于受户籍制度和土地制度等方面的约束，劳动力的进一步转移受到阻滞，从而产生了劳动力错配，导致了产业部门之间的就业结构失衡。同时，很多研究也指出我国金融体系由于被国有企业所控制，一部分国有企业能以较低成本很容易获得融资，而另一些高效率的中小型企业或者新兴行业的企业则很难获得融资，地区与产业间资本拥挤和稀缺并存现象表明了资本错配的严重问题。

那么，究竟中国行业层面的资源错配程度如何，以及行业层面的资源错配对总体经济的效率有多大程度的影响？伴随着中国"产业结构转型"战略的实施，资源配置的动态改善效果如何，其对总体经济的生产率演变的贡献有多大?

在三次经济普查数据和其他的经济数据基础上,本研究采用了研究团队开发的一个基于总产出(gross output)行业生产函数的增长核算框架,来回答以上问题,从而对我国的产业结构调整以及就业结构变动有了更为深入的认识,为我国深入进行产业结构调整和优化就业结构提供相应的政策建议。

二、数据与方法

本研究采用全部经济分行业层面的数据来测算行业层面的资源扭曲程度及其对总体经济全要素生产率(TFP)的影响。本研究分行业层面的数据是在两次工业普查、三次经济普查、《中国统计年鉴》、《投入产出表》、《人口普查》、《中国固定资产投资统计年鉴》和《中国工业经济统计年鉴》等数据基础上,根据 Jorgenson et al.(2005)构建符合同质化要求的投入产出数据的方法,构建了 1980－2010 年的中国分行业生产率(CIP)数据,包括行业总产出、中间投入、资本投入、劳动投入以及资本产出份额、劳动产出份额和中间投入产出份额。

在行业划分上,本研究基于 2002 版年的《国民经济行业分类》(GB/T 4754—2002),将全部经济划分 37 个行业,并且为了进一步考察处于产业链的不同位置的行业的 TFP 表现(往往处于产业链的不同位置代表着不同程度的政府干预与补贴),我们将 37 个行业归为 8 个组。我们首先将工业部门的 24 个行业分为三个组:能源工业(Energy)、基础材料工业(C&P)和成品及半成品制造业(SF&F)。根据行业与“最终消费”的距离,能源工业位于产业链的最前端,基础材料工业位于产业链的中间,而成品及半成品制造业最接近最终消费市场。其他的分组并不简单地依据于它在产业链的位置或者与“最终消费”的距离,农业不仅提供最终消费而且更重要的是它还作为食品加工业的中间投入;建筑业可能作为上游产业,但同时它也提供居民住宅作为最终产品。另外,服务业可以分为三个组:服务业Ⅰ是国有垄断服务业,如金融、交通运输和通信信息;服务业Ⅱ是指其余的市场性服务业,叫做其他市场服务业;服务业Ⅲ是非市场服务业,包括公共管理、教育、卫生和其他服务业。

为了保证结论的可读性与解释具有经济意义,我们选取几个标杆年份将整个时期划分为几个子时期。这些标杆年份往往有政策制度变革或者有外生冲击发生,例如 1992 年的邓小平南巡讲话推动深化改革,2001 年中国加入 WTO,2008 年的全球金融危机。

三、经济普查年度的产业结构变动

三次经济普查数据让我们能够分阶段考察我国产业结构调整与就业结构变动的基本特征。

(一)产业结构不断提升

从产业增加值结构来看,2004 年末,我国第一产业的增加值占 GDP 的比重为 13%,第二产业的增加值占 GDP 的比重为 45.8%,第三产业的增加值占 GDP 的比重为 41.2 %。到 2013 年末,我国第一产业的增加值占 GDP 的比重下降到 9.4%,第二产业的增加值占 GDP 的比重下降到 43.7%,第三产业的增加值占 GDP 的比重上升到 46.9%。第一、二产业增加值比重下降,第三产业增加值比重上升,说明我国产业结构在提升,但是距离成熟的经济体还存在不小差距,发达国家往往第三产业增加值占比超过 70%。

表 1　增加值的三次产业构成(%)

产　业	2004 年	2008 年	2013 年
总体经济	100	100	100
第一产业	13.0	10.3	9.4
第二产业	45.8	46.8	43.7
第三产业	41.2	42.9	46.9

资料来源:《中国统计年鉴》2015 年

(二)就业结构不断优化

从就业结构来看,2004 年末,我国第一产业的就业人数约为 3.48 亿,占就业人口的比重为 46.9%,而第二、三产业的就业人数分别约为 1.67 亿和 2.27 亿,占总就业人口的比重分别为 22.5%和 30.6%。

到2013年末,我国第一产业的就业人数约为2.42亿,占就业人口的比重下降为31.4%,而第二、三产业的就业人数分别约为2.32亿和2.96亿,所占比重分别升至30.1%和38.5%。第一产业的就业人数的绝对数和占总就业人口的比重都呈下降趋势,而且第三次经济普查是第一产业所占比重第一次被第三产业超越,这也是就业结构在提升的表现。但是根据发达国家和早期新兴市场国家的发展经验,在一个成熟的经济体内,农业部门的就业比重大都降低到10%以内,中国现有农业部门的就业比重距离10%的水平还相差甚远。

表2 三次产业的就业人数(单位:万人)

产 业	2004年	2008年	2013年
总体经济	74264	75564	76977
第一产业	34829.8	29923.3	24171
第二产业	16709.4	20553.4	23170
第三产业	22724.8	25087.2	29636

资料来源:《中国统计年鉴》2015年

表3 就业人数的三次产业构成(%)

产 业	2004年	2008年	2013年
总体经济	100	100	100
第一产业	46.9	39.6	31.4
第二产业	22.5	27.2	30.1
第三产业	30.6	33.2	38.5

资料来源:《中国统计年鉴》2015年

四、改革开放以来的资源配置与产业结构调整

为了进一步考察产业结构调整和就业结构变动背后的资源配置问题,我们构建一个基于总产出(gross output)行业生产函数的增长核算框架,来衡量行业资源错配对总体经济的TFP的影响。

(一)行业资源配置效率差异大

通过计算行业的资源相对扭曲系数,我们发现过度使用劳动(RDCL>1)的行业有:农、林、牧、渔业,非金属矿采选业,食品行业,纺织服装、服饰业,皮革、毛皮、羽毛及其制品和制鞋业,这些行业的劳动价格相对平均水平来说是较低的,而且均有劳动密集型的特征;而劳动使用不足(RDCL<1)的行业有:金融业,房地产业,租赁、科学、技术和商务服务业,公共管理与国防,电力、热力、燃气及水生产和供应业,石油加工、炼焦和核燃料加工业,金属冶炼和压延加工业,石油和天然气开采业,这些行业的劳动价格相对平均水平来说是较高的,其中,金融业,租赁、科学、技术和商务服务业对人力资源的要求较高,对于劳动力进入有较高的门槛,而其余大部分行业往往是资本密集型行业。同时,我们发现过度使用资本(RDCK >1)的行业有:房地产业,金融业,公共管理与国防,农、林、牧、渔业,烟草制品业,交通运输、仓储和邮政业,这些行业的资本价格相对平均水平来说是较低的,其中,农、林、牧、渔业往往有国家补贴,使得过度使用资本以及劳动,这与OECD国家的情形是一致的(Aoki,2008),其余行业基本都是资本密集型行业。而资本使用不足(RDCK <1)的行业有:煤炭开采和洗选业,租赁、科学、技术和商务服务业,信息传输、软件和信息技术服务业,石油和天然气开采业,金属矿采选业,非金属矿采选业,食品行业,这些行业的资本价格相对平均水平来说是较高的,其中,租赁、科学、技术和商务服务业和信息传输、软件和信息技术服务业这两个行业作为高科技行业,往往创业型小微企业较多,在中国现有的国有企业垄断的商业银行市场存在融资难的问题,所以存在资本使用不足的问题,食品行业则是传统的劳动密集型行业。

表 4　行业资本和劳动相对扭曲系数平均值(1980—2010 年)

CIP 代码	行　业	RDCK	RDCL	CIP 代码	行　业	RDCK	RDCL
1	农、林、牧、渔业	1.72	1.47	20	电气设备制造业	0.92	0.78
2	煤炭开采和洗选业	0.45	0.53	21	电子通信设备制造业	0.88	0.57
3	石油和天然气开采业	0.66	0.38	22	仪器仪表制造业	0.98	0.99
4	金属矿采选业	0.58	0.47	23	交通运输设备制造业	0.92	0.54
5	非金属矿采选业	0.72	1.72	24	其他制造业	1.41	2.01
6	食品行业	0.73	1.23	25	电力、热力、燃气及水生产和供应业	1.06	0.36
7	烟草制品业	1.61	0.37	26	建筑业	0.87	0.68
8	纺织业	0.84	0.90	27	批发和零售业	0.70	1.18
9	纺织服装、服饰业	0.92	1.53	28	住宿和餐饮业	0.93	1.12
10	皮革、毛皮、羽毛及其制品和制鞋业	0.75	1.47	29	交通运输、仓储和邮政业	1.47	0.83
11	木材加工和家具制造业	0.74	1.46	30	信息传输、软件和信息技术服务业	0.58	0.87
12	造纸与印刷业	0.92	0.91	31	金融业	1.86	0.30
13	石油加工、炼焦和核燃料加工业	0.91	0.32	32	房地产业	2.05	0.26
14	化工原料及相关行业	1.08	0.47	33	租赁、科学、技术和商务服务业	0.54	0.26
15	橡胶和塑料制品业	0.83	1.24	34	公共管理与国防	1.76	0.38
16	建筑材料业	0.81	0.80	35	教育	1.03	0.87
17	金属冶炼和压延加工业	0.96	0.39	36	卫生和社会工作	0.78	0.89
18	金属制品业	0.91	1.09	37	其他服务业	0.68	3.64
19	通用和专用设备制造业	0.70	0.51				

资料来源:本研究整理

(二)资源配置改善的增长潜力大

我们计算了我国经济中存在的资本和劳动错配所导致的总增加值(或者 TFP)缺口,发现产出缺口在 1980—1991 年间呈现逐渐缩小的趋势,但是从 1991 年之后则呈现逐渐扩大的趋势。1980—1991 年间的改革有效地改善了资源的配置效率,之后由于 1991—2001 年间的资源配置效率恶化,导致了产出缺口不断扩大。另外从中国增长的潜力角度来看,尽管中国经济经历连续 30 多年的高速增长,但是增长潜力依然是惊人的。按照 2010 年的水平计算,即使不增长要素投入,通过纠正行业间的要素配置扭曲,就可以让总增加值(或者 TFP)提升 29%,这个潜力是巨大的。

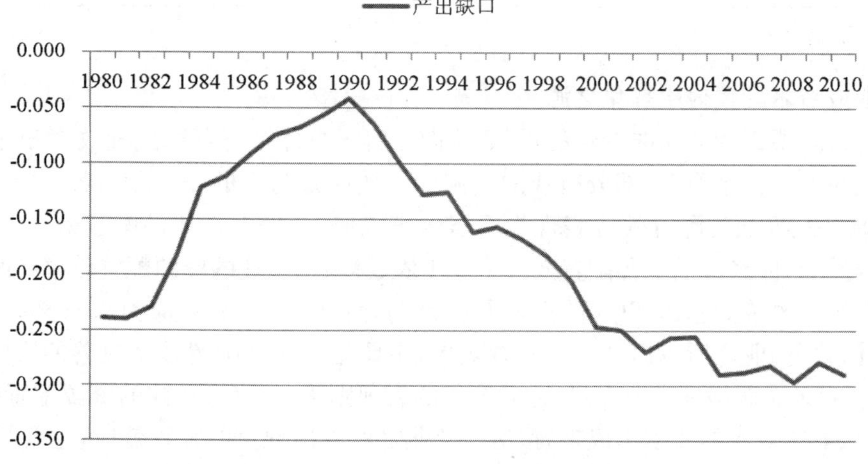

图 4　实际产出与潜在有效产出之间的产出缺口(1980—2010 年)

资料来源:本研究整理

(三)产业结构调整带动资源配置效率持续改善

我们通过分解总体 TFP,发现我国经济 1980—2010 年的全要素生产率年均增长率为 1.18%,其中资源配置效应为 0.35%,对总体经济的全要素生产率年均增长率的贡献为 29%,这也说明了产业结构调整对提升我国经济增长的数量和质量的作用是不容忽视的。通过进一步考察资源配置效应的要素来源,我们发现 1980—2010 年间资源配置效应为正,主要是由于劳动配置效应为正(0.55%)所导致,而资本配置效应则是负值(—0.2%)。这主要是因为相对资本市场,劳动市场受到的政府控制要小很多,而改革又使得劳动力能够比较自由地流动,从而劳动配置效率在持续改善。

表 5　分时间段的总体 TFP 增长百分率分解(%)

变量	1980—1991 年	1991—2001 年	2001—2007 年	2007—2010 年	1980—2010 年
ATFP	1.43	1.29	1.95	—1.60	1.18
STFP	0.73	1.81	0.99	—2.31	0.84
AE	0.70	—0.52	0.96	0.71	0.35

资料来源:本研究整理

(四)资本配置效率持续恶化

通过将整个 30 多年分成四个重要的时间段来分别考察劳动和资本的配置效应动态变化,对于劳动来说,我们发现中国加入 WTO 之后的劳动配置效应是最高的,这可能得益于出口导向型和劳动密集型企业在中国加入 WTO 之后有一个快速的扩张。改革开放后的前 10 年有很多适应市场经济的改革,比如农业改革,使得劳动力配置效率提升。1991—2001 年间劳动配置效应出现轻微负值可能与亚洲金融危机有关系,而在本轮全球金融危机之后,中国的劳动配置效应依然维持很强的正值,这反映了目前中国的劳动力市场能够更加快速地对宏观市场环境变动做出应对的特征,也说明了中国的劳动力市场的市场化改革还是比较有成效的。资本配置效应的情形则非常不同,改革最开始的时期 1980—1991 年是资本配置效应唯一为正值的时期,这得益于改革一开始在很大程度上纠正了长期计划经济体制下的各种扭曲。但是资本配置效应从 1992 年中国明确提出建设“社会主义市场经济”之后就变成了负值,并且在中国加入 WTO 之后更加恶化,可能与政府为了支持上游国有企业发展,加强了对经济的控制有关。同时,本轮的全球金融危机之后,我们并没有发现资本配置效率的恶化,而资本配置的负效应还有所减缓。

表 6　分时间段的配置效应分解(%)

变量	1980—1991 年	1991—2001 年	2001—2007 年	2007—2010 年	1980—2010 年
AE	0.70	—0.52	0.96	0.71	0.35
AE(K)	0.36	—0.51	—0.77	—0.10	—0.20
AE(L)	0.34	—0.01	1.73	0.81	0.55

资料来源:本研究整理

(五)房地产业成资本配置效率恶化之源

我们测度了各行业要素相对扭曲变化的贡献,从而分解了总体经济资源配置效率变化的行业来源。从各行业平均配置效应的分析来看,大部分行业的资源配置效应是为正的,从而使得总体经济的平均配置效应为 0.35%;农、林、牧、渔业的配置效应表现为很强的正效应,而房地产业的配置效应表现为较强的负效应,这两个行业主导了总体经济的资源配置效应。其中农、林、牧、渔业的资源配置效率在改善,过去 30 多年平均每年因为资源配置改善对总体 TFP 的贡献为 0.38%,而总体的配置效应为 0.35%,而从配置效应的要素构成来看,农、林、牧、渔业之所以出现正的配置效应,主要是受劳动配置效率改善的影响,30 多年的平均劳动配置效应为 0.37%。而房地产业在过去 30 多年的表现则正好相反,总体的资源配置效率在恶化,配置效应为—0.24%,从配置效应的要素构成来看,房地产业之所以出现负的配置效应,主要是受其资本配置效率恶化的影响,30 多年的平均资本配置效应为—0.29%。

表 7 部分行业的平均要素配置效应(1980—2010 年,%)

CIP 代码	行 业	AE(i)	AE(Ki)	AE(Li)
1	农、林、牧、渔业	0.38	0.01	0.37
31	金融业	0.11	0.05	0.06
34	公共管理与国防	0.09	−0.02	0.12
33	租赁、科学、技术和商务服务业	0.06	0.01	0.05
26	建筑业	0.06	−0.01	0.07
7	烟草制品业	0.05	0.05	
32	房地产业	−0.24	−0.29	0.05
27	批发和零售业	−0.03	−0.05	
29	交通运输、仓储和邮政业	−0.02	−0.02	
30	信息传输、软件和信息技术服务业	−0.01	−0.02	

注:其中空白处表示效应很小可以忽略

资料来源:本研究整理

在农、林、牧、渔业和房地产业之外,总效应比较突出的行业都是正的,主要有:金融业,公共管理与国防,租赁、科学、技术和商务服务业,建筑业。而按照要素来源进行进一步分解,我们发现资本配置效应明显为正的行业有:金融业,烟草制品业,纺织业,农、林、牧、渔业,租赁、科学、技术和商务服务业;资本配置效应明显为负的行业有:房地产业,批发和零售业,公共管理与国防,信息传输、软件和信息技术服务业,交通运输、仓储和邮政业。而劳动配置效应比较明显的行业都是正效应,比如,公共管理与国防,建筑业,金融业,租赁、科学、技术和商务服务业,房地产业。

五、政策建议

我们认为,本研究是具有相当的理论和现实意义的。我国经济过去 30 多年的高速增长很大程度上是依靠巨大的资源投入拉动的“粗放型增长”。伴随着经济增长,中国的劳动力红利逐渐消失,靠政府投资拉动增长的方式也产生了诸如产能过剩、资源环境不可持续等问题。为了实现经济的可持续发展,必须依靠提升效率为特征的“集约型增长”。集约型增长主要是实现总体的全要素生产率(TFP)提升,而总体的 TFP 提升,一方面靠技术进步带来的行业 TFP 提升,另一方面则依靠提高资源在行业间的配置效率,即实现产业结构调整与升级。

目前,我国对产业结构的调整是非常重视的,虽然提出的坚持市场调节和政府引导相结合的原则,但目前这种调整主要集中在对低效率企业的关停并转上,而对于造成要素错配的根本原因价格形成机制的改革力度还不够大。受不少制度性因素影响,要素价格扭曲的情况还普遍存在,这严重影响了资源的合理配置,限制了整体经济的效率改进。因此,要从根本上完成产业结构的调整和升级,实现要素在各行业之间的合理配置,最重要的还是要加速要素市场的发展,打破防碍市场力量发生作用的制度性障碍。只有这样,才能保证实现我国经济的可持续发展。

第一,在健全政府宏观调控手段的同时充分发挥市场对经济结构调整的积极作用。

一是减少政府对经营性活动和一般竞争性领域的直接参与,创造和维护有利于公平竞争的市场环境,推动企业遵循市场机制进行产业结构优化和升级。二是打破防碍市场力量发生作用的制度性障碍,在未来的经济发展中,逐步改革户籍制度,代之以就业和稳定居住地为基础的居住证制度,让农民自由支配土地的使用权,实现稀缺土地资源高效率配置。并且改革社保制度,促进劳动力从农村向城市、从农业向非农产业的转移。三是积极推进金融改革,资本配置效率低主要是由于我国的商业银行体系使得一部分国有企业能以较低成本很容易获得融资,所以应该要推进金融改革,完善我国的资本市场建设,破除获取信贷方面的垄断因素,缓解高新技术的小微企业贷款难问题。四是降低企业退出壁垒。通过不断推进的市场化改革来解决企业普遍存在产业进入和退出成本过高等问题。

第二,大力调整服务业结构,积极推进传统服务业的转型和现代服务业的发展。

过去30多年的服务业全要素生产率都不高，而且很多服务行业的资源相对扭曲是比较明显的。今后服务业的发展重点是优化结构，提高产业竞争力。大力发展作为商品生产中间投入和中间需求的生产性服务业，积极发展新兴服务业，在充分竞争的基础上，运用现代技术和现代经营方式，着力提升房地产业，批发和零售业，公共管理与国防，信息传输、软件和信息技术服务业，交通运输、仓储和邮政业等重点服务行业的资本配置效率。

第三，努力协调发展服务业和吸纳就业的关系。

目前在中国服务业中吸纳就业的主要行业以传统服务业为主，而对人力资本要求比较高的服务行业往往吸纳就业不足，比如金融业，房地产业，租赁、科学、技术和商务服务业。因此，应着力发展人力资源要求高的现代服务业和新兴服务业，并且通过加强教育领域的投入，通过全面提高国民受教育水平和人力资本，来改善服务业对就业的带动作用。

课题组　组长：宋旭光

成员：张钟文　吕光明　孙永强　贾　玮　张旭辉

对我国工业企业研发能力的初步分析

我国经济已进入新常态,工业产品需求制约增强,资源环境约束加大,同时面临新一轮产业变革、发达国家再工业化和后发国家追赶等带来的挑战。为应对复杂的国内外经济环境,我国工业企业迫切需要提升自主创新能力。本文利用第三次全国经济普查数据,对工业企业研发能力的现状与存在的问题进行分析,并提出相应政策建议。

一、工业企业研发现状

(一)研发活跃度提高

2013年,我国开展研发活动的规模以上工业企业数为54832家,比2008年翻了一番,年均增长15.0%;所占比重为14.8%,比2008年的6.5%提高了8.3个百分点。其中开展研发活动的内资企业为43564家,占全部研发企业数的79.4%,比2008年提高1个百分点。

2013年我国规模以上工业企业研发项目数为322567项,比2008年增长1.3倍,年均增长17.6%。其中内资企业研发项目数为250823项,占77.8%。

(二)研发队伍不断壮大

2013年规模以上工业企业研发人员折合全时当量为249.4万人年,比2008年增长1.0倍,年均增长15.2%。

2013年规模以上工业企业办研发机构人员数为238.8万人,比2008年增长83.1%,年均增长12.9%。其中内资企业办研发机构人员数为179.0万人,占75.0%。从学历(学位)结构看,企业办研发机构人员中博士学位人员为41065人,占1.7%;硕士学位人员为254600人,占10.7%;本科学历人员为1255409人,占52.6%。其中,硕士以上学历人员占比为12.4%,比2008年提高1.5个百分点。

(三)研发经费快速增长

2013年规模以上工业企业研发经费支出为8318.4亿元,比2008年增长1.7倍,年均增长22.0%,比全社会研发经费支出年均增长高1.3个百分点。其中内资企业研发经费支出为6303.3亿元,比2008年增长1.8倍,年均增长22.9%;内资企业研发经费支出所占比重为75.8%,比2008年提高2.5个百分点。

2013年规模以上工业企业研发经费投入强度(研发经费支出与主营业务收入之比值)为0.80%,比2008年提高0.24个百分点。其中内资企业研发经费投入强度为0.81%,略高于全国规模以上工业企业水平。

(四)发明专利大幅增加

2013年规模以上工业企业发明专利申请受理数为205146件,比2008年增长2.5倍,年均增长28.2%。其中内资企业发明专利申请受理数为158978项,比2008年增长2.5倍,年均增长28.1%。

2013年规模以上工业企业有效发明专利数为335201件,比2008年增长3.2倍,年均增长33.1%。其中内资企业有效发明专利数为260828项,比2008年增长3.4倍,年均增长34.6%;内资企业有效发明专利数所占比重为77.8%,比2008年提高4.3个百分点。

(五)新产品开发能力显著提高

2013年规模以上工业企业实现新产品销售收入128460.7亿元,比2008年增长1.3倍,年均增长17.6%。其中内资企业实现新产品销售收入83742.2亿元,比2008年增长1.4倍,年均增长19.3%。

2013年规模以上工业企业新产品出口为22853.4亿元,比2008年增长62.3%,年均增长10.2%。其中内资企业新产品出口为9597.0亿元,占42.0%。

二、工业企业研发存在的主要问题

(一)研发投入仍显不足

2013年我国工业企业研发经费投入强度仅为0.80%,作为工业主体的制造业研发经费投入强度也只有0.88%,而德国制造业企业研发经费投入强度为4.7%,欧盟(15国)为2.9%,美国约为4%,日本为3.4%。从高技术产业看,我国自主创新投入与发达国家的差距更为明显,2013年我国高技术产业研发经费投入强度为1.78%,而美国2009年高技术产业研发经费投入强度为19.74%,日本2008年为10.5%,韩国2007年为5.86%。

(二)关键领域核心技术自主创新能力不强

我国科技水平与发达国家仍存在很大差距,关键领域核心技术对外依存度高,拥有自主知识产权的产品与技术相对较少,在整个世界产业分工格局中处于价值链低端。同时,由于我国与世界前沿技术存在差距,目前一些企业更倾向于引进跟踪模仿国外,而不愿意走具有市场风险的自主创新道路,这对快速提高我国整体自主创新能力非常不利。

(三)高技术企业研发人员素质有待提升

研究人员是研发人员中从事新知识、新产品、新工艺、新方法、新系统的构想或创造的专业人员以及高级管理人员。研究人员占研发人员的比重是反映研发人员素质的重要指标。2013年我国高技术产业研究人员为28.8万人,占研发人员的34.3%,与规模以上工业企业的34.4%相比,基本持平。表明我国高技术产业研发人员素质仍需提高。

(四)企业与高校和科研院所的研发合作有待加强

2013年,规模以上工业企业对境内科研院所与高校研发经费支出分别为170.6亿元与87.0亿元,两者合计为257.6亿元,与规模以上工业企业研发经费内部支出之比为3.1:100,尚低于2008年的3.3:100。

(五)内资企业新产品开拓国际市场能力不足

2013年我国规模以上内资工业企业新产品出口为9597.0亿元,只占新产品销售收入的11.5%,比港澳台投资企业与外商投资企业分别低22.5个和16.2个百分点。内资工业企业新产品开拓国际市场的能力相对不足。

三、对策建议

(一)加强对关键技术研发到产业化的整体部署

一是针对电子信息、装备制造、生物医药、汽车、航空航天等重点产业领域,加强产业技术链的分析,归纳主要环节的构成与研发难点,提出准确明晰的产业技术路线图。二是加强产业技术链的知识产权战略分析。系统分析国内外专利布局和发展趋势,从技术、市场和法律三个方面进行知识产权评估,提出切实可行的知识产权战略实施方案。三是制定产业技术创新推进计划。以产业技术链分析和知识产权战略分析为基础,结合企业发展的优势,开展从技术到经济转化的可行性分析,明确自主创新、合作创新和技术引进的重点领域,制定出切实可行的产业技术创新推进计划,为促进产业技术创新能力的提升奠定基础。

(二)进一步落实好推进自主创新的科技、产业、财税、金融政策

推进科技项目和经费管理改革,增加基础研究领域的投入比重。结合产业结构调整升级的需要,引导科技资源向战略性新兴产业、传统产业升级改造等领域倾斜。多渠道破解中小企业融资难、融资贵问题,创新信贷工具、完善资本市场,引导资金要素向创新型企业流动。加大政府采购等刺激需求政策的措施力度,提高创新型企业的市场生存能力。

(三)加快培养多层次创新人才

在继续贯彻落实国家引进高层次科技人才的一系列优惠政策的基础上,一是通过优化创业环境,形成吸引海外高层次管理和技术人才回流的市场机制。二是建立由过去单纯重视精英型研发人才的培育和引进,逐步转向关注科研领军人才、工程师、高技能工人引进和培养的政策导向,重点是构建由企业、技术学校、研究型大学和相关服务机构共同组成的终身学习体系。三是培养实用型创新人才。积极探索高校开展基础教育培训、应用技术研究机构提供实践指导的教育模式。培养目标以产业应用为导向而非以学术为导向,学生除了学习科研还要掌握市场运作本领,造就研究和管理相结合的实用型创新人才。

(四)为中小企业开展自主创新做好相关服务

一是着力完善中小企业服务体系,加快建设专业性、公益性、综合性的中小企业科技服务机构和信息平台,建立有效的科技服务机构运行机制。二是实施分阶段的中小企业创新扶持政策,优化中小企业科技项目申报流程,统筹对中小企业科技创新的研发支持和产业化支持,对创业企业提供资金支持和优先政府采购。三是重点培育和支持一批具有较强创业辅导服务功能、运作规范的创业示范基地,鼓励各种类型的创业孵化机构发展。四是积极鼓励学术创业和海外人才创业,继续加大国家创业投资引导基金对高科技创业的投资力度。

(五)利用国内国外两个资源,加快提高我国企业自主创新能力

美国的"先进制造业伙伴计划",号召通过政府、产业界和学术界的合作,提高美国在全球的竞争力,已成为美国研发和推广新技术的重要模式。建议制定"中国先进制造伙伴计划",以此设立适合我国国情的先进制造业技术研发与产业化合作项目,形成资源共享、风险共担的技术创新和先进制造业发展网络,在符合我国产业规划和政策重点支持的技术研发、新产品的工程化与产业化等领域,为企业、科研机构、社会服务组织等的合作项目提供资助。合作项目可以实行准开放的资助方式,对于确实需要国际科研机构和企业提供技术、硬件或市场支持的项目,给予同等条件的资助,但合作研究项目的知识产权需归中方企业或科研机构所有。在合作计划下建设"中国先进制造业技术与产业合作网",为各类市场主体之间自愿合作提供技术和市场信息。

课题组　组长:江飞涛

成员:王宏伟　贺　俊　赵剑波　覃　毅　朱承亮

郑世林　扶玉林　张　鑫　张　静　马　茹

京津冀协同发展背景下河北省产业结构与就业结构变化趋势分析及政策建议

京津冀协同发展已上升为国家战略，如何实现合理的产业分工以及产业转移成为三地协同发展的重大课题。同时随着产业结构调整，就业结构也需要发展改变。河北省经济社会发展正处在关键时期，工业化进程正由中期向后期过渡，经济结构、产业结构正处于转型时期，促进劳动力在三次产业间流动的同时带动就业结构的优化，是摆在人们面前急需解决的问题。产业结构升级与就业结构优化是一个动态发展的过程，通过产业结构的升级能够促进就业结构的优化，而就业结构的优化又有利于产业结构向高级化发展，最终实现产业结构升级与就业结构优化的双赢，这对促进河北省社会经济平稳、快速、健康发展具有十分重要的现实意义。

本文结合第三次经济普查数据对京津冀协同发展背景下河北省产业结构与就业结构变化趋势进行实证分析，并提出相应的政策建议。

一、基于第三次经济普查数据的河北省产业与就业结构变化趋势分析

根据河北省第三次经济普查数据，我们对河北省 2008 至 2013 年五年来的主要经济结构变化情况进行分析，可以看出：

(一)企业法人单位发展迅速，占据主导地位

2013 年末，在全省第二产业和第三产业法人单位中，企业法人单位占 70.47%，比 2008 年末提高了 9.10 个百分点；机关、事业法人单位占 10.86%，下降了 5.21 个百分点；社会团体和其他法人占 18.67%，下降了 3.89 个百分点。企业法人单位从业人员占全部法人单位从业人员的 77.70%，提高了 1.14 个百分点；机关、事业法人单位占 17.12%，下降了 2.26 个百分点；社会团体和其他法人占 5.18%，提高了 1.12 个百分点。

(二)第三产业成为主体，产业结构和就业结构不断完善

在法人单位中，第二产业法人单位占 26.45%，比 2008 年末下降了 5.39 个百分点；第三产业占 73.54%，提高了 5.38 个百分点。第二产业法人单位从业人员占全部法人单位从业人员的 52.84%，比 2008 年末下降了 4.10 个百分点；第三产业法人单位从业人员占 47.15%，提高了 4.10 个百分点。

在个体经营户中，第二产业占 15.43%，比 2008 年末下降了 7.11 个百分点；第三产业占 84.57%，提高了 7.11 个百分点。个体经营户从业人员中，第二产业占 26.07%，比 2008 年末下降了 17.19 个百分点；第三产业占 73.93%，提高了 17.19 个百分点。

(三)从业人员总量持续扩大，就业结构逐渐改善

从业人员数量稳步增长。2013 年末，河北省第二产业和第三产业从业人员 2256.24 万人，比 2008 年末增加 329.72 万人，增长 17.11%。单位从业人员数量增长快于个体经营户。其中法人单位从业人员 1345.67 万人，比 2008 年末增加 240.54 万人，增长 21.77%；个体经营户从业人员 910.57 万人，增加 89.18 万人，增长 10.86%(见图 1)。

在法人单位从业人员中，位居前三位的行业是：制造业 493.98 万人，占 36.71%；建筑业 142.50 万人，占 10.59%；公共管理、社会保障和社会组织 135.07 万人，占 10.04%。个体经营户从业人员中，位居前三位的行业是：批发和零售业 338.58 万人，占 37.18%；制造业 178.92 万人，占 19.65%；交通运输、仓储和邮政业 160.76 万人，占 17.66%(详见表 1)。

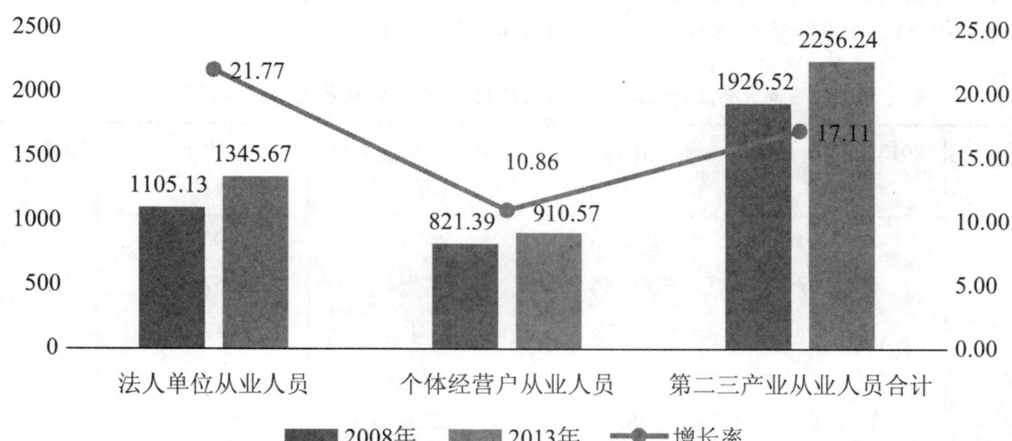

图 1 河北省 2008 年末和 2013 年末从业人员数及增长率(万人,%)

数据来源:河北省第三次经济普查主要数据公报

表 1 按行业分组的法人单位与个体经营户从业人员

行业类别	法人单位从业人员(万人)	每个行业占法人单位从业人员的比重(%)	个体经营户从业人员(万人)	每个行业占个体经营户从业人员的比重(%)	每个行业占总从业人员的比重(%)
采矿业	54.35	4.04	5.08	0.56	2.63
制造业	493.98	36.71	178.92	19.65	29.82
电力、热力、燃气及水生产和供应业	22.64	1.68	0.16	0.02	1.01
建筑业	142.50	10.59	56.58	6.21	8.82
批发和零售业	128.80	9.57	338.58	37.18	20.71
交通运输、仓储和邮政业	38.07	2.83	160.76	17.65	8.81
住宿和餐饮业	17.87	1.33	68.63	7.54	3.83
信息传输、软件和信息技术服务业	11.10	0.82	1.31	0.14	0.55
金融业	31.52	2.34	——	——	1.40
房地产业	30.94	2.30	0.62	0.07	1.40
租赁和商务服务业	36.12	2.68	10.39	1.14	2.06
科学研究和技术服务业	29.86	2.22	3.85	0.42	1.49
水利、环境和公共设施管理业	12.03	0.89	0.18	0.02	0.54
居民服务、修理和其他服务业	8.39	0.62	55.37	6.08	2.83
教育	87.61	6.51	5.54	0.61	4.13
卫生和社会工作	39.92	2.97	8.35	0.92	2.14
文化、体育和娱乐业	10.22	0.76	9.10	1.00	0.86
公共管理、社会保障和社会组织	135.07	10.04	——	——	5.99
合计	1345.67	100.00	910.57	100.00	100.00

注:表中法人单位从业人员合计数含从事农、林、牧、渔服务业和兼营第二、三产业活动的农、林、牧、渔业法人单位从业人员 14.68 万人;个体经营户从业人员合计数含从事农、林、牧、渔服务业活动的个体经营户从业人员 7.14 万人。

数据来源:河北省第三次经济普查主要数据公报

第三产业从业人员数量增长迅速,增幅为第二产业的 3 倍多。2013 年末,第二产业的从业人员 713.02 万人,增加 69.86 人,增长 10.86%;第三产业的从业人员 1543.22 万人,增加 259.86 万人,增长 20.25%。

就业结构得到改善。近五年，随着第三产业从业人员数量较快增加，就业结构发生新变化。2013 年末，第二产业和第三产业从业人员的构成比例从 2008 年的 33.38:66.62 变化为 31.60:68.40，第三产从业人员比重提高 1.78 个百分点，就业结构优化的步伐逐渐加快(见表 2)。

表 2　河北省 2008、2013 年第二产业、第三产业从业人员基本情况

指　标	2013 年从业人员（万人）	比重（%）	2008 年从业人员（万人）	比重（%）	2008—2013 年增长（%）
合　　计	2256.24	100.00	1926.52	100.00	3.21
法人单位	1345.67	59.64	1105.13	57.36	4.02
个体经营户	910.57	40.36	821.39	42.64	2.08
第二产业	713.02	31.60	643.16	33.38	2.08
第三产业	1543.22	68.40	1283.36	66.62	3.76

数据来源:河北省第三次经济普查主要数据公报

(四)法人单位、第二产业单位就业吸纳能力强。

从平均每单位吸纳从业人员规模看，法人单位就业能力强。法人单位平均从业人员为每单位 30.86 人，而个体经营户每单位从业人员为 2.92 人。同时第二产业就业吸纳能力也远大于第三产业。第二产业法人单位的平均每单位从业人员数为 61.49 人，比第三产业法人单位的 19.89 人多 40 多人。第二产业个体经营户的平均每户从业人员数为 4.88 人，比第三产业个体经营户的 2.5 人多 2 人(见表 3)。可见，河北省第三产业企业规模偏小，就业潜力有待进一步挖掘。

表 3　法人单位与个体经营户从业人员的产业分布

指　标	法人单位		个体经营户	
	第二产业	第三产业	第二产业	第三产业
从业人数(万人)	713.47	617.52	240.74	662.68
单位数(个)	116030	310472	493695	2595071
平均从业人员(人/单位)	61.49	19.89	4.88	2.5
平均从业人员(人/单位)	30.86		2.92	

数据来源:河北省第三次经济普查主要数据公报

(五)工业、建筑业和批零业吸纳就业贡献最大，租赁和商务服务业、科学研究和技术服务业增长最快

第三次经济普查数据显示，传统的劳动密集型行业继续对河北省就业发挥了重要作用。吸纳从业人数最多的三个行业依次为工业、建筑业、批发和零售业，共有从业人员 1421.59 万人，占第二、三产业从业人员数量 56.74%。其中工业作为河北省经济的重要支撑，吸纳从业人员最多，2013 年末的从业人员有 755.13 万人；其次为批发和零售业、建筑业，吸纳 467.38 万人和 199.08 万人。

与第二次经济普查数据相比，2013 年末第二、三产业各行业从业人数均有不同程度增长。现代服务业发展迅速，租赁和商务服务业从业人数增长最快，增长 121.61%；其次是科学研究、技术服务业，增长 99.42%；再次是居民服务、修理和其他服务业、批发和零售业、房地产业，分别增长 91.53%、87.94%和 78.03%；增长幅度较低的有餐饮服务业、建筑业、工业，分别增长 1.51%、8.00%和 11.60%。

(六)小微企业快速发展，就业占据半壁江山

2013 年末，全省共有第二产业和第三产业的小微企业法人单位 29.65 万个，占全部企业法人单位 96.47%。其中，位居前三位的行业是:工业 9.96 万个，占全部企业法人单位 32.40%；批发业 6.75 万个，占 21.97%；零售业 4.12 万个，占 13.41%。

第二产业和第三产业小微企业法人从业人员 579.34 万人，占全部企业法人单位从业人员 55.41%。其中，位居前三位的行业是:工业 316.22 万人，占全部企业法人单位从业人员 30.24%；建筑业 63.71 万人，占 6.09%；批发业 58.03 万人，占 5.55%。

第二产业和第三产业小微企业法人单位资产总计 4.24 万亿元，其中，位居前三位的行业是：工业 1.67 万亿元，占全部企业法人单位资产总计 11.55%；租赁和商务服务业 0.69 万亿元，占 4.78%；房地产开发经营 0.64 万亿元，占 4.42%（详见表 4）。

表 4　按行业分组的河北省小微企业法人单位、从业人员和资产总计

行　业	企业法人单位（个）	从业人员（万人）	资产总计（亿元）
合计	296485	579.34	42367.95
工业	99577	316.22	16741.25
建筑业	13238	63.71	1792.14
交通运输业	7684	15.73	1696.90
仓储业	793	1.65	332.03
邮政业	285	0.54	7.13
信息传输业	685	0.96	304.74
软件和信息技术服务业	3288	2.93	115.20
批发业	67511	58.03	4411.63
零售业	41198	31.44	1119.80
住宿业	1836	6.20	216.58
餐饮业	2348	6.94	93.44
房地产开发经营	5160	10.56	6410.47
物业管理	4495	9.37	195.49
租赁和商务服务业	21578	26.07	6923.90
其他未列明行业	23424	24.46	1909.92

注：表中小微企业法人单位合计数含从事农、林、牧、渔服务业和兼营第二、三产业活动的农、林、牧、渔业小微企业法人单位 3385 个，从业人员 4.54 万人，资产总计 97.33 亿元。

数据来源：河北省第三次经济普查主要数据公报

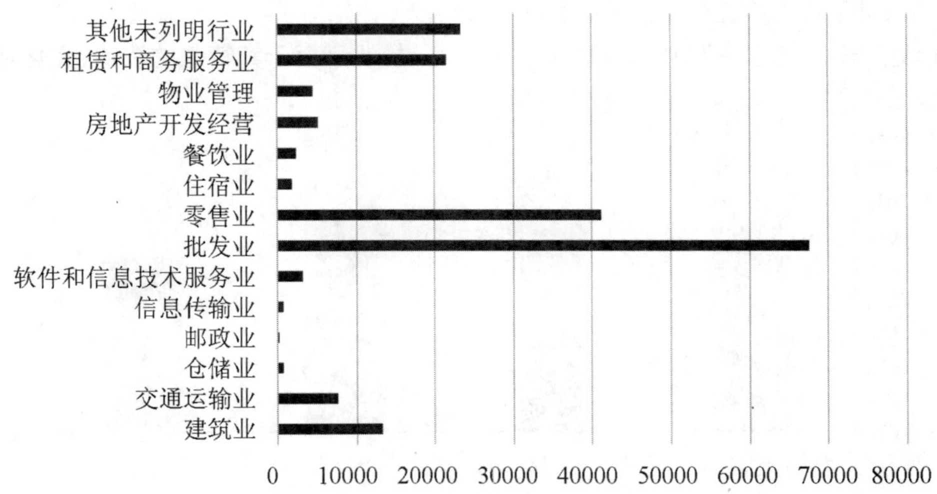

图 2　按行业分组的河北省小微企业法人单位数(单位:个)

数据来源：河北省第三次经济普查主要数据公报

二、京津冀协同发展下河北省产业结构与就业结构演变规律

(一)河北省产业结构演变规律

1. 河北省产业结构特征

改革开放以来,河北省经济快速发展,全省地区生产总值从 1978 年的 183.06 亿元上升到 2013 年的 28301.4 亿元,2013 年第一、二、三产业产值分别为 3500.4 亿元、14762.1 亿元、10038.9 亿元。根据《河北省经济年鉴》(2014)的数据资料,得出河北省 1978—2013 年产业结构变动情况,通过分析可以得出,第一、二、三产业的产值比重由 1978 年的 28.52:50.46:21.02 调整为 2013 年的 12.37:52.16:35.47。这表明,第一产业大幅下降,第二产业稳中有升,第三产业则快速上升。

2. 京津冀产业结构横向比较

表 5　2003—2013 年京津冀三地产业构成

单位:%

地区		2003 年	2004 年	2005 年	2006 年	2007 年	2008 年	2009 年	2010 年	2011 年	2012 年	2013 年
北京	第一产业	1.68	1.45	1.27	1.09	1.03	1.01	0.97	0.88	0.84	0.84	0.83
	第二产业	29.70	30.72	29.08	26.99	25.48	23.63	23.50	24.01	23.09	22.70	22.32
	第三产业	68.62	67.83	69.65	71.91	73.49	75.36	75.53	75.11	76.07	76.46	76.85
天津	第一产业	3.50	3.40	2.90	2.30	2.10	1.80	1.70	1.60	1.40	1.30	1.31
	第二产业	51.90	54.20	54.60	55.10	55.10	55.20	53.00	52.40	52.40	51.70	50.64
	第三产业	44.60	42.40	42.50	42.60	42.80	43.00	45.30	46.00	46.20	47.00	48.05
河北	第一产业	15.37	15.73	13.98	12.75	13.26	12.71	12.81	12.57	11.85	11.99	12.37
	第二产业	49.38	50.74	52.65	53.28	52.93	54.34	51.98	52.50	53.54	52.69	52.16
	第三产业	35.25	33.53	33.36	33.97	33.81	32.95	35.21	34.93	34.60	35.31	35.47

数据来源:《北京统计年鉴(2014)》、《天津统计年鉴(2014)》、《河北经济年鉴(2014)》。

在京津冀协同发展背景下,我们对京津冀三地产业结构进行横向比较(表 5)。2003～2013 年以来,从整体趋势来看,京津冀三地第一产业在 GDP 中的比重均呈逐渐缩小之势;北京第二产业在 GDP 中的比重也逐渐下降,天津第二产业的比重则经历了小幅度先升后降的过程,而河北省第二产业比重变化不太明显,天津、河北第二产业比重长期占当地 GDP 的 50%以上;在第三产业方面,北京、天津第三产业在 GDP 中的比重均呈上涨趋势,但天津的涨幅明显不如北京,而河北近 10 年第三产业的比重只是略有起伏,增长乏力。从总体上看,当前北京已呈现出第三产业比重最大、第二产业比重次之、第一产业比重最小的"三二一"结构模式,而天津、河北依然属于"二三一"型模式(图 3)。具体来说,北京由于其特殊的政治、文化地位,农业所占

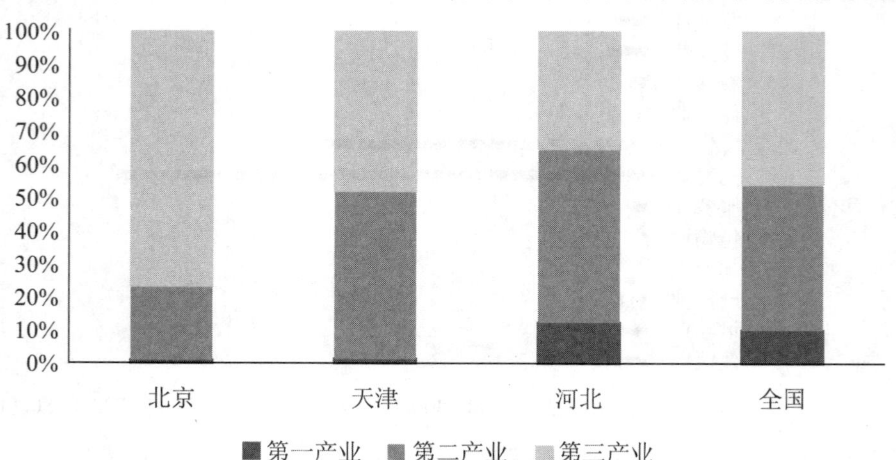

图 3　2013 年全国及京津冀三地国内生产总值产业构成(单位:%)

数据来源:《中国统计年鉴(2014)》、《北京统计年鉴(2014)》、《天津统计年鉴(2014)》、《河北经济年鉴(2014)》。

比重很小,服务业及高科技产业相对发达,北京 2013 年的产业结构比为 0.83 ∶ 22.32 ∶ 76.85,第三产业占据明显优势,已进入后工业化时代。天津市则拥有航空航天、电子信息、石油化工等优势支柱产业,再加上外资在天津的投资主要集中在第二产业,所以第二产业长期占据着天津国内生产总值的半壁江山。此外,由于天津紧邻北京,而北京服务业优势明显,为了实现区域经济分工所带来的错位互补,天津的各种方针、政策都更多地倾向于发展第二产业,虽然第三产业在天津国内生产总值中所占比重并不低,但增长缓慢。河北省则处于工业化的中期阶段,第二产业依然是主导产业部门,第三产业所占比重偏低且相对平稳,缺乏强劲动力。2013 年,我国国内生产总值产业结构比为 10.01 ∶ 43.89 ∶ 46.10,而河北省的产业结构比为 12.37 ∶ 52.16 ∶ 35.47,产业结构发展相对滞后。

(二)河北省就业结构演变规律

随着经济发展和产业结构的演变,河北省的就业结构也随之发生变化,总体趋势与产业结构变化趋势一致,即第一产业就业比例下降,二三产业的就业比例上升,三次产业就业结构形成三分天下局面(图 4)。

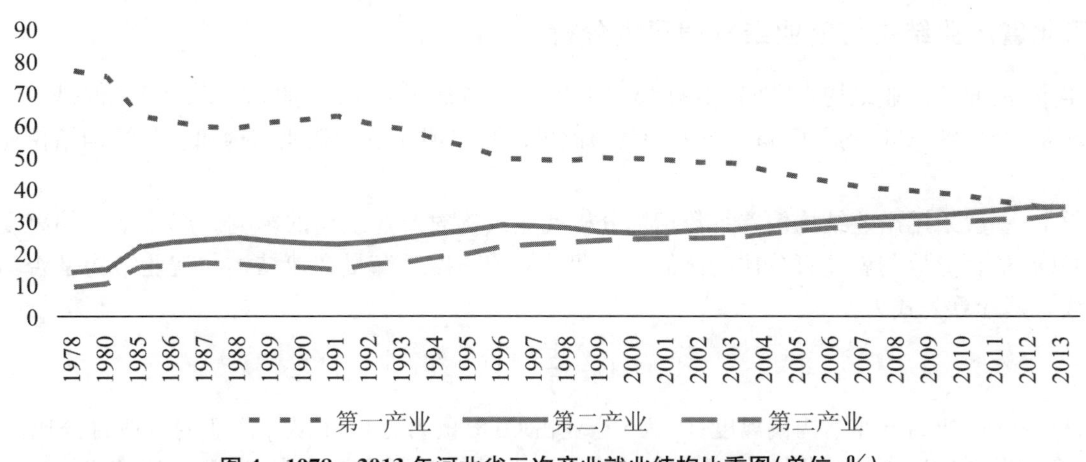

图 4　1978—2013 年河北省三次产业就业结构比重图(单位:%)

1. 河北省就业结构特征

根据《河北省经济年鉴》(2014)数据可以得出,随着产业结构的调整、升级,与经济社会发展相适应的就是就业结构的变动。通过分析年鉴数据,1978 年三次产业就业人数分别为 1621.61 万人、292.83 万人、194.95 万人、所占比重分别 76.88%、13.88%和 9.24%。第一产业就业人数占绝对优势,第二、第三产业吸纳就业的人数明显偏少,尤其是第三产业就业人数远远低于第一产业,就业结构明显不合理。随着经济社会的发展和产业结构不断调整,到 2013 年,三大产业的就业人数分别为 1404.49 万人、1438.07 万人和 1341.37 万人,三大产业的就业比重分别为 33.57%、34.37%和 32.06%,可以明显看出,三次产业中第一产业的就业比重明显下降,第一产业的就业人数向第二、三产业转移。

2. 京津冀就业结构横向比较

表 6　2003—2013 年京津冀三地从业人员产业构成

单位:%

地区		2003 年	2004 年	2005 年	2006 年	2007 年	2008 年	2009 年	2010 年	2011 年	2012 年	2013 年
北京	第一产业	8.9	7.2	7.1	6.6	6.5	6.4	6.2	6.0	5.5	5.2	4.8
	第二产业	32.1	27.3	26.3	24.5	24.2	21.2	20.0	19.6	20.5	19.2	18.5
	第三产业	59.0	65.5	66.6	68.9	69.3	72.4	73.8	74.4	74.0	75.6	76.7
天津	第一产业	16.3	15.7	15.1	14.4	12.5	11.8	11.2	10.1	9.6	8.9	8.1
	第二产业	42.9	42.4	41.9	41.7	42.6	42.0	41.5	41.5	41.4	41.2	41.8
	第三产业	40.8	41.9	43.0	43.9	44.9	46.2	47.3	48.4	49.0	49.9	50.1
河北	第一产业	48.2	45.9	43.9	42.2	40.4	39.8	39.0	37.9	36.3	34.9	33.57
	第二产业	27.2	28.2	29.2	30.0	31.0	31.4	31.7	32.4	33.3	34.3	34.37
	第三产业	24.6	25.9	26.9	27.8	28.6	28.8	29.3	29.7	30.4	30.8	32.06

数据来源:《北京统计年鉴(2014)》、《天津统计年鉴(2014)》、《河北经济年鉴(2014)》

从整体上看，京津冀三地第一产业从业人员比重都在逐年下降；在第二产业从业人员比重方面，北京逐年下降，天津略有下降，河北则逐年上升，这也反映出河北正处于工业化的中期阶段；第三产业从业人员比重方面，排除 2003 年“非典”的影响，北京、天津都呈上升趋势，2013 年，北京的第三产业从业人员比重达到 76.7%，天津为 50.1%，都明显高于 36.1%的当年全国平均水平，河北则徘徊不前，第三产业从业人员比重只有 32.06%。具体来说，北京市产业结构与就业结构变动趋势基本一致。由于其特殊的政治、地理、经济地位，北京的新兴服务业如信息传输、金融业、文化产业等迅速发展，与传统服务业一道成为北京经济发展的主导产业。受北京城镇化加速的影响，北京农村剩余劳动力和第二产业过剩劳动力逐渐转移到第三产业，第三产业成为吸纳剩余劳动力、解决就业的重要途径。由表 6 可知，天津第一产业从业人员比例逐年下降；第二产业从业人员比例略有下降，表明随着技术水平的提高和工业化的升级，天津第二产业的发展对劳动力的依赖性在减弱；而近年来天津吸纳近一半劳动力的第三产业所创造的 GDP 却一直低于第二产业，也从侧面表明天津第三产业中的高端产业不够发达，低端的劳动密集型产业居多，有待于进一步优化升级。

三、河北省产业结构与就业结构偏离度分析

近十年来，河北的产业结构由 2003 年的 15.4∶49∶35 变成了 2014 年的 13∶53∶34，但是相应的从业人员结构却是 49∶28∶23 变成了 35∶34∶30。由此可以看出河北省的就业结构和产业结构错位还是相对比较突出。

经济学上，一般采用产业结构偏差系数指标分析就业结构对产业结构的影响。产业结构偏离度是指某一产业占 GDP 的百分比与就业百分比的比值。产业结构偏离度是衡量产业结构与就业结构是否均衡的重要测度方法。其计算公式为：

$$D_j=\frac{P_j}{I_j}-1$$

其中：D_j 为 j 产业的产业结构偏离度；P_j 为 j 产业占 GDP 的百分比；I_j 为 j 产业的就业百分比。D_j 值越小，表明各产业发展越均衡；D_j 越大，代表就业结构与产业结构越不协调。当 D_j 为负时，表明 GDP 比重小于就业比重，D_j 值为正时，则表示 GDP 比重大于就业比重。由以上公式可以看出，结构偏离度绝对值越小，就表明就业结构与产业结构越均衡。当结构偏离度为正值时，说明三次产业中产值比重大于就业结构比重，反之，若结构偏离度为负，则说明三次产业中就业结构比重大于产值比重。通过结构偏离度对比分析，能够得出第一、二、三产业的吸纳就业能力，可适时调整产业政策。

本文所做的偏差分析采取的是最后一种定义：当结构偏离度等于零时，该产业的产业结构与就业结构处于均衡状态，也就是说，结构偏离度越接近零，该产业结构与就业结构也就越趋于合理化；当结构偏离度大于零时，说明该产业有更多的劳动力吸纳能力，应该把尽可能多的劳动力向该产业转移；当结构偏离度小于零时，意味着该产业的人员超负荷，应该促使劳动力从该产业流出，转移到其他部门。

表 7　河北省 1985—2013 年产业结构偏离度

年份	产业结构偏离度		
	第一产业	第二产业	第三产业
1985	−0.517	1.128	0.504
1986	−0.537	1.052	0.529
1987	−0.555	1.046	0.467
1988	−0.608	0.876	0.884
1989	−0.608	0.931	0.966
1990	−0.587	0.879	1.036
1991	−0.647	0.890	1.393
1992	−0.667	0.927	1.139
1993	−0.695	1.043	0.895
1994	−0.628	0.857	0.676

续表

年份	产业结构偏离度		
	第一产业	第二产业	第三产业
1995	−0.583	0.717	0.588
1996	−0.590	0.689	0.438
1997	−0.608	0.730	0.410
1998	−0.621	0.768	0.393
1999	−0.641	0.831	0.417
2000	−0.670	0.903	0.394
2001	−0.663	0.852	0.414
2002	−0.672	0.789	0.455
2003	−0.681	0.817	0.431
2004	−0.657	0.797	0.294
2005	−0.681	0.801	0.239
2006	−0.698	0.777	0.223
2007	−0.672	0.710	0.181
2008	−0.680	0.730	0.143
2009	−0.672	0.638	0.203
2010	−0.668	0.622	0.174
2011	−0.674	0.607	0.140
2012	−0.657	0.537	0.146
2013	−0.632	0.518	0.106

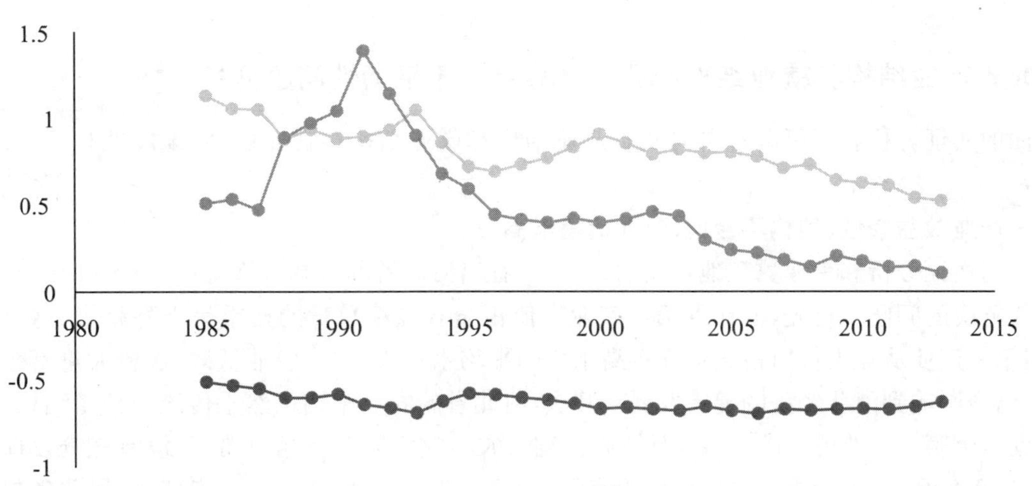

图 5　河北省 1985—2013 年产业结构偏离度

对 1985 年以来河北省三次产业的结构偏离度进行计算，结果见表 7，并根据表 7 的计算结果绘制 1985—2013 年河北省三次产业结构偏离度折线图，如图 5 所示。可以得出以下结论：

从第一产业来看，1985—2013 年，河北省第一产业的结构偏离度均为负值，这表明河北省第一产业存在大量剩余劳动力。1985—1996 年，第一产业的结构偏离度出现了波动，其中，1993 年达到最低点−0.6953。这表明，该时间段内的农村剩余劳动力向第二以及第三产业转移放缓，使得农村出现大量剩余劳动力。在 1997—2011 时间段内，第一产业结构偏离度相对稳定，表明每年第一产业吸纳的农村劳动力基本持平，保持稳定，但农村劳动力过剩的问题仍然存在。

从第二产业来看，其结构偏离度态势是逐年下降的，也就是说，第二产业的就业吸纳能力在不断减弱。1985年，结构偏离度指标最高，其值为1.1284，到了2013年下降到最低值0.5176。这表明第二产业吸纳就业的能力逐渐稳定。依照目前河北省经济发展状况，保持第二产业的稳定发展，第二产业的结构偏离度将日趋均衡。

从第三产业来看，其结构偏离度也呈现下降的趋势，但其趋势图与第二产业有所不同，主要体现在第三产业在1985－2013年间结构偏离度有所波动，1985 －1987年，第三产业的结构偏离度略有下降，由此可以看出，第三产业在这3年期间的吸纳就业力趋于平稳，1988－1992年，第三产业的结构偏离度是上升的，且在1991年偏离度达到最高值1.3926，该现象表明，在这个区间段内，随着社会经济的发展，第三产业吸纳就业的空间和能力有所提升，在1993－2013年，随着第三产业的平稳发展，第三产业吸纳就业的空间和能力趋于平稳，但在此区间内，结构偏离度是下降的，由此可以推断出，第三产业的就业规模是收缩的。

由表7中可以看到，第一列产业结构偏离度系数均为负数，表明第一产业拥有大量的闲置劳动力。随着经济的发展和产业结构的演变，偏差系数逐渐远离0值，表明该产业的劳动力转移到其它产业。

第二产业偏离度系数均为正，且从图5可以看出第二产业的偏离度系数呈缓慢的下降趋势，在这期间第二产业吸纳了大量从其他产业转移出来的劳动力。第二产业劳动力的吸纳能力还存在不少空间，有很多的工作岗位来安排多余的劳动力。

第三产业的偏离度系数全部是正值，说明第三产业产值构成超前于就业构成。在1992年之前，第三产业结构偏离度呈现上升趋势，表明很多就业者从第三产业转移出来；在1992年之后，随着社会主义市场经济体系逐步建立，第三产业结构偏离度开始显著下降，表明随着第三产业的兴起，该产业吸纳了更多的从其他产业转移来的剩余劳动力。

由以上实证分析可以得出如下结论：河北省第一产业的结构偏离度一直为负数，其就业结构的转换滞后于产业结构的转换，存在着大量闲置劳动力。因此，农村剩余劳动力的转移仍旧是一项艰巨的工程。第二产业仍旧是的未来经济发展主旋律，但是第二产业吸纳就业的能力已经开始下降，未来随着工业化进程的完成，第二产业的就业吸纳能力将会达到饱和，甚至会出现与第一产业发展类似的的剩余劳动力。未来将主要依靠第三产业来吸纳劳动力，而且第三产业也正在逐渐变大变强，成为经济发展和促进就业的主力军。

四、河北省产业结构和就业结构滞后性、偏离性、不平衡性问题分析

通过前面的实证分析我们可以看出河北省产业结构和就业结构存在滞后性、偏离性和不平衡性问题。具体表现为：

（一）第一产业效益较低、结构不合理，就业比重最高

通过前面的实证分析和京津冀三地对比，我们可以看出河北省的农林牧渔等第一产业有着自身优势也存在一些亟待解决的问题。首先，河北省第一产业产值占全省经济总量的比重呈下降趋势，这符合产业升级的规律，但第一产业从业人员所占比重连年高于全国平均水平，反映出农业低效、农村大量富余劳动力没有及时转移，已经影响到河北经济的健康发展。其次，河北省的农业结构仍然是传统的种植结构，农业和牧业加起来占据整个第一产业的90％以上，而林业、渔业、农林牧渔服务业相对滞后，没有充分发挥环渤海的优势。再次，近年来小麦、玉米等粮食价格增幅有限，绿色农业、有机农产品日益走俏，而河北省缺少大型的农业服务企业，农业技术的研发与推广相对滞后，生产过程中农药、化肥、除草剂被大量使用，致使自然环境受到污染，所生产的农产品不符合当前绿色安全食品的要求，农产品在国内外市场上的竞争力被削弱。最后，随着国民经济的快速发展，河北省第一产业的产业贡献率逐年降低，城乡二元经济体制和优先发展重工业的战略的实施使得河北省的第一产业暴露出诸多问题，转移农村剩余劳动力已成为制约河北省第一产业发展的“瓶颈”。2011年，河北省第一产业的产业贡献率仅为4.6％，第一产业的产值比重较低为11.85％，就业比重较高为37.66％，这说明河北省超过三分之一的劳动力都在农业部门就业。通过比较劳动生产率和结构偏离度分析可以看出第一产业内部存在有大量剩余劳动力，且存在隐性失业现象，造成劳动力资源的极大浪费。同时，由于农村劳动力的文化素质普遍偏低，缺乏必要的劳动技能和职业素养，在劳动力转移过程中很难被其他行业吸收，从而加剧了就业紧张。

(二)第二产业重工业比例偏大、结构单一,吸纳能力有待加强

河北省是一个工业大省,第二产业产值长期占据着地区生产总值的50%以上,是拉动河北经济增长的主导产业。但是,河北的第二产业严重偏重于以钢铁、冶金、水泥行业为代表的重工业,如粗钢产量超全国总量的1/4;而轻工业以及精加工业比重偏低,战略性新兴产业和高成长性企业发展缓慢,远低于经济发达省份的发展速度,企业自身的技术创新能力以及劳动力素质偏低也阻碍了高附加值产业的发展,从而导致第二产业内部结构单一,发展不平衡。根据第三次经济普查数据,在工业企业法人单位从业人员中,采矿业占9.52%,制造业占86.57%,电力、热力、燃气及水生产和供应业占3.91%。在工业行业大类中,黑色金属冶炼和压延加工业、非金属矿物制品业、金属制品业从业人员数位居前三位,分别占12.37%、8.19%和6.49%。2013年,规模以上工业企业法人单位总资产贡献率为13.00%,比2008年下降1.79个百分点。主营业务收入利润率为5.90%,比2008年提高0.40个百分点。其中,采矿业为12.53%,比2008年下降4.67个百分点;制造业为5.03%,比2008年上升0.55个百分点;电力、热力、燃气及水生产和供应业为5.50%,比2008年上升6.37个百分点。

通过结构偏离度和比较劳动生产率分析,可以看出河北省第二产业在解决就业的能力上存在不足。河北省2013年的第二产业产值比重高达52.16%,占国内生产总值的一半以上,就业比重却只有34.3%。随着河北省产业结构的不断调整与升级,河北省的重工业发展速度、拉动经济增长的能力要远高于轻工业与制造业,但与劳动力密集产业相比,吸纳劳动力的能力有待提高。

(三)第三产业比重偏低、发展滞后,未能带动就业发展

随着经济社会的发展,科技的进步,以及人民水平生活的逐步改善,产业结构必然以由第一产业为主,过渡到第二产业,进而最终形成以第三产业的“三、二、一”的产业结构模式,劳动力就业也会逐步转向以第三产业为主。目前,国际上被认可的发达国家第三产业占GDP总量的标志性比例为70%。2013年河北省的第三产业产值比重为34.47%,就业比重为32.1%,不仅远低于北京的76.5%和天津的47%,与当年全国平均水平44.6%相比也有很大的差距。其次,河北省的第三产业内部结构也存在诸多问题。河北省的第三产业发展主要集中在住宿、餐饮、批发、零售等传统服务业,传统服务业在第三产业的比重在50%以上,在这些传统服务业里吸纳的就业人数占第三产业总就业人口的40%以上,而第三产业中的生产性服务业比重不足20%,金融、教育、商业租赁、网络传输、计算机服务和软件等行业的从业人员仅占到第三产业就业人数的17%。

(四)产业单位分布不均,地区发展不平衡

从法人单位分地区来看,石家庄市(包含辛集市)、保定市(包含定州市)和邯郸市居全省前三位,拥有法人单位数分别为8.35万个、5.39万个和5.32万个,分别占全省的比重为19.14%、12.36%和12.20%。

从个体单位分地区来看,石家庄市(包含辛集市)、保定市(包含定州市)和唐山市居全省前三位,拥有个体单位数分别为41.37万个、39.22万个和37.54万个,分别占全省的比重为13.28%、12.59%和12.05%。

从总单位分地区来看,石家庄市(包含辛集市)、保定市(包含定州市)和唐山市居全省前三位,拥有个体单位数分别为49.72万个、44.61万个和44.24万个,分别占全省的比重为14.00%、12.56%和11.90%。

表8 按地区分组的河北省第二三产业单位数情况

地 区	法人单位数(个)	比重(%)	个体单位数(个)	比重(%)	总单位数(个)	比重(%)
合计	436092	100.00	3115338	100.00	3551430	100.00
石家庄市	83482	19.14	413735	13.28	497217	14.00
唐山市	47009	10.78	375438	12.05	422447	11.90
秦皇岛市	23837	5.47	102133	3.28	125970	3.55
邯郸市	53212	12.20	364557	11.70	417769	11.76
邢台市	33074	7.58	326039	10.47	359113	10.11
保定市	53911	12.36	392159	12.59	446070	12.56
张家口市	25364	5.82	190988	6.13	216352	6.09

续表

地　区	法人单位数（个）	比重（%）	个体单位数（个）	比重（%）	总单位数（个）	比重（%）
承德市	21736	4.98	142108	4.56	163844	4.61
沧州市	39138	8.97	349517	11.22	388655	10.94
廊坊市	26592	6.10	267913	8.60	294505	8.29
衡水市	28737	6.59	190751	6.12	219488	6.18

数据来源：河北省第三次经济普查主要数据公报

五、河北省产业结构升级与就业结构优化的对策建议

在当前形势下，调结构、促增长、保民生已成为河北省经济社会发展的重中之重。目前，在河北省大力优化产业结构，促进产业转型的背景下，河北省就业结构调整严重落后于产业结构的发展。制定合理的产业政策和就业政策，做到双管齐下，标本兼治，促进河北省产业结构的优化，解决好就业问题，才能更好地实现河北省经济跨越式发展。

(一)调结构、抓特色，发展生态农业，促进农业转移人口市民化

1. 依托京津冀协同发展，调整农业发展结构

首先，可以通过合理的农业布局调整，发展多功能绿化产业、良种产业、花卉产业等；通过减少农药、化肥的使用量，发展无公害的绿色农产品，推广绿色食品工程，打造特色农产品。其次，应充分发挥河北紧邻北京、天津的区位优势，在环京津地带大力发展生态型和城郊型现代农业，努力建成北京的生态涵养地和蔬菜等副食产品供应基地。最后，做好农产品的加工转化，着力推进农业产业化经营，加快建设优势明显的各类农产品基地，使河北真正成为具有部门优势的农业大省。

2. 推进农业向商品化、专业化、现代化转变

在产业升级的过程中，要突出农业现代化的主导地位，推进农业向商品化、专业化转变，在保持农村土地承包关系长久不变的同时，还要抓紧完善土地承包经营权及农村集体建设用地使用权登记颁证工作，引导承包地经营权有序流转，慎重稳妥进行农村土地制度改革试点。坚持家庭经营基础性地位，培育专业大户、家庭农场、农民合作社、农业企业等新型农业经营主体，发展多种形式适度规模经营，提高农业现代化水平。

3. 发展特色农业经济，形成特色农业产业集群

河北省特色农业经济是河北经济发展、历史文化以及民间习俗等因素相互作用长期形成的结果。从"中国丝网之乡"的安平县到我国北方最大的皮毛市场——蠡县的留史镇；从具有1000多年历史的"天下第一药市"之称的安国到享有盛名的白沟小商品市场，规模庞大农业专业市场已成为推动河北省小城镇经济的发展的重要力量。因此，充分发挥河北省现有农业特色经济的优势，借助京津冀协同发展重大历史机遇，逐步形成对接京津产业转移和服务京津的特色农业产业集群。

4. 加快新型城镇化步伐，促进农业转移人口市民化

河北省的城镇化速度落后于工业化速度，城镇化水平不高，加快推进新型城镇化，合理布局大城市与小城镇的布局，能够有效推进产业结构调整，使产业结构由第一产业逐步过渡到以第二、三产业为主，相应地就业人口也会逐渐由农业向非农产业转移，当城镇化达到一定水平时，社会的分工将更为细化，以此会出现更多的行业，从而更加有利于农村转移人口市民化，充分促进就业，灵活就业。

(二)减能耗、抓提升，走新型工业化道路，提升产业就业吸纳能力

1. 改变粗放发展模式、减能耗、发展新能源产业

近年来，煤炭在河北省能源消费结构中一直占据着绝对主导地位，燃煤产生的二氧化碳排放量占总排放量的85%以上，已成为环境污染的重要因素。因此，改变粗放发展模式、大力削减燃煤总量、发展新能源产业已成为当务之急。

首先，要重点发展高新技术产业，倡导新能源的利用。采用清洁生产技术、资源节约技术、绿色资源替

代技术是对第二产业进行优化升级、实现可持续发展的重要出路。河北省是新能源资源比较丰富的地区，主要包括风能、太阳能、地热能、生物质能和潮汐能。例如，河北省坝上及沿海地区风能资源丰富，适应开发风力发电项目。据初步查明，河北省陆域风能资源总储量约为7400万千瓦，主要分布在张家口、承德坝上地区和沿海地区，河北风电的装机容量在全国居第二位，应充分利用河北省自身具备的资源改造提升传统产业。

其次，控制高能耗和高污染行业，促进产业内部优化升级。对于那些高污染的行业，可以通过制定适当的惩戒性政策，引导其致力于引进先进技术，调整内部结构和清洁生产，从而达到减少污染物排放的目的。比如，钢铁行业要压缩传统落后工艺产品，加快产品结构调整，向高端、精品、深加工、特色化方向发展，加快钢铁行业的优化升级，建立低碳化的河北钢铁业发展体系。

2. 优化第二产业内部结构，提升新型工业化整体水平

当前，河北省处于工业化中后期发展阶段，第二产业在整个国民经济处于支柱型产业地位。要提高河北省第二产业的就业吸纳能力，就必须对河北省第二产业内部结构进行优化和升级，走新型工业化道路，提升新型工业化整体水平。就河北省而言，应重点围绕着新能源、节能环保、新材料、生物制药等新兴产业加大其资金、技术投入力度，优化河北省重化工业结构，加强战略性新兴产业核心关键技术及装备开发，重点打造张家口风电、保定“电谷”、石家庄生物制药、宁晋晶龙新能源、邯郸新材料等产业基地建设，着力打造河北省技术和产业发展的新优势。

3. 走新型工业化发展道路，促进第二产业的结构优化

对河北省而言，走新型工业化道路更重要的是解决资源环境和经济增长的矛盾，有效地利用资源和环境，从而降低经济增长的成本。第一，要改造传统产业，使传统产业适应发展的需要。第二，要大力发展支柱产业，充分发挥对经济发展的促进作用。加强与跨国集团合作，大力发展支柱产业，推动产业结构的高技术化，从而形成产业层次高、带动作用大的新型产业，实现工业上的新突破。第三，节约资源，减少能源消耗，促进工业长期发展。加强对消耗资源和能源的企业进行管理，推进高科技低能源消耗工业的发展，实现工业的可持续发展。

4. 培育高新技术产业，提高第二产业的就业吸纳能力

河北省的第二产业主要以钢铁、冶金、化工、水泥等行业为主，轻工业、战略性新兴产业发展缓慢，从上文分析可以得出，河北省第二产业的就业空间还是相当大的。因此，河北省应充分发挥自身优势，重点发展以劳动密集型为主的轻工业和以资金和技术密集型的战略性新兴产业，形成上下游联动的产业链发展模式，特别要加大对装备制造业、电气机械等行业的扶持力度。同时，要大力促进产业集聚区、工业园区的投资和建设，合理规划产业布局，形成具有鲜明特色的产业集聚区。要提高高新技术行业在第二产业所占的比重，大力发展创新型企业。要加大对中小企业的扶持力度，完善市场体系，降低中小企业的准入门槛，促进中小企业的快速发展，扩大中小企业的就业规模。

(三)强扶持、抓拓展，大力发展第三产业，扩大劳动力的就业规模

产业结构优化调整的最终目标是形成“三、二、一”的现代产业结构模式，以服务业为主的第三产业在解决就业，扩大就业规模的问题上要远高于传统的第一、二产业。因此，振兴第三产业，巩固传统服务业，加快发展新兴服务业，这是解决河北省就业问题，优化就业结构，扩大就业规模的必由之路。第三产业已经成为河北省目前和未来吸纳就业的主要渠道，要在政策上加以扶持，加快构筑科技含量高、就业容量大、经济效益好、社会功能强的现代服务业体系，提高第三产业从业人员在全社会就业人员中的比重。

1. 巩固传统服务业，大力发展现代服务业

在当前的经济背景下，河北省的餐饮、批发零售、交通运输等传统服务业在第三产业中依然占有一定的比重，在重视和巩固这些传统服务业发展的同时，应当重视和提高生产性服务业的比重，鼓励企业根据自身发展情况开展服务外包业务，提高传统服务业吸纳就业的能力。

加快发展以金融、保险、软件等为主的现代服务业和创新产业。大力发展信息服务业。全面拓展电子政务和电子商务，加快政务、产业、企业、社会和家庭信息化，普及信息技术在经济和社会各个领域的应用。加快发展现代物流业。建设“一带、两通道、三类集聚区”，即打造环京津物流产业带，畅通以唐山港、秦皇岛港为龙头的冀东物流通道和以黄骅港为龙头的冀中南物流通道，发展交通枢纽型、制造业基地型和商品集散地型物流产业集聚区。

2. 大力发展新兴产业，推动第三产业的升级

河北省第三产业还没有发展到相应水平，还有很大的发展空间。发展措施可以从以下方面考虑：第一，改造传统服务业。在传统服务业的基础上，利用科学技术改变传统服务业的经营方式，发展成为有特色的服务业。第二，发展新兴产业。在发展过程中，会出现房地产业、旅游业、金融业和信息服务业等新兴产业，成为支柱产业。第三，加强新型城镇化建设，大力发展第三产业。促进人口向城镇集聚，促进第三产业的发展。加快发展大城市的步伐，充分发挥大城市的优势，推动新兴产业的发展。

3. 做强旅游和文化产业，创造新的就业岗位

河北省历史悠久，文化灿烂，也是全国著名的红色教育基地，旅游资源丰富。大力开发海洋旅游、红色旅游、观光农业旅游等旅游产品，结合人文、历史等因素，整合全省的旅游资源，加快现有重点景区、景点的升级改造，同时也要积极推介新开发的旅游景点，形成一个旅游综合服务体系，从而带动饮食业、交通业、娱乐业等的发展，提高综合效益，将秦皇岛、承德等城市打造成服务京津的休闲和养老基地。

加快文化产业振兴。要充分发挥文化产业在调整结构、扩大内需、增加就业、推动发展中的重要作用，重点发展出版、印装、发行业、文化旅游业、现代传媒业、文化娱乐及演艺业、文化产品生产及销售业、动漫游戏业、民俗节庆及会展业、体育休闲健身业。要依托具有较强文化产业基础的重点城市，形成以城市为中心的文化产业辐射结构，努力建成一批具有全国知名度的文化产业名城。

(四)发挥政府职能，保障产业结构升级对就业结构优化的影响

1. 推进户籍制度改革，促进农村人口的合理流动

户籍制度限制了农村人口的流动性，农村人口在进城务工以后，由于户籍制度的缺陷，造成农民工在就业、劳动保障、子女入学教育等问题上享受不到与城镇居民同等的待遇，由此造成的城乡二元结构严重阻碍了河北省新型城镇化的进程。城镇化必须做到以人为本，随着经济社会的快速发展，大量农民进城务工，为保障农民工基本的合法权益，必须打破原有的城乡二元结构，建立一套保障农民工合法权益的体系，改革农民工相关就业政策，做好随迁子女入学难的问题。

2. 重视职业教育的发展，加大职业技能培训

产业结构的优化对劳动者素质提出要求，劳动者素质要适应产业结构的优化，减少失业最重要的是进行教育培训。要加大教育培训力度，努力提高劳动者素质，增强劳动者对产业调整的适应性。要合理优化教学资源，重视实践，推行校企联合，培养出适合企业发展、满足社会需要的人才，促进劳动者素质的提高。同时，由于产业结构优化调整和城镇化的快速推进，城市里存在有大量的失业人员和农民工群体，这些人员由于缺乏必要劳动技能，只能从事一些简单的重体力劳动，难以满足企业用工需求。因此，必须要大力加大职业技能培训，提高农民工和失业人员的实践能力和劳动者技能，同时也要加强就业服务，及时发布就业信息，促进这些人员的就业。

3. 改善就业环境，实现平等就业与体面劳动

河北省当前主要还是依靠高投入的粗放式发展方式，社会经济发展水平质量不高。提高就业质量，必须从过去单纯提高就业数量转变为更加注重提升就业质量。就业环境的改善是提高就业质量的关键，直接关系到劳动者的合法权益能否得到保障。因此，要从提高劳动者福利待遇入手，建立最低工资标准浮动机制，完善工资集体协商制度，检查和督导劳动合同法落实情况，保障劳动者同工同酬，消除就业歧视。要统筹协调城乡社会保障体系，使进城务工人员在医疗、养老、救济等社会保障领域与城市居民享有同等的待遇，做到公平、合理、统一对待。另外，政府还要建立就业信息公开机制，打破就业市场壁垒，消除地区间劳动力市场分割局面，积极有序地引导劳动力合理竞争与流动。同时要特别关注城镇困难群体的就业，保障城镇“零就业”家庭至少有一人就业，促进下岗失业人员再就业，实现公平就业，平等就业。

课题组　组长：刘政永

成员：孙　娜

社保缴费对企业诞生和雇用行为影响研究

一、研究背景

随着劳动年龄人口减少和老龄化趋势加重，我国社会保险制度面临严峻考验。我国社会保险制度主要出资者是企业，相比发达经济体，我国企业的社保缴费率偏高。周小川(2000)[1]、邓大松和刘昌平(2002)[2]、刘鑫宏(2009)[3]、封进和张素蓉(2012)[4]等认为，我国社保企业缴费负担过重，明显超过了其缴费承受能力。根据相关研究测算，我国工业企业社保适度缴费水平在20—30%之间，[5][6]而我国社会保险企业缴费率平均为33.3—34.8%，即便与OECD国家相比，亦属较高水平。[5]在较高缴费率基础上，逐年提高缴费基数更使企业社保负担雪上加霜。

由于城乡分割的遗留问题，劳动力大规模由农村向城市转移，也给我国社保体系带来了巨大压力。我国社会保险制度还不完善，既存在严重"碎片化"，又凸显城乡分割的特征。根据北京大学"中国健康与养老追踪调查"数据统计，45岁及以上农业劳动者中享受养老金待遇比例仅12%，即便在60岁以上劳动者中，这一比例依然不到30%。[7]此外，2010年我国流动人口中约56.2%未参加任何形式的社会保险，参加3项以上社会保险的只有22.5%。参加养老保险、医疗保险、工伤保险、失业保险和生育保险的比例分别为27.8%、35.6%、31.3%、12.3%和8%。[8]北京师范大学的"中国家庭收入项目调查"数据也证实，2000至2010年非户籍人口参保率出现快速上升。[7]针对农村居民和农民工，提高其社保覆盖率和社保水平是必然趋势，而这必然导致企业用工成本的增加。

在较高缴费率的基础上，企业早期的应对之策主要是逃避缴费。如对上海2002—2004年的企业审计结果表明，将近80%的企业存在逃避缴费现象。[9]而在社会保险法规和制度不断完善的趋势下，企业将更多地从厂址的跨地区迁移和企业用工制度改变等，以合法方式缓解社保压力。

社保缴费率的地区差异影响了新成立企业的选址。2011年7月实施的《社会保险法》并未对社会保险费率进行统一规定。养老、医疗、生育保险费率则由各省或地区统筹，由此造成各统筹区域费率不一致。[10]对于很多新成立企业，在社保缴费率低的地区选址，可利用社保缴费省际(或地区)差异以减轻企业社保负担。在劳动力成本和企业利润存在差异的情况下，不同企业社会保险缴费能力也有所不同。[11]詹长春等(2013)以镇江市7101家企业为样本，发现当前小微企业社保缴费率为32.94%，较大中型企业、个人以及国外典型国家的企业，其缴费负担更加沉重。[12]面临不断加重的社保缴费，很多中小企业用工制度开始发生变化，如减少员工数量、延长工作时间、返聘退休人员等。

本报告以第三次经济普查数据为依据，从社会保险缴费对企业成立和用工的影响为视角，探讨我国企业诞生和雇佣行为的影响因素，重点关注企业法定社保缴费因素在其中的作用。通过分析企业为应对社保压力所产生的行为变化，进而确立合适的社保缴费企业承担比例，减少社保对企业劳动力需求的约束。

二、测算工业企业社保缴费能力和负担

测算2013年工业企业社保缴费能力和缴费负担，步骤如下：

第一步，根据收入法计算工业增加值Y，然后估算劳动者报酬、企业利润、固定资产折旧、税金及管理费用占工业增加值的比重，故有以下公式：

$$E+P+D+T=1 \tag{1}$$

其中，E、P、D、T分别表示劳动者报酬、企业利润、固定资产折旧、税金及管理费用占企业产出比重。

第二步，确定企业社会保险最大缴费能力。这里两个预设条件：其一，企业不存在以前年度亏损，也不向所有者分配利润；其二，企业利润仅有两个用途，即扩大再生产投资I和缴纳社会保险费S。设定S'是企业社会保险最大缴费能力：

$$S'_{\max}=(P-I)/E \tag{2}$$

其中，I 表示用于扩大再生产的企业投资。

第三步，确定企业实际的社会保险缴费负担。劳动力成本和利润水平，是制约企业实际缴费能力的两个核心要素。对资本有机构成不同、利润水平不同的企业而言，即便相同的缴费率和缴费额也意味着不同的财务压力。故企业实际的社保缴费负担 B 可表示为：

$$B=\frac{r}{1+r}\frac{E}{P} \tag{3}$$

其中，r 表示企业按照员工工资总额的一定比例（本文采用 30%）缴纳社会保险费。

本部分采用第三次经济普查数据，估算出企业增加值、劳动者报酬、固定资产折旧、企业利润、税金及管理费用，拟合 2013 年经济普查中不同地区工业增加值；通过计算企业固定资产投资率，确定企业利润分别用于下一年投资比重和用于社保缴费的最大比重，进而确定企业最大的社保缴费能力。根据《2014 年中国统计年鉴》相关数据，2013 年我国支出法国内生产总值 586673 亿元，资本形成总额 280356.1 亿元，资本形成总额率[①]为 47.8%。其中，固定资本形成总额 269075.4 亿元，存货变动 11280.7 亿元，分别占资本形成总额的 96%和 4%。2013 年全社会固定资产投资国家预算资金 22305.3 亿元。通过以上数据可计算出 2013 年我国企业用于固定资本的形成率为 42.1%。从下表中可以看出，各地区的企业固定资本形成率差异较大。

表 1　地区企业资本形成率(%)

地　区	资本形成率(投资率)	国家投资占总资本比重	企业资本形成率	企业固定资本形成率
北　京	40.3	10.7	36.0	34.6
天　津	76.9	1.1	76.0	71.4
河　北	57.9	3.4	55.9	55.1
山　西	72.8	6.9	67.7	63.9
内　蒙	93.4	3.4	90.3	87.6
辽　宁	62.6	7.4	58.0	56.2
吉　林	69.6	3.1	67.5	67.8
黑龙江	65.6	4.4	62.7	60.7
上　海	38.7	4.4	37.0	33.6
江　苏	48.4	1.8	47.5	45.9
浙　江	45.5	6.9	42.4	39.9
安　徽	57.6	9.5	52.2	51.1
福　建	58.8	10.0	53.0	47.8
江　西	49.9	7.2	46.4	43.7
山　东	56.6	2.3	55.3	52.2
河　南	77.2	2.3	75.4	74.0
湖　北	56.0	5.1	53.1	51.0
湖　南	57.2	6.6	53.4	51.6
广　东	41.9	4.1	40.2	38.5
广　西	70.5	7.0	65.6	62.7
海　南	73.9	6.4	69.2	66.3
重　庆	54.6	10.1	49.1	46.5
四　川	51.4	12.4	45.0	43.4
贵　州	65.7	7.6	60.7	59.2
云　南	84.9	7.2	78.8	73.3

① 资本形成率指资本形成总额占支出法国内生产总值的比重。

续表

地　区	资本形成率(投资率)	国家投资占总资本比重	企业资本形成率	企业固定资本形成率
西　藏	111.3	64.0	40.1	40.0
陕　西	68.8	7.4	63.7	62.1
甘　肃	60.2	24.6	45.4	43.4
青　海	119.9	15.0	101.9	97.1
宁　夏	91.0	10.3	81.6	77.3
新　疆	86.0	12.8	75.0	72.0

资料来源:《2014年国家统计年鉴》。

从下图中可看出,如果按照法定的社会保险企业30%的缴费率,已超过了大部分省市的企业最大社保缴费能力。仅有上海42%、浙江41.7%、江苏38.1%、山东38%、四川35.8%、江西33.8%、黑龙江33.4%等省份分企业有能力履行30%的法定缴费率。经济较发达的北京市和天津市,其最大的企业社保缴费能力也仅有26%和23.8%。经济落后地区企业的最大社保缴费能力极低,如青海1.6%、云南8.8%、内蒙9%、宁夏9.1%、新疆9.1%。总体而言,我国30%的社保企业缴费率是偏高的。

表2　企业最大的社保缴费能力

地　区	员工薪酬比重	企业利润比重		最大社保缴费能力
		下年投资比重	社保缴费比重	
北　京	0.509	0.070	0.132	0.260
天　津	0.391	0.233	0.093	0.238
河　北	0.514	0.128	0.104	0.203
山　西	0.439	0.155	0.087	0.199
内　蒙	0.438	0.279	0.039	0.090
辽　宁	0.467	0.100	0.078	0.167
吉　林	0.384	0.199	0.094	0.246
黑龙江	0.396	0.205	0.132	0.334
上　海	0.416	0.088	0.175	0.420
江　苏	0.423	0.137	0.161	0.381
浙　江	0.421	0.117	0.175	0.417
安　徽	0.491	0.129	0.123	0.251
福　建	0.507	0.117	0.127	0.251
江　西	0.427	0.112	0.144	0.338
山　东	0.385	0.160	0.146	0.380
河　南	0.501	0.169	0.060	0.119
湖　北	0.486	0.126	0.122	0.250
湖　南	0.496	0.121	0.114	0.229
广　东	0.477	0.090	0.143	0.300
广　西	0.551	0.128	0.076	0.138
海　南	0.507	0.101	0.052	0.102
重　庆	0.498	0.115	0.133	0.266
四　川	0.441	0.121	0.158	0.358
贵　州	0.533	0.092	0.063	0.119
云　南	0.506	0.122	0.044	0.088
西　藏	0.643	0.048	0.072	0.112
陕　西	0.385	0.196	0.119	0.310
甘　肃	0.465	0.085	0.112	0.240
青　海	0.435	0.234	0.007	0.016
宁　夏	0.492	0.153	0.045	0.091
新　疆	0.53	0.124	0.048	0.091

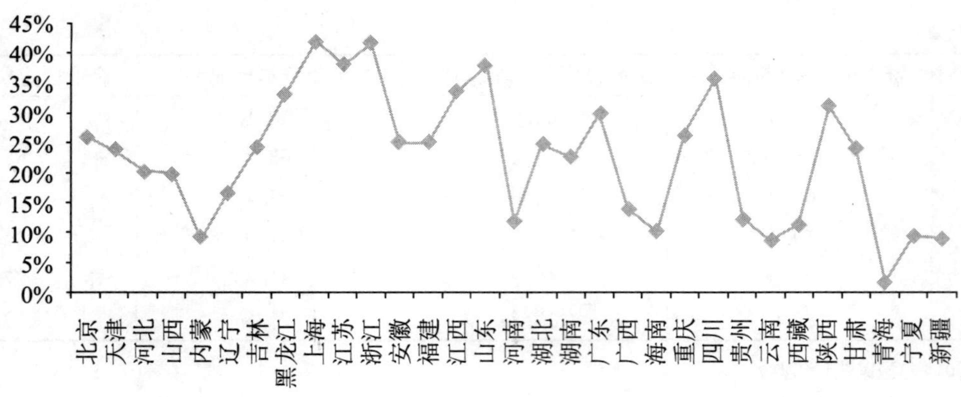

图 1　地区企业最大社保缴费能力

当前社保政策下,不同地区的社保缴费负担水平差异较大。总体而言,越是经济落后地区其社保缴费负担越重,如西藏 123.7%、贵州 79.4%、海南 76.5%、新疆 71.1%、云南 70.3%。经济发达地区的社保缴费负担相对较轻,如上海 36.5%、浙江 33.3%、江苏 32.8%、山东 29%。北京 58.1%、广东 47.2%是少数几个经济发达但社保缴费负担过重的省份。根据郑功成(2015)给出的解释,东部沿海部分省区是劳动力的主要输入地,人口相对年轻,使得企业实际缴费率偏低;中西部地区以及老工业基地因为人口老龄化较严重,使得实际缴费率偏高。[13]

表 3　企业的社保缴费负担

地　区	员工薪酬比重	企业利润比重	法定社保缴费负担
北　京	0.509	0.202	0.581
天　津	0.391	0.326	0.277
河　北	0.514	0.232	0.511
山　西	0.439	0.242	0.419
内　蒙	0.438	0.318	0.318
辽　宁	0.467	0.178	0.605
吉　林	0.384	0.293	0.302
黑龙江	0.396	0.337	0.271
上　海	0.416	0.263	0.365
江　苏	0.423	0.298	0.328
浙　江	0.421	0.292	0.333
安　徽	0.491	0.252	0.450
福　建	0.507	0.244	0.480
江　西	0.427	0.256	0.385
山　东	0.385	0.306	0.290
河　南	0.501	0.229	0.505
湖　北	0.486	0.248	0.452
湖　南	0.496	0.235	0.487
广　东	0.477	0.233	0.472
广　西	0.551	0.204	0.623
海　南	0.507	0.153	0.765
重　庆	0.498	0.248	0.463
四　川	0.441	0.279	0.365
贵　州	0.533	0.155	0.794
云　南	0.506	0.166	0.703
西　藏	0.643	0.120	1.237
陕　西	0.385	0.315	0.282
甘　肃	0.465	0.197	0.545
青　海	0.435	0.241	0.417
宁　夏	0.492	0.198	0.573
新　疆	0.53	0.172	0.711

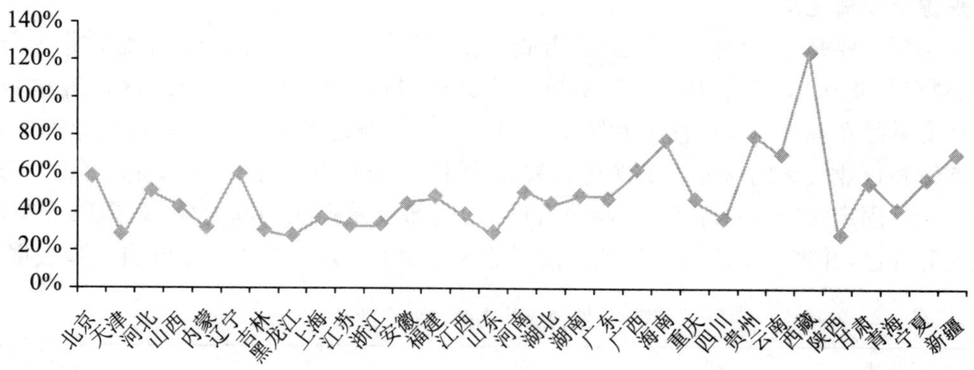

图 2 各地区法定社保缴费负担

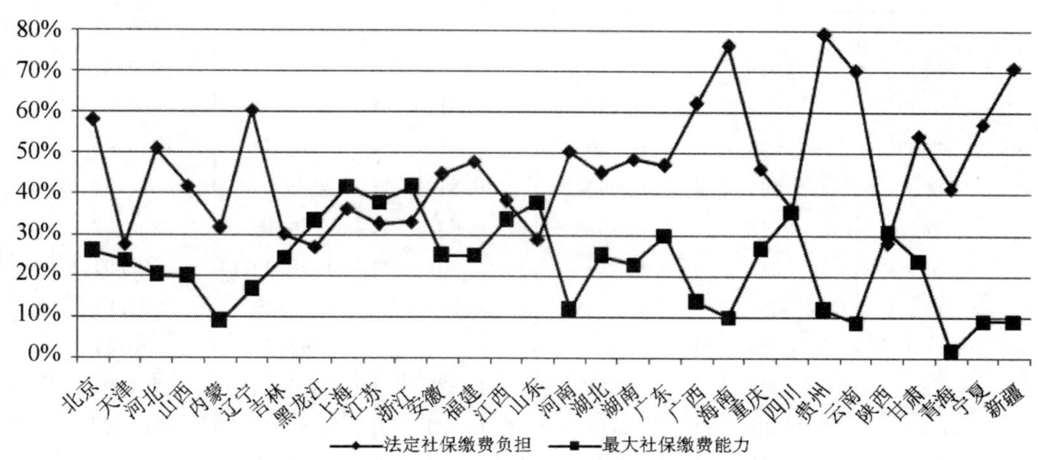

图 3 社保缴费能力和缴费负担比较

注:西藏的最大社保缴费能力是 11.2%,社保缴费负担是 123.7%,考虑到西藏地区特殊的地理位置和宗教民族问题,将该省份做异常值,未列入图中

三、社保缴费对企业诞生影响的实证分析

国内外学者对企业进入影响因素进行了大量研究:如 Orr(1974)[14]引入了企业进入限价模型以分析加拿大制造企业进入影响因素,认为企业进入是进入壁垒的函数,具体包括:利润率、产出增长率、供给效应、资本需求、广告投入、研发投入、市场风险、以及产业密集度等;Backer 和 Sleuwaegen(2003)[15]基于比利时制造业数据发现,外来竞争和国外直接投资在短期内将阻碍国内新企业的诞生,但从长期看将产生正的外部效应,即减弱对国内企业进入的阻碍,甚至对外商直接投资本身产生挤出效应。可以看出,劳动力因素、企业特征、产业特征、市场结构和宏观经济环境等是新企业进入的重要影响因素。而劳动力因素作为重要的变量,通过劳动力成本、劳动力质量(即人力资本)、地区劳动力政策等,对企业进入产生影响。本部分主要分析劳动力因素中的企业社保缴费能力和缴费负担对企业诞生的影响。

(一)模型选择

组织诞生数量是一种非负整数,在统计中通常被称为计数数据(count data)。实证分析中被解释变量是计数数据时,应该首先考虑计数模型,主要包括泊松回归模型和负二项回归模型。相比之下,泊松回归模型中预设条件过于苛刻,即数据的期望与方差相等。实际中,计数数据的方差经常明显大于期望,即存在过度分散(over—dispersion),因此负二项回归模型更常见于企业诞生问题实证研究中。

负二项回归模型,首先假设数据样本来自"负二项分布"(negative binomial distribution),然后使用最大似然法(MLE)进行估计。负二项分布,即在独立的实验中,第 n 次成功之前失败次数的分布。假设一个事件在一次试验中成功的概率为 θ($0<\theta<1$),记 Y 表示在第 J 次成功之前失败的总次数,则离散随机变量 Y 的概率密度函数为:

$$P(Y=y \mid \theta,J)=C_{y+j-1}^{J-1}\theta^{J}(1-\theta)^{y} \qquad (y=0,1,2,3...)$$

(二)数据来源及变量定义

本部分数据来源主要是2013年第三次经济普查数据，以及2014年中国统计年鉴数据。分析中将省份和工业行业(或制造行业)的交叉作为一个分析单位，实证分析企业社保缴费对地区新筹建企业数量的影响。关注的解释变量是企业社保缴费能力和缴费负担。为了控制地区和行业因素对企业筹建数量的影响，分析中加入了省份和行业交叉的从业人员平均人数、规模以上企业应付员工薪酬、企业总数、营业状态企业数、关闭状态企业数、固定资产投资净值、工业销售产值、全部规模企业利润总额、规模以上企业利润总额，以及应交增值税等变量，并进行了对数化处理。按照地区层面汇总形式的因变量和自变量数据如下表所示：

表4　按营业状态的工业企业数

地　区	新筹建工业企业数(个)	新筹建制造企业数(个)	社保缴费能力	社保缴费负担	利润总额(亿元)	本年应付职工薪酬(亿元)	固定资产净值(亿元)
北京市	264	246	0.260	0.581	1282.88	1300.52	2427.08
天津市	1071	1048	0.238	0.277	2258.93	1215.31	4687.99
河北省	5401	4867	0.203	0.511	2734.70	1880.20	11116.17
山西省	1586	995	0.199	0.419	614.59	1528.64	3613.72
内蒙古	1092	764	0.090	0.318	2014.06	821.64	4072.8
辽宁省	2740	2518	0.167	0.605	2976.15	2206.02	10202.18
吉林省	585	514	0.246	0.302	1278.39	795.91	4007.98
黑龙江	672	591	0.334	0.271	1185.49	861.81	2159.46
上海市	600	593	0.420	0.365	2392.05	2070.17	6063.83
江苏省	8780	8646	0.381	0.328	8379.50	6781.97	25234.08
浙江省	15769	15527	0.417	0.333	3561.26	3361.27	11562.72
安徽省	5856	5555	0.251	0.450	2108.77	1707.34	5879.8
福建省	4455	4272	0.251	0.480	2227.45	2006.36	5291.96
江西省	2005	1864	0.338	0.385	1802.24	1010.25	4386.07
山东省	3431	3226	0.380	0.290	8715.36	4410.59	21547.67
河南省	969	869	0.119	0.505	4543.07	2380.62	12248.39
湖北省	2707	2493	0.250	0.452	2475.07	1862.54	7923.51
湖南省	961	815	0.229	0.487	2047.87	1469.91	5548.63
广东省	7675	7378	0.300	0.472	6496.42	7339.46	14941.97
广　西	1234	995	0.138	0.623	1014.24	742.90	3212.82
海南省	126	105	0.102	0.765	123.16	76.03	577.55
重庆市	1054	941	0.266	0.463	907.60	963.52	3317.13
四川省	2055	1599	0.358	0.365	2328.99	1917.72	7726.57
贵州省	1786	1395	0.119	0.794	636.60	498.16	1569.39
云南省	1158	733	0.088	0.703	630.63	624.90	2229.37
西　藏	40	28	0.112	1.237	7.34	16.45	33.16
陕西省	872	673	0.310	0.282	2151.37	1185.81	3628.02
甘肃省	830	545	0.240	0.545	300.46	420.55	2141.31
青海省	449	271	0.016	0.417	149.07	145.69	1003.99
宁　夏	369	285	0.091	0.573	179.97	233.13	967.25
新　疆	1700	1177	0.091	0.711	855.23	574.15	2940.94

资料来源：企业数量来自三次经济普查“按机构类型分组的法人单位数(营业状态)”数据；工业企业从业人员数来自“按机构类型分组的从业人员情况(营业状态)”数据。

注：全部工业企业数据(包括规模以上和规模以下)；利润总额和本年应付职工薪酬是指规模以上工业财务数据；固定资产净值为全部工业的数据，根据固定资产原价减去累计折旧计算。

(三)实证结果

表5实证分析结果看出,企业社保缴费对工业和制造企业筹建数量产生一定影响,但影响力较弱。如模型(3)和(6)中,企业社保缴费能力每提高10%,将使工业企业和制造企业筹建数量分别增加0.07和0.13;模型(2)和(5)中,企业社保缴费负担每提高10%,将使得工业企业和制造企业筹建数量分别减少0.26和0.31。模型(1)—(6)中,社保缴费对制造企业新筹建数的影响力比全部工业企业大,说明我国制造业集中于劳动密集型状态,社保负担是影响企业规模扩张的重要因素。

表5　工业制造业筹建数量实证结果

变　量	工业企业筹建数			制造业企业筹建数		
	(1)	(2)	(3)	(4)	(5)	(6)
社保缴费能力	0.056*** [0.004]		0.007** [0.004]	0.064*** [0.004]		0.013*** [0.004]
社保缴费压力		−0.026*** [0.003]	0.007*** [0.002]		−0.031*** [0.003]	0.010*** [0.002]
从业人员平均人数			−0.111* [0.059]			0.052 [0.064]
规模以上企业应付员工薪酬			0.114** [0.047]			0.003 [0.057]
企业总数			4.544*** [0.262]			6.854*** [0.358]
营业状态企业数			−3.573*** [0.251]			−5.913*** [0.350]
关闭状态企业数			−0.090*** [0.032]			−0.100*** [0.032]
固定资产投资			0.137*** [0.036]			0.070 [0.047]
工业销售产值			0.090 [0.065]			−0.075 [0.075]
全部规模企业利润总额			0.085** [0.037]			0.123*** [0.042]
规模以上企业利润总额			−0.019 [0.046]			0.117** [0.055]
应交增值税			−0.191*** [0.051]			−0.122** [0.053]
常数项	2.7689*** [0.0892]	5.3827*** [0.1338]	−5.441*** [0.407]	2.689*** [0.101]	5.777*** [0.150]	−5.309*** [0.443]
样本量	1145	1145	726	884	884	605

注:***、**和*分别表示在1%、5%和10%的统计水平上显著。[]内为系数的标准差。

模型(3)和(6)中,从业人员平均人数和规模以上企业应付员工薪酬2个变量,对工业和制造业新筹建企业数的影响差异较大;企业总数增加1%,分别使工业和制造企业新筹建数增加4.5和6.9,且1%水平上统计显著;营业状态企业数和关闭状态企业数每增加1%,分别使新筹建工业和制造企业数减少3.6和5.9、0.09和0.1,且1%水平上统计显著;企业利润将对新筹建制造企业数量产生显著正效应;应交增值税每提高10%,工业和制造企业新筹建数分别减少1.9和1.2,且1%统计水平上显著。

四、社保缴费对企业用工的影响

(一)数据来源、模型选择和变量选取

1. 数据来源

本部分实证分析将结合微观数据和宏观数据进行分析。微观数据主要采用由中国人民大学组织的“中国雇主—雇员匹配数据追踪调查”(China Matched Employer - Employee Longitudinal Survey,简称CMEELS)数据。CMEELS是2010年开始组织实施的针对我国企业场所和职工的微观面板数据调查,遵循国际上雇主—雇员匹配数据调查的实践,包括雇员和雇主两套问卷,在企业层面上将企业和员工信息匹配。雇主层面包含企业基本特征、企业管理、职工招聘、劳动关系、员工福利等信息,雇员层面包含员工个人特征、工作岗位特征、员工雇佣历史、员工与企业关系、员工福利等信息。现有2012年和2013年两期数据:2012年样本涵盖北京、齐齐哈尔、长春、济南、郑州、成都、福州、苏州、襄阳与咸阳共10个城市,2013年加入了广州和太原2个城市。宏观数据主要采用2013年第三次经济普查数据。

2. 模型选择

通常情况下,生产函数或成本函数是进行劳动力需求分析的一般推导形式。相比之下,生产函数在估计上常存在一定缺点,如函数不具有灵活性、限制条件过多、自变量存在高度自我相关、资料收集处理困难等限制,因此成本函数是劳动力需求实证研究的常用形式。在现有文献中往往采用Translog成本函数,对其进行二次Taylor展开并取对数形式用以估计。[16]模型选取中采用“似不相关回归”(SUR)模型进行分析。因为作为企业劳动力总成本支出中的一部分,不同类型员工之间可能存在竞争,即不同类员工需求函数的误差项之间可能存在相关性。SUR模型满足了这一条件,即各方程的变量之间没有内在联系,但各方程的扰动项之间存在相关性。

对于n个方程(即n个解释变量)的SUR模型,可写成如下形式:

$$y_i = X_i\beta_i + \varepsilon_i \ (i=1,2,\ldots,n)$$

设定每个方程共有T个观测值(满足$T>n$),第i个方程有K_i个解释变量,则y_i为$T\times 1$向量,X_i为$T\times K_i$矩阵,β_i为$K_i\times 1$向量,ε_i为$T\times 1$向量。

扰动项ε的协方差矩阵可写成:$\Omega \equiv \mathrm{Var}(\varepsilon) = \mathrm{E}(\varepsilon\varepsilon')$

假设同一方程不同期的扰动项不存在自相关,且各扰动项的方差相等。记第i个方程的方差为σ_{ii},协方差矩阵Ω中第(ii)个矩阵写为:$\mathrm{E}(\varepsilon_i\varepsilon_i') = \sigma_{ii}\mathrm{I_T}$,其中$\mathrm{I_T}$为T阶单位矩阵。假设不同方程的扰动项存在“同期相关”①

$$\mathrm{E}(\varepsilon_{i\ t}\varepsilon_{js}) = \begin{cases}\sigma ij, t=s\\ 0, t\neq s\end{cases}$$

则协方差矩阵Ω中第(ij)个矩阵写为:$\mathrm{E}(\varepsilon_i\varepsilon_j') = \sigma_{ij}\mathrm{I_T}$。提取出公共的因子$\mathrm{I_T}$,此时协方差矩阵$\Omega$可以写成:$\Omega = \Sigma \otimes \mathrm{I_T}$,其中$\otimes$代表克罗内克尔乘积(Kronecker Product)。

如果Ω已知,则GLS是最有效的估计,此时:

$$\hat{\beta}_{GLS} = (X'\Omega^{-1}X)^{-1}X'\Omega^{-1}y = [X'(\Sigma^{-1}\otimes \mathrm{I_T})X]^{-1}X'(\Sigma^{-1}\otimes \mathrm{I_T})y$$

按照CMEELS数据的雇主问卷,本研究中将员工类型划分为六类:管理人员、专业技术人员、行政办事人员、技术工人、普通工人/一般员工。本研究具体方程表示如下:

$$L_{i\ j} = \alpha_0 + \alpha_S LnS + \alpha_P P + \alpha_E E + \alpha_X X$$

$$\mathrm{W}_{i\ j} = \alpha_0 + \alpha_S LnS + \alpha_P P + \alpha_E E + \alpha_X X$$

其中,$L_{i\ j}$表示i企业j类员工在企业员工总人数;$\mathrm{W}_{i\ j}$表示i企业j类员工月平均工资;LnS表示i企业社保缴费总额取对数;P表示i企业社保缴费占工资总额比重;E表示i企业缴纳五险一金的员工比重;X表示一系列控制变量。

3. 变量选取

因变量:本研究12个城市社保缴费对企业用工的影响。因变量包括:不同类型工人人数;不同类型工人

---

① 由于本研究使用截面数据,“同期相关”即不同方程对应的扰动项之间存在相关性。

月平均工资。其中,将员工类型分为5类,管理人员、专业技术人员、行政办事人员、技术工人、普通工人/一般员工①月平均工资取对数。自变量:社保缴费总额、社保缴费占工资总额比重、全部缴纳五险一金的员工比重。控制变量:为了控制其它因素对企业用工的影响,引入了企业控制变量、地区控制变量。企业控制变量:企业年龄、企业全年营业收入、固定资产总计,以及企业规模虚拟变量,主要来自2013年CMEELS微观数据;地区控制变量:2013年每个城市全部工业企业数量、规模以上工业企业利润总额和企业应付员工薪酬,主要来自2013年中国第三次经济普查数据。

表6 变量描述性统计结果

变 量	观测值	均值	标准差	最小值	最大值
因变量(全部取对数)					
管理人员人数	442	2.462	1.150	0.000	7.539
专业技术人员人数	371	2.488	1.349	0.000	8.414
行政办事人员人数	402	1.852	1.238	0.000	6.845
技术工人人数(取对数)	298	2.741	1.360	0.000	8.819
普通工人/一般员工人数	404	3.601	1.392	0.000	9.084
管理人员月平均工资	439	8.353	0.519	6.908	10.597
专业技术人员月平均工资	376	8.204	0.460	5.704	9.741
行政办事人员月平均工资	405	7.897	0.373	6.908	9.616
技术工人月平均工资	307	7.988	0.373	7.090	9.210
普通工人/一般员工平均工资	413	7.717	0.383	6.685	9.393
自变量					
社保缴费总额(取对数)	395	13.715	2.328	8.294	26.614
社保缴费占工资总额比重	421	14.152	10.419	0.000	42.000
全部缴纳五险一金的员工比重	437	54.813	43.883	0.000	100.000
企业年龄	432	14.016	13.396	0.000	112.000
企业全年营业收入(取对数)	431	16.926	1.938	9.518	25.328
固定资产总计(取对数)	422	15.660	2.364	9.903	26.715
大规模(哑变量)	444	0.061	0.239	0.000	1.000
中规模(哑变量)	444	0.232	0.423	0.000	1.000
小规模(控制组)	444	0.495	0.501	0.000	1.000
城市全部工业企业数量(取对数)	444	9.485	0.865	8.294	11.434
规模以上工业企业利润总额(取对数)	444	6.133	1.115	3.803	7.208
规模以上工业企业应付员工薪酬(取对数)	444	6.203	0.749	4.785	7.599

(二)实证结果

1. 社保缴费对企业员工数量的影响

从实证分析的结果看,社会保险缴费总额对不同类型员工数量具有显著的正向影响。即社保缴费总额每增加1%,将使管理人员增加16.7%,专业技术人员增加20.4%,行政办事人员增加23.3%,技术工人增加22.9%,普通工人/一般员工增加20.8%,且在1%的统计水平上显著。这可能是因为企业员工数量与社保缴费总额呈正向关系,企业员工越多,社保缴费总额也就越多。但实证结果也显示,社保缴费占工资总额的比重越大,企业对不同类型员工的需求数量越少,尤其对技术工人的影响最显著。即社保缴费占工资总额的比重每提高1%,技术工人的需求量就会下降1.4%,在10%的统计水平上显著。全部缴纳五险一金的

① 由于其他人员月平均工资取对数后,出现了315个缺失值,占总样本70.9,故此类员工月平均工资删除。

员工比重这一变量，对不同类型员工需求的影响差异较大。全部缴纳五险一金的员工比重的提高，将会减少管理人员、技术工人、普通工人/一般员工的需求，但影响力较小且不显著。

在控制变量中发现，企业规模对员工需求的影响较为显著。相比小规模企业，大规模企业管理人员多112.7%、专业技术人员增加94.7%，行政办事人员增加56.6%，技术工人增加129.7%，普通工人/一般员工增加125.2%，且至少在在5%的统计水平上显著。相比小规模企业，中型规模企业管理人员增加45.5%、专业技术人员增加37.9%，行政办事人员增加37.6%，技术工人增加51.9%，普通工人/一般员工增加60%，至少5%统计水平上显著。

表7　不同类型员工数量：似不相关回归结果

变量	管理人员人数	专业技术人员人数	行政办事人员人数	技术工人人数	普通工人/一般员工人数
社保缴费总额	0.167***	0.204***	0.233***	0.229***	0.208***
	[0.037]	[0.042]	[0.037]	[0.048]	[0.050]
社保缴费占工资总额比重	−0.003	−0.005	−0.006	−0.014*	−0.002
	[0.006]	[0.007]	[0.006]	[0.008]	[0.009]
全部缴纳五险一金的员工比重	−0.002	0.002	0.001	−0.002	−0.003
	[0.001]	[0.002]	[0.001]	[0.002]	[0.002]
企业年龄	0.006	0.010**	0.008*	0.007	0.005
	[0.004]	[0.005]	[0.004]	[0.006]	[0.006]
企业全年营业收入	0.105**	0.032	0.142***	0.024	0.129**
	[0.046]	[0.052]	[0.046]	[0.060]	[0.063]
固定资产总计	0.051	0.143***	0.009	0.116**	0.071
	[0.036]	[0.041]	[0.037]	[0.048]	[0.050]
大规模	1.127***	0.947***	0.566**	1.297***	1.252***
	[0.240]	[0.274]	[0.243]	[0.316]	[0.330]
中规模	0.455***	0.379**	0.376***	0.519***	0.600***
	[0.130]	[0.148]	[0.131]	[0.171]	[0.178]
城市全部工业企业数量	−0.349*	−0.231	−0.606***	−0.042	−0.397
	[0.179]	[0.205]	[0.181]	[0.236]	[0.246]
规模以上工业企业利润总额	0.054	0.086	0.189**	0.084	−0.146
	[0.092]	[0.105]	[0.093]	[0.121]	[0.127]
规模以上工业企业应付员工薪酬	0.245	−0.056	0.231	−0.052	0.647***
	[0.156]	[0.178]	[0.158]	[0.206]	[0.215]
常数项	−0.915	−1.468	−0.934	−2.353*	−1.909
	[1.021]	[1.167]	[1.033]	[1.346]	[1.406]
观测值	215	215	215	215	215
R^2	0.4707	0.4776	0.4939	0.3928	0.4423
F值	16.41	16.87	18.01	11.94	14.64
P值	0.000	0.000	0.000	0.000	0.000

注：***、**和*分别表示在1%、5%和10%的统计水平上显著。[]内为系数的标准差。

模型的整体性检验。对不同类型员工数量的似不相关回归分析结果看出，共使用了215家企业样本观测值，且模型整体显著，能够较好地拟合社保缴费与企业不同类型员工数量之间的关系。Breusch－Pagan方程独立性检验值为286.4，在1%的统计水平上显著，我们应该拒绝每两个方程扰动项独立的原假设，使用似不相关回归是较好的选择。

表 8 方程残差的相关系数(一)

变 量	管理人员	专业技术人员	行政办事人员	技术工人	普通工人/一般员工
管理人员	1				
专业技术人员	0.4402	1			
行政办事人员	0.4784	0.4664	1		
技术工人	0.3712	0.3853	0.3519	1	
普通工人/一般员工	0.448	0.1725	0.2242	0.0297	1

注:不同类型员工的企业需求数量似不相关回归。

2. 社保缴费对企业员工工资的影响

从实证分析的结果看,社会保险缴费总额对不同类型员工工资也具有显著的正向影响。即社保缴费总额每增加 1%,将使管理人员月平均工资增加 4.1%,专业技术人员月平均工资增加 3.6%,行政办事人员月平均工资增加 3.5%,技术工人月平均工资增加 3.9%,普通工人/一般员工月平均工资增加 3.4%,且至少在 5%的统计水平上显著。这可能是因为社保缴费金额的基础是企业工资总额,企业社保缴费总额越多,企业员工工资总额总额也就越多。类似于上文的实证结果,社保缴费占工资总额的比重越大,企业对不同类型员工月平均工资越少。社保缴费占工资总额比重每增加 1%,将使管理人员月平均工资减少 0.3%,专业技术人员月平均工资增加 0.7%,行政办事人员月平均工资 0.2%,技术工人月平均工资 0.5%,普通工人/一般员工月平均工资 0.1%,对专业技术人员和技术工人在在 5%的统计水平上显著。全部缴纳五险一金的员工比重的提高,将会增加所有类型员工的月平均工资水平,但影响力较小。

表 9 不同类型员工工资:似不相关回归结果

变 量	管理人员人数	专业技术人员人数	行政办事人员	技术工人人数	普通工人/一般员工
社保缴费总额	0.041**	0.036**	0.035***	0.039***	0.034***
	[0.017]	[0.018]	[0.012]	[0.014]	[0.013]
社保缴费占工资总额比重	−0.003	−0.007**	−0.002	−0.005**	−0.001
	[0.003]	[0.003]	[0.002]	[0.002]	[0.002]
全部缴纳五险一金的员工比重	0.002**	0.001	0.001**	0.001*	0.001
	[0.001]	[0.001]	[0.000]	[0.001]	[0.000]
企业年龄	−0.001	−0.003	−0.002*	−0.003**	−0.003**
	[0.002]	[0.002]	[0.001]	[0.002]	[0.002]
企业全年营业收入	0.066***	0.068***	0.037**	0.060***	0.059***
	[0.021]	[0.022]	[0.014]	[0.017]	[0.016]
固定资产总计	0.026	0.014	0.020*	0.00008	0.001
	[0.017]	[0.017]	[0.012]	[0.01384]	[0.013]
大规模	−0.075	−0.067	0.015	−0.143	−0.013
	[0.112]	[0.117]	[0.077]	[0.093]	[0.084]
中规模	−0.015	−0.028	−0.004	−0.091*	−0.047
	[0.060]	[0.063]	[0.042]	[0.050]	[0.045]
城市全部工业企业数量	0.280***	0.167*	0.150***	0.107	0.032
	[0.085]	[0.088]	[0.058]	[0.070]	[0.063]
规模以上工业企业利润总额	−0.066	−0.085*	−0.056*	−0.005	0.008
	[0.043]	[0.045]	[0.030]	[0.036]	[0.032]

续表

变　量	管理人员人　　数	专业技术人员人数	行政办事人　　员	技术工人人　　数	普通工人/一般员工
规模以上工业企业应付员工薪酬	−0.001 [0.074]	0.065 [0.077]	0.050 [0.051]	0.038 [0.061]	0.073 [0.055]
常数项	4.017*** [0.460]	4.981*** [0.480]	5.110*** [0.316]	5.331*** [0.380]	5.510*** [0.344]
观测值	221	221	221	221	221
R^2	0.387	0.266	0.387	0.290	0.286
F 值	12.01	6.88	11.99	7.76	7.62
P 值	0.000	0.000	0.000	0.000	0.000

注：***、**和*分别表示在1%、5%和10%的统计水平上显著。[]内为系数的标准差。

模型的整体性检验。对不同类型员工月平均工资的似不相关回归分析结果看出，共使用了221家企业样本观测值，且模型整显著，能够较好地拟合社保缴费与企业不同类型员工月平均工资之间的关系。Breusch－Pagan 方程独立性检验值为620.471，在1%的统计水平上显著，我们应该拒绝每两个方程扰动项独立的原假设，使用似不相关回归依然是较好的选择。

表10　方程残差的相关系数(二)

变　量	管理人员	专业技术人员	行政办事人员	技术工人	普通工人/一般员工
管理人员	1				
专业技术人员	0.540	1			
行政办事人员	0.517	0.485	1		
技术工人	0.429	0.632	0.499	1	
普通工人/一般员工	0.431	0.484	0.596	0.637	1

注：不同类型员工的月平均工资似不相关回归。

五、政策建议

(一)理清政府社保责任边界

社保资金筹集要体现国家、企业、个人三方合理负担原则，在收不抵支时首先要调整缴费率，最后才由财政兜底。政府责任边界不清，“财政兜底”容易提高政府社保支出风险。

短期看，我国政府应改变长期以来财政对机关事业和国有单位员工社保的无限兜底，缓解社保基金短缺和财政压力；提高收入较高群体个人缴费水平，降低政府社保责任；增强政府转移支付功能，提高弱势群体社保支出。长期看，政府应充分利用国有企业超额利润，弥补社保制度的转型成本，做实养老保险统筹账户和个人账户，防止因历史遗留问题造成社保体系难以维系，引发难以控制的财政风险。

(二)提高个人社保(养老保险)责任

延迟法定退休年龄，增加缴费年限，缩短领取养老金期限是各国应对老龄化的通行做法。通过比较发现，发展中国家法定退休年龄普遍低于发达国家，我国亦有延迟退休年龄的必要性和可行性。必要性在于，我国老龄化规模大，速度快，与经济发展不同步，出现未富先老的困境；可行性在于，我国人口预期寿命与发达国家差距极小，而退休年龄却偏低。如张琴等(2015)实证分析发现，推迟退休年龄对于缓解养老金收支压力，弥补养老金缺口，增加养老金积累值均具有明显效果。[17]

我国是一个家庭观念主导的社会，提高个人社保责任的一个可能途径是，再次重视家庭的养老保障功能。一是要放松计划生育政策，重拾家庭养老功能。现在在“单独二胎”基础上，国家已启动“全面二胎”政策。长期来看，生育率提高有利于延缓老龄化。二是要建立国民年金、个人账户养老金以及补充养老金三层次养老保险体系，合理划分制度的收入再分配、储蓄和保险三项不同功能，发挥国民年金在家庭养老保障中的基础性功能。三是要落实最低生活保障覆盖。受养老资源供需矛盾制约，家庭长期内仍是我国老年人经济供养、生活照料和精神慰藉的主要承担者。但需要进一步完善老年人的最低生活保障制度，作为家庭养老最后的风险保障。

（三）减轻企业社保缴费负担

由于我国养老保险制度形成资金流程上“空账”运行机制，保持甚至提高缴费是维系养老保险制度运行的重要途径。本质上企业同时承担了退休职工养老和在职职工积累养老金的双重任务，造成企业负担过重和缴费困难。

为缓解企业缴费负担，一方面，国家应通过财政补贴、国有企业超额利润，避免将社保制度的历史遗留负担和转型成本向企业转嫁；另一方面，采取有效措施大幅减轻企业社保缴费负担。如 2015 年 10 月 1 日起，决定将工伤保险平均费率由 1%降至 0.75%，将生育保险费率从不超过 1%降到不超过 0.5%。但降低养老保险和医疗保险缴费率，才是减轻企业社保缴费负担的关键。此外，应按照不同企业类型有区别地确定不同缴费率，如技术密集型企业应承担较高社保缴费率，劳动密集型企业应承担较低社保缴费率等。

（四）提高社保统筹层次、应对社保负担区域不平衡

受地区间经济发展不平衡制约，我国社保制度设计初始由地方政府主导，却埋下了碎片化的隐患。地区间和地区内部保险架构极为复杂，出现社保基金盈余地区无法调剂欠缺地区，同一地区内不同制度间衔接困难，参保人群中出现富人多得，穷人少得甚至难以缴纳保费的等问题。对碎片化统筹很有必要性，整合时间越早，难度越小，成功性越大，后遗症越少。

以养老保险为例，首先应当尽快建立基本养老保险垂直经办体制，改善现行的属地管理体制。实行经办机构组织人事上的垂直管理，下级经办机构直接对上级负责。在此基础上，中央经办机构负责制定全国范围的养老保险基金收支预算，地方经办机构负责征缴养老保险费。其次要一步到位实现全国统筹，而不是由县到市再到省以上的逐级统筹，防止地方保护主义拖延不决。首先，解决无养老保险者的问题，实现“全体国民皆年金”；然后逐步解决养老保险层次复杂、相互分立的问题。为职业农民、被征地农民、农民工等建立统一的社会统筹账户，中央和省级政府对参保农民的社会统筹账户补贴应当全国统一。改革现行企业职工、事业单位和政府机关的养老金制度，统一所有参保者的社会统筹账户等。

（五）加强社保基金管理，提高基金使用效率

缓解社保支出压力，应加强社保基金管理，提高基金使用效率。我国社保基金管理中存在一些问题，如基金管理方面，统筹层次低带来基金互济性差；基金支付方面，基金管理权和调剂权归地方政府，而补偿责任主要依赖中央财政；基金运营方面，基金保值增值空间受限等。为保证投保人的利益，保值增值应成为社保基金管理与运营的核心问题。建议我国社保基金管理应遵循以下原则：第一，保持社会保险资产独立；第二，建立具有内控机制的社会保险基金托管机构；第三，社会保险资金由银行和专业托管机构管理；第四，社会保险基金投资人必须是专业的投资人。

参考文献：

[1]周小川．社会保障与企业盈利能力[J]．经济社会体制比较，2000(6)．

[2]邓大松，刘昌平．中国养老社会保险基金敏感性实证研究[J]．社会保障制度，2002(4)．

[3]刘鑫宏．企业社会保险缴费水平的实证评估[J]．江西财经大学学报，2009(1)．

[4]封进，张素蓉．社会保险缴费率对企业参保行为的影响—基于上海社保政策的研究[J]．上海经济研究，2012(03)．

[5]刘钧．社会保险缴费水平的确定：理论与实证分析[J]．财经研究，2004(2)．

[6]孙博，吕晨红．不同所有制企业社会保险缴费能力比较研究一基于超越对数生产函数的实证分析[J]．江西财经大学学报，2011(1)．

[7]程杰．“退而不休”的劳动者：转型中国的一个典型现象[J]．劳动经济研究，2014(5)．

[8]国家人口和计划生育委员会流动人口服务管理司．中国流动人口发展报告[M]．北京：中国人口出版社，2011．

[9]Nyland，C.，R. Smyth &C. Zhu，What Determines the Extent to which Employers will Comply with their Social Security Obligations? Evidence from Chinese Firm－level Data，Social policy & Administration，2006. 40(2)：196－214.

[10]黄庆杰．关于社会保险缴费负担的几点思考[J]．宏观经济管理，2012(10)。

[11]孙博，吕晨红．不同所有制企业社会保险缴费能力比较研究一基于超越对数生产函数的实证分析[J]．江西财经大学学报，2011(1)。

[12]詹长春,汤飞,梅强.小微企业社会保险缴费负担研究一以江苏省镇江市为例[J].探索,2013(6).
[13]郑功成，从地区分割到全国统筹——中国职工基本养老保险制度深化改革的必由之路[J]中国人民大学学报，2015(3).
[14]Orr，D.，The Determinants of Entry：A Study of Canadian Manufacturing Industries. The Review of Economics and Statistics，1974. 56(1)：58－66.
[15]Backer，K. D. and L. Sleuwaegen，Does Foreign Direct Investment Crowd Out Domestic Entrepreneurship? Review of Industrial Organization，2003. 22(1):67－84.
[16]毛学峰.贸易自由化背景下企业雇佣行为的实证研究.统计与决策,2009(10)。
[17]张琴,郭艳,李美玉.延长退休年龄还是增加缴费基数:养老金改革的路径选择与政策效应[J].经济理论与经济管理,2015(2).

课题组　组长:赵　忠
成员:丁大建　徐凤辉　夏　萍　杨剑青

第三次全国经济普查媒介呈现研究

作为一项庞杂而系统的大型国情国力调查，经济普查涉及范围大、普查对象广、技术要求高、组织协调难，对宣传以及回应社会关切的工作也提出了较高的要求。经济普查的宣传工作是否到位、有效，直接关系到普查对象支持配合的程度，决定着普查能否顺利、有效的实施开展，在整个经济普查工作中起到了至关重要的作用。

与五年前的第二次经济普查相比，第三次全国经济普查发生在媒体环境的巨大变革期，网络媒体影响力膨胀，微博、微信等社交平台广泛流行，挤压甚至取代了报纸、广播等传统媒体的社会影响力。普查宣传工作对新媒体的理解和使用，成为本次经济普查宣传工作中的难点。

为保证本次经济普查传播效果评估的准确性、经济性和可行性，中国传媒大学互联网信息研究院基于网络舆情指数体系，结合 I—Catch 全网动态分析系统和网络舆情 100 典型网站样本，筛选了 2013 年 1 月 1 日至 2015 年 3 月的全网信息，从中抓取传统纸媒、网络媒体、新浪微博、微信公众平台、贴吧、微博等多平台上的相关话题讨论全量数据，整理建立了“三经普”重点话题数据库，追踪分析了 1020000 篇新闻报道及 35109 条“三经普”相关网络数据。课题报告以数据分析作为切口，从参与覆盖度、传播影响力、传播引导力三个层面，科学测评、细致评估了本次经济普查工作的传播效果。从报告数据中，可得出以下重要结论：

针对第三次全国经济普查的宣传工作圆满达标，有效传达和普及了经济普查的价值和意义，赢得了广大经营单位的支持和理解，促进了调查工作合理有序的进行，为普查工作的顺利实施创造了良好的舆论环境。

传统媒体、政务网站及微博、微信等民间舆论平台对于该话题均给予了长期关注，少数典型事件得到舆论高度关注。媒体和网络对于经济普查的整体评价较为积极客观，整体舆论氛围和环境平稳向好，为第三次经济普查的顺利开展做了良好的信息普及和宣传铺垫工作，也为后续经济普查宣传提供了有效的经验借鉴。

网络媒体是此次“三经普”工作的主要宣传渠道，大众网站和社交平台的信息达到率高，覆盖人群广泛。全国经济普查是一个长期的和持续的事业，可借助影响力大的媒体进行宣传，增强网民对该事业的认知度，塑造亲民的宣传新形象，增强网民亲切感，有利于累计品牌价值和资产，提高对普查的理解，减少普查的阻力，增强对普查的支持。

一、“三经普”传播总体效果

(一)宣传效果顺利达标，舆论环境积极向好

三经普宣传总体达标，有效传达和普及了经济普查的价值和意义，赢得了广大经营单位的支持和理解，促进了调查工作合理有序的进行。传统媒体、政务网站及微博、微信等民间舆论平台对于该话题均给予了长期关注，少数典型事件得到舆论高度关注，整体舆论氛围和环境积极向好，为第三次经济普查的开展做了良好的信息普及和宣传铺垫工作。

(二)实现全媒体深度覆盖，信息到达率高

传播范围层面，普查宣传充分利用报刊、广播、电视和互联网等媒体，进行了全媒体环境的深度覆盖。第三次全国经济普查涉及上千万的法人和产业活动单位，涉及几千万家个体经营户，必须有效使用多种媒体平台进行共同协作。在报纸、广播、电视等传统媒体进行“高空轰炸”，加上在互联网门户网站、微博、博客、论坛、微信等新媒体平台进行信息的“深度渗透”，三经普整体立体传播效果明显，实现了较高的信息覆盖率和到达率。

(三)衍生议题广泛传播，影响力远高于往届普查

影响力层面，“三经普”传播达到了较高的社会影响力，普查通知实现了相关信息的高度认知和识别，普

查案例起到了一定的示范或警示作用。仅仅是“陈光标16吨人民币助力普查宣传”一个事件在新浪微博上就实现了2515万次的曝光，并伴随上万次的跟帖。此类重点话题经过网络舆论“意见领袖”的传播，在舆论场中的影响力呈几何级数上升，网民对该主题关注度大幅提高，使得本次普查的影响力大大高于以往。

（四）未出现不可控负面舆情，网民认知较为客观

引导力层面，因“三经普”话题所涉议题多数是中性话题，相关议题的报道80%为中性，多以普查通知和知识普及为主，难以在网络上形成舆情热度奇高的中心话题。但从总体上看，“三经普”的宣传也达到了议程设置与舆论引导的目的，普通民众对“三经普”话题的感知也较为中性，并未出现不可控的负面舆情事件，良好的舆论环境助力入户调查工作顺利开展。

二、“三经普”相关议题媒体传播情况

经统计，2013年1月至2015年3月期间，总计有1715家媒体参与了第三次全国经济普查相关话题的新闻报道。参与报道的媒体类型分布广泛，包括央视、四川电视台等电视媒体，《中国日报》、《中国信息报》等纸质媒体，并涉及各级政府网站、人民网、光明网等官方网络媒体以及各大门户网站。

2013年1月至2015年3月期间，各类媒体对第三次全国经济普查进行全程报道，报道总量总计为14580条，并在2014年1月份达到报道量峰值。新闻报道内容涵盖丰富，通知告知型报道数量最多。报道倾向整体偏客观中性，负面报道极少，未出现有影响力的负面舆情。

（一）媒体新闻覆盖度分析

1. 宣传报道覆盖普查全程，14年初达到报道量峰值

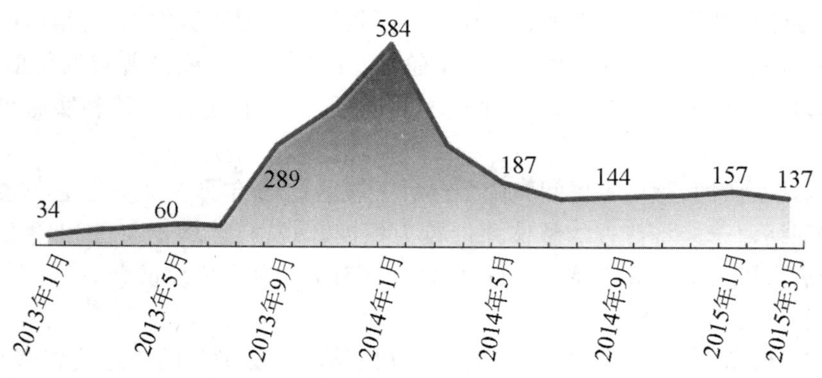

图1 “三经普”关键词媒介体报道量变化月度走势

数据来源：百度指数 2015.4

根据百度指数①可以得到2013年1月至2015年3月媒体对“第三次全国经济普查”话题的报道量指数，从而分析不同时间段“三经普”话题媒体报道量的特点。

第三次全国经济普查媒体传播情况整体呈现经过早期发酵后一路走高，到达巅峰又回落的趋势。2013年1月至8月间媒体报道量平稳预热，普查受媒体关注度稳定。随着普查的进一步开展，普查登记工作时间点临近，自2013年9月开始，媒体报道量呈现上升趋势，直至2014年1月到达巅峰，之后开始回落，2014年5月至2015年3月，受之前报道余热以及经济普查数据发布影响，媒体报道量走势平稳。根据媒体对“三经普”各类话题的报道量来看，普查通知、企业态度、个人炒作类事件受到各级媒体的关注度高。

2. 网络门户关注多于传统媒体，各层级媒体广泛参与

综合第三次全国经济普查媒体传播情况来看，2013年12月、2014年12月网络媒体与传统媒体的报道呈现双高峰。2013年底，各地普查准备工作告一段落、普查即将进入新阶段登记阶段，2014年底，普查数据采集工作完成，进入普查数据发布阶段，宣传部门号召媒体在此阶段进行集中报道，形成报道高峰。

研究院将传统媒体（电视、报纸）以及网络媒体（门户网站等）的报道篇数分别按照月度进行计数，形成以月为维度的趋势图。从整体走势来看，网络媒体的传播力明显高于传统媒体。网络媒体最高报道量出现

① 百度指数：数据来源于百度搜索，即通过自定义时间段和关键词，查询相应的媒体报道量数据。

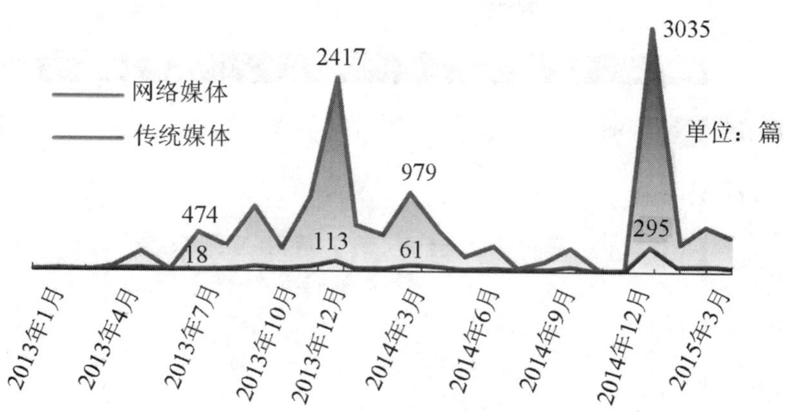

图 2 “三经普”传统媒体与网络媒体新闻报道量月度走势

数据来源：中国传媒大学互联网信息研究院 2015.4

在 2014 年 12 月，为 3035 篇，而传统媒体的最高报道量只有网络媒体最高报道量的十分之一。人民网、新华网等官媒，网易、新浪等各大门户网站以及部分地方网站都对第三次全国经济普查相关事件进行报道。

3. 中央级地方级媒体均有报道，纸媒关注度高于广播电视

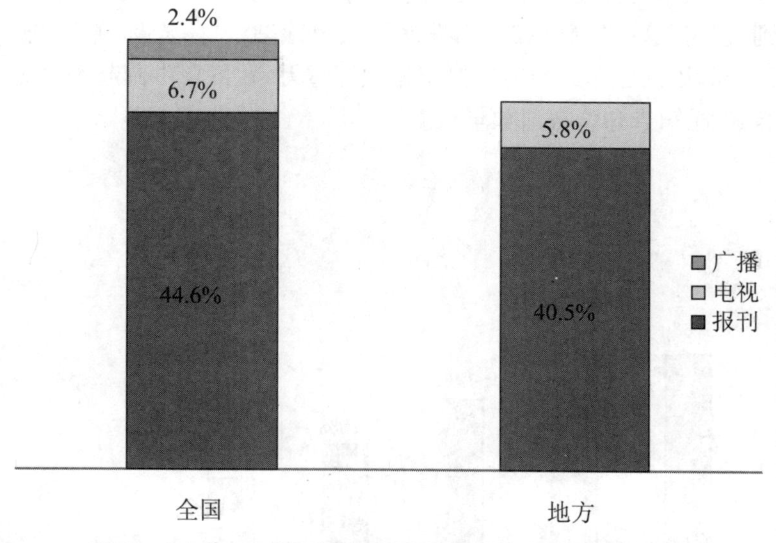

图 3 参与“三经普”话题报道的传统媒体级别与类型分布

数据来源：中国传媒大学互联网信息研究院 2015.4

统计电视①、报刊与广播②三大传统媒体有关三经普话题的报道量，并按照全国性媒体与地方性媒体分类，可以看出纸质报刊媒体对该话题的关注度远高于电视与广播媒体，占整体报道量的 85.1%。此外，全国性媒体对“三经普”话题的关注度略高于地方级媒体，占 53.7%。

全国性报刊中，《中国日报》、《中国信息报》对“三经普”话题的报道量较高。电视媒体对“三经普”话题的关注度较低，相关电视新闻主要集中在四川、湖北等省份。相比而言，广播电台对三经普话题的关注度最低，仅占 2.4%，关注点主要集中在普查宣传、专家评论方面。

(二)媒体新闻影响力分析

1. 新闻报道整体反应平淡，典型事件舆论影响力较大

经统计网易、腾讯、新浪、凤凰、搜狐五大门户网站的“三经普”相关新闻跟帖数，网民整体参与度偏低。网民跟帖数为零的报道占整体报道量的将近九成，网民跟帖数过百的报道只占整体报道量的 1.6%。“三经普”话题的相关报道多数偏平淡，缺少吸引人眼球的新闻点，该话题在门户网站的呈现位置偏后，推送频次

① 电视媒体：全国性电视媒体指上星卫视，其他为地方性电视媒体。

② 广播媒体：数据来源于中国广播网，地方广播电台数据未被统计在内。

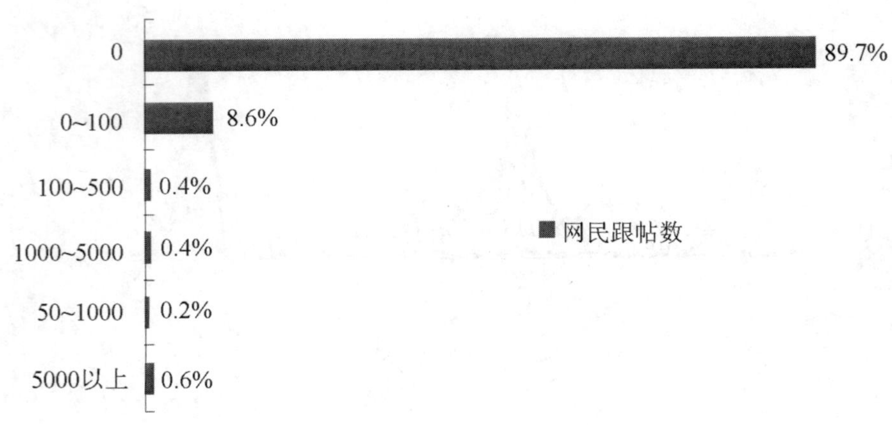

图 4 "三经普"话题门户网站报道网民跟帖数

数据来源:中国传媒大学互联网信息研究院 2015.4

不高。由于三经普所涉主体多为企业、单位,网民个人对此事关注度有限,持围观态度的网民远多于持参与态度的网民,网民跟帖数量较低。

第三次经济普查期间涉及敏感话题和知名人物的个别事件网民参与度高。"第三次经济普查或难涉及住房"这一新闻因牵扯到"住房"这一敏感话题,引发网民大量跟帖。"陈光标晒 16 吨人民币助推经济大普查",事件本身吸引网民眼球,该话题单条新闻网民跟帖数即过万,在民众中刮起舆论旋风。

2. 新闻报道内容丰富,通知告知型报道数量最多

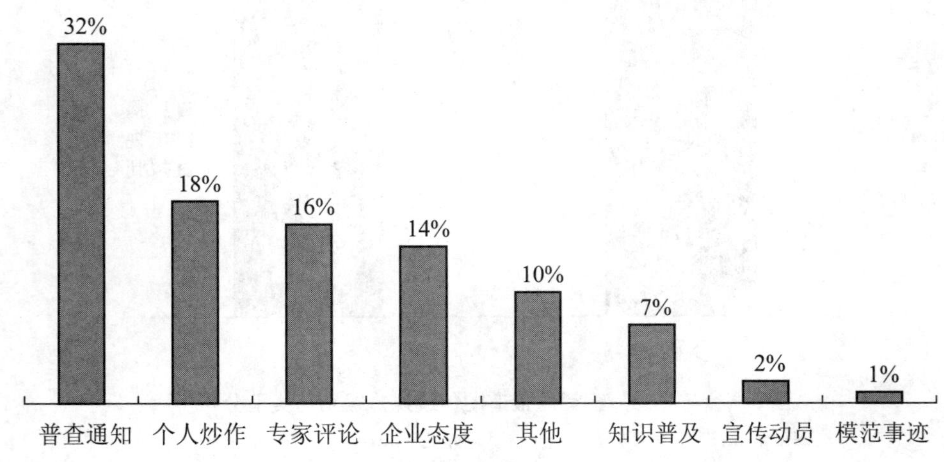

图 5 "三经普"话题媒体重点报道内容细分

数据来源:中国传媒大学互联网信息研究院 2015.4

通过对网易、腾讯、新浪、凤凰、搜狐五大门户网站的"三经普"相关新闻内容深度分析,由分类结果可以看出,新闻报道内容类型丰富,三成以上媒体报道还停留在通知告知阶段,深度报道类新闻少。在民众参与度排名前 100 的新闻中,普查通知类新闻有 32%,2014 年进入登记阶段、国家统计局开启全国经济数据大检查、各省市发布普查结果等通知类新闻较多。

新闻报道中,个人言行受媒体关注度高,个人炒作及专家评论共占 34%。"陈光标晒 16 吨人民币助推经济大普查"事件受到媒体全方位报道,"第三次经济普查难查住房信息、住房空置率权威机构需有所作为"等专家看法也受到媒体关注。

(三)媒体报道态度分析

1. 媒体报道较为客观,报道倾向以中性正面为主

通过将"三经普"话题的相关媒体报道(包括传统媒体和网络媒体)进行抽样,对 300 条样本新闻进行倾向性分析得出,媒体对于第三次全国经济普查的相关报道倾向较为客观,中性报道数量占据整体报道量的 80.3%。"第三次经济普查年底进行"等通知类新闻、"领导小组是怎样的议事协调机构"等科普类新闻数量

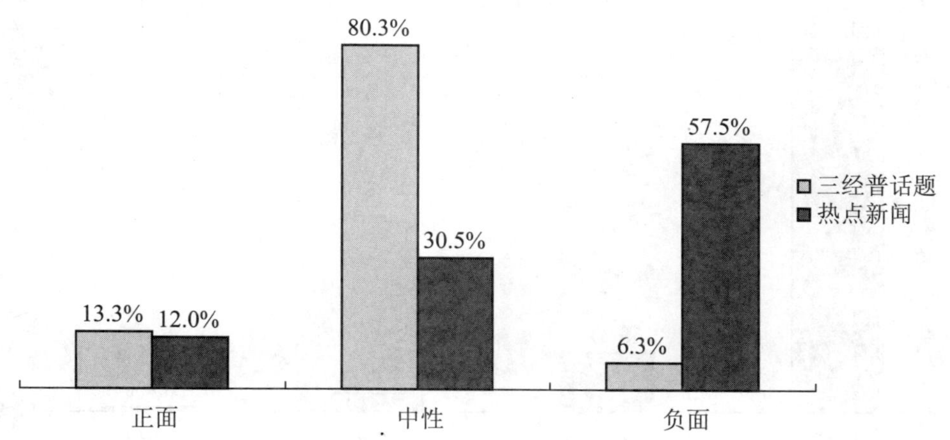

图 6 “三经普”话题媒体报道与同期热点新闻倾向性对比

数据来源：中国传媒大学互联网信息研究院 2015.4

较多，从客观中立的角度叙述“三经普”相关背景信息。

和同期热点新闻的负面信息比例（57.5%）相比，第三次全国经济普查相关的负面信息占比非常小，占比仅为 6.3%。“普查难涉及住房内容”、“央企拒经济普查”等负面新闻被媒体曝出。第三次全国经济普查的正面信息比例为 6.3%，“普查需如实填报信息”、“普查受民众支持”等正面信息被广为传播。

三、“三经普”相关议题网民参与情况

经统计，2013 年 1 月至 2015 年 3 月期间，网民对“三经普”相关话题进行全程持续关注，参与时段集中在 2013 年底至 2014 年初，2015 年初相对集中。网民对于该话题的讨论平台比较分散，微博、微信、论坛、博客四大平台多有涉及，总发帖量多达 21218 条，网民态度以客观中立为主。其中，微博平台用户的活跃度最高，发帖量达到 17208 条，政务微博成为微博宣传“主力军”。知名人物热炒典型事件也大幅提拉网民对于三经普话题的关注度，间接助力“三经普”话题的散播。

（一）网民整体参与度分析

1. 网民关注普查全过程，参与高峰时段集中

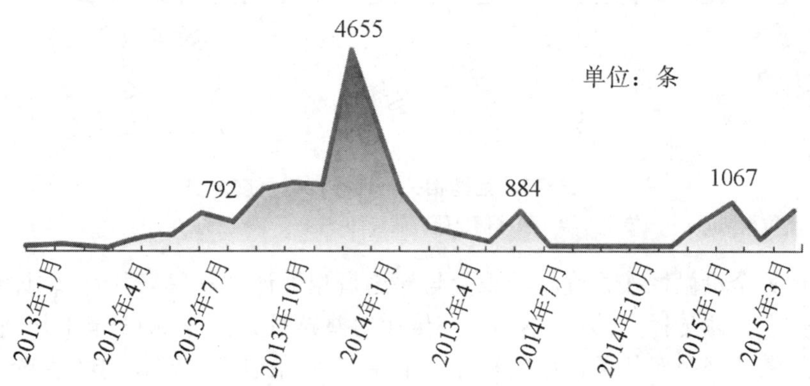

图 7 “三经普”话题网民发帖量月度走势

数据来源：中国传媒大学互联网信息研究院 2015.4

第三次全国经济普查时间跨度长，网民广泛参与主要集中在 2013 年 9 月至 2014 年 2 月以及 2014 年底至 2015 年 1 月这两个时间段，并在 2013 年底达到顶峰。“各地掀起第三次全国经济普查宣传热潮”、“陈光标 16 吨百元人民币堆砌演播室”、“各地第三次全国经济普查数据公布”等话题受到网友的广泛关注。

自 2014 年以来，普查进入登记阶段，网民参与度一直呈现下降趋势，2014 年 5 月底登记阶段告一段落，开始总结普查先进事迹、进入普查资料开发准备工作，“三经普”话题在网上再次升温。之后，网民参与度陷入沉寂期，直至普查数据发布，网民参与热情才再次回升。

2. 网民讨论平台分散，各平台网民参与度差异大

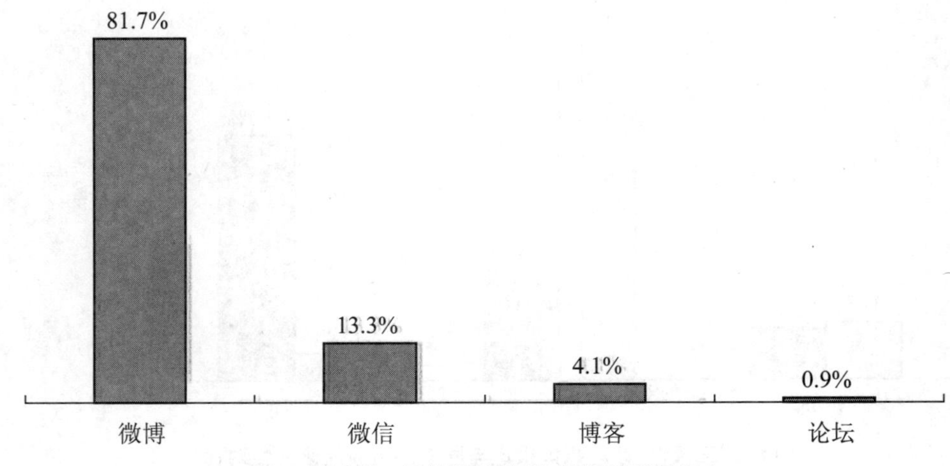

图 8　参与"三经普"话题讨论的风民所属平台

数据来源：中国传媒大学互联网信息研究院　2015.4

从微博、微信①、博客、论坛四个网民主要活动平台来看，各个平台网民对于"三经普"相关话题的参与度差异明显。四个平台中微博网民活跃度高，对"三经普"相关话题有参与热情。微博网民活跃度占 81.7%，是其他三个平台总和的 4.4 倍，是网民参与讨论的主要场所。博客与论坛本身用户活跃度比较低，两平台的用户对该话题的参与热情不高。

(二)微博网民传播力分析

1. 微博网民二次传播时间集中，13 年年底形成小高峰

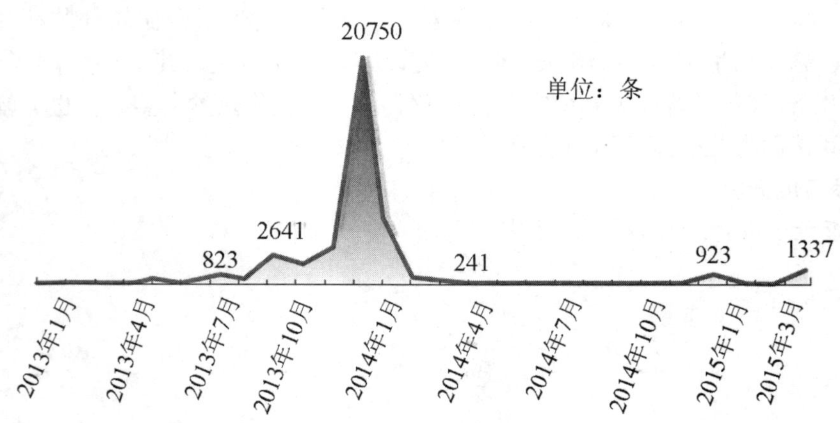

图 9　"三经普"话题相关微博转评量月度走势

数据来源：中国传媒大学互联网信息研究院　**2015.4**

对"三经普"话题相关全量微博按月度将转载量与评论量相加计数，可得到微博转评量月度走势图。网民对第三次全国经济普查整体传播力偏低，不同时期传播力差异明显。自 2013 年 1 月到 2015 年 3 月的 27 个月中，累计有 21 个月微博网民对相关话题的转评总量在 1000 条以下。2013 年 9 月至 2014 年 1 月，网民转评量呈现井喷趋势，并在 2013 年 12 月达到峰值，为 20750 条，之后迅速回落，直至普查数据发布阶段才略有上扬。经济普查知识"速成班"开课、第三次经济普查的标准时点和普查时期在网上引发网友大量转评，掀起二次传播浪潮。

2. 知名新闻人物提拉关注度，政务官微宣传频次高

通过对"三经普"话题转发量前十的微博进行排序，并对其发布账号、账号性质、微博曝光量分别进行统计后可发现，和"陈光标 16 吨钞票宣传经济普查"事件相关的话题有四个，其余均是经济普查相关知识普及、意义宣传和成果汇报。热门人物、热点话题引发网友的极大兴趣，借助话题标签，在网上迅速升温，相关微博曝光量高，强力搅动舆论场。

---

① 微信：微信数据指微信公众平台的数据，不包括微信群以及点对点的数据。

表 1 微博转发量 TOP 10 话题对比

微博转发量 TOP10 话题榜	发布账号	账号性质	微博曝光量	转发量(条)	评论量(条)
陈光标堆砌 16 吨钞票宣传经济普查:欢迎来查	@新浪财经	媒体微博	1599 万	1457	687
#16 吨人民币#	@微博新鲜事	新浪官微	370 万	1196	628
经济普查知识“速成班”开课啦!	@陕西统计	政务微博	138 万	1134	970
经济普查需要您的理解配合与支持	@重庆统计	政务微博	44 万	625	27
陈光标 16 吨百元人民币堆砌演插室:欢迎来查我!	@环球时报	媒体微博	211 万	425	259
一分钟读懂中国经济普查	@中国经济普查	政务微博	443 万	361	53
马建堂局长介绍第三次全国经济普查情况	@陕西统计	政务微博	26 万	329	287
第三次经济普查的标准时和普查时期	@陕西统计	政务微博	35 万	315	315
陈光标 16 吨钞票搭建“演播室”:欢迎查我	@南方日报	媒体微博	335 万	267	181
中国铁路总公司部署开展第三次全国铁路运输业经济普查	@沈阳铁路	政务微博	69 万	261	180

第三次全国经济普查相关话题微博发布账号多来自于政务微博,政务类话题讨论占据舆论场主导地位。转发前十的微博中有六个来自于政务微博,政务微博在微博舆论场的话题传播中主要起到知识普及和普查宣传的作用,在舆论场中影响力大、号召力强,发布的信息多以通知普查情况、科普普查知识为主。

(三)网民评论态度分析

1. 网民情绪较为平稳,负面话题主要集中在质疑数据层面

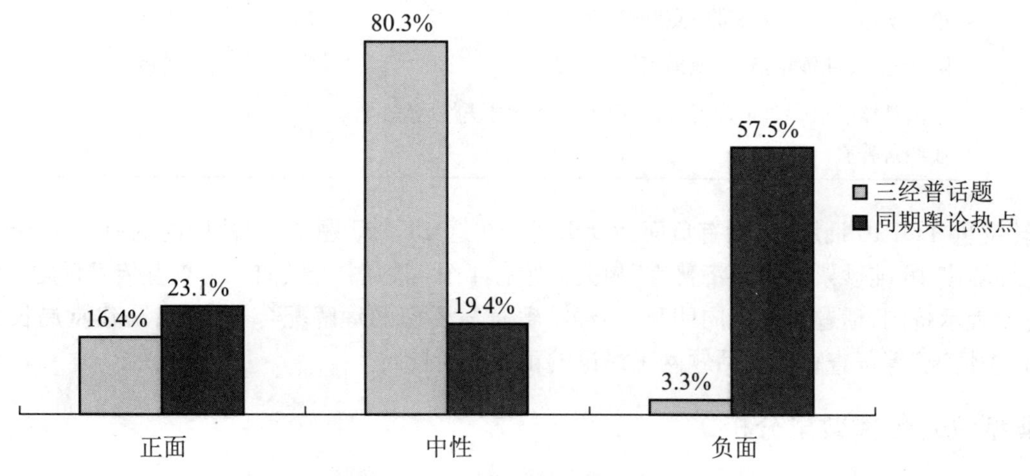

图 10 “三经普”话题网民态度与同期舆论热点倾向性对比

数据来源:中国传媒大学互联网信息研究院 2015.4

第三次全国经济普查网民态度比较客观中立。网民中性倾向占 80.3%,是正、负面倾向总和的 4 倍。大多相关话题本身偏中性色彩,如普查进程通知、普查宣传等,可辩论性不高。该话题在网上很少产生过激讨论,网民情绪整体偏平稳。

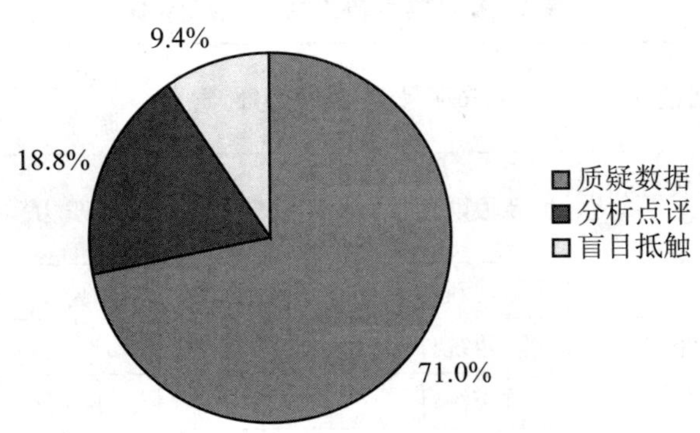

图 11 “三经普”话题网民负面倾向内容细分

数据来源：中国传媒大学互联网信息研究院 2015.4

对“三经普”话题的网民相关言论（包括新浪微博、新浪博客和论坛）进行随机抽样，将其中负面话题进行分类分析。网民负面情绪主要集中在怀疑数据真实性方面，质疑数据占网民负面话题的 71.9%，例如 39 家企业产值 5.8 亿上报称 44 亿、淮安的国家经济普查结果有猫腻等负面话题受到网民关注。此外，还有 9.4%的网友对全国第三次经济普查数据发布属于盲目抵触，负面情绪具体指向性不明显，只是单纯的情绪表达。

2. 话题倾向多为中性，宣传类话题产生正面影响

表 2 微博转发量 TOP10 话题倾向对比

微博转发量 TOP10 话题榜	倾向性	情感倾向指数[4]
陈光标堆砌 16 吨钞票宣传经济普查：欢迎来查	中性	48
#16 吨人民币#	中性	39
经济普查知识“速成班”开课啦	中性	42
经济普查需要您的理解配合与支持	正面	81
陈光标 16 吨百元人民币堆砌演播室：欢迎来查我！	中性	52
一分钟读懂中国经济普查	中性	21
马建堂局长介绍第三次全国经济普查情况	正面	66
第三次经济普查的标准时点和普查时期	正面	71
陈光标 16 吨钞票搭建“演播室”：欢迎查我	中性	45
中国铁路总公司日前部署开展了第三次全国铁路运输业经济普查	中性	48

微博转发量 TOP10 话题中，没有负面话题出现。在这 10 个话题中，中性倾向的有 7 个，正面倾向有 3 个。“陈光标堆砌 16 吨钞票宣传经济普查”相关话题有 4 个，都为中性倾向。普查宣传类话题在网上引发热议，网友纷纷表示赞同，话题正面倾向明显。“经济普查需要您的理解配合与支持、马建堂局长介绍第三次全国经济普查情况”等普查宣传类话题网民讨论的正面倾向较高。

四、典型议题传播效果分析

（一）“三经普”典型事迹传播分析

1. 陈光标晒人民币事件推高“三经普”话题舆论热度

2013 年 12 月 24 日晚，陈光标晒出重量达 16 吨的人民币，并用纸币堆成一间演播室录制视频。对此，陈光标称：“备受关注的第三次全国经济普查就要开始了”，还声明“经济普查，利国利民，从标哥查起”。其夸张行为虽然在主观上有为个人造势的嫌疑，但在客观上也达到了帮助宣传第三次全国经济普查的效果。

与此主题相关的微博 TOP10 十大话题里面，关于第三次经济普查的就有四个是和陈光标的“16 吨人民币”有关，并且被@新浪财经、@微博新鲜事、@环球时报、@南方日报等大号转发，总曝光量达到 2515 万次，

网民跟帖数过万，并受到传统媒体的全面跟进报道，由此引发网民关注和转发形成舆论焦点，引发持续热议，间接为“三经普”做了宣传和广告。

2.“普查结果不作为处罚依据”有效回应舆论关切

在历次的全国经济普查过程中，普查对象的不配合、不诚实申报现象，多源自经营者普遍存在的疑问，即担心普查结果被作为工商、税务部门“处罚”的依据。本次“三经普”宣传以“普查结果不作为处罚依据”为宣传重点突出强调，主题鲜明，收效良好。

据研究院统计，关于“三经普”话题的全网数据中，共有728000条提及这项普查规定，在全部话题数据中占比高达66.8%。厘清关键问题，突出宣传重点，有助于消除各级各类企业主和个体工商户的疑虑，有利于普查工作真实、有效展开。

(二)违法违规事例查处通报情况效果分析

1. 四川盐亭统计造假事件被公布，有效震慑普查造假现象

2013年12月13日，国家统计局、四川省政府官网同时发布《四川省统计局关于盐亭县统计违法案件的通报》。该通报指出，根据国家统计局执法检查组8月中旬对四川省盐亭县的统计执法检查结果，2012年盐亭产值报送数34亿元，初步核实数6亿元，虚报额28亿元；2013年1—7月产值报送数26.9亿元，初步核实数4.1亿元，虚报额22.8亿元。根据执法检查结果，四川省启动问责机制，提出对包括该县县委书记、县长在内的有关责任人和责任单位的一系列责任追究初步处理意见。

该事件一经曝光后，中国新闻网、光明网、凤凰网、新浪网财经频道、中国经济时报等知名新闻网站第一时间报道转载，产生较为广泛的舆论影响力。在第三次全国经济普查拉开帷幕的关键阶段，此案的公开通报对于各级地方政府和经营户的造假、报假现象震慑作用大，有助于普查数据的真实有效，有助于普查的有效、有序、如实展开。

2. 少数央企抵触基层普查员，媒体曝光警示同类倾向

部分企业对普查意义理解不够，对基层普查员存在抵触情绪。例如，在湖北武汉，央企拒绝街道办工作人员调查，“我们不搞经济普查，你们也没资格普查我们”，并表示，“我们是铁路局的公司，是央企，你们街道级别不够”。普查员解释，经济普查应按“在地经营”原则进行，即在哪里经营就在哪里登记，但该负责人坚持拒绝登记。

此类议题作为违规典型案例，也得到了媒体曝光，在“三经普”相关重点报道中占比多达14%。少数央企抵触基层普查员的事件也折射出部分企业官本位严重，对普查意义理解不足等问题。通过媒体报道，可有效警醒和提示类似倾向，对于被调查者摆正心态，促进调查科学、合理、稳妥的推进具有实际意义。

五、“三经普”宣传经验总结

(一)宣传工作需要各部门全方位统筹配合

全国经济普查是一项系统工程，涉及统计、发改、财政、工商、税务、教育、交通、建设等诸多部门，还涉及铁路、邮政、金融等行业。经济普查既需要众多政府部门和有关单位的直接配合，又需要统计部门内部几乎所有专业的共同参与，统一协调难度大。

同时经济普查是政府工程，媒体宣传具有无偿性，但是一些地方新闻机构受利益驱动，对这种无偿宣传工作积极性不高；甚至把严肃的政府行为视为商业活动，以收取费用作为宣传条件，删减宣传内容、减少宣传频度、缩短宣传时间，降低了宣传的质量，增加宣传工作协调难度。

(二)宣传信息应紧密结合各普查阶段工作要求

经济普查是一项重大的社会系统工程，工作繁杂，时间跨度大，宣传工作要求持久。经济普查，整个工作分为前期准备、普查登记、数据处理和开发应用四个阶段。在经济普查初期，要集中宣传普查的目的、意义和方法，让普查对象了解普查，明确自己的责任和义务，打消顾虑；在普查登记期间，要集中宣传与普查相关的法律、法规和基本要求，让普查对像了解要依法配合普查，如实申报数据。

(三)宣传风格可更加亲民、接地气

“三经普”宣传信息大多由政府部门发出，脱不开官话官气，离老百姓常用的语境和气场比较远，自然很难产生共鸣。在宣传中可以少一些官方红头文件的字斟句酌，多一些街头巷尾的土话俚语，那些个体户和小商贩理解起来更接地气，亲民应成为宣传的新形象。

全国经济普查是一个长期和持续的事业，有必要设立长期的经济普查形象识别系统，增强民众的亲近感和认知的一贯性，也有利于累计品牌价值和资产，减少普查的阻力。

(四)大众网站和社交平台的信息传播效率高

第三次经济普查在进行宣传过程中，对目标人群媒体使用习惯缺乏细致科学分析，以致很多“三经普”相关动态信息发布在统计局系统内部的专业网站上，这些网站具有专业性和行业性特征，被调查者通常情况下很少主动访问该类型网站，从而出现“传而不达”的情况。因而使用非专业性的大众网站和社交平台对于信息的传递更为有效。

(五)目标受众不应忽视广大普查工作者

广大普查工作者是整个普查工作的主力军。从经济普查宣传现状来看，往往忽视了对普查系统自身的宣传动员。各级普查机构虽然都分级、分专业对普查骨干、普查指导员和普查员进行了有针对性的业务知识培训，有效地提高了普查队伍的业务水平，但是对普查人员的思想道德、责任感和遵守统计法律的意识缺乏深入细致的宣传教育。当遭遇普查对象的冷眼相对和尖锐言辞时，他们容易产生畏难情绪，甚至丧失信心，进而影响普查工作的质量。

(六)针对个体户、大型单位的宣传更需精准化

经济普查对象群体庞杂，领域广、行业多，各种经济性质并存，产业形态并存，人员的素质和利益多元且多层，他们的工作、生活和消费心理和习惯差别巨大，许多单位和个体经营户怕普查和工商、税务挂钩，会使自己的切身利益受损，如财务状况、生产经营及生产能力等。

在这样的调查背景下，对被调查群体进行细致和深入的分类研究，准确描绘每类被调查者的特征，提供有针对性的宣传方案，对于重点人群主动解疑释惑，才能使信息和广告的投放避免“跟着感觉走”，以推动普查工作顺利实施。

本报告为第三次全国经济普查宣传工作绩效评价的一部分

我国生产性服务业发展现状研究

一、研究背景

生产性服务业，以人力资本和知识资本作为主要投入，涉及农业、工业、服务业等产业的多个环节，具有专业性强、创新活跃、产业融合度高、带动作用显著等特点，是推动产业结构调整升级的重要力量，是现代全球产业竞争的战略制高点，也是全球价值链中的主要增值点和盈利点。

近年来，随着我国经济发展"转方式、调结构"战略布局的全面展开，服务业已成为拉动经济发展的主要引擎，而生产性服务业发展的规模、速度与水平对服务业总体发展的影响，尤其对我国经济结构转型升级，发挥着至关重要的作用。长期以来，在我国统计标准的研究与制订中，一直未对"生产性服务业"做出准确的界定，致使生产性服务业相关统计数据的采集与分析研究处于薄弱的状态，这一状况已成为各级党政领导和社会关注的焦点。

本课题利用2013年第三次全国经济普查数据及相关年份历史数据，按照2015年国家统计局和国家发展改革委联合印发的首个国家级《生产性服务业分类(2015)》，研究测算了我国生产性服务业的规模结构；进行了生产性服务业与其他行业的关联性研究；对我国现阶段生产性服务业的发展水平进行了国际比较；并提出了加快生产性服务业发展的政策建议。

二、生产性服务业基本概念

生产性服务业，亦称为生产者服务业或厂商服务业，这一概念始于上世纪60年代中期，由美国经济学家H. Greenfield在研究服务业及其分类时最早提出。

对于"生产性服务业"的内涵和外延，不同国家和不同学者不断探究，持有不同的理解和内容划分方法，并且随着经济社会发展而不断变化，但对这一概念的内核在认识上基本达成共识。对生产性服务业的概念，可分别从服务功能与服务活动两个角度加以理解。

一是从服务活动的角度，可以将生产性服务业理解为是与消费性服务业相对应的一对概念，也就是从国民经济行业分类的角度理解生产性服务业所覆盖的行业范围，主要包括交通运输业、金融服务业、信息服务业和商务服务业等国民经济行业领域。

二是从服务功能的角度，可将生产性服务业理解为不是直接用来消费的服务，而是一种中间投入，也就是从国民经济投入产出的角度，即其在整个国民经济产业链中所发挥的作用来理解生产性服务业。它是脱胎于制造业内部为生产提供服务的部门，最早是从企业内部生产、服务部门分离和独立发展起来的，主要为生产经营主体而非直接向消费者提供中间服务投入的部门。随着经济社会发展，生产性服务业的内涵与外延会不断扩大，从理论意义上说，生产性服务业应包括所有为三次产业生产过程(包括工农业生产、商务活动和政府管理等)提供中间服务投入的部门。

我国政府部门公开使用生产性服务业的概念见诸于国民经济和社会发展"十一五"规划纲要，而后，"十二五"规划纲要、服务业发展"十二五"规划、党的十八大报告等一系列党中央、国务院的重要政策性文件，列为深化改革的主要内容。2014年8月，《国务院关于加快发展生产性服务业促进产业结构调整升级的指导意见》(国发〔2014〕26号)出台，2015年4月，国家统计局和国家发展改革委员会联合印发《生产性服务业分类(2015)》(国统字〔2015〕41号)。这一国家级生产性服务业分类标准的正式出台，为我国生产性服务业统计概念与范围的界定、统计数据的采集和分析研判，提供了操作依据。这一标准的界定就是从服务活动的角度出发，对国民经济行业分类中符合生产性服务业特征的有关活动进行了再分类。主要包括为生产活动提供的研发设计与其他技术服务、货物运输仓储和邮政快递服务、信息服务、金融服务、节能与环保服务、生产性租赁服务、商务服务、人力资源管理与培训服务、批发经纪代理服务、生产性支持服务等。

三、我国生产性服务业发展现状

(一)法人单位众多,比重不断提高

2013 年末,全国从事生产性服务业的法人单位 408.1 万家,占全部法人单位总数的 37.7%,其中,企业法人单位 373.4 万家,行政事业和非企业法人单位 34.6 万家。分行业来看,批发和零售业①集中了 43.1%的生产性服务业法人单位,共计 175.1 万家;租赁和商务服务业,科学研究和技术服务业分列二、三位,分别有生产性服务业法人 87.5 万家和 47.3 万家。从法人单位类型看,经过多年的市场化改革,绝大部分行业的单位主体是企业法人,部分偏重公共服务的行业,如教育和农林牧渔服务业中,事业单位和非企业法人单位的占比较高,分别为 60.6%和 65.8%。

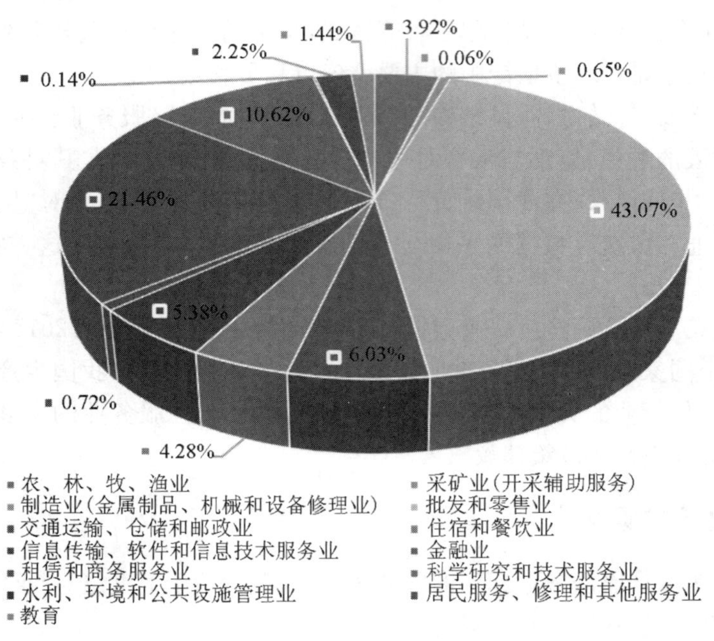

图 1 2013 年生产性服务业法人单位行业结构图

随着国家"十一五规划"、"十二五规划"的全面实施,尤其是近年来工商登记制度改革的推进,我国服务业尤其是生产性服务业的发展取得了长足的进步。生产性服务业法人单位数量大幅增加,比重不断上升,我国生产性服务业法人单位已经占据服务业法人单位总量的半壁江山。据测算,2004 年,我国生产性服务业法人单位只占服务业法人单位总数的 34.6%,共有 124.3 万家;2008 年,这一比重提高了 7.4 个百分点,占比达到 42.0%,全国共有 205.8 万家法人单位从事生产性服务业活动;2013 年底,这一数值再次提升,生产性服务业法人单位数量占服务业法人单位数量的比重高达 50.3%。

从增长速度看,生产性服务业法人单位的年均增长速度高于服务业平均水平,且呈现加快增长趋势。2004—2008 年间,生产性服务业法人单位年均增长 13.4%,高于同期服务业法人单位 8.1%的年均增长水平;2008—2013 年间,生产性服务业法人单位的增速呈现加快趋势,年均增速达到 14.7%,亦高于服务业法人单位年均增长 10.6%的平均水平。

(二)从业人员大幅增加,部分行业户均从业人数减少

伴随着生产性服务业法人单位数量的快速增长,生产性服务业从业人数也呈现出较快增长趋势。从 2004 年至 2013 年,我国生产性服务业法人单位从业人员总量实现了翻番,从 3355 万人增长至 7753 万人。2013 年底,我国生产性服务业法人单位从业人数占服务业法人单位从业人数比重为 47.9%,较 2004 年的 34.9%,提高了 13 个百分点,生产性服务业日益成为吸纳劳动力就业的主渠道。

分行业看,从事传统服务业与新型服务业的人员比重相对均衡。48.7%的人员从事批发和零售业、交通运输仓储和邮政业、住宿和餐饮业行业;44.5%的人员从事信息传输软件和信息技术服务业、金融业、租

---

① 此处行业门类指行业门类中的生产性服务业活动,下文在描述从业人员、营业收入情况时,表述与此相同。

赁和商务服务业、科学研究和技术服务业以及职业教育等新型服务业。

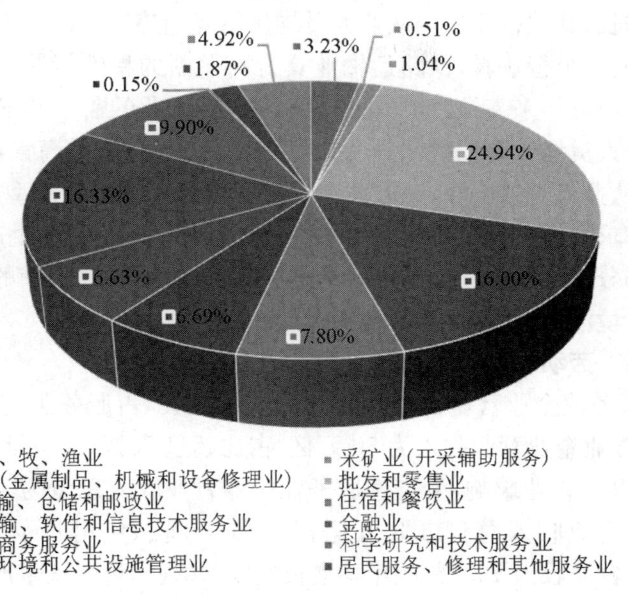

图 2　2013 年生产性服务业法人单位从业人员行业结构图

研究发现，近年来生产性服务业法人单位的户均从业人数呈现减少趋势。普查数据显示，2013 年我国生产性服务业法人单位户均从业人数为 19 人，较 2008 年下降了 4.3 人。分行业看，29 个涉及生产性服务

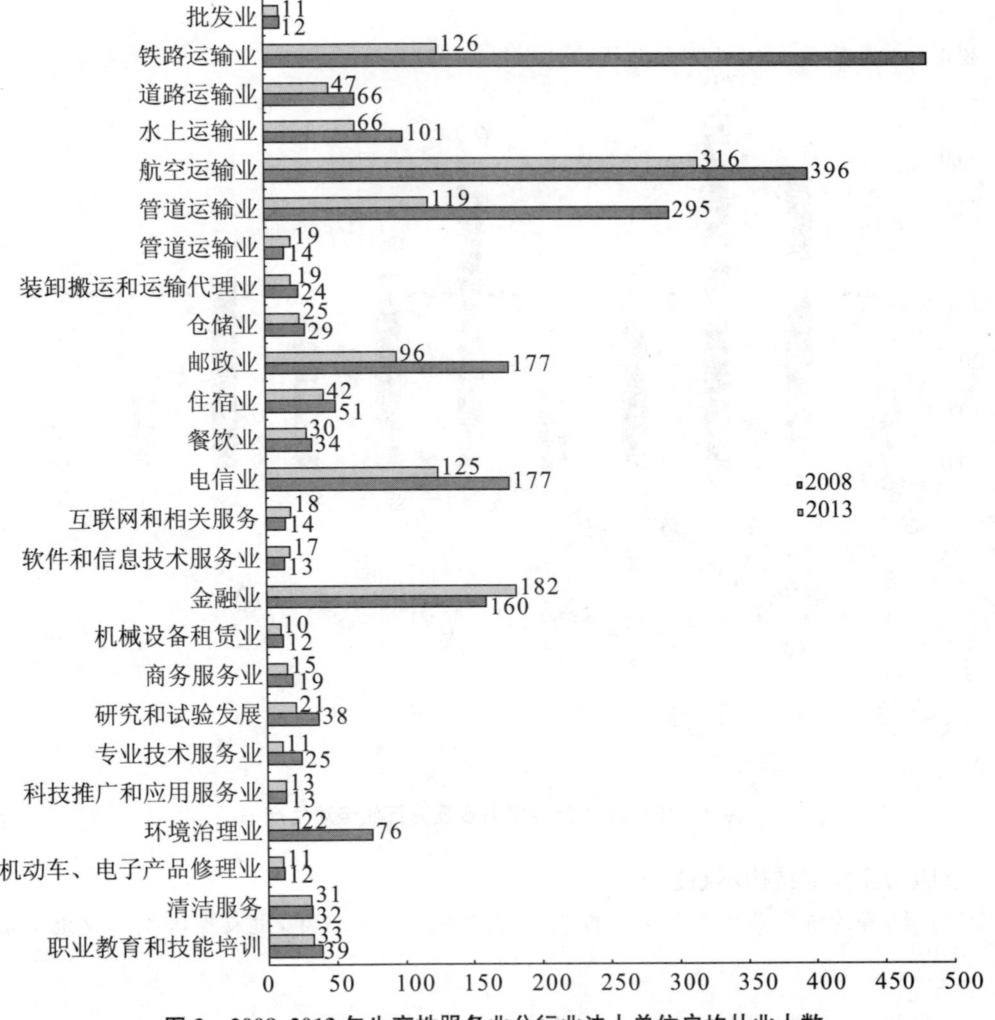

图 3　2008、2013 年生产性服务业分行业法人单位户均从业人数

资料来源：根据第二次、第三次全国经济普查数据计算所得，数据来源于国家统计局官网。

业的行业大类中，仅有铁路运输业、金融业、互联网和相关服务业、软件和信息服务业 4 个行业的户均从业人数与 2008 年相比实现了增长，其他行业户均从业人员均呈下降趋势。

从户均从业人员增长的几个行业看，铁路运输业具有高垄断的特殊行业属性，由大中型国有企业掌控的法人单位数量增加有限，但近年来高铁、动车的迅猛发展，对就业的需求凸显，户均从业人员数量急剧拉升；其他几个行业户均从业人员增长则反映出新兴服务业的快速发展，对高素质的专业技术人才的吸纳能力旺盛。大部分行业户均从业人员的下降，一方面在一定程度上反映出传统型服务业受近年劳动力成本上升影响，减员增效的内生需求加大；另一方面也反映出技术进步对企业劳动生产率的提高起到积极的促进作用；同时也显现出我国部分生产性服务业行业处于不成熟发展阶段，摊子铺的大，而具有相应专业技能的人力资源支撑不到位，如环境治理业等。

（三）营业收入快速增长，劳动生产效率较高

2013 年，我国生产性服务业企业营业收入总量达 71.2 万亿元，占服务业企业营业收入的 78.1%，其中，批发和零售业中生产性服务业企业营业收入为 50 万亿，占比超过 70%，这与批发和零售业行业经营特点有关。若扣除金融业①、批发和零售业影响，生产性服务业企业营业收入总量为 15.7 万亿，与 2008 年二经普同口径生产性服务业企业营业收入总量 6.8 万亿相比，5 年间总量增长了 2.3 倍，年平均增长速度为 18.3%，快于同期工业企业营业收入 16.3%的年均增长速度，显现出近年来生产性服务业快速增长的势头。

从劳动生产效率②来看，生产性服务业法人单位（不含批发和零售业、金融业）的平均劳动生产率达到 33.8 万元/人，比服务业（不含批发和零售业、金融业）22.5 万元/人的平均劳动生产率高出 50.2%。分行业看，金属制品、机械和设备修理业中生产性服务业法人单位平均劳动生产率最高，为 70.0 万元/人，信息传输、软件和信息技术服务业中的生产性服务业次之，为 60.0 万元/人。

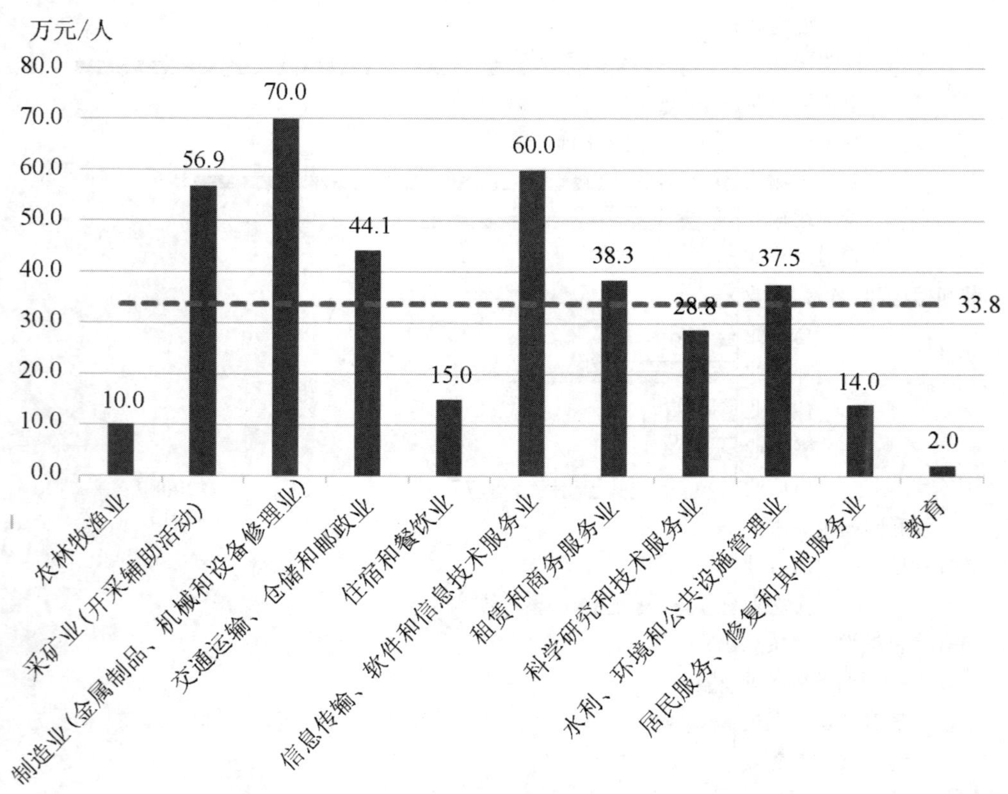

图 4 2013 年生产性服务业及分行业劳动生产率

（四）生产性服务业内部结构不断优化

批发和交通运输等传统行业依然是生产性服务业的主体。2013 年，批发零售业③，交通运输仓储和邮政

① 金融业营业收入特殊，且第二次经济普查缺少金融业相关财务数据，因此不列入计算。

② 本文中劳动生产率＝营业收入/从业人员。

③ 此处增加值为行业门类增加值，下同。

业等传统服务业增加值占服务业增加值比重为 30.2%，与 2008 年相比，降低了 1.5 个百分点，仍然是我国生产性服务业的主要组成部分。这与我国粗放型的经济增长方式，以及分销服务方式的效率与价格因素有一定关系。

金融服务业规模扩大，互联网金融迅速崛起。2013 年，金融业增加值占服务业比重比 2008 年提高了 1.5 个百分点，达 15.1%；从业人员近 415 万人。在大数据、云计算等现代信息技术手段的推动下，互联网金融迅速崛起，P2P 网贷、众筹、第三方支付、数字货币、大数据金融等新业态不断涌现。据相关统计数据①显示，2014 年，我国互联网金融规模已经突破 10 万亿；P2P 贷款总成交额累计超过 2500 亿，较上一年增长 140%；当年新增众筹平台 142 家，占众筹平台总数的 75%，募集资金较上年翻番，达到 46.66 亿。

租赁与商务服务业、科学研究和技术服务业等新兴服务业发展迅速。2008 年至 2013 年间，租赁与商务服务业、科学研究和技术服务业营业收入年均增长分别为 20.9%、21.1%，均高于生产性服务业 18.3%的年均增长水平。从结构占比看，租赁和商务服务业占生产性服务业营业收入比重从 27.6%上升到 30.7%；科学研究和技术服务业占比也从 12.5%上升到 14.1%，提升幅度较大、提升速度较快。随着这些行业所覆盖的处于产业链中上游的研发设计、市场营销、广告、人力资源管理等服务活动的快速发展，新兴服务业在国民经济中总量小、占比低的现状将逐步扭转，新兴服务业将成为我国经济转型升级、提质增效的重要支撑。

四、生产性服务业与相关产业的关联性分析

生产性服务业与国民经济相关产业的联系可以从两个维度考察。一方面，生产性服务业消耗了大量其他产业的产品和服务，拉动了其他产业的产出；另一方面，其他产业在产品或服务生产过程中也消耗了大量的生产性服务，支持着生产性服务业的发展。以下利用 2012 年投入产出表和 2010 年投入产出延长表进行分析。

(一)生产性服务业与制造业密切关联，对服务业影响力增大

2012 年投入产出表计算结果显示，我国生产性服务业②与制造业相互依赖、相互促进、关系紧密。生产性服务业对第二产业的直接消耗系数为 0.19，即生产性服务业每增加 1 个单位产值，需要消耗 0.19 个单位的工业产品，这一系数远高于对农业的直接消耗系数，略低于服务业，显示出生产性服务业对制造业较强的拉动作用；而从直接分配系数来看，生产性服务业对第二产业的依赖性最强，直接分配系数高达 0.39，说明短期内制造业的稳定增长对生产性服务业发展至关重要。

表 1　2010、2012 年生产性服务业与三次产业的直接消耗和分配系数

产　业	2010 年		2012 年	
	直接消耗系数	直接分配系数	直接消耗系数	直接分配系数
第一产业	0.0078	0.0146	0.0047	0.0149
第二产业	0.2167	0.2992	0.1915	0.3907
第三产业	0.2434	0.2002	0.2989	0.3104

与 2010 年相比，近年来我国经济转方式、调结构颇具成效，生产性服务业与服务业间的联系越来越紧密，对服务业的影响力明显增长，并持续放大。2010 年我国生产性服务业对第三产业的直接消耗系数为 0.24，生产性服务业对服务业和制造业的拉动效果基本保持一致，到 2012 年底，生产性服务业对第三产业的直接消耗系数已增至 0.30，生产性服务业对服务业拉动效果明显放大，服务业内生动力正在孕育。而从直接分配系数来看，依赖作用也在逐步增强，两年时间，生产性服务业对第三产业的直接分配系数从 0.20 增长至 0.31，虽然仍低于对第二产业的直接分配系数，但增长速度较快。

(二)生产性服务业与制造业主要行业存在互动关系

从直接消耗系数来看，主要工业行业中，生产性服务业对石油加工、炼焦和核燃料加工业，计算机、通信

---

① 互联网金融等数据来源于中国互联网金融行业协会等机构

② 此处生产性服务业范围包括：批发和零售业，交通运输、仓储和邮政业，信息传输、软件和信息技术服务业，金融业，租赁和商务服务业，科学研究和技术服务业。

和其他电子设备制造业，汽车制造业，电气机械和器材制造业，印刷和记录媒介复制业五个行业的拉动效果最为明显，直接消耗系数分别为 0.0444、0.0217、0.0183、0.0165、0.0131。分行业看，生产性服务业各行业对这五大制造业行业的拉动侧重各不相同。交通运输仓储和邮政业对属于高耗能产业的石油加工、炼焦和核燃料加工业拉动作用最强；而信息传输、软件和信息技术服务业、租赁和商务服务业、科学研究和技术服务业等新兴服务业，对分属战略性新兴产业和高技术制造业的电气机械和器材制造业、计算机、通信和其他电子设备制造业拉动作用更为显著。

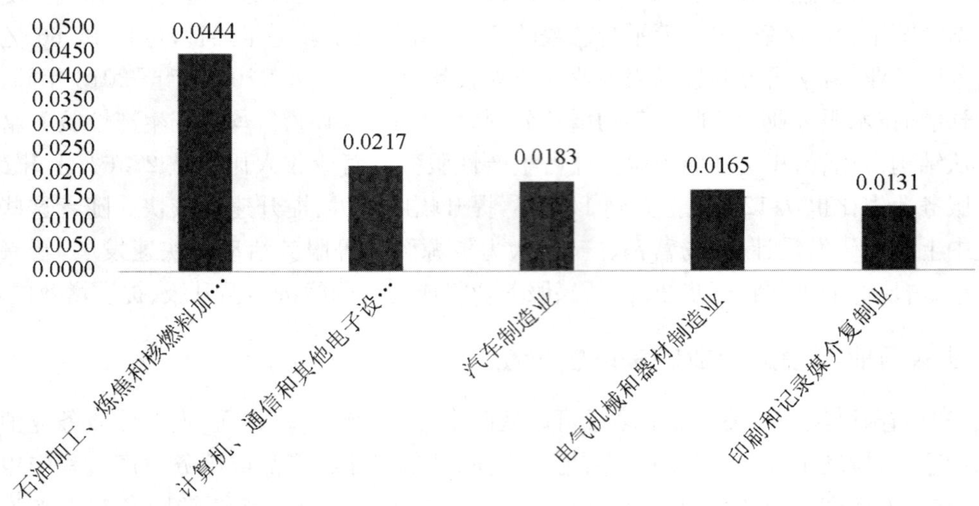

图 5　2012 年制造业行业对生产性服务业直接消耗系数排名前 5 位

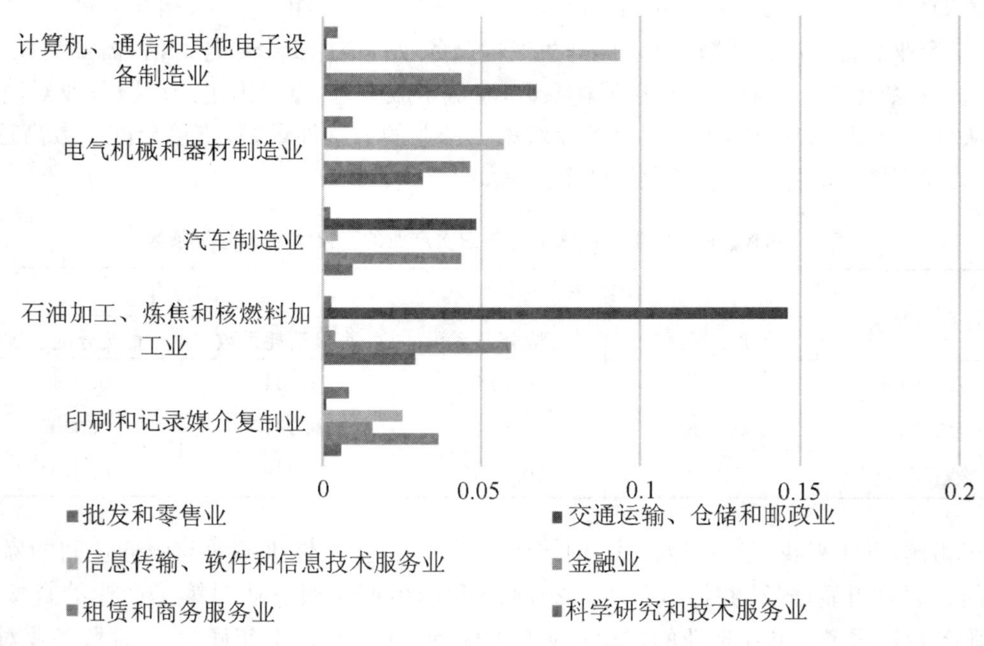

图 6　2012 年五类制造业行业对部分生产性服务业行业的直接消耗系数

从直接分配系数来看，对生产性服务业依赖性最强的五个制造业行业为计算机、通信和其他电子设备制造业，化学原料和化学制品制造业，汽车制造业，黑色金属冶炼和压延加工业，电气机械和器材制造业，其直接分配系数分别为 0.0278、0.0239、0.0227、0.0193、0.0182。分行业看，黑色金属冶炼和压延加工业、化学染料和化学制品制造业等高耗能制造业对交通运输仓储和邮政业的拉动作用较为明显，计算机、通信和其他电子设备制造业，汽车制造业，电气机械和器材制造业等高技术产业和战略性新兴产业对科学研究和技术服务业的依赖程度较高。

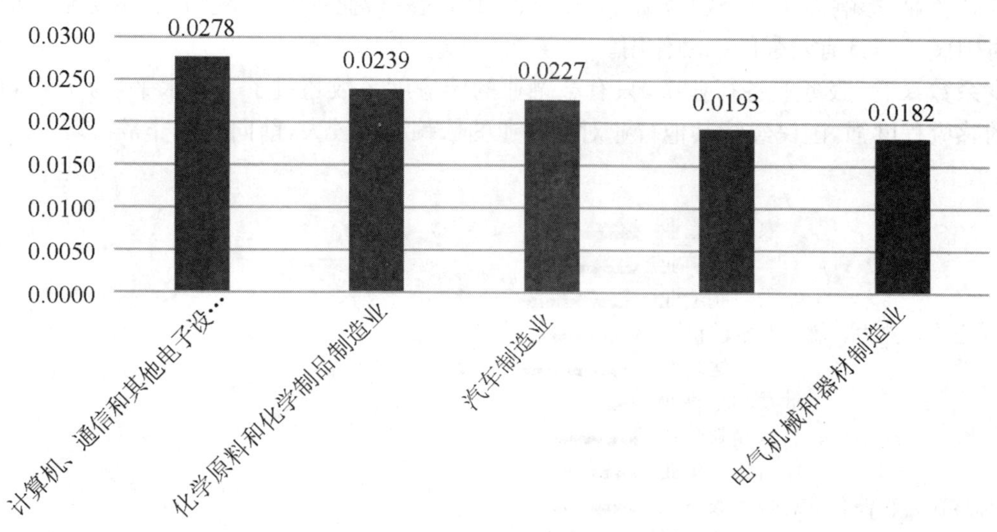

图 7　2012 年生产性服务业对制造业行业直接分配系数排名前 5 位

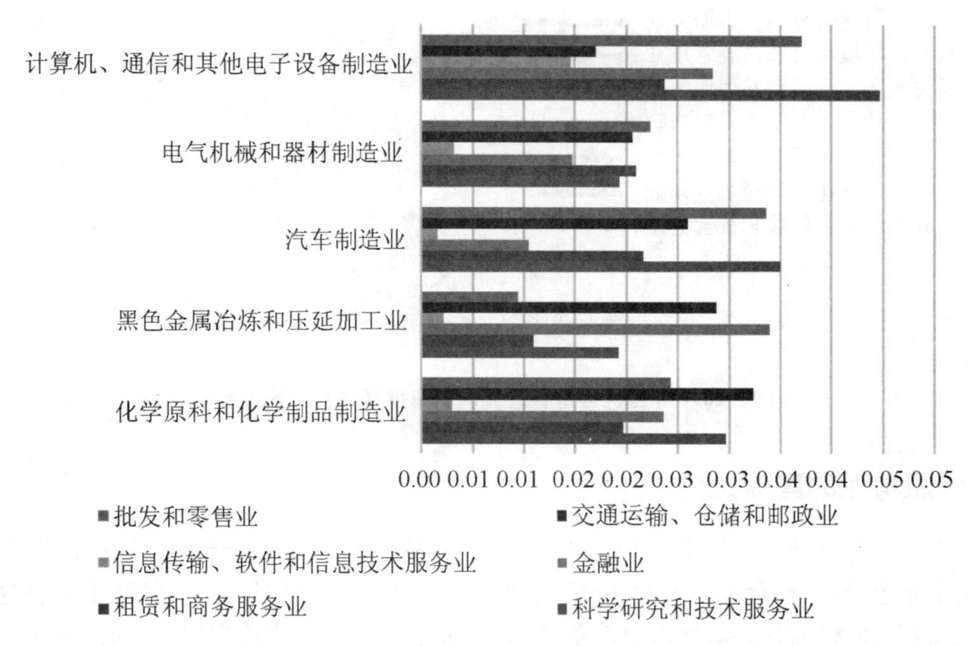

图 8　2012 年部分生产性服务业行业对五类制造业行业的直接分配系数

结合直接消耗系数与直接分配系数研究发现，属于高技术制造业和战略性新兴产业的计算机、通信和其他电子设备制造业，汽车制造业，电气机械和器材制造业三个行业与生产性服务业已经存在互动关系，相信有更多的高端制造业与生产性服务业间正在形成协同发展、融合发展与良性互动的发展趋势。随着我国政府多项惠及生产性服务业政策措施的积极落实，我国生产性服务业的发展规模、速度与水平会不断提高，必将对我国制造业的提质增效，国民经济的转型升级释放更加积极的动能；而“中国制造 2025”战略规划的实施，也将进一步激发生产性服务业快速发展的活力，最终实现制造业和生产性服务业间的协同发展、融合发展。

（三）生产性服务业部分行业的影响力和感应度分析

分析部门间的技术经济联系时，应用最为广泛的是影响力系数和感应度系数。影响力系数大于 1 时，表明该部门的生产对其他部门所产生的波及影响程度超过社会平均影响水平，影响力系数越高，对国民经济辐射作用越大。感应度系数则主要用来反映一个部门的前向联系，感应度系数越高，说明该部门受国民经济发展的拉动效应越明显。

经过计算，国民经济 19 个行业门类中，虽然影响力系数位居前三的行业仍为第二产业，但在服务业中影响力系数最高的前三个行业已与第二产业较为接近，分别为租赁和商务服务业，科学研究和技术服务业，交通运输仓储和邮政业，影响力系数分别为 1.19、1.15、1.12，这些行业主体都是生产性服务业，间接说明了生产性服务业对国民经济具有较强的拉动作用。

从感应度系数来看，服务业各行业中，只有金融业的感应度系数超过了平均水平，为 1.07，说明金融业对经济发展的感应程度强，国民经济其他行业对金融业的依赖程度较大，前向联系非常密切。

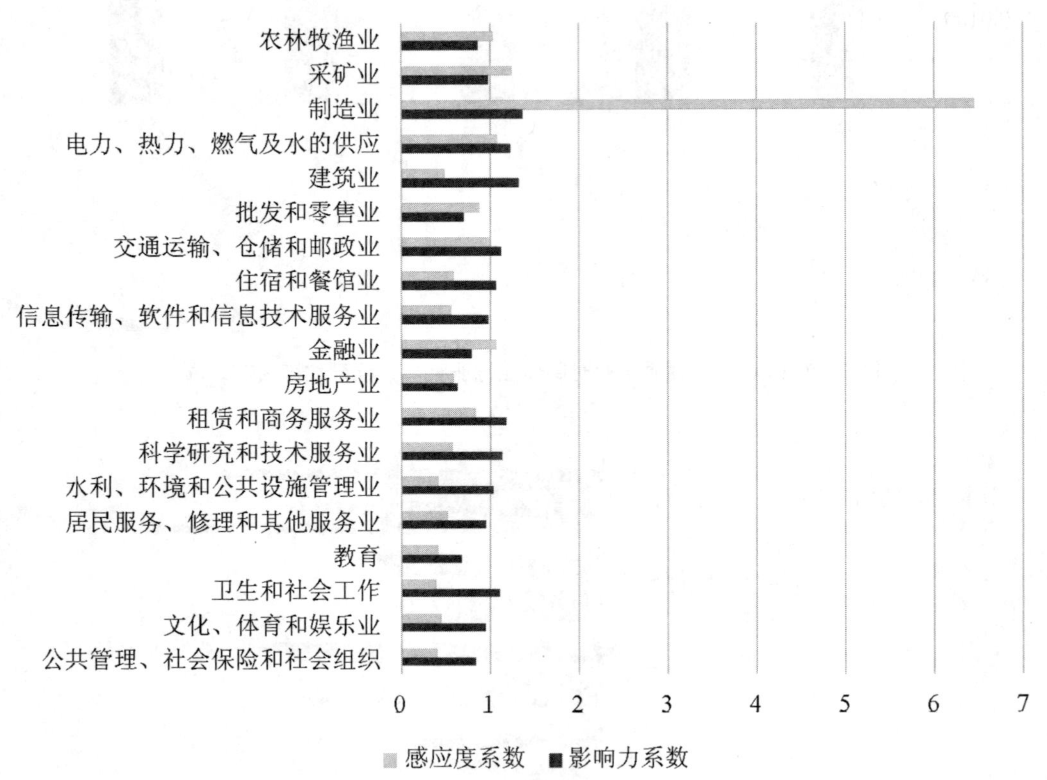

图 9　2012 年国民经济各行业的感应度系数和影响力系数

五、生产性服务业的国际比较

20 世纪 60 年代，美国、英国、日本、德国等经济发达国家均经历了一个服务业飞速发展的阶段，这一时期，服务业比重不断上升，而社会就业人数和经济发展仍保持着稳定的增长势头，经济学家将这一时期称为后工业化期，或“服务经济”时代。我国经过改革开放 30 多年工业化的快速发展，目前已经步入工业化后期发展阶段，2012 年，我国服务业增加值首次超过第二产业增加值，占 GDP 的比重达到 45.5%，2014 年，我国服务业增加值比重提升至 48.1%，与英国 1968 年 50.1%、日本 1970 年 51.2%的服务业占比水平较为接近。本节基于投入产出分析，将目前我国生产性服务业发展状况与西方发达国家作一比较研究。

（一）服务业发展水平较低，生产性服务业比重有待提高

从 GDP 结构看，美国等西方发达国家从 20 世纪 60 年代开始，服务业比重不断提高，短短四十余年，发达国家第三产业增加值占 GDP 的比重从 50%左右上升到 70%以上，生产性服务业占 GDP 比重接近 40%，服务业得到飞速发展。从第三产业中间投入结构看，随着服务业比重的上升，生产服务占第三产业中间投入的比重也在不断上升，反之，实物投入占第三产业中间投入的比重出现下降。1972 年，美国生产服务占第三产业中间投入的比重为 58.8%，2005 年这一比重增长到 73.7%；日本 35 年间生产服务占第三产业中间投入的比重也从 53.0%上升到 70.8%，这种现象的产生，主因是随着第三产业的发展由“数量扩张”阶段发展到“质量增进”阶段，会更多地对信息、技术、知识等“软件”投入产生需求，第三产业的服务投入会随之大幅增长，生产性服务业对第三产业发展的影响也会越来越大。

2012 年，我国服务业增加值占比首次超过二产，达到 46.9%，与目前发达国家 70%以上的服务业占比仍有较大差距。从第三产业中间投入结构看，我国第三产业生产中依然更多依靠实物型生产资料的投入，实物投入占第三产业中间投入比重为 55.4%。说明我国尚处于第三产业发展的早、中期阶段，第三产业的

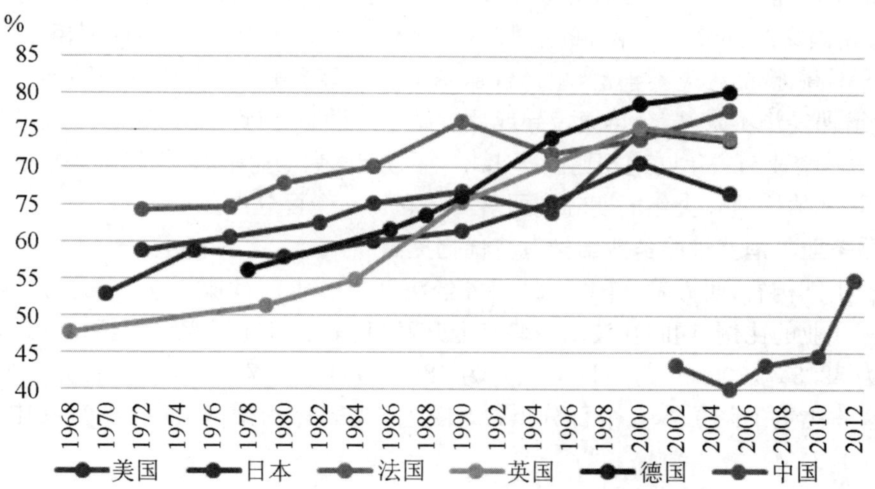

图 10　各国生产性服务业占第三产业中间投入比重折线图

资料来源：根据美国、日本、法国、英国、德国、中国的历年投入产出表计算所得。中国数据来源于国家统计局官网，其他国家数据来源于 OECD 组织投入产出数据库。

发展更多地需要农产品原料和工业机器设备、工具、服务场地、建设材料等实物生产资料的投入，生产过程所需的“硬件”投入较多。

(二)生产性服务业产业链条短，内生动力不足

从生产性服务业去向结构来看，西方发达国家进入“服务经济”发展阶段后，生产性服务业普遍出现了从主要去向第二产业逐步转变为主要去向第三产业。1972 年，美国投入第三产业的生产性服务业占生产性服务业总量的比重为 52.7%，2005 年，这一比重上升为 75.0%；1970 年，日本投入第三产业的生产性服务业占比为 39.4%，35 年后这一比重上升了 20.6 个百分点，达到 60.3%；法国、德国、英国等发达国家投入第三产业的生产性服务比重也出现了大幅上涨。这主要是因为随着社会分工进一步细化，服务产品种类大幅度增加，服务行业更加细分，单个企业提供的服务产品已经很难直接满足第二产业生产活动的需要，更多的服务产品被再次去向到生产性服务业企业中，通过几次循环，最终去向到工业生产活动中。在这一迂回发展过程中，一方面，生产性服务业产业链条不断延长，产业链更加完整；另一方面，随着服务业占比的提高，服务业内部形成了内生性增强机制。

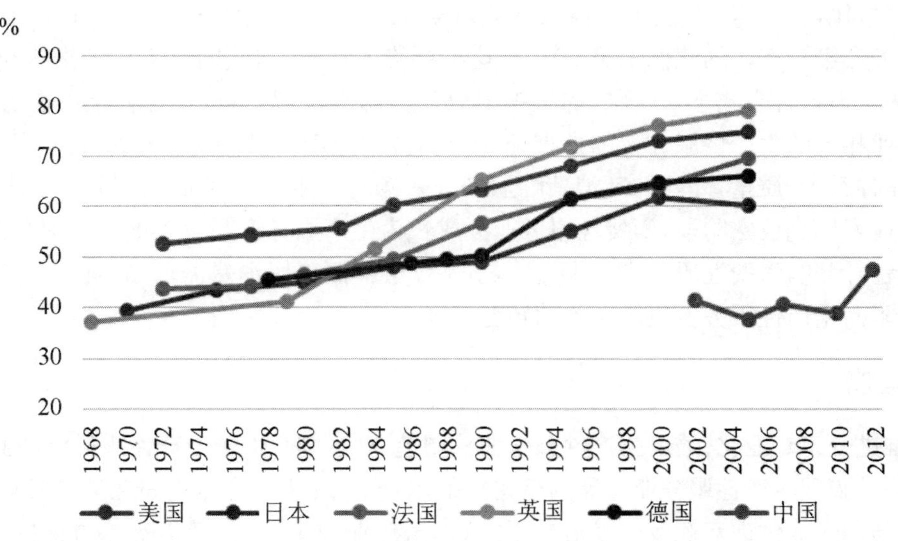

图 11　各国第三产业生产性服务业比重折线图

资料来源：根据美国、日本、法国、英国、德国、中国的历年投入产出表计算所得。中国数据来源于国家统计局官网，其他国家数据来源于 OECD 组织投入产出数据库。

与发达国家相比，目前我国生产性服务业主要去向为第二产业，去向第三产业的生产性服务业比重仅占 39.0%，处于发达国家 20 世纪 60 年代的水平，与 1968 年的英国，1970 年的日本相近。现阶段我国生产性服务业发展水平不高，产品种类不丰富，生产性服务业产业链条较短，未形成完整的产业链，在这种结构下，一旦工业企业遭遇经济不景气，会迅速传导或反馈到生产性服务行业。2015 年上半年，我国第二产业增加值同比增长 6.1%，增速与去年同期相比回落 1.3 个百分点，受工业影响，批发零售业、交通运输仓储邮政业 2015 年上半年增加值增速较去年同期分别回落 3.7 和 1.9 个百分点。

(三)生产性服务业与消费性服务业结构有待优化提高

从服务产品产出结构看，西方发达国家在“服务经济”时期，生产性服务业占第三产业的比例一般低于消费性服务占第三产业的比例，期间在波动中略有上升，但基本不超过 40%。美国 1972 年生产性服务业占第三产业的比重为 32.3%，2005 年这一比例上升为 38.8%；日本 1970 年生产性服务占第三产业的比重为 37.6%，2005 年这一比重下降了 1.6 个百分点；以工业产品著称的德国，这一比例较其他国家相对较高，2005 年也才达到 44.2%。

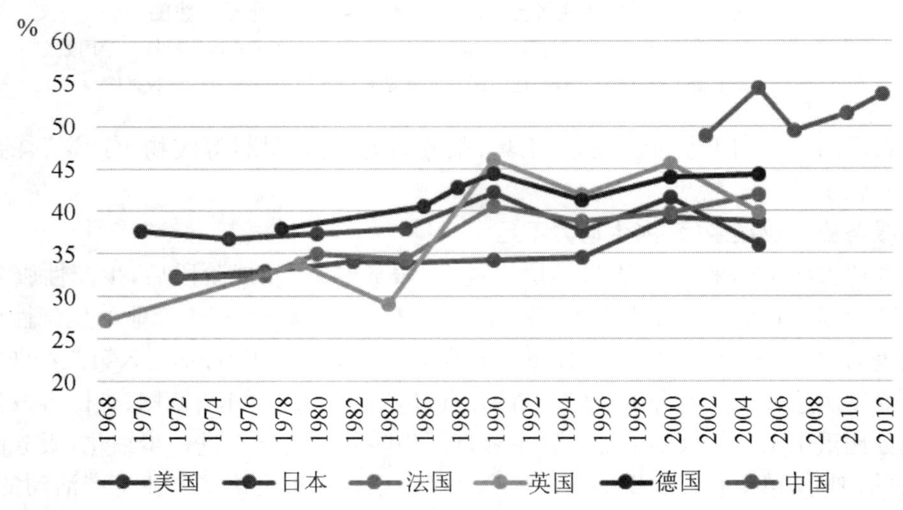

图 12 各国生产服务占第三产业总产出比重折线图

资料来源：根据美国、日本、法国、英国、德国、中国的历年投入产出表计算所得。中国数据来源于国家统计局官网，其他国家数据来源于 OECD 组织投入产出数据库。

与发达国家相比，2010 年，我国生产性服务业占第三产业的比例高达 51.4%，远高于发达国家平均水平，而消费性服务占第三产业的比例不足 50%。这种结构的形成，与我国以出口和投资拉动经济增长的发展模式直接相关。在这种模式下，社会更加重视工业产品的生产和出口，一定程度上会忽视消费对经济的拉动作用，与工业相关的生产性服务业的发展速度要明显快于消费性服务业的发展速度，由此导致了我国消费性服务产品种类少、质量参差不齐、消费性服务业占第三产业比重偏低的现状。从发达国家发展经验看，生产性服务业发展到成熟阶段，消费性服务业会成长为生产服务产品投入的主要对象之一，支撑着生产性服务业的发展。因此，消费性服务产品供给不足，不仅会抑制居民消费需求，影响消费拉动经济增长的政策持续性，也会阻碍生产性服务业投入结构的转型速度。

六、政策建议

(一)加快推进分工专业化，鼓励生产性服务业从制造业中剥离，促进生产性服务业产业链向中高端延伸

要进一步提升我国生产性服务业发展的整体水平，缩短与发达经济体之间在经济发展质量上的过大差距，要从服务业与制造业供需双侧改革发展入手，从国家产业政策、财税政策等多方面加以扶持，形成制造业想剥离，服务业愿独立的生产性服务业良性发展环境。

加快出台鼓励制造业企业组织创新和转变经营管理理念的政策措施，积极营造有序竞争的市场环境，鼓励制造业企业积极转变“大而全、小而全”的生产经营模式，更加专注于自身发展优势和核心竞争力，逐步将非核心的生产性服务业剥离出来，或单独成立法人单位，或与其他同类企业兼并重组，让其参与到市场竞争中，增加社会服务产品的供给。

对于优质的生产性服务业企业，鼓励其实施跨地区兼并重组，形成规模经营。不断细分服务业类别，提高服务业自身的专业化水平，完善生产性服务业业态，大力发展各种新型的生产性服务业，尤其是处于产业链中高端的知识产权、检验检测、研发设计、金融等现代生产性服务业，加快现代制造业与生产性服务业融合发展的步伐。

(二)大力发展消费性服务业，不断优化服务业内部结构

生产性服务业与消费性服务业的结合可以在服务内部形成完整产业链条，有利于服务业内生增强机制的形成，因此必须正确树立和引导消费性服务业对生产性服务业发展有重要拉动作用的理念，采取积极措施加快推动消费性服务业健康有序发展。消费性服务业中既包括主要作用于居民生活性服务的服务业行业，也包括主要由政府公共支出支撑的服务于全社会的服务行业，应从居民和政府双向入手，加以积极的政策引导和措施鼓励。

2015 年 11 月，国务院出台了《关于加快发展生活性服务业促进消费结构升级的指导意见》(国办发〔2015〕85 号)，有关部门和各地区要抢抓有利契机，加快出台配套性措施，使国务院的政令尽快落地生根。不仅要大力发展旅游、文化、体育、教育、卫生等消费性服务业行业，而且要加快开发各类新型消费性服务产品，促进社会消费水平的层级不断提升；更要加快推进教育、卫生行业领域的深化改革，逐步放款服务价格管制，取消部分市场准入限制，引导民间资本和外资参与到教育、卫生事业建设中；尤其是要适度提高国家财政在养老、卫生医疗、教育等方面的投入，努力健全完善现有社会保障体系，引导居民消费意愿，让其乐于消费、敢于消费。

(三)不断优化政策环境，为生产性服务业发展提供有力支撑

“深化改革开放才能推动创新驱动”。在现有改革基础上，要加快推进“营改增”财税体制改革、工商注册登记制度改革以及金融领域改革等，不断降低生产性服务业的进入门槛，降低服务业企业税费成本，进一步激发市场潜在活力，逐步引导社会资源向服务业尤其是生产性服务业集聚和靠拢。

科技研发、技术推广、信息技术、软件开发、电子商务、金融保险、咨询中介、现代物流等知识密集型生产性服务业行业的发展，离不开高端人才的支撑。目前的人才培养、人才供给速度远跟不上生产性服务业企业增长和扩张速度，对生产性服务业发展形成了制约和瓶颈。短期来看，应鼓励有条件的国内院校创办职业培训机构，并可适度引进国外优质培训资源，以缓解人才紧缺问题；长期来看，应加强高等院校和职业学校对生产性服务业人才的培养，增设生产性服务业紧缺专业，发展各个层次、各种类型的专业和职业教育。

参考文献：

[1]F. Machhip. The Production and Distribution of Knowledge in the UnitedStateds. Princeton: Princeton University Press, 1962,1—25.

[2]H. Greenfield. Manpower and the growth of producer services. New York:columbia University Press,1966,102—126.

[3]BrowningH,Singelman J. 1975. The Emergence of a Service Society. Demographic and Sociological Aspects of the Sectoral Transformation in the Labor Force of the U. S. A. National Technical Information Service.

[4]J. Gadrey,T. Noyelle, T. M. Stanbaek. Productivity in Air Transportation:A Comparisons of France and the United States Working Paper, Univeriste de Lille and Eishenhower Center for Conservation of Human Resources,1990,19—78.

[5]JaniceF. Madden, William Stull. Post—Industrial Philadelphia:Structural Changes in the Metropolitan Economy. Philadelphia: University of Pennsylvania Press,1990,1—21.

[6]乔均，金汉信等．生产性服务业与制造业联动发展研究[M]，北京：中国物质出版社，2011.

[7]徐从才，乔均．生产性服务业是打造国际制造业基地的保障[J]．中国流通经济，2006，20(2)：17—20.

[8]李江帆．第三产业经济学[M]．广州：广东人民出版社，1990.

[9]侯学钢．上海城市功能转变和生产性服务业的软化[J]．上海经济研究，1998(8)：44—50.

[10]钟韵，闫小培．西方地理学界关于生产性服务业作用研究述评[J]．人文地理，2005，20(3)：12—17.

[11]顾乃华，毕斗斗，任旺兵．中国转型期生产性服务业发展与制造业竞争力关系研究[J]．中国工业经济，2006(9)：14—21.

[12]江静．服务业发展与制造业在全球价值链中的升级[C]. 2007 年山东大学“海右”博士生学术论坛文集，2007.

[13]张亚斌，刘靓君．基于主成分分析的生产性服务业发展水平评价[J]．求索，2008(12)：12—14.

[14]尚于力，申玉铭，邱灵．我国生产性服务业的界定及其行业分类初探．首都师范大学学报：自然科学版，2009，29(3)：87—94.

[15]魏建,张旭,姚红光．生产性服务业综合评价指标体系的研究[J]．理论探讨,2010,1:163－165.
[16]绕小琦．基于区域合作视角的广州市生产性服务业发展研究[J]．广东农工商职业技术学院学报,2012,28(1):46－51.
[17]吴俏．生产性服务业的行业界定与核算方法探讨[J]．统计科学与实践,2013(12):44.
[18]王恕立,胡宗彪．中国服务业分行业生产率变迁及异质性考察[J]．经济研究,2012.
[19]王美霞．中国生产性服务业细分行业全要素生产率异质性与影响因素研究[J]．经济经纬,2013.
[20]符淼,冯琴．生产性服务业细分行业技术进步率分析[J]．技术经济,2010.
[21]程大中．中国生产性服务业的水平,结构及影响[J]．经济研究,2008,1:76－88.
[22]晁刚令．服务业分类统计核算研究[J]．科学发展,2010(10):33－51.
[23]杨玉英．中国生产性服务业发展战略[M]．北京:经济科学出版社,2010.
[24]王雪瑞．生产性服务业集聚研究[M]．北京:经济管理出版社,2014.
[25]朱胜勇,蓝文妍．第三产业生产服务研究[M]．北京:经济科学出版社,2013.
[26]陈得文,苗建军．空间集聚与区域经济增长内生性研究[J]．数量经济技术经济研究．2010(9):82－93,106.
[27]陈国亮．新经济地理学视角下的生产性服务业集聚研究[D]．浙江大学,2010.
[28]但斌,钱文华,刘利华．生产性服务业的集成化发展战略与实施策略．科技进步与对策,2008(2):97－99.
[29]邓丽姝．生产性服务业与产业升级:理论演进[J]．经济论坛,2011(10):156－159.
[30]吉亚辉,杨应德．中国生产性服务业集聚的空间统计分析[J]．地域研究与开发,2012(1):1－5.
[31]李江帆,毕斗斗．国外生产服务业研究述评[J]．外国经济与管理,2004(11):16－19,25.
[32]李金勇．上海生产性服务业发展研究[D]．复旦大学,2005.
[33]李雪梅．生产性服务业对中国区域经济增长影响的实证研究[D]．湖南大学,2008.
[34]刘靓君．生产性服务业促进我国经济在增长的理论与实证研究[D]．湖南大学,2008.

课题组　组长:王群英
成员:韩　静　赵　娟　展国殿